H. Schulthess

Europäischer Geschichtskalender

H. Schulthess

Europäischer Geschichtskalender

ISBN/EAN: 9783741168857

Hergestellt in Europa, USA, Kanada, Australien, Japan

Cover: Foto ©ninafisch / pixelio.de

Manufactured and distributed by brebook publishing software (www.brebook.com)

H. Schulthess

Europäischer Geschichtskalender

Europäischer Geschichtskalender.

Siebenter Jahrgang. 1866.

Herausgegeben

von

H. Schulthess.

Ipsa facta loquuntur.

Nördlingen.
Druck und Verlag der C. H. Beck'schen Buchhandlung.
1867.

Vorbemerkung.

Die etwas complicirte Eintheilung des Abschnittes Deutschland war für das Uebergangsjahr 1866 nicht wohl zu vermeiden. Die Ereignisse haben sie für die Zukunft vereinfacht, so daß der Abschnitt nur noch in Preußen mit dem norddeutschen Bunde und der süddeutschen Staatengruppe — auch für den Fall, daß der vollständige Eintritt derselben in den norddeutschen Bund sich noch nicht sobald verwirklichen sollte, wie es den Anscheln hat — und Oesterreich zerfallen wird. Diejenigen Actenstücke aus dem Jahre 1866, die schon in das bis hart an den Ausbruch des Krieges reichende Ergänzungsheft zum letzten Jahrgang aufgenommen wurden, sind in diesem Jahrgang nicht wiederholt, sondern es ist dafür jedesmal auf jenes Ergänzungsheft verwiesen worden. Dagegen wurde auf den Wunsch mehrerer Freunde die Verfassung des norddeutschen Bundes, wie sie aus den Berathungen des norddeutschen Reichstags hervorgegangen ist und deren definitive Annahme bereits außer Zweifel sein dürfte, anticipirt und dem Anhange von Actenstücken beigefügt.

Anfangs Mai 1867.

Inhalt.

I. Chronik der wichtigsten Ereignisse im europ. Staatensysteme im Jahre 1866 3
II. Deutschland und die beiden deutschen Großmächte.
   1. Gemeinsame Angelegenheiten — Mittel- und Kleinstaaten
      bis zum Ausbruche des Kriegs 35
   2. Vom Ausbruche des Kriegs bis zur Auflösung des Bundes-
      tags (15. Juni bis 24. August) . . . 94
   3. Preußen und (vom 24. August an) die norddeutschen
      Bundesstaaten 157
   4. Die süddeutsche Staatengruppe seit dem 24. Aug. . 216
   5. Oesterreich 233
   6. Anhang von Actenstücken:
      1. Friede von Prag zwischen Oesterreich und Preußen 278
      2. Friede zwischen Preußen und Württemberg . 281
      3. Friede zwischen Preußen und Baden . . 282
      4. Friede zwischen Preußen und Bayern . . 283
      5. Friede zwischen Preußen und Hessen . . 286
      6. Friede zwischen Preußen und Sachsen . . 289
      7. Protest des Königs Georg von Hannover . 293
      8. Friede von Wien zwischen Oesterreich und Italien 297
      9. Actenstücke bez. Interventionsbegehren der süd-
         deutschen Staaten von Frankreich . . . 302
     10. Schutz- und Trutzbündnisse Preußens mit Würt-
         temberg, Baden und Bayern . . . 449
     11. Actenstücke bez. Luxemburg 450
     12. Verfassung des norddeutschen Bundes . . 451

III. Außerdeutsche Staaten:
	Seite
1. Portugal	305
2. Spanien	306
3. England	312
4. Frankreich	325
5. Italien	354
Rom	379
6. Schweiz	386
7. Belgien	390
8. Holland	392
9. Dänemark	394
10. Schweden und Norwegen	396
11. Rußland	397
12. Türkei	403
13. Griechenland	420

IV. Außereuropäische Staaten:
1. Verein. Staaten von Nordamerika	427
2. Mexico	443

Uebersicht der Ereignisse des Jahres 1860 . . . 463

Register 567

L.

Chronik

der

wichtigsten Ereignisse

im

europäischen Staatensysteme

im

Jahre 1866.

1. Jan. (Oesterreich) gestattet den venetianischen Flüchtlingen seit 1859 die straffreie Rückkehr und die Hinausgabe ihres bisher mit Sequester belegten Vermögens.
" " (Italien). Das Gesetz bez. Einführung der Civilehe tritt mit diesem Tage in Kraft.
2. " (Italien). Die Aushebungen von 1866 für die Armee werden aus Ersparungsrücksichten eingestellt. Die öffentliche Meinung erklärt sich vielfach dagegen.
" " (Spanien). Militärrevolte des Gen. Prim.
4. " (Ver. Staaten) Gen. Weitzel besetzt eigenmächtig die merkanische Stadt Bagdad am Rio grande. Er wird desavouirt.
7. " (Oesterreich). Die Regierung weist die Revision der Union zwischen Siebenbürgen und Ungarn nach Pesth und vertagt inzwischen den siebenbürgischen Landtag.
8. " (Oesterreich) versucht eine weitere halbe Maßregel zur Befriedigung Venetiens, die jedoch zurückgewiesen wird.
" " (Portugal). Die Regierung und die Dep.-Kammer sprechen sich sehr entschieden gegen die Idee einer iberischen Union aus.
9. " (Frankreich) verlangt von den Ver. Staaten die Zusicherung stricter Neutralität gegenüber Mexico, um darauf hin mit dem Kaiser Maximilian über die Rückkehr der franz. Truppen unterhandeln zu können.
10. " (Oesterreich). Der österr. Gesandte Graf Karolyi kehrt nach längerer Abwesenheit mit sehr bestimmten Instructionen gegen die Wünsche Preußens bez. Schleswig-Holstein nach Berlin zurück.
11. " (Deutschland. — Holstein). Ein Rescript des österr. Statthalters Gablenz an die Landesregierung eröffnet derselben, daß er Petitionen für Einberufung der Stände z. A. anzunehmen nicht im Falle sei.
14. " (Schweiz). Die von der Bundesversammlung beschlossenen Revisionspunkte der Bundesverfassung werden sowohl von der Mehrheit der Cantonsstimmen als von der Mehrheit der abstimmenden Bürger sämmtlich bis auf einen (den sog. Judenartikel) verworfen.
15. " (Preußen). Eröffnung des Landtags. Graf Bismarck verliest die Thronrede. Dieselbe hält fest an der Armeereorganisation und stellt keinerlei Concession in Aussicht.
" " (Frankreich) schickt den Baron Seillard in außerordentlicher Mission nach Mexico, um mit dem Kaiser Maximilian über die Rückkehr der franz. Truppen zu unterhandeln.
" " (England). Verschwörung der Fenier. Dublin wird in Belagerungszustand erklärt.
16. " (Deutschland. — Zollverein). Der König von Hannover unterzeichnet

widerstrebend den Handelsvertrag mit Italien und verpflichtet sich dadurch, das Königr. Italien anzuerkennen.

17. Jan. (**Preußen**). Der neugewählte Präsident des Abg.-Hauses Grabow tritt seine Function mit einer schneidenden Rede über die Lage der öffentlichen Angelegenheiten seit dem Schluß des letzten Landtags an.

20. „ (**Spanien**). Gen. Prim trifft mit seinen Truppen auf portugiesisches Gebiet über und wird entwaffnet.

21. „ (**Deutschland. — Holstein**). Die Landesregierung mahnt dringend von der am den 23. d. M. beabsichtigten Massenversammlung für Einberufung der Stände ab.

22. „ (**Deutschland. — Holstein**.) Die Polizei in Altona verbietet die auf den folgenden Tag angesagte Massenversammlung.

„ „ (**Frankreich**). Eröffnung der Kammern. Der Kaiser spricht sich in der Thronrede sehr scharf gegen eine Erweiterung der politischen Freiheiten, die sog. Krönung des Gebäudes, aus.

23. „ (**Deutschland. — Holstein**). Die Massenversammlung in Altona findet nun doch statt, nachdem die Polizei sie gestattet hat unter der Bedingung, daß keine förmlichen Resolutionen gefaßt werden sollen. Dieselbe spricht sich ohne solche einstimmig für Einberufung der Stände aus. Mehrere süddeutsche Parteiführer, wie Metz aus Darmstadt u. A., nehmen daran Theil.

24. „ (**Deutschland. — Kurhessen**). Die Regierung hat der wieder zusammentretenden Ständeversammlung wieder keine Vorlage zu machen — wüstländiger Stillstand des Staatslebens.

25. „ (**Holland**). Rücktritt des liberalen Ministers Thorbecke.

26. „ (**Preußen**). Graf Bismarck richtet eine Depesche an Oesterreich, in der er die Politik des österr. Cabinets in Holstein einer schneidenden Kritik unterwirft und einen Bruch der bisherigen Allianz in Aussicht stellt.

27. „ (**Deutschland. — Schleswig**). Eine Anzahl Ständemitglieder regen beim preuß. Gouverneur Manteuffel die Einberufung der Stände an, werden aber von diesem entschieden abgelehnt beschieden.

29. „ (**Preußen**). Ein Beschluß des Obertribunals sucht den Art. 84 der Verfassung bez. Redefreiheit der Abgeordneten in Frage zu stellen. Gewaltige Aufregung der öffentlichen Meinung.

„ „ (**Preußen**). Das Berliner Kammergericht beschließt in dem Staatsprocesse gegen den schleswig-holsteinischen Redacteur May denselben für einen weiter anzusetzenden Termin verhaften und nach Berlin transportiren zu lassen.

„ „ (**Oesterreich**). Das Kaiserpaar besucht Pesth und wird aufs Glänzendste empfangen.

30. „ (**Deutschland. — Bayern**). Der König nimmt die aus Franken und Schwaben an ihn gesandte Landesdeputation nicht an und weist sie an das Ministerium und den Landtag.

31. „ (**Deutschland. — Holstein**). Eine Eingabe von 31 Ständemitgliedern an die Landesregierung um Einberufung der Stände wird von dieser gar nicht angenommen.

„ „ (**Frankreich**) gestattet der päpstlichen Regierung mit Rücksicht auf die bevorstehende Ausführung der Septemberconvention die Bildung einer französischen Legion aus gedienten franz. Soldaten in Antibes.

2. Febr. (**Deutschland. — Holstein**). Der österr. Statthalter Gablenz lehnt die Auslieferung des Redacteurs May an Preußen seinerseits ab und weist Preußen an die zuständigen Gerichte.

3. „ (**Preußen**). Das Abg.-Haus erklärt die Vereinigung Lauenburgs mit der Krone Preußen ohne Zustimmung des Landtags für rechtsungültig.

5. „ (**Deutschland. — Kurhessen**). Die Ständeversammlung muß wegen Mangel an Vorlagen Seitens der Regierung wieder vertagt werden.

5. Febr. (**Türkei. — Aegypten**). Der Vicekönig schließt mit der Suezcanal-Compagnie einen neuen beide Theile befriedigenden Vertrag ab.
6. „ (**England**). Eröffnung des Parlaments. Die Thronrede der Königin verkündet einen Antrag auf Parlamentsreform.
7. „ (**Oesterreich**) antwortet auf die preuß. Depesche vom 26. Jan. entschieden ablehnend mit der Andeutung, daß es selbst auf die Gefahr eines Bruches mit Preußen bei seiner Politik bez. der schleswig-holsteinischen Frage zu beharren entschlossen sei.
9. „ (**Rußland. — Rom**). Der russische Gesandte erklärt der päpstl. Curie, daß seine Mission beendigt sei.
„ „ (**Ver. Staaten**). Die beiden Häuser des Congresses haben eine Prolongation des sog. Freedmensbureau zum Schutz der ehemaligen Sclaven in den Südstaaten beschlossen. Der Präsident Johnson hindert die Ausführung durch sein Veto.
10. „ (**Preußen**). Das Abg.-Haus erklärt nach zweitägiger Debatte den Beschluß des Obertribunals vom 29. Jan. für ein Attentat gegen die Verfassung und erhebt dagegen feierlichen Protest.
„ „ (**Oesterreich**). Der Landtag von Croatien nimmt mit einer Mehrheit von wenigen Stimmen eine der Union mit Ungarn günstige Adresse an. Der Kaiser verlangt, daß ihm auch die Adresse der Minderheit unterbreitet werde.
13. „ (**Türkei**). Eröffnung der von Frankreich angeregten internationalen Choleraconferenz in Konstantinopel.
14. „ (**Deutschland. — Holstein**). Das Altonaer Magistratsgericht lehnt die Auslieferung des Redacteurs May an Preußen ab.
15. „ (**Oesterreich**) erklärt sich geneigt, den Handelsvertrag mit Sardinien thatsächlich auf ganz Italien auszudehnen, ohne jedoch darum das Königr. Italien anzuerkennen. Italien geht nicht darauf ein.
16. „ (**Preußen**). Das Abg.-Haus erklärt die Maßregeln der Regierung gegen das vorjährige Kölner Abgeordnetentisch für verfassungswidrig.
17. „ (**Rußland**). Der bisher in Polen bestandene Kriegszustand wird durch kais. Ukas wieder aufgehoben.
18. „ (**Preußen**). Die Regierung erklärt die Beschlüsse des Abg.-Hauses v. 3., 10. und 16. Febr. für Ueberschreitungen seiner Competenz und weigert sich, dieselben anzunehmen.
„ „ (**Preußen**). Der preuß. Gesandte in Paris wird nach Berlin berufen.
19. „ (**Deutschland. — Zollverein**). Sämmtliche Zollvereinsregierungen haben den Handelsvertrag mit Italien ratifizirt, auch Württemberg, Hessen-Darmstadt, Kurhessen und Nassau, die letzteren jedoch sehr widerstrebend.
22. „ (**Preußen**). Das Abg.-Haus geht über das Schreiben der Regierung vom 18. Febr. zur einfachen Tagesordnung über, lehnt den Antrag auf den Erlaß einer Adresse an die Krone ab und ist nach dem Ergebniß der Ausschußberathungen augenscheinlich entschlossen, den Militär- und den Marineetat wiederum abzulehnen. Die Regierung spricht daher die sofortige Vertagung des Landtags und den Schluß der Session auf den folgenden Tag aus.
23. „ (**Preußen**). Schluß der Session des Landtags. Graf Bismarck verliest die Thronrede.
„ „ (**Türkei. — Rumänien**). Ausbruch einer Verschwörung gegen Fürst Couza. Couza dankt ab und wird nach Siebenbürgen entlassen. Die Nat.-Versammlung wählt den Grafen von Flandern zum Fürsten, der jedoch alsbald ablehnt. Errichtung einer provisorischen Statthalterschaft.
24. „ (**Oesterreich**). Der Landtag von Ungarn richtet eine neue Adresse an den Kaiser um thatsächliche Anerkennung der Rechtscontinuität.
„ „ (**Schweiz**). Eine großartige Demonstration in Solothurn zwingt den dortigen Bischof zur Zurücknahme eines intoleranten Circulars gegen die Protestanten.

26. Febr. (Deutschland. — Holstein). Der österr. Statthalter Gablenz beruft behufs Feststellung des Budgets in Ermangelung der Ständeversammlung wenigstens eine Notabelnversammlung dazu ein.
„ „ — 20. März. (Frankreich). Abreßdebatte des gesetzgb. Körpers. Rede des Hrn. Thiers für constitutionelle Rechte. Stelle bez. Deutschland. Bildung einer Mittelpartei aus den Reihen der bisherigen Majorität.
„ „ (Türkei). Die Pforte protestirt gegen die Vorgänge in Rumänien und verlangt den Zusammentritt einer europ. Conferenz.
28. „ (Preußen). Ministerconseil unter dem Vorsitz des Königs und unter Beiziehung des Gesandten in Paris und mehrerer Generale: Erwägung der Kriegsfrage.
„ „ (Rußland) läßt den zweiten von Rom bestätigten Stellvertreter des im Innern Rußlands gefangengehaltenen Erzbischofs von Warschau eben dahin abführen, so daß von den drei Candidaten des Domcapitels nur noch der letzte ihm genehme übrig bleibt.

1. März. (Italien). Die Armee und die Militäradministration sind mit diesem Tage ganz auf den Friedensfuß gesetzt.
3. „ (Oesterreich). Der österr. Gesandte in Berlin, Graf Karolyi, erklärt dem Grafen Bismarck sehr bestimmt, daß Oesterreich sich in Schleswig-Holstein keine Aenderung des Provisoriums zu seinen Ungunsten gefallen, kein Desultivum, welches seiner Ehre, seinen Interessen und seiner Stellung in Deutschland zuwiderlaufe, abtrotzen lassen werde.
„ „ (Oesterreich). Der Kaiser beharrt in einem Rescript auf die Adresse des ungarischen Landtags auf den bisherigen Forderungen im Interesse der Gesammtmonarchie.
6. „ (Oesterreich) lehnt die diplomatische Behandlung der Frage der Auslieferung des schleswig-holst. Redacteurs May ab.
„ „ (Deutschland. — Kurhessen). Wiederzusammentritt der Stände; wieder keine Vorlagen der Regierung.
7—13. „ (Oesterreich). Sitzungen des Marschallraths unter dem Vorsitze des Kaisers: Erwägung der Kriegsfrage.
8. „ (Deutschland. — Bayern) richtet eine identische Dep. an Sachsen, Württemberg, Baden, Hessen-Darmstadt und Nassau, dahin gehend, daß, wenn Oesterreich und Preußen ihre Streitigkeiten mit Umgehung des Bundes ausmachen wollten, die übrigen deutschen Staaten sich jeder Theilnahme enthalten und Separatbündnisse ablehnen sollten, aber kein Bundesglied zurückbleiben dürfe, wenn der Bund von einem der streitenden Theile angerufen würde.
„ „ (Oesterreich). Der croatische Landtag beschließt, zu den Unterhandlungen mit Ungarn eine Zwölferdeputation nach Pesth zu schicken, aber mit gemessenen Instructionen. Der ungarische Landtag giebt seiner Deputation keine Instructionen mit.
„ „ (Italien). Die II. Kammer wünscht, daß das Land für alle kriegerischen Eventualitäten sich bereit mache. Der Ministerpräs. Lamarmora erklärt, daß es bereits geschehen sei.
10. „ (Preußen. — Italien). Gen. Govone trifft in geheimer Mission der ital. Regierung in Berlin ein.
„ „ (England). Schluß der Untersuchung über die Negermetzeleien auf Jamaica. Bericht der außerordentlichen Regierungscommission.
11. „ (Preußen). Der König von Preußen erläßt ohne vorherige Verständigung mit Oesterreich eine Verordnung für Schleswig-Holstein, durch welche die Anerkennung einer andern landesherrlichen Gewalt in den Herzogthümern als der des Königs von Preußen und des Kaisers von Oesterreich (d. h. der des Augustenburgers) mit schwerer Zuchthausstrafe bedroht wird.

11. März. (Oesterreich) gestattet dem Kaiser Max von Mexico neue Werbungen für das österr. Freiwilligencorps.
12. „ (Deutschland. — Zollverein) Die Ratifikationen des Handelsvertrags mit Italien werden in Berlin ausgetauscht. Der ital. Gesandte constatirt, daß dieselben ohne alle Vorbehalte erfolgt seien und erklärt die Absicht seines Königs, demnächst Gesandte bei den verschiedenen deutschen Regierungen zu beglaubigen.
„ „ (England). Die Regierung bringt die angekündigte Bill für Parlamentsreform im Unterhause ein.
13. „ (Rußland. — Rom). Die ganze russische Gesandtschaft verläßt Rom, ohne vom Papst sich zu verabschieden.
14. „ (Preußen). Die offiz. Presse beginnt die Frage einer Bundesreform behufs endlicher Lösung der schleswig-holsteinischen Frage anzuregen.
„ „ (Deutschland. — Kurhessen). Die Ständeversammlung muß wegen Mangel an Vorlagen Seitens der Regierung wieder vertagt werden; dieselbe verwahrt sich gegen die „unausbleiblichen Folgen einer solchen Mißregierung".
15. „ (Oesterreich) zieht Truppen aus Ungarn und aus andern Provinzen nach Böhmen. Bereits heißt es, daß Benedek bestimmt sei, den Oberbefehl über eine in Böhmen aufzustellende Armee zu übernehmen.
„ „ (Deutschland. — Baden). Die ganze II. Kammer erklärt sich neuerdings für das Selbstbestimmungsrecht des schleswig-holsteinischen Volkes.
„ „ (Italien). Der König läßt sich durch den Kriegsminister einen (vorerst nicht veröffentlichen) Bericht über die Schlagfertigkeit der Armee erstatten.
16. „ (Preußen) trifft Vorbereitungen behufs kriegsmäßiger Armirung der schlesischen Festungen.
„ „ (Oesterreich) stellt in einer vertraulichen Circularbep. an die deutschen Regierungen die Anrufung des Bundes gegen Preußen in Aussicht und regt die Kriegsbereitschaft der Bundescontingente an.
„ „ (Ver. Staaten). Beide Häuser des Congresses haben eine sog. Civilrechtsbill zum Schutz der ehemaligen Sclaven in den Südstaaten beschlossen. Präsident Johnson legt auch dagegen sein Veto ein. Dasselbe wird jedoch (am 9. April) von beiden Häusern mit Zweidrittelmajoritäten umgestoßen und die Bill Gesetz.
17. „ (Oesterreich) fragt durch den österr. Gesandten in Berlin an, ob Preußen die Gasteiner Convention gewaltsam zu zerreißen gedenke. Antwort Bismarcks. Oesterreich findet sie „einigermaßen befriedigend" und spart vorerst weitere Schritte am Bunde.
19. „ (Preußen). Die „Kreuzztg." beunruhigt die Rüstungen nicht bloß Oesterreichs, sondern auch Sachsens.
„ „ (Ver. Staaten) protestieren in Wien gegen weitere Anwerbungen für die österr. Freiwilligenlegion in Mexico.
20. „ (Preußen). Gegen 100 gezogene Geschütze gehen vom Rhein in die schlesischen und sächsischen Festungen ab.
„ „ (England). Die bisherige Majorität des Unterhauses spaltet sich bez. der Parlamentsreform. Abfall der sog. Adullamiten vom Ministerium Russel-Gladstone.
21. „ (Italien). Die Regierung verlangt vom Parlament einen Credit von 2 Mill. zu Befestigung Cremona's.
22. „ (Oesterreich). Ein 67er Ausschuß des ungarischen Landtags beginnt die Frage der gemeinsamen Angelegenheiten in Erwägung zu ziehen und wählt zunächst eine 15er Subcommission.
23. „ (Deutschland. — Hessen-Darmstadt). Die II. Kammer erklärt sich fast einstimmig für die Einberufung der Stände in den Herzogthümern.
24. „ (Preußen) verzichtet in einer Circularbep. an die deutschen Regierungen auf die Hülfe des Bundes als solchen, verlangt aber zu wissen, ob es für

den Fall eines Angriffes von Seite Oesterreichs auf sie als einzelne zählen dürfe.
24. März. (Deutschland. — Hessen-Homburg). Der letzte Landgraf stirbt und sein Ländchen geht an Hessen-Darmstadt über, das sofort davon Besitz ergreift.
25. „ (Preußen). Zahlreiche Versammlungen von Wahlmännern und Urwählern beginnen zuerst am Rheine, dann auch in andern Provinzen sich gegen einen Krieg mit Oesterreich behufs einer gewaltsamen Annexion Schleswig-Holsteins auszusprechen.
27. „ (Deutschland). Keine deutsche Regierung entspricht der Aufforderung Preußens vom 24. d. M., einige suchen auszuweichen, die meisten weisen Preußen an den Bund.
28. „ (Preußen). Eine kgl. Ordre verfügt, die Armee in Kriegsbereitschaft zu setzen.
31. „ (Oesterreich) protestirt gegen jede Absicht eines offensiven Auftretens gegen Preußen und erklärt seinen festen Entschluß, sich seinerseits nicht in Widerspruch mit Art. 11 der Bundesacte zu setzen.
„ „ (Deutschland. — Bayern) sucht durch eine identische Dep. an Oesterreich und Preußen zu beschwichtigen und zu vermitteln.
„ „ (Spanien). Die span. Flotte beschießt Valparaiso.

Anf. April. (Türkei. — Candia). Beginn der Unruhen auf der Insel. Eine Bittschrift an den Sultan verlangt Abhülfe der Beschwerden.
2. „ (Deutschland. — Bayern) beginnt ebenfalls zu rüsten.
3. „ (Italien) ertheilt dem Gen. Gevone in Berlin die Vollmacht, eine Allianz mit Preußen gegen Oesterreich abzuschließen.
5. „ (Deutschland. — Württemberg) trifft militärische Vorbereitungen.
„ „ (Frankreich). Der „Moniteur" verkündet nach der Rückkehr des Baron Seillard, daß die franz. Armee in 3 Abtheilungen Mexico räumen werde, im Nov. 1866 und im März und Nov. 1867.
6. „ (Preußen) erklärt in Antwort auf die österr. Dep. v. 31. März auch seinerseits, daß den Absichten Sr. Maj. nichts ferner liege, als ein Angriffskrieg gegen Oesterreich.
7. „ (Oesterreich) verlangt nunmehr von Preußen, daß es die Mobilsirungsordre v. 28. März zurücknehme.
8. „ (Preußen. — Italien). Abschluß einer eventuellen Allianz zwischen Preußen und Italien zu Berlin.
9. „ (Preußen) trägt am Bunde auf Einberufung eines Parlaments aus directen Wahlen und allg. Stimmrecht behufs Revision der Bundesverfassung an und zwar auf einen festen Termin, bis zu welchem die Regierungen behufs ihrer Vorlagen sich zu verständigen hätten.
10. „ (Frankreich). Der Senat verweigert dem gesetzgeb. Körper die Befugniß, Petitionen bez. Verfassungsänderungen entgegen zu nehmen.
11. „ (Deutschland. — Baden). Die II. Kammer erklärt sich für Eingehen auf den preuß. Parlamentsvorschlag.
13. „ (Preußen). Die gesammte preuß. Flotte ist in Kiel vereinigt. Vier Kanonenboote nehmen Stellung an der Elbermündung.
15. „ (Preußen) verlangt, daß Oesterreich, das zuerst gerüstet habe, auch zuerst abrüste.
16. „ (Rom). Finanznoth. Die Regierung sieht sich zu einem neuen Anlehen unter sehr ungünstigen Bedingungen genöthigt.
„ „ (Rußland). Mißlungenes Attentat auf den Kaiser.
18. „ (Oesterreich) will zuerst abrüsten, wenn Preußen an demselben oder doch am nächstfolgenden Tage dasselbe thue.
20. „ (Türkei. — Rumänien). Durch ein sogenanntes Plebiscit wird Prinz

Karl von Hohenzollern auf den Vorschlag der Statthalterschaft zum Fürsten Rumäniens gewählt und proclamirt.
21. Apr. (Preußen) geht auf den Vorschlag Oesterreichs v. 18. d. M. nicht unbedingt ein.
„ „ (Deutschland. — Bundestag) weist den preuß. Parlamentsantrag an einen besondern Ausschuß.
„ „ (Deutschland. — Bayern) sistirt seine Rüstungen wieder.
21./22. „ (Oesterreich) beschließt, seine ital. Armee zu verstärken und auf den Kriegsfuß zu setzen unter dem Befehl des Erzh. Albrecht, während Benedek den Oberbefehl über die Nordarmee übernehmen soll.
22. „ (Deutschland). Conferenz der Mittelstaaten in Augsburg: Bayern, Württemberg, Sachsen, Baden, Nassau, Darmstadt, Weimar, Coburg-Gotha und Meiningen nehmen daran Theil. Hannover und Kurhessen nicht.
26. „ (Preußen) erklärt, daß es nur abrüsten könne, wenn Oesterreich in Böhmen und Venetien abrüste.
„ „ (Preußen). Die altliberale Partei tritt auf Seite der Regierung gegen Oesterreich.
„ „ (Oesterreich) will nunmehr in Böhmen abrüsten, wenn Preußen gegen seine Rüstungen in Venetien keine Einwendungen mache und schlägt Preußen neuerdings eine Lösung der schleswig-holst. Frage auf der Grundlage des bestehenden Bundesrechtes vor.
„ „ (Italien). Die Regierung beschließt, den Maßnahmen Oesterreichs vom 22. April gegenüber nunmehr offen zum Kriege zu rüsten. Eine Circulardepesche Lamarmora's zeigt den Entschluß offiziell an.
27. „ (Preußen) richtet an Sachsen eine förmliche Sommation bez. seiner Rüstungen.
29. „ (Deutschland. — Sachsen) weist die preußische Sommation v. 27. d. M. zurück.
„ „ (Italien). Königliche Decrete rufen sämmtliche Streitkräfte des Landes unter die Waffen und zwar in kürzester Frist.
30. „ (Preußen) lehnt die Zumuthung Oesterreichs vom 26. d. M. ab und beharrt auf seinem Entschlusse, nur dann abzurüsten, wenn Oesterreich sich dazu Preußen und Italien gegenüber verpflichte.
„ „ (Oesterreich) ruft die Grenzer bis zum zehnten Dienstjahre unter die Fahne.
„ „ (Frankreich) regt in London die Frage einer europ. Conferenz an behufs friedlicher Lösung der österr.-preuß.-ital. Differenzen.
„ „ (Italien). In der II. Kammer werden alle Differenzen zwischen Majorität und Opposition bei Seite gelegt und ist alles einig zum Kriege gegen Oesterreich. Einstimmig werden der Regierung die umfassendsten Vollmachten dazu votirt.

Anf. Mai. (Türkei. — Candia). Die Pforte antwortet auf die Begehren der Candioten verneinend. Ausbruch des Aufstandes.
„ „ (Griechenland). Mißlungener Versuch einer Landung bei Thessalonich durch Leonidas Bulgaris mit wenigen Genossen.
2. „ (Ver. Staaten). Gräßliche Negermetzelei in Memphis.
„ „ (Italien). Die Regierung entnimmt durch kgl. Decret der Nationalbank 250 Mill. und verleiht dafür ihren Noten Zwangscours.
3. „ (Frankreich). Debatte des gesetzgeb. Körpers über die deutsche Frage. Rede des Hrn. Thiers gegen Preußen und die Politik des Kaisers. Die ganze Kammer zollt ihm Beifall.
„ „ (Ver. Staaten). Der Congreß beschließt die Aufnahme des Territoriums Colorabo als Staat in die Union, ohne daran die Bedingung des Negers

stimmrechts zu knüpfen. Der Präsident verhindert jedoch die Maßregel durch sein Veto.
4. Mai. (**Preußen**) erläßt nunmehr die förmliche Mobilisirungsordre für den größeren Theil seiner Armee.
„ „ (**Oesterreich**) lehnt eine Abrüstung gegen Italien entschieden ab.
5. „ (**Oesterreich**) beginnt wieder Staatsnoten mit Zwangscurs zu creiren.
„ „ (**Deutschland. — Bundestag**). Sachsen legt seinen Depeschenwechsel mit Preußen dem Bunde vor und bringt auf eine beruhigende Erklärung Preußens.
„ „ (**Deutschland. — Sachsen**). In Sachsen beginnen Demonstrationen für und gegen die Rüstungen der Regierung.
6. „ (**Preußen**). Mißlungenes Attentat Bluds gegen Bismarck.
„ „ (**Oesterreich**). Die ganze Armee wird auf den Kriegsfuß gesetzt; die Nordarmee soll sich an der böhmischen und schlesischen Grenze concentriren.
„ „ (**Deutschland. — Bayern**) nimmt die am 21. April sistirten Rüstungen wieder auf.
„ „ (**Frankreich**). Rede des Kaisers in Auxerre gegen die Verträge von 1815 (gegen Thiers und die Stimmung des gesetzgeb. Körpers).
„ „ (**Italien**). Die Regierung errichtet Freiwilligen-Bataillone und überträgt den Oberbefehl über dieselben an Garibaldi.
7. „ (**Preußen**) weist in Antwort auf die österr. Depesche vom 26. April jede Intervention des Bundes behufs Lösung der schleswig-holst. Frage entschieden zurück.
„ „ (**Preußen**). Der alte Rundschauer der „Kreuzztg." spricht sich eindringlich gegen die auswärtige Politik Bismarcks und die dadurch herbeigeführte innere Auflösung der conservativen (feudalen) Partei aus.
„ „ (**Deutschland. — Hannover**) trifft einige militärische Vorbereitungen.
„ „ (**Italien**). In Neapel werden energische Maßregeln getroffen, um der bereits vorbereiteten Erhebung der bourbonischen und clericalen Elemente für den Ausbruch des Kriegs in Oberitalien zu begegnen.
8. „ (**Preußen**) mobilisirt auch den Rest seiner Armee.
9. „ (**Deutschland. — Bundestag**) nimmt den Antrag Sachsens vom 5. b. M. mit 10 gegen 5 Stimmen an.
„ „ (**Preußen**). Eine kgl. Verordnung spricht die Auflösung des Abg.-Hauses aus und ordnet Neuwahlen auf den 3. Juli an.
10. „ (**Preußen**) mobilisirt auch einen Theil seiner Landwehr.
„ „ (**Deutschland. — Bayern**). Mobilisirung der ganzen Armee; Einberufung des Landtags auf den 23. Mai.
11. „ (**Preußen**) legt dem Ausschuß des Bundestags seine Bundesreformvorschläge vor.
„ „ (**Deutschland**). Conferenz der Kriegsminister und Generalstabschefs der Mittelstaaten in Stuttgart.
„ „ (**Deutschland. — Württemberg**). Einberufung des Landtags auf den 23. Mai.
12. „ (**Preußen**) remonstrirt in Hannover und Kurhessen gegen die dortigen Rüstungen und verlangt unbewaffnete Neutralität. Beide erklären sich dazu nicht ungeneigt, doch unter Vorbehalt von Bundesbeschlüssen.
„ „ (**Oesterreich**). Benedek übernimmt den Oberbefehl über die Nordarmee gegen Preußen.
„ „ (**Oesterreich**) verweigert in Folge der von den Ver. Staaten von Nordamerika angenommenen Haltung den mit seiner Erlaubniß angeworbenen Freiwilligen die Erlaubniß zur Einschiffung nach Mexico.
„ „ (**Deutschland. — Sachsen**). Einberufung des Landtags auf den 23. Mai.
„ „ (**Deutschland. — Nassau**) setzt seine Truppen in Kriegsbereitschaft.
13. „ (**Deutschland. — Kurhessen**) trifft einige militärische Vorsichtsmaßregeln.

Allgemeine Chronik.

14. Mai. (**Deutschland**). Neue Conferenz der Mittelstaaten in Bamberg.
" " (**Preußen**). Anordnung von Truppenconcentrationen in Sachsen und Schlesien, die bis zum 15. Juni vollendet sein sollen.
" " (**Deutschland. — Baden**). In der I. Kammer wird auf Neutralität der Mittelstaaten in dem heraunahenden Kriege zwischen Oesterreich und Preußen angetragen.
15. " (**Preußen**). Die preußischen Truppen in Schleswig erhalten starke Zuzüge, ohne daß Oesterreich sich demselben widersetzt.
" " (Preußen). Die Einberufung der Landwehr führt in mehreren Provinzen zu argen Widersetzlichkeiten.
16. " (**Deutschland. — Hessen-Darmstadt**) mobilisirt seine ganze Division.
" " (**Deutschland. — Nassau**). Der Ausschuß der Ständeversammlung beanstandet die von der Regierung angeordnete Mobilmachung der Truppen; der Landtag wird daher sofort bis zum 4. Juni vertagt.
17. " (**Frankreich**). Programm der französischen Regierung für die beabsichtigte Friedensconferenz der Großmächte.
" " (**Türkei. — Rumänien**). Die Pariser Conferenz weigert sich, den Prinzen Karl als Fürsten anzuerkennen. Die Pforte will selbständig intervenieren und sammelt Truppen an der Grenze.
" " (**Oesterreich**). Gegen mögliche Wechselfälle des Kriegs wird zum Schutze Wiens in aller Eile bei Florisdorf ein befestigter Brückenkopf errichtet.
19. " (**Deutschland. — Bundestag**). Die Staaten der Bamberger Conferenz stellen den Antrag auf gleichzeitige Abrüstung sämmtlicher Bundesglieder.
20. " (**Deutschland**). Versammlung des Abgeordnetentages in Frankfurt. Die Majorität erklärt sich für Neutralität der Mittelstaaten, zumal der südwestdeutschen Gruppe. Die Minorität will dagegen die gesammte Nation zu den äußersten Mitteln gerechter Nothwehr gegen Preußen auffordern.
" " (**Türkei. — Rumänien**). Prinz Karl von Hohenzollern erscheint unerwartet im Lande und nimmt sofort Besitz von dem ihm angebotenen Fürstenstuhle.
22. " (**Deutschland. — Hannover u. Kurhessen**). Oesterreichische Generäle treffen in außerordentlicher Mission in Hannover und Kassel ein.
23. " (**Deutschland. — Württemberg**). Eröffnung des Landtags. Thronrede des Königs. Die Regierung verlangt einen außerordentlichen Militärcredit und daß die gesammte Landwehr dem Kriegsminister zur Verfügung gestellt werde.
24. " (Preußen). Eine Reihe von Stadtverordnetenversammlungen im Westen und im Osten der Monarchie richten Friedensadressen an den König. Siebzehn Handelskammern in Rheinland und Westphalen vereinigen sich zu einem gemeinsamen Schritte in demselben Sinne.
" " (**Deutschland. — Bundestag**) nimmt den Antrag vom 19. d. M. auf gleichzeitige Abrüstung aller Bundesglieder einstimmig an.
26. " (**Oesterreich**). Benedek verlegt das Hauptquartier der Nordarmee von Wien nach Olmütz.
27. " (Preußen). Eine Circulardep. Bismarcks an die deutschen Regierungen sucht nochmals die Nothwendigkeit einer Bundesreform und die Bescheidenheit der preuß. Forderungen nachzuweisen.
" " (**Deutschland. — Sachsen, Bayern**). Eröffnungen der Landtage. Thronreden der beiden Könige.
28. " (**Deutschland. — Baden**). Die II. Kammer genehmigt einstimmig einen ersten außerordentlichen Militärcredit.
" " (**Frankreich**). Die 3 neutralen Großmächte haben sich in Abänderung des ursprünglichen Programmes Frankreichs über eine möglichst annehmbare Fassung vereinigt und erlassen nunmehr die formellen Einladungen zu Friedensconferenzen an Oesterreich, Preußen, Italien und den deutschen Bund.
" " (**Holland**). Bildung eines conservativen Ministeriums van Zuylens Myer.

29. Mai. (Deutschland. — Hannover). Bennigsen trägt in der II. Kammer auf einen gründlichen Wechsel des Ministeriums an.
30. „ (Oesterreich) muß auf eine Verstärkung seines Truppencorps in Holstein verzichten.
„ „ (Deutschland. — Bayern, Sachsen). Die Regierungen verlangen von den Landtagen außerordentliche Militärcredite, Bayern 31½ Mill. fl.
„ „ (Türkei. — Aegypten). Der Sultan gesteht dem Vicekönig die Erblichkeit in abendländischer Weise zu.

1. Juni. (Preußen, Italien u. der deutsche Bund) nehmen die Einladung der neutralen Großmächte zu einem Friedenscongresse an.
„ „ (Oesterreich) dagegen lehnt sie ab und legt die schleswig-holst. Frage in die Hände des Bundestages.
„ „ (England). Ein gewaltsamer Einfall der Fenier in Canaba von den Ver. Staaten aus mißlingt gänzlich.
2. „ (Oesterreich). Der österr. Statthalter in Holstein beruft die Ständeversammlung des Herzogthums auf den 11. Juni nach Itzehoe ein.
„ „ (Deutschland. — Bayern) ordnet eine außerordentliche Heereseergänzung von 18,000 Mann bis zum 2. Juli an.
„ „ (Deutschland. — Baden). Der Großherzog geht nach Pillnitz, um einen letzten Versuch zu machen, den Frieden zu erhalten.
„ „ (Deutschland. — Hessen-Darmstadt). Der Finanzausschuß der II. Kammer will den von der Regierung geforderten außerordentlichen Militärcredit nur gegen liberale Concessionen bewilligen. Minister Dalwigk lehnt die Forderung ab.
„ „ (Türkei. — Rumänien). Die Pforte will entschieden interveniren und ernannt Omer Pascha zum Befehlshaber der Truppen an der Grenze. Die Rumänen bereiten sich zum Widerstande. Die Pforte weicht jedoch schließlich dem Rathe der Großmächte.
„ „ (Preußen) protestirt gegenüber Oesterreich gegen die Einberufung der holsteinischen Stände und erklärt die Gasteiner Convention für gebrochen, so daß die gemeinsame Verwaltung beider Herzogthümer durch Oesterreich und Preußen wieder einzutreten habe.
4. „ (Frankreich, England u. Rußland) erklären den Plan einer Friedensconferenz in Folge der österr. Vorbehalte für gescheitert.
„ „ (Preußen). Eine Circulardep. des Grafen Bismarck erklärt den Krieg für unausweichlich und sucht die Schuld davon auf Oesterreich zu wälzen.
„ „ (Preußen). Beginn des Ausmarsches der Garden aus Berlin.
„ „ (Deutschland. — Hannover). Die I. Kammer erklärt sich mit der Politik der Regierung einverstanden.
—8. „ (Deutschland. — Württemberg). Debatte der II. Kammer über den außerordentlichen Militärcredit. Die Commission trägt nur unter Bedingungen auf Bewilligung an. Die Regierung erklärt die Bedingungen für zugestanden. Mit 82 gegen 8 Stimmen wird nunmehr der Credit bedingungslos zugestanden. Die I. Kammer tritt dem Beschlusse bei, erklärt sich aber gegen die Forderungen einer Revision der Verfassung und der Einführung allg. Wehrpflicht.
„ „ (Italien). Der ital. Unterhändler Gen. Govone kehrt von Berlin wieder nach Florenz zurück.
5. „ (Deutschland. — Nassau). Wiederzusammentritt der Stände. Die Regierung verlangt von denselben einen außerordentlichen Militärcredit.
6. „ (Preußen). Der preuß. Gouverneur von Schleswig, Manteuffel, zeigt dem österr. Statthalter von Holstein, Gablenz an, daß er am folgenden Tag mit seinen Truppen in Holstein einrücken werde.
„ „ (Deutschland. — Hannover). Die II. Kammer genehmigt den Antrag

Bemäßigten auf ein Mißtrauensvotum gegen das Ministerium mit 50 gegen 20 Stimmen.
6. Juni. (Türkei). Fuad Pascha wird gestürzt und ein alttürkisches Cabinet tritt an seine Stelle.
7. „ (Oesterreich). Der österr. Statthalter in Holstein, Gablenz, protestirt gegen das Einrücken der Preußen, verlegt seinen Sitz nach Altona und concentrirt ebendahin die ganze österr. Brigade.
8.—9. Juni. (Deutschland. — Bayern). Abreßdebatte der II. Kammer. Der Commissionsentwurf wird mit 97 gegen 45 Stimmen (der vereinigten Linken) angenommen. Derselbe spricht sich entschieden für den Krieg aus.
9. Juni. (Oesterreich) erklärt Preußen, daß es durch seinen Einmarsch in Holstein den Art. 11 der Bundesacte verletzt und den Fall des Art. 19 der Wiener Schlußacte herbeigeführt habe.
„ „ (Deutschland — Bundestag) beschließt einstimmig Oesterreich und Preußen zu ersuchen, ihre Truppen aus den Bundesfestungen Mainz und Rastatt sowie aus Frankfurt zurückzuziehen.
„ „ (Italien). Die II. Kammer beschließt fast einstimmig die Aufhebung aller Klöster und die Einziehung der geistlichen Güter.
10. „ (Preußen) macht den deutschen Regierungen durch eine Circulardep. einen neuen Bundesreformvorschlag, der auf dem Ausschlusse Oesterreichs aus dem neuen Bunde beruht und dem König von Bayern den Oberbefehl über die Contingente der süddeutschen Staaten anbietet.
„ „ (Preußen). Gen. Manteuffel ergreift die oberste Gewalt auch im Herzogthum Holstein, unterdrückt die preußenfeindliche Presse und die politischen Vereine, verhindert gewaltsam den Zusammentritt der Stände in Jtzehoe und ernennt den Baron v. Scheel-Plessen zum Oberpräsidenten für beide Herzogthümer.
„ „ (Deutschland). Die Preußen und Oesterreicher räumen Mainz, Rastatt und Frankfurt. In Frankfurt bezeigt sich die Bevölkerung den abziehenden Preußen, in Mainz den zurückbleibenden preuß. Beamteten sehr abgeneigt.
„ „ (Deutschland. — Bayern). Gen. v. d. Tann geht in besonderer Mission nach Oesterreich.
11. „ (Oesterreich) klagt am Bunde gegen Preußen wegen Vergewaltigung in Holstein und trägt auf Mobilmachung der gesammten Bundesarmee gegen Preußen an.
„ „ (Deutschland. — Sachsen). Beide Kammern genehmigen den geforderten außerordentlichen Militärcredit und verlangen die Einberufung eines deutschen Parlaments, seiner Delegirtenversammlung, auf Grund directer Wahlen schleunigst, längstens aber im läufigen Monat.
11.—13. Juni. (Deutschland. — Hessen-Darmstadt). Die II. Kammer lehnt den geforderten Militärcredit mit 27 gegen 21 Stimmen ab.
„ „ (Frankreich). Brief des Kaisers an Hrn. Drouyn de l'Huys: Programm des Kaisers vor dem Kriege. Dem gesetzgeb. Körper wird keine weitere Debatte der deutschen Frage gestattet, wiederholte Versuche werden von Rouher, Walewski und der Majorität abgeschnitten.
„ „ (Spanien). Das Cabinet O'Donnel wird durch ein Cabinet Narvaez ersetzt.
12. „ (Oesterreich) ruft seinen Gesandten in Berlin ab und stellt dem preußischen Gesandten in Wien seine Pässe zu.
„ „ (Oesterreich). Die österr. Brigade räumt Holstein ohne Schwertstreich und zieht sich über Hannover und Cassel nach Süden zurück. Der Augustenburger verläßt gleichfalls das Land.
„ „ (Belgien). Wahlen zur II. Kammer: Das Uebergewicht der liberalen Partei über die katholische steigt durch dieselben von 12 auf 20 Stimmen.
13. „ (Schweiz). Der Bundesrath bietet Truppen auf, um die Neutralität gegen Oesterreich und Italien zu wahren.

14. Juni. (**Deutschland** — **Bundestag**) erhebt den österreich. Antrag, die ganze Bundesarmee (gegen Preußen) zu mobilisiren, mit 9 gegen 6 Stimmen zum Beschluß. Hannover und Kurhessen stimmen mit der Mehrheit gegen Preußen. Der preuß. Gesandte erklärt den Bund dadurch für aufgelöst, legt den preuß. Bundesentwurf vom 10. Juni auf den Tisch des Hauses nieder und verläßt den Saal.

„ „ (**Deutschland** — **Hannover**). Gestützt auf den heutigen Bundesbeschluß befiehlt der König die Mobilisirung seiner ganzen Armee.

„ „ (**Deutschland**. — **Kurhessen**). Gestützt auf den heutigen Bundesbeschluß befiehlt der Kurfürst die Mobilisirung seiner ganzen Armee.

„ „ (**Deutschland**. — **Bayern**) schließt durch v. d. Tann in Olmütz eine besondere Convention mit Oesterreich ab, um sein Gebiet zu wahren, eventuell vielleicht zu erweitern. Oesterreich verpflichtet sich, keinen einseitigen Frieden mit Preußen einzugehen.

„ „ (**Deutschland**. — **Baden**). Die II. Kammer bewilligt einstimmig den geforderten außerord. Militärcredit.

15. „ (**Deutscher Krieg**). Preußen richtet Sommationen an Sachsen, Hannover und Kurhessen, ihre Truppen sofort auf den Friedensfuß zurückzuführen und sich dem preuß. Bundesreformantrag anzuschließen, widrigenfalls Preußen dieselben als im Kriegszustand gegen dasselbe befindlich betrachten und demgemäß handeln werde. Alle drei lehnen die Forderung ab: Sachsen läßt seine Armee an die böhmische Grenze behufs einer Vereinigung mit der österreichischen, Hannover leitet in der Eile zusammengerafften Truppen nach Göttingen, Kurhessen die seinigen nach Hanau marschiren. Die Könige von Hannover und Sachsen folgen ihren Truppen, der Kurfürst von Hessen bleibt in Wilhelmshöhe.

„ „ (**Deutschland** — **Hannover**). Bennigsen trägt in der II. Kammer auf eine Adresse an den König an, den gestrigen Bundesbeschluß nicht auszuführen und völlige Neutralität gegen Oesterreich und Preußen zu bewahren.

16. „ (**Deutscher Krieg**). Preußen läßt seine Truppen unter Gen. Herwarth v. Bittenfeld in Sachsen, unter Gen. Bayer in Kurhessen, unter den Gen. Vogel von Falkenstein und Manteuffel in Hannover einrücken.

„ „ (**Preußen**) fordert die norddeutschen Staaten auf, mit ihm ein neues Bündniß auf Grundlage seines Vorschlags vom 10. Juni abzuschließen und ihre Truppen dem Oberbefehl des Königs von Preußen zu unterstellen, wogegen Preußen ihnen ihre Unabhängigkeit und ihr Territorium garantire.

„ „ (**Oesterreich**) erklärt am Bunde, daß es allen bundesgetreuen Staaten ausdrücklich ihren Besitzstand garantire.

„ „ (**Deutschland**. — **Bundestag**). Sachsen verlangt vom Bunde Hülfe wider Preußen. Die Bundesversammlung beschließt mit 10 Stimmen (zu den 9 Stimmen vom 14. d. M. tritt jetzt auch Baden) Oesterreich und Bayern mit dem Schutze Sachsens zu beauftragen.

„ „ (**Rußland**) nimmt die bocharische Festung Chodsent.

„ „ (**Ver. Staaten**). Beide Häuser des Congresses haben sich über ein Amendement zur Bundesverfassung geeinigt, das die bürgerlichen Rechte der ehemaligen Sclaven sichern soll und von dessen Annahme die Wiederaufnahme der ehemaligen Sclavenstaaten in die Union abhängig gemacht wird.

17. „ (**Deutscher Krieg**). Die ersten Württemberger rücken zum Schutz der Bundesversammlung in Frankfurt ein.

Fast die ganze hessische Armeedivision wird bei Frankfurt concentrirt.

Die Preußen rücken unter Gen. Vogel v. Falkenstein in die Stadt Hannover ein.

Der Herzog von Coburg-Gotha tritt der erste unter den norddeutschen Fürsten auf die Seite Preußens.

„ „ (**Oesterreich**). Der Kaiser erläßt ein Kriegsmanifest wider Preußen.

18. Juni. (**Preußen**). Der König von Preußen erläßt ein Kriegsmanifest wider Oesterreich.
,, ,, (**Deutscher Krieg**). Die Preußen unter Gen. Herwarth besetzen Dresden. Die hannoversche Festung Stade ergibt sich durch Capitulation den Preußen unter Gen. Manteuffel.
Die Preußen unter Gen. Bayer rücken in Cassel ein.
Der Frankfurter Bundestag beschließt mit 11 Stimmen (zu den 10 Stimmen tritt jetzt auch noch die großh. und herzogl. sächs. Stimme) alle Regierungen ohne Ausnahme wider Preußen aufzurufen.
In Bayern bewilligt die Kammer einstimmig den außerordentlichen Militärcredit von 31 Mill. Die vereinigte Linke legt ihre Vorbehalte in einer Erklärung nieder.
Prinz Alex. von Hessen übernimmt den Oberbefehl über das 8. Bundesarmeecorps.
,, ,, (**Oesterreich**). Die Deputationen des ungarischen und des croatischen Landtages gehen auseinander, ohne daß sie sich über das Verhältniß Croatiens zu Ungarn hätten verständigen können.
,, ,, (**England**). Die Regierung unterliegt bei der Committeeberathung des Unterhauses über die Parlamentsreformbill in einem wesentlichen Punkte mit 304 gegen 315 Stimmen und gibt ihre Entlassung ein.
19. ,, (**Deutscher Krieg**). Die Preußen besetzen Leipzig. Die ganze sächsische Armee ist auf österr. Boden übergetreten.
In Hannover übernimmt der preuß. Gen. Vogel v. Falkenstein die Verwaltung des Königreichs.
20. ,, (**Deutscher Krieg**). In Kurhessen übernimmt der preuß. Gen. v. Bayer die oberste Verwaltung des Kurfürstenthums.
In Hessen-Darmstadt bewilligt die II. Kammer nunmehr einstimmig den ermäßigten außerordentlichen Militärcredit.
,, ,, (**Italien**) erläßt die förmliche Kriegserklärung an Oesterreich; Kriegsmanifest des Königs.
21. ,, (**Deutscher Krieg**). In Hannover bricht König Georg mit seiner Armee von Göttingen auf, um über Langensalza und Gotha die Vereinigung mit den Bayern zu suchen.
Am Frankfurter Bundestag fangen die norddeutschen Staaten an, ihren Austritt aus dem Bunde zu erklären; Oldenburg und Lippe-Detmold gehen voran.
Prinz Karl, der Oberbefehlshaber der bayerischen Armee und des 8. Bundesarmeecorps, läßt von Bamberg aus seine Truppen gegen Fulda vorrücken, um den Hannoveranern, die er irrig in jener Richtung erwartet, die Hand zu reichen.
,, ,, (**Italien**). Verlagung der Kammern.
,, ,, (**England**). Die Regierung verfügt in Folge des Berichts der jamaicanischen Untersuchungscommission die Abberufung des Gouverneurs Eyre.
22. ,, (**Deutscher Krieg**). Die beiden preuß. Armeen unter dem Prinzen Friedrich Karl und unter dem Kronprinzen setzen sich in Bewegung und überschreiten die böhmische Grenze.
In Hannover rücken die Preußen dem König Georg und seiner Armee nach. Unterhandlungen zwischen Preußen und dem König. Abschluß eines Waffenstillstandes.
,, ,, (**Spanien**). Neue Militärrevolte in Madrid.
,, ,, (**Schweden**). Schluß der letzten Session des Reichstags nach der alten Verfassung der vier Stände.
23. ,, (**Deutscher Krieg**). In Kurhessen führen die Preußen den Kurfürsten als Gefangenen nach Stettin ab.
Der Frankfurter Bundestag läßt die deutsche Fahne auf dem Bundespalais aufziehen und das 8. Bundesarmeecorps die deutsche Armbinde anlegen.

24. Juni. (**Deutscher Krieg**). Die Preußen unter dem Prinzen Friedrich Karl besetzen Reichenberg in Böhmen ohne Widerstand.

Die bayer. Armee verändert ihre Richtung, um den Hannoveranern über Gotha statt über Fulda die Hand zu bieten.

„ „ (**Oesterr.-ital. Krieg**). Schlacht von Custoza. Sieg der Oesterreicher unter dem Erzherzog Albrecht über die Italiener unter dem König Victor Emanuel.

25. „ (**Oesterreich**). Das 15er Subcomité des ungarischen Landtags vollendet sein Operat über die gemeinsamen Angelegenheiten.

26. „ (**Deutscher Krieg**). Die preuß. Armee unter dem Prinzen Friedrich Karl rückt in Böhmen bis Liebenau, Turnau und Podol vor. Die Oesterreicher unter Clam-Gallas werden zurückgeworfen. Die preuß. Armee unter dem Kronprinzen nimmt Nachod.

Die Bundestruppen (Württemberger) besetzen die hohenzollern'schen Fürstenthümer.

Bayern hebt 30,000 Reservepflichtige aus.

Die badischen Truppen langen endlich in Darmstadt an.

Die Ständeversammlung von Nassau lehnt den geforderten außerordentlichen Militärcredit mit 24 gegen 14 Stimmen auch jetzt noch ab.

„ „ (**Oesterreich**). Der ungarische Landtag wird mit Rücksicht auf den ausgebrochenen Krieg auf unbestimmte Zeit vertagt.

27. „ (**Deutscher Krieg**). Die preuß. Elbarmee unter Gen. Herwarth dringt in Böhmen bis zur Linie der Iser vor, geht über diesen Fluß und vereinigt sich mit der Armee des Prinzen Friedrich Karl. Die Armee des Kronprinzen von Preußen tritt nach heftigem Kampfe aus dem Defilé zwischen Nachod und Skalitz heraus.

Die Preußen erleiden unter Gen. Flies bei Langensalza eine Schlappe gegen die Hannoveraner.

Der Frankfurter Bundestag überträgt den Oberbefehl über die Bundestruppen dem Prinzen Karl von Bayern und die oberste Leitung dem österr. Generalissimus Benedek.

28. „ (**Deutscher Krieg**). Die Preußen nehmen unter dem Prinzen Friedrich Karl Münchengrätz, unter dem Kronprinzen Trautenau und Burgersdorf und Skalitz.

Der König von Hannover, von allen Seiten durch überlegene preußische Streitkräfte eingeschlossen, capitulirt in Langensalza. In Norddeutschland steht den Preußen kein Feind mehr gegenüber. Die Preußen vereinigen sich unter dem Oberbefehl des Gen. Vogel v. Falkenstein als preuß. Mainarmee gegen Süddeutschland.

28. „ (**Dänemark**). Beide Thinge des Reichstags verständigen sich endlich über die Annahme der neuen Verfassung und die Beseitigung des doppelten constitutionellen Räderwerks.

29. „ (**Deutscher Krieg**). Die Preußen nehmen Gitschin und Königinhof; alle ihre drei Armeen in Böhmen bewerkstelligen ihre Vereinigung. Die Oesterreicher sind in vollem Rückzuge gegen Königgrätz.

30. „ (**Deutscher Krieg**). Der König von Preußen geht zur Armee ab.

Mecklenburg weicht dem preuß. Drucke, nimmt den Bundnißantrag desselben an und stellt dem König von Preußen seine Truppen zur Verfügung.

Bremen tritt dem norddeutschen Bunde bei.

„ „ (**Frankreich**). Schluß der Kammersession.

2. Juli. (**Spanien**). Die Cortes bewilligen dem Regiment Narvaez die Suspendirung der constitutionellen Garantien. Die Regierung schlägt einen entschieden reactionären Weg ein. Das Unterrichtswesen wird dem clericalen Belieben überantwortet, die Provinzial- und Gemeinderäthe werden einer Neuwahl unterworfen und ihre Befugnisse durch kgl. Decrete beschränkt.

3. Juli. (**Deutscher Krieg**). Schlacht von Königgrätz (Sadowa). Sieg der Preußen, vollständige Niederlage der Oesterreicher. Benedek sammelt die Ueberreste seiner Armee, um sie in Olmütz zu reorganisiren. Gefecht zwischen Preußen und Bayern. Die Bayern gehen zurück.
4. „ (**Deutscher Krieg**). Oesterreich tritt Venetien an den Kaiser der Franzosen ab.
„ „ (**Deutscher Krieg**). Gefechte zwischen den Preußen und Bayern, die Bayern gehen zurück.
Der Frankfurter Bundestag beschließt die Befestigung der Stadt.
5. „ (**Deutscher Krieg**). In Wien fürchtet man bereits den Einmarsch der siegreichen Preußen; der Baarschatz der Bank wird nach Komorn zu transportiren angefangen.
„ „ (**Frankreich**). Der Moniteur verkündet die Cession Venetiens durch Oesterreich an den Kaiser der Franzosen und daß dieser die Vermittlung sowohl zwischen Oesterreich und Italien als zwischen Oesterreich und Preußen übernommen habe. Die Pariser Flaggen und illuminirten zu Ehren des Kaisers als des anerkannten Schiedsrichters Europas. Preußen nimmt die Vermittlung Frankreichs nur unter Bedingungen an, Italien schützt die Allianz mit Preußen vor.
6. „ (**Deutschland**. — **Nassau**). Die Ständeversammlung von Nassau lehnt die Bewilligung des von der Regierung geforderten Militärcredits zum zweiten Mal ab und wird dafür sofort aufgelöst.
„ „ (**England**). Bildung eines reinen Torycabinets Derby-Disraeli.
„ „ (**Schweiz**). Beide Räthe der Bundesversammlung sprechen sich für schleunige Bewaffnung der ganzen Armee mit Hinterladungsgewehren aus und beschließen die Umwandlung aller Artilleriegeschütze in gezogene.
7. „ (**Deutscher Krieg**). Der Kaiser von Oesterreich erläßt ein Manifest an die Ungarn, freiwillig unter die Fahnen zu eilen zur Vertheidigung des überfallenen Reichs. Das Manifest bleibt jedoch in Ungarn vollständig wirkungslos.
8. „ (**Deutscher Krieg**). Die Preußen besetzen Prag.
„ „ (**Oesterr.-ital. Krieg**). Die italienische Armee ergreift trotz der Abtretung Venetiens von Seite Oesterreichs an den Kaiser der Franzosen wieder die Offensive und geht unter Cialdini über den untern Po.
10. „ (**Deutscher Krieg**). Erzh. Albrecht wird zum Commandanten der gesammten operirenden Armeen Oesterreichs ernannt.
Die Oesterreicher beginnen Venetien mit Ausnahme der Stadt Venedig und des Festungsvierecks zu räumen und den größeren Theil ihrer italienischen Armee an die Donau gegen die Preußen heranzuziehen.
Der Frankfurter Bundestag ist auf seine eigene Sicherheit bedacht und bringt vorerst die Bundescasse aus der Stadt fort.
Gefechte der Bayern mit der preuß. Mainarmee bei Kissingen und Hammelburg. Die Bayern gehen hinter den Main zurück und stellen sich bei Schweinfurt in Schlachtordnung auf. (Gen. Vogel v. Falkenstein läßt sie dort stehen und wendet sich mit der preußischen Mainarmee zunächst gegen das 8. Bundesarmeecorps.
Bayern ruft die gesammte Landwehr unter die Waffen.
„ „ (**Deutscher Krieg**). Der Kaiser von Oesterreich richtet ein Manifest an seine gesammten Völker, in dem er erklärt, daß er nie in einen Frieden willigen werde, welcher die Grundbedingungen der Machtstellung des Reichs erschüttern würde, und sie zum Vertrauen und zur Ausdauer ermahnt.
„ „ (**Preußen**). Prinz Reuß langt mit einem eigenhändigen Schreiben des Königs von Preußen an Napoleon in Paris an: der König bestätigt darin die schon von Bismarck an den preuß. Gesandten Grafen Golz am 5. d. M. erlassenen Weisungen bez. der Bedingungen Preußens für einen Waffenstillstand mit Oesterreich.

10. Juli. (Oesterr.-ital. Krieg). Die Oesterreicher ziehen ihre Truppen aus Venetien an die Donau gegen Preußen und behalten nur das Festungsviereck und die Stadt Venedig besetzt. Die ital. Armee rückt daher ziemlich ungehindert gegen Venedig, gegen den Tagliamento und gegen Trient zu vor.
11. „ (Deutscher Krieg). Der Frankfurter Bundestag beschließt, seinen Sitz nach Augsburg zu verlegen.
 „ „ (Frankreich). Entscheidender Ministerrath. Zwiespalt der Ansichten. Der Kaiser entschließt sich gegen eine active Unterstützung Oesterreichs und damit gegen einen Eintritt Frankreichs in den Krieg. Formulirung eines französischen Vermittlungsantrags, der von Preußen angenommen wird.
12. „ (Deutscher Krieg). Die Preußen rücken in Brünn ein.
          Die letzten österr. Feldtruppen verlassen Venetien.
 „ „ (Türkei. — Rumänien). Fürst Karl beschwört die ihm vorgelegte neue Verfassung.
13. „ (Deutscher Krieg). Eine von Frankreich vermittelte dreitägige Waffenruhe zwischen Oesterreich und Preußen kommt nicht zu Stande.
 „ „ (Deutscher Krieg). Erzherzog Albrecht übernimmt den Oberbefehl über die österr. Armee an der Donau. Die Oesterreicher gehen über die Thaya zurück und sprengen die Brücken in die Luft.
          Gefecht der Hessen (8. Bundesarmeecorps) und der preuß. Mainarmee. Prinz Alexander erklärt dem Bundestage in Frankfurt, daß er ihn nicht länger schützen könne, sondern hinter den Main zurückgehen werde, um sich mit den Bayern zu vereinigen.
14. „ (Deutscher Krieg). Die Preußen rücken ins Erzherzogthum Oesterreich ein.
 „ „ (Deutscher Krieg). Der Rumpfbundestag siedelt nach Augsburg über.
          Gefecht der Hessen und Oesterreicher bei Aschaffenburg mit der preußischen Mainarmee. Das 8. Bundesarmeecorps geht hinter den Main zurück. Die Preußen marschiren auf Frankfurt.
 „ „ (Frankreich). Der Senat genehmigt einstimmig ein Consult, das jede Discussion über Verfassungsveränderungen in der Presse untersagt und dieselben dem Senat allein reservirt.
15. „ (Deutscher Krieg). Benedek verläßt mit dem Reste seiner Armee Olmütz, um sie der österr. Armee an der Donau zuzuführen.
          Der Großherzog von Hessen und der Herzog von Nassau verlassen ihre Lande vor den anrückenden Preußen.
16. „ (Deutscher Krieg). Die Mainarmee unter Gen. Vogel v. Falkenstein rückt in Frankfurt ein.
17. „ (Deutscher Krieg). Die Preußen besetzen Lundenburg; eine Abtheilung derselben geht bei Göritz über die March auf ungarischen Boden.
          Oesterreich bietet den Landsturm auf in Ober- und Niederösterreich, in Kärnthen, Krain und Steyermark. Wien beschließt die Errichtung einer Bürgerwehr.
 „ „ (Frankreich). Nachdem die Erzielung eines Waffenstillstandes zwischen Oesterreich und Preußen gesichert erscheint, geht der Prinz Napoleon nach Italien ab, um einen solchen auch zwischen Italien und Oesterreich zu betreiben.
18. „ (Deutscher Krieg). Die Preußen besetzen Darmstadt, Wiesbaden und Biebrich. Der Stadt Frankfurt wird eine Kriegscontribution von 6 Mill. fl. auferlegt.
19. „ (Deutscher Krieg). Die leitenden Minister von Bayern, Württemberg, Hessen und Baden treten in München zu Conferenzen zusammen.
20. „ (Deutscher Krieg). Die Preußen wollen der Stadt Frankfurt eine neue Contribution von 25 Mill. Gulden auflegen; die Stadt weigert sich entschieden.

20. Juli. (**Italien**) verfügt für Venetien bereits die Beseitigung des österr. Concordats mit Rom und die Aufhebung der Klöster.
21. „ (**Deutscher Krieg**). Der bayerische Minister v. d. Pfordten geht nach Nicolsburg, um einen Waffenstillstand mit Preußen zu erzielen.
„ „ (**Oesterreichisch-Italienischer Krieg**). Glänzender Seesieg der Oesterreicher unter Admiral Tegethoff bei Lissa über die italienische Flotte unter Admiral Persano.
„ „ (**Ver. Staaten**). Der Congreß beschließt die Wiederaufnahme des ehemaligen Sclavenstaates Tennessee in die Union, nachdem derselbe das Amendement zur Bundesverfassung v. 16. Juni angenommen hat.
22. (**Deutscher Krieg**). Letztes Gefecht zwischen Oesterreichern und Preußen bei Preßburg. Großer Minister- und Kriegsrath in Wien. Abschluß einer fünftägigen Waffenruhe zwischen Oesterreich und Preußen in Nicolsburg, dem Hauptquartier des Königs von Preußen.
In Bayern richten die Gemeindebehörden von Nürnberg und Augsburg Friedensadressen an den König.
23. „ (**England**). Die arbeitenden Klassen beginnen, sich sehr allgemein und sehr energisch für eine eingreifende Parlamentsreform auszusprechen. Einem Massenmeeting in London folgen ähnliche in allen großen Städten Englands und Schottlands. Die aufrichtig liberale Partei in Irland beginnt sich der Bewegung anzuschließen.
24. „ (**Deutscher Krieg**). Die Preußen verlangen von Frankfurt drohend die Bezahlung der Kriegscontribution von 25 Mill. Der Bürgermeister Fellner erhängt sich aus Verzweiflung.
Die Preußen nehmen Tauberbischofsheim gegen die Württemberger.
In Baden tritt das Ministerium Edelsheim zurück.
25. „ (**Deutscher Krieg**). Auch in Württemberg circuliren Friedensadressen an den König.
26. „ (**Deutscher Krieg**). Abschluß des Waffenstillstandes und der Friedenspräliminarien zu Nicolsburg zwischen Oesterreich und Preußen.
„ „ (**Oesterreich**). Um die Discussion der innern Fragen abzuschneiden, wird der Belagerungszustand über Wien verhängt.
„ „ (**Oesterr.-Italienischer Krieg.**). Abschluß einer Waffenruhe zwischen beiden Armeen.
27. „ (**England**). Ein neuer Versuch einer transatlantischen Kabelleitung führt glücklich zum Ziele.
„ „ (**Deutscher Krieg**). Die Preußen beschießen die bayerische Veste Marienberg. Abschluß einer Waffenruhe. Die preußische Reservearmee unter dem Großh. von Mecklenburg rückt in Bayern ein und besetzt Bayreuth.
Auch die leitenden Minister von Württemberg und Hessen gehen nach Nicolsburg, um Waffenstillstand zu suchen.
28. „ (**Deutscher Krieg**). Bayern schließt in Nicolsburg einen Waffenstillstand mit Preußen, der aber erst am 2. Aug. anfangen soll und den Preußen bis dahin freie Hand läßt.
In Baden tritt ein preußenfreundliches Ministerium Mathy-Jolly an die Stelle des bisherigen.
„ „ (**Frankreich**). Differenz mit Italien wegen Venetiens und des Trentino. Der Kaiser droht, Italien verzichtet.
„ „ (**Ver. Staaten**). Der Congreß vertagt sich bis zum 3. Dec.
29. „ (**Deutscher Krieg**). Preußen läßt die Kriegscontribution von 25 Mill. gegen Frankfurt vorerst fallen.
„ „ (**Frankreich**). Der Kaiser gibt nach dem „Moniteur" die förmliche Erklärung ab, daß er in die Vereinigung Venetiens mit Italien einwillige.
30. „ (**Frankreich. — Mexico**). Abschluß einer Convention, durch die ein Theil der mexicanischen Zolleinkünfte (in Veracruz und Tampico) Frankreich überlassen wird.

30. Juli. (Ver. Staaten). Grausame Negermetzelei in Neworleans.
31. „ (Deutscher Krieg). Die preuß. Reservearmee rückt ohne Widerstand in Nürnberg ein.
„ „ (Deutscher Krieg). Der König von Preußen verläßt Nikolsburg, um nach Berlin zurückzukehren.
— „ (Mexico). Die Franzosen fangen an, die Nordprovinzen zu räumen, Monterrey und Matamoros fallen wieder in die Hände der Juaristen.

1. Aug. (Deutscher Krieg). Hessen-Darmstadt schließt einen Waffenstillstand mit Preußen v. 2. Aug. an.
„ „ (Mexico). Tampico fällt in die Hände der Juaristen.
2. „ (Deutscher Krieg). Württemberg schließt einen Waffenstillstand mit Preußen. Bismarck ladet die süddeutschen Staaten zu Friedensunterhandlungen in Berlin ein.
„ „ (Italien). Durch kgl. Decret wird dem Lande ein Zwangsanlehen von 350 Mill. auferlegt.
3. „ (Deutscher Krieg). Baden schließt einen Waffenstillstand in Berlin ab.
4. „ (Deutscher Krieg). Alle norddeutschen Staaten, mit einziger Ausnahme von Sachsen-Meiningen und Reuß ä. L., haben sich zu einem neuen Bunde mit Preußen bereit erklärt und dieses richtet nun an dieselben durch Circulardepesche den Entwurf eines förmlichen Bündnißvertrags.
5. „ (Preußen). Eröffnung des Landtags. Thronrede des Königs. Dieselbe kündigt das Begehren um Indemnität für das seitherige budgetlose Regiment an, um den bisherigen Conflikt für alle Zeit zum Abschlusse zu bringen.
„ „ (Oesterr.-ital. Krieg). Beginn der Unterhandlungen über einen Waffenstillstand in der istrischen Stadt Cormons. Italien verlangt die Anerkennung des augenblicklichen uti possidetis der Truppen, Oesterreich die Zurückziehung der Truppen hinter die Grenzen Venetiens namentlich in Wälschtyrol.
7. „ (Preußen) sendet den General v. Manteuffel in besonderer Mission nach St. Petersburg.
„ „ (Frankreich) stellt Compensationsforderungen an Preußen. Preußen lehnt sie ab. Frankreich läßt sie fallen.
„ „ (Frankreich). Der Kaiser kehrt ernstlich krank aus Vichy nach Paris zurück, erholt sich jedoch später wieder.
8. „ (Deutscher Krieg). Auflösung des 8. Bundesarmeecorps.
„ „ (Rußland). In Petersburg findet die erste Sitzung eines Schwurgerichtes statt.
„ „ (Mexico). Die Kaiserin Charlotte versucht umsonst persönlich in Paris den Kaiser Napoleon zu weiterer Unterstützung des Unternehmens in Mexico zu bewegen und geht von dort über Miramare nach Rom ab.
10. „ (Deutscher Krieg). Beginn der Friedensunterhandlungen zwischen Oesterreich und Preußen in Prag.
„ „ (Preußen). Grabow verzichtet im Interesse eines Ausgleichs des inneren Conflicts auf die Candidatur zur Präsidentschaft des Abg.-Hauses und wird durch Forckenbeck ersetzt.
11. „ (Deutscher Krieg). Da Reuß ä. L. auf seinem Widerstande gegen Preußen beharrt, so läßt dieses das Ländchen durch 2 Compagnien besetzen.
„ „ (Oesterr.-ital. Krieg). Italien, von Preußen nicht unterstützt und von Frankreich im Stich gelassen, verzichtet auf das uti possidetis und schließt mit Oesterreich einen Waffenstillstand ab, der einen Verzicht auf Wälschtyrol in sich schließt.
12. „ (Rußland. — Ver. Staaten). Das Erscheinen eines Unionsgeschwa-

13. Aug. (**Deutscher Krieg**). Württemberg schließt in Berlin seinen Frieden und ein (vorerst geheimes) Schutz- und Trutzbündniß mit Preußen.
" " (**Preußen**). Die Regierung legt dem Landtag ein Wahlgesetz für den Reichstag des norddeutschen Bundes vor.
14. " (**Preußen**). Die Regierung kommt nach der Zusicherung der Thronrede beim Abg.-Haus um förmliche Indemnität für das bisherige budgetlose Regiment ein.
" " (**Ver. Staaten**). Eine demokratische Convention (Parteiversammlung) in Philadelphia stellt ein Programm auf, um den Herbstwahlen im Congreß einen mächtigen Rückhalt im Sinne der Politik des Präsidenten Johnson zu gewähren.
15. " (**Italien**). Garibaldi kehrt wieder nach Caprera zurück.
17. " (**Deutscher Krieg**). Baden schließt in Berlin seinen Frieden und ein (vorerst geheimes) Schutz- und Trutzbündniß mit Preußen.
" " (**Preußen**). Eine Botschaft des Königs verlangt vom Landtage die Annexion von Hannover, Kurhessen, Nassau und Frankfurt.
18. " (**Deutscher Krieg**). Definitiver Abschluß des Bündnißvertrags Preußens mit den norddeutschen Staaten, Mecklenburg vorerst noch ausgenommen.
20. " (**Mexico**). Der Kaiser bildet ein neues Cabinet von wesentlich clericaler Färbung.
21. " (**Deutscher Krieg**). Auch Mecklenburg tritt dem norddeutschen Bündniß- vertrage bei.
22. " (**Deutscher Krieg**). Bayern schließt in Berlin seinen Frieden und ein (vorerst geheimes) Schutz- und Trutzbündniß mit Preußen.
23. " (**Deutscher Krieg**). Abschluß des Friedens zwischen Oesterreich und Preu- ßen in Prag.
" " (**Preußen**). Das Abg.-Haus richtet eine Adresse an die Krone, in der die bisherigen Forderungen stillschweigend fallen gelassen werden.
24. " (**Deutscher Krieg**). Ende des Rumpfbundestages in Augsburg.
" " (**Frankreich**) schließt einen Vertrag mit Oesterreich, der die Cession Venetiens an Frankreich bestätigt und ihm die Retrocession an Italien sichert.
25. " (**Preußen**). Antwort des Königs auf die Adresse des Abg.-Hauses.
26. " (**Preußen**) besetzt die bisherige Bundesfestung Mainz.
29. " (**Ver. Staaten**). Präsident Johnson tritt eine Rundreise in den Staaten des Nordens an, die sich bald zur Wahlreise für die Herbstwahlen in den Congreß gestaltet und auf der er durch tactloses Benehmen den letzten Rest seines Ansehens einbüßt.
30. " (**Preußen**). Prinz Nikolaus schließt mit Preußen eine Uebereinkunft über die Rückkehr der nassauischen Truppen in ihre Heimath ab. Der Herzog fügt sich in sein Schicksal, vorbehältlich einer Verständigung über sein Privat- vermögen.
" " (**Deutschland. — Bayern**). Die II. Kammer genehmigt mit allen gegen 1 Stimme den Friedensvertrag mit Preußen und erklärt sich gegen 11 Stim- men für einen engen Anschluß an Preußen, um etwaige Angriffe des Aus- landes erfolgreich abzuwehren. Die I. Kammer lehnt den engen Anschluß an Preußen ihrerseits mit 30 gegen 4 Stimmen ab.
— " (**Rom**). Finanznoth. Die Noten der Bank sinken unter Pari. Scanda- löse Maßnahmen, um ihrer Einlösung zu entgehen.
" " (**Griechenland**). Die öffentliche Meinung nimmt Partei für Candia. Freiwillige fangen an, dahin abzugehen.

2. Sept. (**Frankreich**). Rücktritt des Hrn. Drouyn de l'Huys. Derselbe wird durch Hrn. v. Moustier und provisorisch durch Hrn. v. Lavalette ersetzt.

2. Sept. (Türkei. — Candia). Die Generalversammlung der Candioten beschließt die Vereinigung der Insel mit Griechenland.
3. „ (Deutscher Krieg). Hessen-Darmstadt schließt in Berlin seinen Frieden mit Preußen, tritt Hessen-Homburg ab und mit seinem ganzen Gebiet jenseits des Main in den norddeutschen Bund ein.
„ „ (Preußen). Das Abg.-Haus ertheilt der Regierung mit 230 gegen 75 Stimmen die nachgesuchte Indemnität für das bisherige budgetlose Regiment.
„ „ (Schweiz). In Genf tritt ein internationaler Arbeitercongreß zusammen.
„ „ (Laplatastaaten). Krieg der Alliirten (Brasilien, Buenos Ayres und Montevideo) gegen Paraguay: die Alliirten erstürmen das paraguayitische Fort Curusu.
5. „ (Preußen). Die preußische Armee beginnt ihren Rückzug aus Oesterreich.
„ „ (Ver. Staaten). Die Septemberwahlen in den Congreß fallen gegen den Präsidenten und die demokratische Partei aus. Die republikanische Partei behauptet ihre bisherige Stellung und zwar mit verstärkter Stimmenzahl.
7. „ (Preußen). Das Abg.-Haus genehmigt die Annexion von Hannover, Kurhessen, Nassau und Frankfurt mit 273 gegen 14, das Herrenhaus mit allen gegen 1 Stimme. Der König behält vorerst eine Art Dictatur über dieselben. Mit dem 1. October 1867 werden sie dagegen der preuß. Verfassung theilhaft.
8. „ (England). Auch das vorige Jahr gerissene transatlantische Kabel langt glücklich aufgefischt in Neufoundland an.
10. „ (Oesterreich). Eine Versammlung deutsch-österr. Landtagsabgeordneter zu Aussee in Steyermark erklärt sich für einen gemäßigten Dualismus mit Ungarn.
„ „ (Frankreich. — Rom). Die neue römische Legion wird in Antibes einem päpstlichen Commissär übergeben.
11. „ (Preußen). Das Abg.-Haus genehmigt das Reichswahlgesetz, wahrt aber dem preuß. Landtag die Ablehnung oder Zustimmung zu den Beschlüssen des Reichstages und dem Reichstage selbst die vollständige Sicherung der Rebetreibeit.
„ „ (Türkei. — Candia). Mustapha Pascha landet auf der Insel, um sie an der Spitze überlegener türkischer und ägyptischer Streitkräfte wieder zu unterwerfen. Die Candioten erhalten dagegen immer zahlreichere Zuzüge aus Griechenland.
15. „ (Frankreich). Circularbepesche des interimistischen Ministers des Ausw. de Lavalette: Programm des Kaisers nach dem Kriege.
„ „ (Italien). Bourbonische, clericale und revolutionäre Elemente vereinigen sich zu einem Aufstand in Palermo, machen sich zu Herren der Stadt und setzen eine provisorische Regierung ein.
17. „ (Frankreich). General Castelnau geht in außerordentlicher Mission nach Mexico ab; die franz. Armee soll nicht in 3 Abtheilungen, sondern auf einmal und zwar Anfang 1867 nach Frankreich zurückkehren.
18. „ (Preußen). Der Kurfürst von Hessen ergibt sich in sein Schicksal, sichert sich durch eine Convention mit Preußen sein Hausvermögen und entbindet dagegen seine Unterthanen ihres Eides, worauf er Stettin verlassen darf.
19. „ (Deutscher Krieg). Die Preußen rücken in Sachsen-Meiningen ein, um den Widerstand des alten Herzogs endlich zu brechen.
20. „ (Preußen). Großartige Feier des Einzugs der siegreichen Armee in Berlin.
„ „ (Deutscher Krieg). Der alte Herzog von Meiningen weicht dem Drucke Preußens und dankt im Einverständniß mit diesem zu Gunsten des Erbprinzen ab.
„ „ (Mexico) kann die am 1. Oct. fälligen Zinsen der franz. Anleihen bereits nicht mehr zahlen.

21. Sept. (Italien). Die Truppen, durch neue Sendungen verstärkt, erdrücken den Aufstand in Palermo.
22. „ (Laplataſtaaten). Krieg der Alliirten gegen Paraguay: die Alliirten verſuchen einen Sturm auf die Feſtung Curupaity, werden jedoch von den Paraguayern zurückgeſchlagen. Flores geht nach Montevideo zurück und auch Mitre geht rückwärts, die Braſilianer bleiben allein zurück. Marſchall Cariaſ wird zum braſilianiſchen Oberfeldherrn ernannt.
24. „ (Preußen). Der König von Hannover will ſich in ſein Schickſal nicht fügen und erläßt von Wien aus eine fulminante Proteſtation gegen die Beraubung ſeines Landes durch Preußen.
25. „ (Preußen). Das Abg.-Haus bewilligt der Regierung mit 230 gegen 83 Stimmen ein Anlehen von 60 Mill. Thlrn. hauptſächlich und ausdrücklich zu Wiederfüllung des Staatsſchatzes.
26. „ (Deutſcher Krieg). Friedensſchluß zwiſchen Preußen und dem Fürſtenthum Reuß j. L.
27. „ (Holland). Die II. Kammer ertheilt dem geweſenen Miniſter Myer ein Tadelsvotum. Sie wird dafür aufgelöst und es werden Neuwahlen angeordnet.
29. „ (Rußland). Taſchkend (in Turkeſtan) wird auf ſein eigenes Anſuchen in den ruſſiſchen Staatsverband aufgenommen.
30. „ (Rußland). Die Ruſſen erſtürmen die bocharriſche Feſtung Tſchulak.
— „ (Ver. Staaten). Die Partei des Präſidenten Johnſon fällt gänzlich auseinander, mehrere ſeiner einflußreichſten Anhänger im Congreß und in der Preſſe kehren zur republikaniſchen Partei zurück.

2 Oct. (Deutſchland. — Mecklenburg). Der Landtag genehmigt widerſtrebend das Bündniß mit Preußen und damit den Eintritt in den norddeutſchen Bund.
3. „ (Oeſterr.-ital. Krieg). Abſchluß des Friedensvertrags zwiſchen Oeſterreich und Italien in Wien.
„ „ (Türkei. — Serbien) verlangt von der Pforte die Räumung Belgrads und der übrigen Feſtungen.
4. „ (Rom). Die päpſtliche Regierung garantirt die Noten der römiſchen Bank. Die Maßregel bleibt wirkungslos, die Noten unter Pari).
„ „ (Mexico). Die Kaiſerin Charlotte fällt in Rom in Irrſinn.
5. „ (Preußen). Der Ex-König von Hannover proteſtirt gegen die definitive Beſitzergreifung ſeines Landes durch Preußen, entbindet indeß doch die Civilſtaatsdiener ihres Eides unter Vorbehalt ſeiner Rechte.
6. „ (Deutſchland. — Heſſen). Die Regierung ſetzt die bisher gegen alle Angriffe der II. Kammer aufrecht gehaltene proviſoriſche Uebereinkunft mit dem Biſchof von Mainz (Concordat) außer Wirkſamkeit, löst die Kammern auf und ordnet Neuwahlen an.
8. „ (Deutſcher Krieg). Der neue Herzog von Sachſen-Meiningen ſchließt Frieden mit Preußen und tritt in den norddeutſchen Bund ein.
9. „ (Oeſterreich) beginnt das ital. Feſtungsviereck zu räumen. Die ital. Truppen treten an ihre Stelle.
„ „ (Ver. Staaten). Die Octoberwahlen zum Congreß fallen wiederum überwiegend zu Gunſten der republikaniſchen Partei aus.
11. „ (Preußen). Der König bildet 3 neue Armeecorps für die neu annexirten Landestheile und fügt bereits die Contingente der künftigen norddeutſchen Bundesſtaaten in den Rahmen der preuß. Armeecorps ein. Die preußiſche Wehrverfaſſung wird in allen Theilen auf die neu annexirten Landestheile ausgedehnt.
13. „ (Deutſchland. — Württemberg). Die II. Kammer genehmigt den Friedensvertrag mit Preußen mit allen gegen 1 Stimme und richtet an den

König eine Adresse, in der sie sich mit 61 gegen 25 Stimmen gegen einen
Eintritt in den norddeutschen Bund und für eine engere Verbindung der
süddeutschen Staaten mit gemeinsamer parlamentarischer Vertretung ausspricht.
13. Oct. (Türkei. — Montenegro). Die Pforte macht den Montenegrinern
sehr wesentliche Zugeständnisse.
16. „ (Oesterreich). Eine Versammlung deutsch-österreichischer Landtagsabgeordneter in Wien spricht sich gegen den Dualismus aus und will an der Februarverfassung festhalten.
„ „ (Frankreich). Expedition nach Korea.
18. „ (Italien). Die Räumung Venetiens durch die Oesterreicher ist vollendet.
Gen. Leboeuf übergibt daselbst im Namen des Kaisers der Franzosen an
eine Commission des Gemeinderaths von Venedig, damit das Volk in freier
Abstimmung nach allgemeinem Stimmrecht selbst über seinen Anschluß an
Italien entscheide.
21. „ (Deutscher Krieg). Sachsen schließt endlich auch seinen Frieden mit Preußen in Berlin. Die Feste Königstein wird den Preußen übergeben. Der
König kehrt aus Wien wieder in sein Land zurück.
„ „ (Mexico). Kaiser Max verläßt Mexico in Folge der Nachrichten vom
Unglück der Kaiserin und von der Ankunft des Generals Castelnau und
zieht sich nach Orizaba zurück.
22. „ (Italien). Das Plebiscit in Venetien ergibt den fast einstimmigen Entschluß, sich an Italien anzuschließen. — Die Regierung gestattet einem Theil
der vertriebenen Bischöfe die Rückkehr in ihre Diöcesen.
24. „ (Deutschland. — Baden). Die II. Kammer genehmigt einstimmig den
Friedensvertrag mit Preußen und spricht sich mit allen gegen 11 Stimmen
für den (unbedingten) Eintritt der süddeutschen Staaten in die Verbindung
der norddeutschen Staaten aus. Die I. Kammer spricht sich mit allen gegen
3 Stimmen in demselben Sinne aus.
„ „ (Türkei. — Candia). Mustapha Pascha ist so ziemlich wieder Herr der
Insel mit Ausnahme des Sphakiagebirges, wo der Rußland fortdauert und
von Griechenland fortwährend starke Züge erhält.
„ „ (Türkei. — Rumänien). Der Sultan anerkennt den Fürsten Karl und
händigt ihm in Konstantinopel persönlich den Investiturferman ein.
26. „ (Frankreich). Der Kaiser setzt eine große Commission ein für Berathungen über eine eingreifende Reform des Heeres in Folge der Ereignisse in
Deutschland.
28. „ (Schweiz). Allg. Nationalrathswahlen. In Genf unterliegen Fazy und
die radikale Partei vollständig.
29. „ (Rom). Der Papst droht in einer Allocution mit der Möglichkeit, daß er
nach dem Abzug der franz. Truppen Rom gleichfalls verlasse.
30. „ (Oesterreich). Frhr. v. Beust wird zum Minister des Ausw., General
von John zum Kriegsminister ernannt.
31. „ (Mexico). Oajaca fällt wieder in die Hände der Juaristen.

Anf. Nov. (Türkei. — Aegypten). Der Vicekönig verleiht dem Lande eine
Art Statut.
6. „ (Deutschland. — Süddeutsche Staatengruppe). Eine großdeutsche Versammlung in Stuttgart spricht sich gegen Preußen und für eine
mehr bundesstaatliche Einigung Gesammtdeutschlands, zunächst aber für eine
nähere Verbindung der süddeutschen Staaten aus.
„ „ (Ver. Staaten). Die Novemberwahlen zum Congreß fallen gleichfalls
gegen Johnson und die demokratische Partei aus. Als Gesammtresultat der
Wahlen steht nunmehr fest, daß die dem Präsidenten feindselige bisherige

Majorität der republikanischen Partei in beiden Häusern im März dahin zurückkehren wird und zwar in verstärkter Zahl.
6. Nov. (Brasilien). Ein kais. Decret erkennt allen Sclaven, die in die Armee gegen Paraguay treten, die Freiheit zu.
7. „ (Italien). Glanzvoller Einzug des Königs Victor Emanuel in Venedig.
„ „ (Schweiz). Der Bundesrath zwingt den Canton Wallis einige aus dem bisher österr. Italien herübergekommene Jesuiten von den ihnen anvertrauten Lehrstellen wieder zu entfernen.
9. „ (Italien). Die vertriebenen ehemal. Fürsten lassen ihre bisher immer noch unterhaltenen Gesandtschaften in Wien u. s. w. nunmehr eingehn.
„ „ (Rußland). Vermählung des Großfürsten-Thronfolgers mit der dänischen Prinzeß Dagmar.
10. „ (Holland). Neuwahlen zur II. Kammer. Dieselben sind der liberalen Partei nicht günstig.
„ „ (Mexico). Jalapa fällt in die Hände der Juaristen.
11. „ (Rußland). Ein kaiserl. Ukas hebt die feudalen Verpflichtungen sämmtlicher Städte und Flecken in Polen theils mit theils ohne Entschädigung auf.
13. „ (Mexico). Mazatlan und alle andern von den Franzosen besetzten Punkte am stillen Ocean werden von ihnen geräumt. Die ganze französische Armee beginnt sich in Mexico und auf der Straße nach Veracruz zu concentriren.
15. „ (Italien). Die Regierung gestattet auch dem Rest der vertriebenen Bischöfe die Rückkehr in ihre Diöcesen.
16. „ (Preußen). Die Regierung verlangt vom Landtag 1½ Mill. Thlr. zu Dotationen, ohne Namen zu nennen.
„ „ (Mexico). Durango und Zacatecas werden von den Juaristen besetzt.
18. „ (Preußen) schlägt in Hannover die zum Vortheil der Krone I. J. ausgeschiedenen Domänen wieder zum Staatsgut.
19. „ (Oesterreich). Zusammentritt sämmtlicher Landtage des Reichs mit Ausnahme des siebenbürgischen. Ein Rescript des Kaisers an den ungarischen Landtag präcisirt die Forderungen an Ungarn bez. der gemeinsamen Angelegenheiten.
„ „ (Rom). Die Regierung ertheilt den Noten der römischen Bank wenigstens einen theilweisen Zwangscurs.
20. „ (Frankreich). General Fleury geht in außerordentlicher Mission nach Italien, um die Ausführung der Septemberconvention bez. Rom zu sichern.
21. „ (Rußland). Das Recht der Provinziallandtage bez. Besteuerung der eingesessenen Industriellen wird beschränkt.
24. „ (Mexico). Ein vom Kaiser nach Orizaba einberufener, durch Notable verstärkter Ministerrath spricht sich mit 20 Stimmen für Aufrechthaltung des Kaiserthums aus, nur 2 rathen dem Kaiser abzudanken. Der Kaiser beschließt, die Entscheidung einer Nationalversammlung, an der auch die liberale Partei theilnehmen sollte, zu überlassen.
„ „ (Ver. Staaten). Gen. Sedgewick besetzt die mexikanische Stadt Matamoros; er wird jedoch von Washington aus desavouirt und die Stadt von den Unionstruppen wieder geräumt.
28. „ (Oesterreich). Der Landtag von Niederösterreich verlangt nach einer scharfen Debatte in einer Adresse an den Kaiser die Einberufung des Reichsraths auf Grund der Verfassung.
29. „ (Ver. Staaten). Der Gesandte der Union bei Juarez und Gen. Sherman gehen in außerordentlicher Mission nach Mexico ab, um sich mit den Franzosen und mit Juarez über Maßregeln nach dem Abzug der ersteren zu verständigen. Die Mission scheitert jedoch an dem veränderten Entschluß Napoleons, seine Truppen nicht zum Theil jetzt schon, sondern erst später (im Frühjahr) und dann auf einmal zurückzuziehen.

— Nov. (Ver. Staaten). Das Amendement zur Verfassung vom 16. Juni ist von sämmtlichen 13 ehemal. Sclavenstaaten abgelehnt worden.

2. Dec. (Frankreich. — Rom). Beginn der Räumung Roms nach den Bestimmungen der Septemberconvention.
" " (Holland). Die Regierung legt der II. Kammer einen Antrag auf Reform der Armee in Folge der Ereignisse in Deutschland vor.
3. " (Preußen) erläßt eine strenge Verordnung gegen widerwillige Beamtete u. s. w. in Hannover.
" " (Dänemark). Das Militärcomité überreicht dem Reichsrathe den Plan einer auf die allg. Wehrpflicht gegründeten Heeresreform.
" " (Ver. Staaten). Wiederzusammentritt des Congresses. Präsident Johnson erklärt in seiner Botschaft, daß er bei seiner Politik verharre. Dieselbe wird von der öffentlichen Meinung des Landes bereits achtungsvoll bei Seite gelegt.
4. " (Oesterreich). Der Landtag von Oberösterreich verlangt in einer Adresse an den Kaiser die Einberufung des verfassungsmäßig bestehenden Reichsrathes.
" " (Rußland). Ein kais. Ukas hebt das Concordat mit Rom auf.
5. " (Preußen). Das Abg.-Haus bewilligt die verlangte Dotationssumme, aber unter Nennung von Namen (Bismarck, Roon, Moltke, Falkenstein, Herwarth und Steinmetz). Die Vertheilung bleibt dagegen dem Ermessen der Krone überlassen.
6. " (Oesterreich). Der Landtag von Mähren beschließt eine bloße Loyalitätsadresse an den Kaiser, da die deutsche und die czechische Partei sich in demselben so ziemlich die Wage halten. — Der Landtag von Galizien erläßt dagegen mit 84 (polnischen) gegen 40 (ruthenische) Stimmen eine föderalistische Adresse.
7. " (Oesterreich). Der Landtag von Böhmen beschließt mit 126 Stimmen der czechischen gegen 91 Stimmen der deutschen Partei eine Adresse föderalistischer Tendenz an den Kaiser. — Der Landtag von Salzburg begehrt dagegen in der seinigen einstimmig die Einberufung des Reichsrathes.
" " (Frankreich. — Italien). Abschluß einer Convention in Paris behufs Regelung der päpstlichen Schuld.
" " (Brasilien). Ein kaiserl. Decret öffnet die großen Ströme Brasiliens, namentlich den Amazonenstrom, dem freien Handel aller Nationen.
9. " (Mexico). Die Franzosen legen Beschlag auf die Zolleinkünfte in Mexico.
10. " (Preußen). Das Abg.-Haus bewilligt den Militäretat nunmehr nach der Budgetvorlage der Regierung und begnügt sich mit 165 gegen 151 Stimmen mit einer Resolution als Verwahrung.
" " (Oesterreich). Der Landtag von Steiermark fordert in einer Adresse an den Kaiser die Einberufung des verfassungsmäßigen Reichsraths.
" " (Rußland) anerkennt den neuen Fürsten Karl von Rumänien.
11. " (Oesterreich). Der Landtag der Bukowina fordert in einer Adresse an den Kaiser die Wiederherstellung verfassungsmäßiger Zustände und zunächst die Einberufung des Reichsraths.
12. " (Frankreich. — Rom). Die Räumung Roms ist vollendet. Rom ist sich selbst überlassen.
14. " (Oesterreich). Der Landtag von Kärnthen verlangt in einer Adresse an den Kaiser die alsogleiche Einberufung des Reichsraths.
15. " (Norddeutscher Bund). Zusammentritt der Bevollmächtigten in Berlin behufs Feststellung der Verfassungsvorlage an den Reichstag. Eröffnungsrede Bismarcks.
" " (Oesterreich). Der ungarische Landtag erklärt sich in seiner Antwort auf das l. Rescript vom 19. Nov. bereit, die Forderungen desselben in gebührende

Erwägung zu ziehen, verlangt jedoch neuerdings die Herstellung der Verfassung.

15. Dec. (Deutschland. — Hessen). Die bisherige (nationalvereinliche) Mehrheit der II. Kammer erleidet in den Neuwahlen eine entschiedene Niederlage und wird zur Minderheit der neuen II. Kammer.

" " (Italien). Eröffnung des Parlaments. Thronrede des Königs.

16. " (Rom). Die römische Regierung concentrirt 8000 Mann ihrer Truppen in Rom, 4000 liegen in den Provinzen. Die Huth der Engelsburg wird den Zuaven (Franzosen und Belgiern) anvertraut.

18. " (Norddeutscher Bund. — Sachsen). Die II. Kammer genehmigt ein neues Militärgesetz nach dem Princip der allgemeinen Wehrpflicht wie in Preußen mit dreijähriger Dienstzeit.

19. " (Oesterreich). Der Landtag von Croatien spricht sich in einer Adresse an den Kaiser gegen die Forderungen Ungarns bez. des Verhältnisses zwischen Ungarn und Croatien aus. — Der Landtag von Tyrol will eine neue Adresse für die Glaubenseinheit an den Kaiser erlassen. Die Liberalen verlassen jedoch den Saal, so daß die Versammlung nicht mehr beschlußfähig ist.

" " (Holland. — Belgien). Differenz über die Scheldefrage.

20. " (Preußen). Das Abg.-Haus genehmigt fast einstimmig die Einverleibung von Schleswig-Holstein. Rede Bismarck's über das Verhältniß zu Frankreich.

" " (Oesterreich). Der Minister v. Beust geht nach Pesth und leitet eine Verständigung mit den Führern des ungarischen Landtags ein.

" " (Belgien). Der König setzt eine Commission ein, um eine Reform der Heeresorganisation in Folge der Ereignisse in Deutschland in Erwägung zu ziehen.

" " (Mexico). Die Concentration der Franzosen auf der Linie Mexico-Veracruz geht ihrer Vollendung entgegen.

21. " (Preußen). Das Abg.-Haus genehmigt die Vorlage der Regierung bez. Vermehrung der Mitglieder des Hauses um 80 für die neu annextirten Landestheile.

22. " (Schweiz). Beide Räthe der Bundesversammlung beschließen die Umwandlung der bisherigen Gewehre der Armee in Hinterlader und außerdem die Einführung des Winchester-Repetirgewehrs und genehmigen zu diesem Zwecke ein Anlehen von 12 Mill. Fr.

26. " (Preußen). Der Exkönig von Hannover weigert sich die Offiziere seiner Armee ihres Eides zu entbinden, ertheilt dagegen jedem, der sich meldet, die Entlassung aus seinem Dienste behufs Uebertritts in die preuß. Armee.

" " (Türkei). Die Pforte richtet an die Schutzmächte eine Note mit schweren Anklagen gegen Griechenland und verlangt Abhülfe, widrigenfalls sie sich selbst helfen würde.

29. " (Spanien). Staatsstreich des Gen. Narvaez. Auflösung der Cortes. Der Präsident Rios Rosas und mehrere der einflußreichsten Mitglieder der Dep.-Kammer, der Präsident des Senats, Marschall Serrano, werden verhaftet und deportirt. Verfolgung der liberalen Union. Gewaltherrschaft in Madrid.

31. " (Deutschland. — Bayern). Entlassung des bisherigen Ministerpräsidenten v. d. Pfordten und Ernennung des Fürsten Hohenlohe.

" " (Oesterreich). Der Kaiser octroyirt auf Grund des Septemberpatents dem Reich ein Finanzgesetz für 1867.

" " (Oesterreich). Der Kaiser genehmigt den Entwurf für Einführung der allgemeinen Wehrpflicht, unter Vorbehalt verfassungsmäßiger Behandlung desselben. Provisorisch sollen jedoch die wichtigsten Bestimmungen desselben sofort in Kraft treten.

" " (Rußland). Kais. Ukase bez. Finanzverwaltung, Posten und Gouvernements- wie Kreiseintheilung Polens nähern die dortigen Einrichtungen immer

mehr benjenigen des eigentlichen Rußlands und werden als vorbereitende Schritte zur endlichen völligen Einverleibung angesehen.
31. Dec. (Griechenland). Sturz des Ministeriums Bulgaris. Bildung eines neuen Ministeriums Komundurus.
— „ (Mexico). Die Absicht des Kaisers, auch die Liberalen zu einer Nationalversammlung herbeizuziehen, muß als gescheitert betrachtet werden.

II.

Deutschland

und

die beiden deutschen Großmächte.

I.

Deutschland.

Gemeinsame Angelegenheiten. — Mittel- und Kleinstaaten bis zum Ausbruche des Krieges.

2. Jan. (Württemberg). Eine aus mehr als 100 evangel. Geistlichen und Laien aus allen Theilen des Landes bestehende Versammlung in Stuttgart erklärt:

„daß 1) eine im Wesentlichen auf Wahlen der Kirchengemeinden beruhende Vertretung der evangelischen Landeskirche Bedürfniß sei; 2) daß einer solchen Landessynode vor Allem zukomme, selbständig und geleitet durch ihren erwählten Vorsitzenden zu berathen und zu beschließen, insbesondere die Wünsche der Kirche dem Kirchenregimente vorzutragen und jeder neuen Einrichtung oder allgemeinen Anordnung der Kirche die nothwendige Zustimmung zu geben; das Bekenntniß ist von den Beschlüssen der Vorsynode und der künftigen Landessynode ausgenommen; 3) daß die Zusammensetzung einer solchen bauernden Kirchenrepräsentation und die Bestimmung ihrer Befugnisse nicht ausschließlich den Oberkirchenbehörden überlassen werden könne, sondern daß eine aus Wahlen hervorgehende Versammlung, in gleicher Anzahl aus Geistlichen und Nichtgeistlichen bestehend, dabei die Zustimmung zu geben habe; der Vorsynode soll von der Regierung ein Verfassungsentwurf vorgelegt, dieser aber zur allgemeinen Diskussion vorher der Oeffentlichkeit übergeben werden. 4) Die Wahlen zu dieser Vorsynode wären von den bestehenden Diöcesan-Synoden, jedoch ohne Beschränkung der Wählbarkeit auf ihre Mitglieder oder bisher gewählte Kirchen-Aelteste, vorzunehmen. 5) Die Vorsynode ist mit einer Revision der Institute der Pfarrgemeinderäthe und der Diözesansynoden zu beauftragen."

5. „ (Zollverein). Preußen ladet die übrigen Zollvereinsregierungen ein, den am 31. Dez. v. J. mit Italien abgeschlossenen Handelsvertrag zu ratificiren.

6. „ (Württemberg). Versammlung von 130 angesehenen Männern der sog. Volkspartei aus allen Theilen des Landes. Dieselben beschließen bezüglich der deutschen Frage:

„Es ist geboten, daß sich diejenigen in einer großen Partei vereinigen, welche gegen die Einheit auf dem Wege der Unterordnung des übrigen Deutsch-

Landes unter die preußische oder österreichische Großmacht, gleichviel in welcher Form sie stattfinde, und für einen Gesammtdeutschland umfassenden Bundesstaat auf föderativer und demokratischer Grundlage mit einer über den Einzelnregierungen stehenden deutschen Centralgewalt sind und dieses Ziel auf dem Wege des demokratischen Fortschritts in den Einzelnstaaten verfolgen."

10. Jan. (Oesterreich). Der österr. Gesandte in Berlin, Graf Karolyi, kehrt nach längerer Abwesenheit mit sehr bestimmten Instructionen gegen die Wünsche Preußens bezüglich Schleswig-Holsteins nach Berlin zurück.

„ „ (Preußen). Die offiz. Prov.-Corr. erklärt, daß das preußische Marine-Etablissement definitiv nach Kiel verlegt werde.

11. „ (Holstein). Ein Rescript des österr. Statthalters v. Gablenz an die Landesregierung eröffnet derselben,
„daß er Petitionen, wie sie öffentlichen Mittheilungen zufolge wegen beschleunigter Einberufung der Landesvertretung an verschiedenen Orten im Herzogthume vorbereitet würden, als gegenwärtig voraussichtlich erfolglos entgegen zu nehmen behindert sein würde und solchen Bestrebungen im Lande seine wirksame Unterstützung zu gewähren überhaupt außer Stand sei".

13. „ (Holstein). In Kiel findet gelegentlich des Umschlags eine Versammlung der einflußreichsten Männer des Landes statt, um zu berathen, was bezüglich einer Einberufung der Ständeversammlung zu thun sei. Es wird kein Beschluß gefaßt; die anwesenden Ständemitglieder übernehmen die Förderung der Sache.

„ „ (Schleswig). In einem Circular der Postdirection in Schleswig befindet sich zum ersten Mal der Ausdruck „allerhöchste Verordnung"; dieselbe ist unterzeichnet vom König und gegengezeichnet von Bismarck.

— „ (Holstein). Im ganzen Lande wird eine Massenversammlung auf den 23. d. M. nach Altona vorbereitet, behufs einer Adresse an die Regierung, welche
„nachdem alle Bitten Einzelner bisher vergebens, durch einmüthigen Willensausdruck der möglichst ganzen Bevölkerung unsers Herzogthums auf dem Boden des Rechts verlangen sollte, daß uns wie jedem andern Staate eine rechtmäßige Vertretung werde in den Ständen unseres Landes, um den Wünschen und dem Willen der Bevölkerung einen gesetzlichen Ausdruck zu jeder Zeit geben zu können".

15. „ (Preußen). Eröffnung des Landtags. Thronrede des Königs (Stelle über Schleswig-Holstein) (s. unter Preußen).

16. „ (Zollverein). Hannover unterzeichnet widerstrebend den Handelsvertrag mit Italien und verpflichtet sich damit zur Anerkennung des Königs von Italien.

21. „ (Holstein). Ein Erlaß der Landesregierung spricht, „indem er sich an den patriotischen Sinn der Bevölkerung wendet, die bestimmte Erwartung aus, daß die in der Presse, in Vereinen und Volksversammlungen auftretende Agitation für eine Maßregel (die Einberufung der Stände) aufgegeben werde, welche im gegenwärtigen

Augenblicke, von ihrer Erfolglosigkeit abgesehen, nur neue Gefahren heraufzubeschwören geeignet ist".
22. Jan. (Holstein). Die Polizei von Altona verbietet die auf den folgenden Tag dahin angesagte Massenversammlung.
23. „ (Holstein). Die Polizei von Altona nimmt gegen die Zusage, daß die Massenversammlung keine förmlichen Resolutionen fassen werde, ihr Verbot zurück. Die Versammlung findet demnach statt und es nehmen an derselben 3—4000 Männer aus sämmtlichen Bezirken beider Herzogthümer Theil. Resolutionen werden keine gefaßt, aber von allen Rednern wird die Einberufung einer schleswig-holsteinischen Ständeversammlung energisch gefordert und von der ganzen Versammlung wird die Forderung laut unterstützt. Dem „rechtmäßigen, geliebten Fürsten Herzog Friedrich" wird ein dreimaliges Hoch ausgebracht. Auch mehrere süddeutsche politische Notabilitäten nehmen an der Versammlung Theil, namentlich Metz, Mitglied des 36er Ausschusses und des Nationalvereins-Ausschusses, der der Versammlung den Gruß Süddeutschlands überbringt. Der Verlauf der ganzen Versammlung ist übrigens ein durchaus ruhiger.
24. „ (Preußen). Graf Bismarck spricht zum ersten Mal auf eine Bemerkung des franz. Gesandten, was er im Falle einer österr. Berufung der holsteinischen Stände thun würde, aus: „Ich würde ein deutsches Parlament berufen".
„ „ (Kurhessen). Wiederzusammentritt der Ständeversammlung. Der bleibende landständische Ausschuß constatirt neuerdings den andauernden Stillstand des Staatslebens durch Schuld der kurfürstl. Regierung. Dieselbe hat dem Landtage auch jetzt wieder keine Vorlage zu machen.
26. „ (Preußen). Graf Bismarck richtet eine Depesche an das österr. Cabinet, in der er das ganze politische Regierungssystem Oesterreichs in Holstein einer einschneidenden Kritik von seinem Standpunkte unterzieht, dasselbe für eine Schädigung der „conservativen" Interessen und für eine Verletzung der bisherigen gemeinsamen „anti-revolutionären" Politik beider Regierungen erklärt und, sofern Oesterreich darauf beharre, einen Bruch der bisherigen Allianz in Aussicht stellt:
Siehe die vollständige Depesche Ergänzungsheft S. 5 u. fgg.
27. „ (Oesterreich u. Preußen) verständigen sich mit Dänemark über eine Abersssumme behufs Entschädigung der aus den Herzogthümern vertriebenen dänischen Beamteten.
„ „ (Schleswig). Die Herren Römer, Hanchen, Elzen, Thomsen und Graf Roderich Baudissin (Mitglieder der früheren schleswig'schen Ständeversammlung) richten an den Gouverneur Gen. Manteuffel eine gleichlautende Petition um Einberufung der schleswig'schen Stände. Ablehnende Antwort Manteuffels.
Die Petition nebst der Antwort Manteuffels s. im Ergänzungsh. S. 7 u. fgg.

27. Jan. (Bayern). Der Magistrat von Augsburg beschließt einstimmig, eine dringende Vorstellung an den König bezüglich endlicher Bestätigung des neugewählten (liberalen) Bürgermeisters Fischer.
29. „ (Preußen). Der preuß. Gesandte in Florenz überreicht dem Könige Victor Emanuel den schwarzen Adlerorden.
„ „ (Preußen). Die erste Abtheilung des Criminalsenates des Berliner Kammergerichts beschließt, den auf diesen Tag angesetzten Termin in dem Staatsprocesse gegen den Redacteur May in Altona aufzuheben und den Angeklagten zu dem neu anzuberaumenden Termine verhaften und nach Berlin transportiren zu lassen.
30. „ (Holstein). XIX Mitglieder der Ritterschaft, an ihrer Spitze Hr. v. Scheel-Plessen, richten eine Adresse an den Grafen Bismarck für Personalunion der Herzogthümer mit Preußen und gegen die österr. Verwaltung Holsteins.
Siehe Ergänzungsheft S. 3 u. fg.
„ „ (Bayern). Die Deputation von Vertrauensmännern aus Schwaben und Franken (vergl. Jahrgang 1865 XII 17, 20 u. 27) wird vom Könige nicht zur Audienz zugelassen:

„Ich beauftrage Sie, der Deputation bei ihrem Erscheinen kund zu geben, daß ich die verfassungsmäßige Volksvertretung als das Organ betrachte, durch welches das Land zu mir spricht, und daß ich deßhalb ihr Vorbringen anzuhören nicht in der Lage sei."

Bürgermeister Fischer von Augsburg wird dagegen gleichzeitig endlich bestätigt.
31. „ (Holstein). 31 Mitglieder der holstein'schen Ständeversammlung richten eine Petition um Einberufung der Stände an den österr. Statthalter v. Gablenz. Dieselbe wird mit Rücksicht auf das Rescript des Statthalters v. 11. d. M. nicht ihm, sondern der Landesregierung übergeben, von dieser jedoch nicht angenommen.
Das Aktenstück findet sich im Ergänzungsheft S. 9 u. fg.
— „ (Baden). Die Regierung verständigt sich mit einem Vertreter der erzbischöflichen Curie über den neuen Schulgesetzentwurf. Die Curie desavouirt jedoch schließlich ihren Vertreter.

— Febr. (Holstein). Der österr. Statthalter v. Gablenz lehnt das Begehren des Berliner Kammergerichts um Auslieferung des Redacteurs May ab und weist dasselbe an das Altonaer Magistratsgericht.
5. „ (Kurhessen). Die Ständeversammlung wird bis zum 1. März vertagt. Der Präs. Nebelthau schließt die Sitzung mit der Erklärung:

„Von allen den Hoffnungen, womit wir ein volles Jahr hingehalten worden sind, wage ich mir eine auszusprechen, daß die Herren Minister nicht etwa mit dem Landtage spielen. Am 1. März muß es sich nun zeigen, ob wir seit dem 1. Juli v. Js. auch nur um einen Schritt weiter gekommen sind, trotz einer drohenden Vertagung. Am 1. März muß es sich zeigen, ob noch Wahrheit zwischen uns besteht. Die Wünsche aller treuen Vaterlandsfreunde gehen freilich weiter, und an uns soll es am Wenigsten fehlen, an unserer treuen Pflichterfüllung, an unserer Ausdauer gewiß nicht, um endlich das zu erreichen, was dem Vaterlande noth thut."

7. Febr. (Oesterreich) weist in einer Dep. des Grafen Mensdorff an Preußen bie in der preuß. Depesche v. 26. Jan. formulirte förmliche Anklage ber österr. Politik in Holstein entschieden zurück unter der Andeutung, daß es, selbst auf die Gefahr eines Bruches der Allianz mit Preußen, bei derselben zu verharren entschlossen sei.
Siehe den vollständigen Wortlaut der Depesche im Ergänzungsheft S. 11 u. fgg.
14. „ (Holstein). Das Altonaer Magistratsgericht lehnt das Begehren des Berliner Kammergerichts um Auslieferung des Redacteurs May ab.
15. „ (Baden). Wiederzusammentritt der Kammern. Die Regierung macht benselben Vorlagen behufs Regelung des Preß- und Vereinswesens und eines Ministerverantwortlichkeitsgesetzes. Der Abg. Eckarbt stellt einen Antrag auf Einführung der obligatorischen Civilehe, ber Abg. Pagenstecher einen solchen auf Sicherung der Redefreiheit der Abgeordneten.
— „ (Preußen). Eine kgl. Cabinetsorbre beruft 40,000 Landwehrmänner auf den 15. Mai, früher als gewöhnlich, zu den Uebungen unter die Waffen.
18. „ (Preußen). Der preußische Botschafter in Paris, Graf v. der Goltz, der seiner Zeit unmittelbar vor dem Abschlusse der Gasteiner Convention auch zu dem Ministerconseil in Regensburg berufen worden war, trifft aus Paris in Berlin ein.
19. „ (Zollverein). Sämmtliche Zollvereinsregierungen, auch Kurhessen, Nassau, Württemberg und Hessen-Darmstadt haben trotz alles Widerstrebens nach und nach den Handelsvertrag mit Italien ratificirt und sich damit zur Anerkennung des Königr. Italien verpflichtet.
20. „ (Holstein). Die Landesregierung schlägt dem österr. Statthalter vor, das von ihr entworfene Budget für den Zeitraum vom 1. April 1866 bis dahin 1867 in Ermangelung einer Landesvertretung einer Commission von 15 Notabeln zur Begutachtung vorzulegen, indem sie bemerkt:
„So wenig diese Maßregel auch der Mitwirkung der gesetzlichen Landesvertretung gleichkommt, so hat dieselbe doch immer den Vorzug vor einer lediglich durch die Behörden erfolgenden Normirung des Budgets".
22. „ Die Karlsruher Postconferenz lehnt mit den Stimmen Preußens und Badens die von Oesterreich beantragte sofortige Aufnahme Holsteins in den deutschen Postverein ab.
23. „ (Preußen). Der preuß. Landtag wird von der Regierung plötzlich geschlossen, die daburch freiere Hand gegenüber Oesterreich erhält.
„ „ (Holstein). Die holst. Landesregierung remonstrirt in einer Zuschrift an den österr. Statthalter gegen die Petition der XIX Feudalen vom 30. v. Mts. und ihren Inhalt, indem sie sich vorbehält, gegen die Unterzeichner der Abresse wegen öffentlich zu ahndender Beleidigung ein gerichtliches Verfahren zu veranlassen.

26. Febr. (Holstein). Der österr. Statthalter genehmigt die Einberufung einer außerordentlichen Budgetcommission von Notabeln und anerkennt zugleich die holst. Verfassung von 1854 als zu Recht bestehend.
28. „ (Preußen). Abhaltung eines Ministerconseils unter dem Vorsitze des Königs, zu dem auch der preuß. Botschafter in Paris, Graf v. d. Goltz, der Gouverneur von Schleswig, Gen. v. Manteuffel, der Chef des Generalstabs, v. Moltke, der Chef des Militärcabinets, Oberst Treskow, und der Generaladjutant v. Alvensleben zugezogen werden.
— „ (Schleswig). XXI Mitglieder der schleswig'schen Ständeversammlung treten den Eingaben von 49 Abgeordneten und Stellvertretern des Herzogthums Holsteins vom 29. Dec. 1863 und 91 holst. Landesvertretern vom 16. September 1865 an den deutschen Bund durch öffentliche Erklärung bei und fügen derselben folgende weitere Erklärungen bei:

„1) Die Herzogthümer Schleswig-Holstein sind in ihrer untrennbaren Vereinigung ein selbstständiger Staat. 2) Nach der Erklärung Preußens, Oesterreichs und des deutschen Bundes (London, dem 28. Mai 1864), dem Wahrspruch der juristischen Facultäten Deutschlands und dem alten Landesrechte ist Herzog Friedrich zur Thronfolge in Schleswig-Holstein berufen. 3) Oesterreich und Preußen haben den Krieg gegen Dänemark begonnen im Interesse Deutschlands und zum Schutze der Rechte Schleswig-Holsteins. Sie sind nicht befugt, Schleswig-Holstein als ein erobertes und seiner verfassungsmäßigen Rechte beraubtes Land zu behandeln. 4) Ein Anschluß Schleswig-Holsteins an Preußen im Sinne einer Einigung Deutschlands und in rechtsbeständiger Weise, d. h. durch Vereinbarung der beiderseitigen Landesherren und mit Zustimmung der beiderseitigen Landesvertretungen liegt im eigenen Interesse des Landes".

2. März. (Preußen). Antwort Bismarcks auf die Annexionsadresse der XIX holsteinischen Feudalen v. 30. Januar.
Siehe Ergänzungsheft S. 17.
3. „ (Oesterreich). Der österr. Gesandte in Berlin, Graf Karolyi, erklärt dem Grafen Bismarck sehr bestimmt, daß Oesterreich sich in Schleswig-Holstein keine Aenderung des Provisoriums zu seinen Ungunsten gefallen, kein Definitivum, welches seiner Ehre, seinen Interessen und seiner Stellung in Deutschland zuwiderlaufe, abtrotzen lassen werde.
5. „ (Oesterreich). Der österr. Gesandte in London liest dem Grafen Clarendon, der österr. Gesandte in Paris dem Hrn. Drouyn de l'Huys eine Depesche im Sinne der am 3. d. M. in Berlin abgegebenen Erklärung vor, doch mit der Versicherung, daß Oesterreich jede Provocation sorgfältig vermeiden werde.
6. „ (Preußen). Eine angebliche Depesche Preußens verlangt von Oesterreich die Auslieferung des holsteinischen Redacteurs May in Altona. Oesterreich lehnt die Zumuthung, die Angelegenheit auf diplomatischem Wege zum Austrag zu bringen, ab und beharrt dabei, daß die Discussion als eine rein juridische zwischen den Gerichten von Berlin und Altona abzumachen sei.

6—26. **März.** (**Holstein**). Berathung des Budgets für 1866/67 durch die Commission von Notabeln.
- „ (**Kurhessen**). Wiederzusammentritt der Ständeversammlung. Die Regierung hat derselben wiederum keine Vorlagen zu machen, da der Kurfürst beharrlich seine Genehmigung zu solchen verweigert.

7—13. **März.** (**Oesterreich**). Sitzungen des Marschallraths unter dem Vorsitze des Kaisers. Einberufen sind zu demselben: die Commandanten aller 4 Armeen und sämmtlicher 12 Armeecorps, mit wenigen durch persönliche Verhältnisse begründeten Ausnahmen, die Adjutanten und Generalstabschefs dieser Armeen und Armeecorps, endlich einige in Wien befindliche militärische Notabilitäten, wie der alte Feldmarschall Heß und mehrere Officiere des großen Generalstabs.

8. „ (**Preußen**). Die Berliner Blätter melden von einer neuen Conferenz des Königs mit Bismarck, Roon, dem Generalstabschef Moltke, dem Generaladjutanten Alvensleben und dem Chef des Militärcabinets Tresckow.

- „ (**Holstein**). Das österr. Cabinet anerkennt in Antwort auf die Mittheilung der Adresse der XIX Feudalen an Bismarck und der hierauf bezüglichen Eingaben des Statthalters und der Landesregierung, das pflichtmäßige, nur der Aufrechthaltung des Gesetzes und dem Landeswohl gewidmete Wirken der Landesregierung und erklärt die Gefühle, mit welchen diese die in der fraglichen Adresse ausgesprochenen Beschwerden über die Verwaltung des Landes zurückgewiesen, für gerechtfertigt; dagegen hält es eine gerichtliche Verfolgung der Unterzeichner der Adresse für nicht entsprechend dem Geiste und Character der Administration.

- „ (**Bayern**) richtet eine identische Depesche an Sachsen, Württemberg, Baden, Hessen-Darmstadt und Nassau, in welcher es unter Darlegung des Bundesstandpunkts ausspricht, daß, wenn Oesterreich und Preußen ihre Streitigkeiten mit Umgehung des Bundes ausmachen wollten, die übrigen Staaten sich jeder Theilnahme enthalten müßten, aber kein Bundesglied zurückbleiben dürfe, wenn der Bund von einem der streitenden Theile angerufen würde. Der bayerische Minister empfiehlt zugleich jedes Separatbündniß abzulehnen, eine Unterstützung nur auf Grund eines Bundesbeschlusses eintreten zu lassen, und diese Auffassung zur Kunde des Wiener und Berliner Cabinets zu bringen, in Wien zugleich mit dem Zusatz, daß die Berufung an den Bund nur dann Erfolg haben werde, wenn Oesterreich zum Rechtsstandpunkt in der holsteinischen Sache zurückkehre.

10. „ (**Preußen**). Ankunft des italienischen Generals Govone in in Berlin: Unterhandlungen über eine Allianz zwischen Preußen und Italien gegen Oesterreich.

10. März. (Preußen). Der in erster Instanz vom Kreisgericht Perleberg freigesprochene Holst. Redacteur May in Altona wird vom Berliner Kammergericht zu einjährigem Gefängniß in contumaciam verurtheilt.

11. „ (Schleswig). Der König von Preußen erläßt ohne vorhergegangene Verständigung mit Oesterreich eine, von keinem Minister gegengezeichnete „provisorische Verordnung betreffend die Bestrafung feindlicher Handlungen gegen die souveräne Gewalt in Schleswig-Holstein".

Siehe den Wortlaut im Ergänzungsheft S. 18 u. fg.

12. „ (Zollverein). Die Ratificationen des Handelsvertrags mit Italien werden in Berlin ausgetauscht. Der Vertreter Italiens constatirt zu Protokoll, daß die Ratificationen von keinerlei Reserven begleitet seien, daß Italien die Ratificationen demgemäß nur im Sinne des Schlußprotokolls v. 31. Dez. 1865 annehme und daß der König von Italien, um über die mit dem neuen Vertrage zusammenhängenden Interessen zu wachen, in nächster Zeit Vertreter bei den verschiedenen Regierungen des Zollvereins beglaubigen werde.

„ „ (Anhalt). Der Landtag beräth über den Antrag der liberalen Opposition,

„die Staatsregierung um Vorlage eines Gesetzentwurfs wegen Abänderung und Ergänzung der Landschaftsordnung in folgenden Beziehungen zu bitten: 1) Abänderung aller derjenigen Bestimmungen, welche durch die Vereinigung der beiden Herzogthümer überflüssig und ungültig geworden sind; 2) Ergänzung und Abänderung der §§ 3, 4, 7 dahin, daß über die Wählbarkeit und den Modus der Wahl von den Theil.besitzern an Rittergütern Bestimmung getroffen, und die active und passive Wählbarkeit der Ehemänner für die im Besitz ihrer Ehefrauen, wie der Vorstände juristischer Personen für die im Besitz der letztern befindlichen Ritter- und Bauerngüter anerkannt wird; 3) Abänderung des § 7 Alinea 3 dahin, daß die active Wahlfähigkeit der Rittergutsbesitzer mit dem 25. statt mit dem 21. Lebensjahr beginnt; 4) Abänderung der §§ 8, 9, 11, 12, 13 in der Weise, daß die Wahl der städtischen und ländlichen Abgeordneten nicht durch die Gemeinderäthe und Schulzen, sondern mittelst indirecter Wahlen durch die Bürger in den Städten und die Gemeindeberechtigten in den Dörfern bewirkt wird 2c."

Der Antrag wird von der zweiten und dritten Abtheilung verworfen, nachdem der landesherrliche Commissär Namens der Regierung erklärt hatte, daß diese auf eine so erhebliche Umgestaltung der Landschaftsordnung nicht eingehen könne.

13. „ (Schleswig). Beisetzung der Leiche des Prinzen von Noer in Krusendorf. Militärische Maßregeln der Preußen, um den Herzog Friedrich zu verhaften, wenn er dazu sich einfinden sollte, was jedoch nicht der Fall ist.

14. „ (Oesterreich u. Preußen) verständigen sich über eine Etappenconvention in weiterer Ausführung der Gasteiner Convention. Preußen erhält dadurch für Schleswig zwei Militärstraßen Hamburg-Rendsburg und Lübeck-Kiel.

14. März. (Preußen). Die officiöse Presse beginnt von einer Anregung der Bundesreform zu sprechen, indem „die Verhältnisse des deutschen Bundes und deren nothwendige Entwickelung voraussichtlich von neuem in Frage kommen müßten, falls es nicht gelingen sollte, die Entscheidung der schleswig-holsteinischen Angelegenheiten auf dem Wege des seitherigen bundesfreundlichen Einverständnisses zwischen Preußen und Oesterreich herbeizuführen".

„   „   (Oesterreich). Auch nach dem Schlusse der Sitzungen des Marschallraths dauern die militärischen Conferenzen zu Wien noch fort, weshalb auch der Chef der ital. Armee, FZM. Benedek, seine Wiederabreise von Wien verschiebt.

„   „   (Kurhessen). Die Ständeversammlung wird, da die Regierung derselben keine Vorlagen machen kann, vertagt und die Vertagung durch angebliche Krankheit des Kurfürsten motivirt. Von der Maßregel zum Voraus unterrichtet, faßt die Ständeversammlung mit 42 gegen 5 und mit 44 gegen 1 Stimme noch vorher folgende Beschlüsse:

„1) Die Ständeversammlung erklärt angesichts der Landeslage: die Staatsregierung verweigert im Widerspruch mit der Landesverfassung, dem Bundesversammlungsbeschluß vom 24. Mai 1862 und dem gegebenen Fürstenwort dem Lande die volle Wiederherstellung seines Rechts. Die Staatsregierung vernachlässigt trotz der unausgesetzten Mahnungen der Landesvertretung fortwährend die Interessen der geistigen und materiellen Landeswohlfahrt. 2) Die Ständeversammlung verwahrt sich gegen die **unausbleiblichen Folgen solcher Mißregierung**."

und ferner mit 33 gegen 14 Stimmen:

„1) Gegen den vorhinigen Vorstand des Justizministeriums, Hrn. Staatsrath Pfeiffer, und den damaligen stv. Justizminister Röder bei dem kurfürstl. Oberappellationsgericht dahier als Staatsgerichtshof — gestützt darauf, daß das provisorische Gesetz vom 29. Juni 1851, die Mitglieder des Oberappellationsgerichts betreffend, obgleich dasselbe der Verfassung widerstreitet, auch die Ständeversammlung ihre Zustimmung zu demselben verlagt, und dessen Beseitigung wiederholt verlangt hat, bis jetzt nicht nur nicht beseitigt, vielmehr dessen Zurückziehung ausdrücklich verweigert, und dasselbe selbst nach dem 31. Oct. 1863 noch beibehalten worden ist — unter Verwahrung der Rechte des Landes auf eine verfassungs- und gesetzmäßige Besetzung des obersten Gerichts Anklage wegen Verfassungsverletzung zu erheben; 2) die im Entwurf anliegende Anklageschrift zu genehmigen, und 3) mit der Einbringung, Ergänzung, Erläuterung und Fortführung dieser Anklagesache, sowie zur Stellung und Begründung von Ablehnungsanträgen, für den Fall, daß die Ständeversammlung hieran gehindert sein sollte, den bleibenden landständischen Ausschuß zu beauftragen."

Der sehr umfangreiche Bericht des Verfassungsausschusses, welcher dem Beschluß zur Grundlage dient, lautet im Wesentlichen wie folgt: „Ein Umstand ist es, der die Aufmerksamkeit der Ständeversammlung vorzugsweise wird in Anspruch nehmen müssen: der auf dem ganzen Gebiet des Staatslebens herrschende beinahe völlige Stillstand. Schon am 30. Sept. 1864 hob der bleibende landständische Ausschuß in seinem Bericht hervor, daß sich auf dem weiten Gebiet unseres Staatslebens beinahe völliger Stillstand bemerklich gemacht habe... Die von sämmtlichen damaligen Ministern und Ministerialvorständen contrasignirte Entgegnung vom 30. Nov. 1864 ist bekannt. Es wird darin behauptet, daß der noch nicht erfolgte Abschluß der Verfassungsangelegenheit nicht sowohl der Regierung als vielmehr der Stände-

Deutschland.

versammlung beigemessen werden müsse, welche erkenne, daß der Bundesbeschluß, zu dessen Vollziehung die landesherrliche Verkündigung v. 21. Juni
1862 erlassen sei, die anerkannt bundeswidrigen Bestimmungen der Verfassung von 1831 von der Wiederherstellung ausnehme, und in Hinsicht der
rechtlichen Wirksamkeit der inmittelst ergangenen gesetzgeberischen Erlasse von
einer entgegengesetzten Auffassung ausgehe wie die Ständeversammlung. Es
wird ferner bemerkt, daß das Zustandekommen einer der Bundesverfassung und
einem geordneten Staatswesen entsprechende Wahlordnung vom Standpunkt der
Regierung aus als die unerläßliche und fundamentale Voraussetzung eines wirklichen und befriedigenden Abschlusses der Verfassungsfrage betrachtet und zugleich
als der wesentlichste Schritt zu einer gedeihlichen, segensreichen Entwicklung der
Verhältnisse des Landes auch in Hinsicht seiner materiellen Interessen angesehen
werden müsse. Daneben wird zwar anerkannt, daß für die Regierung die
Aufgabe bestehe, die durch die wahren Bedürfnisse des Landes gebotenen Maßregeln zu treffen, auch die Zusicherung gegeben, daß die Regierung nicht ab-
lassen werde „sich mit aller Sorgfalt der rechtzeitigen und erfolgreichen Lösung
dieser Aufgabe anzunehmen," das Begehren der Ständeversammlung aber,
der Regierung eine regere Thätigkeit und ein rascheres Handeln zur Pflicht
zu machen, unter dem Ausdruck des Vertrauens zu einer allseitigen getreuen
Pflichterfüllung der Regierung abgelehnt. Die Ständeversammlung beschloß
am 13. Dec. 1864, da es auf eine durchgreifende Besserung der Zustände ankomme, und eine solche weder plötzlich noch anders als durch Handlungen
sich vollziehen könne, zur Zeit von einer weiteren Entschließung abzustehen.
Sie ging dabei von der Erwartung aus, daß die Staatsregierung trotz der
abwehrenden und unbefriedigenden Erklärung, im eigensten Interesse der landesherrlichen Autorität das Land vor fortgesetzter Vernachlässigung seiner
Wohlfahrt schützen, und die Erfüllung der ihr obliegenden, von ihr selbst
anerkannten Pflichten gegen das Land sich werde angelegen sein lassen. Diese
Erwartung ist nicht in Erfüllung gegangen. Am 30. Sept. 1865 — mehr
als neun Monate nach jenen Vorgängen — war der bleibende landständische
Ausschuß aufs neue in der Lage, der Ständeversammlung berichten zu müssen,
daß „auf dem ganzen Gebiet unseres Staatslebens beinahe völliger Stillstand sich ergeben habe."

Die Denkschrift erwähnt die hierauf folgenden Verhandlungen der Kammer, in welchen dem Ministerium die schwerste Verletzung der Landesinteressen zum Vorwurf gemacht wurde, ohne daß auch nur eine einzige
Stimme, nicht einmal die des Regierungsvertreters, zur Vertheidigung der
Regierung sich erhob. Es heißt dann weiter: „Wenige Tage nach dieser
Verhandlung erfolgte wegen des gänzlichen Mangels an Vorlagen die Vertagung; die Ständeversammlung trennte sich mit der ausgesprochenen Hoffnung, daß die Zeit der Vertagung dem Lande „einer Periode größerer Fruchtbarkeit in den öffentlichen Angelegenheiten und der Erfüllung langgehegter
Wünsche näher bringen werde." Auch diese Hoffnung ist unerfüllt geblieben.
Die Landesvertretung wurde nach ihrem Wiederzusammentritt am 24. Januar
d. J. abermals mit der Mittheilung des bleibenden Ausschusses empfangen:
daß „noch keine Anzeichen dafür wahrzunehmen gewesen, daß der beinahe
völlige Stillstand auf dem ganzen Gebiete des Staatslebens einer frischen
Bewegung weichen werde." Es mußte wiederum wegen Mangels an Vorlagen am 5. Febr. d. J. die Vertagung der Ständeversammlung bis zum
1. März d. J. erfolgen. Mit derselben Besorgniß und demselben Mißtrauen,
womit die Landesvertretung sich trennte, ist sie am 1. März d. J. wieder
zusammengetreten. Und seither ist dieses peinliche Gefühl nur zu sehr gerechtfertigt. Die im § 2 der Verkündigung vom 21. Juni 1862 erwähnten, angeblich bundeswidrigen und darum suspendirt gelassenen Bestimmungen des
Verfassungsrechts von 1831 sind bisher weder wieder in Wirksamkeit gesetzt,
noch ist der verfassungsmäßige Weg zu deren Abänderung betreten. Man

kann die Frage unerörtert lassen: ob es richtig ist, wenn in dem Eingang der Verkündigung vom 21. Juni 1862 und der oben erwähnten Eröffnung vom 30. Nov. 1864 angeführt wird: der Bundesbeschluß v. 24. Mai 1862 habe die anerkannt bundeswidrigen Bestimmungen der Verfassungsurkunde von 1831 von der Wiederherstellung ausgenommen; denn so viel steht unzweifelhaft fest, daß weder die Beantwortung der Frage, ob und welche Bestimmungen den Bundesgesetzen nicht entsprechen, noch die Bestimmung der Zeit, wann die etwa bundeswidrigen Bestimmungen auf verfassungsmäßigem Weg abgeändert werden sollen, einseitig der Regierung überlassen worden ist. Die Staatsregierung hat durch ihr bisheriges Verhalten ihre Pflicht gegen die Bundesversammlung und gegen das Land um so mehr schwer verletzt, als sie von der Ständeversammlung am 31. Oct. 1863 und 7. Juni 1864 zur Erfüllung derselben aufgefordert worden ist, und auch die „Standschaftsrechte der Mediatisirten und der Reichsritterschaft" seit nahezu drei Jahren wieder in Wirksamkeit getreten sind.

Eine weitere schwere Verletzung der Landesrechte findet der Verfassungs-Ausschuß darin, daß die Staatsregierung das provisorische Gesetz v. 29. Juni 1851, die Mitglieder des Oberappellationsgerichts betreffend, ungeachtet der seitens der Ständeversammlung ausdrücklich versagten Genehmigung und der begehrten Beseitigung desselben, nicht zurückgezogen, vielmehr die Beseitigung ausdrücklich verweigert und in Anwendung des Erlasses den obersten Gerichtshof in gesetzwidriger Weise besetzt hat. Da dieser Gegenstand zu einem besonderen Antrag Veranlassung darbietet, so wird derselbe speciellere Erörterung finden. Nicht minder hat die Staatsregierung ihre Pflichten gegen das Land wie auch ihre eigene Verkündigung v. 21. Juni 1862 dadurch verletzt, daß sie das provisorische Gesetz v. 7. Juli 1851, die Vollziehungsgewalt der Verwaltungsbehörden sowie die Bezirksräthe betreffend, nicht zurückgezogen, vielmehr dasselbe auch ohne die von der Landesvertretung begehrte Vorlage behufs Genehmigung der einstweiligen Fortdauer in Anwendung gelassen hat. In gleicher Weise verhält es sich mit einer Reihe von Verordnungen, durch welche gesetzliche mit landständischer Zustimmung ergangene Bestimmungen und Anordnungen beseitigt worden sind, z. B. der Verordnung v. 13. April 1853 wegen Abänderung des Gesetzes v. 29. Oct. 1848, die Religionsfreiheit und die Einführung der bürgerlichen Ehe betreffend, ferner den Verordnungen v. 25. Juli und 19. Dec. 1854, die Presse betreffend, den Verordnungen v. 19. Dec. 1854 und 26. Jan. 1860, das Vereinswesen betreffend u. s. w. Der Verfassungsausschuß könnte diese Zahl von Verletzungen des Rechts noch erheblich vermehren, er will sich jedoch darauf beschränken, nur noch auf die hohe Bedeutung der dem Lande vorenthaltenen Rechte aufmerksam zu machen. Abgesehen von dem Inhalt der suspendirten Verfassungsbestimmungen, fehlen dem Land eine in ihrer Unabhängigkeit gesicherte Rechtspflege in höchster Instanz, eine der freiheitlichen Entwicklung förderliche, auf die Theilnahme der Staatsbürger gebaute Landesverwaltung, die freie Presse und das Vereinsrecht, und damit zum größten Theil die höchsten und unentbehrlichsten Güter eines Volks, die wesentlichsten Garantien für eine verfassungs- und gesetzmäßige Ausübung der Staatsgewalt. Das Land befand sich im Besitz aller dieser Rechte, sie sind ihm mit Verletzung der beschworenen Staatsverfassung entzogen, und werden ihm in Mißachtung des Bundesbeschlusses vom 24. Mai 1862 und des Edicts v. 21. Juni 1862 durch die Staatsregierung vorenthalten. Während somit die landesherrliche Verkündigung in den wesentlichsten Beziehungen unerfüllt geblieben ist, muß leider von der Zusicherung vom 30. Nov. 1864 dasselbe gesagt werden. Wie vorher, so werden auch jetzt noch die sonstigen geistigen und materiellen Interessen des Landes in hohem Grade vernachlässigt und die Quellen der Volkswohlfahrt verschlossen gehalten. Auf allen Gebieten des staatlichen Lebens ist, zum Theil seit Jahrzehnten, das dringendste Bedürfniß nach Reformen im Wege der Gesetzgebung hervorgetreten, die Wissenschaft und die Erfahrung anderer Länder haben dieselben als nothwendig und segensreich anerkannt, die Landesvertretung hat sie unablässig befürwortet, aber die Staatsregierung hat nichts gethan, sie ins Leben zu rufen. Die Belege für diese Behauptung liegen in dem Zustande des Unterrichtswesens, in der Lage der Landwirthschaft, dem Stande des Industriellen und gewerblichen Lebens, in der Beschaffenheit der Verkehrsmittel, in der Steuergesetzgebung, in der Gesetzgebung über die Heimathsverhältnisse und das Niederlassungsrecht, in dem Währschafts- und Hypothekenwesen, der Concursgesetzgebung, dem Zustande der Straf- und Verbesserungsanstalten, und vor allem in den unerhörten Verschleppungen in der Staatsverwaltung. Der Verfassungsausschuß vermeidet es in Einzelheiten einzugehen, da deren nur zu viel bekannt sind; nur zwei Momente, welche besonders geeignet erscheinen, das richtige Licht auf die bestehenden Zustände zu werfen, mögen noch Erwähnung finden: einmal daß selbst ständische Beschlüsse und Anfragen einzelner Abgeordneten oftmals gar nicht, oft aber erst nach sehr langer Zeit und wiederholter Erinnerung, beantwortet werden, und sodann, daß die Minister und Ministerialvorstände seit Jahren fast niemals, selbst nicht bei den wichtigsten Berathungsgegenständen, in den Sitzungen der Ständeversammlung erschienen sind.

„Aus der ganzen laufenden Landtagsperiode weiß der Ausschuß — abgesehen von der unvermeidlichen Verlängerung der Zollvereinsverträge — nur drei weitere Acte der Gesetzgebung zu verzeichnen, in welchen den Interessen des Landes in einzelnen Punkten entsprochen ist: die Aufhebung der Wege-, Pflaster- und Brückengelder, das Gesetz vom 3. Mai 1865, die Einführung des allgemeinen deutschen Handelsgesetzbuches betreffend, und das Gesetz vom 23. Oct., die Gewährleistung für Mängel an Hausthieren betreffend. Eine größere Anzahl der wichtigsten Gesetzvorlagen hat zwar die Zustimmung der Ständeversammlung, aber nicht die Sanction der Regierung erhalten... Der Verfassungsausschuß hat sich diesem Zustande der Dinge gegenüber der Pflicht nicht entziehen können, sich die Frage vorzulegen: was die Ständeversammlung unter den bestehenden Verhältnissen zunächst zu thun habe? Er hält es für unabweislich, daß die Ansicht des Landes über den bestehenden Zustand der Staatsregierung unumwunden ausgesprochen und zur Kenntniß dieser gebracht werde. Des ganzen Landes und aller Classen seiner Bevölkerung hat sich das lebhafteste Mißtrauen gegen die Staatsregierung und die Personen bemächtigt, welche für dieselbe verantwortlich sind; das Land hat den Glauben verloren, daß dieselben den Willen, die Befähigung und die Energie besitzen, ihm seine wohlbegründeten Rechte zurückzugewähren, und diejenigen Anordnungen ins Leben zu rufen und durchzuführen, welche die Wohlfahrt des Landes erfordert. Ob ein solcher Ausspruch der Landesvertretung Erfolg haben, ob die Staatsregierung umkehren wird auf dem unheilvollen Weg, auf den sie gerathen ist, läßt sich zwar im voraus nicht ermessen, aber Sache der Ständeversammlung ist es gleichwohl, wenn sie nicht den Vorwurf der Mitschuld auf sich laden will, die Stimme des Landes laut zu erheben und vor aller Welt gegen die Folgen einer fortgesetzten Mißregierung Verwahrung einzulegen."

15. März. (Oesterreich). Das ungarische Landescommando erhält Befehl, sofort einen beträchtlichen Theil der Pesth-Ofener Garnison nach Böhmen abzusenden. Auch aus anderen Provinzen werden Truppen nach Böhmen beordert. Bereits heißt es, daß FZM. Benedek bestimmt sei, den Oberbefehl über eine in Böhmen aufzustellende Armee zu übernehmen.

„ „ (Baden). II. Kammer: Die gesammte Kammer erklärt ihre Zustimmung zu der Anregung des Abg. Knies,

„daß, wie verschieden auch noch die Ansichten über die endliche Lösung der deutschen Frage inmitten des deutschen Volkes und der deutschen Kammern seien, in einem in Deutschland alle Gutgesinnten einig sein, nämlich darin, daß ohne Einwilligung des schleswig-holsteinischen Volkes über sein Geschicke nicht entschieden werden dürfe."

16. März. (Preußen). Wie der österr. Botschafter am 31. Dec. v. J. die Insignien des Ordens vom h. Stephan, so überreicht nunmehr der preuß. Botschafter die Insignien des schwarzen Adlerordens in feierlicher Auffahrt dem Kaiser Napoleon für den kaiserl. Prinzen.

" " (Preußen). Im Kriegsministerium werden Vorbereitungen zu kriegsmäßiger Armirung der schlesischen Festungen getroffen.

" " (Oesterreich). Eine Circularbepesche an die österr. Gesandten bei mehreren deutschen Höfen nimmt für den Fall, daß eine an das k. preuß. Cabinet zu richtende Anfrage über dessen kriegerische Absicht nicht befriedigend ausfallen sollte, eine Anrufung des Bundes mit Rücksicht auf den Art. 11 der Bundesacte in Aussicht und stellt denselben zur Erwägung anheim, inwiefern für den Fall, daß mit einer Bedrohung des Bundesfriedens durch Preußen die Voraussetzung des Art. 19 der Wiener Schlußakte*) eintreten sollte, die Kriegsbereitschaft der Bundescontingente in Aussicht zu nehmen sei:

„... Die kaiserliche Regierung hegt die Absicht, falls Preußen einen offenen Bruch herbeiführte, das Einschreiten des Bundes auf Grund des Artikels 11 der Bundesacte und des Artikels 19 der Wiener Schlußacte in Anspruch zu nehmen, und zugleich dem Bund alle weiteren Entschließungen zur Regelung der schleswig-holstein'schen Angelegenheit anheimzustellen. Die Regierung Sr. Majestät des Kaisers glaubt unter den von Preußen getroffenen Vorbereitungen zum Kriege ihre Verantwortlichkeit nicht mehr anders als durch eine directe Anfrage in Berlin decken zu können, und sie beauftragt daher den Grafen Karolyi, dem preußischen Ministerpräsidenten um positiven Aufschluß darüber anzugeben: ob der Berliner Hof sich wirklich mit dem Gedanken trage, die Gasteiner Convention mit gewaltsamer Hand zu zerreißen und den grundgesetzlich verbürgten Frieden zwischen deutschen Bundesstaaten zu unterbrechen. Graf Karolyi wird hinzufügen, daß die kaiserliche Regierung durch diese Anfrage nicht etwa provocirend aufzutreten beabsichtige, sondern nur die hoffentlich irrig gedeuteten Intentionen der königl. preußischen Regierung ins klare zu ziehen wünsche. Erfolge auf diese unausschieblich gewordene Interpellation eine unbefriedigende oder ausweichende Antwort, dann wäre für den kaiserlichen Hof der Augenblick erschienen, wo er seine Bemühungen

---

*) Artikel XI der Bundesacte lautet in seinem einschlägigen Theil: „Die Bundesglieder machen sich verbindlich, einander unter keinerlei Vorwand zu bekriegen, noch ihre Streitigkeiten mit Gewalt zu verfolgen, sondern sie bei der Bundesversammlung anzubringen. Dieser liegt alsdann ob, die Vermittelung durch einen Ausschuß zu versuchen; falls dieser Versuch fehlschlagen sollte, und demnach eine richterliche Entscheidung nothwendig würde, solche durch eine wohlgeordnete Austrägalinstanz zu bewirken, deren Ausspruch die streitenden Theile sich sofort zu unterwerfen haben." Der hieher gehörige Art. XIX der Wiener Schlußacte bestimmt: „Wenn zwischen Bundesgliedern Thätlichkeiten zu besorgen oder wirklich ausgeübt worden sind, so ist die Bundesversammlung berufen, vorläufige Maßregeln zu ergreifen, wodurch jeder Selbsthilfe vorgebeugt und der bereits unternommenen Einhalt gethan werde. Zu dem Ende hat sie vor Allem für Aufrechterhaltung des Besitzstandes Sorge zu tragen."

Deutschland.

um ein Einverständniß mit Preußen beständig als gescheitert ansehen, und am deutschen Bunde die Initiative behufs der zur Wahrung des gefährdeten Bundesfriedens und Verhütung oder Zurückweisung jeder Gewaltanwendung erforderlichen Maßregeln ergreifen müsse. Oesterreich müßte dann in Frankfurt ohne allen Verzug eine Erklärung folgenden Inhalts abgeben lassen: „Den hohen Bundesgenossen Sr. Maj. des Kaisers sei bekannt, welchen entschiedenen Werth der kaiserliche Hof darauf gelegt habe in den Verhandlungen über die politische Zukunft der Elbherzogthümer das Einverständniß mit Sr. Maj. dem König von Preußen festzuhalten. Mit Beharrlichkeit und in versöhnlichem Geiste habe der Kaiser sich bestrebt gemeinschaftlich mit Preußen die Mittel zur endlichen Lösung der schleswig-holsteinischen Verwicklung zu finden. Stets werde Se. Maj. als Souverän Oesterreichs wie als deutscher Bundesfürst die höchste Beruhigung aus dem Bewußtsein schöpfen, kein billiges Zugeständniß versagt und jede mögliche Probe versöhnlicher Gesinnung abgelegt zu haben, um zwischen Oesterreich und Preußen jene Eintracht zu erhalten, welche die wesentlichste Bürgschaft für den inneren Frieden wie für die äußere Sicherheit und Geltung des deutschen Vaterlandes bilde. Zum tiefsten Bedauern des kaiserlichen Hofs seien jedoch die bisherigen Verhandlungen mit Preußen ohne den gewünschten Erfolg geblieben. Die k. preuß. Regierung habe geglaubt, Forderungen aufstellen zu müssen, deren Gewährung mit den Interessen und der Machtstellung der österreichischen Monarchie eben so wenig wie mit dem deutschen Nationalinteresse und der Verfassung des deutschen Bundes vereinbar sei. Der Präsidialgesandte sei daher beauftragt, der Bundesversammlung die Anzeige zu erstatten, daß die kaiserl. Regierung ihre Bemühungen, eine definitive Lösung der Herzogthümerfrage im Einvernehmen mit Preußen vorzubereiten, als vereitelt betrachten und sonach alles weitere den verfassungsmäßigen Beschlüssen des Bundes, welchem ihre Anerkennung stets gesichert sei, anheimstellen müsse. Auf diese Erklärung dürfe sich jedoch die kaiserliche Regierung nicht beschränken. Sowohl durch die Sprache des preußischen Cabinets als durch Nachrichten über militärische Vorbereitungen in Preußen sei in weiten Kreisen die Besorgniß einer Gefährdung des Friedens in Deutschland wachgerufen worden. Die kaiserliche Regierung hege zwar die Hoffnung, daß die Kenntniß der wahren Intentionen Preußens hinreichen werde, um diese Besorgniß vollständig zu zerstreuen. Allein da es ihr nicht gelungen sei, vom Berliner Cabinet befriedigende Aufklärungen zu erhalten, so befinde sie sich in dem Fall, in dem Kreise ihrer Bundesgenossen sich auf die durch Art. 11 der Bundesacte und Art. 19 der Wiener Schlußacte feierlich von allen Mitgliedern des Bundes eingegangenen Verpflichtungen zu berufen. Der Gesammtheit des Bundes liege es ob, Sorge dafür zu tragen, daß Streitigkeiten zwischen Bundesgliedern nicht mit Gewalt verfolgt werden, und die kaiserl. Regierung erfülle daher nur eine Pflicht, wenn sie der Bundesversammlung rechtzeitig anheimstelle, auf Wahrung des Bundesfriedens ihr Augenmerk zu richten. Zunächst werde die Bundesversammlung sich darüber, daß Gefahr der Selbsthülfe nicht vorhanden sei, jene vollständige Beruhigung zu verschaffen haben, welche eine an Recht und Vertrag festhaltende Regierung wie diejenige Sr. Maj. des Königs von Preußen ihren Bundesgenossen sicher nicht werde vorenthalten wollen." Vorstehendes würde der Inhalt der ersten kaiserl. Erklärung am Bunde sein, und die kaiserl. Regierung erwartet, daß die ...... Regierung ihren Bundestagsgesandten in Frankfurt im voraus mit der Instruction versehen werde, unmittelbar nach der österreichischen Erklärung für eine Aufforderung oder ein Ersuchen an Preußen, sich über seine Absichten auszusprechen, zu stimmen. Sollte der Widerspruch einzelner Gesandten eine Berathung und Schlußziehung in derselben Sitzung, wie die Geschäftsordnung dieß ermöglicht, verhindern, so wäre wenigstens in einer unmittelbar nachfolgenden Sitzung die sachgemäße Eröffnung an Preußen zu beschließen. Gleichzeitig oder erst nach Eingang der preußischen Erklärung dürfte dem holstein-lauenburgischen Ausschusse der Gegenstand zuzuweisen, und auch die dem Art. 11 der Bundesacte entsprechende Vermittlungsaufgabe demselben Ausschusse zu übertragen sein. Würde übrigens die Gefahr eines Friedensbruches noch bringender, ergäben sich positive Anzeichen für beabsichtigte Gewaltstreiche, oder würde in Preußen die Mobilisirungsordre wirklich erlassen, dann könnte selbstredend dem Drang der Situation nicht durch die bloßen Vermittlungsbemühungen eines Ausschusses abgeholfen werden, sondern die Nothwendigkeit würde vorhanden sein, rasch und entschieden die Maßregeln zu ergreifen, durch welche, um mit dem Art. 19 der Schlußacte zu reden, jeder Selbsthülfe vorzubeugen und der bereits unternommenen Einhalt zu thun wäre. Einem drohenden Angriff Preußens gegenüber könnten diese Maßregeln nur in der Kriegsbereitschaft des 7., 8., 9. und 10. Bundescorps und in der Aufstellung derselben im Verbande mit der österreichischen Armee bestehen und die kaiserl. Regierung muß daher hoffen, daß sie im gegebenen Augenblick die ...... Regierung bereit finden würde, für einen solchen Beschluß in Frankfurt zu stimmen."*)

17. März. (Oesterreich). Der österr. Gesandte in Berlin, Graf Karolyi, richtet die in der österr. Dep. vom 16. d. M. angekündigte Frage an den Grafen Bismarck, ob sich der Berliner Hof wirklich mit dem Gedanken trage, die Gasteiner Convention gewaltsam zu zerreißen und den grundgesetzlich verbürgten Frieden zwischen deutschen Bundesstaaten zu unterbrechen. Graf Bismarck antwortet auf die Frage mit einem, jedoch nicht unumwundenen und entschiedenen Nein. Die österr. Regierung läßt indeß sofort telegraphische Depeschen an die deutschen Höfe richten, daß sie auf ihre Anfrage von der preußischen eine „einigermaßen befriedigende" Antwort erhalten und deßhalb die beabsichtigten Schritte am Bunde einstweilen sistirt habe.

19. „ (Preußen). Ein Artikel der Kreuzzig. denunzirt die Rüstungen Oesterreichs und Sachsens.
S. Ergänzungsheft S. 21.

20. „ (Preußen). Gegen 100 gezogene Geschütze gehen vom Rhein in die schlesischen und sächsischen Festungen ab.

21. „ (Preußen). Ein Artikel der offiz. Prov.-Corr. stellt gegenüber den Maßnahmen Oesterreichs und Sachsens auch preußische Rüstungen und Allianzen nach anderer Seite in Aussicht.
S. Ergänzungsheft S. 22 u. fg.

22. „ (Preußen). Der preußische Generalconsul Schramm wohnt in Mailand officiell dem Trauergottesdienst für die Gefallenen der 5 Tage bei.

23. „ (Preußen). Die Stadtverordneten von St. Johann und von Saarbrücken beschließen einstimmig, eine Deputation nach Berlin zu schicken, um gegen den angeblichen Verkauf der Kohlendistricte an eine franz. Gesellschaft oder an die französische Regierung selber zu wirken. Eine Anzahl Bürger beider Städte erlassen einen sehr

---

*) Die offic. „Wiener Abendp." hat die Dep. für einen der Hauptsache nach richtigen Auszug, aber nicht für eine wirkliche Wiedergabe des Actenstückes erklärt.

bringlichen Aufruf an die öffentliche Meinung der Nation gegen eine Trennung von Deutschland.

23. März. (Hessen-Darmstadt). Die II. Kammer beschließt mit allen gegen die 7 Stimmen des grundherrlichen Adels:

"Mit Rücksicht auf die Vergewaltigungen in Schleswig, welche der dortigen Bevölkerung die Wahrung ihrer Rechte im höchsten Grade erschwert, wenn nicht zeitweise unmöglich macht; in Erwägung, daß auch in Holstein die verlangte Einberufung der Stände noch immer unterbleibt, daß eine gedeihliche Ordnung der Zustände in den Herzogthümern Schleswig-Holstein aber nur möglich erscheint, wenn der dortigen Bevölkerung Gelegenheit wird gegeben sein, ihre Rechte hierbei durch die sie vertretenden Stände zu wahren; in weiterer Erwägung, daß die Zustände in den Herzogthümern eine immer bedrohlichere Gestalt auch für die übrigen deutschen Staaten annehmen, beschließt die Kammer an die großherzogl. Regierung das dringende Ersuchen zu richten, auf baldigste Einberufung der Stände in den Herzogthümern Schleswig-Holstein, so weit dies nur immer in ihren Kräften steht, hinzuwirken."

24. " (Preußen) richtet eine Circulardepesche an die deutschen Regierungen, in welcher es, unter Darlegung der Sachlage und Verzicht auf eine Hülfe des Bundes als solchen, die Frage an sie stellt, ob und in welchem Maaße es auf ihren guten Willen als Einzelstaaten zählen dürfe, indem es in Ermangelung solchen Beistandes die Nothwendigkeit einer den realen Verhältnissen Rechnung tragenden Reform des Bundes betont und für den Fall einer kriegerischen Niederlage Preußens Deutschland das Schicksal Polens in Aussicht stellt.

S. den Wortlaut vollständig Ergänzungsheft S. 24 u. fgg.

" " (Oesterreich). Ein für dieses Jahr beabsichtigtes Uebungslager an der ungarischen Grenze wird vom Kriegsminister abbestellt.

" " (Hessen-Homburg). Der Landgraf †. Das Land fällt an Hessen-Darmstadt.

" " (Hessen-Darmstadt). Der Großherzog ergreift durch Patent die Regierung der ihm angefallenen Landgrafschaft Hessen-Homburg.

25. " (Preußen). Eine Versammlung von Wahlmännern und Urwählern in Solingen protestirt gegen den Krieg mit Oesterreich um der gewaltsamen Annexion Schleswig-Holsteins willen. Eine lange Reihe ähnlicher Versammlungen folgt dem Beispiel in den Rheinprovinzen und bald auch in den übrigen Theilen der Monarchie.

27. " (Preußen). In Wien will man wissen, daß an diesem Tage das Bündniß zwischen Preußen und Italien zu Berlin paraphirt worden sei.

" " Die preußische Circulardepesche v. 24. b. M. wird den deutschen Regierungen von den Vertretern Preußens an den verschiedenen Höfen vorgelesen. Keine einzige derselben entspricht dem Ansinnen der preuß. Regierung. Die meisten verweisen Preußen an den Bund. Hannover und Kurhessen suchen auszuweichen.

28. " (Preußen). Eine kgl. Ordre verfügt, die Armee in Kriegsbereitschaft zu setzen.

28. März. (Preußen). Die Köln. Zeitung spricht sich nunmehr entschieden gegen den Krieg aus, fordert den wohlhabenden Bürgerstand, im Gegensatz gegen die Kreuzzig., die alle Friedensdemonstrationen für Landesverrath erklärt, eifrig zu Petitionen gegen den Krieg auf und verlangt mit Nachdruck den Rücktritt des Ministeriums Bismarck.

31. „ (Oesterreich) protestirt, gegenüber der preuß. Circulardepesche v. 24. d. M., in einer Depesche au Preußeu gegen jede Absicht eines offensiven Auftretens gegen Preußen und erklärt seinen festen Entschluß, sich seinerseits nicht in Widerspruch mit Art. 11 der Bundesacte zu setzen.
S. Ergänzungsheft S. 28 u. fg.

„ „ (Bayern). Eine identische Depesche des Ministers v. d. Pforbten an Oesterreich und Preußen sucht zwischen beiden zu vermitteln, indem sie beide an den Art. 11 der Bundesacte erinnert und die Ursache der Kriegsgefahr weder in einigen Differenzen über die Ausführung der Gasteiner Convention noch in einer definitiven Entscheidung über das Schicksal der Elbherzogthümer, über die ja noch gar nicht verhandelt worden sei, finden kann.
S. Ergänzungsheft S. 29.

2. April. (Bayern) beginnt auch seinerseits zu rüsten, indem bedeutende Pferdeankäufe für die Artillerie und Cavallerie angeordnet werden.

3. „ (Württemberg). Das Comité der Volkspartei erläßt einen Aufruf „an die Gleichgesinnten in Deutschland", in dem es sich für Neutralität in dem sich vorbereitenden Kampfe zwischen Oesterreich und Preußen ausspricht:
„Noch dürfen wir hoffen, das deutsche Volk in Preußen und Oesterreich werde in der letzten Stunde dem brudermörderischen Kampfe um die Großmachtstellung Einhalt thun; geschieht es nicht, so werden wir im übrigen Deutschland zwar den Krieg nicht hindern können, aber ihn mitzukämpfen soll uns Niemand zwingen. Die scheinbare Rückkehr Oesterreichs zu dem auch von ihm nicht minder als von Preußen mißachteten und mißhandelten Bundesrecht darf uns nach allen Erfahrungen nicht bestimmen, in dem an sich gerechten Kampf gegen den preußischen Störefried blindlings Partei zu nehmen..."
S. Ergänzungsheft S. 30.

5. „ (Württemberg) trifft militärische Vorbereitungen, indem der auf den 17. angesetzte Garnisonswechsel auf den 10. d. M. und die Einberufung der Recruten vom 27. auf den 13. d. M. vorgerückt wird.

6. „ (Preußen). Antwort auf die österr. Depesche v. 31. März. Preußen erklärt in derselben „in aller Form, daß den Absichten S. M. des Königs nichts ferner liegt, als ein Angriffskrieg gegen Oesterreich."
S. die Dep. vollständig im Ergänzungsheft S. 31.

7. „ (Oesterreich). Antwort auf die preußische Note v. 6. d. M. Dieselbe erklärt, daß „ein Grund zu weiteren Rüstungen sonach

nicht mehr vorliege", daß es aber nunmehr auch „der — in der Note des k. preuß. Gesandten mit Bedauern von ihm vermißten — Nachricht entgegensehe, daß die in Preußen am 28. v. M. erlassene Mobilisirungsordre zurückgenommen werde".
S. die Dep. vollständig Ergänzungsheft S. 32.

9. April. (Bundestag). Preußen trägt nun wirklich am Bunde auf Einberufung eines Parlaments aus directen Wahlen und allgemeinem Stimmrecht behufs Reform der Bundesverfassung an und zwar in dem Sinne, daß die Bestimmung eines festen Termins für die Berufung des Parlaments schon jetzt getroffen, die Vorlagen für dasselbe aber bis dahin durch Verständigung der Regierungen unter einander festgestellt werden.
S. den vollständigen Antrag im Ergänzungsheft S. 33 u. ffg.

10. „ (Preußen). Das Aeltesten-Colleg der Kaufmannschaft von Berlin richtet eine sehr dringende Adresse für Bewahrung des Friedens an den König.

11. „ (Holstein). Die Delegirten-Versammlung der schleswig-holsteinischen Vereine beschließt in Neumünster — die Verhandlungen finden unter Ausschluß der Oeffentlichkeit statt — folgende Resolutionen:
„1) Die bisherige Behandlung der schleswig-holsteinischen Sache bedroht Deutschland mit dem unermeßlichen Unglück eines Bürgerkriegs. 2) Eine Lösung derselben auf Grundlage des öffentlichen Rechtes Deutschlands wie unseres Landesrechtes und unter Mitbestimmung der Landes-Vertretung ist der gegebene Weg, das drohende Unheil abzuwenden. 3) Wenn ein Widerstand Preußens gegen solche Lösung zum Bürgerkriege führen sollte, so fällt die Verantwortung hiefür zweifellos auf die preußische Regierung. 4) Wie schwer auch ein Bürgerkrieg die ganze deutsche Nation treffen würde, so steht doch fest, daß ein Gewährenlassen der verabscheuenswerthen Politik des gegenwärtigen preußischen Cabinets Deutschland unrettbar dem tiefsten Verfall preisgeben müßte."

„ „ (Baden). Die Mitglieder der II. Kammer erklären sich in einer Vorberathung fast einstimmig für Eingehen auf den preußischen Parlamentsantrag.

12. „ (Nassau). Die II. Kammer beschließt mit allen gegen 3 Stimmen die Inbetrachtnahme des Antrags auf Wiederherstellung der Verfassung von 1849 und des Wahlgesetzes von 1848.

13. „ (Preußen). So ziemlich die ganze preußische Flotte ist nunmehr in Kiel vereinigt. Vier Kanonenboote gehen durch den schleswig-holsteinischen Canal in die Eider und nehmen vorerst Station an der Eidermündung, von der aus zugleich auch die Elbmündung zu beherrschen ist, eventuell der österr. Brigade Kalik in Holstein der Rückzug über die Elbe abgeschnitten werden kann.

14. „ (Baden). II. Kammer: Auf eine Interpellation des Abg. Knies bez. der Stellung der Regierung zu dem preuß. Parlamentsantrage antwortet der Staatsminister v. Edelsheim: seit langer Zeit gehörten bekanntlich die Sympathien und Wünsche der Regierung einer nationalen Entwickelung auf parlamentarischer Grundlage an;

das Betreten dieses Weges werde daher ihrerseits niemals Schwierigkeiten begegnen, sondern stets auf ihre Unterstützung rechnen können; den jetzigen Antrag anlangend, werde die Regierung für dessen Inbetrachtnahme und somit für die Verweisung an einen besonderen Ausschuß stimmen.

15. April. (Preußen). Depesche an Oesterreich in Antwort auf die österr. Depesche vom 7. d. Mts.: Preußen verlangt, daß Oesterreich, welches zuerst gerüstet, auch zuerst abrüste.
    S. Ergänzungsheft S. 38 u. fg.

18. „ (Preußen). Die officielle Prov.-Corr. erklärt, daß die Absicht Preußens bei der von ihm vorgeschlagenen Bundesreform dahin gehe, „die militärischen Kräfte Norddeutschlands und Mitteldeutschlands zu wirksamer That um sich vereinigen zu können", so daß ihm die Möglichkeit gegeben sei, „die Kräfte derjenigen Staaten, welche im Bereiche seines Schutzes und seiner Machtentfaltung liegen, namentlich auch derjenigen, welche in bunter Mannigfaltigkeit zwischen seine beiden Hälften hineingeschoben worden seien, durch einen raschen und leichten Anschluß an die preuß. Armee zur gemeinsamen Vertheidigung deutschen Interesses zu verwenden". Ebenso bestimmt erklärt sie, daß die Bundesreform auch dazu dienen solle, einen Theil der Lasten der Armeereorganisation, die dem ganzen innern Conflict in Preußen zu Grunde liege, auf Deutschland überzuwälzen und so diesen Conflict zum Austrag zu bringen.

„ „ (Oesterreich). Depesche an Preußen in Antwort auf die preußische Depesche vom 15. d. M.: Oesterreich erklärt sich, um einen unzweideutigen Beweis seiner Friedensliebe zu geben, bereit, zuerst abzurüsten, wofern es die bestimmte Zusage erhalte, daß Preußen an demselben Tage oder doch am nachfolgenden dasselbe thun werde.
    S. die Dep. im Ergänzungsheft S. 40.

„ „ (Hannover). Eröffnung des Landtags. Vorlagen der Regierung. Das s. Z. von der Regierung selbst vorgeschlagene und von beiden Kammern angenommene Wahlgesetz ist vom Könige schließlich nun doch nicht sanctionirt worden.

21. „ (Bundestag). Der preuß. Bundesreform-Antrag wird nach dem Verlangen Preußens mit Mehrheit an einen besonderen Ausschuß von 9 Mitgliedern gewiesen. Luxemburg enthält sich der Abstimmung. Hannover und Kurhessen suchen auszuweichen, indem sie den Wunsch nach Entwaffnung betonen. Erklärung Oesterreichs.
    S. die letztere im Ergänzungsheft S. 41.

„ „ (Preußen). Antwort Preußens auf das Anerbieten Oesterreichs v. 18. d. M.: Preußen geht auf dasselbe nicht unbedingt, sondern nur unter Vorbehalten möglichst freier Hand ein.
    S. Ergänzungsheft S. 41 u. fg.

21/22. „ (Oesterreich). Militärische Berathungen in Wien. Es wird beschlossen, die italienische Armee zu verstärken und auf den Kriegsfuß zu setzen. Erzherzog Albrecht soll dahin abgehen, um den Oberbefehl über dieselbe zu übernehmen, F3M. Benedek dagegen nach Wien kommen, um an die Spitze der Nordarmee zu treten. An der Wiener Börse erzeugen diese Beschlüsse alsbald eine förmliche Panique, die sich nach und nach auch sämmtlichen übrigen Börsen Europas mittheilt.

21/22. April. (**Hannover**). Die II. Kammer beschließt auf den Antrag Bennigsens mit allen gegen 5 oder 6 Stimmen, bezüglich der nunmehrigen Ablehnung des vereinbarten Wahlgesetzes von Seite des Königs einen Verfassungsausschuß von je 5 Mitgliedern jeder Kammer niederzusetzen. Die I. Kammer, die das Wahlgesetz s. J. mit allen gegen 8 Stimmen angenommen hatte, läßt es jetzt mit allen gegen 3 Stimmen wieder fallen und lehnt ihren Beitritt zum Beschluß der II. Kammer ab.

21. „ (**Bayern**) sistirt vorerst weitere Pferdeankäufe.

„ „ (**Baden**). Die I. Kammer verwirft eine Motion des Frhrn. v. Anblaw, den Minister Lamey wegen Amtsmißbrauch und Verfassungsbruch (gegen die kath. Partei) in Anklagezustand zu versetzen mit 11 gegen 8 Stimmen.

22. „ Conferenz der Mittelstaaten in Augsburg. Es sind auf derselben vertreten: Bayern, Württemberg, Sachsen, Baden, Nassau, Darmstadt, Weimar, Coburg=Gotha und Meiningen.

„ „ (**Württemberg**). Eine Landesversammlung der Volkspartei in Stuttgart beschließt eine Reihe von Resolutionen, in denen sie sich für eine engere bundesstaatliche Verbindung des übrigen Deutschlands außer Oesterreich und Preußen mit gemeinschaftlicher Volksvertretung und allgemeiner Volkswehr ausspricht und zugleich eine Reform ihrer Einzelverfassungen, für Württemberg speziell mit allgemeinem Stimmrecht und Einkammersysteme fordert."

23. „ (**Oesterreich**). Graf Karolyi zeigt dem preußischen Cabinet die gegen Italien ergriffenen ernsten Vorsichtsmaßregeln an; seine Regierung habe diese Notification für nöthig erachtet, um jedes Mißverständniß zu vermeiden.

24. „ (**Oesterreich**) contrahirt, in Folge eines auf das Septemberpatent gestützten Gesetzes, ein neues Anlehen im Nominalbetrage von 60 Mill. Silber gegen Verpfändung von Staatsdomänen.

25. „ (**Baden**). Die II. Kammer beschließt gegenüber dem Antrage des Frhrn. v. Anblaw v. 21. d. M. in der I. Kammer folgende Erklärung zu Protokoll:

„Wir erkennen in den zum Vollzug des Volksschul=Aufsichts=Gesetzes durch den Präsidenten des Ministeriums des Innern, Herrn Staatsrath Dr. Lamey, ergriffenen Maßregeln, welche die Motion des Frhrn. v. Anblaw in dem andern hohen Hause als Verletzung der Verfassung und als Amtsmißbrauch bezeichnete, nur eine pflichtgemäße Erfüllung seiner amtlichen Aufgabe."

26. April. (Preußen). Die officiöse Nordd. Allg. Ztg. erklärt, daß kein Symptom eines plötzlichen Angriffskrieges Italiens gegen Oesterreich vorliege und daß Preußen eine Unschädlichmachung der italien. Armee, auf welche dasselbe, wenn es von Oesterreich angegriffen würde, wahrscheinlich zählen könnte, nicht zugeben dürfe, und zieht daraus die Folgerung, Oesterreich müsse entweder Preußen und Italien gegenüber zum vollen friedlichen Status quo ante zurückkehren oder eine entsprechende Verstärkung der preußischen Rüstungen erwarten.

„ „ (Preußen). Die altliberale Partei tritt zuerst in einer Versammlung ihrer Notabilitäten zu Halle auf Seite der Regierung für den Krieg und gegen die anderseitigen Friedensdemonstrationen.
S. Ergänzungsheft S. 44.

„ „ (Oesterreich) setzt durch eine Circularddep. die fremden Regierungen von den im Venetianischen angeordneten militärischen Vorkehrungen in Kenntniß mit der ausdrücklichen Betonung ihres streng defensiven Charakters:

„Wir haben zu viel Pländer unserer friedliebenden Absichten ertheilt, es ist zu offenkundig, daß weder die Politik der kaiserl. Regierung, noch Oesterreichs Interessen bei Angriffsplanen ihren Vortheil finden, als daß in Europa Zweifel an der Aufrichtigkeit unserer Worte obwalten könnten. Angesichts der in Italien auf breiter Basis vor sich gehenden Vorbereitungen, und weil die Eroberung einer unserer Provinzen seit geraumer Zeit ein offenkundiges Ziel der Regierung des Königs Victor Emanuel ist, würde es unseres Theiles eine unverzeihliche Verblendung sein, wenn wir nicht die unerläßlich zu unserer Vertheidigung nöthigen Vorsichtsmaßregeln träfen. Außer unseren Landgrenzen haben wir auf der italienischen Seite eine sehr lange Küstenlinie zu vertheidigen. Unsere Truppen, vertheilt im Innern des Reiches und aufs Minimum reducirt, wie sie waren, reichten zur Deckung aller exponirten Punkte, die oft durch beträchtliche Entfernungen von einander getrennt sind, nicht aus. Wenn wir uns einer falschen Sicherheit überließen, so würden wir nur zum Angriff auf unsere Grenzen einladen. Deßhalb haben wir verschiedentliche Truppen-Bewegungen angeordnet und unsere Armee in Italien auf completeren Fuß gestellt. Diese Maßregeln, ich wiederhole es, haben nur den Charakter strengster Defensive, und es kommt der kaiserlichen Regierung nicht in den Sinn, mit irgend wem einen Krieg hervorzurufen. Sie haben in formellster Weise diese Versicherung zu erneuen, aber wir halten es zugleich für eine gebieterische Pflicht, nichts zu versäumen, um uns in den Stand zu setzen, eine bewaffnete Invasion zurückzutreiben. Kein Cabinet könnte, davon bin ich überzeugt, die Verantwortlichkeit auf sich nehmen, und den Rath zu geben, daß wir anders handeln sollten, denn keines würde bei dermaliger Lage uns die Unverletztheit unseres Gebietes garantiren wollen."

„ „ (Oesterreich) richtet gleichzeitig zwei gesonderte Depeschen an Preußen. In der ersten erklärt es, daß „der Kaiser jetzt vollkommen bereit sei, den Befehl zu ertheilen, daß die nach Böhmen beorderten Truppen abberufen werden, um in das Innere des Kaiserreichs zurückzukehren und somit selbst dem Anscheine einer Truppen-Concentration gegen Preußen ein Ende zu machen, und daß es unverzüglich damit beginnen werde, sobald es die Versicherung erhalten haben werde, daß Preußen seinen Maßregeln gegen Italien keinen Einfluß auf die Wiederherstellung des vorigen Standes der

Beziehungen zwischen Oesterreich und Preußen ausüben lassen werde."
In der zweiten Depesche schlägt Oesterreich dem preuß. Cabinet eine
definitive Lösung der schleswig-holsteinischen Frage unter möglichster
Berücksichtigung der preußischen Ansprüche, jedoch innerhalb des bestehenden Bundesrechts vor. Für den Fall der Ablehnung auch
dieses Vorschlags von Seite Preußens, behält sich Oesterreich vor,
dem deutschen Bunde den ganzen Stand der Angelegenheiten offen
darzulegen und ihm anheimzugeben, welche Wege einzuschlagen seien,
um zu einer bundesmäßigen Regelung der holsteinischen Angelegenheit zu gelangen.
S. den Wortlaut beider Depeschen im Ergänzungsheft S. 44 u. 45.

26. April. (Bundestag). Wahl des Bundesreform-Ausschusses. Es
werden gewählt die Gesandten von Oesterreich, Preußen, Bayern,
Sachsen, Hannover, Württemberg, Baden, Hessen-Darmstadt und der
sächsischen Häuser, als Stellvertreter diejenigen von Mecklenburg und
Kurhessen.

„   „ (Baden). II. Kammer: Die Regierung legt dem Landtage nunmehr ein vollständiges neues Schulgesetz vor.

27. „ (Preußen) richtet an die deutschen Regierungen eine Circulardepesche zu Unterstützung der von ihm vorgeschlagenen Bundesreform
und des dabei nach seiner Ansicht einzuschlagenden Weges.
S. Ergänzungsheit S. 49.

„   „ (Preußen) richtet an Sachsen eine förmliche Sommation wegen
der von demselben getroffenen Rüstungen.
S. dieselbe Ergänzungsheit S. 48.

„   „ (Preußen). Die plötzliche Abreise des preußischen Gesandten v. Sa-
vigny nach Berlin verhindert die sofortige formelle Constituirung des
Neuner-Ausschusses für Behandlung des preußischen Bundesreform-
Antrages.

28. „ (Preußen). Ministerrath über die österr. Depesche v. 26. d. M.
Der König weigert sich vorerst noch, darin einen Kriegsfall zu
erblicken.

„   „ (Nassau). Die Ständeversammlung spricht sich fast einstimmig
für Reduction des stehenden Heeres von Beamteten aus.

29. „ (Sachsen). Antwort des Hrn. v. Beust auf die preuß. Sommation v. 27. d. M.
S. dieselbe im Ergänzungsheft S. 51 u. fgg.

30. „ (Preußen). Depesche an Oesterreich in Antwort auf die Depesche Oesterreichs vom 26. d. M. bezüglich der österreichischen
Rüstungen gegen Italien: Preußen lehnt schließlich jede Abrüstung
ab, wofern Oesterreich nicht auch gegen Italien abrüste.
S. den Wortlaut im Ergänzungsheft S. 51 u. fg.

„   „ (Oesterreich). Eine Circularbep. an die deutschen Regierungen
sucht dieselben in der Neigung zu bestärken, auf den preuß. Parla-

ments&antrag nur unter der Bedingung einzugehn, daß Preußen sich
zuvor über seine Projecte des nähern ausspreche.
30. April. (Oesterreich). Durch kais. Ordre werden in den Gränz-
districten die Beurlaubten bis zum zehnten Dienstjahr einberufen.
— „ (Baden). Der Ausschuß der II. Kammer erklärt sich gegen
Antrag auf Einführung der obligatorischen Civilehe, aber lediglich
aus Opportunitätsrücksichten.

2. Mai. (Preußen). Der ganzen italienischen Gesandtschaft in Berlin
werden preuß. Orden verliehen, was gewöhnlich nur nach Abschluß
von Verträgen zu geschehen pflegt.
3. „ (Preußen) beantwortet vorerst die österr. Depesche v. 26. v. M.
bez. Schleswig-Holsteins gar nicht. Dagegen bringt der offic. Staatsanzeiger eine entschieden ablehnende Erklärung bez. irgend einer Entscheidung des Bundes in dieser Frage.
S. dieselbe Ergänzungsheft S. 58.
„ „ (Oesterreich). Brand auf der Fregatte Novara in Pola. Es
ergibt sich, daß das Feuer durch Italiener angelegt worden ist.
4. „ (Preußen) erläßt endlich die förmliche Mobilisirungsordre für
das 3., 4., 5., 6. und 8. und das Garde-Armeecorps. Die übrigen
3 Armeecorps werden in Kriegsbereitschaft gesetzt.
„ „ (Oesterreich). Depesche an Preußen in Antwort auf die
preuß. Dep. v. 30. April: Oesterreich lehnt die Abrüstung gegenüber
Italien entschieden ab.
S. die Depesche im Ergänzungsheft S. 58.
5. „ (Bundestag). Sachsen legt seinen Depeschenwechsel mit Preußen
vor und trägt darauf an, dasselbe darum anzugehn, daß durch
geeignete Erklärung dem Bunde mit Rücksicht auf Art. 11 der
Bundesacte volle Beruhigung gewährt werde. Erklärungen Preußens
und Oesterreichs.
S. den Antrag Sachsens und die Erklärungen der beiden Großmächte in
ihrem Wortlaut Ergänzungsheft S. 60 u. fg.
„ „ (Oesterreich). Erzh. Albrecht geht nach Verona ab, um den
Oberbefehl über die ital. Armee an der Stelle Benedek's zu übernehmen.
„ „ (Preußen). Alle vier Wahlbezirke von Berlin haben sich nunmehr in Urwählerversammlungen gegen den Krieg ausgesprochen.
S. Ergänzungsheft S. 59.
„ „ (Sachsen). Der Magistrat von Leipzig beschließt einstimmig,
eine Vorstellung an das Gesammtministerium zu richten, in welcher,
im Hinblick auf die unselige Wahrscheinlichkeit, daß der zwischen
Oesterreich und Preußen ausgebrochene Conflict auf Sachsens Fluren
im verabscheuungswürdigsten Bruderkriege werde ausgekämpft werden,
die Regierung gebeten wird, jede Maßregel, die als Kriegsrüstung
gedeutet werden könne, sofort, soweit bereits in Vollzug gesetzt, rückgängig zu machen, übrigens aber alle unbegründeten Gerüchte über

angebliche Rüstungen öffentlich als solche zu bezeichnen. Die Stadt=
verordneten beschließen am folgenden Tage einstimmig, sich dieser
Vorstellung des Magistrats anzuschließen.
6. Mai. (Oesterreich). Es ergeht der Befehl, die ganze österreichische
Armee auf den Kriegsfuß zu setzen und die Nordarmee an der böh=
mischen und schlesischen Gränze zu concentriren.
„ „ (Bayern) nimmt seine Rüstungen wieder auf: die am 21. v. M.
sistirten Pferdeankäufe sollen ungesäumt wieder stattfinden.
„ „ (Bayern). Die Rheinpfalz feiert das Jubiläum ihrer 50jäh=
rigen Vereinigung mit Bayern. Hauptfest in Kaiserslautern unter
Leitung der Abgeordneten der Pfalz und zahlreicher Deputationen
aus den verschiedenen Gegenden des Kreises. Festrede des Abg.
Golsen gegen jeden Gedanken einer Trennung von Teutschland. Am
Nachmittag große Volksversammlung. Resolutionen derselben.
„ „ (Weimar). Die Landtagsabgeordneten vereinigen sich über eine
Resolution zu Gunsten des preußischen Bundesreformantrages, „jedoch
unter Vorbehalt näherer Bestimmungen über das Wahlgesetz. Nur
bei Aufrechthaltung unbeschränkter Wählbarkeit kann eine wahre Ver=
tretung der deutschen Nation aus den Wahlen hervorgehen."
7. „ (Preußen). Eine Dep. Bismarck's in Antwort auf die österr.
Depesche v. 26. April weist jede Intervention des Bundes behufs
Lösung der schleswig=holsteinischen Frage entschieden zurück:
„Da es uns in dem gegenwärtigen ernsten Augenblicke nicht um einen
Austausch von Schriftstücken zu thun ist, welche bestimmt sind, vor der öffent=
lichen Meinung die gegenseitigen Standpunkte zu stützen oder zu rechtfertigen,
sondern um die Anbahnung einer wirklich ernst gemeinten
Verständigung, welche nur auf dem Wege vertraulicher Verhandlungen
zu erreichen möglich ist, so sehe ich von einer formalen Erwiderung auf die
Depesche vom 26. April ab und wähle die Form eines vertraulichen, nicht
zur Mittheilung an den kaiserl. Minister bestimmten Erlasses an Ew. Exz.
Ich habe schon in meiner Mittheilung vom 1. d. M. angedeutet, daß nach
unserer Auffassung die Depesche des Herrn Grafen v. Mensdorff sich auf
einem Boden bewegt, auf welchem wir nicht folgen können. Es ist nicht der
Boden der Verträge von Wien und Gastein, welche die Betheiligung des
Königs Christian IX. zur vollen Cession der Herzogthümer und folglich die
unbedingte Erwerbung derselben durch die beiden deutschen Mächte voraussetzen.
Wie hierneben noch eine Entscheidung des Bundes über den rechtmäßigen Besitz
des Herzogthums Holstein Platz finden solle, vermögen wir nicht einzusehen.
Wir halten unsererseits an diesen Verträgen fest; und wir würden es als
eine Verletzung derselben betrachten, wenn die kaiserl. Regierung einen in
Betreff unserer gemeinsamen Rechte an den Herzogthümern gegen unseren
Willen gefaßten Beschluß als maßgebend behandeln wollte. Wir können keine
Competenz des Bundes zur Entscheidung in dieser Frage anerkennen, nachdem
wir unsere eigene rechtliche Ueberzeugung festgestellt und durch völkerrechtliche
Verträge eine sichere Basis gewonnen haben; und wenn wir die eigenen
Aeußerungen des Wiener Cabinets, namentlich den Erlaß an den kais. Ge=
sandten zu München d. d. Wien, 10. Januar 1864, in Betracht ziehen, so
können wir nicht glauben, daß die kaiserliche Regierung sich selbst jetzt in
einen so entschiedenen Widerspruch mit ihren früheren Auffassungen über die
Competenz des Bundes setzen wolle. Eben so wenig, wie wir die Entschei=

bung über die Frage dem Bunde und der jeweiligen Majorität von deutschen Regierungen überlassen können, gegen wir die Absicht, unsern Antheil an den von uns durch Krieg und Vertrag erworbenen Rechten einem Dritten zu übertragen, welcher uns keine Bürgschaft eines Aequivalents für die Opfer bietet, mit welchen wir den Erwerb jener Rechte haben erkaufen müssen. Wenn die kaiserliche Regierung dagegen über ihre Rechte an der gemeinsamen Errungenschaft eine anderweite Verfügung treffen will, so wird sie uns sofort zur Verhandlung darüber bereit finden. Eine solche Verhandlung mit Wien würde sich auf der Basis des bestehenden Rechtes bewegen, da die Verträge die Disposition über die Herzogthümer beiden Mächten gemeinsam geben und daher eine solche Disposition nur unter gegenseitiger Zustimmung stattfinden kann, welche auch in dem Gasteiner Vertrage noch vorbehalten ist. Wir verlangen andererseits nichts über unser klares und bestimmtes Recht hinaus, welches uns den gleichen Antheil mit Oesterreich an der Cession König Christians gewährt; wir gründen keine Ansprüche auf die von uns gebrachten nach der Natur der Dinge größeren Opfer; aber unter vertragsmäßiges Recht an unserm Antheile können wir uns auch durch Bundesbeschlüsse nicht verkümmern lassen. Ueber die Lösung oder Fortbildung unseres Mitbesitzverhältnisses kann nur mit Oesterreich von uns verhandelt werden. Erleichtert, resp. mobilisirt können diese Verhandlungen werden, wenn es gelänge, gleichzeitig über die von uns angebahnte Reform der Bundesverfassung eine Verständigung mit dem kais. Cabinet zu erzielen. Sobald Ew. Exz. daher aus Ihren Besprechungen mit dem Herrn Grafen v. Mensdorff die Ueberzeugung gewinnen, daß das kais. Cabinet bereit wäre, zu einer solchen Verständigung die Hand zu bieten, wollen Ew. Exz. die entsprechende Bereitwilligkeit unsererseits in Aussicht stellen. Ich wiederhole meine im Eingange gemachte Bemerkung, daß die Vorschläge, welche Ew. Exz. die Gesichtspunkte, von denen aus wir eine Verständigung für möglich halten, darbieten soll, nicht zur Mittheilung bestimmt ist. Zu einer vertraulichen Vorlesung und Erläuterung derselben wollen Ew. Exz. sich ermächtigt halten."

7. Mai. (Preußen). Mißlungenes Attentat gegen Bismarck.

" " (Hannover). Einberufung der Beurlaubten unter dem Vorwande, die sonst üblichen Herbstexercitien mit Rücksicht auf die Erntearbeiten zu vermeiden.

" " (Sachsen). Demokratische Volksversammlung in Dresden gegen die von den Stadtbehörden von Leipzig an die Regierung gerichtete Eingabe, welche eine „feige und landesverderbliche Neutralität" anzurathen wage. Eine von der Versammlung beschlossene Deputation an den König wird von demselben nicht angenommen.

" " (Baden). II. Kammer: Das von der Regierung vorgelegte Preßgesetz wird zu Ende berathen und angenommen.

8. " (Preußen). Auch das 1. und 2., sowie das 7. Armeecorps werden mobilisirt, also die ganze preußische Armee auf Kriegsfuß gesetzt.

" " (Sachsen). Große Volksversammlung in Leipzig gegen die Demonstration des Stadtraths und der Stadtverordneten.

" " (Sachsen). Die Handels- und Gewerbekammer von Chemnitz beschließt einstimmig, „die Staatsregierung zu ersuchen, daß sie alles aufbieten möge, die drohende Kriegsgefahr zu beseitigen und jeden Conflict mit unseren Nachbarstaaten zu vermeiden".

9. " (Bundestag). Der Antrag Sachsens v. 5. d. M. wird mit 10 gegen 5 Stimmen — (Preußen, Kurhessen, Mecklenburg, 15.

(Oldenburg) und 17. Curie (Hanseſtädte) — angenommen. Er=
klärung Preußens. Votum Kurheſſens.
S. die letzteren in ihrem Wortlaut Ergänzungsheft S. 65 u. fg.

9. Mai. (Preußen). Eine kgl. Verordnung ſpricht die Auflöſung des
Abgeordnetenhauſes aus (ſ. unter Preußen).

„ „ (Holſtein). Eine Reihe von Schleswig=Holſtein=Vereinen ver=
langt in Reſolutionen die ſofortige Bildung des holſteiniſchen Bundes=
contingentes.

„ „ (Baden). Die II. Kammer nimmt den Geſetzesentwurf bez. Ver=
eins= und Verſammlungsrecht einſtimmig an.

10. „ (Preußen). Auch die Einberufung der Landwehr ſämmtlicher
9 Armeecorps (12 Garde= und 104 Provinzialbataillons zu 500
Mann) wird angeordnet.

„ „ (Bayern). Ein königl. Erlaß befiehlt die Mobilmachung der
ganzen Armee und die Einberufung des Landtags auf den 23. d. M.

11. „ (Bundestag). Die Bundesreform=Commiſſion conſtituirt ſich
endlich nach Rückkehr des preuß. Geſandten aus Berlin und be=
zeichnet den Geſandten Bayerns als ihren Referenten. Preußen
ſkizzirt ſeine Anträge bez. einer Bundesreform, jedoch nur mündlich,
nach dem „officiellen Staatsanzeiger" folgendermaßen:

a) Einführung einer periodiſch einzuberufenden Nationalvertretung in den
Bundesorganismus. Durch Beſchlußfaſſung der Nationalvertretung wird auf
ſpeciell bezeichneten Gebieten der künftigen Bundesgeſetzgebung die erforderliche
Stimmeneinheit der Bundesglieder erſetzt.

b) Zu den Gebieten der Bundesgeſetzgebung, auf die ſich die Competenz
des neugeſtalteten Bundesorgans zu erſtrecken hat, gehören im Allgemeinen
die in Art. 64 der Wiener Schlußacte unter dem Namen „gemeinnützige An=
ordnungen" zuſammengefaßten Materien.

c) Als neu tritt die im Artikel 19 der Bundesacte ins Auge gefaßte
Regulirung des Verkehrsweſens hinzu.

d) Entwicklung des Art. 18 der Bundesacte, namentlich Freizügigkeit,
allgemeines deutſches Heimatsrecht.

e) Allgemeine Zoll= und Handelsgeſetzgebung, unter dem Geſichtspunkte
einer regelmäßigen gemeinſamen Fortentwicklung.

f) Die Organiſation eines gemeinſamen Schutzes des deutſchen Handels
im Auslande, Regulirung der Conſularvertretung Geſammt=Deutſchlands, ge=
meinſchaftlicher Schutz der deutſchen Schiffahrt und Seeflagge.

g) Gründung einer deutſchen Kriegsmarine und der erforderlichen Kriegs=
häfen zur Küſtenvertheidigung.

h) Reviſion der Bundeskriegsverfaſſung zum Zwecke der Conſolidirung
der vorhandenen militäriſchen Kräfte in der Richtung und aus dem Geſichts=
punkte, daß durch beſſere Zuſammenfaſſung der deutſchen Wehrkräfte die
Geſammtleiſtung erhöht, die Wirkung geſteigert, die Leiſtung des Einzelnen
möglichſt erleichtert werde.

Bezüglich der Berufung des Parlamentes ad hoc ſoll für das aktive
Wahlrecht das Princip directer Wahlen und des allgemeinen Stimmrechts
maßgebend ſein; ein Wahlbezirk von 80= bis 100,000 Seelen hätte einen
Deputirten zu wählen. Bezüglich des paſſiven Wahlrechts erwartet Preußen
die Vorſchläge des Ausſchuſſes, bezeichnet aber ſchon jetzt die bezüglichen Be=
ſtimmungen des Reichswahlgeſetzes vom Jahre 1849 für ſich als annehmbar.
In dieſem Sinne wäre ſofort ein Wahlgeſetz ad hoc zu vereinbaren.

11. Mai. Conferenz der Kriegsminister und Generalstabschefs mehrerer Mittelstaaten in Stuttgart bezüglich Ergreifung gemeinsamer Maßregeln.
" " (Würtemberg). Einberufung des Landtags auf den 23. Mai.
" " (Sachsen). Eine zweite demokratische Volksversammlung in Dresden beschließt, daß sie auf ihren in der letzten Versammlung v. 7. d. M. gefaßten Beschlüssen bestehen bleibe und daß sie den Resolutionen der in Leipzig abgehaltenen großen Volksversammlung v. 8. d. M. beistimme.
12. " (Preußen) remonstrirt in Hannover gegen die daselbst eingeleiteten Rüstungen.
" " (Preußen). Eine kgl. Verordnung hebt mit Rücksicht auf den durch die Mobilmachung der ganzen Armee eingetretenen allgemeinen Nothstand die bisherigen Wuchergesetze auf.
" " (Oesterreich). FZM. Benedek trifft von Verona in Wien ein, übernimmt den Oberbefehl über die Nordarmee und erläßt seinen ersten Tagesbefehl, der indeß erst am 18. d. M. zur Veröffentlichung gelangt (s. d.)
" " (Sachsen). Einberufung des Landtags auf den 23. Mai.
" " (Nassau). Anordnung der Kriegsbereitschaft, Einberufung der Beurlaubten.
" " Der Vorstand des Abgeordnetentages von 1862 ruft denselben auf den 20. d. M. nach Frankfurt zusammen.
13. " (Preußen). Eine Volksversammlung in Köln spricht sich nochmals energisch gegen den Krieg und für einen entschiedenen Wechsel des Regierungssystems aus.
" " (Bayern). Eine Volksversammlung in Frankenthal für die Rheinpfalz und Rheinhessen spricht sich in energischen Resolutionen gegen Abtretung deutschen Landes an Frankreich aus und erläßt einen warmen Aufruf dagegen an das gesammte deutsche Volk.
" " (Kurhessen). Auch die kurhessische Regierung trifft einige Vorsichtsmaßregeln. Doch beruhigt die officielle Kasseler Ztg. alsbald, die Nachricht von Einberufung der beurlaubten Soldaten sei unrichtig; es seien noch gar keine Einberufungen zur Active erfolgt, sondern nur die ins Ausland beurlaubten Leute zur Rückkehr in die Heimath behufs Dienstbereitschaft aufgefordert worden.
14. " (Preußen). Eine königliche Cabinetsordre ordnet ausgedehnte Truppenconcentrationen namentlich in Sachsen und Schlesien an, die bis zum 15. Juni vollendet sein sollen.
" " (Preußen). Die officiöse Nordd. Allg. Zeitung droht mit revolutionären Maßregeln, wofern die mittelstaatlichen Regierungen den Plänen Preußens bez. seines Parlamentsantrages nicht entgegen kommen würden.
S. Ergänzungsheft S. 71.
" " (Preußen). Die Stadtverordneten von Köln beschließen in

außerordentlicher Sitzung eine Adresse an den König für den Frieden. Eine Reihe von anderen Städten der Rheinprovinz und Westphalens folgt dem Beispiele Kölns.

14. Mai. Conferenz der Mittelstaaten in Bamberg. Es sind dieselben 9 Staaten dabei vertreten wie bei der vorhergehenden Conferenz in Augsburg.

„ „ (Hannover und Kurhessen) erklären sich gegenüber dem Anbringen Preußens zu einer neutralen Haltung bezüglich des obschwebenden Conflictes zwischen Oesterreich und Preußen bereit, jedoch ohne eine formelle Verpflichtung dazu eingehen zu wollen und nur unter Vorbehalt von Bundesbeschlüssen.

„ „ (Baden). I. Kammer: Geh. Rath Bluntschli begründet die von ihm vorher angekündigte Interpellation, deren Antrag dahin geht, sich möglichst lange neutral zu verhalten und zu versuchen, sich für diese Neutralität mit den übrigen süddeutschen Staaten zu verständigen. Die Kammer debattirt über den Antrag und beschließt hierauf, die weitere Diskussion zu vertagen.
S. den Wortlaut der Anträge Ergänzungsheft S. 71.

„ „ Versammlung des Ausschusses des Nationalvereins in Berlin. Derselbe beschließt eine Ansprache an seine Mitglieder.
S. dieselbe Ergänzungsheft S. 72.

15. „ (Preußen). Die Einberufung der gesammten Landwehr erregt großen Widerwillen, der in vielen Theilen der Monarchie, namentlich aber in den Rheinlanden und in Ostpreußen, an manchen Orten zu den gewaltthätigsten Excessen von Seite der Einberufenen führt.

„ „ (Preußen). Im Gegensatze gegen die Adresse der rheinischen und westphälischen Städte beschließen der Magistrat und die Stadtverordneten von Breslau eine Adresse an den König,
welche die S. M. zum Krieg veranlassenden Gründe anerkennt und Opferwilligkeit wie im J. 1813 zusichert, da die Weisheit S. M. Mittel finden werde, durch Beseitigung des inneren Conflicts die Kampfbegeisterung zu wecken.

„ „ (Sachsen). Eine Volksversammlung in Chemnitz erklärt sich für Neutralität, für ein deutsches Parlament und für Herstellung des sächsischen Wahlgesetzes von 1848.

— „ (Schleswig). Die preuß. Besatzung erhält fortwährend starke Zuzüge aus Preußen.

16. „ (Preußen). In Trier läßt der Oberbürgermeister einen Antrag in der Stadtverordnetenversammlung auf Erlaß einer Friedenspetition „in Folge ihm zugegangener Instruction" nicht zu.

„ „ (Kurhessen). Der Kriegsminister v. Ende wird ohne sein Ansuchen plötzlich entlassen, angeblich weil allzupreußisch gesinnt.

„ „ (Hessen-Darmstadt). Die Regierung ordnet die vollständige Mobilmachung der Armeedivision an.

„ „ (Baden). II. Kammer: Allgemeine Debatte über das Ministerverantwortlichkeitsgesetz.

16. Mai. (Nassau). Ausschußsitzung der Ständeversammlung: Anfragen an die Regierung bezüglich der angeordneten Mobilmachung der Truppen und der Mittel dazu.
17. „ (Oesterreich). Der Stadtrath von Prag beschließt einstimmig (Deutsche und Czechen) in einer dem Kaiser durch eine Deputation zu überreichenden Adresse neben sehnsüchtigen Wünschen für den Frieden auch die muthvollste Opferwilligkeit für den Fall des zur Erhaltung des Rechts und der Ehre Oesterreichs unvermeidlichen Kriegs auszusprechen.
„ „ (Nassau.) Der Landtag wird plötzlich bis zum 4. Juni vertagt, wodurch jede Opposition gegen die angeordnete Kriegsbereitschaft vorerst unmöglich gemacht wird.
18. „ (Oesterreich). Veröffentlichung des vom 12. d. M. datirten ersten Tagsbefehls Benedeks als Oberbefehlshaber der Nordarmee.
S. denselben im Ergänzungsheft S. 76.
„ „ (Oesterreich). Zur Sicherung Wiens gegen mögliche Wechselfälle des Kriegs sind bei Floresdorf 20,000 Arbeiter mit der Errichtung von Erdforts und eines befestigten Brückenkopfes beschäftigt.
19. „ (Bundestag). Die auf der Bamberger Conferenz vertretenen 9 Staaten — Sachsen ausgenommen — stellen am Bunde den gemeinsamen Antrag auf gleichzeitige Abrüstung sämmtlicher Bundesglieder und zwar an einem von der Bundesversammlung zu vereinbarenden Tage. Mißtrauenserklärung Oesterreichs gegen Hannover.
S. den Wortlaut Ergänzungsheft S. 77.
„ „ (Preußen). Antwort des Königs auf die kriegerische Breslauer Adresse. Die Friedensadressen dagegen werden nicht beantwortet.
S. Ergänzungsheft S. 76.
„ „ (Preußen). Der Stadtrath von Köln beschließt eine Friedensadresse an den König zu richten.
20. „ Versammlung des Abgeordnetentages in Frankfurt. Es nehmen daran Theil aus: Frankfurt 36, Baden 35, Nassau 34, Kurhessen 31, Schleswig-Holstein 29, Darmstadt 26, Preußen 18, Bayern 13, Thüringen 4, Mecklenburg 4, Hannover 3, Bremen 3, Oldenburg 2, Württemberg 2, Sachsen 2, Lippe-Detmold 1, Homburg 1. Die Gesammtzahl beträgt sonach 235.

Der Antrag des Ausschusses „verdammt den drohenden Krieg als einen nur dynastischen Zwecken dienenden Cabinetskrieg" und fordert „die Staaten der südwestdeutschen Gruppe auf, ihre Kraft ungeschwächt zu erhalten, um gegebenen Falls für die Integrität des deutschen Gebiets einzustehen". Ein Gegenantrag von Passavant-Müller aus Frankfurt fordert „die gesammte deutsche Nation zu aktivem Widerstande mit den äußersten Mitteln gerechter Nothwehr und zu Unterstützung der Regierungen auf, wofern die jetzige preußische Regierung der selbständigen Constituirung der Herzogthümer sich widersetze und statt des Rechts ihren Eigenwillen mit Gewalt durchsetzen wolle".

Erregte Debatte: Referat des Abg. Völk aus Bayern, Rede des Abg. Schulze-Delitzsch und des Abg. Frese aus Preußen (gegen die Haltung der Majorität des preuß. Abg.-Hauses in der schleswig-holsteinischen Frage). Bei der Abstimmung wird der Antrag Passavant-Müller abgelehnt und der Antrag des Ausschusses mit überwiegender Mehrheit angenommen. Die Schleswig-Holsteiner (29 an der Zahl) erklären, sämmtlich gegen den Ausschußantrag gestimmt zu haben.

Eine nach dem Schluß des Abgeordnetenlages zusammengetretene demokratische Volksversammlung erklärt die von der Majorität des Abgeordnetenlages befürwortete Neutralität geradezu für Feigheit oder Verrath, findet den bewaffneten Widerstand Deutschlands gegen die die friedensbrecherische Politik der preuß. Regierung für geboten und verwirft den Parlamentsantrag desselben unbedingt.

S. den Wortlaut der Anträge an den Abgeordnetentag im Ergänzungsheft S. 78.

21. Mai. (Bayern). Eine Besprechung der bayerischen Fortschrittspartei in Gunzenhausen geht gegen eine unbedingte Neutralität, für Volksbewaffnung und Einberufung eines Parlaments nach dem Reichswahlgesetze von 1849.

„ „ (Sachsen). Die Einberufung des Landtags auf den 23. d. M. wird mit Rücksicht auf die Congreßaussichten verschoben, alsbald aber wieder auf den 26. d. M. angesetzt.

22. „ (Preußen). Eine Depesche an Württemberg wirft demselben vor, neben Oesterreich und Sachsen zuerst gegen Preußen gerüstet und damit die ganze jetzige Verwickelung wesentlich mit verschuldet zu haben.

S. den Wortlaut Ergänzungsheft S. 81.

„ „ (Hannover). Der österreichische General Prinz Solms trifft in besonderer Mission in Hannover ein.

„ „ (Kurhessen). Der österr. Oberst Baron Wimpffen trifft in außerordentlicher Mission in Kassel ein.

23. „ (Bayern). Prinz Karl wird zum Höchstcommandirenden der bayerischen Armee, General v. d. Tann zu seinem Generalstabschef ernannt.

„ „ (Württemberg). Eröffnung des Landtags. Thronrede des Königs. Die Regierung legt dem Landtage zwei Gesetzesentwürfe vor, deren einer dem Kriegsminister die gesammte Landwehr zur Verfügung stellt, der andere einen außerordentlichen Militärcredit von 7,700,000 fl. verlangt.

S. Ergänzungsheft S. 82.

24. „ (Preußen). Die Stadtverordneten-Versammlungen in Königsberg, Stettin, Köslin, Kolberg, Magdeburg ꝛc. richten Friedensadressen an den König. — Dem Kreistage von Thorn wird von 14 Mitgliedern ein Protest überreicht gegen jede Bewilligung von Steuern und Lasten, denen die Zustimmung des Abg.-Hauses fehle, zumal weder in der Gesetzsammlung noch im Staatsanzeiger ein Befehl des Königs zur Mobilmachung veröffentlicht sei. Die Berathung des Protestes wird vom Landrath verweigert. — Die Stadtverord-

nelen von Thorn beschließen einstimmig eine Friedensadresse an den König und fordern den Magistrat zum Beitritt auf; der Oberbürgermeister verweigert die Berathung im Magistrat. — Siebzehn Handelskammern von Rheinland und Westphalen richten eine Collectivpetition gegen den Krieg an den König.
S. Ergänzungsheft S. 83 u. ff.

24. Mai. (Bundestag). Der mittelstaatliche Antrag vom 19. d. M. auf allseitige Abrüstung wird von der Bundesversammlung einstimmig angenommen. Oesterreich und Preußen erklären, in der nächsten Sitzung die Voraussetzungen mitzutheilen, unter denen sie abrüsten wollen. Hannover erklärt bezüglich seiner Verhandlungen mit Preußen, es werde die Bundespflichten streng einhalten. Oldenburg stellt den Antrag (gegen Oesterreich), die schleswig-holsteinische Frage an ein Austrägalgericht zu weisen.

„   „   (Württemberg). II. Kammer: Fetzer trägt auf allgemeine Volksbewaffnung und Herstellung der deutschen Grundrechte an; Hölder interpellirt bez. der Verfassungsreform, Zeller bez. des Waffentragens des Militärs außer Dienst, Hopf bez. Vereidigung des Militärs auf die Verfassung.

25. „ (Hannover). 44 Mitglieder der II. Kammer treten den Beschlüssen der Mehrheit des Abgeordnetentages v. 20. d. M. durch öffentliche Erklärung bei.

„   „   (Hessen-Darmstadt). II. Kammer: Die Regierung fordert einen außerordentlichen Militärcredit von 4,150,500 fl. Rede Dalwigks zu Begründung desselben:

„Es bedarf keiner Versicherung, daß die großherzogliche Regierung einer jeden Partinahme für einen oder den anderen der beiden zunächst streitenden Theile fern steht, daß sie nur geleitet wird von dem Gefühle ihrer Pflichten gegen den Bund und die Bundesgenossen, von ihrer Treue gegen das gemeinsame Vaterland. Aber eben deswegen muß andererseits die großherzogliche Regierung jeden Gedanken an eine neutrale Stellung in dem großen Kampfe, der sich vorbereitet und der wesentlich auch die von ihr seit zwanzig Jahren vertretene Sache der Elbherzogthümer berührt, als mit jenen Pflichten unvereinbar zurückweisen."

26. „ (Oesterreich). Das ganze Hauptquartier der Nordarmee unter Benedek wird von Wien zunächst nach Olmütz verlegt.

„   „   (Württemberg). Die württ. Regierung erklärt in ihrer Antwortdepesche auf die preuß. Dep. v. 22. d. M., daß die Beschuldigungen derselben in ihr die peinlichste Ueberraschung erregt hätten:

„...Es wäre der k. württ. Regierung ein Leichtes mit Zahlen und Daten nachzuweisen, daß sie nicht einmal Eine vorbereitende militärische Maßregel ergriffen hatte, als bereits die in der k. preußischen Depesche vom 24. März angekündigten Rüstungen im vollen Gang waren; sie zieht jedoch vor, sich einfach auf das Zeugniß von Deutschland und Europa zu berufen, x...."

„   „   (Württemberg). Königin Olga kehrt von St. Petersburg statt über Berlin über Wien nach Stuttgart zurück.

27. „ (Preußen). Eine Circulardepesche Bismarcks sucht nochmals

die Nothwendigkeit einer Bundesreform und die Bescheidenheit der preuß. Forderungen diesfalls nachzuweisen:

„Ueber Preußens Stellung zur Bundesreform und die Absichten, von denen Se. Maj. der König bei der jüngsten Wiederaufnahme derselben erfüllt sind, finden Ew. ꝛc. in folgendem einige Betrachtungen allgemeiner Natur, deren geeignete Verwerthung bei sich darbietendem Anlaß sich empfehlen dürfte. Wenn wir in der jetzigen Gestaltung des Bundes einer großen Krisis entgegengehen sollten, so ist eine vollständige revolutionäre Zerrüttung in Deutschland bei der Haltlosigkeit der gegenwärtigen Zustände die wahrscheinlichste Folge. Einer solchen Katastrophe kann man lediglich durch eine rechtzeitige Reform von oben her vorbeugen. Es ist nicht die Masse der unberechtigten Forderungen, welche den revolutionären Bewegungen Kraft verleiht, sondern gewöhnlich ist es der geringe Antheil der berechtigten Forderungen, welcher die wirksamsten Vorwände zur Revolution bietet und den Bewegungen nachhaltige und gefährliche Kraft gewährt. Unbestreitbar ist eine Anzahl berechtigter Bedürfnisse des deutschen Volks nicht in dem Maße sicher gestellt, wie es jede große Nation beansprucht. Die Befriedigung derselben im geordneten Wege der Verständigung herbeizuführen, ist die Aufgabe der Bundesreform. Die letztere ist recht eigentlich im Interesse des monarchischen Princips in Deutschland nothwendig. Sie soll durch die Initiative der Regierungen den Uebelständen abhelfen, welche in bewegten Zeiten die Quelle und der Vorwand für gewaltsame Selbsthülfe werden können. In dieser Richtung bewegen sich die Reformvorschläge der preußischen Regierung. Sie werden sich auf das allernothwendigste beschränken und den Bundesgenossen auf das bereitwilligste mit den ihnen erwünschten Modificationen entgegenkommen. Das Ziel verlangt allerdings Opfer, aber nicht von einzelnen, sondern von allen gleichmäßig. Was Se. Maj. den König persönlich anbetrifft, so liegt Allerhöchstdemselben nichts ferner als Seine Bundesgenossen, die deutschen Fürsten, beeinträchtigen oder unterdrücken zu wollen. Allerhöchstderselbe will mit ihnen als einer ihresgleichen gemeinsam für die gemeinsame Sicherheit nach innen und außen sorgen, aber besser als bisher. Wer diesen ernsten Willen und das längst auf jenes Ziel gerichtete Bestreben Sr. Majestät als Ergebniß persönlichen Ehrgeizes schildert, der entstellt die Thatsachen, welche von Allerhöchstdessen Handlungs- und Sinnesweise offenes Zeugniß ablegen. Se. Maj. der König sind stets weit davon entfernt gewesen, einen Ehrgeiz zu hegen, der auf Kosten der Nachbarn und Bundesgenossen Befriedigung gesucht hätte, wenn Allerhöchstdieselben auch nach mannigfachen Erfahrungen darauf verzichten müssen, die Verleumdungen zum Schweigen zu bringen. Se. Majestät beabsichtigen auch jetzt, mit der Bundesreform nicht den deutschen Fürsten Opfer anzusinnen, welche Preußen nicht ebenso im Interesse der Gesammtheit zu bringen bereit wäre. Die Verweigerung der in den Reformvorschlägen der königlichen Regierung aufgestellten verhältnißmäßig geringen und von allen Theilnehmern — Preußen nicht ausgeschlossen — gleichmäßig zu machenden Zugeständnisse würde, unserer Ansicht nach, eine schwere Verantwortung für die Zukunft involviren. Wir haben zunächst mit einzelnen Regierungen über unsere Vorschläge eine Verständigung versucht, sodann im Renner-Ausschuß zu Frankfurt a. M. diese Vorschläge näher, wie folgt, bezeichnet. 1) Die Organisation des Bundes wird durch Combinirung mit einer periodisch einzuberufenden Nationalvertretung in der Weise gestaltet, daß die Beschlußfassung der letzteren auf den dafür bezeichneten Gebieten der Bundesgesetzgebung die Stimmeneinheit ersetzt. 2) Die Competenz der also neugestalteten Bundesgewalt wird zunächst auf solche Materien ausgedehnt, welche bisher im Wege der gelegentlich zusammentretenden Conferenzen behandelt zu werden pflegen oder Commissionen überwiesen werden, wie z. B. das Münz-, Maß- und Gewichtswesen, die Patentgesetzgebung, die gemeinsame Civilproceßordnung, das Heimathswesen

und die Freizügigkeit. 3) Es tritt dazu die allgemeine Zoll- und Handelsgesetzgebung in principieller Behandlung unter dem Gesichtspunkt regelmäßiger
gemeinsamer Fortentwicklung. 4) Organisation eines gemeinsamen Schutzes
des deutschen Handels im Auslande, Consularwesen, Schutz der Flagge zur
See. 5) Das Verkehrswesen zwischen den Bundesstaaten, Land-, Wasser- und
Eisenbahnstraßen, Telegraphie, Postwesen, die Fluß- und sonstigen Wasserzölle.
6) Gründung einer den gemeinsamen Zwecken dienenden Kriegsmarine mit
den erforderlichen Kriegshäfen und den entsprechenden Küstenvertheidigungs-
anstalten. 7) Consolidirung der militärischen Kräfte Teutschlands für Feld-
armeen- und Festungswesen, also Revision der Bundeskriegsverfassung aus
diesem Gesichtspunkt einer besseren Zusammenfassung der Gesammtleistung,
so daß deren Wirkung gehoben und die Leistung des Einzelnen möglichst erleichtert wird. Auf diese beschriebenen Forderungen haben wir uns beschränken
zu können geglaubt und zugleich die Versicherung gegeben, daß wir, um im
friedlichen Wege zu einer Verständigung darüber zu gelangen, gern unseren
Bundesgenossen in Modalitäten entgegenkommen würden. Es wenn Preußen
auf dem Wege der Verständigung am Bund und mit den Regierungen alle
Mittel vergebens erschöpft haben wird, um auch nur die nothbürftigsten Zugeständnisse zu erlangen, werden wir unseren gegebenes Programm erweitern. Ew. ꝛc. wollen
bei gelegentlichen Erörterungen vorstehende Andeutungen nicht unbenutzt lassen."

27. Mai. (Bayern). Eröffnung des Landtags. Thronrede des Königs.
S. Ergänzungsheft S. 85.
„ „   (Sachsen). Eröffnung des Landtags. Thronrede des Königs.
S. Ergänzungsheft S. 86.
„ „   (Sachsen). Eine große Versammlung der Arbeiter in Glauchau
erklärt sich gegen die Rüstungen und das Zusammengehen mit Preußen
für eine Lebensfrage der sächsischen Industrie.
28. „ Die förmlichen Einladungen zu den Friedensconferenzen in
Paris von Seite der neutralen Großmächte werden in Wien, Berlin,
Florenz und Frankfurt übergeben, nachdem sich die Mächte vorher
der principiellen Annahme von Seite Oesterreichs, Preußens und
Italiens vergewissert haben.
S. den Wortlaut Ergänzungsheft S. 88.
„ „   (Sachsen). Eine Bürgerversammlung in Leipzig beschließt
eine Petition an die II. Kammer gegen die Rüstungen. Eine Petition
im entgegengesetzten Sinne findet alsbald ebenso zahlreiche Unterschriften.
Eine Volksversammlung bei Chemnitz erklärt sich gegen die Resolutionen der Volksversammlung in Glauchau.
„ „   (Baden). II. Kammer: Bericht der Commission über den von
der Regierung geforderten außerordentlichen Militärcredit im Betrage
von 1,070,800 fl. für Beschaffung von 1400 Militärpferden.
Die Commission wünscht, daß die Mittelstaaten, zumal die durch gemeinsame Interessen eng verbundene süddeutsche Gruppe, sich vorerst und so
lange als thunlich an dem Kampfe nicht betheiligen, aber ihre Heeresmacht
allmählich, zur Zeit in vorbereitender Weise, schlagfertig zu machen suchen,
um sowohl während der Periode der Friedensvermittlung, als auch dann,
wenn man in die kriegerische Action gegen das Ausland einzutreten genöthigt
würde, die möglichste Stärke zu besitzen; sie wünscht ferner, daß die Regierung
den ganzen außerordentlichen Aufwand nicht früher beginnen und nicht länger
fortdauern lassen werde, als durchaus nothwendig, und daß sie, sobald es die
politische Lage des Vaterlandes erlaubt, zum Wiederverkauf dieser 1400 Pferde
schreiten werde.

5*

Der Minister des Auswärtigen, Frhr. von Edelsheim, bezeichnet als leitende Gesichtspunkte der gegenwärtigen Politik der Regierung: 1) so viel als möglich für die Erhaltung des Friedens zu wirken; 2) vorerst nach keiner Seite hin sich zu engagiren, dagegen 3) eng mit den übrigen süddeutschen Mittelstaaten sich zusammenzuschließen zu einer gemeinsamen deutschen Politik, deren Ziel ist, den Bundesnexus zu erhalten und die nationalen Interessen kräftigst zu fördern, daher 4) die Idee der Bundesreform nach Kräften in practische Ausführung zu bringen.

Alle Redner erklären sich mehr oder weniger entschieden mit dieser deutschen Politik der Regierung einverstanden und die Kammer nimmt schließlich die Vorlage der Regierung einstimmig an, indem sie auf den Antrag des Abg. Eckardt (Namens der Fortschrittspartei) weiterhin beschließt:

„1) Die Regierung möge im Verein mit ihren Bundesgenossen die schleunige Einberufung eines deutschen Parlaments erwirken; 2) zur Durchführung der Bundesreform und Lösung der schleswigholsteinischen Frage eine Volkswehr zur Verstärkung der Militärkraft des Landes ins Leben rufen."

29. Mai. (**Preußen**) nimmt die Einladung zu den Conferenzen in Paris an.

„ „ (**Oesterreich**). Der Bürgerausschuß von Pesth erläßt eine Loyalitätsadresse an den Kaiser.

„ „ (**Hannover**). II. Kammer: R. v. Bennigsen stellt folgenden Urantrag: „Stände wollen eine Adresse an Se. Maj. den König beschließen, in welcher Stände Sr. Maj. dem Könige Folgendes in näherer Ausführung vortragen: 1) Es ist der dringende Wunsch des Landes, daß Deutschland vor den Gefahren und unheilvollen Folgen eines innern Krieges bewahrt werde. 2) Die hannoverrische Regierung hat die Pflicht, für die Aufrechthaltung des Friedens thätig zu sein und zu dem Behuf, wie zur Herstellung einer, die Wiederkehr ähnlicher Zustände verhindernden bundesstaatlichen Gesammtverfassung Deutschlands, auf schleunige Einberufung eines freigewählten Parlamentes hinzuwirken; ferner in dem Conflict zwischen Oesterreich und Preußen nicht durch vorzeitige Parteinahme oder Rüstungen die Gefahr des Ausbruches eines Krieges zu vergrößern; endlich auf eine ähnliche Haltung der übrigen deutschen Regierungen ihre Bemühungen zu richten. 3) Nicht das jetzige Ministerium, sondern nur ein mit dem vollen Ansehen nach oben und unten ausgerüstetes Gesammtministerium ist in der Lage, auf Grund der Wiederherstellung des in der gegenwärtigen Zeit doppelt erforderlichen, seit langen Jahren gestörten politischen Friedens im Königreiche mit Kraft und Erfolg für die wahren Interessen des Landes und der oben bezeichneten nationalen Aufgaben einzutreten."

„ „ (**Hessen-Darmstadt**). Die I. Kammer lehnt den Beitritt zum Beschluß der II. Kammer vom 23. März bez. Einberufung der schleswig-holsteinischen Stände ab.

— „ (**Preußen**). Eine Antwort des Königs ist bis jetzt nur auf die Breslauer Kriegsadresse ergangen, nicht aber auf die sämmtlichen Friedensadressen aus allen Theilen der Monarchie; der Elberfelder Friedensdeputation wird vom König „wegen überhäufter Geschäfte" keine Audienz ertheilt.

30. „ (**Oesterreich**). Da Preußen den Durchmarsch von Ergänzungsmannschaften für die Brigade Kalik in Holstein verweigert und auch die Unterhandlungen mit Kurhessen und Hannover zu diesem Zwecke zu keinem Ziele geführt haben, verfügt ein Beschluß des Kriegs-

ministers, daß keine Ergänzungstruppen nach Holstein zu gehen hätten, aber auch weiter keine Beurlaubungen in der Brigade Kalik gestattet würden.

30. Mai. (Bayern). II. Kammer: Die Regierung verlangt einen außerordentlichen Militärcredit im Betrage von 31,512,000 fl. Rede v. b. Pfordten. Derselbe bezeichnet darin als Programm der Regierung: 1) für die Erhaltung des Friedens zu wirken und mit allen Kräften unermüdet auszuharren, so lange noch ein Schimmer von Hoffnung für das Gelingen des Friedenswerkes vorhanden sei; 2) Bayern in die Lage zu setzen, wenn der Friedensbruch nicht abzuwenden sein sollte, demselben mit allen Kräften entgegentreten zu können und einzustehen für die Rechte des Bundes, die Erhaltung des Bundesfriedens, die geheiligten Rechte der Nation und die Selbständigkeit Bayerns.

„ „ (Sachsen). II. Kammer: Die Regierung verlangt einen außerordentlichen Militärcredit im Betrage von 4,650,000 Thlrn.

Die die Vorlage begleitende Motivirung führt nochmals aus, daß die sächsische Regierung selbst nach der preußischen Depesche vom 24. März, in welcher mit der Behauptung, daß Preußen von Oesterreich bedroht werde, die Frage gestellt wurde: ob und in welchem Umfang Preußen in diesem Fall auf Unterstützung rechnen könne, wenn es von Oesterreich angegriffen würde? — eine Anfrage, welcher am 28. März die Anordnung umfassender militärischer Vorkehrungen, die Mobilisirung größerer Truppentheile der preußischen Armee nachfolgte — dennoch Anstand genommen habe, irgendwelche militärische Sicherheitsmaßregeln zu treffen, da die deutschen Großmächte kurz nachher erklärten, keinen Angriff auf einander zu beabsichtigen, und der preußische Parlamentsantrag anfänglich auf friedlichen Verlauf hinzudeuten schien. Indeß hätten die Verhältnisse einen höchst bedrohlichen Charakter angenommen, und die sächsische Regierung habe nicht zweifeln können, daß ein Angriff auf Sachsen eine der ersten Maßregeln der kriegerischen Situation sein würde. Sie habe einige der allernöthigsten Sicherheitsmaßregeln durch Ankauf einer Anzahl Pferde getroffen, um im Fall eines Angriffs wenigstens die Armee retten und die militärischen Vorräthe aller Art in Sicherheit bringen zu können. Es sei zu constatiren gegenüber den entgegengesetzten Behauptungen, daß am 18. April die erste übergesetzmäßige Zahlung für Militärzwecke angeordnet worden sei.

„ „ (Holstein). Nach und nach haben sich sämmtliche Schleswig-Holstein-Vereine des Landes für sofortige Organisirung des holsteinischen Bundescontingentes ausgesprochen und daß sie diesen Schritt von der „Gerechtigkeitsliebe Oesterreichs" erwarteten.

1. Juni. (Oesterreich) nimmt die Einladung zur Pariser Friedensconferenz an, jedoch nur unter dem ausdrücklichen Vorbehalt, daß „keine Combination auf derselben zur Verhandlung komme, welche einem der eingeladenen Staaten Gebietserweiterung oder einen Machtzuwachs zuzuwenden berechnet sei".

S. den Wortlaut der österr. Antwort im Ergänzungsheft S. 92.

Gleichzeitig mit dieser Antwort richtet Oesterreich eine zweite Depesche an seine Vertreter in Paris, London und St. Petersburg, in denen es seine Beweggründe dazu darlegt:

„Wir verhehlen uns nicht, daß wir unsere Zustimmung zur Abhaltung der Conferenz von einer Bedingung abhängig machen, welche das ganze Pro-

Deutschland.

jetzt unmöglicherweise in Frage stellen kann. Je aufmerksamer wir die Sachlage ins Auge fassen, desto mehr drängt sich uns die Ueberzeugung auf, daß wir kaum ein günstiges Resultat von den Verhandlungen zu erwarten haben, welche die drei neutralen Mächte vorgeschlagen. Mit welch' großen Rücksichten auch das Conferenzprogramm abgefaßt ist, die in demselben ausdrücklich betonte italienische Frage kann in der That keine andere Bedeutung haben, als von uns die Abtretung Venetiens zu verlangen. Dieses ist aber eine Forderung, welche wir in dem gegenwärtigen Augenblick mit Entschiedenheit von uns weisen. Die Abtretung einer Provinz in Folge eines moralischen Drucks, und insbesondere einer Provinz, welche vom dreifachen Standpunkte ihrer militärischen, geographischen und politischen Bedeutung von so großer Wichtigkeit ist, käme einem politischen Selbstmord gleich, durch welchen Oesterreich sich seiner Stellung als Großmacht auf immer verlustig machte. Die Annahme einer Geldentschädigung ist gleichfalls unmöglich. Die venetianische Frage ist eine Ehrenfrage und steht mit der Würde der kaiserlichen Regierung in zu genauem Zusammenhang, als daß dieselbe von der kaiserlichen Regierung zum Gegenstand von Verhandlungen gemacht werden könnte. Was den Austausch Venetiens gegen eine Territorial-Compensation anbelangt, so ist dies eine jener Combinationen, welche die Folge eines Krieges und etwaiger aus demselben sich ergebender Territorialveränderungen sein können, die aber nie das Resultat einer am Congreßtische stattfindenden Verhandlung vor dem Krieg zu sein vermögen. Wo wären übrigens in diesem Augenblick die Compensationen zu suchen, womit man uns bedenken möchte? Soviel uns bekannt, ist die Feststellung der Türkei noch keine die heutige europäische Politik beschäftigende Frage. Allein wäre dies selbst der Fall, so müßten wir a priori erklären: daß weder die Donaufürstenthümer noch Bosnien und die Herzegowina in ihrem gegenwärtigen Zustand in unsern Augen ein Aequivalent für Venetien sein können. Weit entfernt, daß der Erwerb dieser in der Civilisation so wenig vorgeschrittenen und so ertragsarmen Gebiete ein Zuwachs an Macht und Kraft wäre, würde derselbe eher eine Quelle von Schwäche sein, und die schon vorhandenen Hilfsquellen Oesterreichs eher in Anspruch nehmen als dieselben vermehren. Man hat uns andeutungsweise zu verstehen gegeben daß Schlesien eine hinreichende Entschädigung für die Abtretung Venetiens sein dürfte. Wir sind weit entfernt diese Eventualität zu wünschen, und sehen es viel lieber, daß vor Allem jede Macht dasjenige behalte, was ihr bis zum gegenwärtigen Augenblick von Rechtswegen gehört. Wenn der Krieg wirklich ausbricht, und wenn glänzende militärische Erfolge unsere Macht erhöhen, unser moralisches Gewicht in Europa verstärken und uns in den gesicherten Besitz von eroberten Gebieten bringen, dann wäre die Annahme nicht auszuschließen, daß wir, mit weiser Mäßigung unseren Vortheil benützend, auf den Besitz einer Provinz Verzicht leisteten, um uns dafür den Besitz einer anderen zu sichern. Eine siegreiche Macht kann sich bewogen finden, im Interesse der Herstellung des allgemeinen Friedens Concessionen zu machen, zu welchen sie sich aber gegenüber von Drohungen nicht verstehen kann, ohne eine Schwäche an den Tag zu legen, welche ihre Gegner nur aufmuntern könnte mit ihren Ansprüchen noch maß- und rücksichtsloser aufzutreten. Die öffentliche Meinung der gesammten Bevölkerung dieses Reichs, das militärische Ehrgefühl des zahlreichen und tapferen unter unseren Fahnen versammelten Heeres würden auf das tiefste verletzt werden, wenn die kaiserliche Regierung jetzt auf den ihr gemachten Vorschlag einginge, über die Abtretung Venetiens zu unterhandeln. Somit müssen wir eine derartige Lösung dieser Frage für den jetzigen Augenblick für ganz unmöglich betrachten, und könnten wir auch auf einem Congreß nicht anders als diese Unmöglichkeit formell auszusprechen, wodurch alsdann die Verantwortlichkeit für das Scheitern dieses Congresses nur noch directer uns zugeschoben würde. Wir können auf einem Congreß, der jetzt zusammenträte, die italienische und die mit ihr zu-

zusammenhängende venetianische Frage nur von dem strengen Standpunkt des Rechts, wie es aus den bestehenden Verträgen entspringt, auffassen. Indem wir uns auf den Standpunkt der Verträge stellen, können wir dem Nationalitätsprincip in dieser nur mit dem Recht der Verträge im Zusammenhang stehenden Frage nicht huldigen. Ohne unsere Beweisgründe und die unanfechtbare Rechtlichkeit unserer Sache zu beeinträchtigen, können wir von dem von uns gewählten Standpunkte nicht abgehen. Wir sind principiell gar nicht gegen eine Discussion über die italienische Angelegenheit, aber wir müssen darauf bestehen, daß zu deren Ausgangspunkt der Züricher Vertrag genommen werde, dessen Nichteinhaltung die Ursache von dem gegenwärtig ganz Europa beschäftigenden Verhältniß ist. Dies ist die einzige Sprache, welche wir führen können, und diese würde bei jedem weiteren Schritt uns Schwierigkeiten erregen, welche nichts weniger als geeignet sein dürften, zu einer friedlichen Lösung der obschwebenden Fragen beizutragen. Diese Bemerkungen scheinen uns von unbestreitbarer Klarheit, und unsere Haltung auf dem Congresse würde allein nach nicht verhehlen, unseren Gegnern Waffen in die Hände zu geben, um uns einzig und allein die Schuld an dem Nichterfolg der Unterhandlungen aufzuladen. Je mehr sich durch und bei Eröffnung des Congresses die Friedenshoffnungen gerührt und gekräftigt haben würden, desto bitterer und schneidender mit scheinbarem Grund würden die uns gemachten Vorwürfe sein, daß diese Friedenshoffnungen durch uns zerstört worden seien. Wenn auf diese Weise die Leiter der bedeutendsten europäischen Cabinete sich veranlaßt fänden sich unverrichteter Dinge wieder zu trennen, nachdem sie Europa und der Welt das imposante Schauspiel ihres Zusammentritts gegeben, hätten wir da nicht vielleicht Grund manchen daraus erwachsenden Groll zu fürchten? Solcher Natur sind die Betrachtungen, welche unsere Antwort auf die von den drei Höfen an uns ergangene Einladung bestimmt haben. Indem wir unsere Zustimmung an eine Bedingung knüpfen, welche jede Erwähnung der specifisch österreichischen Interessen vermeidet, welche sich mit dem Verlangen einer allgemeinen Garantie begnügt, einem Verlangen, dessen Billigkeit gewiß Niemand bezweifeln wird, stellen wir uns augenscheinlich auf ein viel sichereres Feld, als indem wir uns in eine Discussion einlassen, welche wir doch nur durch eine formelle Weigerung abbrechen müßten. Wir erklären es, und zwar mit Nachdruck, daß wir geneigt sind dem Congreß zu beschicken, daß wir sogar dessen Zustandekommen aufs sehnlichste wünschen, sobald wir die Bürgschaft haben, daß keine der Mächte die Absicht hat, sich desselben als eines Mittels zur leichteren Erreichung eines Zieles zu bedienen, welches mit den Waffen zu erlangen sie bis jetzt noch Anstand nimmt. Die wahrhaft neutralen und uneigennützigen Mächte, denen eine friedliche Beilegung des obschwebenden Conflicts am Herzen liegt, werden, so hoffen wir, begreifen, daß eine solche Beilegung unmöglich von dem Congreß zu erwarten ist, wenn nicht Bestrebungen, die ihrer Natur nach mit der Erhaltung des Friedens unvereinbar sind, formell zurückgewiesen werden. Wollen oder können die neutralen Mächte sich nicht entschließen das Gewicht ihres Einflusses geltend zu machen, um ungerechtfertigten Ansprüchen und aggressiven Absichten eine Schranke zu setzen, so mögen sie wenigstens der Vertheidigung ebensoviel Spielraum und Freiheit als dem Angriff gönnen. Stark in dem Bewußtsein unseres Rechts, rufen wir niemandes Hülfe an, beanspruchen aber das Recht, das zu behalten, was uns gehört, so lange als wir im Stande sind es zu behaupten."

1. Juni. (**Bundestag**). Oesterreich überantwortet die Entscheidung der schleswig-holsteinischen Frage den „Entschließungen des Bundes, denen von seiner Seite die bereitwilligste Anerkennung gesichert sei" und erklärt zugleich, daß der Statthalter von Holstein die erforderliche Specialvollmacht erhalten habe, die holsteinischen Stände einzuberufen,

da „die Wünsche und Rechtsanschauungen des Landes einen berechtigten Factor der Entscheidung bilden."

Württemberg weist die Anklagen Preußens wegen seiner angebl. Rüstungen energisch zurück.

Bayern stellt bezüglich der Bundesfestungen den Antrag:

„es wolle die Bundesversammlung a) die Regierungen von Oesterreich und Preußen ersuchen, ihre Truppen aus den Bundesfestungen Mainz und Rastatt, sowie aus Frankfurt a. M. zurückzuziehen; b) aussprechen, daß für alle Eventualitäten die Bundesfestungen Mainz und Rastatt von allen Bundesregierungen als neutrale Plätze zu betrachten seien."

Die Einladung zur Friedensconferenz in Paris wird von der Bundesversammlung angenommen und zu ihrem Vertreter einstimmig — mit Ausnahme Oldenburgs, dessen Gesandter „ohne Instruction" ist — der bayerische Staatsminister v. b. Pforbten gewählt.

S. den vollständigen Wortlaut der Erklärung Oesterreichs im Ergänzungsheft S. 90.

1. Juni. Die auf der Conferenz der Mittelstaaten zu Bamberg am 14. Mai gefaßten Beschlüsse sind nunmehr von allen, zuletzt auch von Baden, ratifizirt worden. An den militärischen Verabredungen haben sich indeß die thüringischen Staaten mit Rücksicht auf ihre geographische Lage und den Mangel selbständiger militärischer Kräfte von Anfang an nicht betheiligt.

„ „ Neue Berathungen höherer Offiziere der mittel= und süddeutschen Staaten bez. gemeinsamer militärischer Maßnahmen.

— „ (Weimar). 22 Landtagsabgeordnete veröffentlichen eine Erklärung, worin „gegenüber der schweigenden Unthätigkeit der Bevölkerung" für den deutschen Einigungsberuf Preußens Zeugniß abgelegt, eine etwaige Niederwerfung dieses Staats durch Oesterreich „und die mit ihm vereinten übrigen deutschen Staaten" für ein „unerträgliches Nationalunglück" erklärt und die unverzügliche Berufung des deutschen Parlaments gefordert wird.

2. „ Reise des Großherzogs von Baden nach Pillnitz zu einer Conferenz mit dem König von Sachsen: mißlungener Versuch einer Verständigung mit Preußen.

„ „ (Bayern) ordnet eine außerordentliche Heeresergänzung von 18,610 Conscribirten aus den Altersklassen von 1843 und 1844 an. Die Aushebung soll am 18. Juni beginnen und am 2. Juli beendigt sein.

„ „ (Hessen=Darmstadt). Die Mehrheit des Finanzausschusses der II. Kammer beschließt, den von der Regierung verlangten Militärcredit „vorerst" abzulehnen, nachdem sie an die Bewilligung desselben das Zugeständniß liberaler Concessionen von Seite der Regierung zu knüpfen versucht, Dalwigk aber solche seinerseits abgelehnt hatte. Nur eine Minderheit will 2,500,000 fl. bewilligen.

„ „ (Holstein). Der österr. Statthalter v. Gablenz beruft die Ständeversammlung des Herzogthums auf den 11. Juni nach Itzehoe.

3. Juni. (Preußen) protestirt in einer Dep. an Oesterreich gegen die erfolgte Einberufung der holsteinischen Stände und erklärt dieselbe als einen Bruch der Gasteiner Convention, wodurch beide Regierungen wieder auf der Basis des Wiener Friedens v. 30. Oct. 1864 sich befänden. Demnach seien die Regierungsrechte beider Cabinette wieder gemeinschaftlich auszuüben, so daß Preußen das Recht in Anspruch nimmt, Truppen nach Holstein zu verlegen, welches Recht hinwieder auch Oesterreich zustehe bezüglich Schleswigs.

„ „ (Hessen-Darmstadt). Volksversammlung in Oberingelheim. Dumont (demokratisch-großdeutsch) stellt die Resolutionsanträge. Metz (Nationalverein) stellt einen Gegenantrag zu Resolution 2 und setzt die Annahme derselben durch. Es wird beschlossen, eine Ansprache an die französ. Nation zu erlassen.

4. „ Eine telegr. Depesche der franz. Regierung benachrichtigt den franz. Gesandten in Berlin, daß Frankreich, England und Rußland auf die beabsichtigte Friedensconferenz in Folge der Depesche Oesterreichs v. 1. d. M. und seines neuesten Schrittes am Bunde von demselben Tage als aussichtslos verzichteten.

„ „ (Preußen). Eine Circularbep. des Grafen Bismarck sucht zu constatiren, daß der Krieg in Wien eine beschlossene Thatsache sei und daß es sich dort nur noch darum handle, die Gelegenheit zu demselben zu finden:

„Ich habe Ew. Excellenz schon bei früherer Gelegenheit die Depesche mitgetheilt, welche ich am 7. des letzten Monats dem kgl. Gesandten in Wien in Betreff der Note des Grafen Mensdorff v. 28. April bezüglich der Frage der Elb-Herzogthümer übermittelt habe. Absichtlich wählte ich für diese Mittheilung die Form einer confidentiellen Darlegung, die nicht in Abschrift übergeben werden sollte, weil die Erfahrung mich gelehrt hatte, daß ein wirkliches Verständniß nicht durch den Wechsel von Documenten befördert wird, welche gewöhnlich unmittelbar Veröffentlichung zu erhalten pflegen, und weil es der vornehmlichste Wunsch der königl. Regierung war, dem Wiener Cabinett die Möglichkeit einer Annäherung darzubieten oder offen zu lassen. Wir hatten also zuerst Ursache, anzunehmen, daß dieser unser Schritt in Wien seine Würdigung finden würde, und Graf Mensdorff schien, nach seinen Bemerkungen an Baron v. Werther zu urtheilen, in demselben eine solche Möglichkeit wahrgenommen zu haben. In Wahrheit, die Haltung unserer Mittheilung, wo sie immer bekannt wurde, ist als ein Symptom cordialen Gefühles und wachsender Hoffnungen auf die Erhaltung des Friedens angesehen worden.

„Vergebens haben wir auf eine Entgegnung oder selbst nur auf eine bloße Auslassung des kaiserlichen Gesandten über diesen Gegenstand gewartet.

„Im Gegentheil sind wir gezwungen, die Erklärung der österreichischen Regierung beim Bundestage zu Frankfurt a. M. am 1. Juni als die Antwort auf unsere versöhnlichen Eröffnungen zu betrachten. In dieser Erklärung übergibt Oesterreich, nach einer rückblickenden Darlegung, die mit den Thatsachen nicht übereinstimmt und gegen Preußen beleidigend ist, dem Bundestage die Entscheidung über die schleswig-holsteinische Frage, und gibt zugleich Kenntniß von einem Acte der Souveränität in Holstein — nämlich die Einberufung der Stände, welche sie für sich allein zu unternehmen von dem Augenblicke an nicht berechtigt ist, wo sie sich selbst durch die Verweisung auf den Bundestag vom Gasteiner Vertrage mitbindet und dadurch an Stelle der jüngsten geographischen Theilung das alte Verhältniß des Mitbesitzes setzt.

„Wir haben schon in Wien gegen diesen nicht zu rechtfertigenden und einseitigen Act, so wie auch gegen die ebenso nicht zu rechtfertigende Verfügung über unsere Rechte durch die Uebertragung derselben an den Bundestag protestirt und behalten uns vor, weitere Schritte zu thun.

„Doch vorab kann ich mich nicht enthalten, zu erklären, daß wir nicht im Stande sind, in diesem Verfahren der österreichischen Regierung etwas Anderes wahrzunehmen, als die Absicht einer directen Provocation und den Wunsch, mit Gewalt einen Bruch und Krieg herbeizuführen.

„Alle unsere Erkundigungen gestehen zu, daß der Entschluß, gegen Preußen Krieg zu führen, in Wien fest gefaßt ist.

„Ich kann Ew. Excellenz auf den Wunsch Sr. Majestät vertraulich mittheilen, daß zu derselben Zeit, als wir die oben erwähnte vertößliche Mittheilung dem Hofe zu Wien machten, der König, angetrieben von der Pflicht, den Frieden so lange wie möglich zu erhalten, bereitwillig einen Vorschlag zur directen Verständigung, von einer unpartheiischen Seite in Wien entgegennahm und Sr. Majestät dem Kaiser von Oesterreich, ohne Betheiligung des Ministeriums, mittheilte, um sich zu vergewissern, ob Se. Majestät noch von dem Wunsche, den Frieden zu erhalten, angetrieben werde. Der Vorschlag war, die Fragen über Schleswig-Holstein und die Bundesreform gemeinschaftlich zu verhandeln und durch diese Verbindung die Lösung beider zu erleichtern.

„Die Verhandlungen, auf Seiten der Vermittler auf die friedlichsten Wünsche gestützt, haben, wie Se. Majestät mir mittheilt, nur erwiesen, daß ein entsprechendes Gefühl in Wien nicht mehr vorhanden ist. Sie haben, ungeachtet der theoretischen Friedensliebe des Kaisers, das Verlangen nach Krieg dargelegt, welches jede andere Erwägung in seinem ganzen Rathe beherrscht, selbst unter Jenen, welche nach unserem Wissen Anfangs gegen den Krieg und selbst gegen die Vorbereitungen und Rüstungen stimmten, und daß dieses Verlangen jetzt auch entscheidenden Einfluß über den Kaiser selbst gewonnen hat. Nicht allein wurde dort der gänzliche Mangel aller und jeder Bereitwilligkeit bekundet, in selbst vertrauliche Verhandlungen einzutreten und die Möglichkeit einer Verständigung zu discutiren, sondern Auslassungen einflußreicher österreichischer Staatsmänner und Rathgeber des Kaisers sind dem Könige von einer authentischen Quelle mitgetheilt worden, welche keinen Zweifel läßt, daß die kaiserlichen Minister Krieg um jeden Preis wünschen, theils in der Hoffnung auf Erfolg im Felde, theils um über innere Schwierigkeiten hinweg zu kommen — ja, selbst mit der ausgesprochenen Absicht, den österreichischen Finanzen durch preußische Contributionen oder durch einen „ehrenvollen" Bankerott Hülfe zu verschaffen.

„Die Handlungen der österreichischen Regierung stimmen mit dieser Absicht nur zu genau überein.

„Ich habe oben erwähnt, daß wir gezwungen sind, in der dem Bundestage abgegebenen Erklärung eine directe Provocation zu erkennen.

„Sie hat nur eine Meinung, wenn das Wiener Cabinet ihr unmittelbar mit dem ausgesprochenen Bruche nachzukommen beabsichtigt, denn sie kann nicht erwartet haben, daß wir uns gutmüthig diesem Angriffe auf unsere Rechte unterwerfen sollten. In einer anderen Angelegenheit, der Zwangs-Anleihe, die in Italien angeordnet worden, welche den Umständen einen Stachel erhöhter Bitterkeit aufdrückt, zeigt sich, daß Oesterreich auch gegen Italien nur von den extremsten Mitteln Gebrauch machen will. Mit diesem übereinstimmend sind die Vorbehalte, mit welchen, nach hier erhaltenen Benachrichtigungen, es seine Antwort auf die Einleitung der Conferenz begleitete, und welche, wie wir hören, von allen drei Mächten einer Weigerung gleich verstanden werden.

„Nachdem die Form der Einladung durch Verhandlungen zwischen den einladenden Mächten eigens so abgefaßt worden war, daß Oesterreich anzunehmen im Stande sein sollte, ohne sich selbst irgend etwas im Voraus zu vergeben und ohne gezwungen zu sein, Vorbehalte zu machen, so ist es bestimmt das Wiener Cabinet, welches alle diese Mühen fruchtlos macht.

„Dahinter können wir nur die entschiedene Absicht Seitens Oesterreichs sehen, Krieg mit Preußen zu erzwingen und bei dem Eingehen in Verhandlungen über den Congreß höchstens durch Aufschub Zeit für seine eigenen, noch nicht gänzlich vollendeten Anordnungen, besonders aber für die seiner Verbündeten, zu gewinnen. Der Krieg ist ein abgemachter Beschluß in Wien; der einzig nächste Punkt ist der, den günstigen Augenblick zu wählen, ihn zu beginnen.

„Diese Ueberzeugung ist uns mit gebieterischer Nothwendigkeit durch die meisten jüngsten Thatsachen aufgezwungen worden, und wir sind der Meinung, daß nur eine absichtliche, vorurtheilsvolle Ansicht zu einem entgegengesetzten Schlusse kommen kann. Thatsachen sprechen zu laut, als daß leeres Gerede, welches einzig auf Conjecturen, Combinationen, falsch ausgelegten Darstellungen und leeren Gerüchten, wie von den kriegerischen Begierden Preußens, fußt, bei einem Vergleiche nicht in Nichts schwinden sollte. Vielleicht wird man uns zuletzt glauben, wenn wir feierlich gegen jeden Gedanken an den Wunsch, unsere Ansprüche an die Herzogthümer durch Gewalt und mit Mißachtung gegen die Rechte des Mitbesitzers geltend zu machen, protestiren. Jetzt wird es auch wahrscheinlich nicht schwer sein, die wirklichen Beweggründe zu den Rüstungen zu begreifen, durch welche Oesterreich die gegenwärtige Krisis herbeigeführt und deren Beseitigung auf dem Wege des Congresses es sich durch seine angenommene Haltung ferner bemüht hat, unmöglich zu machen.

„Wir vermögen mit ruhigem Gewissen an das Urtheil aller unparteiischen Staatsmänner zu appelliren, welcher Theil bis zu dem letzten Augenblicke Versöhnung und Friedensliebe entfaltet hat."

4. Juni. (Preußen). Der ital. Unterhändler General Govone verläßt Berlin, um über Paris wieder nach Florenz zurück zu kehren.

„ „ (Preußen). Beginn des Ausmarsches der Garden aus Berlin.

„ „ (Hannover). Die I. Kammer beschließt auf den Antrag Rössings mit 25 gegen 17 Stimmen eine Adresse an den König, in welcher die Kammer ihre Zustimmung zu der Politik der Regierung ausspricht und auf das Delegirtenproject zurückzukommen empfiehlt.

— 8. Juni. (Württemberg). II. Kammer: Debatten über die Militärvorlage der Regierung.

Antrag der Commission: „Hohe Kammer wolle die Zustimmung zu dem Gesetz, wie sich dasselbe nach eingehender Berathung gestalten wird, an die Bedingung knüpfen, daß von Seiten der kgl. Staatsregierung sofort und unausgesetzt alles angeboten werde, um von den sämmtlichen Staaten, mit welchen Württemberg Hand in Hand zu gehen im Begriff steht, eine feste Gewähr dafür zu erlangen, daß das Ziel des drohenden Kampfes nur in dem Recht Deutschlands bestehen dürfe, und zwar a) in der Herstellung des Selbstbestimmungsrechts der Herzogthümer Schleswig-Holstein und b) in der Einigung des ganzen deutschen Volks in einem freigewählten Parlament, das mit der Fülle constitutioneller Befugnisse ausgerüstet, die über die Einzelregierungen zu stellende Centralgewalt zu stützen, und will dieser den Gesammtwillen Deutschlands zur Geltung zu bringen im Stande ist." Ferner „an die kgl. Staatsregierung das dringende Ansinnen zu stellen, die längst geforderte Reform der Verfassung ohne Verzug in Ausführung zu bringen."

Minister v. Darnbüler gibt Namens der Regierung die Erklärung ab: „daß die von der Commission gewünschten Bedingungen durchaus der Auffassung der Thronrede entsprechen, und er sei im allerhöchsten Auftrage ermächtigt, diese bindenden Zusicherungen, wie die Kammer dieselben verlange, zu geben, wie hiermit geschehe." Auf diese Erklärung hin beantragt die Commission, „unbedingt" auf die Berathung der Vorlagen einzutreten. Rede Varnbülers (gegen die Idee eines Triasparlaments). Bei der Abstimmung wird der Commissionsantrag mit 82 gegen 6 Stimmen angenommen und werden der Regierung das erste und zweite Aufgebot der Landwehr (die Regierung hatte auch das dritte verlangt) zur Verfügung gestellt. Ebenso wird der Antrag auf Reform des Wehrsystems im Sinne allgemeiner Volks=bewaffnung angenommen, dagegen die Anträge auf ein Triasparlament mit 59 gegen 33 und auf Beeidigung des Militärs auf die Verfassung mit 53 gegen 31 Stimmen abgelehnt.

Die I. Kammer tritt den Beschlüssen der II. Kammer nur bezüglich des Selbstbestimmungsrechts der Schleswig=Holsteiner und bezüglich des Parlamentes, nicht aber bezüglich der Reform der Verfassung und Einführung der allgemeinen Wehrpflicht bei.

5. Juni. (Preußen). Der offic. Staatsanzeiger constatirt, daß Oesterreich durch seinen Schritt am Bunde v. 1. b. M. nicht nur die Gasteiner Convention, sondern auch die (geheime) am 16. Januar 1864 zu Berlin getroffene Vereinbarung gebrochen habe, deren Art. 5 also laute:

„Für den Fall, daß es zu Feindseligkeiten in Schleswig käme und also die zwischen den deutschen Mächten und Dänemark bestehenden Vertragsverhältnisse hinfällig würden, behalten die Höfe von Preußen und Oesterreich sich vor, die künftigen Verhältnisse der Herzogthümer nur im gegenseitigen Einverständniß festzustellen. Zur Erzielung dieses Einverständnisses würden sie eintretenden Falls die sachgemäßen weiteren Abreden treffen. Sie werden jedenfalls die Frage über die Erbfolge in den Herzogthümern nicht anders, als im gemeinsamen Einverständnisse entscheiden."

„ „ (Sachsen). Die II. Kammer genehmigt einstimmig den von der Regierung verlangten Militärcredit und beschließt ferner:

„Die Regierung möge mit aller Energie dahin wirken, daß die Anordnung der Wahlen zum deutschen Parlamente auf Grund allgemeiner und direkter Wahl, womöglich nach dem Reichswahlgesetze vom 27. März 1849, in ganz Deutschland noch im Laufe dieses Monats erfolge und die Einberufung des Parlaments in möglichst kurzer Zeit geschehe,"

nachdem der Reg.=Commissär erklärt hat, daß es nicht in der Absicht der Regierung liege, auf das Delegirtenproject zurückzukommen.

Die I. Kammer verwirft den Beschluß der II. Kammer bezüglich Parlament.

„ „ (Nassau). Wiederzusammentritt der Ständeversammlung; die Regierung verlangt einen außerordentl. Militärcredit von 500,814 fl. für bereits gemachte Auslagen.

„ „ (Holstein) Eine zahlreiche Volksversammlung in Altona spricht ihre dankende Anerkennung für den Schritt Oesterreichs am Bunde v. 1. b. M. aus und erklärt in fernerem:

„Das schleswig-holsteinische Volk hat in dem Satze: „daß es von seinem Rechte auf Herstellung eines unabhängigen Staats unter der Herrschaft seines rechtmäßigen Fürsten, des Herzogs Friedrich VIII. von Schleswig-Holstein, nimmermehr lassen werde" seiner Ueberzeugung und seinem Willen bereits zur Zeit der Londoner Conferenz mit seltener Einmüthigkeit den unzweideutigsten Ausdruck gegeben und hält mit unwandelbarer Treue an demselben fest, wenn auch die Bevölkerung Schleswigs gegenwärtig durch die bekannten Gewaltmaßregeln des preußischen Gouvernements verhindert ist, seine wahre Willensmeinung kund zu geben."

6. Juni. (Preußen). Gen. Manteuffel, der preußische Gouverneur von Schleswig, zeigt dem österr. Statthalter von Holstein, Gen. Gablenz, an, daß er am folgenden Tage mit Truppen in Holstein einrücken werde und zwar in der Richtung auf Bramstedt und Itzehoe, die österreichischer Seits besetzten Ortschaften vermeidend, damit der durchaus friedliche Charakter der Occupation nicht gestört werde, indem der König befohlen habe, möglichst Conflicten vorzubeugen. Er hoffe, es werde sich Gablenz mit ihm über die neuen Verhältnisse leicht einigen; er werde die Civilregierung nicht antasten, halte überhaupt an der Hoffnung fest, die Souveraine würden durch friedliche Verständigung dem Kriege zuvorkommen.

„ „ (Hannover). Die II. Kammer genehmigt Denningsens Urantrag v. 29. v. M. mit 50 gegen 20 Stimmen und lehnt den Beschluß der I. Kammer v. 4. b. M. unter dem Widerspruch der Minister ab.

7. „ (Holstein). Gablenz protestirt gegen die Besetzung Holsteins durch Preußen und verlegt den Sitz der Statthalterschaft und der Regierung von Kiel nach Altona. Die Preußen beginnen einzurücken. Die österr. Brigade Kalik concentrirt sich um Altona.

„ „ (Württemberg). Die Königin Olga wird im Theater in Stuttgart mit demonstrativen Acclamationen empfangen.

„ „ (Baden). Die I. Kammer bewilligt auch ihrerseits den vorläufigen Militärcredit. Commissionsbericht Bluntschlis und Erklärungen der Minister.

8.—9. Juni. (Bayern). II. Kammer: Adreßdebatte.

Entwurf der Adreßcommission: „...Verhängnißvolle Ereignisse, Gefahren, deren Annäherung schon namenloses Unglück über Europa verbreitet, haben der Krone und der Volksvertretung Bayerns zur Zeit eine andere und schwerere Aufgabe gestellt. Daß die Regierungen der beiden mächtigsten Bundesstaaten entzweit sind, daß jene trefflichen Heere, deren Tapferkeit die Schutzwehr Teutschlands sein sollte, sich feindlich gegenüberstehen, ist die letzte Folge in der Entwicklungsreihe jener unheilvollen Thatsachen, welche die erste Abweichung von dem Rechtsboden in der Sache Schleswig-Holsteins erzeugt hat. Fortgesetzte Bemühungen, Teutschland die Schmach und den Schaden eines Bürgerkrieges zu ersparen, sichern Ew. Königl. Majestät den Dank des deutschen Volkes, die Achtung der civilisirten Welt und die Zustimmung aller Freunde der Menschheit. Noch ist nicht alle Hoffnung entschwunden, daß die Stimme des Rechtes und der Mäßigung, unterstützt durch die Mitwirkung gleichgesinnter Regierungen, wie durch die Willensäußerung und die Thatkraft des deutschen Volkes in letzter Stunde verkommen werde. Mit dem ganzen deutschen Volke will das bayerische den Frieden, es verabscheut den Bürgerkrieg unter jeder Voraussetzung und verdammt es als den schwersten Frevel, wenn er durch verbrecherisches Complott mit dem Auslande heraufbeschworen wird. In dieser Gesinnung und in der Gewißheit, daß dem Urheber des Friedensbruches der Widerstand einer entschlossenen und wohlgerüsteten Nothwehr von allen Seiten entgegentreten werde, liegt die wirksamste Bürgschaft zu den Friedensbestrebungen Ew. königl. Maj. So groß und allgemein verbreitet das Bedürfniß nach Frieden ist, nicht unter jeder Bedingung ist dessen Erhaltung zu erstreben. Ein Friede um den Preis deutscher Ehre, deutschen Rechtes, deutschen Landes, ein Friede, diktirt durch den Machtspruch eines europäischen Schiedsgerichts, müßte mit Entrüstung zurückgewiesen werden; das bayerische Volk protestirt gegen jeden Versuch, innere Angelegenheiten Deutschlands durch Beschlüsse auswärtiger Mächte zur Entscheidung zu bringen. Deutschlands Zukunft kann nur durch aufrichtige Verständigung der Bundesglieder und durch eine Bundesverfassung gesichert werden, welche der Nation die volle Antheilnahme an der Regelung ihrer Geschicke und ihrer gemeinsamen Angelegenheiten in einem Parlamente einräumt und der Bundesgewalt die Macht verleiht, widerstrebende Elemente niederzuhalten, ohne berechtigte Interessen der einzelnen Stämme zu vernichten. Für diesen Zweck hat jeder Theil die nöthigen Opfer zu bringen. Die möglichst beschleunigte Einberufung einer aus freien Volkswahlen hervorgegangenen Versammlung der Vertreter des deutschen Volkes mit der Aufgabe, bei Neugestaltung der Bundesgrundgesetze mitzuwirken und die allseitige Verständigung zu erleichtern, verdient der förderlichsten Unterstützung Ew. königl. Majestät dringend empfohlen zu werden. Führt die Stunde der Gefahr eine größere Zahl deutscher Mittel- und Kleinstaaten zur Einigung ihrer Kräfte und gelingt es Ew. königl. Maj. in Gemeinschaft mit befreundeten Regierungen einen engeren Verband jener Staaten unter Antheilnahme der betreffenden Volksstämme in parlamentarischer Form zu begründen, so kann eine solche Einrichtung als Ausgangspunkt eines allgemeinen deutschen Parlamentes in der gegenwärtigen Entscheidungsstunde wie in der Zukunft der freien und friedlichen Entwickelung deutscher und europäischer Verhältnisse wesentliche Dienste leisten. Die durch Ew. k. Maj. angeordnete Mobilisirung des bayerischen Heeres war durch die Ereignisse geboten. Abwehr fremder Gewaltthat ist der durch den loyalen Charakter der bayerischen Politik verbürgte Zweck dieser Rüstung. Aber ein anderer Beruf kann ihr werden, wenn der Krieg nicht vermieden und Bayern genöthigt wird, zum Schwerte zu greifen. An den Bund ist eine für seine schwache Organisation fast zu schwere Aufgabe herangetreten. Er muß den Bundesfrieden wahren, Selbsthülfe unter Bundesgliedern verhindern und im Falle des Friedensbruches den Angreifer, er sei wer er wolle, in die Schranken des Rechtes zurückweisen. Er darf aber auch das Landes- und Bundesrecht in Schleswig-Holstein nicht freigeben. Schleswig-Holsteins Sache ist Deutschlands Sache. Die Ehre der Nation und manches deutschen Mannes Wort ist verpfändet, für die Durchführung des Rechts in dieser Sache einzustehen, bei deren Entscheidung auch für die deutsche Frage mitentschieden wird, ob fortan Gewalt oder Recht die höchste Norm in Bundesangelegenheiten bilden soll. Die Verwicklung der deutschen mit fremdartigen Fragen hat die Schwierigkeiten verdoppelt und Wachsamkeit gegen das Ausland zum Schutze deutschen Gebietes zur Pflicht gemacht. Mag der Krieg zwischen Bundesgliedern ausbrechen oder ein auswärtiger Feind deutsches Bundesgebiet angreifen, kein deutscher Staat darf sich vom Kampfe fern halten. Wer für das Recht nicht mitkämpfen will, begünstigt das Unrecht und verletzt die heiligsten Pflichten gegen den Bund und das Vaterland. Unter dem unzuverlässigen Deckmantel der Neutralität können solche Staaten Schutz suchen,

ble, an ihrer Lebensfähigkeit verzweifelnd, sich baarin ergeben, das Recht zum Mitsprechen beim Friedensschlusse zu verscherzen. Bayern im Bewußtsein des Werthes seiner Selbsterhaltung, ist entschlossen zur That. Unter der Führung Ew. königl. Maj. wird es getreu dem Gebote der Pflicht und der Ehre auf der Seite des Rechtes stehen, bereit, legale Bundesbeschlüsse mitzuvollziehen und unter allen Umständen den heiligen Boden des Vaterlandes, die Rechte der deutschen Nation, die eigene Selbstständigkeit und seine pflichttreuer Bundesgenossen mannhaft zu schirmen. Die Stellung, welche Bayern im Interesse Deutschlands einzunehmen hat, fordert die höchste Entwickelung seiner Wehrkraft. Diese ist neben thunlichster Schonung der Steuerkraft und der volkswirthschaftlichen Interessen nur in einem Wehrsysteme möglich, welches das ganze waffenfähige Volk kriegstüchtig macht. Wir vertrauen zu der allerhöchsten Fürsorge, daß, sobald es die Zeitverhältnisse erlauben, der Uebergang zu einem solchen System im gesetzlichen Wege eingeleitet werde. Die zugesicherten Gesetzesvorlagen werden wir gewissenhaft prüfen und die zum Schutze des Vaterlandes erforderlichen Mittel zur Verfügung stellen. Stark im Bewußtsein des redlichen Willens und der guten Sache erhoffen wir deren endlichen Triumph von dem höchsten Lenker der Weltgeschicke, der ein Gott der Gerechtigkeit ist. Da Fürst und Volk in gegenseitigem Vertrauen und im Entschlusse gewissenhafter Pflichterfüllung zusammenstehen, wird sich Vaterlandsliebe und Hingebung für den Monarchen aufs Neue als Erbgut des bayerischen Volkes bewähren. Die Opferwilligkeit des Volkes, die Treue und Tapferkeit des bayerischen Heeres werden auch in dieser Gefahr die Probe bestehen."

Entwurf der vereinigten Linken: „... Daß sich die Regierungen der mächtigsten Bundesstaaten, daß sich jene trefflichen Heere, deren Tapferkeit die Schutzwehr Deutschlands sein sollte, kampfgerüstet gegenüberstehen, ist doppelt zu beklagen, wenn man auf den Anlaß des Zerwürfnisses blickt. Denn die unverantwortlichste Nichtachtung des Rechtes der Schleswig-Holsteiner und das hartnäckige Bestreben der preußischen Regierung, wider den Willen der Bevölkerung die Herrschaft in den Herzogthümern an sich zu reißen, hat aufs Neue den Beweis geliefert, daß in Deutschland die Fundamentalsätze der Volksfreiheit und des öffentlichen Rechtes noch immer nicht festangewurzelt und vor gewaltsamer Anfechtung sicher gestellt sind. Die eifrigen Bemühungen Ew. königl. Maj. für Erhaltung des Friedens wird das Land mit Dank anerkennen. Nicht immer ist der Friede das höchste Gut; allein aus dem Kampfe, den jetzt die frivole Politik der preußischen Regierung auf deutschem Boden zu entzünden droht, würde nur unberechenbares Unheil entspringen. Nicht auf neuen Grundlagen geeinigt, sondern im Innersten zerklüftet, zerspalten und geschwächt, würde Deutschland aus demselben hervorgehen. In diesem Augenblicke wird der Versuch unternommen, durch eine freie Vereinbarung der europäischen Mächte den Frieden zu sichern. Wir dürfen die zuversichtliche Erwartung aussprechen, daß der Vertreter des Bundes, der an diesen Berathungen Theil nimmt, jedem Vorschlage seine Zustimmung verweigert, durch welchen den Herzogthümern Gewalt angethan oder die Frage der Bundesverfassung, die ganz allein zwischen der deutschen Nation und ihren Regierungen geordnet werden muß, vor das Forum des Auslandes gezogen würde. Mit E. k. M. erblicken wir in der Reform des Bundes die einzige dauernde Friedensbürgschaft. Die Haltlosigkeit der bestehenden Bundesverfassung ist in feierlichen Erklärungen von den deutschen Fürsten anerkannt, die Ereignisse der jüngsten Jahre haben ihren inneren Zerfall vor aller Welt bloßgelegt. Es ist hoch an der Zeit, jene Verheißungen endlich zur Wahrheit zu machen, welche dem deutschen Volke so oft gegeben und noch immer nicht erfüllt sind. Es darf nicht länger gezögert werden, der bestehenden Bundesgewalt eine Nationalvertretung an die Seite zu stellen, deren erste Aufgabe die Neugestaltung der

Bundesverfassung auf Grundlage des Repräsentativsystems sein wird. Warm und bringend, wie es unsere Pflicht in einem so entscheidenden Augenblicke gebietet, bitten wir deshalb S. k. M. wolle mit aller Kraft auf die ungesäumte, vorbehaltlose Berufung eines auf Grund des Reichsgesetzes vom 12. April 1849 gewählten Parlaments hinwirken. Bayern soll gerüstet und bereit sein sich mit dem Aufgebote seiner ganzen Kraft zu erheben, wenn irgendwo der Versuch gemacht wird, deutsches Gebiet verrätherisch in fremde Hände zu spielen, oder gewaltsam loszureißen. Es soll gerüstet sein, um die eigene Selbständigkeit und die mit ihm verbündeten, am Kriege nicht betheiligten Staaten gegen jeden Angriff zu vertheidigen. Es soll gerüstet sein, um die Selbständigkeit der deutschen Staaten, insbesondere der Herzogthümer im Anschlusse an Oesterreich gegen einen gewaltsamen Angriff, wie immer dieser erfolge, zu vertheidigen, wenn für die Absichten der österreichischen Politik, welche so wenig wie die preußische Vertrauen einflößt, sichere Bürgschaften gegeben sind. — Dies sind die drohenden Eventualitäten, welchen das bayerische Volk ebensowohl in treuer Erfüllung seiner Bundespflichten, als zur Wahrung seiner höchsten Interessen die ihm angesonnenen großen Opfer bereitwillig bringen wird. Gestatten jedoch E. k. M. der Landesvertretung, pflichtgetreu und freimüthig auch darauf hinzuweisen, daß manche Erwartungen unerfüllt geblieben sind, mit welchen wir der Eröffnung dieses Landtages entgegenschen durften. Wir hatten auf die Zusage gehofft, daß diejenigen Reformen der Heeresverfassung, für deren Nothwendigkeit der Beschluß der Abgeordnetenkammer vom 14. September 1863 sich ausspricht, nunmehr ohne Verzug ins Leben treten sollen. Das Land ist mit einem Militärbudget belastet, das nahezu ein Drittheil der Staats-Einnahmen verschlingt, und demungeachtet, sobald der Fall eintritt, wo die Leistungen des Heeres wirklich in Anspruch genommen werden, so enorme Zuschüsse erheischt, wie sie in dem uns vorliegenden Entwurfe gefordert sind. Nur durch Einführung der allgemeinen Dienstpflicht, Abkürzung der Dienstzeit und militärische Vorbildung der Jugend wird es gelingen, die Wehrhaftigkeit des Volkes ohne Zerrüttung seiner ökonomischen Kräfte vollständig zu entwickeln. Ein Augenblick, in welchem die Schäden des bestehenden Systems so klar ins Licht treten, sollte nicht vorübergehen ohne wenigstens zur Grundlegung neuer und besserer Einrichtungen den entscheidenden Anstoß zu geben. Wir hatten endlich der Hoffnung nicht entsagt, daß die erste Thronrede E. k. M. dem bayerischen Volke einen weiteren Fortschritt in der Entwicklung seiner politischen Einrichtungen gewähren werde. — Die Ankündigung freisinniger Reformen würde vom ganzen Lande freudig begrüßt werden und in so schwerer Zeit von zweifach wohlthuender Wirkung sein. E. k. M. vertrauen aber mit Recht in dieser Zeit auf unsere und des ganzen bayerischen Volkes Vaterlandsliebe und Hingebung, auf die Treue und Tapferkeit der Armee. Unter der Führung E. k. M. wird Bayern dem Gebote der Ehre und der Pflicht folgend, immer bereit sein, den heiligen Boden des Vaterlandes und die Rechte des Volkes mannhaft zu schirmen."

Rede v. d. Pfordtens [für den Gedanken der Trias und gegen Neutralität: „Proclamiren Sie heute die Neutralität Bayerns und morgen bricht der Krieg los!"] Bei der Abstimmung wird der Entwurf der Mehrheit mit 96 gegen 45 Stimmen angenommen, derjenige der Linken mit 97 gegen 44 Stimmen (der Abg. Crämer stimmt gegen beide Entwürfe) abgelehnt.

8. Juni. (Baden). Die Regierung verlangt von den Kammern einen neuen Militärcredit von 3,813,000 fl. Motivirung der Vorlage.

9. „ (Bundestag). Erklärung Preußens gegen den Schritt Oesterreichs v. 1. b. M. Antwort und Protest Oesterreichs:

Erklärung Preußens: „.... Die k. Regierung kann nicht annehmen, daß das Motiv hierzu (dem Bruche der Berliner Convention v. 16. Januar 1864 und der Gasteiner Convention) in der Ueberzeugung der kaiserl. österr. Regierung von einem ursprünglichen Recht des deutschen Bundes zur alleinigen Entscheidung dieser Angelegenheit liege. Abgesehen davon, daß jenes Recht des Bundes sich doch immer nur auf das Bundesland Holstein beziehen und das Herzogthum Schleswig nicht berühren würde, so wird die kaiserl. Regierung selbst nicht in Abrede stellen, daß die Begründung, resp. Begrenzung der Competenz des Bundes noch nicht festgestellt worden ist. Das kaiserl. Cabinet hat diese Begründung in Gemeinschaft mit Preußen in dem am 11. Febr. 1864 abgegebenen Separatvotum gefordert, und seinen eigenen Zweifeln und Bedenken gegen die Ausdehnung der Competenz des Bundes in einer der Oeffentlichkeit übergebenen Depesche v. 10. Januar desselben Jahres an den kaiserl. Gesandten in München einen so bestimmten Ausdruck gegeben, daß der Gesandte sich jeder weiteren Ausführung überhoben erachten darf, da die Sachlage seitdem keine wesentliche Veränderung erfahren hat. — Die kgl. Staatsregierung nimmt keinen Anstand zu erklären, daß sie weit davon entfernt ist, die Angelegenheit der Herzogthümer, welche auch sie vermöge Verbindung Holsteins mit Schleswig als eine nationale betrachtet, anders als im Sinne dieser ihrer Auffassung lösen zu wollen. Sie hat es schon in einer nach Wien gerichteten Depesche vom 7. vorigen Monats, welche der Gesandte der hohen Bundesversammlung vorzulegen die Ehre hat, ausgesprochen, daß sie die schleswig-holsteinische Angelegenheit in Verbindung mit der Bundesreform zu behandeln bereit ist, und grade in dieser Verbindung eine Erleichterung der friedlichen Lösung sieht. Sie erwartet auch jetzt nur dem Augenblick, wo sie diese Frage mit einer Bundesgewalt verhandeln und erledigen kann, in welcher die Mitwirkung der nationalen Vertretung dem Einflusse particularer Interessen das Gegengewicht hält, und die Bürgschaft gewährt, daß die von Preußen gebrachten Opfer schließlich dem gesammten Vaterlande und nicht der dynastischen Begehrlichkeit zu Gute kommen. Unter den gegenwärtigen Umständen aber und bei der positiven Begrenzung, welcher die Competenz der Bundesversammlung durch die bestehende Verfassung unterliegt, muß sie Einspruch dagegen erheben, daß über eigene, durch blutige Kämpfe und durch internationale Verträge erworbene Rechte, ohne ihre Zustimmung Verfügung getroffen werde. — In Betreff der von der kaiserl. Regierung mit ihrer Erklärung verbundenen Anzeige, daß dem Frhrn. v. Gablenz Specialvollmacht zu Einberufung des holsteinischen Landtags ertheilt worden sei, hat der Gesandte zu bemerken, daß seine Regierung die Einberufung der Stände als ein Souveränetätsrecht ansieht, welches unter den bestehenden Vertragsverhältnissen und namentlich nachdem die Bestimmungen der Gasteiner Uebereinkunft hinfällig geworden, von den beiden Souveränen gemeinschaftlich hätte ausgeübt werden müssen."

Erklärung und Protest Oesterreichs: „.... Hinsichtlich der die Competenz der Bundesversammlung betreffenden Ausführungen muß der Gesandte mit allem Nachdruck darauf hinweisen, daß von der kaiserl. Regierung, ohne Widerspruch von preußischer Seite, wiederholt im Schooße der hohen Bundesversammlung erklärt worden ist, es werde bei den Verhandlungen zwischen beiden Regierungen eine den Rechten und Interessen des Bundes entsprechende Lösung der schleswig-holsteinischen Frage angestrebt. Daß diese Verhandlungen nicht zum Ziele geführt haben, bedauert Niemand lebhafter, als die kaiserl. Regierung. Was die Berufung der holsteinischen Stände anlangt, so muß der Gesandte darauf hinweisen, daß die Befugniß Sr. Maj. dem Kaiser nach dem ausdrücklichen Wortlaute des Artikels 1 der Gasteiner Uebereinkunft zusteht, und daß dieser Standpunkt in den Verhandlungen zwischen Wien und Berlin stets festgehalten worden ist. Bei dem Ernste der Lage muß der Gesandte seiner allerhöchsten Regierung alles Weitere vorbehalten, jedoch schon jetzt den Seiten der kgl. preuß. Regierung durch den Einmarsch ihrer Truppen in Holstein erfolgten Bruch der Gasteiner Uebereinkunft constatiren und gegen diesen Act der Selbsthilfe den entschiedensten Protest einlegen."

Der Antrag Bayerns bez. der Bundesfestungen wird von der Bundesversammlung einstimmig zum Beschluß erhoben.

9. Juni. (Oesterreich). Dep. an Preußen in Antwort auf die preuß. Dep. v. 3. b. M. Oesterreich protestirt gegen die Behauptung Preußens, daß es die Gasteiner Convention gebrochen habe, und gegen die daraus gezogenen Consequenzen und erklärt, daß Preußen durch seinen Einmarsch in Holstein den Art. 11 der deutschen Bundesacte verletzt und den Fall des Art. 19 der Wiener Schlußacte herbeigeführt habe:

„.... Wir erheben hiermit feierliche Einsprache gegen diese Behauptungen und wir lehnen alle und jede Verantwortlichkeit für die ernsten Folgen des Entschlusses des Berliner Hofes, den Streit nunmehr auf das Feld der Thatsachen zu übertragen, von der Regierung Oesterreichs ab. Wir bemerken zur Begründung unseres Protestes erstens, daß die Vereinbarungen zwischen Oesterreich und Preußen die Rechte des deutschen Bundes nicht alteriren konnten, noch sollten, und daß ein Bundesglied, welches erklärt, die verfassungsmäßigen Beschlüsse des Bundes anerkennen zu wollen, hiedurch nicht die Rechte eines anderen Mitverbündeten beeinträchtigen könne. Wir müssen zweitens hervorheben, daß die königl. preußische Regierung ihrerseits längst die bindende Kraft jener Vereinbarungen sowohl durch Handlungen wie durch ausdrückliche Erklärungen verläugnet, daher das Recht verloren hat, sich gegenüber Oesterreich auf Verbindlichkeiten, welche sie selbst nicht geachtet zu berufen. Sie hat sich über das Princip, daß die schleswig-holsteinische Erbfolgefrage nur im Einverständnisse mit Oesterreich gelöst werden solle, schon damals hinweggesetzt, als sie, nicht auf Grund einer Vereinbarung mit uns, sondern auf Grund des Gutachtens der preußischen Kronjuristen die Souveränetätsfrage in Schleswig-Holstein für gelöst erklärte und Strafverordnungen gegen die Anhänger jeder anderen Meinung erließ. Ohne daß sie den Vorbehalt der Zustimmung Oesterreichs für nöthig gehalten hätte, war sie später bereit, die streitige Frage bald einem deutschen Parlamente, bald einem europäischen Congresse zu überweisen. Wie kann sie darüber klagen, wenn Oesterreich in Ermangelung eines Einverständnisses, welches die Forderungen Preußens unmöglich gemacht haben, sich entschließt, dem gesetzlichen Organe des deutschen Bundes alles weitere anheimstellen? Sie hat endlich in ihrer Depesche v. 26. Januar d. J. für den Fall einer ablehnenden Antwort die ausdrückliche Klausel aufgestellt, daß sie „für ihre ganze Politik volle Freiheit gewinnen müsse und von derselben den Gebrauch machen werde, welchen sie den Interessen Preußens entsprechend halten werde" — und Graf Bismarck hat nach Empfang unserer Erwiederung dem kaiserlichen Gesandten erklärt, daß nunmehr für Preußen die Wirkung dieser Klausel eintrete. Somit war es Preußen, welches durch Wort und That, freilich ohne rechtmäßigen Grund, seine Freiheit von den gegenüber Oesterreich eingegangenen Verbindlichkeiten zurückforderte und sich eine Stellung gab, die ihm durch die Gasteiner Convention geschaffenen Zustande nur noch den Werth eines völlig precären thatsächlichen Besitzstandes ließ. Oesterreich hat nichtsdestoweniger diesen Besitzstand geachtet, es hat die Gasteiner Convention nicht gekündigt, und die kaiserliche Regierung würde das durch die Artikel dieser Convention begründete Provisorium ungestört bis zur künftigen Entscheidung des Bundes haben fortdauern lassen. Indem Preußen nunmehr eigenmächtig an die Stelle dieses Provisoriums wieder den früheren Zustand setzen will und zu diesem Zwecke seine Truppen in Holstein einrücken läßt, vollzieht es seinerseits auch thatsächlich den Bruch der Gasteiner Convention und unser Protest gründet sich daher drittens darauf, daß Preußen zur Selbsthilfe geschritten ist und durch die Besetzung Holsteins nicht nur sein Vertragsverhältniß gegenüber Oesterreich, sondern auch den Art. 11 der deutschen Bundesacte verletzt und den Fall des Art. 19 der Wiener Schlußacte herbeigeführt hat."

9. Juni. (Hannover). Die I. Kammer verwirft den Beschluß der II. Kammer v. 6. d. M. und beharrt auf ihrem eigenen v. 4. d. M.

„ „ (Baden). Die II. Kammer nimmt nach achttägigen Debatten das Ministerverantwortlichkeitsgesetz mit allen gegen 4 Stimmen an.

10. „ (Preußen). Circulardepesche an die deutschen Regierungen und Grundzüge einer neuen Bundesverfassung als Vorschlag Preußens:

„Unser Antrag am Bunde v. 9. April d. J. auf Berufung eines Parlaments zum Zweck der Bundesreform hat trotz der Mahnung, welche im Ernst der Verhältnisse lag, den von uns im Interesse des Friedens bringend gewünschten Erfolg nicht gehabt. Der bisherige Gang der Verhandlungen läßt vielmehr kaum hoffen, daß im Neunerausschusse, in welchem wir den Inhalt unserer Reformvorschläge angedeutet haben, der Antrag noch eine rechtzeitige Erledigung finden werde. Wir wenden uns daher nunmehr unmittelbar an unsere Bundesgenossen und legen ihnen die Grundzüge zu einer neuen Bundesverfassung mit der Bitte vor, sie einer sorgfältigen Erwägung unterziehen und sich zugleich über die Frage schlüssig machen zu wollen, ob sie eventuell, wenn in der Zwischenzeit bei der drohenden Kriegsgefahr die bisherigen Bundesverhältnisse sich lösen sollten, einem auf der Basis dieser Modificationen des alten Bundesvertrages neu zu errichtenden Bunde beizutreten bereit sein würden."

Preußischer Bundesentwurf: Artikel I. Das Bundesgebiet besteht aus denjenigen Staaten, welche bisher dem Bunde angehört haben, mit Ausnahme der kaiserlich österreichischen und königlich niederländischen Landestheile.

Artikel II. Die gesetzgebende Gewalt des Bundes wird auf denjenigen Gebieten, welche derselben zugewiesen sind, von dem Bundestage in Gemeinschaft mit einer periodisch zu berufenden National-Vertretung ausgeübt. Zur Gültigkeit der Beschlüsse ist die Uebereinstimmung der Mehrheit des Bundestages mit der Mehrheit der Volksvertretung erforderlich und ausreichend.

Artikel III. Die Umgestaltung des Bundestages ist unter den Bundesregierungen und mit dem nach dem preußischen Antrage vom 9. April zu berufenden Parlamente zu vereinbaren. So lange dies geschehen sein wird, bleibt das Stimmverhältniß, welches für die Mitglieder des Bundes auf dem bisherigen Bundestage gültig war, in Kraft.

Artikel IV. Die National-Vertretung geht aus directen Wahlen hervor, welche nach den Bestimmungen des Reichswahlgesetzes vom 12. April 1849 vorzunehmen sind.

Artikel V. Die Bundesstaaten bilden ein gemeinsames und einheitliches Zoll- und Handelsgebiet, in welchem die Errichtung von Freihäfen vorbehalten bleibt.

Artikel VI. enthält die bekannten 11 Punkte der Bundescompetenz, wie sie schon früher veröffentlicht sind.

Artikel VII. Die Bundesgewalt hat das Recht Krieg zu erklären und Frieden, so wie Bündnisse und Verträge zu schließen, in völkerrechtlicher Vertretung des Bundes Gesandte zu ernennen und zu empfangen. Die Kriegserklärung hat bei feindlicher Invasion des Bundesgebietes oder bei kriegerischem Angriff auf dessen Küsten unter allen Umständen zu erfolgen, in den übrigen Fällen ist zur Kriegserklärung die Zustimmung der Souveräne von mindestens zwei Drittheilen der Bevölkerung des Bundesgebiets erforderlich.

Artikel VIII. Die Kriegsmarine des Bundes mit den erforderlichen Häfen- und Schifffahrts-Anlagen wird nach folgenden Grundsätzen errichtet: Die Kriegs-Marine der Nord- und Ostsee ist eine einheitliche unter preußischem Oberbefehl. Bei Ernennung der Offiziere und Beamten concurriren die Küstenstaaten auf Grund besonderer Vereinbarungen. Der Kieler und der Jahde-Hafen werden Bundeskriegshäfen. Als Maßstab der Beiträge zur Gründung und Erhaltung der Kriegsmarine und der damit zusammenhängenden Anstalten dient im Allgemeinen die Bevölkerung unter Feststellung eines Präcipuums zu Lasten der Uferstaaten und Hansestädte nach Maßgabe des Lastengehalts der Handelsmarinen der einzelnen Staaten. Ein Bundes-Marine-Budget wird nach diesen Grundsätzen vereinbart. Das Anwerben der Matrosen und Mannschaften für die Bundes-Kriegs-Marine wird durch ein Gesetz geregelt, welches zugleich die Verpflichtung für jeden einzelnen Uferstaat feststellt, für Deckung des Bedarfs pro rata des Lastengehalts der Handelsmarine aufzukommen. Durch dasselbe Gesetz wird der Maßstab festgestellt, nach welchem die Mannschaftsgestellungen für die Marine auf diejenigen der Landheeres des Bundes in Abzug gebracht werden.

Artikel IX. Die Landmacht des Bundes wird in 2 Bundesheere eingetheilt, die Nordarmee und die Südarmee. In Krieg und Frieden ist Se. Majestät der König von Preußen Bundes-Oberfeldherr der Nordarmee, Se. Majestät der König von Bayern Bundes-Oberfeldherr der Südarmee. Jeder der beiden Bundes-Oberfeldherrn hat das Recht und die Pflicht, dafür Sorge zu tragen, daß innerhalb der von ihm befehligten Armee die bundesbeschlußmäßigen Contingente vollzählig und kriegstüchtig vorhanden sind, und daß die nothwendige Einheit in der Organisation, Formation, in Bewaffnung und Commando, in der Ausbildung der Mannschaften, sowie in der Qualification der Offiziere hergestellt wird. Das Recht unter Voraussetzung übereinstimmender Vorbildung bis zur Grenze des eigenen Contingentes die Offiziere zu ernennen, steht jeder Regierung zu, diejenigen Commandos, unter welchen mehr als ein Contingent steht, besetzt der Oberfeldherr. Dieselben müssen auch im Frieden jederzeit besetzt und in Function sein, nach Maßgabe der Heereseintheilung, wie sie bisher in der preußischen resp. bayerischen Armee stattfindet, so daß mindestens für je 3 Bataillone 1 Regiments-Commandeur, für höchstens 3 Regimenter 1 Brigade-Commandeur, für je zwei Brigaden 1 Divisionär und für jedes Corps der Bundesarmee der commandirende General jederzeit in Function ist. Der Oberfeldherr hat das Recht, in den nach seiner Ueberzeugung bringenden Fällen, die kriegsbereite Aufstellung jedes Theiles der von ihm befehligten Bundesarmee innerhalb des Gebietes der letzteren, vorbehaltlich späterer Genehmigung durch Bundesbeschluß, anzuordnen und verpflichten sich die Bundesregierungen eine solche Anordnung in Betreff ihrer Contingente unverzüglich auszuführen. Für jedes der Bundesheere wird ein gemeinschaftliches, mit der Nationalvertretung zu vereinbarendes Militärbudget für Feldarmee und Festungswesen aus Matricularbeiträgen der zu dem betreffenden Heere ihre Truppen stellenden Regierungen gebildet. Die Höhe der Matricularbeiträge richtet sich nach der Bevölkerung der betreffenden Staaten. Die Verwaltung jedes der beiden Bundesmilitärbudgets wird unter Leitung des Oberfeldherrn von einem aus Vertretern der beitragenden Regierungen gebildeten Bundeskriegsrath geführt und hat der Nationalvertretung jährlich Rechnung abzulegen. Jede Regierung leistet selbst die Auslagen für die von ihr gestellten Truppen, vorbehaltlich gemeinsamer Abrechnung nach Maßgabe der Beitragspflicht. Ersparnisse an dem Militärbudget, mögen sie an den Gesammtausgaben oder an denen für die einzelnen Contingente gemacht werden, fallen unter keinen Umständen der einzelnen Regierung, welche sie macht, sondern dem für jede der selben Bundesarmeen gemeinsamen Bundeskriegsschatze zu. Die Controle des letzteren steht der Nationalvertretung zu.

Artikel X. Die Beziehungen des Bundes zu den deutschen Landestheilen des österreichischen Kaiserstaats werden nach erfolgter Vereinbarung über dieselben mit dem zunächst einzuberufenden Parlamente durch besondere Verträge geregelt werden.

10. Juni. (Preußen). Gen. Manteuffel erläßt von Rendsburg aus folgende Proclamation an die Einwohner des Herzogthums Holstein: „Die k. k. österr. Regierung hat sich durch die in der deutschen Bundesversammlung am 1. d. M. abgegebene Erklärung thatsächlich von dem Gasteiner Vertrage losgesagt. Die Sr. Maj. dem König von Preußen nach dem Wiener Frieden zustehenden Souveränetätsrechte am Herzogthum Holstein sind durch die einseitig erfolgte Einberufung der Stände verletzt. Mit Wahrung dieser Rechte hat Se. Maj. der König mich zu beauftragen geruht. Ich habe das Herzogthum Holstein daher wieder, wie vor dem Gasteiner Vertrage, mit preußischen Truppen besetzt. Die Hoffnung, daß die k. k. österr. Regierung auf eingelegten Protest gegen die Einberufung der Stände diese Maßregel rückgängig machen werde, ist nicht erfüllt worden. Ich bin dadurch genöthigt, zur Wahrung der bedrohten Rechte Sr. Maj. des Königs die oberste Regierungsgewalt auch im Herzogthum Holstein in die Hand zu nehmen, und Ihre dieses hierdurch mit der Aufforderung an Alle, insonderheit Behörden und Beamte, meinen Anordnungen überall unweigerlich Folge zu leisten. Ich erkenne das ruhige und besonnene Verhalten, welches die Einwohner Holstein's ausnahmslos beim Einmarsche der preußischen Truppen diesen gegenüber beobachtet haben, gern an. Dasselbe ist mir ein neuer Beweis, daß die preußenfeindliche Haltung eines Theiles der Presse und der politischen Vereine der wahren Stimmung der Bevölkerung keineswegs entspricht, und ich erwarte, daß auch das fernere Verhalten mich nirgends zu Ausnahmsmaßregeln nöthigen wird. Sämmtliche politische Vereine werden geschlossen. Politische Blätter, die seither ohne Concession herausgegeben worden sind, hören mit dem heutigen Tage so lange zu erscheinen auf, bis zu ihrer Herausgabe die gesetzlich vorgeschriebene Concession eingeholt und ertheilt sein wird. Blätter, die nur auf Anzeigen concessionirt sind, haben sich auf diese zu beschränken. Die durch Bekanntmachung des k. k. Herrn Statthalters vom 15. September 1865 eingesetzte holsteinische Landesregierung in Kiel ist aufgelöst. Die Mitglieder derselben sind ihrer Functionen enthoben. Eine Bekanntmachung über die anderweite Organisation der Centralbehörde bleibt vorbehalten. Herr Baron Karl v. Scheel-Plessen übernimmt auf allerhöchsten Befehl, zugleich als Oberpräsident für beide Herzogthümer, die Leitung sämmtlicher Geschäfte der Civilverwaltung unter der Autorität der höchsten Militärgewalt und wird seinen Wohnsitz in Kiel haben. Einwohner des Herzogthums Holstein! Se. Maj. der König beabsichtigt, dem Princip der Zusammengehörigkeit entsprechend, eine Gesammtvertretung der Herzogthümer Schleswig-Holstein in's Leben zu rufen. Um solche auf legalem Wege anzubahnen, sollen die Stände jedes der beiden Herzogthümer einberufen werden, und die dazu nöthigen Einleitungen sind bereits getroffen."

„ „ (Holstein). Das preuß. Hauptquartier befindet sich noch in Rendsburg; Itzehoe ist mit einer Postenkette umstellt. In Kiel und andern Orten des Landes finden Volksversammlungen statt, die sich gegen die preußische Vergewaltigung aussprechen. — Dreißig holsteinische Ständemitglieder beschließen in Itzehoe trotz der Besetzung der Stadt durch die Preußen Sitzung zu halten. Die Preußen verhaften den österreichischen Regierungscommissär Lesser. Der österr. ad latus b. Hoffmann eilt nach Altona, um dem Gen. Gablenz von dem Geschehenen Nachricht zu geben. Kirche und Ständesaal werden in Itzehoe von den Preußen militärisch besetzt. 20 Ständemitglieder protestiren gegen die Gewalt. Das Bureau der augustenburgischen „Itzehoer Nachrichten" wird geschlossen und das Haus von preußischem Militär besetzt.

10. Juni. (Preußen). Die Preußen räumen Rastatt und Mainz.
„ „ (Bayern). General v. d. Tann geht in besonderer Mission nach Wien ab.
11. „ (Holstein). Gen. Gablenz erläßt in Altona eine Proclamation an die Einwohner des Herzogthums Holstein, in der er ihnen ankündigt, daß er der Gewalt weiche und mit seinen Truppen das Land räume:

„Der vertragswidrigen Besetzung des Herzogthums Holstein durch königl. preußische Truppen, die mich veranlaßte, den Sitz der Statthalterschaft und der Landesregierung nach Altona zu verlegen, sind Gewaltmaßregeln gefolgt; das Zusammentreten der in Folge allerhöchsten Auftrages von mir berufenen holsteinischen Ständeversammlung ist durch Waffengewalt verhindert, der Landtagscommissär verhaftet worden. Durch eine Proclamation vom 10. d. M. hat der kgl. preußische Gouverneur für das Herzogthum Schleswig ferner kundgegeben, daß er die oberste Regierungsgewalt auch in dem Herzogthum Holstein in die Hand nehmen werde; er hat in Ausführung dessen der von mir im Auftrage meines allergnädigsten Kaisers bestellten Landesregierung ihre Entlassung angekündigt und eine andere Civilverwaltung bereits eingesetzt. Preußische Truppen sind im Anmarsch auf Altona. Die mir zu Gebote stehenden Streitkräfte waren nicht darauf berechnet, einem feindlichen Angriffe der bisher verbündeten deutschen Macht Widerstand zu leisten; ich bin außer Stande, mit meiner kleinen Schaar der verübten Gewalt wirksam entgegenzutreten und das Recht zu schützen. Um die Truppen nicht nutzlos zu opfern, werde ich, einem allerhöchsten Befehl Sr. Maj. des Kaisers folgend, der Uebermacht und verlasse mit ihnen das Land. Als ich auf Befehl meines allergnädigsten Herrn die Regierung eures Landes übernahm, seid ihr mir mit Vertrauen entgegengekommen und ihr habt dasselbe mir im wachsenden Maße bis heute bewahrt. Nehmet meinen herzlichsten Dank dafür. Schwere Tage werden über euch kommen. Einstweilen wird die Gewalt sprechen, fügt euch derselben mit eurer bewährten Besonnenheit. Bleibt aber auch in dieser neuen Prüfung treu eurer guten Sache. Euer Geschick steht in Gottes Hand; harret aus im Vertrauen auf eine glückliche Lösung."

„ „ (Bundestag). Oesterreich klagt am Bunde gegen Preußen wegen gewaltthätiger Selbsthilfe in Holstein und trägt auf Mobilmachung der gesammten Bundesarmee, die preuß. Bundesarmeecorps allein ausgenommen, an. Preußen erklärt den Antrag für bundeswidrig und protestirt gegen jede geschäftliche Behandlung desselben. Die Abstimmung wird trotzdem mit Mehrheit auf den 14. d. M. angesetzt.

Erklärung und Antrag Oesterreichs: „Der kgl. preußische Gouverneur im Herzogthum Schleswig, Generallieutenant Frhr. v. Manteuffel, hat dem kais. Statthalter für das Herzogthum Holstein, Feldmarschalllieutenant Frhr. v. Gablenz amtlich angezeigt, daß er von seiner Regierung beauftragt sei, zur Wahrung der Condominatsrechte Preußens die nicht von österreichischen Truppen besetzten Theile Holsteins zu besetzen. Der kais. Statthalter hat gegen dieses Vorhaben Protest erhoben und die ihm unterstehenden kais. Truppen bei Altona concentrirt. Ungeachtet dieser feierlichen Einsprache und ungeachtet die Gasteiner Convention die Ausübung aller Souveränetätsrechte, die Verwaltung und militärische Besetzung Holsteins, mit Ausnahme einiger namhaft gemachter Punkte, in die Hände Sr. Maj. des Kaisers von Oesterreich gelegt hat, haben die preußischen Truppen die Grenze Holsteins überschritten und sich über das ganze Land verbreitet. Der Präsidialgesandte ist beauftragt worden, der hohen Bundesversammlung von diesem Vorgehen Anzeige zu erstatten. Die kail. Regierung muß dasselbe als einen Bruch der Gasteiner Uebereinkunft bezeichnen, welche einen provisorischen Zustand vertragsmäßig festgesetzt hatte, der bis zur definitiven Entscheidung des Bundes über Holstein fortdauern zu lassen Oesterreich bereit war. Frhr. v. Manteuffel hat seitdem erklärt: er sei geneigt, die Regierungsgewalt auch in Holstein an sich zu nehmen; hierin liegt eine Verletzung des Wiener Friedensvertrags. Se. Maj. der Kaiser hat durch allerhöchstseinen Gesandten in Berlin am 31. März erklären lassen, daß er sich nicht in Widerspruch mit den Bestimmungen der Bundesacte setzen werde. Der Präsidialgesandte hat im allerhöchsten Auftrage dieselbe Erklärung im Kreise dieser hohen Versammlung abgegeben. Dieser Zusicherung ist Se. Maj. der Kaiser treugeblieben. Preußen aber hat zum Schutze vermeintlich verletzter Rechte den Weg der Selbsthülfe betreten. Es liegt demnach der im Art. XLX der Wiener Schlußacte vorgesehene Fall vor, und die Bundesversammlung ist berufen, der unternommenen Selbsthülfe Einhalt zu thun. Nach diesem gewaltthätigen Vorgehen, bei welchem Preußens umfangreiche Rüstungen zur Seite stehen, kann nur in Aufbietung aller übrigen verfügbaren militärischen Kräfte des Bundes eine Gewähr des Schutzes für die innere Sicherheit Deutschlands und die bedrohten Rechte seiner Bundesglieder gefunden werden. Die kail. Regierung erachtet die schleunige Mobilmachung sämmtlicher nicht zur preußischen Armee gehöriger Armeecorps des Bundesheeres für nothwendig. Bedürfte diese Maßregel noch weiterer Begründung, so findet sie dieselbe in der Haltung der k. preuß. Regierung gegenüber den Beschlüssen, welche in letzter Zeit und bei stets steigender Gefahr von der Bundesversammlung zur Wahrung des Bundesfriedens gefaßt worden sind. Dem aus Anlaß der Bedrohung Sachsens gefaßten Beschlusse vom 9. Mai: „die k. preuß. Regierung anzugehen, daß durch geeignete Erklärung dem Bunde mit Rücksicht auf Art. XI der Bundesacte volle Beruhigung gewährt werde", hat die k. preuß. Regierung nicht entsprochen. Die Antwort Preußens auf den Beschluß vom 24. Mai kann nicht für befriedigend erkannt werden, da es die in jenem Beschlusse in Aussicht genommene gleichzeitige Abrüstung abgelehnt hat. Bei beiden Anlässen ist die k. preuß. Regierung, sich zum Richter über den deutschen Bund aufwerfend, ihr Verhältniß zu diesem Staatenbunde und ihre weiteren Entschließungen davon abhängig erklärt, daß derselbe Preußens Forderungen erfüllen wolle und könne. Aus allen diesen Gründen erscheint der kail. Regierung für die hohe Bundesversammlung die unvermeidliche Nothwendigkeit herangetreten, diejenigen kräftigen Maßregeln zu ergreifen, welche sie in die Lage setzen, die ihr obliegenden Verpflichtungen zu erfüllen, und beantragt daher: Hohe Bundesversammlung wolle vorbehaltlich weiterer Entschließungen den Beschluß fassen: 1) Die Mobilmachung des I., II., III., VII., VIII., IX. u. X. Bundesarmeecorps anzuordnen und an die betreffenden höchsten und hohen Regierungen das Ersuchen zu stellen, ihre Bundescontingente nach der angenommenen Kriegsformation in der Stärke des Haupt- und Reservecontingentes ungesäumt auf den Kriegsfuß zu setzen und selbe in den innehabenden oder einzunehmenden Standquartieren binnen 14 Tagen derart marsch- und schlagfertig aufzustellen, daß es auf ergehende Aufforderung innerhalb 24 Stunden mit allem Kriegsbedarf abmarschiren könne. 2) Dieselben höchsten und hohen Regierungen ferner zu ersuchen, auf die Bildung der Ersatzcontigente Bedacht zu nehmen. 3) Dieselben höchsten und hohen Regierungen zu ersuchen, in möglichst kurzer Frist, jedenfalls innerhalb der nächsten 14 Tage, bei der Bundesversammlung den Vollzug dieser Anordnung anzuzeigen. 4) Dieselben höchsten und hohen Regierungen zu ersuchen, die nöthigen Einleitungen zu treffen, damit die Bundesversammlung im Sinne des §. 40 der Bundeskriegsverfassung baldigst wegen des Oberbefehles Beschluß fassen könne, und weiter die in VII., VIII., IX und X. Abschnitte der Bundeskriegsverfassung vorgesehenen Ernennungen und Aufstellungen zu bewirken resp. zu vereinbaren. 5) Den Ausschuß für Militärangelegenheiten anzuweisen, sich mit der Militärcommission wegen Durchführung dieses Beschlusses ins Einvernehmen zu setzen".

11. Juni. Die Oesterreicher und Preußen räumen Frankfurt. Die Bevölkerung läßt die Preußen still abziehen, dagegen gestaltet sich der Abzug der Oesterreicher zu einem wahren Triumphzug.

„   „ (Sachsen). Beide Kammern verständigen sich über einen gemeinsamen Beschluß bez. Parlament:

„Die Regierung möge energischst dafür wirken, daß die Einberufung des deutschen Parlaments, keiner Delegirtenversammlung, vielmehr einer Versammlung auf Grund directer Wahlen, in ganz Deutschland schleunigst und längstens im künftigen Monat erfolge."

— 13. Juni. (Hessen-Darmstadt). II. Kammer: Debatte über den Militärcredit. Commissionsbericht des Abg. Metz. Schriftliche Erklärung des Ministers Dalwigk v. 10. d. M.:

„Der unterzeichnete Minister hat bereits in den Sitzungen des Finanzausschusses der zweiten Kammer vom 28. Mai und 4. Juni l. J. zu erklären die Ehre gehabt, daß die großh. Regierung durchaus nicht abgeneigt, vielmehr vollkommen bereit sei, im Verein mit den ihr näher befreundeten Regierungen auf die Einberufung eines deutschen Parlaments und auf Errichtung eines mit allen constitutionellen Befugnissen, namentlich mit dem Recht der Geldbewilligung und der Zustimmung zu gemeinsamen Gesetzen ausgerüsteten Gesammtvertretung der deutschen Nation hinzuwirken. Nachdem inzwischen in Folge der Erklärungen, welche seitens anderer deutscher Regierungen, namentlich seitens der k. württembergischen Regierung, den dortigen Ständen gegenüber abgegeben worden sind, die Aussicht auf eine Verständigung über die Berufung eines deutschen Parlaments bedeutend gewachsen ist, hat der Unterzeichnete sich veranlaßt gesehen, die Ermächtigung Sr. k. Hoh. des Großherzogs zu einer Erklärung einzuholen, welche hoffentlich die Majorität der verehrlichen zweiten Kammer über die Absichten der großh. Regierung in Bezug auf diesen Punkt sowohl, als auch in allgemeiner Hinsicht vollständig beruhigen wird. Die großh. Regierung erklärt hiermit, daß sie alles, was in ihren Kräften steht, thun wird, um gemeinsam mit den ihr näher befreundeten deutschen Regierungen dahin zu wirken, daß nicht die unveränderte Aufrechterhaltung der Bundesverfassung, wie solche dermalen besteht, sondern die Einigung des ganzen deutschen Volks in einem frei gewählten Parlamente als Ziel des drohenden Kampfes erstrebt und errungen werde — in einem Parlament, das, mit der Fülle constitutioneller Befugnisse ausgestattet, die über die Einzelregierungen zu stellende Centralgewalt zu unterstützen und mit dieser den Gesammtwillen Deutschlands zur Geltung zu bringen im Stande ist. Was sodann noch die schleswig-holsteinische Frage betrifft, so bedurfte und bedarf es einer ausdrücklichen Zusicherung nicht, daß die großh. Regierung an dem von ihr bisher, im Einklang mit der Landesvertretung, behaupteten Standpunkt treu festhalten werde. Der Unterzeichnete ist übrigens auch hier durch des Großh. k. Hoh. noch besonders zu der Erklärung ermächtigt, daß die großh. Regierung nur für eine solche Erledigung der Herzogthümerfrage eintreten wird, welche mit dem Wunschen und der Rechtsüberzeugung der Bevölkerung übereinstimmt. Eine Verfügung über die Herzogthümer gegen den Willen und die Rechtsüberzeugung des Volks wird die großh. Regierung nicht als giltig anerkennen."

Der Minister bestätigt diese Erklärung mündlich nochmals und fügt bei, daß er in den inneren Fragen zu jeder mit seinen Ueberzeugungen vereinbaren Concession bereit sei, namentlich auch mitzuwirken zu einer Aufhebung der nach seiner Meinung gerade das Interesse der Regierung vorwiegend wahrenden Convention mit Mainz, sobald die Kammer dieß wünsche und das bereits früher vorgelegte Kirchengesetz zu Stande kommen lasse. Die Regierungsvorlage wird trotz alledem abgelehnt und mit 27 gegen 21 Stimmen auch der Antrag auf Bewilligung von 2¼ Mill. fl. Dagegen wird mit 27 gegen 19 Stimmen beschlossen, eine Adresse an den Großherzog zu erlassen, in der auf Einberufung eines Parlaments nach dem Reichswahlgesetz von 1819 hinzuwirken und um Beseitigung der gerechten Beschwerden des Landes gebeten wird.

11. Juni. (Weimar). Eine Volksversammlung in Apolda spricht sich gegen die preußenfreundliche Erklärung der 22 Landtagsabgeordneten aus.

12. „ (Oesterreich). Die österr. Truppen räumen Altona und treten über Hamburg ihren Rückmarsch durch Hannover und Kurhessen an. Abschiedsproclamation des Generals Gablenz. Auch Herzog Friedrich von Augustenburg verläßt Kiel und räumt das Land. Die Preußen ziehen noch an demselben Tage in Altona ein und übernimmt Hr. v. Scheel-Plessen in Kiel die Functionen eines preuß. Oberpräsidenten.

„ „ (Oesterreich) ruft seinen Gesandten in Berlin ab und stellt dem preußischen Gesandten in Wien seine Pässe zu.

13. „ (Hannover). Die aus Holstein durchziehende österr. Brigade Kalik wird in Hannover gefeiert.

„ „ (Kurhessen). Die aus Holstein durchziehenden Oesterreicher werden in Kassel officiell gefeiert.

„ „ (Nassau). II. Kammer: Die Sitzung wird durch das Nichterscheinen des Regierungscommissärs (um einen von der Fortschrittspartei beabsichtigten Antrag zu vereiteln) gehindert.

14. „ (Bundestag). Die Bundesversammlung erhebt den Antrag Oesterreichs v. 11. d. M., jedoch ohne dessen Motive und mit Ausnahme der Ziffer 4 desselben (Wahl eines Bundesfeldherrn), mit 9 gegen 6 Stimmen zum Beschluß:

Für den Antrag stimmen: Oesterreich, Bayern, Württemberg, Sachsen, Hannover, Kurhessen, Großh. Hessen, Nassau und die 16. Kurie;

gegen denselben: Preußen, Holland für Luxemburg-Limburg, die 12. Kurie (großh. und herzogl. sächs. Häuser), die 14. Kurie (Mecklenburg), die 15. Kurie (Oldenburg) und die 17. Kurie (freie Städte).

Der preuß. Gesandte erklärt den Beschluß sofort für bundeswidrig, den Bund damit für gebrochen, legt den preuß. Bundesreformantrag auf den Tisch nieder und verläßt den Saal:

Deutschland.

„Nachdem die hohe Bundesversammlung ohnerachtet des von dem Gesandten im Namen seiner allerhöchsten Regierung gegen jede geschäftliche Behandlung des österreichischen Antrages eingelegten Protestes zu einer dem entgegenstehenden Beschlußfassung geschritten ist, so hat der Gesandte nunmehr die ernste Pflicht zu erfüllen, hoher Versammlung diejenigen Entschließungen kundzugeben, zu welchen, gegenüber der soeben erfolgten Beschlußfassung, des Gesandten allerh. Regierung in Wahrung der Rechte und Interessen der preußischen Monarchie und ihrer Stellung in Deutschland zu schreiten für geboten erachtet. Der Akt der Einbringung des von der kais. österreichischen Regierung gestellten Antrages an sich selbst steht nach der festen Ueberzeugung des Königl. Gouvernements zweifellos mit der Bundesverfassung in offenbarem Widerspruch und muß daher von Preußen als ein Bruch des Bundes angesehen werden. Das Bundesrecht kennt Bundesgliedern gegenüber nur ein Executionsverfahren, für welches bestimmte Formen und Voraussetzungen vorgeschrieben sind; die Aufstellung eines Bundesheeres gegen ein Bundesglied auf Grund der Bundeskriegsverfassung ist dieser ebenso fremd, wie jedes Einschreiten der Bundesversammlung gegen eine Bundesregierung außerhalb der Normen des Executionsverfahrens. Insbesondere aber steht die Stellung Oesterreichs in Holstein nicht unter dem Schutze der Bundesverträge, und Se. Maj. der Kaiser von Oesterreich kann nicht als Mitglied des Bundes für das Herzogthum Holstein betrachtet werden. Aus diesen Gründen hat die k. Regierung davon Abstand genommen, irgendwie auf die materielle Motivirung des Antrages einzugehen, für welchen Fall es ihr eine leichte Aufgabe gewesen sein würde, den gegen Preußen gerichteten Vorwurf des Friedensbruches zurückzuweisen und denselben gegen Oesterreich zu richten. Dem k. Cabinet erschien vielmehr als das allein rechtlich gebotene und zulässige Verfahren, daß der Antrag wegen seines widerrechtlichen Characters von vornherein Seitens der Bundesversammlung abgewiesen werden müsse. Daß diesem ihrem bestimmten Verlangen von ihren Bundesgenossen nicht entsprochen worden ist, kann die k. Regierung im Hinblick auf das bisherige Bundesverhältniß nur aufs Tiefste beklagen. Nachdem das Vertrauen Preußens auf den Schutz, welchen der Bund jedem seiner Mitglieder verbürgt hat, durch den Umstand tief erschüttert worden war, daß das mächtigste Glied des Bundes seit 3 Monaten im Widerspruch mit den Bundesgrundgesetzen zum Behufe der Selbsthülfe gegen Preußen gerüstet hat, die Berufungen der k. Regierung aber an die Wirksamkeit des Bundes und seiner Mitglieder zum Schutze Preußens gegen willkürlichen Angriff Oesterreichs nur Rüstungen anderer Bundesglieder ohne Aufklärung über den Zweck derselben zur Folge gehabt haben, mußte die k. Regierung die äußere und innere Sicherheit, welche nach Art. II der Bundesacte der Hauptzweck des Bundes ist, bereits als in hohem Grade gefährdet erkennen. Diese ihre Auffassung hat der vertragswidrige Antrag Oesterreichs und die eingehende, ohne Zweifel auf Verabredung beruhende Annahme desselben durch einen Theil ihrer bisherigen Bundesgenossen nur noch bestätigen und erhöhen können. Durch die nach dem Bundesrechte unmögliche Kriegserklärung gegen ein Bundesglied, welche durch den Antrag Oesterreichs und das Votum derjenigen Regierungen, welche ihm beigetreten sind, erfolgt ist, sieht das kgl. Cabinet den Bundesbruch als vollzogen an. Im Namen und auf allerh. Befehl Sr. Maj. des Königs, seines allergnädigsten Herrn, erklärt der Gesandte daher hiermit, daß Preußen den bisherigen Bundesvertrag für gebrochen und deßhalb nicht mehr verbindlich ansieht, denselben vielmehr als erloschen betrachten und behandeln wird. Indeß will Se. Maj. der König mit dem Erlöschen des bisherigen Bundes nicht zugleich die nationalen Grundlagen, auf denen der Bund aufs erbaut gewesen, als zerstört betrachten. Preußen hält vielmehr an diesen Grundlagen und an der über die vorübergehenden Formen erhabenen Einheit der deutschen Nation fest und sieht es als eine unabweisliche Pflicht der deutschen Staaten an, für die letztere den angemessenen Ausdruck zu finden. Die k. Regierung legt ihrerseits die Grundzüge zu einer neuen, den Zeitverhältnissen entsprechenden Einigung hiermit noch vor und erklärt sich bereit, auf den alten, durch eine solche Reform modificirten Grundlagen einen neuen Bund mit denjenigen deutschen Regierungen zu schließen, welche ihr dazu die Hand reichen wollen. Der Gesandte vollzieht die Befehle seiner allerh. Regierung, indem er seine bisherige Thätigkeit hiermit nunmehr für beendet erklärt. Schließlich hat der Gesandte seiner allerh. Regierung, in deren Namen und Auftrag, alle derselben aus dem bisherigen Bundesverhältniß zustehenden und sonst daraus entspringenden Ansprüche jeder Art auf das Eigenthum und alle Zuständigkeiten des Bundes vorzubehalten und zu wahren, insbesondere ist er noch angewiesen, gegen jede Verwendung bewilligter Bundesgelder, resp. gegen jede Disposition darüber, welche ohne ihre besondere Zustimmung etwa erfolgen sollte, ausdrücklich Protest einzulegen."

Oesterreich verwahrt sich gegen die preußische Austrittserklärung:
„Der deutsche Bund ist nach Art. 1 der Bundesacte ein unauflöslicher Verein, auf dessen ungeschmälerten Fortbestand das gesammte Deutschland, sowie jede einzelne Bundesregierung ein Recht hat, und nach Art. V der Wiener Schlußacte kann der Austritt aus diesem Verein keinem Mitgliede desselben freistehen. Indem Präsidium sich gegenüber der von dem k. preuß. Gesandten eben erfolgten beklagenswerthen Erklärung auf den gefaßten competenzmäßigen Beschluß bezieht, Namens der hohen Versammlung auf obige Grundgesetze hinweist und die Motive der preußischen Erklärung als rechtlich und sactlich unbegründet erklärt, muß dasselbe in förmlichster und nachdrücklichster Weise alle Rechte und Zuständigkeiten des Bundes wahren, welcher in vollkommen bindender Kraft fortbesteht. Präsidium behält der hohen Bundesversammlung alle weiteren Entschließungen vor und ladet hochdieselbe ein, sich diesem feierlichen Proteste anzuschließen. Die Verantwortlichkeit für die schwere Verwicklung, welche in Folge des Schrittes der preußischen Regierung für Deutschland eintritt, trifft diese allein. Die bundestreuen Regierungen werden ihre Pflichten gegen einander und gegen die deutsche Nation zu erfüllen wissen, indem sie auf dem Boden des Bundesrechts fest zusammenstehen."

14. Juni. (Bayern) schließt mit Oesterreich in Olmütz eine besondere Militärconvention ab, die jedoch erst am 30. Juni vom König ratifizirt wird.

„Nachdem Se. Maj. der Kaiser von Oesterreich wiederholt und feierlich hat erklären lassen, daß den Gedanken Allerhöchstdesselben nichts ferner liege, als ein Angriff auf Preußen, und daß die k. k. Regierung die Vorschriften des Artikels XI der Bundesacte strenge zu beobachten entschlossen sei, mithin die gemeinschaftliche Anwendung militärischer Kräfte gegen Preußen nur auf Grund eines legalen Bundesbeschlusses oder im Falle eines gewaltsamen Angriffs Preußens auf einen Bundesgenossen Platz greifen kann, sind die Unterzeichneten, erhaltenem Auftrage ihrer höchsten Regierungen gemäß, für den bezeichneten Fall über nachstehende Functionen übereingekommen. 1) Die k. bayer. Armee in der Stärke von 40,000 bis 50,000 Mann bleibt fortwährend selbstständig unter ihrem eigenen Oberbefehlshaber, dem Feldmarschall Prinzen Karl von Bayern, kgl. Hoheit. 2) Unter dem bayer. Oberbefehlshaber stehen auch die Contingente des Königreichs Würtemberg, der Großherzogthümer Baden und Hessen und des Herzogthums Nassau in Gemäßheit der von den Regierungen dieser Staaten mit der bayer. Regierung getroffenen Vereinbarungen. 3) Der bayerische Oberbefehlshaber wird die Operationen der unter ihm stehenden vereinigten Armeen nach einem gemeinschaftlichen und einheitlichen Operationsplan, sowie nach dem hierauf gegründeten Directiven anordnen und leiten, welche ihm hiefür von dem k. k. österr. Obercommando mitgetheilt werden. Bei der Feststellung dieses Operationsplanes wird in gleicher Weise darauf Rücksicht zu nehmen sein, daß die Operationen stets im Einklange mit den Landesinteressen der Staaten der vereinigten Armeen bleiben und daß ebenso auf Deckung der eigenen Gebiete ihrer Kriegsherren Rücksicht genommen werde, als auf Erreichung der Hauptzwecke des Krieges durch möglichste Vereinigung der Streitkräfte. 4) Um die gegenseitigen Beziehungen noch zu vermehren und den Vollzug der Operationen zu erleichtern, wird ein öfterr. General oder Oberst das bayerische Hauptquartier stets begleiten, sowie zu demselben Zwecke ein bayer. General oder Oberst dem österreichischen Hauptquartier beigegeben. 5) Die k. bayerische Armee wird bis zum 15. Juni l. J. in Franken und in der Nähe von Eisenbahnen eine Aufstellung genommen haben, von welcher aus es ihr möglich wird, je nach den Verhältnissen ihre Bewegungen dem verabredeten Kriegsplane entsprechend einzurichten. 6) Da die militärischen Operationen auf Grund des Bundesrechts stattfinden, wird auch der Friedensschluß in bundesgemäßer Weise erfolgen, und die k. k. österreichische Regierung verpflichtet sich insbesondere, keine einseitigen Friedensverhandlungen mit Preußen zu führen, vielmehr solche Verhandlungen nur unter Theilnahme eines Bevollmächtigten der kgl. bayer. Regierung einzuleiten und im Einverständnisse mit dieser abzuschließen. 7) Für den Fall, daß die nicht vorherzusehenden Wechselfälle des Krieges es unvermeidlich machen sollten, daß bei dem Friedensschlusse Territorialveränderungen in Frage kämen, verpflichtet sich die k. k. österreichische Regierung, aus allen Kräften dahin zu wirken, daß Bayern von Verlusten bewahrt werde, jedenfalls aber mit solchen nur im gleichen Verhältnisse zu allen verbündeten Staaten belastet und für etwaige Abtretungen demgemäß entschädigt werde. 8) Die Ratifikation gegenwärtiger Punctationen durch die Allerhöchsten Souveräne bleibt vorbehalten. Dieselbe soll binnen acht Tagen erfolgen, und es sollen badurch gegenwärtige Punctationen die Natur und Kraft eines förmlichen Staatsvertrages erhalten."

14. Juni. (Hannover). In Folge des Bundesbeschlusses vom heutigen Tage ergeht der Befehl, die ganze Armee mobil zu machen.

„ „ (Kurhessen). Der Kurfürst besiehlt die Mobilisirung sämmtlicher Truppen. — Eröffnung der Ständeversammlung.

„ „ (Hessen-Darmstadt). Die I. Kammer bewilligt einstimmig den ermäßigten Militärcredit von 2¼ Mill. fl. und lehnt alle Beschlüsse der II. Kammer ab.

„ „ (Baden). Die II. Kammer bewilligt einstimmig den neuen Militärcredit.

15. „ (Preußen) constatirt in einer Circularbepesche an seine Vertreter im Auslande übereinstimmend mit der Erklärung seines Gesandten am Bunde die nach seiner Ansicht durch den Beschluß vom 14. d. M. erfolgten Bruch des bisherigen Bundesvertrages und damit die Auflösung des bisherigen deutschen Bundes.

„ „ (Hannover). II. Kammer: Bennigsen stellt den neuen Urantrag:

„den schleunigsten Erlaß einer Adresse an Se. Maj. den König zu beschließen, in welcher in Betracht, daß auf den Antrag der österreichischen Regierung ein durch die Bundespflichten nicht gebotener Bundesbeschluß auf Mobilisirung der ganzen Bundesarmee mit alleinigem Ausschluß der preußischen Bundescorps gefaßt ist und daß die königl. hannoversche Regierung im

Wesentlichen für diesen Antrag gestimmt hat, dies Alles aber geeignet ist, ganz Deutschland in den Bürgerkrieg zu stürzen und namentlich auch auf unser Land die Last eines furchtbaren Krieges zu wälzen, ja seine Sicherheit und Unabhängigkeit auf das Aeußerste zu gefährden, das dringende Ersuchen gestellt werde: 1) diejenigen Rathgeber der Krone, welche obigen verderblichen Schritt befürwortet haben, unverzüglich zu entlassen, 2) den oben erwähnten Bundesbeschluß nicht zur Ausführung zu bringen, 3) jedes Heraustreten aus einer völligen Neutralität durch Parteinahme, sei es für Oesterreich oder Preußen, ohne die dringendste Nothwendigkeit zu vermeiden, 4) auf die schleunige Einberufung eines deutschen Parlaments hinzuwirken."

15. Juni. (Kurhessen). Die Ständeversammlung protestirt gegen den Bundesbeschluß vom vorigen Tage und beschließt auf den Antrag des Vicepräsidenten v. Tischoffshausen mit 35 gegen 14 Stimmen:
„die hohe Staatsregierung aufzufordern, unverzüglich zu der vom ganzen Lande gutgeheißenen bisherigen neutralen Haltung zurückzukehren, und die Mobilisirung der Truppen demgemäß nicht auszuführen, hiermit aber die feste Erklärung zu verbinden, erstens: daß ständischerseits eine für Mobilmachung etwa geforderte werdende Geldbewilligung so lange werde abgelehnt werden, als nicht der Zweck einer solchen, als dem Lebensinteresse des Landes völlig entsprechend werde nachgewiesen werden, und weiter, daß die Ständeversammlung die Regierung des Landes im Falle der Nichtbeachtung des gegenwärtigen Verlangens für alle die schweren Folgen verantwortlich mache, die sich aus der jetzt von der Staatsregierung eingenommenen veränderten Haltung ergeben werden."

„ „ (Hessen-Darmstadt). Die Regierung theilt der II. Kammer den Bundesbeschluß vom 14. d. mit und fordert sie auf, nunmehr den Seitens der Regierung selbst nachträglich ermäßigten Militär-credit von 2¼ Mill. fl. zu bewilligen.

Die II. Kammer beschließt mit 36 gegen 6 Stimmen, die Regierung, von der Rechtsfrage absehend, zu ersuchen, noch auf diesem Landtage den Kammern eine Vorlage bez. Revision der Gesetze vom 6. Sept. 1856 und 14. Juli 1862 (der octroyirten Wahlordnung statt des Wahlgesetzes von 1849) zu machen.

„ „ (Coburg-Gotha). Der Herzog und sein Hof gehen mit Rücksicht auf die bevorstehenden Ereignisse von Coburg nach Gotha.

II.

Deutschland.

Vom Ausbruche des Krieges bis zur Auflösung des Bundestags.
(15. Juni — 24. August.)

15. Juni. (Preußen) richtet Sommationen an Sachsen, Hannover und Kurhessen, in denen es gleichlautend verlangt, daß

„1. die k. sächsischen (hannoverschen, kurhessischen) Truppen sofort auf den Friedensstand v. 1. März c. zurückgeführt werden;
2. Sachsen (Hannover, Kurhessen) der Berufung des deutschen Parlaments zustimmen, sobald es von Preußen geschieht, wogegen
3. Preußen dem Könige (Kurfürsten) sein Gebiet und seine Souveränetätsrechte nach Maßgabe der Reformvorschläge v. 14. b. Mts. Gewähr leistet.

Eine Antwort auf die Sommation wird noch im Laufe desselben Tages erbeten, mit dem Beifügen, daß „eine Verzögerung derselben über diesen Termin hinaus ebensowohl wie eine ausweichende Antwort als eine Ablehnung angesehen werden würde".

„ „ (Sachsen). Die preuß. Sommation ist folgendermaßen motivirt:

„...Die königlich sächsische Regierung hat am 14. dafür gestimmt, daß die hohe Bundesversammlung die Mobilmachung sämmtlicher Bundesarmeecorps mit Ausschluß der preußischen anordne. Die königlich preußische Regierung kann darin neben der Verletzung des Bundesverhältnisses nur einen directen Act der Feindseligkeit gegen sich selbst erkennen, und schon die geographische Lage des Königreichs Sachsen in Beziehung auf die ihm benachbarten preußischen Landestheile macht es ihr unmöglich, über die feindselige Stellung hinwegzusehen, welche die königlich sächsische Regierung hierdurch ihr gegenüber eingenommen hat." Dem Verlangen wird beigefügt: „Sollte die k. sächsische Regierung sich nicht entschließen können, ein solches Bündniß zu schließen, so würde Se. Majestät der König zu seinem lebhaften Bedauern sich in die Nothwendigkeit versetzt finden, das Königreich Sachsen als im Kriegszustand gegen Preußen befindlich zu betrachten und diesem Verhältniß entsprechend zu handeln."

Ablehnende Antwort Sachsens: „...Die Grundgesetze des Bundes schließen bekanntlich die Auflösbarkeit desselben aus. Der Bund dagegen handelt unbestritten innerhalb seiner Competenz, wenn er die vollständige oder theilweise Mobilmachung des Bundesheeres beschließt, und da hierauf bezügliche Beschlüsse grundgesetzlich nicht an Einstimmigkeit gebunden sind, so ist ein beifälliger Majoritätsbeschluß ein verfassungsmäßig giltiger. Die k. sächsische Regierung würde demnach dem unter 1 an sie gestellten Antrage nicht Folge geben können, ohne ihrer Bundespflicht vollkommen untreu zu werden. Was den Antrag unter 2 betrifft, so ist die sächsische Regierung gemeint, auf die baldige Einberufung des deutschen Parlaments mit allem Nachdruck hinzuwirken; sie wird aber solches, den Anträgen ihrer Kammern gemäß, in der Weise thun, daß ein Parlament für ganz Deutschland gewählt werde, und sie geht davon aus, daß die Ausschreibung der Wahlen nicht von einer einzelnen Regierung zu erfolgen habe. Sollte unter diesen Umständen die Regierung Sr. Maj. des Königs von Preußen in der Ablehnung des vorgeschlagenen Bündnisses wirklich einen Grund erkennen, das Königreich Sachsen im Kriegszustand gegen Preußen befindlich zu betrachten und diesem Verhältnisse entsprechend zu handeln, so bliebe der königlichen Regierung nichts übrig, als gegen ein solches Vorgehen mit Bezugnahme auf die Grundgesetze des Bundes laut und entschieden zu protestiren, und die Abwehr des Bundes anzurufen...."

Die gesammte Eisenbahn-, Post- und Telegraphenverbindung wird auf Befehl der Regierung sistirt. Die Eisenbahnbrücke bei Riesa wird verbrannt, die Brücke bei Lökau zerstört. Die ganze sächsische Armee beginnt ihren Abmarsch an die böhmische Grenze.

15. Juni. (Hannover). Die preußische Sommation ist folgendermaßen motivirt:

„...Die geographische Lage des Königreichs Hannover macht dasselbe zu einem wichtigen Moment in dem System dieser Vertheidigung. Die kgl. hannoversche Regierung wird es daher gerechtfertigt finden, wenn in der Spannung der gegenwärtigen Situation Deutschlands, welche durch den bundeswidrigen Antrag Oesterreichs vom 11. c. gekennzeichnet wird, Preußen von Ihr bestimmte Erklärungen und Bürgschaften über die zukünftige gegenseitige Stellung zu erbitten sich genöthigt sieht." Dem Verlangen wird beigefügt: „Sollte wider Erwarten eine ablehnende oder ausweichende Antwort erfolgen, so würde Se. Majestät der König Sich zu Seinem lebhaften Bedauern in die Nothwendigkeit versetzt finden, das Königreich als im Kriegszustand gegen Preußen befindlich zu betrachten und demgemäß in Seinen Beziehungen zu demselben nur noch die Rücksicht auf den Schutz des eigenen Landes und das militärische Erforderniß maßgebend sein zu lassen."

Ablehnende Antwort Hannovers: „...Der in der Sitzung des Bundestages vom 11. d. Mts. gestellte Antrag ist — wie der Unterzeichnete zunächst zu bemerken sich beehrt — in der Sitzung vom 14. d. Mts. mit solchen Modificationen angenommen, daß in dem gefaßten Beschluß eine Feindseligkeit gegen Preußen nicht gefunden werden kann. Die kgl. hannoversche Regierung insbesondere hat in ihrer Abstimmung und in deren Begründung, welche der k. preußischen Regierung vollkommen bekannt sind, auf das sorgsältigste den bundesmäßigen Standpunkt strengster Parteilosigkeit festgehalten. Sie hat gegen die Mobilisirung der drei kaiserlich österreichischen Armeecorps gestimmt, um dem Bund seine vollkommen objective Stellung zwischen den beiden streitenden Mächten zu wahren; sie hat ferner demjenigen Theil des Antrages nicht zugestimmt, welcher auf die, den Bestimmungen über den Bundeskrieg entnommenen Maßregeln abzielte, und hat endlich die Vermittlung als den Endzweck aller Beschlüsse der Bundesversammlung ausdrücklich festgestellt. Sie hat aber freilich auf der anderen Seite die vor den Augen der Welt offen daliegende Thatsache nicht verkennen können, daß die innere Ruhe und Sicherheit des Bundes bedroht sei und hat sich ebensowenig den bundesmäßigen Pflichten entziehen können, den zum Schutze dieser Ruhe und Sicherheit erforderlichen Beschlüssen zuzustimmen. Wenn die k. hannoversche Regierung hiernach sich bewußt ist, nach genauester Erwägung und gewissenhaftester Prüfung der thatsächlichen und rechtlichen Verhältnisse ihren Pflichten als Mitglied des deutschen Bundes gemäß gehandelt zu haben, wenn sie zugleich die Anerkennung glaubt beanspruchen zu können, die Wahrung des

Bundesrechts mit der bundesfreundlichsten Rücksicht gegen die kgl. preußische Regierung vereinigt zu haben, so hat der Unterzeichnete um so mehr überrascht sein müssen durch die Bedingungen des Vertrags, welche Seine Durchlaucht der Prinz Ysenburg ihm mitgetheilt hat und über welche derselbe die Erklärung der königlichen Regierung verlangt.

„Die erste dieser Bedingungen geht dahin, daß die kgl. hannoverschen Truppen sofort auf den Friedensstand vom 1. März d. J. zurückgeführt werden. Der Unterzeichnete kann in Betreff dieses Punktes nur erklären, daß die königliche Armee sich durchaus nicht im Kriegszustande befindet. Sie hat nur die jedes Jahr üblichen Exercitien in diesem Jahre früher als sonst vorgenommen und der Unterzeichnete kann nicht glauben, daß in dieser einfachen Maßregel, bei welcher weder Pferdeankäufe, noch sonst irgend welche Acte der Mobilisirung vorgenommen sind, eine Feindseligkeit gegen Preußen erblickt werden könne. Die k. preußische Regierung ihrerseits aber wird gewiß nicht verkennen, daß die Zurücknahme einer an sich so bedeutungslosen Maßregel unter den gegenwärtigen Verhältnissen ein schwerer Schlag für die Ehre der hannoverschen Armee sein würde, und daß Se. Majestät, des Unterzeichneten allergnädigster Herr, einer solchen Zumuthung sich niemals unterwerfen kann. Die zweite Bedingung verlangt, daß Hannover der Berufung des deutschen Parlaments zustimme und die Wahlen dazu ausschreibe, sobald es von Preußen geschieht. Der Unterzeichnete beehrt sich, in Betreff dieses Punktes darauf hinzuweisen, daß die Vorschläge zur Berufung eines deutschen Parlaments der Bundesversammlung zur Beschlußfassung vorliegen und daß die k. hannoversche Regierung eingedenk ihrer Bundespflicht eine vom Bunde abgesonderte Behandlung dieser für die ganze deutsche Nation so hochwichtigen und folgenschweren Angelegenheit nicht für zulässig erachten kann. Wenn drittens Preußen dagegen Sr. Majestät dem Könige von Hannover sein Gebiet und seine Souveränetätsrechte nach Maßgabe der Reformvorschläge vom 14. d. M. gewährleisten will, so kann der Unterzeichnete in der That in den erwähnten Reformvorschlägen eine Garantie für die Souveränetätsrechte des Königs, seines allergnädigsten Herrn, nicht erblicken. Die Reformvorschläge vom 14. d. M. greifen so tief und so wesentlich in die Souveränetätsrechte ein, daß sie einer Mediatisirung gleichen Erfolg besorgen lassen.

„Wenn hiernach der Unterzeichnete sich in der Lage erklären muß, die von Sr. Durchlaucht dem Prinzen zu Ysenburg Namens der k. preußischen Regierung ihm mitgetheilten Vertragsbedingungen abzulehnen, so kann er dabei nur auf das entschiedenste wiederholen, daß die k. hannoversche Regierung sich bewußt ist, auf dem Boden des unanfechtbaren, völkerrechtlich garantirten Bundesrechts zu stehen, und daß das Festhalten an diesem Rechte nach ihrer Ansicht der k. preußischen Regierung keine Veranlassung bieten könne, das Königreich Hannover als im Kriegszustand mit Preußen befindlich zu betrachten. Die Königlich hannoversche Regierung hält unabänderlich daran fest, daß das Bundesrecht den Krieg zwischen Bundesgliedern verbiete, und sie wird daher keine kriegerische Maßregeln gegen die verbündete kgl. preußische Regierung vornehmen, so lange ihre Grenzen nicht angegriffen werden. Zu einem solchen Angriff aber kann die k. hannoversche Regierung auch bei der gegenwärtigen Spannung weder einen Rechtsgrund noch selbst eine politische Veranlassung finden und mag auch jetzt der Hoffnung nicht entsagen, ihre bundesfreundliche Gesinnung und deren stets erfolgte Bethätigung von der k. preußischen Regierung anerkannt und das bisherige für beide Regierungen werthvolle nachbarliche Verhältniß erhalten zu sehen....”

Die städtischen Collegien der Residenz versammeln sich spät Abends und beschließen, einen Versuch beim Könige zu machen, damit der Stadt und dem Lande das Schicksal feindlicher Occupation erspart bleibe. Der König empfängt sie in der Nacht im Beisein der

Königin und des Kronprinzen. Der Stadtdirektor trägt die Bitte vor; der König antwortet ausführlich, gibt die Gründe für sein Votum in Frankfurt an und fügt hinzu, Preußen habe Forderungen gestellt, deren Erfüllung das Königreich mediatisiren, die Selbständigkeit der Krone, des Landes und jedes Einzelnen aufheben und mit der Pflicht und Ehre Sr. Majestät unvereinbar sein würden. Bei der überlegenen Feindesmacht sehe der König sich außer Stande, die Hauptstadt gegen die Occupation zu schützen; er concentrire seine Truppen in den südlichen Provinzen und hoffe, sich dort halten zu können. So schmerzlich die ihm gebotene Nothwendigkeit sei, doch könne er als Christ, als Monarch und als Welf nicht anders. Alle Truppen der hauptstädtischen Besatzung rücken nach Süden aus. Der König mit dem Kronprinzen folgt ihnen. Proclamation des Königs „an Magistrat, Bürgervorsteher und Bürger der Residenz": „Im Begriff, mit dem theuren Kronprinzen mich zu meiner Armee in dem südlichen Theile meines Königreichs zu begeben, lasse ich meine theure Königin und geliebten Töchter zu Herrenhausen Eurer bewährten Treue, Liebe und Anhänglichkeit zurück."

15. Juni. (Kurhessen). Angebliche Unterredung zwischen dem preußischen Gesandten Gen. v. Röder und dem Kurfürsten. Ablehnung der preuß. Sommation. Abreise des preuß. Gesandten. Abmarsch der Truppen; alles Kriegsmaterial wird nach Süden geschafft. Die Abführung des Staatsschatzes wird vom geheimen landständischen Ausschuß verweigert. Ankunft des Thronfolgers aus Berlin, wo sich Preußen umsonst mit ihm bezüglich seines bevorstehenden Vorgehens gegen den Kurfürsten zu verständigen gesucht hat. Der Kurfürst ernennt zuerst den Thronfolger, alsbald aber wieder den Gen. v. Schenk zum Oberbefehlshaber der Truppen; er selbst bleibt in Wilhelmshöhe.

16. „ (Preußen). Circularbep. Bismarck's an die Vertreter Preußens im Ausland:

....Wir hatten es vorausgesehen, daß die unvermutheten und nicht zu

dem Bundestage in Frankfurt eine Vorlage, deren bloße Zulassung zur Berathung schon einen offenkundigen Bruch des Bundesvertrages bildete. Der von Oesterreich in der Sitzung des 11. Mai gestellte Antrag bezweckte nichts weniger, als die Leerteilung des Bundesheeres gegen eines der Bundesglieder, eine mit dem Buchstaben und Geiste der Verträge und dem Grundzweck derselben durchaus unvereinbare Maßnahme. Dieser Antrag wurde, statt ohne Weiteres beseitigt zu werden, in der Sitzung vom 14. d. Mts. mit Stimmenmehrheit angenommen. Diese Verletzung des Bundesvertrages schließt nothwendig die Zerreißung des Bandes, welches die Mitglieder des deutschen Bundes vereinte, in sich. Der Gesandte des Königs war beauftragt, dies am Bundestage in eben derselben Sitzung zu erklären. Diese Vorgänge haben die Regierung Sr. Majestät von allen Verpflichtungen befreit, welche das Bundesverhältniß ihr bisher auferlegte, und zwar so, daß die bisherigen Bundesmitglieder keinen Anspruch mehr haben, Gerechtsame auszuüben, die ihnen nur in Gemeinschaft mit Preußen zustanden, oder sich ohne Preußen noch als Vertreter des Bundes zu benehmen. So sehen wir Bande zerrissen, welche Preußen während der Dauer zweier Generationen um den Preis mancher Opfer aufrecht zu erhalten bestrebt war, wenngleich es anerkennen mußte, daß dieselben nur sehr unvollkommen den Anforderungen der Zeit entsprachen. Aber im Angesichte der offenen Feindseligkeit, welche der Bundesbeschluß, die Bundesmacht gegen Preußen zu mobilisiren, offen bekundete, sah sich Se. Majestät in die Nothwendigkeit versetzt, auch seinerseits jene Maßregeln zu treffen, welche die Sorge für die eigene Vertheidigung und die Pflichten gegen sein Volk gebieterisch von ihm forderten. Die Regierung des Königs hat zu dem Ende den norddeutschen Staaten, die an Preußen angrenzen, ein neues Bündniß angetragen, dessen Annahme die Gefahren beseitigen würde, die von der geographischen Lage dieser Staaten mitten zwischen Theilen des preußischen Gebiets zu fürchten hatten. Sie hat sich bereit erklärt, mit diesen Regierungen und mit einem deutschen Parlamente in Verhandlungen zu treten, um die Hauptpunkte dieses Bündnisses festzustellen. Aber in Erwägung des Glaubens der Krise, in welcher wir uns befinden, hat sie dieselben ersuchen müssen, vor Allem ihre Truppen auf den Friedensfuß zurückzuversetzen oder auch sie mit den unsrigen zur Bekämpfung der gemeinsamen Gefahr zu vereinigen und ihre Zustimmung zur Berufung eines deutschen Parlaments zu erklären. Die Regierung des Königs ist sich bewußt, bei Formulirung dieser Forderungen sich in so enge Grenzen geschlossen zu haben, als die Sorge für ihre eigene Vertheidigung es ihr gestattete. Wenn so mäßige Vorstellungen nicht angenommen werden, so wird sie sich genöthigt sehen, sich auf ihre eigene Macht zu stützen und gegen die Regierungen, die sich als ihre entschiedenen Gegner kenntlich machen, alle Mittel, über die sie zu verfügen hat, zur Anwendung zu bringen. Die Verantwortlichkeit für die daraus entstehenden Folgen wird ganz und gar auf die zurückfallen, die durch ihre feindlichen Umtriebe diese Situation geschaffen und im letzten Augenblicke die Hand, die Preußen ihnen geboten, zurückgestoßen haben werden."

16. Juni. (Bundestag). Der österreichische Präsidialgesandte erklärt, daß die kaiserl. Regierung allen bundesgetreuen Regierungen ausdrücklich ihren Besitzstand garantire. Sachsen stellt den Antrag auf Bundeshülfe gegen die Vergewaltigung Preußens, dahin lautend,

„unverweilt die geeigneten Maßregeln auf Grund der Artikel XVIII und XIX der Wiener Schlußakte zu treffen, damit der vorhandenen Störung Einhalt gethan werde, insbesondere aber die höchsten Regierungen von Oesterreich und Bayern zu ersuchen, die von der k. preuß. Regierung ergriffenen Maßregeln baiern nöthig mit Gewalt zurückzuweisen und zu einem solchen Vorgehen ohne Aufschub das Nöthige vorzukehren."

Der Antrag wird mit 10 Stimmen — Oesterreich, Bayern, Sachsen, Württemberg, Hannover, Baden, Großherzogthum Hessen, Kurfürstenthum Hessen, Nassau und XVI. Kurie (Liechtenstein, Reuß, Schaumburg-Lippe, Lippe u. Walbeck) — zum Beschluß erhoben. Die anderen 5 enthalten sich der Stimmabgabe. Erklärung Oesterreichs:

„Se. Maj. der Kaiser wird mit seiner vollen Macht der gegen seine Bundesgenossen geübten Gewalt entgegentreten und demgemäß mit Aufbietung aller militärischen Kräfte unverzüglich handeln. Allerhöchstderselbe erwartet ein gleiches Einstehen für die gemeinsame Sache, für Deutschlands Recht und Freiheit von allen bundestreuen Regierungen. Es ist von der größten Wichtigkeit, daß die höchsten und hohen Regierungen sich unverweilt über den einheitlichen Oberbefehl verständigen, und der Gesandte hat Namens der kais. Regierung den höchst dringenden Wunsch auszusprechen, daß diese Verständigung ohne Verzug erfolgen möge."

Wie Oesterreich, erklärt auch Bayern sich bereit, die beschlossene Bundeshilfe zu leisten. Der niederländische Gesandte für Luxemburg und Limburg äußert Namens seiner Regierung die Absicht, neutral bleiben zu wollen, wogegen der Präsidialgesandte Verwahrung einlegt. Im Auftrag der Regierungen wiederholt schließlich die Bundesversammlung den am 14. d. M. bereits durch die Gesandten erhobenen Protest gegen den von Preußen erklärten Austritt aus dem Bunde und spricht ihren Entschluß aus, an dem Bunde als einem unauflöslichen Verein festhalten zu wollen.

16. Juni. (Bayern). Bayerische Truppen besetzen die preuß. Telegraphenstation in Frankfurt. Der preuß. Gesandte in München fordert und erhält darauf hin seine Pässe.

„   „   (Bayern). Gen. v. d. Tann kehrt von seiner Mission nach Oesterreich zurück.

„   „   (Sachsen). Proclamation des Königs:

„An Meine treuen Sachsen! Ein ungerechtfertigter Angriff nöthigt Mich, die Waffen zu ergreifen! Sachsen! Weil wir treu zur Sache des Rechtes eines Bruderstammes standen, weil wir festhielten an dem Band, welches das große deutsche Vaterland umschlingt, weil wir bundeswidrigen Forderungen uns nicht fügten, werden wir feindlich behandelt. Wie schmerzlich auch die Opfer sein mögen, die das Schicksal uns auflegen wird, laßt uns muthig zum Kampfe gehen für die heilige Sache! Zwar sind wir gering an Zahl, aber Gott ist in den Schwachen mächtig, die auf Ihn trauen, und der Beistand des ganzen bundestreuen Teutschlands wird uns nicht ausbleiben. Bin Ich auch für den Augenblick genöthigt, der Uebermacht zu weichen und Mich von Euch zu trennen, so bleibe Ich doch in der Mitte Meines tapfern Heeres, wo Ich Mich immer noch in Sachsen fühlen werde, und hoffe, wenn der Himmel unsere Waffen segnet, bald zu Euch zurückzukehren. Fest vertraue Ich auf Eure Treue und Liebe. Wie wir in guten Stunden zusammengehalten haben, so werden wir auch in den Stunden der Prüfung zusammenstehen; vertrauet auch Ihr auf Mich, deren Wohl das Ziel Meines Strebens war und bleibt. Mit Gott für das Recht! Das sei unser Wahlspruch."

Der König zieht mit der Armee ab, indem er eine aus den Ministern v. Friesen, v. Falkenstein, Schneider und dem General v. Engel bestehende Landescommission zurückläßt.

16. Juni. (Sachsen). Die preußische Elbarmee unter General Herwarth v. Bittenfeld rückt auf 3 Punkten, über Strehla, Dahlen und Wurzen, in Sachsen ein.

    Proclamation des Gen. Herwarth: „Sachsen! Ich rücke in Euer Land ein; nicht aber als Euer Feind, denn ich weiß, daß Eure Sympathien nicht zusammenfallen mit den Bestrebungen Eurer Regierung. Sie ist es gewesen, die nicht eher geruht hat, als bis aus dem Bündniß von Oesterreich und Preußen die Feindschaft selber entstanden; sie allein ist die Veranlassung, daß Euer schönes Land zunächst der Schauplatz des Krieges werden wird. Aber meine Truppen werden Euch in demselben Maße als Freunde gleichwie Einwohner unseres eigenen Landes behandeln, als Ihr uns entgegenkommen und bereit sein werdet, die nicht zu vermeidenden Lasten des Krieges willig zu tragen. In Eurer Hand also wird es liegen, die Leiden des Krieges zu mildern und die Bestrebungen zu vereiteln, die so gern ein Gefühl von Feindseligkeit den verwandten Volksstämmen einimpfen möchten."

    Gleichzeitig läßt **Prinz Friedrich Karl** seine Vorhut in die sächsische Lausitz einrücken und setzt sich über Bautzen mit der Elbarmee unter Herwarth in Verbindung.

    Proclamation des Prinzen Friedrich Karl: „Se. Maj. der König von Preußen, mein allergnädigster Herr, hat sich gezwungen gesehen, dem König von Sachsen den Krieg zu erklären, und ich habe auf Grund dessen schon heute einen Theil der von mir commandirten Truppen die Grenze der Lausitz überschreiten lassen. Wir führen nicht den Krieg gegen das Land und die Bewohner von Sachsen, sondern gegen die Regierung, welche uns denselben ohne allen Grund durch ihre Feindseligkeit aufgedrungen hat. Meine Truppen werden überall das Privateigenthum gewissenhaft schonen und jeden ruhigen Landesbewohner schützen. Bewohner der Lausitz! Kommt uns daher mit Vertrauen entgegen und seid überzeugt, daß meine Soldaten durch Wohlwollen und strenge Mannszucht dem Lande die Lasten des Krieges möglichst erleichtern werden — Lasten, die nicht ganz zu vermeiden sind, da es erforderlich sein wird, Requisitionen eintreten zu lassen, die indeß ordnungsmäßig ausgeschrieben und nur gegen Empfangsbescheinigung erhoben werden sollen."

„ „ **(Hannover).** General Vogel v. Falkenstein rückt von Minden aus, General Manteuffel (am 18. Juni) von Holstein aus in Hannover ein.

    Corpsbefehl des Gen. Vogel v. Falkenstein: „Hannover, Sachsen, Kurhessen, mit denen wir bis jetzt in Fried und Freundschaft lebten, haben auf Ansuchen Oesterreichs beschlossen, eine Executionsarmee gegen Preußen ins Feld zu stellen. Es ist nicht unsere Sache, die Gründe dafür zu erforschen, aber selbstverständlich ist dieserhalb Sr. Maj. unserm allergnädigsten König nichts übrig geblieben, als den übermüthigen Regierungen jener Kleinstaaten den Krieg zu erklären, was geschehen. Heute rücken wir nun in Kurhessen und Hannover als Feinde ein. Nichtsdestoweniger wollen wir es uns angelegen sein lassen, den ruhigen Landeseinwohnern gegenüber, denen diese Vorgänge gar nicht lieb sind, auch unsererseits zu zeigen, wie wir es beklagen, zu einem brudermörderlichen Krieg herausgefordert zu sein. Soldaten des westphälischen Corps! In diesem Sinn laßt uns den bevorstehenden Krieg durchkämpfen; wir wollen unsern gegenwärtigen Feinden zeigen, daß eine mehr denn fünfzigjährige Freundschaft in uns eine zu schöne Erinnerung zurückgelassen hat, um uns sofort zu rücksichtslosen Feinden umstimmen zu können."

Proclamation des Gen. Manteuffel: "Hannoveraner! Seit Wochen hat Se. Maj., mein König und Herr, sich bemüht, die schwebenden Fragen mit dem kgl. Cabinet in Hannover vertragsmäßig zu ordnen. Es ist verweigert worden. Die Sicherheit Preußens erfordert, daß im Rücken seiner Armee keine Feinde bleiben. Mein König und Herr hat daher die Entlassung der Soldaten verlangt, welche über die Friedensstärke der k. hannover'schen Armee eingezogen worden sind. Nur durch die Gewährung dieser Forderung würden Hannover die Leiden des Krieges erspart sein. Bis dahin muß ich Hannover als im Kriegszustande gegen Preußen betrachten und hiernach handeln. Ich rücke nicht als Feind der braven Einwohner des Königreichs ein. Ihr Privateigenthum wird streng geschont werden. Die k. Truppen werden die preußische Disciplin auch hier bewähren. Hannoveraner! Kommt auch Ihr ihnen freundlich entgegen."

16. Juni. (Hannover). II. Kammer: Bennigsen zieht seinen Urantrag v. 14. d. M. zurück. Auf seine und Münchhausens Anfrage erwidert Minister Bacmeister, der König bleibe in Göttingen, die Kassen seien thunlichst gesichert; über die Vollmachten der Minister könne aber Näheres nicht mitgetheilt werden, da bei der Kürze der Zeit die Verhandlung nicht zum Abschluß gebracht sei. Darauf erfolgt die Verlagung.

„ „ (Kurhessen). General v. Bayer rückt mit dem preußischen Observationscorps von Wetzlar in Kurhessen ein und über Gießen bis Marburg vor. Proclamation des preuß. Generals:

„Hessische Brüder! Auf Befehl meines Königs und Herrn bin ich mit einem preußischen Corps heute in Eure Lande eingerückt, nachdem Eure Regierung in beklagenswerther Verblendung es verschmäht hat, in friedlichem Bunde mit Preußen für unser gemeinsames deutsches Vaterland eine Organisation zu schaffen, welche den gerechten Forderungen des deutschen Volkes entspricht. Kaum hat ein anderer Volksstamm so schwer unter der Zerfahrenheit unserer deutschen Zustände zu leiden gehabt, wie Ihr! Wir wissen, daß Ihr Euch deshalb nach glücklicheren Tagen sehnt, und kommen zu Euch, nicht als Freinde und Eroberer, sondern um Euch die deutsche Bruderhand zu reichen! Nehmt sie an und folgt nicht länger der Stimme derer, die Euch mit uns verfeinden möchten, weil sie kein Herz für Euer Wohl und Deutschlands Ehre haben! Nur den, der zwischen Euch und uns sich stellt, betrachten wir als unsern Feind. Ich werde jeden Versuch des Widerstandes mit dem Schwerte in der Hand brechen, aber auch jeden Tropfen so vergossenen Blutes schwer beklagen. Ich fordere alle Behörden auf, auf Ihrem Posten zu verbleiben und ihre Geschäfte wie bisher fortzuführen. Den friedlichen Bürgern verspreche ich Schutz in ihrem Eigenthum. Der Verkehr wird im Lande frei bleiben, soweit dieß ohne Beeinträchtigung der militärischen Interessen möglich ist. Dagegen erwarte ich, überall bereitwilliges Entgegenkommen zu finden, wo ich im Interesse meiner Truppen und zur Erfüllung der mir gestellten Aufgabe die Hilfe des Landes in Anspruch nehmen muß. Hessische Brüder! Preußens Volk, geschaart um Preußens König, setzt seine höchsten Güter ein für deutsches Recht und Deutschlands Macht! Auf! zeigt auch ihr, daß echtes deutsches Blut in Euern Adern rollt!"

„ „ (Preußen) richtet identische Noten an die norddeutschen Staaten: Mecklenburg-Schwerin, Sachsen-Weimar-Eisenach, Mecklenburg-Strelitz, Oldenburg, Braunschweig, Sachsen-Meiningen, Sachsen-Altenburg, Sachsen-Coburg-Gotha, Anhalt, Schwarzburg-Sondershausen, Schwarzburg-Rudolstadt, Waldeck, Reuß ältere und Reuß jüngere Linie, Schaumburg-Lippe, Lippe, Lübeck, Bremen und Hamburg, um sie einzuladen, mit ihr ein Bündniß auf den Grundlagen einzugehen, welche mit einem baldigst zu berufenden Parlament zu vereinbaren sein würden, ferner ihre Truppen ungesäumt auf den Kriegsfuß zu setzen und Sr. Maj. dem König zur Vertheidigung ihrer Unabhängigkeit und ihrer Rechte zur Verfügung zu halten, und drittens an der Einberufung des Parlaments theilzunehmen, sobald diese von Preußen erfolgt. Dagegen soll preußischerseits die Zusage ertheilt werden, daß, im Fall dieser Einladung entsprochen werde, den genannten Staaten die Unabhängigkeit und Integrität des Gebiets nach Maßgabe der Grundzüge zu einer neuen Bundesverfassung vom 10. Juni 1866 von Sr. Maj. dem Könige werde gewährleistet werden.

17. Juni. (Oesterreich). Kriegsmanifest des Kaisers:

„An Meine Völker! Mitten in dem Werke des Friedens, das Ich unternommen, um die Grundlagen zu einer Verfassungsform zu setzen, welche die Einheit und Machtstellung des Gesammtreichs festigen, den einzelnen Ländern und Völkern aber ihre freie innere Entwicklung sichern soll, hat Meine Regentenpflicht Mir geboten, Mein ganzes Heer unter die Waffen zu rufen. An den Gränzen des Reichs, im Süden und Norden, stehen die Armeen zweier verbündeter Feinde, in der Absicht, Oesterreich in seinem europäischen Machtbestande zu erschüttern. Keinem derselben ist von Meiner Seite ein Anlaß zum Kriege gegeben worden. Die Segnungen des Friedens Meinen Völkern zu erhalten, habe Ich, dessen ist Gott der Allwissende Mein Zeuge, immer für eine Meiner ersten und heiligsten Regentenpflichten angesehen, und getreu sie zu erfüllen getrachtet. Allein die eine der beiden feindlichen Mächte bedarf keines Vorwands; lüstern auf den Raub von Theilen Meines Reiches, ist der günstige Zeitpunkt für sie der Anlaß zum Krieg. Verbündet mit den preußischen Truppen, die uns als Feinde nunmehr gegenüberstehen, zog vor zwei Jahren ein Theil Meines treuen und tapfern Heeres an die Gestade der Nordsee. Ich bin diese Waffengenossenschaft mit Preußen eingegangen, um vertragsmäßige Rechte zu wahren, einen bedrohten deutschen Volksstamm zu schützen, das Unheil eines unvermeidlichen Krieges auf seine engsten Gränzen einzuschränken, und in der innigen Verbindung der zwei mitteleuropäischen Großmächte — denen vorzugsweise die Aufgabe der Erhaltung des europäischen Friedens zu Theil geworden — zum Wohle Meines Reichs, Deutschlands und Europa's eine solche dauernde Friedensgarantie zu gewinnen. Eroberungen habe Ich nicht gesucht; uneigennützig beim Abschlusse des Bündnisses mit Preußen, habe Ich auch im Wiener Friedensvertrag keine Vortheile für Mich angestrebt. Oesterreich trägt keine Schuld an der trüben Reihe unseliger Verwicklungen, welche bei gleicher uneigennütziger Absicht Preußens nie hätten entstehen können. bei gleicher bundestreuer Gesinnung augenblicklich zu beseitigen waren. Sie wurden zur Verwirklichung selbstsüchtiger Zwecke hervorgerufen, und waren deßhalb für Meine Regierung auf friedlichem Wege unlösbar. So steigerte sich immer mehr der Ernst der Lage. Selbst dann aber noch, als offenkundig in den beiden feindlichen Staaten kriegerische Vorbereitungen getroffen wurden, und ein Einverständniß unter ihnen, dem nur die Absicht eines gemeinsamen feindlichen Angriffs auf Mein Reich zu Grunde liegen konnte, immer klarer zu Tage trat, verharrte Ich im Bewußtsein Meiner Regentenpflicht, bereit zu jedem mit der Ehre und Wohlfahrt Meiner Völker vereinbaren Zugeständniß, im tiefsten Frieden. Als Ich jedoch wahrnahm, daß ein weiteres Zögern die wirksame Abwehr feindlicher Angriffe und hiedurch die Sicherheit der Monarchie gefährde, mußte

Ich Mich zu den schweren Opfern entschließen, die mit Kriegsrüstungen unzertrennlich verbunden sind. Die durch Meine Regierung gegebenen Versicherungen Meiner Friedensliebe, die wiederholt abgegebenen Erklärungen Meiner Bereitwilligkeit zu gleichzeitiger gegenseitiger Abrüstung erwiderte Preußen mit Gegenansinnen, deren Annahme eine Preisgebung der Ehre und Sicherheit Meines Reichs gewesen wäre. Preußen verlangte die volle vorausgehende Abrüstung nicht nur gegen sich, sondern auch gegen die an der Grenze Meines Reichs in Italien stehende feindliche Macht, für deren Friedensliebe keine Bürgschaft geboten wurde und keine geboten werden konnte. Alle Verhandlungen mit Preußen in der Herzogthümerfrage haben immer mehr Belege zur Thatsache geliefert, daß eine Lösung dieser Frage, wie sie der Würde Oesterreichs, dem Recht und den Interessen Deutschlands und der Herzogthümer entspricht, durch ein Einverständniß mit Preußen bei seiner offen zu Tag liegenden Gewalts- und Eroberungspolitik nicht zu erzielen ist. Die Verhandlungen wurden abgebrochen, die ganze Angelegenheit den Entschließungen des Bundes anheimgestellt, und zugleich die legalen Vertreter Holsteins einberufen. Die drohenden Kriegsaussichten veranlaßten die drei Mächte Frankreich, England und Rußland auch an Meine Regierung die Einladung zur Theilnahme an gemeinsamen Berathungen ergehen zu lassen, deren Zweck die Erhaltung des Friedens sein sollte. Meine Regierung, entsprechend Meiner Absicht, wenn immer möglich, den Frieden für Meine Völker zu erhalten, hat die Theilnahme nicht abgelehnt, wohl aber ihre Zusage an die bestimmte Voraussetzung geknüpft, daß das öffentliche europäische Recht und die bestehenden Verträge den Ausgangspunkt dieser Vermittlungsversuche zu bilden haben, und die theilnehmenden Mächte kein Sonderinteresse zum Nachtheil des europäischen Gleichgewichts und der Rechte Oesterreichs verfolgen. Wenn schon der Versuch von Friedensberathungen an diesen natürlichen Voraussetzungen scheiterte, so liegt darin der Beweis, daß die Berathungen selbst nie zur Erhaltung und Festigung des Friedens hätten führen können. Die neuesten Ereignisse beweisen es unwiderleglich, daß Preußen nun offene Gewalt an die Stelle des Rechts setzt. In dem Recht und der Ehre Oesterreichs, in dem Recht und der Ehre der gesammten deutschen Nation erblicke Preußen nicht länger eine Schranke für seinen verhängnißvoll gesteigerten Ehrgeiz. Preußische Truppen rückten in Holstein ein, die von dem kaiserl. Statthalter einberufene Ständeversammlung wurde gewaltsam gesprengt, die Regierungsgewalt in Holstein, welche der Wiener Friedensvertrag gemeinschaftlich auf Oesterreich und Preußen übertragen hatte, ausschließlich für Preußen in Anspruch genommen und die österreichische Besatzung genöthigt, zehnfacher Uebermacht zu weichen. Als der deutsche Bund, vertragswidrige Eigenmacht hierin erkennend, auf Antrag Oesterreichs die Mobilmachung der Bundestruppen beschloß, da vollendete Preußen, das sich so gern als Träger deutscher Interessen rühmen läßt, den eingeschlagenen verderblichen Weg. Das Nationalband der Deutschen zerreißend, erklärte es seinen Austritt aus dem Bunde, verlangte von den deutschen Regierungen die Annahme eines sogenannten Reformplans, welcher die Theilung Deutschlands verwirklicht, und schritt mit militärischer Gewalt gegen die bundestreuen Souveräne vor. So ist der unheilvollste, ein Krieg Deutscher gegen Deutsche unvermeidlich geworden! Zur Verantwortung all des Unglücks, das er über Einzelne, Familien, Gegenden und Länder bringen wird, rufe Ich diejenigen, welche ihn herbeigeführt, vor den Richterstuhl der Geschichte und des ewigen allmächtigen Gottes. Ich schreite zum Kampf mit dem Vertrauen, das die gerechte Sache gibt, im Gefühle der Macht, die in einem großen Reich liegt, wo Fürst und Volk nur von einem Gedanken — dem guten Recht Oesterreichs — durchdrungen sind, mit frischem vollem Muth beim Anblick Meines tapfern, kampfgerüsteten Heeres, das den Wall bildet, an welchem die Kraft der Feinde Oesterreichs sich brechen wird, im Hinblick auf Meine treuen

Völker, die einig, entschlossen, opferwillig zu Mir emporschauen. Die reine Flamme patriotischer Begeisterung lodert gleichmäßig in den Gebieten Meines Reichs empor; freudig eilten die einberufenen Krieger in die Reihen des Heeres; Freiwillige drängen sich zum Kriegsdienst; die ganze waffenfähige Bevölkerung einiger zumeist bedrohter Länder rüstet sich zum Kampf, und die edelste Opferwilligkeit eilt zur Linderung des Unglücks und zur Unterstützung der Bedürfnisse des Heeres herbei. Nur ein Gefühl durchdringt die Bewohner Meiner Königreiche und Länder: das Gefühl der Zusammengehörigkeit, das Gefühl der Macht in ihrer Einigkeit, das Gefühl des Unmuths über eine so unerhörte Rechtsverletzung. Doppelt schmerzt es Mich, daß das Werk der Verständigung über die innern Verfassungsfragen noch nicht so weit gediehen ist, um in diesem ernsten, zugleich aber erhebenden Augenblick die Vertreter aller Meiner Völker um Meinen Thron versammeln zu können. Dieser Stütze für jetzt entbehrend, ist Mir jedoch Meine Regentenpflicht um so klarer, Mein Entschluß um so fester, dieselbe Meinem Reich für alle Zukunft zu sichern. Wir werden in diesem Kampfe nicht allein stehen. Deutschlands Fürsten und Völker kennen die Gefahr, welche ihrer Freiheit und Unabhängigkeit von einer Macht droht, deren Handlungsweise durch selbstsüchtige Pläne einer rücksichtslosen Vergrößerungssucht allein geleitet wird; sie wissen, welchen Hort für diese ihre höchsten Güter, welche Stütze für die Macht und Integrität des gesammten deutschen Vaterlandes sie an Oesterreich finden. Wie wir für die heiligsten Güter, welche Völker zu vertheidigen haben, in Waffen stehen, so auch unsere deutschen Bundesbrüder. Man hat die Waffen uns in die Hand gezwungen. Wohlan! jetzt, wo wir sie ergriffen, dürfen und wollen wir sie nicht früher niederlegen, als bis Meinem Reich, sowie den verbündeten deutschen Staaten die freie innere Entwicklung gesichert und deren Machtstellung in Europa neuerdings befestiget ist. Auf unserer Einigkeit, unserer Kraft ruht aber nicht allein unser Vertrauen, unsere Hoffnung; Ich setze sie zugleich noch auf einen Höheren, den allmächtigen gerechten Gott, dem Mein Haus den seinen Ursprung an gerieth, der die nicht verläßt, welche in Gerechtigkeit auf ihn vertrauen. An ihm will Ich um Beistand und Sieg flehen, und fordere Meine Völker auf, es mit Mir zu thun."

Circularbepesche Mensdorffs: „Die letzten Gewaltacte, welche Preußen in Deutschland begangen hat, der bewaffnete Einfall in die friedlichen Staaten, die nichts Anderes verschuldet haben, als daß sie den Bestimmungen des Bundesvertrages treu geblieben sind, gestatteten dem Kaiser, unserm erhabenen Herrn nicht weiter, in seiner Langmuth zu verharren und unthätiger Zuschauer einer so flagranten Verletzung der Rechte der Verbündeten zu bleiben. Das soeben erschienene kais. Manifest kündigt allen Völkern des österr. Kaiserstaates an, daß der Krieg jetzt unausbleiblich ist und daß man Gewalt der Gewalt entgegensetzen muß, um den Triumph des Rechtes und die Aufrechterhaltung der Unabhängigkeit der deutschen Staaten zu sichern. Die Worte des Kaisers werden ohne Zweifel selbst in der Fremde ein sympathisches Echo finden. Sie appelliren an Gefühle, welche überall die Herzen schlagen machen, wo die Ideen der Ehre und der Billigkeit noch lebendig sind. Ich würde fürchten, die Wirkung dieser Sprache abzuschwächen, wenn ich einen Commentar dazu geben wollte. Wollen Sie, ich ersuche darum, Sorge tragen, daß das kaiserliche Manifest genau bekannt werde und die möglichst ausgedehnte Publicität erhalte. Die Wiener Zeitung bringt Ihnen den deutschen Text dieses Actenstückes. Beigeschlossen finden Sie eine französische Uebersetzung, welche so weit wie nur immer möglich, zu verbreiten ich Sie einlade. Die Sache, für welche Oesterreich die Waffen ergreift, ist eine zu gute, als daß sie nicht gewinnen sollte, wenn sie so laut wie möglich vor dem Richterstuhl der öffentlichen Meinung verhandelt wird. Kein Gedanke an Eroberung leitet die kaiserl. Politik. Die Völker Oesterreichs wissen, daß sie nicht, um einem schuldbeladenen Ehrgeize zu fröhnen, zu so peinlichen

Opfern aufgerufen werden; diese Ueberzeugung gibt ihnen einen patriotischen Schwung, der, wie ich hoffe, die sichere Bürgschaft des Sieges ist. Wir legen aber auch darauf Gewicht, daß man außerhalb der Grenzen des Kaiserstaates unseren Absichten Gerechtigkeit widerfahren lasse. Was auch der Ausgang des Kampfes sein möge, wir wollen, daß man überall sage, die Sache Oesterreichs und die Sache des Rechtes sei nur eine und dieselbe."

Armeebefehl Benedek's: „Se. Majestät der Kaiser verkündet mit dem Manifest vom heutigen Tage Seinen treuen Völkern, daß alle Anstrengungen den Frieden zu erhalten vergeblich waren, daß Er gezwungen ist, für die Ehre, für die Unabhängigkeit und Machtstellung Oesterreichs und seiner edlen Bundesgenossen zum Schwerte zu greifen. Die Ungewißheit, die auf uns gelastet, ist somit behoben, unsere Soldatenherzen dürfen höher schlagen, zu den Waffen ruft unser Allergnädigster Kriegsherr und mit Gottvertrauen gehen wir nunmehr einem gerechten und heiligen Kriege entgegen. Wohlan denn, Soldaten! unsere erhabenste Aufgabe beginnt. Mit freudiger Hingebung und Schnelligkeit habt Ihr Euch — von nah und fern — der Deutsche wie der Ungar, der Slave wie der Italiener — unter des Kaisers Fahnen geschaart; sie sind nun aufs neue entfaltet zum Kampfe für Sein gutes Recht, für Oesterreichs heiligste Interessen, für unseres Vaterlandes höchste Güter: — und Ihr werdet diese Fahnen unter allen Umständen hoch und ruhmvoll halten, Ihr werdet mit Gottes Hülfe sie zum Siege tragen! Zu den Waffen also! — Wie Ihr mit mir daran seid, Soldaten! was ich für Euch fühle, was ich von Euch fordere und erwarte, das wißt Ihr; setze jeder nun seine besten Kräfte ein, damit wir das höchste Vertrauen unseres schwergeprüften vielgeliebten Kaisers und Herrn mit jubelndem Todesmuthe rechtfertigen, damit ich Euch bald freudig zurufen könne: „Ihr habt Euch wacker gehalten, wie es Oesterreichs Söhnen ziemt, — das Vaterland ist stolz auf Euch — der Kaiser ist mit Euch zufrieden!"

17. Juni. (Schleswig=Holstein). Herzog Friedrich richtet aus Liebenstein noch eine letzte Proclamation an seine Schleswig-Holsteiner:

„Als die Befreiung unseres Landes von dänischer Herrschaft begann, durften wir hoffen, daß der Beseitigung fremder Usurpation bald die thatsächliche Anerkennung unseres Rechts auf staatliche Selbstständigkeit folgen werde. Die verbündeten Truppen kamen mit der Erklärung, die Rechte unseres Landes und die Rechte des Bundes in Bezug auf Schleswig schützen zu wollen. Welche diese Rechte seien, haben Oesterreich, Preußen und der Bund gemeinsam vor Europa erklärt, als sie in London mein Recht anerkannten und die Vereinigung der Herzogthümer Schleswig-Holstein unter meiner Regierung forderten. Statt der gehofften baldigen Einigung droht ein blutiger Kampf ganz Deutschland zu entzweien, weil Preußen von der bereits allseitig angenommenen Anerkennung unseres Rechts zurückgetreten ist, weil gegen ein deutsches Land, dessen Schutz und Befreiung verheißen war, das Recht des Eroberers geltend gemacht werden soll. Wir beklagen es tief, daß unsere schleswig=holsteinische Sache, welche Deutschland einigen und kräftigen konnte, als Anlaß eines Kampfes dienen soll, der zur Zerreißung im Innern, zur Erniedrigung vor Europa führen kann. Die Verantwortung tragen Diejenigen, welche das einzige Mittel zur Erhaltung des Friedens, durch die Anerkennung und Verwirklichung meines und Eures Rechts die widerstreitenden Interessen auszugleichen, von sich gestoßen haben. Wir können dem bevorstehenden Kampfe mit ruhigem Bewußtsein entgegengehen. Obwohl jeder Vertretung beraubt, welche die Stimme des Landes hätte zur Geltung bringen können, habt Ihr doch Niemand im Zweifel darüber gelassen, daß Ihr bereit waret, soviel an Euch lag, dem Frieden jedes mögliche Zugeständniß zu machen. Ich selbst habe mich zu jedem mit den Gesammtinteressen Deutschlands irgend verträglichen Opfer bereit erklärt, um das Recht unseres Landes mit den Wünschen Preußens in Einklang zu bringen. Mein ernstliches Bemühen ist daran gescheitert, daß die preußische Regierung keine Verständigung wollte. So stehen wir vor einem deutschen Bruderkriege, welchen abzuwenden wir nicht vermögen. Die Zukunft der Herzogthümer ist zwar der Anlaß, aber nicht der Gegenstand des Kampfes. Es handelt sich jetzt um die Frage, ob Recht und Gesetz ferner in Deutschland gelten sollen. Schleswig-Holsteiner! Euch stehen zunächst schwere Tage der Prüfung bevor. Aber Ihr werdet muthig und treu am Rechte festhalten. Ihr wißt aus einer früheren trüben Zeit, daß die Gewissen nicht durch Bajonnete bezwungen werden können und daß nur der verloren ist, der sich selbst verloren gibt. So werdet auch Ihr jetzt den Druck der Gewalt ungebeugt ertragen, bis die Stunde der Befreiung schlägt. Eure Beamten werden, um im Interesse des Landes ihr Amt fortzuführen zu können, der faktischen Gewalt sich fügen müssen. Aber sie werden Nichts thun, welches der ohne meine Zustimmung nicht möglichen Feststellung des Landesrechts Nachtheil bringen würde. Ich habe für jetzt mich von Euch entfernen müssen. Nicht, um unser Recht aufzugeben, bin ich gegangen, sondern um den Kampf für dasselbe fortzusetzen. Ihr werdet mich immer da finden, wo die Selbstständigkeit der Herzogthümer, wo ihre Untheilbarkeit und ihre Zugehörigkeit zu Deutschland vertheidigt wird. Ich danke Euch für die Liebe und Treue, welche Ihr von Anfang an mir entgegengebracht und durch alle Wechsel des Schicksals mit bewahrt habt. Die Bande, welche diese Jahre zwischen Fürst und Volk geknüpft haben, sind unlösbar. Niemand anßer mir hat das Recht, Euch zu den Waffen zu rufen. Wenn aber der Tag kommt, wo ich zur Vertheidigung des Landes Euch um mich sammeln kann, werdet Ihr zu mir stehen, wie ich zu Euch. Haltet fest im Vertrauen auf Gott. Er wird Deutschland und Schleswig-Holstein nicht verlassen."

17. Juni. (Württemberg). Die ersten Württemberger rücken zum Schutz der Bundesversammlung in Frankfurt ein.

„ „ (Hessen-Darmstadt). Fast die ganze hessische Armeedivision wird bei Frankfurt concentrirt.

Volksversammlung in Mainz. Der Abg. Metz kann gegenüber der wachsenden antipreußischen Stimmung bereits kaum mehr zum Wort kommen.

„ „ (Hannover). Die Preußen unter Gen. Vogel v. Falkenstein rücken in die Stadt Hannover ein.

„ „ (Coburg-Gotha). Das coburgische Bataillon wird mit einem Sonderzug von Coburg nach Gotha gebracht.

18. „ (Preußen). Kriegsmanifest des Königs:

„An mein Volk! In dem Augenblicke, wo das preußische Heer zum entscheidenden Kampfe auszieht, drängt es Mich, zu Meinem Volke, den Söhnen und Enkeln der tapferen Väter, zu reden, zu denen vor einem halben Jahrhunderte Mein in Gott ruhender Vater die unvergessenen Worte sprach: „Das Vaterland ist in Gefahr!" Oesterreich und ein großer Theil Deutschlands steht gegen dasselbe in Waffen. Nur wenige Jahre sind es her, seit Ich aus freiem Entschlusse und ohne früheres Unbild zu gedenken, dem Kaiser Oesterreichs die Bundeshand reichte, um deutsches Land von der Fremdherrschaft zu befreien. Aus gemeinschaftlich vergossenem Blute hoffte Ich auf das Erblühen der Waffenbrüderschaft, die zu einer festen auf gegenseitiger Anerkennung beruhenden Bundesgenossenschaft und damit zu alle dem gemeinsamen Wirken führen würde, woraus Deutschlands innere Wohlfahrt und äußere Bedeutung als Frucht hervorgehen sollte. Doch diese Hoffnung wurde getäuscht. Oesterreich will nicht vergessen, daß seine Fürsten einst Deutschland beherrschten, will im jüngeren Preußen keinen natürlichen Bundesgenossen, sondern nur einen feindlichen Nebenbuhler erkennen. Preußen, meint es, ist in allen Bestrebungen zu bekämpfen, weil, was Preußen frommt, Oesterreich schade. Alte, unselige Eifersucht ist in hellen Flammen wieder aufgelodert. Preußen soll geschwächt, vernichtet, entehrt werden. Ihm gegenüber gelten keine Verträge mehr. Gegen Preußen werden deutsche Bundesfürsten nicht blos aufgerufen, sondern selbst zum Bundesbruch verleitet. Wohin wir in Deutschland schauen, sind wir von Feinden umgeben, und deren Kampfgeschrei ist: Erniedrigung Preußens! Aber in Meinem Volke lebt der Geist von 1813. Wer wird einen Fuß breit Preußenbodens rauben, wenn wir ernstlich entschlossen sind, die Errungenschaften unserer Väter zu wahren, wenn König und Volk durch die Gefahren des Vaterlandes fester als je geeint sind und an dessen Ehre Gut und Blut zu setzen als die höchste und heiligste Aufgabe halten! Bei sorglicher Voraussicht dessen, was nun eingetreten ist, habe Ich es seit Jahren als die erste Pflicht Meines königlichen Amtes erkennen müssen, ein streitbares Preußenvolk für starke Machtentwicklung vorzubereiten. Befriedigt und zuversichtlich blickt mit Mir jeder Preuße auf die Waffenmacht, die unsere Grenzen deckt. Mit seinem Könige an der Spitze wird das Preußenvolk sich als ein wahres Volk in den Waffen fühlen. Unsere Gegner täuschen sich, wenn sie Preußen durch innere Streitigkeiten gelähmt wähnen. Dem Feinde gegenüber ist es einig und stark, da dem Feinde gegenüber sich ausgleicht, was sich entgegenstand, um demnächst im Glücke und Unglücke vereint zu bleiben. Ich habe Alles gethan, Preußen die Lasten und Opfer des Krieges zu ersparen; das weiß Mein Volk, weiß unser Gott, der die Herzen prüft. Bis zum letzten Augenblicke habe Ich gemeinschaftlich mit Frankreich, England und Rußland die Wege gütlicher Ausgleichung gesucht und offen gehalten. Oesterreich wollte nicht, und andere deutsche Staaten stellten sich offen auf seine Seite. So ist es dann nicht Meine Schuld, wenn Mein Volk einen schweren Kampf zu kämpfen und harte Bedrängniß zu erdulden hat. Aber es ist keine Wahl mehr geblieben. Wir müssen fechten um unsere Existenz, müssen in den Kampf auf Leben und Tod gehen gegen Diejenigen, die das Preußen des großen Kurfürsten, des großen Friedrich, das Preußen, wie es aus den Freiheitskriegen hervorgegangen, von der Stufe herabstoßen wollen, worauf seiner Fürsten Geist und Kraft und seines Volkes Tapferkeit, Hingebung und Gesittung es emporgehoben haben. Flehen wir zum Allmächtigen, daß er unsere Waffen segne. Verleiht Gott uns Sieg, dann werden wir auch stark genug sein, das lose Band, welches die deutschen Lande mehr dem Namen als der That nach zusammenhielt, und welches jetzt durch diejenigen zerrissen ist, welche die Rechtsmacht des nationalen Geistes fürchten, in anderer Gestalt fester und heilvoller zu erneuern. Gott mit uns!"

Eine Cabinetsordre vom gleichen Tage ordnet zugleich auf den 27. d. Mts. einen allgemeinen Bettag an.

18. Juni. (Sachsen). Die Preußen unter Gen. Herwarth besetzen Dresden.

" " (Hannover). Stade ergibt sich durch Capitulation den Truppen des Gen. Manteuffel. Derselbe rückt über Lüneburg gegen Hannover vor, um sich mit Gen. Vogel v. Falkenstein zu vereinigen.

" " (Kurhessen). Die Preußen unter Gen. v. Beyer rücken in Kassel ein. Gen. Beyer ist vom Geh. Rath Max Duncker und vom Landrath v. Dieß aus Wetzlar begleitet.

" " (Medlenburg). Eine Dep. des Ministers v. Oertzen an Preußen stellt zwei Bedingungen für die Theilnahme Medlenburgs an der von Preußen beantragten Berufung des deutschen Parlaments: das Einverständniß Oesterreichs mit seiner Ausschließung von diesem Parlamente, sobann die Bedingung, daß die Einberufung des Parlaments erst nach erfolgter Vereinbarung mit Mecklenburg stattfinden solle. Graf Bismarck antwortet unter dem 21. d. M. vorerst ausweichend, daß er „gern zu einem nähern Gedankenaustausch mit der großh. Regierung darüber bereit sei." Der mecklenburgische Gesandte am Bundestage erhält inzwischen folgende Instruction:

„Ew. Depesche vom 15. d. M., welche Instruction über den sächsischen Antrag begehrte, erhielt ich um 12 Uhr Mittags, so daß also die Ertheilung der Instruction eine absolute Unmöglichkeit war. Den Beschluß, welcher den sächsischen Antrag angenommen hat, kann die hiesige Regierung als einen gültigen nicht anerkennen, muß darin vielmehr einen unberechtigten Gebrauch der Formen des Bundesrechts von Seiten derjenigen Staaten erblicken, welche in dem Krieg zwischen Oesterreich und Preußen, an dem der deutsche Bund nicht betheiligt ist, auf die Seite Oesterreichs sich gestellt haben. Um nun ähnliche Beeinträchtigungen ihrer bundesgrundgesetzlichen Berechtigungen abzuwenden, und da die Majoritätsbeschlüsse vom 14. und 15. d. Mts. mit Nothwendigkeit noch mehrere Beschlüsse in gleicher Richtung und auf gleicher Grundlage nach sich ziehen werden, verwahrt sich die großherzogliche Regierung gegen die Verpflichtung, solchen Beschlüssen Folge zu leisten, ist jedoch im übrigen nicht der Ansicht, daß der Bund durch das Fassen unverbindlicher Beschlüsse in einzelnen Fragen oder auf einzelnen Gebieten sich sofort auflöse, womit im übrigen kein Urtheil über die Frage ausgesprochen sein soll: unter welchen Voraussetzungen einer Regierung das Recht erwächst, den Bund als aufgelöst anzusehen. Das Vorstehende werden Ew. Hochwohlg. beauftragt, als Verwahrung zum Bundesprotokoll zu erklären. Der Theilnahme an künftigen Bundestagsbeschlüssen, welche auf den oben als unverbindlich bezeichneten Grundlagen beruhen, haben Sie sich demgemäß zu enthalten, und bleibt es Ihrem Ermessen überlassen, an anderen Gegenständen der Bundestagsverhandlungen nach Maßgabe der schon bestehenden oder noch zu ertheilenden Instructionen theilzunehmen."

18. Juni. (Braunschweig). Eine Zuschrift der Regierung an den ständischen Ausschuß theilt demselben mit, daß sie sich „dafür entschieden habe, in dem zwischen den beiden deutschen Großmächten ausgebrochenen Streite eine parteilose Stellung zu beobachten".

„ „ (Bundestag). Auch Hannover und Kurhessen verlangen Bundeshülfe gegen Preußen. Die Bundesversammlung beschließt, daß sie ihnen thunlichst gewährt werden solle und daß zu diesem Ende hin nicht bloß Oesterreich und Bayern, sondern alle in der Versammlung vertretenen Regierungen verpflichtet seien, dem gewaltthätigen Vorgehen Preußens entgegen zu treten. Der Beschluß wird mit 11 Stimmen gefaßt, indem auch die großherzogl. und herzogl. sächs. Häuser für denselben stimmen.

„ „ (Bayern). II. Kammer: Debatte über den von der Regierung verlangten Credit von 31 Mill. für die außerordentlichen Bedürfnisse der Armee. Erklärung der vereinigten Linken. Einstimmige Genehmigung des Credites.

Erklärung der vereinigten Linken: „Wir sind nicht einverstanden gewesen mit der Politik, welche die Mehrheit in der Adresse an Se. Maj. den König der Staatsregierung als diejenige bezeichnet hat, für die sie in der gegenwärtigen Krisis der Gutheißung der Volksvertretung sich versichert halten könne. Wir haben auch von der Staatsregierung, weder von ihrer Wirksamkeit für die Berufung eines deutschen Parlaments noch was die Umgestaltung des bayerischen Wehrsystems, noch endlich was den sonstigen Fortschritt der Entwicklung unserer politischen Einrichtungen im engeren Vaterland betrifft, solche Erklärungen und Zusicherungen erhalten, welche uns irgendwie hätten beruhigen und befriedigen können. Gleichwohl werden wir heute dem Gesetz zustimmen, durch welches die Mittel zu den theils schon vorgenommenen, theils noch vorzunehmenden Rüstungen bewilligt werden sollen. Wir werden es thun, weil wir diese Rüstungen zur Aufrechterhaltung der Sicherheit und des Ansehens des bayerischen Staats, dann zur Wahrung der Integrität des deutschen Gebiets unter den gegenwärtigen Verhältnissen für unvermeidlich erklären. Wir wollen aber damit, daß wir jenem Gesetz zustimmen, weder unsere Stellung zu der beschlossenen Adresse verändern, oder eine Mitverantwortlichkeit für die Consequenzen derselben übernehmen, noch irgendeine von den Forderungen aufgeben, welche wir in Beziehung auf die einheitliche und freiheitliche Gestaltung Gesammtdeutschlands und auf die constitutionelle Fortentwicklung des bayerischen Staats von jeher gestellt haben, und die wir mit um so größerem Eifer zu verfolgen fortfahren müssen, je weniger Aussicht wir haben, daß man uns in deren Erfüllung von freien Stücken entgegenkommen werde. Wir werden insbesondere niemals einer Politik unsere Zustimmung geben, deren Absicht oder Erfolg dahin gehen könnte, nach Herstellung des Friedens die alte, der Nation verhaßte, keiner von ihren gerechten Forderungen entsprechende Verfassung des Bundes wieder aufzurichten."

18. Juni. (Baden). II. Kammer: Die Regierung verlangt die Bewilligung eines Zwangsanlehens behufs Aufbringung der Mittel für den außerordentlichen Militäraufwand.

" " (8. Bundes-Armeecorps). Der Prinz Alexander v. Hessen übernimmt durch Tagesbefehl den Oberbefehl über dasselbe.

19. " (Hessen-Darmstadt). II. Kammer: Der Finanzausschuß beantragt nunmehr Angesichts der veränderten Verhältnisse, den von der Regierung geforderten, auf 2½ Mill. ermäßigten Militärcredit zu bewilligen.

" " (Baden). II. Kammer: Das von der Regierung geforderte Zwangsanlehen wird einstimmig bewilligt.

" " Einzug der Preußen unter Gen. Bayer in Kassel. Der Kurfürst wird auf Schloß Wilhelmshöhe als preußischer Staatsgefangener behandelt.

" " (Sachsen). Die Preußen besetzen Leipzig.

Die ganze sächsische Armee ist über Bodenbach auf österr. Gebiet übergetreten. Benedek begrüßt sie durch einen Armeebefehl aus dem Hauptquartier Olmütz:

„Das Armeecorps Sr. Maj. des Königs Johann von Sachsen steht auf österreichischem Boden, und ich begrüße hiermit in Ehrfurcht Sachsens erlauchten Kronprinzen Albert, den ritterlichen Führer dieses Corps, und rufe ihm, sowie den Braven allen, die unter seinem Befehl stehen, das herzlichste Willkommen zu. In Treue und Hingebung für König und Vaterland hat das Armeecorps seine Heimath freiwillig und ohne Schwertstreich verlassen, um vereint mit uns einzustehen für das Recht und die Unabhängigkeit Sachsens und Deutschlands — es hat seinem heiligen Pflichtgefühl ein schweres schmerzliches Opfer gebracht; aber mit hohem Stolz kann es auf seine Fahnen blicken; doppelter Glanz umstrahlt sie, der Treue und der Ehre; freudig begrüßt sie Oesterreichs Kaiser, Volk und Heer! Willkommen, also, tapfere Waffenbrüder, im kaiserlichen Feldlager! Schon nahen auch die andern treuen Bundes- und Waffengefährten, und so wollen wir denn alle wie Brüder zusammengehen auch in Kampf und Tod, wetteifernd in Gottvertrauen, Ausdauer und Hingebung, in Muth und Tapferkeit, durchdrungen von der stolzen Ueberzeugung, daß wir mit vereinten Kräften den Sieg für unsere gerechte heilige Sache erringen müssen und erringen werden, so wahr uns Gott helfe!"

20. Juni. (Hannover). Gen. Vogel v. Falkenstein übernimmt durch Proclamation die Verwaltung des Königreichs:

„Die Verwaltung des Königreichs Hannover geht von heute an auf mich über. Die verschiedenen Behörden haben von nun an nur Befehle von mir und dem als k. preußischen Commissarius für die Civilverwaltung bestimmten Landrath Frhrn. v. Hardenberg anzunehmen und auszuführen. Hierauf beseitige ich: 1) Die bisherigen k. hannoverschen Minister sind ihrer Function enthoben, mit alleiniger Ausnahme des Ministers des k. Hauses. 2) Das Ministerium des Kriegs ruht. 3) Die Geschäftsführung: a) des Ministeriums der auswärtigen Angelegenheiten wird dem Hrn. Secretär Geh. Regierungsrath Adolph Hartmann, b) des Ministeriums des Innern dem Hrn. Secretär Geh. Regierungsrath Henrichs, c) des Cultusministeriums dem Hrn. Secretär Geh. Regierungsrath Brüel, d) des Ministeriums der Finanzen, des Handels, sowie der Justiz dem Herrn Secretär des Gesammtministeriums, Geh. Finanzrath v. Seebach, hierdurch übertragen. 4) Die Verwaltung in allen Branchen wird unverändert nach den k. hannoverschen Gesetzen und Bestimmungen fortgeführt, und verbleiben hierzu die Beamten überall in ihren Stellen. 5) Gehalte, Pensionen und etwaige Unterstützungsgelder werden fortgezahlt. 6) Alle Vergehen gegen die Landesgesetze sind von den betreffenden Behörden selbständig zu erledigen, soweit deren Machtvollkommenheit dazu ausreicht. 7) Anderweitig tritt mit dem heutigen Tag gegen sämmtliche Einwohner des Königreichs Hannover, sowie gegen alle sich in demselben aufhaltenden Fremden, welche den preußischen Truppen durch eine verrätherische Handlung Gefahr oder Nachtheil bereiten, der in den preußischen Gesetzen vorgesehene Fall außerordentlichen Militärgerichtsstandes in Kriegszeiten in Kraft."

„ „ (Hannover). Der König hat sich mit seiner Armee nach Göttingen zurückgezogen. Graf Platen erläßt von dort aus eine Circularbep. und Protest an die Repräsentanten Hannovers bei den verschiedenen Höfen:

„...Se. Maj. der König, des Unterzeichneten allergnädigster Herr, hat sich, begleitet von Sr. Königl. Hoheit dem Kronprinzen, sofort zu Allerhöchstseiner Armee begeben und zunächst sein Hauptquartier in Göttingen genommen, wohin sämmtliche im Königreich vertheilten Truppenkörper zu Sr. Maj. zu stoßen Ordre erhalten haben. Die königl. Residenzstadt Hannover, welche als militärische Position unhaltbar ist, wurde von den Truppen verlassen, aber in edler Treue blieb Ihre Maj. die Königin mit der kgl. Prinzessinnen dort zurück, um das Schicksal ihrer Bürger zu theilen. Dies die gegenwärtige thatsächliche Lage der Dinge, durch welche der erste Schritt zu einem gewaltigen Kampfe vom Deutschen gegen Deutsche gethan ist. Der Unterzeichnete beehrt sich, hierbei zu erklären, daß die Regierung seines allergnädigsten Herrn in feierlichster Weise vor den Augen von ganz Europa der königl. preußischen Regierung die Schuld und Verantwortlichkeit dieses entsetzlichen und unheilvollen Kampfes zur Last legt. Die königl. hannoversche Regierung hat während der ganzen Dauer der zwischen den Regierungen von Oesterreich und Preußen ausgebrochenen Differenzen ihre ganze Thätigkeit darauf gerichtet, den beklagenswerthen Streit zu versöhnen und zu vermitteln, sie hat für sich selbst kein anderes Recht in Anspruch genommen und keine andere Sicherheit gesucht, als diejenige, welche in dem von ganz Europa völkerrechtlich garantirten deutschen Bundesvertrage beruht. Auch bei ihrer letzten Abstimmung über den von der kaiserl. österr. Regierung am Bundestag gestellten Antrag auf Mobilisirung der Bundesarmee hat die königl. Regierung sich auf das allerstrengste an die nicht mißzubeutenden Vorschriften des Bundesrechts gehalten und sie hat zugleich im gewissenhaftesten Streben nach Frieden und Versöhnung die Ausübung ihrer Pflicht mit der bundesfreundlichsten Rücksicht vereint, einer Rücksicht, welche ihr sogar mehrfach in der Oeffentlichkeit den Vorwurf einer Parteinahme für Preußen zugezogen hat. Wie sehr die königl. hannoversche Regierung in bundesfreundlichster Weise bestrebt war, einen völlig unparteiischen Standpunkt festzuhalten, beweist ganz besonders noch in den letzten Tagen die Thatsache, daß, nachdem die kaiserl. österreichische Brigade Kalik durch Hannover passirt war, der königl. preuß. Regierung auf ihr desfallsiges Ansuchen bereitwilligst der Durchzug von Harburg nach Minden für 15,000 Mann des unter dem Generallieutenant v. Manteuffel in Holstein stehenden Corps gewährt wurde. Es sind dies diejenigen königl. preußischen Truppen, welche, nachdem sie auf Grund dieser Erlaubniß zum Durchzug bis Harburg gekommen waren, nunmehr zur feindlichen Occupation von Hannover verwendet worden. — Die königl. hannoversche Regierung kann daher weder in Berücksichtigung des Bundesrechts, noch in Berücksichtigung ihrer besonderen Stellung zur königl. preußischen Regierung den von der letztern unternommenen Gewaltmaßregeln auch nur einen Schein von Berechtigung zuerkennen. Wenn die preußische Regierung wegen eines in legaler Form gestellten Antrags und einer in ebenso legaler Form darüber erfolgten Abstimmung ihren Austritt aus dem Bunde erklärte, so hat sie dadurch auf das positivste gegen die Grundsätze des deutschen Bundes gehandelt; wenn sie aber an diesen ihrem eigenen widerrechtlichen Austritt aus dem Bund noch weiter die Folgen zu knüpfen versucht, daß der ganze Bundesvertrag dadurch zu existiren aufgehört habe, so ist das ein Verfahren, durch welches der Bestand aller Verträge und die Gültigkeit des Völkerrechts überhaupt in die Willkür jedes Staats gegeben würde, der die Macht hat, den Frieden zu brechen und dem Recht mit gewaffneter Hand entgegenzutreten. Die königl. hannoversche Regierung kann daher Preußen das Recht nicht zuerkennen, aus den von ihm angegebenen Gründen den Bund für zerbrochen zu erklären, noch auch endlich einer mit ihm verbündeten und in freundlichen Beziehungen stehenden Regierung eine Sommation mit unannehmbaren Bedingungen zu stellen und bei der Ablehnung dieser Bedingungen willkürlich den Krieg zu beginnen. Daß die von Preußen der königlichen Regierung gestellten Bedingungen aber unannehmbar seien, darüber wird der Unterzeichnete sich lediglich auf die Ausführungen in der anliegenden, an die kgl. preußische Regierung gerichteten Antwortsnote zu beziehen haben. — Daß die Forderung der Reduzirung der hannoverschen Armee auf den Friedensfuß nur ein Vorwand ist, weiß Jeder, der die Verhältnisse kennt; daß über den von Preußen selbst an den Bund gebrachten, das Leben der ganzen deutschen Nation in seinen Grundwurzeln berührenden Parlamentsantrag nicht abgesondert vom Bund in wenigen Stunden ein Entschluß gefaßt werden darf und kann, liegt auf der Hand. Ebenso widerstreitet die Forderung, daß Hannover wesentliche, ja die wesentlichsten Souveränetätsbedingungen, d. h. die Verfügung über die Waffenkraft des eigenen Landes zu Gunsten Preußens abtreten soll, nicht nur dem Bundesrecht, sondern auch dem europäischen Völkerrecht. Denn die volle und freie Souveränetät des Königreichs Hannover war von dem gesammten Europa vor der Gründung des deutschen Bundes zweifellos anerkannt, und die hannoversche Regierung gibt sich der Hoffnung hin, daß Rechte, die von ganz Europa anerkannt sind nicht dem einseitigen Belieben der preußischen Regierung geopfert werden dürfen. Der Unterzeichnete muß daher den von Preußen geschaffenen Kriegsfall als einen Akt rechtloser Willkür bezeichnen: er ist von seiner allerhöchsten Regierung angewiesen, gegen denselben feierlich Protest zu erheben und zu erklären, daß die königl. Hannover'sche Regierung und ihre Armee sich nur im Stande der Nothwehr gegen einen rechtswidrigen und unerhörten Angriff auf ihre Selbständigkeit und ihre Ehre befinden. Indem der Unterzeichnete sich der Hoffnung hingibt, daß ganz Europa von dieser feierlichen Verwahrung des schwächern Rechtes gegen das augenblicklich stärkere Unrecht Akt nehmen werde, benützt er diese Gelegenheit, Ew. ꝛc."

20. Juni. (Hannover). König Georg beschließt in Göttingen, mit seiner Armee den Weg über Langensalza nach Gotha einzuschlagen, und sendet seine Vorhut nach Heiligenstadt.

„ „ (Kurhessen). Der preuß. Gen. v. Bayer versammelt den bleibenden landständischen Ausschuß. Ansprache an denselben:

„Sie kennen die Ereignisse, welche meinen allergnädigsten König und Herren genöthigt haben, den Befehl zur Occupation des Kurfürstenthums zu geben. In meiner Bekanntmachung bei Ueberschreitung der Grenze habe ich ausgesprochen, daß wir nicht als Feinde, sondern als Freunde kommen, die hoffentlich bald durch ein festeres Band, als das bis nunmehr aufgelösten Bundes war, mit Ihnen verbunden sein werden, durch ein Band, welches Nothwendigkeiten, wie die, die mich hierher geführt hat, für alle Zukunft unmöglich machen wird. Ich freue mich, jene Versicherung Ihnen, den Vertretern der eben vertagten Stände, von Angesicht zu Angesicht wiederholen zu können, und reiche Ihnen, Herr Vorsitzender, als Zeichen der herzlichen und brüderlichen Gesinnung, die mich und meine Truppen für das brave Volk der Kurhessen erfüllt, meine Hand, ich reiche sie damit dem kurhessischen Volke. Ich empfange Ihren Handschlag als Unterpfand des Vertrauens, welches mir Ihre loyalen Landsleute entgegenbringen. Lassen Sie uns in wechselseitigem Vertrauen zusammenwirken. Die Räthe des Kurfürsten, welche die feindselige Haltung angerathen haben, die Se. k. Hoheit zu unserm Bedauern und zum Schaden des Landes gegen Preußen angenommen hat, können ihre Functionen nicht weiter fortsetzen. Von dem Wunsche beseelt, die unvermeidlichen Lasten und Störungen der Occupation dem Kurfürstenthume so weit irgend möglich zu erleichtern, den Gang der Verwaltung in allen Zweigen ungehemmt und ununterbrochen fortdauern zu lassen, wünsche ich die obere Leitung derselben, welche unter meiner Autorität stehen wird, Männern anzuvertrauen, die das Vertrauen des Landes besitzen. In Vertretung der eben vertagten Ständeversammlung werden Sie, hochgeehrte Herren, am Besten im Stande sein, mir diejenigen Männer zu bezeichnen, denen die Zuneigung des Landes die Geschäftsführung erleichtern würde, deren Character gleichzeitig Bürgschaft gäbe, daß sie, der Lage der Dinge mit richtigem Urtheil sich fügend, mich aufrichtig zu unterstützen bereit sind. Lebhaft würde ich beklagen, wenn Sie, meine hochgeehrten Herren, mir ihre Mitwirkung zu diesem wichtigen Schritte versagten. Ich würde dann noch eigenem Ermessen handeln müssen, aber nicht sicher sein, ob meine persönliche Kenntniß ausreicht, die Männer zu finden, welche der Augenblick fordert und welche den schwierigen Aufgaben desselben nach allen Seiten gewachsen sein würden. Dem Ergebniß Ihrer Berathung sehe ich unverweilt entgegen. Lassen Sie uns in herzlicher Einigkeit treu zusammenhalten!"

Der landständische Ausschuß lehnt die Aufforderung des preuß. Generals als über seine Zuständigkeit gehend ab. Proclamation des Generals an das kurhessische Volk:

„Einstweilen wird die Regierung des Landes von mir im Namen Sr.

Maj. des Königs von Preußen geführt werden. Das Staatsvermögen, wie das der Privaten wird gewissenhaft geachtet werden. Ich ertheile die bestimmte Zusicherung, daß die Verfassung und die rechtmäßigen Landesgesetze des Kurstaats beobachtet und aufrecht erhalten werden sollen, soweit der Kriegszustand es irgend zuläßt und die auch von der Landesvertretung Kurhessens beständig erstrebte bundesstaatliche Einigung Deutschlands nicht Aenderungen erfordern sollte. Ich übernehme die in der Verfassungsurkunde den einzelnen Ministerien zugewiesenen Befugnisse, indem ich mir vorbehalte, kurhessische Staatsbeamte mit der verfassungsmäßigen Fortführung der laufenden Geschäfte in der Verwaltung der Justiz, des Innern und der Finanzen zu beauftragen. ... Kurhessen! Bereits habe ich Euch für die herzliche Aufnahme, für die gute Verpflegung, welche meine Truppen überall bei Euch gefunden, für die Bereitwilligkeit, mit der Ihr den unvermeidlichen Requisitionen entgegengekommen seid, meinen Dank zu sagen. Ich erfülle gern diese Pflicht. Eure Biederkeit und Loyalität sind in den schwersten Prüfungen bewährt gefunden worden. Ihr werdet auch der unter meiner Autorität eingesetzten einstweiligen Landesverwaltung durch Eure loyale Haltung die schwierigen Aufgaben erleichtern. Erfüllt sich diese Hoffnung, so wird es leicht sein, die Lasten des Kriegszustandes, welche zunächst Einzelnen auferlegt werden mußten, unter Heranziehung der Revenüen des Kurfürsten auszugleichen. Ich werde die zu baldiger Beseitigung der noch bestehenden provisorischen Gesetze und verfassungswidrigen Verordnungen, sowie alle zu voller Herstellung des verfassungsmäßigen Rechtszustandes erforderlichen Einleitungen treffen. Ich werde es mir angelegen sein lassen, für die Ausfüllung empfindlicher Lücken in der Gesetzgebung, welche den wirthschaftlichen Fortschritt des Landes nur zu lange zurückgehalten haben, Sorge zu tragen, und die der Pflege der Volksbildung und der Wissenschaft bestimmten Anstalten nach Kräften zu fördern bemüht sein. Bei gegenseitigem Vertrauen wird es unserm vereinten Streben, ich zweifle nicht daran, gelingen, bessere Zustände und hellere Tage für das Kurhessische Land herbeizuführen. Ich zähle auf Euch, wie Ihr mir vertrauen dürft!"

Der General fordert die Referenten der drei Ministerien des Innern, der Justiz und der Finanzen auf, unter ihm als Gouverneur die laufenden Geschäfte der Verwaltung fortzuführen. Dieselben weigern sich erst, fügen sich aber endlich.

20. Juni. (Coburg-Gotha). Zusammentritt des gemeinsamen Landtags. Die Regierung macht demselben eine Vorlage, dahin gehend,

„daß nach dem Beschlusse wegen Mobilisirung der Bundesarmeecorps das preußische Ministerium auch hierher das Verlangen ausgedrückt habe, das Herzogthum Coburg-Gotha möge der Union mit Preußen beitreten und sein Contingent auf den Kriegsfuß setzen. Die Staatsregierung sei hierzu geneigt und beantrage die Zustimmung des Landtags."

An demselben Tage geht das gothaische Militär nach Eisenach ab, um die Vereinigung der Hannoveraner mit den Bayern verhindern zu helfen. Der Herzog begleitet es in preuß. Uniform bis auf den Bahnhof.

„   „ (Reuß j. L.). Der Landtag bewilligt den von der Regierung verlangten Zuschuß zum Militäretat (für die nach Rastatt abgesandten 4 Compagnien), verwirft dagegen den Antrag des Abg. Weber, die fürstliche Regierung zu ersuchen,

8

„den Beschluß des deutschen Bundestages vom 14. Juni d. J. über die Mobilmachung deutscher Bundescontingente, welcher für die diesseitige Regierung als unverbindlich erachtet werden muß, ihrerseits nicht zur Ausführung zu bringen, dagegen im Verein mit Preußen auf die Berufung eines deutschen Parlaments hinzuwirken."

20. Juni. (Hessen-Darmstadt). II. Kammer: Das Finanzgesetz wird auf 3 Monate prorogirt und der Militärcredit ohne eingehende Discussion nach dem Antrage der Commission einstimmig bewilligt. Vertagung des Landtags.

21. „ (Hannover). Der König bricht mit seiner Armee von Göttingen auf, um über Langensalza den Weg nach Gotha einzuschlagen und sich wo möglich mit den Bayern zu vereinigen. Proclamation des Königs:

„An Meine Hannoveraner! An der Spitze Meines Heeres, welches sich auf Meinen Ruf und freiwillig in kürzester Frist um seine Fahnen gesammelt hat, welches schlagfertig und von opferfreudigem Muthe beseelt ist, verlasse ich den heimischen Boden. Ich thue das, um die Sache des angegriffenen Rechts zu vertheidigen, um in Verein mit treuen Bundesgenossen, unter dem Beistande des Allmächtigen für die heiligsten Güter des Vaterlandes mit um so größerem Nachdruck zu kämpfen. Die Sache der Gerechtigkeit ist Gottes Sache; sein Segen wird Ihr nicht fehlen. Wie vor länger als einem halben Jahrhunderte die unvergeßlichen Männer der englisch-deutschen Legion auszogen, um für die Sache des von Feinden besetzten Vaterlandes in fernen Ländern zu kämpfen und dann glorreich wieder einzogen und mit ewig ruhmwürdigen Thaten ihre Heimath wieder gewannen, so werden auch wir – das ist Meine feste freudige Zuversicht – als würdige Söhne jener Väter, den vaterländischen Boden siegreich wieder betreten. Mit dieser Hoffnung ziehe Ich getrosten Muthes mit Meinem theuern Sohne, dem Kronprinzen, und mit Meiner braven Armee aus. Eure Gebete und Segenswünsche, Hannoveraner, werden Mich begleiten, so Gott der Allmächtige will, auf baldiges frohes Wiedersehn."

„ „ (Kurhessen). Rundschreiben des Gen. v. Bayer an alle Behörden des Landes:

„Im Verfolg der von mir heute erlassenen Proclamation setze ich die sämmtlichen Behörden Kurhessens hierdurch in Kenntniß, daß ich mit der verfassungsmäßigen Fortführung der laufenden Geschäfte in der Verwaltung der Justiz: den Hrn. Obergerichtsrath Etienne, des Innern: den Hrn. geheimen Regierungsrath Militer, der Finanzen: den Hrn. Oberfinanzrath Ledderhose beauftragt habe. Ich ertheile hierdurch sämmtlichen Beamten und Dienern einschließlich der Gemeindebehörden den gemessenen Befehl, meinen Verfügungen, den Verfügungen eines von mir etwa zu ernennenden Stellvertreters, sowie den Anordnungen der vorbezeichneten Staatsbeamten so gewiß unweigerliche Folge zu leisten, als ich einer jeden Renitenz mit militärischen Zwangsmaßregeln auf das Entschiedenste entgegentreten werde. Die sämmtlichen Unterbehörden werden angewiesen, die Anzeige von dem Empfange dieses ihnen hiermit unmittelbar zugehenden Erlasses sofort an die betreffenden Oberbehörden zu erstatten. Die Letzteren haben diese und die eigenen Empfangsanzeigen ungesäumt an die ihnen vorstehenden Departements einzureichen, auch einen jeden etwaigen Weigerungsfall alsbald einzuberichten."

„ „ (Sachsen-Meiningen). Meiningen wird von Preußen besetzt. Der alte Herzog, der entschieden zu Oesterreich hält, verläßt das Land.

„ „ (Mecklenburg) mobilisirt seine Truppen.

21. Juni. Conferenz von Vertretern der drei freien Städte und Oldenburgs in Hamburg bezüglich der Forderung Preußens bezüglich eines Bündnisses.

„   „ (Bundestag). Oldenburg und Lippe-Detmold erklären ihren Austritt aus dem Bunde.

„   „ (Bayern). II. Kammer: Der Abg. Völk will die politische Lage nochmals zur Sprache bringen. Die Majorität und die Regierung gehen nicht darauf ein. Vertagung des Landtags.

„   „ (Baden). Vertagung des Landtags. Staatsminister Lamey spricht sich dabei in der II. Kammer sehr entschieden gegen Preußen als den Urheber des unseligen Bürgerkrieges aus.

„   „ (Bayerische Armee). Hauptquartier in Bamberg. Prinz Karl wendet seine Truppen in der Richtung nach Fulda, um dort dem rechten Flügel des 8. Bundesarmeecorps und den von Norden her erwarteten Hannoveranern die Hand zu reichen.

22. „ (Preußen). Graf Bismarck erklärt in einer Circulardepesche an die Vertreter Preußens im Ausland das Resultat der Abstimmung der Bundesversammlung vom 14. d. M. geradezu für gefälscht:

„Im Augenblick, wo die Consequenzen des unglückseligen Votums vom 14. Juni eintreten, glaube ich auf diese Sitzung zurückkommen und Ihre Aufmerksamkeit auf eine Thatsache hinlenken zu müssen, die besser als alles beweist, wie sehr die Bundesinstitutionen ausgeartet waren. Unter den Stimmen, welche sich zu Gunsten der von Oesterreich vorgeschlagenen Mobilisation ausgesprochen haben, befand sich auch die der 16. Kurie, welche aus sechs kleinen Staaten besteht. Unter denselben hatten drei, nämlich Lippe, Waldeck und Reuß-Schleiz, dem Repräsentanten der Kurie vorgeschrieben, gegen den Antrag zu votiren. Der vierte, Schaumburg-Lippe, hat sich noch einer officiellen Mittheilung des Fürsten der Abstimmung enthalten. Es war also nur das 6000 Einwohner zählende Liechtenstein, welches seine Instructionen zu Gunsten Oesterreichs abgegeben, und Reuß-Greiz, dessen Abstimmung noch nicht verificirt worden ist; in jedem Fall aber war die Majorität der Kurie für die Verwerfung des österr. Antrags. Ungeachtet dieser Evidenz wurde das Votum der Kurie zu Gunsten dieses Antrags durch das Organ des Hrn. v. Strauß, Abgesandten des Fürsten von Lippe und in dem Augenblick Vertreter der Kurie, abgegeben. Dieses Votum ist also ein offenkundiges Falsum, und dieses Falsum war für den Bundesbeschluß vom 14. Juni entscheidend. Wenn dies nicht stattgefunden, so wäre der Bundestag in zwei gleiche Lager getheilt gewesen, acht Stimmen gegen acht, da von denen, welche für Oesterreich stimmten, noch das Votum hätte abgezogen werden müssen, welches Braunschweig und Nassau gemeinschaftlich abgegeben haben, indem die eine gegen die andere, Braunschweig dagegen und Nassau dafür stimmten. Die Thatsache, welche ich Ihnen bezeichne, gestattet Ihnen die Regierung ... über die Mittel aufzuklären, welche angewandt wurden, um den Beschluß des Bundestags über einen an und für sich ungesetzlichen Antrag zu fälschen. Die Thatsachen werden dazu beitragen, den Verfall zu erklären, in welchen seit langer Zeit die Bundesinstitutionen durch Parteigeist, Intriguen und Bestechlichkeit gerathen sind; sie werden nur zu sehr die Mißachtung rechtfertigen, in welche das höchste Organ der deutschen Gemeinschaft gerathen ist."

„   „ (Hannover). Die Preußen unter Gen. Vogel v. Falkenstein rücken in Göttingen ein und den Hannoveranern nach. Die Han-

noveraner sind über Mühlhausen bis Groß-Geltern vorgerückt. Unterhandlungen mit Preußen: Abschluß eines Waffenstillstandes bis
zum 25. Juni Morgens.
22. Juni. (Kurhessen). Der preuß. Gesandte Gen. v. Röder macht
dem Kurfürsten von Hessen neue Anträge behufs einer Verständigung; der Kurfürst lehnt dieselben auch jetzt noch entschieden ab.
„ „ (Preußen). Die beiden preußischen Armeen unter dem Prinzen Friedrich Karl und unter dem Kronprinzen beginnen ihren
Marsch gegen Oesterreich und überschreiten die böhmische Gränze.
„ „ (Bundestag) beschließt, die kurhessischen Truppen dem Oberbefehlshaber des 8. Bundesarmeecorps zu unterstellen, „um im
Verein mit diesem zur Befreiung ihres Kriegsherrn und Landes
mitzuwirken."
„ „ (8. Bundes-Armee-Corps). Die Württemberger rücken in
Gießen ein.
23. „ (Preußen). Die offiziöse Nordd. Allg. Ztg. erklärt sich entschieden für die Mainlinie:
„Es drängt sich die Ueberzeugung auf, daß bei der eingewurzelten Anti-
pathie der Süddeutschen gegen uns Norddeutsche die Einheit des gesammten Deutschlands ein Phantom ist und bleiben wird, vielmehr
die Trennung in Nord und Süd durch die Mainlinie die für
die Zukunft einzig mögliche und erfolgreiche politische Combination sein
dürfte."
„ „ (Kurhessen). Der Kurfürst wird von den Preußen nach
Stettin abgeführt. Proclamation desselben:
„An Mein getreues Volk! Im Begriff, in die über Mich verhängte
Kriegsgefangenschaft ins Ausland abgeführt zu werden, ist es Meinem landesväterlichen Herzen Bedürfniß, Meinen treuen Unterthanen noch diesen Scheide-
gruß zuzurufen. Möge der allmächtige Gott Mein Volk in Seinen väterlichen Schutz nehmen und die gegenwärtige, über dasselbe, sowie über Mich
selbst und Mein Haus verhängte Trübsal Mir und Meinem Volk zur Läu-
terung und zum Frieden dienen lassen. Zugleich richte Ich, indem Ich jetzt
das Land Meiner Väter zu verlassen genöthigt werde, an alle, in den dermalen occupirten Landestheilen bestallten Beamten und Diener die Aufforderung, die ihren bisherigen Amtsverhältnissen entsprechenden Functionen, auf
Grund ihres bestehenden Diensteides und vorbehaltlich der Mir zu bewahren-
den Unterthanentreue fortzuführen, als wodurch unter allen Umständen dem
wahren Landesrecht am besten entsprochen und gleichzeitig allen etwaigen Ge-
wissensbedrängnissen vorgebeugt wird. Gott schenke Uns bald wieder bessere
Tage."
„ „ (Sachsen-Altenburg). Der Herzog rechtfertigt durch eine
Proclamation seinen Beitritt zu den preußischen Bundesvorschlägen
damit, daß er, da „die alte Bundesverfassung zerbrochen darniederliegt", getreu seinem „Wahlspruch: kein mächtiges blühendes Deutschland ohne ein mächtiges, hervorragendes Preußen als den entschlossenen tapfern Vorkämpfer für die deutschen Interessen im Norden",
„keinen Augenblick habe zweifeln können", sich „frei unter diejenige
Fahne zu stellen, von der er die naturgemäße Verjüngung der Verfassung des deutschen Vaterlandes erhoffe."

23. Juni. (Bundestag). Die deutsche Fahne wird auf dem Bundespalais aufgezogen; die Truppen des 8. Bundesarmeecorps legen die deutsche Armbinde an.
24. „ Schlacht von Custozza. Sieg der Oesterreicher unter dem Erzh. Albrecht über die Italiener.
„ „ Die Preußen unter dem Prinzen Friedrich Karl besetzen Reichenberg ohne Widerstand.
„ „ (Bayerische Armee). Hauptquartier in Bamberg: auf die Nachricht, daß die Hannoveraner nicht gegen Fulda, sondern gegen Langensalza zu marschiren, wird der Marsch der bayer. Truppen gegen Fulda zu wieder eingestellt.
24/25. Juni. (Hannover). Die hannover'sche Armee versucht umsonst die Linie zwischen Eisenach und Gotha zu durchbrechen. Resultatlose Sendung des Archivraths Onno Klopp ins bayerische Hauptquartier.
25. „ (Preußen). Der Magistrat von Berlin beschließt eine Abresse an den König und fordert die Stadtverordnetenversammlung auf, derselben beizutreten:

„Die Welt wird erfahren, daß Preußens Schwert, einmal entblößt, nicht in die Scheide zurückkehrt, bis wir die letzten Ziele erreicht haben dieses Kampfes auf Leben und Tod, zu welchem uns Oesterreich fordert; bis diejenigen zu Boden geworfen sind, die das Recht und die Macht des nationalen Gedankens anzuerkennen beharrlich sich weigern. Bis dahin dem königl. Führer in altbewährter Opferfreudigkeit zu folgen, werden Ew. Maj. Ihr Volk entschlossen finden."

Die Stadtverordnetenversammlung will der Abresse nur unter der Bedingung beitreten, wenn auch der Ueberzeugung Ausdruck gegeben werde,

„daß der fortdauernde innere Conflict durch Wiederherstellung und Wahrung der Rechte des Volkes und dessen Vertretung baldigst ausgeglichen werden müsse, und der nationale Gedanke durch den gegenwärtigen Krieg nur dann vollständig verwirklicht werden könne, wenn der öffentliche Rechtszustand in Preußen auf verfassungsmäßiger Grundlage unangefochten dastehe."

„ „ (Sachsen). Gen. v. d. Mülbe wird zum preußischen Militärgouverneur, Landrath v. Wurmb zu seinem Civilcommissär ernannt. Der erstere verhängt den Kriegszustand über das ganze Königreich.
„ „ (Bundestag). Anhalt, Schwarzburg-Sondershausen und Waldeck erklären ihren Austritt aus dem Bunde.
„ „ (Bayerische Armee). Prinz Karl verlegt sein Hauptquartier nach Schweinfurt und stellt seine Truppen bis zum 28. Juni am obern Lauf der fränkischen Saale auf.
26. „ Die Preußen unter dem Prinzen Friedrich Karl rücken bis Liebenau vor. Artilleriecampf. Die Oesterreicher unter Clam-Gallas gehen theils auf Turnau, theils über Pobol auf Münchengrätz zurück. Die Preußen besetzen auch Turnau und nach einigem Widerstand auch Pobol mit der Eisenbahnbrücke über die Iser (Linie von Turnau

nach Prag). Die Oesterreicher nehmen Stellung zwischen München-
grätz und Oberhauzen.
26. Juni. Die Preußen von der Armee des Kronprinzen besetzen unter
dem Gen. von Steinmetz Nachod nach kurzem Gefechte.
" " Armee des Kronprinzen von Preußen: das Garbecorps rückt über
Braunau in Böhmen ein.
" " (Coburg-Gotha). Der gemeinsame Landtag genehmigt das
Bündniß mit Preußen mit allen gegen 1 Stimme.
" " (Hamburg). Antwort des Senats auf die preuß. Note vom
16. b. M. bez. eines Bündnisses:

„... Der Senat hat den Inhalt jener Mittheilungen derjenigen reiflichen
Erwägung unterzogen, welche die hohe und entscheidende Wichtigkeit derselben
in Anspruch nimmt. Er hat gerechtes Bedenken tragen müssen, mit
den Vorschriften der Bundesverträge in Widerspruch zu treten, welche der
freien Stadt Hamburg eine selbständige Stellung in dem von allen
Mächten Europas anerkannten deutschen Bunde zusichern. Aber die inzwischen
in allen Staaten Norddeutschlands eingetretenen Verhältnisse und die Gewalt
der Umstände, deren Einfluß er sich nicht zu entziehen vermag, haben ihn in
die Nothwendigkeit versetzt, im Interesse des von ihm vertretenen Freistaates
von jenen Bedenken abzusehen. Der Senat erklärt sich demnach bereit,
mit den übrigen betheiligten Regierungen und mit dem des Chefs von der
hohen k. preußischen Regierung einzuberufenden Parlament über eine veränderte
derte Regelung der Bundesverhältnisse auf den in der geehrten Note vom
16. Juni angedeuteten Grundlagen und Bedingungen in Verhandlung zu
treten. Der Senat muß jedoch hierbei hervorheben, daß er damit noch nicht
sein Einverständniß mit allen Einzelbestimmungen des in der Bundestagssitzung vom 14. b. M. mitgetheilten Entwurfes auszusprechen gemeint sein
kann, sowie daß der abzuschließende Vertrag nach der hiesigen Verfassung der
Mitgenehmigung der Bürgerschaft bedürfen wird. Der Senat hat ferner in
Uebereinstimmung mit den Senaten der beiden anderen Hansestädte den gemeinschaftlichen Bundestagsgesandten angewiesen, an der Thätigkeit der Versammlung bis auf Weiteres überall nicht Theil zu nehmen, auch derselben
darüber die entsprechende Erklärung abzugeben. Wenn aber in den geehrten
Noten vom 16. und 25. b. M. außerdem die Aufforderung enthalten ist, die
hamburgischen Truppen ungesäumt auf den Kriegsfuß zu setzen und zur Verfügung Sr. Maj. des Königs von Preußen zu halten, so darf der Senat
die zuversichtliche Erwartung aussprechen, daß das dieseits seither schon beobachtete passive militairische Verhalten auch ferner als ausreichend erachtet
werden wird, indem derselbe zu den hochherzigen Gesinnungen Sr. M. des
Königs von Preußen das Vertrauen hegt, daß Allerhöchstderselbe auf die
Theilnahme Hamburgs an einem Kriege gegen seine bisherigen Bundesgenossen nicht bestehen werde."

" " (Bayern). Aushebung von 30,000 Reservepflichtigen zur For-
mation von Reserveabtheilungen.
" " (Baden). Die badischen Truppen langen endlich in Darmstadt
an. — Ministerialrath Jolly wird seines Amtes enthoben und zum
Mitglied des Verwaltungsgerichtshofes ernannt.
" " (Nassau). Die Ständeversammlung lehnt den von der Re-
gierung geforderten Militärcredit mit 24 gegen 14 Stimmen ab.
" " (Preußen). Die hohenzollern'schen Fürstenthümer werden von

Bundestruppen (Württembergern) besetzt. Proclamation des Bundes-
commiſſärs.
26. Juni. (8. Bundesarmeecorps). Prinz Alexander von Heſſen
verlegt ſein Hauptquartier nach Friedberg (Eiſenbahnlinie Frankfurt-
Gießen).

27. „ Die Preußen unter General Herwarth von Bittenfeld bringen
bis zur Iſer vor, gehen oberhalb Münchengrätz über dieſen Fluß
und vereinigen ſich mit der Armee des Prinzen Friedrich Karl.

„ „ Armee des Kronprinzen von Preußen: Gen. Steinmetz zieht ſein
Armeecorps nach blutigem Kampfe gegen die Oeſterreicher unter
Ramming glücklich aus dem Defild zwiſchen Nachod und Skalitz
heraus.

„ „ Armee des Kronprinzen von Preußen: General Bonin beſetzt
Trautenau gegen Gablenz, kann es aber nicht halten und räumt
es wieder.

„ „ Faſt die geſammte europäiſche Preſſe wird durch die öſterreichi-
ſchen Telegramme über die erſten Ereigniſſe auf dem böhmiſchen
Kriegstheater getäuſcht. So bringt die geſammte Preſſe Süd- und
Weſtdeutſchlands ein Telegramm von dieſem Tage aus Prag Abends
9 Uhr, alſo lautend: „Sieg der Bundes-Sache durch Oeſterreichs und
Sachſens Waffen auf der ganzen Linie. Die Hauptentſcheidung erfolgte
bei Nachod. Einem um 4 Uhr erſchienenen preußiſchen Parlamentär
wurde der angeſuchte Waffenſtillſtand abgeſchlagen u. ſ. w." Erſt
mehrere Tage ſpäter, faſt plötzlich ergibt ſich die Thatſache, daß die
Oeſterreicher in Böhmen ſeit dem 26. Juni fortwährend und auf
der ganzen Linie geſchlagen und zurückgeworfen worden.

„ „ (Hannover). Der preuß. General Flies greift die Nachhut des
hannover'ſchen Heeres bei Langenſalza an, wird aber mit empfind-
lichem Verluſte zurückgeſchlagen.

„ „ (Oldenburg). Außerordentliche Sitzung des Landtags. Die
Regierung legt demſelben ein am 19. b. M. mit Preußen abgeſchloſ-
ſenes Bündniß vor. Daſſelbe wird durch eine v. 25. datirte Denkſchrift alſo motivirt:

„... Als die k. preußiſche Regierung in Folge des Beſchluſſes vom
14. b. aus dem Bunde ausgetreten war und damit der ferneren Thätigkeit
der Bundesverſammlung die Mitwirkung des weitaus mächtigſten rein deutſchen Staats, an deſſen Initiative nach den Erfahrungen der Geſchichte alle
großen Reformen zur Förderung deutſcher Intereſſen anknüpfen, entzogen
blieb, konnte der bisherige Bund als thatſächlich exiſtirend nicht mehr betrachtet werden, und wurde demnach der großherzogliche Bundestagsgeſandte an-
gewieſen, ſeine Functionen für erloſchen zu erklären. Mit dieſer Erklärung
durfte nicht länger zurückgehalten werden, da die Anerkennung des Fortbeſtan-
des des Bundes die Nothwendigkeit der Ausführung des Bundesbeſchluſſes
vom 14. b. zur unausbleiblichen Folge gehabt haben würde. Nach der ſomit
eingetretenen das Großherzogthum politiſch iſolirenden Löſung des Bundes-
verhältniſſes mußte die großherzogliche Regierung in der Herbeiführung einer
aufrichtigen Verſtändigung mit Preußen eine Lebensfrage erblicken. Es be-

darf das der deutlich genug redenden Lage gegenüber keiner weiteren Ausführung. Die k. preuß. Regierung ist dem Bedürfniß der großh. Regierung bereitwillig entgegengekommen, indem sie durch den k. Gesandten am großh. Hof, Prinzen von Isenburg-Büdingen Durchlaucht, am 18. d. ein förmliches Bündniß gegen die kommenden Verwicklungen anbieten ließ. Sie machte dabei die sofortige Mobilisirung des großh. Truppencorps und die Stellung desselben unter den Befehl Sr. Maj. des Königs von Preußen, sowie die Annahme der preußischen Bundesreformvorschläge, welche bereits früher dem Staatsministerium mitgetheilt waren, und Mitwirkung bei der Berufung eines Parlaments zur Bedingung, und erklärte für den Fall der Anlage im Namen Sr. Maj. des Königs die Gewährleistung der Souveränetät und Integrität des Großherzogthums nach Maßgabe der in Frankfurt übergebenen Grundzüge einer neuen Bundesverfassung übernehmen zu wollen. Die großherzogl. Regierung hat die gewichtigen Vorschläge Preußens, deren entscheidende Bedeutung für die Gestaltung der politischen Zukunft des Großherzogthums auf den ersten Blick ins Auge springt, der eingehenden und ernsten Prüfung unterzogen, welche ihnen zukommt, und hat nach gewissenhaftester Erwägung die unerschütterliche Ueberzeugung gewinnen müssen, daß ihre unbedingte Annahme durch das allgemein deutsche Interesse wie durch das Lebensinteresse des eigenen Landes geboten werde. Sie hat demnach am 19. d. die absichtlich anliegende Note an den kgl. preußischen Gesandten erlassen, und ist damit in das Bündniß mit Preußen unter den ihr gestellten Bedingungen eingetreten, die Zustimmung des Landtags, soweit dieselbe verfassungsmäßig erforderlich ist, vorbehaltend. Die Mobilmachung des Truppencorps ist bereits vorbereitet, und die Wahlen zum Parlament werden ausgeschrieben werden, sobald die k. preuß. Regierung ihrerseits hiezu die weitere Anregung geben wird.

„Für die allseitige Würdigung dieser Entschließung möchten zunächst folgende Erwägungen ins Auge zu fassen sein. Nachdem der großh. Regierung durch die rasche Entwicklung der politischen Lage die fernere Beobachtung einer abwartenden Haltung ohne active Parteinahme zur Unmöglichkeit geworden war, fand sie den Entschluß, den sie gefaßt hat, schon durch die geographische Lage des Landes fast unumgänglich vorgezeichnet. Sie hat nicht unterlassen, dabei die Frage sich vorzulegen, und nach allen Seiten zu prüfen, ob sich nicht auch jetzt noch ein Ausweg darbiete, dem Lande die Opfer einer thätigen Betheiligung am Kriege zu ersparen, aber auf dieselbe keine andere als eine verneinende Antwort zu finden vermocht. Vielleicht hätte die Aufrechterhaltung eines Neutralitätssystems der nordwestdeutschen Staatengruppe sich wenigstens für die ersten Stadien des Kriegs mit Erfolg durchführen lassen, wenn im Rathe der Regierung von Hannover andere Entschließungen die Oberhand gewonnen hätten; aber die Voraussetzungen jener Möglichkeit sind mit dem Entschluß des Nachbarstaats sich Oesterreich zuzuwenden weggefallen, und jetzt ist dieselbe durch die kategorische Erklärung Preußens selbst abgeschnitten. Ueber die Folgen, welche aus einer etwaigen Ablehnung des Anschlusses an Preußen, oder gar aus einer Anlehnung an die mit Oesterreich verbündeten Staaten für das Großherzogthum unfehlbar und sofort hätten erwachsen müssen, dürfte nach keiner Seite hin der mindeste Zweifel bleiben. Hätte die großh. Regierung den preußischen Vorschlägen gegenüber gleich andern Regierungen eine feindselige oder zweideutige Haltung einnehmen wollen, so hätte dem Lande schwerlich das Schicksal erspart werden können, unter dessen Druck jetzt die Bevölkerungen der kriegerisch occupirten Nachbarländer seufzen. Die Fürstenthümer Lübeck und Birkenfeld liegen unmittelbar innerhalb des Bereichs preußischer Armeecorps, und würden die Consequenzen eines solchen Schritts der Regierung auf der Stelle zu empfinden gehabt haben, das Herzogthum selbst hätte nach der Occupation Hannovers einer militärischen Besetzung durch Preußen nicht minder

offen gelegen. Die Opfer, welche durch eine solche Richtung der Regierungspolitik dem Land auferlegt worden wären, würden ungleich schwerer auf dasselbe gedrückt haben, und bei den damit nothwendig verbundenen Eiterungen
des öffentlichen Rechtszustands ungleich bitterer empfunden worden sein, als
die Opfer, welche auch jetzt unvermeidlich sind, aber nach freier Entschließung
einer guten Sache gebracht werden. Denn so schwer jene Erwägungen ins
Gewicht fallen, so sind sie doch für die Entscheidung der großh. Regierung
nicht die bestimmenden gewesen. Die großh. Regierung hält es vielmehr nach ihrer Ansicht von der allgemeinen Lage Deutschlands für eine
patriotische Pflicht sich in dem jetzt gegen die norddeutsche Großmacht
ausgebrochenen Vernichtungskampf unbedingt und ohne Rückhalt auf
die Seite Preußens zu stellen. Nur von einem Siege Preußens in
diesem Kampf vermag man nach dem Zeugniß der Geschichte eine große und
glückliche Zukunft Deutschlands zu hoffen. Sie hat demnach in vollem Bewußtsein ihrer Verantwortung, aber mit eben so voller Ueberzeugung, daß sie dabei im Interesse Deutschlands, wie in demjenigen des eigenen Landes handle,
den Bündnißvertrag mit Preußen abgeschlossen und den daran geknüpften Bedingungen für die künftige Gestaltung der deutschen Verfassung bereitwilligst
zugestimmt. Wenn die Vorsehung den Fahnen Preußens und seiner Verbündeten den Sieg schenkt, so darf mit Zuversicht erwartet werden, daß die deutsche
Frage ihre Lösung auf Grundlagen finde, welche, indem sie durch einheitliche
Zusammenfassung der politischen Kräfte der Nation die Machtstellung Deutschlands nach außen befestigen und dem öffentlichen Leben des ganzen Volks in
der Schöpfung einer parlamentarischen Vertretung eine dauernde Garantie
für lebenskräftige innere Entfaltung darbieten, zugleich die mit der Geschichte
Deutschlands eng verwachsenen Besonderheiten territorialer Entwicklung schonen und so den Interessen und Wünschen der gesammten Nation wie der
einzelnen Staaten übereinstimmend gerecht werden. Für ein solches Ziel,
wenn es mit Gottes Hülfe erreicht werden sollte, würden die Opfer, welche
die Gegenwart dem Land auferlegt, nicht vergeblich gebracht sein ..."

27. Juni. (Bundestag). Die Bundesversammlung beschließt, die Verwaltung Kurhessens Namens des Kurfürsten durch einen Bundes-
commissär führen zu lassen und ferner, den Oberbefehl über sämmtliche zum 7. bis 10. Bundesarmeecorps gehörige Truppen, mit
Ausnahme der k. sächsischen, dem Prinzen Karl von Bayern in der
Weise zu übertragen, daß die oberste Leitung der Operationen der
vereinigten Armeen Oesterreichs und des deutschen Bundes auf
Grund des zwischen dem kaiserlichen Oberbefehlshaber und dem
Feldmarschall Prinzen Karl, k. Hoh., zu verabredenden gemeinschaftlichen Plans von dem k. k. österreichischen Obercommandanten Feld-
zeugmeister v. Venedek auszugehen habe. Prinz Karl von Bayern
übernimmt durch Armeebefehl das Obercommando auch über das
8. Bundesarmeecorps mit dem Beifügen:

„Mit diesen Truppen und diesem Führer wird es mir nicht schwer fallen,
jede mir gestellte Aufgabe zu lösen, und dieß wird um so leichter sein, da
unser Ziel kein anderes ist, als der guten Sache zum Siege zu verhelfen."

28. „ Die Preußen unter dem Prinzen Friedrich Karl besetzen unter
heftigen aber vereinzelten Kämpfen Münchengrätz. Die Oesterreicher
unter Clam Gallas gehen nach Gitschin zurück.

„ „ Armee des Kronprinzen von Preußen: die Garden nehmen Trautenau und Burgersdorf gegen Gablenz.

28. Juni. Armee des Kronprinzen von Preußen: Steinmetz nimmt Skalitz gegen den Erzh. Leopold, der das erschöpfte Corps Rammings ersetzt hat.

„ „ (Hannover). Der König capitulirt mit seiner von allen Seiten durch überlegene preuß. Streitkräfte eingeschlossenen Armee. Proclamation des Königs:

Capitulationsbedingungen: a) Se. Maj. der König von Hannover und Se. k. Hoheit der Kronprinz und beliebig auszuwählendes Gefolge nehmen ihren Aufenthalt nach freier Wahl außerhalb des Königreichs Hannover. Sr. Majestät Privatvermögen bleibt zu dessen Verfügung. b) Offiziere und Beamte der hannover'schen Armee versprechen auf Ehrenwort, gegen Preußen nicht zu dienen, behalten Waffen, Gepäck und Pferde, sowie demnächst Gehalt und Competenzen, und treten der preußischen Administration des Königreichs Hannover gegenüber in dieselben Rechte und Ansprüche, welche ihnen bisher der kgl. hannover'schen Regierung gegenüber zustanden. c) Unteroffiziere und Gemeine in der kgl. hannover'schen Armee liefern Waffen, Pferde und Munition an die von Sr. Maj. dem Könige von Hannover zu bestimmenden Offiziere und Beamten und begeben sich in den von Preußen zu bestimmenden Echelons mittels Eisenbahn in ihre Heimath mit dem Versprechen, gegen Preußen nicht zu dienen. d) Waffen, Pferde und sonstiges Kriegsmaterial der hannover'schen Armee werden von besagten Offizieren und Beamten an preußische Commissäre übergeben."

Proclamation des Königs: „Nachdem am gestrigen Tage, den 27. Juni, meine ruhmreiche Armee ein neues unverwelkliches Reis in den Lorbeerkranz geflochten, welcher ihre Fahne schmückt, hat mir der commandirende General, Generallieutenant v. Arentsschildt, und mit ihm die sämmtlichen Brigadiers auf ihre militärische Ehre und ihr Gewissen erklärt, daß meine sämmtlichen Truppen wegen der gehabten Anstrengungen und wegen der verschossenen Munition nicht mehr kampfsfähig, ja daß dieselben wegen der Erschöpfung ihrer Kräfte nicht mehr im Stande seien, zu marschiren. In gleicher Zeit haben der Generallieutenant v. Arentsschildt und sämmtliche Brigadiers mir erklärt, daß es unmöglich sei, Lebensmittel für die Truppen auf länger als einen Tag herbeizuschaffen. Da nun heute der commandirende Gen.-Lieut. v. Arentsschildt ferner die Anzeige gemacht hat, er habe sich überzeugt, daß von allen Seiten sehr bedeutende und meiner Armee bei Weitem überlegene Truppenmassen herannahten, so habe ich in landesväterlicher Sorge für meine in der Armee die Waffen tragenden Landeskinder es nicht verantworten zu können geglaubt, das Blut meiner treuen und tapferen Soldaten in einem Kampfe vergießen zu lassen, der nach der auf Ehre und Gewissen erklärten Ueberzeugung meiner Generale im gegenwärtigen Augenblicke ein völlig erfolgloser sein müßte. Ich habe deßhalb den General-Lieutenant v. Arentsschildt beauftragt, eine militärische Capitulation abzuschließen, indem eine überwältigende Uebermacht sich gegenüber befindet. Schwere Tage hat die unerforschliche Zulassung Gottes wie über mich, mein Haus und mein Königreich, so auch über meine Armee verhängt. Die Gerechtigkeit des Allmächtigen bleibt unsere Hoffnung, und mit Stolz kann jeder meiner Krieger auf die Tage des Unglücks zurückblicken; denn um so heller strahlt in ihnen die Ehre und der Ruhm der hannover'schen Waffen. Ich habe mit meinem theuersten Sohne, dem Kronprinzen, bis zum letzten Augenblick das Loos meiner Armee getheilt und werde stets bezeugen und nie vergessen, daß sie des Ruhmes der Vergangenheit sich auch in der Gegenwart werth gezeigt hat. Die Zukunft befehle ich voll gläubiger Zuversicht in die Hand des Allmächtigen."

28. Juni. (**Kurhessen**). General v. Werber wird vom König von Preußen zum Militärgouverneur von Kurhessen, der Regierungspräsident v. Möller zu seinem Civilcommissär ernannt. Proclamation derselben:

„... Indem wir unsere Functionen antreten, ertheilen wir dem kurhessischen Volke die Zusicherung, daß die **Landesverfassung beobachtet und aufrecht erhalten**, und daß nach den rechtmäßigen Landesgesetzen verwaltet werden soll, soweit nicht der Kriegszustand Ausnahmen nothwendig macht. Wir werden die Interessen des Landes gewissenhaft wahrnehmen, die Lasten, welche der Kriegszustand demselben auferlegt, soweit wir vermögen, zu mildern und die Wohlfahrt des Landes, soweit unsere Kraft reicht, zu fördern suchen. Wir rechnen in diesen Bestrebungen auf bereitwilliges Entgegenkommen der Bevölkerung des Kurstaates. Wir bestätigen den Auftrag, welchen der Generalmajor v. Bayer dem geheimen Regierungsrath Müller, dem Oberfinanzrath Ledderhose und dem Obergerichtsrath Etienne ertheilt hat: die laufenden Geschäfte in den Ministerien des Innern, der Finanzen und der Justiz nach der Landesverfassung und den Landesgesetzen einstweilen fortzuführen. Wir wollen die Landescollegien und deren Mitglieder, sowie die übrigen Behörden, Beamten und Diener an, den Verfügungen des unterzeichneten Administrators des Kurfürstenthums und den Anordnungen der vorgedachten Ministerialreferenten Folge zu leisten, die ihnen obliegenden Pflichten zu erfüllen und die Geschäfte nach den Bestimmungen der Gesetze fortzuführen."

„ „ (**Bundestag**). Die Bundesversammlung beschließt, nun doch wieder nicht bloß Kurhessen, sondern auch Oesterreicher als Besatzung nach Mainz zu legen. Noch am gleichen Tage rücken denn auch 2 Bataillone Oesterreicher in Mainz ein.

„ „ (**Bayerische Armee**). Auf die Nachricht von dem siegreichen Treffen der Hannoveraner bei Langensalza läßt Prinz Karl seine Truppen nach Norden vorgehen.

29. „ Die Preußen unter dem Prinzen Friedrich Karl rücken gegen Gitschin vor, um über dieses auf Arnau der Armee des Kronprinzen die Hand zu reichen. Heftige Gefechte gegen Clam Gallas. Gitschin wird von den Preußen erstürmt. Die Oesterreicher sind auf der ganzen Linie im vollen Rückzug gegen Königgrätz.

„ „ Armee des Kronprinzen von Preußen: die Garden nehmen Königinhof. Alle drei Armeen der Preußen haben ihre Vereinigung bewerkstelligt.

„ „ (**Preußen**). Die ersten genaueren Nachrichten von den Siegen in Böhmen treffen in Berlin ein. Umschlag der Stimmung. Allgemeiner Jubel. Der König und Graf Bismarck werden gefeiert.

„ „ (**Preußen**). Der Fürst von Hohenzollern-Sigmaringen, Militär-Gouverneur der Rheinprovinz und der Provinz Westphalen, erläßt von Düsseldorf aus folgende Proclamation an die Nassauer:

„Se. Majestät der König von Preußen hat das Schwert gezogen, um Deutschland vor dem Unglücke zu bewahren, aus der Bahn einer glänzenden geistigen und materiellen Entwicklung zurückzufallen unter die einengende Herrschaft dynastischer Interessen und einseitiger Sonderbestrebungen. Aber meines Königs hochherziger Sinn wollte die zerstörende Last des Krieges nur dorthin lenken, wo die Nothwendigkeit der Entscheidung es forderte. Die reichen Länder, welche die preußische Rheinprovinz umgeben, sehen ihre Grenzen unberührt, ihren Handel ungestört, die Blüthe ihrer Felder unangetastet. In frevelhaftem Uebermuthe verkennt aber das süddeutsche Armeecorps am Main, zu welchem die nassauische Regierung ihr Contingent gestellt hat, den menschenfreundlichen, deutschen Sinn meines Königs und Herrn. Truppen dieses Corps haben es gewagt, in den preußischen Kreis Wetzlar einzurücken und durch diesen Schritt für mich die Nothwendigkeit herbeigeführt, Nassau als ein feindliches Land anzusehen. Die Colonnen meines königlichen Kriegsherrn marschiren gegen den Main. Ich hoffe um des nassauischen Landes willen, daß die Haltung seiner Bewohner keinen Zweifel darüber lassen wird, daß sie nicht Theil haben an dem verblendeten Beginnen ihrer Regierung."

29. Juni. (Bundestag). Schwarzburg-Rudolstadt und Schaumburg-Lippe erklären ihren Austritt aus dem Bunde, die freien Städte Hamburg, Bremen und Lübeck, daß sie bis auf Weiteres sich nicht an der Thätigkeit der Bundesversammlung betheiligen würden.

30. „ Ankunft des Königs Wilhelm auf dem Kriegsschauplatz in Reichenberg.

„ „ Benedek telegraphirt aus Dlbenec Abends 6 Uhr: „Das Zurückdrängen des ersten (Clam Gallas) und des sächsischen Armeecorps nöthigt mich, den Rückzug in der Richtung von Königgrätz anzutreten." Die Depesche, die mit den bisherigen Siegesnachrichten in grellem Widerspruche steht, erregt in Wien große Consternation.

— „ (Mecklenburg). Der Großherzog von Mecklenburg-Schwerin welcher auf die Pression des preuß. Gesandten, Grafen Finck v. Finckenstein, und eines eigenhändigen Schreibens des Königs von Preußen, unterzeichnet den Bündnißvertrag mit Preußen und stellt demselben sein Contingent zur Verfügung.

30. „ (Bremen). Die Bürgerschaft ertheilt dem vom Senate mit Preußen abgeschlossenen Bündniß (gegen etwa 20 Stimmen) ihre Genehmigung:

„Die Bürgerschaft hat die inhaltsschwere Mittheilung des Senats vom 29. Juni in vertraulicher Sitzung berathen. Tief durchdrungen von dem Werth und der Bedeutung, welche die bisherige völkerrechtliche Stellung unseres Gemeinwesens unter Gottes Beistand für Uns und (wir dürfen es ohne Ueberhebung sagen) auch für das gesammte Vaterland hatte, so hat die Bürgerschaft es doch nie verkannt, daß eine größere nationale Einigung unseres Volkes auch von uns Opfer erfordert und sie ist auch jetzt vollkommen bereit, solche zu bringen, wenn das Ziel dadurch erreicht wird. Bei dem nunmehr ausgebrochenen Krieg, den sie auf das Tiefste beklagt, kann sie nur in der Hoffnung einigen Trost finden, daß der demnächstige Friede zu einer dauernden Einigung der deutschen Lande, unter Wahrung der Selbständigkeit auch unseres Staates, nach Maßgabe der preußischen Reformvorschläge führen werde. Die Bürgerschaft ist gewiß, die Ansicht der weitaus überwiegenden Mehrzahl ihrer Mitbürger wiederzugeben, wenn sie es als ihre Ueberzeugung ausspricht, daß das gewünschte Ziel nur durch Preußen erreicht werden kann. Der Anschluß an Preußen erscheint ihr sonach nicht nur durch eine richtige Politik geboten, sondern zugleich als eine patriotische Pflicht und ertheilt sie ihrerseits daher dem Anträgen des Senats ihre verfassungsmäßige Zustimmung zu dem in der Mittheilung bezeichneten Bündnisse mit Preußen, indem sie in Betreff des Artikels 8 der Grundzüge der Ansicht des Senats, daß dieser Artikel unausführbar sei, sich anschließt und davon ausgeht, daß auch über

andere, specielle hanseatische Interessen betreffende Punkte Abänderungsvor-
schläge vorbehalten bleiben."

30. Juni. (Bayerische Armee). Prinz Karl verlegt sein Hauptquartier
nach Meiningen. Nachricht von der Capitulation der Hannoveraner
bei Langensalza. Die Bayern concentriren sich gegen Kaltennord-
heim zu; die Cavalleriedivision wird gegen Fulda zu dirigirt.

„ „ (Bayern). Der König ratificirt die schon am 14. d. M. mit
Oesterreich in Olmütz abgeschlossene Militärconvention.

„ „ (Nassau). Die Regierung fordert den abgelehnten Militärcredit
zum zweiten Mal von der Ständeversammlung.

1. Juli. Die Preußen unter dem Prinzen Friedrich Karl bringen bis
Horzitz vor.

— „ (Bayern). Die Regierung verweigert die Erlaubniß zu Bildung
von Wehrvereinen, angeblich wegen bevorstehender Mobilisirung der
gesammten Landwehr.

2. „ König Wilhelm verlegt sein Hauptquartier nach Gitschin.

„ „ Nachts: König Wilhelm ertheilt den Befehl zur entscheidenden
Schlacht und verlegt sein Hauptquartier nach Horzitz.

„ „ (Sachsen). Der preuß. Gouverneur befiehlt die Ablieferung
aller im Besitze von Privatpersonen befindlichen Waffen. Um die
Befestigung Dresdens zu beschleunigen, werden 800 Arbeiter von
Berlin beigezogen.

„ „ (Hamburg). Der Senat beschließt mit 3 Stimmen Mehrheit,
bez. des preuß. Bündnisses nur der Gewalt zu weichen.

„ „ (Preußen). Der Handelsminister lehnt ein Gesuch um Verbot
der Kohlenausfuhr nach Süddeutschland ab.

„ „ (Oesterreich). Beginn der Armirung der auf dem rechten
Donauufer bei Florisdorf zum Schutze Wiens aufgeworfenen Schanzen.

„ „ (Bundestag). Coburg-Gotha, Reuß j. L. und Mecklenburg
erklären ihren Austritt aus dem Bunde.

„ „ (Bayern). Proclamation des Königs:

„An Mein Volk! Der verhängnißvolle Krieg in Deutschland ist unaufhaltsam ausgebrochen. Es gilt den Kampf aufzunehmen für deutsches Recht
und deutsche Ehre, für die eigene Würde und Unabhängigkeit, für die Zukunft
unserer großen Nation. Für diese heiligsten Güter einzustehen, haben die gesetzlichen Vertreter des Landes einmüthig erklärt. Das bayer. Volk ist einig
mit Mir in edler Opferwilligkeit, in bewährter Treue und Hingebung. Die
Jugend des Landes eilt mit Begeisterung zu den Fahnen. Unsere brave
Armee steht im Felde unter der erfahrenen Führung ihres ritterlichen Feld-
marschalls, Meines theueren Großoheims. Sie wird — dessen habe Ich mich
freudigen Stolzes bei ihrem Anblicke überzeugt — mit frischem Muthe in
angestammter Tapferkeit kämpfen. Bayern! Wir stehen nicht allein in diesem
schweren Streite. Alle bundestreuen Staaten — das mächtige Oesterreich voraus — sind unsere Kampfgenossen. Unser Ziel aber, es ist der
höchsten Opfer werth: die Erhaltung Gesammt-Deutschlands als eines freien
und mächtigen Ganzen, gekräftigt durch den Bund seiner Fürsten und die
nationale Vertretung seiner Stämme, die Erhaltung Bayerns als eines selbst-

ständigen würdigen Gliedes des großen deutschen Vaterlandes. So laßt uns denn muthig und entschlossen in den Kampf gehen, in Liebe und Vertrauen geeinigt, stark durch unsere Verfassung, die alle Stürme überdauern wird. Laßt uns ausharren in dieser festen Zuversicht, daß der allmächtige Gott der gerechten Sache den Sieg verleiht."

2. Juli. (Nassau). Der Herzog erläßt eine landesherrliche Bestimmung für den Fall einer feindlichen Occupation.

3. " Schlacht von Königgrätz. Niederlage der Oesterreicher. Der anfängliche Rückzug derselben artet in eine förmliche Flucht gegen und über die Elbe aus.

Telegramm Benedek's an den Kaiser: „Hohenmauth (südöstlich von Pardubitz), 4 Juli, 3 Uhr Morgens. Nach mehr als fünfstündigem brillanten Kampfe der ganzen Armee und der Sachsen in theilweise verschanzter Stellung vor Königgräß, mit dem Centrum in Lipa, gelang es dem Feinde, sich unbemerkt in Chlom festzusetzen. Das Regenwetter hielt den Pulverdampf am Boden, eine bestimmte Aussicht unmöglich machend. Hiedurch gelang es dem Gegner, bei Chlom in unsere Stellung vorzudringen; plötzlich und unvermuthet in der Flanke und im Rücken heftig beschossen, wankten die nächsten Truppen und ungeachtet aller Anstrengungen konnte es nicht gelingen, dem Rückzuge Einhalt zu thun. Derselbe ging Anfangs langsam, nahm jedoch an Eile zu, je mehr der Feind bedrängte, bis Alles sich über die Kriegsbrücken der Elbe, sowie nach Pardubitz zurückzog. Der Verlust ist noch nicht übersehbar, aber gewiß sehr bedeutend."

Benedek sucht durch Gablenz einen Waffenstillstand nach, der von den Preußen nicht zugestanden wird. Graf Mensdorff, der österr. Minister des Ausw., eilt selbst ins Hauptquartier Benedek's, um sich vom Zustande der Armee zu unterrichten. Das Gros des Ueberrestes der Nordarmee zieht sich gegen Olmütz zurück.

" " (Preußen). Wahlen zum Landtag. Sieg der Regierung: fast die Hälfte der Wahlen fällt zu ihren Gunsten aus auf Kosten des linken Centrums und namentlich der Fortschrittspartei.

" " (Hamburg). Auf Veranlassung der von der Bürgerschaft gewählten Vertrauensmänner, welche mit Senatscommissarien über die Frage des preuß. Bündnisses verhandeln, findet eine Privatversammlung von ca. 150 Bürgerschaftsmitgliedern statt, wobei sich 84 Stimmen gegen 61 für Annahme der preußischen Propositionen entscheiden.

" " (Schwarzburg-Sondershausen). Der Landtag genehmigt das Bündniß mit Preußen mit allen gegen 1 Stimme.

" " (Oesterreich). Der Kaiser verleiht dem König von Hannover das Commandeur-, dem Kronprinzen das Ritterkreuz des militärischen Maria-Theresienordens.

" " (Bayerische Armee). Treffen bei Dermbach (Avantgarde der Division Zoller). Die Bayern gehen zurück.

" " (Hessen-Darmstadt). Ein großh. Edict ruft das zweite Aufgebot, weitere 2000 Mann, zu den Waffen.

4. " (Oesterreich). Das verbreitetste Organ des Wiener Journalismus, die „Presse", erklärt sich für ein Arrangement bezüglich

Venetiens, um gegen die Preußen frische Kräfte ins Feld führen zu können.

„ 4. Juli. (Bayerische Armee). Treffen bei Tiefdorf (Division Zoller) und bei Zella (Division Hartmann). Prinz Karl befiehlt den Rückzug. — Ein Kürassierregiment (von der Cavalleriedivision des Fürsten von Thurn und Taxis) ständi bei Geröfeld im Fuldathal in panischem Schrecken auseinander. Die Bayern nehmen neuerdings Stellung an der fränkischen Saale.

„ „ (8. Bundes-Armee-Corps). Markgraf Wilhelm, der Befehlshaber der badischen Truppen, befolgt den Befehl zum Anschluß an die bayr. Armee nicht und tritt vielmehr den Rückmarsch nach Frankfurt an. Die demokratischen Zeitungen erklären es für offenbaren Verrath. Die offiz. Karlsruher Ztg. erklärt darauf wiederholt (am 7. und 8. Juli): daß die badische Regierung den seither eingenommenen politischen Standpunkt in keiner Weise aufgegeben habe. „Nur böswillige Verleumdung kann zu verstehen geben, als ob die Regierung daran gedacht habe, ihre Verbündeten zu verlassen und ihre Truppen dem Verband mit den Truppen des 8. Armeecorps zu entziehen. Wir behaupten, daß nur militärische Rücksichten und die daraus hervorgehenden Erwägungen und Befehle der Commandirenden die Bewegungen der Truppen leiten. Politische Rücksichten aus militärischen Bewegungen abzuleiten, ist absolut unstatthaft."

„ „ (Bundestag). Die Bundesversammlung beschließt die Befestigung der Stadt Frankfurt. — Das Präsidium bringt eine britische Note über die von der großbritannischen Regierung einzuhaltende Neutralität in dem ausgebrochenen Kriege zur Kenntniß der Versammlung.

„ „ (Oldenburg). Der Landtag genehmigt mit 44 Stimmen (4 enthalten sich) das mit Preußen abgeschlossene Bündniß und beschließt weiter mit 33 gegen 14 Stimmen, die Staatsregierung zu ersuchen, daß die Berufung des Parlaments schon erfolge, wenn auch noch nicht alle dazu eingeladenen Staaten sich dafür erklärt hätten.

Bericht des Landtagsausschusses: Derselbe, aus 11 Mitgliedern bestehend, empfiehlt einstimmig, dem Bündniß die von der Staatsregierung beantragte Zustimmung zu ertheilen, ist aber in der Motivirung von verschiedenen Ansichten geleitet, und hat dabei sich in drei Gruppen gespalten. Die aus fünf Mitgliedern bestehende erste Gruppe erklärt sich unbedingt mit der bisherigen Politik und mit dem bisherigen Verfahren der Staatsregierung einverstanden. Nur mit und durch Preußen können die deutschen Reformbestrebungen zu einem gedeihlichen Ziele gelangen, und nur eine entschiedene und zu Opfern bereitwillige Freundschaft mit Preußen könne zum Heil führen. Die zweite, ebenfalls aus fünf Mitgliedern bestehende Gruppe will, nach der gegenwärtigen Sachlage, nicht minder mit dem abgeschlossenen Bündnisse sich einverstanden erklären, glaubt aber das Verfahren der Staatsregierung in so fern nicht billigen zu dürfen, als diese zu rasch vorgegangen sei, und ohne weitere Verhandlung, ohne Modification und ohne jede Bedingung das angetragene Bündniß mit Dank sofort acceptirt habe, während doch der Versuch hätte gemacht werden mögen, ob nicht für Oldenburg eben so gut Neutralität zu erreichen gewesen wäre, wie solche Sachsen, Hannover und Kurhessen angeboten worden sei. Die dritte Gruppe, oder vielmehr ein Mitglied des Ausschusses, bedauert vom großdeutschen Standpunkt den Ausschluß der deutsch-österreichischen Provinzen von der Neugestaltung Deutschlands, und will nur unter dem Druck der gegenwärtigen Verhältnisse, damit das Land nicht einer preußischen Occupation preisgegeben werde, dem Antrag der Staatsregierung sich anschließen.

4. Juli. (Hamburg). Der Senat erklärt den Vertrauensmännern der Bürgerschaft, daß er seinen Widerstand gegen das preußische Bündniß aufgebe. Die Bürgerschaft genehmigt hierauf dieses Bündniß mit 113 gegen 56 Stimmen.

Bericht und Antrag des Senats: „...Nach dem Wortlaut dieser drei preußischen Noten und den sonst eingegangenen zuverlässigen Nachrichten, wonach kaum mehr zweifelhaft ist, daß Hamburg das angebotene Bündniß unter Erfüllung sämmtlicher von Preußen gestellten Bedingungen anzunehmen gezwungen ist, wenn es sich nicht der Gefahr feindseliger Behandlungen aussetzen will, sieht der Senat sich genöthigt, zu der Mobilmachung der hiesigen Truppen, welche in Verbindung mit der oldenburgisch-hanseatischen Brigade zur Verfügung Sr. Maj. des Königs von Preußen zu halten sein würden, die erforderlichen Einleitungen zu treffen."

5. „ Der franz. Moniteur verkündet:

„Eine wichtige Thatsache hat sich soeben zugetragen. Nach Wahrung der Ehre seiner Waffen in Italien hat der Kaiser von Oesterreich, eingehend auf den Gedanken, welchen der Kaiser Napoleon in seinem Schreiben vom 11. v. M. an Hrn. Drouyn ausgedrückt, Venetien an den Kaiser der Franzosen abgetreten, und dessen Vermittlung zwischen den kriegführenden Mächten zur Herbeiführung des Friedens angenommen. Kaiser Napoleon beeilte sich diesem Ansinnen zu entsprechen, und wandte sich sofort an die Könige von Preußen und Italien, um einen Waffenstillstand herbeizuführen."

Die offiz. „Wiener Abendp." fügt dieser Nachricht bei. „Seitens der österreichischen Regierung wurde bereits vor der Schlacht vom 3. d. M. an den Kaiser der Franzosen das Ersuchen gestellt, einen Waffenstillstand zwischen Oesterreich und Italien zu vermitteln, damit die Vereinigung der in Italien stehenden österreichischen Truppen mit der Nordarmee ermöglicht werde. Kaiser Napoleon, in seiner Bereitwilligkeit, den Wünschen Oesterreichs zu entsprechen und im Streben, den europäischen Frieden wiederhergestellt zu sehen, ist noch weiter gegangen und hat, ohne darum österreichischerseits direct oder indirect ersucht zu sein, seine guten Dienste angetragen, um auch zwischen Oesterreich und Preußen zu vermitteln, und hat sofort auf Waffenstillstand angetragen. Das loyale Anerbieten des franz. Kaisers ist österreichischerseits angenommen."

Die gesammte Pariser Presse feiert die Moniteurnote als einen großen Sieg Frankreichs und sieht in dem Kaiser den anerkannten Schiedsrichter Europas. Am 5. Abends wird dafür in Paris geflaggt, am 6. illuminirt.

„ „ Der französische Vermittlungsantrag wird von Preußen sowohl als von Italien nur bedingungsweise angenommen, d. h. von beiden eventuell abgelehnt. Preußen präcisirt in einer Dep. des Grafen Bismarck an den preußischen Gesandten in Paris Grafen Goltz die Bedingungen, unter denen es allein auf einen Waffenstillstand mit Oesterreich eingehen könnte. Italien beruft sich auf seinen Allianzvertrag mit Preußen, nach welchem es keinen einseitigen Waffenstillstand ohne Preußen einzugehen befugt sei.

5. Juli. (Oesterreich). Der Wiener Gemeinderath verhandelt in vertraulicher Sitzung über die Möglichkeit einer Invasion der Preußen. Der Silberschatz der Bank wird nach Komorn zu schaffen angefangen.

„ „ (Bundestag). Sachsen-Weimar erklärt seinen Austritt aus dem Bunde. — Die Bundesversammlung beschließt, den Bundesregierungen auf das Eindringlichste zu empfehlen, durch Organisation von Milizen, Landwehren und selbst auch Freicorps alle Wehrkräfte der In ihrer Selbständigkeit bedrohten deutschen Bundesstaaten in Fluß zu bringen und durch Anwendung aller zu Gebote stehenden Mittel, Nachschaffung von Waffen und Kriegsbedürfnissen aller Art, durch Auftreibung von Geld die Sicherung eines ehrenvollen Ausganges zu fördern. — Die in Mainz liegenden Weimarschen und und Anhaltschen Truppen werden aus Mißtrauen nach Rastatt und Ulm verlegt.

„ „ Die Minister Edelsheim (Baden), Varnbüler (Württemberg) und Dalwigk (Hessen-Darmstadt) gehen nach Frankfurt.

„ „ (Baden). Der Handelsminister Matthy wird unter den obwaltenden Umständen seiner politischen Gesinnung wegen entlassen.

6. „ Der König von Preußen verlegt sein Hauptquartier nach Pardubitz.

„ „ In Wien hofft man, neben der Vermittlung Frankreichs, auch von der Sendung Gablenz ins preuß. Hauptquartier Erfolg: „Es sind gegründete Aussichten auf Abschluß eines Waffenstillstands vorhanden; officielle Nachrichten besagen, die preußische Armee erlitt in der Schlacht bei Königgrätz derartige Verluste, daß sie eigentlich kampfunfähig ist."

„ „ (Hannover). Graf Platen erläßt eine Circulardepesche, in der die Vorgänge vor der Capitulation von Langensalza zum Nachtheil Preußens dargelegt werden.

„ „ (Nassau). Die Ständeversammlung lehnt die Bewilligung des von der Regierung geforderten Militärcredits zum zweiten Mal ab und gesteht der Regierung statt 3 nur 2 Steuersimpla zu. Sie wird dafür sofort aufgelöst.

„ „ (Frankfurt). Der Senat beschließt die Mobilisirung des Contingents und die Wiederherstellung der 1848 aufgelösten Bürgerwehr.

„ „ (Braunschweig). Der Herzog weicht der wiederholten Sommation des preußischen Gesandten bezüglich der Frage des Bündnisses mit Preußen, unter Vorbehalt der Zustimmung des Landtags. Das Contingent ist schon seit mehreren Tagen marschbereit.

7. „ (Oesterreich). Der Kaiser richtet ein Manifest an die Ungarn: „An die getreuen Völker Meines Königreiches Ungarn. Die Hand der Vorsehung lastet schwer auf uns; im Kampfe, in welchen Ich nicht freiwillig,

9

sondern durch die Macht der Verhältnisse gerieth, ist jede menschliche Berechnung gescheitert, nur das Vertrauen nicht, welches Ich in die heldenmüthige Tapferkeit Meiner wackeren Armee setzte. Um so schmerzlicher ist der schwere Verlust, von welchem die Reihen jener Tapferen betroffen wurden, und Mein väterliches Herz empfindet, mit allen betheiligten Familien zugleich, die Bitterkeit dieses Schmerzes. Um dem ungleichen Kampfe ein Ende zu machen, um Zeit und Gelegenheit zu gewinnen, die durch den Feldzug entstandenen Lücken auszufüllen und die Kriegsmacht gegen die im nördlichen Theile Meines Reiches hausenden feindlichen Truppen zu concentriren, habe Ich mit großen Opfern in die Verhandlungen wegen Abschließung eines Waffenstillstandes gewilligt. Und nun wende Ich Mich vertrauensvoll an die getreuen Völker Meines Königreiches Ungarn, an ihre in schweren Zeiten wiederholt bewährte Opferwilligkeit. Es muß sich die Kraftanstrengung Meines gesammten Reiches begegnen, damit die Abschließung des ersehnten Friedens unter billigen Bedingungen sichergestellt werden könne. Ich bin des starken Glaubens, daß die kampflustigen Söhne Ungarns, vom Gefühle angestammter Treue geleitet, freiwillig unter Meine Fahnen eilen werden, zu Hilfe ihren Angehörigen und zum Schutze des durch die Kriegsereignisse auch unmittelbar bedrohten Vaterlandes. Schaaret euch sohin je zahlreicher zur Vertheidigung des überfallenen Reiches, seid würdige Söhne eurer tapferen Ahnen, die durch ihre Heldenthaten zur Verherrlichung des ungarischen Namens nimmer welkende Lorbeerkränze flochten."

7. Juli. (Oesterreich). Der Kaiser ermächtigt den Finanzminister, 200 Millionen fl. durch freiwilliges Anlehen oder Staatsnotenvermehrung zu beschaffen. Bis die Beschaffung möglich, hat die Nationalbank die nöthigen Geldmittel, vorläufig bis 60 Mill. Banknoten vorzuschießen.

" " (Oesterreich). Der Gemeinderath von Salzburg verlangt vom Kaiser die sofortige Einberufung des Reichsraths.

" " (Zollverein). Ein Circularerlaß des preuß. Handelsministeriums an die Handelskammern bestätigt, daß trotz des ausgebrochenen Krieges bei Abfertigung der Waaren zur Einfuhr Süddeutschland von Preußen als Inland behandelt wird.

" " (Frankfurt). Die gesetzgeb. Versammlung lehnt die von der Bundesversammlung beschlossene Befestigung der Stadt aus Staatsmitteln ab. Die Arbeiten werden nunmehr aus Bundesmitteln fortgesetzt.

8. " Die Preußen besetzen Prag.
9. " Benedek langt mit seinem Hauptquartier in Olmütz an.
" " Illusionen in Wien und in den preußenfeindlichen Kreisen in Paris:

"La Presse": „Der König Victor Emanuel hat den Waffenstillstandsvorschlag nicht sofort angenommen, sondern erklärt, daß er sich zuvor hierüber mit Preußen ins Benehmen setzen müsse. In Folge dieser Weigerung ist die italienische Regierung von dem bisdiesfalligen Cabinet angewiesen worden (avisé), jeden feindseligen Schritt gegen Venetien zu unterlassen, da dasselbe französisches Gebiet geworden sei. Ein französischer Commissär wird sich unverzüglich nach Venetien begeben, um die Verwaltung im Namen Frankreichs zu übernehmen. Das Mittelmeergeschwader wird sofort nach Venedig abgehen."

8./7. „Wiener Abendp.": „Seitens des Kaisers der Franzosen sind neuerdings die energischsten Schritte zur Herbeiführung des Waffenstillstandes eingeleitet worden. Die französische Flotte ist nach Venedig unterwegs. Der französische Commissär, General Leboeuf, ist angewiesen, sich in das venetianische Gebiet zu begeben. Gleichzeitig ist General Frossard in das preußische Hauptquartier mit dem Auftrag entsendet, die bewaffnete Mediation Frankreichs anzukündigen. Es ist der ausgesprochene Wille des Kaisers der Franzosen, Oesterreichs Machtstellung ungeschwächt erhalten zu sehen. Die Südarmee ist im Begriff, Venetien zu räumen, und hat bereits ihren Marsch nordwärts angetreten."

9. Juli. (Oesterreich). Der Kaiser genehmigt die Deckung des ungarischen Recrutencontingents durch Freiwillige. Es stellen sich jedoch nur Wenige solche ein.

" " 3000 Teichgräber werden in Preßburg geholt, um an den Verschanzungen auf dem Marchfeld zum Schutze Wiens zu arbeiten.

10 " Prinz Reuß langt mit einem eigenhändigen Schreiben des Königs von Preußen in Paris an. Der König hält darin alle Bedingungen aufrecht, die Bismarck in seiner Weisung an Graf Goltz als die preuß. Grundlagen für einen Waffenstillstand nebst Friedenspräliminarien mit Oesterreich festgestellt hatte. Die bereits fixirte Abreise des Prinzen Napoleon nach Italien wird in Folge davon verschoben.

„La Presse" veröffentlicht (am 11.) eine Mittheilung von Cucheval Clarigny, nach welcher der Minister des Auswärtigen, Hr. Trouyn de l'Huys, als Unterhandlungsgrundlagen, wie sie von Frankreich aufzustellen seien, folgende bezeichne:

„Der deutsche Bund wird aufgelöst. Es wird ein anderer Bund gebildet, von welchem weder Preußen, noch Oesterreich einen Theil bilden. Von Oesterreich soll keinerlei Territorial-Zugeständniß verlangt werden. Das Aufgeben der Rechte Oesterreichs auf die Herzogthümer soll die ursprünglich von Preußen verlangte Kriegsentschädigung ersetzen. Preußen würde sich Schleswig-Holstein, Mecklenburg, Hessen und Braunschweig einverleiben, und es würde auf diese Weise seine Bevölkerung auf 25 Millionen gebracht. Der Rhein würde die westliche Grenze Preußens werden. Die Provinzen zwischen dem Rhein und der Maas würden zur Entschädigung der besitzlos gewordenen Souveräne dienen. Zwischen Bayern und Baden würde ein Gebietsaustausch stattfinden, welchem zufolge beinahe die ganze Rheinpfalz an Baden gegeben würde. Die Königreiche Sachsen und Hannover und die sächsischen Herzogthümer würden mit Preußen Militärconventionen abschließen. Die Bewohner von Landau würden zwischen Frankreich und Baden zu wählen haben, ebenso die Bevölkerung des Saarthales zwischen Frankreich und den neuen rheinischen Souveränen."

Die Regierungsblätter dementiren die Nachricht mit großem Nachdruck.

" " Hauptquartier des Königs von Preußen in Hohenmauth.

" " (Oesterreich). Manifest des Kaisers:

„An Meine Völker! Das schwere Unglück, das Meine Nordarmee trotz des heldenmüthigsten Widerstandes getroffen, die Gefahren, die dadurch für das Vaterland erwachsen, die Kriegsbedrängnisse, die sich verheerend über Mein

geliebtes Böhmen ausbreiten und anderen Reichstheilen drohen, die schmerz-
lichen und unersetzlichen Verluste für viele Tausende von Familien haben
Mein Herz, das so väterlich warm für das Wohl Meiner Völker schlägt, aufs
Tiefste erschüttert. Allein das Vertrauen, das Ich in Meinem Manifeste vom
17. Juni ausgesprochen, das Vertrauen auf euere unerschütterliche Treue,
Hingebung und Opferwilligkeit und auf den selbst im Unglücke nicht zu bre-
chenden Muth Meiner Armee, das Vertrauen auf Gott und Mein gutes heiliges Recht ist in Mir keinen Augenblick wankend geworden. Ich habe Mich
an den Kaiser der Franzosen um Vermittlung eines Waffenstillstandes mit
Italien gewendet. Ich fand nicht nur das bereitwilligste Entgegenkommen,
sondern Kaiser Napoleon hat sich auch aus eigenem Antriebe und in der
edeln Absicht der Verhinderung weitern Blutvergießens zum Vermittler eines
Waffenstillstandes mit Preußen und zur Einleitung von Friedensverhandlungen angeboten." Ich habe dieses Anerbieten angenommen. Ich bin zum
Frieden unter ehrenvollen Bedingungen bereit, um dem Blutvergießen und
den Verheerungen des Krieges ein Ziel zu setzen. Allein nie werde Ich in
den Abschluß eines Friedens willigen, durch welchen die Grundbedingungen
der Machtstellung des Reiches erschüttert würden. In diesem Fall bin Ich
zum Kampfe aufs Aeußerste entschlossen und hierin der Zustimmung meiner
Völker gewiß. Alle verfügbaren Truppen werden zusammengezogen und durch
die angeordnete Recrutirung und die zahlreichen Freiwilligen, welche der neu
auflebende patriotische Geist überall zu den Waffen ruft, ergänzen sich die
Heeresfluren. Oesterreich ward vom Unglücke schwer getroffen, es ist aber
nicht entmuthigt, nicht gebeugt. Meine Völker! Vertrauet auf Euren Kaiser!
Oesterreichs Völker haben sich nie größer, als im Unglücke gezeigt! Auch Ich
will dem Beispiele Meiner Ahnen folgen und in unerschütterlichem Gottvertrauen in Entschlossenheit und Beharrlichkeit euch voranleuchten."

10. Juli. Erzh. Albrecht wird zum Commandanten, Gen. v. John zum
Chef des Generalstabs der gesammten operirenden Armeen Oesterreichs ernannt.

" " (Oesterreich). Der Bürgermeister von Wien bittet den Kaiser
in besonderer Audienz, Se. Maj. möge Wien nicht den Gefahren
eines Kampfes oder Beschädigung aussetzen und möge ferner nach
beseitigter Kriegsgefahr „bezüglich der staatsrechtlichen und politischen
Verhältnisse jene Aenderungen eintreten lassen, welche geeignet seien,
die Gemüther auch für die Zukunft zufrieden zu stellen." Der
Kaiser erwidert: „Die Stadt Wien wird nicht Gegenstand der Vertheidigung sein. Es ist mein Wille, daß sie als offene Stadt behandelt werde. Wenngleich der Brückenkopf an der Donau befestigt ist,
so dient er nicht dazu, um Wien zu vertheidigen, sondern er ist
eine Vorsichtsmaßregel, um den Uebergang über die Donau, welchen
die Preußen nicht nur in Wien, sondern auch an anderen Orten
anstreben werden, auf der ganzen Linie zu hindern. Oesterreich
darf nicht den Vorwurf auf sich laden, daß es, wenn auch seine
Waffen unglücklich waren, in Feigheit verfalle und muthlos plötzlich
alle Hoffnungen aufgebe und den Feind, ohne ihn auch nur zu verhindern, über die Donau gehen lasse". Der Kaiser erklärt ferner,
daß „die Behörden, die Polizei-Organe, die Statthalterei und er
selbst in Wien bleiben werden und daß er selbst der Letzte sein
werde, welcher, wenn die Armee Wien verlasse, ihr nachfolge."

Der Gemeinderath von Wien beschließt einstimmig, eine Adresse an den Kaiser zu richten, um die Wünsche und Forderungen der Bevölkerung in der loyalsten Form zum Ausdruck zu bringen.
10. Juli. (Oesterreich). Der Gemeinderath von Graz beschließt, den Kaiser in einer Loyalitätsadresse nicht nur um Wiedereinführung der sistirten Verfassung, sondern um Veränderung des ganzen Regierungssystems zu bitten.

„ „ Die Oesterreicher begingen Venetien außer dem Festungsviereck zu räumen. Die Festungswerke von Rovigo werden von ihnen in die Luft gesprengt.

„ „ (Bundestag). Die Bundeskasse wird aus Frankfurt fortgebracht, Rothschild hat die Depositen herausgegeben. Die Schanzarbeiten in und um Frankfurt werden von kurhessischen Pionieren fortgesetzt und dafür 200,000 fl. angewiesen.

„ „ (Bayerische Armee). Gefechte bei Kissingen und Hammelburg. Tod des Gen. Zoller. Die Bayern gehen hinter den Main zurück und stellen sich nach dem Wortlaut der officiellen Telegramme bei Schweinfurt in Schlachtordnung auf.

„ „ (Bayern). Durch allerhöchste Verordnung wird die gesammte Landwehr aufgerufen.

11. „ Ministerrath in Paris unter dem Vorsitz des Kaisers. Entschiedene Parteiung für und wider Oesterreich (Troupu de l'Huys — Rouher). Der Kaiser entscheidet schließlich gegen eine active Unterstützung Oesterreichs; Frankreich wird sich auf bons offices gegenüber den kriegführenden Mächten beschränken. Verständigung zwischen Preußen und Frankreich: Frankreich gesteht die Ausschließung Oesterreichs aus Deutschland zu, wogegen Preußen auf die Beitziehung der südlich des Mains gelegenen deutschen Staaten in den neuen Bund unter seiner Führung verzichtet. Frankreich übernimmt es, den Vorschlag empfehlend nach Wien zu befördern.

Wortlaut des französischen Vorschlags: „L'Autriche reconnaîtra la dissolution de l'ancienne Confédération germanique et ne s'opposera pas à une nouvelle organisation de l'Allemagne dont elle ne fera pas partie. La Prusse constituera une Union de l'Allemagne du Nord comprenant tous les Etats situés au Nord de la ligne du Mein. Elle sera investie du commandement des forces militaires de ces Etats. Les Etats Allemands situés au Sud du Mein seront libres de former entre eux une Union de l'Allemagne du Sud qui jouira d'une existence internationale indépendante. Les liens nationaux à conserver entre l'Union du Nord et celle du Sud seront librement réglés par une entente commune."

Antwort Preußens: „Preußen erkennt in den Gegenanträgen (contrepropositions) Frankreichs hinreichende Bürgschaft, um auf den von ihm verlangten Waffenstillstand einzugehen, vorausgesetzt, daß Oesterreich die französischen Gegenanträge als Friedensgrundlage anzunehmen bereit ist. Das Berliner Cabinet erklärt sich ferner bereit, unter der Voraussetzung österreichischer Gegenseitigkeit, sich während fünf Tagen jeder Feindseligkeit gegen Oesterreich zu enthalten. Dieses wird innerhalb dieser Frist erklären, ob es die Friedensgrundlagen genehmige, oder nicht. Wenn diese in binnen fünf Tagen zu gebende Antwort bejahend ausfällt, wird Preußen diese Annahme zur Kenntniß der italienischen Regierung bringen, und sie einladen, in Gemeinschaft mit dem Berliner Cabinet den Abschluß des Waffenstillstandes mit Oesterreich zu gewähren."

11. Juli. Das Hauptquartier des Königs von Preußen ist in Zwittau, die Armee marschirt gegen Brünn.

„ „ Armeebefehl des Erzherzogs Albrecht an die Südarmee:

„Soldaten der Südarmee! Unsere Waffen im Norden waren bei den ersten Kämpfen vom Glück nicht begünstigt, doch vermochte der Unfall, der sie betroffen, das Vertrauen unseres erhabenen Monarchen auf unser gutes heiliges Recht und unsere Kraft nicht zu erschüttern, und unerschütterlich, wie er, ist die ganze Armee, ist ganz Oesterreich zum Kampf auf das äußerste entschlossen, solange kein ehrenvoller, Oesterreichs Machtstellung sichernder Friede erreicht wird. Durch den im kaiserlichen Manifest vom 10. Juli veröffentlichten allerhöchsten Entschluß wird uns eine veränderte Aufgabe zu Theil. Während die nothwendigen Kräfte zurückbleiben, um die hierländigen Festungen zu behaupten, und im Verein mit der treuen und muthigen Bevölkerung die Gränzen Tyrols und Innerösterreichs und der Küste zu schützen, ziehe ich mit dem Rest der Armee zur Verstärkung unserer Streitmacht nach Norden, wo die Entscheidung liegt. Waffengefährten! Ich weiß, ihr könnt den Schauplatz eures jüngsten Triumphes nur mit schwerem Herzen verlassen, doch möge hiefür die Hoffnung auf neue Siege euren freudigen Muth, eure Kraft auch neu beleben. Ihr seid berufen, im Norden zu vollenden, was ihr im Süden so glänzend begonnen. Soldaten der Besatzungen der venetianischen Festungen, in Tyrol und im Küstenlande! Euch mache ich zu Erben unseres Sieges von Custozza, euch lasse ich als die treuen und tapfern Hüter des gewonnenen Werkes zurück; haltet das ruhmvolle Vermächtniß mit unerschütterlicher Zähigkeit fest, was auch kommen möge; haltet mit der Ausdauer eurer Vorjahren die Fahnen unseres theuren Oesterreichs hoch; eure Aufgabe ist so nothwendig im Süden, als die unsrige im Norden. Allen wird gleiche Ehre, gleiche Anerkennung zu Theil werden. Voll ruhigen Vertrauens rufe ich euch, in meinem und im Namen aller Schreitenden ein herzliches Lebewohl zu, doch gleichzeitig auch auf Wiedersehen. Und ihr, die ihr mit mir gegen Norden zieht, laßt uns im Verein mit unsern dortigen tapferen Waffenbrüdern der Welt zeigen, daß Oesterreichs Kraft noch ungebrochen, laßt uns zum Entscheidungskampf gehen mit dem Vertrauen auf Gott und unsere Kraft, welche uns bereits die größten Schwierigkeiten siegreich überwinden gelehrt!"

„ „ Die ersten Truppen der österreichischen Armee in Italien treffen in Wien ein.

„ „ (Preußische Mainarmee). Gen. Vogel v. Falkenstein läßt die Bayern bei Schweinfurt in Schlachtordnung stehen und wendet sich Hanau zu gegen das 8. Bundesarmeecorps.

„ „ (Preußen). Der Großherzog von Mecklenburg erläßt einen Tagsbefehl an sein ins Feld rückendes Reservecorps der Mainarmee.

„ „ (Bundestag). Die Bundesversammlung beschließt, ihren Sitz „provisorisch" nach Augsburg zu verlegen und theilt den Beschluß dem Senat von Frankfurt durch eine Note mit:

„Die Bewegungen der feindlichen Truppen legen der Bundesversammlung die Pflicht auf, für die Freiheit ihrer Berathungen und den ungestörten Verkehr der Bundestagsgesandten mit ihren Regierungen Sorge zu tragen. Aus dem Ernst der Zeiten erwachsen der Bundesversammlung neue schwere

Obliegenheiten, die sie zu erfüllen fest entschlossen ist, und dieselbe glaubt es den im gemeinsamen Kampf für Deutschlands Recht und Freiheit zusammenstehenden Regierungen und Völkern gleichartigsig schuldig zu sein, die oberste Bundesbehörde in freier Thätigkeit zu erhalten, da sie die Unauflöslichkeit des Nationalbandes und die Zusammengehörigkeit aller deutschen Länder in gesetzlicher Form vertritt. Sie hat daher beschlossen, ihren Sitz provisorisch nach Augsburg zu verlegen, und das beim deutschen Bund beglaubigte diplomatische Corps einzuladen, ihr zu folgen. Indem sie Frankfurt zeitweilig verläßt, spricht sie ihre lebhafte Anerkennung der vaterlandstreuen Gesinnungen aus, welche diese freie Stadt durch manchen Wechsel der deutschen Geschicke unverändert bethätigt hat. Diese Gesinnungen wird Frankfurt bei seinem regen Gefühl für Deutschlands Größe und Freiheit auch ferner bewahren. Die in dieser Versammlung vertretenen bundestreuen Regierungen werden fest und ungebeugt zur Sache des Vaterlands und des Rechts gegen Sonderbund und Vergewaltigung stehen, und die Bundesversammlung darf daher im Vertrauen auf den endlichen Sieg der guten Sache die Hoffnung aussprechen, daß in den Mauern dieser an Erinnerungen deutscher Größe reichen Stadt sich die Vertreter der Fürsten und Völker zusammenfinden werden, um Deutschlands Macht und Freiheit dauernd zu begründen."

Auf den Antrag des Gesandten von Frankfurt wird zugleich beschlossen, die angefangenen Befestigungsarbeiten vor der Stadt einzustellen.

11. Juli. (Hessen-Darmstadt). Der Großherzog erläßt eine Verfügung für den Fall einer feindlichen Occupation seines Landes.

12/13. Juli. Eine von Frankreich zwischen Preußen und Oesterreich vermittelte dreiszügige Waffenruhe kommt nicht zu Stande. Bedingungen Preußens. Gegenvorschlag Oesterreichs. Ablehnung Preußens.

Die in der preußischen Antwort angeführten Hauptgründe für die Ablehnung dieser Gegenvorschläge sind: daß der österreichischen Südarmee die Befugniß verblieben sein würde, ihre Bewegungen fortzusetzen, und daß die Einwilligung in die Besetzung der Thayalinie bis Lundenburg durch die preußischen Truppen verweigert wurde.

12. " Die Preußen rücken in Brünn ein.
" " Die letzten österr. Feldtruppen treten den Rückmarsch nach Norden auf der Triesterbahn über Nabresina an.
" " Eine Anzahl einflußreicher Männer Norddeutschlands, aus Hannover, Braunschweig, Oldenburg, Mecklenburg und Kurhessen treten in Hannover zusammen und beschließen, eine Erklärung und Ansprache an die Deutschen im Süden im Sinne der Bestrebungen des Nationalvereins, die 137 Unterschriften erhält.
" " (Württemberg). Die preußenfreundliche Partei unterliegt in einer von ihr einberufenen Versammlung in Stuttgart, zu der sich gegen 2000 Männer aller Parteien einfinden, indem von den von ihr vorgeschlagenen Resolutionen nur diejenigen gegen die von Oesterreich angerufene Einmischung Frankreichs und gegen die Bildung eines neuen Rheinbundes einstimmig angenommen werden, eine dritte dagegen,

„diesen vorhandenen Gefahren gegenüber ist eine Verständigung mit Preußen über sofortige Einstellung der Feindseligkeiten, sowie die Berufung des Parlaments zu Feststellung der deutschen Verfassung dringend geboten," fallen gelassen werden muß.

136 **Deutschland.**

13. Juli. Ein franzöſ. Cabinetscourier überbringt die zwiſchen Frankreich, Preußen und Italien vereinbarten Friedensbedingungen nach Wien.

„ „ Die Preußen rücken in Znaim ein; die Oeſterreicher gehen über die Thaya zurück und ſprengen die Brücken in die Luft.

„ „ Erzh. Albrecht langt in Wien an. Erſter Armeebefehl beſſelben.

„Soldaten vom Norden und vom Süden! Treue, wackere Verbündete aus Sachſen! Verrlut, wie unſere Gefühle ſtets geweſen, wird nun auch unſer Wirken ſein! Mächtiger als je zuvor ſammelt ſich eine Armee aus kampfgeübten, an Tapferkeit und Ausdauer gleich bewährten Kriegern, die mit dem Bewußtſein einerſeits ſchon errungenen Sieges und andererſeits mit dem heißen Verlangen, ein unverdientes Mißgeſchick zu rächen, ſich nach der Gelegenheit ſehnen, dem Uebermuthe des Feindes ein Ende zu machen! Laßt uns „mit vereinten Kräften" das große Werk vollbringen und uns hiebei ſtets in Erinnerung halten, daß der Erfolg Demjenigen zu Theil wird, der Kopf und Herz zugleich am rechten Flecke hat, der gleichzeitig ruhig zu denken und energiſch zu handeln weiß, und daß — möge das Glück begünſtigen, wen es wolle — nur Derjenige verloren iſt, der ſich einſchüchtern läßt und ſich ſelbſt aufgibt!"

„ „ Der preußiſche Landrath v. Selchow wird zum preußiſchen Civilcommiſſär für öſterreichiſch Schleſien ernannt mit dem Sitz in Troppau.

„ „ (8. Bundes-Armeecorps). Gefecht der Heſſen bei Laufach; dieſelben ziehen ſich gegen Aſchaffenburg zurück. — Prinz Alexander kündigt der Stadt Frankfurt und dem Bundestage an, daß er ſie nicht länger ſchützen könne, ſondern ans linke Ufer des Main zurückgehen werde, um dort ſeine Vereinigung mit den Bayern zu bewerkſtelligen.

14. „ Der „Moniteur" zügelt die Ungeduld des Publicums bezüglich des Ganges der Friedensunterhandlungen.

„Die Verhandlungen können nicht bloß durch den Telegraphen geführt werden, und ein Kurier zwiſchen Paris und dem preußiſchen Hauptquartier braucht drei Tage und drei Nächte. Alles, was wir ſagen können, iſt: Die Verhandlungen ſind auf dem Wege des Fortſchritts, und die beſten Beziehungen zwiſchen Napoleon und dem König von Preußen haben nicht aufgehört zu beſtehen."

„ „ Oeſterreich nimmt die preußiſchen Bedingungen für die Friedenspräliminarien nach dem Vermittlungsvorſchlage Frankreichs im Principe an.

„ „ Die Preußen rücken bei Jetzelsdorf ins Erzherzogthum Oeſterreich ein.

„ „ (Preußen). Der offic. „Staatsanzeiger" iſt in der Lage mitzutheilen:

„Dem Bündniß mit Preußen, welches die gemeinſame Garantie des Beſitzſtandes und die Verpflichtung zur Berufung des Parlaments behufs Vereinbarung der bundesſtaatlichen Verfaſſung auf der Baſis der preuß. Grundlage enthält, ſind nunmehr mit Ausnahme von Luxemburg, Meiningen und Reuß-Greiz, ſämmtliche von Preußen nicht occupirte Staaten Norddeutſchlands beigetreten. Es ſind dies, mit Einſchluß Preußens und Schleswig-Holſteins, 18 Staaten des früheren deutſchen Bundes: Anhalt, Sachſen-Altenburg, Sachſen-Coburg-Gotha, Sachſen-Weimar, Schwarzburg-Sondershauſen, Schwarzburg-Rudolſtadt, Waldeck, Lippe-Detmold, Schaumburg-Lippe, Reuß-Gera, Oldenburg, Mecklenburg-Schwerin, Mecklenburg-Strelitz, Lübeck, Brewen und Hamburg. Diese Staaten repräsentiren mit der Bevölkerung der von Preußen besetzten Länder eine Vereinigung von etwa 30 Mill. Deutschen in einem vollkommen geschlossenen Territorialverband, welche in ihren gewichtigsten politischen und materiellen Interessen auf einander angewiesen, und in ihrer Culturentwicklung, wie in ihrem religiösen Bekenntniß überwiegend homogen sind. In vielen dieser Staaten sind die Einleitungen zur Berufung des gemeinschaftlichen Parlaments, welches die Zusammengehörigkeit derselben am besten darlegen wird, auf Grund des Reichswahlgesetzes vom 12. April 1849 bereits getroffen."

14. Juli. (Bundestag). Die Bundesgesandten verlassen Frankfurt und siedeln nach Augsburg über. — Die um Frankfurt begonnenen Verschanzungen werden wieder abgetragen.

„ „ (8. Bundes-Armeecorps). Gefecht bei Aschaffenburg (Hessen und Oesterreicher). Die Preußen nehmen Aschaffenburg, die Reichstruppen gehen über den Main zurück.

15. „ Nach dem Scheitern der Unterhandlungen über einen dreitägigen Waffenstillstand rücken die Preußen mit verstärktem Nachdruck gegen Wien vor.

„ „ Benedek verläßt mit dem Reste seiner Armee Olmütz, um an die Donau zu gelangen. Gefecht bei Tobitschau: preußische Cavallerie nimmt den Oesterreichern 16 Kanonen ab.

„ „ (Mainarmee). Gen. Vogel v. Falkenstein läßt seine Truppen in Eilmärschen gegen Frankfurt rücken.

„ „ (Frankfurt). Proclamation des Senats an die Bürgerschaft von Stadt und Land:

„Der zwischen deutschen Bruderstämmen ausgebrochene Krieg droht auch das Gebiet der freien Stadt Frankfurt zu überziehen. Die hohe deutsche Bundesversammlung, welche in hiesiger freien Stadt ihren Sitz hat, ist bereits zu dem Entschlusse gelangt, diese Stadt zeitweise zu verlassen. Unsere Stadt ist eine offene Stadt und steht als solche unter dem Schutze des durch die Anerkennung aller Nationen geheiligten Völkerrechts. Leben und Eigenthum der Bürger und Einwohner erscheinen daher in keiner Weise bedroht. Dagegen fühlt der Senat in dieser verhängnißvollen Zeit sich gedrungen, der Bürgerschaft offen und freimüthig das Nachfolgende zu verkünden: Der Senat wird treu zu dem Bunde stehen, der als unauflöslicher Verein gegründet ist und die Erhaltung der Unabhängigkeit und Unverletzbarkeit der einzelnen deutschen Staaten zum Zwecke hat. Derselbe hält aber eine Umgestaltung der Bundesverfassung, die Schaffung einer starken Centralgewalt und die Einsetzung einer wirksamen Vertretung des gesammten deutschen Volkes für dringend geboten und wird sich freudig allen hierauf gerichteten Bestrebungen anschließen. Es ist der feste Entschluß des Senats, bis zu glücklich errichteter Umgestaltung der Bundesverfassung die durch völkerrechtliche und Bundesverträge begründete und gewährleistete Unabhängigkeit und Unverletzbarkeit hiesiger freien Stadt zu wahren. Mag dieser Entschluß auch unserer freien Stadt, diesem friedlichen Gemeinwesen, dieser Stätte des Handels und der Gewerbe, dieser Quelle des Wohlstandes und der Wohlthätigkeit, schwere Prüfungen auferlegen, so hegt doch der Senat die feste Zuversicht, daß die gesammte Bürgerschaft in ihrem Rechtsgefühl und ihrer Treue für das deutsche Vaterland ihm zur Seite stehe und im Bewußtsein, das Rechte gewollt und Treue bewahrt zu haben, die Prüfungen, die über uns kommen können, standhaft ertragen werde. Gott beschütze das deutsche Vaterland und die freie Stadt Frankfurt."

15. Juli. (**Hessen-Darmstadt**). Der Großherzog verläßt sein Land und langt mit seinem ganzen Hofstaat in München an.

„ „ (**Nassau**). Der Herzog erläßt eine Proclamation an sein Volk und verläßt das Land:

„Der Stand der deutschen Bundesssache nimmt seit gestern eine Stellung ein, die mich nöthigt, um nicht, nach einem in der Geschichte der Civilisation einzig dastehenden Beispiel der letzten Wochen, in Kriegsgefangenschaft zu gerathen, euch auf — so Gott will — kurze Zeit zu verlassen. Ich eile zur Armee, weil ich dort bei euren Söhnen und Brüdern unter Nassau's Fahnen wenigstens für einen Theil meiner Landeskinder sorgen zu können hoffe. Die Herzogin, meine Gemahlin, und meine Kinder lasse ich als theure Pfänder in eurer Mitte zurück. Nächst der göttlichen Vorsehung befehle ich sie eurer Obhut; möge der Allmächtige sie und euch alle in seinen heiligen Schutz nehmen, und der guten Sache endlich zu ihrem Recht verhelfen. Bewahrt mir die alte nassauische Treue und Anhänglichkeit, die ihr mir so oft bewiesen, und bei dem seltenen Feste, welches wir vor noch nicht zwei Jahren zusammen gefeiert haben, auf rührende Weise von neuem gelobt habt. Welches Geschick auch über uns verhängt sein möge, ich werde die Ehre Nassau's hoch halten, und meine Pflichttreue und Liebe zu euch bis zum letzten Herzschlag bethätigen. Bauet auf mich, wie ich auf euch baue, so wird Gott uns nicht verlassen."

„ „ (**Sachsen-Weimar**). Zusammentritt des außerordentlich einberufenen Landtags. Die Regierung legt demselben in ihrer Propositionsschrift das mit Preußen abgeschlossene Bündniß zur Genehmigung vor:

„... In Folge des unheilvollen Mobilmachungsbeschlusses der Bundesmajorität vom 14. Juni hat Preußen seinen Austritt aus dem Bund unter dem Erbieten zum Aufbau eines neuen, in allgemeinen Zügen charakterisirten Bundes erklärt, und zugleich ist zwischen den an jenem Bundesbeschluß vom 14. Juni betheiligten Regierungen einerseits und Preußen andererseits der Kriegszustand an die Stelle des Friedens getreten. Trotz alledem hatten wir den Versuch noch nicht aufgegeben mögen, den Standpunkt der Neutralität, den Wir in der Abstimmung der Bundesversammlung vom 14. Juni durch Ablehnung des österr. Antrags Unsererseits zu wahren beflissen waren, auch weiterhin möglichst aufrecht zu erhalten, und Wir fanden Uns in dieser Hoffnung durch den Umstand bestärkt, daß Unser Bundescontingent noch vor dem 14. Juni in Folge, ausdrücklichen, unter allseitiger Zustimmung gefaßten Bundesbeschlusses vom 9. v. M. in die nach dem Ausmarsch der österreichischen und preußischen Besatzung allseitig als neutral anerkannte Bundesfestung Mainz abgesandt war, und hierdurch den Charakter der Neutralität nicht nur selbst erlangt, sondern in natürlicher Folge zugleich auf Unsere Staatsregierung übertragen zu haben schien. Allein der wirkliche Ausbruch des Kriegs hat dieses Verhältniß wesentlich gestört. Keiner von beiden kriegführenden Theilen mag die ursprünglich vereinbarte Neutralität der Bundesfestung Mainz auch jetzt noch vollständig anerkennen, und namentlich ist die k. preußische Staatsregierung nicht geneigt, Unserer Staatsregierung eine neutrale Stellung zuzugestehen, dieselbe hat dagegen der letzteren, wie denen anderer Nachbarstaaten, den Abschluß eines Bündnisses angeboten, welches nach den der Bundesversammlung bereits übergeben gewesenen, nebst einem Memoire hier angefügten, Grundzügen einer neuen Bundesverfassung mit einem baldigst von Preußen zu berufenden, auch aus dem Großh. nach den Bestimmungen des Reichswahlges. v. 1849 zu beschickenden Parlament näher zu berathen und zu vereinbaren sein werde, und damit zugleich das Ersuchen verbunden,

Unsere Truppen ungesäumt auf den Kriegsfuß zu setzen und Se. Maj. dem König von Preußen zur Verfügung zu stellen. Hieran reihte sich die Aufforderung, daß die großh. Staatsregierung sich nicht ferner an der Thätigkeit des noch in Frankfurt a. M. tagenden Restes der Bundesversammlung, welcher jetzt lediglich nur das Organ einer gegen Preußen bereits im Krieg befindlichen Coalition sei, betheiligen möge. Dagegen erbot sich die k. preuß. Staatsregierung ihrerseits, die Unabhängigkeit und Integrität Unseres Staatsgebiets nach Maßgabe jener am 14. Juni der Bundesversammlung von Preußen übergebenen Bündnißgrundzüge zu gewährleisten. Somit in die Nothwendigkeit versetzt, in dem Krieg, der zwischen den genannten Bundesgliedern ausgebrochen, Partei zu ergreifen, und nach der in Folge des Austritts Preußens und einer Reihe anderer nord- und mitteldeutscher, namentlich auch thüringischer Staaten unzweifelhaft erfolgten factischen Auflösung des zeitherigen Bundes nicht mehr an letzteren gebunden, konnten Wir über die zu treffende Wahl nicht zweifelhaft sein; nicht allein verwandtschaftliche Bande, vor allem die geographische Lage des Großherzogthums und die innigsten und vielfachsten Beziehungen und Verbindungen auf den verschiedensten Gebieten des materiellen und geistigen Lebens, die seit langen Jahren bestanden, in allen Zeiten ein treues Zusammengeben, gegründet auf innere Zusammengehörigkeit, erzeugt, und seit der Bildung des Zollvereins den Kreis der gemeinsamen Interessen immer weiter ausgedehnt, das Band immer fester geknüpft haben, mußten auf das Bündniß mit Preußen hinweisen. Wir haben Uns daher, mit Vorbehalt der Zustimmung des getreuen Landtags, bereit erklärt, dieses Bündniß einzugehen, Unsern Bundestagsgesandten aus Frankfurt a. M. abberufen, zuvor aber noch durch denselben den Versuch machen lassen, Unsere Truppen, nachdem die Voraussetzungen ihrer Absendung nach Mainz inmittelst wesentlich alterirt worden, aus dieser Bundesstellung zu eigner Verfügung wieder zurückzuerhalten. Dieser Versuch ist erfolglos geblieben, vielmehr hat der Militärausschuß, mit nachträglicher Genehmigung der in Frankfurt a. M. noch vertretenen Regierungen, ohne unser Wissen und Wollen, die Uebersiedlung Unserer Truppen in die Bundesfestungen Ulm und Rastatt verfügt. Dafelbst werden dieselben aller Wahrscheinlichkeit nach fürerst wenigstens nicht in die Lage kommen, zu einer dem Bündniß mit Preußen widerstreitenden Action verwendet zu werden. Immerhin aber sind Wir augenblicklich außer Stand, Sr. Maj. dem König von Preußen Unser Militär in seiner ganzen Stärke zu gemeinsamer Kriegsführung zur Verfügung zu stellen. Wir werden indessen pflichtmäßig unausgesetzt bemüht sein, die freie Verfügung über dasselbe wieder zu erlangen, um auch in diesem Punkten den Bedingungen des Bündnisses vollständig gerecht werden zu können. Nach alledem macht sich die definitive Entscheidung über hochwichtige Entschließungen und gesetzgeberische Acte dringend nöthig, welche in die zukünftigen Schicksale Unseres Staats tief eingreifen und der Zustimmung der Vertreter Unseres Landes bedürfen...."

Der Staatsminister v. Watzdorf spricht die Hoffnung aus, daß, wie vor 18 Jahren Regierung und Landtag bemüht gewesen, nach ihrem Vermögen die deutsche Frage einer glücklichen Lösung entgegenzuführen, und wie seitdem stets die Regierung, fern von allen particularistischen Interessen, das Wohl des engern und des großen Vaterlandes im Auge gehabt habe, so auch diesmal die gleiche Einmüthigkeit zwischen Regierung und Landtag bestehen, und es gelingen möge, aus den gegenwärtigen Kämpfen Deutschland einer festen und friedlichen Zukunft entgegenzuführen.

Der Landtag wählt einstimmig den Abg. Fries (hervorragendes

Mitglied des Nationalvereins) zu seinem Präsidenten und überweist die Vorlagen der Regierung einem besonderen Ausschuß.

16. Juli. (Frankfurt). Eine Proclamation des Senats stellt den Einzug der Preußen in Aussicht und ermahnt die Bevölkerung, dieselben freundlich zu empfangen. Noch am gleichen Tage rücken die Preußen unter General Vogel v. Falkenstein in der Stärke von circa 25,000 Mann in die Stadt ein unter lautloser Stille der Bevölkerung.

„   „   (Braunschweig). Zusammentritt des Landtags. Die Regierung überreicht demselben Vorlagen betreffend das mit Preußen abzuschließende Bündniß und die Mobilisirung des Contingents.

Denkschrift der Regierung. Dieselbe erinnert zunächst an die Stellung, welche Braunschweig gegenüber dem Bundesbeschluß vom 14. v. M. eingenommen. Am 16. Juni habe Preußen der braunschweigischen Regierung ein Bündniß mit dem Ersuchen angetragen, die herzoglichen Truppen ungesäumt auf den Kriegsfuß zu setzen und dem König von Preußen zur Verfügung zu halten, daneben sich auch bereit zu erklären, an der Einberufung des Parlaments theilzunehmen, sobald diese von Preußen erfolge. Zugleich war im Fall der Annahme die Gewährleistung der Unabhängigkeit und Integrität des Herzogthums nach Maßgabe der in der Bundestagssitzung vom 14. Juni mitgetheilten Grundzüge des Bündnisses zugesagt. „Bei der Prüfung dieser wichtigen Anträge trat der Wunsch hervor, einem Kampf gegen die deutschen Vaterlandsgenossen fern zu bleiben; es trat lebhaft vor Augen, welch' schwere und schmerzliche, weithin ausgebreitete und zum Theil auf Generationen nachwirkende Opfer tragen zu müssen das Land in die Lage kommen würde, und daß weiten Kreisen diese Trauer nicht erspart bleiben könnte. Dazu kam, daß sich auch der Ausschuß der Landesversammlung, sowie die hiesigen städtischen Behörden nebst der hiesigen Bürgerschaft für Bewahrung der bis dahin von der herzoglichen Regierung eingenommenen parteilosen Stellung in dem Streite der beiden deutschen Großmächte übereinstimmend aussprachen, und führten diese Erwägungen dahin, der preußischen Regierung die Zusage zu ertheilen: den Bundesbeschluß vom 14. Juni nicht zur Ausführung zu bringen, sich nicht auf die Seite der Gegner Preußens stellen und die herzoglichen Truppen auf dem Friedensfuß belassen zu wollen. Zugleich wurde damit die ausdrückliche Erklärung verbunden, daß die herzogl. Regierung die mitgetheilten Grundzüge zur neuen Bundesverfassung nicht nur als geeignete Grundlage anerkenne, sondern auch bereit sei, zur Herbeiführung einer deutschen Verfassung auf dieser Grundlage gern mitzuwirken. Diese Anerbietungen und Erklärungen fanden bei der preußischen Regierung sofort die günstigste Aufnahme. Bei fortschreitender Entwicklung der Ereignisse wurden später die preußischen Propositionen fernerer Erwägung unterzogen, welche zu einer die diesseitige Erklärung vom 18. Juni modificirenden Ueberrinkunft mit der preußischen Regierung führten, wonach von hier aus die Zusage ertheilt wurde, beim Eintritt eines gegebenen Falls einen außerordentlichen Landtag berufen, demselben den Bündnißvertrag zur Zustimmung vorlegen und, da einer solchen Zustimmung gewiß, das Bündniß in der preußischerseits proponirten Weise abschließen zu wollen, mit Vorbehalt eines Uebereinkommens über die Art der Verwendung der herzoglichen Truppen. Dieser Fall ist gegenwärtig eingetreten. Bei den schwer wiegenden Folgen, welche die bevorstehende Entschließung für die Zukunft des Landes haben kann, haben wir uns zur Aufgabe gemacht, die vorgenommenen Verhandlungen der Landesversammlung ausführlich mitzutheilen.... Einer besondern Empfehlung derselben wird es weiter nicht bedürfen, sondern genügen, darauf hinzuweisen, daß über die zu verfolgenden nationalen Zwecke, über die Nothwendigkeit der Umgestaltung der Bundesverhältnisse mit deutschem Parlament, in allen Stadien, welche diese Angelegenheit bisher durchlaufen hat, Einmüthigkeit zwischen Regierung und Landesvertretung stets geherrscht hat, und daß die staatlichen Verhältnisse Deutschlands sich gegenwärtig dergestalt entwickelt haben, daß jenes Ziel nicht anders, als durch engen Anschluß an Preußen erreichbar erscheint, welches, an der Spitze der intellectuellen und materiellen Entwicklung Deutschlands, zugleich auf allen Punkten durch seine energische und erfolgreiche Action die Festigkeit seines Baues unbestreitbar bewiesen, und durch sein entschlossenes Auftreten in der deutschen Verfassungssache seinen ernstlichen Willen zur Lösung derselben dargethan hat..."

17. Juli. Prinz Napoleon geht nunmehr von Paris in das Hauptquartier des Königs von Italien ab.

" " Die Preußen besetzen Lundenburg, den Knotenpunkt der Wien-Brünner und Wien-Olmützerbahn. Auch der König von Preußen mit dem Hauptquartier trifft daselbst ein. Eine Abtheilung der Preußen geht bei Horitz über die March auf ungarischen Boden.

Keine größern österr. Truppenmassen stehen mehr auf dem linken Donauufer gegen die Preußen. Dagegen langt ein Regiment der ital. Armee nach dem andern zum Schutz der Donaulinie an, ebenso auch die sächsische Armee von Linz her. Aufgebot des Landsturms in Niederösterreich, Oberösterreich, Kärnthen, Krain und Steiermark. Die Bevölkerung remonstrirt dagegen. Der Gemeinderath von Wien beschließt, eine Bürgerwehr von 20,000 Mann (Steuerzahlende und Beamte) zu errichten; die Regierung genehmigt den Beschluß sofort. Adresse des Gemeinderaths an den Kaiser:

„In so bedrängnißvoller Zeit will die Vertretung Wiens nicht alle Ursachen erörtern, welche die gegenwärtige traurige Lage des Reiches verschuldet haben; das eine aber darf sie aussprechen: daß diese Lage weniger durch die letzten Mißerfolge im Feld, als durch die unglückliche Politik herbeigeführt wurde, welche die Rathgeber der Krone zum Theil schon seit einer langen Reihe von Jahren sowohl im Innern, als nach außen verfolgten. Doch jetzt gilt es, vorwärts zu schauen und sich des erhabenen Worts Ew. Maj. würdig zu bewähren, daß Oesterreichs Völker sich nie größer zeigten, als im Unglück. Ja, die Vertreter der getreuen Stadt halten an der Ueberzeugung fest: die Völker Oesterreichs werden dies — sie werden sich als dieselben bewähren, welche wiederholt zahlreichen und glücklichen Feinden gegenüber den Muth nicht sinken ließen, sondern sich treu und fest um ihren Monarchen schaarten. Sie hatten sich jedoch zu der Erwartung berechtigt, daß Ihr Kaiser, in Verwirklichung jener Grundsätze, die er wiederholt als die leitenden Gedanken seiner Regierung ausgesprochen hat, unter Mitwirkung von Räthen, welche in der Volksvertretung die festeste Stütze des Thrones und des Reichs sehen und im Einklang mit dieser eine kraftvolle und wahrhaft freisinnige Politik ins Leben rufen werde. Ew. Maj. haben in Ihrer hohen Einsicht sich veranlaßt gesehen, die Führung Ihrer tapfern Armee andern, hoffentlich glücklicheren, Händen anzuvertrauen. Möge Ew. Maj. zu dem segensreichen Entschlusse kommen, auch zur Leitung der Staatsgeschäfte solche Männer zu berufen, deren entschiedene Thatkraft und politische Gesinnung den Völkern Oesterreichs die Gewähr einer bessern Zukunft zu geben geeignet ist."

" " Ein Manifest des Kaisers ruft alle waffenfähigen Männer Tyrols zur Vertheidigung des Vaterlandes gegen Italien auf.

17. Juli. (**Frankfurt**). Die Preußen besetzen die Hauptwache, und consigniren die Frankfurter Garnison in ihre Caserne, wo sie aufgelöst wird. Dem zu einer Sitzung versammelten Senat wird seine Auflösung angekündigt und die Senatoren v. Bernus und Speltz verhaftet. Eine Proclamation des Gen. Vogel v. Falkenstein verkündet, daß er die Regierungsgewalt über die Stadt Frankfurt, das Herzogthum Nassau und die occupirten Theile von Hessen-Darmstadt und Bayern übernommen habe. Das „Frankf. Journal" wird zum offic. Organ der preuß. Militärbehörde erklärt, die (demokratische) „Neue Frankf. Zeitung" und die (conservative) „Frankf. Postzeitung" werden unterdrückt.

18. „ Die offic. preuß. Prov.-Corr." sagt über den bisherigen Gang der Friedensunterhandlungen:

„Die Verhandlungen zwischen Frankreich und Preußen haben einen Verlauf genommen, welcher durchaus nicht den Erwartungen Oesterreichs, wohl aber dem zuversichtlichen Vertrauen entspricht, welches die preußische Regierung in den redlichen, ehrenhaften Willen des Kaisers Napoleon gesetzt hat. Die französische Regierung hatte der von Preußen kundgegebenen Absicht, auf einen Waffenstillstand nicht eher einzugehen, als bis gemeinsame Grundlagen für ernste Friedensverhandlungen gewonnen seien, alsbald zugestimmt. Vergeblich bemühte sich Oesterreich, durch Frankreichs Einmischung einen sofortigen Waffenstillstand zu erwirken; die von Wien aus verbreitete Nachricht, daß Frankreich mit einer „bewaffneten Einmischung" gegen Preußen wie gegen Italien drohe, erwies sich bald als ein vergeblicher Wunsch Oesterreichs. Kaiser Napoleon setzte sich durch ein eigenhändiges Schreiben mit unserem Könige in Verbindung, welcher unmittelbar darauf den Gesandten, Prinzen Reuß, nach Paris entsandte, um eine kgl. Erwiderung auf das Schreiben des Kaisers und zugleich die Vorschläge Preußens in Betreff der Grundlagen von Friedensunterhandlungen zu überbringen. Preußens Forderungen waren, soviel darüber bekannt ist, von dem Bewußtsein des großen Erfolges, den unsre Waffen errungen haben, dabei aber von dem Geiste großer Mäßigung eingegeben. Nächst der vollständigen Lösung der schleswig-holsteinischen Frage im Sinne der unmittelbaren Vereinigung der Herzogthümer mit Preußen, scheint unsere Regierung, wie sie von Anfang an verkündet hat, als Zweck und Ziel des Krieges und als Preis des Sieges vor Allem die feste Einigung der deutschen Staaten, zumal ganz Norddeutschlands unter Preußens Führung und das Ausscheiden jedes österr. Machteinflusses entschieden festgehalten zu haben. Was weiteren unmittelbaren Ländererwerb betrifft, so scheint Preußen gerade in dieser Beziehung, im Vergleich mit dem ausgedehnten Gebiete, welches unsre Truppen bereits erobert haben, eine hohe Mäßigung geübt, allerdings aber die durch die neuesten Ereignisse handgreiflich hervorgetretene Nothwendigkeit im Auge behalten zu haben, eine unmittelbare und feste Verbindung zwischen den östlichen und westlichen Provinzen der Monarchie herzustellen. Der Kaiser beschloß, die preußischen Forderungen als Grundlagen für die Friedensverhandlungen Oesterreich gegenüber anzunehmen, im Falle des Scheiterns dieser Verhandlungen aber an der bisher befolgten neutralen Politik Frankreichs festzuhalten. Nachdem die vorläufigen Friedensverhandlungen auf Grund dieses Einverständnisses festgestellt waren, wurden dieselben von der französischen Regierung in Wien mitgetheilt und empfohlen, und der König verhandelte bereits in Brünn unter Mitwirkung des französischen Botschafters über eine dreitägige Waffenruhe. In Wien indeß riefen Preußens Forderungen leidenschaftliche Erregung hervor. Die Forderungen und Bedingungen, welche Preußens Mäßigung aufgestellt hatte, sind von

Oesterreich zurückgewiesen und vereitelt: unsere Feinde werden es sich selbst zuzuschreiben haben, wenn mit den Anstrengungen und Opfern auch der Preis des Kampfes sich steigern muß."

18. Juli. Die preuß. Regierung trifft Maßregeln zur Mobilisirung auch des zweiten Aufgebotes der Landwehr.

" " (Mainarmee). Die Preußen besetzen Darmstadt, Wiesbaden, Ueberich und Höchst.

" " (Frankfurt). Der Stadt Frankfurt wird von den Preußen eine Contribution von 6 Mill. fl. auferlegt, die von der Bank in baarem Silbergeld bezahlt wird.

19. " Benedek, der sich mit dem Rest seiner Armee von Olmütz nach Ungarn durchgeschlagen, steht bei Freystadt nächst Tyrnau.

" " Die Preußen besetzen Gänserndorf bei Wien.

" " General Vogel v. Falkenstein wird zum Militärgouverneur von Böhmen ernannt. Gen. v. Manteuffel tritt an seine Stelle als Commandant der Mainarmee.

" 21. Juli. Conferenz der Minister v. d. Pfordten (Bayern), Varnbüler (Württemberg), Dalwigk (Hessen) und Edelsheim (Baden) in München.

20. " (Frankfurt). General Manteuffel verlangt von Frankfurt eine neue Contribution von 25 Mill. Die gesetzgebende Versammlung lehnt die Zumuthung wiederholt entschieden ab.

" " Die preußische Reservearmee bricht unter dem Großherzog von Mecklenburg von Leipzig nach dem Main auf.

" " (Sachsen-Weimar). Der Landtag bevollmächtigt die Regierung mit 28 gegen 1 Stimme zum Abschluß des Bündnisses mit Preußen und genehmigt mit 27 gegen 2 Stimmen den ferneren Antrag seiner Commission:

„Der Landtag wolle diese Ermächtigung im Hinblick auf die Mangelhaftigkeit der vorliegenden Grundzüge mit folgender, einer besondern Motivirung nicht bedürfender Erklärung begleiten: dabei spricht der Landtag die zuversichtliche Erwartung aus, daß bei den bevorstehenden Parlamentsverhandlungen nicht bei den in der Beilage der höchsten Propositionsschrift mitgetheilten Grundzügen des Bündnisses werde stehengeblieben werden, sondern daß es Preußen und seinen Bundesgenossen gelingen werde, durch Vereinbarung mit dem zu berufenden Parlament ein viel umfassenderes, den gerechten Forderungen des deutschen Volkes entsprechendes Verfassungswerk zu Stande zu bringen. Insbesondere erwartet der Landtag — ohne jedoch die ertheilte Ermächtigung hiedurch zu bedingen — 1) daß Preußen mit seinem gesammten bisherigen Staatsgebiete in den neuen Bundesstaat eintrete, und daß auch Schleswig demselben einverleibt werde; 2) daß unter den im Art. 1 der Beil. erwähnten kgl. niederländischen Landestheilen das Großherzogthum Luxemburg nicht mit verstanden, letzteres also Deutschland erhalten werde; 3) daß nach dem Vorgang der deutschen Reichsverfassung von 1849 eine einheitliche Executivgewalt des Bundesstaats geschaffen und in die Hände des mächtigsten Bundesgenossen, d. h. Preußens, gelegt werde; und endlich 4) daß dieser Executivgewalt der ausschließliche Oberbefehl über die Land- und Seemacht des Bundesstaats übertragen werde."

" " (Braunschweig). Der Landtag genehmigt die Vorlagen der Regierung bez. des Bündnisses mit Preußen.

21. Juli. Angeblicher Abschluß eines förmlichen Protokolls zwischen Preußen und Frankreich bezüglich Nordschleswigs.
„ „ Seeschlacht bei Lissa. Glänzender Sieg der österreichischen Flotte unter Tegethoff über die italienische unter Persano.
„ „ (Frankfurt). General Röder wird zum preußischen Stadtcommandanten, Landrath v. Dieß zum Civilcommissär für Frankfurt ernannt.
„ „ (7. u. 8. Bundesarmeecorps). Hauptquartier der Bayern in Würzburg und des 8. Bundesarmeecorps in Tauberbischofsheim.
„ „ (Bayern). Der Minister v. b. Pfordten geht nach Wien und Nicolsburg ab, um einen Waffenstillstand mit Preußen zu erzielen.
22. „ Gefecht zwischen Preußen und Oesterreichern bei Blumenau unweit Preßburg, die preuß. Armee hat sich auf dem Marchfeld gegen Wien concentrirt, das Hauptquartier des Königs ist in Nicolsburg.
„ „ Außerordentliche Conferenz in Wien unter dem Vorsitz des Kaisers. Es nehmen daran Theil: die Könige von Sachsen und Hannover, der Großh. von Hessen, die Kronprinzen von Sachsen und Hannover, die österr. Minister Frank, Mensdorff und Esterhazy, die mittelstaatlichen Minister Beust, Platen und v. b. Pfordten.
„ „ Abschluß einer fünftägigen Waffenruhe zwischen Oesterreich und Preußen, dagegen hat Oesterreich die von Italien an den Waffenstillstand seinerseits geknüpften, auf Tyrol bezüglichen Bedingungen abgelehnt. Die offic. „Wiener Abendp." rechtfertigt die Annahme der Waffenruhe mit Preußen damit, daß in erster Linie die territoriale Integrität des Reiches gewahrt werden müsse. Oesterreich läßt dabei, von Preußen dazu gezwungen, seine deutschen Verbündeten gänzlich im Stiche.
„ „ (Bayern). Die Gemeindecollegien von Nürnberg und Augsburg geben eine gemeinsame Friedensadresse an den König ein, nachdem für eine in Aussicht genommene Deputation keine Audienz erlangt werden konnte:

„Namenloses Unglück hat der unheilvolle Krieg Deutscher gegen Deutsche über unser Vaterland schon gebracht. Blut in Strömen ist vergossen, Städte und Fluren sind verwüstet worden. Die Bürger von Nürnberg und Augsburg scheuen nicht zurück vor den Opfern, die dem Wohl des Staats gebracht werden müssen, aber sie forschen heute vergeblich nach den politischen Erfolgen, die einen Ersatz für die schweren Opfer bieten sollen. Die gegenwärtige Lage der Dinge läßt nicht absehen, welchen Vortheil Bayern durch eine Fortführung des traurigen Kriegs noch erringen könnte; dagegen ist zu befürchten, daß durch eine Fortdauer des Kriegs Bayerns Selbständigkeit mehr und mehr gefährdet wird, und es ist gewiß, daß eine längere Theilnahme am Kriege dem materiellen Wohlstand des Landes eine kaum in Decennien heilbare Wunde schlagen muß. Das erfolgte Aufgebot der Landwehr ist nicht geeignet, eine günstige Aenderung der militärisch-politischen Lage herbeizuführen, sondern kann nur beitragen, das ohnehin große Unglück zu vermehren und den materiellen Ruin des Landes zu beschleunigen. Seit fünfzig Jahren wurde das bayerische Landwehrinstitut so vernachlässigt, daß es ihm gegenwärtig an allen Voraussetzungen der Felddiensttauglichkeit mangelt. Ohne brauchbare

Waffen, ohne die unentbehrliche sonstige Ausrüstung kann die Landwehr dem Feinde nicht entgegengestellt werden, und es ist eine Unmöglichkeit, in wenigen Wochen jetzt nachzuholen, was in einem halben Jahrhundert versäumt worden ist. Einstimmig haben die gesetzlichen Vertreter der Städte Nürnberg und Augsburg beschlossen, gegenwärtige Vorstellung an den Stufen des Thrones niederzulegen, und um rasche Herbeiführung des Friedens allerehrfurchtsvollst zu bitten. Die Bevölkerung von Nürnberg und Augsburg steht fest in treuer Anhänglichkeit an Ew. k. Majestät, und das unwandelbare Vertrauen auf die stets und überall offenkundige Liebe zum Volk, wovon Ew. k. Maj. edles Herz erfüllt ist, bestärkt die Hoffnung, daß die Bitte um Frieden zum Heil des Thrones und des Landes baldige Erhörung finden werde."

23. Juli. Degenfeld, Karolyi und Brenner treffen österreichischerseits in Nicolsburg ein, um über die Friedenspräliminarien als Bedingung für einen Waffenstillstand zu unterhandeln.

„ „ (Oesterreich). Der Kaiser nimmt die Adresse des Wiener Gemeinderaths entgegen und antwortet dem Bürgermeister ziemlich ungnädig,
„er anerkenne den Ausdruck der Loyalität, nur mögen den Worten auch die Thaten entsprechen; Se. Maj. wolle unter den gegenwärtigen Verhältnissen absehen, daß die Ueberreichung dieser Adresse nicht in dem Wirkungskreis des Gemeinderaths gehöre und dieselbe nur als die Aeußerung der einzelnen Mitglieder des Gemeinderaths ansehen. Se. Majestät hege selbst den wärmsten Wunsch, daß die constitutionelle Thätigkeit baldigst wieder ins Leben trete; hierbei können aber nicht die Wünsche der Stadt Wien allein, sondern nur die Bedürfnisse des ganzen Reichs in Betracht gezogen werden."

24. „ (Oesterreich). Der Bürgermeister von Wien berichtet dem Gemeinderath über eine neue Audienz beim Kaiser, in der er die Bestürzung der Bevölkerung über die Antwort des Kaisers vom Tage vorher hervorgehoben und die Verdienste der Gemeinde aufgezählt habe. Der Kaiser habe geantwortet, er habe niemals die Loyalität des Volkes bezweifelt. In Folge dieser Mittheilung verlassen die Gemeinderäthe lautlos den Sitzungssaal. — Die neue Bürgerwehr von Wien constituirt sich.

„ „ (Frankfurt). General Röder, der preuß. Stadtcommandant, beschließt energische Maßregeln bezüglich der Contribution von 25 Mill. und verlangt zunächst von Bürgermeister Fellner eine Liste der wohlhabendsten Einwohner. Fellner erhängt sich in Folge dieser Zumuthung.

„ „ (8. Bundesarmeecorps). Gefecht der Württemberger bei Tauberbischofsheim, das von den Preußen genommen wird.

„ „ (Baden). Entlassung des Ministeriums Edelsheim.

25. „ Abschluß einer Waffenruhe zwischen Oesterreich und Italien.

„ „ (7. u. 8. Bundesarmeecorps). Die Mainarmee wendet sich gegen Würzburg. Gefecht der bayerischen Avantgarde bei Helmstedt.

„ „ (Württemberg). Die Württemberger räumen die von ihnen im Namen des Bundes occupirten hohenzollern'schen Fürstenthümer wieder.

25. Juli. (**Württemberg**). Friedensadresse an den König.

„ „ (**Bayern**). Modification des Ministeriums: Eintritt der Herren v. Pechmann, v. Greffer und Schlör in dasselbe — bloße Personal-, keine principielle Modification.

26. „ Abschluß des Waffenstillstands und des Präliminarvertrags für einen definitiven Friedensschluß zwischen Oesterreich und Preußen nach den zwischen Preußen und Frankreich vereinbarten Grundzügen. Oesterreich läßt dabei Bayern und seine übrigen süddeutschen Verbündeten gänzlich im Stich.

„**Präliminarfriedensvertrag zwischen Oesterreich und Preußen**: Art. I. Der Territorialbestand der österr. Monarchie, mit Ausnahme des lombardisch-venetianischen Königreiches, bleibt unverändert. Se. Maj. der König von Preußen verpflichtet sich, seine Truppen aus den bisher von denselben occupirten österr. Territorien zurückzuziehen, sobald der Friede abgeschlossen sein wird, vorbehaltlich der im definitiven Friedensschlusse zu treffenden Maßregeln wegen einer Garantie der Zahlung der Kriegsentschädigung. Art. II. Se. Maj. der Kaiser von Oesterreich erkennt die Auflösung des bisherigen deutschen Bundes an und giebt seine Zustimmung zu einer neuen Gestaltung Deutschlands ohne Betheiligung des österr. Kaiserstaates. Ebenso verspricht Se. Maj. das engere Bundesverhältniß anzuerkennen, welches Se. Maj. der König von Preußen nördlich von der Linie des Mains begründen wird, und erklärt sich damit einverstanden, daß die südlich von dieser Linie gelegenen deutschen Staaten in einen Verein zusammentreten, dessen nationale Verbindung mit dem norddeutschen Bunde der näheren Verständigung zwischen selben vorbehalten bleibt. Art. III. Se. Maj. der Kaiser von Oesterreich überträgt auf Se. Maj. den König von Preußen alle seine im Wiener Frieden vom 30. October 1864 erworbenen Rechte auf die Herzogthümer Holstein und Schleswig, mit der Maßgabe, daß die Bevölkerungen der nördlichen Distrikte von Schleswig, wenn sie durch freie Abstimmung den Wunsch zu erkennen geben, mit Dänemark vereinigt zu werden, an Dänemark abgetreten werden sollen. Artikel IV. Se. Majestät der Kaiser von Oesterreich verpflichtet sich, behufs Deckung eines Theiles der für Preußen aus dem Kriege erwachsenen Kosten, an Se. Maj. den König von Preußen die Summe von 40 Millionen Thalern zu zahlen. Von dieser Summe soll jedoch der Betrag der Kriegskosten, welche Se. Maj. dem Kaiser von Oesterreich laut Art. 12 des gedachten Wiener Friedens vom 30. Oct. 1864 noch an die Herzogthümer Schleswig und Holstein zu fordern hat, mit 15 Mill. Thalern, und als Aequivalent der freien Verpflegung, welche die preußische Armee bis zum Friedensschlusse in den von ihr occupirten österr. Landestheilen haben wird, mit 5 Millionen in Abzug gebracht werden, so daß nur 20 Mill. baar zu zahlen bleiben. Art. V. Auf den Wunsch Sr. Maj. des Kaisers von Oesterreich erklärt Se. Maj. der König von Preußen sich bereit, bei den bevorstehenden Veränderungen in Deutschland den gegenwärtigen Territorialbestand des Königreichs Sachsen in seinem bisherigen Umfange bestehen zu lassen, indem er sich dagegen vorbehält, den Beitrag Sachsens zu den Kriegskosten und die künftige Stellung des Königreichs Sachsen innerhalb des norddeutschen Bundes durch einen mit Sr. Maj. dem König von Sachsen abzuschließenden besondern Friedensvertrag näher zu regeln. Dagegen verspricht Se. Maj. der Kaiser von Oesterreich, die von Sr. Maj. dem König von Preußen in Norddeutschland herzustellenden neuen Einrichtungen, einschließlich der Territorialveränderungen, anzuerkennen. Art. VI. Se. Maj. der König von Preußen macht sich anheischig, die Zustimmung seines Verbündeten, Sr. Maj. des Königs von Italien, zu den Friedenspräliminarien und zu dem auf dieselben zu begründenden Waffenstillstande zu beschaffen, sobald das venetianische Königreich durch Erklärung Sr. Maj. des Kaisers der Franzosen zur Disposition Sr. Maj. des Königs von Italien gestellt sein wird. Art. VII. Die Ratificationen der gegenwärtigen Uebereinkunft werden binnen längstens 2 Tagen in Nikolsburg ausgetauscht werden. Art. VIII. Gleich nach erfolgter und ausgetauschter Ratification der gegenwärtigen Uebereinkunft werden Ihre beiden Majestäten Bevollmächtigte ernennen, um an einem noch näher zu bestimmenden Orte zusammenzukommen und auf der Basis des gegenwärtigen Präliminarvertrages den Frieden abzuschließen und über die Detailbedingungen desselben zu verhandeln. Art. IX. Zu diesem Zwecke werden die contrahirenden Staaten, nach Feststellung dieser Präliminarien, einen Waffenstillstand für die kaiserl. österr. und k. sächsischen Streitkräfte einerseits und die k. preußischen andererseits abschließen, dessen nähere Bedingungen in militärischer Hinsicht sofort geregelt werden sollen. Dieser Waffenstillstand wird am 2. August beginnen und bis im Augenblicke bestehende Waffenruhe bis dahin verlängert. Der Waffenstillstand wird gleichzeitig mit Bayern hier abgeschlossen und der General Frhr. v. Manteuffel beauftragt werden, mit Württemberg, Baden und Hessen-Darmstadt einen am 2. August beginnenden Waffenstillstand auf der Grundlage des militärischen Besitzstandes abzuschließen, sobald die genannten Staaten es beantragen. Karolyi m. p. v. Bismarck m. p. Brenner m. p."

Waffenstillstandsconvention von demselben Tage, zwischen dem FZM. Grafen Degenfeld für Oesterreich und dem Generalstabschef Frhrn. v. Moltke für Preußen abgeschlossen: Die ersten 5 Artikel derselben betreffen die Demarcationslinie, die Etappenstraßen und die Benützung der Eisenbahnen, der Land- und Wasserwege. Bezüglich der Demarcationslinie ist Folgendes bestimmt: „Die preußischen Truppen behalten einen Rayon, der westlich von einer Linie Eger, Pilsen, Tabor, Neuhaus, Zlabings, Znaim begrenzt wird, die vorbenannten Ortschaften mit inbegriffen. Südlich macht die Thaya bis zu ihrem Einflusse in die March, östlich der letztgenannte Fluß aufwärts bis Napagedi und von hier eine gerade Linie aufwärts nach Oderberg die Grenze". Art. 6 trifft Vorsorge für die preußischen Verwundeten, die in den in Folge der Abgrenzung von den preußischen Truppen zu verlassenden Landestheilen zurückbleiben. Dem Art. 7 zufolge „geschieht die Verpflegung der preußischen Truppen Seitens der von ihnen besetzten Landestheile. Geldcontributionen werden preußischerseits nicht erhoben." Art. 8 bestimmt, daß „kaiserliches Staatseigenthum, insoweit solches nicht schon vor Eintritt des Waffenstillstandes in Besitz genommen war, preußischerseits nicht mit Beschlag belegt werden" soll. Im Art. 9, dem letzten der Convention, verheißt die kaiserliche Regierung, ihre Civilbeamten baldigst auf deren Posten zurückzusenden, um bei der Verpflegung der preußischen Armee mitzuwirken.

26. Juli. (Oesterreich). Der Belagerungszustand wird über Wien verhängt, um die Discussion der innern Fragen abzuschneiden, im Uebrigen indeß sehr milde gehandhabt.

" " (Liechtenstein.) Das Bundescontingent des Ländchens zieht 80 Mann stark unter seinem Oberlieutenant nach Tyrol aus.

" " (Bundestag.) Sachsen-Meiningen zeigt dem Rumpf-Bundestage in Augsburg seinen Austritt aus dem Bunde an.

27. " (7. u. 8. Bundesarmeecorps). Die Preußen beschießen die bayerische Feste Marienberg. Abschluß einer 24stündigen Waffenruhe.

" " (Württemberg und Hessen-Darmstadt). Die Minister

Varnbüler und Dalwigk gehen nach Nikolsburg, um einen Waffenstillstand mit Preußen zu erzielen.

27. Juli. Das preuß. Reservearmeecorps unter dem Großh. v. Mecklenburg besetzt Bayreuth.

„ „ Die von der preuß. Regierung gebildete ungarische Legion unter General Klapka erhält bei Neiße ihre Fahnen.

„ „ (Württemberg). Versammlung von 73 Mitgliedern der II. Kammer auf ergangene Einladung, sich über die gegenwärtige Lage des Vaterlandes zu besprechen. Mittheilungen des Ministers Varnbüler als ritterschaftlichen Abgeordneten. Während der Debatte darüber entfernt sich ein ansehnlicher Theil der Versammlung. Von 53 Mitgliedern wird schließlich beschlossen:

„Die Versammlung, nachdem sie die Mittheilungen des Frhrn. v. Varnbüler entgegengenommen hat, beschließt bis zu erlangter näherer Kenntniß von dem eben jetzt bevorstehenden Ausgang der Unterhandlungen, welche über den Abschluß eines Waffenstillstands und über Friedenspräliminarien eingeleitet sind, und an denen auch unsere Regierung im Verein mit unseren Bundesgenossen sich betheiligt, von einer weitern öffentlichen Kundgebung zur Zeit abzustehen."

Für die beantragte Erklärung:

„1) Es ist Aufgabe der Regierung, in Gemeinschaft mit den Regierungen der beiden Nachbarstaaten Verhandlungen zur Einstellung der Feindseligkeiten und Herbeiführung des Friedens, nöthigenfalls auch ohne Oesterreich, schleunigst einzuleiten. 2) Die polit. Scheidung der südwestdeutschen Staaten vom deutschen Norden wäre ein politisches und volkswirthschaftliches Unglück. Es ist Aufgabe der Regierung, zu dessen Abwendung alles aufzubieten, und auf Grundlage des von Preußen vorgeschlagenen Parlaments für Herstellung einer nationalen, die Freiheitsrechte des Volks sichernden Bundesverfassung mit äußerstem Nachdruck einzutreten."

stimmen: zu 1) bloß 15 Abgeordnete, zu 2) bloß 11 Abg.

28. „ (Bayern) schließt in Nikolsburg einen Waffenstillstand mit Preußen ab, der aber erst vom 2. August an beginnen soll. Doch verheißt Preußen mündlich, seine Truppencommandanten am Main telegraphisch anzuweisen, „fernerhin keine Entscheidung durch die Waffen mehr zu suchen."

„ „ (Württemberg). Neue Berathung von Abgeordneten in Stuttgart über die Lage des Landes. Es finden sich nur 55 Abgeordnete ein, von denen 15 sich wieder zurückziehen. Duvernoy bringt mit Berufung auf das einseitige Abkommen Oesterreichs mit Preußen und den voraussichtlichen Austritt Oesterreichs aus dem Bunde den Antrag einer Erklärung gegen die politische Trennung des deutschen Südens vom Norden ein (ähnlich wie ihn am Tage vorher Hölder, Römer, Wächter und Genossen gestellt haben). Ueber einen Beschluß kann man sich nicht einigen.

„ „ (Baden). Neubildung des Ministeriums: Matthy, Jolly, Freydorff.

29. „ Ein bayerisches Palaisen wird bei St. Johann nutzlos zusammengehauen.

29. Juli. (Frankfurt). Ein Telegramm des Königs von Preußen beruft den Senator Müller nach Nikolsburg und sistirt inzwischen alle Zwangsmaßregeln behufs Eintreibung der Contribution von 25 Mill.

" " (Württemberg). Dritte Versammlung von Abgeordneten in Stuttgart. Es nehmen 70 Abgeordnete daran Theil. Duvernoy wiederholt seinen Antrag vom 28. v. Mts. Derselbe wird mit 50 gegen 20 Stimmen abgelehnt und dagegen beschlossen:

"In Erwägung, daß die württembergische Regierung in Verhandlungen über den Frieden begriffen ist, hält die heutige Versammlung der Abgeordneten eine öffentliche Kundgebung in diesem Augenblick den Interessen des Landes für nicht entsprechend."

30. " Die österr. Regierung ladet eine Anzahl Wiener Bankiers zu einer Conferenz und zur Mithülfe ein behufs schleunigster Deckung der an Preußen zu zahlenden Kriegscontribution.

" " (Bayern). Volksversammlungen in Lindau, Kempten und Memmingen erklären sich lebhaft dafür, die Losreißung Süddeutschlands von Norddeutschland, als den nationalen und volkswirthschaftlichen Interessen zuwiderlaufend, durch Eintritt Bayerns und seiner Verbündeten in den zu schaffenden Gesammtbund zu verhüten.

31. " Der König von Preußen verläßt Nikolsburg, um nach Berlin zurückzukehren.

" " (Reuß j. L.). Der Landtag in Gera genehmigt das Bündniß mit Preußen.

" " (Baden) beschließt seinen Austritt aus dem Bunde.

Vortrag des Ministeriums der ausw. Angelegenheiten an den Großherzog: "Der Bund hat sich thatsächlich und stückweise aufgelöst. In der Bundestagssitzung vom 14. Juni d. Js. hat die Mehrzahl der Bundesversammlung einen von Preußen zum Voraus als Kriegserklärung bezeichneten Beschluß gefaßt und in Folge dessen die k. preußische Regierung ihren Austritt erklärt; zahlreiche Staaten des nördlichen und mittleren Deutschlands sind ihr darin rasch hintereinander gefolgt. Und wenn dann auch Oesterreich, die süddeutschen Staaten und einige durch die Kriegsereignisse thatsächlich einer Regierungsgewalt entkleidete Souveräne bis in die jüngste Zeit an der grundsätzlichen Unauflöslichkeit festgehalten haben, so ist doch der Bestand des Bundes mehr und mehr nur zur rechtlichen Fiction geworden. Aber auch diese Fiction ist erloschen. Nach durchaus glaubhaftem Vernehmen hat sich die Präsidialmacht Oesterreich in Folge ungünstiger kriegerischer Ereignisse veranlaßt gesehen, ihr völliges Ausscheiden aus dem Bund als Hauptpunkt von Friedenspräliminarien zuzugestehen; andere Regierungen sind, jede für sich, in gleichen Verhandlungen begriffen; so bilden also fast nur noch die Vertreter der Minderzahl der deutschen Bundesstaaten, zugleich der minder bedeutenden derselben, und darunter thatsächlich ihrer Regierungsgewalt entkleideter Regierungen, außerhalb des bundesgesetzlichen Sitzes, das Organ des vormaligen deutschen Bundes. Die Regierung Eurer k. Hoh. hat sich bis zum letzten Augenblick dem bisherigen einheitlichen Bande der deutschen Stämme nicht entzogen, obgleich sie dessen Mangelhaftigkeit lebhafter als vielleicht manch andere Regierung längst anerkannt hatte. Sie hoffte bis in die letzte Zeit, in dem Bund wenigstens einen Ausgangspunkt zu einer genügenden nationalen Gestaltung zu finden. Bei gegenwärtiger Sachlage kann sie aber diese Aussicht nicht mehr festhalten. Man vermag schon auf den

Grund der jetzt vorliegenden, wenn auch unvollständigen, doch authentischen Nachrichten, und noch mehr nach vollständigerem Einblick in die in der letzten Zeit gepflogenen und gegenwärtig schwebenden Verhandlungen nachzuweisen, daß ein Theil der bisher verbündeten Regierungen durch Separatverhandlungen und Separatverträge, von denen selbst nach erfolgtem Abschluß Eurer k. Hoh. Regierung noch keine Kenntniß gegeben ward, den badischen Staat in die dringendste Gefahr gebracht haben. Eurer k. Hoh. Regierung war veranlaßt, angesichts dieser Gefahr das Heer aus den Reihen des 8. Bundesarmeecorps zurückzuziehen, damit es nicht in die Lage komme, mit den Truppen weniger Verbündeten schließlich allein einem übermächtigen Gegner preisgegeben zu sein. Gegenüber diesen Thatsachen handelt es sich für die großh. Regierung nicht sowohl um einen Austritt aus dem Bund, als vielmehr um den formellen Ausspruch, daß der deutsche Bund nicht mehr bestehe. Dieser formelle Ausspruch scheint Eurer k. Hoh. Regierung im Interesse des Landes und Volkes bringend geboten."

1. Aug. (Hessen-Darmstadt) schließt in Nicolsburg einen Waffenstillstand mit Preußen, v. 2. Aug. an, ab.
" " Die Preußen rücken in Mannheim und Heidelberg ein.
— " (Hannover). Eine Erklärung gegen die drohende Annexion findet, obwohl ihr die preuß. Behörden hindernd in den Weg treten, fast 30,000 Unterschriften.
— " (Braunschweig). Auf das Gerücht, daß der Herzog die Regierung zu Gunsten des Kronprinzen von Hannover niederlegen wolle, beschließt eine Bürgerversammlung, das Herzogthum wolle, so lange der Herzog lebe, unter dessen Regierung in der mit dem Bundesstaat verträglichen Selbständigkeit bleiben, dann aber seine kleinstaatliche Existenz nicht fortsetzen, sondern in Preußen aufgehen.
" " Die Waffenruhe zwischen Oesterreich und Italien wird bis zum 10. Aug. verlängert, um einen Waffenstillstand zu ermöglichen.
2. " Preußen ladet die süddeutschen Staaten zur Eröffnung von Friedensverhandlungen nach Berlin ein.
" " (Württemberg). Abschluß des Waffenstillstandes zwischen Preußen und Württemberg in Nicolsburg.
" " (Bundestag). Baden zeigt seinen Austritt aus dem Bunde an.
" " (Baden). Ein großherzogliches Decret unterstellt das Gouvernement der bisherigen Bundesfestung Rastatt dem badischen Kriegsministerium.
" " (Hannover). Beide städtischen Collegien der Residenz beschließen eine Adresse an König Georg um Abdankung zu Gunsten des Kronprinzen.
3. " (Baden) schließt in Nicolsburg einen Waffenstillstand mit Preußen.
" " (Preußen). Der „Staatsanzeiger" bringt eine officielle Darlegung gegen die Circularbepesche des hannover'schen Ministers Platen vom 6. Juli und die Anschuldigungen desselben gegen Preußen.

3. Aug. (Nassau). Die bisherigen Chefs der Regierungsdepartements werden von den preußischen Gewalthabern beseitigt und durch andere mehr im Sinne der öffentlichen Meinung und des öffentlichen Nutzens ersetzt.

4. " Ankunft des Königs von Preußen in Berlin.

" " Preußen richtet eine Circularbep. nebst dem Entwurf eines Bündnisses an die unter dem 16. Juni (s. b.) eingeladenen norddeutschen Staaten:

„Circulardepesche: „...Nur zwei dieser Staaten haben die Einladung der kgl. Regierung abgelehnt: Sachsen-Meiningen und Reuß ältere Linie. Nachdem mit den übrigen Staaten der über die einzelnen Punkte geführte Schriftwechsel in der zweiten Hälfte des vorigen Monats seinen Abschluß gefunden, befindet sich die kgl. Regierung nunmehr in der Lage, ihrer Zusage durch die Vorlegung des angeschlossenen Bündnißvertrages zu entsprechen. Derselbe beschränkt sich darauf, die Voranschickungen und Zusicherungen der identischen Note vom 16. Juni d. J. in die vertragsmäßige Form zu erheben, und die kgl. Regierung giebt sich deßhalb der Erwartung hin, daß der im Interesse der Verbündeten liegende Abschluß recht bald stattfinden werde. Die besondern Verabredungen, welche der Bündnißvertrag offen hält und welche mit einzelnen Regierungen bereits vorbereitet sind, würden nach diesseitigem Vorschlage in einem Zusatzartikel zum Vertrage mit den betreffenden Regierungen zu erwähnen sein und den Abschluß des Bündnißvertrages nicht zu verzögern brauchen. Ew.... wollen von der gegenwärtigen Depesche die Regierung... in Kenntniß setzen und die baldige Ermächtigung des dortseitigen Gesandten in Berlin oder eines besondern Bevollmächtigten zum Abschluß des Bündnißvertrags angelegentlich befürworten."

Entwurf eines Bündnißvertrages: „Um der auf Grundlage der preußischen identischen Noten vom 16. Juni 1866 ins Leben getretenen Bundesgenossenschaft zwischen Preußen, Mecklenburg-Schwerin, Sachsen-Weimar, Mecklenburg-Strelitz, Oldenburg ꝛc. einen vertragsmäßigen Ausdruck zu geben, haben die verbündeten Staaten den Abschluß eines Bündnißvertrages beschlossen und zu diesem Zweck mit Vollmacht versehen: Se. Maj. der König von Preußen... Se. kgl. Hoh. ..., welche, nachdem sie ..., über nachstehende Artikel übereingekommen sind: Art. 1. Die Regierungen von ... schließen ein Offensiv- und Defensivbündniß zur Erhaltung der Unabhängigkeit und Integrität, sowie der innern und äußern Sicherheit ihrer Staaten und treten sofort zur gemeinschaftlichen Vertheidigung ihres Besitzstandes ein, welchen sie sich gegenseitig durch dieses Bündniß garantiren. Art. 2. Die Zwecke des Bündnisses sollen definitiv durch eine Bundesverfassung auf der Basis der preußischen Grundzüge vom 10. Juni 1866 sichergestellt werden, unter Mitwirkung eines gemeinschaftlich zu berufenden Parlaments. Art. 3. Alle zwischen den Verbündeten bestehenden Verträge und Uebereinkünfte bleiben in Kraft, soweit sie nicht durch gegenwärtiges Bündniß ausdrücklich modificirt werden. Art. 4. Die Truppen der Verbündeten stehen unter dem Oberbefehl Sr. Maj. des Königs von Preußen. Die Leistungen während des Kriegs werden durch besondere Verabredungen geregelt. Art. 5. Die verbündeten Regierungen werden gleichzeitig mit Preußen die auf Grund des Reichswahlgesetzes vom 12. April 1849 vorzunehmenden Wahlen der Abgeordneten zum Parlament anordnen und letztere gemeinschaftlich mit Preußen einberufen. Zugleich werden sie Bevollmächtigte nach Berlin senden, um nach Maßgabe der Grundzüge vom 10. Juni d. J. den Bundesverfassungsentwurf festzustellen, welcher dem Parlament zur Berathung und Vereinbarung vorgelegt werden soll. Art. 6. Die Dauer des Bündnisses ist bis zum Abschluß des neuen Bundesverhältnisses, eventuell auf ein Jahr, festgesetzt, wenn der neue Bund nicht vor Ablauf eines Jahres geschlossen sein sollte. Art. 7. Der vorstehende Bündnißvertrag soll ratificirt und die Ratificationsurkunden sobald als möglich, spätestens aber innerhalb drei Wochen, vom Datum des Abschlusses an, in Berlin ausgewechselt werden."

4. Aug. Versammlung des Ausschusses des deutschen Handelstags, der ständigen Deputation des volkswirthschaftlichen Congresses, die sich durch Einladungen an eine Anzahl von Mitgliedern auf 50 — 60 verstärkt hat, des Ausschusses des Nationalvereins, endlich einer Anzahl politischer Männer aus verschiedenen norddeutschen Staaten, besonders Oldenburg, Hannover, Sachsen, Thüringen und Braunschweig in Braunschweig.

Die einzelnen Kreise tagen zuerst gesondert, dann gemeinsam. In der Versammlung der Mitglieder des volkswirthschaftlichen Congresses beantragt Braun aus Nassau, daß zwar die wirthschaftliche Einigung auch mit den außerhalb des Bundes stehenden Staaten aufrecht erhalten, jedoch die Verwaltung der Zollvereins-Angelegenheiten unbedingt der Centralgewalt im Bundesstaate, die Gesetzgebung eben dieser Angelegenheiten dem Bundesstaatsparlament anheimgegeben werden sollte, in welchem letztern dann zu diesem bestimmten Zweck auch Abgeordnete der Südstaaten nach Verhältniß der Bevölkerungszahl mitzustimmen hätten. Ein Unterantrag dazu — von Albrecht aus Hannover — will dieses letzte Recht den Südstaaten nicht einräumen, dieselben also nur an den wirthschaftlichen Wohlthaten des Zollvereins, aber nicht an der Verwaltung und Gesetzgebung desselben theilnehmen lassen. Ein weiterer Antrag, von Liebermann aus Leipzig, dem sich Faucher aus Berlin und auch Braun selbst anschließen, geht dahin, daß das von Braun vorgeschlagene Abkommen nur bis höchstens 1870 gelten, dann aber den Süddeutschen nur die Wahl bleiben solle, entweder ohne Weiteres dem Bundesstaat beizutreten, oder aber aus dem Zollverein auszuscheiden. Nach langer und lebhafter Debatte werden alle diese Anträge mit großer Mehrheit zum Beschluß erhoben. In der gemeinsamen Versammlung erklärt der Ausschuß des Handelstages seine Zustimmung zu diesen Beschlüssen.

— (Sachsen-Altenburg). Die Landschaft (Landtag) beschließt bezüglich des Bündnisses mit Preußen einstimmig:

„1) Zu dem von der Staatsregierung unterm 21. Juni d. J. mit der Krone Preußen abgeschlossenen Bündniß nachträglich die verfassungsmäßige Zustimmung zu ertheilen; 2) ihr Einverständniß dazu zu erklären, daß die Wahlen zu dem seinerzeit zu berufenden Parlament nach Maßgabe der Bestimmungen des Reichswahlgesetzes vom 12. April 1849 ausgeschrieben werden; 3) die Staatsregierung im Voraus zu ermächtigen, den mit dem zu berufenden Parlament noch näher zu vereinbarenden neuen Bundesvertrag unter vorausertheilter landständischer Zustimmung abzuschließen; 4) bei der Mangelhaftigkeit der in dem Bündnißvertrag vorgelegten Verfassungsgrundzüge an die Staatsregierung — ohne jedoch die sub 3 ertheilte Ermächtigung hiedurch zu bedingen — das Ersuchen zu richten, ihrerseits dahin zu wirken, daß bei den bevorstehenden Parlamentsverhandlungen nicht bei den mitgetheilten Grundzügen des Bündnisses werde stehen geblieben werden, sondern durch Vereinbarung mit dem Parlament ein viel umfassenderes, den gerechten Forderungen des deutschen Volks entsprechendes Verfassungswerk, insbesondere dahin zu Stande gebracht werde, daß a) Preußen mit seinem gesammten bisherigen Staatsgebiet in den neuen Bundesvertrag eintrete, und daß auch Schleswig demselben einverleibt werde, b) unter den im Art. I des Bündnißvertrags erwähnten k. niederländischen Landestheilen das Großherzogthum Luxemburg nicht mitverstanden, letzteres also Deutschland erhalten werde,

e) nach dem Vorgang der deutschen Reichsverfassung von 1849 eine einheitliche Executivgewalt des Bundesstaats geschaffen und in die Hände des mächtigsten Bundesgenossen, Preußens, gelegt werde, endlich d) dieser Executivgewalt der ausschließliche Oberbefehl über die gesammte Land- und Seemacht des Bundesstaats übertragen werde, wobei jedoch ausdrücklich zu bemerken, daß der oben rücksichtlich Luxemburgs ausgesprochene Wunsch nur unter der Voraussetzung gelten soll, daß die Erhaltung dieses Gebietstheils bei Deutschland ohne Lockerung des Bundesstaats in seinem übrigen Bestandtheilen thunlich ist."

4. Aug. (Bundestag). Prinz Karl von Bayern legt sein Commando über das 7. u. 8. Bundesarmeecorps nieder. Braunschweig zeigt seinen Austritt aus dem Bunde an. Es wird beschlossen, den Abzug der norddeutschen Truppen aus den Bundesfestungen nicht weiter zu hindern.

„ „ (Bundestag). Die Bundescommission in den hohenzollerischen Fürstenthümern stellt ihre Thätigkeit ein und der frühere preußische Oberamtmann übernimmt wieder die Verwaltung.

5. „ (Preußen). Eröffnung des Landtags. Thronrede des Königs (s. Preußen).

„ —8. Aug. (Hannover). Der Erblandmarschall Graf Münster versucht umsonst in Berlin die Annexion abzuwenden.

„ „ Beginn der österreichisch-italienischen Unterhandlungen über einen Waffenstillstand in der istrischen Stadt Cormons am Isonzo.

6. „ Glückwunschadresse der städtischen Behörden von Berlin an den König und Antwort desselben.

„ „ Die mit dem 8. Bundesarmeecorps verbundene österreichische Brigade kehrt wieder nach Oesterreich zurück. Ansprache ihres Befehlshabers, Gen. Neipperg, bei Ansbach an dieselbe.

7. „ Der französische Botschafter in Berlin, Benedetti, theilt dem Grafen Bismarck eine Verbalnote des Hrn. Drouyn de l'Huys mit, durch welche gegenüber den beabsichtigten umfassenden Annexionen Preußens diesem zugemuthet wird, durch eine Compensation zu Gunsten Frankreichs der aufgeregten öffentlichen Meinung Frankreichs zu genügen. Preußen lehnt die Zumuthung ab. Benedetti geht in Folge davon (am 9. Aug.) persönlich nach Paris.

„ „ (Preußen). Gen. Manteuffel geht in besonderer Mission nach St. Petersburg ab.

„ „ Die Württemberger und Hessen räumen Mainz.

8. „ (8. Bundesarmeecorps). Ein Tagsbefehl des Prinzen Alexander von Hessen verkündet in Nördlingen die Auflösung des Corps. Nur die Nassauer bleiben zwischen Ulm und Günzburg einstweilen noch cantonnirt.

„ „ (Hannover). Graf Platen erläßt aus Wien eine Cirkulardepesche, der eine ausführliche Denkschrift über die Politik Hannovers vor dem Kriege zur Widerlegung der Behauptungen des preußischen „Staatsanz." d. 3. Aug. beigegeben ist.

8. Aug. (Hessen-Darmstadt). 26 Mitglieder der II. Kammer sprachen sich in einer offenen Erklärung sehr entschieden gegen eine Trennung Teutschlands nach der Mainlinie aus.
" " Die Waffenruhe zwischen Oesterreich u. Italien wird nochmals, aber nur um einen Tag, bis zum 11. d. M., verlängert.
9. " Die Friedenspartei gewinnt im italienischen Cabinet die Oberhand: Italien verzichtet für den Abschluß eines Waffenstillstands auf das Princip uti possidetis und damit auf das Trentino, so daß der Waffenstillstand abgeschlossen werden kann.
10. " Beginn der Friedensunterhandlungen zwischen Oesterreich und Preußen in Prag.
11. " Abschluß des Waffenstillstandes zwischen Oesterreich und Italien. Die italienische Armee geht hinter die Grenzen Venetiens zurück.
" " (Reuß ä. L.). Da die Regierung auf ihrem Widerstande gegen Preußen beharrt, so wird das Ländchen von zwei preuß. Compagnien besetzt.
13. " (Preußen). Die Regierung legt dem Landtag den Entwurf eines Wahlgesetzes für den Reichstag des norddeutschen Bundes vor.
" " (Württemberg) schließt in Berlin Frieden mit Preußen (s. Anh.).
" " (Bayern). Eine Volksversammlung in München spricht sich gegen die Trennung Teutschlands durch die Mainlinie und für den Eintritt der süddeutschen Staaten in den norddeutschen Bund aus.
14. " (Preußen). Die Regierung legt dem Landtage einen Gesetzes-entwurf bez. Indemnitätsertheilung für das budgetlose Regiment vor und verlangt von demselben einen außerordentlichen Credit von 60 Mill. Thlrn.
— " Frankreich läßt die Compensationsidee gegenüber Preußen fallen und verständigt darüber das Berliner Cabinet. Benedetti kehrt (am 18.) wieder nach Berlin zurück.
— " (Hannover). König Georg lehnt die ihm zugemuthete Abdankung zu Gunsten des Kronprinzen ab.
— " (Hannover). Die Ritterschaften beschließen eine Adresse an den König von Preußen für „Erhaltung der angestammten Dynastie und des gegenwärtigen Territorialbestandes des Königreichs."
— " (Nassau). Im Gegensatz gegen eine Adresse von Industriellen um Einverleibung in Preußen richten die Adeligen des Ländchens eine Adresse um Erhaltung der Dynastie an den König von Preußen.
— " (Bayern). Die geschäftsführende Commission der Fortschritts-partei in Bayern erläßt eine Ansprache an die Mitglieder:
„... In Folge dieser Ereignisse wird unser Programm nunmehr lauten müssen: Einigung des gesammten außerösterreichischen Teutschlands im Bun-desstaat und im Parlament, Leitung der militärischen Angelegenheiten und des Verkehrs mit dem Auslande durch die an Preußen zu übertragende

Centralgewalt. Der Kampf für die Interessen der Freiheit, welcher den liberalen Parteien in dem so gebildeten Bundesstaat und seinem Parlamente
bevorsteht, wird kein leichter sein, diese Betrachtung aber darf uns um so
weniger abschrecken, da wir durch große und rasche Fortschritte der politischen
Entwicklung im eigenen Lande wahrlich nicht verwöhnt sind."

17. Aug. (Preußen). Botschaft des Königs an den Landtag bez. Einverleibung von Hannover, Kurhessen, Nassau und Frankfurt (siehe
Preußen).

   " (Hannover). Der König von Preußen empfängt die hannoversche
Deputation (gegen die Annexion). Anrede des Sprechers, Minister
a. D. v. Münchhausen, an den König, Antwort des Königs, Erwiederung des Sprechers.

   " (Baden). Abschluß des Friedens mit Preußen zu Berlin. (s.Anhang.)

18. " Definitiver Abschluß des Bündnisses der norddeutschen Staaten,
Mecklenburg ausgenommen, mit Preußen nach dem Entwurfe vom
4. August.

   " (Bayern). Erklärung einer Anzahl von Münchener Bürgern
gegen die Beschlüsse der Münchener Volksversammlung vom 13. Aug.

19. " (Preußen). Herr v. Patow, der ehemal. Finanzminister im
Ministerium Auerswald, übernimmt die Stelle eines Civilcommissärs
für Nassau und Frankfurt, sowie für die occupirten Theile von
Hessen und Bayern.

   " (Hessen-Darmstadt). Eine größere Anzahl von Mitgliedern
der Ortsvorstände der bedeutendern Städte und Ortschaften des
Landes, namentlich Darmstadt, Mainz, Bingen, Worms, Alzey,
Offenbach, Mittelstadt u. s. w., beschließt einstimmig, daß sie sich
bei der gegenwärtigen politischen Lage für verpflichtet erachteten,

„mit aller Entschiedenheit, unter Anschluß an die Erklärung der 30 hessischen Abgeordneten vom 8. August auszusprechen, daß sie nur in der Aufnahme in den zu bildenden norddeutschen Bund die Interessen des Landes
sowohl in politischer als volkswirthschaftlicher Beziehung gewahrt sehen und
jede andere politische Gestaltung für verderblich halten und daß zur Durchführung dieser Politik ein Wechsel des jetzigen hessischen Ministeriums unabweisbar nöthig erscheint."

   " (Württemberg). Preußenfreundliche Versammlung in Plo-
chingen, preußenfeindliche am 18. in Heilbronn und am 19. in
Mühlacker.

21. " (Mecklenburg). Der preußisch-norddeutsche Bündnißvertrag
vom 4. Aug. wird auch von Mecklenburg unterzeichnet, doch nur
unter Vorbehalt.

22. " (Bayern). Abschluß des Friedens mit Preußen zu Berlin. (s. Anh.).

23. " (Abschluß des Friedens von Prag zwischen Oesterreich und Preußen
(s. Anhang).

24. " Frankreich schließt mit Oesterreich eine Uebereinkunft bezüglich
Venetiens. Die Fiction einer Cession von Seite Oesterreichs an
Frankreich wird dadurch aufrecht erhalten: die Uebergabe der Festun-
gen und des Gebietes des lombardisch-venetianischen Königreichs soll

durch den österreichischen Commissär zunächst an den französischen Commissär erfolgen, der sich dann seinerseits mit den Behörden Venetiens wegen Uebertragung des Besitzrechts verständigen wird. Die Bevölkerung soll zur Entscheidung über ihr Schicksal berufen werden.

24. Aug. (Bundestag). Letzte Sitzung des Rumpfbundestages in Augsburg.

III.
Preußen
und
(vom 24. August an)
die norddeutschen Bundesstaaten.

9. Jan. Der rheinische Civilsenat des Obertribunals entscheidet in der Stellvertretungsfrage, jedoch nur mit einer Stimme Mehrheit und in Abwesenheit eines Mitgliedes, zu Gunsten des Fiscus.
15. " Eröffnung des Landtags im weißen Saale des kgl. Schlosses. Es finden sich nur wenige Abgeordnete außer den Mitgliedern der feudalen Partei dazu ein. Der König eröffnet den Landtag nicht in Person. Graf Bismarck verliest die Thronrede:

„In der letzten Sitzungsperiode ist, wie in den Vorjahren, in Ermangelung der nothwendigen Uebereinstimmung der Häuser des Landtags unter einander und mit der Krone das im Art. 99 der Verfassungsurkunde vorgesehene Staatsgesetz nicht zu Stande gekommen. Es hat daher auch im abgelaufenen Jahr die Staatsverwaltung ohne ein solches Gesetz geführt werden müssen. Die Nachweisung der Einnahmen und Ausgaben, welche der Finanzverwaltung des verflossenen Jahres als Richtschnur gedient hat, ist amtlich zur öffentlichen Kenntniß gebracht worden. Der Staatshaushalts-Etat für das laufende Jahr wird dem Landtag unverweilt vorgelegt werden. Aus demselben werden Sie die Ueberzeugung gewinnen, daß unsere Finanzen sich fortdauernd in günstiger Lage befinden. Bei den meisten Verwaltungszweigen ist nach den bisherigen Erfahrungen eine Erhöhung der Einnahme-Ansätze zulässig gewesen, welche die Mittel geboten hat, im Etat die Befriedigung zahlreicher Mehrbedürfnisse vorzusehen und zur weiteren Verbesserung des Diensteinkommens der geringer besoldeten Beamtenklassen eine angemessene Summe zu bestimmen, ohne das Gleichgewicht zwischen Einnahme und Ausgabe zu stören.... Durch die Verordnung vom 10. Nov. v. J. ist die k. Anordnung, durch welche die Bildung der ersten Kammer zu erfolgen hatte, zum Abschluß gebracht, und sind dem Herrenhause die seiner Stellung im Staatsorganismus entsprechenden festen und nicht anders als durch Gesetz abzuändernden Grundlagen gegeben worden. Nach mehrjährigen fruchtlos gebliebenen Verhandlungen über Gesetzesvorschläge, welche eine Erleichterung und Abkürzung der Dienstzeit in der Landwehr, sowie eine gerechtere Vertheilung der Kriegsdienstpflicht überhaupt bezwecken, kann die Regierung Sr. Maj. des Königs von der Wiederholung solcher Vorschläge für jetzt ein ersprießliches Resultat nicht erwarten. Sie wird es daher bei den geltenden gesetzlichen Bestimmungen über die Verpflichtung zum Kriegsdienst einstweilen belassen müssen. Indem die Regierung diese ihr abgedrungene Entschließung bedauert, bleibt sie von der Nothwendigkeit durchdrungen, die jetzige, unter Mitwirkung der früheren Landesvertretung ins Leben gerufene, seitdem praktisch bewährte und nach den bestehenden Gesetzen zulässige Einrichtung des Heerwesens aufrecht zu erhalten und die dazu nöthigen Geldmittel auch ferner zu fordern. Wie im Vorjahre, so hält auch jetzt die Regierung Sr. Maj. des Königs an dem Bestreben fest, die schnelle und kräftige Entwicklung der preußischen Seemacht zu fördern. Für die Gründung angemessener Marineetablissements, für die Beschaffung von Schiffen und deren Bewaffnung bleibt die Verwendung außerordentlicher Mittel unerläßlich. Ein dahinzielender Gesetzentwurf wird daher dem Landtag von neuem vorgelegt werden, zumal durch die inzwischen erfolgte Regelung der Besitzverhältnisse von Kiel die wesentlichsten der im vorigen Jahr der Vorlage entgegengestellten Bedenken ihre Erledigung gefunden haben. Die Beziehungen Preußens zu allen auswärtigen Staaten sind befriedigender und freundschaftlicher Natur. Nachdem durch den in Gastein und Salzburg abgeschlossenen Vertrag Se. Maj. der Kaiser von Oesterreich seinen Theil an den Souveränetätsrechten über das Herzogthum Lauenburg an Se. Maj. den König abgetreten hat, ist dasselbe mit der Krone Preußen vereinigt worden, und es ist der Wille Sr. Maj., dieses Herzogthum alle Vortheile der Schutzes und der Pflege, welche diese Vereinigung ihm bietet, unter Schonung seiner Eigenthümlichkeit genießen zu lassen. Die schließliche Entscheidung über die Zukunft der andern beiden Elbherzogthümer ist in demselben Vertrag einer weiteren Verständigung vorbehalten; Preußen aber hat in dem Besitz Schleswig und der in Holstein gewonnenen Stellung ein ausreichendes Pfand dafür erhalten, daß diese Entscheidung nur in einer den deutschen Nationalinteressen und den berechtigten Ansprüchen Preußens entsprechenden Weise erfolgen werde. Gestützt auf die eigene, durch das Gutachten der Kronsyndici bestärkte rechtliche Ueberzeugung ist Se. Maj. der König entschlossen, dieses Pfand bis zur Erreichung des angedeuteten Ziels unter allen Umständen festzuhalten, und weiß sich in diesem Entschluß von der Zustimmung seines Volks getragen. Um die Ausführung des Canals vorzubereiten, welcher die Ostsee mit der Nordsee verbinden soll, beabsichtigt die Staatsregierung durch eine besondere Vorlage die Mitwirkung der Landesvertretung in Anspruch zu nehmen. Die Bedeutung, welche dieses Werk und mit ihm die Entwicklung der vaterländischen Seemacht für die Stellung Preußens und für deren Verwerthung im Gesammtinteresse Deutschlands hat, verleiht der Regierung Sr. Maj. des Königs von Neuem die Zuversicht, daß bei Erwägung der betreffenden Vorlagen die Meinungsverschiedenheiten über innere Fragen und die Parteistellungen sich der Pflicht gegen das gemeinsame Vaterland unterordnen, und daß beide Häuser des Landtags der Krone einmüthig und rechtzeitig die Hand bieten werden, um die Lösung der nationalen Aufgaben fördern zu helfen, welche dem preußischen Staat vermöge seiner Beziehungen zu den Elbherzogthümern in verstärktem Maß obliegen. Durch die den Hafen von Kiel betreffenden Bestimmungen des Gasteiner Vertrages ist der künftigen deutschen Flotte der bisher mangelnde Hafen gesichert, und es wird die Aufgabe der preußischen Landesvertretung sein, die Staatsregierung in die Lage zu versetzen, Verhandlungen mit ihren Bundesgenossen auf einer Preußens würdigen Unterlage eröffnen zu können. Im Laufe des verflossenen

Preußen.

Jahres hat Se. Maj. der König in vier Provinzen die erneute Huldigung der Bewohner solcher Landestheile entgegengenommen, welche vor einem halben Jahrhundert mit der preußischen Monarchie neuvereinigt, oder ihr wiedergewonnen wurden. Der Geist, in welchem überall diese Jubelfeier begangen worden ist, hat Zeugniß gegeben von dem erhebenden Bewußtsein unseres Volkes, wie großes Gott an dem preußischen Staat gethan, wie viel Segen und Gedeihen auf allen Gebieten der öffentlichen Wohlfahrt unserm Vaterland in jenem Zeitraum beschieden war. Mit Begeisterung hat die Bevölkerung jener Provinzen ihre Dankbarkeit für das treue landesväterliche Walten unserer Fürsten bekundet, und von neuem gelobt, auch ihrerseits die Treue zu halten. In Dank gegen Gott und mit dem Gelöbniß, die glücklichen Zustände aller Landestheile auch fernerhin fördern zu wollen, hat Se. Majestät die erneute volle Zuversicht ausgesprochen, daß ein Band des Vertrauens Fürst und Volk ihr jetzt und für alle Zukunft umschließen, und daß über Preußen Gottes segnende Hand auch ferner walten werde. Die Regierung Sr. Maj. trägt das Bewußtsein in sich, daß ihr der Wille nicht fehlt, ihrem königlichen Herrn nach diesem seinem Sinn zu dienen. Sie lebt der Ueberzeugung, daß bei einer unbefangenen, leidenschaftslosen und rein sachlichen Prüfung dessen, was ihr zu erreichen vergönnt gewesen, wie dessen, was sie mit Hülfe der Landesvertretung noch erstrebt, genug der Zwecke und Ziele gefunden werden müßten, in denen alle Parteien sich eins wüßten. Werden Sie, meine Herren, von dem Wunsch getragen, diese Einigungspunkte zu suchen und festzuhalten, so wird Ihren Berathungen Segen und Erfolg nicht fehlen."

16. Jan. Abg.-Haus: Gemeinsame Vorberathung des linken Centrums und der Fortschrittspartei über die Frage der diesjährigen Behandlung des Budgets. Es findet keine Abstimmung statt, das Ergebniß geht indeß dahin, daß die weit überwiegende Mehrheit für eine Detailberathung des Budgets wie bisher und ohne Rücksicht auf das practische Resultat geneigt ist.

17. „ Abg.-Haus.: Grabow wird mit 192 Stimmen (24 Stimmen der feudalen Fraction fallen auf v. d. Heydt) zum Präsidenten, v. Unruh und v. Bockum-Dolffs werden zu Vicepräsidenten gewählt. Rede Grabow's bei Antritt seines Amtes:

„Das in der letzten Session angerollte Bild über die innere Lage des Staates hat sich seitdem noch mehr verdüstert. Beim Landtagsschluß wurde dieses Haus beschuldigt, die höchste Richtschnur aller Parteien, das Wohl des Vaterlandes, dem politischen Meinungskampfe gegenüber preiszugeben zu haben. Die reactionäre Presse und selbst Geistliche durften sich die gehässigsten Angriffe und Schritte maßlosester Ueberhebung gegen den zweiten, gleichberechtigten Factor der Gesetzgebung erlauben, während ein Fest am Rhein, durch welches das freisinnige Bürgerthum Rheinlands und Westphalens die vielverhöhnten und gemaßregelten Volksvertreter zum Dank für vierjährigen ausdauernden Kampf für die beschworene Verfassung ehren wollte, durch bewaffnete Macht verhindert wurde. Der aus der gesetzlich nicht geordneten Armeereorganisation entsprungene Verfassungsconflict ist chronisch geworden ohne Verschulden dieses Hauses, welches nur sein verfassungsmäßiges Budgetrecht vertheidigt, niemals aber seine Hand nach ihm nicht zustehenden Rechten ausgestreckt hat. Der politische Theil der Gesetzgebung ist gänzlich zum Stillstand gebracht, und vergebens hofft das Land noch immer auf Gesetze über Ministerverantwortlichkeit und über die Einrichtung und die Befugnisse der Oberrechnungskammer, ohne welche die Verfassung keine Wahrheit ist, vergebens auf eine von freisinnigen Grundsätzen getragene Unterrichts-, Gewerbe-, Kreis- und Provinzial-Ordnung. Die Verwaltung des Staates ist von freisinnigen Grundsätzen gänzlich entkleidet; die freisinnigen Blätter, Vereine und Versammlungen, die liberalen Gemeindebeamten und Staatsbürger werden gemaßregelt. Nimmermehr aber werden Preußens Volk und dessen Vertreter auf die Forderung der rückhaltlosen Anerkennung und gewissenhaften Ausübung seines beschworenen Rechts verzichten. Nur eine darauf gegründete Freiheit wird unter Wahrung des Selbstbestimmungsrechtes der deutschen Bruderstämme zu moralischen Eroberungen und zu einer befriedigenden Lösung der durch die Gasteiner Uebereinkunft noch mehr verwickelten schleswig-holsteinischen Frage und zur bundesstaatlichen Einigung Deutschlands führen. Möge Preußen in Erfüllung seines deutschen Berufes einen solchen freisinnigen Entwicklungsgang einschlagen, ehe es durch einen möglicher Weise der Freiheit günstigen Verlauf der Verfassungskrisis in Oesterreich überholt, und ehe es überhaupt zu spät wird! Dann wird Deutschlands einstige Vertretung die Zukunft des deutschen Vaterlandes mit Freuden in den mächtigen Händen unserer Könige gesichert sehen."

19. Jan. Abg.-Haus: Der Finanzminister bringt das Budget für 1866 ein. Ein Antrag Twestens, dasselbe diesmal ohne Ueberweisung an eine Budgetcommission sofort im Hause zu berathen, wird mit Mehrheit abgelehnt und das Budget wie bisher einer Budgetcommission überwiesen. Die Regierung hat sich darin, fünf Punkte (worunter namentlich den Militäretat und den Preßfonds) ausgenommen, genau an alle vom Abg.-Haus in der vorhergehenden Session gefaßten Beschlüsse gehalten.

21. „ Abg.-Haus: Der Vertreter der Regierung verweigert in der Budgetcommission jede weitere Erklärung über den im „Staatsanzeiger" veröffentlichten „Nachweis über die Einnahmen und Ausgaben für das Jahr 1865" (das von der Krone einseitig erlassene Budget) und über den Verbleib des Geldes aus dem Geschäft der Regierung mit der Köln-Mindener Eisenbahngesellschaft. Die Commission beschließt, dem Hause zunächst wieder wie im Vorjahre einen Vorbericht über das Budget zu erstatten und bezeichnet den Abgeordneten Virchow zum Referenten.

26. „ Dep. Bismarck's an den Gesandten in Wien bez. der schleswigholsteinischen Frage (s. Deutschland).

29. „ Ein Beschluß des Obertribunals stellt den Art. 84 der Verfassung bez. Redefreiheit der Abgeordneten in Frage.

Der Abg. Frentzel hatte in einer Rede im Abg.-Hause Aeußerungen über den Regierungspräsidenten in Gumbinnen gethan, worin dieser dem Haß und der Verachtung preisgegeben sein sollte, so daß die Staatsanwaltschaft den Redner deßhalb gerichtlich belangte. Sowohl das Kreisgericht von Gumbinnen als das App.-Gericht von Insterburg hatten jedoch die Klage mit Rücksicht auf jenen Artikel der Verfassung abgewiesen, letzteres noch unter ausdrücklicher Beziehung auf einen Plenarbeschluß des Obertribunals vom 12. Dec. 1853 und einen Beschluß des Criminalsenats vom 11. Jan. 1865. Dagegen geht nun der Beschluß des Obertribunals:

„Schon der Plenarbeschluß des k. Obertribunals vom 12. Dec. 1853 besagt in seinen Motiven: daß nicht alle Aeußerungen eines Abgeordneten in der Kammer der strafgerichtlichen Verfolgung durch Art. 84 der Verfassungs-

Urkunde entzogen worden sind, und einer dieser Fälle muß auch dann als vorliegend erachtet werden, wenn es sich um solche Behauptungen, resp. Verbreitung von Thatsachen handelt, die nach den Vorschriften des § 156 und des Absatzes 2 des § 102 des Strafgesetzbuchs als eine Verleumdung, bez. eine Beleidigung mit dem Charakter einer Verleumdung erscheinen. Der Art. 84 der Verf.-Urk. v. 31. Jan. 1850 ist eine Ausnahme von der allgemeinen Regel, nach welcher alle Angehörigen des Staats den bestehenden Strafgesetzen unterworfen sind. Der Grund hierzu liegt in der Stellung, welche die Mitglieder der Kammern nach den Bestimmungen der Verf.-Urk. einnehmen. Diese ihnen zugebilligte Ausnahme aber muß im entstehenden Zweifel nach den Interpretationsregeln der §§ 46, 54—57 der Einleitung zum allgemeinen Landrecht so ausgelegt werden, wie sie am wenigsten zum Nachtheil Dritter gereicht, „am nächsten mit den Vorschriften des gemeinen Rechts und dem Hauptendzweck des Staats übereinstimmt", und wie ihr Wortlaut nach dem einfachen und gewöhnlichen Sprachgebrauch aufzufassen ist. In letzterer Beziehung ist Folgendes in Betracht zu ziehen. Der erste Absatz des Art. 84 a. a. O. schreibt wörtlich vor: Sie (nämlich die Mitglieder beider Kammern) können für ihre Abstimmungen in der Kammer niemals, für ihre darin ausgesprochenen Meinungen nur innerhalb der Kammer, auf Grund der Geschäftsordnung, zur Rechenschaft gezogen werden. Es fragt sich daher: in welcher Weise der Ausdruck „Meinungen" aufzufassen ist? Nach dem gewöhnlichen Sprachgebrauch versteht man hierunter lediglich die Resultate des Denkvermögens, im Gegensatz zur Behauptung und Verbreitung von Thatsachen. Selbstredend können Meinungen auch auf thatsächlichen Voraussetzungen beruhen, sowie sie in der Regel zugleich eine nähere Begründung des dießfällig gewonnenen Endergebnisses umfassen werden; allein selbst dann tragen sie ihrem inneren Wesen nach die Eigenschaft von Thatsachen nicht an sich. Daß nun der Art. 84 a. a. O. unter Meinung nur den so eben hervorgehobenen Begriff und nicht auch die Behauptung oder Verbreitung von eigentlichen Thatsachen verstanden hat, ergibt seine Entstehungsgeschichte. Die Regierungsvorlage vom 20. Mai 1848 an die damalige Nationalversammlung lautete im § 57: Die Mitglieder der Kammer können weder für ihre Abstimmung in der Kammer, noch für ihre darin ausgesprochenen Meinungen zur Rechenschaft gezogen werden. Das Gesetz vom 23. Juni 1848 dagegen besagte im § 1: Kein Mitglied der Versammlung kann für seine Abstimmungen, oder für die von ihm in seiner Eigenschaft als Abgeordneter ausgesprochenen Worte und Meinungen in irgendeiner Weise zur Rechenschaft gezogen werden. Die Bestimmung dieses Gesetzes hatte somit einen größeren Umfang als die erwähnte Regierungsvorlage und der Art. 84 der Verf.-Urk. vom 31. Jan. 1850. Der § 79 des Commissions-Entwurfs einer Verf.-Urk. der damaligen Nationalversammlung ging noch weiter, indem es dort heißt: Sie können für ihre Abstimmungen, oder für die in ihrer Eigenschaft als Abgeordnete abgegebenen schriftlichen oder mündlichen Aeußerungen nicht zur Rechenschaft gezogen werden. Die octroyirte Verf.-Urk. v. 5. Dec. 1848 adoptirte diese Fassung in ihrem Art. 83 nicht, sondern bestimmte, gleichwie die frühere Regierungsvorlage v. 20. Mai 1848: Sie können weder für ihre Abstimmungen in der Kammer, noch für ihre darin ausgesprochenen Meinungen zur Rechenschaft gezogen werden. Bei der Revision dieser Verfassungs-Urkunde empfahl nun die Commission der zweiten Kammer folgende Bestimmung: Sie können für ihre Abstimmungen in den Kammern niemals, für ihre darin ausgesprochenen Meinungen nur innerhalb der Kammer, auf Grund der Geschäftsordnung, zur Rechenschaft gezogen werden, indem hervorgehoben wurde: daß nicht angenommen werden könne, als sei jede Disciplin in der Kammer unstatthaft. Weitergehende Anträge: dem Ausdruck „Meinungen" den „Aeußerungen" zu substituiren, wurden abgelehnt, und so hat der Art. 84 der Verf.-Urk. v. 31. Jan. 1850 seine jetzige Gestalt erhalten. Nach diesen Vorgängen ist nicht in Zweifel zu ziehen, daß unter „Meinungen" nicht überall dasjenige zu verstehen, was der allgemeinere Ausdruck „Aeußerungen" in sich schließt, indem man absichtlich diese Fassung des Art. 84 a. a. O. vermieden hat. Dem steht auch der innere Grund, den die Gesetzgebung hierbei vor Augen gehabt, zur Seite, indem es zum Schutz der den Abgeordneten zuzubilligenden Redefreiheit nicht als nothwendig erschien, denselben auf mögliche Ausschreitungen in unbestimmter und schrankenloser Weise auszudehnen." Der Beschluß verbreitet sich hierauf über die Beziehung dieser gegenwärtigen Auslegung zu § 38 des Preßgesetzes, welcher die Berichte von den Kammersitzungen betrifft, und kommt dann auf die Bestimmungen des Strafgesetzbuchs. „Nach der vorstehenden Ausführung hat es aber, soweit es sich um Verleumdungen im Sinne des § 156 des Strafgesetzbuchs, oder um Beleidigungen mit dem Charakter der Verleumdung handelt, wie sie der Abs. 2 des § 102 des Strafgesetzbuchs voraussieht, nicht angenommen werden können, daß sie durch den Art. 81 der Verf.-Urk. geschützt sind. Denn das Wesen dieser Vergehen beruht gerade in der Behauptung oder Verbreitung unwahrer, dem Haß oder der Verachtung aussetzender Thatsachen, auf die sich, wie gezeigt, der Art. 84 a. a. O. nicht bezieht, und deren Vorhandensein die Anklage behauptet. Bei bloßen Beleidigungen, oder in den Fällen des § 158 des Strafgesetzbuchs dagegen, in denen bei dem erbrachten Beweis der Wahrheit der behaupteten oder verbreiteten Thatsachen doch noch das Vorhandensein einer bloßen Beleidigung übrig bleiben kann, muß der Art. 84 a. a. O. mit voller Wirkung als eintretend erachtet, und die gerichtliche Verfolgung als unzulässig angesehen werden, weil eine bloße Beleidigung ohne verleumderischen Charakter ihrem Thatbestand nach allerdings in die Kategorie von Meinungen fällt. Solchergestalt hat von dem früheren Plenarbeschluß des kgl. Obertribunals vom 12. Dec. 1853 wider Altenhofen und dem sich lediglich auf diesen stützenden Beschluß der ersten Abtheilung des Criminalsenats des k. Obertribunals v. 11. Jan. 1865 wider Chotowski abgegangen werden müssen, und hieraus folgt die Aufhebung des durch die gegenwärtige Beschwerde angegriffenen, auf jene Vorentscheidung sich gründenden Beschlusses des Criminalsenats des k. Appellationsgerichts zu Insterburg vom 3. Oct. 1865. In der Sache selbst konnte aber noch nicht sofort erkannt werden, weil das gedachte Appellationsgericht in seinem diesfälligen Beschluß ausdrücklich erklärt hat, von einer thatsächlichen Prüfung der Anklage gänzlich absehen zu müssen, indem es dazu nach Art. 84 a. a. O. nicht berechtigt sei. Da nun dieser Grund rechtlich nicht zutrifft, mußte die Sache zur anderweiten Erwägung und Beschlußfassung an das erwähnte Appellationsgericht zurückgewiesen werden."

Die öffentliche Meinung will alsbald wissen, daß der Beschluß nur mit einer Stimme Mehrheit und lediglich durch Mitwirkung zweier Hülfsrichter gefaßt worden sei, indem die Mehrheit aus 6 Mitgliedern des altländischen Senats, 1 Mitglied des rheinischen Senats (Prof. v. Daniels) und den 2 Hülfsrichtern, die Minderheit dagegen aus sämmtlichen 7 andern Mitgliedern des rheinischen Senats und 1 Mitglied des altländischen Senats (Goldtammer) bestanden habe.

3. Febr. Abg.-Haus: v. Hoverbeck und 162 Genossen bringen einen Antrag gegen den Beschluß des Obertribunals vom 29. v. M. ein und verlangen sofortige Schlußberathung über ihren Antrag. Das Haus geht darauf ein, ernennt v. Hoverbeck zum Referenten in der Frage und beschließt eine Aufforderung an den Justizminister zur Theilnahme an der Verhandlung.

Kriegsminister v. Roon bringt eine Vorlage „betreffend einen außerordentlichen Bedarf für die Marineverwaltung" ein und bezieht sich dabei auf die vorjährige Motivirung der damals abgelehnten Vorlage.

Das Haus erklärt auf den Antrag Virchows und auf den von Twesten erstatteten Commissionsbericht mit 251 gegen 44 Stimmen „die Vereinigung des Herzogthums Lauenburg mit der Krone Preußen für rechtsungültig, solange nicht die verfassungsmäßige Zustimmung beider Häuser erfolgt sei."

6. Febr. Der rheinische Civilsenat des Obertribunals entscheidet nochmals und zwar wiederum mit der Mehrheit von nur einer Stimme, aber diesmal unter Mitwirkung eines Hülfsrichters in der Stellvertretungsfrage zu Gunsten des Fiscus. Die Frage ist damit definitiv gegen die liberalen Beamteten im Abg.-Haus für die ganze Monarchie entschieden.

8. „ Herrenhaus: die Regierung legt dem Hause einen Gesetzesentwurf bez. Erwerbs- und Wirthschaftsgenossenschaften vor, der diese Genossenschaften von ihrer Erlaubniß abhängig machen will.

9—10. Febr. Abg.-Haus: Debatte über den Antrag Hoverbeck u. Gen. gegen den Beschluß des Obertribunals vom 29. Jan. Erklärung des Justizministers, Reden Bismarcks, Gneists, Twestens, Simsons und Waldecks. In namentlicher Abstimmung wird der Antrag mit 263 gegen 35 Stimmen zum Beschluß erhoben:

„In Erwägung, daß die gerichtliche Verfolgung der Abgeordneten Twesten und Frentzel wegen Reden, die sie im Abg.-Hause gehalten haben, von der Staatsanwaltschaft beantragt, von den Gerichten erster und zweiter Instanz zwar abgelehnt, von dem Strafsenate des Obertribunals aber zugelassen ist, im Widerspruche mit entgegenstehenden Entscheidungen dieser Behörde aus den Jahren 1853 und 1865; in Erwägung, daß der Art. 84 der Verfassung anordnet: „Sie (die Mitglieder beider Kammern) können für ihre Abstimmungen niemals, für ihre darin ausgesprochenen Meinungen nur innerhalb der Kammer auf Grund der Geschäftsordnung (Art. 78) zur Rechenschaft gezogen werden""; in Erwägung, daß hierdurch zum Schutze der für die Wirksamkeit des Landtags unentbehrlichen Redefreiheit jeder Behörde außerhalb des Landtages irgend eine Befugniß, wegen Reden der Landtagsmitglieder gegen dieselben einzuschreiten, unzweideutig abgeschnitten ist; daß folglich der Staatsanwaltschaft und den Gerichten keine Ausdeutung, keine Censur des Inhalts der Reden der Volksvertreter zusteht; in Erwägung, daß jeder Angriff dieser Art das Verfassungsleben in seinen Wurzeln untergräbt —: erklärt das Haus der Abgeordneten: 1) der Antrag der Staatsanwaltschaft auf gerichtliche Verfolgung der Abg. Twesten und Frentzel wegen ihrer Reden im Abgeordnetenhause, sowie die Zulassung dieses Antrages von Seiten des Strafsenats des höchsten Gerichtshofes enthalten eine Ueberschreitung der amtlichen Befugnisse der Staatsanwaltschaft und einen den Art. 84 der Verfassung verletzenden Eingriff in die Rechte des Abgeordnetenhauses; 2) das Haus der Abg. erhebt zur Wahrung seiner Rechte und der Rechte des nach Art. 83 der Verfassung von ihm vertretenen ganzen Volkes Protest gegen diesen Eingriff und gegen die Rechtsgiltigkeit eines jeden Verfahrens und jeder Vertheilung, welche in Folge dieses Antrags und ähnlicher Anträge der Staatsanwaltschaft gegen seine Mitglieder ergehen möchte."

12. „ Versammlung des Nord-Ostsee-Canalcomité's unter dem Vorsitze des gew. Ministers v. d. Heydt. Der Handelsminister erklärt sich geneigt,

von den auf 28,100,000 Thlr. veranschlagten Kosten 12 Millionen Actiencapital für den Staat zu übernehmen und hiefür an dem Ertrage des Unternehmens nicht eher betheiligt zu sein, als bis dem Actiencapital eine Verzinsung von 4 Proc. gesichert sein würde. Das Comité erklärt diese Propositionen der Regierung für durchaus ungenügend, um das Unternehmen zu Stande zu bringen.

13. Febr. Abg.-Haus: Die Regierung bringt eine Vorlage ein behufs Aufhebung des Arbeitercoalitionsverbots und der Einzugsgelder.
14. „ Das Kriegsministerium ordnet in weiterer Ausführung der Armeeorganisation die Errichtung von zwei neuen Cavallerieregimentern an.
— „ Volksversammlungen in Königsberg, Magdeburg, Breslau, Köln, Berlin u. s. w. gegen den Obertribunalsbeschluß v. 29. Jan. Diejenigen in Königsberg und Berlin werden polizeilich aufgelöst.
15. „ Mehrere Zeitungen in Königsberg werden wegen eines bloßen Telegramms, das sie s. Z. über die Depesche Russels bez. des Gasteiner Vertrags gebracht hatten, „wegen Verletzung der Ehrfurcht gegen den König" gerichtlich verurtheilt.
16. „ Abg.-Haus: Debatte über das von der Regierung verhinderte Kluer Abgeordnetenfest. Das Haus beschließt auf den Antrag der Justizcommission über die Beschwerde des Hrn. Classen-Kappelmann und Genossen mit allen gegen die Stimmen der Feudalen und Katholiken:

„1) Die amtlichen Maßregeln, welche auf das Verbot und die Verhinderung des im Juli 1865 von einer Anzahl von Einwohnern der Rheinlande und Westphalens unternommenen Festes zu Ehren von Abgeordneten gerichtet waren, stehen im Widerspruch mit dem Art. 29 der Verf.-Urk. und dem dazu erlassenen Gesetze v. 11. März 1850, betr. die Ausübung des Versammlungs- und Vereinigungsrechtes. 2) Der Minister des Innern hat seine Pflicht dadurch verletzt, daß er auf die Beschwerde v. 11. Juli 1865 keinen Bescheid ertheilt hat. 3) Es war die Pflicht des Ministers des Innern, die gesetzwidrigen Maßregeln der ihm untergeordneten Beamten zu verhindern. 4) Der Oberprocurator ist verpflichtet, auf Grund des § 315 des Strafgesetzbuchs gegen den Regierungspräsidenten v. Möller und den Polizeipräsidenten Geiger zu Köln, sowie gegen die Bürgermeister Elch zu Longerich und Schaurte zu Deutz wegen Mißbrauchs der Amtsgewalt die strafrechtliche Verfolgung herbeizuführen."

17. „ Abg.-Haus: Die Budgetcommission lehnt den Antrag Twestens auf einfache Ablehnung des Budgets mit 19 gegen 16 Stimmen ab.
18. „ Die Staatsregierung lehnt die Annahme von drei Beschlüssen des Abg.-Hauses ab und schickt dieselbe einfach dem Präsidenten des Abg.-Hauses zurück.

Schreiben des Ministerpräsidenten Grafen Bismarck: „Nachdem das k. Staatsministerium von Ew. Hochwohlgeboren gefälligen Schreiben vom 3., dem 10. u. 16. d. M. durch mich Kenntniß erhalten, hat dasselbe beschlossen, die Annahme dieser Schriftstücke abzulehnen, weil die darin mitgetheilten Beschlüsse in der dem Hause der Abgeordneten durch die Verfassung beigelegten Competenz nicht nur keine Begründung finden, sondern verschiedene Artikel der Verfassung ausdrücklich verletzen. Das Haus der Abgeordneten ist weder berechtigt, einen von Sr. Maj. dem Könige geschlossenen Staatsvertrag für rechtsungiltig zu erklären, noch richterliche Urtheilssprüche anzufechten, noch den Beamten der Executivgewalt Vorschriften zu ertheilen. Der Beschluß des Hauses vom 3. d. M. verletzt den Art. 48, der vom 10. d. M. den Art. 86, der vom 16. d. M. den Art. 45 der Verfassung. Die k. Regierung vermag über rechtswidrig gefaßte Beschlüsse keine amtliche Mittheilung von dem Präsidium des Hauses entgegen zu nehmen, und beehre ich mich daher, Ew. H. die überreichten Ausfertigungen der Beschlüsse, betr. das Herzogthum Lauenburg, den Antrag des Frhrn. v. Hoverbeck und die Petition des Herrn Classen-Kappelmann in den Anlagen wieder zuzustellen."

20. Febr. Abg.-Haus: Die Marinecommission beschließt, die Vorlage der Regierung neuerdings abzulehnen.

21. „ Abg.-Haus: Die Budgetcommission genehmigt den an das Haus zu erstattenden Vorbericht Virchow's über das Budget für 1866 und mit allen gegen 4 Stimmen eine Reihe daran geknüpfter Resolutionen.

Die auf einen Antrag des Abg. Lasker niedergesetzte Commission bez. des Geschäftes der Regierung mit der Köln-Mindener Eisenbahngesellschaft beschließt, darauf anzutragen, den dießfalls abgeschlossenen Vertrag für verfassungswidrig und daher für rechtsungiltig zu erklären.

22. „ Abg.-Haus: Debatte über das Ministerialschreiben v. 18. d. M. Das Haus beschließt darüber mit allen gegen die Stimmen der Feudalen und eines Theiles der Katholiken die einfache Tagesordnung, nachdem die beiden großen Fractionen der Opposition sich in Vorversammlungen darüber geeinigt hatten.

Das Haus lehnt den Antrag Reichenspergers auf Erlaß einer Adresse an die Krone mit allen gegen die Stimmen der katholischen Fraction ab.

Eine k. Botschaft verkündet den Schluß der Session ganz unerwartet auf den folgenden Tag und eine zweite vertagt den Landtag augenblicklich bis dahin, um alle weiteren Beschlüsse unmöglich zu machen, obgleich das Budget für 1866 noch gar nicht in Angriff genommen und überhaupt bis jetzt noch gar keine legislative Maßregel zu Stande gekommen ist. Schlußrede Grabows:

„... Wir können die heutige Sitzung nur mit dem lebhaften Wunsche schließen, daß, so nach meiner Ueberzeugung in jeder Hinsicht ein weiteres Verfahren eintreten wird, das preußische Volk hinter seinen Abgeordneten stehen und die Verf.-Urk. wie bisher heilig halten werde. Die Maßnahmen, die vielleicht in Folge unserer Vertagung und unserer Schließung eintreten werden, sie haben sich im Laufe unserer Sitzungsperiode schon angekündigt; ich glaube aber, daß wir, die wir für Recht, Gesetz und Verfassung bisher mit allen unsern Kräften eingetreten sind, dieß auch ferner unser Streben sein lassen wollen ..."

Auf das schließlich vom Präsidenten auf den König ausgebrachte Hoch stimmen nur die Feudalen und Katholiken ein.

23. „ Schluß der Session des Landtags im weißen Saale des kgl.

Schlosses. Zu der Feierlichkeit findet sich keiner der Präsidenten des Abg.-Hauses und von den Mitgliedern nur die Feudalen und einige Katholiken ein. Bismarck verliest die Thronrede:

„Die königl. Regierung hatte die Landtagssession nicht in der Erwartung einer unmittelbaren Lösung des schwebenden Verfassungsstreites, aber doch in der Hoffnung eröffnet, daß das im preußischen Volke lebende Verlangen nach Ausgleichung auch in der Landesvertretung hinreichenden Widerhall finde, um ein Zusammenwirken der Staatsgewalten zur Herstellung nützlicher Gesetze zu ermöglichen und durch gemeinsame Thätigkeit im Dienste des Vaterlandes die Schrofheit des Gegensatzes zu mildern, worin das Haus der Abgeordneten zur Krone und zum Herrenhause gerathen ist. In dieser Hoffnung eröffnete die Staatsregierung gemäß dem königlichen Willen den Landtag, ohne dem Zerwürfnisse ihrerseits neue Nahrung zu geben, oder die Grundlagen künftiger Verständigung zu beeinträchtigen. Die erste Kundgebung, die im Abgeordnetenhause erfolgte, war die Rede des Präsidenten, worin derselbe der feindseligen Stimmung der Mehrheit des Hauses durch grundlose und herausfordernde Vorwürfe gegen die königliche Regierung Ausdruck gab. Diesem Vorgange entsprach die fernere Thätigkeit des Hauses; dieselbe war nicht dem Frieden, sondern dem Streite zugewandt, nicht den Gesetzesvorlagen, sondern dem Bestreben gewidmet, zu Angriffen auf die Regierung auf Gebieten Anlaß zu suchen, welche dem Wirkungskreise der Landesvertretung durch die Landesverfassung nicht überwiesen sind und wo die Thätigkeit des Hauses deßhalb unfruchtbar bleiben mußte. In diesem Sinne wurde die von dem ganzen Lande freudig begrüßte Vereinigung mit Lauenburg und dadurch das verfassungsmäßige Recht des Königs angefochten, Staatsverträge abzuschließen, die dem Lande keine Lasten auflegen. In diesem Sinne erfolgte durch Beschluß vom 10. Februar der verfassungswidrige Angriff auf die durch § 85 der Verfassungsurkunde verbürgte Unabhängigkeit der Gerichte, verbunden mit dem Versuche, das wohlbegründete Ansehen der preußischen Rechtspflege im Volke zu erschüttern und die Ehre eines Richterstandes öffentlich anzutasten, dessen Unparteilichkeit noch heute wie seit Jahrhunderten dem Vaterlante zum Ruhme gereicht. Durch einen weiteren Beschluß verletzte das Abgeordnetenhaus den § 45 b der Verfassungsurkunde, sich die dem Könige allein zustehende Befugniß der vollziehenden Gewalt beilegend, indem es unternahm, Beamten Vorschriften betreffs ihrer Dienstpflichten zu ertheilen. Angesichts dieser Uebergriffe mußte die Staatsregierung sich die Frage vorlegen, ob von der Fortsetzung der Verhandlungen ein gedeihliches Ergebniß für die Wohlfahrt und den Frieden des Landes überhaupt zu erwarten sei. Se. Maj. der König wollte die Beantwortung dieser Frage ausgesetzt wissen, bis die Berathung des Hauses über einen Antrag erfolgt sein würde, in welchem die vermittelnden Bestrebungen einer Minderheit ihren Ausdruck gefunden hatten. Der Verlauf dieser Berathungen vermochte bei der Staatsregierung die Besorgniß nicht zu heben, daß auf dem vom Hause eingeschlagenen Wege das Land ernsteren Zerwürfnissen entgegengeführt und eine Ausgleichung der bestehenden auch für die Zukunft erschwert werden würde. Dies zu verhüten, hat Se. Maj. der König befohlen, die Sitzungen des Landtags zu schließen. Im allerhöchsten Auftrag erkläre ich den Landtag der preußischen Monarchie für geschlossen."

Die Regierung läßt sich nach dem Schluß des Landtags mit gesuchter Rücksichtslosigkeit sofort die Räume des Abg.-Hauses und alle Landtagsmaterialien übergeben.

24. Febr. 62 Mitglieder des Herrenhauses (32 Vertreter des sog. alten gefestigten Grundbesitzes, 12 lebenslängliche und nur 8 erbliche Mit-

glieder) richten an den König durch Vermittlung des Vicepräsidenten des Hauses eine Dankadresse:

„... In den letzten Tagen haben Richter, die von Ew. kgl. Majestät ernannt worden und in Ew. kgl. Majestät Namen Recht sprechen, den höchsten Gerichtshof schwer angegriffen, unter dessen Disciplin sie stehen, und sein Ansehen durch die Nichtigkeitserklärung eines Ausspruchs angetastet, dessen Wortlaut noch nicht einmal vorlag, in einem Ton und Geist, der die treuen Unterthanen Ew. Majestät mit Entrüstung erfüllt hat. Die Veranlassung war, daß das höchste Gericht für Recht erachtet hatte, daß Ew. kgl. Majestät gegen Majestätsverbrechen und Hochverrath und Ew. kgl. Maj. Diener und Unterthanen gegen Verleumdungen auch dann durch die Gesetze geschützt seien, wenn solche Frevel von Landtagsmitgliedern in ihrer Versammlung begangen werden. Ew. kgl. Majestät haben aber das Schwert von Gott empfangen zur Strafe über die Uebelthäter, und nicht ohne Verwirrung des Rechtsbewußtseins des ganzen Landes, nicht ohne den Verlust seiner Freiheit, nicht ohne die Gewißheit seines Unterganges würden Allerhöchstdieselben der Uebung dieser Pflicht durch Allerhöchstihrere Gerichte und deren unparteiische Rechtspflege sich entziehen können."

Unter den Unterzeichnern der Adresse findet sich auch der Präsident des Obertribunals Herr Uhden und der Vicepräsident desselben Herr Götze.

27. Febr. Die „Rheinische Ztg." wird confiscirt, weil sie den fertigen aber noch nicht ausgegebenen Vorbericht der Budgetcommission veröffentlicht hat.

— März. In Berlin werden die sämmtlichen nicht bestätigten Stadträthe von der Stadtverordnetenversammlung wieder gewählt, von der Regierung jedoch abermals nicht bestätigt. Das Vorsteheramt der Königsberger Kaufmannschaft erklärt auf eine Wahl im Commerz- und Admiralitätscolleg gänzlich zu verzichten, sofern die Regierung auf ihrem Befehl beharre, den nicht bestätigten Kaufmann Perent keinenfalls wieder in Vorschlag zu bringen und überhaupt keine „ungeeigneten Personen" zu wählen, da sonst eine Aufhebung oder Umwandlung des Collegs in Betracht gezogen werden würde.

2. „ Das Obertribunal stellt in einem Urtheil bez. die Disciplinarstrafbarkeit der Beamteten den Satz auf: „Ein Beamter verstößt gegen die Disciplin, wenn er bei der öffentlichen Kundgebung seiner politischen Ansichten Maßregeln der Staatsregierung hindernd entgegentritt."

16. „ Eine Schrift des Prof. Zachariä in Göttingen gegen das Urtheil des Obertribunals vom 29. Januar wird in Berlin mit Beschlag belegt.

— „ Angebliche Unterhandlungen der Regierung wegen Verkauf der Saarbrücker Kohlenbergwerke.

22. „ Geburtstag des Königs. Das Vorsteheramt der Kaufmannschaft von Königsberg beschließt die übliche Ausflaggung und Illumination des Börsengebäudes diesmal zu unterlassen. Es wird deßhalb eine Untersuchung eingeleitet. Bei der Neuwahl eines Drittels des Amtes

werden alle bisherigen Mitglieder wieder gewählt bis auf zwei, die durch entschiedenere ersetzt werden.
24. März. Depesche Bismarcks an die deutschen Mittelstaaten. (s. Deutschland.)
25. " Beginn der Friedenspetitionen, Friedensadressen und Resolutionen gegen einen Krieg mit Oesterreichs um einer gewaltsamen Annexion Schleswig-Holsteins willen. (s. Deutschland.)
27. " In Wien glaubt man (irrthümlich), daß an diesem Tage die Allianz mit Italien in Berlin abgeschlossen worden sei.

    Anm. Die Allianz ist bisher nicht veröffentlicht worden, auch nicht vom italienischen Grünbuche. Doch ergibt sich aus den von diesem mitgetheilten Aktenstücken, daß sie jedenfalls erst nach dem 3. April (vielleicht, wie behauptet wird, am 8. April) abgeschlossen wurde.

28. " Eine kgl. Ordre befiehlt, die Armee in Kriegsbereitschaft zu setzen.
29. " Justizrath Wagener, der Führer der feudalen Fraction des Abg.-Hauses, wird zum geheimen Regierungsrathe und vortragenden Rathe im Staatsministerium ernannt.

6. April. Dep. an Oesterreich. (s. Deutschland.)
9. " Preußen trägt in Frankfurt auf Reform der Bundesverfassung an und auf Einberufung eines Parlaments aus direkten Wahlen und allgemeinem Stimmrecht. (s. Deutschland.)
15. " Dep. an Oesterreich. (s. Deutschland.)
21. " Dep. an Oesterreich. (s. Deutschland.)
26. " Die Partei der Altliberalen tritt auf einer Versammlung in Halle in dem Conflict mit Oesterreich zuerst entschieden auf Seite der Regierung. (s. Deutschland.)
27. " Sommation an Sachsen. (s. Deutschland.)
" " Circulardep. an die deutschen Regierungen bez. Bundesreform. (s. Deutschland.)
30. " Dep. an Oesterreich. (s. Deutschland.)

4. Mai. Der König erläßt endlich die förmliche Mobilisirungsordre des 3., 4., 5., 6., 8. und des Garde-Armeecorps.
6. " Mißlungenes Attentat Blinds gegen Bismarck. Die öffentliche Meinung verwirft selbstverständlich das Attentat, aber eine dem Premier dafür gebrachte Ovation fällt doch sehr schwach aus.
7. " Der Rundschauer der Kreuzztg., Hr. v. Gerlach, erklärt sich in derselben sehr eindringlich gegen die Politik Bismarcks und die durch sie bewirkte innere Auflösung der conservativen Partei in Preußen.
8. " Auch das 1. und 2. Armeecorps, sowie das 7. werden mobilisirt, also die gesammte Armee Preußens auf Kriegsfuß gesetzt.
9. " Eine kgl. Verordnung spricht auf Grund eines Exposé des Gesammtministeriums die Auflösung des Abgeordnetenhauses aus.

    S. das Exposé des Ministeriums Ergänzungsheft S. 66.

10. Mai. Auch die Landwehr sämmtlicher 9 Armeecorps wird auf kgl. Befehl mobil gemacht.
12. „ Preußen remonstrirt in Hannover und Kassel gegen die von beiden Regierungen getroffenen militärischen Vorsichtsmaßregeln und bringt auf absolute Neutralität auf dem Friedensfuße des Militärs.
Eine kgl. Verordnung hebt mit Rücksicht auf den durch die Mobilmachung der ganzen Armee eingetretenen allgemeinen Nothstand die bisherigen Wuchergesetze provisorisch auf.
Der Abgeordnete Frentzel wird vom Kreisgerichte Gumbinnen trotz des Beschlusses des Obertribunals v. 29. Jan. neuerdings auf Grund des Art. 84 der Verfassung freigesprochen.
14. „ Eine kgl. Cabinetsordre ordnet ausgedehnte Truppenconcentrationen namentlich in Sachsen und Schlesien an, welche bis zum 15. Juni vollendet sein sollen.
15. „ Hannover und Kurhessen erklären sich zu einer neutralen Haltung in dem ausgebrochenen Conflicte zwischen Oesterreich und Preußen bereit, doch nur unter Vorbehalt allfälliger Bundesbeschlüsse.
— „ Die Bewegung für Friedensadressen hat so ziemlich in allen Provinzen ihren Fortgang, während die Einberufung der Landwehr durch die Regierung auf großen Widerwillen stößt und an vielen Orten im Osten wie im Westen der Monarchie zu argen Excessen von Seite der Einberufenen führt. Nur der Magistrat und die Stadtverordneten von Breslau erlassen eine kriegerische Adresse an den König.
18. „ Die Regierung erläßt eine auf Grund des Art. 63 der Verfassung octroyirte Verordnung über die Gründung öffentlicher Darlehenscassen „zu Abhülfe des Creditbedürfnisses" und die Ausgabe von Darlehenscassenscheinen im Betrage von 25 Mill. Thlrn.
19. „ Der König beantwortet die Breslauer Adresse sehr freundlich, die Friedensadressen bleiben dagegen vorerst ganz unbeantwortet.
22. „ Eine Dep. Bismarck's an Württemberg wirft demselben vor, neben Oesterreich und Sachsen zuerst gegen Preußen gerüstet und damit die ganze jetzige Verwickelung mit verschuldet zu haben. (s. Deutschland.)
24. „ Eine Reihe von Stadtverordnetenversammlungen richtet Friedensadressen an den König; 17 Handelskammern von Rheinland und Westphalen verständigen sich über einen gemeinsamen Schritt in demselben Sinne.
30. „ Preußen nimmt die Einladung der neutralen Mächte zu Beschickung eines Friedenscongresses in Paris seinerseits an.

1. Juni. Oesterreich bringt den schon für gesichert betrachteten Friedenscongreß durch seinen Antrag am Bunde bez. Schleswig-Holstein und durch die Bedingungen, die es seinerseits an die Beschickung des Congresses knüpft, zum Scheitern. (s. Deutschland.)
2. „ Der Finanzminister v. Bodelschwingh tritt zurück und wird durch v. d. Heydt ersetzt.

3. Juni. Preußen protestirt in einer Dep. an Oesterreich gegen den Antrag desselben am Bunde vom 1. Juni und erklärt denselben für einen Bruch der Gasteiner Convention. (s. Deutschland.)

4. „ Eine Circulardep. Bismarcks sieht den Krieg als eine in Wien beschlossene Sache an und spricht sich über Oesterreich ohne allen Rückhalt aus. (s. Deutschland.)

5. „ Der Staatsanzeiger veröffentlicht als Beweis, daß Oesterreich durch seinen Antrag am Bunde vom 1. Juni den (geheimen und bis jetzt nicht bekannten) Vertrag zwischen Oesterreich und Preußen vom 16. Januar 1864 und damit auch die Gasteiner Convention gebrochen habe, den Art. 6 jenes Vertrages.

„Falls es zu Feindseligkeiten in Schleswig kommt, behalten sich Preußen und Oesterreich vor, die künftigen Verhältnisse der Herzogthümer nur im gegenseitigen Einverständnisse festzustellen. Sie werden gleichfalls die Erbfolgefrage in den Herzogthümern nicht anders als im gemeinsamen Einverständnisse entscheiden."

Die Wahlen zum Landtag werden durch kgl. Verordnung auf den 25. Juni und 3. Juli angesetzt.

6. „ Der preußische Gouverneur von Schleswig, Gen. v. Manteuffel, notificirt dem österr. Statthalter von Holstein, FML. v. Gablenz, daß seine Regierung die Gasteiner Convention durch die Erklärung Oesterreichs am Bunde v. 1. d. M. für dahin gefallen betrachte und daß er demgemäß den Auftrag habe, seine Truppen auf Grundlage des früheren Condominats schon am folgenden Tage in Holstein einrücken zu lassen.

7. „ Die Preußen rücken in Holstein ein und besetzen Rendsburg, Kiel und Itzehoe. Der österreichische Statthalter v. Gablenz protestirt und zieht sich mit seinen Truppen (circa 3000 Mann gegen ca. 20,000 Preußen), der Landesregierung und dem Herzog Friedrich nach Altona zurück.

Die Stadtverordneten von Berlin beschließen wiederholt, daß die Darlehenscassenscheine von den Stadtcassen nicht angenommen werden dürfen und erklären den Magistrat für verantwortlich für allfälligen Schaden bei Annahme derselben.

8. „ Mit Ausnahme Altonas wird ganz Holstein von den Preußen besetzt.

9. „ Nach einer Bekanntmachung des Ministers des Innern hat der König befohlen, die sämmtlichen Friedensadressen wie folgt zu beantworten:

„Der König hat in diesen Vorstellungen ungern den Ausdruck der Hingebung und Opferwilligkeit vermißt, welche andere Kundgebungen der letzten Zeit, namentlich die Adresse der Vertreter der Stadt Breslau enthalten. Se. Maj. hat in dem bekannten Erlaß auf diese letztere klar und eindringlich ausgesprochen, daß Niemand schmerzlicher, als Allerhöchstdieselben, die Schwere der Opfer, welche der Krieg dem Vaterlande auferlegen würde, empfinden, Niemand das Bedürfniß lebhafter fühlen könne, daß dieselben von Herrscher und Volk in ungetrübter Eintracht getragen werden. Se. Maj. hat feierlich erklärt, sein Volk nur zu den Waffen gerufen zu haben, um Preußen und seine bedrohten heiligsten Güter zu vertheidigen. Mit Bezug auf den Wunsch aber, daß die Wiederherstellung des vollen Einklangs zwischen Regierung und Volk der nationalen Begeisterung die rechte Grundlage und Weihe geben, hat Se. Maj. von Neuem verkündet, daß die Verständigung mit dem Landtage das Ziel seiner Wünsche und seines eifrigen Strebens sei. In diesen allerhöchsten Versicherungen haben daher auch die Urheber und Unterzeichner jener anderweitigen Adressen die der Würde der Krone, wie den Interessen des Vaterlandes einzig angemessene Erwiderung und Bescheidung zu finden. Angesichts der drohenden und täglich wachsenden Gefahren erwartet der König, daß das gesammte preußische Volk, eingedenk der Traditionen einer großen Vergangenheit, eine einmüthige patriotische Hingebung für die höchsten und heiligsten Interessen des Vaterlandes von Neuem rückhaltlos bewähren werde."

9. Juni. Der Abg. Twesten wird vom Berliner Stadtgericht trotz des Beschlusses des Obertribunals vom 29. Januar auf Grund des Art. 84 der Verfassung neuerdings freigesprochen.

10. „ Preußen erläßt eine Circulardep. an die deutschen Regierungen mit einem neuen Bundesreformentwurf, der auf gänzlicher Ausscheidung Oesterreichs basirt, dagegen Bayern in Süddeutschland eine überwiegende Stellung in Aussicht setzt.

„ „ Die Preußen räumen die Bundesfestungen Rastatt und Mainz.

„ —11. Juni. Der Zusammentritt der von Oesterreich einberufenen holsteinischen Ständeversammlung wird von den Preußen gewaltsam verhindert. Gen. Manteuffel übernimmt durch Proclamation auch die alleinige Regierung in Holstein für Preußen.

11. „ Oesterreich klagt gegen Preußen am Bunde wegen seines gewaltsamen Vorgehens in Holstein und trägt auf Mobilmachung sämmtlicher Bundesarmeecorps mit Ausnahme der preußischen und auf Ernennung eines Bundesfeldherrn an. Die Abstimmung und Beschlußfassung darüber wird von der Bundesversammlung auf den 14. d. M. anberaumt. (s. Deutschland.)

12. „ Oesterreich weicht in Holstein ohne Schwertschlag. Die sämmtlichen österreichischen Truppen und mit ihnen der Augustenburger gehen über die Elbe und ziehen sich über Hannover und Kassel zurück.

14. „ Die Bundesversammlung in Frankfurt nimmt den Antrag Oesterreichs vom 11. b. M. mit 9 gegen 6 Stimmen an. Der preuß. Gesandte erklärt den Beschluß für einen Bruch der Bundesverfassung und den Bund dadurch für aufgelöst und verläßt den Saal. Ausbruch des Krieges. (s. Deutschland.)

15. „ Preußen richtet Sommationen an Sachsen, Hannover und Kurhessen, mit ihm auf Grund der Bundesreformvorschläge v. 10. Juni ein neues Bündniß zu schließen. Alle drei lehnen die Zumuthung ab. Der König von Sachsen läßt seine Armee an die böhmische Grenze rücken und geht mit ihr auf österreichisches Gebiet über, der König von Hannover zieht mit seinen Truppen nach Göttingen, um von dort aus eine Verbindung mit den Bayern zu suchen, der

Kurfürst von Hessen sendet die seinigen nach Süden zum Anschluß an die Bundestruppen.

18. Juni. Die Preußen rücken unter Gen. v. Bayer in Kurhessen, unter den Generalen Vogel v. Falkenstein und Manteuffel in Hannover unter General Herwarth v. Bittenfeld in Sachsen ein.

" " Preußen ladet die norddeutschen Staaten zum Abschluß eines neuen Bundes unter seiner Führung auf Grund der Vorschläge vom 10. d. M. ein und inzwischen ihre Truppen zur Verfügung des Königs von Preußen zu stellen. Der Herzog von Coburg-Gotha ist der erste, der dieser Aufforderung entspricht. Nach und nach folgen auch die übrigen. Am meisten sperren sich Mecklenburg und Hamburg, geben aber endlich ebenfalls nach. (s. Deutschland.)

17. " Die Preußen rücken in die Stadt Hannover ein.
18. " Die Preußen besetzen Dresden.
19. " Die Preußen besetzen Kassel.
22./23. Juni. Die Preußen beginnen unter dem Kronprinzen von Schlesien, unter dem Prinzen Friedrich Karl und dem Gen. Herwarth v. Bittenfeld von Sachsen aus sich gegen Böhmen in Bewegung zu setzen und rücken zunächst ohne ernsten Widerstand in dasselbe ein.

26.—29. Juni. Kämpfe mit den Oesterreichern unter Clam Gallas, Gablenz und Ramming und mit der sächsischen Armee. Die Preußen debuchiren glücklich aus den Defilées, die Oesterreicher werden überall geschlagen und Benedek sieht sich gezwungen, die Linie der Iser aufzugeben und sich auf der ganzen Linie gegen Königgrätz zurückzuziehen. Die drei Armeen der Preußen bewerkstelligen ihre Vereinigung.

28. Juni. Die hannoversche Armee, bei Langensalza von den Preußen eingeschlossen, capitulirt.

29. " Erste Siegesnachrichten in Berlin. Der König und Bismarck werden gefeiert.

30. " Der König geht zur Armee ab.

1. Juli. Eine Dep. Bismarcks an den preuß. Gesandten im Haag führt aus, daß die preußische Besatzung in Luxemburg nicht nur als Bundesbesatzung dort sei, sondern auf Grund der internationalen Verträge zwischen Preußen und den Niederlanden von 1816 und 1856.

2. " Die holländische Regierung erklärt Preußen, daß sie ihre Ausführungen in der Depesche vom 1. d. M. nicht acceptiren könne, daß die endgültige Lösung der luxemburgischen Frage noch verschoben werden könne, daß sie aber schon jetzt ihre dießfälligen Reformationen und Proteste kundgebe.

3. " Schlacht von Königgrätz. Sieg der Preußen. Benedek sammelt die Reste seiner Armee in Olmütz.

Landtagswahlen. Die bisherige Opposition erleidet schwere Niederlagen. Die Regierung setzt fast für die Hälfte des Abg.-Hauses regierungsfreundliche Candidaten durch.

4. Juli. Oesterreich tritt Venetien an Frankreich ab. Napoleon übernimmt die Vermittlung zwischen den kriegführenden Mächten. Preußen nimmt dieselbe an und stellt seine Bedingungen. (s. Deutschland.)

8. „ Die Absicht der österreichischen Cession Venetiens an Frankreich ist miß=
lungen. Italien hält fest an dem preußischen Bündniß, die italienische Armee ergreift trotz jener Cession wieder die Offensive und geht unter Cialdini über den Po.

10. „ Gen. v. Falkenstein hat die Bayern unter dem Prinzen Karl in wiederholten Gefechten zurückgedrängt. Gefecht bei Kissingen. Die Bayern gehen nach Schweinfurt zurück. Gen. Vogel v. Falkenstein läßt sie dort stehen und wendet sich gegen die Reichsarmee unter dem Prinzen Alex. v. Hessen.

11. „ Preußen beharrt auf seinen Bedingungen für den Abschluß eines Waffenstillstandes: Annahme von Friedenspräliminarien von Seite Oesterreichs, Ausschluß Oesterreichs aus Deutschland, bessere Ver= bindung zwischen seinen Ost= und Westprovinzen. Ministerrath in Paris. Napoleon entscheidet gegen eine active Unterstützung Oester= reichs und geht unter der Bedingung einer Ausscheidung Süddeutsch= lands aus dem neuen Bunde der deutschen Staaten unter Preußen auf die preußischen Forderungen ein. Preußen nimmt den Ver= mittlungsvorschlag Frankreichs an und dieses übermittelt denselben nach Wien.

13. „ Die Oesterreicher ziehen alle ihre Truppen, mit Ausnahme der Besatzungen des Festungsvierecks und Venedigs aus Venetien heraus, um Wien gegen die Preußen zu schützen. Erzh. Albrecht übernimmt den Oberbefehl über die gesammte österreichische Armee.

14. „ Oesterreich nimmt im Princip die Friedenspräliminarien nach dem Vermittlungsvorschlage Frankreichs an.

General Vogel v. Falkenstein hat die Reichsarmee bis Aschaffenburg zurückgedrängt. Gefecht bei Aschaffenburg. Die Reichsarmee geht über den Main zurück und Gen. Vogel v. Falkenstein wendet sich in Eilmärschen gegen Frankfurt.

Die Reste des Bundestags siedeln von Frankfurt nach Augs= burg über.

16. „ Die Preußen ziehen in Frankfurt ein, Gen. Vogel v. Falkenstein erklärt den Senat und den gesetzgebenden Körper für aufgelöst und legt der Stadt eine Contribution von 6 Mill. Gulden auf.

17. „ Die Preußen besetzen Lundenburg und die Linie der Thaya, die Oesterreicher haben sich gänzlich auf die linke Seite der Donau zu= rückgezogen.

18. „ Die Preußen besetzen Darmstadt und Wiesbaden. Der Groß=

Herzog von Hessen-Darmstadt verläßt sein Land und ebenso der Herzog von Nassau.

Eine kgl. Ordre aus Brünn beruft den Landtag der Monarchie auf den 30. d. M. zusammen.

19. Juli. Gen. Vogel v. Falkenstein wird von der Mainarmee abberufen. Gen. v. Manteuffel tritt an seine Stelle.

20.—24. Juli. Harte Behandlung Frankfurts durch die Preußen. Sie verlangen eine neue Contribution von 25 Mill. Der gesetzgebende Körper verweigert sie wiederholt. Bürgermeister Fellner erhängt sich.

22. Juli. Abschluß einer fünftägigen Waffenruhe mit Oesterreich, binnen welcher sich dieses über Annahme oder Ablehnung der Friedens- präliminarien entscheiden soll.

23.—27. Juli. Gefechte zwischen der Mainarmee unter Gen. Manteuffel und dem 7. und 8. Bundesarmeecorps. Die Preußen drängen beide zurück und beschießen die bayer. Feste Marienberg.

26. „ Abschluß der Friedenspräliminarien und eines Waffenstillstands mit Oesterreich in Nicolsburg. Oesterreich wird dabei genöthigt, seine deutschen Verbündeten gänzlich im Stich zu lassen.

27. „ Preußen gewährt dem bayerischen Unterhändler v. d. Pforbten einen Waffenstillstand, der aber erst am 2. Aug. anfangen soll und benützt die Zwischenzeit, um durch das Reservecorps unter dem Groß- herzog von Mecklenburg ein gutes Stück bayrischen Gebiets bis Nürnberg zu besetzen.

Ein Rescript des Königs aus Nicolsburg verschiebt die Eröff- nung des Landtags bis zum 5. August.

29. „ Ein Telegramm des Königs beruft den Senator Müller nach Nicolsburg und sistirt inzwischen alle Zwangsmaßregeln behufs Ein- treibung der Contribution von 25 Mill.

31. „ Der König verläßt Nicolsburg, um wieder nach Berlin zurückzukehren.

1. Aug. Die Preußen besetzen Mannheim und Heidelberg.

Abschluß eines Waffenstillstands mit Hessen-Darmstadt.

2. „ Abschluß eines Waffenstillstands mit Württemberg.

3. „ Abschluß eines Waffenstillstands mit Baden.

Graf Bismarck ladet die süddeutschen Staaten zu Friedensunter- handlungen in Berlin ein.

4. „ Der König trifft wieder in Berlin ein.

Eine Circularderpesche des Grafen Bismarck ladet die deutschen Staaten nördlich des Mains zu einem Bündniß behufs Gründung eines norddeutschen Bundes ein und übermittelt ihnen den Entwurf eines solchen. (s. Deutschland.)

5. „ Eröffnung des Landtags. Thronrede des Königs:

„Indem ich die Vertretung des Landes um mich versammelt sehe, drängt mich mein Gefühl, vor Allem auch von dieser Stelle meinen und meines Volkes Dank für Gottes Gnade auszusprechen, welche Preußen geholfen hat, mit schweren, aber erfolgreichen Opfern nicht nur die Gefahren feindlicher Angriffe von unseren Grenzen abzuwenden, sondern in raschem Siegeslauf des vaterländischen Heeres dem ererbten Ruhme neue Lorbeern hinzuzufügen

Preußen.

und der nationalen Entwicklung Deutschlands die Bahn zu ebnen. Unter dem sichtbaren Segen Gottes folgte die waffenfähige Nation mit Begeisterung dem Rufe in den heiligen Kampf für die Unabhängigkeit des Vaterlandes und schritt unser heldenmüthiges Heer, unterstützt von wenigen, aber treuen Bundesgenossen, von Erfolg zu Erfolg, von Sieg zu Sieg, im Osten wie im Westen. Viel theures Blut ist geflossen, viele Tapfere betrauert das Vaterland, die siegesfroh den Heldentod starben, bis unsere Fahnen sich in Einer Linie von den Karpathen bis zum Rhein entfalteten. In einträchtigem Zusammenwirken werden Regierung und Volksvertretung die Früchte zur Reife zu bringen haben, die aus der blutigen Saat, soll sie nicht umsonst gesät sein, erwachsen müssen. Liebe Herren von beiden Häusern des Landtags! Auf die Finanzlage des Staates kann meine Regierung den Blick mit Befriedigung wenden. Durch sorgliche Vorsicht und gewissenhafte Sparsamkeit ist sie in den Stand gesetzt, die großen finanziellen Schwierigkeiten zu überwinden, welche die gegenwärtigen Zeitverhältnisse in naturgemäßem Gefolge haben. Obwohl schon in den letzten Jahren durch den Krieg in Dänemark der Staatskasse beträchtliche Opfer auferlegt worden sind, ist es doch gelungen, die bisher erwachsenen Kosten des gegenwärtigen Krieges aus den Staatseinnahmen und vorhandenen Beständen ohne andere Belastung des Landes, als die durch die gesetzlichen Natural-Leistungen zum Kriegszwecke erwachsenden, bereit zu stellen. Um so zuversichtlicher hoffe ich, daß die Mittel, welche zur erfolgreichen Vermindigung des Krieges und zur Bezahlung der Natural-Lieferungen, bei Aufrechterhaltung der Ordnung und Sicherheit in den Finanzen, nöthig sind, von Ihnen bereitwillig werden gewährt werden. Ueber die Feststellung des Staatshaushalts-Etats hat eine Vereinbarung mit der Landesvertretung in den letzten Jahren nicht herbeigeführt werden können. Die Staatsausgaben, welche in dieser Zeit geleistet worden sind, entbehren daher der gesetzlichen Grundlage, welche der Staatshaushalt, wie ich wiederholt anerkenne, nur durch das nach Art. 99 der Verfassungsurkunde alljährlich zwischen meiner Regierung und den beiden Häusern des Landtags zu vereinbarende Gesetz erhält. Wenn meine Regierung gleichwohl den Staatshaushalt ohne diese gesetzliche Grundlage mehrere Jahre geführt hat, so ist dieß nach gewissenhafter Prüfung in der pflichtmäßigen Ueberzeugung geschehen, daß die Fortführung einer geregelten Verwaltung den gesetzlichen Verpflichtungen gegen die Gläubiger und die Beamten des Staates, die Erhaltung des Heeres und der Staatsinstitute Existenzfragen des Staates waren und daß daher jenes Verfahren eine der unabweisbaren Nothwendigkeiten wurde, denen sich eine Regierung im Interesse des Landes nicht entziehen kann und darf. Ich hege das Vertrauen, daß die jüngsten Ereignisse dazu beitragen werden, die unerläßliche Verständigung in so weit zu erzielen, daß meiner Regierung in Bezug auf die ohne Staatshaushaltsgesetz geführte Verwaltung die Indemnität, um welche die Landesvertretung angegangen werden soll, bereitwillig ertheilt und damit der bisherige Conflict für alle Zeit um so sicherer zum Abschluß gebracht werden wird, als erwartet werden darf, daß die politische Lage des Vaterlandes eine Erweiterung der Grenzen des Staates und die Einrichtung eines einheitlichen Bundesheeres unter Preußens Führung gestatten werde, dessen Lasten von allen Genossen des Bundes gleichmäßig werden getragen werden. Die Vorlagen, welche in dieser Beziehung behufs Einberufung einer Volksvertretung der Bundesstaaten erforderlich sind, werden dem Landtage unverzüglich zugehen. Meine Herren! Mit mir fühlen Sie, fühlt das Vaterland die ganze Wichtigkeit des Augenblickes, der mich in die Heimath zurückführt. Möge die Vorsehung ebenso gnadenreich Preußens Zukunft segnen, wie sie sichtlich die jüngste Vergangenheit segnete! Das walte Gott!"

6. Aug. Magistrat und Stadtverordnete von Berlin begeben sich vom

Rathhaus aus in corpore nach dem Palast, um dem König eine, mit thatsächlich angenommener Beiseitsetzung ihres früheren Beschlusses, einstimmig angenommene gemeinschaftliche Adresse zu überreichen:

„... So sieht sich Ew. Maj. stärkster Feind gezwungen, die Grundlagen eines Friedens anzunehmen, welcher die politische Gestaltung Deutschlands von dem hemmenden Druck der Interessen des österr. Kaiserhauses befreit und unter Eurer Maj. Herrschaft und Führung ein neues Staatswesen erstehen läßt, dessen geschlossene Kraft auch die Gefahren, welche die Zukunft bringen könnte, erfolgreich bestehen und die Erkenntniß immer weiter verbreiten wird, daß nur Preußen die politischen Schäden heilen kann, an denen Deutschland seit Jahrhunderten krankt. So krönen die Erfolge dieses Krieges die Thaten des großen Kurfürsten, des einzigen Friedrich! Die Geschichte wird es würdigen, daß die, unserm Staate für die politische Kräftigung Deutschlands, für die Erhaltung seiner Culturgüter gestellte Aufgabe von Eurer Königlichen Majestät, wie von Ihren glorreichen Ahnen, mit hohem Sinn erfaßt, mit entschlossenem Muthe erfüllt worden ist...."

Antwort des Königs: „... Selten ist Gottes Segen und Gnade so sichtlich mit einem gewagten Unternehmen gewesen, als in den letzten Wochen. Preußen mußte das Schwert ziehen, als es sich zeigte, daß es die Erhaltung seiner Selbständigkeit galt; aber auch zur Neugestaltung Deutschlands hat es sein Schwert gezogen; Ersteres ist erreicht, Letzteres möge mir unter Gottes fernerem Segen gelingen."

7. Aug. Frankreich erhebt in einer Depesche des Hrn. Drouyn de l'Huys, die der Botschafter Benedetti dem Grafen Bismarck vorliest, gegenüber der beabsichtigten Vergrößerung Preußens Compensationsforderungen. Preußen lehnt dieselben entschieden ab. Frankreich beruhigt sich dabei.

„ „ Gen. v. Manteuffel geht in besonderer Mission nach St. Petersburg ab.

8. „ Preußen übernimmt wieder die Regierung der hohenzollern'schen Fürstenthümer.

9. „ Grabow erklärt, im Interesse einer Versöhnung zwischen dem Landtag und der Regierung auf eine Wiederwahl zum Präsidenten des Abg.-Hauses zu verzichten.

10. „ Abg.-Haus: Nach Verzichtleistung Grabow's wird v. Forkenbeck mit 170 Stimmen (v. Arnim-Heinrichsdorf, der Candidat der Conservativen erhält 136, Graf Schwerin, derjenige der Alt-Liberalen 22 Stimmen) zum Präsidenten, v. Stavenhagen und v. Bonin werden zu Vicepräsidenten gewählt. Zahlreiche Entwürfe zu Antwortsadressen werden eingegeben: der Altliberalen, der Conservativen, Waldeck's, Gneist-Grabow's, Virchow's, Reichensperger's, Graf Bethusy-Huc's, Groote's u. s. w.

11. „ Die „Köln. Ztg." erklärt den Streit um die Armeereorganisation nunmehr für ein bloßes Mißverständniß.

„ „ (Hannover). Der preußische Civilcommissär trifft Anordnungen, damit die einige Tage vor dem Einzug der Preußen nach England in Sicherheit gebrachten circa 21 Millionen Thaler als „dem Lande gehörige bez. als Domanialvermögen mit dem Lande untrennbar verbundenen Bestände" demselben nicht entfremdet werden: so weit der Betrag in verschiedenen Staatsobligationen au porteur bestehe, sollen weder Zinszahlungen noch Rückzahlungen an Capital erfolgen und demnächst das gerichtliche Verfahren eingeleitet werden.

11. Aug. (Reuß ä. L.). Das Ländchen wird von 2 Compagnien Preußen besetzt.
13. „ Abg.-Haus: Die Regierung legt demselben ein Wahlgesetz für den Reichstag des norddeutschen Bundes vor.
 „ „ Friedensschluß mit Württemberg (s. Anhang).
14. „ Abg.-Haus: Die Regierung legt demselben ein förmliches Indemnitätsgesetz für die Zeit des budgetlosen Regimentes vor und verlangt einen außerordentlichen Credit von 60 Mill. Thalern.

Der Finanzminister bemerkt zu dem erstern: „Wenn die Staatsregierung auf der einen Seite sich dessen bewußt sei, daß sie bei der Fortsetzung des Staatshaushalts einer in ihrer Stellung liegenden bringenden Pflicht genügt und bei Verwendung der Staatsgelder sich auf das, was im Interesse des Staates als unerläßlich geboten war, beschränkt habe, so hege sie auf der andern Seite den dringenden Wunsch, den Conflikt baldigst zu lösen und ihn auf alle Zeiten zu beseitigen. Sie bethätige ihrerseits ein Entgegenkommen, indem sie den Gesetzentwurf dem Haus überreiche, und vertraue zuversichtlich auf dessen Annahme." Aus der Darlegung des Ministers bez. der zweiten Vorlage ergibt sich, daß von den 60 Mill. 22 dazu verwendet werden sollen, den Staatsschatz wieder zu füllen; „denn das habe die Erfahrung gelehrt, daß zu einer kriegsbereiten Armee auch ein kriegsbereiter Schatz gehöre."

17. „ Botschaft des Königs an beide Häuser des Landtags bezüglich Einverleibung von Hannover, Kurhessen, Nassau und Frankfurt.

„Botschaft des Königs: „Wir Wilhelm von Gottes Gnaden ꝛc. ꝛc. thun kund und fügen hiermit zu wissen: Die Regierungen des Königreichs Hannover, des Kurfürstenthums Hessen, des Herzogthums Nassau, sowie der freien Stadt Frankfurt haben sich durch ihre Theilnahme an dem feindlichen Verhalten des ehemaligen Bundestags in offenen Kriegszustand mit Preußen gesetzt. Sie haben sowohl die Neutralität, als das von Preußen unter dem Versprechen der Garantie ihres Territorialbestandes ihnen wiederholt und noch in letzter Stunde angebotene Bündniß abgelehnt, haben an dem Kriege Oesterreichs mit Preußen thätigen Antheil genommen und die Entscheidung des Krieges über sich und ihre Länder angerufen. Diese Entscheidung ist nach Gottes Rathschluß gegen sie ausgefallen. Die politische Nothwendigkeit zwingt uns, ihnen die Regierungsgewalt, deren sie durch das siegreiche Vordringen unserer Heere entkleidet sind, nicht wieder zu übertragen. Die genannten Länder würden, falls sie ihre Selbständigkeit behielten, vermöge ihrer geographischen Lage bei einer Feindseligkeit, oder auch nur zweifelhaften Stellung ihrer Regierungen der preußischen Politik und militärischen Action Schwierigkeiten und Hemmnisse bereiten können, welche weit über das Maß ihrer thatsächlichen Macht und Bedeutung hinausgehen. Nicht im Verlangen nach Ländererwerb, sondern in der Pflicht, unsere ererbten Staaten vor wiederkehrenden Gefahren zu schützen und der nationalen Neugestaltung Deutschlands eine breitere und festere Grundlage zu geben, liegt für uns die Nothwendigkeit, das Königreich Hannover, das Kurfürstenthum Hessen, das Herzogthum Nassau, sowie die freie Stadt Frankfurt für immer mit unserer Monarchie zu vereinigen. Wohl wissen wir, daß nur ein Theil der Bevölkerung dieser Staaten mit uns die Ueberzeugung von jener Nothwendigkeit theilt. Alle achten und ehren die Gefühle der Treue und Anhänglichkeit, welche die Bewohner derselben an ihre bisherigen Fürstenhäuser und ihre selbstständigen politischen Einrichtungen knüpfen; allein wir vertrauen, daß die lebendige Betheiligung an der fortschreitenden Entwicklung des nationalen Gemeinlebens in Verbindung mit einer schonenden Behandlung berechtigter Eigenthümlichkeiten den unvermeidlichen Uebergang in die neue größere Gemeinschaft erleichtern werde. Die beiden Häuser des Landtages fordern wir auf, die verfassungsmäßig erforderliche Genehmigung und Einwilligung zu ertheilen, und lassen ihnen zu diesem Behufe den beiliegenden Gesetzentwurf zugehen."

Gesetzesentwurf: „Art. 1. Wir übernehmen für Uns und Unsere Nachfolger auf Grund des Art. 55 der Verfassungs-Urkunde für den preußischen Staat die Regierung über das Königreich Hannover, Kurfürstenthum Hessen, Herzogthum Nassau und die freie Stadt Frankfurt. Art. 2. Die definitive Regulirung der Beziehungen dieser Länder zu dem preußischen Staatsgebiete auf Grund des Art. 2 der Verf.-Urk. erfolgt mittelst besondern Gesetzes. Art. 3. Das Staatsministerium wird mit der Ausführung des gegenwärtigen Gesetzes beauftragt."

Motivirung: „Die Regierungen des Königreichs Hannover, des Kurfürstenthums Hessen und des Herzogthums Nassau, sowie die freie Stadt Frankfurt haben durch ihre beharrliche Ablehnung der von Preußen vorgeschlagenen Reform des Bundes und durch den offenen, mit dem Zweck der Vereitelung derselben unternommenen Krieg bewiesen, daß auf ihre Mitwirkung zur Befriedigung der nationalen Bedürfnisse und berechtigten Wünsche des deutschen Volkes nicht zu rechnen ist. Sie haben damit ihren Fortbestand unmöglich gemacht, indem sie gezeigt haben, daß derselbe mit der Erreichung befriedigender Zustände der deutschen Nation unvereinbar ist. Neben dieser Unverträglichkeit mit einer Reconstruction Teutschlands auf nationalen Grundlagen würde der Fortbestand dieser Staaten eine fortdauernde Gefahr für Preußen in sich schließen. Die letzten Ereignisse haben gezeigt, wie groß diese Gefahr ist, indem Preußen sich genöthigt gesehen hat, im Augenblick eines die ganze Kraft der Nation in Anspruch nehmenden Krieges gegen eine ebenbürtige Großmacht, einen bedeutenden Theil seiner Kräfte zur Occupation jener, es im Rücken und von der Seite bedrohenden Länder zu verwenden. Dieser Zustand darf nicht wiederkehren. Er muß für immer beseitigt werden. Se. Maj. der König hat sich daher entschlossen, zur Sicherstellung der eigenen und der übrigen deutschen Lande von dem durch die Vorsehung ihm verliehenen Rechte Gebrauch zu machen und die Regierung über die gegenwärtig von preußischen Truppen occupirten und in preußischer Verwaltung befindlichen Territorien des Königreichs Hannover, des Kurfürstenthums Hessen, des Herzogthums Nassau und der Stadt Frankfurt a. M. mit ihrem Gebiet auf Grund des Art. 55 der Verfassung zu übernehmen. Die Herzogthümer Holstein und Schleswig hat Se. Maj. der König bisher in gemeinsamem Recht mit Sr. Maj. dem Kaiser von Oesterreich auf Grund des Wiener Vertrages v. 30. Oct. 1864 besessen. Nachdem Se. Maj. der Kaiser sich bereit erklärt hat, alle ihm aus diesem Vertrage zustehenden Rechte auf Se. Maj. den König zu übertragen, wird Se. Maj. der König, sobald der Friede mit Oesterreich ratifizirt sein wird, die Regierung auch dieser beiden Herzogthümer definitiv übernehmen. Wenn die nördlichsten Districte des Herzogthums Schleswig in freier Abstimmung den Wunsch ausdrücken sollten, mit dem Königreich Dänemark vereinigt zu werden, so wird Se. Maj. der König diesem Wunsche stattgeben. Die individuellen Verhältnisse und Besonderheiten der neu erworbenen Länder und Landestheile werden eine vielfache Berücksichtigung erfordern, deren Tragweite sich noch nicht übersehen läßt. Es ist der Wille Sr. Maj. des Königs, den wirklichen Bedürfnissen gerecht zu werden und die billigen Rücksichten auf berechtigte Eigenthümlichkeiten mit den Forderungen des allgemeinen Staatswohls und der Gerechtigkeit gegen alle seine

Unterthanen auszugleichen. Deßhalb konnte die sofortige Aufnahme dieser Länder in das preußische Staatsgebiet nicht erfolgen, vielmehr muß es einer hoffentlich nahen Zukunft vorbehalten bleiben, die sämmtlichen unter der Herrschaft des Königs befindlichen Lande in ein Ganzes zu vereinigen, sobald die neu erworbenen Länder durch das jetzt einzurichtende Uebergangsstadium dazu vorbereitet sein werden. Die dahin zielenden Vorlagen werden, nach Maßgabe des Art. 2 der Verfassungsurkunde, dem Landtage seiner Zeit gemacht werden.

Anm. Durch die Einverleibungen soll Preußen (ohne Schleswig-Holstein) folgenden Zuwachs an Land und Leuten erhalten:

Hannover	698 Qu.-Meilen.	1,923,492 Einwohner.	
		(Dez. 1864.)	
Kurhessen	174 „	745,063 „	
Nassau	85 „	468,311 „	
Frankfurt	2 „	91,180 „	
	959 Qu.-Meilen.	3,228,046 Einwohner.	
Hiezu Preußen	5,058 „	19,552,139 „	
Nunmehriger Staat	6,017 Qu.-Meilen.	22,480,185 Einwohner.	

Bemerkung des Ministerpräs. zu der Vorlage: „Nachdem der König selbst zu Ihnen über die Sache gesprochen, wird es mir nicht geziemen, in diesem Augenblicke meine eigene Auffassung näher zu entwickeln und den königlichen Worten eigene hinzuzufügen. Ich erlaube mir nur Ihre Aufmerksamkeit darauf zu lenken, daß der Inhalt des Gesetzentwurfs den jetzt zu schaffenden Zustand auf der Basis des Art. 55 als einen Uebergangszustand charakterisirt, der nicht als der definitive gedacht wird. Die königl. Staatsregierung hält einen solchen Uebergangspunkt für zweckmäßig, um die völlige Einverleibung dieser Länder in die preußische Monarchie in derjenigen schonenden Weise vorzubereiten, welche die königliche Botschaft in Aussicht stellt. Wir glauben, daß die Bewohner jener Länder selbst sich in Kurzem, wenn die Entscheidung der königlichen Staatsregierung in der Art festgestellt sein wird, wie es durch ein solches Gesetz geschieht, mit dem Gedanken noch vollständiger befreunden werden, als dies bisher geschehen ist, und daß der Landtag mit Vertrauen in die Hand Sr. Maj. die Machtvollkommenheit werde legen wollen, in jenen Ländern diejenigen Modifikationen ihrer bisherigen Einrichtung und Verfassung einzubringen oder zu gesetzmäßiger Entscheidung vorzubereiten, welche ihre Verschmelzung mit dem preußischen Staate werden erleichtern können. Ueber die Herzogthümer Schleswig und Holstein ist in diesem Gesetzentwurf nichts gesagt, weil ihre Einverleibung bedingt ist durch die Ratification des mit Oesterreich in gegenwärtigem Augenblick verhandelten Friedens, und wir werden eine Vorlage darüber erst machen können, wenn der Friede ratificirt ist, ebenso wie über andere Gegenstände, deren Geschick im Augenblick noch von den Friedensverhandlungen mit den übrigen süddeutschen Staaten abhängt.

17. Aug. (Hannover). Der König empfängt eine hannoversche Deputation, bestehend aus dem Staatsminister a. D. v. Münchhausen, dem Vicepräsidenten des Oberappellations-Gerichts v. Schleppegrell und dem Schatzrath b. Rössing.

Eingabe der Deputation: .... In diesem Umstand nun glauben wir eine genügende Rechtfertigung zu finden, wenn wir noch einmal in aller Ehrfurcht den Versuch wagen, für den Ausdruck der in der unendlichen Mehrheit unserer Mitbürger herrschenden Stimmung ein gnädiges Gehör uns zu erbitten. Ew. Maj. dürfen überzeugt sein, daß unter diesen — welches auch früher ihre Stellung zur sogenannten deutschen Frage gewesen sein mag — nach den siegreichen Erfolgen der preußischen Waffen kein Zweifel mehr darüber herrscht, daß Preußen und nur Preußen zur Vormacht in dem neu zu errichtenden Bunde berufen, und daß ihm als solcher bereits willigst und rückhaltlos in reichem Maß die Befugnisse einzuräumen seien, die es zu wirksamer Durchführung dieses seines welthistorischen Berufes für erforderlich erachten mag. Daß es aber dazu auch des Opfers der Eristenz unseres, selbst in solcher Beschränkung seiner Souveränität noch lebenskräftigen Staates bedürfte, will der Bevölkerung des letzteren nicht einleuchten, und auch den oft gehörten Einreden fürchtet sie nicht, daß eine also beschränkte Krone Hannover für die Krone Preußen ein unzuverlässiger Nachbar sei. Würden doch die jedenfalls auf diese übergebliebenen militärhoheitlichen Befugnisse genügen, jede etwa drohende Gefahr zu beseitigen wenn nicht, nachdem die deutsche Frage gelöst, schon durch die geographische Lage beider Länder, durch die Aehnlichkeit ihres Volkscharakters, durch die Gleichartigkeit ihrer wirthschaftlichen Interessen eine völlig ausreichende Garantie für die Bundestreue des schwächeren Nachbars gegeben wäre. Sollte übrigens gleichwohl in der Person des gegenwärtigen Trägers der hannoverischen Krone keine genügende Gewähr für eine zuverlässige Bundesgenossenschaft gefunden werden, so hat sich derselbe, wie das Ew. Maj. Regierung nicht unbekannt geblieben ist, schon bereit erklärt, zu Gunsten seines Thronfolgers der Krone zu entsagen."

Antwort des Königs: „Ich sehe Sie gern hier, meine Herren, denn Ich kann es nur achten und anerkennen, wenn deutsche Männer mit Treue festhalten an der Dynastie, deren Verbindung mit ihnen Jahrhunderte lang bestanden und die Früchte der gegenseitigen Anhänglichkeit und Hingebung gereift hat. Ich würde die Hannoveraner minder schätzen, wenn sie keinen Schritt bei Mir gethan hätten, welcher das innige Festhalten an ihrem angestammten mir nahe verwandten Regentenhause bethätigte. Dadurch sehe Ich mich veranlaßt, Ihnen ausführlich die Gründe darzulegen, welche wahrlich gegen Meine ursprüngliche Absicht und nach wiederholten schweren Kämpfen mit Meinem Wunsch: die Selbständigkeit Meiner früheren Genossen im deutschen Bund fortbestehen zu lassen, zu dem jetzt bereits in der Ausführung begriffenen und somit unwiderruflichen Beschluß genöthigt haben, Annexionen vorzunehmen. Bereits bei dem Eintreten in meine jetzige Stellung habe Ich es ausgesprochen, daß Meine zum Heile Preußens und Deutschlands gehegten Absichten dahin gerichtet seien, keine anderen als moralische Eroberungen zur Ausführung zu bringen; es ist dieses Wort vielfach belächelt, bespöttelt, ja gehöhnt worden, und doch ertheile Ich Ihnen noch heute die feste Versicherung, daß Meine Pläne darüber nie hinausgegangen sind, und daß — wenn Ich als 70jähriger Mann zu gewaltthätigen Eroberungen übergehe — Ich dies nur thue gezwungen durch die Macht der Verhältnisse, durch die unablässigen Anfeindungen Meiner angeblichen Bundesgenossen und durch die Pflichten gegen das meiner Führung anvertraute Preußen. Schon bei Bildung des deutschen Bundes wurde von denjenigen Staaten, welche durch Preußens schon damals erkennbaren geistigen Aufschwung Gefahren für die Erhaltung ihres Einflusses befürchteten, dafür Sorge getragen, daß das Bundesgebiet Preußens durch selbständige Staaten getrennt bleibe. Diese Lage wurde seit dem Bestehen des Bundes durch fortwährend erneuerte Anfeindungen, vorzugsweise genährt durch österreichischen Einfluß, durch Erlaubnis der deutschen, der französischen, der englischen Presse benutzt, um bei diesen Staaten stete Besorgnisse vor Preußens Uebergriffen und Eroberungsgelüsten anzuregen und wach zu erhalten und den, drei preußischen Regierungen hindurch mit Eifer, aber unter Achtung aller Rechte fortgesetzten Bemühungen, dem deutschen Bund Einigkeit und Aufschwung in materiellen und geistigen Interessen einzuflößen, beharrlichen Widerstand entgegenzusetzen. Diese Bestrebungen sind nicht ohne Erfolg geblieben, sie haben zu einer, fast nur während der Regierung des Königs Ernst August innigeren Beziehung Platz machenden unfreundlichen Stellung Hannovers zu Preußen geführt, welche während der politischen Complicationen der letzten Jahre häufig in eine selbstselige übergegangen ist, ohne daß dazu von preußischer Seite Veranlassung gegeben worden wäre. So standen die Sachen, als Meine Stellung in Holstein durch Oesterreich immer und immer wieder angegriffen und gestört wurde bis zu einem Grad, welchen Preußen zu ertragen nicht länger im Stande war. Bevor Ich Mich jedoch zum äußersten zu entschließen gezwungen wurde, gelang es, die Gefahr noch einmal durch Abschließung des Gasteiner Vertrags nicht zu beseitigen, sondern nur hinauszuschieben, denn während der Wirksamkeit dieses Vertrags fiel eine Hülle nach der andern, welche die Absicht Oesterreichs bis dahin verschleiert hatte, den Kampf als drohend und stets mehr und mehr für unvermeidlich erachteten Kampf mit Preußen nunmehr thatsächlich zu beginnen — den Kampf um den überwiegenden Einfluß in Deutschland. Dieser Einfluß ist Preußens Lebenselement, den Kampf um denselben nicht annehmen hieß Preußens Existenz opfern — die holsteinische Frage war damit in den Hintergrund gedrängt. Zur Durchführung dieses großen Kampfes bedurfte es zweier Grundlagen: 1) der Ueberzeugung von der Gerechtigkeit der preußischen Ansprüche, welche allein den Schutz des Höchsten durch Verleihung des in seiner Hand liegenden Kriegsglücks hoffen lassen konnte; 2) des Instruments, womit derselbe geführt werden mußte, der preußischen Armee. Daß das Instrument tüchtig sei, darüber war Ich nicht im Zweifel, denn Mein ganzes Leben war der Entwicklung der preußischen Armee geweihet gewesen und Ich durfte Mir ein Urtheil über deren Leistungsfähigkeit zutrauen. Daß Preußens Forderungen gerecht seien, schien Mir dadurch erwiesen, daß Preußen ohne deren Erfüllung nicht fortbestehen und sich gedeihlich entwickeln könne, und so entschloß Ich Mich schweren und schwersten Herzens zum entscheidenden Kampf, dessen Ausgang Gott anheimstellend. Und die von Mir in solcher Ausdehnung nicht vorgeahnten, selten oder nie in der Geschichte dagewesenen Ergebnisse eines Existenzkampfs zweier mächtigen Staaten in so kurzer Zeit sind eine sichtbare Fügung der Vorsehung, ohne die auch die geschulteste Armee solche Resultate nicht erkämpfen kann. Die Stellung der Regierung Ihres Landes vor und während der Entwicklung dieser Ereignisse ist Ihnen bekannt, das Votum vom 14. Juni, welches jeder Begründung durch das Bundesrecht entbehrte, das nur eine Execution kennt — eine Execution, welcher Ich — falls sie beschlossen wäre — Mich zwar nicht hätte fügen können, welche aber doch den Bundesbruch im preußenfeindlichen Sinne für Hannover minder offenbar gemacht haben würde. Sie kennen die Existenz gepflogener Neutralitätsverhandlungen, Meine wiederholte vergebliche Aufforderung zum Nordbündniß in der Nacht vom 14. Juni, den Zug der hannoverschen Armee mit ihrem König, die Katastrophe von Langensalza, bei welcher Ich Mich zwar nicht als Sieger hinstelle, welche aber in ihren Folgen zur Vernichtung der hannoverschen Armee geführt hat. Auch noch den überraschend großen Erfolgen, welche Mir seele Haud in den von Mir zu treffenden Bestimmungen verschafft haben, würde es weder einer Adresse noch einer Deputation bedurft haben, um Mir den Ernst des Schrittes klar zu machen, welchen Sie vermieden zu sehen wünschen. Dennoch wiederhole Ich Ihnen Meinen Dank, daß man sich freimüthig ausgesprochen hat; ja, es ist Mir dieß lieber als das Gegentheil, weil es für die Zukunft reellere Verhältnisse prognosticirt. Und dennoch hat die reiflichste, wegen Meiner verwandschaftlichen Verhältnisse zum Haus Hannover schmerzlichste Prüfung Mich zu dem Beschluß der Annexion kommen lassen, als einer Pflicht: Mein Preußen für die von ihm gebrachten schweren Opfer zu entschädigen, und die wahrscheinliche Wiederkehr der durch die unfreundliche Stellung Hannovers auch in Zukunft zu besorgenden Gefahren zu beseitigen. Ich hoffe, daß gegenseitiges Vertrauen bereinst zur Zufriedenheit führen wird."

Erwiederung des Führers der Deputation, Minister v. Münchhausen: „....Von heute an bleibt dem loyalsten und besonnensten Hannoveraner, salle Ew. Maj. Entschließung unwiderruflich sein sollte, keine andere Aufgabe als der Versuch, die durch die Annexionsabsichten erzeugte theilweise erbitterte Aufregung in die Empfindung hoffnungsloser Ergebung in die unvermeidlichen Fügungen der Vorsehung hinüberzuleiten."

18./21. Aug. Abschluß des Bündnißvertrages mit den norddeutschen Kleinstaaten nach dem Entwurf vom 4. Aug. (s. Deutschland.)

19. „ Hr. v. Patow, Finanzminister im Ministerium Auerswald, übernimmt das Civilcommissariat über Nassau, Frankfurt, Oberhessen und die von Preußen besetzten Theile des bayerischen Frankens unter der Autorität des Oberbefehlshabers der Mainarmee.

22. „ Friedensschluß mit Bayern. (s. Anhang).

23. „ Abschluß des Prager Friedens zwischen Preußen und Oesterreich. (s. Anhang.)

„ „ Abg.-Haus: Abreßdebatte:

17. Aug. Sitzung der Abreßcommission. Die Commission vereinigt sich mit zwei Drittheilen der Stimmen im Wesentlichen auf den Entwurf von Waldeck und Virchow. Votum des Ministerpräsidenten Graf Bismarck: „Ueber die in der deutschen Politik zu erstrebenden Ziele ist wenig Meinungsverschiedenheit, weder zwischen den einzelnen Antragstellern der Abressen, noch zwischen der Regierung und der Landesvertretung. Es fragt sich nur, auf welchem Wege und mit welchen Mitteln diese Ziele sich erreichen lassen. Die k. Regierung hat sich die Grenze des Möglichen stellen müssen, d. h. dessen, was sich erringen läßt ohne zu große, unverhältnißmäßige Opfer und ohne die Zukunft zu compromittiren. Das hätten wir aber gethan, wenn wir über die unserer Politik jetzt gestellte Linie hinausgegangen wären. Die Zusage aber, welche wir in dieser Beziehung gegeben, müssen wir halten und so vor Allem den Glauben an unser Wort befestigen. Wir glauben aber auch nicht, daß es nützlich gewesen wäre, jetzt weiter zu gehen. Wir haben auch in der preußischen Regierung so viel Ehrgeiz, daß er eher der Mäßigung als der Stimulirung bedarf. Nach den Friedenspräliminarien ist die Regelung der nationalen Beziehungen des süddeutsch.n Bundes zu dem norddeutschen vorbehalten. Sie ist also nicht ausgeschlossen und die Art derselben wird wesentlich davon abhängen, ob das Bedürfniß dazu von Süddeutschland sowohl in seinen Regierungen, wie in seinen Völkerschaften lebhafter empfunden wird, als wie dieß gegenwärtig der Fall ist, wo wir sehen, daß preußische Militärs, die sich jenseits der Demarcationslinie zeigen, den Ausbrüchen der Volkswuth ausgesetzt sind. Zunächst kam es uns darauf an, dem neuen Bunde feste Grundlagen zu geben. Ich glaube, daß sie um so weniger fest ausfallen würden, je ausgedehnter derselbe wäre; wir könnten unmöglich einem Staate, wie Bayern, solche Zumuthungen stellen, wie wir sie im Norden jetzt erheben müssen. Die erste dieser festen Grundlagen suchen wir in einem starken Preußen, so zu sagen in einer starken Hausmacht des leitenden Staates, den wir deßhalb in seinem direkten Besitz erheblich verstärkt haben. Das Band des engern Bundes, durch das wir außerdem Norddeutschland verknüpfen wollen, wird dagegen so fest wie die Einverleibung nicht ausfallen. Indeß gab es, um der Wiederkehr solcher Dinge vorzubeugen, daß befreundete und verwandte Volksstämme, durch ihre Regierungen genöthigt, uns im Rücken unserer Heere entgegentreten konnten, nur zwei oder eigentlich drei

Methoden. Die eine ist eben die **Einverleibung** und die **vollkommene Verschmelzung** mit Preußen selbst bei widerstrebender Bevölkerung, namentlich widerstrebendem Beamten- und Offizierstande, die sich durch ihre Treue an die früheren Regierungen gebunden fühlen. Die Regierung denkt die Schwierigkeiten derselben auf deutsche Art zu überwinden, durch Schonung der Eigenthümlichkeiten und allmähliche Eingewöhnung, nicht, wie es bei romanischen Völkern üblich ist, mit einem Schlage. Die zweite Methode ist die **Theilung der Hoheitsrechte**, so daß es gewissermaßen einen Militärherrscher und einen Civilherrscher gibt; durch die Umstände genöthigt, werden wir diese Methode in Sachsen versuchen müssen. Früher hatte ich eine lebhafte Neigung für dieß System. Nach den Eindrücken aber, die mir bei Gelegenheit der Aufstellung der Februarbedingungen gegenüber von Schleswig-Holstein geworden, befürchte ich, daß ein solches System eine dauernde Quelle von Verstimmungen bilden wird, eine Quelle, die länger fließen dürfte, als die Abneigung gegen den neuen Herrscher bei wirklich annectirten Ländern. Bei jener Gelegenheit hielt man mir das einschneidende Wort entgegen: „wir wollen nicht Preußen zweiter Klasse sein!" Aber ganz abgesehen von solchen Empfindungen, hat dieß System den Nachtheil, daß der eine der beiden Herrscher, der Militärherrscher, der fremde, immer nur mit Anforderungen kommt, während alle wohlthätigen Einflüsse der Civilverwaltung in den Händen des alten Landesherrn bleiben. Ich bedaure, daß wir, wie gesagt, genöthigt sein werden, dieß Experiment in Sachsen zu machen. Die dritte Methode endlich wäre die **Zerreißung des bisher bestandenen Gemeinwesens**; das haben wir verschmäht, ein sehr verkleinertes Hannover, Sachsen, Kurhessen u. s. w. Mit diesem System haben wir 1815 in Sachsen trübe Erfahrungen gemacht. Zwar sind die an Preußen gekommenen Theile völlig mit diesem Staate verwachsen, aber in dem selbständig gebliebenen Theile hat sich von da ab eine entschiedene Abneigung gegen Preußen erhalten; deßhalb haben wir dieß System, das uns suppeditirt wurde, diesmal völlig beseitigt, wir haben das Interesse der Regierten über das der Dynastien gestellt. Es ist wahr, es macht dieß vielleicht den Eindruck der Ungerechtigkeit, aber die Politik hat nicht die Aufgabe der Nemesis, die Rache ist nicht unser, sondern wir haben zu thun, was für den preußischen Staat eine Nothwendigkeit ist, und deßhalb haben wir uns durch kein dynastisches Mitgefühl leiten lassen. Und deßhalb haben wir an diesen Ländern selbst schon Anerkennung gefunden. Hannoveraner haben sich mir gegenüber so ausgesprochen: „erhalten Sie uns unsere Dynastie; wenn das aber nicht möglich ist, dann zerreißen Sie wenigstens nicht unser Land, sondern nehmen uns ganz." Was unsere Bundesgenossen betrifft, so haben wir nur deren wenige und schwache gehabt, aber es ist nicht bloß eine Pflicht, sondern ebenso gebietet es die Klugheit, auch dem kleinsten unser Wort zu halten. Je rückhaltloser Preußen zeigt, daß es seine Feinde von der Landkarte wegfegen kann, um so pünktlicher muß es seinen Freunden Wort halten. Gerade in Süddeutschland wird dieser Glaube an unsere politische Redlichkeit von großem Gewicht sein. Was die Reichsverfassung angeht, so ist auch sie nur eine der Formen, in der das von mir angedeutete Problem gelöst wird. Ich gebe zu, daß sie das, theoretisch genommen, schärfer und richtiger thut, als unser Bundesproject, indem sie die Fürsten gewissermaßen zu Unterthanen, zu Vasallen des Kaisers macht; diese werden aber vielmehr geneigt sein, einem Mißverständnisse, einem Beamten des Bundes Rechte einzuräumen, als einem eigentlichen Kaiser und Lehensherrn."

19. Aug. Die Verhandlungen der Budgetcommission betreffen hauptsächlich die Frage, ob in der Adresse eine Hinweisung auf die Reichsverfassung aufgenommen werde, ferner ob und wie das Budgetrecht des Hauses gewahrt werden soll. Mit Mehrheit wird das erstere und bezüglich des letztern

beschlossen, den betreffenden Passus aus dem Entwurfe Reichensperger (Kath.) auszunehmen:

Absatz IV: „Gegenüber der Thatsache, daß seit einer Reihe von Jahren die Staatsausgaben ohne einen zur gesetzlichen Feststellung gelangten Staatshaushaltsetat und theilweise im Widerspruch mit den Beschlüssen des Abgeordnetenhauses geleistet worden sind, gereicht es dem letzteren zur großen Genugthuung, daß Ew. Maj. feierlich auszusprechen geruht haben, daß die in jener Zeit geleisteten Geldausgaben der gesetzlichen Grundlage entbehren, weil dieselbe nur durch das nach Art. 99 der Verf.-Urk. alljährlich zu Stande zu bringende Etatsgesetz erlangt werden kann. Im Hinblick auf dies s. Wort, welches die Nothwendigkeit eines nur unter Zustimmung des Abg.-Hauses ins Leben tretenden jährlichen Staatshaushalts-Gesetzes, sowie demgemäß die Nothwendigkeit einer für die Vergangenheit zu erwirkenden Indemnitäts-Erklärung der beiden Häuser des Landtags anerkennt, ist das Vertrauen der Landesvertretung gerechtfertigt, daß künftighin durch die rechtzeitige Feststellung des Staatshaushalts-Gesetzes vor Beginn des Etatsjahres jeder Conflikt verhütet werde. Dann werden Ausgaben, welche das Abg.-Haus im Staatshaushalts-Etat abgelehnt hat, nicht dennoch aus Rücksichten auf das Staatswohl eintreten können."

Absatz VII: „Das zu vollbringende Werk der bundesstaatlichen Einigung Deutschlands wird sich am Sichersten der Unterstützung der Nation erfreuen, wenn die schwierige Arbeit auf der Grundlage der Reichsverfassung v. 1849 begonnen und diese der neuen Lage der Dinge entsprechend gestaltet wird. Preußen wird dann kräftig genug sein, um als starke Schirmmacht die deutschen Grenzen unversehrt zu erhalten und jede Einmischung des Auslandes bei der Ordnung unseres neuen Staatswesens abzuwehren."

Schließlich wird der ganze Adreßentwurf festgestellt und für denselben im Plenum des Hauses eine Majorität von 10 Stimmen gehofft, vorausgesetzt, daß die polnische Fraction sich der Abstimmung enthält und die kath. Fraction für den Entwurf der Commission stimmt.

Die Adreßcommission legt ihren Entwurf vor. General Stavenhagen bringt einen andern, ziemlich farblosen ein, der mehr Aussicht auf Annahme hat und dem auch die Adreßcommission beitritt. Jacoby und Reichensperger beharren auf ihren Entwürfen. Schließlich wird der Entwurf Stavenhagen fast einstimmig angenommen. Nur Jacoby, einige Katholiken und die Polen stimmen dagegen.

24. Aug. Ende des Bundestages.

25. „ Der König empfängt die Deputation des Abgeordnetenhauses und nimmt die Adresse desselben entgegen. Antwort des Königs:

„Er spreche zunächst seinen Dank aus und beauftrage jetzt den Präsidenten v. Forckenbeck, dem Hause Allerhöchstseinen Dank für die Adresse auszusprechen. Er nehme dieselbe entgegen als einen Ausdruck nicht nur der Majorität des Hauses, sondern auch des gesammten Landes. Mit Recht hebe die Adresse zunächst die großen Erfolge der preußischen Waffen hervor. Nächst dem allmächtigen Gott gebühre der Armee dafür der Dank des Vaterlandes. Wohl noch nie sei ein Ereigniß, wie das vorliegende, in der Weltgeschichte vorgekommen, noch nie könne die Geschichte davon erzählen, daß ein Land von der göttlichen Vorsehung so hoch begnadigt, wie Preußen; noch nie sei in so kurzer Zeit und auf solche Weise ein Krieg beendet worden. Es sei erfreulich und erhebend, daß gerade Preußen und er, der König selbst von der göttlichen Gnade dazu ausersehen sei, ein solches Werk zu vollbringen, ein Werk, welches so Viele, auch sein in Gott ruhender kgl. Bruder, erstrebt, denen aber nicht vergönnt worden sei, die Verwirklichung ihres Strebens zu erleben; darum sehe er, der König, die Ereignisse der Neuzeit als eine besondere göttliche Gnade an. Zugleich aber freue sich der König, daß dieser Krieg den Beweis für die Tüchtigkeit der Heeresorganisation, welche er selbst ins Leben gerufen, gegeben habe. Ohne diese Organisation wäre das Kriegsheer, deß sei der König fest überzeugt, nicht im Stande gewesen, solche Strapazen und Leiden zu ertragen, wie es dieselben ertragen habe. Hinsichtlich der Erfolge des Krieges sei mit Recht in der Adresse hervorgehoben worden, daß noch größere Schwierigkeiten zu überwinden seien. Er, der König, hoffe jedoch, auch diese mit Gottes Hilfe zu überwinden. Wenn die Adresse ferner der Indemnität erwähne, welche die Staatsregierung von der Landesvertretung gefordert, so sei in dieser Forderung etwas ausgesprochen worden, was Er und seine Regierung stets im Auge gehabt habe. Das Recht der Geldbewilligung sei niemals in Abrede gestellt worden. Es sei seine, des Königs, Pflicht gewesen, zu einer Zeit, wo kein Etatsgesetz zu Stande gekommen, so einzutreten, wie er es gethan. So habe er handeln müssen und werde immer so handeln, wenn sich ähnliche Zustände wiederholen sollten. „Aber, meine Herren, es wird nicht wieder vorkommen."

25. Aug. Das Abg.=Haus ertheilt der von der Regierung beantragten Erhöhung des Bankcapitals um 5 Mill. Thlr. seine (im vorigen Jahr verweigerte) Zustimmung.

26. „ Die Preußen besetzen die bisherige Bundesfestung Mainz, nachdem die Bayern, Hessen u. s. w. dieselbe größtentheils geräumt haben.

„ „ (Meiningen). Versammlung von Vertrauensmännern in Einfeld. Dieselben verlangen mit Nachdruck den Eintritt des Ländchens in den norddeutschen Bund.

28. „ Abg.=Haus: Der Präsident v. Forkenbeck erstattet dem Haus seinen (authentischen) Bericht über die Antwort des Königs auf die Adresse des Hauses.

„ „ (Kurhessen). Die kurhessischen Truppen kehren aus Mainz wieder in ihre Heimath zurück.

29. „ Gen. v. Manteuffel trifft von seiner Mission nach St. Petersburg wieder in Berlin ein.

30. „ Austausch der Ratificationen des Prager Friedens zwischen Preußen und Oesterreich.

„ „ (Nassau). Prinz Nikolaus von Nassau schließt mit Preußen eine Uebereinkunft über die Rückkehr der nassauischen Truppen in ihre Heimath ab.

31. „ (Sachsen). Die Stadtverordneten von Dresden erklären sich für das Wahlgesetz von 1849.

1—3. Sept. Abg.=Haus: Debatte über das Indemnitätsgesetz.
Antrag der Commissionsmehrheit: „Art. 1. Die dem gegenwärtigen Gesetz als Anlagen beigefügten Uebersichten der Staatseinnahmen und Ausgaben sollen für die Jahre 1862, 1863, 1864 statt der verfassungsmäßigen und alljährlich vor Beginn des Etatsjahrs zu vereinbarenden Staatshaushaltsetats als Grundlagen für die Rechnungslegung und die Entlastung der Staatsregierung dienen. Art. 2. Die Staatsregierung wird in Bezug auf die seit dem Beginn des Jahrs 1862 ohne gesetzlich festgestellten Staatshaushaltsetat geführte Verwaltung, vorbehaltlich der Beschlußfassung des

Landtags über die Entlastung der Staatsregierung nach Vorlegung der Jahresrechnungen, Indemnität ertheilt, dergestalt, daß es rücksichtlich der Verantwortlichkeit der Staatsregierung so gehalten werden soll, wie wenn die Verwaltung in der erwähnten Zeit auf Grund gesetzlich festgestellter und rechtzeitig publicirter Staatshaushaltsetats geführt worden wäre. Art. 3. Die Staatsregierung wird für das Jahr 1866 zu den Ausgaben der laufenden Verwaltung bis zur Höhe von 154 Mill. Thlrn. ermächtigt. Art. 4. Die Staatsregierung ist verpflichtet, eine Nachweisung über die Staatseinnahmen und Ausgaben des Jahrs 1866 im Laufe des Jahrs 1867 vorzulegen."

Minderheitsantrag: „Unter zeitweiliger Verweigerung der Indemnität nachfolgende Resolution zu fassen: Es bleibt der Staatsregierung überlassen, die geforderte Indemnität nachzusuchen, sobald der verfassungsmäßige Zustand durch die Feststellung und Publikation des Staatshaushaltsetats für 1867 eingetreten ist."

Commissionsbericht Zwesten's: „.... Für die Annahme des Gesetzes wurde geltend gemacht: die mit der Nachsuchung der Indemnität erfolgte Rückkehr der Regierung in verfassungsmäßige Bahnen; die Zusicherung der rechtzeitigen Vorlage des Staatshaushaltsetats; die Beseitigung des materiellen Streitpunktes, der Militärorganisation, durch den Kriegszustand; die Vergrößerung des Staats und die bevorstehende Ueberweisung der Militärangelegenheiten an das deutsche Parlament, sowie der Wunsch des Landes, welches wenig Sinn für den Budgetstreit habe, nach Beendigung des Conflikts und Versöhnung mit der Krone. Ein Theil der Commissionsmitglieder erklärte sich zwar zur Bewilligung des nachgesuchten Credits bereit, um ein thatsächliches Entgegenkommen zu beweisen und einen verfassungsmäßigen Zustand wieder anzubahnen zu helfen, glaubte aber die Indemnität zur Zeit nicht ertheilen zu können, indem die Thaten der Armee nichts mit dem Budgetrecht zu thun hätten, und das innere Landesrecht, trotz aller auswärtigen Erfolge, festgehalten werden müsse, wodurch man allein das übrige Deutschland gewinnen könne. Wenn man auch einen Strich durch die Rechnung der Vergangenheit machen wolle, dürfe man doch nicht billigen, was geschehen, nicht ungesetzliche Schritte, wie die Reorganisation der Armee, für die Zukunft genehmigen, nicht die Grundsätze verleugnen, nicht die Rechte der Volksvertretung preisgeben. Ein scheinbarer Friede nütze nichts, sondern nur die wirkliche Herstellung des Rechts. Das Wort Indemnität habe an sich keinen großen Werth; erst die wirkliche Feststellung eines Staatshaushaltsgesetzes stelle den verfassungsmäßigen Zustand her, dann könne man pacisiren. Das Zustandekommen des Budgets für 1867 müsse daher jedenfalls abgewartet werden, um so mehr, als dasselbe wiederum durch das Herrenhaus vereitelt werden könnte, und es sich dann fragen würde, ob die Regierung dessen Widerstand brechen oder zurücktreten würde, um das Budget verfassungsmäßig zu Stande zu bringen. Dem dieser Auffassung entsprechenden Antrage gegenüber erklärte der Finanzminister: daß die Regierung Indemnität und Credit nicht trennen könne, vielmehr das ganze Gesetz als verworfen betrachten werde, falls die Indemnität verlagt würde. Die Regierung fühle sich keineswegs bedrängt, sei vielmehr auch finanziell in sehr freier Lage, und durchaus nicht zur Nachgiebigkeit gezwungen; sie wünsche aber bringend den Conflikt zu beseitigen und die budgetmäßige Verwaltung wiederherzustellen; der auswärtigen Politik wegen und den zweifelhaften europäischen Verhältnissen gegenüber sei Einigung und Verständigung nöthig; nachdem so großes erreicht werden, möge man nicht um der Vergangenheit willen die dargebotene Hand zurückweisen, nicht durch Verweigung auf künftige Zeit den Frieden vereiteln. In Folge dessen entschied sich die Commission, unter Ablehnung der von der Minderheit beantragten Resolution, mit 25 gegen 8 Stimmen für sofortige Ertheilung der Indemnität. Die Mehrheit ging dabei von der Ansicht aus, daß, wenn man den jetzigen Ministern, welche so lange verfassungswidrig gehandelt, überhaupt die Indemnität nicht versagen wolle, nicht abzusehen sei, warum dieselbe jetzt ein Aufgeben des Rechts, ein Preisgeben der Grundsätze enthalten, dagegen nach der ersten Feststellung des Staatshaushaltsetats zulässig sein solle. Diese einmalige Feststellung gebe keine weitere Garantie für die Zukunft. Maßgebend müsse das Wiederbetreten des verfassungsmäßigen Weges sein. Im Februar habe die Budgetcommission ausgesprochen, daß nur während der Dauer des verfassungswidrigen Zustandes die Indemnität nicht ertheilt werden könne. Inconsequent sei es, Credit zu gewähren und Indemnität zu verweigern. Nach den auswärtigen Erfolgen sei es politisch nicht nur rathsam, den Conflikt zu beendigen, sondern Pflicht der Landesvertretung, sich positiv an den bevorstehenden Arbeiten des Staats zu betheiligen. Das werde durch die Annahme des Gesetzes ermöglicht, wenn damit auch nicht das System der innern Politik beseitigt und der Weg erwünschter Reformen gesichert werde. Eine Billigung des verfassungswidrig Geschehenen enthalte die Indemnität nicht, auch keinen Verzicht auf die gesetzliche Regelung der Militärfrage; aber nach den Ereignissen dieses Jahres werde schwerlich Jemand im Ernst glauben, einen Minister wegen der Reorganisation und ihrer Kosten zur Verantwortung ziehen zu können. Werde jetzt der Conflikt beendet, so sei eine Wiederkehr in ähnlicher Weise nicht so bald zu fürchten, da der verfassungswidrige Zustand auch für die Regierung unbequem sei."

Vor der Debatte erklärt der Finanzminister v. d. Heydt, daß die Regierung dem Amendement der Commission beistimme.

„Graf Bismarck: „Je aufrichtiger die Regierung den Frieden wünsche, um so viel mehr hielten sich ihre Mitglieder für verpflichtet, sich des Eingehens auf eine retrospective Kritik zu enthalten, sei es abwehrend, sei es angreifend. Keiner habe den andern zu überzeugen vermocht, jeder habe geglaubt, mit dem, was er gethan, im Recht zu sein. Auch im auswärtigen Verhältniß werde ein Friedensschluß schwerlich erfolgen, wenn der eine Theil von dem andern das Anerkenntniß verlange, daß er im Unrecht gewesen sei. Die Regierung wünsche Frieden, nicht weil sie kampfunfähig geworden sei, sondern im Gegentheil, weil sie fühle, daß die Fluth immer mehr zu ihren Gunsten fließe. Auch fürchte die Regierung nicht die Folgen eines Ministerverantwortlichkeitsgesetzes. Er glaube nicht an einen Anklagebeschluß, noch weniger an eine Verurtheilung. Man habe dem Ministerium viele Vorwürfe gemacht, aber nicht den der Furchtsamkeit. Das Ministerium wünsche Frieden, weil das Vaterland desselben in höherem Grad bedürfe als früher. Es wünsche und suche ihn deshalb, weil es glaube, ihn zu finden; es würde ihn früher gesucht haben, wenn es hätte hoffen können, ihn zu finden. Man glaube ihn jetzt zu finden, weil die Regierung den Aufgaben nicht so fern stehe, wie man vor Jahren gedacht habe. Auch suche die Regierung den Frieden ehrlich. Sie habe die Hand geboten und er hoffe, daß das Haus wie seine Commission schließlich die Hand einschlagen werde, um dann gemeinschaftlich die Aufgaben zu lösen, welche noch zu lösen sind, wobei die Verbesserung der innern Verwaltung, Herstellung des Verfassungsausbaues, in keiner Weise ausgeschlossen bleibe. Denn es sei der aufrichtige Wunsch der Regierung, gemeinsam dem Vaterland zu dienen. Die Armee habe allerdings glänzende Erfolge errungen, „aber noch haben wir kein gewonnen Spiel, und je lieber mir zusammenhalten, desto sicherer sind wir, zu gewinnen. Lesen Sie die Wiener Zeitungen. Sehen Sie auf das Verhalten der süddeutschen Staaten. In ganz Europa werden Sie keine Macht finden, welche die Constituirung des norddeutschen Bundes in wohlwollender Weise zu fördern bereit wäre, oder auch nur Sachen verschmerzen könnte. Deßhalb ist unsere Aufgabe nicht gelöst; sie erfordert die Einigkeit des gesammten Landes, unsere volle Thatkraft, damit wir Eindruck auf das Ausland machen, und sich das Sprüchwort nicht erwahre: daß das, was das Schwert gewonnen, die Feder wieder verderbe." Minister des Innern Graf zu Eulenburg: „die Regierung wünsche von der auf ihr lastenden Verantwortlichkeit befreit zu werden und habe ein Friedensbedürfniß. Wenn die Regierung nicht schon früher die Indemnität nachgesucht, so erkläre sich dieß daher, daß sie den Moment dazu noch nicht für gekommen erachtete. Nur das Bewußtsein, für eine gute Sache zu kämpfen, habe der Regierung den Muth gegeben, vier lange Jahre im heftigsten Kampf mit diesem Haus auszuharren. Der Ministerpräsident sei der Ansicht gewesen, daß das Machtgebiet Preußens einer Rectification bedürfe. Allerdings habe Graf Bismarck vor vier Jahren alles das, was eingetreten, nicht vorausgesehen, aber das Ziel sei in dem Willen der Regierung gelegen. Sie war fest davon überzeugt, daß die Stellung, welche Preußen einnahm, unhaltbar geworden war. Wir waren von einem gewissen Großmachtskitzel ergriffen. Die Gelegenheit, welche sich darbot, wurde benützt. Was der Abgeordnete Lasker in Bezug auf die Sicherheit als nothwendiges Requisit der Freiheit gesagt hat, das kann ich nur anerkennen. Wenn Graf Bismarck vor einem Jahr die Forderungen der Opposition erfüllt hätte, wäre er besiegt gewesen. Heut ist die Regierung nicht besiegt, sondern steht da stärker als zuvor, und bietet dennoch die Hand zum Frieden. Der von dem Bewußtsein geleitet wird, daß die Regierung nur so gehandelt hat, um die Verfassung zu verletzen, mag die Indemnität verweigern. Ich hoffe aber, Sie werden die Ueberzeugung gewonnen haben, daß die Sache nicht so steht. Die Regierung hat einen verbotenen Weg betreten, um auf kürzerem Weg den rechten zu gewinnen; sie hat einen Formfehler begangen. Die Zustände im Lande sind nicht so schwarz wie sie geschildert werden. Man spricht von kleinlichen Plackereien und ich spreche von berechtigter Abwehr. Man verlangt thatsächliche Garantien. Aber dann bieten Sie doch die Hand zu einer gemeinschaftlichen Arbeit auf gesetzlichem Boden. Bewilligen Sie uns Credit und Indemnität und Sie binden die Regierung moralisch mehr, als es auf anderm Weg möglich ist. Die Regierung will nicht bloß für den Augenblick Waffenstillstand, sondern die Indemnität, welche sie fordert, sowie die Zusicherungen, welche sie ertheilt hat, sollen Präliminarien eines wahren und dauerhaft fruchtbaren Friedens sein."

Rede Jacobys gegen die Indemnität, Resumé Twestens für dieselbe. Bei der Abstimmung ergeben sich 230 Stimmen für, 75 (die Polen, die Katholiken und etwa 30 Mitglieder der Fortschrittspartei) gegen die Indemnitätsertheilung.

Anm. Nach den Provinzen gehören von den 75 Stimmen Rheinland und Westphalen 47, der Provinz Preußen 14, Schlesien 4, Sachsen 3, Posen 2, Pommern 1, Berlin 1 an.

1. Sept. Abbruch der Unterhandlungen mit Sachsen-Meiningen.
3. „ Friedensschluß mit Hessen-Darmstadt. (s. Anhang.)
5. „ Das Gros der preußischen Armee beginnt seinen Rückzug aus Oesterreich auf fünf Etappenstraßen.
„ „ Herrenhaus: Die Regierungsvorlage bez. Aufhebung der Wuchergesetze wird mit 40 gegen 36 Stimmen abgelehnt.
7. „ Abg.-Haus: Debatte über die Annexion von Hannover, Kurhessen, Nassau und Frankfurt.

Antrag der Commission: „§. 1. Das Königreich Hannover, das Kurfürstenthum Hessen, das Herzogthum Nassau und die freie Stadt Frankfurt werden in Gemäßheit des Art. 2 der Verfassungs-Urkunde für den preußischen Staat mit der preußischen Monarchie für immer vereinigt.

§. 2. Die preußische Verfassung tritt in vielen Landestheilen am 1. Okt. 1867 in Kraft. Die zu diesem Behufe nothwendigen Abänderungs-, Zusatz- und Ausführungsbestimmungen werden durch besondere Gesetze festgestellt."

Bericht der Commission: „....Die Commission erkannte in der k. Botschaft den Beginn eines neuen Abschnitts nationaler Entwickelung und nahm die k. Botschaft und die Gesetzesvorlage mit hoher Befriedigung auf.

„Die General-Discussion verbreitete sich über folgende Punkte: 1) Ueber das Recht des preußischen Staates auf die Vereinigung von Hannover ꝛc. mit der preußischen Monarchie. 2) Ueber die politische Nothwendigkeit oder Nützlichkeit dieser Vereinigung. 3) Ueber die Schonung der rechtlichen Eigenthümlichkeiten der mit Preußen zu vereinigenden Länder. 4) Ueber die Nothwendigkeit eines Uebergangszustandes bis zur vollständigen Einverleibung, insbesondere a) über die Nachtheile einer Personal-Union, b) über die Bedenken gegen die sofortige Geltung der preußischen Verfassung. 5) Ueber etwaige Garantien des Rechtszustandes in den zu annektirenden Ländern bis zu deren Einverleibung.

„I. Schon die bereits erwähnten, dem Abgeordnetenhause eingereichten Petitionen machten die Prüfung der Frage nach dem Recht des preußischen Staates auf Einverleibung jener Länder für die Commission unvermeidlich. Der Herr Ministerpräsident nahm das für seiner Ansicht nach völkerrechtlich anerkannte Recht der Eroberung mit vollster Wirkung für Preußen in Anspruch. Aus dem Schooße der Commission wurde entgegnet, daß der preußische Staat sich nach einem andern Rechtstitel als dem der Eroberung umsehen müsse. Das sei die nackte Gewalt, welche in der Gegenwart zur Rechts- und Staatsbildung nicht mehr ausreiche. Kein neuerer Völkerrechtslehrer vertrete diesen antiquirten Standpunkt. Die Friedenspräliminarien von Nicolsburg gewährten doch der im dänischen Kriege unterworfenen Bevölkerung der nördlichen Distrikte von Schleswig das Recht freier Abstimmung. Die Sanction des deutschen Volkes, zur Zeit allerdings nur repräsentirt in dem künftigen Reichstag des norddeutschen Bundes, sei jenem Rechtstitel der Eroberung zu legitimiren im Stande. Der Herr Ministerpräsident verwahrte sich gegen den Vorwurf der nackten Gewalt und rechtfertigte die Eroberung mit dem Recht der deutschen Nation, zu existiren, zu athmen und sich zu einigen, zugleich aber mit dem Recht und der Pflicht Preußens, dieser deutschen Nation die für ihre Existenz nöthige Basis zu liefern. Sodann hob er hervor, daß diese Angelegenheit nicht noch Wochen und Monate in der Schwebe bleiben dürfe und daß im Fall kriegerischer Verwickelungen der Parlamentsbeschluß von keinem Nutzen sein würde. Die Commission in ihrer Mehrheit verkannte nicht, daß so lange der Krieg auch das Recht der Eroberung bestehe. So lange deutsche Staaten gegen einander mobil machten und die Entscheidung des Kriegs anriefen, hätten sie die Folgen desselben zu tragen. Das Band des Friedens, mit welchem die Bundesakte bis zum 14. Juni d. J. die deutschen Stämme verbunden, hätten die preußenfeindlichen Regierungen zerrissen; Preußen habe durch sein Eintreten für die nationale Reform dem Kriege eine höhere Weihe gegeben. Der Gedanke, diesen Rechtstitel durch eine allgemeine Abstimmung zu verstärken, fand in der Commission keinen Anklang, weil man sich sagte, daß dieselbe mehr Schein als Wesen sei. Aber auch die Zustimmung des Reichstages des norddeutschen Bundes hielt man weder für erforderlich, noch für angemessen, da derselbe zur Zeit noch nicht existire, dazu nicht competent, auch überdies wegen seiner überwiegend preußischen Zusammensetzung zu einem derartigen Verdikt nicht geeignet sei. Was die völkerrechtliche Wirkung der Eroberungen für die innern Rechtszustände der eroberten Länder anbetrifft, so erklärte die königl. Staatsregierung sich dahin, daß sie die bisherigen Verfassungen und die durch sie begründeten staatlichen Einrichtungen in den eroberten Ländern als erloschen betrachte; Verfassung und

Dynastie seien von einander untrennbar, in Hannover die Dynastie viel älter als die Verfassung; mit jener sei auch diese beseitigt. Auch die neue Doctrin des Völkerrechts hält nur das Privatrecht des Volkes und die damit zusammenhängenden Einrichtungen unbedingt aufrecht. Die Commission schloß sich in ihrer Mehrheit der Ansicht der Staatsregierung an. Von den in der Minderheit der Commission befindlichen Mitgliedern behauptete Eins, daß bis zur Einverleibung die alten Verfassungsgesetze wenigstens provisorische Geltung hätten. Zwei andere Mitglieder machten gegen jene Wirkung des Eroberungsrechtes geltend, daß die preußische Regierung wiederholt erklärt habe, daß sie nur gegen die Regierungen und nicht gegen die Bevölkerungen Krieg führe. Namentlich wurde auf die Proclamation des Commandeurs der preußischen Truppen, Generalmajors v. Beyer, an das kurhessische Volk vom 21. Juni d. J. und die Bekanntmachung des preußischen Militärgouverneurs v. Werder und des Administrators des Kurfürstenthums v. Möller, betreffend die einstweilige Uebernahme der Regierung v. 28. Juni desselben Jahres, Bezug genommen. Die Staatsregierung erklärte hierauf, daß die Proclamationen eines Generals in feindlichem Lande kein bindender Staatsact sei, und daß dieselbe ebenso wie die Bekanntmachung des Militärgouverneurs und des Civilcommissärs sich auf die Dauer des Kriegszustands beschränke, welchem durch die gegenwärtig angestrebte gesetzliche Regelung ein Ende gemacht werden solle. Die Commission erblickte in den erwähnten Erklärungen der k. Staatsregierung und ihrer Organe mindestens eine ernste ethische Verpflichtung, jenen Bevölkerungen einen verfassungsmäßig gesicherten, sie befriedigenden Rechtszustand wiederzugeben. Ein Recht (jus quaesitum) der bisherigen Landesvertretungen auf Mitwirkung bei der Entscheidung über die Einverleibung hielt die Commission mit dem Untergange der staatsrechtlichen Selbständigkeit dieser Länder nicht vereinbar.

„II. Die Vereinigung Hannovers ꝛc. mit Preußen erschien der Commission politisch nothwendig und vortheilhaft. Man erkannte an, daß die Einverleibung ebenso sehr im preußischen, als im Interesse der mit diesem zu vereinigenden Länder und im Interesse des deutschen Vaterlandes sei.

„III. Auch in der von der k. Staatsregierung zugesicherten Schonung der berechtigten Eigenthümlichkeiten der einzuverleibenden Länder erkannte und würdigte die Commission eine in der Geschichte Preußens bewährte Regierungsmaxime. Sie verhehlte sich nicht, daß die einzuverleibenden Länder zum Theil vortreffliche Einrichtungen besäßen, welche nur befruchtend auf die preußischen Zustände zurückwirken könnten; beispielsweise Hannover seine Justiz, Kurhessen sein freies Gemeindewesen. In welchem Umfange diese Einrichtungen jenen Ländern zu erhalten seien, lasse sich zur Zeit nicht bestimmen.

„IV. . . . Man verkannte nicht, daß die Personalunion zwischen benachbarten Staaten derselben Nation im Laufe der Zeit zu inniger Verbindung im Wege der Realunion gedrängt werde und war auch der Geschichte unseres Königshauses wohl eingedenk, welches den Gedanken der Staatseinheit in den Mittelpunkt seiner Politik gestellt hatte. Dessenungeachtet faßte man die Gefahren einer — auch nur zeitweise in Aussicht genommenen — Personalunion für die inneren und für die auswärtigen Angelegenheiten, namentlich im gegenwärtigen Augenblick scharf ins Auge. Als solche wurden hervorgehoben: 1) durch Schaffung einer bloßen Hausmacht werde die Krone unabhängiger von dem Geldbewilligungsrecht des Hauses; dieses verliere an Werth und Gewicht; 2) die Krone könne durch die preußische Landesvertretung nicht gehindert werden, die erworbenen Landeshoheitsrechte weiter zu cediren. Selbst die Zurückführung der entthronten Dynastien sei staatsrechtlich möglich, da die Bestimmung des Artikel 53 der preußischen Verfassung über die Thronfolgeordnung fehle; 3) ohne eine entgegenstehende klare Bestimmung erwachse der Zweifel, ob bei bloßer Personalunion nicht die alten Landesverfassungen in den mit der preußischen Krone zu vereinigenden Ländern von rechtlichem Bestand geblieben seien, wodurch particularistischen Bestrebungen in die Hand gearbeitet werde; 4) werde die Handhabung eines für die Wohlfahrt dieser Länder erfolgreichen Regimentes der k. Staatsregierung erheblich erschwert und allerhand Mißgunst zwischen den einzelnen Ländern hervorgerufen werden; 5) sei überhaupt ein derartiges völkerrechtliches Provisorium dem Auslande, den entthronten Dynastien, den neuen Landestheilen und den feindseligen inneren Strömungen gegenüber in der gegenwärtigen politischen Lage doppelt bedenklich.

„An diese Auseinandersetzung reihte sich der Vorschlag, der Ueberschrift des Gesetzes sich anschließend: in dem dispositiven, allein mit Gesetzeskraft versehenen Theil der Regierungsvorlage (§ 1) den Grundsatz der Vereinigung der neuen Länder mit der preußischen Monarchie auszusprechen. Der Herr Ministerpräsident hob hervor, daß es sich hier um eine über jeder Parteifrage stehende, die Größe Preußens betreffende Gesetzesvorlage handle. Die Personalunion sei für die preußische Regierung auf die Dauer nicht wünschenswerth und zur Entwicklung wahrer nationaler Kraft nicht geeignet. Wenn bei Lauenburg die Form der Personalunion gewählt worden, so sei dies ein Act der Courtoisie gegen diesen Erstling preußischer Erwerbungen gewesen, aus welchem keinerlei Unbequemlichkeiten für den preußischen Staat hätten erwachsen können. Völlig unausführbar aber sei es, einschließlich Schleswig-Holsteins mit sechs verschiedenen Ländern von bedeutender Ausdehnung und sehr verschiedenen Eigenthümlichkeiten eine Personalunion auf längere Zeit fortzuführen; das sei eine unregelmäßige Schöpfung, welche zur Stärkung Preußens nicht geeignet sei. Was den gemachten Abänderungsvorschlag anbetreffe, so habe der demselben zu Grunde liegende Gesichtspunkt bereits im Staatsministerium Vertretung gefunden. Die dagegen mit Erfolg geltend gemachten Bedenken hätten darin bestanden, daß eine sofortige Einführung der Verfassung die Rechtseigenthümlichkeiten der mit Preußen zu vereinigenden Länder zerstören und die Regierung in dem folgenden Uebergangsstadium allzusehr beengen würde. Während dessen müsse dieselbe eine Art Dictatur beanspruchen; den einfachsten Ausdruck für die hierzu erforderliche k. Machtvollkommenheit habe man in dem Art. 55 der preußischen Verfassung zu finden geglaubt. Im weitern Verlauf der Discussion erkannte der Ministerpräsident Namens der Staatsregierung den Abänderungsvorschlag als eine Verbesserung der Regierungsvorlage an. Der § 1 derselben könne allerdings der Auslegung Raum bieten, als solle die Uebernahme der Regierung in den neuen Landestheilen mit dem Rechte des Vorbesitzers erfolgen, was, wie gesagt, nicht in der Absicht liege. Der Ausdruck „Vereinigung" schließe diese Voraussetzung aus...."

„Es wurde bemerkt, daß es vor allen Dingen darauf ankomme, so schleunig wie möglich in den mit Preußen zu vereinigenden Ländern, wo nach der Theorie des Eroberungsrechts alle öffentlichen Rechtsverhältnisse erloschen sein sollten, einen öffentlichen Rechtszustand wieder herzustellen und die Bevölkerungen durch Gewährung der Grundrechte einem unbegrenzten Absolutismus zu entziehen. Zur Unterstützung dieses Standpunktes berief sich ein Mitglied darauf, daß zu einer förmlichen Dictatur ein Bedürfniß nicht vorhanden sei. Die Bestimmungen der Verfassung Art. 63 über das vorläufige Gesetzgebungsrecht und des Art. 111 in Verbindung mit dem Gesetz v. 4. Juni 1851 über den Belagerungszustand böten für exceptionelle Fälle während des Uebergangsstadiums der Regierung die erforderliche Macht in hinreichender Fülle. So lange in der innern Politik bei uns eine Wendung nicht eingetreten — bemerkte ein anderes Mitglied — sei die Ausrichtung einer Dictatur für die Volksvertretung eine Unmöglichkeit. Der Ministerpräsident erklärte, daß die sofortige Einführung der Verfassung in den neuen Landestheilen unausführbar sei. Die k. Staatsregierung wünsche für die Zwischenzeit nicht bloß das Recht königl. Verordnungen, wie sie auf Grund der

Verf.-Urk. innerhalb Preußens statthaft seien, zu erlassen, sondern eine ehrliche Dictatur, das heißt das Recht, anzuordnen, was im Ueberleitungsstadium zum Besten jener Länder nothwendig sei, und zu beseitigen, was diesem Besten widerspreche. Vor allen Dingen müsse die preuß. **Militärverfassung** zur Ausführung gebracht werden, um die Wehrkraft der eroberten Länder für Preußen verwerthen zu können. Daß die Verfassung ihr gestatte, einzelne Artikel außer Kraft zu setzen, biete der Regierung keinen wünschenswerthen Ausweg. Es würde ein Geständniß der Unsicherheit darin liegen, wenn nach oder gleichzeitig mit der Einführung der Verfassung sofort Ausnahmsmaßregeln oder die theilweise Suspension der Verfassung in jenen Ländern verfügt werde. Endlich wurde noch geltend gemacht, daß die Einführung der Verfassung die Bevölkerung für Preußen gewinnen und vor Particularismus bewahren würde. Dagegen wurde von verschiedenen Mitgliedern, welche hervorragenden Männern der preußenfreundlich nationalen Partei jener Länder nahe stehen, übereinstimmend bezeugt, daß ein großer Theil der Bevölkerung daselbst die sofortige Einführung der preuß. Verfassung geradezu beklagen würde, weil sie davon eine Schädigung ihrer realen Interessen und rechtlichen Eigenthümlichkeiten besorge.

„V. Die Commission, welche in ihrer Mehrheit sich zwar gegen die sofortige Einführung der Verfassung in den zu annectirenden Ländern aussprechen und der Regierung vorläufig freie Hand lassen zu müssen glaubte, hielt sich andererseits für verpflichtet: a) den Zeitraum bis zur Geltung der Verfassung durch Feststimmung eines festen Endtermins zu begrenzen, b) über die Grundsätze, von welchen die Regierung in den neuen Landestheilen während dieser Zeit sich leiten lassen werde, weitere beruhigende Erklärungen zu erlangen. Zu a: Ein fester Termin macht die Geltung der Verfassung — namentlich des Tit. 2 von den Rechten der Preußen — von dem Zustandekommen des, mannichfachen Wechselfällen unterworfenen, in § 2 verheißenen Gesetzes unabhängig, setzt allen Hoffnungen und Besorgnissen ein Ziel und würde — so hofft die Commission — auch auf unsere neuen Mitbürger in den annectirten Staaten ihre beruhigende Wirkung nicht verfehlen. Zu b: In Bezug auf die formalen politischen Rechte der neuen Staatsangehörigen versicherte der Hr. Ministerpräsident, daß dieselben jedenfalls zu dem Reichstag des norddeutschen Bundes wählen würden. Was dagegen die besonderen Volksvertretungen dieser Länder betreffe, so könne er, ohne dies gerade definitiv abzulehnen, doch eine Verpflichtung zu deren Berufung auch nur mit berathender Stimme nicht eingehen. Der Ministerpräsident deutete ferner an, daß es sich vielleicht empfehlen könnte, mit einem vereinigten Ausschuß aus den zu annectirenden Ländern über die neuen Organisationen sich zu verbinden zu setzen. Endlich stellt er bestimmt in Aussicht, daß die Regierung in den annectirten Ländern eine Commission von höheren Beamten unter Vorsitz eines preußischen Beamten zur Berathung darüber zusammentreten lassen werde, wie die verschiedenen Rechtszustände auszugleichen und die Verschmelzung anzubahnen sei. Zugleichen würden zur Unterstützung des Ministeriums sachverständige Männer aus den neuen Landestheilen nach Berlin berufen werden...“

Reden von Kirchmann [Wir haben den kleinen Staaten, die mit uns an dem Kriege Theil nehmen wollten, viel zu voreilig ihren Territorialbestand zugesichert, deren Hilfe sehr unbedeutend war und meist erst nach gefallener Entscheidung eintraf. Im Interesse der Einheit Deutschlands ist das sehr zu beklagen, und für Preußens Macht wäre es gewiß besser, wenn ganz Norddeutschland einschließlich Sachsens zu Einem preußischen Staate erhoben werden könnte.] Gneist [Die kleine Souveränetät der Einzelstaaten ist in Deutschland das Unhistorische, das durch den Rheinbund und Napoleon Gemachte und Aufgedrungene. Das Rückgängigmachen dieser willkürlichen Schöpfungen ist keine Annexion, sondern Reunion) und Löwekalbe. Der Commissionsantrag wird mit 273 gegen 14 Stimmen (meist von der äußersten Linken) angenommen; die Polen enthalten sich der Abstimmung.

Graf Bismarck legt dem Hause einen Gesetzesentwurf bez. Annexion von Schleswig-Holstein vor und wünscht „rasche Erledigung desselben, etwa durch summarische Behandlung in der Schlußberathung."

Entwurf des Gesetzes: „§ 1. Die Herzogthümer Holstein und Schleswig, mit Ausnahme eines durch Vertrag mit dem Großherzog von Oldenburg näher zu bestimmenden Gebietstheils, werden mit der preußischen Monarchie auf Grund der am 30. October 1864 zu Wien zwischen Preußen und Oesterreich einerseits und Dänemark andererseits und am 23. August 1866 in Prag zwischen Preußen und Oesterreich abgeschlossenen Friedensverträge vereinigt. § 2. Die preuß. Verfassung tritt in diesen Landestheilen am 1. Oct. 1867 in Kraft. Die zu diesem Behufe nothwendigen Abänderungs- und Zusatzbestimmungen werden durch besondere Gesetze festgestellt."

8. Sept. Das Herrenhaus nimmt einstimmig den Gesetzesentwurf über die Indemnität an, nachdem Herr v. Kleist-Retzow den eingeschlagenen Weg zur Ausgleichung des Conflicts bedauert hatte.

„ „ (Nassau). Der Herzog erläßt in Günzburg einen letzten Tagesbefehl zum Abschied an seine Truppen. Dieselben kehren in ihre Heimath zurück.

10. „ Abg.-Haus: Die Anleihe-Commission des Hauses beschließt mit 11 gegen 8 Stimmen, auf Verwerfung der Creditforderung der Regierung von 60 Mill. Thlrn. anzutragen und der Regierung lediglich die Ausgabe von 25 Mill. Thlrn. Schatzscheinen zu bewilligen. Der Finanzminister erklärt den Antrag für durchaus unannehmbar, beharrt auf der Füllung des Staatsschatzes und appellirt von der Commission mit Zuversicht an das Plenum des Hauses.

„ „ Das Herrenhaus genehmigt das Annexionsgesetz mit allen gegen 1 Stimme.

11. „ Abg.-Haus: Debatte über das Reichswahlgesetz. Die Commission beantragt, in § 1 statt „zur Vereinbarung" zu setzen „zur Berathung", um dem preußischen Landtag die Zustimmung oder Ablehnung der Beschlüsse des Reichstags zu wahren. Kosch trägt auf einen Zusatz bez. Wahrung der Redefreiheit, Schulze-Delitzsch auf einen solchen bezüglich Diäten an.

Bericht der Commission: „... Es wurde nicht verkannt, daß ein wirklich bundesstaatliches Verhältniß nur im nördlichen Deutschland bei der Präponderanz Preußens, namentlich wenn die neugewonnenen Länder in die preußische Verfassung eintreten und der preußische Landtag dann um so mehr die allgemeinen Interessen für das ganze nördliche Deutschland vertritt, kaum durchführbar erscheint und daß sich schwer in Bild von einer eigentlichen norddeutschen Verfassung neben der preußischen gewinnen läßt; es wurde auch die Befürchtung ausgesprochen, daß aus der Vervielfältigung der parlamentarischen Körperschaften und aus dem Ausscheiden einzelner Angelegenheiten, namentlich des Militärbudgets, aus dem Wirkungskreise des preußischen Landtages eine Schwächung der Verfassung und eine Stärkung des Absolutismus hervorgehen möchte; indessen wurde andererseits geltend gemacht, daß die Geschichte eine correcte bundesstaatliche Verfassung unter Monarchien überhaupt nicht kenne, und daß ein Bundesstaat unter monarchischen Staaten fast nur unmöglich erscheine, wenn der eine Staat so mächtig, daß die übrigen Staaten fast mediatisirt seien. Ferner ward darauf hingewiesen, daß ein Resultat der Parlamentsverhandlungen fast hoffnungslos erscheinen müsse, wenn die Vorlagen der Regierungen nicht einfach angenommen würden, und dann über die Beschlüsse mit sämmtlichen Regierungen einzeln verhandelt werden sollte. Es ward der Wunsch ausgesprochen, daß die preußische Regierung dem Parlament gegenüber vertragsmäßig als Mandatar sämmtlicher Regierungen auftreten möge; jedenfalls müsse den im feindlichen Lager gewesenen Regierungen im Friedensvertrage die Unterwerfung unter die zwischen der preußischen Regierung und dem Parlament zu treffenden Vereinbarungen auferlegt werden, wenn den verbündeten Regierungen gegenüber von vertragsmäßigem Abkommen nicht abgesehen werden könne. Ebenso schwierig erscheint die Lösung der Aufgabe den Volksvertretungen der einzelnen Staaten gegenüber. Darüber war in der Commission keine Meinungsverschiedenheit, daß die preußische Verfassung und Gesetzgebung in keinem Falle anders, als auf dem Wege der preußischen Verfassungsurkunde, also unter Zustimmung selber Häuser des Landtags abgeändert werden kann. Wenn es hiernach nothwendig ist, daß die Bundesverfassung, insofern sie Aenderungen der preußischen Verfassung und Gesetzgebung involvirt, erst dem preußischen Landtage zur Annahme und Genehmigung vorgelegt werden muß, so erhält der Reichstag allerdings zunächst nur eine berathende Stellung. Indessen kann eine Unterbrechung der Rechtscontinuität, eine Veränderung der Verfassung außerhalb der Bestimmungen derselben unter keinen Umständen zugelassen werden. In Betreff des Wahlgesetzes selbst erklärten die Vertreter der k. Staatsregierung, das Reichswahlgesetz vom 12. April 1849 sei der Conformität wegen zum Grunde gelegt worden; an den wesentlichen Grundsätzen des Gesetzes lasse sich wegen der Vereinbarung mit den Verbündeten nicht wohl etwas ändern, wenn auch der Berathung keine Grenzen zu ziehen, sei es doch wünschenswerth, Aenderungen und Zusätze möglichst zu vermeiden; es handle sich nur um das Wahlgesetz für eine ad hoc berufene Versammlung, und Principien des Wahlrechts sollten hier keineswegs ein- für allemal erledigt werden. In der Commission waren die Ansichten über die Principien des Wahlgesetzes, das allgemeine, gleiche, directe Wahlrecht mit geheimer Abstimmung, getheilt." Es folgt hieraus eine Zusammenstellung der verschiedenen über directe und indirecte Wahlen in der Commission zur Geltung gekommenen Ansichten. Der Bericht schließt: „Dessenungeachtet erhob sich keine Stimme für die Ablehnung des ganzen Gesetzes; vielmehr einigte sich die Commission in Betracht, daß das Wahlgesetz nur für eine einmalige, constituirende Versammlung zu erlassen, ohne eine eingehendere Discussion der Principien eines dauernden Wahlrechts dahin, daß man sich um der Gemeinsamkeit mit den übrigen Staaten willen und um nicht die ganze Sache zu vereiteln, an die wesentlichen Bestimmungen der Vorlage halten und sich auf unumgänglich nothwendig erscheinende Amendements beschränken müsse."

Bismarck erklärt, die Regierung wolle der Weglassung der Worte „und Vereinbarung" nicht entgegentreten, um nicht Mißtrauen zu erregen, sie lehne aber die Verantwortung für die Weiterungen, die aus dem Aufgeben des Vereinbarungsprincips hervorgehen könnten, von sich ab: wie die preußische, so könnten auch die andern Landesvertretungen ihre Zustimmung vorbehalten und dieß würde dem Einigungswerk große Schwierigkeiten bereiten. Bei der Abstimmung wird § 1 mit großer Mehrheit, die Bestimmungen über das allgemeine directe Wahlrecht gegen 13, der Antrag Kosch für vollständige Sicherung der Redefreiheit in namentlicher Abstimmung mit 141 gegen 134 Stimmen angenommen, dagegen der Antrag auf Diäten mit 152 gegen 124 Stimmen verworfen. 19 polnische Abgeordnete erklären,

„daß die durch das angeführte Wahlgesetz in Aussicht genommene Incorporation des Großherzogthums Posen und Westpreußens in den zu constituirenden norddeutschen Bund gegen ihren Wunsch und Willen geschehen würde, und legen hiermit feierlich Protest ein gegen die Competenz des Hauses der Abgeordneten. Internationale Verträge durch Beschluß einseitig umzustoßen, wie auch gegen jeden politischen Act, welcher die Polen der ehemals polnischen Landestheile im preußischen Staate zu Deutschen stempeln und die verbürgte nationale Existenz staatsrechtlich vernichten soll."

12. Sept. (Frankfurt). Der preußische Civilcommissär verzichtet Angesichts des zu erwartenden Widerstandes auf die bereits angesagte Beeidigung der Mitglieder des 51er Collegs und der gesetzgebenden Versammlung.

17. „ Herrenhaus: Debatte über das Reichswahlgesetz. Die Commission trägt auf Annahme des Gesetzes in der Fassung des Abg.Hauses doch mit Beifügung einer Resolution an. Der Regierungscommissär (Wagener) erklärt, die angeregten Modificationen wären zwar eine Verbesserung, aber das Scheitern des Gesetzes würde die Regierungspolitik durchkreuzen. Bei der Abstimmung wird die Vorlage angenommen mit der Resolution:

„Die k. Staatsregierung aufzufordern, bei Vereinbarung der Verfassung für den norddeutschen Bund Fürsorge zu treffen, die Bedenken, welche die Anwendung des allgemeinen gleichen Stimmrechts zur Bildung der künftigen Bundesvertretung hervorrufen würde, durch eine anderweite Zusammensetzung derselben zu beseitigen, und in der Beziehung in Betracht zu ziehen, inwiefern dieß durch die Wahl von der Hälfte der Abgeordneten durch die Höchstbesteuerten der Wahlkreise, sowie dadurch zu erreichen sein möchte, daß dem Abg.-Haus ein Staatenhaus, nach Analogie des durch den Verfassungsentwurf v. 26. Mai 1849 § 86 vorgesehenen, zur Seite gesetzt wird."

Die Polen stimmen gegen das Gesetz unter derselben Motivirung wie im Abg.-Hause.

„ „ Wiederanknüpfung der diplomatischen Beziehungen mit Oesterreich von Seite Preußens. Der Kaiser von Oesterreich nimmt die neuen Creditive des preußischen Gesandten v. Werther entgegen.

18. „ (Kurhessen). Der Kurfürst von Hessen verständigt sich zu Sicherung seines Hausvermögens mit Preußen, entbindet seine Unterthanen des Eides und verläßt Stettin.

„ „ Feierlicher Einzug der Truppen in Breslau.

„ „ Das Abgeordnetenhaus lehnt den Beschluß des Herrenhauses in

Betreff der Wuchergesetze einstimmig ab und genehmigt die königl. Verordnung v. 12. Mai mit großer Majorität.
19. Sept. (Sachsen-Meiningen). Die Preußen rücken in Sachsen-Meiningen ein, um den Widerstand des alten Herzogs zu brechen und die Differenz endlich zum Austrag zu bringen.
„ „ Das Abg.-Haus lehnt die Vorlage der Regierung bez. Genehmigung der kgl. Verordnung zu Gründung von Darlehenskassen und Auszahlung von Darlehenskassenscheinen im Betrag von 25 Mill. Thlr. mit 146 gegen 142 Stimmen ab.
„ „ (Lübeck). Die Bürgerschaft genehmigt das neue Gewerbegesetz mit Gewerbefreiheit.
20.—21. Sept. Großartige Feier des Einzugs der Truppen in Berlin. Ansprache des Bürgermeisters an den König. Toast des Königs. Große Feldmesse aller Culte. Amnestieerlaß.
„ „ Der König genehmigt das Annexionsgesetz nach den Beschlüssen beider Häuser des Landtags.
„ „ (Sachsen-Meiningen). Abdankung des alten Herzogs. Der Erbprinz folgt ihm in der Regierung.
22. „ (Hannover). Feier des Geburtstags des Kronprinzen in Wien. Eine Deputation aus Hannover überreicht dem König Georg eine Loyalitätsadresse mit zahlreichen Unterschriften. Festmahl und Toast des Königs.
23. „ (Hannover). König Georg richtet von Wien aus eine Protestation gegen die erfolgte Einverleibung Hannovers in Preußen an alle Cabinette Europa's (f. Anhang).
24—25. Sept. Das Abg.-Haus lehnt den von der Regierung gestellten, von der Commission unterstützten Antrag auf Genehmigung des Verkaufs der westphälischen Staatseisenbahn an die bergisch-märkische Eisenbahngesellschaft mit bedeutender Mehrheit ab, nachdem der gewesene Minister v. Bodelschwingh, der den Verkauf abgeschlossen hat, jetzt selbst die Opportunität desselben bezweifelt.
Debatte über den 60 Mill.-Credit:
Antrag der Commission: unter Verwerfung der Regierungsvorlage die Genehmigung zur Ausgabe von 25 Mill. Thlrn. in Schatzanweisungen zu ertheilen.
Amendementsantrag Michaelis (unterstützt von Mitgliedern der Fortschrittspartei, des linken Centrums und der Fraction der Altliberalen): die Regierungsvorlage mit den Abänderungen anzunehmen, daß die nöthigen Geldmittel bis zur Höhe von 60 Mill. im Wege des Credits zu beschaffen sind, daß der Staatsschatz aus den Kriegsentschädigungsgeldern zunächst mit 27½ Mill. wieder zu dotiren ist, daß dem Staatsschatz, sobald er über 30 Mill. verfügt, weitere Ueberschüsse aus den Staatseinnahmen nur mit besonderer Zustimmung der beiden Häuser des Landtags überwiesen, und daß bis zur Höhe des ganzen Credits verzinsliche Schatzanweisungen, auf ein Jahr laufend, ausgegeben werden können, wobei es der Regierung jedoch freigestellt wird, die Hälfte durch eine Staatsanleihe zu beschaffen. Unter-amendement Lasker dazu: „soweit über dieselben nicht als Deckungsmittel im Staatshaushaltsetat des betreffenden Jahrs oder anderweitig unter Zu-

Stimmung der beiden Häuser des Landtags verfügt wird, sind sie zur Tilgung von Staatsschulden zu verwenden und an die Staatsschuldentilgungskasse abzuführen."

Rede des Finanzministers [Die Hauptsache sei jetzt die finanzielle Lösung. Preußen müsse jeden Augenblick bereit sein, das volle Gewicht seiner militärischen Macht in die Wagschale zu werfen, ohne Zögern, ohne Zaudern, ohne Rücksicht auf die Finanzen. Diese Gewißheit habe sich nur in einem gefüllten Schatz. Verpasse man den rechten Augenblick, so könne die Aufgabe Preußens leicht um viele Jahre hinausgeschoben werden, während der Krystallisationsproceß sich möglicherweise bei geordneten Verhältnissen leicht in einigen Wochen, Monaten vollziehen könne. Um die Lage beherrschen zu können, müsse Preußen stets die Hand am Schwert halten. Die Regierung, welche Werth darauf lege, in voller Uebereinstimmung mit dem Hause zu handeln, werde das Amendement Michaelis, falls dieses die Majorität erhalten sollte, nicht zurückweisen, weil es ihre Absicht sei, die norddeutschen Staaten zu einem verhältnißmäßigen Beitrag heranzuziehen. Auch mit dem Amendement Lasker sei die Regierung einverstanden]. Rede des Ministerpräsidenten [er könne dem Drange nicht widerstehen, dem Haus die Bitte vorzulegen: der Vorlage weniger vom Standpunkt eines Rechenexempels als vom politischen Standpunkt aus zu beurtheilen; dem Hause die Frage vorzulegen, ob es Vertrauen zur Führung der auswärtigen Politik, ob es Zeugniß davon ablegen wolle, daß es bereit sei, das Gewonnene festzuhalten und, wenn es noth thue, zu vertheidigen].

Bei der Abstimmung wird der Commissionsantrag mit großer Mehrheit verworfen, dagegen das Amendement Michaelis unter namentlicher Abstimmung mit 230 gegen 83 Stimmen (die Polen, die Katholiken und ein Theil der Fortschrittspartei) nebst dem Unteramendement Lasker angenommen.

26. Sept. Abg.-Haus: Die Commission trägt auf Genehmigung der Regierungsvorlage bez. Annexion von Schleswig-Holstein an, mit der Resolution, die Regierung aufzufordern, „dem Landtag bei seinem nächsten Zusammentreten einen Gesetzentwurf betr. die Vereinigung Lauenburgs mit dem preußischen Staatsgebiet, in Gemäßheit des Art. 2 der Verfassung vorzulegen."

„ „ (Mecklenburg). Eröffnung eines außerordentlichen Landtags in Schwerin. Thronrede des Großherzogs. Die Regierung legt dem Landtage den Art. 6 des Bündnißvertrags mit Preußen v. 21. Aug. und den Entwurf eines Wahlgesetzes für den norddeutschen Reichstag vor.

„ „ Friede mit Reuß ä. L.:
Art. 1. J. D. die Fürstin-Regentin, indem sie die Bestimmungen des zwischen Preußen und Oesterreich zu Nikolsburg am 26. Juli 1866 abgeschlossenen Präliminarvertrags, soweit sie sich auf die Zukunft Deutschlands beziehen, anerkennt und acceptirt, tritt ihrerseits für das Fürstenthum Reuß ä. L. dem Art. 1 bis 6 des am 18. Aug. d. J. zu Berlin zwischen Sr. Maj. dem König von Preußen einerseits und Sr. k. H. dem Großherzog von Sachsen-Weimar und andern norddeutschen Regierungen andererseits geschlossenen Bündnisses bei, und erklärt dieselben für sich und das Fürstenthum Reuß ä. L. verbindlich, sowie Se. Maj. der König von Preußen die darin gegebenen Zusagen auf das Fürstenthum Reuß ä. L. ausdehnt.
Art. 2. Se. Maj. der König von Preußen verspricht alle militärischen

Maßregeln gegen das Fürstenthum Reuß j. L. sofort aufzuheben und genehmigt die ungehinderte Rückkehr des in Rastatt befindlichen fürstlich reußischen Contingents mit Waffen in die Heimath. Art. 3. · J. D. die Fürstin-Regentin verpflichtet sich binnen sechs Monaten nach erfolgter Auswechselung der Ratifikationen dieses Vertrags zu dem auf Befehl Sr. Maj. des Königs von Preußen gebildeten Fonds zur Unterstützung der invaliden Offiziere und Soldaten der preußischen Armee, sowie der hinterbliebenen Wittwen und Waisen die Summe von 100,000 Thlrn. zu zahlen."

27. Sept. Verlagung des Landtags bis zum 12. Nov.
29. „ Die Regierung hebt die vom Abg.-Hause nicht genehmigten Darlehenskassen wieder auf.
— „ Die preußischen Befestigungen Düppel=Alsen sind nach amtlicher Anzeige nunmehr vollendet.

1. Oct. (Hannover). Etwa 70 Mitglieder der städtischen Collegien aus allen Landestheilen außer Ostfriesland und 39 Abgeordnete der letzten Ständeversammlung treten in Hannover zusammen und beschließen einstimmig eine Eingabe an das kgl. Staatsministerium in Berlin mit der Bitte,

„daß bei Ueberleitung unserer Zustände in die neuen Verhältnisse außer den Beamten, preußischen wie vormals hannoverschen, auch in nicht zu geringer Anzahl andere Personen zu Rath gezogen werden möchten, unabhängige Männer, welche zufolge ihrer bisherigen Stellung im öffentlichen Leben als Vertrauensmänner des Landes erscheinen würden."

Die 39 Abgeordneten beschließen zugleich eine öffentliche Erklärung, in der sie die beschlossene Einverleibung in Preußen als unwiderruflich annehmen, die nutzlose Agitation dagegen beklagen und einläßlich darlegen, was sie im Interesse des Landes von der preuß. Regierung in einer Reihe bestimmt formulirter Beziehungen erwarten:

„... Vergeblich waren in der letzten hannoverschen Ständeversammlung unsere auf eine andere Entwicklung der deutschen Einheit gerichteten Bemühungen. Unsere Appellation an die Pflichten gegen Deutschland, unsere Mahnungen an das Interesse des Landes, unsere Warnungen wurden nicht gehört. Jeder Bereitwilligkeit, von nutzlosen Souverainetätsrechten zu Gunsten des großen Vaterlandes auch nur das Geringste zu opfern, jede Erkenntniß der Nothwendigkeit, sich zu den neuen Aufgaben in das rechte Verhältniß zu setzen, fehlte. So wurde der von uns angestrebte Bundesstaat für unser Land unmöglich und nach dem Siege der preußischen Waffen über die österreichischen Heere die Einverleibung des Landes in Preußen eine unabwendbare Thatsache...."

— „ (Sachsen). Die Adressen der Communalbehörden an den König um endliche Verständigung mit Preußen werden immer bringender. Der preußische Generalgouverneur überträgt die Einquartierungslast ausschließlich auf die Hausbesitzer. Der Bau der Befestigung Dresdens kann als beendigt angesehen werden.

1.—2. Oct. (Mecklenburg). Landtag: Debatte über die Vorlage der Regierung bez. der norddeutschen Bundesfrage.

Antrag der Mehrheit der Commission: „Den beiden Regierungen die Ermächtigung zu ertheilen, sich an der Feststellung eines Bundesverfassungs-entwurfs zu betheiligen und denselben dem zu berufenden Parlament zur Berathung vorzulegen, jedoch mit dem Vorbehalt und der Bedingung, daß die aus solcher Berathung hervorgehenden Ergebnisse demnächst den Ständen zur Abgabe ihrer verfassungsmäßigen Erklärung darüber vorgelegt werden." Diesem Antrage sind elf Wünsche zu Handen der Regierung angefügt: „daß die officiell nicht vorliegenden Gründe der hier festgestellten Trennung Deutschlands nicht dauernd der Einigung Deutschlands entgegenwirken werden; daß jedenfalls wenigstens sämmtliche norddeutsche Staaten an der zu gründenden Bundesverfassung unter Mitwirkung eines zu berufenden Parlaments theilnehmen, ehe der Beitritt Mecklenburgs für bindend erkannt wird; daß bei der geringen Ausdehnung des Bundesgebiets und dem Vorwiegen des preußischen Staats die in den Grundzügen der Competenz der Bundesgewalt, beziehungsweise des Parlaments, überwiesenen Gegenstände das Maximum dieser Competenz bilden werden; daß überhaupt grundsatzmäß dem Parlament keine Einwirkung auf die Verfassungsverhältnisse der Einzelstaaten zuzuerkennen sei; daß mithin die Frage wegen des Anschlusses Mecklenburgs an den Zollverein lediglich von der freien ständischen Vereinbarung und Zustimmung abhängig bleiben müsse; daß einzelne der Grundzüge durch die veränderten Verhältnisse an Bedeutung verloren haben, andere an Unklarheit leiden; daß das allgemeine und directe Wahlrecht namentlich in Bezug auf die definitive Volksvertretung unzeitgemäß sei; daß die Frage wegen der Zoll- und Handelsgesetzgebung (Freizügigkeit, Heimaths- und Ansiedlungsverhältnisse) zu großen Bedenken Anlaß gebe und daß hier das verfassungsmäßige Recht zu wahren sei; daß die abgeschlossenen Verträge wegen der Elbschifffahrt in Kraft bleiben müßten; daß die gemeinsame Civilproceßordnung die einheimische Gerichtsorganisation nicht berühre und daß bei den Leistungen der Uferstaaten für die Kriegsmarine der Lastengehalt der Handelsmarine des betreffenden Staats zum Maßstab genommen werde."

Die Motivirung des Antrages geht von der Erwägung aus, daß „es sich gegenwärtig nicht mehr um die Grundzüge der neuen politischen Gestaltung Deutschlands, sondern nur noch um die nothwendigen Folgen bereits feststehender Thatsachen handelt, auf welche den minder mächtigen Staaten jede Einwirkung benommen war, ferner auf Grund der Commission zur Kenntnißnahme zugegangenen vertraulichen Mittheilungen, aus welchen die Mitglieder nur die Bestätigung der zwingenden Nothwendigkeit des Beitritts zu den von Preußen gestellten Bedingungen entnommen haben, insofern hierdurch die Großherzoge die Unabhängigkeit und Integrität des Landes bewahren" und schließt mit der Bemerkung: „Der Zweck des von den allerhöchsten Landesherrn eingegangenen Bündnißvertrages, welcher ausdrücklich auf die Erhaltung der äußeren nicht nur, sondern auch der inneren Sicherheit des Landes mit gerichtet ist, läßt erwarten, daß auch die Landesverfassung, auf deren Fortbestehen die innere Sicherheit des Landes wesentlich beruht, erhalten bleibe. Um dies desto sicherer zu erreichen, dürfte an die allerhöchsten Landesherren die Bitte zu richten sein, daß Allerhöchstdieselben bei der definitiven Feststellung der Bundesgewalt die Garantie der bestehenden Landesverfassung durch die Bundesverfassung in geeigneter Weise herbeizuführen geruhen wollen."

Antrag der Commissionsminderheit: „Der Landtag wolle den Regierungen ein weiteres Vorgehen auf Grund der Artikel 2 und 5 des Vertrages vom 21. August 1866 widerrathen."

Die Vorfrage, ob die Ritterschaft als besonderer Stand oder gemeinsam mit der Landschaft verhandeln solle, wird von der Ritterschaft mit 187 gegen 44 Stimmen zu Gunsten der letzteren Behandlung entschieden und der Antrag der Commissionsmehrheit nach regelloser und oft sehr heftiger Debatte durch Zuruf angenommen.

3. Okt. Der König von Preußen erläßt ein Patent behufs Besitznahme des vormaligen Königreichs Hannover, Kurfürstenthums Hessen, Herzogthums Nassau und der freien Stadt Frankfurt und erläßt Proclamationen an die Einwohner derselben:

> Proclamation an die Hannoveraner: „... Denn Ihr Euch nicht ohne Schmerz von den früheren Euch liebgewordenen Verhältnissen losjagt, so ehre ich diesen Schmerz und würdige denselben als eine Bürgschaft, daß Ihr und Eure Kinder auch Mir und Meinem Hause mit Treue angehören werdet. Ihr werdet die Nothwendigkeit des Geschehenen erkennen. Denn sollen die Früchte des schweren Kampfes und der blutigen Siege für Deutschland nicht verloren sein, so gebietet es eben so die Pflicht der Selbsterhaltung als die Sorge für die Förderung der nationalen Interessen, Hannover mit Preußen fest und dauernd zu vereinigen. Und — wie schon mein in Gott ruhender Herr Vater es ausgesprochen hat — nur Deutschland hat gewonnen, was Preußen erworben. Dieses werdet Ihr mit Ernst erwägen, und so vertraue Ich Eurem deutschen und redlichen Sinne, daß Ihr mir Eure Treue eben so aufrichtig geloben werdet, wie Ich zu Meinem Volke Euch aufnehme."

4. „ (Mecklenburg). Schluß des Landtags. Der Landtagsabschied giebt sich mit dem ständischen Beschlusse bez. des norddeutschen Bundes zufrieden, belobt die Stände für ihre „vertrauensvolle, einsichtige und patriotische Haltung" und verspricht, daß auch die ausgesprochenen „Wünsche" nach erlangter „Ueberzeugung von ihrem Grunde und ihrer Ausführbarkeit" von der Regierung thunlichst werden berücksichtigt werden.

5. „ (Hannover). König Georg protestirt in einer Proclamation an seine Unterthanen von Hietzing bei Wien aus gegen die Besitzergreifung seines Landes durch Preußen:

> „... Wir erklären hiermit vor allen Unseren Unterthanen laut und feierlich diese Einverleibung des Unserm königlichen Hause angestammten Königreichs Hannover in die preußische Monarchie für null und nichtig und demgemäß alle Akte der Souveränetät, welche der König von Preußen in Unserem Lande vornehmen möchte, mit allen daraus hervorgehenden Folgen für Uns und Unsere Nachfolger in der Regierung für rechtsunverbindlich... Wie der Allmächtige vor nun sechzig Jahren es gefügt, daß dasselbe Unrecht, von derselben Seite her, keinen Bestand haben durfte... so hegen Wir nun auch das unerschütterliche Vertrauen, daß er jetzt ebenfalls das Recht wieder zum endlichen Siege bringen und die Vereinigung Unseres königlichen Hauses mit Unserem treuen, heißgeliebten Volke wieder herbeiführen wird. Der Kampfesmuth der Braven von Langensalza hat dem Beispiele der Vorfahren würdig entsprochen; auch die übrigen Tugenden ihrer Väter, die unerschütterliche Treue, die ruhige Besonnenheit, die zähe Ausdauer leben fort in Unserem Volke und verbürgen, daß es nicht lassen werde von Unserem königlichen Hause, welches durch die Geschichte fast eines Jahrtausends in Freude und Leid unzertrennlich mit ihm verwachsen ist. Auszuharren im Unglück für eine bessere Zukunft; zu vertrauen auf den allgerechten Gott und Uns zu bewahren die alte Liebe, das hoffen und erwarten Wir von Unseren theuren Unterthanen für die Zeit Unserer Trennung..."

6. Okt. (Hannover). König Georg entbindet die Civilstaatsdiener ihres Eides unter Vorbehalt seiner Rechte.

"Bekanntmachung der General-Secretäre der kgl. Ministerien: ...In landesväterlicher Erwägung der peinlichen, die Gewissen beängstigenden Lage, in welche hiedurch viele der getreuesten Unterthanen gerathen, haben Se. Maj. König Georg V. im Voraus geruht, unter Verwahrung Allerhöchstihrer Rechte, alle Unterthanen im Königreiche und insbesondere alle im königl. Civildienste, im geistlichen und Lehramte Angestellten von den im Unterthanenverbande oder im Dienst und Amt begründeten, durch Huldigungs- oder Diensteid bekräftigten Verpflichtungen gegen Allerhöchstsie und Ihre successionsberechtigten Nachfolger für den nunmehr eingetretenen Fall eines Widerstreites dieser Verpflichtungen mit den Anforderungen, welche von Seiten Sr. Maj. des Königs von Preußen gestellt werden, in soweit Allergnädigst zu entbinden, als die Erfüllung solcher Anforderungen mit der Einhaltung dieser Verpflichtungen unvereinbar ist, unter Vorbehalt jedoch eines Wiederauflebens der letzteren auf die Zeit, wo Se. Maj. der König Georg V. oder einer Ihrer successionsberechtigten Nachfolger zur Ausübung der Regierung im Königreiche wieder gelangen würde."

" " Die während des Krieges gebildete ungarische Legion wird wieder aufgelöst und die Legionäre werden nach Oesterreich instradirt.

8. " Friedensvertrag mit Sachsen-Meiningen:

"Art. 1. Se. Hoheit der Herzog von Sachsen-Meiningen-Hildburghausen, indem er die Bestimmungen des zwischen Preußen und Oesterreich zu Nikolsburg am 26. Juli 1866 geschlossenen Präliminarvertrages, soweit sie sich auf die Zukunft Deutschlands beziehen, anerkennt und accepirt, tritt Seinerseits und für das Herzogthum den Artikeln 1 bis 6 des am 18. Aug. d. J. zu Berlin zwischen Sr. Maj. dem Könige von Preußen einerseits und Sr. Kgl. Hoh. dem Großherzoge von Sachsen-Weimar und anderen norddeutschen Regierungen andrerseits abgeschlossenen Bündnisses bei und erklärt dieselben für Sich und das Herzogthum Sachsen-Meiningen-Hildburghausen in allen ihren Bestimmungen verbindlich, so wie Se. Maj. der König von Preußen die in diesen Artikeln enthaltenen Anlagen ebenfalls auf Seine Hoheit den Herzog von Sachsen-Meiningen-Hildburghausen ausdehnt. Art. 2. Die zwischen den hohen contrahirenden Theilen vor dem Ausbruche der Feindseligkeiten bestandenen Verträge und Uebereinkünfte, namentlich die Zollvereinigungsverträge vom 27. Juni 1864 und vom 16. Mai 1865 und die damit in Verbindung stehenden Vereinbarungen treten vom Tage des Austausches der Ratificationen des gegenwärtigen Vertrages wieder in Kraft, so weit und so lange sie nicht durch die im Art. 1 erwähnten Bestimmungen, durch den Zutritt Sr. Hoheit des Herzogs zum norddeutschen Bunde und durch die in letzterem einzuführenden Einrichtungen berührt oder abgeändert werden. Art. 3. Se. Hoheit der Herzog erklärt Sich im Voraus mit den Abreden einverstanden, welche Preußen mit dem fürstlichen Hause Taxis wegen Beseitigung des Thurn und Taxis'schen Postwesens trifft. In Folge dessen wird das gesammte Postwesen im Herzogthum Meiningen an Preußen übergehen. Art. 4. Se. Hoheit der Herzog räumt der königlich preußischen Regierung in allen Gebietstheilen des Herzogthums das ausschließliche Recht zur unbeschränkten Anlegung und Benutzung von Telegraphen-Linien und Telegraphen-Stationen ein."

11. " Eine königl. Cabinetsordre befiehlt die Bildung von drei neuen Armeecorps für die neu erworbenen Landestheile und regelt zugleich damit bereits auch die Einfügung der zukünftigen Bundescontingente theils in diese neuen, theils in die schon bestehenden preußischen Armeecorps.

Dem 4. preußischen Armeecorps (Brandenburg) und dem 7. (Westphalen) ist je ein Regiment Bundescontingent zugetheilt. Zu dem 9. (Schleswig-Holstein) treten 6 Regimenter Bundescontingent, also über eine Division Infanterie; zu dem 10. (Hannover) 4 Bataillone und 1 Regiment; zu dem 11. (Hessen, Nassau und Frankfurt) 4 Regimenter Bundescontingent.

13. Oct. Eine kgl. Verordnung führt für diejenigen Landestheile, welche durch das Gesetz vom 20. Sept. der preuß. Monarchie einverleibt worden sind, sowie für die Herzogthümer Schleswig und Holstein die allgemeine Wehrpflicht nach Maßgabe der für die übrigen Provinzen des preuß. Staats giltigen Bestimmungen ein.

14. „ (Kurhessen). Das bisher kurhessische Militär leistet dem König von Preußen den Fahneneid.

15. „ Der bisherige Generalgouverneur von Kurhessen u. s. w., v. Werber, wird abberufen und geht die Verwaltung in die Hände der Civilbehörden über. An die Spitze der Verwaltung von Kurhessen tritt als Civilabministrator der Regierungspräsident v. Möller, an die Spitze der Verwaltung von Nassau zusammen mit der Stadt Frankfurt in gleicher Eigenschaft der Staatsminister a. D. v. Patow. Die Civilabministratoren haben im Wesentlichen die Functionen eines Oberpräsidenten in den alten Provinzen auszuüben. Für Hannover tritt dagegen dieselbe Veränderung noch nicht ein.

— „ Der König schenkt dem Herzog Ernst von Coburg-Gotha, weil er zuerst auf Seite Preußens getreten ist, den Schmalkaldner Wald von 38,000 Aeckern, im Werth von etwa 2 Mill. Thlrn. als Privateigenthum unter einigen Bedingungen.

17. „ (Sachsen-Meiningen). Der Landtag genehmigt einstimmig den Eintritt des Herzogthums in den norddeutschen Bund.

21. „ Endlicher Abschluß des Friedensvertrages zwischen Preußen und Sachsen zu Berlin (s. Anhang).

23. „ (Nassau). Der Rest des nassauischen Militärs leistet dem König von Preußen den Fahneneid.

24. „ Vierundzwanzig Abgeordnete aus den Fractionen der Fortschrittspartei und des linken Centrums (worunter v. Bockum-Dolffs, Twesten, v. Unruh u. s. w.) erlassen eine Erklärung über die von ihnen zur Regierung eingenommene Stellung, der sie „in ihrer auswärtigen Politik den vollen Beistand der Landesvertretung zu verschaffen" suchen wollen, während sie zugleich bezüglich der innern Verwaltung des Landes noch immer „die Pflichten einer wachsamen und loyalen Opposition auf sich ruhen fühlen".

„ „ (Sachsen). Uebergabe der Festung Königstein an eine preußische Besatzung.

26. „ (Sachsen). Der König kehrt aus Oesterreich wieder nach Sachsen, zunächst nach Pillnitz zurück. Proclamation an seine Sachsen. Auflösung der sog. Landescommission.

27. „ Abschluß eines Vertrags mit dem Großherzog von Oldenburg, unter Vorbehalt der Ratification des Landtags:

„Art. I. Se. k. Hoheit der Großherzog von Oldenburg, indem Sie in Folge der Verträge zu Wien den 30. Oct. 1864 und zu Prag den 23. Aug. 1866 Se. Maj. den König v. Preußen als alleinigen rechtmäßigen Souverän und Landesherrn der Herzogthümer Schleswig u. Holstein anerkennen, verzichten für Sich und als Repräsentant der im Großherzogthum Oldenburg regierenden jüngern Linie des schleswig-holstein-gottorp'schen Hauses auf alle Rechte und Ansprüche in Betreff der Erbfolge und Souveränetät in den Herzogthümern Schleswig und Holstein, welche von Ihnen und Ihrem Hause, sei es aus eigenem Recht, sei es in Folge der durch Seine Majestät den Kaiser Alexander II. v. Rußland geschehenen Uebertragung der Rechte und Ansprüche der ältern gottorp'schen Linie bisher erhoben und bei dem frühern deutschen Bunde geltend gemacht und vertreten worden sind, zu Gunsten Sr. Maj. des Königs von Preußen und Allerhöchstdessen Nachfolger für jetzt und für alle Zeiten. Art. II. Se. Maj. der König von Preußen verpflichten Sich dagegen für Sich, und Allerhöchst Ihre Nachfolger zu folgenden Gegenleistungen: 1) zum Zwecke einer angemessenen Arrondirung des Fürstenthums Lübeck cedirt Se. Maj. der König Sr. k. Hoheit dem Großherzog das holsteinische Amt Ahrensböck, sowie die lübikschen Districte und die Staatshoheit über den Cidsee mit Einschluß der auf demselben haftenden Domanialgerechtsame. 2) Se. Maj. der König sagt Sr. k. Hoh. dem Großherzog die Aufrechthaltung der den herzogl. schleswig-holstein-gottorp'schen Fideicommißgütern — sowohl den ältern, wie den jüngern — zustehenden Privilegien in ihrem gegenwärtigen Umfange in der Weise zu, daß dieselben nur gegen eine angemessene Entschädigung aufgehoben werden sollen. Die beiden hohen contrahirenden Theile sind dabei einverstanden, daß die, diesen Fideicommißgütern nach den Verträgen v. 22. April 1767 und 1. Juni 1773, sowie nach der Vereinbarung v. 1. Dec. 1813 zustehende Steuerfreiheit sich auch auf die sogenannte Halbprocentsteuer, und zwar sowohl für die hohe Fideicommißherrschaft selbst, als für die Gutsunterzuhörigen, erstreckt. 3) Se. Maj. der König zahlt außerdem Sr. k. Hoh. dem Großherzog von Oldenburg eine Summe von 1 Mill. preuß. Thlrn., welche, vom Tage der Ratifikation dieses Vertrages an gerechnet, innerhalb 6 Monaten zu erlegen sind. Der Zahlungsmodus und die Effecten, in welchen diese Summe überwiesen werden soll, wird noch näher festgestellt werden. Art. III. Vorstehender Vertrag soll ratificirt und die Ratifikationen sollen binnen 3 Wochen nach der Unterzeichnung in Berlin ausgewechselt werden."

28. Oct. (Sachsen). Die sächsische Armee beginnt aus Oesterreich wieder im Lande einzutreffen.

29. „ (Sachsen). Der König erläßt eine allerh. Verordnung behufs Ausführung des Amnestieparagraphen des Friedensvertrags mit Preußen.

„ „ General v. Bonin übernimmt den Oberbefehl über die preuß. Truppen in Sachsen.

3. Nov. (Sachsen). Feierlicher Einzug der königlichen Familie in Dresden.

5. „ Das Kammergericht bestätigt in zweiter Instanz trotz des Beschlusses des Obertribunals vom 29. Januar d. J. die Freisprechung Twestens wegen seiner Aeußerungen als Abgeordneter.

6. „ Das App.-Gericht von Insterburg bestätigt trotz des Beschlusses des Obertribunals v. 29. Jan. d. J. die Freisprechung Frentzels wegen seiner Aeußerungen als Abgeordneter.

6. Nov. (Lauenburg). Der Landtag genehmigt die Vorlagen der Regierung bez. des Parlamentswahlgesetzes und bezüglich Einführung der allgemeinen Wehrpflicht.
„ „ Der neue österr. Gesandte Graf Wimpfen überreicht dem König seine Beglaubigungsschreiben.
7. „ (Hannover). Versammlung von Mitgliedern fast sämmtlicher 8 Ritterschaften des Landes. Lebhafte Discussion. Es werden schließlich folgende Resolutionen beschlossen und unter circa 130 Anwesenden von 110 unterzeichnet:

„Die Unterzeichneten, Mitglieder verschiedener Ritterschaften, haben sich zu folgender Erklärung geeinigt und solche zu veröffentlichen beschlossen: 1) Nachdem unter Nichtbeachtung der Rechte des angestammten Königshauses und des Landes und gegen deren dringendste Wünsche zu ihrem tiefsten Schmerze die Einverleibung des Königreichs Hannover in Preußen ausgesprochen ist und jetzt die Ausführung derselben bevorsteht, welcher das Land, durch die Macht genöthigt, sich bei genügender Wahrung seiner Rechte und Interessen wird beugen müssen: — so glauben die Unterzeichneten, ausgehend von dem unbezweifelbaren Rechtssatze, daß mit der Eroberung des Landes keineswegs das gesammte öffentliche Recht desselben hinfällig geworden, und sich stützend auf das k. Wort der thunlichsten Schonung des Bestehenden und der verheißenen Berathung als unabweisbare Rechtsforderung aussprechen zu müssen: 1) daß in dem öffentlichen Rechtszustande des Landes nichts weiter geändert werde, als was sich als eine unvermeidliche Folge der Annexion darstellt, und daß auch die hier noch nöthigen Veränderungen nicht anders als unter Mitwirkung einer wahren Vertretung des Landes geschehen. 2) Als zu einer solchen Vertretung berechtigtes Organ vermögen sie keinesfalls eine Versammlung einseitig nach Auswahl der Königlichen preußischen Regierung zu berufender Personen zu erkennen, vielmehr betrachten sie als solche Organe die allgemeine Ständeversammlung des Königreichs Hannover und die bestehenden Provinzial-Landschaften. 3) Sie sind zugleich der Ansicht, daß, nachdem die k. preuß. Regierung bereits mit einzelnen wesentlichen organisatorischen Einrichtungen (Verweisung der Justizsachen, der Eisenbahn-, Post- und Zollverwaltung an die Ministerien in Berlin) und zwar einseitig vorgeschritten ist, die möglichste Beschleunigung der Berufung einer Landesvertretung zum Zweck der Mitwirkung, auch in besonderer Rücksicht auf Erhaltung der Ruhe des Landes und die Gewinnung einiger Zufriedenheit mit der Art der Ueberleitung, ein dringendes Bedürfniß ist."

9. „ (Anhalt). Das Wahlgesetz für den norddeutschen Bund wird von der Regierung publicirt, ohne die Genehmigung des Landtags einzuholen.
„ „ (Hamburg). Die Bürgerschaft genehmigt das ihr vom Senate vorgelegte Parlamentswahlgesetz, doch mit dem Zusatze einer Bestimmung bez. Diäten. Der Senat erklärt, darauf nicht eingehen zu können.
12. „ Wiederzusammentritt des Landtags. Die Regierung legt demselben sofort das Budget für 1867 vor.
13. „ Das Abg.-Haus beschließt mit 105 gegen 90 Stimmen, die Vorberathung des Budgets für 1867, ohne dasselbe einer Commission zu überweisen, sofort im Hause selbst vorzunehmen.
15. „ In Berlin bildet sich ein liberales Central-Wahlcomité für die

Wahlen zum norddeutschen Reichstag unter dem Vorsitze des Abg. Löwe-Calbe und erläßt einen Aufruf.

15. Nov. (Sachsen). Eröffnung des Landtags. Thronrede des Königs:

„... Unerschütterlich treu und von weiser Besonnenheit hat sich die sächsische Bevölkerung aller Klassen bewiesen und so der Welt gezeigt, daß die Anhänglichkeit an ein angestammtes Fürstenhaus noch immer mehr als ein leeres Wort ist. Durch die Begebnisse der letzten Zeit ist das Band gelöst worden, welches bisher die deutschen Stämme umschloß und an dem ich bis zu Ende treu gehalten habe. Sachsen tritt nunmehr in ein neues Bundesverhältniß ein, dessen Gestaltung in Kurzem unter Theilnahme eines Parlaments aus den betheiligten Staaten festgestellt werden wird. So wie es mein fester Entschluß ist, dem norddeutschen Bunde, der unter Preußens Leitung sich bildet, und allen eingegangenen Verpflichtungen dieselbe Treue zu bewahren, die ich dem alten Bunde gehalten habe, so wird es auch nunmehr unsere gemeinsame Aufgabe sein, bei jedem neu sich bildenden Verhältnisse mit frischem Muth, mit Offenheit und aller Redlichkeit entgegenzukommen und für seine günstige Gestaltung auch anderweite Opfer nicht zu scheuen ... Die in Folge der veränderten Bundeseinrichtungen nöthig werdenden Umänderungen der Verf.-Urkunde und des Wahlgesetzes unsers engern Vaterlandes, sowie die definitive Feststellung unsers Staatshaushalts hängen so eng mit der Organisation des norddeutschen Bundes zusammen, daß sie nicht eher bei der Ständeversammlung zur Berathung kommen können, als bis man über jene Organisation im Klaren ist..."

— „ (Schleswig-Holstein). Die frühern Beamteten unter dem dänischen Regimente, Etatsrath Schultze, Kammerherr v. Rosen und Justizrath Griebel werden wieder als Regierungsräthe angestellt.

16. „ Abg.-Haus: Die Regierung legt den Entwurf eines Gesetzes, betreffend die Verleihung von Dotationen in Anerkennung hervorragender, im letzten Kriege erworbener Verdienste, vor:

„Wir Wilhelm von Gottes Gnaden König von Preußen rc. verordnen mit Zustimmung beider Häuser des Landtags der Monarchie wie folgt: Zur Verleihung von Dotationen an preußische Heerführer, welche zu dem glücklichen Ausgang des letzten Krieges in hervorragender Weise beigetragen haben, wird die Summe von Einer und einer halben Mill. Thlrn. aus den eingehenden Kriegsentschädigungen bereit gestellt. Die Verwendung dieser Summe bleibt kgl. Bestimmung vorbehalten." Motive: „In Thaten, welche nach entscheidenden Kämpfen eine neue Wendung im Leben der Völker einleiteten, ist jederzeit der Drang empfunden worden, denjenigen Männern den bleibenden Dank des Vaterlandes darzubringen, welche durch ruhmvolle Thaten die Bahn einer höheren Entwicklung eröffnet haben. In diesem Gefühl haben des hochseligen Königs Friedrich Wilhelm III. Maj. nach siegreicher Beendigung des Befreiungskampfes von 1813 und 1814 denjenigen preuß. Heerführern, welche sich auf das Hervorragendste ausgezeichnet hatten, in Anerkennung ihrer Verdienste Dotationen zu verleihen geruht. " Der letzte Krieg hat den preußischen Namen mit neuen unvergänglichen Ehren verherrlicht und der Monarchie eine Erweiterung ihrer Machtstellung eingetragen, welche von seinen frühern Erfolgen preußischer Großthaten übertroffen wird. Auch in diesem Kriege haben preuß. Heerführer in Hingebung und Ausdauer vorangeleuchtet und durch heldenmüthiges Ringen und Vollbringen sich ein Andenken gestiftet, welches die Nachwelt in treuer Verehrung bis in die fernsten Zeiten bewahren wird. Diesen Männern den Dank ihres kgl. Herrn und des Vaterlandes zu bethätigen, wird in vollem Vertrauen des bereiteten Entgegenkommens der Landtag um seine verfassungsmäßige Mitwirkung angegangen. An ihn ergeht durch die gegenwärtige Vorlage die Aufforderung zur Bewilligung der Mittel, welche die Krone in den Stand setzen werden, durch Verleihung von Dotationen nach dem Vorgange einer früheren großen Zeit Verdienste, welche der Geschichte angehören, auf eine der Gegenwart würdige Weise zu ehren."

16. Nov. (Sachsen). II. Kammer: Ein Antrag des Abg. Elsenstuck und 15 Gen.:

„Die Kammer beschließt, die hohe Staatsregierung zu ersuchen, die gegenwärtige Ständeversammlung sofort aufzulösen, und auf Grund des Wahlgesetzes vom 15. Nov. 1848 eine verfassungsmäßige Volksvertretung schleunigst einzuberufen"

wird mit 48 gegen 17 Stimmen abgelehnt.

18. „ (Hannover). Die zum Vortheil der Krone ausgeschiedenen Domänen, eine Hauptbeschwerde des Landes, werden von dem preußischen Civilcommissär dem Staatsgute wieder eingefügt.

19. „ Die Oberstaatsanwaltschaft erhebt die Nichtigkeitsbeschwerde gegen die Freisprechung Twestens vom 5. d. M.

20. „ Ein Ministerialerlaß hebt die Beschränkungen der Niederlassung und des Gewerbebetriebs in den neuen Provinzen auf:

Der Erlaß geht von dem Grundsatz aus, daß die Vereinigung der neuen mit den alten Landestheilen „die gesonderte staatliche Existenz" der neuen Lande aufgehoben und damit zugleich „den auf dieser gesonderten Existenz beruhenden Staatsangehörigkeiten oder Unterthanenverhältnissen ein Ende gemacht" hat. Dieser Wirkung, wird dann weiter ausgeführt, thut die Hinausrückung des Termins für die Einführung der Verfassung keinen Eintrag, denn sie enthält nur die Suspension der preußischen, nicht die Fortdauer der hannover'schen, kurhessischen, nassauischen und Frankfurter Verfassung. Die rechtliche Existenz der letzteren ist als erloschen zu betrachten, und es kann mithin die Fortdauer einer abgesonderten hannover'schen u. s. w. Staatsangehörigkeit nicht angenommen werden. Es sind daher alle Bestimmungen, welche die Gesetze der verschiedenen Gebiete der alten wie der neuen Provinzen auch über die Befugniß der eigenen Angehörigen zur Niederlassung und zum Gewerbebetriebe enthalten, „ohne Weiteres und von Rechts wegen" auf die Angehörigen jedes andern Gebiets anzuwenden.

„ „ (Hannover). Eine Kgl. Cabinetsordre fordert die Officiere und Militärbeamteten der vormaligen hannover'schen Armee auf, sich bis zum 1. Januar 1867 entweder zum Eintritt in die preußische Armee zu melden oder ihre Pensionirung nachzusuchen. (König Georg hat das Militär zur Zeit noch nicht des ihm geleisteten Eides entbunden. Streitfrage über die Tragweite und Gültigkeit der Capitulation von Langensalza vom 28. Juni d. J.)

21. „ Preußen ladet die Staaten des norddeutschen Bundes ein, auf den 15. December Bevollmächtigte nach Berlin zu senden behufs Vereinbarung der Vorlagen an den Reichstag des Bundes.

„ „ Abg.-Haus: Beginn der Debatte über das Budget für 1867. Lasker trägt darauf an, die Regierung aufzufordern, den Vertrag mit der Köln-Mindener Eisenbahngesellschaft dem Landtag zur verfassungsmäßigen Genehmigung vorzulegen. Der Antrag wird mit 129 gegen 122 Stimmen zum Beschluß erhoben.

23. Nov. **Abg.-Haus**: **Budgetdebatte.** Die Position: Dispositionsfonds für allgemeine politische Zwecke 31,000 Thlr. wird mit 146 Stimmen (die beiden conservativen Fractionen, die Altliberalen und zwei Mitglieder des linken Centrums) gegen 126 bewilligt. Aeußerungen des Ministers des Innern Graf Eulenburg.

„ „ (Hannover). Die preuß. Regierung ergreift Besitz von allen Schlössern und sonstigen der Krone gehörigen Gebäuden u. s. w.

24. „ (Hannover). Preußen legt auch auf das Privatvermögen des Königs Georg Beschlag.

25. „ (Hannover). König Georg zieht seine Gesandtschaften an den auswärtigen Höfen ein. Der bisherige Gesandte Hannovers am Hofe von Wien übergibt sein Abberufungsschreiben.

26. „ **Abg.-Haus**: Um eine Verständigung mit der Regierung zu ermöglichen, wird beschlossen, daß die ferneren Sitzungen der Dotationscommission nicht mehr öffentlich sein sollen.

„ „ (Hannover). Die Unterofficiere und Soldaten der vormaligen hannover'schen Armee werden auf den 10. Dec. einberufen.

27. „ **Abg.-Haus**: Budgetdebatte. Etat des Finanzministeriums. Das Postulat von 300,000 Thlrn. zu unvorhergesehenen Ausgaben wird mit 142 gegen 141 Stimmen (die Rechte, die Altliberalen und der Abgeordnete Michaelis von der nationalen Fraction) auf den Antrag von Bockum-Dolffs nur unter der Bedingung bewilligt, daß die nachträgliche Genehmigung des Hauses vorbehalten bleibe.

„ „ Eine kgl. Cabinetsordre verfügt die Einführung der preußischen Militärstraf- und Disciplinargesetze in den neuen Landestheilen.

28. „ **Abg.-Haus**: Budgetdebatte. Auf den Antrag Dunckers wird in namentlicher Abstimmung mit 156 gegen 137 Stimmen beschlossen, daß nicht bloß die zu Aufbesserung der Gehalte der unteren Beamteten von der Regierung geforderten 980,000 Thlr., sondern auch die zu demselben Behufe für die höheren Beamteten geforderten 50,000 Thlr. den niederen Beamteten zugewendet werden sollen.

„ „ (Hannover). Die Lüneburgische Provinziallandschaft lehnt den Antrag des Kammerraths v. b. Decken, auszusprechen, daß „die Provinz Lüneburg und das ganze Königreich nur mit tiefstem Schmerz die Entthronung ihrer Dynastie als Thatsache hinzunehmen sich gemüssigt sehen" mit allen gegen 7 Stimmen ab und beschließt nach dem Antrage des Ausschusses:

„dem Generalgouvernement vorzutragen, daß man den Fortbestand der Landschaft als selbstverständlich ansehe, eine Provinzialvertretung für Hannover zur Fortbildung der erhaltenswerthen Einrichtungen und zur Verwaltung eines aus dem bisherigen Staatsvermögen auszuscheidenden Theils für provinzielle Zwecke für wünschenswerth und die Anhörung von Landesvertretern über die künftige Gestaltung für nützlich und nothwendig halte."

„ „ (Sachsen). Die II. Kammer genehmigt nach lebhafter Debatte einstimmig den Friedensvertrag mit Preußen.

29. Nov. (Hannover). Die Regierung läßt keine Versammlungen von Unteroffizieren über die Frage des Eintritts in die preußische Armee zu. Zwei Unteroffiziere gehen nach Wien ab, um sich mit König Georg zu benehmen.

" " (Sachsen). Die II. Kammer genehmigt einstimmig das Wahlgesetz für das norddeutsche Parlament.

30. " Abg.-Haus: Budgetdebatte, Budget des Justizministeriums. Abg. Lasker greift in einer umfassenden Rede die gesammte Thätigkeit des Justizministers Graf zur Lippe an.

" " (Sachsen). II. Kammer: Die Regierung legt derselben ein neues Militärgesetz, auf Grund allgemeiner Wehrpflicht und mit dreijähriger Dienstzeit in der Linie wie in Preußen, vor.

" " (Coburg-Gotha). Der Gesammtlandtag nimmt das ihm von der Regierung vorgelegte Reichswahlgesetz an, doch mit 13 gegen 7 Stimmen mit einem Zusatze bez. Diäten. Die Regierung erklärt, sie könne das Wahlgesetz mit dem Zusatz nicht veröffentlichen, da sie vertragsmäßig gebunden sei. Ueber die Diätenfrage werde am 15. December in Berlin verhandelt werden. Das Reichswahlgesetz werde daher hier dem genehmigten Bundesreformvertrag gemäß auf dem Verordnungsweg veröffentlicht werden.

— Dec. (Hannover). König Georg betrachtet sich noch immer als Kriegsherr der hannoverschen Armee, trifft Ernennungen und vertheilt Orden, Ehrenzeichen u. dgl. — Rechtsgutachten des Prof. Zachariä in Göttingen bez. der Ansprüche der hannoverschen Offiziere nach der Capitulation von Langensalza.

1. " Abg.-Haus: Budgetdebatte. Debatte über die revolutionäre Politik nach außen, die conservative nach innen.

2. " Abg.-Haus: Die Dotationscommission trägt darauf an, der Dotationsvorlage der Regierung nur unter Nennung bestimmter Namen zuzustimmen, dagegen die Vertheilung der Gesammtsumme dem Ermessen des Königs zu überlassen.

3. " (Hannover). Kgl. Erlaß bez. „Vorschriften im Interesse des öffentlichen Dienstes und der öffentlichen Ordnung" an den Generalgouverneur, Gen. v. Voigts-Rhetz:

„Ich ermächtige Sie hiedurch, jeden Beamten der Ihrer Verwaltung anvertrauten Provinz, sobald Sie es im Interesse Meines Dienstes für erforderlich halten, ohne weitere Rückfrage vom Amte zu suspendiren. Von dieser Ermächtigung haben Sie unverzüglich Gebrauch zu machen in Betreff aller derjenigen Beamten, auf deren rückhaltlose Mitwirkung Behufs Ausführung Meiner Ihnen bekannten Instructionen Sie nicht glauben rechnen zu können; für die provisorische Vertretung der suspendirten Beamten ist Sorge zu tragen und Behufs Meiner bestimmten Entscheidung über die Frage der Dienstesentlassung an das Staatsministerium zu berichten. Diejenigen der ehemaligen hannover'schen Armee angehörigen Militärpersonen, welche sich an Agitationen und Demonstrationen gegen Meine Regierung mittelbar oder unmittelbar betheiligen, haben Sie unverzüglich nach der Festung Minden abführen zu lassen, damit gegen dieselben die weitere kriegsrechtliche Untersuchung eingeleitet werden kann. Solche Individuen, welche sich Beleidigungen gegen uniformirte Militärpersonen, letztere mögen sich im Dienste befinden oder nicht, zu Schulden kommen lassen, haben Sie sofort aufzugreifen und nach Minden abzuführen zu lassen, woselbst sie bis zu Meiner weiteren Verfügung, eventuell bis zu definitiver Ordnung der Verhältnisse zu belaßiren sein werden. Für die sofortige und pünktliche Ausführung dieses Meines Befehls mache Ich Sie persönlich verantwortlich."

3. Dec. (Sachsen). Die I. Kammer nimmt den Friedensvertrag mit Preußen auch ihrerseits einstimmig an.

" " (Mecklenburg). Die Parlamentswahlkreise werden von der Regierung trotz des allgemeinen Stimmrechts rein ständisch construirt.

" " (Coburg-Gotha). Der Gesammtlandtag zieht die Diätenfrage für den norddeutschen Reichstag nochmals in Erwägung, entfernt den Zusatz wieder aus dem Reichswahlgesetz und vereinbart mit der Regierung, daß den Abgeordneten zum Reichstag Reisekosten und Diäten aus Staatsmitteln bezahlt werden sollen. — Die von der Regierung dem Lande proponirte Zuwendung der Hälfte des Reinertrags der von Preußen dem Herzog geschenkten Schmalkaldener Forste wird mit ehrerbietigem Dank anzunehmen beschlossen.

4. " Abg.-Haus: Budgetdebatte, Budget des Ministeriums des Innern. Die Position von 35,000 Thlrn. geheimer Ausgaben wird (in Folge der Aeußerungen des Ministers am 23. v. Mts.) mit 153 gegen 150 Stimmen gestrichen.

" " (Sachsen). Die I. Kammer nimmt das Reichswahlgesetz unverändert nach dem Beschlusse der II. Kammer an.

5. " Abg.-Haus: Debatte über die Dotationsfrage.

Nach dem Bericht der Commission haben gleich zu der ersten geheimen Commissionssitzung die Minister sich für ermächtigt erklärt, die Generale v. Roon, Frhrn. v. Moltke, Herwarth v. Bittenfeld, v. Steinmetz und Vogel v. Falkenstein als diejenigen zu nennen, denen die Dotationen verliehen werden sollen. Die Staatsregierung müsse sich aber dagegen aussprechen, daß diese Namen im Gesetz genannt würden, sie habe den bringenden Wunsch, daß das Gesetz in seiner ursprünglichen Fassung angenommen werde. Als die Mehrzahl der Mitglieder der Commission sich wiederholt dafür erklärte, daß die Nennung der Namen im Gesetze unerläßlich erscheine, äußerten die Minister sich dahin: „Die Staatsregierung müsse es ablehnen, für die Nennung der Namen in dem Gesetze die Initiative zu ergreifen und abwarten, ob die Commission die von der Regierung genannten Namen in das Gesetz einfügen werde." Die Mehrheit der Commission acceptirte hierauf zunächst die von der Staatsregierung genannten fünf Namen; es wurde dabei aber von mehreren Mitgliedern geltend gemacht, daß es geboten erscheine, an erster Stelle unter den zu dotirenden Personen den Ministerpräsidenten Grafen v. Bismarck zu nennen, und ein darauf bezüglicher Antrag wurde von der Mehrheit angenommen.

Ein Antrag von Hoverbeck, nur die Generale Moltke, Herwarth, Steinmetz und Falkenstein zu dotiren, wird abgelehnt und der Antrag der Commission mit 219 gegen 80 Stimmen angenommen.

" " (Mecklenburg). Landtag: Ein Antrag von Manecke-Tuggen-

14

koppel auf Aufhebung des Handelsvertrags mit Frankreich (die hauptsächlichste Schwierigkeit für den Eintritt Mecklenburgs in den Zollverein) wird verworfen.

6. Dec. (Schleswig-Holstein.) Der Oberpräsident v. Scheel-Plessen erläßt eine Bekanntmachung betr. die einstweilige Organisation der holsteinischen Centralverwaltung:

„Von den seither von dem Oberpräsidium wahrgenommenen Geschäften bleiben diejenigen, welche sich auf Zoll-, Post- und Telegraphenwesen beziehen, der unmittelbaren Leitung des Oberpräsidenten vorbehalten; außerdem gehören die die Beamten und Angestellen bei der holsteinischen Centralverwaltung betreffenden Angelegenheiten zu seiner ausschließlichen Competenz. Die übrigen Geschäfte werden unter die drei neuernannten (ehemaligen dänischen) Sectionschefs v. Rosen, Griebel und Schulze vertheilt."

„ (Sachsen). II. Kammer: Debatte über den Antrag Koch und Gen. bez. Reform des Wahlgesetzes.

Antrag der Deputation: „im Hinblick auf die in der Thronrede nach für gegenwärtigen Landtag angekündigten Vorlagen über die Umänderungen der Verfassungsurkunde und des Wahlgesetzes auch ihrerseits der Ueberzeugung von der Nothwendigkeit Ausdruck zu geben, daß diese Gesetzentwürfe den Grundsätzen der künftigen Verfassung des norddeutschen Bundes, sowie den berechtigten Wünschen nach zeitgemäßer Zusammensetzung der Volksvertretung entsprechen."

Antrag Eisenstuck: „In Erwägung 1) daß nur eine verfassungsmäßig auf Grund des Wahlgesetzes von 1849 einberufene Volksvertretung geeignet und berechtigt ist, den innern Conflict zu lösen und die Wünsche der Antragsteller zur Geltung zu bringen; in Erwägung 2) daß, abgesehen hiervon, ein den Rechten des Volkes wahrhaft entsprechendes Wahlgesetz nach den gemachten Erfahrungen von den jetzigen octroyirten Ständekammern ganz unbezweifelt sofort zurückgewiesen wird; in Erwägung 3) daß bei Annahme des Antrags von Koch und Genossen die von dem Volke nicht anerkannte Rechtsbeständigkeit der jetzigen Ständeversammlung vorausgesetzt ist, beschließt die Kammer den Antrag der Abg. Koch und Genossen auf sich beruhen zu lassen und zu erklären, daß nur die Rückkehr zum verfassungsmäßigen Wahlgesetz von 1848 dem Lande Frieden und Beruhigung, dem sächsischen Volk seine verlorenen Rechte zurückgeben kann."

Der Antrag von Eisenstuck wird mit 37 gegen 18 Stimmen abgelehnt und der Antrag der Deputation mit derselben Mehrheit angenommen.

7. „ (Mecklenburg). Der Landtag bewilligt die Mobilisirungskosten, doch nicht ohne Vorbehalt.

8. „ (Hannover). Oberst Graf Kielmannsegge und einige andere Personen werden wegen Umtrieben gegen die neue Ordnung der Dinge auf Grund des kgl. Erlasses vom 3. d. Mts. nach Minden abgeführt.

„ „ (Sachsen). I. Kammer: Das neue Militärgesetz wird einstimmig en bloc angenommen.

10. „ Abg.-Haus: Budgetdebatte, Militäretat.

Resolutionsantrag des linken Centrums und der Fortschrittspartei: Bevor das Haus der Abgeordneten in die Berathung des Militäretats für das Jahr 1867 eintritt, erklärt dasselbe: 1) daß dieser Etat einen wesentlich provisorischen Charakter an sich trägt, indem er die dem preußischen Staat neu einverleibten Landesgebiete und die Staaten des norddeutschen Bundes nicht mit umfaßt, deren Hinzutritt nothwendig einen maßgebenden Einfluß auf die künftige Feststellung des Militäretats ausüben muß; 2) daß die Bewilligung der in diesem Etat geforderten Summen nicht eine Genehmigung aller demselben zu Grunde liegenden thatsächlichen Einrichtungen in sich schließt, vielmehr daran festgehalten werden muß, daß in Gemäßheit der Art. 34 u. 35 der Verfassungsurkunde das Gesetz vom 3. Sept. 1814 bis zum verfassungsmäßigen Zustandekommen eines neuen Organisationsgesetzes die gesetzliche Norm für die Dauer der Dienstzeit im stehenden Heer und für das Verhältniß der Landwehr zu demselben bildet; 3) daß die nach § 3 des Gesetzes vom 3. Sept. 1814 nach den jedesmaligen Staatsverhältnissen zu bestimmende Stärke des stehenden Heeres nur unter Zustimmung der Landesvertretung festgesetzt werden kann.

Antrag Virchow-Dürst: Bewilligung eines Pauschquantums von 44,071,479 Thlrn.

Antrag Reichenheim (nationale Fraction): „den Etat der Militärverwaltung zu bewilligen, wie folgt: IX. Kriegsministerium Cap. 54 für Zwecke der Militärverwaltung für 1867 fortdauernde Ausgaben 41,574,348 Thlr., darunter künftig wegfallend 118,221 Thlr."

Rede Lasker's [entwickelt die Ansicht seiner Parteigenossen dahin, daß an der bestehenden Heereseinrichtung im Hinblick auf die politische Lage Europa's nicht gerüttelt werden dürfe. Auf der andern Seite wolle man aber weder seinen heutigen, noch seinen künftigen Rechten etwas vergeben. In dieser Lage müsse man den Ausweg ergreifen, daß man die Forderungen unter dem Vorbehalt der Rechtsfrage bewillige, also die Bewilligung nur für ein Provisorium gewähre, und die Regelung der gesetzlichen und definitiven Verhältnisse dem Parlament überlasse.] Rede des Kriegsministers [wünscht keinen Streit über Principien aufzurütteln. Die Besorgniß, daß eine ordentliche Bewilligung des diesjährigen Etats zugleich eine Anerkennung aller bisher streitig gewesenen Rechtsfragen in sich schließe, sei eitel. Einige Einrichtungen würden dadurch allerdings als gesetzlich anerkannt, aber nicht alle. Auf Specialitäten wolle er nicht eingehen. Der Antrag Virchow auf Bewilligung eines Pauschquantums sei unannehmbar.] Abstimmung: Zunächst wird der Resolutionsantrag mit 165 gegen 151 angenommen, dann in namentlicher Abstimmung der Antrag Virchow-Dürst mit 163 Stimmen (der Conservativen, der Altliberalen und 10 Mitgliedern des linken Centrums und der nationalen Fraction) gegen 153 Stimmen verworfen und der Antrag Reichenheim angenommen. Ebenso wird das Extraordinarium mit 2,497,131 Thlrn. bewilligt.

10. Dec. (Hannover). Eine kgl. Verordnung erklärt die von der früheren Regierung nach England geflüchteten Staatspapiere für vernichtet und genehmigt die Anfertigung neuer Documente.

11. „ Abg.-Haus: Budgetdebatte. Der Marineetat wird im Extraordinarium mit 6,623,000 Thlr., im Ordinarium mit 1,836,657 Thlr. bewilligt.

12. „ Abg.-Haus: Budgetdebatte. Conversation über die Angelegenheit der Saarbrücker Kohlenwerke. Ausweichendes Verhalten des Handelsministers Grafen Itzenplitz.

13. „ Abg.-Haus: Die Regierung bringt eine Vorlage ein bez. Aufhebung des Salzmonopols und Ersetzung desselben durch eine Salzsteuer, eventuell auch ohne Zustimmung der süddeutschen Regierungen. Budgetdebatte: das Haus spricht sich für Aufhebung des Zeitungsstempels aus, die Regierung erklärt sich dagegen.

13. Dec. **Wahlaufruf der altliberalen Partei.**

„ „ (Zollverein). Die preußische Regierung geht auf die Anregung Oesterreichs bezüglich Unterhandlungen über Erneuerung resp. Erweiterung des Handelsvertrages zwischen dem Zollverein und Oesterreich ein und ladet die übrigen Zollvereinsregierungen zu diesbezüglichen Vorschlägen ein.

„ „ (Hamburg). Die Bürgerschaft beharrt in der Frage des Parlamentswahlgesetzes auf ihrem Beschlusse bez. Diäten.

14. „ (Braunschweig). Der Landtag spricht sich in einer einstimmig angenommenen Adresse an den Herzog folgendermaßen aus:

„Wie wir, demüthig vor Gott, in den gewaltigen Ereignissen des abscheidenden Jahres eine höhere Ordnung verehren, welche durch die bewunderungswürdigen Erfolge der preußischen Waffen der einheitlichen Machtentwicklung Deutschlands die große Bahn geöffnet hat, so mögen wir aus auch der ernsten Erkenntniß nicht verschließen, daß für die Neugestaltung der staatsrechtlichen Verhältnisse Deutschlands Opfer der eigenen Autonomie gebracht werden müssen. Aber, einig, wie wir bisher in der Auffassung der politischen Lage und Bedürfnisse mit Ew. Hoheit Landesregierung gewesen sind, werden wir die unvermeidlichen Beschränkungen einer unverbürgten staatlichen Selbstständigkeit gern verschmerzen, und den Fürsten, wie die Städte unserer glücklichen Heimath nur noch inniger lieben, wenn dafür dem Namen „Braunschweig" ein Antheil gewonnen wird an den Ehren und Siegen der gebietenden Macht des geeinigten Deutschlands. Ist dieselbe zur Zeit noch verkümmert von dem eifersüchtigen Neid des Auslandes, und das Werk kaum äußerlich halb vollendet, so kann nur im engsten Anschluß an die Thatkraft Preußens das hehre Ziel vollständig erreicht werden."

15. „ (Norddeutscher Bund). Eröffnung der Sitzungen der Bevollmächtigten der Regierungen des norddeutschen Bundes in Berlin. Rede Bismarcks:

„Im Auftrag des Königs, meines allergnädigsten Herrn, habe ich die Ehre, die Conferenzen zur Berathung der Verfassung des norddeutschen Bundes zu eröffnen, und den Herren Bevollmächtigten den Entwurf einer Verfassung des Bundes mitzutheilen, welchen die k. Regierung den verbündeten Staaten zur Annahme empfiehlt. Der frühere deutsche Bund erfüllte in zwei Richtungen die Zwecke nicht, für welche er geschlossen war; er gewährte seinen Mitgliedern die versprochene Sicherheit nicht, und er befreite die Entwicklung der nationalen Wohlfahrt des deutschen Volkes nicht von den Fesseln, welche die historische Gestaltung der innern Grenzen Deutschlands ihr anlegten. Soll die neue Verfassung diese Mängel und die Gefahren, welche sie mit sich bringen, vermeiden, so ist es nöthig, die verbündeten Staaten durch Herstellung einer einheitlichen Leitung ihres Kriegswesens und ihrer auswärtigen Politik fester zusammenzuschließen und gemeinsame Organe der Gesetzgebung auf dem Gebiete der gemeinsamen Interessen der Nation zu schaffen. Diesem allseitig empfundenen und durch die Verträge vom 18. und 21. Aug. bekundeten Bedürfniß hat die kgl. Regierung in dem vorliegenden Entwurf abzuhelfen versucht. Daß derselbe den einzelnen Regierungen wesentliche Beschränkungen ihrer particularen Unabhängigkeit zum Nutzen der Gesammtheit zumuthet, ist selbstverständlich und bereits in den allgemeinen Grundzügen dieses Jahres vorgesehen. Die unbeschränkte Selbstständigkeit, zu welcher im Laufe der Geschichte Deutschlands die einzelnen Stämme und dynastischen Gebiete ihre Sonderstellung entwickelt haben, bildet den wesentlichen Grund der politischen Unmacht, zu welcher eine große Nation verurtheilt war, weil ihr wirksame Organe zur Herstellung einheitlicher Entschließungen fehlen, und die gegenseitige Abgeschlossenheit, in welcher jeder der Bruchtheile des gemeinsamen Vaterlandes ausschließlich seine localen Bedürfnisse ohne Rücksicht für die des Nachbars im Auge behält, bildete ein wirksames Hinderniß der Pflege derjenigen Interessen, welche nur in größern nationalen Kreisen ihre legislative Förderung finden können. Selbst die segensreiche Institution des Zollvereins hat diesem Uebelstand nicht abzuhelfen vermocht, weil einmal ihre Wirksamkeit auf die Zollgesetzgebung beschränkt war, und auch die Fortentwicklung dieser kaum anders als in den Krisen der Existenz, welche sich von 12 zu 12 Jahren vollzogen, bewirkt werden konnte. Die königliche Regierung hat sich bei dem vorliegenden Entwurf der Bundesverfassung auf die Berücksichtigung der allseitig erkannten Bedürfnisse beschränkt, ohne über dieselben hinaus die Bundesgewalt in die Autonomie der einzelnen Regierungen eingreifen zu lassen. Nichtsdestoweniger verkennt die königliche Regierung nicht, daß die Durchführung der wesentlichen Aenderungen gewohnter Zustände, welche von den beabsichtigten Reformen unzertrennlich sind, für die einzelnen Regierungen eine schwierige Aufgabe bilden, und daß die Opfer, welche mit der Herstellung gleicher Pflichten und Rechte aller Theile der Bevölkerung des gemeinsamen Vaterlandes verbunden sind, überall da schwer werden empfunden werden, wo die bisherige Ungleichheit der Leistungen locale Privilegien zum Nachtheil der Gesammtheit mit sich brachte. Die k. Regierung zweifelt aber nicht, daß der einmüthige Wille der verbündeten Fürsten und freien Städte, getragen von dem Verlangen des deutschen Volks seine Sicherheit, seine Wohlfahrt, seine Machtstellung unter den europäischen Nationen durch gemeinsame Institutionen dauernd verbürgt zu sehen, alle entgegenstehenden Hindernisse überwinden werde."

16.—19. Dec. Besuch des Königs von Sachsen und des Kronprinzen in Berlin.

„ Dec. (Hannover). Eine kgl. Cabinetsordre löst das bisherige hannover'sche Ministerium des k. Hauses auf.

17. „ Abg.-Haus: Die sogenannte Annexionscommission beräth über den Vertrag mit dem Großherzog von Oldenburg vom 27. October. Bismarck erklärt ihr, daß die Regierung auf unveränderte Annahme um so mehr bestehen müsse, als der Vertrag über die Abtretung des Amts Ahrensböck bereits vollzogen und die dortige Bevölkerung schon oldenburgisch geworden sei. Die Commission versteht sich dazu mit 13 gegen 7 Stimmen.

18. „ Das Abg.-Haus nimmt das Budget für 1867 in definitiver Abstimmung fast einstimmig an. Graf Bismarck erklärt, obwohl das beschlossene Budget wesentliche Regierungsforderungen zurückweise, so werde die Regierung es versuchen, damit durchzukommen, um ihre Achtung vor dem Budgetrecht des Hauses zu bethätigen.

„ „ (Sachsen). II. Kammer: Debatte über das neue Militärgesetz. Der Bericht der Deputation spricht den bestimmten Wunsch auf Einführung der zweijährigen Dienstzeit aus. Auf den Antrag des Abg. Riedel wird einstimmig beschlossen, die Regierung aufzufordern, mit allen Mitteln dahin zu wirken, daß in der Kriegsverfassung des norddeutschen Bundes nicht die drei-, sondern nur die zweijährige Dienstzeit als Regel angenommen werde. Die Vertreter der Regierung erklären, daß es ihr „nach Lage der Verhältnisse" unmöglich sei, darauf einzugehen.

18. Dec. (Mecklenburg). Landtag: Alle irgendwie im Sinne einigen Fortschritts gemachten Vorlagen der Regierung stoßen auf unübersteiglichen Widerstand. Ein Ausgleich in der Erbpächterfrage wird mit 40 gegen 30 Stimmen verworfen.
19. „ Das Herrenhaus weicht dem Druck der Regierung und nimmt die (früher abgelehnte) Aufhebung der Wuchergesetze mit 59 gegen 48 Stimmen nunmehr an.
20. „ Abg.-Haus: Debatte über die Einverleibung von Schleswig-Holstein. Rede Bismarcks über das Verhältniß zu Frankreich. Bei der Abstimmung erklärt sich nur eine geringe Opposition (alle Polen, ein Theil der Katholiken und einige Mitglieder der Linken) dagegen.
„ „ (Hannover). Eine Bekanntmachung des Generalgouverneurs verlängert die Frist für die Entscheidung der Offiziere der ehemaligen hannover'schen Armee vom 1. bis zum 15. Jan. 1867.
„ „ (Sachsen). Die I. Kammer tritt dem Beschlusse der II. Kammer bez. Verfassungsrevision und Wahlgesetz mit 28 gegen 10 Stimmen bei.
21. „ Das Abg.-Haus genehmigt die Vorlage der Regierung bez. Abänderung des Art. 96 der Verfassung und Vermehrung der Zahl der Abgeordneten um 80 für die erst annectirten Landestheile.
„ „ (Mecklenburg). Landtag: Der Antrag der Commission, die von der Regierung geforderte Landeshülfe für den Bau der Neustadt-Greifswalder Eisenbahn abzulehnen, wird mit 73 Stimmen gegen 22 verworfen und die Landeshülfe bewilligt.
22. „ Das Herrenhaus genehmigt das Budget für 1867, wie es aus den Beschlüssen des Abg.-Hauses hervorgegangen ist. Eine von den Ultras (v. Kleist-Retzow u. s. w.) versuchte Resolution dagegen scheitert an den sehr bestimmten Aeußerungen der Minister v. d. Heydt und Bismarck.
„ „ (Hamburg). Der Senat läßt seinen bisherigen Widerstand bez. der Diätenfrage im Parlamentswahlgesetz auf einen Wink von Berlin hin fallen.
23. „ Die Bevollmächtigten der Regierungen des norddeutschen Bundes vertagen ihre Sitzungen bis nach Neujahr, ohne daß bis jetzt irgend welche Beschlüsse gefaßt worden wären.
24. „ Der König unterzeichnet die Dotationen an die vom Abg.-Hause bezeichneten Staatsmänner und Generale und das Gesetz bez. Einverleibung von Schleswig-Holstein.
„ „ Die Deutschen der Provinz Posen vereinigen sich gegenüber den Anstrengungen der Polen zu einem gemeinsamen Wahlaufruf ohne Unterschied der Parteien.
26. „ (Hannover). Eine nach Wien zu König Georg gegangene Offiziersdeputation kehrt nach Hannover zurück: König Georg hat nachgegeben und bevollmächtigt den General v. Arentsschild, allen Offi-

zieren, Unteroffizieren und Soldaten, welche ihre Entlassung wün=
schen, dieselbe in seinem Namen zu ertheilen. Diejenigen, welche
bereits in die preußische Armee eingetreten sind, werden ihren Ab=
schied ohne Weiteres zugeschickt erhalten.
28. Dec. (Lübeck). Die Kaufmannschaft beschließt mit 125 gegen 109
Stimmen die Zulässigkeit eines Antrags für Eintritt in den Zoll=
verein.
30. „ (Frankfurt). Durch eine kgl. Verordnung werden dem sogen.
51er Colleg alle Befugnisse der gesetzgebenden Versammlung beige=
legt, um bis zum Erlaß einer definitiven Gemeindeordnung die
communalen Angelegenheiten mit dem Senat allein zu ordnen.

IV.

Die süddeutsche Staatengruppe

(seit dem Ende des Bundestags)
24. August.

27. Aug. (Bayern). Zusammentritt des Landtags. Die Regierung legt demselben den Friedensvertrag mit Preußen und eine Creditforderung von 30 Mill. Gulden vor. Rede v. b. Pfordtens zu Begründung der Vorlagen in der II. Kammer.

28. „ (Bayern). II. Kammer: Die vereinigte Linke (42 Mitglieder) beschließt, ihr bisheriges Programm in Beziehung auf die deutsche Frage folgendermaßen zu ergänzen:

„1) Wir verwerfen die Zerreißung Deutschlands nach Nord und Süd und die Bildung des südwestdeutschen Bundes. Wir erstreben ein unter Parlament und einheitlicher Centralgewalt geeinigtes Vaterland mit Autonomie seiner Glieder in ihren besonderen Angelegenheiten und mit gesicherten Freiheiten des Volkes. 2) Um einen Anhaltspunkt zur Erreichung dieses Zieles zu gewinnen, werden wir uns, wenn auch die Gesetze und Einrichtungen des im Norden Deutschlands in der Gründung begriffenen Bundes sich anfänglich noch als mangelhaft darstellen und ihre Verbesserung erst erkämpft werden muß, dadurch nicht abhalten lassen, sobald der Eintritt der Südstaaten in diesen Bund überhaupt möglich sein wird, auf den Eintritt Bayerns zu bringen. 3) So lange eine organische politische Verbindung des Südens mit dem Norden nicht erreicht ist, erachten wir die Herstellung eines engen Bündnisses mit Preußen für die dringendste Aufgabe der bayerischen Politik und verlangen die Erhaltung des Zollvereins unter Umgestaltung seiner Verfassung mit Gewährschaften für die Stätigkeit und Entwickelung seiner Einrichtungen. 4) Ungeschmälerte Erhaltung des deutschen Gebietes und Abwehr aller Einmischung des Auslandes ist Pflicht des bayerischen wie jedes deutschen Staates. Sollte eine auswärtige Macht deutsches Gebiet bedrohen, so verlangen wir sofortigen Anschluß an die norddeutsche Kriegsmacht behufs gemeinschaftlicher Vertheidigung unter preußischer Führung."

29. „ (Bayern). Die I. Kammer nimmt den Friedensvertrag mit Preußen einstimmig an. Referat des Reichsraths v. Harleß.

30. Aug. (**Bayern**). Die II. Kammer genehmigt den Friedensvertrag mit Preußen mit allen gegen 1 Stimme (des ultramontanen Abg. Ruland). Zum Gesetzentwurf die Deckung der an die Krone Preußen zu leistenden Kriegskosten-Entschädigung betr. stellen besondere Anträge:

Hohenadel und Conf. (Centrum): „Wenn auch die Unklarheit über die Gestaltung des beabsichtigten norddeutschen Bundes einen Eintritt Bayerns in denselben ohne Gefahr für dessen verfassungsmäßige Freiheit nicht wünschenswerth erscheinen läßt, gleichwohl dahin wirken zu wollen, daß durch einen engen Anschluß an Preußen der Weg betreten werde, welcher zur Zeit allein dem angestrebten Endziele entgegengeführt kann: Deutschland unter Mitwirkung eines freigewählten Parlaments zu einigen, die nationalen Interessen wirksam zu wahren und etwaige Angriffe des Auslandes erfolgreich abzuwehren."

Völk und Conf. (Linke): „Se. Majestät wolle auf jeden Versuch der Bildung eines südwestdeutschen Bundes verzichten, dagegen eine organische politische Verbindung des Südens und des Nordens mit einheitlicher Centralgewalt und gemeinsamem Parlamente zum Zielpunkt der bayerischen Politik machen, bis zur Erreichung dieses Zieles aber ein enges Bündniß mit Preußen abschließen und für Erhaltung des Zollvereins mit der erforderlichen Reform seiner Verfassung wirken lassen."

Um eine Verständigung zwischen den Antragstellern selber Anträge herbeizuführen, da dieselben in der Hauptsache doch übereinkommen, beantragt Abg. W. Barth (Linke): es wolle von dem Antrage Hohenadel's der erste Absatz wegbleiben und der Antrag dann lauten: „Se. Maj. der König wolle geruhen, dahin wirken zu lassen, daß durch einen engen Anschluß an Preußen der Weg betreten werde, welcher zur Zeit allein dem angestrebten Endziele entgegengeführt kann: Deutschland unter Mitwirkung eines freigewählten Parlaments zu einigen, die nationalen Interessen wirksam zu wahren und etwaige Angriffe des Auslandes erfolgreich abzuwehren."

Rede v. d. Pfordten gegen die Bildung eines süddeutschen Bundes. Die Kammer genehmigt die Vorlage wiederum mit allen gegen die 1 Stimme des Abg. Ruland und erhebt den Antrag Barth mit dem Amendement des Abg. Weis, nach dem Worte „freigewählten" einzuschalten „und mit den erforderlichen Befugnissen ausgestatteten", gegen 11 Stimmen zum Beschluß. Ferner wird mit allen gegen 5 Stimmen auf den Antrag von Völk und Conf. bez. der inneren Fragen beschlossen.

„Se. Maj. der König wolle dem bayerischen Volke den gebotenen Fortschritt in der Entwicklung der inneren staatlichen Einrichtungen, namentlich die Reform der Heeresverfassung, eine gesetzliche Regelung des Schulwesens auf freisinniger Grundlage, sowie Sicherung voller Gewissensfreiheit gewähren und die ungesäumte Vorlage der Entwürfe zu den socialen Gesetzen anordnen."

31. „ (**Bayern**). I. Kammer: Debatte über die Deckung der Kriegskostenentschädigung an Preußen. Der Ausschuß der Kammer beantragt, die bez. der deutschen Frage daran geknüpften Resolutionen der II. Kammer abzulehnen und dagegen zu beschließen:

„Wir wünschen, daß Se. Maj. der König im Fall eines Angriffs des Auslands auf deutsches Gebiet mit allen Kräften des Volks und des Heers diesem Angriff entgegentreten werde."

Rede des Fürsten Hohenlohe für die Resolutionen der II. Kammer.

Bei der Abstimmung werden dieselben mit 30 gegen 4 Stimmen (Fürst Hohenlohe, Graf Fugger-Babenhausen, Graf Pappenheim und Fürst v. Oettingen-Wallerstein) abgelehnt und mit 21 gegen 13 Stimmen dem Antrage des Ausschusses zugestimmt. Dagegen wird der Resolution der II. Kammer bez. der inneren Reformen mit Mehrheit zugestimmt (dagegen stimmen sämmtliche in der Kammer sitzende kath. Prälaten).

II. Kammer: Der Beitritt zu dem Beschlusse der I. Kammer (bez. des Verhältnisses zu Preußen oder vielmehr bez. eines Angriffes des Auslandes auf deutsches Gebiet) wird einstimmig abgelehnt.

Vertagung der Kammern.

2. Sept. (**Bayern**). Auflösung der mobilen Armee; Abschieds-proclamation des Prinzen Karl.

3. „ (**Hessen**). Friedensvertrag mit Preußen. (s. Anhang.)

6. „ (**Bayern**). Die Organisation der Landwehr in den Land-gemeinden wird sistirt.

17. „ (**Hessen**). Rückkehr des Großherzogs. Proclamation desselben „an sein treues Volk":

„...Wir haben nicht bloß die Wunden zu heilen, welche der Krieg unserem Hessen geschlagen hat, wir haben auch mit der Neugestaltung unseres gemeinsamen deutschen Vaterlandes in einer die gerechten nationalen Ansprüche befriedigenden Weise zu beginnen. Der alte Rechtsboden, auf dem wir hätten fortbauen können, ist zusammengebrochen. Wir müssen nun die Vervollkommnung des durch die Macht der Thatsachen geschaffenen neuen Rechtszustandes zum Gegenstande unserer Sorge machen. Mein einziger Wunsch war, den Bund, welcher bestimmt ist den Norden Deutschlands umfaßt, auf das ganze große Vater-land ausgedehnt zu sehen. Rücksichten, deren Beseitigung nicht in meiner Macht liegt, stauden bis jetzt der Erfüllung meines Wunsches ent-gegen. Aber wie ich stets seit meinem Regierungsantritte neben dem Wohle meines hessischen Landes das Glück und die Größe des gemeinsamen deutschen Vaterlandes und die Kräftigung des dasselbe umschlingenden Bandes an-gestrebt habe, so werde ich auch für die Zukunft dieses Ziel nicht aus dem Auge verlieren. Ich rechne dabei auf das Vertrauen und die Unterstützung meines guten und bewährten Volkes."

19. „ (**Hessen**). Der Großherzog ertheilt eine Amnestie für die im Jahr 1849 verübten politischen Vergehen und Verbrechen.

25. „ (**Württemberg**). Zusammentritt des Landtags: Eröffnungsrede des Ministers des Innern v. Geßler:

„Vor wenigen Monaten wurden Sie berufen, um die Mittel zu einem Kriege zu bewilligen, den die Regierung wie Sie für Deutschlands Sache führen zu sollen glaubte. Die Sache, für welche wir eingetreten, ist unter-legen. In drangvoller Lage hat die Regierung Waffenstillstand und Frieden geschlossen und zum Theil vollzogen; sie ist sich ihrer verfassungsmäßigen Verantwortlichkeit Ihnen gegenüber bewußt und wird Ihnen dem ent-sprechende Vorlage machen. Nach der Erledigung dieser Fragen werden Sie demnächst sich mit der Organisation zu beschäftigen haben. In der Rechts-pflege wie in der Verwaltung gilt es, den Grundsatz der Oeffentlichkeit und

Mündlichkeit wie der Theilnahme des Volks zur Durchführung zu bringen. Der Natur der Sache entsprechend ist zuerst die Organisation der Rechtspflege und die Regelung ihres Verfahrens in Angriff zu nehmen. Einzelne ihrer Bestimmungen sind bedingend für den Gebietsumfang wie für das Verfahren im übrigen Staatsleben. An sie hat sich daher die Organisation der Verwaltung, vor Allem die des Departements des Innern anzuschließen. Die Grundzüge der letztern werden den Ausgangspunkt für die Reform der Verfassung wie der materiellen Gesetzgebung zu bilden haben, für welche beide eine durchgreifende Reform als ein Bedürfniß zu erkennen ist. Das nähere Eintreten auf die für die Durchführung dieser Reform im Einzelnen erforderlich werdenden Gesetze wird daher durch den Gang und die Entwickelung dieser Vorarbeit, neben welcher, den Bestimmungen der Verfassung entsprechend, der Finanzhaushalt zu regeln ist, bedingt sein. Die Regierung erkennt es aber als ihre Pflicht, die hiefür erforderlichen Arbeiten an Ihrem Theil so sehr zu fördern, als dieß der Umfang der Aufgabe, der Gang Ihrer Arbeiten und die äußeren Verhältnisse gestatten; sie wird bestrebt sein, die dringendsten dieser Gesetze, insbesondere hinsichtlich der Revision der Verfassung, noch auf diesem Landtag zur Verabschiedung zu bringen."

26. Sept. (Württemberg). II. Kammer: Präsident Weber ermahnt in seiner Antrittsrede, bei der Neugestaltung der deutschen Verhältnisse die Gefühlspolitik wegzulassen und vielmehr den Thatsachen Rechnung zu tragen. Mehrere Abgg. protestiren sofort dagegen, daß die Ansicht des Präsidenten auch diejenige der Mehrheit der Kammer sei. Die Regierung legt den Friedensvertrag mit Preußen vor und verlangt die Verwilligung der an Preußen zu leistenden Kriegscontribution.

In dem erläuternden Vortrage dazu gibt die Regierung folgende Darlegung der Waffenstillstandsunterhandlungen mit Preußen: "Dem vom 2. August einschließlich laufenden Waffenstillstande, welcher zwischen Oesterreich und Preußen auf den Grund von Friedenspräliminarien abgeschlossen wurde, ging eine zehntägige, von Frankreich vermittelte Waffenruhe voran, eine Waffenruhe zunächst auf fünf Tage abgeschlossen und dann um fünf Tage verlängert. Der Schwerpunkt der bezüglichen Verhandlungen lag in dem preußischen, gegen alle Nichtberufene strenge abgeschlossenen Hauptquartier, in Umstand, welcher den geheimen Gang der Verhandlungen und die Thatsache erklärt, daß selber der vom 18. bis 22. Juli in München versammelten Minister der süddeutschen Staaten von dem Stande der Dinge unterrichtet war. Am 22. Juli, unmittelbar nach Abschluß der Waffenruhe, erhielt der württembergische Minister der auswärtigen Angelegenheiten aus Wien die telegraphische Nachricht, daß diese Waffenruhe auf die süddeutsche Bundesarmee sich nicht beziehe. Da an die fünftägige Waffenruhe sich der Waffenstillstand anknüpfen sollte und man nach dem Wesen des Bundesverhältnisses zu Oesterreich, sowie nach vielfach gemachten Zusagen berechtigt war, anzunehmen, daß der Waffenstillstand auch für die Bundesgenossen Oesterreichs gelten würde, so hatte jene Ausschließung von der fünftägigen Waffenruhe, so überraschend sie sein mußte, keine großen Bedenken für Württemberg, insofern nach der militärischen Lage eine feindliche Occupation württembergischer Landestheile innerhalb fünf Tagen nicht denkbar war. Als dagegen am Tage des Ablaufs der ersten fünftägigen Waffenruhe an den königl. Minister des Aeußern die telegraphische Nachricht gelangte, daß die Waffenruhe um fünf Tage verlängert und wieder nicht auf das achte Armeecorps ausgedehnt worden sei, reiste derselbe sofort nach Wien ab, um an Ort und Stelle die gefährdeten Interessen Württembergs selbst zu vertreten. Vergeblich hatte derselbe eine förmliche Einladung zu den Verhandlungen früher zu erlangen gesucht. In Wien angelangt, überzeugte sich der Minister, daß in Nikolsburg allein die Entschiebungen ließen, und welche deßhalb mit Sr. Königl. Hoheit dem Prinzen Friedrich sofort dahin, dessen hohe Person die Reise durch die militärischen Linien leichter ermöglichte. Indessen hatte der k. bayer. Minister des Auswärtigen, Frhr. v. d. Pfordten, daselbst zwar einen Waffenstillstand für Bayern auf der Basis des uti possidetis abgeschlossen und mit anerkennenswerther Bundestreue den Regierungen des 8. Armeecorps einen solchen auf gleicher Basis gesichert; allein die Ausdehnung der Waffenruhe hatte er so wenig für Bayern, als die Länder des 8. Armeecorps erreichen können. Unter solchen Umständen war es dringend geboten, daß der Waffenstillstand vom 2. August an für Württemberg abgeschlossen werde, und da dessen Abschluß dem preuß. Obercommandanten der Mainarmee zugetheilt war, so reiste der k. Minister nach einer längern Besprechung mit dem Grafen v. Bismarck nach Würzburg zu dem Zwecke, um den Waffenstillstand mit dem General v. Manteuffel abzuschließen. Vergegenwärtigt man sich, daß die preußische Mainarmee in jener Zeit nicht mehr sehr entfernt von der Grenze Württembergs stand, und daß sie während der Waffenstillstandsverhandlungen unsere Grenze bereits überschritten hatte, so wird es wohl von selbst klar, daß der württemb. Regierung durch die Interessen des Landes geboten war, den Waffenstillstand auf ihre Verantwortung ohne ständische Zustimmung definitiv abzuschließen. Von preuß. Seite wurde nur eine dreimonatige Dauer des Waffenstillstandes, v. 2. Aug. an gerechnet, eingeräumt, während der Waffenstillstand mit Oesterreich 4 Wochen dauern sollte. Diese Bestimmung hatte die Bedeutung, daß die süddeutschen Staaten, falls der Frieden mit Oesterreich nicht zu Stande käme, der preuß. Heeresmacht allein gegenüberstünden, und daraus erklärt sich das Gewicht, welches die preuß. Unterhändler auf eine möglichst südlich gerückte Demarcationslinie legten."

28. Sept. (Württemberg). II. Kammer: Wahl der XVer Adreßcommission. Niederlage der preußenfreundlichen Partei.

29. „ (Bayern). Eine kgl. Verordnung setzt die Landwehr in den Landgemeinten definitiv wieder in die „ruhende Activität".

30. „ (Bayern). Die Regierung erläßt eine neue Verordnung über die Bildung der Schullehrer, durch welche dieselbe gehoben und die Mängel der bisherigen Einrichtungen beseitigt werden sollen, ohne jedoch das bisherige Verhältniß der Schule und der Schullehrer zur Kirche anzutasten.

6. Oct. (Hessen). Eine allerhöchste Entschließung des Großherzogs setzt die „vorläufige Uebereinkunft zwischen der großherzogl. Regierung und dem Bischof von Mainz in Betreff der Regelung der Verhältnisse des Staats zur katholischen Kirche von 1854" mit Zustimmung des Bischofs von Mainz außer Wirksamkeit. Bis zum Zustandekommen eines Gesetzes über diesen Gegenstand soll nach den Grundsätzen verfahren werden, auf welchen der den Ständen im Jahre 1862 vorgelegte Gesetzentwurf „die rechtliche Stellung der Kirchen und kirchlichen Vereine im Staate betr." beruht, insoweit diese Grundsätze durch übereinstimmende Beschlüsse der beiden Ständekammern Anerkennung gefunden haben.

7. „ (Hessen). Ein großherzogl. Edict verfügt die Auflösung der bisherigen Ständeversammlung, in welcher der Regierung in der

II. Kammer eine compacte Oppositionsmehrheit entgegenstand und ordnet Neuwahlen an.

9. Oct. (Baden). Wiederzusammentritt des Landtags. II. Kammer: Minister v. Freydorf legt den Friedensvertrag mit Preußen vor. [Bitterer Ausfall gegen Oesterreich und Bayern wegen einseitigen Waffenruhen und Waffenstillständen und gegen Bayern insbesondere wegen der verheimlichten und wahrscheinlich in Artikel 7 gegen Baden gerichteten Convention mit Oesterreich vom 14. Juni: „der Himmel, der schon viele kluge Berechnungen zu nichte gemacht, hat gewollt, daß nicht unsere Verbündeten, sondern unsere Gegner siegten, und weder Oesterreich noch Bayern die Macht behielt, den Art. 7 zur Geltung zu bringen"]. Minister Jolly legt einen Gesetzentwurf über die Ausgleichung der Kriegslasten vor und verlangt einen Steuerzuschlag für 1867 und einen Credit von 1,066,000 fl. für Hinterladungsgewehre [Erklärung über die Stellung der jetzigen Verwaltung zur frühern; der Personenwechsel bedeute nicht einen Wechsel der innern Politik. Die jetzige Regierung sei mit den von der frühern an die Stände gemachten Vorlagen im wesentlichen einverstanden; sie glaube aber, daß jetzt nicht der rechte Zeitpunkt sei zur Berathung so tief ins staatliche Leben eingreifender Gesetze; sie wünsche darum deren Vertagung bis zum nächsten Landtag.]

10—13. Oct. (Württemberg). II. Kammer: Die Abreßcommission trägt auf Genehmigung des Friedensvertrages mit Preußen an und legt den Entwurf einer Adresse an den König vor.

Rede des Ministers des Auswärtigen v. Varnbüler: „... Ich mußte mir nach der Schlacht von Königgrätz sagen, daß die Sache eine schlechte Wendung nehmen, und daß es sehr bald zu einem Friedensschluß kommen könne, und ich habe deßhalb schon am 5. Juli und wiederum am 10. Juli nach Paris, und habe vom 9. Juli an fortlaufend nach Wien geschrieben, daß unsere Regierung erwarte, daß sie zu etwaigen Friedens- und Waffenstillstandsverhandlungen zugezogen werde. Der fatale Umstand, daß wir von diesen Verhandlungen ausgeschlossen worden sind, kann also nicht mir zugeschrieben werden. Wir haben uns nun gefragt, ob wir nicht darauf hin von dem Bündniß mit Oesterreich zurücktreten sollten, wir haben dieß aber für ein Unrecht gehalten, aber auch für eine Unklugheit, insofern als damals der Kampf vor Wien noch bevorstand, welcher möglicherweise günstig hätte ausfallen können: in diesem Fall aber hätten wir die Nachtheile von beiden Seiten gehabt..."

Der Friedensvertrag wird von der Kammer mit 86 gegen 1 Stimme (Hopf) genehmigt. Adreßdebatte:

Adreßentwurf der XVer Comission: „Ew. k. Maj. haben die Stände des Landes zu berufen geruht, nachdem seit ihrer letzten Versammlung die schwersten Ereignisse über Deutschland hereingebrochen sind. Ein kurzer aber blutiger Krieg hat zur Auflösung des deutschen Bundes, zum Ausschlusse Oesterreichs aus der Verbindung mit dem übrigen Deutschland, zur Vergrößerung Preußens geführt, und mit der Gründung eines norddeutschen Bundes sollen die südwestlichen Staaten Deutschlands sich selbst überlassen werden. Wenn auch die Rede, mit welcher im Namen Ew. k. Maj. die

Sitzungen der Stände eröffnet wurden, keine Ansicht über die allgemeine Lage kundgibt, in welche wir durch die Vorgänge der letzten Monate verletzt sind, so hält sich doch die Kammer der Abg. für verpflichtet, hierüber sich auszusprechen. Eurer k. Maj. Regierung selbst wird der Ansicht der Landesvertretung nicht entbehren wollen, das Volk aber kann von der Kammer erwarten, daß diese die Grundsätze offen darlege, welche sie in solchen Zeiten der Umwälzung des Bestehenden leiten werden. So möge denn vor Allem rückhaltlos von uns ausgesprochen sein, daß der Wechsel der Ereignisse die Ueberzeugung von Recht und Unrecht, wie wir sie vor Beginn des Krieges gehegt, nicht ändern kann. Und wenn die kriegerischen Erfolge die Erreichung des von uns bisher erstrebten Zieles selbst als unmöglich darstellen sollten, so muß uns doch unverwehrt sein, daran zu erinnern, daß die Einigung des ganzen Deutschlands seit einem halben Jahrhundert der Wahlspruch deutscher Patrioten war und daß die höchsten Ideen einer Nation darum noch nicht untergehen, weil ihnen in einem bestimmten Momente die Verwirklichung versagt zu sein scheint. Aber wir stehen als die Besiegten unter der Macht der Thatsachen, und die Pflicht fordert von uns, auf dem gegebenen Boden für das Beste des Volkes zu sorgen. Wir müssen es hinnehmen, daß mit der gegenwärtigen Gestaltung Deutschlands der Schutz des einzelnen Staates gegen außen eine unverkennbare Einbuße erlitten hat; hoffen wir, daß dennoch jeder Angriff auf deutsches Gebiet die Nation zur einmüthigen Abwehr bereit finden werde. Dem norddeutschen Bunde uns anzuschließen, wären wir nicht im Stande, selbst wenn wir es wollten, weil Preußen sich nicht in der Lage befindet, es zu gestatten. Für uns fällt mit ernstem Gewichte, wie die Verbindung Deutschlands zur mächtigen Einheit gegen außen, die Freiheit des Volkes in die Wagschale; wir sind ihm schuldig, nach Kräften die Rechte zu sichern, die schon bisher des Schutzes der Verfassung genossen und ungehemmt ihrer weitern Ausbildung entgegengeführt werden können. Darum kann nur auf einer Grundlage, welche die berechtigte Selbstbestimmung des Einzelnstaates mit der nothwendigen Einheit des Gesammtstaates versöhnt und die freie Entwicklung des konstitutionellen Lebens gewährleistet, eine Verbindung von Nord- und Süddeutschland in befriedigender Weise hergestellt werden*). Wir suchen vergeblich auf der Seite jenes Bundes nach den Garantien, welche unser Recht zu schützen und den Fortschritt auf der Bahn der Freiheit zu sichern geeignet wären. Wir können es daher auch für jetzt nicht als unsere Aufgabe betrachten, den Anschluß an den norddeutschen Bund zu erstreben. Fern von jeder Feindseligkeit von Preußen und obwohl wir die Trennung des deutschen Südens und Nordens für die Dauer durchaus verwerfen, könnten wir es bei den nach jeder Richtung unfertigen Verhältnissen nur als einen Fehler der süddeutschen Staaten erkennen, wenn sie in hastiger Flucht vor der drohenden Isolirung eine Stellung zu dem Norden schon jetzt nehmen wollten, deren Bedeutung sich unter den gegebenen Umständen gar nicht bestimmen läßt. Die augenblickliche Lage der südlichen Staaten, welche wir allerdings als eine haltbare nicht anzusehen vermögen, ließe sich durch ihre engere Verbindung unter einander mit gemeinsamer parlamentarischer Vertretung gestalten. Sollte dieser Bund zur Zeit auf unüberwindliche Hindernisse stoßen, so ist doch die Einigung jener Staaten über die wichtigste Angelegenheit des Schutzes nach außen und daher insbesondere über die Kriegsverfassung

---

*) Oessner und Mohl möchten diesen letztern Satz nicht allgemein aussprechen, weil durch die von Preußen ausgegangene Zersplitterung Teutschlands der Südwesten seinen nothwendigen Rückhalt an Oesterreich verloren und daher eintretenden Falls zu erwägen habe, ob er in der Lage sei, die Integrität anderer deutscher Staaten mit Erfolg und ohne seinen eigenen Ruin vertheidigen zu können.

so sehr durch die Natur der Sache geboten, daß kaum einer derselben sich dagegen zu sträuben geneigt sein dürfte. — Sodann ist es der rasche Ausbau der innern Einrichtungen, welchen die gegenwärtige Lage gebieterisch fordert. Wir glauben uns in voller Uebereinstimmung mit Ew. k. Maj. zu befinden, wenn wir davon ausgehen, daß nur ein in seinen berechtigten Wünschen befriedigtes Volk, dessen Kräfte durch eine zweckmäßige Organisation gesammelt und nutzbar gemacht werden, den kommenden Ereignissen mit der Beruhigung, welche bei den zerrütteten Verhältnissen Deutschlands überhaupt möglich ist, entgegengeführt werden könne. Wir erlauben uns daher wiederholt, um die möglichste Beförderung der Vorlagen über die Aenderungen in der Organisation der Verwaltung und über die Reform der Verfassung in Unterthänigkeit zu bitten. Die Aenderung der Verfassung insbesondere erscheint in manchen Theilen als eine der bringendsten Aufgaben, in andern als die zuverlässigste Maßnahme, um das Vertrauen zwischen Volk und Regierung zu befestigen. Eine nicht minder dringende Forderung des Volks geht auf die Aenderung unserer Kriegsverfassung. Es bedarf heute keiner Rechtfertigung mehr, daß unter Beseitigung des Looses und der Stellvertretung*) die ganze Wehrkraft des Volkes zur Entwicklung zu bringen ist. Aber es gilt nicht bloß eine Nachahmung anderwärts bestehender Einrichtungen, welche das Volk mit unerträglichen Lasten bedrohen würden, vielmehr ist die allgemeine Wehrpflicht mit den Anforderungen des bürgerlichen Lebens und der Steuerkraft des Landes in das richtige Verhältniß zu setzen. Diese Aufgabe, so schwer sie erscheint, ist nicht unlösbar, und sie muß in der nächsten Zeit ihre Lösung finden, wenn den kleineren Staaten überhaupt noch eine Bedeutung zukommen soll. Wir glauben auch in dieser Hinsicht einer baldigen Vorlage uns erfreuen zu dürfen. Möge die Vorsehung die Entschließungen Ew. kgl. Majestät segnen, daß sie zum Wohle des engern, wie des weitern Vaterlands gedeihen."

Nach dem Bericht der Adreßcommission hat in einer Commissionssitzung der Minister des Aeußern über die gegenwärtige Stellung der vier südwestdeutschen Staaten zu einander die Erklärung gegeben, daß ein einleitender Schritte geschehen seien, um die Frage der Bildung eines süddeutschen Bundes zur Verhandlung zu bringen, daß aber eingehende Berathungen darüber schon der Kürze der Zeit wegen noch nicht hätten stattfinden können.

Gegenentwurf der preußenfreundlichen Fraction Hölder und Gen.: „Der deutsche Bund ist aufgelöst, Oesterreich hat auf die Betheiligung an der Neugestaltung Teutschlands verzichtet, Preußen hat sich vergrößert und Teutschland nördlich vom Main unter seiner Führung vereinigt. Damit ist das Uebergewicht Preußens in Teutschland entschieden, und zwar nicht etwa bloß vorübergehend, sondern nach unserer Ueberzeugung bleibend.

---

*) Dessner und Mohl glauben dem, was die Adresse in diesem Absatz sagt, zu Vermeidung jedes Mißverständnisses über ihre Ansicht beifügen zu dürfen, daß sie einen Bund der süddeutschen Staaten mit dem Norden nur dann als der nothwendigsten Garantien theilhaftig zu erkennen vermöchten, wenn ein entsprechendes Gleichgewicht der Macht- und Stimmenverhältnisse zwischen dem Süden und dem Norden stattfände. Da aber Preußen hierin weit überlege, so lange Oesterreich aus Teutschland ausgeschlossen bleibe, so könnte ein Bundesverhältniß mit Preußen insolange keinen andern Character als den eines über Vasallen herrschenden Staates tragen, — ein Verhältniß, welches weit schlimmer als der jetzige Zustand der Sonderstellung des südwestlichen Deutschlands und für die Dauer wahrhaft unerträglich wäre.

Dieß sind die thatsächlichen Verhältnisse. Sie bilden den gegebenen Boden, auf welchem wir für das Beste des Volks zu sorgen haben. Diese Sachlage weist mit Nothwendigkeit auf das politische Ziel hin, dessen Erstrebung uns von der nationalen Idee, wie von den materiellen Interessen geboten wird. Es ist die Einigung des ganzen außerösterreichischen Deutschlands in einen Bundesstaat, in welchem die Centralgewalt in die Hand des Oberhauptes des preußischen Staates gelegt ist, die Freiheitsrechte der Nation durch ein mit den erforderlichen Befugnissen ausgestattetes Parlament gesichert sind und die berechtigte Selbstbestimmung des Einzelnstaats gewahrt ist. Der sofortigen Erreichung dieses Ziels treten zwar noch Hindernisse entgegen. Die preußische Regierung hat den Eintritt süddeutscher Staaten in den norddeutschen Bund zur Zeit abgelehnt. Auch ist der norddeutsche Bund erst in seiner Entwicklung begriffen und läßt bei seinen unfertigen Verhältnissen noch nicht erkennen, ob die unveränderte Uebertragung seiner Verfassung auf den deutschen Bundesstaat die erforderlichen Garantien für die Freiheitsrechte des Volkes bieten würde. Wenn aber auch die bundesstaatliche Einigung des ganzen außerösterreichischen Deutschlands erst in späterer, hoffentlich nicht ferner Zeit zu erreichen ist, so steht doch nichts im Weg, dieselbe sofort durch die in den Friedensverträgen gewährleistete nationale Verbindung des deutschen Südens mit Norddeutschland anzubahnen und so weit möglich zu ersetzen. Zu dieser nationalen Verbindung, deren Pflege im gemeinsamen Interesse beider Theile liegt, gehört auch die Sorge für Erhaltung des Zollvereins und für die Entwicklung seiner Verfassung. Welches aber auch der Erfolg dieser Bestrebungen sein mag, eines steht in unserer Ueberzeugung fest: die Verpflichtung aller deutschen Staaten, gegen einen Angriff auf deutsches Gebiet zu einmüthiger Abwehr zusammenzustehen. Gegen die Gründung eines Bundes der süddeutschen Staaten müssen wir uns in gleicher Weise, wie so viele Stimmen in den Nachbarstaaten entschieden aussprechen. Er könnte, wenn er überhaupt ausführbar wäre, leicht zu einer bleibenden Scheidewand gegen den deutschen Norden und zu einem Stützpunkt für das Ausland werden. Was endlich unser Verhältniß zu Oesterreich betrifft, so erachten wir die Pflege enger internationaler Beziehungen mit dem Kaiserstaate, mit welchem wir durch so viele Bande verknüpft sind, für dringend geboten. Sollte im Laufe der Zeit in Folge weiterer politischer Ereignisse der Eintritt von Deutsch-Oesterreich in den deutschen Bundesstaat möglich werden, so wäre dieß nur als ein Gewinn für die Nation anzusehen."

Rede des Ministers Varnbüler [erklärt, daß er in die Berathung der Adresse so wenig als möglich eingreifen werde, glaubt, daß die Politik Würtembergs zunächst eine zuwartende sein müsse und hofft, daß der abgeschlossene Friedensvertrag nicht bloß ein formeller sei, sondern auch Versöhnung bringe, denn ohne Versöhnung würde der nationale Gedanke nicht zur Verwirklichung kommen.] Schließlich werden alle Amendementsanträge der preußenfreundlichen Partei mit 64 gegen 21 und mit 61 gegen 24 Stimmen verworfen und der Commissionsentwurf mit 61 gegen 25 Stimmen genehmigt.

11. Oct. (Bayern). Modification des königl. Cabinets. Staatsrath Pfistermeister tritt als Chef desselben auf den 1. Dec. aus und wird durch den gew. Minister v. Neumayr ersetzt. Auch die kgl. Cabinetssecretäre Lutz und Leinfelder werden entlassen. Das Ministerium entscheidet sich gegen die Ernennung des Chefs des königl. Cabinets zum Minister ohne Portefeuille.

12. „ (Bayern). Officielle Erwiderung der „Bayer. Ztg." auf den

Ausfall des badischen Ministers Freydorf gegen Bayern wegen seiner Convention mit Oesterreich v. 14./30. Juni b. J.
14. Oct. Eine Anzahl der Fortschrittspartei angehörige Landtagsabgeordnete aus Bayern, Württemberg, Hessen und Baden treten in Stuttgart zusammen, constatiren die Uebereinstimmung der von der Fortschrittspartei in ihren resp. Kammern vertretenen Programme und erzielen eine durchgreifende Verständigung über ihre weitere Thätigkeit auf Grund jener Programme, namentlich auch in der deutschen Frage.
16. „ (Württemberg). Der König nimmt die Adresse der II. Kammer entgegen. Antwort des Königs:
„Ich danke Ihnen für den offenen Ausdruck Ihrer Gesinnungen; es ist auch Ihnen nicht entgangen, daß unmittelbar nach dem Umsturz geschichtlicher Verhältnisse Württemberg mit der Stellung, welche es in Deutschland nehmen will, der Entwicklung der neuen Gestaltungen zu folgen hat. Wenn nach dem blutigen Kampf in Deutschland der Geist aufrichtiger Versöhnung zur Herrschaft gelangt, dann dürfen wir hoffen, daß zum Wohl Europa's und seiner Gesittung sich unsere nationale Idee verwirklichen werde. Ihre Wünsche für die inneren Einrichtungen unseres Vaterlandes werden Gegenstand Meiner sorgfältigsten Prüfung sein. Wie Sie aus den Erklärungen Meines Ministeriums entnommen haben, sind die erforderlichen Einleitungen hierzu, namentlich zur Revision der Verfassung, bereits getroffen."
17. „ (Württemberg). II. Kammer: Debatte über die Kriegführung. Die Commission trägt darauf an, die eingelaufenen Petitionen der Regierung einfach „zur Kenntnißnahme" zuzuweisen, Hölder „die Regierung um vollständige und genaue Erforschung der Mißstände und Fehler, welche den unglücklichen Verlauf und Ausgang verursacht haben, zu bitten". In namentlicher Abstimmung wird der Antrag Hölders mit 63 gegen 24 Stimmen verworfen und der Commissionsantrag angenommen.
18. „ (Württemberg). Der Landtag wird auf unbestimmte Zeit vertagt.
19. „ (Bayern). Der Redacteur des Volksboten, Zander, wird wegen seiner Angriffe auf General v. d. Tann als Generalstabschef im letzten Kriege vom Schwurgerichte freigesprochen.
20. „ (Baden). Die II. Kammer beschließt nach dem Antrage ihrer Commission einstimmig, den Großherzog durch eine Adresse um gesetzliche Sicherheit der Redefreiheit für die Volksvertreter und um mehrfache Aenderungen der Verfassung bez. Erweiterung der Wahlberechtigung und der Wählbarkeit zur II. Kammer zu bitten. Die Regierung erklärt sich damit einverstanden.
22. „ (Bayern). Prinz Karl legt alle seine militärischen Würden in Bayern und selbst seine Inhaberstellen von Regimentern auswärtiger Staaten nieder.
23.—24. Oct. (Baden). II. Kammer: Debatte über den Friedensvertrag mit Preußen und über die deutsche Frage.
Antrag der Commissionsmehrheit: für den „Eintritt der süddeutschen

15

Staaten in die Verbindung der norddeutschen Staaten zur möglichen Herstellung eines Gesammt-Teutschlands," unter ausdrücklicher Wahrung der hiemit verträglichen Selbständigkeit der Einzelstaaten in ihren inneren verfassungsmäßigen Zuständen.

Antrag der Commissionsminderheit: für einen bedingten Eintritt in den norddeutschen Bund d. i. auf Grund der Reichsverfassung von 1849 sammt Grundrechten.

Rede des Ministers des Auswärtigen Freydorf gegen die Bildung eines südwestdeutschen Staatenbundes:

„...Es ist schon vorgekommen, daß man Staaten, welche einen Staatenbund oder mit Aufgeben eines Theils ihrer Souveränetätsrechte einen Bundesstaat eingegangen waren, wider ihren Willen in solchem Bunde festgehalten hat. Aber der Versuch wäre neu und ohne Beispiel in der Geschichte, einen souveränen Staat zur Eingehung eines Bundes nöthigen zu wollen, der zuvor nicht bestanden hat und jetzt nicht besteht. Es sind nun etwa drei Monate her, daß die Idee dieses Südbundes das Licht der Welt erblickt hat; es sind wohl seither gelegentliche Anfragen über den Stand der Sache und über unsere Absichten gestellt worden, aber es ist niemand eingefallen, uns an eine etwaige Verpflichtung zur Eingehung eines Südbundes zu mahnen.... Sie kennen, meine Herren, die Hindernisse, welche zur Zeit des Abschlusses des Friedensvertrags dem sofortigen Anschlusse an den norddeutschen Bund entgegenstanden. Diese Hindernisse bestehen noch heute und wir müssen auch uns Zurückhaltung auferlegen, wollen wir nicht unnöthig und vorzeitig Gefahren heraufbeschwören. Ich sage unnöthiger Weise, denn es wird eine Zeit kommen, in der, was jetzt mit Gefahr, nicht nur für uns, sondern für das Ganze verbunden ist, sich durch den naturnothwendigen Gang der Dinge und Ereignisse von selbst gibt. Wir müssen diese Zeit abwarten und ein Mittel, diese Zeit näher heranzurücken, liegt in der Hand der süddeutschen Bevölkerungen... Die Zeit für diese Einigung des ganzen Teutschlands wird, wenn nicht unerwartete Ereignisse uns zu einem früheren raschen Handeln drängen, dann gekommen sein, wenn die süddeutschen Bevölkerungen dunkle, unbegründete Antipathien abgelegt und zur klaren Erkenntniß ihres eigenen wahren Vortheils und der Grundbedingung der künftigen Größe und Macht Teutschlands gekommen sein werden, wenn sie diese Erkenntniß aussprechen und darnach handeln.... Für uns ist der Anschluß an Norddeutschland eine Existenzfrage, es ist zudem der einzig mögliche Weg zur Rettung der Einheit Teutschlands. Preußen und der norddeutsche Bund können ohne uns existiren, sind vielleicht sogar in der Vertheidigungsstellung ohne uns stärker als mit uns. Wenn wir uns annehmbare Bedingungen stellen, wird man uns einfach abweisen, oder wenn die Zeit danach angethan und, wie mit einigen norddeutschen Staaten geschehen ist, uns gegen unsern Willen dem Ganzen unterordnen..."

Vor der Abstimmung constatirt Minister Jolly die Freude der Regierung, daß nicht über die Nothwendigkeit und nationale Pflicht hinsichtlich des Eintritts in den norddeutschen Bund, sondern lediglich in Bezug auf die Modalitäten des Eintritts eine Verschiedenheit in der Kammer bestehe; die Chancen des gefürchteten Einheitsstaats würden indessen zunehmen, je weniger entschieden die süddeutschen Staaten in den unter Preußens Führung sich bildenden Bundesstaat einträten würden. Der bedingte Eintritt in den norddeutschen Bund wird mit allen gegen 9 Stimmen abgelehnt und der Commissionsmehrheitsantrag mit allen gegen 11 Stimmen angenommen.

28. Oct. (Hessen). Die Führer der liberalen Partei und der bisherigen

Majorität in der II. Kammer treten in Frankfurt zusammen und erlassen eine Ansprache an das Volk mit Rücksicht auf die bevorstehenden Neuwahlen zur zweiten Kammer.

29. Oct. (Baden). Die II. Kammer lehnt die Forderung der Regierung auf einen Steuerzuschlag für 1867 trotz alles Widerstandes des Ministers Mathy mit allen gegen 1 Stimme ab.

30. „ (Baden). Die II. Kammer beschließt, daß der von der Regierung geforderte Aufwand für Hinterladungsgewehre theils durch Ersparnisse am Kriegsbudget, theils durch einen außerordentlichen Credit bestritten werden solle und erklärt zu Protokoll, daß die Kammer die zur gleichförmigen Ausrüstung erforderlichen Mittel gerne bewilligen werde, sobald durch Uebereinkunft die organische Verbindung des badischen Armeecorps mit dem großen deutschen Heer festgestellt sei. Die Vertreter der Regierung weisen auf die Möglichkeit hin, daß wahrscheinlich in Bälde eine Militärconvention mit Preußen zu Stande kommen werde. — Bericht der Schulcommission über den Stand ihrer Arbeiten; die Kammer bewilligt, da das Schulgesetz selbst, wie es scheine, keine Aussicht habe, noch zur Berathung zu kommen, der Regierung einen Administrativcredit behufs Aufbesserung der Schullehrergehalte, lehnt dagegen einen Antrag der Linken, zu Protokoll den Wunsch zu erklären, daß die Regierung wo möglich noch in dieser Sitzung das ganze Schulgesetz zu Ende führe, mit 30 gegen 24 Stimmen ab. — Vertagung der Kammer auf unbestimmte Zeit.

31. „ (Baden). I. Kammer: Commissionsbericht Bluntschli's über den Friedensvertrag mit Preußen und die deutsche Frage. Anträge der Commission:

„Die großherzogliche Regierung wolle: 1) den Eintritt der süddeutschen Staaten und insbesondere Badens in die Verbindung mit den norddeutschen Staaten zur Wiederherstellung eines Gesammtdeutschlands im Anschluß an Preußen entschieden anstreben und dabei darnach trachten, daß die mit der Einheit und Wohlfahrt des ganzen Reichs verträgliche Selbständigkeit und die verfassungsmäßigen Zustände der Einzelstaaten neuen Schutz und verstärkte Garantie erhalten. 2) Wenn dieser Anschluß zur Zeit noch nicht durchzuführen sein sollte, so wolle doch großherzogliche Regierung: a) ein Schutz- und Trutzbündniß Badens mit Preußen abzuschließen versuchen; b) die zur Wirksamkeit eines solchen Bündnisses und für den Schutz Deutschlands und Badens nöthigen militärischen Verabredungen und Verträge mit Preußen einleiten; c) auf möglichst baldige Verwandlung des kündbaren Zollvereins in eine unkündbare und einheitlich organisirte Zollvereinigung und d) auf eine wirthschaftliche Gesammtverfassung, auch mit Bezug auf das Eisenbahn-, Telegraphen- und Postwesen, hinarbeiten; e) die nationale Gemeinschaft der Deutschen in den Nordstaaten und in den Südstaaten durch Ausbildung eines gemeinsamen deutschen Staatsbürgerrechts zu stärken und zu entwickeln versuchen."

Rede Bluntschli's: „Die Zeit wird kommen, in welcher die ganze deutsche Nation, soweit sie von dem einen politisch nationalen Geiste erfaßt ist, einheitlich in dem Einen mächtigen deutschen Staate sich zusammenschließen und zusammengefaßt werden wird. Ich betone dieses Wort „einheißlich", und da möchte ich mich nicht mehr der Illusion des Bundesstaats hingeben, in der Hauptsache ist dieser sicherlich vorbei. Täusche man sich daher nicht länger über den sogenannten Bundesstaat; der Bundesstaat ohne die wesentliche Gleichheit der einzelnen Staaten und ohne Trennung der Bundesregierung von den Einzelregierungen ist nie dagewesen, wenigstens bisher, in Deutschland nicht mehr möglich. Für die deutsche Neugestaltung ist die Einheit des leitenden preußischen Staates entscheidend gewesen. Einheit muß in dem Reiche sein, und diese kann für Teutschland nur in der Einen Monarchie bestehen, nicht in einer föderativen Republik, sei es der Fürsten oder der Völker; diese deutsche Föderativrepublik ist einer der tollsten Träume der politischen Unreife, die es gibt. Wollte man im Süden damit Ernst machen, so würde man bald ersahen, daß dadurch nur ein großes Unheil und eine ungeheure Verwirrung über den Süden herbeigeführt würde."

Die Anträge 2 a) und b) werden mit allen gegen 3 Stimmen, sämmtliche übrige Punkte einstimmig angenommen.

6. Nov. Im Namen einer Anzahl württembergischer, bayerischer und badischer Parteiführer wird „im Namen des gefährdeten Vaterlandes" zu einer großdeutschen Versammlung auf den 11. d. M. nach Stuttgart eingeladen:

„Deutschland ist durch die Politik von Eisen und Blut vorläufig in drei Theile zerrissen. Bitterer Kummer über die der Nation und ihrem Rechte auf Einheit und freie Selbstbestimmung angethane Schmach lastet auf den Gemüthern aller Vaterlandsfreunde; damit dieser Gram nicht in Verzweiflung übergehe, die sich allmählig mit dem schlimmsten vertraut macht, thut vor Allem Vereinigung aller Wohlbenkenden noth... Die Wiederherstellung eines die sämmtlichen deutschen Volksstämme umfassenden politischen Bundes liegt ebenso im Interesse des Nordens wie des Südens; allein sie kann nur auf föderativer Grundlage, unter Sicherstellung der berechtigten Selbständigkeit und der freien constitutionellen Entwickelung der Einzelstaaten erfolgen, wie sie bereits in der Reichsverfassung von 1849 mit den Grundrechten des deutschen Volkes einen Ausdruck gefunden hat. Bis zu dieser allseitig anzustrebenden Wiedervereinigung der ganzen Nation dürfen jedoch die deutschen Südstaaten mit ihren neun Millionen Bewohnern ebensowenig in ihrer seitherigen ohnmächtigen Isolirung verharren, wenn sie nicht einzeln das Opfer des nächsten europäischen Conflicts werden und so den historischen Kern echt nationalen Deutschthums für immer preisgeben wollen. Nur durch treues Zusammenwirken in einem auf freiheitlicher Grundlage beruhenden, durch die volle Wehrkraft des Volkes geschützten Verein können sie die Wahrung ihrer Ehre, ihrer staatlichen Existenz und aller Interessen ihrer Bürger finden..."

10. „ (Bayern). Die „Kronacher Ztg." (Franken) wird wegen ihrer Angriffe auf General v. d. Tann als Generalstabschef im letzten Kriege vom Schwurgericht freigesprochen.

11. „ Großdeutsche Versammlung in Stuttgart. Debatte und Annahme eines Programms. Zur Einleitung einer organisirten Thätigkeit für die Erstrebung der beschlossenen Ziele wird ein provisorischer Ausschuß gewählt, dessen Vorsitz Welcker in Heidelberg mit A. Möckel als Secretär übernimmt. Dieselben machen über die gepflogenen Berathungen und die gefaßten Beschlüsse folgende Mittheilung:

„Unsere friedlichen Bestrebungen, die feudale Zerrissenheit Deutschlands und die Verkümmerung der Volksrechte durch eine freie einigende Nationalverfassung zu beseitigen, wurde plötzlich gewaltsam unterbrochen. Die Kraft unserer

Gerechtfertigung des Rechts und des friedlichen Reformwegs wurde dadurch
gelähmt, daß die dynastische Gewaltpolitik zu ihrer Unterstützung den Glauben
zu erwecken suchte, sie selbst bezwecke den freien nationalen Bundesstaat; vorzüglich aber auch dadurch, daß die ihr gegenüberstehenden Regierungen in ihrer
alten dynastischen Verblendung die dringendsten allgemeinen Forderungen des
Volks nach Befreiung und Mitwirkung aller Volkskräfte in der Vertheidigung
des Rechts unverantwortlich mißachteten. Mit glänzenden Erfolgen beseitigte
nun die siegende Macht, wenigstens vorübergehend, wirkliche und scheinbare
Hindernisse unserer deutschen Einigung. Dennoch aber blieben und entstanden
für deren Vollendung große Schwierigkeiten, größere als, vom Siegesglanz
geblendet und in das Lager der Gewaltherrschaft übertretend, viele uns überreden möchten, größere sogar noch jetzt als früher der ganzen Bestrebung auf
rechtlichem Weg entgegenstanden.

„Die neue Politik warf uns in unsern Bestrebungen für Freiheit und
Recht und für die nur auf diesen Grundlagen mögliche glückliche und dauernde
Einigung weit zurück und bereitete vor allem und Süddeutschen die tiefsten
Kränkungen und die schwersten innern wie äußern Gefahren.

„Nur andeutend erinnern wir an die Art der Herbeiführung und Beendigung des Bruderkriegs; an die Zerreißung der deutschen Nation in drei
Theils ganz ausgestoßene, theils völlig isolirte Bruchstücke derselben; an die
Vernichtung sogar ihres Namens wie ihrer Gesammtvertretung unter den
Nationen; ferner an die doppelte fremde Mitwirkung zu all diesem, durch
deren Annahme der stolze Sieger in beklagenswürdigster Weise sich für die
Wiederherstellung der Nation die Hände band; an die gewaltsamen Einverleibungen endlich und an die Fortdauer der traurigen Anfeindung beschworner Freiheiten, welche immer allgemeiner vor einer politischen Einigung
unter jenem Scepter zurückschreckt.

„Diese Thatsachen begründeten die schon in den beiden Einladungsschreiben
zur Stuttgarter Versammlung dargelegten Ueberzeugungen, namentlich aber
die Ueberzeugung, daß alle Teutschen, welche ihres in der Weltgeschichte
ehrenvollen Namens noch werth sein wollen, in solcher heillosen Lage des
Vaterlandes für die Rettung seiner Ehre und Existenz energisch zusammenwirken müssen.

„Im Gegensatze gegen feigherzige Verzweiflung am Vaterland, wie im
Gegensatz gegen rechtsverachtende Gewaltpolitik, im Gegensatze ferner einer
einseitigen schimpfenden Parteiwuth und vollends einer verabscheuungswürdigen
Aufstachelung des Hasses unter deutschen Brudersstämmen, wodurch man hier
für Freiheit, dort für Einheit, hier für ein Groß-, dort für ein Klein-, hier
ihr Nord-, dort für Süddeutschland wirken will — im Gegensatze zu allen
solchen Einseitigkeiten entfaltet die wahrhaft deutsche Partei in versöhnendem
Geist ihr Banner für die rechtliche Befreiung und Einigung des theueren
Vaterlandes.

„Nimmermehr dürfen würdige besonnene deutsche Männer es dulden, daß
die Stimme für Freiheit und Recht in Deutschland verstumme und daß
beide Heiligthümer der Macht und ihren Gelüsten leichtfertig preisgegeben
werden, sowie es jetzt, durch Siegesrausch wie durch Macht- und Einheitsschwindel verwirrt, viele öffentlich zu fordern wagen. Insbesondere aber
bedürfen wir vorzugsweise gekränkten und gefährdeten Süddeutschen, für die
Rettung der nationalen und unserer eigenen Existenz und Ehre, der Hülle
der göttlichen Kräfte des Rechts und der Freiheit. Des Mannes und des
Volkes wesentlichste Ehre, wie das höchste Gut und die stärkste Kraft der
Staaten sind ihre Freiheit und ihr Recht. Mit dem Hingeben ihrer
Freiheit werfen beide auch ihre Ehre hinweg. Selbst nicht einmal den
Wohlstand kann man in dem heutigen Weltkampf freier Völker ohne dieselben bewahren.

„Viele der edelsten unserer norddeutschen Brüder, welche mit politischem

Verstand die Gefahr überlanger Dauer einer leichtsinnig zugelassenen militär-
despotischen Rechts- und Freiheitsunterdrückung in großen Einheitsstaaten,
gleichwie in Rußland und Frankreich, zu würdigen wissen, und welche mit
uns deren Schande und ihre unselige Entsittlichung für die Bürger verab-
scheuen, mahnen jetzt uns Süddeutsche, daß wir, durch unsere besonderen Verhältnisse und Pflichten vorzugsweise dazu berufen, ihnen brüderlich mittheilen
zur Bewahrung und Ausbildung des höchsten nationalen Guts, der Freiheit.
Wir reichen ihnen freudig die Bruderhand zu solcher Grundlegung einer
würdigen und dauernden Wiedervereinigung. Sie allein kann in den furchtbaren Stürmen, welche höchst wahrscheinlich die unselige Gewaltpolitik für
Europa heraufbeschwor, uns vor dem entsetzlichsten Unheil bewahren.

„Solche Erwägungen und Gesinnungen leiteten die am 11. Novbr. in
Stuttgart aus allen vier süddeutschen Staaten versammelten deutschen Männer
in ihrer Vereinbarung und in den Beschlüssen über das nachfolgende Programm für dieselbe [Satz 1, 3, 4 des Programms wurde einstimmig,
Satz 2 durch Mehrheitsbeschluß genehmigt]:

„1) Angesichts der durch die jüngsten Ereignisse herbeigeführten Zerreißung
Deutschlands erklären wir es für eine heilige Pflicht aller deutschen Regierungen und Stämme, mit allen Mitteln eine Wiedervereinigung und Gesammtverfassung des Vaterlandes anzustreben. 2) Nicht der Einheitsstaat,
sondern nur der Bundesstaat auf freiheitlicher Grundlage, wie ein solcher
bereits in der Reichsverfassung vom Jahr 1849 mit den Grundrechten einen
gesetzlichen Ausdruck gefunden hatte, ist die rechtlich mögliche Form jener
Wiedervereinigung. 3) Im Hinblick auf die Hindernisse, welche einer solchen
Wiedervereinigung bis jetzt entgegenstehen und da dem Nordbund zur Zeit
noch jede Verfassung mangelt, welche eine freiheitliche und parlamentarische
Entwicklung der Einzelstaaten wie des Bundes gewährleistete, erklären wir
es für eine dringend gebotene Aufgabe der süddeutschen Staaten, daß sie im
Interesse ihrer Selbsterhaltung wie des freiheitlichen und nationalen Fortschritts sich unter einander verbinden. 4) Die freie Entwicklung der inneren
Verfassungsverhältnisse in den süddeutschen Staaten muß die wesentliche Grundlage ihres Bundes bilden; insbesondere muß derselbe durch Einführung eines
auf allgemeiner Wehrpflicht und kurzer Präsenzzeit beruhenden, weniger kost-
spieligen Wehrsystems sich die Möglichkeit schaffen, im rechten Augenblick seine
durch das allgemeine nationale Interesse gebotenen Bedingungen einer Vereinigung mit dem übrigen Deutschland thatkräftig vertreten zu können."

17. Nov. (Württemberg). Der akademische Senat der Universität
      Tübingen beschließt mit 21 gegen 12 Stimmen, dem Prof. Pauli
      wegen eines sehr rücksichtslosen Artikels in den preußischen Jahr-
      büchern über Schwaben und den schwäbischen Volkscharakter seine
      Mißbilligung auszusprechen, dagegen die Regierung zu ersuchen, keine
      weiteren Maßregeln gegen denselben eintreten zu lassen.

21. „ (Bayern). Die Kempt. Ztg. (Schwaben) wird wegen ihrer
      Angriffe auf Gen. v. d. Tann als Generalstabschef im letzten Kriege
      vom Schwurgericht freigesprochen.

24. „ (Bayern). Die Regierung hebt durch Rescript an den Bischof
      von Regensburg ein von demselben im dortigen Schottenkloster er-
      richtetes Convict von (aus Italien vertriebenen) Jesuiten als verfassungs-
      und concordatswidrig auf. Der Bischof fügt sich „um der Regie-
      rung unter den gegenwärtigen Umständen keine weiteren Verlegen-
      heiten zu bereiten". Die Jesuiten erhalten Aufenthaltskarten und
      bleiben weiter unangefochten.

— Nov. (**Bayern**). Rundreise des Königs in Franken. Derselbe ist von den Mitgliedern des neuen kgl. Cabinets, Neumayr, Feilitzsch und Eisenhart begleitet und wird überall, namentlich in Nürnberg, aufs lebhafteste gefeiert.

1. Dec. (**Bayern**). Der Redacteur des Volksboten, Zander, wird wegen seines Widerstandes gegen das von der Regierung im Ministerium des Innern errichtete allgemeine offizielle Berichtigungsbureau (Dietrich) in erster Instanz freigesprochen.
10. „ (**Bayern**). Rückkehr des Königs von seiner Rundreise in Franken. Von der Pforden gibt seine Entlassung ein.
15. „ (**Hessen**). Allgemeine Landtagswahlen. Niederlage der bisher in die II. Kammer dominirenden (nationalvereinlichen) Fortschrittspartei. Das Resultat der Wahlen ergibt 20 Conservative, 13 Liberal-Conservative, 13 Mitglieder der Fortschrittspartei und 2 Demokraten (Mainz wählt ganz demokratisch).
20. „ (**Württemberg**). Prof. Pauli in Tübingen wird zur Strafe von der Regierung an ein niederes evangelisches Seminar versetzt und gibt seine Entlassung ein.
22. „ (**Hessen**). Eröffnung des Landtags. Eröffnungsrede des Ministerpräsidenten Dalwigk:

„Die kriegerischen Ereignisse des verflossenen Sommers und die denselben gefolgten Friedensschlüsse haben die politischen Zustände unseres deutschen Vaterlandes vollkommen umgestaltet. Oesterreich ist aus Deutschland ausgeschieden. Der Norden ist von den Staaten südlich des Maines getrennt, der Staatenbund, welchem Deutschland fünfzig Jahre des Friedens und der materiellen, wie der geistigen Entwicklung verdankte, besteht nicht mehr. Aber der Gedanke eines großen und gemeinsamen Vaterlandes, das Band, welches die deutschen Herzen umfaßt, kann nie untergehen und darin wurzelt unsere Hoffnung, daß der Tag kommen wird, an dem Deutschland zu neuer Einheit und Größe ersteht... Der Friedensvertrag vom 3. September laufenden Jahres bestimmt, daß die nördlich des Mains gelegenen Landestheile dem norddeutschen Bunde beitreten. So sehr es zu wünschen gewesen wäre, daß nicht bloß sämmtliche Theile dieses Landes, sondern auch sämmtliche deutsche Staaten diesseits des Maines in den Bund hätten aufgenommen werden können, so stellen sich doch der Erfüllung dieses Wunsches unübersteigliche Hindernisse entgegen. Es wird zunächst unsere Aufgabe sein, neben der treuesten und eiligsten Erfüllung der übernommenen neuen Bundespflichten dafür zu sorgen, daß durch die eigenthümliche Stellung der nördlich vom Main gelegenen Landestheile der einheitliche verfassungsmäßige Zusammenhang der verschiedenen Bestandtheile des Großherzogthums und die Rechtsgleichheit der drei Provinzen nicht wesentlich alterirt werde."

24. „ (**Bayern**). Die Regierung wird mit ihrer Klage gegen den Volksboten wegen des offiziellen Berichtigungsbureau's auch in zweiter Instanz abgewiesen.
25. „ (**Bayern**). Das neue kgl. Cabinetssecretariat wird schon wieder entlassen und App.-Ger.-Rath Lutz vom früheren Cabinetssecretariat neuerdings zum Chef desselben ernannt, Herr Pfistermeister in den erblichen Adelsstand des Königreichs erhoben.

29. Dec. Minister v. d. Pforbten erhält die nachgesuchte Entlassung.
30. „ (Württemberg). Das Landescomité der deutschen (preußenfreundlichen) Partei erläßt eine Ansprache an das Volk, in der es auf beschleunigte Revision der Verfassung bringt und Wiederherstellung des Gesetzes vom 1. Juli 1849 (bez. einer constituirenden Landesversammlung) fordert:

„...Nachdem das Land durch die Ereignisse des Jahres 1866 von dem Bann erlöst ist, in welchem es seit sechszehn Jahren niedergehalten worden war und seine Freiheit erhalten hat, die inneren Staatseinrichtungen nach eigenem Ermessen zu ordnen, erachten wir es auf das dringendste geboten, von dieser Freiheit Gebrauch zu machen und die Wiederherstellung des Gesetzes vom 1. Juli 1849, welches dem württembergischen Volk widerrechtlich und gewaltsam entzogen worden ist, zu verlangen. Bei der bevorstehenden Revision der Verfassung soll die königliche Gewalt das Volk gut zu regieren nicht beeinträchtigt, sondern sie soll im Gegentheil durch Beseitigung mancher Hindernisse, deren größtes der Vorbestand ist, gestärkt, aber zugleich der König der Gefahr einer Mißregierung entrückt werden."

31. „ (Bayern). Fürst v. Hohenlohe wird zum Minister des Auswärtigen und des kgl. Hauses ernannt.

V.
Oesterreich.

1. Jan. (**Venetien**). Oesterreich entschließt sich gegenüber der Bevölkerung Venetiens zu einem Schritte der Versöhnung. Ein kaiserl. Handschreiben an den Staatsminister gestaltet den sehr zahlreichen sog. freiwilligen Auswanderern (Flüchtlingen) seit 1859 die straffreie Rückkehr und die Hinausgabe ihres bisher mit Sequester belegten Vermögens.
3. „ (**Oberösterreich**). Landtag: Die Regierungsvorlage bez. einer neuen Territorialeintheilung des Kronlandes wird mit 34 gegen 8 Stimmen abgelehnt als zur Competenz des (sistirten) engeren Reichsraths gehörig. Auch die Landtage von Niederösterreich, Steiermark und Kärnthen erklären sich in der Frage für incompetent.
7. „ (**Siebenbürgen**). Ein kais. Rescript in Antwort auf die Adresse des Landtags ertheilt die Zustimmung dazu, daß die Revision der auf die Union zwischen Siebenbürgen und Ungarn bezüglichen Gesetzesartikel in Pesth durch die ungarischen und siebenbürgischen Deputirten gemeinschaftlich versucht werde, daß aber, bis ein solcher Beschluß oder Vergleich zu Stande komme, der die Sanction des Kaisers zu erlangen geeignet sei, der einberufene siebenbürgische Landtag nicht aufgelöst, sondern bloß vertagt werde. Das Rescript wird dem Landtage bloß verlesen und keine Discussion darüber gestattet.
8. „ (**Niederösterreich**). Der Landtag beschließt mit allen gegen 5 Stimmen eine (erledigte) Wahl in den Reichsrath vorzunehmen. Die Regierung erhebt keine Einsprache dagegen. Cardinal Rauscher, Bischof Feßler und Rector Jäger erscheinen nicht in der Sitzung, Schmerling und eine Anzahl Beamteler entfernen sich vor der Abstimmung. Mehrere andere Landtage der deutschen Kronländer folgen dem Beispiele Niederösterreichs.

8. Jan. (Venetien). Oesterreich versucht gegenüber Venetien einen weiteren Schritt der Versöhnung: Die Districtscommissariate sollen aufgehoben und die Stadt Venedig, von der Provinz Venedig abgelöst, ein eigenes Statut erhalten, eventuell die Competenz ihrer Repräsentation erweitert werden.
9. „ (Böhmen). Landtag: An die Stelle der ausgetretenen freisinnigen Großgrundbesitzer, Fürst Auersperg u. Gen., werden lauter (czechisch gesinnte) Feudale gewählt, wodurch die deutsche Partei am Landtag definitiv in die Minderheit geräth.
10. „ (Ungarn). Landtag: Der Fürst-Primas überreicht dem Landtage die Vorlagen der Regierung bez. Octoberpatent und Februarverfassung und bez. des Verhältnisses der Länder der ungarischen Krone unter einander.
13. „ (Tyrol). Landtag: Der Regierungscommissär stellt auch für Wälschtyrol eine ähnliche Amnestie wie für Venetien in Aussicht.
16. „ (Vorarlberg). Die Adresse des Landtags vom 16. Decbr. 1865 (s. dort) wird vom Kaiser nicht angenommen. Der Landeshauptmann v. Froschauer wird (6 Wochen vor vollendetem 40sten Dienstjahre und damit dem Rechte auf volle Pension) mit zwei Drittheilen seines Gehaltes pensionirt. Gegen mehrere Gemeinderäthe wird um ihrer Dank- und Vertrauensadressen an den Landtag willen Untersuchung eingeleitet „wegen Verbrechens der Störung der öffentlichen Ruhe". Weitere Adressen werden als politische Agitation von der Statthalterei aufs Strengste verboten.
18. „ (Böhmen). Der Kaiser bestätigt das sog. Sprachgesetz des vorigen Landtags, das die deutschen Schüler der Mittelschulen zwingt, sich auch das czechische Idiom anzueignen.
19. „ (Venetien) weist die Concessionen vom 8. d. M. zurück, der Stadtrath und die Provinzialcongregation von Venedig lehnen die Sonderstellung der Stadt ab. Die Centralcongregation von Venetien geht nur bedingungsweise darauf ein.
21. „ (Tyrol). Der Landtag beschließt, gegen die nicht erschienenen Deputirten von Wälschtyrol durch Neuwahlen einzuschreiten.
25. „ (Galizien). Landtag: Graf Goluchowski stellt den liberalen Antrag auf unbedingte Grundbesitzfähigkeit der Juden. Der Antrag wird gegen die Stimmen der masurischen Bauern und der Ruthenen an eine Commission gewiesen.
26. „ Eine Depesche des Grafen Bismarck unterzieht das ganze politische Regierungssystem Oesterreichs in Holstein vom Standpunkte der preußischen Regierung aus einer einschneidenden Kritik und stellt, wofern Oesterreich darauf beharre, einen Bruch der bisherigen Allianz in Aussicht (s. Deutschland).
28. „ (Croatien). Landtag: Der Adreßentwurf der (national gesinnten) Commissionsmehrheit wird der Adreßdebatte mit 140 gegen

7 Stimmen zu Grunde gelegt; 46 (magyarisch gesinnte) Mitglieder enthalten sich der Abstimmung.
29. Jan. Das Kaiserpaar geht nach Ungarn und wird in Pesth auf's Glänzendste empfangen.
30. „ Der Kaiser sanctionirt die von der protestantischen Synode von 1864 beschlossene Kirchenordnung, doch mit der Modification, daß der Kaiser nicht bloß als „Schirmherr", sondern als „Oberhaupt der Kirche" anerkannt werden soll.
31. „ (Triest). Der Landtag erklärt sich mit allen gegen 1 Stimme für die Ausdehnung des österr. Handelsvertrags mit Sardinien auf das ganze Königreich Italien.

2. Febr. Das ganze Ministerium wird zu einem Ministerrath nach Ofen beschieden, um sich über eine Antwort auf die preußische Depesche vom 26. Januar bez. Schleswig-Holstein schlüssig zu machen.
3. „ (Tyrol). Der Landtag genehmigt mit 39 gegen 11 Stimmen die Vorlage der Regierung, wonach akatholische Gemeinden mit dem Recht der Ausübung des öffentlichen Gottesdienstes von den competenten Behörden „nur im Einverständniß des Landtags" bewilligt d. h. vorerst verhindert werden sollen und beschließt weiterhin mit 33 gegen 17 Stimmen eine Adresse an den Kaiser gegen die Erlaubniß zum Gütererwerb und zur Ansäßigmachung von Nichtkatholiken und für „das hohe Glück der Glaubenseinheit".
7. „ Eine Depesche des Grafen Mensdorff an Preußen weist die in der preußischen Depesche vom 26. Januar enthaltene förmliche Anklage der österr. Politik in Holstein entschieden zurück unter der Andeutung, daß Oesterreich, selbst auf die Gefahr eines Bruches der Allianz mit Preußen, bei derselben zu beharren entschlossen sei (s. Deutschland).
9. „ (Croatien). Der Landtag nimmt ein die Union mit Ungarn beziehendes Amendement zur Adresse mit 99 gegen 94 Stimmen an.
10. „ (Croatien). Landtag: Die nach dem Beschlusse vom vorhergehenden Tage dualistisch amendirte Adresse wird mit 78 Stimmen der Magnatenpartei und ihrer Verbündeten gegen 22 Stimmen der Fraction des Bischofs Stroßmayer angenommen. 92 Stimmen der selbständig-nationalen Partei enthalten sich der Abstimmung. Die letztere Partei verlangt, daß ihr Adreßentwurf wenigstens als Beilage zu der beschlossenen Adresse dem Kaiser unterbreitet werde, kann es jedoch nicht zur Abstimmung darüber bringen.
12. „ (Krain). Der Landtag geht über einen Antrag der slovenischen Partei auf Regelung der Unterrichtssprache an den Volks- und Mittelschulen in ihrem Sinne nach leidenschaftlicher Debatte mit 18 gegen 13 Stimmen zur Tagesordnung über.
„ „ (Croatien). Der Banus wird durch Telegramm von der

Regierung aufgefordert, dem Kaiser auch die Adresse der Minderheit zu unterbreiten.

12. Febr. Der Gemeinderath von Venedig lehnt die von der Regierung geforderte Unterstützung des Theaters Fenice ab und nimmt in corpore seine Entlassung; Graf Bembo verlangt seine Demission als Podesta.

13. „ (Ungarn). Landtag: Das Oberhaus faßt in einer Anwandlung von Selbstständigkeit mit 136 gegen 53 Stimmen den Beschluß, eine eigene Adresse an die Krone zu erlassen.

14. „ (Mähren). Landtag: Der Antrag der czechischen Partei, daß Aenderungen an der Wahlordnung auch noch während der folgenden sechsjährigen Landtagsperiode mit absoluter, statt mit Drei-Viertel-Stimmenmehrheit beschlossen werden können, wird von der deutschen Partei mit Hülfe der entscheidenden kleinen Mittelpartei durch Uebergang zur Tagesordnung abgelehnt.

„ „ (Triest). Der Landtag lehnt den Antrag auf ausschließlichen Gebrauch der italienischen Sprache in der Stadt Triest in den Schulen und im amtlichen Verkehr mit allen gegen 3 Stimmen durch motivirte Tagesordnung ab.

15. „ Die Regierung versucht einen Schritt der Annäherung an das Königreich Italien: Graf Mensdorff macht in einer Dep. Frankreich und England die Anzeige, daß Oesterreich den sämmtlichen Provenienzen aus den italienischen Staaten die Rechte der meistbegünstigten Nation auf dem Boden des Handels- und Schifffahrtsvertrages mit Sardinien von 1851 beigelegt habe und spricht die Erwartung aus, die Regierung des Königs Victor Emanuel werde die entsprechende Verfügung treffen. Andernfalls werde Oesterreich seine Maßregel wieder zurückziehen, die es allein zur Belebung des Handelsverkehrs zwischen zwei benachbarten Nationen getroffen habe. Das politische Verhältniß zu der Regierung des Königs Victor Emanuel werde durch die obige Verfügung nicht berührt. Eine Verordnung des Handelsministers an die Zollbehörden ertheilt ihnen die diesbezüglichen Weisungen.

„ —24. Febr. (Ungarn). Unterhaus: Adreßdebatte. Entwurf der Adreßcommission (Majorität der Partei Deak). Ein von dem Serben Stratimirovic gestellter und von den nicht-magyarischen Abgeordneten lebhaft unterstützter Antrag statt „Nation" zu sagen „Nationen Ungarns" wird verworfen. Partal (Vicepräsident der Statthalterei) und Appouyi beantragen ein Amendement, wonach der Landtag sich mit der theoretischen Anerkennung der Rechtscontinuität von Seite der Regierung begnügen und erst die Revision der 48er Gesetze vornehmen sollte, bevor dieselben practisch eingeführt würden, ziehen aber nach zweitägiger heftiger Debatte darüber ihren Antrag plötzlich zurück, worauf der Entwurf fast einstimmig angenommen wird:

„... 44. Ew. Maj. wollen uns nicht mit Ihrer absoluten fürstlichen Gewalt eine neue Verfassung octroyiren, und wir, die wir durch die rechtlich bestehenden Grundgesetze der ungarischen Verfassung gebunden sind, wären zur freiwilligen und ungezwungenen Annahme einer solchen octroyirten Verfassung auch nicht berechtigt. Ew. Maj. richtet an uns, von der pragmatischen Sanction ausgehend, die Aufforderung auf verfassungsmäßigem Weg zu ändern, was in unsern Gesetzen fehlerhaft, zu ergänzen, was mangelhaft ist. Aber das Land steht auch jetzt fortwährend unter absoluter Regierung. Unsere Verfassung, auf deren Grundlage wir das Gesetzgebungsrecht auszuüben hätten, ist in ihren wesentlichen Theilen auch jetzt noch suspendirt. Unsere sanctionirten Gesetze, von denen Ew. Maj. selbst gnädig anerkennen, daß gegen ihre formelle Gesetzlichkeit keine Einwendung gemacht werden kann, werden factisch als nicht vorhanden betrachtet; hingegen werden solche Verordnungen, welche mit Beseitigung unserer Grundgesetze, ja gegen dieselben erlassen wurden, und welche die heiligsten Interessen der Staatsbürger, ja sogar den innern Frieden der einzelnen Religionsgenossenschaften fortwährend stören, auch jetzt noch zum großen Theil aufrecht erhalten; wir haben keine parlamentarische Regierung, keine verantwortlichen Minister; die Municipien, Comitate, Distrikte, Städte haben ihre verfassungsmäßige Stellung noch jetzt nicht zurückerlangt, und in allen Zweigen der Administration herrscht das absolute System. Zwei von einander unabhängige Beamtenkörper führen auf dem Gebiet unsers Vaterlandes die Verwaltung, und keiner von beiden ist verfassungsmäßig. Ja der eine ist überdieß sogar fremd, indem derselbe von der ungarischen Regierungsgewalt durchaus unabhängig ist. 45. Rechtscontinuität erbitten wir daher von Ew. Maj. im Sinn unserer Gesetze, insbesondere parlamentarische Regierung, verantwortliches Ministerium und die verfassungsmäßige Wiederherstellung der Municipien. Wir verlangen nur die Vollziehung des Gesetzes, denn das nicht vollzogene Gesetz ist ein todter Buchstabe; ohne Rechtscontinuität ist die Verfassung leblos. Wir bitten um keine politische Unmöglichkeit; es ist nicht unsere Absicht, die Sicherheit des Reichs zu gefährden, oder die gesetzlichen Rechte unsers Monarchen zu beeinträchtigen, und stets werden wir die gerechten Ansprüche der verbündeten Länder würdigen. Auch wir betrachten diese als hochwichtige öffentliche Interessen, aber wir sind überzeugt, daß die Ernennung des verantwortlichen ungarischen Ministers und die verfassungsmäßige Wiederherstellung der Municipien mit den hochwichtigen essentiellen Interessen nicht collidiren. 46. Wir wissen, daß nach dem, was seit siebzehn Jahren ohne unsern Einfluß geschehen, die Uebergangsperiode viele Schwierigkeiten bieten werde; wir wissen, daß die factische Uebernahme und Einrichtung mehrerer Zweige der Administration längere Zeit beansprucht und vielleicht auch mit manchen Verwicklungen verbunden ist, deren Applanirung große Vorsicht erheischen wird. Aber alle diese Rücksichten machen die fernere Aufrechthaltung des absoluten Systems nicht zur unabweislichen Nothwendigkeit, und schließen die Möglichkeit dessen nicht aus, daß unsere Verfassung thatsächlich leben solle auch in der Zwischenzeit, während welcher wir über die Abänderung der einzelnen Gesetze berathen. 47. In einer Uebergangsperiode kann das Vorgehen des verantwortlichen Ministeriums nicht in allem so streng regelrecht sein, als im regelmäßigen Verlauf des nie getrübten und nie unterbrochenen constitutionellen Lebens. Unser Landtag wird dieses immer vor Augen halten und wird das Verfahren des verantwortlichen ungarischen Ministeriums als einer parlamentarischen Regierung hinsichtlich alles dessen, was die Betreibung des Ausgleichs auf constitutionellem Weg, die Uebernahme und zeitweilige Leitung der Verwaltung betrifft, anstatt mit Strenge, mit rücksichtsvoller Nachsicht beurtheilen; so wird bereit sein, das nach diesen Zielen gerichtete aufrichtige Streben nach Möglichkeit zu unterstützen. 48. Auf diese Weise werden die etwa auftauchenden Schwierigfeilen beseitigt werden können, und sie werden gewiß vermieden werden, wenn auch die k. Macht Ew. Majestät das eifrige Streben des Landtags in dieser Hinsicht gnädigst unterstützt. Die Wiederherstellung dieses wesentlichen Theils unserer Verfassung wird das Vertrauen der Nation steigern, und wird jene Bedenken zu nichte machen, welche den ersehnten Erfolg am meisten vereiteln könnten. Das verantwortliche Ministerium wird vermöge seiner Ernennung das Vertrauen Ew. Maj. besitzen, es wird aber auch als parlamentarische Regierung das Vertrauen der Nation besitzen. Auf Grund dieses doppelten Vertrauens, in immerwährender Berührung mit beiden Theilen, wird es dadurch, daß seine Mitwirkung den Gang der Vergleichsverhandlungen des Reichstags erleichtern, es kann mit seinen Aufklärungen viele Zweifel im vorhinein beheben und es kann die abweichenden Meinungen einander näher bringen; ja, da es vermöge seiner amtlichen Stellung häufiger mit den Staatsmännern der übrigen Länder Ew. Maj. in Berührung kommt, kann es auch in dieser Hinsicht die Lösung vieler schwierigen Fragen befördern. 49. Wenn hingegen Ew. Maj. diese unsere gerechte und billige Bitte nicht erfüllen und, das absolute Regierungssystem auch ferner aufrechthaltend, uns die Wiederherstellung der parlamentarischen Regierung und des verantwortlichen Ministeriums verweigern sollten, so würden schwere Besorgnisse wieder unsere Gemüther erfüllen, und unsere erschütterte Hoffnung würde die Bewahrung unserer Seelenruhe erschweren, welche wir doch bei der Lösung der uns vorgelegten schwierigen Fragen so sehr vonnöthen haben. Dieser gegenwärtige Landtag wurde einberufen auf Grund der auch durch die pragmatische Sanction garantirten Verfassung. Seine Aufgabe ist: einige wesentliche Punkte unserer Gesetze zu modificiren, den König von Ungarn zu krönen, und die glücklichen Zukunft des Vaterlands zu begründen. Möge uns Ew. Maj. gnädigst berücksichtigen, was das für eine Lage wäre, wenn das Land gerade da, wo es durch seine Vertreter dieses verfassungsmäßige Recht ausübt, in allem übrigen außerhalb der Verfassung stünde! 50. Nächst der parlamentarischen Regierung und dem verantwortlichen Ministerium ist die gesetzliche Autonomie der Municipien, der Comitate, Districte und Städte das zweite wesentliche Erforderniß unserer Verfassung, und diese beiden stehen in unzertrennbarem Zusammenhang mit einander. 51. Alle Institutionen Ungarns durchweht der Geist der Selbstregierung; dieser vereinigt die besten Kräfte zur Unterstützung der Regierung; dieser setzt den gesetzwidrigen Ueberschreitungen der amtlichen Gewalt Schranken; dieser hat während unsres constitutionellen Lebens unser Vaterland vor dem bureaukratischen System bewahrt, welches zu den Institutionen, dem öffentlichen Leben und den Gewohnheiten des Landes in offenbarem Widerspruch steht. 52. Insolange jene Selbstregierung der Behörden nicht wiederhergestellt wird, welche die Verfassung ihnen zugewiesen hat, so lange kann das constitutionelle Wirken des Volks nicht der Regierung zur Hülfe dienen; in Ermangelung der Oeffentlichkeit wird auch die Controle mangelhaft sein, und darunter leidet am meisten das Vertrauen zu den Beamten; die Verwaltung aber wird auf anderm Weg mit solcher Kostenersparniß kaum zweckmäßig eingerichtet werden können. Die Autonomie der Municipien ist ein Hauptbestandtheil der Selbständigkeit der innern Regierung des Landes, welche ja auch Ew. Majestät gnädigst anzuerkennen geruht hat. 53. Jedermann wünscht es aufrichtig, daß die obschwebenden wichtigen Fragen zur allgemeinen Zufriedenheit ausgeglichen werden mögen. Die allgemeine Zufriedenheit aber kann man auch bei zweckmäßigen Veränderungen nur dann mit Gewißheit erhoffen, wenn die Ideen auch beim Volke durch die Kenntniß des Gegenstands und der Situation reif werden; dieses aber wird durch nichts leichter bewirkt, die Befangenheit und die unbegründete Furcht vor dem Unbekannten wird durch nichts schneller besiegt, als durch den öffentlichen Ideenaustausch. Was in dieser Richtung die Presse leisten kann, das ist mehr theoretischer Natur und jedenfalls auf einen kleinen Kreis beschränkt, während hingegen jene Oeffentlichkeit, welche mit dem constitutionellen Leben der Municipien verbunden ist, die Menschen aus verschiedenen Gegenden auf practischem Gebiet zusammenführt und die durch den Austausch der Ideen geläuterten Begriffe üben in ihrer weiteren Verzweigung ihre Wirkung auch auf die untern Schichten des Volks aus. Wir sind daher überzeugt, daß jene allgemeine Befriedigung, ohne welche der Ausgleich nicht segenbringend sein kann, durch nichts mehr befördert werden wird, als durch die Wiederherstellung der gesetzlichen Autonomie der Municipien. 54. Wir glauben auch nicht, daß durch diese Wiederherstellung der Municipien auch nur zeitweilig wesentliche Schwierigkeiten für die Regierung des Reichs entstehen könnten; denn wir sind überzeugt, daß der Reichstag auch mittlerweile bereit sein wird, dem verantwortlichen ungarischen Ministerium Ew. Majestät jene Macht und jene Mittel zu verleihen, welche zur Beseitigung solcher Schwierigkeiten erforderlich sein werden. 55. Demzufolge hoffen wir zuversichtlich, daß Ew. Majestät diese unsere Bitten gnädigst erfüllen werden, da sie durch die Bestimmung unseres Grundgesetze, die Interessen der Verwaltung und durch die politische Opportunität in gleicher Weise begründet sind."

18. Febr. Sämmtliche Minister werden neuerdings zum Kaiser nach Pesth beschieden, um die Antworten auf die ungarische und die croatische Adresse festzustellen.

20. „ (Croatien). Der Landtag beschließt eine Repräsentation an den Kaiser, die in Croatien und Slavonien bereits angeordnete Recrutirung zu sistiren, bis der Landtag die bezüglichen Bestimmungen festgesetzt haben werde. — Die Deputirten der Militärgränze müssen auf Befehl des Kaisers wieder nach Hause entlassen werden.

„ „ Urtheil in dem Staatsprocesse gegen die Theilnehmer des Friauler Putsches: 55 werden zu fünfjährigem schwerem Kerker verurtheilt, 12 von der Instanz entbunden, 156 begnadigt, 9 für schuldlos erklärt.

21. „ (Venetien). Die Demission des Podesta und der Municipalität von Venedig wird vom Kaiser angenommen.

22. „ (Ungarn). Das Oberhaus nimmt den vorgeschlagenen besonderen Adreßentwurf an, der jedoch im Princip mit demjenigen des Unterhauses übereinstimmt.

„ „ (Croatien). Die Deputation des Landtags überreicht dem Kaiser auf der Burg zu Ofen die Adresse. Antwort des Kaisers:

„...Die Erfüllung meiner Absichten erwarte Ich von dem freien eigenen Verständniß, dem sich die getreue Nation in ihrem patriotischen Streben und bei leidenschaftslos ruhiger Ueberlegung nicht verschließen wird. Alle Fragen, welche das Interesse des Landes berühren, werden in dem gegenwärtigen Augenblicke durch die gewichtige und unabweisliche Forderung weit übertragt, die im Rechte begründeten gegenseitigen Beziehungen der unter der heiligen Stephanskrone vereinigten Länder zu regeln und ihre innige unzertrennliche Verbindung mit meinem Gesammtreiche in einer den Bedürfnissen der Zeit entsprechenden Weise zu sichern. Deßhalb hege ich den lebhaften Wunsch, daß die zur Verständigung mit der Vertretung meines Königreichs Ungarn führenden vorbereitenden Schritte von Seite des croatischen Landtags ohne Zögern erfolgen mögen."

24. „ (Böhmen). Die Universität Prag richtet gegen den im Landtag von Rieger gestellten und von der Majorität der Commission

unterstützten Antrag auf Czechisirung der Universität eine Denkschrift an die Staatsregierung, in der sie die Frage für eine Reichs= angelegenheit erklärt.

26. Febr. Laue Feier des Jahrestags der Februarverfassung in den meisten Kronländern. In Wien geht der Tag ganz still vorüber. Nur in Prag wird er von den Deutschen mit Nachdruck begangen.

„ „ (Böhmen). Judenhetzen in verschiedenen Theilen des König= reichs.

27. „ (Ungarn). Der Kaiser nimmt in Ofen die Adressen beider Häuser des Landtags entgegen. In seiner Antwort erwartet er von den Magnaten, daß sie „getreu ihrer traditionellen Mission das Gewicht ihrer weisen Mäßigung geltend machen werden", dem Unter= hause erklärt er, daß er an den Grundprincipien der Thronrede (s. 14. Dec. 1865) im Interesse der gesammten Völker Oesterreich entschieden festhalten müsse. Nach der Antwort verläßt der Kaiser rasch den Saal und die Deputation zieht sich betroffen ohne den leisesten Eljenruf zurück.

„ „ (Croatien). K. Antwortsrescript auf die Adresse des Landtags: „Mit Befriedigung haben wir Eurer Adresse entnommen, daß Ihr, den negativen Standpunkt des Jahres 1861 verlassend, die durch die Großmächte= stellung der Monarchie geforderte gemeinsame Behandlung der gemeinsamen Angelegenheiten des Reiches, wie dieß in unserem Diplome vom 20. Oct. 1861 als Grundgedanke ausgesprochen wurde, im Principe anerkennt. Da Ihr euch sodann vollkommen bereit erklärt, zur Lösung der staatsrechtlichen Fragen in einer die Machtstellung des Reiches sichernden Weise mitzuwirken, und da Ihr dieß am Zweckdienlichsten im Vereine mit dem Königreiche Ungarn thun zu können vermeint, so mögen wir Euch, damit die Erledigung dieser dringenden Frage nicht durch formelle Bedenken in die Länge gezogen werde, mit aller Wärme hiemit aufgefordert haben, im Hinblicke auf das in den Adressen der beiden Häuser des ungarischen Landtages bereits kundgegebene bereitwillige Entgegenkommen sofort zur Wahl einer Deputation zu schreiten, welche mit einer Deputation bis zu Pesth tagenden ungarischen Landtages über das gegenseitige staatsrechtliche Verhältniß sowohl, als über jenes zum Reiche in Unterhandlung zu treten hätte, wobei es Euch freisteht, unter Wahrung Eurer berechtigten Autonomie und durch Vorbehalt der Beistimmung Eures eigenen Landtages hinlängliche Garantien für die Aufrechterhaltung Eurer nationalen Interessen zu gewinnen. Auf diese Weise wird es früher gelingen, ein das staatsrechtliche Verhältniß der Länder der h. Ste= phanskrone umfassendes Inauguraldiplom zu Stande zu bringen und zu dem von uns und Euch gleich warm ersehnten Krönungsacte zu schreiten. Eure aller= unterthänigste Bitte um Vereinigung Dalmatiens mit Croatien und Slavonien belangend, sehen wir uns wiederholt veranlaßt, Euch wegen der vielen erst zu lösenden, bereits in unserem k. Rescripte vom 8. Novbr. 1861 genau erörterten Vorfragen zu bedeuten, daß wir, an der in unserem k. Rescripte vom 2. Nov. b. J. gegebenen Erklärung festhaltend, es ganz bestimmt ab= lehnen müssen, vor Festellung des staatsrechtlichen Verhältnisses Croatiens und Slavoniens zu Ungarn einerseits und andererseits zur Gesammtmonarchie in eine weitere Erörterung dieser Frage einzugehen. So bereitwillig wir endlich anerkannt haben und wieder anerkennen, daß das gegenwärtige Gebiet der croatisch=slavonischen Militärgränze einen integrirenden Theil dieser Kö= nigreiche bildet, so bedauern wir dennoch, Euch mit Entschiedenheit erklären zu müssen, daß die Rücksicht auf die Wehrkraft unserer Gesammtmonarchie es uns nicht gestattet, die bestehende Verfassung der Militärgränze durch faktische Vereinigung derselben mit dem Mutterlande unter einer gemeinschaftlichen Provinzialadministration aufzuheben, weil bei der unbedingt nothwendigen Aufrechterhaltung der Wehrkraft die Instituirung von Civilautoritäten nur zu sehr den Dienst und die Ordnung abträglgen Collisionen führen würde. Wir können mit um so größerer Beruhigung für unser väterliches Gewissen bei diesem Beschlusse beharren, als wir uns bewußt sind, solche Fürsorge und solche Verbesserungen schon getroffen zu haben und noch treffen zu wollen, welche den Zustand der Militärgränze weit mehr als einen Segen, denn als eine Beschwerde für seine getreuen und tapferen Söhne erscheinen lassen. Wir geben uns der zuversichtlichen Hoffnung hin, daß Ihr mit politischem Verständniß und mit der altbewährten Treue und Anhänglichkeit an unsere Person die Größe und die Wichtigkeit des Momentes und des Gegenstandes erfassen, unserem väterlichen wohlmeinenden Rathe nachkommen und nur das Mögliche und praktisch Erreichbare anstreben werdet. Dringend fordern wir Euch deswegen auf, mit Vermeidung aller Nebenrücksichten und Beseitigung aller Hindernisse, und um auch dem ohnehin schwer belasteten Lande nicht noch größere Opfer aufzubürden, zu den die Lösung der für alle Völker unseres Reiches gleich wichtigen staatsrechtlichen Fragen bedingenden Maßnahmen ungesäumt zu schreiten."

Ein weiteres kgl. Rescript an den Landtag lehnt seine Bitte um Einstellung der Recrutirung ab.

Der Landtag protestirt einstimmig dagegen, daß Fiume und dessen Bezirk ohne Einwilligung des croatischen Landtags in ein Separatverhältniß zum Königreich Ungarn treten könne.

28. Febr. (Ungarn). Das Unterhaus hört mit tiefem Schweigen den Bericht über den Empfang der Adreßdeputation durch den Kaiser an. Deak beantragt die Niedersetzung einer 67er Commission (52 Ungarn und 15 Siebenbürger) behufs Feststellung der gemeinsamen Reichsangelegenheiten.

1. März. (Böhmen). Landtag: Universitätsfrage. Majoritätsantrag der Commission (für Czechisirung nach Rieger), Minoritätsantrag (Befragung der Universität). Erklärung des Regierungscommissärs. Der Minoritätsantrag wird mit 121 gegen 101 Stimmen verworfen.

2. „ (Böhmen). Landtag: Universitätsfrage. Es wird ein vermittelnder Antrag des Grafen Leo Thun angenommen, dahin gehend, daß es den Professoren und Docenten der Universität Prag in Zukunft frei stehen solle, deutsch oder czechisch vorzutragen und daß die Examina und Staatsprüfungen auch in czechischer Sprache sollen abgelegt werden können. Die Czechen, der Adel und der Clerus stimmen dafür, nur die deutsche Partei dagegen.

3. „ (Ungarn). Ein sehr einläßliches Rescript des Kaisers in Antwort auf die Adresse des Landtags lehnt die Forderungen desselben ab und beharrt auf den bisherigen Begehren der Krone im Interesse der Gesammtmonarchie:

„...Wir haben selbst jenen Ländern unseres Reiches, welche bisher keine verfassungsmäßigen Rechte besaßen, solche verliehen. Es liegt uns daher die Forderung ferne, daß Ungarn keine verfassungsmäßige Selbständigkeit und gesetzliche Unabhängigkeit zum Opfer bringe. Wir erwarten jedoch, und im Vertrauen auf die Einsicht und klare Auffassung der Interessen des Landes können wir es auch mit Recht erwarten, daß Ungarn seine verfassungsmäßige Selbständigkeit, deren nothwendige Grenzen wir in unserer Thronrede im Geiste der pragmatischen Sanction vorgezeichnet haben, nicht zur eigenen Isolirung, die nur zur Schwäche führt, sondern als Mittel zur Geltendmachung seiner wahren und dauernden Interessen benützen wolle und werde. Die Ausübung des berechtigten Einflusses auf die gemeinsamen Angelegenheiten bildet einerseits die sicherste Gewähr der gesetzlichen Selbständigkeit des Landes, während andererseits die wohlthätige Wirkung dieses Einflusses sich auch in Bezug auf die Wohlfahrt, Sicherheit und Macht des Reiches unverkennbar beibäthigen wird. Mit Befriedigung werden wir daher den Beginn der diesbezüglichen Berathungen wahrnehmen und wir bezweifeln es nicht, daß im Verlaufe der eingehenden Berathung dieser Fragen auch die Nothwendigkeit einer eindringlichen Prüfung und zweckmäßigen Modification der 1848er Gesetze von selbst hervortreten wird. Die Lösung der Frage der gemeinsamen Angelegenheiten findet also bloß in der Feststellung derselben ihren befriedigenden Abschluß, sondern bedingt nothwendiger Weise auch deren einheitliche, gegen jedes Hemmniß gesicherte Behandlung, so wie die Begründung eines übereinstimmenden Zusammenwirkens sowohl der gesetzgebenden, als auch der vollziehenden Gewalt. Eine derartige selbständige Behandlung der hierauf bezüglichen Regierungszweige, wie dieß der 3. Gesetzartikel vom Jahre 1848 ohne den erforderlichen organischen Zusammenhang bestimmte, schließt die Möglichkeit einer erfolgreichen Behandlung der gemeinsamen Angelegenheiten aus. Die Modification dieser Gesetze ist übrigens, wie wir dieß schon in unserer Thronrede erklärten, auch aus dem Grunde nothwendig, weil einige Bestimmungen des 2., 3. und 4. Gesetzartikels vom Jahre 1848 geradezu gegen unsere königlichen Herrscherrechte verstoßen. Die Durchführbarkeit der im 3. Gesetzartikel aufgestellten Regierungsform ist durch den im 2. Artikel erwähnten, mit königlicher Vollmacht ausgestalteten Stellvertreter bedingt. Der Grundsatz der durch die pragmatische Sanction begründeten Einheit der Monarchie, die darauf beruhende Aufgabe unseres Herrscheramtes ebensowohl als jene persönlichen Gefühle, welche wir für unser Königreich Ungarn in unserem väterlichen Herzen hegen und welche uns bewegen, dieses unser verfassungsmäßiges Herrscherrecht unmittelbar auszuüben, gestatten uns nicht, in die Bestellung eines solchen Stellvertreters jemals einzuwilligen; gleichwie wir uns auch mit jener Bestimmung des 4. Gesetzartikels nicht einverstanden erklären können, nach welcher die Auflösung des Landtages vor der Feststellung des Budget nicht bewerkstelliget werden könnte. Wir wollen nicht bezweifeln, daß die Beweggründe, welche die Anhänglichkeit des Landes an seine verfassungsmäßigen Rechte zu einem so hohen Grade der Pietät steigern, dasselbe auch dort leiten werden, wo es sich um die Unverletzlichkeit der Rechte und Autorität der Krone handelt, welche der Schlußstein der Verfassung sind."

Weiter wird auf die Schwierigkeiten aufmerksam gemacht, welche der sofortigen Wiederherstellung des Municipalsystems schon aus dem Grunde entgegenstehen, weil ohne die höchste Gefährdung der Bedürfnisse der inneren Verwaltung die provisorischen Bestimmungen des 16. und 17. Gesetzartikels von 1848 nicht durchgeführt werden können. Die Gesetze vom Jahre 1848 haben, indem sie die Gestaltung der Landesverwaltung veränderten, ohne dieselbe mit dieser altehrwürdigen Institution (dem Municipalsystem) in Einklang zu bringen, einen principiellen Gegensatz geschaffen, dessen Ausgleichung nur auf Grund der eindringlichsten Prüfung und einer reiflichen Erörterung zu gewärtigen ist". Als ein solcher Gesetzartikel von 1848, dessen Aufhebung "unabweisbar nothwendig", wird ferner ausdrücklich der 22. über die Nationalgarde bezeichnet. "Wünschenswerth erscheint es außerdem — fährt hierauf das Rescript fort — daß alle jene Bestimmungen der Gesetze vom Jahre 1848, welche bisher durch uns nicht in Wirksamkeit gesetzt worden sind, sorgfältig geprüft werden. Diese Gesetze, die unter dem Drucke der damaligen welterschütternden Ereignisse entstanden sind, tragen den Charakter der Uebersürzung an sich, wie denn dieß nicht nur aus der theoretischen Prüfung derselben hervorgeht, sondern auch durch die praktische Erfahrung, z. B. in Betreff des Wahlgesetzes bestätigt wird, dessen Anwendung nun schon zweimal versucht worden ist. Hieraus folgt selbstverständlich, daß wir in eine thatsächliche Wiederherstellung dieser Gesetze, welche auf Grund der Rechtscontinuität beansprucht wird, im Gefühle unserer Regentenpflicht nicht willigen können, bevor dieselben sorgsam überprüft, den Anforderungen der sachlichen Verhältnisse angepaßt und nach den Lehren der Erfahrung vervollkommnet werden. Nicht eine momentane Befriedigung, sondern das Zustandekommen dauerhafter und zweckentsprechender Einrichtungen ist der Wunsch unseres väterlichen Herzens. Unser Herrscherberuf, sowie die Pflichten gegen alle unsere Völker verbieten es uns, vor Begründung der zukünftigen Ordnung der verschiedenen Zweige des öffentlichen Dienstes den bestehenden Organismus dem Zerfalle zuzuführen, die Räder der Staatsmaschine zu hemmen, einen provisorischen Zustand mit einem anderen provisorischen zu vertauschen und hiedurch die begonnene Beruhigung der Gemüther in weiteren Kreisen zu erschüttern. Die Vertreter des Landes fühlen gleichfalls die Schwierigkeiten dieses Uebergangs und erklären sich in Betracht derselben anstatt der Geltendmachung der Anforderungen strenger Gesetzlichkeit zu einer billigen Berücksichtigung der Verhältnisse bereit. Von ihnen hängt es ab, die Schwierigkeiten zu vermindern, welche unserem väterlichen Streben nach Wiederherstellung ihrer Verfassung entgegenstehen, wenn sie geneigt sind, ein erhöhtes Maß dieser Billigkeit der Beurtheilung der gegenwärtigen Zustände zuzuwenden. Niemand mehr denn wir war von dem Gewichte dieser Schwierigkeiten und Hindernisse durchdrungen, welche sich dem von uns begonnenen Werke der Verständigung nicht bloß in Einer Richtung entgegenstellten. Dennoch haben wir mit Selbstüberwindung und festem Entschlusse, begrüßt und begleitet von den vertrauensvollen begeisterten Kundgebungen des Landes, diesen Boden betreten, auf welchem wir mit Zuversicht der bereitwilligen Unterstützung der Stände und Vertreter des Landes zu begegnen hoffen, sowie wir die Ehre des Erfolges mit dem Lande theilen werden, auch das Gewicht der Verantwortung das Land wie uns treffen wird. Unter den derwaligen außergewöhnlichen Umständen sehen wir in der alleinigen Möglichkeit einer praktischen Anwendung der Rechtscontinuität darin, daß die Abänderung der Gesetze nur auf Grund einer landtäglichen Vereinbarung zu geschehen habe, deren Zustandekommen das Zusammenwirken der berechtigten Factoren der ungarischen Gesetzgebung voraussetzt; einer Vereinbarung, gerechtfertigt durch das Zeugniß der Geschichte, deren Blätter wiederholt lehren, daß unter ähnlichen Verhältnissen ein gleiches Verfahren eingehalten wurde. Dieser Vorgang erscheint um so nachahmungswerther, je mächtiger die Erschütterung war, deren bedauerliche Folgen zu beheben das Ziel unserer gemeinsamen Bestrebungen ist. In dieser Weise kann die Verständigung zu Stande kommen, können die Schwierigkeiten beglichen und alle jene Verhältnisse geordnet werden, welche ins Reine gebracht und geregelt werden müssen, wenn wir die Quelle künftiger Verwicklungen dauernd verschließen wollen. Tief empfinden auch wir das Gewicht der auf uns lastenden Pflichten. Wir fühlen die staatsrechtliche Bedeutung der königl. Salbung und die Heiligkeit des Eides, mit welchem der gekrönte König die unverbrüchliche Aufrechterhaltung

16*

der Verfassung gelobt. Aber eben weil wir die Krönung nicht bloß für eine feierliche Ceremonie halten, können wir in die Wiederherstellung solcher gesetzlichen Bestimmungen nicht willigen, deren unverletzte Aufrechterhaltung mit unserm Eide zu bekräftigen, uns unser religiöses Gefühl und demnach die Stimme unsers Gewissens verbietet. Wir sind überzeugt, daß in diesen unsern religiösen Gefühlen die landtäglich versammelten Stände und Vertreter die sicherste Gewähr für den verfassungsmäßigen Bestand des Landes erkennen werden." Der nächste Absatz enthält die nicht ganz unverklausulirte Zusage einer Amnestie nach der Krönung. „Nachdem dieser feierliche Act hoffentlich zugleich den Schwankungen des politischen Lebens ein Ende machen wird, werden wir … ohne Gefährdung der öffentlichen Ordnung das edelste unserer kgl. Rechte in vollem Maße ausüben können". In Betreff der Ergänzung des Landtags aus Croatien, Fiume ꝛc. ꝛc. wird deren „eingehende Verhandlung" dem Zeitpunkte vorbehalten, wo die Resultate der Verhandlungen des croatischen Landtags in Folge des k. Rescripts v. 27. Febr. vorliegen werden, „da diese Frage mit der glücklichen Lösung der schwebenden staatsrechtlichen Verhältnisse Croatiens und Slavoniens in enger Verbindung stehen". Die Aufsicherung des Landtags wegen der gegen alle Klassen der Bevölkerung ohne Unterschied der Religion und Sprache zu übenden Gerechtigkeit und Billigkeit wird „mit Vergnügen" gutgeheißen und bereitwilligste Förderung der dahin zielenden legislativen Bestrebungen zugesagt, worauf das Rescript mit folgenden Worten schließt: „Von der energischen Thätigkeit und weisen Fürsorge der landtäglich versammelten Stände und Vertreter hängt es nunmehr ab, jenen Zeitpunkt zu beschleunigen, wo uns solche Entwürfe unterbreitet werden können, welche mit unsern Majestätsrechten, den berichtigten Anforderungen unsers Reiches und den billigen Ansprüchen der Nebenländer im Einklange stehen. Wir werden jenen Moment zu den glücklichsten unseres Lebens zählen, in welchem wir das beruhigende Bewußtsein schöpfen werden, daß wir durch die k. Bestätigung dieser Entwürfe die wahre Wohlfahrt Ungarns und aller unserer Völker befördert und den Grundstein niedergelegt haben, auf dem sich die erhöhte Wohlfahrt, die Kraft und Sicherheit, so wie die Macht unserer Monarchie dauernd erheben kann."

3. März. (**Siebenbürgen**). Die sächsische Nationsuniversität beschließt in Uebereinstimmung mit ihrer Repräsentation vom 6. November 1865 eine neue Repräsentation an den Kaiser, unter ausführlicher Darlegung ihrer Rechtsbedenken und Rechtsverwahrungen dahin gehend:

„Se. Maj. möge den gesetzlichen Einfluß Siebenbürgens auf die verfassungsmäßige Rechtsgestaltung des Reiches ungeschmälert wahren, und die über die Vereinigung Siebenbürgens und Ungarns obschwebenden Fragen der verfassungsmäßigen abgesonderten Berathung und Schlußfassung des siebenbürgischen Landtags nach dessen gesetzlicher Competenz vorbehalten."

„ „ (**Croatien**). Der Landtag weist das k. Rescript vom 27. Febr. an eine Commission. Die Unionisten, 39 Stimmen, wollen sofort nach Pesth wählen.

5. „ Das Kaiserpaar kehrt von Pesth-Ofen wieder nach Wien zurück.

7—13. März. Sitzungen des Marschallsraths unter dem Vorsitze des Kaisers. Einberufen sind zu demselben: die Commandanten aller 4 Armeen und sämmtlicher 12 Armeecorps, mit wenigen durch persönliche Verhältnisse begründeten Ausnahmen, die Adjutanten und Generalstabschefs dieser Armeen und Armeecorps, endlich einige in

Wien befindliche militärische Notabilitäten, wie der alte Feldmarschall Heß und mehrere Offiziere des großen Generalstabs.

8. März. (Croatien). Landtag: Debatte über das königliche Rescript vom 27. Februar. Es wird beschlossen, zu den Unterhandlungen mit Ungarn eine Deputation von 12 Mitgliedern abzusenden, jedoch nicht mit unbedingter Vollmacht, sondern mit gemessenen Instructionen.

9. „ (Croatien). Landtag: Debatte über die Instructionen für die Deputation nach Pesth. Es wird darin mit 64 gegen 56 St. beschlossen:

„Strenges Festhalten an dem Grundsatze, daß das dreieinige Königreich in dem für die Behandlung der gemeinschaftlichen Reichsangelegenheiten zu schaffenden Centralorgan direct und als besondere politische Individualität vertreten sein soll."

Die unionistische Partei enthält sich in Folge dieses Beschlusses der Theilnahme an der Wahl der Deputation.

11. „ Einer allerhöchsten Entschließung zufolge sollen vom Jahre 1866 an bis 1870 einschließlich Werbungen für das österreichische Freiwilligencorps in Mexico stattfinden. Die Anzahl der anzuwerbenden Mannschaft wird alljährlich nach Maßgabe des Bedarfs festgesetzt werden, darf jedoch 2000 Mann nicht übersteigen, mit Ausnahme des gegenwärtigen Jahres, für welches dieses Maximum verdoppelt ist. Damit die günstige Jahreszeit zur Ueberschiffung nach Mexico (der Anfang des Monats Mai) nicht versäumt werde, sollen in diesem Frühjahr vorläufig nur 1000 Mann angeworben werden.

14. „ Auch nach dem Schlusse der Sitzungen des Marschallsrathes dauern die militärischen Conferenzen zu Wien noch fort, weshalb auch der Chef der ital. Armee, FZM. Benedek, seine Wiederabreise von Wien verschiebt.

15. „ Das ungarische Landescommando erhält Befehl, sofort einen beträchtlichen Theil der Pesth-Ofener Garnison nach Böhmen abzusenden. Auch aus anderen Provinzen werden Truppen nach Böhmen beordert. Bereits heißt es, daß FZM. Benedek bestimmt sei, den Oberbefehl über eine in Böhmen aufzustellende Armee zu übernehmen.

„ „ Oesterreich entschließt sich zu einem neuen Schritt der Annäherung an Italien, indem es den Consuln der einverleibten italienischen Staaten bezüglich aller Provenienzen aus dem Königreich Italien die Befugniß entzieht, die Consulargerichtsbarkeit über Fahrzeuge, Mannschaften, Passagiere und Waaren auszuüben.

„ „ (Croatien). Der Landtag beschließt, den Protestanten in Croatien und Slavonien Religionsfreiheit zuzugestehen.

18. „ Eine Circularbepesche an die österr. Gesandten bei mehreren deutschen Höfen stellt für den Fall, daß eine an das k. preußische

Cabinet zu richtende Anfrage über dessen kriegerische Absicht nicht befriedigend ausfallen sollte, eine Anrufung des Bundes mit Rücksicht auf den Art. 11 der Bundesacte in Aussicht und stellt derselben zur Erwägung anheim, inwiefern für den Fall, daß mit einer Bedrohung des Bundesfriedens durch Preußen die Voraussetzung des Art. 19 der Wiener Schlußacte eintreten sollte, die Kriegsbereitschaft der Bundescontingente in Aussicht zu nehmen sei (siehe Deutschland).

16. **März.** (**Böhmen**). In Folge der mehrfach ausgebrochenen Judencrawalle wird in den betreffenden Bezirken das Standrecht proclamirt.

17. „ Anfrage in Berlin bez. Gasteiner Convention. Antwort Bismarck's. Die deutschen Regierungen werden telegraphisch verständigt, daß Oesterreich weitere Schritte am Bunde einstweilen sistirt habe.

„ „ (Ungarn). Der Landtag wählt auch seinerseits die Deputation behufs einer Verständigung mit Croatien, beschließt aber, derselben keine detaillirten Instructionen zu ertheilen.

19. „ (Böhmen). Landtag: Debatte über die Frage einer Adresse an den Kaiser mit der Bitte um Aenderung der Landtagswahlordnung (zum Nachtheil des deutschen Elementes). Der Antrag der deutschen Minorität der Commission wird mit 119 gegen 110 St. abgelehnt. 98 deutsche Abgeordnete legen Protest ein, daß die Frage mit bloß absoluter Mehrheit entschieden werden dürfe, indem dafür verfassungsmäßig vielmehr eine Dreiviertelsmehrheit erforderlich sei.

„ „ (Ungarn). Das Unterhaus beschließt in namentlicher Abstimmung einstimmig eine Antwort auf das k. Rescript v. 3. d. Mts., in welcher versprochen wird, den Theil des Rescripts, der sich auf die gemeinsamen Verhältnisse und auf die Revision einiger Theile der 1848er Gesetze bezieht, gleichzeitig mit dem auszuarbeitenden Entwurfe über die gemeinsamen Angelegenheiten eingehend zu behandeln, beharrt dagegen auf der Forderung factischer Anerkennung der Rechtscontinuität.

20. „ (Böhmen). Landtag: Die Adresse an den Kaiser bez. Abänderung der Landtagswahlordnung wird mit 119 gegen 98 Stimmen genehmigt. Erklärung des Oberstlandmarschalls, daß die Dreiviertelmehrheit in dieser Frage keine Anwendung finde.

21. „ (Ungarn). Das Oberhaus setzt die Berathung der vom Unterhaus beschlossenen und ihm „zur Zustimmung" übermachten Antwort auf das Rescript vom 3. d. M. erst auf den 16. April an.

22. „ (Ungarn). Der 67er Ausschuß für die gemeinsamen Angelegenheiten constituirt sich.

24. „ Preußen richtet eine Circularbepesche an die deutschen Regierungen mit der Anfrage, „ob und in welchem Maße es auf ihre Unter-

stützung zu rechnen habe für den Fall, daß es von Oesterreich angegriffen, oder durch unzweideutige Drohungen zum Kriege genöthigt werde". Keine derselben entspricht dem Ansinnen Preußens. Die meisten verweisen dasselbe einfach an den Bund (s. Deutschland).

27. März. (Galizien). Landtag: Debatte über den Antrag, an den Kaiser die Bitte um Einsetzung eines galizischen Hofkanzlers zu richten. Die Ruthenen, an ihrer Spitze der Erzbischof Litwinovic, erklären sich entschieden dagegen und verlassen den Saal. Die Adresse wird von den zurückgebliebenen 84 Mitgliedern einstimmig beschlossen und eine Deputation zur Ueberreichung derselben an den Kaiser gewählt.

28. „ Eine Cabinetsordre des Königs von Preußen befiehlt, die preuß. Armee in Kriegsbereitschaft zu setzen.

29. „ (Ungarn). Landtag: Die 67er Commission beschließt, bei Berathung der Frage über die gemeinsamen Angelegenheiten nur die principiellen Grundlagen festzustellen, dagegen auf Detailerörterungen sich nicht einzulassen.

31. „ Eine Depesche des Grafen Mensdorff an das preußische Cabinet protestirt, daß „den Absichten des Kaisers nichts ferner liege, als ein offensives Auftreten gegen Preußen", erklärt, daß Oesterreich „fest entschlossen sei, sich seinerseits nicht in Widerspruch mit den Bestimmungen des Art. 11 der Bundesacte zu setzen" und wünscht, daß Preußen „ebenso bestimmt und unzweideutig" den Verdacht eines beabsichtigten Friedensbruches zurückweisen möge (s. Deutschland).

6. April. Eine Depesche des Grafen Bismarck erklärt in aller Form, daß „den Absichten Sr. Maj. des Königs nichts ferner liege, als ein Angriffskrieg gegen Oesterreich" (s. Deutschland).

7. „ In Antwort auf die preußische Depesche vom 6. d. M. verlangt nunmehr Oesterreich von Preußen, daß dasselbe die am 28. v. M. erlassene Mobilisirungsordre zurücknehme.
S. Ergänzungsheft S. 32.

„ „ (Tyrol). Der Beschluß des Landtags vom 3. Febr. bez. protestantischer Gemeinden wird vom Kaiser sanctionirt.

9. „ Preußen trägt in Frankfurt auf eine Reform der Bundesverfassung an (s. Deutschland).

11. „ (Venetien). Graf Bembo wird in Venedig neuerdings mit großer Mehrheit zum Podesta gewählt.

15. „ Preußen verlangt von Oesterreich, daß dieses, welches zuerst gerüstet habe, auch zuerst abrüste (s. Deutschland).

18. „ Oesterreich erklärt Preußen, daß es zuerst abrüsten wolle, wenn Preußen am gleichen oder doch am nachfolgenden Tage ebendasselbe zu thun sich verpflichte (s. Deutschland).
S. Ergänzungsheft S. 40.

18. Apr. (Ungarn). Das Oberhaus ertheilt der Adresse des Unterhauses an den Kaiser vom 19. März mit 106 gegen 102 Stimmen seine Zustimmung. Die Bellrität der Magnatentafel, gegenüber dem Unterhause eine eigene Politik versuchen zu wollen, nimmt damit ein Ende.

„ „ **(Galizien).** Landtag: Der Ausschuß trägt auf Verwerfung der Regierungsvorlage bez. Theilung des Landes in zwei Statthaltereigebiete unter einem Generalgouverneur an. Die Ruthenen erklären sich für die Regierungsvorlage und sehr heftig gegen den Ausschußantrag. Der Antrag wird jedoch von den Polen mit Mehrheit zum Beschluß erhoben.

21. „ Preußen geht auf den Vorschlag Oesterreichs v. 18. b. M. bez. gleichzeitiger Abrüstung nicht unbedingt ein (s. Deutschland).

22. „ Die Regierung beschließt plötzlich, die italienische Armee zu verstärken und auf den Kriegsfuß zu setzen.

„ „ **(Ungarn-Croatien).** Beginn der Verhandlungen der sog. Regnicolardeputation über das künftige Verhältniß zwischen Ungarn und Croatien in Pesth. Dieselben werden in deutscher Sprache geführt.

24. „ Der Kaiser erläßt auf Grundlage des Septemberpatents ohne Zustimmung des Reichsraths ein Gesetz, wodurch der Finanzminister ermächtigt wird, gegen Verpfändung der Domänen ein Anlehen im Nominalbetrage von 60 Mill. fl. in Pfandbriefen abzuschließen.

26. „ Oesterreich sucht in einer Depesche des Grafen Mensdorff an Preußen seine Rüstungen gegen Italien zu rechtfertigen und hofft, daß Preußen dennoch abrüsten werde, indem es demselben nochmals eine Lösung der schleswig-holsteinischen Frage innerhalb des bisherigen Bundesrechts vorschlägt, zugleich aber mit der Drohung, im Fall einer Ablehnung die ganze Angelegenheit dem Bunde zur Entscheidung zu überantworten und Holstein selbst durch Einberufung seiner Stände daran zu betheiligen (s. Deutschland).

„ „ **(Ungarn).** Der Kaiser nimmt die neue Adresse des Landtags vom 19. März entgegen und ermahnt in seiner Antwort, die Unterbreitung der Vereinbarungen bez. der gemeinsamen Angelegenheiten zu beschleunigen.

30. „ Preußen erklärt in einer Depesche des Grafen Bismarck nur dann abrüsten zu können, wenn Oesterreich auch gegen Italien wieder abrüste (s. Deutschland).

3. Mai. Brand auf der Fregatte Novara in Pola. Es ergibt sich, daß das Feuer durch Italiener angelegt worden ist.

„ „ **(Ungarn).** Landtag: Die 67er Commission wählt für die gemeinsamen Angelegenheiten eine 15er Subcommission.

4. Mai. Eine Depesche des Grafen Mensdorff an Preußen lehnt die Abrüstung gegen Italien entschieden ab (s. Deutschland).
„ „ Preußen mobilisirt jetzt wirklich den größten Theil seiner Armee.
5. „ Erzherzog Albrecht geht nach Verona ab, um den Oberbefehl über die italienische Armee an der Stelle Benedek's zu übernehmen.
„ „ Der Kaiser erläßt auf Grund des Septemberpatents ohne Zustimmung des Reichsraths ein Gesetz, giltig für das ganze Reich mit Ausnahme Venetiens, wonach der Staat von der Nationalbank die Noten zu 1 fl. und zu 5 fl. im Betrage von 112 Mill. übernimmt, dieselben für Staatsnoten erklärt und ihnen Zwangscours gibt. Die Nationalbank hat diesen Betrag dem Staate sofort in Banknoten höherer Appoints zu vergüten. Die neue Schuld wird unter die Ueberwachung der Commission zur Controle der Staatsschuld gestellt und soll nicht über den Betrag von 150 Mill. erhöht werden. Begründet wird die Maßregel im Eingange des Gesetzes damit:
„Um den Staat in die Lage zu setzen, den durch die äußern Verwicklungen und Kriegsbedrohungen gesteigerten Anforderungen an die Finanzen in einer Weise Genüge zu leisten, daß einerseits Meinen Völkern eine Vermehrung der Steuerlasten nicht aufgebürdet werde, andererseits die bisherigen, mit großen finanziellen und volkswirthschaftlichen Opfern erzielten Erfolge in Anbahnung einer festen Landeswährung thunlichst erhalten bleiben."
Die officiöse Presse sucht zu beweisen, daß durch diese Maßregel die Bankacte vom 3. Jan. 1863 nicht verletzt sei. Die öffentliche Meinung spricht dagegen überwiegend die Ueberzeugung aus, daß dieß der Fall und daß die Herstellung der Valuta damit wieder auf unbestimmte Zeit hinausgeschoben sei.
6. „ Der Kaiser besiehlt, die ganze österreichische Armee auf den Kriegsfuß zu setzen und die Nordarmee an der böhmischen und schlesischen Gränze zu concentriren.
11. „ Die Staatsschuldencontrolcommission beschließt einstimmig, einen sehr energischen Bericht an den Kaiser zu richten, in dem sie die bisherigen Finanzoperationen des Grafen Larisch einer herben Kritik unterzieht und dahin schließt:
„Wenn sich schon hierdurch die Ueberzeugung aufdringen mußte, daß in Oesterreich die Mitwirkung der Volksvertretung, deren Wirksamkeit von Ew. Maj. ohnehin nur zeitweilig suspendirt wurde, bei der Verwaltung der Reichsfinanzen durch längere Zeit ohne die schwersten Nachtheile nicht mehr entbehrt werden könne, so wird diese Ueberzeugung geradezu unwiderstehlich angesichts der Verwicklungen, welche gegenwärtig den Frieden bedrohen, und der im Drange der Verhältnisse ergriffenen finanziellen Maßregeln."
12. „ FZM. Benedek trifft in Wien ein, übernimmt den Oberbefehl über den Nordarmee und erläßt seinen ersten Tagesbefehl.
„ „ In Folge eines aus Wien eingetroffenen Befehls wird dem französischen Dampfer Tampico die Einschiffung der österreichischen Freiwilligen nach Mexico (im Widerspruch mit der kaiserl. Ent-

schließung vom 11. März) vom Hafencommandanten von Triest untersagt.

17. Mai. Der Stadtrath von Prag beschließt gegenüber den kriegerischen Aussichten einstimmig (Deutsche und Czechen), eine Loyalitätsadresse an den Kaiser zu richten.
18. „ Bei Floriodorf sind 20,000 Arbeiter mit der Errichtung von Erbforts und eines befestigten Brückenkopfes zum Schutze der Hauptstadt beschäftigt.
20. „ Beginn des Aufmarsches der Nordarmee und Einstellung aller Eisenbahnzüge in Böhmen zu diesem Behufe.
22. „ Kaiser Ferdinand siedelt von Prag nach Innsbruck über.
24. „ Die Insignien der böhmischen Krone werden von Prag nach Wien gebracht.
25. „ Ein auf Grund des Septemberpatents oktroyirtes Gesetz erhöht den Betrag der Münzscheine zu 10 kr., gegen das Gesetz vom 17. Nov. 1863, von 4 wieder auf 12 Mill. fl. — Um das von der Notenfabrication nicht betroffene Venetien in Mitleidenschaft zu ziehen, wird demselben ein Zwangsanlehen von 12 Mill. Gulden aufgelegt.
26. „ Das ganze Hauptquartier Benedek's geht von Wien nach Olmütz ab.
27. „ Der Finanzminister sieht sich genöthigt, den Bericht der Staatsschulden-Controlcommission vom 11. d. M. zur Veröffentlichung gelangen zu lassen. Die officielle „Wiener Ztg." begleitet denselben mit Bemerkungen, wobei sie dem Ruf der Commission nach Herstellung der Februarfassung mit der Erklärung begegnet:

„Was die Controlscommission anzuführen unterließ, soll hier ausgesprochen werden, daß nämlich die Möglichkeit eines lebensfähigen Verfassungszustandes nur durch die Einigung der Völker gegeben und diese nimmermehr durch ein Zurückgreifen auf Formen erzielt wird, welche thatsächlich den Zwiespalt unter den Völkern genährt haben."

28. „ (Croatien). Die Stadtrepräsentanz von Agram richtet Angesichts der Kriegsgefahr eine Loyalitätsadresse an den Kaiser.
29. „ (Ungarn). Der Bürgerausschuß von Pesth richtet Angesichts der Kriegsgefahr eine Loyalitätsadresse an den Kaiser.

1. Juni. Oesterreich überantwortet die Entscheidung der schleswig-holsteinischen Verwickelung dem Bundestage und knüpft seine Theilnahme an der von den neutralen Großmächten vorgeschlagenen Friedensconferenz an Bedingungen, die einer Ablehnung gleichkommen. Die neutralen Großmächte erklären auch wirklich, in Folge der Haltung Oesterreichs auf ihren Plan verzichten zu wollen.

S. die Erklärung Oesterreichs am Bunde und die erste Depesche an die neutralen Großmächte im Ergänzungsheft S. 90 u. 92, die zweite Depesche vom S. 69.

2. Juni. Der österr. Statthalter in Holstein ruft die dortige Ständever=
sammlung auf den 11. d. M. nach Itzehoe zusammen.

7. „ Die Preußen rücken mit großer Uebermacht in Holstein ein.
Die Oesterreicher räumen Kiel und concentriren sich unter Protest
um Altona.

9. „ Ein kaiserl. Handschreiben an den Fürsten Colloredo=Mannsfeld
drückt, unter Bezugnahme auf den Vortrag der Staatsschulden=
Controlcommission vom 11. Mai, die Befriedigung des Kaisers aus
über die Ordnung im Staatsschuldendienst, will es der patriotischen
Absicht der Commissionsmitglieder zu gut halten, daß sie gesetzlich
sanctionirte Finanzmaßregeln in Erörterung gezogen und politische
Erwägungen daran geknüpft hätten, und sichert das Recht der Völ=
ker zu, durch ihre legalen Vertretungen bei der Gesetzgebung und
Finanzgebahrung beschließend mitzuwirken. Die off. „Wiener Ztg."
veröffentlicht gleichzeitig einen Vortrag des Finanzministers an den
Kaiser, durch welchen er sich gegenüber der scharfen Kritik der
Staatsschulden=Controlcommission in ihrem Bericht vom 11. Mai
zu rechtfertigen sucht.

10. „ Der preußische General in Holstein übernimmt die Verwaltung
auch dieses Herzogthums, löst die bisherige Landesregierung auf
und verhindert mit Gewalt den Zusammentritt der Ständeversamm=
lung in Itzehoe.

11. „ Der österreichische Statthalter in Holstein erklärt, daß er der
Gewalt weiche. Oesterreich klagt am Bunde gegen Preußen wegen
gewaltthätiger Selbsthülfe in Holstein und trägt auf Mobilmachung
der ganzen Bundesarmee, die preuß. Bundesarmeecorps allein aus=
genommen, nach Art. XIX der Wiener Schlußacte an.
S. die Proclamation Gablenz und den Antrag Oesterreichs im Ergän=
zungsheft S. 86.
Die Oesterreicher räumen die Bundesfestungen und Frankfurt.

12. „ Die Oesterreicher räumen Holstein. Oesterreich ruft seinen Ge=
sandten in Berlin ab und stellt dem preuß. Gesandten in Wien
seine Pässe zu.

14. „ Der Bundestag erhebt mit 9 gegen 6 Stimmen den Antrag
Oesterreichs zum Beschluß. Preußen erklärt denselben für bundes=
widrig und den Bund dadurch für gebrochen und verläßt die Bun=
desversammlung. Abschluß einer besondern Militärconvention mit
Bayern, durch welche sich die österr. Regierung ausdrücklich verpflich=
tet, keine einseitigen Friedensverhandlungen mit Preußen zu führen,
vielmehr solche Verhandlungen nur unter Theilnahme eines Bevoll=
mächtigten Bayerns einzuleiten und im Einverständnisse mit diesem
abzuschließen". (S. den vollständigen Wortlaut S. 91).

„ „ Der Gemeinderath von Wien erläßt eine Loyalitätsadresse an den
Kaiser. Kriegerische Antwort des Kaisers.

15. „ Preußen richtet Sommationen an Sachsen, Hannover und Kur=

hessen und läßt, nachdem dieselben von allen drei Regierungen abgelehnt worden sind, seine Truppen in diese Staaten einrücken. Die sächsische Armee zieht sich nach Böhmen zurück und vereinigt sich mit der österr. Nordarmee, die kurhessischen und hannover'schen Truppen gehen südwärts, um sich mit den andern Bundestruppen zu vereinigen, die kurhessischen mit dem 8. Bundesarmeecorps, die hannover'schen wo möglich mit den Bayern.

16. Juni. Oesterreich erklärt am Bunde, daß die kaiserl. Regierung allen bundesgetreuen Regierungen ausdrücklich ihren Besitzstand garantire und läßt sich auf die Klage Sachsens gegen Preußen mit Bayern beauftragen, die preußische Vergewaltigung Sachsens „mit Gewalt zurückzuweisen und zu einem solchen Vorgehen ohne Aufschub das Nöthige vorzukehren".

17. „ Kriegsmanifest des Kaisers an seine Völker. (Siehe dasselbe S. 102).

18. „ (Croatien). Die croatische Deputation verläßt Pesth wieder, ohne einen Ausgleich mit den Ungarn zu Stande gebracht zu haben.

Der bem Landtag erstattete Bericht der Deputation beginnt mit einer Aufzählung der Punkte, bei denen in Bezug auf die frühern staatsrechtlichen Beziehungen zwischen Ungarn und Croatien die Ansichten der beiden Hälften der Deputation auseinandergegangen, und lautet sodann fort, wie folgt: „Diese Unterschiede, so groß sie auch sein mögen, sind nicht entscheidend, da wir auch beim Vorhandensein derselben auf Grundlage vollkommener Gleichberechtigung mit der ungarischen Deputation verhandeln konnten und gegenwärtig factisch jene gesetzlichen Rechte ausüben, welche uns für die Vergangenheit abgesprochen werden. Dagegen sind folgende Puncte entscheidend: 1) Wir sagen, daß für das dreieinige Königreich in jedem Falle eine separate Krönungsurkunde verabredet werden muß; die ungarische Deputation sagt, daß nur eine und gleichlautende Krönungsurkunde vorhanden sein darf, welche indessen in einer besondern Ausfertigung auch für das dreieinige Königreich herausgegeben werden kann. 2) Wir sagen, Fiume ist ein integrirender Bestandtheil des dreieinigen Königreichs, und diese Hafenstadt kann nur durch dieses Königreich mit der ungarischen Krone verbunden werden; die ungarische Deputation will dieß aber keineswegs anerkennen. 3) Wir haben gewünscht, daß diese Frage vertagt werde, bis die Hauptsache gelöst ist; auch die ungarische Deputation äußerte den Wunsch, daß deswegen der Faden der Verhandlungen nicht abgebrochen werde. Dabei betonte sie aber ausdrücklich, daß sie weder selbst anerkennen, noch dem Landtage zur Anerkennung empfehlen kann, daß Fiume zu Croatien gehört. 4) Wir sagen schließlich, daß unser Verhältniß zu Ungarn so lange nicht geregelt werden kann, bis nicht die Beziehungen aller Königreiche und Länder der ungarischen Krone gegenüber der Gesammtmonarchie gerregelt sind. Unser Präsident hat bei der ersten Zusammenkunft der ungarischen Deputation eröffnet, daß diese zwei Fragen ungertrennlich seien und daß wir freundschaftlich wünschten, mit Ungarn zu verständigen, um gemeinschaftlich bei der Lösung dieser Fragen mitzuwirken; die ungarische Deputation sagt, daß sie mit uns nur dahin verhandeln könne, auf welche Art wir im ungarischen Landtage vertreten sein wollen, was nach unserer Ansicht so lange nicht sein kann, bis unsere Beziehungen gegenüber Ungarn nicht gänzlich geregelt und ins Reine gebracht worden sind. Dieß hängt aber wieder, wie schon gesagt, von der Regelung der Beziehungen gegenüber der Gesammtmonarchie ab. In diesen wichtigen Puncten differirend, konnten sich die Regnicolar-Deputationen nicht einverstehen, noch konnten wir die Verhandlung zu Ende führen, welche uns durch den Landtag zur Aufgabe gemacht war."

18. Juni. Der Bundestag in Frankfurt beschließt, da nun auch Kurhessen und Hannover gegen Preußen klagen und Hülfe verlangen, daß nicht bloß Oesterreich und Bayern, sondern alle in der Versammlung vertretenen Regierungen verpflichtet seien, dem gewaltthätigen Vorgehen Preußens entgegenzutreten.

21. „ Die Armeen Preußens setzen sich von Schlesien und Sachsen aus gegen Oesterreich in Bewegung und überschreiten ohne Widerstand die böhmische Grenze.

24. „ Die Italiener unter dem Oberbefehl des Königs Victor Emanuel und Gen. Lamarmora als Chef des Generalstabs gehen über die Etsch. Schlacht von Custoza. Sieg der Oesterreicher unter dem Erzherzog Albrecht. Die Italiener ziehen sich wieder über die Etsch zurück. Ein damit combinirter Angriff der Italiener am untern Po unter Cialdini unterbleibt in Folge des Ausgangs der Schlacht von Custoza.

25. „ (Ungarn). Der hohe Clerus lehnt in einer Conferenz in Ofen eine in Vorschlag gebrachte erkleckliche Anleihe an den Staat mit Rücksicht auf das Concordat, das jede Veräußerung vom Kirchengut ohne die Genehmigung des heil. Stuhles verbietet, ab und beschränkt sich auf eine Ergebenheitsadresse an den Kaiser und eine Spende von 200,000 fl. für die Verwundeten.

„ „ (Ungarn). Unterhaus: Das 15er Subcomité des 67er Ausschusses schließt sein Operat in einem Mehrheits- und einem Minderheitsantrag:

Diejenigen Artikel des Mehrheitsantrags, welche die Behandlungsweise der gemeinsamen Angelegenheiten betreffen, lauten:

21. Tieser Pakt und diese Feststellung kann dergestalt erfolgen, daß einerseits die Vertretung der Länder der ungarischen Krone, andererseits die Vertretung (gyülése) der übrigen Länder Sr. Majestät jede von ihrer Seite eine gleich große Deputation wählen. Diese zwei Deputationen werden bei Einflußnahme der betreffenden verantwortlichen Ministerien einen mit Details unterstützten Vorschlag bezüglich der erwähnten Proportion ausarbeiten.

22. Diesen Vorschlag unterbreitet jedes Ministerium dem betreffenden Reichstage, wo derselbe ordnungsgemäß behandelt wird. Ein jeder Reichstag theilt seine Beschlüsse im Wege der betreffenden Ministerien dem anderen Reichstage mit und die dergestalt zu bewirkenden Feststellungen beider Theile werden Sr. Majestät zur Sanctionirung unterbreitet werden.

23. Sollten beide Deputationen bezüglich des Vorschlages sich nicht einigen können, so wird das Gutachten eines jeden Theiles beiden Reichstagen vorgelegt. Sollten jedoch beide Reichstage sich nicht einigen können, dann wird Se. Majestät auf Grund der unterbreiteten Daten die Frage lösen.

24. Die bezüglich der Proportion abzuschließende Vereinbarung kann sich bloß auf eine bestimmte Zeit erstrecken, nach Ablauf derselben findet neuerdings auf dieselbe Weise eine neue Vereinbarung statt.

26. Voraus schicken wir, daß, wie immer die Feststellung des Reichstags bezüglich der gemeinsamen Angelegenheiten und des Modus ihrer Behandlung beschaffen sei, dieselbe, unserer Ansicht nach, factisch insolange nicht ins Leben treten kann, als die Verfassung des Landes nicht ihrem ganzen Umfange nach

factisch wiederhergestellt wird. Und dies ist die eine der Grundbedingungen unseres Vorschlages.

29. Ein gemeinsames Ministerium muß für die Gegenstände errichtet werden, welche, als in der That gemeinsam, weder unter die gesonderte Administrative der Länder der ungarischen Krone, noch der übrigen Länder Sr. Majestät gehören. Dieses Ministerium darf neben den gemeinsamen Angelegenheiten die besonderen Administrativ-Angelegenheiten weder des einen, noch des anderen Theiles führen, noch auf dieselben Einfluß üben. Verantwortlich wird ein jedes Mitglied dieses Ministeriums bezüglich alles dessen sein, was in sein Bereich gehört; verantwortlich wird aber auch das ganze Ministerium gemeinschaftlich bezüglich seiner derartigen amtlichen Verfügungen sein, welche es gemeinschaftlich festgestellt hat.

30. In Betreff jenes Theiles der gemeinsamen Angelegenheiten, welcher nicht rein zur Administrative gehört, halten wir weder einen vollen Reichsrath, noch ein wie immer zu benennendes gemeinsames oder Central-Parlament für zweckmäßig und nehmen keines derselben an, sondern wünschen, daß, nachdem auch nach der Allerhöchsten Thronrede Sr. Majestät die pragmatische Sanction unser gemeinsamer Ausgangspunkt ist, einerseits die Länder der ungarischen Krone zusammen, andererseits die übrigen Länder und Provinzen Sr. Majestät zusammen als zwei gesonderte und ganz gleich berechtigte Theile angesehen werden mögen. Folglich halten wir die vollkommene Parität der beiden Theile bei Behandlung der gemeinsamen Angelegenheiten für eine unerläßliche Bedingung.

31. Diesem Principe der Parität zufolge möge seitens Ungarns der ungarische Reichstag eine Delegation von bestimmter Mitgliederzahl wählen, und zwar aus beiden Häusern des Reichstages. Gleichermaßen mögen auch die übrigen Länder und Provinzen Sr. Majestät auf constitutionellem Wege eine Delegation aus ebenso vielen Mitgliedern von ihrer Seite wählen.

32. Diese Delegationen sind bloß auf Ein Jahr, das ist auf eine Sitzungsperiode des Reichstags zu wählen, und mit Ablauf des Jahres oder dem Beginn einer neuen Session hört deren Wirkungskreis vollständig auf. Die Mitglieder derselben können indessen auch aufs Neue gewählt werden.

33. Jede der Delegationen wählt gesondert aus ihrer Mitte frei ihren Vorsitzenden und Schriftführer und, soweit sie noch ein anderes Amtspersonale bedarf, sämmtliche Mitglieder desselben und stellt selbst ihre Geschäftsordnung fest.

34. Die Delegationen werden jederzeit durch Se. Majestät für einen bestimmten Termin einberufen und zwar abwechselnd in dem einen Jahre nach Pesth, in dem andern nach Wien, oder falls die Vertretung der übrigen Länder und Se. Majestät es wünschte, in irgend einer anderen Hauptstadt dieser Länder.

35. Jede Delegation hält gesonderte Sitzungen und beschließt in denselben mit Abstimmung nach Köpfen und der absoluten Stimmenmehrheit sämmtlicher Delegationsmitglieder und was die Majorität beschloß, ist als Beschluß der ganzen Delegation anzusehen. Eine Sondermeinung können die einzelnen Mitglieder wohl zu ihrer eigenen Rechtfertigung in das Protokoll aufnehmen lassen, doch schwächt dies die Kraft des Beschlusses nicht.

36. Die beiden Delegationen dürfen miteinander in einer gemischten Sitzung nicht berathen, sondern jede theilt ihre Ansichten und Beschlüsse der anderen schriftlich mit, und im Falle einer Meinungsdifferenz bestreben sie sich gegenseitig durch geschriebene Nuncien aufzuklären. Diese Nuncien fertigt jene Delegation in ihrer eigenen Sprache an, indem sie zugleich auch eine authentische Uebersetzung anschließt.

47. Wenn es durch diesen Schriftenwechsel nicht gelänge, die Ansichten der beiden Delegationen in Einklang zu bringen, dann halten die beiden Delegationen eine gemeinschaftliche Sitzung, jedoch ausschließlich nur zum Behufe

einer einfachen Abstimmung. In dieser gemeinschaftlichen Sitzung präsidiren die Präsidenten der beiden Delegationen gemeinschaftlich miteinander, ihr Wirkungskreis erstreckt sich jedoch auf nichts anderes, als auf Ueberwachung des Abstimmungsactes und auf das Aussprechen des Majoritätsvotums. Zur Beschlußfassung ist die absolute Majorität sämmtlicher Mitglieder beider Delegationen erforderlich. Das Protocoll wird durch die Schriftführer beider Theile in der Sprache eines jeden Theiles geführt und gemeinschaftlich authentificirt.

26. Juni. (Ungarn). Ein k. Rescript vertagt den Landtag mit Rücksicht auf die eingetretenen Kriegsereignisse auf unbestimmte Zeit.

„ „ Die österreichische Nordarmee beginnt den preußischen Armeen unter dem Kronprinzen, dem Prinzen Friedrich Karl und dem General Herwarth v. Bittenfeld bei ihrem Austritte aus den böhmischen Defiléen und ihrem weiteren Vorrücken wie ihrer Vereinigung in Böhmen Widerstand entgegen zu setzen. Die Oesterreicher unter Clam-Gallas werden von den Preußen unter dem Prinzen Friedrich Karl bis Münchengrätz zurückgeworfen. Die Preußen unter dem Kronprinzen nehmen Nachod.

27. „ Die Oesterreicher unter Ramming versuchen umsonst, die Preußen unter dem Kronprinzen daran zu verhindern, aus dem Defilé zwischen Nachod und Skalitz hervorzubrechen. Die preußische Elbarmee unter General Herwarth v. Bittenfeld bewerkstelligt ihre Vereinigung mit der Armee des Prinzen Friedrich Karl.

„ „ Der Bundestag in Frankfurt überträgt den Oberbefehl über sämmtliche Bundesarmeecorps dem Prinzen Karl von Bayern in der Weise, daß „die oberste Leitung der Operationen der vereinigten Armeen Oesterreichs und des deutschen Bundes auf Grund eines zwischen dem kaiserlichen Oberbefehlshaber und dem Prinzen Karl zu verabredenden Planes von dem österr. Obercommandanten FZM. Benedek auszugehen habe".

28. „ Die Preußen unter dem Prinzen Friedrich Karl nehmen Münchengrätz und drängen die Oesterreicher unter Clam-Gallas bis Gitschin zurück; die Preußen unter dem Kronprinzen nehmen Trautenau und Burgersdorf gegen die Oesterreicher unter Gablenz und ebenso Skalitz gegen die Oesterreicher unter dem Erzherzog Leopold.

„ „ Der König von Hannover capitulirt mit seiner Armee bei Langensalza. Den Preußen steht damit in Norddeutschland kein Feind mehr gegenüber. Die kleinen norddeutschen Staaten beginnen nach und nach alle, sich an Preußen anzuschließen, in Frankfurt ihren Austritt aus dem bisherigen deutschen Bunde anzuzeigen und ihre Truppen dem König von Preußen zur Verfügung zu stellen.

29. „ Die Preußen unter dem Prinzen Friedrich Karl nehmen Gitschin gegen die Oesterreicher unter Clam-Gallas und vereinigen sich mit der Armee des Kronprinzen. Die Oesterreicher sind auf der ganzen Linie in vollem Rückzuge gegen Königgrätz.

30. Juni. Benedek gesteht in einem Telegramm aus Dubenec, daß er sich genöthigt gesehen habe, den Rückzug in der Richtung von Königgrätz anzutreten. Große Consternation in Wien, wo bisher fälschlicher Weise nur günstige Nachrichten vom Kriegsschauplatz verbreitet worden waren.

2. Juli. Beginn der Armirung der auf dem rechten Donauufer bei Florisdorf zum Schutze Wiens aufgeworfenen Schanzen.

3. „ Schlacht von Königgrätz. Entscheidende Niederlage der Oesterreicher unter Benedek. Benedek sammelt die Trümmer der Nordarmee und zieht sich mit denselben gegen Olmütz zurück.

4. „ Graf Mensdorff geht selbst nach Königgrätz, um sich von der Lage der Dinge zu überzeugen. Gegen die Generale Benedek, Henikstein, Krismanic und Clam-Gallas wird eine Untersuchung eingeleitet.

5. „ Der französische Moniteur verkündet, daß der Kaiser von Oesterreich Venetien an den Kaiser der Franzosen abgetreten und daß dieser die Vermittlung nicht bloß zwischen Oesterreich und Italien, sondern auch zwischen Oesterreich und Preußen übernommen habe. Diese Vermittlung wird jedoch von Italien sofort nur unter Berufung auf seinen Allianzvertrag mit Preußen zugestanden, nachdem es keinen einseitigen Frieden mit Oesterreich einzugehen befugt sei, während Preußen die Vermittlung nur unter Bedingungen annimmt, die dahin zielen, Oesterreich aus Deutschland vollständig auszuschließen und ganz Deutschland der Leitung Preußens zu unterstellen.

„ „ Der Wiener Gemeinderath verhandelt in vertraulicher Sitzung über die Möglichkeit einer Invasion der Preußen. Der Silberschatz der Bank wird nach Komorn zu schaffen angefangen.

„ „ Der Frankfurter Bundestag beschließt, den Bundesregierungen auf das Eindringlichste zu empfehlen, durch Organisation von Milizen, Landwehren und selbst auch Freicorps alle Wehrkräfte der in ihrer Selbständigkeit bedrohten deutschen Bundesstaaten in Fluß zu bringen und durch Anwendung aller zu Gebote stehenden Mittel die Sicherung eines ehrenvollen Ausgangs zu erzielen.

7. „ Ein Manifest des Kaisers an die Völker des Königreichs Ungarn erwartet, daß „die kampfflüchtigen Söhne Ungarns, vom Gefühle angestammter Treue geleitet, freiwillig unter die Fahnen eilen werden". Die Erwartung geht nicht in Erfüllung und das Manifest bleibt so zu sagen gänzlich erfolglos. (s. Seite 129.)

Der Kaiser ermächtigt den Finanzminister, 200 Mill. G. durch freiwilliges Anlehen oder durch Staatsnotenvermehrung zu beschaffen. Bis die Beschaffung möglich, hat die Nationalbank die nöthigen Geldmittel, vorläufig bis 60 Mill. in Banknoten vorzuschießen.

Der Gemeinderath von Salzburg verlangt vom Kaiser die sofortige Einberufung des Reichsrathes.
8. Juli. Die Preußen besetzen Prag.
9. „ Benedek langt mit seinem Hauptquartier in Olmütz an.
10. „ Verhandlungen in Paris über die Grundlagen eines Waffenstillstands mit Friedenspräliminarien. Ein eigenhändiges Schreiben des Königs von Preußen an Napoleon beharrt auf der von Bismarck bereits aufgestellten Bedingung des vollständigen Ausschlusses Oesterreichs aus Deutschland.
„ „ Ein Manifest des Kaisers an seine sämmtlichen Völker erklärt, daß er nie in den Abschluß eines Friedens willigen werde, der die Grundbedingungen der Machtstellung des Reichs erschüttern würde, und mahnt zur Ausdauer. (s. Seite 131.)
„ „ Erzh. Albrecht wird zum Commandanten, FML. v. John zum Generalstabschef der sämmtlichen operirenden Armeen Oesterreichs ernannt.
„ „ Der Bürgermeister von Wien drückt in einer Audienz dem Kaiser die Besorgnisse der Reichshauptstadt aus. Der Kaiser erklärt, daß Wien nicht der Gegenstand der Vertheidigung sein werde und durch die Verschanzungen und die neue Aufstellung der Armee nur dem Uebergang des Feindes über die Donau gewehrt werden solle.
„ „ Der Gemeinderath von Glatz beschließt, den Kaiser in einer Loyalitätsadresse nicht nur um Wiedereinführung der sistirten Verfassung, sondern um Veränderung des ganzen Regierungssystems zu bitten.
„ „ Die Oesterreicher beginnen Venetien mit Ausnahme des Festungsvierecks und der Stadt Venedig zu räumen. Die Festungswerke von Rovigo werden von ihnen in die Luft gesprengt.
„ „ Ministerrath in Paris. Kaiser Napoleon entscheidet gegen eine active Unterstützung Oesterreichs. Verständigung mit Preußen über die Grundlage eines Waffenstillstands mit Friedenspräliminarien zwischen Oesterreich und Preußen: Preußen nimmt die französischen Vorschläge an. Frankreich übernimmt es, dieselben in Wien zu empfehlen. (s. Seite 133.)
11. „ Armeebefehl des Erzherzogs Albrecht an die Südarmee. (s. Seite 134.) Die ersten Truppen derselben treffen in Wien ein.
„ „ Der Frankfurter Bundestag beschließt, seinen Sitz vor den anrückenden Preußen provisorisch nach Augsburg zu verlegen.
12. „ Die Preußen rücken in Brünn ein.
12./13. Juli. Eine von Frankreich zwischen Oesterreich und Preußen vermittelte Waffenruhe kommt nicht zu Stande. (s. Seite 135.)
13. „ Die Preußen sind bis zur Thayalinie vorgerückt. Erzherzog Albrecht langt in Wien an und erläßt seinen ersten Tagsbefehl.
„ „ Ein französischer Cabinetscourier überbringt die zwischen Frankreich und Preußen vereinbarten Friedensbedingungen nach Wien.

14. Juli. Die Preußen rücken bei Jetzelsdorf ins Erzherzogthum Oesterreich ein.
„ „ Oesterreich entschließt sich, die französisch-preußischen Friedensbedingungen im Princip anzunehmen.
15. „ Benedek verläßt mit dem Rest seiner Armee Olmütz, um sie mit der unter dem Erzherzog Albrecht an der Donau aufgestellten Armee zu vereinigen.
16. „ Die Preußen rücken in Frankfurt ein.
17. „ Die Preußen besetzen Lundenburg, den Knotenpunkt der Wien-Brünner und Wien-Olmützerbahn. Eine Abtheilung derselben geht bei Horitz über die March auf ungarischen Boden. Keine größeren österreichischen Truppenmassen stehen mehr auf dem linken Donauufer gegen die Preußen. Dagegen langt ein Regiment der italienischen Armee um das andere zum Schutz der Donaulinie an, ebenso das sächsische Armeecorps von Linz her. Aufgebot des Landsturms in Niederösterreich, Oberösterreich, Kärnthen, Krain und Steyermark. Die Bevölkerung remonstrirt dagegen. Der Gemeinderath von Wien beschließt, eine Bürgerwehr von 20,000 Mann (Steuerzahler und Beamtete) zu errichten; die Regierung genehmigt den Beschluß sofort. Die Adresse des Wiener Gemeinderaths erklärt dem Kaiser unumwunden,

„daß die liefernste Lage des Reichs weniger durch die letzten Mißerfolge im Feld, als durch die unglückliche Politik herbeigeführt worden sei, welche die Rathgeber der Krone zum Theil schon seit einer langen Reihe von Jahren sowohl im Innern als nach Außen verfolgt hätten"

und verlangt nicht bloß eine Aenderung des Regierungssystems, sondern auch einen Wechsel der Personen der Regierung. Ein Manifest des Kaisers ruft alle waffenfähigen Männer Tyrols zur Vertheidigung des Vaterlands gegen Italien auf.

„ „ (Ungarn). Ein Artikel (Deaks) im „Pesti Naplo" präcisirt die Stellung und die Forderungen Ungarns gegenüber der bedrängten Lage des Reichs auf Grund des Resultats einer bei Baron Kemeny abgehaltenen Conferenz der hervorragendsten Führer des Unterhauses:

„... Während wir dieß aussprechen, müssen wir zugleich erklären, daß es selbst Angesichts der trüben Zukunft der höchste Wunsch der Nation sei: sich auf den Boden der Verträge zu stellen, im Recht und im Gesetze jene Kraft zu finden, welche dem Bundesverhältnisse Kraft, dem Vaterlande Sicherheit zu bieten vermag. Dieser Wunsch aber verlangt rasche Befriedigung. Die gefährliche Lage der Monarchie gestattet kein Zögern. Ein beträchtlicher Theil des Reiches ist von feindlichen Heeren überschwemmt, nur Ungarn steht noch frei da. Aber Ungarn ist todt. Mit Ungarn kann Alles, oder mindestens Vieles gethan werden. Aber Ungarn selber kann nichts thun, denn ihm sind die Hände gebunden. Was seine Hände frei machen, ihm wieder Leben einhauchen kann, das ist einzig und allein eine parlamentarische Regierung. Wenn Ungarn für die Monarchie, für die Verträge noch etwas thun kann, so ist dieß nur dann möglich, wenn ihm die Freiheit der Action wiedergegeben, wenn an seine Spitze eine Regierung gestellt wird, welche der Ausfluß

des Nationalwillens ist und in welcher die Nation eine Garantie ihres Bestandes und ihrer Rechte erblickt."
18. Juli. Die Preußen besetzen Darmstadt und Wiesbaden. Der Großherzog von Hessen und der Herzog von Nassau fliehen.
„ „ (Ungarn). Deak in Wien unterhandelt mit der Regierung über das Zugeständniß eines eigenen Ministeriums an Ungarn.
19. „ Benedek hat sich mit dem Reste der Nordarmee glücklich nach Ungarn durchgeschlagen.
21. „ Seeschlacht bei Lissa. Glänzender Sieg der österreichischen Flotte unter Tegethoff über die viel stärkere italienische unter Persano.
22. „ Letztes Gefecht zwischen Preußen und Oesterreichern bei Blumenau unweit Preßburg. Die preußische Armee hat sich auf dem Marchfeld gegen Wien concentrirt; das Hauptquartier des Königs von Preußen ist in Nikolsburg. Außerordentliche Conferenz in Wien unter dem Vorsitze des Kaisers: es nehmen daran Theil die Könige von Sachsen und Hannover, der Großherzog von Hessen, die Kronprinzen von Sachsen und Hannover, die österr. Minister Franck, Mensdorff und Esterhazy, und die mittelstaatlichen Minister Beust, Platen und v. d. Pfordten. Abschluß einer fünftägigen Waffenruhe, während welcher sich Oesterreich über Annahme oder Verwerfung des von Preußen ihm angebotenen Waffenstillstandes nebst Friedenspräliminarien entscheiden soll. Die deutschen Bundesstaaten sind in die fünftägige Waffenruhe nicht eingeschlossen und mögen direct mit Preußen über eine solche unterhandeln: Oesterreich ist genöthigt, sie im Stiche zu lassen.
23. „ Degenfeld, Karolyi und Brenner treffen österreichischerseits in Nikolsburg ein, um über die Friedenspräliminarien als Bedingung für einen Waffenstillstand zu unterhandeln.
„ „ Uebergabe der Adresse des Wiener Gemeinderaths an den Kaiser. Ungnädige Antwort desselben (s. Deutschland).
24. „ Neue Audienz des Bürgermeisters von Wien beim Kaiser (s. Deutschland).
25. „ Abschluß einer Waffenruhe zwischen Oesterreich und Italien.
26. „ Abschluß des Waffenstillstandes und der Friedenspräliminarien zwischen Oesterreich und Preußen in Nikolsburg (s. Deutschland).
„ „ Um die Discussion der innern Fragen abzuschneiden, wird der Belagerungszustand über Wien verhängt, indeß sehr milde gehandhabt.
30. „ Die Regierung ladet eine Anzahl Wiener Bankiers zu einer Conferenz und zur Mithülfe ein, behufs schleunigster Deckung der an Preußen zu zahlenden Kriegscontribution.

1. Aug. Die Waffenruhe zwischen Oesterreich und Italien wird bis 10. d. M. verlängert, um den Abschluß eines Waffenstillstandes zu ermöglichen.

5. Aug. Beginn der förmlichen Unterhandlungen mit Italien über einen Waffenstillstand in der istrischen Stadt Cormons am Isonzo.
6. " Die bisher mit dem 8. deutschen Bundesarmeecorps verbundene österr. Brigade kehrt nach Oesterreich zurück.
8. " Die Waffenruhe mit Italien wird nochmals, aber nur um einen Tag, bis zum 11. d. M. verlängert.
9. " Italien wird weder von Preußen noch von Frankreich in seinen Ansprüchen auf das Trentino unterstützt. Die Friedenspartei gewinnt im italienischen Cabinet die Oberhand: Italien verzichtet auf das Princip uti possidetis, so daß der Waffenstillstand mit demselben abgeschlossen werden kann.
10. " Beginn der Friedensverhandlungen mit Preußen in Prag auf Grundlage der Friedenspräliminarien v. 26. v. M.
11. " Abschluß des Waffenstillstandes mit Italien; die ital. Armee räumt das Trentino und geht hinter die Gränzen Venetiens zurück.
23. " Abschluß des Friedens mit Preußen in Prag (s. Anhang).
24. " Ende des Rumpfbundestages in Augsburg.
„ " Vertrag zwischen Oesterreich und Frankreich über die Abtretung Venetiens: die Uebergabe der Festungen und des Gebiets des lombardisch-venetianischen Königreichs soll von Seite des österreichischen Commissärs an den französischen Commissär statt haben, welch letzterer sich alsdann mit den Behörden (Municipien) Venetiens wegen Uebertragung des Pfandrechts verständigen werde, worauf die Bevölkerung selbst zur Entscheidung ihres Schicksals berufen werden solle.

Anmerk. In Italien will man wissen, daß das Datum des Vertrags, 24. Aug., nur ein fingirtes und derselbe in Wahrheit erst am 27. Aug. abgeschlossen worden sei. Als General Menabrea sich später in Wien über den mit dem Prager Frieden vom gleichen Tage in Widerspruch stehenden österr.-franz. Vertrag beschwerte, hätten ihm Mensdorff und Esterhazy geantwortet, daß Oesterreich bereit gewesen sei, die Cession Venetiens an Frankreich zu ignoriren, daß aber Frankreich auf seinen durch die Cession erlangten Rechten bestanden habe.

25. " Oesterreich tritt nunmehr auch seinerseits dem Genfer Vertrage bez. Neutralisirung der Verwundeten rc. bei.
„ " Ein auf Grund des Septemberpatents octroyirtes Finanzgesetz bestimmt, daß von dem Reste des Anlehens vom 7. Juli im Betrage von 140 Mill. 50 Mill. in 5proc. Staatsschuldverschreibungen zu emittiren und für 90 Mill. Staatsnoten zu 1 und 5 fl. auszugeben seien. Dadurch steigt der Gesammtbetrag der Staatsnoten mit Zwangscurs auf circa 300 Mill., welcher Betrag nur in dem Fall bis auf 400 M. gebracht werden soll, wenn die in den sog. Salinenscheinen dargestellte schwebende Schuld unter das gesetzlich normirte Maximum von 100 Mill. herabgehen sollte.
30. " Austausch der Ratificationen des Prager Friedens zwischen Oesterreich und Preußen.

— Sept. Die Erzherzoge verzichten auf die Inhaberstellen preußischer Regimenter und ebenso wird verfügt, daß diejenigen österr. Regimenter, welche bisher die Namen des Königs von Preußen, der preußischen Prinzen, des Großherzogs von Baden u. s. w. trugen, in Zukunft nicht mehr nach diesen Namen benannt werden sollen.

7. „ Kriegsminister FML. Franck wird entlassen und FML. v. John, Generalstabschef des Erzh. Albrecht, provisorisch mit den Functionen eines Kriegsministers betraut.

10. „ Eine Versammlung deutsch=österreichischer Landtagsabgeordneter in Aussee (Steyermark) erklärt sich für den Dualismus des Reichs, aber begränzt durch die Anerkennung und gemeinsame parlamentarische Behandlung wirklich gemeinsamer Angelegenheiten, und gegen die föderalistischen Tendenzen, wie gegen eine abschließende Vereinbarung mit Ungarn durch die Vertretungen der einzelnen Länder, da diese nur durch die legale Gesammtvertretung der nicht zur ungarischen Krone gehörigen Länder des Reichs zulässig erscheine.

12. „ FML. v. Gablenz wird in Disponibilität versetzt.

22. „ Erzh. Albrecht wird zum bleibenden Generalissimus sämmtlicher österr. Truppen ernannt.

23. „ (Galizien). Graf Goluchowski wird zum Statthalter Galiziens ernannt. Befriedigung der Polen; Besorgnisse der Ruthenen.

27. „ (Böhmen). Unordnungen in Prag gegen die aus Italien vertriebenen und vom Cardinal=Erzbischof in Prag aufgenommenen Jesuiten.

— „ Die Regierung inhibirt den Beschluß des Wiener Gemeinderaths, auf eigene Kosten ein Lehrerseminar behufs Hebung des Unterrichtswesens zu gründen, „bis zur meritorischen hohen Beschlußfassung auf Grund der bestehenden Gesetze" (Concordat).

— Oct. Admiral Tegethoff, der Sieger von Lissa, wird in Disponibilität versetzt.

3. „ Friede von Wien zwischen Oesterreich und Italien (s. Anhang Nr. VIII).

4. „ Der unmittelbar nach dem Abschluß der Nikolsburger Präliminarien mit Preußen über Wien verhängte, übrigens sehr milde gehandhabte Belagerungszustand wird wieder aufgehoben.

„ „ Erste Versammlung centralistisch=gesinnter deutscher Landtagsabgeordneter beim Abg. Skene in Wien.

11. „ Auslausch der Ratificationen des Friedens von Wien zwischen Oesterreich und Italien und Uebergabe der eisernen Krone der Lombardei an den ital. Friedensunterhändler Gen. Menabrea.

13. „ Handschreiben des Kaisers an den Staatsminister Belcredi. Der Kaiser spricht darin seine „dankbarste Anerkennung für die Beweise der Treue und edlen Aufopferung seiner Völker" aus und beauftragt

ben Staatsminister, ben Vertretern der Königreiche und Länder bei ihrer nächsten Versammlung davon Mittheilung zu machen. Der Zukunft, namentlich der Verfassungsfrage wird in dem Handschreiben mit keiner Silbe gedacht.

13. Oct. Der Kaiser richtet ein Genugthuungsschreiben an Clam-Gallas und anerkennt die „vollständige Schuldlosigkeit" desselben.

14. „ Der Kaiser beruft sämmtliche Landtage auf den 19. November zusammen mit einziger Ausnahme des ungarischen (und siebenbürgischen) angeblich wegen der in Ungarn noch herrschenden Cholera.

16—18. Oct. Zweite Versammlung centralistisch gesinnter deutscher Landtagsabgeordneter beim Abgeordneten Skene in Wien. Dieselbe einigt sich über sechs Programmpuncte zur Characterisirung der Partei und eine von Hasner entworfene, diese Puncte erläuternde Denkschrift:

„1) Festhalten an dem Rechte der Reichsverfassung; deßhalb Ablehnung jedes Abweichens von ihren legalen Bahnen in Delegirtenversammlungen und Landtagsvoten. 2) Festhalten an dem Maße der in der Reichsverfassung gegebenen gemeinsamen Angelegenheiten und deren gemeinsamer parlamentarischer Verhandlung und Beschlußfassung in einer regelmäßig wiederkehrenden Versammlung der Reichsvertretung. 3) Jenseits der Grenze der letztern loyale Bereitwilligkeit zu Zugeständnissen, wo dieselben in einer bis auf unsre Tage fortlaufenden Geschichte ihren Ausgangspunct nehmen. 4) Sofortige Einberufung des Reichsrathes. 5) Fortbildung der verfassungsmäßigen Institutionen in wahrhaft constitutionellem Geiste. 6) Klare und entschlossene Führung einer durch das Vertrauen der Staatsbürger getragenen Regierung, bei raschem, thatkräftigem Erlassen der Nothwendigkeit einer vollständigen Reform der Verwaltung im Sinne der heutigen Cultur und Freiheit auf dem Gebiet der geistigen wie der materiellen Interessen."

18. „ Der Kaiser tritt eine Rundreise nach Böhmen und Mähren an.
19. „ Der Gemeinderath von Wien erklärt sich mit allen gegen 3 (geistliche) Stimmen gegen die Niederlassung der Jesuiten in Wien.
„ „ (Ungarn). Der Cardinal-Primas von Ungarn Szitowski † in Gran.

21. „ Das Militärverordnungsblatt bringt die einfache Pensionirung Benedeks, Henikfteins und Krismanics.
„ „ (Croatien). Durch kaiserliches Rescript wird auch der am 21. April vertagte croatische Landtag auf den 19. November wieder einberufen.

24. „ Feierlicher Einzug des Kaisers in Prag. Derselbe wird von der Bevölkerung mit eisiger Kälte empfangen.

26. „ (Böhmen). Der Abgeordnete Hasner legt sein Landtagsmandat nieder.

28. „ Sämmtliche Minister werden vom Kaiser telegraphisch zu einem Ministerrathe nach Prag beschieden.

29. „ Ein Rundschreiben des Staatsministers Belcredi an die Statthalter und Landeschefs der verschiedenen Kronländer bringt auf Be-

seitigung der ziemlich unnützen officiellen Kronlandbezeichnungen und wünscht die Reduction derselben auf einfache Kundmachungsblätter, dagegen behufs Verbreitung der Anschauungen der Regierung „kleine Tagblätter, welche als amtliche Blätter ohne Stempel und daher um einen geringern Preis als die concurrirenden Privatblätter ähnlicher Kategorie ausgegeben werden könnten, wie dieß mit günstigem Erfolg in Wien, Prag und Graz zu einem Kreuzer das Blatt bereits ins Werk gesetzt worden sei."

30. Oct. Frhr. v. Beust wird zum Minister des Auswärtigen, FML. v. John definitiv zum Kriegsminister ernannt; Graf Esterhazy, der bisherige ungarische Minister ohne Portefeuille, wird ohne besondere Anerkennung entlassen.

„ „ (Ungarn). Der ungarische Landtag wird nun doch auch auf den 19. Nov. einberufen.

2. Nov. Erste Circulardepesche Beusts:

„Se. Majestät der Kaiser haben mich zu allerhöchstihrem Minister der auswärtigen Angelegenheiten zu ernennen geruht. Durchdrungen von unbegrenzter Dankbarkeit für diesen hohen Beweis von Vertrauen, habe ich keinen andern Ehrgeiz, als mich desselben würdig zu machen und mein ganzes Leben dem Dienste Sr. Maj. zu weihen. So sehr es mein Wunsch ist, die auf einem andern Felde der Thätigkeit gesammelten Erfahrungen diesem Dienste nutzbar zu machen, so betrachte ich mich gleichwohl als von meiner politischen Vergangenheit von dem Tage an getrennt, wo ich nach dem Willen Sr. kais. apostol. Majestät Oesterreicher werde, und ich will davon in meine neue Stellung nur das Zeugniß eines tiefverehrten Fürsten hinübernehmen, dem ich mit Eifer und Treue gedient zu haben mir bewußt bin. Namentlich würde es heißen, mir bei dem Beginne meiner neuen Laufbahn ein seltsames Vergessen meiner Pflichten zutrauen, wollte man mich für fähig halten, Vorliebe oder Groll hineinzutragen, wovon ich mich übrigens vollkommen frei fühle. Ich bitte Ew., nicht in meinem eigenen Interesse, sondern in dem des kais. Dienstes, sich von dieser Anschauungsweise wohl zu durchdringen und dieselbe in den Unterredungen hervortreten zu lassen, zu denen Ihnen in diesem Puncte Anlaß gegeben werden könnte. Die kais. Regierung, die heute alle ihre Anstrengungen dahin richten muß, die Spuren eines unheilvollen Krieges verschwinden zu machen, wird, daran möge man nicht zweifeln, jener Politik des Friedens und der Versöhnlichkeit treu bleiben, die sie jederzeit geübt hat. Wenn aber der unglückliche Ausgang eines jüngstbestandenen Kampfes ihr daraus eine Nothwendigkeit macht, so legt ihr derselbe zugleich die Pflicht auf, mehr als je sich auf ihre Würde eifersüchtig zu zeigen. Die kais. Millionen, dessen bin ich gewiß, werden dieselbe bei jeder Gelegenheit in Achtung zu setzen wissen, und sie werden nie mit eine Stütze finden, die ihnen nie fehlen wird..."

4—6. Nov. Die Regierung veröffentlicht nach einander in der officiellen „Wiener Abendpost" eine Art von Programme bez. der Verfassungsfrage, der beabsichtigten Heeresreform und der Regelung der Finanzen. Das letztere Programm macht mit seinen Versprechungen den geringsten, dasjenige bez. der auf die allgemeine Wehrpflicht zu gründenden Heeresreform dagegen den meisten Eindruck, zumal es darin heißt:

„...In noch höherem Maße muß die Sorge der obersten Militärbehörden den geistigen Interessen der Armee zugewendet bleiben, denn der Geist ist die wirksamste Waffe des Menschen; im Heere sowie allerwärts gebührt dem Wissen als der unentbehrlichen Grundlage des Könnens die höchste Achtung und Pflege. Die allgemeine Wehrpflicht wird gebildete oder mindestens bildungsfähige Elemente in höherem Maße als jetzt dem Waffendienste zuführen, eine entsprechende Verbesserung der Militärbildungsanstalten und Truppenschulen, namentlich die im Plane liegende Errichtung von Offiziersschulen bei den Brigaden und Divisionen, soll das militärische Wissen im Heere allgemeiner verbreiten und zeitgemäß erweitern. Die überhaupt mit allen Mitteln anzustrebende Vermehrung der Intelligenz in der Armee wird selbe dann auch zur Förderung des Volksunterrichts beitragen lassen, wie sie berufen erscheint, eine Schule zu sein der Ordnung und Genügsamkeit, des Gehorsams und der Achtung vor dem Gesetz, der treuesten Anhänglichkeit an den Monarchen, endlich des Bewußtseins der Zusammengehörigkeit der verschiedenen Stämme unseres weiten Vaterlandes. Durch strenge Prüfungen der Offiziers- und Stabsoffiziers-Aspiranten wird man sich künftig thunlichste Bürgschaft für deren Befähigung zur angestrebten Stellung zu verschaffen suchen; ein neues Beförderungsgesetz muß bei billiger Berücksichtigung des Dienstalters dem Verdienste gerecht werden und, mit gleichem Maße für Alle, nur dem vollkommen Geeigneten den Weg zu höherem Wirkungskreise eröffnen, damit die Führung unserer tapferen Armee in tüchtigen, verläßlichen Händen liege, der Staatsschatz aber nur mit wohlverdienten Versorgungsgebühren in Anspruch genommen werde..."

8. Nov. Eine Dep. des Herrn v. Beust an das preußische Cabinet beantragt mit Bezug auf Art. 13 des Prager Friedens die Eröffnung von Verhandlungen über die Revision des zwischen Oesterreich und dem Zollverein abgeschlossenen Handels- und Zollvertrages vom 11. April 1865 zum Zweck einer größeren Erleichterung des gegenseitigen Verkehrs.

9. „ Rückkehr des Kaisers aus Böhmen und Mähren nach Wien.

12. „ Herr v. Beust wird durch kais. Handschreiben auch zum Minister des kais. Hauses ernannt.

13. „ Das Armee-Verordnungsblatt veröffentlicht eine vom Kaiser sanctionirte Reorganisation des Generalstabs.

15. „ Vorbesprechung von Landtagsabgeordneten der deutschen Provinzen in Wien. Es wird beschlossen, darauf hinzuwirken, daß Adressen und keine Resolutionen erlassen werden; daß in den Adressen ein Petitum Aufnahme finde, welches die sofortige Einberufung des Reichsraths fordert; es sei Ungarn gegenüber jede Polemik zu vermeiden, sondern es sollen alle Angriffe auf die Septemberpolitik concentrirt werden. Die meisten der Anwesenden sprechen sich für einen gemäßigten Dualismus aus.

— „ (Tyrol). Bei den Abgeordnetenwahlen im Trentino werden die Regierungscandidaten überall mit entschiedener Mehrheit geschlagen und wie bisher italienisch Gesinnte gewählt.

19. „ Eröffnung sämmtlicher Landtage des Reichs mit einziger Ausnahme desjenigen von Siebenbürgen. Denselben wird das Handschreiben des Kaisers an Belcredi vom 13. Oct. mitgetheilt. Die

Vorlagen der Regierung sind meist nicht von sehr eingreifender Bedeutung, theilweise sogar höchst geringfügiger Art. Bedeutsam ist allein das Rescript an den ungarischen Landtag.

19. Nov. (Ungarn). Landtag: Rescript des Kaisers an denselben. Dasselbe kommt den Anschauungen und Forderungen des Landtags wieder um einen gewichtigen Schritt entgegen: indem es in dem Entwurfe des 15er Subcomité des 67er Ausschusses bez. der gemeinsamen Angelegenheiten die geeigneten Anknüpfungspunkte für das Zustandekommen des verfassungsmäßigen Ausgleichs erkent:

„... Um den raschen und befriedigenden Erfolg der diesfälligen Berathungen noch mehr zu sichern, erachten Wir es für zweckmäßig, jene Hauptgesichtspunkte anzudeuten, bezüglich deren es zum Behufe einer zu treffenden Abgrenzung der gemeinsamen Angelegenheiten geboten erscheint, daß denselben von Seite der reichstäglich versammelten Stände und Vertreter eine besondere Aufmerksamkeit zugewendet werde. Was wir unumgänglich wahren müssen, das ist die Einheit des Heeres, welche nebst der Einheit der Führung und der sachgemäßen inneren Organisation desselben auch noch eine Uebereinstimmung der Grundsätze in den Bestimmungen der Dienstzeit und der Heeresergänzung unzweifelhaft erfordert. Ebenso unabweislich erheischt es die derzeitige Entwicklung des Internationalen Verkehrs, sowie die Lebensbedingungen der Industrie, daß das Zollwesen und folgerichtig die auf die gewerbliche Production einen wesentlichen Einfluß nehmende indirecte Besteuerung, wie nicht minder das Staatsmonopols-Wesen auf vereinbarter, gleichartiger Grundlage geregelt werden. Endlich erfordern die Staatsschulden und das innerste Wesen des damit so innig verbundenen Staatscredites die einheitliche Behandlung derselben, wenn die Interessen des Geldverkehres, welche in allen Theilen des Reiches gleich tief in das Leben eingreifen, vor den so verhängnißvollen Schwankungen bewahrt werden sollen. Wir wünschen, durch das Resultat der auf dieser Grundlage fortschreitenden reichstäglichen Verhandlungen ehestens in der Lage zu sein, die Schwierigkeiten in Bezug auf jene Garantien des gesammtstaatlichen Verbandes, welche Wir als unmittelbaren Ausfluß der pragmatischen Sanction vor jeder Geldährung bewahren müssen, als grundsätzlich behoben ansehen zu können, sohin auch Unsererseits zur Erfüllung der in den allerunterthänigsten Adressen der reichstäglich versammelten Stände und Vertreter in den Vordergrund gestellten Wünsche beizutragen und durch die Ernennung des verantwortlichen Ministeriums, sowie die Wiederherstellung der municipalen Selbstverwaltung den constitutionellen Ansprüchen der Völker Unseres geliebten Königreiches Ungarn gerecht zu werden. Indem wir entschlossen sind, das verantwortliche Regierungssystem nicht bloß in Ungarn, sondern allgemein zur Geltung zu bringen, behalten wir Uns vor, die detaillirte Anwendung und Verwirklichung der in Bezug auf die gemeinschaftlichen Angelegenheiten vereinbarten Grundsätze, sowie die Modification jener Bestimmungen der Gesetze vom Jahre 1848, hinsichtlich welcher Wir Unsere Bedenken in Unserem königlichen Rescripte vom 3. März d. J. eröffnet haben, im Wege der von Uns zu ernennenden verantwortlichen Minister und im Einvernehmen mit den reichstäglich versammelten Ständen und Vertretern zu bewerkstelligen. Wir geben uns der Hoffnung hin, daß die reichstäglich versammelten Vertreter und Stände Unseres geliebten Königreiches Ungarn die offene Darlegung dieser Unserer väterlichen Absichten mit unbefangenem Gefühle entgegennehmen und die durch Uns hervorgehobenen Gesichtspunkte zum Gegenstande ihrer eindringlichen, zugleich aber auch dem Mahnrufe der Zeit entsprechenden Berathungen machen und hiedurch die Erfüllung Unseres innig-

ren Wunsches, das gesicherte Insleben treten des constitutionellen Organismus
unseres Gesammtreiches ihrerseits beschleunigen werden. Das Land steht
nunmehr an der Schwelle der Erfüllung seiner Wünsche. Die
Gesinnungen, welche Uns bestimmten, die mit richtiger Erkenntniß seiner
Interessen zu treffende Entscheidung über besten eigene Zukunft in seine
Hände zu legen, haben sich nicht geändert. Mit Zuversicht glauben Wir,
daß es dem segensreichen Zusammenwirken des beiderseitigen guten Willens
gelingen werde, dieser Zukunft eine Grundlage zu geben, welche geeignet ist,
die ehrwürdigen Traditionen der Vergangenheit mit den Anforderungen der
Gegenwart in Einklang zu bringen und hierdurch deren erneuertes Aufblühen
dauernd zu sichern."

19. Nov. (Niederösterreich). Landtag: Der Antrag von Prato-
berera auf Erlaß einer Adresse an den Kaiser wird mit allen gegen
3 Stimmen genehmigt.

„ „ (Tyrol). Landtag: Die neugewählten Abgeordneten aus Wälschtyrol erscheinen wiederum nicht im Landtag.

27.—28. Nov. (Niederösterreich). Landtag: Abreßdebatte. Rede
Kuranda's über das Verhältniß zu Deutschland. Schmerling erklärt, sich der Abstimmung enthalten zu wollen. Der Entwurf der
Abreßcommission wird schließlich mit 44 gegen 8 Stimmen angenommen:

„...Wenngleich, bei unparteiischer Erwägung der Ereignisse, das bemü-
thigende Ende des letzten Krieges der durch mehrere Mitglieder des gegenwärtigen Ministeriums veranlaßten Sistirung des verfassungsmäßigen Lebens
nicht allein zugeschrieben werden kann, so vermag doch nicht persönal zu
werden, daß die seit der Sistirung wachsende Zerklüftung und
Schwächung Oesterreichs und der in der Bevölkerung immer
weiter greifende zersetzende Pessimismus von unseren Feinden
schlau benutzt wurden, und daß man insbesondere durch diese Politik sich bei
schon brobender Gefahr jenes Organs selbst beraubte, welches vorzugsweise geeignet und berufen gewesen wäre, die Begeisterung der Völker zum Kampfe für
Recht und Freiheit, zur allgemeinen Erhebung und zur unwiderstehlichen
Abwehr des ungerechtesten Angriffes wachzurufen. Sowie Eure Majestät in
Ihrem Manifeste vom 17. Juni d. J. den Mangel einer in diesem ernsten
Momente um Ihren Thron versammelten Vertretung Ihrer getreuen Völker
bedauerten, so hat es auch das Land mit patriotischem Kummer empfunden,
daß, während die Vertretung Ungarns bis zum 26. Juni tagte, die verfassungsmäßige Gesammtvertretung der Länder diesseits der Leitha gegenüber
der dem Vaterlande drohenden Gefahr in thatenlosem Schweigen verharren
mußte... Die folgenschwerste und schmerzliche Bedingung des Friedens war der
Ausschluß Oesterreichs aus Deutschland... Auch hier liegt es
ferne von uns, jenen Räthen der Krone die langjährige Schuld früherer Regierungen aufzubürden; daß aber die Beseitigung des verfassungsmäßigen Lebens die Sympathien Deutschlands für Oesterreich erschüttern, den letzten Glauben an seine innere Kraft
und seinen Führerberuf in Deutschland vernichten mußte,
und daß diese Erkenntniß den begeisterten Aufschwung der deutschen Verbündeten für ihre und Oesterreichs gute Sache lähmte, ist wohl nicht zu
bezweifeln. Die Zerrüttung der Finanzen mußte bei einer nun über
ein Jahr währenden budgetlosen und controlfreien Regierung in erschreckender
Progression wachsen, da Credit-Operationen bei dem völligen Abgange der
beschließenden Mitwirkung einer Volksvertretung immer unübersteiglichere

Hindernisse entgegenstehen, und man daher zu dem letzten Mittel, der Staats-
notenpresse, schritt. Die Unsicherheit der staatswirthschaftlichen und politischen
Zustände blieb nicht ohne empfindliche Rückwirkung auf die Volkswirthschaft,
und selbst der scheinbare Aufschwung einzelner Productionszweige ruht nicht
auf einer gesunden Grundlage. Kein freiheitlicher Fortschritt auf dem Gebiete der Gesetzgebung, Verwaltung und Justizpflege belebte auch nur einen
Moment die Todtenstille der Sistirungs-Aera. Die so sehnlichst herbei-
gewünschte Verständigung mit Ungarn, das Ziel, welchem das Ministerium das Verfassungsrecht der cisleithanischen Länder zum Opfer brachte,
sie wurde durch dieses Opfer in Jahresfrist um kein Atom gefördert, wohl
aber haben Entmuthigung und Mißtrauen gegen die auf freier Bahn thaten-
lose Regierung immer verderblicher gewuchert. Ja, jene Mitglieder des Ministeriums haben sich durch die Consequenzen ihrer Sistirungs-Politik so sehr
die Hände gebunden, daß sie nun, ohne Vertrauen, ohne Unterstützung dies-
und jenseits der Leitha, gar nicht mehr im Stande sind, in die verfassungsmäßige Bahn wieder einzulenken... Allein nicht bloß der materiellen Hilfe
bedürfen das Land wie das Reich. Die Nothwendigkeit, die schwindenden
Kräfte des Reiches zu sammeln, die volkswirthschaftliche Arbeit zu ermuntern
und den Glauben an eine wahrhaft constitutionelle Gestaltung des Staates
und damit das Vertrauen auf seine Zukunft wieder zu beleben, schwebt allen
treuen Unterthanen Eurer Majestät vor Augen, und nur in der schleunigsten Wiederherstellung der verfassungsmäßigen Zustände
erblicken sie den Weg der Rettung und die Möglichkeit zur Erreichung der
väterlichen Absichten Eurer Majestät. In den Ländern der ungarischen Krone
geruhten Eure Majestät solche bereits anzubahnen; allein das Stammland
Niederösterreich und mit ihm die Länder diesseits der Leitha, sie harren noch
mit Sehnsucht der Wiederbelebung ihres von Eurer Majestät selbst gewährten Verfassungsrechtes. Der treugehorsamste niederösterreichische Landtag
muß nun, wo das Mandat seiner Mitglieder zu Ende geht und er zum
letztenmale in dieser Wahlperiode das hohe Glück hat, zu seinem Herrn
und Kaiser zu sprechen, dieser Gesinnung ehrerbietigst Ausdruck verleihen.
Beseelt von der innigsten Ueberzeugung, daß nur auf diesem Wege die inneren
Wirren auf rechtlicher Grundlage gelöst zu werden vermögen, erlaubt
sich der treugehorsamste Landtag in Ehrfurcht die dringendste und unterthänigste Bitte: Eure Majestät wollen geruhen, den verfassungsmäßigen
Zustand wiederherzustellen und zu diesem Ende nach Schluß der Landtagssession die Einberufung des Reichsrathes auf Grund der Verfassung allergnädigst anzuordnen."

29. Nov. (Mähren). Landtag: Ein Antrag der czechischen Partei bez.
Revision der Landtagswahlordnung (zum Nachtheil des deutschen
Elements) wird mit Hülfe der Mittelpartei von 46 gegen 45 Stim-
men abgelehnt.

1. Dec. (Croatien). Der Landtag spricht sich neuerdings für Aufhebung der Militärgränze und Einverleibung Dalmatiens in das
dreieinige Königreich aus.
3.—4. Dec. (Oberösterreich). Landtag: Adreßdebatte. Entwurf
der Commission:

"Die Fortdauer der Sistirung, die rasch nachgefolgten unglücklichen, ja
verhängnißvollen Ereignisse und deren höchst traurige Folgen, an welchen
die Sistirung wesentliche Schuld trägt, machen es dem oberösterreichi-
schen Landtage zur unabweislichen Pflicht, Eurer Majestät die
volle und ungeschminkte Wahrheit über die lauten nicht mehr

zurückzudrängenden Wünsche des Volkes vorzutragen. Sie gehen auf Rückkehr zu dem verfassungsmäßigen Rechte dies- und jenseits der Leitha; auf die hiedurch allein mögliche Vereinbarung unter Wahrung der Einheit des Reiches, womit dauernd der innere Frieden und das Ansehen des Reiches nach Außen hergestellt werden; auf die endliche durchgreifende Umgestaltung Oesterreichs in einen freien Culturstaat der Neuzeit. Der letzte unglückliche Krieg hat die europäische Machtstellung des Reiches tief erschüttert. Schmerzlich vor Allem berührt uns als Deutsche die Lostrennung Oesterreichs von Deutschland, das Zerreißen des engen tausendjährigen Verbandes mit dem großen deutschen Volke, als dessen Theil wir uns der Abstammung, Sprache, Sitte und Cultur nach fühlten und fortan fühlen werden. Oesterreich hält es dennoch für seine Aufgabe und Pflicht, einem freien Oesterreich anzugehören und dasselbe zu fördern. Es kann wohl erwarten, daß dem deutschen Elemente in Oesterreich die gebührende Stellung gewahrt bleibe und es eine Zurücksetzung nicht mehr erfahren werde. Schwer haben die Völker die Fehler der Diplomatie und der Kriegführung empfunden. Die wirthschaftlichen und finanziellen Schäden des Reiches, das durch die Widersacher des Fortschritts verschuldete Zurückbleiben Oesterreichs auf geistigem Gebiete, insbesondere im Volksunterrichte, wurden für Jedermann offen an den Tag gelegt. Die Zerrüttung des Geldwesens, das verderbliche Anwachsen der thatsächlich jeder wahren Controle sich entziehenden Staatsschuld; die damit verbundene, kaum erschwingliche Zinsenlast, lassen an der Ordnung der Staatsfinanzen und am Gedeihen der volkswirthschaftlichen Verhältnisse nahezu verzweifeln. Handel und Gewerbe liegen darnieder; Steuerzahlungen stocken; die Verarmung greift in erschreckender Weise um sich; Muthlosigkeit, der schlimmste Feind des Aufraffens eines Volkes zu neuer Thätigkeit, stellt sich ein. Die Annalen der Geschichte Oesterreichs weisen keine Zeit nach, in welcher die Herzen der Völker von so tiefer Trauer erschüttert, durch den Verlust der theuersten Angehörigen und durch zerstörtes Familienglück heimgesucht wurden. Nicht die traurige Lage des Reiches und Landes allein ist es, die mit banger Besorgniß erfüllt; tiefe Betrübniß herrscht auch darüber, daß die feierlich zugesicherte Mitwirkung und Zustimmung der Volksvertretung bei der Gesetzgebung, bei Regelung und Controle des Staatshaushaltes, für deren Thätigkeit Eure Majestät wiederholt volle Anerkennung aussprachen, statt zur Wahrheit geworden zu sein, unterbrochen, wir wollen nicht sagen, beseitigt wurde. Es wird als eine große Gefahr für die Zukunft des Reiches empfunden, daß es bedenkt, zur Unmöglichkeit wird, die unfertigen Verfassungszustände schließlicher Ordnung entgegenzuführen und mangelnde freiheitliche Institutionen, welche ein unabweisliches Bedürfniß sind, zu schaffen und zu sichern. Tief beklagt das Volk die auch hier zum Verderben des Reiches bis jetzt sich kundgebende Rath- und Thatlosigkeit der Räthe der Krone. Wenn jene Räthe Eurer Majestät vermeinten, das Versöhnungswerk mit Ungarn durch Sistirung der verfassungsmäßigen Rechte der Länder diesseits der Leitha zu fördern, so haben sie sich eines schweren Irrthums schuldig gemacht. Gerade dadurch wurde das Vertrauen in beiden Theilen des Reiches geschwächt, die Lösung der Aufgabe wurde wesentlich erschwert und was vor Allem bedauert werden muß, es wurde zwischen den Völkern beiderseits der Leitha durch diese Sistirung die unzweifelhaft schon bestandene verfassungsmäßige Verbindung gelockert, zwischen ihnen neue Zwietracht gesäet. Alles zeigt das Verfehlte dieses Systems und die Nothwendigkeit, die bisher betretene Bahn rasch und vollständig zu verlassen. Die Fortdauer der über die Volksrechte sich hinwegsetzenden Regierung, welche mit der Verfassungsistirung begonnen hat, müßte Krone und Reich den allergrößten Gefahren zuführen. Geruhen daher Eure Majestät, vor allem das volle unverkümmerte verfaſſungsmäßige Recht der Länder diesſeits und jenſeits der Leitha ins Leben zu ſetzen und den für die Länder diesſeits der Leitha verfaſſungsmäßig beſtehenden Vertretungskörper einzuberufen."

Bei der Abſtimmung wird der Entwurf mit 34 gegen 8 Stimmen angenommen.

4. Dec. Eine kaiſerliche Entſchließung an den Kriegsminiſter nimmt den Beſchluß des oberſten Militärjuſtizſenats, gegen FZM. v. Lenebel und die FML. v. Henikſtein und v. Krismanic wegen ihres Verhaltens im letzten Feldzug eine kriegsgerichtliche Unterſuchung zu verhängen, zur Kenntniß, verordnet jedoch die Ablaſſung von weiterem gerichtlichen Verfahren gegen dieſe oder andere wegen ähnlicher Verſchulden angeklagte Generale und Stabsoffiziere. Commentar der amtlichen „Wiener Ztg." zu dieſer Entſchließung.

4—6. Dec. (Mähren). Landtag: Adreßdebatte. Entwurf der (czechiſchen) Mehrheit und der (deutſchen) Minderheit. Bei der Abſtimmung werden durch die Mittelpartei beide Entwürfe abgelehnt und beſchloſſen, an den Kaiſer lediglich eine Loyalitätsadreſſe zu richten.

6—7. Dec. (Böhmen). Landtag: Adreßdebatte. Entwurf der (czechiſchen) Majorität und (deutſchen) Minorität der Commiſſion. Bei der Abſtimmung wird der Majoritätsentwurf mit 126 gegen 91 Stimmen angenommen.

„ „ (Salzburg). Der Landtag nimmt den Entwurf einer Adreſſe an den Kaiſer ohne Debatte einſtimmig an:

„... Der im Jahre 1865 verſammelte ſalzburgiſche Landtag hat — die Rückwirkung der durch das allerh. Manifeſt v. 20. Sept. v. Js. erfolgten Siſtirung der Wirkſamkeit der Reichsvertretung auf das Wohl des Landes erwägend — in der am 9. December v. J. einhellig beſchloſſenen Adreſſe Ew. Maj. „um baldmöglichſte volle Wiederherſtellung der verfaſſungsmäßigen Zuſtände" gebeten. Die ſeither in der Lage Oeſterreichs eingetretene Verſchlimmerung enthält die ſelbſt nur allzu ernſte Mahnung, auf die vorjährige ehrfurchtsvolle Bitte zurückzukommen. Das Reich bedarf des äußern und des innern Friedens, denn es muß alle ſeine geiſtigen und materiellen Kräfte ſammeln und nachhaltig anſpannen, um das zu werden, was es ſein kann und ſoll: mächtig nach Außen, glücklich nach Innen. Dazu iſt vor Allem nöthig, „die rettende That zur rechten Zeit", bevor die wachſende Verwirrung in den Fragen der Verfaſſung und Unſicherheit des öffentlichen Rechts, bevor der Stillſtand in den mehr als je bringend nothwendigen legislativen Reformen im Bereiche der Rechtspflege, der Verwaltung, der volkswirthſchaftlichen Intereſſen, bevor endlich die bedrohlich für den Steuerträger, den Staatsgläubiger und das allgemeine Wohl fortſchreitende Zerrüttung des Geldweſens und der Staatsfinanzen ſich für das Reich ſelbſt zu einer unheilbaren Krankheit geſteigert haben. An der Schwelle des Kriegs haben Ew. Maj. den Mangel einer um den allerh. Thron verſammelten Vertretung Ihrer getreuen Völker ſchmerzlich bedauert, und das dem jetzt verſammelten Landtage mitgetheilte Allerhöchſte Handſchreiben gibt neuerlich Zeugniß, welche hohe Bedeutung es habe, in tiefernſten Momenten Monarch und Volk Eines Sinnes zu wiſſen. Ew. Maj.! Der Ernſt der Lage dauert fort. Verſammeln Sie die Vertreter des Reiches um den kaiſerl. Thron und, treuergeben, dem Vertrauen mit Vertrauen lohnend, werden ſie mit loyalem Rath, mit opferfreudiger That der Weisheit Ew. Maj. bei der Durchführung Allerhöchſtihrer landesväterlichen Abſichten zur Seite ſtehen. Ohne die Reichsvertretung, der die beſchließende Mitwirkung bei Verfaſſungsveränderung allein zuſteht, kann der Ausbau der Verfaſſung auf der geſicherten Grund-

Lage des Reiches und insbesondere die Herstellung des innern Friedens durch den Ausgleich mit den Ländern der ungarischen Krone nicht erzielt werden; ohne sie mangelt dem Fortschritte und der Reform der gesetzliche Weg, und ohne sie läßt sich eine feste Ordnung im Staatshaushalte schon deshalb nicht erwarten, weil nur durch sie dem Staatscredite die unentbehrliche Aufschwung werden kann. Die vom treugehorsamsten Landtage ehrfurchtsvollst erbetene baldigste Wiederherstellung der verfassungsmäßigen Thätigkeit der Reichsvertretung wird in dem kranken Staatskörper die Lebensthätigkeit, ohne die jedes andere Heilmittel unwirksam ist, von innen heraus erwecken, das Vertrauen des Volkes auf die Zukunft und die Opferwilligkeit neu beleben und jene freie Bahn eröffnen, auf welcher allein das in seinen Grundfesten erschütterte Vaterland seine äußere Machtstellung und innere Wohlfahrt wiedergewinnen und dauernd befestigen kann."

6. Dec. (Galizien). Landtag: Adreßdebatte. Der Adreßentwurf der Polen spricht sich gegen die Februarverfassung, derjenige der Ruthenen für dieselbe aus:

Entwurf der Polen: „.... Wir leben der Ueberzeugung, daß, wenn die durch das Octoberdiplom anerkannten Rechte und historischen Traditionen der Länder zur vollen Berücksichtigung gelangen, und die durch den freien Ausspruch der legalen Vertreter abgegebenen Erklärungen der Völker Geltung gewinnen werden, daß dann für immer das System der Centralisation unmöglich sein werde, welches die Lebenskraft der Völker lähmte und damit die Macht des ganzen Reiches untergrub. Jenes verderbliche System ist die Quelle unserer Niederlagen und Leiden — Oesterreich aber soll stark und mächtig sein... Aus eigner, tiefinnerer Ueberzeugung geben wir uns dem herzerhebenden Glauben hin, daß Oesterreich, um zu bestehen und sich herrlicher denn je zu erheben, seiner Bestimmung und der Macht der Thatsachen gemäß, nach Innen der kräftigste Ausdruck der Achtung der Freiheit, nach Außen aber der Schild sein werde zur Vertheidigung der Civilisation des Westens, der Rechte der Nationalität, der Humanität und der Gerechtigkeit. Das eigene Wohl, wie das Gewissen der anderen Völker, die von der Idee der christlichen Civilisation durchdrungen, wird es nicht zugeben, daß Oesterreich allein stehe in der Erfüllung dieser Mission. Diese Mission war auch die unsere viele Jahrhunderte lang. Ohne Besorgniß, unsern nationalen Traditionen abtrünnig zu werden, im Glauben an die Mission Oesterreichs und im Vertrauen in die Unabänderlichkeit der Entschließungen Ew. Maj., erklären wir demnach aus der Tiefe unseres Herzens, zu Ew. Maj. zu halten und halten zu wollen."

Entwurf der Ruthenen: „.... Da nun bei uns die von Ew. Maj. gewährleistete Gleichberechtigung noch nicht allseitig ins Leben gerufen ist, so nahen wir in Demuth dem Throne Ew. Majestät mit der Bitte, daß die Vertretung des Reiches auf Grund des Octoberdiploms und der Februarverfassung einzutreten, daß bei derselben beide Nationalitäten Galiziens durch Vertreter eigener Wahl repräsentirt und auch im Landtage die nationalen Angelegenheiten durch gesonderte Curien und Ausschüsse beider Nationalitäten vertreten und das Patent v. 26. Febr. 1861 in dieser Richtung abgeändert werde, auf daß die durch die Weisheit Ew. Maj. geschaffene Harmonie die Bewunderung der Welt errege und der Name Ew. Majestät mit unauslöschlichen Lettern verzeichnet werde im Buche der Geschichte."

Der Adreßentwurf der Polen wird in dritter Lesung mit 84 gegen 40 Stimmen angenommen.

7. Dec. (Ungarn). Unterhaus: Vorläufige Debatte über die Antwortsadresse auf das Rescript vom 17. Nov. Tisza beantragt Namens
der Linken, in der Adresse zu erklären, daß, nachdem das kgl. Rescript die in den frühern Adressen niedergelegten Bitten um Herstellung der Rechte und Gesetze des Landes nicht erfüllt habe, der
Landtag ohne Verletzung der Rechtscontinuität nicht weiter vorgehen
könne; Deak beantragt, daß das Haus zwar auf Grund der früheren Adressen neuerdings die sofortige Wiederherstellung der Verfassung erbitten und urgiren, aber zugleich erklären möge, daß es
die im k. Rescript enthaltenen Bemerkungen s. Z. bei Behandlung
der Anträge der 67er Commission «mit Ehrfurcht und gebührender
Aufmerksamkeit in Erwägung ziehen werde. Bei der Abstimmung
wird mit 227 gegen 107 Stimmen beschlossen, eine Adresse im
Sinne Deaks zu erlassen.

10. „ (Steyermark). Der Landtag nimmt den Adreßentwurf der
Commission (Kaisersfeld) ohne Debatte fast einstimmig an:

„... Mit tiefster Ehrfurcht, aber auch mit aller Offenheit, welche die
Treue gebietet, muß der Landtag es aussprechen, daß die Bahnen jener Politik vollständig verlassen werden müssen, welche Ew. Majestät
Regierung mit dem Patente v. 20. Sept. betreten hat. In der constitutionellen Mitwirkung der Völker mit der Regierung, daher in der Wiederherstellung der verfassungsmäßigen Zustände in jedem Theile des Reiches, in
dem rückhaltlosen Aufgeben des Absolutismus und in der
aufrichtigen Hingebung an das parlamentarische System in
jeder Sphäre der Gesetzgebung und des staatlichen Lebens,
in der Sicherung gegen noch weitere Zersplitterung durch die zu kräftigende
Gesammtvertretung der Länder diesseits der Leitha, in einer vorurtheilsfreien,
von Nebenzielen nicht getrübten, dem Fortschritte zugewendeten und in einer
solchen Politik, welche Frieden hält mit allen Mächten und nirgends Mißtrauen wachruft — ist der Weg vorgezeichnet, der gegangen werden muß.
Ew. Maj. werden diesen Weg, wie der Landtag zuversichtlich hofft, muthig
betreten, und dann wird auch Oesterreich wieder sich erheben aus dem tiefen
Verfalle, in welchem das Mißgeschick und verhängnißvolle Mißgriffe es
gestürzt haben. Die Lage, in welcher Oesterreich sich in diesem Augenblicke
befindet, und die Gefahren, welche sich noch immer wie Gewitterwolken auf-
thürmen, und welche den Bestand des Reiches ebenso von Außen wie von
Innen bedrohen, dulden aber keinen längern Aufschub. Der Landtag kann
daher nicht ablehen von der Lösung der einen Frage, die allein die Lösung
aller andern in sich schließt. Daß über die staatsrechtlichen Verhältnisse Ungarns und des Reiches endlich verfassungsmäßig entschieden
werde, darauf vor allen Dingen möge die Aufmerksamkeit und die Thatkraft
Ew. Maj. gerichtet sein. Nicht wie viele Angelegenheit erfolgen soll, aber
daß es im höchsten Interesse der Monarchie und jedes Landes, das treu zu
dieser hält, liege: daß sie schnell erfolge, das fühlt sich der treugehorsamste
Landtag gedrungen, ehrfurchtsvoll auszusprechen. Der Streit kommt nur
den äußern Feinden Oesterreichs und den zersetzenden und eben deßhalb so
gefährlichen Elementen zugute, die es in seinem Innern birgt. Oesterreichs
Kraft bleibt gebrochen, so lange dieser Streit nicht ausgeglichen ist, und ein
wahrer Constitutionalismus kann nirgends herrschen, so lange verfassungsmäßige Zustände nicht überall bestehen..."

11. „ (Bukowina). Landtag: Adreßdebatte. Entwurf der Majorität
und der Minorität der Commission.

Der Entwurf der Commissionsmehrheit knüpft an das kgl. Rescript vom 17. Nov. an den ungarischen Landtag an, acceptirt den dadurch angebahnten Dualismus des Reichs und führt dann fort: „Wenn aber bei den gegebenen Verhältnissen als nothwendiges Collerar des Constitutionalismus der verantwortlichen Regierung in den beiden Reichshälften für die jeder derselben gemeinsamen Angelegenheiten eine gesonderte Vertretung zur Seite stehen muß, so könnte nur durch eine genaue Begrenzung ihrer Befugnisse und durch die entsprechende Erweiterung der landtägigen Wirksamkeit der historischen berechtigten Existenz der einzelnen Königreiche und Länder sowie ihrer unbehinderten nationalen Entwicklung Genüge geleistet werden. Tief in unserm Innern wurzelt die Ueberzeugung, daß nicht durch eine Alles abtödtende und beschränkende Gleichförmigkeit, wohl aber durch die Garantien der freitheitlichen und materiellen Entwicklung, vor allem durch Vereinsrecht, Selbstverwaltung, Geschwornengerichte und durch eine den natürlichen Productionsverhältnissen entsprechende Finanzpolitik, die Zusammengehörigkeit der Völker gefestigt, und daher die Macht des Staates erhöht werde. Das sofort gestellt in seinem Innern gekräftigte Oesterreich wird seinen Gegnern Achtung gebieten, in den stammverwandten Nachbarvölkern mächtige Bundesgenossen erlangen, seine providentielle Aufgabe, ein Völkerreich zu sein, und sich als solches fortzuentwickeln, mit Sicherheit erreichen."

Entwurf der Commissionsminderheit: „... Der treugehorsamste Landtag hält es für seine gebieterische und unabweisbare Pflicht, dem Gedanken freimüthig Ausdruck zu geben, daß in erster Linie die baldigste Wiederherstellung verfassungsmäßiger Zustände und zunächst die Einberufung einer Reichsvertretung die Heilung der schweren Wunden, unter denen das Reich darniederliegt, ermöglichen, die Beschleunigung eines, alle Theile des Reichs gleich befriedigenden Ausgleichs mit den Ländern der ungarischen Krone erleichtern, ein Wiederaufblühen der einzelnen Königreiche und Länder, ein Gedeihen des ganzen Reiches herbeiführen werde. Sind einmal auf diesem Wege die zur Erhaltung der Machtstellung des Staates nach Außen, die Einheit des Reichs bedingenden, einer Decentralisation unfähigen Momente festgestellt, ist einmal dieser Grundpfeiler der Verfassung zur befriedigenden Lösung der allseitigen Interessen im Wege der freien Vereinbarung aller betheiligten Länder und der Krone gewonnen, so wird der constitutionelle Weiterbau der Verfassung bei erweiterter Autonomie der einzelnen Königreiche und Länder keiner bedeutenden Schwierigkeit auf den vorhandenen Grundlagen unterworfen sein, und es kann der treugehorsamste Landtag der Bukowina nur wiederholt seinen ehrfurchtsvollsten Wunsch an den Stufen des Allerhöchsten Thrones niederlegen, daß dann auch dem Kronlande Bukowina eine umfassende Autonomie zu Theil werde, welche ihm gestattet, auf dem Gebiete der Kirche, Schule und Gemeinde sich selbstthätig, individuell, nach dem Grundsatze der Gleichberechtigung fortzuentwickeln."

Bei der Abstimmung wird der Entwurf der Mehrheit abgelehnt und derjenige der Minderheit, der die Wiederherstellung der sistirten Februarverfassung ausdrücklich fordert, mit 15 gegen 11 Stimmen angenommen.

11. Dec. Abschluß des Handelsvertrags mit Frankreich.
14. „ (Kärnthen). Landtag: Abreßdebatte. Mit 28 gegen 3 Stimmen wird der Entwurf der Commission angenommen:

„... Durch die Folgen des Krieges losgelöst aus dem tausendjährigen Verbande mit Teutschland, und mit diesem Mutterlande nur noch verbunden durch die geistigen Bande der Stammes- und Sprachgemeinschaft, der gleichen Gesittung und Cultur, muß das alte deutsche Reichsland Kärnthen um so größeres Gewicht darauf legen, daß das Staatswesen und die Verfassung des Kaiserreiches sich im Sinne wahrer Freiheit und aufrichtigen entschiedenen Fortschritts thatsächlich entwickle. Die Bahnen, welche zu diesem Ziele führen, liegen allerdings abseits von denjenigen, die Sr. Maj. Regierung mit dem Allerhöchsten Patente v. 20. Sept. 1865 betreten hat — sie sind aussehlnend weniger steil, weil innerhalb der Schranken des Gesetzes sich bewegend — sie werden aber dafür die Völker zur Freiheit führen und ermöglichen, daß der Staat zur früheren Machtstellung gelange. Der treugehorsamste Landtag hält jetzt an der Rechtscontinuität der Verfassung vom 26. Febr. 1861 und ist überzeugt, daß dieselbe dem Ausgleiche mit Ungarn nicht im Wege sein wird, weil alle den Bestand des Gesammtreiches nicht in Frage stellenden Aenderungen auf verfassungsmäßigem Wege vorgenommen werden können und weil nach der dermaligen Lage des Reichs das Interesse der westlichen Länder nicht entgegensteht, die Autonomie Ungarns in jenen Punkten anzuerkennen, welche zur Aufrechthaltung des Gesammtstaates nicht mit Nothwendigkeit als gemeinsame betrachtet werden müssen. Die gemeinschaftliche parlamentarische Behandlung der gemeinsamen Angelegenheiten mit einem verantwortlichen Ministerium ist nicht blos unerläßliche Voraussetzung für die constitutionelle Freiheit des Reiches, sondern geradezu eine unabweisliche Nothwendigkeit für den Fortbestand desselben. Ohne längern Aufschub muß eine parlamentarische Regierung es unternehmen, gestützt auf die constitutionelle Mitwirkung des Reichsraths, jene staatlichen Einrichtungen ins Leben zu rufen, welche persönliche, bürgerliche und politische Freiheit schaffen und sichern und durch eine volks- und staatswirthschaftliche richtige Führung des Reiches auch die materielle Wohlfahrt der Völker zu heben und dauernd zu begründen vermögen. Nur die alsogleiche Einberufung des Reichsraths und die aufrichtige Durchführung einer wahrhaft constitutionellen Regierungsform würde die Ueberzeugung geben, daß Oesterreichs Heil dort gesucht wird, wo es einzig noch zu finden ist, daß unsern zerrütteten Finanzverhältnissen und dem gesunkenen Staatscredite wieder aufgeholfen werde, und daß jene Unrecht behalten, welche den Untergang unseres Vaterlandes als bevorstehend ansehen."

— Dec. (Vorarlberg). Der Landtag verzichtet auf den Erlaß einer Adresse an den Kaiser, nachdem die vorjährige zu Gunsten der Februarverfassung von demselben zurückgewiesen wurde. Dagegen bringt der Landtag seine unveränderten Anschauungen in dem Bericht seines Ausschusses über den Rechenschaftsbericht des Landesausschusses neuerdings zum Ausdruck.

15. „ (Ungarn). Das Unterhaus nimmt den Adreßentwurf der Commission (Deáks nach seinen Vorschlägen v. 7. d. M.) mit überwiegender Mehrheit an.

16. „ (Triest). Der Landtag genehmigt den Antrag auf Errichtung einer juridischen Facultät mit ital. Unterrichtssprache.

17. „ (Croatien). Landtag: Beginn der Adreßdebatte.

Der gemeinsame Entwurf der vereinigten selbständig-nationalen und der national-liberalen Partei verlangt im Wesentlichen: Abbrechen der Verhandlungen mit Ungarn und selbständiges Vorgehen in der Regelung der staatsrechtlichen Beziehungen mit der Krone; Festhalten an dem sanctionirten Art. 42 vom Jahre 1861 bezüglich des staatsrechtlichen Verhältnisses zu Ungarn; Anerkennung der Gesammtstaatsangelegenheiten im Sinne des Octoberdiploms und gemeinsamer Gesetzgebung für dieselben, vorbehaltlich der Eintreibung und Abführung der entfallenden Steuerquote für das Land; Feststellung der Form zur Behandlung der Gesammtstaatsangelegenheiten im Wege der Vereinbarung nach dem Sinne des Septembermanifestes; Ablehnung der Februarverfassung; endlich fordert sie Garantien für eine vollkommene staatliche Landesautonomie. Als Principien für die einheitliche Staatsorganisation werden aufgestellt: Verantwortliches Gesammtstaatsministerium; Einkammersystem; alljährliche Feststellung und Prüfung des Gesammtstaatsbudgets durch die Staatsvertretung über Vorschlag der verantwortlichen Regierung. Als Vorbedingung für das weitere Vorgehen auf Grund dieser Principien wird hingestellt: Staatliche und territoriale Reintegrirung des dreieinigen Königreichs durch Aufhebung der Militärgränze und Vereinigung Dalmatiens im Wege verfassungsmäßigem Einvernehmens, wie auch der quarnerischen Inseln mit Croatien und Slavonien; endlich Abstellung der gegenwärtigen Dicasterial- und Einführung einer verantwortlichen Landesregierung.

18. Dec. (Steyermark). Der Landtag lehnt einen Antrag auf Parität der slovenischen mit der deutschen Sprache in den Volksschulen ab.

„ „ (Kärnthen). Der Landtag überweist die Petitionen slovenischer Gemeinden, die im Gegensatz gegen ihre Geistlichen und Lehrer die Einführung der deutschen Sprache in ihren Schulen verlangen, empfehlend der Regierung.

„ „ (Schlesien). Der Landtag erklärt sich einmüthig gegen eine Einführung der Jesuiten in Schlesien.

„ „ (Galizien). Der Kaiser bestätigt das vom frühern Landtage beschlossene Gesetz, betreffend die Aufhebung der Statthalterei-Commission in Krakau und die Centralisirung Galiziens. Galizien ist damit in 74 unter der unmittelbaren Verwaltung des Statthaltereipräsidiums in Lemberg stehende Kreise eingetheilt. Eine große Anzahl bisheriger Beamteter, namentlich Deutscher, wird durch das Gesetz außer Thätigkeit gesetzt.

„ „ (Croatien). Landtag: Specialdebatte über die Anträge der sog. Regnicolar-Deputation bez. das Verhältniß zu Ungarn als Substrat des Abresseentwurfs. Es wird beschlossen:
1) Der Art. 42 vom Jahre 1861 gilt immerwährend als unveränderliche Grundlage und Richtschnur in der staatsrechtlichen Beziehung des dreieinigen Königreichs gegenüber von Ungarn. 2) Das dreieinige Königreich hat weder Rechte noch Pflichten und auch keinen gesetzlichen Modus, in dem ungarischen Landtage einzutreten, welcher nach Pesth auf den 10. Dec. 1865 und beziehungsweise auf den 19. Nov. 1866 einberufen ist. 3) Das dreieinige Königreich hält dafür, es sei kraft seines Staatsrechts befugt und verpflichtet, selbstständig mit der Krone ins Einvernehmen zu treten. 4) Selbstständige Regelung des staatsrechtlichen Verhältnisses direct mit der Krone und ohne Ungarn. 5) Principielle Feststellung und einheitliche Behandlung der aus der pragmatischen Sanction resultirenden allg. Reichsangelegenheiten. 6) Feststellung der Behandlungsnorm derselben im Vereinbarungswege, Verwahrung gegen ein solches Centralorgan, das ohne Zustimmung des dreieinigen Königreichs zu Stande käme, endlich 7) als Vorbedingung das Petitum der Landesreintegrirung durch Aufhebung der Militärgränze und Vereinigung Dalmatiens, und 8) einer verantwortlichen Landesregierung.

Der erste Artikel wird fast einstimmig, alle folgenden werden theilweise in namentlicher Abstimmung, mit zwei Dritteln aller Stimmen gegen ein Drittheil (der unionistisch-magyarischen Partei) angenommen.

19. Dec. (Croatien). Landtag: Annahme der Adresse an den Kaiser auf Grund der am vorhergehenden Tage gefaßten Beschlüsse.

„   „   (Tyrol). Landtag: Adreßdebatte. Der Entwurf der Majorität knüpft an einen energischen Protest gegen die Umtriebe für Losreißung Wälschtyrols die wiederholte Bitte um Aufrechthaltung der Glaubenseinheit, während die Verfassungsfrage direct gar nicht berührt wird, vielmehr beiläufig dem Septemberpatente (Sistirung der Februarverfassung) zugestimmt wird.

„... Der treugehorsamste Landtag erlaubt sich aber, von dieser unterthänigsten Bitte Anlaß zu nehmen, um das Augenmerk Ew. Maj. ehrfurchtsvollst auch auf die Eigenthümlichkeiten des Landes und auf die inneren Bedingungen seiner Einheit zu lenken, von denen für alle Zukunft die Erhaltung seiner Kraft abhängt. Zu den Eigenthümlichkeiten Tyrols gehören in erster Reihe der fromme Glaube und die reine Sitte der Väter und die Wehrkraft des Volkes; sie stehen in Wechselwirkung und in ihnen beruht wesentlich der altthrolische Geist, welcher das Land zu einem uneinnehmbaren Bollwerke der Monarchie gegen Süden und Westen macht. Ew. Maj. haben in dem Patente v. 20. Sept. 1865 auszusprechen geruht, daß die Mannichfaltigkeit der verschiedenen Länder des Reiches beachtet, und ihre geschichtliche Rechtsentwicklung gesichert werden müsse. Im Vertrauen auf dieses kaiserl. Wort, erlaubt sich daher der treugehorsamste Landtag ehrfurchtsvollst die Hoffnung auszusprechen, daß nebst der Einheit auch die Eigenthümlichkeit des Landes in alle Zukunft werde gewahrt bleiben."

Die liberale Minderheit verlangt den Uebergang zur Tagesordnung. Dasselbe wird mit 40 gegen 18 Stimmen verworfen, worauf die Minorität erklärt, am Zustandekommen einer solchen Adresse in keiner Weise mitwirken zu können und daß sie sich demnach der Abstimmung enthalten werde. Alle anwesenden Liberalen verlassen den Saal. Die zurückgebliebene Mehrheit ist nicht mehr beschlußfähig.

20/21. Dec. Besuch des Ministers v. Beust in Begleitung des ungar. Hofkanzlers in Pesth.

„   „   (Böhmen). Landtag: Antrag des Grafen Leo Thun, dem Kaiser als Landesgesetz zur Sanction zu unterbreiten.

„Die erste Alinea des § 54 der Landtagswahlordnung v. 26. Febr. 1861 tritt außer Kraft und es hat der § 54 zu lauten: So wie während der Dauer der ersten Landtagsperiode können auch während der Dauer der zweiten Anträge auf Aenderungen der Bestimmungen der Landtagswahlordnung durch absolute Stimmenmehrheit des nach § 38 der Landesordnung überhaupt beschlußfähigen Landtags beschlossen werden."

Die deutsche Partei erhebt gegen einen Beschluß schriftlichen Protest und erklärt, an der Berathung des Antrags keinen Antheil zu nehmen, worauf die czechische Partei denselben ohne Debatte zum Beschluß erhebt.

„   „   (Tyrol). Landtag: Die Majorität weigert sich, auf die beabsichtigte Adresse zu verzichten und beschließt, dieselbe neuerdings auf die Tagesordnung zu setzen. Die Liberalen verlassen hierauf wiederum den Saal, worauf der Landeshauptmann den Schluß der Session verkündet.

21. Dec. (Mähren). Landtag: Ein Antrag der czechischen Partei auf Abänderung des § 54 der Wahlordnung, wie im böhmischen Landtag, wird durch die Mittelpartei mit 49 gegen 46 Stimmen zu Fall gebracht.

„ „ (Galizien). Landtag: Der Antrag auf Vermehrung der städtischen Vertreter im Landtag um 12 (im polnischen Interesse) wird in erster Lesung verworfen, indem sich nur 82 (also nicht zwei Drittel) gegen 42 Stimmen dafür erklären. Ein Ruthene verläßt den Saal: zweite Lesung und Annahme des Antrags mit 82 gegen 41 Stimmen. Der Ruthene kehrt zurück und der Antrag wird in dritter Lesung wieder verworfen.

23. „ Der Kaiser empfängt die ungarische und die croatische Adreß=deputation.

27. „ (Galizien). Landtag: Frage des Unterrichtsrathes. Die Ruthenen protestiren gegen den von den Polen angestrebten Beschluß und verlassen den Saal.

29. „ (Krain). Landtag: Schlußsitzung. Da der Landtag mit Rücksicht auf die in ihm herrschende Parteispaltung zwischen der deutschen und der slovenischen Partei keine Adresse erlassen hat, so sucht Graf Auersperg (Anast. Grün) dieselbe durch eine umfassende Rede über die großen Fragen des Reichs zu ersetzen.

30. „ Der Kaiser erläßt auf Grund des Septemberpatents das Finanzgesetz für 1867.

Die Staatsausgaben sind darin mit 433,896,000 fl., die Staatseinnahmen mit 407,297,000 fl. beziffert. Es wird also ein Deficit von 26,599,000 fl. und mit den aus dem Dienst des Vorjahrs noch zu bestreitenden Ausgaben von 51,034,000 fl. von im Ganzen 77,633,000 fl. vorausgesehen, zu dessen Deckung jene Geldmittel im Betrag von 79,495,000 fl. zu verwenden seien, welche aus der auf Grund der Gesetze vom 5. Mai, 25. Mai und 25. Aug. b. J. eingeleiteten Creditoperationen der Finanzverwaltung noch zur Verfügung ständen, so daß nach Erledigung sämmtlicher Verbindlichkeiten aus den Jahren 1865 u. 1866 am Schlusse des Jahrs 1867 noch 1,862,000 fl. übrig bleiben sollen.

Der begleitende Bericht des Finanzministers Grafen Larisch verbreitet sich hauptsächlich über die beschlossenen Ersparnisse (sämmtliche Staatsausgaben, die für das Jahr 1866 auf beinahe 508 Mill. Gulden veranschlagt waren, figuriren im Budget für 1867 nur mit circa 434 Mill. fl. und der Militäretat ist z. B. von 88 auf 73 Mill. herabgesetzt), über das „externe Mittel" der Papiergeldemission, und über die an die Nationalbank geleisteten Abzahlungen, so daß der Staat der Bank nichts mehr schulde, als die für die Dauer ihres Privilegiums bei ihr investirten unverzinslichen 80 Mill. fl. und den ebenfalls unverzinslichen Vorschuß von 60 Mill. fl., der im Gesetz vom 25. Aug. b. J. seine Deckung finde. Der Bericht schließt dahin: „Bei einem Deficit, welches nur deshalb die Ziffer von 26 Mill. fl. erreicht, weil der Einnahme-Etat weit unter dem wirklichen Erfolg der zwei letzten für die Steuerverhältnisse sehr ungünstigen Friedensjahre 1864 und 1865 angesetzt worden ist, kann bei einer besonnenen und leidenschaftslosen Erwägung der

Sachlage nicht verkannt werden, daß das beharrlich angestrebte Ziel der Herstellung eines völligen Gleichgewichts zwischen Einnahmen und Ausgaben bereits nahe gerückt ist. Zwar wird es noch großer Anstrengungen, vieler Opfer und Entsagungen bedürfen, bis dieses Ziel erreicht ist, aber es ist erreichbar, wenn alle Hebel der freien Entwicklung, der geistigen und materiellen Kräfte angesetzt werden, wenn der äußere Friede, welchen Oesterreich ebenso aufrichtig wünscht, als es ihn nothwendig braucht, erhalten bleibt, wenn durch eine glückliche Verständigung in der großen innern Verfassungsfrage die ersehnte Befriedigung eintritt, das Vertrauen wiederkehrt und Sparsamkeitsmaßregeln und Finanzreformen durch die Mitwirkung einer im Völkerleben wurzelnden legalen Vertretung ihre volle Kraft und Nachhaltigkeit erlangt haben werden."

31. Dec. Ein kaiserl. Handschreiben an den Kriegsminister genehmigt den Entwurf eines auf die allgemeine Wehrpflicht gegründeten Wehrgesetzes, dessen definitive Annahme zwar der verfassungsmäßigen Behandlung desselben vorbehalten wird, dessen wichtigste Bestimmungen aber schon jetzt provisorisch ins Leben treten sollen.

„ „ (Galizien). Landtag: Debatte über ein neues Schulgesetz. Nach dem Entwurf sollen in den Volksschulen beide Landessprachen, in den Mittelschulen aber allein die polnische Sprache anerkannt werden. Die Ruthenen legen gegen diesen Grundsatz den entschiedensten Protest ein und verlassen den Saal, um die Versammlung beschlußunfähig zu machen, worauf der Schluß der Session verkündet wird.

„ „ (Croatien). Der Landtag nimmt den Entwurf einer Landtagswahlordnung nach kurzer Debatte an, verwahrt sich gegen die Octroyirung einer solchen und beschließt, jenen Entwurf durch Repräsentation dem Kaiser zu unterbreiten.

VI.

Anhang.

(Die Friedensschlüsse.)

I.

Friedensvertrag von Prag zwischen Preußen und Oesterreich vom 23. August 1866.

Im Namen der Allerheiligsten und Untheilbaren Dreieinigkeit. Se. Maj. der König von Preußen und Se. Maj. der Kaiser von Oesterreich, beseelt von dem Wunsch, ihren Ländern die Wohlthaten des Friedens wiederzugeben, haben beschlossen, die zu Nikolsburg am 26. Juni 1866 unterzeichneten Präliminarien in einen definitiven Friedensvertrag umzugestalten. Zu diesem Ende haben Ihre Majestäten zu ihren Bevollmächtigten ernannt und zwar der König von Preußen Karl Frhrn. v. Werther ꝛc. und der Kaiser von Oesterreich Adolf Maria Frhrn. v. Brenner-Felloch ꝛc., welche in Prag zu einer Conferenz zusammengetreten sind und nach Auswechselung ihrer in guter und richtiger Form befundenen Vollmachten über nachstehende Artikel sich vereinigt haben. Art. 1. Es soll in Zukunft und für beständig Friede und Freundschaft zwischen Sr. Maj. dem König von Preußen und Sr. Maj. dem Kaiser von Oesterreich, sowie zwischen deren Erben und Nachkommen und den beiderseitigen Staaten und Unterthanen herrschen. Art. 2. Behufs Ausführung des Art. 6 der in Nikolsburg am 26. Juli dieses Jahres abgeschlossenen Friedenspräliminarien, und nachdem Se. Maj. der Kaiser der Franzosen durch seinen bei Sr. Maj. dem König von Preußen beglaubigten Botschafter amtlich zu Nikolsburg am 29. Juli ejusdem hat erklären lassen: „Qu'en ce qui concerne le Gouvernement de l'Empereur la Vénétie est acquise à l'Italie pour lui être remise à la paix" — tritt Se. Maj. der Kaiser von Oesterreich dieser Erklärung auch seinerseits bei und giebt seine Zustimmung zu der Vereinigung des lombardo-venetianischen Königreichs mit dem Königreich Italien ohne andere lästige Bedingung als die Liquidirung derjenigen Schulden, welche als auf den abgetretenen Landestheilen haftend werden erkannt werden, in Uebereinstimmung mit dem Vorgang des Tractats von Zürich. Art. 3. Die Kriegsgefangenen werden beiderseits sofort freigegeben werden. Art. 4. Se. Majestät der Kaiser von Oesterreich erkennt die Auflösung des bisherigen deutschen Bundes an, und giebt seine Zustimmung zu einer neuen Gestaltung Deutschlands ohne Betheiligung des österreichischen Kaiserstaats. Ebenso verspricht Se. Maj. das engere Bundesverhältniß anzuerkennen, welches Se. Maj. der König von Preußen nördlich von der Linie des Mains begründen wird und erklärt sich damit einverstanden, daß die südlich von dieser Linie gelegenen deutschen Staaten in einem Verein zusammentreten, dessen nationale Verbindung mit dem norddeutschen Bunde der nähern Verständigung zwischen beiden vorbehalten bleibt, und der eine internationale unabhängige Existenz haben wird. Art. 5. Se. Maj. der Kaiser von Oesterreich überträgt auf Se. Maj. den König von Preußen alle seine im Wiener Frieden vom 30. Oct. 1864 erworbenen Rechte auf die Herzogthümer Holstein und Schleswig mit der Maßgabe, daß die Bevölkerungen der nördlichen Districte von Schleswig, wenn sie durch freie Abstimmung den Wunsch zu erkennen geben, mit Dänemark vereinigt zu werden, an Dänemark abgetreten werden sollen. Art. 6. Auf den Wunsch Sr. Maj. des Kaisers von Oesterreich erklärt Se. Maj. der König von Preußen sich bereit, bei den bevorstehenden Veränderungen in Deutschland den gegenwärtigen Territorialbestand des Königreichs Sachsen in seinem bisherigen Umfang bestehen zu lassen, indem er sich dagegen vorbehält, den Beitrag Sachsens zu den Kriegskosten und die künftige Stellung des Königreichs Sachsen innerhalb des norddeutschen Bundes durch einen mit Sr. Maj. dem König von Sachsen abzuschließenden besonderen Friedensvertrag näher zu regeln. Dagegen verspricht Se. Maj. der Kaiser von Oesterreich die von Sr. Maj. dem König von Preußen in Norddeutschland herzustellenden neuen Einrichtungen, einschließlich der Territorialveränderungen, anzuerkennen. Art. 7. Behufs Auseinandersetzung über das bisherige Bundeseigenthum wird binnen längstens sechs Wochen nach Ratification des gegenwärtigen Vertrags eine Commission in Frankfurt a. M. zusammentreten, bei welcher sämmtliche Forderungen und Ansprüche an den deutschen Bund anzumelden und binnen sechs Monaten zu liquidiren sind. Preußen und Oesterreich werden sich in dieser Commission vertreten lassen, und es steht allen übrigen Bundesregierungen zu, ein gleiches zu thun. Art. 8. Oesterreich bleibt berechtigt, aus den Bundesfestungen das kaiserliche Eigenthum und von dem beweglichen Bundeseigenthum den matricularmäßigen Antheil Oesterreichs fortzuführen oder sonst darüber zu verfügen; dasselbe gilt von dem gesammten beweglichen Vermögen des Bundes. Art. 9. Den etatsmäßigen Beamten, Dienern und Pensionisten des Bundes werden die ihnen gebührenden beziehungsweise bereits bewilligten Pensionen pro rata der Matrikel zugesichert; jedoch übernimmt die königl. preußische Regierung die bisher aus der Bundesmatricularcasse bestrittenen Pensionen und Unterstützungen für Officiere der vormaligen schleswig-holsteinischen Armee und deren Hinterlassene. Art. 10. Der Bezug der von der kais. österreichischen Statthalterschaft in Holstein zugesicherten Pensionen bleibt den Interessenten bewilligt. Die noch in Gewahrsam der kais. österreichischen Regierung befindliche Summe von 449,500 Thlrn. dänischer Reichsmünze in 4procentigen dänischen Staatsobligationen, welche den holsteinischen Finanzen angehört, wird denselben unmittelbar nach der Ratification des gegenwärtigen Vertrags zurückerstattet. Kein Angehöriger der Herzogthümer Holstein und Schleswig und kein Unterthan Ihrer Majestäten des Königs von Preußen und des Kaisers von Oesterreich wird wegen seines politischen Verhaltens während der letzten Ereignisse und des Krieges verfolgt, beunruhigt oder in seiner Person oder seinem Eigenthum beanstandet werden. Art. 11. Se. Maj. der der Kaiser von Oesterreich verpflichtet sich, behufs Deckung eines Theils der für Preußen aus dem Kriege erwachsenen Kosten, an Se. Maj. den König von Preußen die Summe von 40 Millionen preußischer Thaler zu zahlen. Von dieser Summe soll jedoch der Betrag der Kriegskosten, welche Se. Maj. der Kaiser von Oesterreich laut Artikel 12 des gedachten Wiener Friedens vom 30. Oct. 1864 noch an die Herzogthümer Schleswig und Holstein zu fordern hat, mit 15 Millionen preußischer Thaler und als Aequivalent der freien Verpflegung, welche die preußische Armee bis zum Friedensschlusse in den von ihr occupirten österreichischen Landestheilen haben wird, mit 5 Millionen preußischer Thaler in Abzug gebracht werden, so daß nur 20 Millionen preußischer Thaler baar zu zahlen bleiben. Die Hälfte dieser Summe wird gleichzeitig mit dem Austausch der Ratificationen des gegenwärtigen Vertrags, die zweite Hälfte drei Wochen später zu Oppeln baar berichtigt werden. Art. 12. Die Räumung der von den königl. preußischen Truppen besetzten österreichischen Territorien wird innerhalb drei Wochen nach dem Austausch der Ratificationen des Friedensvertrags vollzogen sein. Von dem Tage des Ratificationsaustausches an werden die preußischen Generalgouvernements ihre Functionen auf den rein militärischen Wirkungskreis beschränken. Die besonderen Bestimmungen, nach welchen diese Räumung stattzufinden hat, sind in einem abgesonderten Protokoll festgestellt, welches eine Beilage des gegenwärtigen Vertrags bildet. Art. 13. Alle zwischen den hohen vertragschließenden Theilen vor dem Kriege abgeschlossenen Verträge und Uebereinkünfte werden, insofern dieselben nicht ihrer Natur nach durch die Auflösung des deutschen Bundesverhältnisses ihre Wirkung verlieren müssen, hiermit neuerdings in Kraft gesetzt. Insbesondere wird die allgemeine Cartell-Convention zwischen den deutschen Bundesstaaten vom 10. Februar 1831 sammt den dazu gehörigen Nachtragsbestimmungen ihre Gültigkeit zwischen Preußen und Oesterreich behalten. Jedoch erklärt die kaiserl. österreichische Regierung, daß der am 24. Jan. 1857 abgeschlossene Münzvertrag durch die Auflösung des deutschen Bundesverhältnisses seinen wesentlichsten Werth für Oesterreich verliere, und die königl. preußische Regierung erklärt sich bereit, in Verhandlungen wegen Aufhebung dieses Vertrags mit Oesterreich und den übrigen Theilnehmern an demselben einzutreten. Desgleichen behalten die hohen Contrahenten sich vor, über eine Revision des Handels- und Zollvertrages vom 11. April 1865, im Sinne einer größeren Erleichterung des gegenseitigen Verkehrs, sobald als möglich in Verhandlung zu treten Einstweilen soll der gedachte Vertrag mit der Maßgabe wieder in Kraft treten, daß jedem der hohen Contrahenten vorbehalten bleibt, denselben nach einer Aufkündigung von sechs Monaten außer Wirksamkeit treten zu lassen. Art. 14. Die Ratificationen des gegenwärtigen Vertrags sollen zu Prag binnen einer Frist von acht Tagen, oder, wenn möglich, früher ausgewechselt werden. Urkund dessen haben die betreffenden Bevollmächtigten gegenwärtigen Vertrag unterzeichnet und mit dem Insiegel ihrer Wapen versehen. So geschehen in Prag am 23. Tage des Monats August im Jahre des Heils achtzehnhundertsechzigundsechs. (L. S.) gez. Werther. (L. S.) gez. Brenner.

Angelegt sind ein Protokoll, betreffend die Auslieferung der Kriegsgefangenen und die Räumung des kaiserl. königl. österreichischen Territoriums durch die königl. preußischen Truppen, und die folgende Erklärung:

Die Regierungen von Preußen und Oesterreich, von dem Wunsche geleitet, die Eisenbahnverbindungen zwischen ihren beiderseitigen Gebieten zu vermehren, haben aus Anlaß der Friedensverhandlungen die unterzeichneten Bevollmächtigten beauftragt, nachstehende Erklärung abzugeben, welche am heutigen Tag in doppelter Ausfertigung unterzeichnet und ausgewechselt wurde: 1) Die königl. preußische Regierung verpflichtet sich, die Herstellung einer Eisenbahn von einem geeigneten Punkt der schlesischen Gebirgsbahn bei Landshut nach der österreichischen Gränze bei Liebau in der Richtung auf Schabowitz zuzulassen und zu fördern, wogegen die kaiserl. österreichische Regierung ihrerseits die Herstellung einer Eisenbahn von einem geeigneten Punkt der Prag-Brünner Eisenbahn bei Wildenschwert bis zur preußischen Gränze bei Mittenwalde in der Richtung auf Glatz in gleicher Weise gestatten und fördern wird. 2) Die kaiserl. österreichische Regierung wird, wenn die königl. preußische es in ihrem Interesse finden sollte, die Führung der schlesischen Gebirgsbahn nach Glatz über Braunau gestatten, ohne eine Einwirkung auf die Leitung des Betriebs der in ihrem Gebiet belegenen Strecke dieser Bahn in Anspruch zu nehmen, wobei jedoch die Ausübung aller Hoheitsrechte vorbehalten bleibt. 3) Die zur Ausführung dieser Eisenbahnen erforderlichen Einzelbestimmungen werden in einem besondern Staatsvertrag zusammengefaßt werden, zu welchem Behuf Bevollmächtigte beider Regierungen in kürzester Frist, an einem noch näher zu verabredenden Ort, zusammentreten werden. Prag, 23. Aug. 1866. (gez.) Werther. (gez.) Brenner.

II.

Friedensvertrag von Berlin zwischen Preußen und Württemberg
d. d. 13. August 1866.

Ihre Majestäten der König von Württemberg und der König von Preußen, geleitet von dem Wunsche, ihren Völkern die Segnungen des Friedens zu sichern, haben beschlossen, Sich über die Bestimmungen eines zwischen Ihnen abzuschließenden Friedensvertrages zu verständigen. Zu diesem Zweck haben Ihre Majestäten zu Ihren Bevollmächtigten ernannt 2c. 2c. Die Bevollmächtigten haben ihre Vollmachten ausgetauscht und sind, nachdem diese in guter Ordnung befunden worden waren, über nachfolgende Vertragsbestimmungen übereingekommen.

Art. 1. Zwischen Seiner Majestät dem Könige von Württemberg und Seiner Majestät dem Könige von Preußen, deren Erben und Nachfolgern, deren Staaten und Unterthanen soll fortan Friede und Freundschaft auf ewige Zeiten bestehen. Art. 2. Seine Majestät der König von Württemberg verpflichtet sich, Behufs Deckung eines Theiles der für Preußen aus dem Kriege erwachsenen Kosten, an Seine Majestät den König von Preußen die Summe von — Acht Millionen Gulden — binnen zwei Monaten zu bezahlen. Durch Bezahlung dieser Summe entledigt sich Seine Majestät der König von Württemberg der in den §§. 9 und 10 des Waffenstillstandsvertrages de dato (Eisingen bei Würzburg den 1. August 1866*) übernommenen Entschädigungsverbindlichkeiten. Art. 3. Seine Majestät der König von Württemberg leistet für die Bezahlung dieser Summe Garantie durch Hinterlegung 3½procentiger und 4-procentiger Württembergischer Staatsobligationen bis zum Betrage der zu garantirenden Summe. Die zu deponirenden Papiere werden zum Tagescurse berechnet und die Garantiesumme wird um 10 Proc. erhöht. Art. 4. Seiner Majestät dem Könige von Württemberg steht das Recht zu, obige Entschädigung ganz oder theilweise unter Abzug eines Disconto von 5 % per Jahr früher zu bezahlen. Art. V. Unmittelbar nach geleisteter Garantie in Gemäßheit des Art. 3., oder nach erfolgter Zahlung der Kriegsentschädigung wird Seine Majestät

---

*) Diese §§. lauten: §. 9. Die Hohenzollern'schen Lande werden so schnell wie möglich und spätestens bis zum 8. August c. von den k. württembergischen Beamten und Truppen, von jenen unter Uebergabe des Dienstes an die betreffenden k. preußischen Beamten verlassen und alles Staats- wie Privat-Eigenthum, soweit dasselbe eine Beschädigung durch württembergische Beamte oder Truppen erlitten haben sollte, vollständig restituirt werden. §. 10. Die k. württembergische Regierung verpflichtet sich, denjenigen Unterthanen des Königreichs Preußen und der mit ihm verbündeten Staaten, welche nach dem Abzuge der k. preußischen Truppen aus der Festung Mainz ausgewiesen und dadurch in ihrem Eigenthum beschädigt wurden, hiefür zu ihrem entsprechenden Theile Entschädigung zu leisten.

der König von Preußen Seine Truppen aus dem Württembergischen Gebiete zurückziehen. Die Verpflegung der Truppen bei ihrem Rückmarsch erfolgt nach dem bisherigen Bundesverpflegungs-Reglement. Art. 6. Die Auseinandersetzung der durch den früheren deutschen Bund begründeten Eigenthumsverhältnisse bleibt besonderer Vereinbarung vorbehalten. Art. 7. Die hohen Contrahenten werden unmittelbar nach Abschluß des Friedens wegen Regelung des Zollvereinsverhältnisse in Verhandlung treten. Einstweilen sollen der Zollvereinsvertrag vom 16. Mai 1865 und die mit ihm in Verbindung stehenden Vereinbarungen, welche durch den Ausbruch des Krieges außer Wirksamkeit gesetzt sind, vom Tage des Austausches der Ratificationen des gegenwärtigen Vertrages an, mit der Maßgabe wieder in Kraft treten, daß jedem der hohen Contrahenten vorbehalten bleibt, dieselben nach einer Ankündigung von sechs Monaten außer Wirksamkeit treten zu lassen. Art. 8. Die hohen Contrahenten werden unmittelbar nach Herstellung des Friedens in Deutschland den Zusammentritt von Commissarien zu dem Zwecke veranlassen, um Normen zu vereinbaren, welche geeignet sind, den Personen- und Güterverkehr auf den Eisenbahnen möglichst zu fördern, namentlich die Concurrenzverhältnisse in angemessener Weise zu regeln und den allgemeinen Verkehrsinteressen nachtheiligen Bestrebungen der einzelnen Verwaltungen entgegenzutreten. Indem die hohen Contrahenten darüber einverstanden sind, daß die Herstellung jeder im allgemeinen Interesse begründeten neuen Eisenbahnverbindung zugelassen und so viel als thunlich zu fördern ist, werden sie durch die vorbezeichneten Commissarien auch in dieser Beziehung die durch die allgemeinen Verkehrsinteressen gebotenen Grundsätze aufstellen lassen. Art. 9. Seine Majestät der König von Württemberg erkennt die Bestimmungen des zwischen Preußen und Oesterreich zu Nikolsburg am 26. Juli 1866 abgeschlossenen Präliminarvertrages an und tritt denselben, soweit sie die Zukunft Deutschlands betreffen, auch Seinerseits bei. Art. 10. Die Ratification des gegenwärtigen Vertrags erfolgt bis spätestens zum 21. August d. J.

Zu Urkund dessen haben die Eingangs genannten Bevollmächtigten diesen Vertrag in doppelter Ausfertigung am heutigen Tage mit ihrer Namensunterschrift und ihrem Siegel versehen. So geschehen, Berlin den 13. August 1866.

III.

Friedensvertrag von Berlin zwischen Preußen und Baden d. d. 17. August 1866.

Art. 1. Zwischen Sr. kgl. Hoheit dem Großherzog von Baden und Sr. Maj. dem Könige von Preußen, deren Erben und Nachfolgern, deren Staaten und Unterthanen soll fortan Friede und Freundschaft auf ewige Zeiten bestehen. Art. 2. Se. kgl. Hoheit der Großherzog von Baden verpflichtet sich behufs Deckung eines Theils der für Preußen aus dem Kriege erwachsenen Kosten an Sr. Maj. den König von Preußen die Summe von 6 Mill. Gulden binnen zwei Monaten zu bezahlen. Durch Bezahlung dieser Summe entledigt sich Se. kgl. Hoheit der Großherzog von Baden der im §. 7 des Waffenstillstandsvertrags, d. d. Würzburg, den 3. August 1866, übernommenen Entschädigungsverbindlichkeiten. Art. 3. Se. k. Hoh. der Großherzog von Baden leistet für die Bezahlung dieser Summe Garantie durch Hinterlegung von badischen Staatspapieren oder durch Beibringung der Bürgschaft der Direction der Disconto-Gesellschaft dahier. Art. 4. Sr. k. Hoh. dem Großh. von Baden steht das Recht zu, obige Entschädigung ganz oder theilweise unter Abzug eines Discontos von 5 Procent per Jahr früher zu bezahlen. Art. 5. Unmittelbar nach geleisteter Garantie in Gemäßheit des Art. 3 oder nach erfolgter Zahlung der Kriegsentschädigung wird Se. Maj. der König von Preußen seine Truppen aus dem badischen Gebiet zurückziehen. Die Verpflegung der Truppen bei ihrem Rückmarsch erfolgt nach dem bisherigen Bundes-Verpflegs-Reglement. Art. 6. Die Auseinandersetzung der durch den frühern deutschen Bund begründeten Eigenthumsverhältnisse bleibt besonderer Vereinbarung vorbehalten. Art. 7. Die hohen Contrahenten werden unmittelbar nach Abschluß des Friedens wegen Regulirung der Zollvereins-Verhältnisse in Verhandlung treten. Einstweilen sollen der Zollvereinigungs-Vertrag vom 16. Mai 1865 und die mit ihm in Verbindung stehenden Vereinbarungen, welche durch den Ausbruch des Krieges außer Wirksamkeit gesetzt sind, vom Tage des Austausches der Ratificationen des gegenwärtigen Vertrages an mit der Maßgabe wieder in Kraft treten, daß Jedem der hohen Contrahenten vorbehalten bleibt, dieselben nach einer Aufkündigung von sechs Monaten außer Wirksamkeit treten zu lassen. Art. 8. Die hohen Contrahenten werden unmittelbar nach Herstellung des Friedens in Deutschland den Zusammentritt von Commissarien zu dem Zweck veranlassen, um Normen zu vereinbaren, welche geeignet sind, den Personen- und Güterverkehr auf den Eisenbahnen möglichst zu fördern, namentlich die Concurrenzverhältnisse in angemessener Weise zu regeln und den allgemeinen Verkehrsinteressen nachtheiligen Bestrebungen der einzelnen Verwaltungen entgegenzutreten. Indem die hohen Contrahenten darüber einverstanden sind, daß die Herstellung jeder im allgemeinen Interesse begründeten neuen Eisenbahnverbindung zuzulassen und soviel als thunlich zu fördern ist, werden Sie durch die vorbezeichneten Commissarien auch in dieser Beziehung die durch die allgemeinen Verkehrsinteressen gebotenen Grundsätze aufstellen lassen. Art. 9. Die hohen Contrahenten werden vom 1. Januar 1867 ab die Erhebung der Schifffahrtsabgaben auf dem Rheine und zwar sowohl der Schiffsgebühr — Tarif B. zur Uebereinkunft vom 31. März 1831 — als auch des Zolles von der Ladung — Zusatzartikel 16 und und 17 zu der Uebereinkunft vom 31. März 1831 — völlig einstellen, sofern die übrigen deutschen Uferstaaten des Rheines gleichzeitig die gleiche Maßregel treffen. Art. 10. Se. kgl. Hoh. der Großherzog von Baden erkennt die Bestimmungen des zwischen Preußen und Oesterreich zu Nikolsburg am 26. Juli 1866 abgeschlossenen Präliminarvertrages an und tritt denselben, so weit sie die Zukunft Deutschlands betreffen, auch seinerseits bei. Art. 11. Die Ratification des gegenwärtigen Vertrages erfolgt bis spätestens zum 21. August d. J.

IV.

Friedensvertrag von Berlin zwischen Preußen und Bayern
d. d. 22. August 1866.

Art. 1. Zwischen Seiner Majestät dem Könige von Bayern und Seiner Majestät dem Könige von Preußen, deren Erben und Nachfolgern, deren Staaten und Unterthanen soll fortan Friede und Freundschaft auf ewige Zeiten bestehen. Art. 2. Seine Majestät der König von Bayern verpflichtet sich, behufs Deckung eines Theils der für Preußen aus dem Kriege erwachsenen Kosten an Seine Majestät den König von Preußen die Summe von Dreißig Millionen Gulden in

Silberthalern oder Silberbarren zu bezahlen. / Davon werden zehn Millionen bei Austausch der Ratificationen des gegenwärtigen Vertrags, unter Vergütung eines Disconto auf zwei Monate nach dem Satze von 5 pCt. per Jahr, zehn Millionen innerhalb dreier Monate und zehn Millionen innerhalb sechs Monaten nach der Ratification gezahlt. Die letzten beiden Raten werden von Anfang des dritten Monats nach der Ratification an mit 5 pCt. verzinst. Art. 3. Seine Majestät der König von Bayern leistet für die Bezahlung dieser Summe Garantie durch Hinterlegung von 6procentigen Bayerischen Staats-Kassen-Anweisungen, beziehungsweise von Bayerischen oder Würtembergischen Staats-Obligationen und Wechseln erster Häuser auf die Bank in Nürnberg, welche mit dem Giro der Königlichen Seehandlung versehen sind. Die 5procentigen Staatsobligationen werden dabei zum Curse von 70 pCt., die 4procentigen von 80 pCt., die 4½procentigen von 90 pCt., die 5procentigen von 95 pCt. berechnet. Art. 4. Nach erfolgtem Austausch der Ratificationen des gegenwärtigen Vertrages wird das königlich preußische zweite Reserve-Corps den Rückmarsch aus Bayern antreten und mit thunlichster Beschleunigung das bayerische Gebiet räumen. Unmittelbar nach geleisteter Garantie in Gemäßheit des Art. 3, oder nach erfolgter Zahlung der Kriegsentschädigung, wird Seine Majestät der König von Preußen Seine sämmtlichen übrigen Truppen aus dem bayerischen Gebiet zurückziehen und dieselben werden dieses Gebiet mit möglichster Beschleunigung ganz verlassen. Die Verpflegung der Truppen bei ihrem Rückmarsch erfolgt nach dem bisherigen Bundes-Verpflegungs-Reglement. Art. 5. Seine Majestät der König von Bayern erkennt die Bestimmungen des zwischen Preußen und Oesterreich zu Nicolsburg vom 26. Juli 1866 abgeschlossenen Präliminarvertrages an und tritt denselben, soweit sie die Zukunft Deutschlands betreffen, auch Seinerseits bei. Art. 6. Die Auseinandersetzung der durch den früheren deutschen Bund begründeten Eigenthumsverhältnisse bleibt besonderer Vereinbarung vorbehalten. Art. 7. Die hohen Contrahenten werden unmittelbar nach Abschluß des Friedens wegen Regelung der Zollvereinsverhältnisse in Verhandlung treten. Einstweilen sollen der Zollvereinigungsvertrag vom 16. Mai 1865 und die mit ihm in Verbindung stehenden Vereinbarungen, welche durch den Ausbruch des Krieges außer Wirksamkeit gesetzt sind, vom Tage des Austausches der Ratificationen des gegenwärtigen Vertrages an mit der Maßgabe wieder in Kraft treten, daß jedem der hohen Contrahenten vorbehalten bleibt, dieselben nach einer Aufkündigung von sechs Monaten außer Wirksamkeit treten zu lassen. Art. 8. Alle übrigen zwischen den hohen vertragschließenden Theilen vor dem Kriege abgeschlossenen Verträge und Uebereinkünfte werden hiemit neuerdings in Kraft gesetzt. Art. 9. Die hohen Contrahenten werden unmittelbar nach Herstellung des Friedens in Deutschland den Zusammentritt von Commissarien zu dem Zwecke veranlassen, um Normen zu vereinbaren, welche geeignet sind, den Personen- und Güterverkehr auf den Eisenbahnen möglichst zu fördern, namentlich die Concurrenz-Verhältnisse in angemessener Weise zu regeln und den allgemeinen Verkehrsinteressen nachtheiligen Bestrebungen der einzelnen Verwaltungen entgegen zu treten. Indem die hohen Contrahenten darüber einverstanden sind, daß die Herstellung jeder im allgemeinen Interesse begründeten neuen Eisenbahnverbindung zuzulassen und so viel als thunlich zu fördern ist, werden Sie durch die vorbezeichneten Commissarien auch in dieser Beziehung die durch die allgemeinen Verkehrsinteressen gebotenen Grundsätze aufstellen lassen. Art. 10. Die hohen Contrahenten werden vom 1. Januar 1867 ab die Erhebung der Schifffahrts-Abgaben auf dem Rheine, und zwar sowohl der Schiffsgebühr Tarif B zur Uebereinkunft vom 31. März 1831, als auch des Zolles von der Ladung — Zusatz-Artikel 16 und 17 zu der Uebereinkunft vom 31. März 1831 — völlig einstellen, sofern die übrigen deutschen Uferstaaten des Rheines gleichzeitig die gleiche Maßregel treffen. Die hohen Contrahenten übernehmen dieselbe Verpflichtung bezüglich der noch bestehenden Schifffahrts-Abgaben auf dem Main. Art. 11. Die innerhalb des Gebietes des Norddeutschen Bundes und des Großherzogthums Hessen belegenen bayerischen Telegraphen-Stationen gehen auf Preußen über. Die Zurückziehung der gedachten Stationen, sowie der bayerischen Telegraphenstation in Mainz wird binnen längstens sechs Wochen vom Tage des Austausches der Ratificationen des gegenwärtigen Vertrages erfolgen. Das Betriebsmaterial dieser Telegraphen bleibt Eigenthum Bayerns. Art. 12. Die in dem königlich bayerischen Archive zu Bamberg befindlichen, im Wege commissarischer Verhandlung zu bezeichnenden Urkunden und sonstigen Archivalien, welche eine besondere und ausschließliche Beziehung auf die ehemaligen Burggrafen von Nürnberg und die Markgrafen von Brandenburg fränkischer Linie haben, werden an Preußen ausgeliefert. Art. 13. Da von Seite Preußens Eigenthums-Ansprüche an die früher in Düsseldorf befindlich gewesene, später nach München gebrachte Gemäldegallerie erhoben worden sind, so wollen die hohen Contrahenten die Entscheidung über diese Ansprüche einem Schiedsgerichte unterwerfen. Zu diesem Behufe wird Bayern drei deutsche Appellationsgerichte namhaft machen, unter welchen Preußen dasjenige bezeichnet, welches den Schiedsspruch zu fällen hat. Art. 14. Nachdem zur Wahrung strategischer und Verkehrs Interessen eine Grenzregulirung als erforderlich befunden worden ist, tritt Seine Majestät der König von Bayern das Bezirksamt Gersfeld und einen Bezirk um Orb nach anliegender Grenzbeschreibung, sowie die zwischen Saalfeld und dem preußischen Landkreis Ziegenrück gelegene Enclave Gaulsdorf an Seine Majestät den König von Preußen ab. Die hohen Contrahenten werden sofort nach dem Austausch der Ratificationen des gegenwärtigen Vertrages Commissarien ernennen, welche die Regulirung der Grenze vorzunehmen haben. Die Uebergabe der vorgenannten Landestheile erfolgt innerhalb vier Wochen nach der Ratification dieses Vertrages. Art. 15. Unmittelbar nach der Ratification dieses Vertrages wird alles weggeführte oder zurückbehaltene Material der Staats- und Privat-Eisenbahnen frei gegeben und nöthigenfalls in Hof, Lichtenfels oder Aschaffenburg abgeliefert werden. Art. 16. Alle Kriegsgefangenen werden innerhalb acht Tagen nach Auswechslung der Ratificationen gegenwärtigen Vertrages in Hof oder Aschaffenburg freigegeben und kostenfrei dahin befördert werden. Bei Kranken oder Verwundeten erfolgt diese Freilassung, sobald sie genesen sind. Zur Uebergabe und Uebernahme der Offiziere in Hof und Aschaffenburg, so lange nöthig, stationirt werden. Art. 17. Die aus der Bruderschafts-Casse in Kissingen, einem Unterstützungs-Vereine armer Salinenarbeiter, durch die königlich preußischen Truppen entnommenen Obligationen im Betrage von 33,000 fl. werden sofort an die königlich bayerische Regierung zurückgegeben oder ersetzt werden. Art. 18. Die Ratification des gegenwärtigen Vertrages erfolgt spätestens binnen zwölf Tagen von heute an und es wird für diese Zeit der Waffenstillstand und die Geltung der verabredeten Demarcationslinie verlängert.

Uebereinkunft vom nämlichen Tage zum Friedensvertrag.

... 4) Indem Preußen das Telegraphenwesen im Großherz. Hessen übernimmt, sichert es der königlich bayerischen Regierung das Recht zur direkten eigenen telegraphischen Verbindung mit der Rheinpfalz nach ihrem Bedürfnisse zu, wogegen Bayern seine bisherigen Telegraphenstationen im Großherzogthum Hessen zurücksieht. 6) Soweit die im Art. 2 stipulirte Kriegskostenentschädigung in Silberbarren entrichtet wird, wollen die hohen Contrahenten das Pfund fein Silber zu neunundzwanzig Thaler fünfundzwanzig Silbergroschen berechnen. Für den Transport des zur Abtragung der Kriegskostenentschädigung bestimmten gemünzten und ungemünzten Silbers wird auf preußischem Territorium Portofreiheit bewilligt. 7) Die königlich bayerische Regierung gestattet, daß die gegenwärtig in Württemberg stehenden königl. preußischen Truppen ihren Rückmarsch durch Bayern nehmen. Die Verpflegung derselben erfolgt nach dem bisherigen Landes-Verpflegungs-Reglement. 8) In Beziehung auf die vormals nassauischen und kurhessischen Truppen, welche sich zur Zeit noch auf bayerischem Gebiete befinden, werden folgende Abreden getroffen: Die genannten Truppen werden bayerischer Seits baldmöglichst in ihre Heimathsbezirke zurückdirigirt werden. Die Kosten des Rückmarsches dieser Truppen, welche, sobald sie die preußische Demarcationslinie berühren, sich den Befehlen der preußischen commandirenden Generale zu unterwerfen haben, trägt die k. preußische Regierung. 9) Während des Rückmarsches der k. preußischen Armee aus den von ihr besetzten österr. Landestheilen wird von bayerischer Seite die Eisenbahn Pilsen-Hof-Schwandorf für die betreffenden Militärtransporte zur Verfügung gestellt, wobei selbstverständlich preußischerseits volle Entschädigung erfolgt. Die k. bayer. Regierung wird dem Gouverneur der Festung Mainz, Grafen v. Rechberg, den Befehl zugehen lassen, am 26. b. M. die Festung dem von Sr. Maj. dem König von Preußen zu ernennenden Gouverneur zu übergeben, seinerseits aber an demselben Tage mit den kgl. bayerischen Truppen die Festung zu verlassen. 10) Kein Unterthan J.J. Majestäten wird wegen seines Verhaltens während des Kriegs verfolgt, benutrubigt, oder in seiner Person oder seinem Eigenthum beanstandet werden. 11) Die Ratification der vorstehenden Uebereinkunft soll als mit der Ratification des Friedensvertrages vom heutigen Tage erfolgt angesehen werden.

V.

Friedensvertrag von Berlin zwischen Preußen und dem Großherzogthum Hessen.

d. d. 3. September 1866.

Art. 1. Zwischen Seiner königlichen Hoheit dem Großherzog von Hessen und bei Rhein ꝛc. und Seiner Majestät dem König von Preußen, deren Erben und Nachfolgern, deren Staaten und Unterthanen soll fortan Friede und Freundschaft auf ewige Zeiten bestehen. Art. 2. Se. kgl. Hoheit der Großherzog von Hessen und bei Rhein ꝛc. verpflichten sich, behufs Deckung eines Theils der für Preußen aus dem Kriege erwachsenden Kosten an Sr. Maj. den König von Preußen die Summe von Drei Millionen Gulden binnen zwei Monaten zu bezahlen. Durch Bezahlung dieser Summe entledigt sich Se. kgl. Hoheit der Großherzog von Hessen und bei Rhein ꝛc. der im § 8 des Waffenstillstandsvertrags d. d. Elsungen bei Würzburg den 1 Aug. 1866 übernommenen Entschädigungsverbindlichkeiten. Art. 3. Se. kgl. Hoheit der Großherzog von Hessen und bei Rhein ꝛc. leistet für die Bezahlung dieser Summe Garantie durch Hinterlegung von Obligationen großh. hessischer Staatsobligationen, wobei die 4proc. Obligationen zum Curse von 80 und die 3½proc. zum Curse von 70 angenommen werden. Art. 4. Sr. kgl. Hoh. dem Großherzog von Hessen und bei Rhein ꝛc. steht das Recht zu, obige Entschädigung ganz oder theilweise, unter Abzug eines Disconto von 5 Proc. per Jahr, früher zu bezahlen. Art. 5. Unmittelbar nach geleisteter Garantie in Gemäßheit des Art. 3 oder nach erfolgter Zahlung der Kriegsentschädigung wird Se. Maj. der König von Preußen seine Truppen aus dem großh. hessischen Gebiete zurückziehen. Die Verpflegung der Truppen bei ihrem Rückmarsch erfolgt nach dem bisherigen Bundesverpflegungsreglement. Art. 6. Die Auseinandersetzung der durch den früheren deutschen Bund begründeten Eigenthumsverhältnisse bleibt besonderer Vereinbarung vorbehalten. Art. 7. Die hohen Contrahenten werden unmittelbar nach Abschluß des Friedens wegen Regelung der Zollvereinsverhältnisse in Verhandlung treten. Einstweilen sollen der Zollvereinsvertrag vom 16. Mai 1865 und die mit ihm in Verbindung stehenden Vereinbarungen, welche durch den Ausbruch des Krieges außer Wirksamkeit gesetzt sind, vom Tage des Austausches der Ratificationen des gegenwärtigen Vertrages an mit der Maßgabe wieder in Kraft treten, daß jedem der hohen Contrahenten vorbehalten bleibt, dieselben nach einer Ankündigung von sechs Monaten außer Wirksamkeit treten zu lassen. Art. 8. Alle übrigen, zwischen den hohen Contrahenten vor dem Kriege abgeschlossenen Verträge und Uebereinkünfte werden hiermit wieder in Kraft gesetzt. Art. 9. Die hohen Contrahenten werden unmittelbar nach Herstellung des Friedens in Deutschland den Zusammentritt von Commissarien zu dem Zwecke veranlassen, um Normen zu vereinbaren, welche geeignet sind, den Personen- und Güterverkehr auf den Eisenbahnen möglichst zu fördern, namentlich die Concurrenzverhältnisse in angemessener Weise zu regeln und den allgemeinen Verkehrsinteressen nachtheiligen Bestrebungen der einzelnen Verwaltungen entgegenzutreten. Indem die hohen Contrahenten darüber einverstanden sind, daß die Herstellung jeder im allgemeinen Interesse begründeten neuen Eisenbahnverbindung zuzulassen und soviel als thunlich zu fördern ist, werden sie durch die vorbezeichneten Commissarien auch in dieser Beziehung die durch die allgemeinen Verkehrsinteressen gebotenen Grundsätze aufstellen lassen. Art. 10. Die großh. hessische Regierung erklärt sich im Voraus mit den Abreden einverstanden, welche Preußen mit dem fürstlichen Hause Taxis wegen Beseitigung des Thurn- und Taxis'schen Postwesens trifft. In Folge dessen wird das gesammte Postwesen im Großherzogthum Hessen an Preußen übergehen. Art. 11. Die großh. hessische Regierung verpflichtet sich, in Mainz keine andere als eine preußische Telegraphenstation zu gestatten. In gleicher Weise räumt die großh. Regierung der preußischen auch in den übrigen Gebietstheilen des Großherzogthums das Recht zur unbeschränkten Anlegung und Benutzung von Telegraphenlinien und Telegraphenstationen ein. Art. 12. Die großh. hessische Regierung wird die Erhebung der Schifffahrtsabgaben auf dem Rhein und zwar sowohl der Schifffahrtsgebühr — Tarif B zur Uebereinkunft v. 31. März 1831 — als auch des Zolles von der Ladung — Zusatzartikel 16 u. 17 zu der Uebereinkunft vom 31. März 1831 — von dem Tage ab völlig einstellen, an welchem in den übrigen deutschen Uferstaaten des Rheines die gleiche Maßregel zur Ausführung gebracht werden wird. Die hohen Contrahenten übernehmen dieselbe Verpflichtung bezüglich der noch bestehenden Schifffahrtsabgaben auf dem Maine. Art. 13. Se. kgl. Hoh. der Großherzog v. Hessen und bei Rhein ꝛc. erkennt die Bestimmungen des zwischen Preußen und Oesterreich zu Nikolsburg am 26. Juli 1866 abgeschlossenen Präliminarvertrags an und tritt demselben, soweit sie die Zukunft Deutschlands betreffen, auch seinerseits bei. Art. 14. Se. kgl. Hoheit der Großherzog von Hessen und bei Rhein ꝛc. tritt an Se. Maj. den König von Preußen mit allen Souveränitäts- und Domanialrechten ab: I. Die Landgrafschaft Hessen-Homburg, einschließlich des Oberamtsbezirks Meisenheim, jedoch ausschließlich der beiden, in der k. preuß. Provinz Sachsen belegenen hessen-homburgischen Domanialgüter Höltensleben und Oebisfelde; II. Folgende bisher zur Provinz Oberhessen gehörigen Gebietstheile, nämlich: 1) den Kreis Biedenkopf; 2) den Kreis Vöhl, einschließlich der Enclaven Eimelrod und Höringhausen; 3) den nordwestlichen Theil des Kreises Gießen, welcher die Orte Frankenbach, Krumbach, Königsberg, Fellingshausen, Bieber, Haina, Rodheim, Waldgirmes, Naunheim und Hermannstein mit ihren Gemarkungen umfaßt; 4) den Ortsbezirk Rödelheim; 5) den unter großh. hess. Souveränität stehenden Theil des Ortsbezirks Niederursel. Mit Seinen sämmtlichen nördlich des Maines liegenden Gebietstheilen tritt Se. k. Hoh. der Großherzog von Hessen und bei Rhein ꝛc. auf der Basis der in den Reformvorschlägen v. 10. Juni d. J. aufgestellten Grundsätze in den Norddeutschen Bund ein, indem Er sich verpflichtet, die geeignete Einleitung für die Parlamentswahlen, dem Bevölkerungsverhältnisse entsprechend, zu treffen. Das in Folge dessen auszulondernde, zum norddeutschen Bunde gehörige großherzogl. hessische Contingent tritt unter Oberbefehl des Königs von Preußen nach Maßgabe der auf der Basis der Bundesreformvorschläge vom 10. Juni d. J. zu vereinbarenden Bestimmungen. Art. 15. Se. Maj. der König von Preußen tritt an Se. kgl. Hoheit den Großherzog von Hessen und bei Rhein behufs Herstellung territorialer Einheit in der Provinz Oberhessen folgende Gebietstheile mit allen Souveränitäts- und Domanialrechten ab: 1) den vormals kurhessischen Distrikt Katzenberg mit den Ortschaften Ohmes, Bockenrode, Ruhlkirchen,

Selbelsdorf; 2) das vormals kurhessische Amt Nauheim, mit den sämmtlichen landesherrlichen Eigenthumsrechten und den in Nauheim befindlichen Badeanstalten und Salinen, sowie den Ortschaften Dorheim, Nauheim, Schwalheim und Rödgen; 3) das östlich davon belegene vormals nassauische Amt Reichelsheim, mit den Ortschaften Reichelsheim und Dornassenheim; 4) die vormals kath. Enclave Trais an der Lumda; 5) den vormals kurhess. zwischen den großh. hessischen Ortschaften Altenstadt und Bönstadt belegenen Domänialwalddistrikt; 6) die vormals Frankfurtischen Ortsbezirke Dortelweil und Niedererlenbach; 7) den vormals kurhess. Ortsbezirk Massenheim; 8) den vormals nassauischen Ortsbezirk Haarheim; 9) den vormals kurhessischen, etwa 1700 Morgen umfassenden Gebietstheil des Ortsbezirks Mittel-Gründau. Diese Gebietstheile (zu 1—9) treten in die Provinz Oberhessen und in die für dieselbe geltenden staatsrechtlichen Verhältnisse (Art. 13) ein. Nächstdem wird der auf dem linken Mainufer gelegene, vormals kurhessische Gebietstheil mit dem Orte Rumpenheim ebenfalls an Se. k. Hoheit mit allen Souverainetäts- und Domänialrechten abgetreten. Die betreffenden Grenzbeschreibungen liegen bei. Art. 16. Die Auseinandersetzung zwischen den beiden hohen Contrahenten bezüglich der gegenseitig abgetretenen Gebietstheile, der Archive, der Beamten, Militärs ꝛc. bleibt besonderer Verständigung durch beiderseitige Commissarien vorbehalten. Art. 17. Die vor dem Jahre 1794 in der Kölnischen Dombibliothek befindlich gewesenen, zur Zeit in dem großh. Museum und der großh. Bibliothek aufbewahrten Bücher, Handschriften und andere Inventarienstücke werden der Regierung Sr. Maj. des Königs von Preußen für das Kölner Domcapitel zur Verfügung gestellt werden. Die Entscheidung über die Zubehörigkeit der einzelnen Stücke wird durch einen Commissarius Sr. Maj. des Königs von Preußen, in streitigen Fällen durch einen von beiden zu wählenden unparteiischen Obmann, endgültig getroffen werden. Art. 18. Die großh. Regierung verpflichtet sich, den zwischen einer Anzahl Badehausbesitzern in Kreuznach und der großh. Saline Carls-Theodors-Halle abgeschlossenen, bis zu dem Jahre 1872 laufenden Contract wegen Lieferung von Soole und Mutterlauge bis auf Weiteres, jedenfalls bis zu dem Zeitpunkte, zu welchem die preußische Regierung sich zu dem Erwerb der gedachten Saline veranlaßt finden sollte, mit der sofort eintretenden Maßgabe zu verlängern, daß die Stadt Kreuznach in Stelle der bisherigen Contrahenten den nöthigen Bedarf an Soole und Mutterlauge erhält. Auch wird großh. hessischer Seits die Legung einer Röhrenleitung für den Bezug der Soole aus den Salinenbrunnen nach der Stadt Kreuznach gestattet. Art. 19. Die Ratification des gegenwärtigen Vertrags erfolgt bis spätestens zum 15. September d. J.

Spezialübereinkunft vom nämlichen Tage zum Friedensvertrag.

... Art. 6. Man ist beiderseits damit einverstanden, daß bei den bezüglich des Post- und des Telegraphenwesens zu treffenden besonderen Vereinbarungen der Gesichtspunkt maßgebend sein soll, daß die beiden südlich des Mains gelegenen großherzoglich hessischen Provinzen Starkenburg und Rheinhessen hinsichtlich der Verwaltung des Post- und Telegraphenwesens in dasselbe Verhältniß treten werden, welches für die Provinz Oberhessen auf Grund der in dem norddeutschen Bunde geltenden Einrichtungen stattfinden wird. Mit Beseitigung des fürstlich Thurn- und Taxis'schen Postwesens tritt die k. preußische Regierung, in Bezug auf bestehende Verbindlichkeiten, namentlich was die Entrichtung des Canons betrifft, an die Stelle des fürstlich Thurn- und Taxis'schen Hauses. Auch sollen wegen technischer Ausführung der im Absatz 2 des Art. 10 des Hauptvertrags enthaltenen Abrede alsbald Verhandlungen zwischen beiderseitigen Commissarien stattfinden. Art. 8. In Beziehung auf das Preußen zustehende und ihm ausschließlich verbleibende Besatzungsrecht in Mainz werden die, bisher zwischen dem Bunde und der Territorialregierung maßgebend gewesenen Bestimmungen auf das Verhältniß zwischen Preußen und der Territorialregierung Anwendung finden. Art. 9. In Bezug auf den Absatz 1 des Art. 11 des Hauptvertrags wird großherzoglich hessischer Seits anerkannt, daß mit Rücksicht auf die Besatzungsverhältnisse von Mainz der telegraphische Verkehr daselbst ausschließlich der preußischen Regierung zustehen muß. Die Verwaltung und der Betrieb der zum Dienste der Eisenbahnen bestimmten Bahntelegraphen wird durch Art. 11 des Hauptvertrages nicht berührt, wohlverstanden, soweit dies nach Umständen und der unbedingten Sicherung der Festung vereinbar ist.

VI.
Friedensvertrag von Berlin zwischen Preußen und Sachsen.
d. d. 21. October 1866.

"Art. 1. Zwischen Sr. Maj. dem Könige von Preußen und Sr. Maj. dem Könige von Sachsen, deren Erben und Nachfolgern, deren Staaten und Unterthanen soll fortan Friede und Freundschaft auf ewige Zeiten bestehen. Art. 2. Se. Maj. der König von Sachsen, indem er die Bestimmungen des zwischen Preußen und Oesterreich zu Nikolsburg am 26. Juli 1866 abgeschlossenen Präliminarvertrages, soweit sie sich auf die Zukunft Deutschlands und insbesondere Sachsens beziehen, anerkennt und acceptirt, tritt für sich, seine Erben und Nachfolger für das Königreich Sachsen den Art. 1—6 des am 18. Aug. b. Js. in Berlin zwischen Sr. Maj. dem Könige von Preußen einerseits und Sr. k. H. dem Großherzog von Sachsen-Weimar und andern norddeutschen Regierungen andererseits geschlossenen Bündnisses bei und erklärt dieselben für sich, seine Erben und Nachfolger für das Königreich Sachsen verbindlich, sowie Se. Maj. der König von Preußen die darin gegebenen Zusagen ebenfalls auf das Königreich Sachsen ausdehnt. Art. 3. Die hiernach nöthige Reorganisation der sächsischen Truppen, welche einen integrirenden Theil der norddeutschen Bundesarmee zu bilden und als solche unter dem Oberbefehl des Königs von Preußen zu treten haben werden, erfolgt, sobald die für den norddeutschen Bund zu treffenden allgemeinen Bestimmungen auf der Basis der Bundesreformvorschläge vom 10. Juni b. Js. festgestellt sein werden. Art. 4. Inzwischen treten in Beziehung auf die Besatzungs-Verhältnisse der Festung Königstein, die Rückkehr der sächsischen Truppen nach Sachsen, die nöthige Beurlaubung der Mannschaften und die vorläufige Garnisonirung der auf den Friedensstand zurückversetzten sächsischen Truppen die gleichzeitig mit dem Abschlusse des gegenwärtigen Vertrages getroffenen besonderen Bestimmungen in Kraft. Art. 5. Auch in Beziehung auf die völkerrechtliche Vertretung Sachsens erklärt die k. sächsische Regierung sich bereit, dieselbe ihrerseits nach den Grundsätzen zu regeln, welche für den norddeutschen Bund im Allgemeinen maßgebend sein werden." Art. 6 setzt die Kriegskostenentschädigung auf 10 Mill. Thlr. fest, die in drei gleichen Raten zu zahlen sind. Art. 7 u. 8 enthalten Bestimmungen über die Garantieleistung für Bezahlung dieser Summe. Nach Berichtigung des Ertrages tritt nach Art. 9 das preußische Militärgouvernement, sowie das preußische Civilcommissariat in Dresden außer Wirksamkeit und hört die bisher geleistete tägliche Zahlung von 10,000 Thlrn. auf. "Art. 10. Die Auseinandersetzung der durch den frühern deutschen Bund begründeten Eigenthumsverhältnisse bleibt besonderer Vereinbarung vorbehalten. Insbesondere behält sich Se. Maj. der König von Sachsen einen Anspruch auf über 200,000 Thlr., welche Sachsen anläßlich der Bundesexecution in Holstein aufgewendet und liquidirt hat, ausdrücklich vor. Art. 11. Vorbehaltlich der, auf der Basis der Bundesreformvorschläge vom 10. Juni b. Js. in der Verfassung des norddeutschen Bundes zu treffenden Bestimmungen über Zoll-

und Handelsverhältnisse sollen einstweilen der Zollvereinsvertrag vom 16. Mai 1865 und die mit ihm in Verbindung stehenden Vereinbarungen, welche durch den Ausbruch des Krieges außer Wirksamkeit gesetzt sind, unter den hohen Contrahenten, vom Tage des Austausches der Ratificationen des gegenwärtigen Vertrages an, mit der Maßgabe wieder in Kraft treten, daß jedem der hohen Contrahenten vorbehalten bleibt, dieselben nach einer Aufkündigung von sechs Monaten außer Wirksamkeit treten zu lassen. Art. 12. Alle übrigen, zwischen den hohen vertragschließenden Theilen vor dem Kriege abgeschlossenen Verträge und Uebereinkünfte werden hiemit wieder in Kraft gesetzt, soweit sie nicht durch die in Art. 2 erwähnten Bestimmungen und den Zutritt zum norddeutschen Bunde berührt werden. Art. 13. Die hohen Contrahenten verpflichten sich gegenseitig, die Herstellung einer unmittelbar von Leipzig ausgehenden und dort in directem Schienenanschluß mit der thüringischen und der Berlin-Anhaltischen Bahn stehenden Eisenbahn — geeigneten Falles unter streckenweiser Mitbenützung einer der beiden genannten Bahnen — über Pegau nach Zeitz zu gestatten und zu fördern. Se. Maj. der König von Sachsen wird derjenigen Gesellschaft, welche für den im preußischen Gebiete belegenen Theil dieser Bahn die Concession erhalten wird, diese letztere auch für die auf sächsischem Gebiete gelegene Strecke unter denselben Bedingungen ertheilen, welche in neuerer Zeit den in Sachsen concessionirten Privat-Eisenbahngesellschaften überhaupt gestellt worden sind. Die zur Ausführung dieser Eisenbahn erforderlichen Einzelbestimmungen werden durch einen besondern Staatsvertrag geregelt werden, zu welchem Behufe beiderseitige Bevollmächtigte in kürzester Frist an einem noch näher zu vereinbarenden Orte zusammentreten werden. Art. 14. Die Contrahenten sind übereingekommen, daß das Eigenthum der sächsischen Regierung an der auf preußischem Gebiete belegenen Strecke der Görlitz-Dresdener Eisenbahn, einschließlich des antheiligen Eigenthumsrechtes an dem Bahnhof in Görlitz mit der Ratification des gegenwärtigen Vertrages auf die preuß. Regierung übergehen soll. Dagegen wird die sächsische Regierung vorläufig bis zum Ablaufe der im Art. 14 des Staatsvertrages vom 24. Juni 1843 festgesetzten dreißigjährigen Frist und vorbehaltlich der alsdann zu treffenden weiteren Verständigung in der Ausübung des Betriebes auf der Strecke von der beiderseitigen Landesgrenze bis Görlitz und in der unentgeltlichen Mitbenützung des Bahnhofes in Görlitz verbleiben. Sie wird den rechnungsmäßigen Reinertrag, welchen der Betrieb auf der gedachten Strecke ergibt, alljährlich an die preußische Regierung abliefern. Die preußische Regierung verpflichtet sich bei der von ihr beabsichtigten Umgestaltung des Görlitzer Bahnhofes dafür Sorge zu tragen, daß der sächsischen Bahnverwaltung die zur ungestörten Fortsetzung ihres Betriebes erforderlichen Räumlichkeiten und Bahnhofsanlagen in dem dem Bedürfnisse entsprechenden Maße auch fernerweit verfügbar erhalten werden. Art. 15. Um der k. sächsischen Regierung die in dem Staatsvertrage vom 24. Juli 1843 für den Fall der späteren Abtretung ihres Eigenthums an der Eisenbahnstrecke von der Landesgrenze bis Görlitz und ihres Miteigenthums an dem Bahnhofe in Görlitz in Aussicht genommene Entschädigung zu gewähren, wollen Se. Maj. der König von Preußen von der in Art. 6 des gegenwärtigen Vertrages festgesetzten Kriegskostenentschädigung den Betrag von Einer Mill. Thalern als eine Compensation für die von Sr. Maj. dem König von Sachsen im Art. 14 des gegenwärtigen Vertrages zugestandenen Eigenthumsabtretungen in Abrechnung bringen lassen. Art. 16. Da nach Art. 6 unter 10 der Reformvorschläge vom 10. Juni d. J. das Postwesen zu denjenigen Angelegenheiten gehört, welche der Gesetzgebung und Oberaufsicht der Bundesgewalt unterliegen, nun aber Se. Maj. der König von Sachsen auf Grund dieser Vorschläge dem norddeutschen Bunde beitritt, so verspricht derselbe auch schon von jetzt an, weder durch Abschluß von Verträgen mit andern Staaten, noch sonst etwas vorzunehmen zu lassen, wodurch der definitiven Ordnung des Postwesens im norddeutschen Bunde irgendwie vorgegriffen werden könnte. Art. 17. Die k. sächsische Regierung überträgt der k. preuß. Regierung das Recht zur Ausübung des Telegraphenwesens innerhalb des Königreichs Sachsen in demselben Umfange, in welchem dieses Recht zur Zeit der k. sächsischen Regierung zusteht. Soweit die kgl. sächsische Regierung in andern Staaten Telegrundsverhältnisse zu unterhalten berechtigt ist, tritt dieselbe ihre Rechte aus den hierüber bestehenden Verträgen an die k. preußische Regierung ab, welcher die Verhandlungen mit den betreffenden dritten Regierungen über die Ausübung dieser Rechte vorbehalten bleiben. Den Depeschen Sr. Maj. des Königs von Sachsen, der Mitglieder des kgl. Hauses, der k. Hofämter, der Ministerien und aller sonstigen öffentlichen Behörden des Königreichs Sachsen bleiben dieselben Bevorzugungen vorbehalten, welche den gleichartigen k. preußischen Depeschen zustehen. Den Eisenbahnverwaltungen im Königreich Sachsen bleibt selbstverständlich die Benützung eines Betriebstelegraphen überlassen. Zur Ausführung sämmtlicher im gegenwärtigen Art. enthaltenen Bestimmungen werden unmittelbar nach dem Austausch der Ratificationen des Friedensvertrages beiderseitige Commissarien zusammentreten. Art. 18. Se. Maj. der König von Sachsen erklärt sich damit einverstanden, daß das in Sachsen, wie in der Mehrzahl der übrigen bisherigen Zollvereinsstaaten bestehende Salzmonopol aufgehoben wird, sobald die Aufhebung in Preußen erfolgt, und daß von dem Zeitpunkte dieser Aufhebung ab, die Besteuerung des Salzes für gemeinschaftliche Rechnung sämmtlicher betheiligter Staaten bewirkt wird. Die näheren Bestimmungen bleiben weiterer Vereinbarung vorbehalten. Art. 19. Se. Maj. der König von Sachsen erklärt, daß keiner seiner Unterthanen, oder wer sonst den sächsischen Gesetzen unterworfen ist, wegen eines in Bezug auf die Verhältnisse zwischen Preußen und Sachsen während der Dauer des Kriegszustandes begangenen Vergehens oder Verbrechens gegen die Person Sr. Maj. oder wegen Hochverraths, Staatsverraths oder sonst wegen einer die Sicherheit des Staats gefährdenden Handlung, oder endlich wegen seines politischen Verhaltens während jener Zeit überhaupt strafrechtlich, polizeilich oder disciplinarisch zur Verantwortung gezogen oder in seinen Ehrenrechten beeinträchtigt werden soll. Die etwa bereits eingeleiteten Untersuchungen dieser Art sollen einschließlich der Untersuchungskosten niedergeschlagen werden. Se. Maj. der König von Preußen erklärt sich damit einverstanden, daß nach diesen Grundsätzen auch hinsichtlich derjenigen Verbrechen und Vergehen der oben gedachten Art verfahren werde, welche während jener Zeit in Sachsen gegen die Person Sr. Maj. des Königs von Preußen oder gegen den preußischen Staat etwa begangen worden sind. Die aus Sachsen entfernten und etwa noch in preußischer Haft befindlichen Personen sollen, so weit dieß nach den preußischen Gesetzen zulässig ist, und derselben sofort entlassen werden. Art. 20. Se. Maj. der König von Sachsen erkennt das unbeschränkte jus reformandi Sr. Maj. des Königs von Preußen in Betreff der Stifter Merseburg, Naumburg und Zeitz an, willigt in die Aufhebung der bisher der Universität Leipzig zugestandenen Berechtigungen auf gewisse Canonicate an diesen Stiftern und verzichtet auf alle Rechte und Ansprüche, welche der königl. sächsischen Regierung oder der Universität Leipzig aus den Statuten der Stifter oder aus früheren Verträgen und Conventionen, deren etwa entgegenstehende Bestimmungen hiermit ausdrücklich aufgehoben werden, zustehen möchten. Die Entschädigung der Universität Leipzig für die gänzliche Beseitigung ihrer Beziehungen zu den Stiftern, sowie der jetzigen Inhaber ad dies mauerls übernimmt die k. sächsische Regierung und macht sich ausdrücklich, die kgl. preußische Regierung gegen alle Entschädigungsansprüche der Universität oder einzelner Facultäten und Professoren an derselben zu vertreten. Art. 21. Se. Maj. der König von Sachsen willigt in die Ausplarrung (mehrerer namentlich aufgeführter bisher in sächsischen Parochien eingepfarrter Gemeinden) und zwar ohne Entschädigung von preußischer Seite, dergestalt, daß die von den genannten sächsischen Parochien zu erhebenden Entschädigungsansprüche lediglich von der k. sächsischen Regierung übernommen werden. Art. 22. Insoweit während des Krieges in Sachsen weggenommene, im Staatseigenthum befindliche Gegenstände, welche nach den bestehenden völkerrechtlichen Grundsätzen nicht als Kriegsbeute anzusehen sind, noch nicht zurückgegeben sein sollten, werden Se. Maj. der König von Preußen Anordnung treffen, daß hiezu Zurückgabe alsbald erfolgt. Hiezu gehören insbesondere die auf den Staatseisenbahnen in Beschlag genommenen Locomotiven, Tender, Wagen und Schienen, sowie die auf den k. Hüttenwerken bei Freiberg weggenommenen Vorräthe an edlen Metallen und sonst verkäuflichen Producten.

Hinsichtlich der letzteren ist bei der darüber erforderlichen Auseinandersetzung davon auszugehen, daß das darunter befindliche Werkblei der k. sächsischen Regierung gegen Erstattung des Werthes des darin enthaltenen Bleies zurückgegeben wird. Art. 23. Die Ratification des gegenwärtigen Vertrages erfolgt bis spätestens den 26. dieses Monats und Jahres."

Die im Art. 4 des Friedensvertrages erwähnten „besondern Bestimmungen" lauten: „Se. Maj. der König von Sachsen wird unverzüglich und noch bevor die Ratificationen des gedachten Friedensvertrages ausgewechselt werden, die Festung Königstein Sr. Maj. dem König von Preußen einräumen. 2) Die Besetzung der Festung erfolgt in der Art, daß die daselbst befindliche königl. sächsische Infanterie durch eine kgl. preußische Infanterieabtheilung unter gegenseitiger militärischer Ehrenbezeigung abgelöst wird und der k. (sächs.) Gouverneur (Commandant) seine Functionen dem von Sr. Maj. dem Könige von Preußen zu ernennenden Gouverneur (Commandanten) übergibt. Die sächsische Infanteriebesatzung marschirt mit Waffen und Gepäck ab, um sich zunächst nach den dieser Truppentheilen zu bezeichnenden Standquartieren zu begeben. 3) Alles auf der Festung befindliche und noch dahin zu verbringende sächsische Material an Geschützen, Waffen, Munition und Ausrüstungsstücken, Vorräthen, Lebensmitteln und alles sonst sich daselbst befindende Staatseigenthum verbleibt unbestrittenes Eigenthum der königl. sächsischen Regierung. Die Letztere behält demnach die stete und ungehinderte Verfügung über alle genannten Gegenstände, so daß sie dieselben auf dem Königstein belassen, oder von da jederzeit zurückziehen kann. 4) Zur Bewahrung des vorgedachten königl. sächsischen Staatseigenthumes verbleibt, jedoch unter dem Befehl des königl. preußischen Gouvernements (Commandantur) das königl. sächsische Artilleriedetachement als Theil der Besatzung in der Festung; mit ihm der Untercommandant, der Festungsingenieur, der Adjutant, sowie alle Festungsbeamten und Handwerker. Der kgl. preußischen Besatzung der Festung steht es frei, die dortigen Magazine und Vorräthe aller Art zu ihrem Unterhalte gegen Abrechnung zu benützen. 5) Unmittelbar nach erfolgtem Austausche der Ratificationen des Friedensvertrages wird Se. Majestät der König von Sachsen bei allen von Sr. Maj. nicht zur Friedensbesatzung von Dresden bestimmten Truppentheilen, innerhalb der militärisch zulässigen Grenzen, eine Beurlaubung in ausgedehntem Maßstabe, und zwar noch vor deren Rückkehr nach Sachsen, eintreten lassen. Die im Uebrigen noch nöthige Demobilisirung bei den einzelnen Truppencorps erfolgt unmittelbar nach deren Rückkehr nach Sachsen. Auch tritt dann die vollständige Beurlaubung aller entbehrlichen Mannschaften ein. 6) Dresden erhält eine gemeinschaftliche Besatzung von preußischen und sächsischen Truppen. Die hiezu bestimmten k. sächsischen Truppen werden einen Präsenzstand von 2 bis 3000 Mann, exclusive der Chargen, nicht überschreiten. 7) In Beziehung auf die nicht für die Garnison in Dresden bestimmten k. sächsischen Truppentheile wird die erforderliche Unterkunft ihrer Cadres, Pferde, Waffen und Ausrüstung unter Vernehmung mit dem höchstcommandirenden kgl. preußischen General in Sachsen geregelt werden. Auch wird demselben sächsischerseits das Marschtableau für die aus Oesterreich zurückkehrenden k. sächsischen Truppen rechtzeitig mitgetheilt werden. 8) Sobald die einzelnen sächsischen Truppentheile auf sächsisches Gebiet zurückgekehrt sein werden, treten sie bis auf weitere Bestimmung unter den Oberbefehl des höchstcommandirenden k. preußischen Generals in Sachsen. 9) Für die Stadt Dresden und die dort angelegten Festungswerke ernennt Se. Majestät der König von Preußen den Gouverneur, Se. Maj. der König von Sachsen den Commandanten. Das gegenseitige Verhältniß dieser Behörden zu einander und zu den beiderseitigen Besatzungscontingenten von Dresden wird vorläufig nach Analogie der früheren Bundesfestungen geregelt. Die übrigen damit verknüpften Fragen bleiben dem weitern Einvernehmen vorbehalten. 10) Bis die Reorganisation der sächsischen Truppen im Wesentlichen durchgeführt und deren Einreihung in die Armee des norddeutschen Bundes erfolgt sein wird, fährt Preußen fort, die für die Besatzung des Königreichs Sachsen nöthige Anzahl von Truppen seinerseits zu stellen. Die hieraus entspringenden gegenseitigen Verpflichtungen werden zwischen den beiden betheiligten hohen Regierungen durch insbesondere Vereinbarung näher geregelt werden. Sämmtliche für die Ausführung vorstehender Bestimmungen sonst noch nöthige Anordnungen bleiben einer Verständigung zwischen der königl. sächsischen Regierung und dem höchstcommandirenden königl. preußischen General überlassen."

Protokoll,
gleichzeitig mit dem Friedensvertrag unterzeichnet.

Die königl. sächsische Regierung, von dem lebhaften Wunsche beseelt, die vollkommene Uebereinstimmung zu bethätigen, welche zwischen ihr und der königlich preußischen Regierung bezüglich der von jetzt an gemeinsam zu verfolgenden politischen Richtung besteht, ist bereit: a) sofort und bis zu dem Zeitpunkte, wo die Frage wegen der internationalen Repräsentation des norddeutschen Bundes in bestimmter Weise geordnet sein wird, ihre eigene völkerrechtliche Vertretung bezüglich derjenigen Höfe und Regierungen, bei welchen dieselbe gegenwärtig diplomatische Agenten nicht unterhält, auf die preußischen Missionen zu übertragen und b) dasselbe Verhältniß denjenigen Höfen und Regierungen gegenüber, bei welchen dermalen sächsische Missionen bestehen, in allen Fällen temporärer Vacanz auf deren Dauer eintreten zu lassen, c) auch in diesem Sinne die kgl. sächsischen Vertreter im Ausland mit entsprechender Instruction zu versehen, so daß sich Sachsen im Geiste des mit Preußen abgeschlossenen Bündnisses schon jetzt in internationaler Beziehung der preußischen Politik fest anschließt. Der königlich preußische Bevollmächtigte erklärt seinerseits, daß seine Regierung bereit ist, die in Rede stehende Vertretung zu übernehmen und hiebei die Interessen, sowohl der königlich sächsischen Regierung, als auch die der königlich sächsischen Staatsangehörigen, gleich wie ihre eigenen allenthalben zu wahren. Schließlich waren die beiderseitigen Bevollmächtigten dahin einig, daß durch vorstehende interimistische Bestimmungen das Recht Sr. Maj. des Königs von Sachsen, in einzelnen Fällen außerordentliche Bevollmächtigte zu senden, in keiner Weise alterirt werden solle.

VII.
Protest des Königs Georg von Hannover
d. d. Hietzing bei Wien 29. September 1866.

„Wir Georg V. von Gottes Gnaden König von Hannover, königlicher Prinz von Großbritannien und Irland ꝛc. ꝛc. Am 15. Juni d. J. hat Se. Maj. der König von Preußen, unser leiblicher Vetter und bis dahin unser Verbündeter, unser Königreich mit Verletzung der legitimsten und heiligsten Rechte feindlich überfallen lassen. Das Verhalten unserer Regierung während des Conflicts, der zu unserm tiefen Bedauern zwischen Oesterreich und Preußen ausgebrochen war, konnte keinen Grund für ein so ungerechtes Vorgehen barbieten. Im Gegentheil, von dem aufrichtigsten und sehnlichsten Verlangen beseelt, die entstandenen Zerwürfnisse zwischen den beiden mächtigsten Gliedern des deutschen Bundes beigelegt zu sehen und bestrebt, das Unglück zu verhüten, das aus einem Krieg zwischen Deutschen hervorgehen mußte, hat unsere Regierung alles, was in ihren Kräften stand, gethan, um in freundlichen Beziehungen sowohl zu Preußen als zu Oesterreich und so im Stande zu bleiben, in der Bundesversammlung in einem Geist des Friedens und der Versöhnung zu wirken.

„Da die preußische Regierung gegen uns den Wunsch ausgedrückt hatte, uns in einem eventuellen Krieg neutral zu sehen, haben wir diesem Wunsche nachgegeben; nur haben wir in Berlin erklären lassen, daß die besonderen Bestimmungen dieser Neutralität erst in dem Fall des thatsächlichen Auflösung des deutschen Bundes geregelt werden können. Unser Beitritt zu dem Vorschlag Preußens war vollkommen in Uebereinstimmung mit den Umständen, da das Bundesrecht, indem es den Bundesgliedern den Krieg unter sich verbot, ihnen folgerichtig auch untersagte, an einem Krieg theilzunehmen, der trotz jenes Verbots zwischen zwei Bundesregierungen ausbrechen würde. Zur Begründung der feindseligen Handlungen, deren Preußen sich gegen unser Königreich schuldig gemacht, hat man kürzlich in Berlin behauptet, daß wir während der erwähnten Neutralitätsverhandlungen gegen das Wiener Cabinet die Verpflichtung übernommen hätten, unsere Truppen gemeinsam mit dem in Holstein stehenden österreichischen Corps operiren zu lassen. Diese Behauptung ist vollständig falsch. Unsere Regierung hielt sich für gebunden durch die Versicherung, Neutralität beobachten zu wollen für den Fall der Auflösung des Bundesvertrags, und nur in dem Fall, daß unser Land durch Preußen angegriffen worden wäre, hätten wir die Hülfe angenommen, die Se. Maj. der Kaiser von Oesterreich uns anbieten ließ. Aber voll Vertrauen in die Loyalität der preußischen Regierung ließen wir Seiner kaiserlichen Majestät antworten, daß wir dieser Hülfe nicht zu bedürfen glaubten. In Folge dessen hat jenes österreichische Truppencorps, welches Holstein besetzt gehalten, unser Land durchzogen ohne Aufenthalt und auf dem kürzesten Weg, um sich nach dem Süden Deutschlands zu begeben. Um dieselbe Zeit haben wir dem preußischen Armeecorps, welches unter Befehl des Generallieutenants v. Manteuffel stand, gestattet, unser Gebiet zu passiren, um nach Minden zu gelangen. Unser Verhalten hat unter diesen Umständen den Grundsätzen der strengsten Neutralität entsprochen. Wir waren weit entfernt damals zu gewärtigen, daß der König von Preußen wenige Tage später dasselbe Armeecorps dazu benützen werde, um sich unseres Landes zu bemächtigen. Unsere Armee befand sich auf dem vollständigen Friedensfuß, da wir uns auf die uns zugesicherte Neutralität verließen und deren Negociationen, obwohl vertagt, doch wieder zu gelegener Zeit aufgenommen werden sollten, nämlich in Betreff der speciellen Bedingungen ihrer Ausführung, den ausdrücklichen und wiederholten Erklärungen gemäß, welche unser Minister des Auswärtigen, Graf Platen-Hallermund, in dieser Angelegenheit dem preußischen Minister Prinzen Ysenburg gemacht hatte. Unsere Regierung hatte daher keine Pferde ankaufen lassen, noch hatte sie die geringste Maßregel getroffen, welcher man den Charakter einer militärischen Rüstung beilegen könnte. Alles, was die preußischen Blätter seit kurzem über die angeblichen Rüstungen in Hannover mitgetheilt haben, ist durchaus unbegründet und hat nur dazu dienen sollen, die öffentliche Meinung irrezuführen und jene unqualificirbaren Gewaltakte zu entschuldigen, welche gegen uns, unser Königreich und unsere Unterthanen verübt worden. Stets von demselben Geist der Mäßigung, der Versöhnlichkeit und Unparteilichkeit beseelt, haben wir unserem Bundesgesandten den Auftrag ertheilt, sich gegen die österreichische Proposition vom 14. Juni auszusprechen, insoweit diese den Zweck hatte, den deutschen Bund gegen Preußen Partei nehmen zu lassen und nur insoweit für die beantragte Mobilmachung zu stimmen, als diese nicht gegen die letztere Macht gerichtet war und lediglich nur die Aufrechthaltung der Ruhe und Sicherheit auf dem Bundesgebiet bezweckte. Die Ausführungen und Belege (les allégations), welche die preußischen Organe in jüngster Zeit gegen unsere diesbezügliche Politik vorbrachten, entbehren gleicher Weise jeder Begründung. Die Haltung, welche unsere Regierung seit Beginn des Conflicts eingenommen, ließ uns daher hoffen, daß unser Königreich und unsere getreuen Unterthanen von einem Krieg unberührt bleiben dürften, der von Tag zu Tag drohender zu werden schien.

„Aber wie groß war unsere schmerzliche Ueberraschung, als das Berliner Cabinet am 15. Juni d. J. sich den Anschein gab, als hätte es alle Antecedentien

die Frage aufgeworfen, und unserer Regierung eine Communion vorgelegt ließ, die keineswegs den Zweck hatte, uns zur besinnlichen und gegenseitigen Feststellung der Bedingungen der Neutralität, die uns angeboten worden und die wir im Princip accepirt hatten, aufzufordern, sondern uns zu bewegen, uns gewisser wesentlicher Prärogative unseres Souveränetät zu Gunsten Preußens, ferner eines Theils der Unabhängigkeit unseres Königreichs und dieser legitimen Rechte unserer Unterthanen zu begeben, obwohl unsere Souveränetät und die Unabhängigkeit unseres Königreichs von ganz Europa anerkannt und garantirt worden waren! Man ließ uns nur einen Tag Bedenkzeit, um unsern Entschluß zu fassen, und man bedrohte uns mit Krieg für den Fall, daß wir uns weigern sollten, uns dem Willen Preußens zu unterwerfen. Nachdem wir unsere Minister vernommen, faßten wir auf ihren einmüthigen und unserer eigenen Anschauungsweise entsprechenden Rath den Entschluß, dem Gesandten des Königs von Preußen erklären zu lassen, daß die Propositionen, die uns eben vorgelegt worden waren, unannehmbar seien; daß jedoch unsere Regierung, in der unerschütterlichen Ueberzeugung, daß das Bundesrecht jeden Krieg zwischen Bundesgliedern verbiete, keine militärische Maßnahme ergreifen werde gegenüber der verbündeten preußischen Regierung, insolange die Grenzen Hannovers nicht angegriffen würden, und daß sie die Hoffnung nicht aufgebe, daß die freundnachbarlichen Beziehungen, welche bis dahin zwischen den beiden Regierungen bestanden haben, auch fortan aufrecht erhalten blieben. Nachdem unser Entschluß dem Gesandten Preußens mitgetheilt worden, antwortete dieser mit einer Kriegserklärung, gegen welche unser Minister des Auswärtigen unverzüglich Protest einlegte. Dieß geschah um Mitternacht in der Nacht vom 15. auf den 16. Juni d. J. Fünf Uhr Nachmittags desselben Tages, nämlich des 15. Juni, befand sich das Armeecorps des Generals v. Manteuffel in der Umgebung von Harburg und nahm daselbst eine feindliche Stellung noch vor der Kriegserklärung an.

„Wir überweisen dem Urtheil aller Rechtschaffenen dieses Vorgehen der preußischen Regierung, welche unser Vertrauen täuschte, indem sie uns die Erlaubniß entlockte, ihre Truppen durch unser Gebiet marschiren zu lassen, mit der geheimen Absicht, dasselbe mit Gewalt an sich zu bringen. Wir überweisen dem Unwillen der civilisirten Welt diesen Angriff, verübt im vollen Frieden gegen das Land eines befreundeten, verwandten und verbündeten Fürsten, und wir sind überzeugt, daß die ganze Welt mit uns diese schmähliche Verletzung der öffentlichen Moral, des Völkerund Vertragsrechts und der Sitten der in staatlicher Ordnung lebenden Nationen verdammen wird. Wir sind zugleich überzeugt, alle Unparteiischen werden unsere Ansicht theilen, daß die preußische Regierung schon geraume Zeit den vorgefaßten und wohlbedachten Plan hegte, sich unseres Landes zu bemächtigen; daß der Vorschlag, neutral zu bleiben, der uns gemacht wurde, nur den Zweck hatte, uns in falsche Sicherheit zu wiegen; daß das Berliner Cabinet uns absichtlich erniedrigende Allianzbedingungen stellte, wohl wissend, daß wir dieselben nicht annehmen könnten, und daß es uns schließlich — welche Haltung wir auch immer eingenommen hätten — sehr schwer, wenn nicht unmöglich geworden wäre, uns den Gewaltthätigkeiten der preußischen Regierung zu entziehen. Bei der Unmöglichkeit, in der sich unsere Armee befand, der Invasion der preußischen Macht, welche in unser Land — dessen Gränzen sie seit mehreren Tagen besetzt gehalten — von allen Seiten hereinbrach, nachdrücklichen Widerstand zu leisten, sahen wir unsere Truppen den Göttingen zu, sammeln, um sie unverzüglich dem preußischen Machtbereich zu entrücken. In der Nähe von Eisenach angelangt, traten wir in Unterhandlung wegen einer Waffenruhe, die uns angeboten und dann von beiden Theilen verabredet worden war. Allein ehe dieselbe noch abgelaufen war, sahen sich unsere Truppen von der preußischen Armee angegriffen in Folge eines Befehls, welchen diese vom General Vogel v. Falckenstein erhalten hatte. Es war dieß eine zweite flagrante Verletzung aller Rechte und Gebräuche, welche bei civilisirten Völkern bestehen. Obwohl sich unsere Armee auf dem Friedensfuß befand und ihre Kräfte in Folge von Strapazen, Entbehrungen und forcirten Märschen, denen sie sich während mehr als acht Tagen unterziehen mußte, sehr erschöpft waren, errang sie dennoch bei Langensalza einen glänzenden Sieg über die Preußen. Am nächsten Morgen sahen wir sie unglücklicherweise von einer dreifach überlegenen Macht umzingelt und da wir auf keine Hülfe hoffen konnten, entschlossen wir uns eine Capitulation anzunehmen, um nicht nutzloserweise das Blut unserer tapferen Soldaten zu vergießen. Sobald der Krieg zwischen Oesterreich und Preußen seinem Ende zuzugehen schien, begaben wir uns nach Wien, wo die Friedensverhandlungen soeben eröffnet wurden und richteten an Se. Maj. den König von Preußen, der sich in Nikolsburg befand, ein Schreiben, in welchem wir ihm unsern aufrichtigen Wunsch ausdrückten, unsererseits in Friedensverhandlungen mit ihm zu treten. Gegen alle Gebräuche, welche zwischen Souveränen bestehen, wurde unser Schreiben von Sr. Maj. dem König von Preußen nicht angenommen. Trotzdem versuchten wir uns die Erhaltung unseres Königreichs durch alle Mittel, die in unserer Macht standen, zu sichern. Wir waren sogar geneigt, uns unserer königlichen Rechte zu Gunsten unseres vielgeliebten Sohnes und Kronerben, Sr. Königl. Hoheit des Prinzen Ernst August, für den Fall zu begeben, daß Preußen ihn unverzüglich in den Besitz der Krone des Königreichs Hannover setzen würde. Andererseits ließen unsere treuen Unterthanen, die muthig der harten, willkürlichen und despotischen Herrschaft, welche ihnen die preußische Verwaltung auferlegt hatte, Widerstand leisteten, keine Gelegenheit vorübergehen zur Kundgebung ihres heißen Wunsches, unter einer Dynastie zu verbleiben, welche ihnen theuer ist, die mit ihnen seit tausend Jahren das Schicksal des Landes getheilt und die alle Anstrengungen gemacht hat, dessen Gedeihen zu sichern und dessen Wohlfahrt zu befestigen. Vergebliche Anstrengungen! Se. Maj. der König von Preußen hat, nachdem er unser Königreich auf eine heimtückische Weise occupirt hatte, geglaubt, von demselben definitiv Besitz ergreifen zu können und hat es am 20. Septbr. als seinen Staaten einverleibt erklärt. Der einzige Grund, welchen die preußische Regierung zur Rechtfertigung dieses in den Annalen der Geschichte Deutschlands unerhörten Actes der Willkür aufführt, ist derjenige, welche sie in dem Rechte der Eroberung zu finden glaubt. Aber das Recht der Eroberung setzt einen Krieg nach den Principien des Völkerrechts voraus. Allein es gab niemals zwischen uns und dem König von Preußen einen solchen Krieg. Er konnte auch, wie wir es schon oben gesagt, nach den Grundgesetzen des deutschen Bundes gar nicht stattfinden und hätte moralisch unmöglich sein sollen von Seiten eines nahen Verwandten, eines befreundeten Souveräns, eines deutschen Fürsten. Wir befanden uns daher einfach und klar in dem Fall einer rechtmäßigen Vertheidigung gegen einen Angriff, den nichts rechtfertigte und den wir nicht hervorgerufen haben.

„Angesichts der angeführten Thatsachen protestiren wir laut und feierlich gegen die nicht zu rechtfertigende Invasion in unser Land, die sich die Armeecorps des Königs von Preußen am 15. Juni und den folgenden Tagen erlaubt haben; gegen die Occupation unseres Königreichs durch diese Truppen; gegen die Usurpation unserer Rechte und Prärogative, welche die Agenten Preußens verübt haben und noch weiter verüben könnten; gegen die Beschädigungen an unserem Eigenthum, unseren Einkünften und Gütern jeglicher Natur, welche wir und unser königliches Haus von Preußen erlitten und noch weiter erleiden würden; gegen die Beraubung, welche der hannoversche Staatsschatz unter der preußischen Verwaltung erfahren und noch ferner erfahren müsste; gegen die Verfolgungen, Verluste und Benachtheiligungen, denen unsere treuen Unterthanen in Folge der ungerechten und angeseblichen Acte der Verwaltung des Königs von Preußen ausgesetzt waren oder in der Folge werden könnten; gegen die Hindernisse, welche die genannte Verwaltung auf brutale Weise den Kundgebungen unserer vielgeliebten Unterthanen für die Erhaltung unserer Dynastie und der Unabhängigkeit Hannovers in den Weg gelegt hat, während sie durch die unlautersten Kunstgriffe Kundgebungen im entgegengesetzten Sinne hervorgerufen und begünstigt hat; gegen den Willen des Königs von Preußen, welcher die Schritte zurückgewiesen hat, die wir bei ihm oder seiner Regierung gemacht oder zu machen befohlen, um den Frieden zwischen uns herzustellen. Schließlich protestiren wir vor allem Angesichts der ganzen Welt gegen die Besitzergreifung unseres Königreichs und dessen Einverleibung in Preußen, welche als endgültig vollzogen den 20. September dieses Jahrs angekündigt wurde, sowie gegen alle Folgen dieses Acts, indem wir erklären, daß diese Einverleibung oder Annexion eine unwürdige Usurpation, ein verbrecherischer und verabscheuungswürdiger Raub, eine flagrante Verletzung der europäischen Verträge, aller Grundsätze des Völkerrechts und der Unverletzlichkeit der Staaten und Kronen ist.

„Diese feierliche Erklärung, die wir auch für unsere gesetzlichen Nachfolger ablegen, hat vorzugsweise den Zweck, jeden Angriff auf die Souveränetätsrechte abzuwehren, die uns kraft des Erbfolgerechts gebühren und die von allen Mächten Europas sanctionirt und garantirt wurden. Wir rufen die Unterstützung aller Mächte an, welche unsere Souveränetät und die Unabhängigkeit unseres Königreichs anerkannt haben, in der Ueberzeugung, daß diese niemals Macht vor Recht gehen lassen werden, da ein derartiges Princip, heute von Preußen angewendet, in Zukunft die Existenz aller Monarchien und aller legitimen Staaten der Welt bedrohen könnte. Wir erklären schließlich, daß wir niemals auf die Souveränetätsrechte über unser Land verzichten werden, und daß wir stets für ungesetzlich, null und nichtig alle jene Acte ansehen werden, welche die preußische Regierung oder ihre Agenten daselbst vollzogen haben oder noch vollziehen werden in Folge der Usurpation, deren Verantwortlichkeit wir auf denjenigen zurückwerfen, der ihr Urheber ist. Mögen sich alle diejenigen, die dabei betheiligt sein könnten, davon für benachrichtigt halten. Wir sehen den künftigen Ereignissen mit vollem Vertrauen in die Gerechtigkeit unserer Sache entgegen und sind von der festen Hoffnung beseelt, daß die göttliche Vorsehung nicht säumen wird, den arglistigen Anschlägen, Ungerechtigkeiten und Gewaltacten das Ziel zu setzen, deren Opfer mit uns und unseren tapferen Hannoveranern noch so viele Staaten und so viele Völker geworden sind."

VIII.
Friedensvertrag von Wien zwischen Oesterreich und Italien d. d. 3. October 1866.

Im Namen der allerheiligsten und untheilbaren Dreieinigkeit. Nachdem Se. Maj. der Kaiser von Oesterreich und Se. Maj. der König von Italien beschlossen haben, zwischen Ihren respectiven Staaten einen aufrichtigen und dauerhaften Frieden herzustellen: nachdem Se. Maj. der Kaiser von Oesterreich Sr. Maj. dem Kaiser der Franzosen das lombardisch-venetianische Königreich abgetreten; nachdem Se. Maj. der Kaiser der Franzosen seinerseits sich bereit erklärt haben, die Vereinigung des genannten lombardisch-venetianischen Königreichs mit den Staaten Sr. Maj. des Königs von Italien, unter Vorbehalt der Zustimmung der in entsprechender Weise befragten Bevölkerungen, anzuerkennen: So haben Se. Maj. der Kaiser von Oesterreich und Se. Maj. der König von Italien zu Ihren Bevollmächtigten ernannt und zwar: Se. Maj. der Kaiser von Oesterreich den Hrn. Felix Grafen Wimpffen 2c. 2c. Se. Maj. der König von Italien den Hrn. Louis Friedrich Grafen Menabrea 2c. 2c., welche, nachdem sie ihre bezüglichen Vollmachten ausgetauscht und in guter und gehöriger Form befunden haben, über folgende Artikel übereingekommen sind:

Art. 1. Vom Tage des Austausches der Ratificationen des gegenwärtigen Vertrages wird zwischen Sr. Maj. dem Kaiser von Oesterreich und Sr. Maj. dem König von Italien, Ihren respectiven Erben und Nachfolgern, Ihren Staaten und Unterthanen für immerwährende Zeiten Friede und Freundschaft herrschen. Art. 2. Die österreichischen und italienischen Kriegsgefangenen werden von beiden Theilen unverzüglich zurückgegeben werden. Art. 3. Se. Maj. der Kaiser von Oesterreich giebt seine Zustimmung zur Vereinigung des lombardisch-venetianischen Königreichs mit dem Königreiche Italien. Art. 4. Die Grenze des abgetretenen Gebietes wird durch die gegenwärtigen administrativen Grenzen des lombardisch-venetianischen Königreichs bestimmt. Eine von den zwei vertragschließenden Mächten eingesetzte Militärcommission wird beauftragt werden, die Tracirung an Ort und Stelle in möglichst kurzer Frist vorzunehmen. Art. 5. Die Räumung des abgetretenen und im vorhergehenden Artikel bestimmten Gebietes wird unverzüglich nach Unterzeichnung des Friedens beginnen und in möglichst kurzer Frist beendigt werden, gemäß den zwischen den hiezu bestimmten Specialcommissären getroffenen Vereinbarungen. Art. 6. Die italienische Regierung übernimmt: 1) den Theil des Monte Lombardo-Veneto, welcher auf Grund der im Jahre 1800 zu Mailand in Vollziehung des Art. 7 des Züricher Tractates abgeschlossenen Convention bei Oesterreich verblieb. 2) Die zum Monte Lombardo-Veneto seit dem 4. Juni 1859 bis zum Tage des Abschlusses des gegenwärtigen Vertrags hinzugekommenen Schulden. 3) Eine Summe von 35 Mill. Gulden österreichischer Währung in klingender Münze für den auf Venetien entfallenden Theil des Anlehens vom Jahr 1854 und für den Werth des nicht transportablen Kriegsmaterials. Die Art und Weise der Zahlung dieser Summe von 35 Mill. Gulden österreichischer Währung in klingender Münze wird im Einklang mit dem Vorgang des Züricher Tractats in einem Zusatzartikel festgesetzt werden. Art. 7. Eine Commission, zusammengesetzt aus Abgeordneten Oesterreichs, Italiens und Frankreichs, wird sich mit der Liquidirung der verschiedenen in den zwei ersten Alineas des vorhergehenden Artikels aufgeführten Kategorien befassen, indem sie auf die stattgehabten Amortisationen und auf die den Amortisationsfond bildenden Güter, Capitalien jeder Art Rücksicht nehmen wird. Diese Commission wird die definitive Regelung der Rechnungen zwischen den contrahirenden Theilen vornehmen, wie auch den Zeitpunkt und die Modalität der Ausführung der Liquidation des Monte Lombardo-Veneto bestimmen. Art. 8. Die Regierung Sr. Maj. des Königs von Italien tritt in die Rechte und Verbindlichkeiten ein, welche aus den von der österreichischen Verwaltung für speciell das abgetretene Gebiet betreffende Gegenstände des öffentlichen Interesses ordnungsmäßig abgeschlossenen Verträgen entspringen. Art. 9. Die österreichische Regierung sieht verpflichtet, sämmtliche von den Einwohnern des abgetretenen Gebiets von den Gemeinden, öffentlichen Anstalten und religiösen Körperschaften bei den Cassen des abgetretenen Gebiets als Cautionen, Depositen oder Consignationen erlegten Summen zurückzuerstatten. In gleicher Weise sollen den österreichischen Unterthanen, Gemeinden, öffentlichen Anstalten und geistlichen Körperschaften, welche bei den Cassen des abgetretenen Gebietes Beträge als Cautionen, Depositen oder Consignationen eingezahlt haben, dieselben von der italienischen Regierung pünktlich wieder erstattet werden. Art. 10. Die Regierung Sr. Maj. des Königs von Italien anerkennt und bestätigt die von der österreichischen Regierung auf dem abgetretenen Gebiet ertheilten Eisenbahnconcessionen in allen ihren Bestimmungen und für deren ganze Dauer, und namentlich die von den unterm 14. März 1856, 8. April 1857 und 23. September 1858 abgeschlossenen Verträgen herrührenden Concessionen. In gleicher Weise anerkennt und bestätigt die italienische Regierung die Bestimmungen der am 20. November 1861 zwischen der österreichischen Staatsverwaltung und dem Verwaltungsrath der südlichen Staats-, Lombardo-venetianischen und Central-italienischen Eisenbahngesellschaft abgeschlossenen Convention, wie auch die Convention, welche am 27. Febr. 1866 zwischen dem kaiserl. Finanz- und Handelsministerium und der österreichischen Südbahngesellschaft abgeschlossen worden ist. Von dem Moment der Auswechselung der Ratificationen des gegenwärtigen Vertrages tritt die italienische Regierung in alle Rechte und in alle Verbindlichkeiten ein, welche der österreichischen Regierung aus den vorcitirten Conventionen, soweit dieselben die auf dem abgetretenen Gebiet befindlichen Eisenbahnlinien betreffen, erwachsen sind. In Folge dessen wird das der österreichischen Regierung bisher zustehende Heimfallsrecht auf diese Eisenbahnen auf die italienische Regierung übertragen." Die Zahlungen, welche auf die dem Staate von Seite der Concessionäre laut des Contracts vom 14. März 1856 als Aequivalent der Baukosten für die gedachten Eisenbahnen schuldige Summe noch zu entrichten sind, werden vollzählig an den österr. Staatsschatz geleistet werden. Die Forderungen der Bauunternehmer und Lieferanten, sowie die Entschädigungen für die Bodenexpropriationen, welche von der Zeit herrühren, wo die fraglichen Eisenbahnen auf Rechnung des Staats verwaltet wurden und welche noch nicht berichtigt worden wären, werden von der österreichischen Regierung, und insoferne die Concessionäre kraft der Concessionsacte hiezu verpflichtet sind, von diesen im Namen der österreichischen Regierung ausgezahlt werden. Art. 11. Es versteht sich, daß die Einreihung der Forderungen, welche sich auf die §§. 12, 13, 14, 15 und 16 des Contracts vom 14. März 1856 gründen, Oesterreich kein Recht der Controle und Ueberwachung des Baues und Betriebs der im abgetretenen Gebiet gelegenen Eisenbahnen geben könne. Die italienische Regierung verpflichtet sich ihrerseits, alle Auskünfte zu ertheilen, welche dießfalls von der österreichischen Regierung verlangt werden könnten. Art. 12. Um auf die Eisenbahnen Venetiens die Bestimmungen des Art. 15 der Convention vom 27. Februar 1866 auszudehnen, verpflichten sich die hohen contrahirenden Mächte ehethunlichst im Einvernehmen mit der österreichischen Südbahn-Gesellschaft eine Convention zum Behufe der administrativen und ökonomischen Trennung der venetianischen und österreichischen Eisenbahngruppen zu stipuliren. Kraft der Convention vom 27. Febr. 1866 soll die vom Staat an die österreichische Südbahngesellschaft zu zahlende Garantie auf Grundlage des Brutto-Erträgnisses der Gesammtheit aller venetianischen und österreichischen Linien, welche das der Gesellschaft dermal concessionirte Netz der österreichischen Südbahnen bilden, berechnet werden. Es ist selbstverständlich, daß die italienische Regierung den verhältnißmäßigen Theil dieser Garantie, welcher den Linien des abgetretenen Gebiets entspricht, übernimmt, und daß zur Berechnung dieser Garantie das Gesammt-Brutto-Erträgniß der an die gedachte Gesellschaft concessionirten venetianischen und österreichischen Linien wie bisher zur Grundlage genommen wird. Art. 13. Die Regierungen von Oesterreich und Italien, in dem Wunsche, die Beziehungen zwischen ihren Staaten zu erweitern, verpflichten sich, den Eisenbahnverkehr zu erleichtern und die Errichtung neuer Linien zu begünstigen, um die österreichischen und italienischen Bahnnetze unter einander enge zu verbinden. Die Regierung Sr. k. k. apostolischen Majestät verspricht überdieß, die Vollendung der Brenner-Linie, welche die Verbindung des Etsch- mit dem Innthal zur Bestimmung hat, so viel als möglich zu beschleunigen. Art. 14. Die Bewohner oder Eingeborenen des abgetretenen Gebiets sollen während des Zeitraums eines Jahrs, vom Tage des Austausches der Ratificationen angefangen und auf Grundlage einer bei der competenten Behörde abzugebenden vorläufigen Erklärung, die volle und unbeschränkte Freiheit genießen, ihr bewegliches Eigenthum abzuheben auszuführen und sich mit ihren Familien in die Staaten Sr. k. k. apostolischen Majestät zurückzuziehen, in welchem Fall denselben die österreichische Staatsbürgerschaft gewahrt bleibt. Es soll ihnen frei stehen, ihr in dem abgetretenen Gebiet liegendes unbewegliches Eigenthum zu behalten. Dieselbe Freiheit wird gegenseitig den aus dem abgetretenen Gebiet gebürtigen Individuen zugestanden, welche in den Staaten Sr. Maj. des Kaisers von Oesterreich ansässig sind. Jenen Individuen, welche von den gegenwärtigen Bestimmungen Gebrauch machen, kann, aus Grund der von ihnen getroffenen Wahl, weder von einer noch der andern Seite an ihrer Person oder ihrem in den betreffenden Staaten liegenden Eigenthum irgendeine Behelligung verursacht werden. Die Frist eines Jahres wird für jene Individuen, welche aus dem abgetretenen Gebiet gebürtig sind, jedoch im Moment des Austausches der Ratificationen des vorliegenden Vertrags sich außerhalb des Gebiets der österreichischen Monarchie befinden, auf zwei Jahre ausgedehnt. Die Erklärung derselben kann von der nächsten österreichischen Mission oder von der Landesstelle was immer für einer Provinz der Monarchie entgegengenommen werden. Art. 15. Die in der österreichischen Armee dienenden lombardo-venetianischen Unterthanen werden sogleich vom Militärdienst entlassen und in ihre Heimath zurückgeschickt. Es wird ausdrücklich bestimmt, daß denjenigen von ihnen, welche erklären, im Dienste Sr. k. k. apostol. Majestät verbleiben zu wollen, dieß frei stehe, und daß dieselben aus diesem Grunde weder an ihrer Person, noch an ihrem Eigenthum beeilligt werden sollen. Dieselben Bürgschaften werden den aus dem lombardo-venetianischen Königreich gebürtigen Civilbeamten zugesichert, welche die Absicht an den Tag legen werden, in österreichischen Diensten zu bleiben. Die aus dem lombardo-venetianischen Königreich gebürtigen Civilbeamten werden die Wahl haben, entweder in österreichischen Diensten zu bleiben, oder in die italienische Administration einzutreten, in welchem Fall die Regierung Sr. Maj. des Königs von Italien sich verpflichtet, dieselben entweder in analogen Anstellungen mit denjenigen, welche sie inne hatten, unterzubringen, oder ihnen Pensionen auszusetzen, deren Betrag nach den in Oesterreich gültigen Gesetzen und Bestimmungen festgesetzt werden soll. Es versteht sich, daß solche Beamte den Gesetzen und Disciplinarvorschriften der ital. Verwaltung unterworfen sein werden. Art. 16. Die Officiere italienischer Abstammung, welche dermal in österr. Diensten stehen, sollen die Wahl haben entweder im Dienste Sr. k. k. apost. Maj. zu bleiben oder in die Armee Sr. Maj. des Königs von Italien mit dem Rang einzutreten, welchen sie in der österr. Armee einnehmen, vorausgesetzt, daß sie in der Frist von sechs Monaten, von der Auswechslung der Ratificationen des gegenwärtigen Vertrags angelangen, dießfalls das Ansuchen stellen. Art. 17. Die regelmäßig ausbezahlten Civil- und Militärpensionen, welche auf die Staatscasse des lombardo-venetian. Königreiches angewiesen waren, werden wie bisher den Bezugsberechtigten und, nach Umständen, deren Wittwen und Kindern gewährleistet und in Zukunft von der Regierung Sr. ital. Maj. ausbezahlt werden. Diese Bestimmung wird auf jene Civil- und Militärpensionisten, sowie auf deren Wittwen und Kinder ohne Unterschied des Orts ihrer Geburt ausgedehnt, welche ihren Wohnsitz in dem abgetretenen Gebiet beibehalten, und deren Bezüge bis zum Jahr 1814 von der Regierung der damaligen lombardo-venetianischen Provinzen ausbezahlt wurden, sodann aber dem österr. Staatsschatz zur Last gefallen sind. Art. 18. Die Archive der abgetretenen Territorien, welche die Eigenthumstitel, die administrativen und civilgerichtlichen Acten, sowie die politischen und historischen Documente der alten Republik Venedig enthalten, werden in ihrer Vollständigkeit den zu diesem Behuf zu ernennenden Commissären übergeben, welchen ebenfalls die dem abgetretenen Gebiet speciell zugehörigen Gegenstände der Kunst und Wissenschaft eingehändigt werden sollen. Andererseits werden die Eigenthumstitel, die administrativen und civilgerichtlichen Acten, welche die österreichischen Territorien betreffen und sich allenfalls in den Archiven des abgetretenen Gebietes befinden, vollständig den Commissären Sr. k. k. apost. Maj. übergeben werden. Die Regierungen von Oesterreich und Italien verpflichten sich, einander, über Ansuchen der höheren Verwaltungsbehörden, alle Documente und Auskünfte mitzutheilen, welche sich auf Geschäfte beziehen, die ebensowohl das abgetretene Gebiet, als die angränzenden Länder betreffen. Dieselben verpflichten sich auch, authentische Abschriften von historischen und politischen Documenten nehmen zu lassen, welche für die wechselseitig im Besitze der andern contrahirenden Macht verbliebenen Länder ein Interesse haben und welche im Interesse der Wissenschaft von den Archiven, zu denen sie gehören, nicht getrennt werden können. Art. 19. Die hohen contrahirenden Mächte verpflichten sich, den Gränzbewohnern der beiden Länder zur Benutzung ihrer Grundstücke und zur Ausübung ihrer Gewerbe gegenseitig die größtmöglichen Zollerleichterungen zu bewilligen. Art. 20. Die Tractate und Conventionen, welche durch den Art. 17 des in Zürich am 10. Nov. 1859 unterzeichneten Friedenstractats bestätigt worden sind, treten provisorisch für ein Jahr in Kraft, und werden auf alle Länder des Königreichs Italien ausgedehnt. Im Fall diese Verträge und Conventionen drei Monate vor Ablauf eines Jahrs, vom Moment der Auswechslung der Ratificationen an gerechnet, nicht gekündigt werden sollten, bleiben dieselben in Kraft, und so fort von einem Jahr zum andern. Jedoch verpflichten sich die beiden hohen contrahirenden Theile, diese Tractate und Conventionen innerhalb eines Jahrs einer allgemeinen Revision zu unterziehen, um darin im gemeinschaftlichen Einverständniß jene Modificationen eintreten zu lassen, welche als dem Interesse beider Länder angemessen erachtet werden. **Art. 21.** Die beiden hohen contrahirenden Mächte behalten sich vor, sobald es thunlich sein wird, in Verhandlungen wegen Abschlusses eines Handels- und Schifffahrtsvertrages auf breitester Basis einzugehen, um gegenseitig den Verkehr zwischen den beiden Ländern zu erleichtern. Bis dahin und bis zu dem in dem vorhergehenden Artikel festgesetzten Termin bleibt der Handels- und Schifffahrtsvertrag v. 18. Oct. 1851 in Kraft und wird auf das ganze Gebiet des Königreichs Italien angewendet. **Art. 22.** Die Prinzen und Prinzessinnen des Hauses Oesterreich, sowie auch die Prinzessinnen, welche durch Heirathen in die kaiserl. Familie eingetreten sind, treten nach Geltendmachung ihrer Ansprüche in den vollen und ungeschmälerten Besitz ihres Privateigenthums, sowohl des beweglichen, als des unbeweglichen, ein, und sie können dasselbe genießen und darüber verfügen, ohne auf was immer für eine Art in der Ausübung ihrer Rechte gestört zu werden. Es bleiben jedoch alle im gesetzlichen Weg geltend zu machenden Rechte des Staats und der Privaten vorbehalten. **Art. 23.** Um mit allen Kräften zur Beruhigung der Gemüther beizutragen, erklären und versprechen SS. MM. der Kaiser von Oesterreich und der König von Italien, daß in ihren beiderseitigen Gebieten volle und gänzliche Amnestie für alle Individuen, welche aus Anlaß der auf der Halbinsel bis zu diesem Tag stattgehabten politischen Ereignisse compromittirt sind, gewährt werden wird. Demzufolge darf kein Individuum, welcher Klasse und welchem Stande es auch immer angehören mag, in seiner Person oder seinem Eigenthum, oder in der Ausübung seiner Rechte wegen seines Verhaltens oder seiner politischen Meinungen verfolgt, beunruhigt oder belästigt werden. **Art. 24.** Der gegenwärtige Tractat wird ratificirt und die Ratificationen werden in Wien binnen einer Frist von 15 Tagen oder nach Thunlichkeit auch früher ausgewechselt werden.

Urkund dessen haben die resp. Bevollmächtigten denselben unterzeichnet und ihre Wappensiegel beigedruckt. Geschehen zu Wien, den dritten des Monats October im Jahre des Heils eintausend achthundert sechzig sechs.

Wimpffen m. p.   **Menabrea m. p.**

Additionalartikel.

Die Regierung Sr. Maj. des Königs von Italien verpflichtet sich, gegenüber der Regierung Sr. k. k. apost. Maj. die Zahlung der im Art. 6 des gegenwärtigen Tractates bedungenen fünfunddreißig Mill. Gulden österr. Währung, entsprechend siebenundachtzig Millionen fünfmalhunderttausend Francs, in nachstehend festgesetzter Weise und Terminen zu leisten: Sieben Millionen werden mittelst sieben den Bevollmächtigten Sr. k. k. apostol. Majestät bei Auswechselung der Ratificationen zu übergebenden Anweisungen oder Schatzbons, lautend an die Ordre der kaiserlichen Regierung, jeder über eine Million Gulden, zahlbar in Paris am Sitz eines der ersten Bankiers oder eines Creditinstituts erften Ranges, nach Ablauf des dritten Monats vom Tage der Unterzeichnung des gegenwärtigen Tractats ohne Interessen in klingender Münze gezahlt werden. Die Zahlung der übrigen achtundzwanzig Millionen Gulden wird in Wien in klingender Münze stattfinden, mittelst zehn an die Ordre der österr. Regierung lautenden, in Paris mit je zwei Millionen achtmalhunderttausend Gulden österr. Währung zahlbaren, nach je zwei folgenden Monaten fällig werdenden Anweisungen oder Schatzbons. Diese zehn Anweisungen oder Schatzbons werden dem Bevollmächtigten Sr. k. k. apostol. Majestät gleichfalls bei Auswechselung der Ratificationen übergeben werden. Die erste dieser Anweisungen oder Schatzbons wird zwei Monate nach der Zahlung der Anweisungen oder Schatzbons über die oben festgesetzten sieben Millionen Gulden fällig werden. Für diesen Termin wie für alle folgenden werden die Interessen mit fünf von hundert vom ersten des auf den Austausch der Ratificationen des gegenwärtigen Tractats folgenden Monats berechnet werden. Die Zahlung der Interessen wird in Paris bei Verfall jeder Anweisung oder Schatzbons stattfinden. Der gegenwärtige Additionalartikel wird dieselbe Kraft und Wirksamkeit haben, als wenn er Wort für Wort dem Tractat vom heutigen Tage eingeschaltet wäre.

IX.

Depeschen des den französischen Kammern im Februar 1867 vorgelegten Gelbbuches.

Nr. 43. Vicomte de Méloizes, französischer Gesandter in München, an den Minister des Auswärtigen:

„München, 2. Aug. Herr Minister! Ich habe gestern Hrn. v. b. Pfordten bei seiner Rückkehr aus Nicolsburg gesehen, und nachdem er mir die Vorkommnisse seiner Reise erzählt hatte, beauftragte er mich, Ew. Excellenz für die Mitwirkung zu danken, die er in der von ihm geführten Unterhandlung von Seiten des Herrn Benedetti erhalten hat. Der Waffenstillstand beginnt heute und Hr. v. b. Pfordten wird sich nach Berlin begeben. Wie Sie wohl ohne Zweifel schon wissen, verlangt Preußen von Bayern die Zahlung von 20 Millionen Thalern als Kriegscontribution und die Abtretung einer Gebietsstrecke mit wenigstens 500,000 Seelen im Norden der Rheinpfalz und in Ober- und Niederfranken. In gerechter Aufregung über seine Lage hat der Ministerrath des Königs beschlossen, unsere Intervention anzurufen (à invoquer notre intervention), und Hr. v. Wendland hat Befehl erhalten, in diesem Sinne Schritte bei Ew. Exc. zu thun. Genehmigen Sie ꝛc. (gez.) De Méloizes."

Nr. 44. Der Minister der Auswärtigen an den französischen Botschafter in Berlin:

„Paris, 14. Aug. Mein Herr! Die Cabinette Süddeutschlands, mit Ausnahme des von Karlsruhe, haben sich an die kaiserliche Regierung gewandt, um deren Unterstützung in den zu Berlin eröffneten Unterhandlungen zu erhalten. Sie kennen die Gesinnungen, die wir für diese Staaten hegen. Das Berliner Cabinet hat uns seinerseits wiederholt seines Wunsches versichert, diese Staaten neben dem Nordbund eine wirklich lebenskräftige (vraiment sérieuse) Existenz einnehmen zu sehen. Wir nehmen keinen Anstand, zu denken, daß Preußen sich in den auf die Wiederherstellung des Friedens mit diesen Staaten bezüglichen Fragen versöhnlich und gemäßigt zeigen werde. Sie haben nicht direct in den Unterhandlungen einzuschreiten; Sie werden aber dem Hrn. Grafen Bismarck nicht vorenthalten, welches die persönlichen Gefühle des Kaisers für jene Höfe sind, die sich an sein freundschaftliches Wohlwollen gewandt haben. Genehmigen Sie ꝛc. (gez.) Trouyn de l'Huys."

Nr. 45. Der Minister des Auswärtigen an den französischen Gesandten in München:

„Paris, 23. Aug. Herr Vicomte! Frhr. v. Wendland hat mir den Wunsch ausgedrückt, daß die kaiserliche Regierung neue Schritte bei dem Berliner Hof thun möge. Herr Benedetti war, wie ich Ihnen mitgetheilt, mit Instructionen versehen, die ihm gestatteten, Herrn v. b. Pfordten die Unterstützung unserer guten Dienste zu leisten, und ich wußte bereits, daß er sich in der für die bayerische Regierung freundschaftlichsten Weise dieses Auftrags entledigt hatte. Nichtsdestoweniger bin ich dem Wunsch des Hrn. v. Wendland nachgekommen und habe den kaiserlichen Botschafter durch den Telegraphen aufs neue an das Interesse erinnert, welches Se. Majestät der Kaiser für den bayerischen Hof hegt. Aus den Mittheilungen, die mir aus Berlin zugehen, habe ich entnommen, daß unsre ersten Bemühungen nicht erfolglos geblieben sind. Ich bin erfreut, daß unsre jetzigen Schritte gleichfalls nicht ohne Einfluß auf das endgültige Ergebniß einer Unterhandlung geblieben sind, die sich in befriedigenderer Weise abschließt, als das Münchener Cabinet anfangs gehofft hatte. Genehmigen Sie ꝛc. (gez.) Trouyn de l'Huys."

III.

Außerdeutsche Staaten.

1. Portugal.

- 2. Jan. Eröffnung der Cortes. Thronrede des Königs.
- 3. „ II. Kammer: Die Präsidentenwahl ergibt eine entschiedene Majorität für die Regierung, deren Candidat mit 82 gegen 67 Stimmen gewählt wird.
- 8. „ II. Kammer: Debatte über das Verhältniß zu Spanien und den Aufstand des General Prim. Dieselbe legt eine entschiedene Abneigung sowohl der Regierung als der Volksvertretung gegen die sog. iberische Union zu Tage.
- 20. „ Gen. Prim tritt auf portugiesisches Gebiet über, seine Truppe wird entwaffnet, er selbst internirt.
- 21. Febr. Gen. Prim erhält den Befehl, Portugal zu verlassen, um alle Differenzen mit Spanien zu vermeiden. Ein Antrag in der II. Kammer, diese Maßregel zu tadeln, wird mit großer Mehrheit verworfen.
- 10. Mai. Umbildung des Ministeriums.
- 17. Juni. Schluß der Session der Cortes.
- 14. Nov. Marschall Salbanha geht mit Rücksicht auf die bevorstehende Räumung Roms durch die Franzosen wieder auf seinen Posten als Vertreter Portugals am päpstlichen Hofe ab, nachdem er denselben lange vacant gelassen hatte.

2. Spanien.

2./3. Jan. General Prim erhebt an der Spitze einiger Regimenter die Fahne der Empörung in Aranjuez und Ocanna:

„Spanier! Der furchtbare Augenblick ist gekommen, wo die Revolution das einzige Hülfsmittel der Nation und die erste Pflicht jedes ehrbaren Mannes ist! Ich habe mich an die Spitze einer beträchtlichen Macht von Soldaten und bewaffneten Landleuten gestellt, die von allen Seiten herbeieilen, um unter meinem Befehle für Freiheit und Vaterland zu streiten. Meine Fahne ist das jüngste Manifest des progressistischen Centralcomité's, und mit der Energie, die man an mir gewohnt ist, werde ich sie fest emporhalten gegen die Regierung, die uns im Auslande entehrt und im Inlande zu Grunde richtet, aus uns den Spielball der fremden Völker gemacht und uns an den Raub des Bankrottes gebracht hat. Soldaten, die ihr unter meinen Befehlen gekämpft habt, ihr wißt, daß ich euch niemals im Stiche ließ; ihr wißt, daß, wenn ihr mein Beginnen unterstützt, ich euch auf den Weg des Sieges führen und eure Mühen belohnen werde. Ehrbare Bürger! Helft mir eine politische Revolution glücklich durchführen, durch welche die schreckliche sociale Revolution unmöglich gemacht werden soll, die euch bedroht. Spanier! Es lebe die Freiheit! Es lebe das Programm des progressistischen Centralcomité's. Es leben die constituirenden Cortes! Juan Prim."

Ein ähnlicher Versuch der Garnison von Alcala mißlingt. Gährung in Madrid und in Catalonien und Arragonien. Doch zeigt sich bald, daß die Empörung nicht die allgemeine Unterstützung findet, auf die Prim gerechnet hat, selbst nicht von Seite der progressistischen Partei, die sich im allgemeinen ruhig verhält. Das Ministerium verhängt den Belagerungszustand über Madrid. Prim wendet sich mit den aufgestandenen Regimentern nach Süden.

5. Senat: Erklärung des Ministerpräsidenten O'Donnell über die Lage der Dinge:

„...Die Regierung entzieht sich nicht der Verantwortung für ihre Handlungen, und wenn sie heute auch noch keine näheren Aufschlüsse geben kann, so erklärt sie doch schon jetzt vor den gesetzgebenden Körperschaften, daß, sobald die gegenwärtigen schwierigen Umstände gehoben und Ruhe und Ordnung wieder hergestellt sein werden, sie selbst über ihre Handlungen Rechenschaft ablegen wird. Alle Herren Senatoren werden dann, in Ausübung eines Rechtes, welches ihnen die Regierung aufs bereitwilligste zugesteht, ihre Interpellationen stellen und ihre etwaigen Beschwerden vorbringen können, wenn sie glauben sollten, daß die Regierung auf die eine oder die andere Weise gegen ihre Pflicht verstoßen haben sollte. Sie wird sich in diesem Fall einem übereinstimmenden Ausspruch der Kammern unterwerfen (bajord la cabeza ante un acuerdo de las Cámaras). Heute aber muß sie darauf verzichten, in nähere Erörterungen einzugehen, weil sie es für ihre erste Pflicht hält, die Gesellschaft zu retten, eine Pflicht, welche sie erfüllen wird, indem sie alle Verantwortung, die ihr daraus erwachsen könnte, bereitwillig auf sich nimmt."

8. Jan. Der Minister des Innern Posada Herrera erläßt an die Gouverneure der Provinzen eine Ordonnanz, durch welche

1) alle politischen Gesellschaften, die unter dem Namen Comité, Cirkel oder irgendwelcher Versammlungen, die in den Städten oder Dörfern ihres Amtsbezirks bestehen, aufgehoben werden; 2) können nöthigenfalls sämmtliche Acten, Documente und Papiere bezüglich der besagten Gesellschaften einer strengen Untersuchung unterworfen werden; 3) sollen im Weigerungs- oder Widersetzungsfall, oder wenn man heimlich den Befehlen des Gouverneurs sich sollte entziehen wollen, die Schuldigen verhaftet und den Gerichten überliefert werden; 4) endlich wird der Gouverneur aufgefordert, dieselben Maßregeln zu ergreifen, falls er glauben sollte, daß Herde der Rebellion in seinem Amtsbezirk existiren.

Congreß und Senat begeben sich in corporo zur Königin, um sie ihrer Treue und Loyalität zu versichern.

9. „ Der Generalcapitän von Barcelona unterdrückt einen angeblichen Aufstandsversuch mit blutiger Strenge.

15. „ Prim geht mit seiner Truppe, von den Regierungstruppen — jedoch immer in einiger Entfernung — verfolgt, über die Guadiana und nimmt seinen Weg in der Richtung nach Portugal.

16. „ Der Senat versetzt mit 140 gegen 1 Stimme Prim in Anklagezustand.

20. „ Prim tritt mit seiner Truppe von ca. 600 Mann nach Portugal über und wird entwaffnet.

30. „ Allianz zwischen Peru, Chile und Ecuador und gemeinsame Kriegserklärung gegen Spanien.

1. Febr. Congreß: Die Regierung legt Gesetzesentwürfe für Beschränkung der Preßfreiheit und des Vereinswesens vor.

6. „ Senat: Adreßdebatte. Ein Amendement gegen die erfolgte Anerkennung des Königreichs Italien wird mit 100 gegen 65 Stimmen verworfen und die Stelle des Entwurfs genehmigt:

„Rücksichten hoher Politik und öffentlicher Angemessenheit, die allgemein empfunden werden, haben die Nothwendigkeit geschaffen, das Königreich Italien anzuerkennen. Indem Sie diesen Entschluß faßten, haben Sie bewiesen, daß man die Liebe zum gemeinsamen Vater der Gläubigen mit dem providentiellen Gange der Ereignisse in Einklang bringen kann."

20. „ Congreß: Adreßdebatte. Ein Antrag gegen die Anerkennung des Königreichs Italien wird mit 161 gegen 25 Stimmen abgelehnt und die Stelle des Entwurfs genehmigt:

„Die Kammer weiß die Beweggründe zu würdigen, welche Ew. Majestät zur Anerkennung Italiens vermocht haben. Sie freut sich, daß Ew. Majestät Gefühle der Ehrfurcht und kindlichen Ergebenheit für den gemeinsamen Vater der Gläubigen nicht nachgelassen haben, und daß dero fester Entschluß für die Aufrechthaltung der weltlichen Macht des Papstes Sorge zu tragen nicht erschüttert worden ist."

2. März. Der Congreß nimmt die Antwortsadresse als Ganzes mit 211 gegen 31 Stimmen an.
17. „ Der Belagerungszustand in Madrid wird wieder aufgehoben, nicht aber in Barcelona und einigen andern Punkten.
24. „ Die spanische Flotte unter Admiral Nunnez richtet an die Regierung von Chile ein neues Ultimatum. Die Regierung lehnt dasselbe ab, worauf ►der spanische Admiral die Beschießung Valparaisos auf den 31. b. M. anzeigt.
31. „ Die spanische Flotte unter Admiral Nunnez beschießt die wehrlose chilenische Handelsstadt Valparaiso. Die Blokade der chilenischen Häfen wird aufgehoben und die spanische Flotte wendet sich nach Norden gegen Peru.

2. Mai. Die spanische Flotte unter Admiral Nunnez beschießt die peruanische Hafenstadt Callao ohne großen Erfolg und erleidet selber empfindliche Verluste.
10. „ Die spanische Flotte verläßt die peruanischen Gewässer und hebt damit die Blokade thatsächlich auf.

11. Juni. Die Königin weigert sich, 35 neue Senatoren zu ernennen. Das Ministerium gibt seine Entlassung und erhält sie. Bildung eines entschieden reactionären Ministeriums Narvaez: Narvaez Präsidentschaft und Krieg, Gonzalez Bravo Inneres, Barzanallana Finanzen.
22. „ Eine Militärrevolte in Madrid wird von Narvaez unterdrückt. Auch die Garnison von Gerona empört sich, kann sich aber nicht behaupten, marschirt an die französische Grenze, tritt über und wird entwaffnet.
25. „ Thätigkeit der Kriegsgerichte in Madrid. Täglich militärische Executionen.
26. „ Das Ministerium verlangt von den Cortes die provisorische Suspendirung der constitutionellen Garantien.
30. „ Der Senat bewilligt die Suspendirung der constitutionellen Garantien mit 113 gegen 96 Stimmen.

2. Juli. Der Congreß bewilligt auch seinerseits die Suspendirung der constitutionellen Garantien.
31. „ Circular des Ministers des Innern, Gonzalez Bravo, an die Gouverneure der Provinzen:

„... Dem Geiste der demokratisch-socialistischen und anarchischen Minoritäten jeder Färbung gebührt die Regierung der Königin den Geist der großen religiösen, constitutionell-monarchischen, ehrsamen und friedliebenden Majorität gegenüberzustellen, die durch diese revolutionären Zuckungen in ihrem Eigenthum zu Grunde gerichtet und in ihrer Arbeit gelähmt wird... Durch Gewalt muß jede Art von Scandal, von Drohungen und Anleuhrversuchen niedergehalten werden; schonungslos müssen die gesetzwidrigen Vereine und Versammlungen verfolgt und alle, welche sie ins Leben rufen, einrichten und leiten, mit äußerster Strenge gerichtlich belangt werden, und man muß so verfahren, daß jeder den durch seinen Rang ihm zustehenden Posten einnehme. Die schlechten Gewohnheiten müssen unterdrückt, alle Pflichtvergessenen gezüchtigt und die, welche dem Gesetz gehorchen und die eingesetzte Obrigkeit achten, in ihrer rechtmäßigen Freiheit sichergestellt werden. Die Regierung erwartet von Ew. Excellenz eine thätige, einsichtsvolle, eindringliche Mitwirkung, um endlich zu dem vorgesetzten Ziele zu gelangen. Sie stellt Ew. Excellenz die moralischen und materiellen Mittel, welche die Ausführung der in dieser Note enthaltenen Anordnungen sichern, zur Verfügung."

23. Sept. Das Kriegsgericht verurtheilt wiederum 33 Personen zum Tode, 54 andere zur Deportation.

29. „ Ein königl. Decret veröffentlicht ein Gesetz zur Verhinderung des Negerhandels nach Art der in Frankreich und England darüber geltenden Gesetze unter Vorbehalt der späteren Zustimmung der Cortes, da der Congreß nicht mehr in beschlußfähiger Zahl versammelt ist.

2. Oct. Ein kgl. Decret schließt die Session der Cortes.

9. „ Ein kgl. Decret bahnt einer totalen Umgestaltung des gesammten Unterrichtswesens den Weg, indem der oberste Unterrichtsrath in rein clericalem Sinne neu gebildet und die Möglichkeit eröffnet wird, alle freisinnigen Schullehrer ihrer Stellen zu entsetzen.

21. „ Die verfassungsmäßigen Gesetze über die Befugnisse der Gemeinderäthe und der Provinzialräthe werden durch kgl. Machtvollkommenheit abgeschafft:

„In Gemäßheit des Antrags des Ministers des Innern und in Uebereinstimmung mit Meinem Ministerrath verordne Ich was folgt: Es werden hiermit aufgehoben die Gesetze über die Einrichtung und die Amtsbefugnisse der Municipalräthe, sowie über die Regierung und Verwaltung der Provinzen in der durch die darauf bezüglichen Gesetzesvorlagen ausgedrückten Weise, welche Gesetzentwürfe als Staatsgesetze bis zu ihrer Annahme durch die Kammern gültig sein sollen, denen sie in der nächsten Session vorgelegt werden."

Motivirende Denkschrift des Ministers Gonzalez Bravo dazu: „Die friedliebenden Leute sind betrübt und halten sich von jeder Betheiligung an den öffentlichen Angelegenheiten fern, wenn sie sehen, daß in einer guten Anzahl von Gemeinden die Municipalitätsbeamten nur wegen ihrer auf den Barricaden oder durch Anzettelung von Aufruhr geleisteten Dienste ernannt worden sind. Der gegenwärtige Stand der öffentlichen Meinung kann nicht länger zugeben, daß sich im Schooße der Municipalitäten viele Leute befinden, die, durch bedauerliche Verirrung oder Selbsttäuschung fortgerissen, ihren Einfluß und die ihnen durch das Gesetz verliehene Initiative zu andern

Zwecken mißbraucht und mehr oder weniger direct revolutionäre Verschwörungen begünstigt haben. Da aber die vollständige Erneuerung der Municipalräthe nicht ohne Verstoß gegen das bestehende Gesetz vor sich gehen kann, das, obwohl auf den rationellsten Principien begründet, dennoch in einigen seiner Bestimmungen einer Abänderung bedarf, so hält es die Regierung, auf welche jedenfalls die Verantwortlichkeit dafür vor den Kammern zurückfällt, für zeitgemäß, bei dieser Gelegenheit die von den sachverständigsten Männern als nothwendig erkannten Veränderungen vorzunehmen zu lassen. Es ist gleichfalls zur vollständigen Durchführung unseres Regierungsplans unerläßlich, daß nicht allein die Provinzialdeputationen vollständig erneuert, sondern daß künftighin ihre Amtsbefugnisse durch unüberschreitbare Grenzen eingeschränkt werden, welche um jeden Preis so lange aufrecht zu erhalten sind, als die Pläne und Bestrebungen gewisser Parteien dieselben bleiben und bis die Befähigung und Einsicht der Bevölkerung eine größere geworden ist."

Weitere Decrete verordnen die Totalerneuerung der Gemeinderäthe, statt einer Erneuerung zur Hälfte nach den Bestimmungen des Gesetzes, lösen die Provinzialdeputationen auf und verordnen Neuwahlen auf den 25.–27. Nov.

30. Oct. Eröffnung der aus 41 Mitgliedern, von denen die eine Hälfte gewählt, die andere von der Regierung ernannt worden ist, bestehenden Junta der Antillen. Die Regierung legt denselben einen Gesetzesentwurf bez. Regulirung der Sklavenarbeit und Einführung chinesischer Kulis vor.

3. Nov. Die Munipalwahlen fallen, wie immer, durchaus zu Gunsten der Regierung aus, da die Oppositionsparteien sich an denselben gar nicht betheiligen.

13. „ Junta der Antillen: Die Vertreter von Portorico verwerfen die Regierungsvorlage und verlangen unverzügliche Entschädigung der Sklavenbesitzer mit oder ohne Abschaffung der Sklaverei, mit oder ohne Regulirung der Arbeit; die Vertreter von Cuba treten ihnen bei.

Ihr Emancipationsproject geht auf die entschädigungslose und unverzügliche Befreiung der Kinder unter drei Jahren und der Sklaven über 60, ferner aller Neger, die gegen die Verträge seit 1845 eingeführt wurden und deren es mehr als 100,000 sein sollen, Loskauf aller andern Sklaven durch eine Entschädigung an die Herren, Aufhören der Sklaverei in 5 Jahren. Um die Entschädigung zu erzielen, wird unter anderm vorgeschlagen, die Verwendung des Zehnten, der Zolleinnahmen, der Gebühr für den Verkauf der Sklaven (im Betrag von jährlich 2 Mill. Frcs.), und des Ertrages der päpstlichen Bulle, der Cruzada, welche die Spanier an gewissen Festtagen des Fastens entbindet, eines Ertrags der ursprünglich zu einem verwandten Zweck, zum Loskauf von Gefangenen bei den Mauren bestimmt war.

16. „ Unruhige Stimmung in Madrid. Narvaez läßt die Bahnhöfe durch fliegende Colonnen besetzen.

27. „ Die Regierung erlangt auch bei den Wahlen der Provinzialräthe einen vollständigen Sieg, da die liberalen Oppositionsparteien sich wiederum jeder Antheilnahme enthalten.

3. Dec. Eine Proclamation Narvaez' fordert die Soldaten auf, der Politik fremd zu bleiben.

9.—16. Dec. Besuch der Königin in Begleitung des König-Gemahls und der kgl. Kinder am Hofe von Lissabon.
20. Dec. Die Regierung schließt mit dem Pariser Hause Goulb ein Anlehen im Betrage von 90 Mill. Francs ab (Pagarós-Anlehen). Dasselbe findet an der Pariser Börse keinen Anklang.
28. „ 137 Deputirte zum Congresse unterzeichnen eine Abresse an die Königin gegen das Militärregiment des Marschalls Narvaez.
28./29. „ Die Regierung, von der Demonstration der Cortesmitglieder unterrichtet, läßt in aller Eile durch ein kgl. Decret die Cortes auflösen und auf den 30. März 1867 Neuwahlen anordnen.
29. „ Staatsstreich Narvaez: Rios Rosas, der Präsident des Congresses und 4 andere hervorragende Mitglieder desselben und Führer der liberalen Union, werden verhaftet und aus Madrid abgeführt.
30. „ Marschall Serrano, der Präsident des Senats, macht der Königin in einer Audienz Vorstellungen gegen die Gefahren des von Narvaez geführten Militärregimentes. Auf Befehl von Narvaez wird er verhaftet und gleichfalls von Madrid abgeführt.

3. England.

7. Jan. (Jamaica). Der von der Regierung als außerordentlicher Commissär behufs Untersuchung der vorjährigen Negermetzeleien abgesandte Gouverneur von Malta, Sir H. Storks, langt auf der Insel an und tritt sofort seine Functionen an.
15. „ Stadt und Grafschaft Dublin werden wegen des Fenianismus in Belagerungszustand versetzt.
28. „ Der auf die Einbringung des Fenierhäuptlings Stephens von der Regierung ausgesetzte Preis wird von 1000 auf 2000 Pfd. St. erhöht, auf Mittheilungen, die zu seiner Einfangung führen, 1000 Pfd. St. gesetzt und allfälligen Mitschuldigen Pardon und 300 Pfd. versprochen. Die Maßregel bleibt gänzlich erfolglos.

6. Febr. Eröffnung des neugewählten Parlaments. Die Königin wohnt der Eröffnung zum ersten Mal wieder bei, läßt aber die Thronrede durch den Lordkanzler verlesen:

„... Die beklagenswerthen Ereignisse, welche auf der Insel Jamaica vor sich gegangen sind, haben mich veranlaßt, sofort eine unparteiische Untersuchung anstellen zu lassen, und die angemessene Bewahrung der Autorität während jener Untersuchung durch Ernennung eines verdienten Offiziers zum Gouverneur und Commandeur der Truppen zu sichern. Ich habe ihm zwei fähige und gelehrte Commissäre zur Seite gegeben, welche ihn in der Untersuchung betreffs des Ursprungs, des Wesens und der begleitenden Umstände des neulichen Ausbruchs und der im Laufe seiner Unterdrückung gefaßten Maßregeln unterstützen werden. Die Legislatur von Jamaica hat den Vorschlag gemacht, die gegenwärtige politische Verfassung der Insel durch eine neue Regierungsform zu ersetzen. . . . Eine Verschwörung, welche nicht minder der Regierung als dem Eigenthum und der Religion feindlich war, und gleicher Weise von allen mißbilligt und verurtheilt wurde, die ohne Unterschied des Glaubens und Standes ein Interesse an der Aufrechthaltung der Regierung, des Eigenthums und der Religion hatten, ist unglücklicherweise in Irland zu Tage getreten. Die verfassungsmäßige Befugniß der gewöhnlichen Gerichtshöfe ist zu ihrer Unterdrückung vertrauet, und die Autorität des Gesetzes fest und unparteiisch gewahrt worden. Ein Gesetzvorschlag betreffs dieser Angelegenheit wird Ihrer Erwägung anheimgestellt werden ... Ihre Aufmerksamkeit wird auf die von den Parlamentsmitgliedern abgelegten Eide gelenkt werden, damit unnöthige Erklärungen und gehäßige Unterscheidungen zwischen Mitgliedern verschiedener religiösen Gemeinschaften in Angelegenheiten der Gesetzgebung vermieden werden. Ich habe eine Untersuchung behufs des Stimmrechts bei der Wahl von Parlamentsmitgliedern für Grafschaften, Städte und Wahlflecken anstellen lassen. Wenn diese Untersuchung beendigt ist, wird die Aufmerksamkeit des Parlaments auf die erlangten Resultate gelenkt werden, um solche Verbesserungen in dem das Stimmrecht bei der Wahl von Unterhausmitgliedern regelnden Gesetze zu treffen, die unsern freien Institutionen zur Befestigung gereichen, und die öffentliche Wohlfahrt befördern ..."

7—8. Febr. Unterhaus: Adreßdebatte. Der O'Donoghue trägt auf ein Amendement bez. Irland an:

„Wir beklagen tief, daß in Irland eine weitverbreitete Unzufriedenheit herrscht, und stellen Ew. Maj. unterthänigst vor, daß diese weit verbreitete Unzufriedenheit die Wirkung vieler Ursachen ist, welche Ihrer Maj. Minister zu prüfen und zu entfernen haben."

Die liberalen irischen Parlamentsmitglieder sprechen sich übereinstimmend und nachdrücklich für die Beseitigung der Staatskirche in Irland und die gesetzliche Beschränkung des Rechtes willkürlicher Austreibung von Seite der Grundherren gegen ihre Pächter als ihr Programm zur Befriedigung Irlands aus. Das Amendement wird mit 346 gegen 25 Stimmen verworfen.

„ „ Das Ministerium Russel-Gladstone verstärkt und consolidirt sich durch die Ernennung Grey's (statt Woods) als Staatssecretär für Indien, Harringtons für den Krieg, Monsell's als Vicepräsident des Handelsamtes, Stansfelds als Unterstaatssecretärs für Indien.

13. „ Unterhaus: Die Regierung bringt ihre Vorlage für eine neue Formel des parlamentarischen Eides ein:

„Ich schwöre, daß ich Ihrer Majestät der Königin Victoria in Treue und Anhänglichkeit wahrhaften Gehorsam leisten will und sie nach besten Kräften wider alle Verschwörungen, welche gegen ihre Macht, Krone oder Würde angezettelt werden könnten, vertheidigen werde."

15. „ Unterhaus: Die Regierung bringt eine Bill ein bez. Veränderung der Verfassung von Jamaica auf drei Jahre.

17. „ Außerordentliche Sitzung des Ober- und Unterhauses: Die Regierung verlangt von denselben zeitweilige Suspendirung der Habeas-Corpus-Acte für Irland. Die Forderung wird vom Oberhause einstimmig, vom Unterhause mit 364 gegen 6 Stimmen bewilligt und von der Königin noch am gleichen Tage sanctionirt.

26. „ Oberhaus: Lord Lifford bringt die abnorme Stellung der Staatskirche in Irland zur Sprache, spricht sich dafür aus, daß das Einkommen dieser Kirche rechtmäßiger Weise zum Theil für Besoldung des katholischen Clerus, zum Theil für allgemeine Volkserziehung verwendet werden sollte und fragt, ob die Regierung eine solche Maßregel beabsichtige. Graf Russel erwidert, daß er einen solchen Gesetzesentwurf nicht für rathsam erachte.

England.

28. Febr. Eine von der „allg. Reform-Liga" berufene Conferenz von circa 200 Deputirten der verschiedenen Reformvereine des Landes spricht sich einstimmig für allgemeines Wahlrecht aller in einem Wahlbezirk angesessenen und eingetragener Männer von unbescholtenem Charakter und für geheime Abstimmung aus.

7. März. In Irland werden von der Regierung neuerdings außerordentliche Rüstungen gegen die fenische Verschwörung angeordnet und dasselbe findet gleichzeitig auch in Canada statt gegen einen erwarteten Einbruch der Fenier aus den Ver. Staaten.

8. „ Unterhaus: Zweite Lesung der Bill für einen neuen Parlamentseid. Vermittelnde Erklärung Disraelis. Die Lesung erfolgt darauf mit 298 gegen 5 Stimmen.

10. „ (Jamaica). Schluß der Untersuchung bez. der Negermetzelei. Es ergibt sich, daß 330 Neger hingerichtet und 105 gepeitscht und zum Theil zu schwerem Kerker verurtheilt worden sind.

12. „ Unterhaus: Der Schatzkanzler Gladstone legt eine Bill für Parlamentsreform vor:

Gleich in der ersten Cabinetssitzung nach Lord Palmerston's Tode sei beschlossen worden, die erforderlichen statistischen Aufnahmen machen zu lassen, um ohne Verzug zum Werke zu schreiten. Es habe sich nun um den Umfang der Maßregel gehandelt. Zuerst habe der Stand des Wahlrechts in England, Schottland und Irland, dann die verwickelte Frage der Neuvertheilung der Parlamentssitze und der Abgrenzung der städtischen Wahlbezirke; endlich auch die gesetzlichen Bestimmungen zur Verhütung von Wahlbestechungen in Betracht kommen müssen. Es sei nicht zu erwarten gewesen, daß das Parlament bieten sämmtlichen Seiten der Reformfrage während der laufenden Session seine Aufmerksamkeit würde widmen können. Die Regierung beabsichtige daher, vorläufig nur die erste Seite der Frage vorzunehmen: die Ausdehnung des Wahlrechts. Ohne sich irgendwie zu verpflichten — die Erfahrung zeige den geringen Nutzen solcher Gelöbnisse, — überlasse sie die Behandlung der andern Seiten späteren Gelegenheiten. Was nun die parlamentarische Vertretung der Grafschaften, d. i. der ländlichen Wahlbezirke, betreffe, so gehe der Vorschlag der Regierung dahin, den Wahlcensus von 50 auf 14 L. jährlichen Miethzinses für ein Haus — mit oder ohne Land — herabzusetzen, was die Zahl der ländlichen Wähler um 171,000 vermehren würde. Hiebei würde die arbeitende Klasse fast gar nicht, die Mittelklasse sehr überwiegend betheiligt sein. Ferner sollen die in Städten und Wahlflecken wohnenden Pächter den Freilassen solcher Orte in Bezug auf ihre Wahlberechtigung gleichgestellt werden. Wahlberechtigt solle ferner sein, wer für zwei Jahre hindurch ein Depositum von mindestens 50 L. in einer Sparkasse nachweisen kann. Diese Bestimmung würde ihre hauptsächlichste Wirkung auf dem Lande haben; ihr Umfang lasse sich schwer abschätzen, doch werde er nicht bedeutend sein. In Bezug auf die städtischen Wahlbezirke seien vier Klassen unterschieden worden: 1) die Bewohner besonderer Häuser, welche ihre Abgaben selbst bezahlen; 2) die Bewohner besonderer Häuser, für die der Hauseigenthümer die Abgaben zahlt; 3) die bisher gänzlich unberücksichtigten Bewohner eines abgesonderten Haustheiles; 4) die gewissermaßen mit dem Hausherrn lebenden Abmiether von Stuben. Seit 1832 sei die städtische Wählerschaft von 282,090 auf 512,090 Köpfe gestiegen, ein der Zunahme der Bevölkerung nicht proportionaler Zuwachs. Die arbeitende Klasse sei mit 26 Proc. betheiligt;

im Jahre 1832 aber hätten die Arbeiter 31 Proc. der Wahlkörper ausgemacht, daher müsse jetzt etwas geschehen zur Wiederherstellung des Verhältnisses. Was die beiden ersten Klassen betreffe, so sollen vorab die Beschränkungsklauseln in Betreff des Modus der Zahlung der Abgaben aufgehoben, und wenn der Hauseigenthümer dieselben abzutragen hat, der Name des Hausbewohners, welcher die Lasten doch in letzter Instanz zu tragen hat, auf das Register gesetzt werden. Durch diese Neuerungen werden 60,000 Wahlstimmen mehr erzielt werden. Der dritten Klasse, Inhaber eines Haustheils, welche keine Abgaben für das Haus bezahlen soll, wenn sie sich Jahr um Jahr melden, das Stimmrecht verliehen werden unter der Bedingung, daß der Nachweis eines jährlichen Wohnungswerthes von 10 L. geführt werde; dasselbe gilt für die vierte Klasse, die Abmiether von Stuben, wobei jedoch bei der Abschätzung des Jahreswerthes von 10 L. das Mobiliar nicht zu veranschlagen sei. Hierdurch würden die arbeitenden Klassen sehr geringen Zuwachs an Stimmberechtigten erlangen, mehr die Mittelklassen. Wolle man nun, um die arbeitende Klasse zu gebührender Vertretung gelangen zu lassen, eine tiefere Censusstufe festsetzen, so würde eine Herablegung auf 6 L. den jetzigen Arbeitern in den städtischen Bezirken 242,000 Arbeiter hinzufügen, was dieser Klasse in den Städten die Majorität, die Zahl von 428,000 geben würde. Um einer derartigen plötzlichen Verlegung des Schwerpunktes vorzubeugen und zugleich der arbeitenden Klasse gerecht zu werden, schlage die Regierung vor, einen Miethwerth von 7 L. zur Basis zu nehmen, was eine Vermehrung der wahlberechtigten Arbeiter um anscheinend 208,000, doch nach den nöthigen Abzügen in Wirklichkeit um 144,000 ergeben würde. Der Gesetzentwurf der Regierung werde, wenn angenommen, die Wählerschaft von England und Wales um 400,000 Stimmberechtigte bereichern, deren eine Hälfte aus Arbeitern bestände. In den Grafschaften, d. i. auf dem Lande, werde sich das Verhältniß so stellen, daß die arbeitende Klasse an Einfluß noch verliere, während sie in den städtischen Wahlbezirken eine Stimme unter dreien erhalten würde. Im Ganzen werde die Wählerschaft von England und Wales sich auf 1,064,000 vermehren (550,000) auf dem Lande und 514,000 in den Städten) die Stimmberechtigten würden den vierten Theil der erwachsenen Männer ausmachen.

15. März. Unterhaus: Debatte über Abänderung des Parlaments-Eides. Amendementsantrag Disraeli's:

„Ich N. N. schwöre, daß ich Ihrer Maj. Königin Victoria, Ihren Erben und Nachfolgern, getreu sein und wahren Unterthanengehorsam leisten werde. Und ich verspreche getreulich aufrecht zu halten, zu unterstützen und zu vertheidigen, die Thronfolge, wie dieselbe begrenzt und geordnet durch eine Acte, gegeben unter der Regierung Königs Wilhelms III. unter dem Titel: eine Acte, um die Krone ferner zu beschränken und die Rechte und Freiheiten des Unterthans besser zu sichern. Und ich erkläre ferner feierlich, daß Ihre Maj. die einzige oberste Herrscherin dieses Reiches ist, und daß kein fremder Fürst, Prälat, Staat oder Potentat irgendeine Gerichtsbarkeit oder obrigkeitliche Macht in ihren Gerichtshöfen hat. So helfe mir Gott!"

Der zweite Theil des Amendements wird mit 230 gegen 222 Stimmen verworfen und die Bill geht sofort durch die Comittee.

16. „ Eine zahlreiche Versammlung conservativer Parlamentsmitglieder beschließt einstimmig, die Reformbill in jedem Stadium zu bekämpfen und schon bei der zweiten Lesung eine Resolution zu beantragen, daß keine Reformbill, welche die Frage nicht vollständig zu lösen geeignet sei, das Parlament befriedigen könne.

Oberhaus: Eine Motion des Grafen Grey auf Prüfung der Beschwerden Irlands wird ohne Abstimmung verworfen.

20. März. Unterhaus: Abfall eines Theils der Majorität (der sog. Abdullamiten) von der Regierung: Lord Grosvenor kündigt einen Antrag an, in einer Resolution auszusprechen, daß „das Haus, obgleich von dem Wunsche erfüllt, die Reformfrage zu lösen, es doch für unzweckdienlich halte, an die Erörterung der vom Ministerium eingebrachten Bill zu gehen, bevor ihm der ganze Regierungsplan zur Verbesserung der Volksvertretung vorliege".

21. „ Das Unterhaus beschließt mit 217 gegen 103 Stimmen die zweite Lesung einer Bill zu Abschaffung des Testeides (Verpflichtung auf die 39 Artikel der Hochkirche) an der Universität Oxford.

23. „ Unterhaus: Die Regierung erklärt, daß sie auf ihrem Reformplane beharre, das Amendement Grosvenor zurückweise und dessen Annahme als ein Mißtrauensvotum betrachten würde.

— „ Stephens, das Haupt der Fenier, ist, nachdem er sich noch lange verborgen in Irland aufgehalten, endlich glücklich in Paris angekommen.

10. Apr. Unterhaus: Motion Sir John Grey's für eine Resolution „die Stellung der Staatskirche in Irland gebe dem irischen Volke gerechten Grund zum Mißvergnügen und erheische bald die Erwägung des Parlamentes". Der Minister für Irland anerkennt das Princip der Resolution als vollkommen gerecht und vernünftig, aber die Regierung könne der Resolution nicht beistimmen, so lange sie nicht wisse, wie ihr practische Geltung verschafft werden solle — ein Versuch dieser Art wäre zur Zeit voreilig. Die Motion wird zurückgezogen.

17. „ Unterhaus: Der Antrag Kelly's (Tory) auf Aufhebung der Malzsteuer wird mit 235 gegen 150 Stimmen verworfen.

19. „ Oberhaus: Die Bill für Abänderung des Parlamentseides geht mit einem Amendement Lord Chelmsforbs, das einen Vorbehalt zu Gunsten des Supremats der Krone ausspricht und von Graf Russel als Compromiß angenommen wird, ungehindert durch die Committeeberathung.

27. „ Unterhaus: Die Reformbill wird in zweiter Lesung im Princip mit 318 gegen 319 Stimmen angenommen.

30. „ Unterhaus: Gladstone erklärt, nachdem die Ausdehnung des Wahlrechts im Princip vom Hause genehmigt worden sei, werde er demnächst auch die Reformbill für Vertheilung der Parlamentssitze einbringen.

4. Mai. Unterhaus: Der Schatzkanzler legt das Budget für 1866 vor. Die Einnahmen werden darin zu 67,575,000 Pfd., die Ausgaben

zu 66,225,000 Pfd. veranschlagt, es ergäbe sich somit ein Ueberschuß von 1,350,000 Pfd. Dieser Ueberschuß soll nach dem Vorschlage Gladstone's verwendet werden zu: Ermäßigung des Holzeinfuhrzolls 307,000, Ermäßigung des Weinzolls 58,000, Abschaffung des Pfefferzolls 112,000, Herabsetzung der Omnibussteuer 85,000, Tilgung der Staatsschuld 500,000, verwendbarer Rest 286,000 Pfd. Gladstone entwickelt einläßlich die Nothwendigkeit und den Plan einer allmähligen Tilgung der Staatsschuld.

7. Mai. Unterhaus: Die Regierung bringt, als Ergänzung der Reformbill, die Bill zu Neuvertheilung der Parlamentssitze ein.

Die Bill unterscheidet sich im Princip dadurch von dem bezüglichen Theile der Reformbill von 1832, daß sie keinen Wahlflecken ganz seiner Vertretung beraubt, wie es damals mit den sogenannten „rotten boroughs" geschah, wohl aber einer Anzahl kleiner (weniger als 8000 Einwohner zählender) Orte, die bis jetzt zwei Mitglieder ins Parlament senden, einen der zwei Sitze entzieht. Solcher kleinen Wahlflecken sind es 41, und sie sollen dann, wie dies schon jetzt in Schottland mehrfach der Fall, zu Wahlbezirken gruppirt werden, wobei der Schatzkanzler sich auf die Erfahrung beruft, daß in solchen Wahlbezirken Bestechung sehr selten vorkomme, während sie in den einzelnen kleinen Wahlflecken vorzugsweise zu Hause sei. Acht andere kleinere Städte sollen, ohne gruppirt zu werden, je einen Sitz verlieren. So werden zusammen 49 Sitze verfügbar, von denen 26 unter die Grafschaften, 16 unter die großen Städte Englands vertheilt werden und 7 an Schottland fallen sollen.

10. „ Unterhaus: Die Regierung bringt eine Bill für Abschaffung resp. Regulirung der Kirchensteuern ein.

Die Staatskirche verliert das Recht, compulsorische Kirchensteuern auszuschreiben; dagegen bleibt es den Kirchspielsbehörden unbenommen, freiwillige Church-rates zu decretiren. Diese mag dann bezahlen wer will, und nur diejenigen, welche bezahlen, haben das Recht, in staatskirchlichen Gemeindesachen mitzusprechen.

Die conservative Partei beschließt in einer Versammlung bei Lord Derby, die zweite Lesung der Sitzvertheilungsbill ohne Opposition geschehen zu lassen und Abänderungen erst bei der Committeeberathung zu versuchen.

14. „ Unterhaus: Die zweite Lesung der Sitzvertheilungsbill erfolgt wirklich nach dem Beschlusse der Conservativen, ohne daß von ihnen ein Amendement gestellt wird.

17. „ Unterhaus: Zweite Lesung einer ministeriellen Bill zu Verbesserung der Pachtverhältnisse in Irland. Stuart Mill begrüßt die Bill als eine der wohlthätigsten Maßregeln für Irland, Lord Naas bekämpft sie als unbillig für die Gutsherren.

24. „ Unterhaus: Gladstone's Plan einer allmähligen Tilgung der Staatsschuld kommt in Form einer Bill zur Discussion und wird in zweiter Lesung angenommen.

28. „ Unterhaus: Frage der Parlamentsreform. Auf den Antrag, das Haus solle sich als Committee constituiren zu Berathung der Reformbill, beantragt Kingsby, das Comittee zu beauftragen, Maßregeln

gegen die Bestechung bei den Wahlen zu ergreifen. Gladstone bekämpft den Antrag, das Ministerium unterliegt jedoch mit 238 gegen 248 Stimmen.

1.—16. Juni. (Canada). Mißlungener Versuch der Fenier, von den Verein. Staaten aus in Canada einzubrechen.

11. „ Unterhaus: Conversation über die Lage des Continents und die Kriegsfrage. Interpellation Kinglake's zu Gunsten Oesterreichs und gegen das gescheiterte Congreßproject. Die Stimmung des Hauses zeigt sich Oesterreich ziemlich und den Bestrebungen Preußens und Italiens wenig geneigt.

18. „ Unterhaus: Committeeberathung über die Reformbill. Die Regierung unterliegt in einem principiellen Punkte mit 304 gegen 315 Stimmen. Gladstone erklärt sofort, daß der Rücktritt des Cabinets dadurch in Frage gestellt sei.

Ein Antrag Lord Dunkellins, eines irischen Halbliberalen, geht dahin, daß nicht die Hausrente, sondern der für die Steueranlage angenommene Jahreswerth des Hauses den Maßstab des Wahlcensus in den Städten bilden soll, was angeblich nur ein administratives Detail regeln soll, in der That aber das wesentlichste Princip der ganzen Reformbill in Frage stellt, indem der Antrag zwar formell den vorgeschlagenen Wahlcensus für die Städte von 7 Pfd. unberührt läßt, in Wahrheit aber denselben von 7 auf 9 Pfd. erhebt und damit die eigentliche Arbeiterclasse nach wie vor vom Wahlrecht ausschließt. Gladstone erklärt auch sofort, daß die Regierung durchaus nicht gewillt sei, sich dieses Amendement als eine gleichgültige Einzelheit aufnöthigen zu lassen. Aufgeregte Debatte. Alle, offenen und geheimen Gegner der Reform treten für das Amendement in die Schranken.

21. „ (Jamaica). Die Regierung legt dem Unterhaus den Bericht der Untersuchungscommission vom 9. April d. J. über die Negermetzeleien vor.

Die Commission beschreibt darin den Ursprung und Ausbruch der Unruhen, die zu ihrer Unterdrückung ergriffenen Maßregeln, sowie das Verfahren der dabei betheiligten Personen; sie faßt die Ergebnisse in folgende Sätze zusammen: „I. Die Unruhen in St. Thomas-in-the-East hatten ihren unmittelbaren Ursprung in einem planmäßigen Widerstand gegen die gesetzliche Autorität. II. Die Ursachen, welche zu dem Entschluß, solchen Widerstand zu leisten, führten, waren verschiedener Art: 1) ein wesentliches Ziel der Ruhestörer war die Erlangung von reutenfreien Ländereien; 2) ein weiterer Antrieb zur Gesetzverletzung entsprang aus dem allgemein von der arbeitenden Classe gehegten Mißtrauen gegen die Gerichte, vor welche die meisten ihre Interessen berührenden Streitigkeiten zur Aburtheilung gebracht wurden; 3) eine Anzahl ward getrieben von Gefühlen des Hasses gegen politische und persönliche Gegner, und nicht wenige hofften, ihre Zwecke durch den Tod oder die Austreibung der weißen Inselbevölkerung zu erreichen. III. Obgleich der ursprüngliche Plan zum Umsturz der bestehenden Autorität sich auf einen kleinen Theil des Kirchspiels St. Thomas-in-the-East beschränkte, so verbreitete sich doch die Bewegung, einmal ausgebrochen, mit außerordentlicher Schnelligkeit über ein weites Gebiet, und so groß war die Aufregung in andern Theilen der Insel, daß, wenn die Aufständischen einen mehr als vorübergehenden Erfolg erlangt hätten, ihre schließliche Ueberwindung von einem noch viel größern Verlust von Leben und Eigenthum begleitet gewesen wäre.

IV. Dem Gouverneur Eyre gebührt Lob für die Geschicklichkeit, Raschheit und Energie, die er in den früheren Stadien der Empörung bewies: Eigenschaften, deren Bewährung ihre schleunige Dämpfung großentheils zuzuschreiben ist. V. Die Operationen der Truppen und der Flotte scheinen uns prompt und zweckentsprechend gewesen zu sein. VI. Durch die lange Forterhaltung des Kriegsgesetzes in seiner vollen Strenge ward die Bevölkerung, für länger als nöthig gewesen wäre, der großen constitutionellen Privilegien, welche Leben und Eigenthum sichern, beraubt. VII. Die auferlegten Strafen waren übermäßig: 1) die Todesstrafe wurde unnöthig oft verhängt; 2) das Peitschen war unbarmherzig und zu Bath entschieden barbarisch; 3) die Einäscherung von 1000 Häusern war ungerechtfertigt und grausam."

Der Colonialminister richtet auf Grund dieses Berichts eine Depesche an Sir H. Storks, worin der Bericht gutgeheißen, die definitive Absetzung Eyre's ausgesprochen und Sir H. Storks angewiesen wird, gegen solche, die sich bei der Unterdrückung des Aufstandes der Grausamkeit oder Plünderung schuldig gemacht haben, ein gerichtliches Verfahren einzuleiten.

25. Juni. Die Regierung theilt beiden Häusern des Parlaments mit, daß das Cabinet sein Entlassungsgesuch eingereicht, die Königin aber Angesichts der verwickelten Situation dasselbe ersucht habe, ihre Rückkunft abzuwarten, in der Hoffnung, das Ministerium werde sein Gesuch zurückziehen.

26. „ Das Ministerium Russel-Gladstone beharrt auf seiner Demission und wird von der Königin entlassen. Graf Derby erhält den Auftrag, ein neues Cabinet zu bilden.

2. Juli. Die Reformliga veranstaltet ein Monstre-Meeting in London auf Trafalgar-Square, um gegenüber der Aufforderung conservativer Parlamentsmitglieder an die Regierung, dergleichen „Versetzungen Londons in Belagerungszustand" polizeilich zu verhindern, das „allen Britten durch die Verfassung gewährleistete Recht zu friedlichen Zusammenkünften gegen etwaige Eingriffe der Polizei zu behaupten." Die Polizei schreitet nicht ein und das Meeting beschließt:

„Das Haus der Gemeinen, erwählt von nur einem Theil der erwachsenen männlichen Bevölkerung des Landes, ist eine Verletzung und Erhöhnung der Principien und Absichten der Verfassung, und die factiöse von Tories und Scheinliberalen gegen die gestürzte gemäßigte Reformbill gerichtete Opposition, dazu die beleidigende und höhnische Sprache, deren sie sich gegen die arbeitenden Classen bedienten, machen es zur gebieterischen Nothwendigkeit für die liberale Partei, im ganzen Land zusammenzustehen, um es dahin zu bringen, daß die Verbesserung der Vertretung der Nation im Parlament bis zur Stimmberechtigung aller ansässigen erwachsenen Männer durchgeführt werde."

6. „ Das neue Torycabinet constituirt sich: Graf Derby Ministerpräsident, Disraeli Schatzkanzler und Leiter des Unterhauses, Lord Stanley für das Auswärtige, Walpole für das Innere, Peel für den Krieg.

9. „ Oberhaus: Graf Derby setzt sein Programm (statement) auseinander:

Der Tod Palmerstons habe die bisherige Lage der Dinge und die Parteiverhältnisse total verändert. Ein neues Parlament sei gewählt und im Widerspruch mit der von Lord Palmerston geäußerten Ansicht sei in der ersten Session desselben eine ReformBill eingebracht worden — eine übereilte und unreife Maßregel, eben nur eingebracht in dem Glauben, daß die nominelle liberale Mehrheit deren Erfolg sichern werde. Aber die nachgefolgte Berathung habe gezeigt, daß unter dieser großen ministeriellen Majorität sich viele sonst gut liberale Mitglieder befanden, welche nicht geneigt waren, die Maßregel in der Gestalt, worin sie vorgelegt worden, ohne weiteres anzunehmen. Die vorige Regierung habe, seines Erachtens unnöthiger Weise, die Annahme der Bill in ihrer Ganzheit zu einer Vertrauensfrage gemacht und sofort, weil sie bei einer Clausel derselben geschlagen wurde, ihre Aemter niedergelegt. Darauf von Ihrer Majestät zur Bildung einer neuen Administration aufgefordert, habe er sich zuerst bemüht, dies auf einer erweiterten Grundlage zu versuchen und unter die Mitglieder der Partei, mit denen er bisher zusammengegangen, andere Gentlemen aufzunehmen, welche, obgleich nicht der conservativen Partei als solcher angehörend, doch ohne Grundsätze aufzuopfern sich mit ihr zu vereinigen im Stande sein möchten. Er habe also den Herzog von Somerset und den Grafen Clarendon eingeladen, sowie den eben verstorbenen Marquis v. Lansdown, ihm behülflich zu sein, nicht zur Bildung eines sogenannten Coalitionsministeriums, wohl aber einer Regierung auf breiterer politischer Basis. Leider seien diese Einladungen abgelehnt worden. So habe er sich denn genöthigt gesehen, die Bildung einer rein conservativen Regierung zu versuchen, da er seinem Leiter der liberalen Partei wahrgenommen, der zur Erfüllung des Wunsches der Königin unter den gegebenen Umständen befähigter gewesen wäre; aber noch habe er auch nicht versäumt, sich um die Beihülfe einiger von jenen liberalen Mitgliedern zu bewerben, welche zu der neulichen Niederlage des vorigen Cabinets mitgewirkt. Indessen auch diese Gentlemen entschieden sich nicht beizutreten, versprachen aber der neuen Verwaltung eine unparteiische und unabhängige Unterstützung. Dem unseligen Krieg in Mitteleuropa gegenüber beabsichtige die Regierung eine vollkommene Neutralität einzuhalten. Was die Frage einer weiteren Parlamentsreform betreffe, so sei er einer solchen Reform niemals im Princip abhold gewesen; aber er dürfe sich und seine Collegen durch keine bestimmten Zusagen hinsichtlich dieser Frage binden. Habe er doch die Reformacte von 1832 durchführen helfen und im Jahr 1858, wiewohl er die Dringlichkeit der Sache nicht zugeben konnte, habe er sich doch ohne Widerstreben an einer Maßregel betheiligt, die den Zweck hatte, das parlamentarische Wahlrecht auf dafür befähigte Volksklassen auszudehnen. Indessen fürchte er, daß die jetzt am meisten nach Reform schreien, solche Leute seien, die nach noch tiefer greifenden Aenderungen der britischen Constitution verlangen, und deren Forderungen sich durch gemäßigte Zugeständnisse nicht befriedigen lassen. In dieser Frage also müsse er sich und seinem Cabinet freie Hand vorbehalten. Lord Russel dankt dem Grafen Derby für den maßvollen Ton seiner Erklärung (jedenfalls verdiene die neue Regierung eine redliche Erprobung und diese solle ihr werden) und spricht die Hoffnung aus, daß England mit Frankreich und Rußland zusammenwirken werde im Interesse des Friedens und der Unabhängigkeit der kleinern Staaten (independence of the minor states).

17. Juli. Unterhaus: Auf eine Anfrage an den Minister des Auswärtigen, ob die Regierung wirklich erklärt habe, die Einverleibung Hannovers in Preußen nicht dulden zu wollen, antwortet Lord Stanley ganz kurz, die Nachricht sei völlig grundlos.

20. „ Unterhaus: Debatte über die preußischen Siege in Deutschland.

Dieselbe zeigt einen totalen Umschwung der öffentlichen Meinung in England zu Gunsten Preußens.

Laing erklärt, die Doctrin der Nicht-Intervention habe seinen vollen Beifall, aber damit seien seine Besorgnisse noch nicht beschwichtigt. Wenn man auch nicht offen und wissentlich eine Intervention beginne, könne man doch unter dem verrätherischen Scheine der Vermittlung hineingerathen. Wo große nationale und territoriale Interessen auf dem Spiele stehen, da könne nur eine an die Intervention grenzende Vermittlung wirksam sein und mit einer solchen Vermittlung laufe man Gefahr, einen faulen Frieden flicken zu helfen und den Samen künftiger Kriege im politischen Boden zurückzulassen. Wenn England sich nicht darein menge, werde der jetzige continentale Krieg zur Begründung eines unabhängigen Italiens und eines einheitlichen Deutschlands führen. Horsman erklärt, daß Preußen und Italien allerdings die Friedensstörer gewesen seien und gesteht, daß zu Anfang des Krieges seine und des englischen Volks Sympathien ganz und gar für Oesterreich, obwohl nicht gegen Italien und der allgemeine Wunsch gewesen sei, die Italiener als Sieger in Venedig und die Oesterreicher in Berlin zu sehen. Aber die letzten Ereignisse hätten die Ansichten und Wünsche gänzlich umgewandelt. Auch Gladstone spricht sich dahin aus, daß die Entstehung eines einheitlichen Deutschlands im Interesse Englands und eines wahren europäischen Gleichgewichts liege. Nur der (ultramontane) Sir Bowyer erklärt sich für Oesterreich.

23.—25. Juli. Große Kundgebung vor dem Hyde Park in London. Die Massen reißen die Schranken des Parks hinweg und bringen trotz der Anstrengungen von 1500 Polizeimännern in den Park ein. Gewaltige Aufregung. Zahlreiche Versammlungen in verschiedenen Stadttheilen erklären sich energisch für Parlamentsreform und gegen die Eingriffe in das Versammlungsrecht. Unterhandlungen des Ministers des Innern Walpole mit dem Präsidenten der Reformliga, Beales. Die Regierung zieht Polizei und Militär aus Hyde Park zurück und der Verwaltungsrath der Liga beschließt, auf eine weitere Volksversammlung in Hyde Park bis nach gerichtlichem Austrag der Frage, ob es gesetzlich erlaubt sei oder nicht, zu verzichten und eine Volksversammlung nach Jslington auszuschreiben.

27. „ Ein neuer Versuch einer transatlantischen Kabellegung glückt: der am 15. v. M. von Valentia abgegangene Great Eastern langt mit dem Kabelende in Neufoundland an.

30. „ Große Reformdemonstration in Jslington (und im Victoria-Park).

2. Aug. Das Unterhaus bewilligt die Verlängerung der Suspension der Habeas-Corpus-Acte für Irland.

7. „ Das Unterhaus nimmt die neue Verbrecher-Auslieferungs-Bill mit Frankreich in dritter Lesung an.

10. „ Schluß der Parlamentssession. Der Lordkanzler verliest die Thronrede:

„...J. Maj. hat mit lebhaftem Interesse den Gang des Krieges beobachtet, der jüngst einen großen Theil des europäischen Festlands erschütterte. J. M. konnte nicht eine gleichgültige Zuschauerin von Ereignissen bleiben, welche die Stellung von Souveränen und Prinzen, mit denen J. M. durch die innigsten Verwandschafts- und Freundschaftsbande verknüpft ist, ernstlich berühren; aber J. M. hielt es nicht für zweckdienlich, sich an einem Kampfe zu betheiligen, in welchem weder die Ehre ihrer Krone noch das Interesse ihres Volks eine thätige Dazwischenkunft von ihrer Seite erheischt. J. M. kann nur die erfreuliche Hoffnung aussprechen, daß die Unterhandlungen, die gegenwärtig zwischen den kriegführenden Theilen im Gange sind, zu einer Ausgleichung führen werden, die den Grund zu einem sichern und dauernden Frieden legen kann. Eine weitverzweigte verrätherische Verschwörung zum Umsturze der Autorität J. M. in Irland, zur Confiscirung des Eigenthums und zur Errichtung einer Republik, welche Verschwörung ihren Sitz in Irland hatte, aber größtentheils von naturalisirten Bürgern eines fremden und befreundeten Staates genährt wurde, zwang J. M. zu Anfang der gegenwärtigen Session einer von ihrem Vertreter in Irland empfohlenen Maßregel ihre Sanction zu geben und die Gültigkeit der Habeas-Corpus-Acte für jenen Theil des Königreichs zeitweilig aufzuheben. Diese mit Festigkeit, aber Mäßigung von der irischen Executive durchgeführte Maßregel hatte die Wirkung, jede äußerliche Kundgebung verrätherischer Pläne zu unterdrücken und den größern Theil jener fremden Agenten, welche die Verschwörung hauptsächlich geschürt hatten, zur Entfernung aus Irland zu veranlassen. Die Führer dieser Bewegung jedoch ließen sich nicht abschrecken, ihre verbrecherischen Anschläge außerhalb der Grenzen des brittischen Königreichs weiter zu betreiben. Sie machten sogar den Versuch, vom Gebiete der Vereinigten Staaten Amerika's aus die friedlichen Unterthanen J. M. in ihren nordamerikanischen Provinzen zu überfallen. Dieser Invasionsversuch diente indessen nur dazu, die Loyalität und Ergebenheit der Unterthanen J. M. in jenen Provinzen, die ohne Unterschied des Glaubens oder der Abstammung sich zum Schutze ihres Souveräns und Landes vereinigten, in das stärkste Licht zu stellen. Er diente ferner dazu, die Loyalität und gewissenhafte Achtung internationaler Rechte zu zeigen, welche die Regierung der Vereinigten Staaten an den Tag legte, deren thätige Dazwischenkunft jenen Versuch zur Invasion eines befreundeten Staats unterdrückte und vorzugsweise dazu beitrug, J. M. Gebiet vor dem Uebel eines Raubzugs zu bewahren. ... Es gereicht J. M. zu lebhafter Befriedigung, dem Lande und der Welt überhaupt zur erfolgreichen Vollbringung des großen Unternehmens, wodurch Europa und Amerika mittelst eines elektrischen Telegraphen in Verbindung gesetzt sind, Glück wünschen zu können. Es ist kaum möglich, die ganze Fülle der Wohlthaten in ermessen, welche dieser glänzende Triumph wissenschaftlichen Unternehmungsgeistes der Menschheit erweisen wird, und es gereicht J. M. zum Vergnügen, zu erkennen zu geben, wie sehr sie die Privatenergie zu würdigen weiß, der es ungeachtet wiederholter Mißerfolge und Entmuthigungen endlich beim zweiten Versuch gelungen ist, eine unmittelbare Verbindung zwischen den zwei Continenten herzustellen. J. M. hegt die Zuversicht, daß kein Hinderniß mehr den Erfolg dieses großen Unternehmens unterbrechen werde, welches ohne Zweifel dazu angethan ist, die Bande, die J. M. nordamerikanische Colonien an das Mutterland knüpfen, noch enger zu ziehen und jenen ungehemmten Verkehr und jene freundliche Gesinnung zu fördern, von der es höchst wünschenswerth ist, daß sie zwischen J. M. Landen und der großen Republik der Vereinigten Staaten herrsche. ..."

Der verheißenen Parlamentsreform wird in der Thronrede mit keinem Worte gedacht, ebenso wenig Jamaicas. — Das einzige einen liberalen Fortschritt bezeichnende Gesetz, das in der Session zu Stande gekommen, ist die Abschaffung des parlamentarischen Katholikeneides.

21. Aug. Der Ex-Gouverneur von Jamaica, Eyre, wird in Southampton

durch ein Bankett gefeiert. Heftige Aufregung. Leidenschaftliche
Parteiung für und wider Eyre.
27. Aug. Massendemonstrationen in Birmingham für die Parlaments=
reform. Resolution für allgemeines Stimmrecht. Auch Bright er=
erklärt sich dafür.

8. Sept. Auch das vorige Jahr gerissene transatlantische Kabel langt
wieder aufgefischt glücklich in Neufoundland an.
24. „ Massendemonstration in Manchester für die Parlamentsreform.
Resolution für allgemeines Stimmrecht.

8. Oct. Massendemonstration in Leeds. Spaltung zwischen den ge=
mäßigten Parlamentsreformern und den radicaleren Führern der Re=
formliga. Resolutionen für allgemeines Stimmrecht.

— „ Es bilden sich freie Vereine, um Eyre wegen der Negermetzeleien
in Jamaica vor Gericht zu ziehen, und wieder, um ihn dagegen zu
unterstützen. An der Spitze der beiden Comité stehen die gefeierten
Namen Stuart Mill gegen und Carlyle für Eyre.
16. „ Massendemonstration in Glasgow für die Parlamentsreform.
Resolutionen für allgemeines Stimmrecht.
„ „ (Jamaica). Zusammentritt der neuen gesetzgebenden Ver=
sammlung und Verkündigung der neuen Verfassung. Der grau=
same Profoß Ramsay und drei andere, wegen barbarischer Peit=
schung unschuldiger Personen vom Attorney General angeklagte
Personen werden von der aus Pflanzern und ihren Buchhaltern
bestehenden Jury freigesprochen.
27. „ (Canada). Von den in Folge des Fenier=Putsches zu Anfang
Juni Verhafteten werden der Fenier=Priester M'Mahon und der
Fenieroberst Lynch zum Tode verurtheilt.
30. „ Bankett in Dublin zu Ehren Brights. Die liberalen Irländer
schließen sich fester an die englische Reformpartei an.

17. Nov. Große Volksversammlung in Edinburg für die Parlaments=
reform. Resolutionen für allgemeines Stimmrecht.
— „ Bewegung in der Staatskirche. Heftige Polemik für und gegen
den sog. Ritualismus.

— Dec. Neue Verhaftungen von Feniern in Irland. Außer Stadt
und Grafschaft Limerik werden auch die Grafschaften Kilbare,
Majo und Clare in Belagerungszustand gesetzt. Die Küsten
werden durch Schiffe bewacht, die Polizeimacht wird mit Hinter=
ladern bewaffnet, selbst in England Milizen für eventuelle Fälle
vorbereitet.

21*

4. Dec. Massendemonstration in London für die Parlamentsreform. Dieselbe fällt weniger zahlreich aus als erwartet war, imponirt aber durch Entschlossenheit und musterhafte Ordnung.

14. „ Die Trades-Unions beschließen auf die Eröffnung des Parlaments eine neue Massendemonstration für Parlamentsreform zu veranstalten.

4. Frankreich.

2. Jan. Der Gesandte in Florenz, v. Malaret, berichtet dem Minister des Auswärtigen, Drouyn de l'Huys, über eine Unterredung mit dem italienischen Ministerpräsidenten Lamarmora bezüglich der römischen Frage:

„... Se. Exc. hat mir gesagt, daß, da Italien sich verpflichtet habe, den Vertrag vom 15. Sept. redlich zur Ausführung zu bringen, Niemanden das Recht zustehe, anzunehmen, daß die Regierung des Königs die Absicht hege, ihr Wort nicht zu halten. Er fügte überdies hinzu, daß es ihm durchaus nicht schwierig sei, noch einmal wieder zu erklären, daß er, ohne irgend eine Ausnahme, die Pläne und die Gesinnungen, welche man der Regierung des Königs von Italien beilege, ableugne ... Ich machte darauf aufmerksam, daß in Folge der Unzulänglichkeit oder der Unsicherheit der Mehrheit die Gewalt, streng genommen, in minder altconservative Hände, als diejenigen, die sie jetzt ausüben, gelangen könnte und daß, in der Voraussetzung, daß die Vollziehung der durch den Vertrag vom 15. Sept. eingegangenen Verbindlichkeiten eines Tages Männern anvertraut werden dürfte, die diesen internationalen Act bekämpft haben, es zeitgemäß sein könne, nochmals die Tragweite der fortan unwiderruflichen Verpflichtungen festzustellen, denen sich keine italienische Regierung in keinem Falle und unter keinem Vorwande entziehen könne . . . Kurz zusammengefaßt, habe ich noch einmal constatirt: 1) daß wir im Widerspruch mit dem, was täglich in der italienischen Presse (selbstverständlich außerhalb der Regierung) gedruckt wird, bei Unterzeichnung des Vertrages vom 15. Sept. beabsichtigten, das gleichzeitige Bestehen zweier besonderer Souveränetäten in Italien zu sichern, nämlich derjenigen des Papstes, auf die Ausdehnung beschränkt die sie jetzt einnimmt, und der des Königreichs Italien. 2) Daß die Worte: „moralische Mittel", mit welchen man etwas Mißbrauch getrieben hat, für uns die Ueberzeugung, den Geist der Versöhnlichkeit, den Einfluß der moralischen und materiellen Interessen, die Wirkung der Zeit bedeuten, welche bereinst, indem sie die Leidenschaften beschwichtigt, die Hindernisse verschwinden machen wird, die sich bis jetzt der Aussöhnung einer augenscheinlich katholischen Macht mit dem Oberhaupte des Katholicismus in den Weg stellen. 3) Endlich, daß Frankreich sich für alle Eventualitäten, die im Vertrage nicht vorgesehen sind, in formeller Weise die absoluteste Freiheit seines Handelns, ohne Beschränkung irgend welcher Art, vorbehalten hat."

9. Jan. Eine Depesche des Hrn. Drouyn be l'Huys an den französischen Gesandten in Washington beantwortet die Depesche des Hrn. Seward vom 6. December 1865 (siehe Jahrgang 1865 S. 364) dahin, daß er von der Unionsregierung die Zusicherung „stricter Neutralität" gegenüber Mexico verlange, um darauf hin mit dem Kaiser Maximilian über den Rückzug der franz. Expeditionsarmee eine Uebereinkunft zu treffen:

„...In wenigen Worten, Hr. Marquis, die Vereinigten Staaten erkennen das Recht an, welches wir hatten, mit Mexico Krieg zu führen; andererseits geben wir, wie sie, das Princip der Nichtintervention zu. Diese doppelte Thatsache scheint mir die Elemente eines Einverständnisses in sich zu schließen. Das Recht, Krieg zu führen, welches, wie Herr Seward erklärt, einer jeden souverainen Nation zukommt, schließt das Recht in sich, die Erfolge des Krieges zu sichern. Wir sind keineswegs einzig und allein bis über den Ocean gegangen mit der Absicht, unsere Macht zu beweisen und der mexicanischen Regierung eine Züchtigung beizubringen. Nach einer Reihe nutzloser Reclamationen mußten wir Garantien verlangen gegen die Wiederkehr von Gewaltthätigkeiten, unter denen unsere Landsleute so grausam gelitten hatten, und diese Garantien konnten wir nicht erwarten von einer Regierung, deren Treulosigkeit (mauvaise foi) wir bei so manchen Gelegenheiten constatirt hatten. Wir finden sie heute in der Errichtung einer regelmäßigen Macht, die sich geneigt zeigt, ihre eingegangenen Verpflichtungen redlich zu halten. In dieser Beziehung hoffen wir, daß das berechtigte Ziel unserer Expedition bald erreicht sein wird, und wir bestreben uns, mit dem Kaiser Maximilian die Uebereinkünfte zu treffen, welche, indem sie unsern Interessen und unserer Würde Genüge leisten, uns gestatten, die Rolle unserer Armee auf mexicanischem Boden als beendet anzusehen. Der Kaiser hat mich beauftragt, in diesem Sinne an seinen Gesandten in Mexico zu schreiben. Wir treten somit wieder in das Princip der Nichtintervention zurück, und von dem Augenblick an, wo wir es als Richtschnur unsers Verfahrens annehmen, gebietet uns unser Interesse nicht minder als unsere Ehre, von Allen die gleiche Anwendung desselben zu fordern. Im Vertrauen auf den Geist der Billigkeit, der das Cabinet von Washington beseelt, erwarten wir von ihm die Versicherung, daß das amerikanische Volk dem Gesetz entspreche, auf welches es sich beruft, indem es bezüglich Mexico's eine stricte Neutralität beobachtet. Wenn Sie mich über den Beschluß der Regierung der Ver. Staaten in Betreff dieser Sache werden unterrichtet haben, werde ich im Stande sein, Ihnen das Resultat unserer Unterhandlungen mit dem Kaiser Maximilian wegen der Rückkehr unserer Truppen mittheilen zu können. Ich ersuche Sie, Herrn Seward eine Abschrift dieser Depesche zu übergeben als Antwort auf seine Mittheilung v. 6. Dec. und ihn zu bitten, sie dem Hrn. Präsidenten Johnson vorzulegen, und ich beziehe mich mit Zuversicht in Betreff der Würdigung der Betrachtungen, die sie enthält, auf die traditionellen Gefühle, an die der Hr. Staatssecretär der Union in seiner Note erinnerte."

15. „ Baron Seillard geht in außerordentlicher Mission an den Kaiser Maximilian nach Mexico ab.
22. „ Eröffnung der Kammern. Die Thronrede des Kaisers tritt dem Verlangen der „unruhigen Geister" nach einer Ausdehnung der politischen Freiheiten mit Entschiedenheit entgegen:

„Die Eröffnung der legislativen Session gestattet mir, in bestimmten Zeiträumen die Lage des Kaiserreichs Ihnen vorzuführen und Ihnen meine Gedanken auszudrücken. Wie in den früheren Jahren werde ich mit Ihnen die Hauptfragen, welche unser Land interessiren, einer Prüfung unterzüghen. Auswärts scheint der Friede überall gesichert zu sein, denn überall sucht man nach Mitteln, um in freundschaftlicher Weise die Schwierigkeiten zu lösen, anstatt sie mit den Waffen zu zerhauen. Die Vereinigung der englischen und der französischen Flotte in denselben Häfen hat dargethan, daß die auf dem Schlachtfelde geknüpften Beziehungen sich nicht abgeschwächt haben. Die Zeit hat die Uebereinstimmung beider Länder nur noch verstärkt. In Bezug auf Deutschland ist es meine Absicht, auch fernerhin eine Neutralitätspolitik beizubehalten, die, ohne uns zeitweise zu hindern, Kummer oder Freude zu empfinden, uns dennoch den Fragen fremd läßt, in welchen unsere Interessen nicht unmittelbar ins Spiel kommen. Beinahe von allen Ländern Europa's anerkannt, hat Italien seine Einheit dadurch bethätigt, daß es in dem Mittelpunkt der Halbinsel seine Hauptstadt errichtete. Wir haben Grund, auf die gewissenhafte Erfüllung des Vertrags vom 15. Sept. und auf die unerläßliche Aufrechterhaltung der Macht des heil. Vaters zu zählen ... In Mexico befestigt sich die durch den Willen des Volkes gegründete Regierung; die Dissidenten haben, besiegt und zersprengt, keinen Führer mehr; die nationalen Truppen haben ihre Tapferkeit bewiesen und das Land hat Bürgschaften für die Ordnung und Sicherheit gefunden, welche seine Hülfsquellen entwickelt und seinen Handel mit Frankreich allein von 21 auf 71 Millionen gebracht haben. Wie ich voriges Jahr die Hoffnung ausdrückte, geht unsere Expedition ihrem Ende entgegen. Ich benehme mich (Je m'entends) mit dem Kaiser Maximilian, um den Zeitpunkt für die Abberufung unserer Truppen festzusetzen, damit deren Rückkehr ohne Gefährdung der französischen Interessen, zu deren Vertheidigung wir in dieses ferne Land uns begeben haben, vor sich gehe. Siegreich aus einem furchtbaren Kampf hervorgegangen, hat Nordamerika seine ehemalige Union wieder hergestellt und die Abschaffung der Sclaverei feierlich verkündigt. Frankreich, das kein edles Blatt seiner Geschichte vergißt, hegt aufrichtige Wünsche für das Gedeihen der großen amerikanischen Republik und für den Fortbestand von beinahe hundertjährigen freundschaftlichen Beziehungen. Die durch das Verweilen unserer Armee auf mexicanischem Boden in den Ver. Staaten hervorgerufene Bewegung wird sich vor der Freimüthigkeit unserer Erklärungen beschwichtigen. Das amerikanische Volk wird begreifen, daß unsere Expedition, zu der wir es eingeladen hatten, seinen Interessen nicht zuwiderläuft. Zwei Nationen, die gleich sehr auf ihre Unabhängigkeit eifersüchtig sind, sollen jeden Schritt vermeiden, der ihre Würde und ihre Ehre mit ins Spiel ziehen könnte. Im Innern hat mir die Ruhe, die zu herrschen nicht aufgehört hat, gestattet, Algerien zu besuchen, wo, das hoffe ich, meine Gegenwart nicht unnütz gewesen sein wird, die Interessen zu beruhigen, und die Racen einander zu nähern. Meine Entfernung von Frankreich hat übrigens bewiesen, daß ich durch ein offenes Herz und einen erhabenen Geist ersetzt werden konnte. Unsere Institutionen fungiren inmitten befriedigter und vertrauensvoller Bevölkerungen. Die Municipalwahlen sind mit der größten Ordnung und der vollständigsten Freiheit vorgenommen worden. Da der Bürgermeister in der Gemeinde der Repräsentant der Centralgewalt ist, so hat die Verfassung mir das Recht verliehen, ihn unter den Bürgern zu wählen. Aber die Wahl verständiger und ergebener Männer hat mir fast überall erlaubt, den Bürgermeister aus den Mitgliedern der Municipalräthe zu wählen. Das Gesetz über die Coalitionen, welches einige Befürchtungen hervorgerufen hatte, ist mit einer großen Unparteilichkeit Seitens der Regierung zur Ausführung gebracht worden und mit Mäßigung seitens der dabei Betheiligten. Die so verständige Arbeiterklasse hat begriffen, daß je mehr Leichtigkeit man ihr zuerkannte, ihre Interessen zu erörtern, sie um so mehr gehalten war, die Freiheit eines Jeden und die Sicherheit aller zu achten. Die Untersuchung über die cooperativen Gesellschaften hat gezeigt, wie gerecht die

Grundlagen des Gesetzes waren, welches ihnen über diesen wichtigen Gegenstand vorgelegt worden ist. Das Gesetz wird die Errichtung zahlreicher Associationen zum Vortheil der Arbeit und der Voraussicht des Alters (prévoyance) erlauben. Um ihre Entwicklung zu begünstigen, habe Ich beschlossen, daß die Befugniß sich zu versammeln allen denjenigen zuerkannt wird, welche außerhalb der Politik über ihre industriellen und commerciellen Interessen sich berathen wollen. Diese Befugniß wird nur durch die Garantie begrenzt werden, welche die öffentliche Ordnung erheischt. Der Zustand unserer Finanzen wird ihnen zeigen, daß wenn die Einnahmen ihrem aufsteigenden Fortschritt folgen, die Ausgaben sich einer Abnahme zuneigen. Im neuen Budget sind die zufälligen und außerordentlichen Hülfsquellen durch normale und permanente Hülfsquellen ersetzt worden; das Gesetz über die Schuldentilgung, welches ihnen vorgelegt werden wird, wird diese Institution mit gewissen Einkünften versehen und den Gläubigern des Staats neue Garantie geben. Das Gleichgewicht des Budgets ist durch einen Ueberschuß an Einkünften gesichert. Um zu diesem Resultat zu gelangen, haben der Mehrzahl der öffentlichen Dienstzweige Ersparnisse auferlegt werden müssen, unter Anderm auch dem Departement des Krieges. Da die Armee auf dem Friedensfuß ist, so blieb nur die Alternative, entweder die Cadres oder den Effectivbestand zu reduciren. Diese letztere Maßregel war unthunlich, denn die Regimenter zählten kaum die nöthige Zahl von Soldaten; das Wohl des Dienstes rieth sogar dazu, sie zu vermehren. Indem wir die Cadres von 220 Compagnien, von 46 Schwadronen, von 40 Batterien aufheben, aber indem wir die Soldaten unter die bestehenden bleibenden Compagnien und Schwadronen vertheilen, haben wir unsere Regimenter eher gestärkt als geschwächt. Als natürlicher Wächter der Interessen der Armee hätte ich diese Reduction nicht zugegeben, wenn sie unsere Militärorganisation hätten verändern oder die Existenz von Männern hätte zertrümmern müssen, deren Dienst und deren Ergebenheit ich habe würdigen gelernt. Die Beibehaltung à la suite der Officiere ohne Truppen compromittirt seine Zukunft und die Administration wird in den administrativen Carrieren der Officiere und Unterofficiere, welche sich dem Zeitpunkt ihres Avancements nähern, bald die regelmäßige Bewegung des Avancements wieder herstellen; alle Interessen werden sich so garantirt finden und das Vaterland wird sich nicht denen gegenüber undankbar gezeigt haben, welche ihr Blut für dasselbe vergießen.
.... — Inmitten dieses stets wachsenden Gedeihens, möchten unstäte Geister (esprits inquiets) unter dem Vorwande, den freisinnigen Gang der Regierung zu beschleunigen, dieselbe in ihrer Bewegung hemmen, indem sie ihr jede Kraft und jede Initiative nehmen. Sie bemächtigen sich eines von mir dem Kaiser Napoleon I. entlehntem Wortes, und verwechseln die Unbeständigkeit mit dem Fortschritt. Indem der Kaiser sich für die Nothwendigkeit der allmähligen Vervollkommnung der menschlichen Einrichtungen erklärte, wollte er damit sagen, daß die einzigen dauerhaften Veränderungen die sind, welche mit Hilfe der Zeit durch Verbesserung der öffentlichen Sitten vor sich gehen. Diese Verbesserungen werden sich aus der Beschwichtigung der Leidenschaften und nicht aus unzeitigen Umänderungen in unsern Grundgesetzen ergeben. Welcher Vortheil kann in der That darin liegen, den folgenden Tag das wieder anzunehmen, was man am Tage vorher zurückgewiesen hatte? Die Verfassung von 1852, die der Genehmigung des Volkes unterbreitet wurde, unternahm es, ein vernünftiges und auf das gerechte Gleichgewicht zwischen den verschiedenen Staatsgewalten weislich berechnetes System zu begründen. Sie hält sich gleich fern von zwei extremen Situationen. Mit einer Kammer, als Herrin des Geschickes der Minister, ist die Executivgewalt ohne Autorität und ohne nachhaltigen Zusammenhang (sans esprit de suite); sie ist dagegen ohne Controle, wenn die aus der Wahl hervorgegangene Kammer nicht unabhängig und im Besitze der ihr gebührenden Vorrechte ist. Unsere consti-

tutionellen Formen, die eine gewisse Aehnlichkeit mit denen der Ver. Staaten haben, sind deßhalb nicht mangelhaft, weil sie sich von denen Englands unterscheiden. Jedes Volk soll die seinem Genius und seinen Ueberlieferungen entsprechenden Einrichtungen haben. Gewiß hat jede Regierung ihre Fehler, aber werfe ich einen Blick auf die Vergangenheit, so kann ich mit hoher Genugthuung sagen, daß, nach Verlauf von 14 Jahren, Frankreich nach Außen geachtet, im Innern ruhig ist, daß es keine politischen Gefangenen in seinen Kerkern und keine Verbannten außerhalb seiner Grenzen hat. Hat man nicht seit achtzig Jahren über die Regierungstheorien discutirt? Ist es nicht heute nützlicher, die practischen Mittel zu suchen, das moralische und materielle Schicksal des Volkes besser zu machen? Bestreben wir uns überall mit der Erleuchtung — die gesunden öconomischen Doctrinen, die Liebe zum Guten und die religiösen Principien zu verbreiten; suchen wir durch die Freiheit der Transactionen das schwierige Problem der gerechten Vertheilung der productiven Kräfte zu lösen, und streben wir darnach, die Bedingungen der Arbeit auf dem Felde wie in den Werkstätten zu bessern. Wenn alle Franzosen, die heute mit den politischen Rechten versehen sind, durch die Erziehung aufgeklärt sein werden, so werden sie ohne Mühe die Wahrheit unterscheiden und sich nicht von betrügerischen Theorien verführen lassen; wenn alle diejenigen, welche in den Tag hinein leben, gesehen haben werden, wie der Vorheil zunächst, den eine einige Arbeit verschafft, so werden sie die festen Unterstützer einer Gesellschaft sein, die ihr Wohlergehen und ihre Würde garantirt; endlich wenn Alle von Kindheit an diese Grundsätze des Glaubens und der Moral erhalten haben, die den Menschen in seinen eigenen Augen erheben, so werden sie wissen, daß über dem menschlichen Verstande, über den Bestrebungen der Wissenschaft und der Vernunft ein erhabener Wille besteht, welcher die Geschicke der Individuen wie diejenigen der Völker lenkt."

Das den Kammern vorgelegte „Exposé über die Lage des Kaiserreichs" (Blaubuch) sagt bezüglich der Stellung Frankreichs zu Deutschland: „... Die von Frankreich sowohl Dänemark als Deutschland gegenüber befolgte Politik wurde, wie sie es verdiente, von diesen Mächten selbst gewürdigt. Das Kopenhagener Cabinet hat die Gründe, welche uns bestimmten, nicht verkannt, und hat uns alle Gelegenheit ergriffen, um der Loyalität unserer Haltung während des Kriegs, sowie auch unsern freundschaftlichen und wohlwollenden Bemühungen, um dessen Folgen zu mildern, seine Anerkennung zu bezeugen. Deutschland seinerseits konnte wahrnehmen, daß wir allem Vorurtheilen zuwider von seinem böswilligen Gelübd gegen dasselbe beseelt seien, und wir können uns über die Gesinnung der verschiedenen deutschen Staaten, sowohl in den direct mit ihnen verhandelten Fragen, als auch in den allgemeinen Angelegenheiten, nur lobend aussprechen". Was die Stellung der beiden deutschen Großmächte zu den Herzogthümern betrifft, so hebt die Darlegung nachdrücklich hervor, daß der Character der Stipulationen von Wien (Gastein?) wesentlich provisorisch sei. Die französische Regierung hege den Wunsch, daß „in dieser Angelegenheit endlich eine Verständigung in den von ihr schon von Anbeginn an kundgegebenen Sinn erfolgen möge." Ueber die römische Frage wird gesagt: „... Da die Regierung des Königs Victor Emanuel die Bedingung, welche der Ausgangspunkt des Uebereinkommens war (Verlegung der Hauptstadt) erfüllt hatte, so schien uns der Augenblick gekommen zu sein, mit der Räumung des päpstlichen Gebietes zu beginnen. Das allmähliche Heimkehren unserer Truppen in kleinern Abtheilungen war immer als die für den heil. Stuhl günstigste Combination angesehen worden. Man vermied auf diese Weise die Erschütterungen, welche ihr gleichzeitiger Abzug hätte hervorbringen können. Außerdem hatte diese Maßregel einen andern Vortheil: indem man die französischen Occupationstruppen auf eine gewisse Anzahl von Punkten zusammenzog, und die geräumten Provinzen der Obhut der päpstlichen Armee überließ, gewöhnt man diese daran, sich allein zu

genügen. Se. Heiligkeit hat diese Bestimmungen genehmigen wollen und
uns bauten lassen für die Fürsorge, durch die sie eingegeben waren....
Die römische Curie beschäftigt sich mit Vermehrung des Effectivbestands
ihrer Armee und sucht sich in Stand zu setzen, selber für die Aufrechterhaltung der inneren Ruhe im ganzen Lande zu sorgen. Wir haben ihr unsere
Mithülfe zur Erleichterung der Anwerbungen und zur Organisation ihrer
Streitkräfte angeboten. Durch Art. 4 der Convention vom 15. Sept. hat
Italien sich bereit erklärt, einen verhältnißmäßigen Theil der ehemaligen
römischen Schuld zu übernehmen. Die kaiserliche Regierung wünscht der
römischen Curie die Vortheile dieser Clausel zuzusichern. Die Schwierigkeit
bestand in der Ausfindigmachung von Ausdrücken für einen Compromiß, der
von Seiten des Papstes keine Verzichtleistung auf seine frühern Vorbehalte
bedinge. Das französische Cabinet hofft bald in Gemeinschaft mit dem Cabinet von Florenz zu einer Verständigung zu gelangen, welche der kgl.
Stahl, ohne irgendein Opfer für seine Würde zu bringen, wird annehmen
können..."

24. Jan. Gesetzgebender Körper: Die Regierung zieht den vorjährigen,
selbst von der Majorität so übel aufgenommenen Gesetzesentwurf
bez. außerordentliche öffentliche Arbeiten förmlich zurück.

25. „ Eine Dep. des Herrn Drouyn de l'Huys nach Washington lehnt
jede Verantwortlichkeit der französischen Regierung für eine Reihe
von Maßregeln der kais. mexicanischen Regierung, über welche sich
das Cabinet von Washington durch seinen Gesandten in Paris beschwert hatte, ab, zumal dieselben größtentheils rein innere Angelegenheiten Mexico's beträfen, die „keinen Beschwerdegrund abgeben,
für welche eine auswärtige Regierung Rechenschaft verlangen könnte:
„... Wenn man jedoch in Washington hierüber anders denken sollte, so
begreife ich, daß man über die Mittel etwas in der Ungewißheit sein
könnte, um wem Rechtens die Beschwerden zukommen zu lassen, die man
hierüber erheben zu müssen glaubt. Weil es aber schließlich der Bundesregierung nicht zusagt, die Regierung de facto des Kaisers Maximilian als
zu Recht bestehend anzuerkennen, und es ihr andererseits als nichtslagend
(dérisoire) erscheint, sich an die Regierungsgewalt zu wenden, welche sie als
gesetzlich ansieht, welche aber thatsächlich verschwunden ist, so kann ich nicht
als Folgerung zugeben, daß man sich nunmehr an uns halte, um aus der
Verlegenheit herauszukommen und um Erklärungen von uns über Handlungen zu erlangen, welche aus der souveränen Autorität einer fremden
Regierung entspringen."

29. „ Gesetzgebender Körper: Wahlprüfungen. Die Opposition bringt
scandalöse Enthüllungen über den Einfluß der Regierungsgewalt bei.
Die Wahlen werden von der Majorität trotzdem genehmigt, aber
theilweise nur mit 149 gegen 45 Stimmen (und 64 Enthaltungen)
und mit 160 gegen 62 Stimmen (und 39 Enthaltungen).

31. „ Das sechste Bataillon des Fremdenregiments geht nach Mexico
ab, wodurch der Bestand des letzteren auf 7000 Mann erhöht wird.

— „ Das französische Gouvernement gestattet der päpstlichen Regierung
die Formation einer französischen Legion aus gedienten französischen
Soldaten, die in Antibes organisirt werden soll.

9.—12. Febr. Senat: Adreßdebatte. Der vorgelegte Entwurf sucht bez. Mexico den voraussichtlichen Rückzug aus Mexico mit großen Worten zu decken, erklärt sich bez. Rom ausdrücklich nicht bloß wie die Thronrede für die Aufrechthaltung der Gewalt, sondern der weltlichen Gewalt des Papstes und spricht sich wie die Thronrede mit Eifer gegen eine Ausdehnung der politischen Freiheiten der Nation aus:

Adreßentwurf: .... Ew. Majestät hat angekündigt, daß diese denkwürdige mexicanische Expedition ihrem Ende nahe ist, und daß Sie sich mit dem Kaiser Maximilian verständigen, um den Zeitpunkt der Zurückberufung unserer Truppen festzusetzen, d. h. dieselben Frankreich zurückzugeben, das befriedigt ist, daß seine commerciellen Interessen auf diesem großen und reichen Markte, der durch unsere Hülfe der Sicherheit zurückgegeben ist, in Zukunft des Schutzes sicher sind. Denn, was die Vereinigten Staaten anbelangt, diesen in Folge eines Mißverständnisses die Anwesenheit der französischen Fahne auf dem amerikanischen Continente weniger angenehm erschien, als zu einer anderen sehr glorreichen Zeit ihrer Geschichte, so haben die energischen Mittheilungen Ihrer Regierung dargethan, daß nicht hochfahrende und drohende Worte unsere Rückkehr zur Folge haben könnten. Frankreich hat die Gewohnheit, sich nur zu seiner Stunde in Bewegung zu setzen. Aber es erinnert sich gern an die alte Freundschaft der Vereinigten Staaten. Was Sie von ihnen verlangen, ist die Neutralität und das Völkerrecht. Daraus werden sie schnell einsehen, daß ein Krieg, der, wie so oft erklärt wurde, nur zum Schutze unserer Landesangehörigen gegen eine unloyale Regierung unternommen wurde, nicht in einen Krieg der Eroberung, der Herrschaft und der Propaganda ausartet... Ebenso soll auch in nicht ferner Zukunft das römische Occupationscorps nach Frankreich zurückkehren. Wir ziehen uns nicht deßhalb zurück, um Italien den Weg nach Rom zu eröffnen. Italien hat sich dieses untersagt und, um die Aufrichtigkeit seiner Absichten zu beweisen, hat es feierlich Florenz, die Stadt der großen italienischen Erinnerungen, zur Hauptstadt eines besondern Staates gemacht, gegenüber Rom, der Stadt des heil. Petrus und des Katholicismus. In diesem Staat, der sein eigen ist, beschäftigt sich der Papst eifrig mit der öffentlichen Ordnung, den Bedürfnissen der Regierung und der Organisation seiner Armee. Bereits hat in zwei Delegationen, aus denen sich unsere Soldaten zurückgezogen haben, die gegen das Briganteuwesen entwickelte Energie der päpstlichen Truppen der Bevölkerung das Maß des wirksamen Schutzes, das ihnen die sich selbst überlassene weltliche Macht des Papstes zusichert, angegeben... Es war die schwierige Aufgabe der späteren Zeiten, der Regierungsmacht alle Gewalt zu verleihen, welche das Volk allein zu verleihen vermag. Die Nationalcomitien vom 10. December und der folgenden Jahre haben diese Aufgabe gelöst. Heute sind Freiheit und Regierungsmacht aus dem Schooße des Volkes hervorgegangen, gleich in ihrem Ursprung und gleichstehend in ihren Rechten. Um sie durch ein gerechtes Uebereinkommen zu verbinden, wurde die Verfassung von 1852, die ebenso sehr gegen eine unbeschränkte Gewalt, wie gegen eine zügellose Freiheit ist, geschaffen. Ihr Gleichgewicht stören, hieße dem Fehler derjenigen mit neuem begehen, welche die Freiheit einsetzten, ohne hinlänglich für die Regierungsmacht zu sorgen. Das französische Volk will dergleichen nicht; es will sein Werk nicht gestört wissen und auf Formen, die es verwirft, und auf gewisse Freiheiten, die nur als Zügellosigkeiten vor es hintraten, zurückgeführt werden. Es genießt der ausgedehntesten bürgerlichen Freiheiten und eines so ausgedehnten Rechtes der Kundgebung seiner Gedanken, daß man manchmal von Gerichtswegen gegen die verwegenen Angriffe auf Personen, Sitten und Religion einschreiten muß. Es besitzt richterliche Unabhängigkeit, das ausgedehnteste Wahl- und Stimmrecht, das Petitionsrecht, die Discussion und die wirksame Controle der großen Staatskörper, die Abstimmung über die Gesetze und die Steuern. Unter diesem belebenden Hauche der Freiheit fühlt das französische Volk, daß es 1789 nicht untreu geworden ist, als es durch seine wiederholten Abstimmungen für die Regierungsmacht jene für einen großen Staat so nothwendige Concentration und bis dem französischen Genius so sehr zusagende kräftige Initiative schuf.... In seinen Principien und in seiner Organisation wird das kaiserliche System durch die Wohlthaten gerechtfertigt, welche in den Gemüthern der Völker das Recht einer Dynastie begründen."

Bei dem Passus über Mexico verlangt Marschall Forey die Verstärkung der französischen Armee in Mexico, Staatsminister Rouher erklärt sich dagegen. Bez. der römischen Frage erklärt Rouher, daß die Thronrede von nichts anderem habe reden können und reden wollen, als von der „weltlichen" Souveränetät und daß die Septemberconvention allerdings zwei von einander geschiedene territoriale Souveränetäten, das Königreich Italien und Rom als das Patrimonium Petri in seiner gegenwärtigen Gebietsausdehnung geschaffen habe. Bei der schließlichen Abstimmung wird der Entwurf unverändert von allen 124 Stimmen angenommen. (Prinz Napoleon hat sich an der Debatte gar nicht betheiligt.)

18. Febr. Der Kaiser nimmt die Antwortsadresse des Senates entgegen und antwortet darauf:

„Die Adresse des Senats ist ein beredter Commentar der Thronrede und führt aus, was ich angedeutet. Sie wünschen, wie ich, Stabilität und vertrauliche fortschreitende Entwickelung unserer Institutionen. Die moralische und physische Welt gehorcht allgemeinen Gesetzen; nicht durch tägliche Erschütterung der Grundlagen bejahrlennigt man die Krönung des Gebäudes. Meine Regierung ist nicht stationär, sie will vorwärts gehen, aber auf dem festen Boden, der Macht und Freiheit tragen kann. Rufen wir den Fortschritt zu Hilfe, bauen wir aber nur Stufe für Stufe jene große Pyramide auf, deren Grundlage das allgemeine Stimmrecht, deren Scheitel Frankreichs civilisatorischer Genius ist!"

26. „ Gesetzgebender Körper: Beginn der Adreßdebatte. Entwurf der Adreßcommission. Erster Ansatz zu einer Mittelpartei aus dem Schooße der bisherigen Majorität.

Adreßentwurf der Commission: „Sire! Der gesetzgebende Körper nimmt gern mit Ew. Majestät das immer allgemeiner hervortretende Bestreben wahr, die äußern Schwierigkeiten auf friedlichem Wege zu lösen. Dieses Bestreben, welches durch Ihre Zusammenkunft mit verschiedenen Herrschern und durch die freundschaftliche Vereinigung der englischen und der französischen Flotte gestärkt wurde, ist ein neues Pfand für den Frieden, dessen Aufrechterhaltung den Bedürfnissen der Völker entspricht, den Wunsch Frankreichs erfüllt und der Weisheit seiner Regierung Ehre macht. — Wir haben immer mit dem Kaiser die zuversichtliche Hoffnung (le ferme espoir) getheilt, daß zwischen dem Papstthum und Italien eine ihren Bedürfnissen, dem Frieden Europas und der Ruhe der Gemüther entsprechende Aussöhnung herbeigeführt werden wird. Der Vertrag vom 15. September wird, redlich ausgeführt, eine neue Bürgschaft für die weltliche Souveränetät gewähren, deren Aufrechterhaltung nutzlßlich ist für die unabhängige Ausübung der geistlichen Gewalt des heiligen Vaters. Unsere Expedition in Mexico ist dem Ausgang nahe, und das Land hat diese Zusicherung mit Befriedigung entgegengenommen. Durch die gebieterische Pflicht nach Mexico geführt, unsere Staatsangehörigen gegen gehässige Gewaltthätigkeiten zu schützen und Genugthuung für allzu gerechtfertigte Beschwerden zu erlangen, haben unsere Soldaten und Seeleute die ihrer Hingebung von Ew. Majestät anvertraute Aufgabe in würdiger Weise erfüllt. Diese Expedition hat auf's neue in diesen entfernten Ländern für die Uneigennützigkeit und die Macht Frankreichs Zeugniß abgelegt. Das Volk der Vereinigten Staaten, das von langer Zeit her die Loyalität unserer Politik und die traditionellen Sympathien, von denen sie sich leiten läßt, kennt, darf aus der Anwesenheit unserer Truppen auf mexicanischem Boden keinen Argwohn schöpfen. Ihre Abberufung einem anderen Ermessen als dem unsrigen anheimstellen wollen, hieße unseren Rechten und unserer Ehre zu nahe treten. Ihrer Obhut, Sire, sind sie anvertraut, und der gesetzgebende Körper weiß, daß sie mit einer Frankreichs und Ihres Namens würdigen Sorgfalt darüber wachen werden. Die Ruhe im Innern hat Ihnen erlaubt, Algerien zu besuchen, dessen Bedürfnisse nicht reiflich genug erwogen werden können, und ihm einen neuen Beweis Ihrer Theilnahme zu geben. Ihre Abwesenheit hat der Kaiserin Gelegenheit geboten, jene seltenen und edlen Eigenschaften zu zeigen, welche den Glanz der Krone und die Sicherheit des Landes noch erhöhen. Mitten in dieser Ruhe haben Millionen von Wählern in vollkommenster Freiheit die Erneuerung der Gemeinderäthe vorgenommen. Diese umfassende Bewegung der öffentlichen Meinung hat für den Geist der Ordnung Zeugniß abgelegt, der unter den Bevölkerungen herrscht, und Ihre Regierung hat nur ausnahmsweise von dem nothwendigen und conservatoren Recht Gebrauch zu machen gehabt, das die Verfassung zusichert. Das Coalitionsgesetz, der Entwurf bezüglich der cooperativen Gesellschaften und der zur Begünstigung ihrer Entwicklung dienenden Erleichterungen erschließen eine neue unserer gemeinsamen Sorgfalt würdige Praxis (ouvrent une ère d'expérimentation). Der Beistand des gesetzgebenden Körpers wird Ihnen niemals fehlen, Sire, wenn Sie die Maßregeln, welche das Interesse der arbeitenden Classen etwa erheischen sollten, mit den Bedürfnissen der öffentlichen Ordnung in Einklang zu bringen haben. — Die Untersuchung, welche zum Zweck hat, die Bedürfnisse und Wünsche des Ackerbaues wahrzunehmen und ins Licht zu setzen, wird im Lande wie unter uns mit dem Gefühl der lebhaftesten Dankbarkeit aufgenommen werden. Wir sind überzeugt, der Absicht Ew. Majestät zu entsprechen, wenn wir die Hoffnung ausdrücken, daß diese Untersuchung in allen Departements in einer Weise vorgenommen werden möge, welche den verschiedenen Interessen gestattet, sich mit der vollständigsten Freiheit kund zu geben. Die ackerbauenden Bevölkerungen, so arbeitsam, so bescheiden und dem Kaiserreich so tief ergeben, werden Ihnen, Sire, die Leiden, die sie erdulden und die Unterstützungen, die sie erwarten, mit Vertrauen vorlegen. — Wir wünschen uns mit Ew. Majestät Glück zu der Verbesserung unserer Finanzen und wie prüfen das auf die Schuldentilgung bezügliche Gesetz mit der Aufmerksamkeit, die ein so wichtiger Gegenstand erheischt. — Die in den öffentlichen Dienstzweigen vorgenommenen Ersparnisse entsprechen einem von dem gesetzgebenden Körper mehrfach ausgesprochenen Wunsch; da aber der Kaiser zu gleicher Zeit Hüter der Interessen des Heers ist, so hat er Sorge tragen müssen, unsere militärische Organisation nicht zu schwächen und die vom Land übernommene Schuld an diejenigen heimzuzahlen, die ihm tapfer gedient haben. — Mit Recht haben diese Ersparnisse die den öffentlichen Arbeiten zugewiesenen Mittel unberührt gelassen; der Ackerbau, der Handel und die Industrie legen den größten Werth auf die Ausdehnung und Vervollkommnung aller Verkehrswege. — Dem Unterricht mußten die ihm zugewiesenen Hülfsquellen ebenfalls unberührt gelassen werden. Der Volksunterricht hat, Dank den thätigen und gleichzeitigen Bemühungen des Staats, der Gemeinden und der Familie, nicht aufgehört, löbliche und beharrliche Fortschritte zu machen. Indem wir diesem dreifachen

Zusammenwirken mehr und mehr unsere Unterstützung leihen, werden wir dahin gelangen, den gemeinsamen Wunsch Ew. Maj. und des gesetzgebenden Körpers zu verwirklichen und die schon jetzt beschränkte Zahl der Länder, welche der Wohlthat des öffentlichen Unterrichts beraubt sind, mit jedem Tag zu verringern. Der Frieden nach außen, die Ordnung und die Thätigkeit im Innern legen ein gemeinsames Zeugniß ab für die heilbringende Initiative Ihrer Regierung und für das Vertrauen des Landes in die Stabilität unserer Einrichtungen, deren Grundlagen auf der freien und feierlichen Abstimmung des französischen Volkes ruhen. Diese Stabilität hat nichts mit dem weiten Fortschritt unserer Freiheiten unversöhnliches. Sie haben es schon bewiesen, Sire, und die Vergangenheit bürgt für die Zukunft. Die Einrichtungen entwickeln, die Arbeit und den Credit sicher stellen, die öffentliche Sicherheit kräftigen und die religiösen Grundlagen befestigen, ohne welche die besten Gesetze wirkungslos bleiben — das ist das fruchtbare Werk, an welchem Ew. Majestät die großen Staatsgewalten theilnehmen läßt, und welches die Bande immer enger knüpft, die Frankreich mit Ihrer Person und Ihrer Dynastie vereinigen."

Amendementsanträge zum Adreßentwurf:

Antrag der Opposition zu § 1 bez. die auswärtigen Verhältnisse: „Allein, um dauerhaft zu sein, muß dieser Friede auf der Achtung des Rechtes beruhen. Wir können nicht sehen, daß man dieses Recht in Deutschland verletze, ohne laut unsere Mißbilligung kundzugeben. — Frankreich, das es sich zum Ruhme anrechnet, das Dogma der Volkssouveränetät wieder hergestellt zu haben, ist es sich selbst schuldig, gegen die Conventionen zu protestiren, in welchen die Gewalt über die Völker verfügt."

Antrag der Opposition zu § 2 bez. Septemberconvention: „Nach den feierlichen Erklärungen der Regierung hat Niemand das Recht, vorauszusetzen, daß sie daran denke, die Convention vom 15. Sept. zu umgehen; sie würde sie umgehen, wenn sie fortführe, auch nur indirect den Willen des römischen Volkes zu unterdrücken. Wir müssen Rom verlassen, weil wir nach den eigenen Worten der Regierung dort dem Rechte zuwider uns befinden. Versichern, daß die weltliche Gewalt die einzige Stütze der religiösen Interessen ist, hieße die ewigen Wahrheiten auf das Niveau der veränderlichen Nothwendigkeiten der Politik herabdrücken."

Antrag der Opposition zu § 3 bez. Mexico: „Wir haben von Anbeginn an die mexicanische Expedition verdammt, indem wir auf die Verlegenheiten und Opfer, die sie Frankreich bereiten würde, hinwiesen. Für das vorwichene Jahr ward die Rückkehr unserer Soldaten feierlich angekündigt; wir bedauern, daß sie einen Aufschub erlitten hat, den die französischen Interessen nicht rechtfertigen. Das Volk hat die ersten Erklärungen der Regierung über die Ursachen der Expedition nicht vergessen und ist erstaunt, daß unsere Armee heute zur Vertheidigung eines fremden Thrones bestimmt ist."

Antrag der Opposition zu § 9 bez. gedrückte Lage des Ackerbaues: „Von jetzt an muß es anerkannt werden, daß der Ackerbau das Recht hat, auf Beseitigung der Mutationsabgaben zu dringen, die Verminderung des Contingentes und größeres Maßhalten in den sterilen Verschönerungsarbeiten zu verlangen, welche dem Boden viel Kräfte und Capital, die ihm nothwendig sind, entziehen."

Antrag von 36 Mitgliedern der bisherigen Majorität zu § 12 bez. Aufhebung der politischen Freiheiten: „In dieser Stabilität liegt nichts, das mit einem weisen Fortschritte unserer Institutionen unvereinbar wäre. Frankreich, fest der Dynastie anhängend, die ihm die Ordnung sichert, ist nicht weniger anhänglich an die Freiheit, die es für die Erfüllung seiner Geschicke nothwendig hält. Der gesetzgebende Körper glaubt denn auch der Dolmetscher der öffentlichen Meinung zu sein, indem er zu den Stufen des Thrones Ew. Majestät den Wunsch bringt, dem großen Acte von 1860 die Entwickelungen zu geben, welche er in sich schließt. Die Nation, indem sie durch Ihre liberale Initiative in innige Beziehungen zu der Führung ihrer Angelegenheiten tritt, wird der Zukunft mit vollkommenem Vertrauen entgegensehen."

Antrag von 17 Mitgliedern der Majorität zu demselben § mit specieller Beziehung auf die Presse: „Wir äußern den Wunsch, daß in der Preßgesetzgebung die Jurisdiction der gewöhnlichen Gerichte an die Stelle des administrativen Systems gesetzt werden möge." Antrag der Opposition zu demselben § im Ganzen: „Frankreich hat das tiefe Gefühl seiner Rechte und den Willen sie auszuüben. Die Constitution hat, indem sie die Souveränetät des Volkes proclamirte, erklärt, die Principien von 1789 zu bestätigen und zu garantiren, sie hat aus diesen Principien die Grundlagen des öffentlichen Rechtes gemacht. Frankreich hat demnach ein Recht auf freie Presse. Indeß confiscirt die administrative Willkür, der die periodische Presse unterworfen ist, und die unter einer neuen Form wiederhergestellte Censur und die dem Geschwornengericht, ihrem natürlichen Richter entzogenen Preßprocesse vernichten die Freiheit der Discussion. Frankreich hat ein Recht auf freie Wahlen; indeß besteht das System der officiellen Candidaturen mit seinen unvermeidlichen Mißbräuchen fort; das Versammlungsrecht wird geleugnet und die bedenklichsten Eingriffe in die Ausübung der allgemeinen Wahlen rühren gerade von denjenigen her, deren Mission es ist, das Gesetz zu achten und die Aufrichtigkeit der Abstimmung zu sichern. Es hat ein Recht auf municipales Leben, welches eine der nothwendigsten Bedingungen der Freiheit ist; dennoch wählt die Regierung, ihren Versprechungen zum Trotz, ohne Nothwendigkeit die Bürgermeister außerhalb der erwählten Räthe; sie löst beim geringsten Anzeichen des Widerstandes die Municipalräthe auf; sie verurtheilt Paris und Lyon zum System der municipalen Commissionen. Es hat ein Recht, in der Verantwortlichkeit der öffentlichen Beamten eine Sanction der Gesetze zu finden, welche die Bürger schützen; dennoch können die Agenten der Regierung nur kraft der Autorisation der Regierung selbst, die hier gleichzeitig Richter und Partei ist, verfolgt werden. Frankreich würde gerne das ihm vorgeführte Beispiel der Vereinigten Staaten annehmen, allein es will nicht von der Republik und der Monarchie das, was die Autorität bildet, entlehnen und dabei in jeder dieser Regierungsformen das zurückweisen, was die Freiheit bildet. — Ohne politische Freiheit ist kein Recht gewährleistet. Die Freiheit allein kann zur Freiheit großziehen. Nur sie vermag die geistige Erkenntniß zu heben und die öffentlichen Tugenden zu entwickeln. Der Willkür den Unterricht in der Freiheit anvertrauen, heißt in der dem vorgesteckten Ziele entgegengesetzten Richtung wandeln. Umgeben von freien Staaten, die es selber in die Freiheit eingeführt hat, setzt das französische Volk ein zu großes Vertrauen in seinen Genius und ist zu stolz auf seine Vergangenheit, als daß man es als unter Curatel gestellt behandeln und unfähig oder unwürdig erklären dürfte, selber die glorreiche Last seiner Geschicke zu tragen."

Allgemeine Debatte. Rede des Hrn. Thiers:

Thiers entwickelt zunächst das Recht, welches Frankreich auf seine eigenen Angelegenheiten besitzt. „Als im Jahre 1852 eine plötzliche Concentration aller Gewalten in die Hand Napoleons III. stattfand, hieß es, diese Concentration solle nur vorübergehend sein, bis die Ruhe und Ordnung in Frankreich wieder völlig hergestellt sein werde. Allein diese Frage der Zeit wird seit einem Jahre in eine Principienfrage umgewandelt. Die parlamentarischen Institutionen, welche Frankreich besaß und wieder verlangt, werden als eine Beeinträchtigung der Regierungsgewalt und als Dinge erklärt, die gerade darum, weil sie abgeschafft worden sind, nicht mehr eingeführt werden dürfen. In einer solchen Lage bleibt nichts übrig, als das Recht, welches Frankreich auf diese Institutionen hat, klar und ohne Bitterkeit

darzulegen. Was vor Allem das Recht der herrschenden Dynastie betrifft, so wird es von Niemanden in Frage gezogen und darum kann man auch verlangen, daß die Dynastie die Rechte Frankreichs, die auf den unveräußerlichen Principien von 1789 begründet sind, anerkenne. Diese Rechte lassen sich auf die beiden Ziele zurückführen, welche die Revolution erreichen wollte: auf das sociale, die Gleichheit nämlich vor dem Gesetze, und auf das politische, die Befreiung Frankreichs. Frankreich bewahrt nun, auch wenn es sich eine Dynastie gibt, immer seine Souveränität als Nation, sein Recht erlischt nicht mit Einsetzung dieser Dynastie, sondern es muß der wirkliche Ausdruck des öffentlichen Willens die Regel für jedwede Handlung der Regierung werden. Jede Monarchie, die in der Neuzeit begründet wird, muß auf dem Princip der Souveränität der öffentlichen Meinung beruhen. Damit nun diese öffentliche Meinung sich bilden, sich ausbreiten und in ihrem wahren Ausdruck vor die Inhaber der öffentlichen Gewalt treten kann, sind bestimmte Freiheiten nothwendig." Als solche nothwendige Erfordernisse bezeichnet Thiers die Sicherstellung jedes Staatsbürgers gegen Willkürhandlungen der Regierung; die Freiheit des Wortes und der Schrift; das Versammlungsrecht und die Wahlfreiheit. An letzteres Postulat anknüpfend, spricht er sich über die Stellung der Landesvertreter folgendermaßen aus:...
„Welches kann für die Freiheit, deren wir hier genießen müssen, das sie einschränkende Gesetz und Tribunal sein? Das Gesetz, das Tribunal sind Sie, meine Herren! Man hat noch kein anderes entdeckt und ich, der ich seit beinahe 40 Jahren in den französischen Kammern sitze, habe immer gefunden, daß diese Autorität hinreicht." Aus dieser Freiheit der Volksvertretung ergibt sich nun, wie er weiter ausführt, unter der einzigen Verantwortlichkeit, die der Kammer selbst gegenüber besteht, das Recht der Interpellation. Wenn nun durch die individuelle Freiheit, durch die Preß- und Wahlfreiheit, so wie durch die unbedingte Discussions- und Interpellations-Freiheit in den Kammern die öffentliche Meinung sich allmählich herausbildet, so erlangt sie durch den Majoritätsbeschluß der Vertreter der Nation ihren gesetzlichen Charakter und kann sich nicht auf das, was man unter der alten Monarchie eine „Vorstellung" (rémonstrance) nannte, zurückführen lassen." Nein, diese gesetzlich gewordene öffentliche Meinung ist kein leerer Schall, sie muß das Ziel erreichen, welches die Principien von 1789 sich gesetzt haben, sie muß die Regel für die Handlungen der Regierungen werden. Wenn sich die öffentliche Meinung in vollkommener Uebereinstimmung mit den Inhabern der Autorität befindet, dann ist an Personen und Dingen nichts zu ändern; wenn sie aber nicht mit der Autorität übereinstimmt, dann ändert man in der Republik das Staatsoberhaupt, in der Monarchie, die in Europa gilt, die Minister der Krone." Daraus ergibt sich für ihn, auch ohne daß ein specielles Gesetz erlassen ist, die Ministerverantwortlichkeit von selbst. Gegen den Einwand, das parlamentarische Regiment stelle die Krone eines großen Landes unter das Joch der Versammlungen, bemerkt er: „Es hat ja aber die Krone das ungemein große Vorrecht, die Kammer aufzulösen und an das Land zu appelliren. Hat nun die königliche oder die kaiserliche Krone von diesem allerhöchsten Rechte, und andererseits das Land von dem seinigen Gebrauch gemacht, hat dieses über seine Vertreter zu Gericht gesessen und sie wieder auf ihre Bänke zurückgeschickt, so trägt die Krone nicht mehr das „Joch der Versammlung", sondern das Joch des Landes selbst. Entweder muß man die moderne Monarchie, die von 1789, in Abrede stellen, oder man muß anerkennen, daß das Joch des Landes kein demüthigendes, sondern ein nothwendiges ist." Im zweiten Theil seiner Rede sucht Thiers nachzuweisen, daß bei Allem, was seit 1852 geschehen, die Mitwirkung der öffentlichen Freiheiten weder unnütz, noch schädlich gewesen wäre, indem er bez. der inneren Fragen namentlich die durch die ungehinderte Action der Autorität so sehr beschleunigten und gehäuften, dem Handel, der Industrie und

Frankreich.

dem Ackerbau schädlichen, der Nation octroyirten freihändlerischen Reformen tadelt, welche durch eine Vertretung, die im Besitze wirklicher politischer Freiheiten und Rechte gewesen wäre, controlirt und auf ein bestimmtes Maß zurückgeführt worden wären und indem er ferner bezüglich der auswärtigen Politik des Kaiserreichs alle die fernen Expeditionen, zumal die mexicanische verwirft, namentlich aber die Ueberzeugung ausspricht, daß, wenn man vor Beginn des italienischen Feldzugs von 1859 das Land um Rath gefragt hätte, dasselbe nicht für das Zustandekommen einer italienischen Einheit eingetreten wäre. Es sei dadurch eine Nation mit 26 Mill. Seelen neben Frankreich erstanden, mit der die 40 Mill. Deutschen von Herzen gern sich einigen würden. Und dabei habe man Rom geopfert und durch die Septemberconvention sich in die Gefahr gestürzt, in einem halben Jahre zwischen Italien, dem Werk des zweiten Kaiserreichs, und Rom, dem Werk von tausend Jahren, wählen zu müssen."

27. Febr. Gesetzgeb. Körper: Allgemeine Abreßdebatte. Rede von Latour-Dumoulin [Programm der neuen Mittelpartei — der 36 Unterzeichner des gemäßigten Amendements zu dem Absatz über die innern Freiheiten: er und seine Freunde wollten weiter nichts als eine gewisse Initiative für die Kammer, das allgemeine Recht für die Presse, die ministerielle Verantwortlichkeit, eine ernstliche Controle in Finanzangelegenheiten und eine Abänderung in den Bestimmungen des Amendementsrechtes]. Scandal in Folge der Rede des Hrn. Glais-Bizoin.

1. März. Gesetzgeb. Körper: Beginn der Specialdebatte über den Abreßentwurf, Debatte über § 1, namentlich über das Verhältniß zu den Vorgängen in Deutschland. Reden von J. Favre und des Staatsrathsvicepräsidenten Parieu. Das Amendement der Opposition wird nicht sofort verworfen, sondern der § gegen alle bisherige Gewohnheit an die Commission behufs einer neuen Redaction zurückgewiesen.
2. „ Gesetzgeb. Körper: Abreßdebatte. Römische Frage; keiner der Regierungsvertreter ergreift das Wort; das Amendement der Opposition wird verworfen. — Mexicanische Frage: das Amendement der Opposition wird abgelehnt und der Passus des Entwurfs „unter Vorbehalt", bis die diplomatische Correspondenz bez. Mexico's vorläge, angenommen.
3. „ Gesetzgeb. Körper: Abreßdebatte. Die Abreßcommission schlägt einen Zusatz zum ersten Absatz der Abresse vor:
„Wir sind mit der vom Kaiser gegenüber Deutschland befolgten Politik einverstanden; diese Neutralitätspolitik, welche Frankreichs Theilnahme an den Ereignissen nicht ausschließt, entspricht unsern Interessen."
Rouher erklärt sich Namens der Regierung mit dem Zusatz einverstanden, worauf derselbe mit 238 gegen 14 Stimmen angenommen und das Amendement der Opposition gegen 21 Stimmen, ein anderes von Morin auf Befragung der Bevölkerung von Schleswig-Holstein gegen 30 Stimmen abgelehnt wird.
5. „ Gesetzgeb. Körper: Abreßdebatte, Algierische Frage. Die Ideen des Kaisers (während und nach seinem Besuche in Algier im Jahre

1865) werden von der Regierungsseite stillschweigend fallen ge=
lassen.
7—12. März. Gesetzgeb. Körper: Abreßdebatte, Aderbaufrage. Poli=
tische Bedeutung derselben. Eine Reihe von Amendements werden
verworfen, ein solches der Schutzzöllner mit 192 gegen 37 Stimmen.
15. " Gesetzgeb. Körper: Abreßdebatte, Unterrichtsfrage. Ein Amendement
von Havin (Siècle) auf Einführung des unentgeltlichen und obliga=
torischen Volksunterrichts wird abgelehnt.
16—19. März. Gesetzgeb. Körper: Abreßdebatte, Frage der innern Frei=
heiten. Reden J. Favre's (für das Amendement der Opposition),
Olliviers und Buffets (für das Amendement der auf 46 angewach=
senen ursprünglichen 36), Rouhers (gegen das Programm der neuen
Mittelpartei). Bei der Abstimmung werden alle Amendements ver=
worfen, das der Opposition mit 237 gegen 17, das der Mittelpartei
mit 206 gegen 63 (46 + 17) Stimmen.
20. " Gesetzgeb. Körper: Schluß der Abreßdebatte. Das Amendement
der 17 (von der Majorität) zu Gunsten der Presse wird mit 188
gegen 65 Stimmen abgelehnt und die ganze Abresse mit 251 gegen
17 Stimmen (8 enthalten sich) angenommen.
22. " Der Kaiser nimmt die Abresse des gesetzgeb. Körpers entgegen
und antwortet darauf:
„Die große Mehrheit der Kammer hat jetzt wieder durch die Abresse die
Politik gebilligt, welche uns durch 15 Jahre Ruhe und Wohlfahrt gab. Ich
danke Ihnen. Ohne sich durch eitle Theorien hinreißen zu lassen, haben Sie
sich gesagt: „Auch wir streben dasselbe Ziel an, indem wir die Leidenschaften
zu besänftigen und die Bedürfnisse der Gesellschaft zu befriedigen suchen". Las=
sen wir uns nicht durch allgemeine Interessen leiten? Welcher Reiz liegt in
Ihrem Mandat, in Meiner Gewalt, wenn es nicht die Liebe zum Guten ist?
Hätten Sie alle Ihre langen, mühsamen Arbeiten getragen, wenn Sie nicht vom
wahren Patriotismus beseelt gewesen wären? Hätte Ich seit 18 Jahren die
Regierungslast, die ewige Sorge, die schwere Verantwortlichkeit vor Gott und
der Nation ertragen, wenn Ich nicht die Kraft in Mir fände, welche das
Pflichtgefühl und das Bewußtsein einer nützlichen Mission verleihen? Frank=
reich will gleich uns Fortschritt, Stabilität, Freiheit, aber jene Freiheit, welche
Intelligenz, hochherzige Gesinnung, edle Bestrebungen, Arbeit hervorruft, nicht
jene an Willkür grenzende Freiheit, welche die schlechten Leidenschaften erregt,
den Glauben zerstört, zum Haß aufstachelt und Verirrung erzeugt; es will
jene Freiheit, welche die Controle aufklärt, und die Regierungshandlungen
bloscurirt, nicht jene, welche das Werkzeug der heimlichen Untergrabung und
des Umsturzes der Regierung wird. Vor 15 Jahren, als nomineller Leiter
des Staats ohne wirkliche Macht und ohne Stütze in den Kammern, wagte
Ich, gestützt auf Mein Gewissen und die Abstimmung des Volks zu erklären,
Frankreich soll in Meinen Händen nicht untergehen. Ich habe Wort gehalten.
Seit 15 Jahren entwickelt sich Frankreich und wird groß, und seine hohe
Bestimmung wird sich erfüllen. Nach uns werden unsere Kinder das Werk
fortsetzen; dafür bürgen die Mitwirkung der großen Staatskörper, die Hin=
gebung der Armee, der Patriotismus aller guten Bürger und der göttliche
Schutz, der Frankreich nie gefehlt."
30. " Der „Moniteur" veröffentlicht einen ministeriellen Bericht und

ein kaiserl. Decret bez. Einsetzung und Befugnisse einer Commission zu Untersuchung der Lage des franz. Ackerbaues.

3. Apr. Der in außerordentlicher Mission nach Mexico geschickte Baron Saillard trifft wieder in St. Nazaire ein.

5. „ Der „Moniteur" verkündet als Resultat der Mission des Baron Saillard nach Mexico:
„In Folge der zwischen Hrn. Dano, dem französischen Gesandten, Sr. Exc. dem Marschall Bazaine und der mericanischen Regierung ausgetauschten Eröffnungen hat der Kaiser angeordnet, daß die französischen Truppen in drei Abtheilungen Mexico räumen sollen: die erste geht im November 1866, die zweite im März 1867, und die dritte im November desselben Jahres weg. Zwischen beiden Regierungen sind Unterhandlungen eingeleitet, um an die Stelle der finanziellen Stipulationen des Vertrags von Miramar neue Bedingungen zu dem Zwecke zu setzen, daß der Schuldforderung Frankreichs und den an den mericanischen Anleihen betheiligten Interessen Garantien zugesichert werden."

10. „ Senat: Eine Petition, die im Gegensatze zu Art. 45 der Verfassung verlangt, daß auch dem gesetzgeb. Körper das Recht eingeräumt werden solle, Petitionen entgegenzunehmen, wird gegen den Widerspruch Persigny's und einiger anderer Senatoren als der Verfassung zuwiderlaufend fast einstimmig durch die Vorfrage beseitigt. Leverrier bemerkt nach der Abstimmung: „Wohlgemerkt! will das so viel heißen, daß man nirgend anderswo als im Senat die Verfassung discutiren kann."

17. „ Nach heftigem Wahlkampfe siegt im Wahlkreis Straßburg in einer Ergänzungswahl zum gesetzgeb. Körper der Regierungscandidat Baron de Bussière über den Candidaten der Opposition Laboulaye.

Ende Apr. Hr. Drouyn de l'Huys regt beim englischen Cabinet die Frage einer Conferenz der neutralen Großmächte an, um den Ausbruch eines Krieges in Deutschland zu verhindern. England erklärt sich zu irgend einem vermittelnden Schritte geneigt, wäre auch bereit, an einem Congreß oder einer Conferenz Theil zu nehmen, meint aber „eine Unterhandlung über die wichtigsten Puncte, von denen der Friede abhänge, würde auf einem Congreß, der nicht die Macht hätte, sie mit Gewalt zur Geltung zu bringen, unfehlbar scheitern; und J. Maj. Regierung würde ebenso abgeneigt wie der Kaiser sein, sich an einem Congreß zu betheiligen, der Angesichts Europa's seine Ohnmacht, den Frieden zu erhalten, darthäte."

1. Mai. 1200 Mann Truppen gehen nach Mexico ab, angeblich bloß behufs Ausfüllung eingetretener Lücken.

3. „ Gesetzgebender Körper: Debatte über das Contingentsgesetz von 100,000 Mann für 1866. Die Debatte gestaltet sich zu einer solchen über die deutsche Frage. Staatsminister Rouher erklärt, die Regierung könne sich auf diese Discussion nicht einlassen, ohne sich ernsten und zahlreichen Inconvenienzen auszusetzen; er müsse sich

begnügen, ihre Haltung in drei Puncten zusammenzufassen: friedliche Politik, loyale Neutralität, vollständige Actionsfreiheit. Rede des Hrn. Thiers gegen die Politik der Regierung, in Wahrheit gegen die Haltung des Kaisers gegenüber Deutschland und Preußen:

„Von jeher sei es das größte politische Princip Europa's, daß Deutschland aus unabhängigen, durch ein einfaches Föderativband mit einander verbundenen Staaten bestehe. Die Deutschen hätten vollkommen das Recht, ihren Bundestag mit den Ideen der Neuzeit in Einklang zu bringen und denselben im Sinne der Einheit umzugestalten: allein sie sollten nicht vergessen, daß sie sich gegen Europa und gegen die großen Principien des europäischen Völkerrechtes vergehen würden, wenn sie ein Deutschland bilden wollten, in welchem die Einzelstaaten als getrennte unabhängige Existenzen aufgingen. Preußen sei nun der Staat, der derartige Pläne im Schilde führe. Es möchte durch einen glücklichen Krieg zwar gerade noch nicht die 50 Mill. Deutsche in seinen 14 Millionen aufgehen lassen — das gehe nicht auf einmal —; aber es möchte sich einiger nördlicher Staaten bemächtigen und die andern in einem Bundestag unter seinem Einflusse unterbringen. Es wäre dann ein Theil Deutschlands unter seiner directen, ein anderer unter seiner indirecten Autorität. Der so gestalteten Staatenbildung würde das einheitliche Italien unvermeidlich die Hand bieten. Kann es uns zukommen, in irgend welchem Grade eine solche Politik zu begünstigen? Trotz des Interesses, das Italien einigen Franzosen einflößen kann, hat Frankreich zu viel gesunden Sinn, als daß eine solche Politik angenommen werden könnte, und selbst wenn sie uns eine Gebietsvergrößerung verschaffen könnte, wäre sie nur nur so schimpflicher, denn man würde sich einen Lohn bezahlen lassen, um in einer nahen Zukunft die Größe Frankreichs in entwürdigende Gefahr zu bringen. Dies gefährliche Bestreben, dem sich zu widersetzen Sie im Namen der Deutschen selber, die man darin, wie in der Herzogthümerfrage, hinters Licht führt, das Recht haben, dieß Bestreben ist ein Attentat nicht allein gegen die Unabhängigkeit Deutschlands und Europa's, sondern gegen die deutsche Freiheit selber, und Frankreich muß sich demselben widersetzen. Wie aber? Von Seite Oesterreichs ist der Krieg nicht zu befürchten, so wenig seine tapferen Heere den Krieg fürchten, wie sie selbst in ihren Niederlagen bewährt haben. Preußen ist es, das den europäischen Frieden bedroht, und es handelt sich jetzt darum, das Mittel ausfindig zu machen, um es daran zu hindern". Thiers schlägt verschiedene Mittel vor. Zunächst die „harte" Form, die darin besteht, daß man zu Preußen sagt: „Du bedrohst das europäische Gleichgewicht und den Weltfrieden, und zwar du und nicht Oesterreich. Wohlan! wir leiden es nicht." Doch möchte Hr. Thiers selbst nicht zu dieser harten Form rathen, obgleich Niemand in Europa ihre Anwendung tadeln würde. Darum greift Thiers zu einer gelinderen. Man könnte nämlich folgendermaßen mit Preußen reden: „Dein Ehrgeiz ist bekannt. Er ist an und für sich kein Verbrechen, allein es ist ebenso wenig ein Verbrechen, dir zu wissen zu thun, daß dieser Ehrgeiz der Welt Gefahren bereitet. Du willst ein neues germanisches Reich in Berlin gründen und dich mit Italien verbünden. Das ist gefährlich für ganz Europa und der Politik Frankreichs, die darauf in keinem Fall sich einlassen kann, zuwider". Endlich gibt es noch die Form des Schweigens, wobei jedoch Preußen die Hoffnung auf eine Allianz mit Italien und demnach auf die indirecte Unterstützung Frankreichs bekommen werden müßte. Frankreich habe das Recht, einem Alliirten, für den es 50,000 Soldaten und 600 Mill. geopfert, eine den französischen Interessen zuwiderlaufende Politik geradezu zu verbieten."

Der Rede Thiers' folgt ein gewaltiger Beifallssturm fast der ganzen Kammer, der Majorität wie der Opposition. Rouher bringt auf Beendigung der Discussion und unterstützt seinen Wunsch durch die Mittheilung eines Telegramms aus Italien, das er soeben erhalten habe, wonach Italien die officielle Verpflichtung übernommen habe, Oesterreich nicht anzugreifen. Die Kammer ergibt sich, die Discussion wird geschlossen und das Contingentsgesetz von 100,000 Mann mit 248 gegen 16 Stimmen angenommen.

6. Mai. Erwiederung des Kaisers auf eine Ansprache des Maire von Auxerre (Antwort des Kaisers auf die Rede des Hrn. Thiers und die Demonstration der Kammer):

„Ich sehe mit Vergnügen, daß die Erinnerungen an das erste Kaiserreich in Ihrem Gedächtniß nicht erloschen sind. Glauben Sie mir: auch Ich habe von dem Oberhaupt meiner Familie die Gefühle für diese energisch-patriotischen Bevölkerungen geerbt, die in guten und schlimmen Tagen dem Kaiser treu zur Seite standen. Ich habe gegenüber dem Yonne-Departement eine alte Schuld zu tilgen; es war eines der ersten, welche Mir im Jahre 1848 ihre Stimmen gaben; denn es begriff, wie die Mehrheit des französischen Volks, daß seine Interessen die Meinigen sind, daß Ich, gleich ihm, jene Verträge von 1815 verabscheue, die man heute zur einzigen Grundlage unserer auswärtigen Politik machen will. Ich danke Ihnen für Ihre Gefühle; in Ihrer Mitte athme Ich frei auf (Je respire à l'aise); denn bei den arbeitsamen Bevölkerungen der Städte und des Landes treffe ich den wahren Geist Frankreichs an."

8. „ Eine Depesche des Hrn. Drouyn de l'Huys an den Botschafter in London kommt neuerdings auf die Idee einer Conferenz der neutralen Großmächte behufs Abwendung eines Krieges in Deutschland zurück.

„.... Wenn die Großmächte den herannahenden Ereignissen Halt zu gebieten wünschen, so müssen sie mit Entschlossenheit auf ihrem Recht bestehen, die Fragen, die den Continent entzweien, unter ihre Controle zu nehmen. Hr. Drouyn de l'Huys denkt, es sei unmöglich sei, über die Lösung dieser Fragen sich im voraus zu verständigen, daß es indeß genügen würde, wenn die drei Mächte die feste Absicht aussprächen, sie zu lösen ..."

Lord Clarendon erklärt dem Botschafter, daß die „feste Absicht" ein sehr zweideutiger Ausdruck sei, daß jedoch England einer solchen Absicht nicht beitreten könnte, wenn darunter gemeint sein sollte, Preußen zu zwingen, Schleswig-Holstein nicht zu annectiren oder Oesterreich, Venedig herauszugeben. Der franz. Botschafter erwiedert, Hr. Drouyn de l'Huys sei der Ansicht,

„daß es gut wäre, die Frage der eventuellen Gewaltanwendung unentschieden (réservée) zu lassen, da die Beschlüsse der Mächte alle Kraft verlören, wenn sie sich im voraus und ausdrücklich des Rechtes begäben, ihren Entscheidungen mit den Waffen Nachdruck zu verleihen."

17. „ Hr. Drouyn de l'Huys theilt den Gesandten Englands und Rußlands einen ersten Entwurf für das Programm einer Friedensconferenz mit, der dahin geht:

„1) Die Lösung der schleswig-holsteinischen Frage wird der Abstimmung der betreffenden Bevölkerungen anheimgegeben, jedoch unter gewissen Detailbedingungen, welche später werden festgestellt werden; 2) die deutsche Bundesreform, insofern sie das europäische Gleichgewicht berührt, wird den Gegenstand gemeinschaftlicher Prüfung durch diejenigen Mächte bilden, welche die

Wiener Schlußacte unterzeichneten; 3) Abtretung Venetiens an Italien, mittelst Oesterreich anzubietender Territorialentschädigungen; 4) als Tausch für die hieraus sich ergebende Vergrößerung Italiens würde dieses die Souveränetät des Papstes in ihren gegenwärtigen Grenzen gewährleisten."

28. Mai. Die Cabinette von Frankreich, England und Rußland haben sich über eine möglichst annehmbare Fassung einer Einladung zu Friedensconferenzen in Paris geeinigt und die förmlichen Einladungen werden demgemäß in wesentlich identischer Fassung von den Vertretern der drei Mächte gleichzeitig in Berlin, Wien, Florenz und Frankfurt übergeben.

S. den Wortlaut der ibml. Dep. Ergänzungsheft S. 88.

— „ Die officiöse Presse regt die Gründung eines eigenen rheinischen Staates zwischen Frankreich und Preußen an.

4. Juni. Ein Telegramm der französischen Regierung benachrichtigt den französischen Gesandten in Berlin, daß Frankreich, England und Rußland auf die beabsichtigte Friedensconferenz in Folge der Antwort Oesterreichs auf ihre Einladung (bez. Venetiens) und seines Schrittes am Bunde vom 1. d. M. (bez. Schleswig-Holsteins) als aussichtslos verzichteten.

11. „ Ein Brief des Kaisers an Hrn. Drouyn be l'Huys präcisirt seine Politik gegenüber dem sich in Deutschland vorbereitenden Kriege:

„Im Augenblicke, wo die letzten Friedenshoffnungen zu schwinden scheinen, welche man noch auf die Conferenz setzte, ist es erforderlich, den diplomatischen Agenten im Ausland durch ein Circular die Ideen mitzutheilen, welche meine Regierung geltend machen wollte, und das Verfahren, welches sie bei kommenden Ereignissen gegenüber beobachten wird. Diese Mittheilung wird unsere Politik in ihr wahres Licht stellen. Wenn die Conferenz stattgefunden hätte, so würden Sie eine deutliche Sprache geführt haben; Sie würden in meinem Namen erklärt haben, daß ich jeden Gedanken an Gebietsvergrößerung zurückweise, so lange das Gleichgewicht Europa's nicht gebrochen wird. In der That könnten wir nur an eine **Ausdehnung unserer Grenzen** denken, wenn die Karte von Europa zum ausschließlichen Vortheil einer Großmacht verändert würde und wenn Grenzgebiete durch ihren frei ausgedrückten Wunsch die Annexion an Frankreich fordern. Unter andern Umständen halte ich es unserm Lande würdiger, jeder Gebietserweiterung den unschätzbaren Vortheil, in guter Eintracht mit unsern Nachbarn zu leben, vorzuziehen, indem wir ihre Unabhängigkeit und ihre Nationalität achten. Von diesen Gefühlen bestimmt und nur die Erhaltung des Friedens im Auge habend, habe ich mich an England und Rußland gewendet, um gemeinschaftliche Worte der Beschwörung an die betheiligten Regierungen zu richten. Das Einvernehmen der drei neutralen Mächte bleibt ein Pfand der Sicherheit für Europa. Sie haben ihre Unparteilichkeit gezeigt, indem sie den Entschluß faßten, die Discussion der Conferenz auf die brennenden Fragen zu beschränken. Um sie zu schlichten, mußte man offen an sie herantreten, den diplomatischen Schleier, der sie bedeckte, wegziehen und die legitimen Wünsche der Fürsten und Völker ernstlich in **Betracht ziehen.** Der Conflict hat drei Ursachen: die schlecht begrenzte geographische Lage Preußens — den Wunsch Deutschlands nach einer politischen Verfassung, die mehr seinem Bedürfniß entspricht — die Nothwendigkeit für Italien seine nationale Unabhängigkeit sicher zu stellen. Die neutralen Mächte konnten nicht beabsichtigen, sich in die inneren Angelegenheiten fremder Länder einzumischen. Nichtsdestoweniger hatten die Höfe, welche an der Constituirungsacte des deutschen Bundes Theil genommen haben, das Recht zu prüfen, ob die verlangten Aenderungen die in Europa bestehende Ordnung nicht stören würden. Was uns betrifft, so halten wir für die zum deutschen Bunde gehörigen Staaten zweiten Ranges ein engeres Aneinanderschließen, eine kräftigere Organisation, eine wichtigere Rolle gewünscht; für Preußen mehr Abrundung (homogénéités) und Kraft im Norden; für Oesterreich die Erhaltung seiner großen Stellung in Deutschland. Wir würden außerdem gewünscht haben, daß Oesterreich gegen eine verhältnißmäßige Entschädigung Venetien an Italien cedirt hätte; denn wenn es, ohne sich um den Vertrag von 1852 zu kümmern, mit Preußen einen Krieg gegen Dänemark im Namen der deutschen Nationalität geführt hat, so schien es mir gerecht, daß es in Italien den gleichen Grundsatz anerkennen werde, indem es die Unabhängigkeit der Halbinsel vervollständigt. Dieses sind die Gedanken, welche wir im Interesse der Ruhe Europa's zur Geltung zu bringen versucht haben würden. Heute steht zu befürchten, daß das Schicksal der Waffen allein darüber entscheiden wird. Welches ist die Haltung, welche Angesichts dieser Eventualitäten Frankreich zusammt? Sollen wir unser Mißvergnügen kundgeben, weil Deutschland die Verträge von 1815 obamächlich ändert zur Befriedigung seiner nationalen Zwecke, und zur Aufrechterhaltung seiner Ruhe? In dem Kriege, welcher auszubrechen auf dem Puncte steht, haben wir nur zwei Interessen: die Bewahrung des europäischen Gleichgewichts und die Erhaltung dessen, was wir in Italien aufgebaut haben. Reicht aber die moralische Kraft Frankreichs nicht hin, diese beiden Interessen zu beschützen? Wird es nöthig haben, zum Schwert zu greifen, damit seine Worte gehört werden? Ich denke, nein. Wenn ungeachtet unserer Bemühungen die Friedenshoffnungen sich nicht verwirklichen, so sind wir gleichwohl durch Erklärungen der in dem Conflict betheiligten Höfe gesichert, daß, welches auch der Ausgang des Krieges sein möge, keine der uns berührenden Fragen ohne die Zustimmung Frankreichs gelöst wird. Bleiben wir daher in einer aufmerksamen Neutralität und stark durch unsere Uneigennützigkeit, von dem aufrichtigen Wunsche geleitet, daß die Völker Europa's ihre Streitigkeiten vergessen und sich zum Zwecke der Civilisation, der Freiheit und des Fortschritts vereinigen möchten, blicken wir vertrauensvoll auf unser Recht und ruhig auf unsere Kraft."

12. Juni. Gesetzgeb. Körper: Der Staatsminister Rouher theilt der Kammer das Schreiben des Kaisers vom vorherigen Tage mit und dieselbe beschließt auf seinen Antrag mit 202 gegen 34 Stimmen auf jede weitere Discussion der deutschen und italienischen Angelegenheiten zu verzichten. — Das rectificative Budget für 1866 wird darauf ohne Debatte mit 212 gegen 25 Stimmen genehmigt.

14. „ Gesetzgeb. Körper: Budgetdebatte. Der Präsident ertheilt gelegentlich die Mahnung, nichts über die deutschen und italienischen Angelegenheiten zu sprechen. J. Favre beleuchtet in schonungsloser Rede die mexicanische Frage von Anbeginn an bis jetzt und es entspinnt sich darüber eine Discussion, die jedoch von der Mehrheit durch Annahme des Schlusses abgeschnitten wird.

25. „ Gesetzgeb. Körper: Budgetdebatte. Mehrere Mitglieder, Larrabure (von der Mittelpartei), Berryer u. A. ersuchen neuerdings noch vor dem bevorstehenden Schluß der Session die europäische Lage zur Sprache zu bringen. Der Präsident und die Majorität

erklären sich dagegen. Thiers ruft: „die Kammer erklärt damit, daß sie abdankt".
27. Juni. Gesetzgeb. Körper: Schluß der Budgetdebatte.
30. „ Schluß der Kammersession für den gesetzgeb. Körper.
5. Juli. Der „Moniteur" verkündet, daß der Kaiser von Oesterreich Venetien an Frankreich abgetreten habe und daß Napoleon die Vermittlung nicht nur zwischen Oesterreich und Italien, sondern auch zwischen Oesterreich und Preußen übernommen habe. Die officiöse Presse feiert den Kaiser als den anerkannten Schiedsrichter Europa's. Die Pariser flaggen und illuminiren zur Feier des großen Ereignisses.
8. „ Die Absicht der österr. Cession Venedigs an Frankreich ist gescheitert. Die italienische Armee ergreift trotz derselben wieder die Offensive und geht unter Cialdini über den Po. Preußen nimmt zwar die Vermittlung Frankreichs an, stellt aber seine Bedingungen und zwar in erster Linie den vollständigen Ausschluß Oesterreichs aus Deutschland.
11. „ Der Ministerrath verhandelt unter dem Vorsitze des Kaisers über die preußischen Forderungen. Der Kaiser entscheidet gegen eine active Unterstützung Oesterreichs. Es wird ein Gegenproject festgestellt, nach welchem Preußen zwar die vollständige Ausschließung Oesterreichs aus Deutschland zugestanden, dagegen die südlich des Mains gelegenen deutschen Staaten dem neuen deutschen Bunde unter Preußens Führung entzogen werden sollen. Preußen nimmt den Vorschlag an und die franz. Regierung übernimmt es, denselben empfehlend nach Wien zu befördern.
S. den Wortlaut S. 133.
14. „ Oesterreich nimmt im Princip den französischen Vermittlungsvorschlag auch seinerseits an.
Senat: Das von der Regierung vorgelegte Senatsconsult behufs Erschwerung jeder Discussion über die Verfassung und über die Befugniß des gesetzgeb. Körpers, die Vorlagen der Regierung zu amendiren, wird vom Senat einstimmig mit 155 Stimmen angenommen und damit die Session geschlossen:
„Art. 1. Die Verfassung kann durch keine andere öffentliche Gewalt, als durch den Senat, discutirt werden. Ueber eine Petition, welche eine Verfassungsänderung zum Zwecke hat, kann in der allgemeinen Sitzung nur dann Bericht erstattet werden, wenn ihre Prüfung von wenigstens drei der fünf Senatsausschüsse genehmigt worden ist. Art. 2. Untersagt ist jede Clocation über Verfassungsänderungen, die entweder durch die periodische Presse oder durch nicht periodisch erscheinende, aber der Stempeltaxe unterworfene Schriften veröffentlicht werden. Eine Petition, welche eine Verfassungsänderung zum Zweck hat, darf nur durch den betreffenden officiellen Sitzungsbericht veröffentlicht werden. Jede Zuwiderhandlung wird mit einer Geldbuße von 500—10,000 Fr. bestraft. Art. 3. Der Art. 40 der Verfassung vom 14. Januar 1852 wird folgendermaßen abgeändert: Amendements, welche

von der mit Prüfung einer Gesetzesvorlage beauftragten Commission angenommen sind, werden vom Präsidenten des gesetzgebenden Körpers dem Staatsrath überwiesen. Die von der Commission oder dem Staatsrathe nicht angenommenen Amendements gelangen im gesetzgeb. Körper zu keiner endgültigen Abstimmung, können aber in Betracht gezogen und der Commission zu neuer Prüfung überwiesen werden. Wenn diese keine neue Fassung vorschlägt, oder wenn die von ihr vorgeschlagene von dem Staatsrath nicht angenommen wird, so gelangt der anfängliche Text der Vorlage allein zur Verhandlung. Art. 4. Die Bestimmung des Art. 41 der Verfassung vom 14. Jan. 1852, welche die Dauer der ordentlichen Sitzungen des gesetzgeb. Körpers auf drei Monate festsetzt, wird aufgehoben. Die den Deputirten zugewiesene Vergütung wird für jede ordentliche Session, von welcher Dauer immer, auf 12,500 Fr. festgesetzt."

15. Juli. Jubiläumsfeier der Vereinigung Lothringens mit Frankreich in Nancy. Die Kaiserin mit dem kaiserl. Prinzen nimmt daran Theil, der Kaiser bleibt in Paris.

17. „ Nachdem die Erzielung eines Waffenstillstands zwischen Oesterreich und Preußen gesichert erscheint, geht Prinz Napoleon in das Hauptquartier des Königs von Italien ab, um auch zwischen Oesterreich und Italien einem solchen den Weg zu bahnen.

28. „ Eine Depesche des ital. Cabinets erklärt, auf den Abschluß eines Waffenstillstands nur unter der Bedingung eingehen zu können, daß der Kaiser ihm die Erwerbung des Trentino beim Friedensschluß zusichere. Der Kaiser antwortet mit dem Befehl an die Mittelmeerflotte, sich ohne Verzug nach Venedig zu begeben. Italien zieht alsbald seine Forderung telegraphisch zurück, worauf der Gegenbefehl auch an die Flotte in Toulon geht.

Der Kaiser geht nach Vichy.

29. „ Der Kaiser gibt nach dem „Moniteur" die förmliche Erklärung ab, daß er in die Vereinigung der von Oesterreich abgetretenen venetianischen Provinzen mit Italien einwillige.

30. „ Unterzeichnung einer Convention mit Mexico, wodurch ein Theil der mexicanischen Zolleinnahmen Frankreich überwiesen wird:
Die Convention, welche 7 Artikel umfaßt, stipulirt im Wesentlichen folgendes: „Die mexicanische Regierung überweist an Frankreich die Hälfte der Einnahmen aller Seezölle, nämlich aller allgemeinen und besondern Ein- und Ausgangszölle, der internacion und contra registro benannten Aufschlagszölle, der majoras materiales, sowie die zu Gunsten der Veracruz-Eisenbahn erfolgte Ueberweisung dieser letztern erloschen sein wird. Von den Ausfuhrzöllen der Häfen des stillen Oceans sind bereits drei Viertel anderwärts vergeben; die französische Regierung erhält deshalb nur das noch verfügbare Viertel. Diese Summen sollen verwandt werden: auf Zahlung der Zinsen, der Amortisation und aller Obligationen der beiden 1864 u. 1865 von der mexicanischen Regierung contrahirten Anleihen; auf Zahlung der 3 Proc. Interessen der 216 Mill., welche zu schulden die mexicanische Regierung in der Convention von Miramar anerkannt hat, sowie aller nachträglich unter welchem Titel immer von dem französischen Staatsschatz vorgeschossenen Summen. Der Betrag dieser Forderung, die bis jetzt annähernd auf 250 Millionen angeschlagen werden kann, soll später definitiv festgestellt werden. Im Fall die überwiesenen Summen nicht zur vollständigen Abtragung aller dieser Schulden ausreichen sollten, bleiben die Rechte der Inhaber der Schuld-

ſchelue und die der franzöſiſchen Regierung vollkommen vorbehalten. Sollte bei ſteigender Einnahme der mexicaniſchen Zölle der Frankreich überwieſene Antheil die zur Deckung der aufgeführten Verbindlichkeiten erforderliche Summe überſchreiten, ſo wird der Ueberſchuß zur Amortiſirung des der franzöſiſchen Regierung geſchuldeten Capitals verwendet werden. Die Eincaſſirung der Frankreich überwieſenen Gelder erfolgt durch beſondere unter den Schutz der franzöſiſchen Fahne geſtellte Agenten in Veracruz und Tampico. Alle dort für Rechnung des mexicaniſchen Schatzes eingehenden Summen werden, mit Ausnahme der bereits nach anderer Seite hin vergebenen und der zur Beſoldung der Zollbeamten daſelbſt nöthigen Gelder, auf Befriedigung des Frankreich zugewieſenen Antheils verwendet werden. Die Beſoldung der Zollbeamten, zu denen auch die franzöſiſchen Agenten gerechnet werden, darf 5 Proc. der Einnahmen nicht überſteigen. Kaiſer Napoleon III. hat die Zeit zu beſtimmen, während welcher die franzöſiſchen Agenten ihre Functionen in Veracruz und Tampico verſehen ſollen. Durch dieſe Convention wird die am 10. April 1864 in Miramar abgeſchloſſene in allem was auf Finanzfragen Bezug hat, außer Kraft geſetzt."

7. Aug. Frankreich erhebt durch eine Dep. des Hrn. Drouyn de l'Huys Compenſationsforderungen in Berlin. Preußen lehnt die Forderungen entſchieden ab. Frankreich läßt dieſelben fallen.

Der Kaiſer kehrt plötzlich, ziemlich krank, von Vichy nach Paris und St. Cloud zurück.

11. „ Auf die telegr. Nachricht vom Abſchluß des Waffenſtillſtandes zwiſchen Oeſterreich und Italien richtet der Kaiſer folgendes Schreiben an den König von Italien:

„Mein Herr Bruder! Ich habe mit Vergnügen vernommen, daß Ew. Maj. zu dem Waffenſtillſtand und den Friedenspräliminarien, welche zwiſchen dem König von Preußen und dem Kaiſer von Oeſterreich unterzeichnet worden ſind, Ihre Zuſtimmung gegeben haben. Es wird ſich alſo wahrſcheinlich eine neue Aera der Ruhe für Europa eröffnen. Ew. Maj. weiß, daß ich das mir angebotene Venetien angenommen habe, um es vor jeder Verheerung zu bewahren und um einem unnützen Blutvergießen vorzubeugen. Stets war es meine Abſicht, dieſes Land ſich ſelbſt zurückzugeben, damit Italien frei ſei von den Alpen bis zur Adria. Herr ſeines Welchides, wird Venetien bald durch das allgemeine Stimmrecht ſeinen Willen ausdrücken können. Ew. Maj. wird erkennen, daß in dieſen Verhältniſſen die Action Frankreichs ſich wiederum zu Gunſten der Menſchlichkeit und der Unabhängigkeit der Völker geltend gemacht hat."

17. „ Der Kaiſer iſt durch ſein körperliches Befinden genöthigt, ſeinen Beſuch im Lager von Chalons für dieſes Jahr abzuſagen.

24. „ Abſchluß eines Vertrages mit Oeſterreich, um Frankreich die Vermittlung der Abtretung Venetiens an Frankreich zu ſichern (ſ. Oeſterreich).

2. Sept. Hr. Drouyn de l'Huys ſieht ſich, wie angenommen wird, in Folge ſeiner an Preußen gerichteten und von dieſem abgelehnten Compenſationsforderungen zum Rücktritt von ſeinem Poſten als Miniſter des Auswärtigen genöthigt. Er wird durch Hrn. v. Mouſtier, zur Zeit Geſandten in Konſtantinopel, erſetzt. Bis zu ſeiner

Ankunft übernimmt der Minister des Innern de Lavalette seine Functionen.
10. Sept. Die neugebildete römische Legion wird dem päpstl. Commissär in Antibes übergeben.
14. „ Der „Moniteur" verkündet, daß der Kaiser die Ernennung der Franzosen Osmond und Friard zu mexicanischen Ministern des Kriegs und der Finanzen durch den Kaiser Maximilian nicht gestattet habe.
16. „ Eine Circulardepesche des interimistischen Ministers des Auswärtigen de Lavalette präcisirt die Stellung des französischen Gouvernements zu der durch die preußischen Siege eingetretenen neuen Lage der europäischen Dinge:

„Die Regierung des Kaisers kann nicht länger den Ausdruck ihrer Gefühle über die eben in Deutschland sich vollziehenden Ereignisse aufschieben. Da Hr. v. Moustier noch einige Zeit abwesend bleiben wird, hat Se. Maj. mir Befehl gegeben, seinen diplomatischen Agenten die Motive darzulegen, welche seine Politik leiten. Der Krieg, welcher in Mittel- und Südeuropa ausgebrochen ist, hat den deutschen Bund vernichtet und die italienische Nationalität besinitiv constituirt. Preußen, dessen Grenzen durch den Sieg vergrößert sind, herrscht auf der rechten Seite des Mains. Oesterreich hat Venetien verloren und sich von Deutschland getrennt. Angesichts solcher so erheblichen Veränderungen sammeln sich alle Staaten in dem Gefühle ihrer Verantwortlichkeit; sie fragen sich, welches die Tragweite des neuerdings abgeschlossenen Friedens ist, wie sein Einfluß auf die europäische Ordnung und die internationale Lage jeder Macht sein wird. Die öffentliche Meinung in Frankreich ist bewegt. Sie schwankt ungewiß zwischen der Freude, die Verträge von 1815 zerstört zu sehen, und der Furcht, daß die Macht Preußens nicht außerordentliche Proportionen annehme; zwischen dem Wunsch, den Frieden zu erhalten, und der Hoffnung, durch Krieg eine Gebietsvergrößerung zu erlangen. Sie begrüßt freudig die vollständige Befreiung Italiens, will aber beruhigt sein über die Gefahren, welche den hl. Vater bedrohen könnten. Die Beängstigung, welche die Geister beherrscht und ihren Widerhall im Auslande findet, legt der Regierung die Pflicht auf, ihre Anschauungsweise klar darzulegen.

„Frankreich darf keine zweifelhafte Politik haben. Wenn es in seinem Interesse und seiner Machtstellung durch die bedeutenden Veränderungen, welche in Deutschland vor sich gehen, beeinträchtigt ist, müßte es dieses frei bekennen, und die nothwendigen Maßregeln zum Schutze seiner Sicherheit ergreifen. Wenn es bei den Umgestaltungen, welche jetzt vor sich gehen, nichts verliert, so muß es dies mit Aufrichtigkeit erklären und überlebenen Befürchtungen und heißblütigen Urtheilen, welche, indem sie die internationale Eifersucht wecken, es außerhalb der ihm vorgezeichneten Bahn reißen möchten, widerstehen. Um die Ungewißheiten zu zerstreuen und keine Ueberzeugung zu fixiren, muß man die Vergangenheit, wie sie in ihrem Zusammenhange vorliegt, und die Zukunft, wie sie sich darstellt, ins Auge fassen. Was sehen wir in der Vergangenheit? Nach 1815 vereinigte die heilige Allianz alle Völker vom Ural bis zum Rhein gegen Frankreich. Der deutsche Bund umfaßte mit Preußen und Oesterreich 80 Millionen Einwohner; er erstreckte sich von Luxemburg bis nach Triest, von der Ostsee bis Trient und umgab uns mit einem eisernen Gürtel, der durch fünf Bundesfestungen gehalten war; unsere strategische Lage war durch die geschicktesten Gebietscombinationen eingeengt. Die geringste Schwierigkeit, welche wir mit Holland oder mit Preußen an der Mosel, mit Deutschland am Rhein, mit Oesterreich in Tyrol oder Friaul

Frankreich.

gehabt hätten, würde alle im Bunde vereinigten Kräfte gegen uns gerichtet haben. Das österr. Deutschland an der Etsch unbesiegbar, hätte im gegebenen Augenblick bis zu den Alpen vordringen können. Das preuß. Deutschland hatte als Avantgarde am Rhein alle jene Mittelstaaten, welche unaufhörlich durch den Wunsch nach politischer Umgestaltung bewegt und geneigt sind, Frankreich als den Feind ihrer Existenz und ihrer Hoffnungen zu betrachten. Wenn man Spanien ausnimmt, so würden wir kaum die Möglichkeit gehabt haben, auf dem Continent eine Allianz zu schließen. Italien war zerstückelt und ohnmächtig, es zählte nicht als Nation. Preußen war weder festgegliedert noch unabhängig genug, um sich von seinen Traditionen loszumachen. Oesterreich war zu sehr damit beschäftigt, seine italienischen Besitzungen zu erhalten, als daß es sich intim mit uns hätte verbündigen können. Ohne Zweifel hat der lang dauernde Friede die Gefahren dieser Gebietsgestaltungen und dieser Allianzen vergessen machen können, denn sie erscheinen nur dann furchtbar, wenn der Krieg ausbricht. Aber diese zweifelhafte Sicherheit hat Frankreich zuweilen um den Preis der Auslöschung seiner Rolle in der Welt erreicht. Es ist unbestreitbar, daß während vierzig Jahren es überall die Coalition der drei nordischen Mächte, durch die Erinnerungen der gemeinschaftlichen Niederlagen und Siege, durch gleiche Regierungsgrundsätze, durch feierliche Verträge und durch die Gefühle des Mißtrauens gegen unsere liberale und civilisatorische Thätigkeit geeinigt, gegen sich gefunden hat.

„Wenn wir jetzt die Zukunft des umgestalteten Europa's prüfen, welche Garantien bietet es für Frankreich und den Frieden der Welt? Die Coalition der drei nordischen Höfe ist gebrochen. Das neue Princip, welches Europa regiert, ist die Freiheit der Bündnisse. Alle Großmächte haben sich die Fülle ihrer Unabhängigkeit, der regelmäßigen Entwicklung ihrer Geschicke wiedergegeben. Das vergrößerte Preußen, fortan frei von jeder Solidarität, sichert die Unabhängigkeit Deutschlands. Frankreich darf daran keinen Anstoß nehmen. Stolz auf seine bewundernswürdige Einheit, seine unvertilgbare Rationalität, kann es nicht das Werk der Assimilation, das sich eben vollzieht, bekämpfen oder bedauern und die Principien der Nationalität, welche es repräsentirt und den Völkern gegenüber bekennt, eifersüchtigen Gefühlen unterordnen. Wenn das nationale Gefühl Deutschlands befriedigt ist, wird seine Unruhe sich zerstreuen, seine Feindseligkeit erlöschen. Indem es Frankreich nachahmt, thut es einen Schritt, der es uns näher bringt, und nicht von uns entfernt. Im Süden ist Italien, dessen lange Knechtschaft seinen Patriotismus nicht auszulöschen vermocht hat. In den Besitz aller Elemente nationaler Größe gesetzt. Seine Existenz verändert von Grund aus die politischen Bedingungen Europa's; aber ungeachtet unüberlegter Empfindlichkeiten oder vorübergehender Ungerechtigkeiten nähern seine Ideen, seine Principien und Interessen es der Nation, welche ihr Blut vergossen hat, um es in der Erkämpfung seiner Unabhängigkeit zu unterstützen. Die Interessen des päpstlichen Thrones sind durch die Convention vom 15. Sept. gewahrt. Diese Convention wird loyal ausgeführt werden. Indem der Kaiser seine Truppen von Rom zurückzieht, läßt er dort Frankreichs Schutz als Garantie der Sicherheit des hl. Vaters. In der Ostsee, wie im Mittelmeer tauchen Seemächte zweiter Classe auf, welche der Freiheit der Meere günstig sind. Oesterreich, seiner italienischen und deutschen Vorsorgen entledigt und seine Kräfte nicht mehr in unfruchtbaren Rivalitäten abnutzend, sondern sie im Osten Europa's concentrirend, repräsentirt immer noch eine Macht von 35 Mill. Seelen, welche keine Feindseligkeit, kein Interesse von Frankreich trennt.

„Durch welche sonderbare Verwechselung der Vergangenheit mit der Zukunft könnte die öffentliche Meinung die Feinde Frankreichs erblicken in diesen Nationen, welche von einer uns feindlichen Vergangenheit befreit, zu einem neuen Leben berufen, durch Principien geleitet sind, welche auch die unsrigen sind, und welche von den Gefühlen des Fortschrittes sich leiten lassen, die das friedliche Band der modernen Gesellschaften bilden? Ein Europa, welches stärker constituirt, durch präcise Gebietseintheilungen mehr gleichartig gemacht ist, ist eine Garantie des Friedens für den Continent und weder eine Gefahr noch ein Nachtheil für unsere Nation. Diese wird einschließlich Algeriens bald mehr als 40 Mill. Einwohner zählen; Deutschland 37 Mill., wovon 29 Mill. in dem Nord- und 8 Mill. in dem Südbunde; Oesterreich 35, Italien 26, Spanien 18 Mill. Was ist in dieser Vertheilung der europäischen Kräfte, das uns beunruhigen könnte?

„Eine unwiderstehliche Macht, selbst wenn man sie bedauern möchte, drängt die Völker, sich zu großen Gestaltungen zu vereinigen und die kleineren Staaten verschwinden zu machen. Dieses Bestreben entspringt aus dem Wunsche, den allgemeinen Interessen wirksamere Garantien zu geben. Vielleicht ist dieses Bestreben durch eine Art providentieller Voraussicht der Weltgeschichte bestimmt. Während die alten Bevölkerungen des Continents in ihren beschränkten Gebieten nur mit einer gewissen Langsamkeit wachsen, können Rußland und die Ver. Staaten von Amerika vor Ablauf eines Jahrhunderts je 100 Mill. Menschen zählen. Obgleich der Fortschritt dieser beiden großen Reiche für uns kein Gegenstand der Beunruhigung ist und wir im Gegentheil ihre großmüthigen Anstrengungen zu Gunsten unterdrückter Racen freudig begrüßen, liegt es in dem Zukunftsinteresse der mitteleuropäischen Völker, nicht in so und so viel verschiedene Staaten ohne Kraft und öffentlichen Geist zersplittert zu sein.

„Die Politik muß sich über engherzige und mißgünstige Vorurtheile eines andern Zeitalters erheben. Der Kaiser glaubt nicht, daß die Größe eines Landes von der Schwächung der Völker, welche es umgeben, abhängt, und er sieht das wahrhafte Gleichgewicht nur in den befriedigten Wünschen der Völker Europa's. Hierin gehorcht er den alten Ueberzeugungen und den Traditionen seines Geschlechts. Napoleon I. hatte die Aenderungen vorausgesehen, welche heute auf dem europäischen Continent stattfinden. Er hatte die Keime neuer Nationalitäten gelegt, in der Halbinsel durch die Bildung eines Königreichs Italien, in Deutschland durch das Verschwindenmachen von 253 unabhängigen Staaten.

„Wenn diese Erwägungen gerecht und wahr sind, so hat der Kaiser Recht gehabt, die Rolle des Vermittlers zu übernehmen, welche nicht ohne Ruhm gewesen ist — unnützes und schmerzvolles Blutvergießen zu verhindern, den Sieger durch freundschaftliche Intervention zu mäßigen, die Consequenzen des Unglücks zu mildern und so vielen Hindernissen gegenüber die Herstellung des Friedens zu erstreben. Er würde im Gegentheil seine hohe Verantwortlichkeit verkannt haben, wenn er, die versprochene und proclamirte Neutralität verletzend, sich aufs Gerathewohl in die Zufälle eines großen Krieges gestürzt hätte, in einen der Kriege, welche den Haß der Racen erwecken und in denen ganze Nationen auseinanderstoßen. Was würde in der That das Ziel dieses freiwillig gegen Preußen und nothwendigerweise gegen Italien unternommenen Krieges gewesen sein? Eine Eroberung, eine Gebietsvergrößerung...! Aber die kaiserl. Regierung hat seit langer Zeit ihre Grundsätze in Betreff territorialer Ausdehnung proclamirt und angewendet. Sie versteht und hat verstanden, Annexionen vorzunehmen, welche durch eine absolute Nothwendigkeit geboten sind, indem sie dem Vaterlande Bevölkerungen zutheilen, welche durch die gleichen Sitten und den gleichen nationalen Geist mit ihm vereint waren, und sie hat zur Wiederherstellung unserer natürlichen Grenzen die freie Zustimmung Savoyens und der Grafschaft Nizza erlangt. Frankreich kann nur Gebietsvergrößerungen wünschen, welche seinen wichtigen Zusammenhang nicht stören; aber es muß stets an seinem moralischen und politischen Wachsthum arbeiten, indem es seinen Einfluß den großen Interessen der Civilisation zuwendet.

Seine Aufgabe besteht darin, die Eintracht zwischen allen Mächten herzustellen, welche ebensowohl das Princip der Autorität aufrecht erhalten, als den Fortschritt begünstigen wollen. Diese Allianz wird der Revolution das Prestige der Schutzherrlichkeit (Patronage) nehmen, mit der sie die Sache der Völkerfreiheit zu decken behauptet und wird den großen aufgeklärten Staaten die weise Leitung der demokratischen Bewegung bewahren, welche sich überall in Europa kundgibt.

„Bei alledem gibt es in den Bewegungen, welche sich des Landes (Frankreichs bemächtigt haben, ein Gefühl, welches anerkannt und präcisirt werden muß. Die Resultate des letzten Krieges enthalten eine ernste Lehre, welche unserer Wassenehre nichts gekostet hat; sie zeigen uns die Nothwendigkeit an, daß wir um unser Gebiet zu vertheidigen, ohne Aufschub zu einer Vervollkommnung unserer militärischen Organisation schreiten müssen. Die Nation wird dieser Pflicht, welche für Niemanden eine Drohung ist, nachkommen; sie hat den gerechten Stolz des Werthes ihrer Armee; ihre Empfindlichkeiten, welche durch die Erinnerung ihrer militärischen Thaten, durch den Namen und die Handlungen des Souveräns, der sie regiert, geweckt sind, drücken nur ihren energischen Willen aus, ihren Rang und ihren Einfluß in der Welt so aufrecht zu erhalten, daß keine Gefahr sie erreichen kann.

„Alles zusammengenommen, erscheint der Horizont von dem Gesichtspunkte aus, in welchem die kaiserliche Regierung die Geschicke Europa's betrachtet, von drohenden Eventualitäten befreit; furchtbare Probleme, welche gelöst werden mußten, weil sie sich nicht unterdrücken lassen, lasteten auf den Geschicken der Völker; sie hätten sich in viel schwierigeren Zeiten einstellen können und haben ihre natürliche Lösung ohne allzuheftige Erschütterungen und ohne die gefährliche Hülfe revolutionärer Leidenschaften gefunden. Ein Frieden, welcher auf solchen Grundlagen ruht, wird ein dauerhafter Friede sein. Was Frankreich betrifft, so bemerkt es, nach welcher Seite hin es auch seine Blicke richtet, nichts, das seinen Gang fesseln oder sein Glück stören könnte. Mit allen Mächten freundschaftliche Beziehungen unterhaltend, durch eine Politik geleitet, welche als Zeichen ihrer Stärke Großmuth und Mäßigung hat, auf seine imposante Einheit gestützt und mit seinem überall hin strahlenden Genie, mit seinen Schätzen und seinem Europa befruchtenden Credit, mit seiner entwickelten Militärkraft, in Zukunft umgeben von unabhängigen Nationen, erscheint es nicht weniger groß, wird nicht weniger geachtet sein. Das ist die Sprache, welche Sie in in Ihren Beziehungen zu der Regierung, bei welcher Sie accreditirt sind, zu führen haben werden."

17. Sept. Der kais. Adjutant Gen. Castelnau geht in außerordentlicher Mission nach Mexico ab.
20. „ Der Kaiser geht nach Biarritz.

Der Präsident der mexicanischen Finanzcommission in Paris macht dem Publicum die Anzeige, daß die mexicanische Regierung keine Rimessen für die Zahlung der am 1. October fälligen Coupons und die Rückstände der mexicanischen Schuld gesandt habe, weßhalb auch keine Zahlung an die franz. Gläubiger stattfinden könne.

— „ Der neue Minister des Auswärtigen, Marquis de Moustier, hält auf seiner Reise von Konstantinopel nach Marseille in Athen an und spricht sich sowohl gegen den König, als gegen die Minister aufs stärkste gegen den Aufstand in Candia aus.

13. Oct. In Folge der Ermordung französischer Missionare in Corea langt eine franz. Expedition unter dem Contreadmiral Roze vor der coreanischen Stadt Kang-hoa an.

16. „ Die französ. Expedition gegen Corea besetzt nach kurzem Widerstande Kang-hoa und kehrt dann, nachdem sie die öffentlichen Gebäude der Stadt zerstört, im Grunde ohne alles wesentliche Resultat wieder zurück.

19. „ General Leboeuf übergibt im Namen des Kaisers der Franzosen Venetien einer Commission der Municipalität von Venedig. Ansprache des Generals an dieselbe:

„... Der Kaiser kennt seit lange die Bestrebungen Ihres Landes, Se. Maj. weiß, daß es wünscht, mit den Staaten des Königs Victor Emanuel vereinigt zu sein, mit dem es ehedem für die Befreiung Italiens kämpfte. Aber aus Achtung vor dem Rechte der Nationalitäten und vor der Würde der Völker hat der Kaiser den Venetianern die Sorge lassen wollen, ihre Wünsche kund zu geben. Sie sind würdig, diese der Volkssouveränität dargebrachte Huldigung zu verstehen, auf welcher die Regierungen Frankreichs und Italiens beruhen..."

21. „ Die kaiserliche Familie kehrt von Biarritz wieder nach St. Cloud zurück. Die Gesundheit des Kaisers hat sich wieder wesentlich gebessert.

22. „ Unruhen der bedrängten Seidenarbeiter in Lyon. Energische Aufregung einer Abschaffung des Octroi.

26. „ Ein kaiserl. Decret setzt eine ziemlich zahlreiche Commission von Ministern, Marschällen und Generälen ein, um eine Reform der Heeresorganisation zu berathen. Der Kriegsminister motivirt in seinem Bericht darüber den Antrag damit:

„Die neuesten Ereignisse, die sich in Deutschland zugetragen haben, sind für mehrere Mächte Europa's Veranlassung gewesen, namhafte Veränderungen in ihrer militärischen Organisation vorzunehmen. Ew. Maj. war der Ansicht, daß Frankreich, einer solchen Sachlage gegenüber, nicht gleichgültig bleiben könne, und die Frage studiren müsse, ob nicht ebenfalls in der Militärmacht des Kaiserreichs die Veränderungen, auf welche die Verhältnisse hinzudeuten scheinen, einzuführen seien. Ew. Maj. haben mir deshalb die Absicht kundgegeben, eine Commission, über welche Sie Sich selber den hohen Vorsitz vorbehalten, mit der Ausfindigmachung dessen zu betrauen, was zu geschehen habe, um unsere nationale Wehrkraft zur Vertheidigung unsres Gebiets und zur Aufrechthaltung unsres politischen Einflusses geeignet zu machen."

3. Nov. Die Militärreform-Commission hält ihre erste Sitzung und beginnt ihre Arbeiten.

8. „ Der Erzbischof von Chambery erläßt einen Hirtenbrief und beginnt damit den Kreuzzug einer Reihe von Bischöfen gegen die ihrer baldigen Ausführung entgegen gehende Septemberconvention zur Räumung Roms.

13. „ Der Hof siedelt nach Compiègne über. Die Arbeiten der Militärreformcommission sollen unter dem Vorsitze des Kaisers auch dort fortgesetzt werden. Prinz Napoleon wird vom Kaiser eingeladen,

daran Theil zu nehmen und es werden auch zwei Admirale zu den Berathungen beigezogen.

20. Nov. Gen. Fleury trifft in außerordentlicher Mission der franz. Regierung in Florenz ein.
21. „Eine Verfügung des Kriegsministers an die Militärintendanten zeigt denselben an, daß die gesammte franz. Armee in Merico auf einmal und zwar in den ersten Monaten des künftigen Jahres nach Frankreich zurückkehren werde.
2. Dec. Die Franzosen beginnen die Räumung Roms.
3. „Die Transportschiffe für die Ueberführung der französischen Armee in Merico beginnen aus den verschiedenen franzöf. Häfen auszulaufen.
4. „Die schon längst projectirte Reise der Kaiserin nach Rom wird im Ministerrath sehr ernsthaft in Erwägung gezogen.
7. „Die Militärreformcommission beendigt ihre Arbeiten.
8. „Der Erzbischof von Paris erläßt im Gegensatz gegen die meisten übrigen Bischöfe einen sehr gemäßigten Hirtenbrief über die bevorstehende Räumung Roms durch die Franzosen.
11. „Die Franzosen räumen die Engelsburg und übergeben sie den päpstlichen Militärautoritäten.

Dep. des Marquis de Meustier an den französischen Botschafter in Rom:

„Der Kaiser hat stets die Unabhängigkeit des hl. Stuhls und die Unabhängigkeit Italiens gewollt. Jedes dieser Interessen hätte ohne Zweifel gern ausschließlich bevorzugt sein wollen, aber trotz der Schwierigkeit sie zu versöhnen, hat sich der Kaiser doch niemals von dem doppelten Gesichtspunkte, auf den er sich gestellt hatte, abrücken lassen. Heute, da Italien endgültig constituirt ist, wird die Befestigung der päpstl. Gewalt das Hauptziel unserer Anstrengungen, und der hl. Vater hat allen Grund, mit Vertrauen ihr Ergebniß zu erwarten und Ihrem Erfolg durch weise Maßregeln zu sichern, welche sein Gewissen ihm eingeben wird. Ohne Zweifel muß der Abzug unserer Truppen Pius IX. eine Erregung (émotion) verursachen, welche wir begreifen. Indeß konnte kein Augenblick günstiger sein, diese neue Situation zu schaffen, als derjenige, wo das Nationalgefühl in Italien durch den Gewinn Venetiens eine so große und vollständige Genugthuung erhalten hat. Freuen wir uns dieses Umstandes; denn am Ende mußte wohl einmal der Tag kommen, an dem das wesentlich transitorische Factum unsrer Besetzung, welche materiell erhielt, ohne moralisch zu befestigen, und welche nicht ohne Ende sein konnte, ohne die Negation der Macht selbst zu werden, welche sie zu schützen berufen war, aufhören mußte. Die kathol. Welt muß uns Dank wissen, eine Maßregel solange verzögt zu haben, deren Nothwendigkeit doch so klar war, und sie wird ohne eine tiefe Ungerechtigkeit nicht verlernen können, daß wir an dem Tage, an dem diese Nothwendigkeit sich unwiderstehlich zeigte, alles nur irgend Mögliche gethan haben, um dem hl. Vater neue und ernstere Garantien für die freie und ungestörte Ausübung seiner doppelten Souveränetät zu sichern ... Wir zweifeln nicht, daß Pius IX. alle Maßregeln nehmen werde, welche die Natur der Dinge selbst ihm auferlegt und deren Zweckmäßigkeit ihm bewiesen ist. Er weiß, welches unsre Ansichten in diesem Betracht sind, und daß wir ihm nichts anrathen, was ihn schwanken laſſen könnte, oder was von den Dispoſitionen abweiche, die er ſelbſt zu verſchiedenen Malen an den Tag gelegt hat. Wir halten es für möglich, unter dieſen Bedingungen die Beziehungen des hl. Stuhles zu ſeinen Unterthanen und zu dem übrigen Italien auf einer natürlichen und dauerhaften Baſis zu gründen. Flößen Sie dem hl. Vater dieſe Ueberzeugung ein, welche ihm den Muth geben wird, ohne Verzug ans Werk zu gehen. Sagen Sie ihm, daß der Rückzug unſerer Truppen keineswegs ein Aufgeben der großen Intereſſen bedeutet, welche wir ſeit 17 Jahren durch unſere Gegenwart ſchützten und über die wir, fern wie nahe, nicht aufhören werden, mit vollkommener Hingebung zu wachen."

12. Dec. Die letzten franz. Truppen ziehen von Rom ab.

" " Der „Moniteur" veröffentlicht den Entwurf einer Heeresreform, wie er aus den Berathungen der Militärcommiſſion hervorgegangen iſt. Die öffentliche Meinung nimmt denſelben ganz allgemein höchſt ungünſtig auf.

Die Grundzüge dieſes Entwurfs ſind im Weſentlichen folgende: Er theilt die militäriſchen Kräfte Frankreichs in drei Kategorien ein: 1) die active Armee, 2) die Reſerve, 3) die mobile Nationalgarde. Die Dienſtzeit iſt in der activen Armee wie in der Reſerve auf 6 Jahre feſtgeſtellt. Die ausgedienten Soldaten gehören für 3 Jahre der mobilen Nationalgarde an. Von den ca. 326,000 Franzoſen, die jährlich ins militäriſche Alter treten, ſollen die 160,000 kräftigſten durch Conſcription herausgenommen und davon 80,000 der activen Armee, 80,000 der Reſerve zugetheilt werden, ſo daß mit den nöthigen Abzügen nach 6 Jahren ſich ergäbe: 1) active Armee 417,483 Mann, 2) Reſerve 424,746 Mann, 3) Nationalgarde 389,986 Mann, zuſammen 1,232,215 Mann. Die Reſerve wird gebildet aus allen jungen Leuten, welche das Loos nicht dem Jahrescontingente zugetheilt hat. Sie theilt ſich in zwei gleiche, durch die Ziehungsnummern abgeſchiedene Hälften. Die erſte, die ſogenannte Reſerve erſten Aufgebots, bleibt, ſelbſt in Friedenszeiten, zur Verfügung des Kriegsminiſters, um im Nothfall den Beſtand der Regimenter verſtärken zu können. Die zweite, die Reſerve zweiten Aufgebots, kann dagegen nur in Kriegszeit und durch kaiſerl. Decret, wie dieß heutzutage für die Aufgebote der Flottenmannſchaft (Inscription maritime) der Fall iſt, einberufen werden. Die beiden Reſerven werden abwechſelnd in den Armeedepots während längerer oder kürzerer Zeit einexercirt. Die mobile Nationalgarde wird aus den Soldaten der activen Armee und denen der Reſerve, die ihre Dienſtzeit beendet haben, gebildet und nur ſelten zuſammenkommen.

" " Ein Brief des Grafen von Chambord an ſeine Getreuen in Frankreich unterwirft die auswärtige Politik des Kaiſers Napoleon von ſeinem Standpunkte aus einer einläßlichen Kritik.

18. " Gen. Fleury kehrt von ſeiner beſondern Miſſion an dem Hof von Florenz wieder nach Paris zurück.

20. " Der Finanzminiſter Fould erſtattet ſeinen alljährlichen Bericht über die Lage der Finanzen an den Kaiſer.

Derſelbe geht von der Vorausſetzung aus, daß der geſetzgebende Körper zuerſt im Jahr 1867 die neue Heeresreform in Bauſch und Bogen votiren und dann erſt im Jahr 1868 durch das rectificative Budget erfahren ſolle, welche Koſten die neue Organiſation dem Lande verurſache.

22. " Der Entwurf einer Heeresreform nach den Vorſchlägen der Militärcommiſſion gelangt zur Vorlage an den Staatsrath nebſt Mobificationsvorſchlägen mit Rückſicht auf die Forderungen der öffentlichen Meinung.

5. Italien.

1. Jan. Das Gesetz über die Einführung der Civilehe tritt mit diesem Tage in Kraft.
2. „ Modification des Ministeriums Lamarmora: außer dem Ministerpräsidenten behalten auch Chiaves, Jacini und Angioletti ihre bisherigen Portefeuilles; Scialoja übernimmt die Finanzen, Defalco die Justiz, Pettinengo den Krieg, Berti den Unterricht.
\ „ Der neue Kriegsminister stellt aus Ersparungsrücksichten sofort die Aushebung für 1866 bis auf Weiteres ein. Fast die ganze Presse erklärt sich gegen den Schritt (aber ebenso auch gegen die Einführung neuer Steuern) als gegen ein Symptom totaler Entwaffnung. [Im März 1867, zu welcher Zeit die Entlassung der Altersclasse von 1844 mit 55,000 Mann eintrete, würde die ital. Armee auf 140,000 Mann reducirt und damit die Möglichkeit eines Kriegs zur Befreiung Venetiens geradezu unmöglich sein.]
6. „ Der neue Justizminister übersendet den Gesetzesentwurf bez. Aufhebung der Klöster ic. unverändert dem Secretariat der Abg.-Kammer.
15. „ Marchese Azeglio †.
22. „ Abg.-Kammer: Exposé des neuen Finanzministers Scialoja. Dasselbe setzt Ersparnisse im Betrag von 55 Mill. in Aussicht, aber trotzdem ein Deficit von 211 Mill. für 1866, das jedoch durch Steuererhöhungen und neue Steuern auf 80 Mill. herabgemindert werden soll.
29. „ Abg.-Kammer: Die Wahl der Budgetcommission fällt gegen die Regierung aus.
30. „ Abg.-Kammer: Die Regierung bringt das Klostergesetz ganz nach dem Vorschlage des abgetretenen Justizministers Cortese neuerdings zur Vorlage.

6. Febr. Die Abg.-Kammer lehnt den Antrag des (clericalen) Abg. Cantù auf Abschaffung des politischen Eides ab.

Italien.

11. Febr. Die große Alpenbahn-Commission erklärt sich unter dem Vorsitze des Ministers Jacini für das Gotthardsproject, nur 3 Mitglieder sprechen sich für den Splügen aus, gar keines für den Lukmanier.

16. „Oesterreich versucht einen halben Schritt der Annäherung an Italien, indem es sich seinerseits bereit erklärt, die Vortheile des Handelsvertrags mit Sardinien auf alle italienischen Provenienzen auszudehnen, wofern Italien dasselbe thue, ohne daß jedoch das politische Verhältniß Oesterreichs zu Italien dadurch alterirt werden solle. Die italienische Regierung geht nach längerem Bedenken auf den Vorschlag nicht ein.

„ „ Abg.-Kammer: Beginn der Debatte über eine zweimonatliche Verlängerung des Finanzprovisoriums. Die Regierung verlangt sie als Vertrauensvotum.

18. „ Abg.-Kammer: Debatte über eine zweimonatliche Verlängerung des Finanzprovisoriums. Ricasoli beantragt, die finanziell-politische Debatte im Interesse der Einigkeit des Landes zu vertagen. Die Regierung beharrt auf der Forderung eines Vertrauensvotums. Ricasoli zieht seinen Antrag zurück.

19. „ Die Abg.-Kammer beschließt, eine Commission von 15 Mitgliedern zur Prüfung der Gesammtheit der Finanzentwürfe niederzusetzen. Die Regierung hat nichts dagegen.

23. „ Graf Arese regt die Organisation von freiwilligen Beiträgen in großem Maßstabe behufs Tilgung der Nationalschuld an. Die Idee findet zunächst in Turin lebhaften Anklang.

24. „ Abg.-Kammer: Debatte über die Verlängerung des Finanzprovisoriums. Mehrere Mitglieder ergreifen die Gelegenheit, sich einläßlich über die Militärfrage zu äußern. General Biglo erklärt, daß für Italien die Taufe eines Kriegs um Venedig unumgänglich sei, um Achtung in Europa und in der Diplomatie zu erlangen. Ministerpräsident General Lamarmora: Ueber die Armeefrage müsse man sich verständigen und das Land nicht in trügerische Hoffnungen wiegen. „Wir müssen uns auf den Friedensfuß setzen, um sowohl finanziell als in jeder andern Beziehung besser im Stande zu sein, nöthigenfalls Krieg führen zu können. Es reicht vollkommen hin, wenn wir für Heer und Flotte 200 Millionen ausgeben! Hätte die Regierung seit 1860 dieses System befolgt, so wären 627 Millionen gespart worden, wovon man 127 Millionen auf Befestigungen verwendet und mit 500 Millionen eine großartige Reserve für alle Eventualitäten hätte bilden können. Ich klage Niemand an. Meine Vorgänger haben sich wahrscheinlich von dem Kriegsgeschrei der öffentlichen Meinung einschüchtern lassen; ich sage es nur, um nachzuweisen, daß die öffentliche Meinung sich über die Nothwendigkeit derartiger Ausgaben getäuscht hat. Möge nunmehr die Kammer über das Ministerium richten." Kriegsminister Pettinengo gibt Aufschlüsse über die neuerdings erfolgten Reductionen im Budget und in den Cadres der Armee. Gegenwärtig hat Italien 204,874 Mann wirklich unter Waffen, 128,287 völlig ausgebildete Soldaten sind als beurlaubt entlassen, können aber jeden Augenblick wieder einrücken. Dazu kommen noch 107,612 Mann Reserve und 41,000 Mann der Jahresclasse von 1845, die voriges Jahr nicht ein-

23*

berufen wurden, aber in eignen Lagern doch eine bestimmte militärische Ausbildung erhalten sollen. Im Kriegsbudget tritt eine Ersparniß von 30 Mill.
ein, so daß die beiden Budgets des Kriegs und der Marine für das nächste
Jahr zusammen nicht über 200 Mill. gehen werden.

25. Febr. Abg.-Kammer: Die Regierung macht eine Vorlage für Sub-
vention der Gotthardsbahn. Die öffentliche Meinung in der Schweiz
und Deutschland findet dieselbe sehr ungenügend und nur darauf
berechnet, schweizerisches und deutsches Geld für das Unternehmen
herbeizuziehen.

26. „ Abg.-Kammer: Schluß der Debatte über die Verlängerung des
Finanzprovisoriums. Die Bewilligung selbst wird mit 228 gegen
58 Stimmen ausgesprochen, der Antrag auf einfache Tagesordnung
über die verschiedenen Zusätze wird nach dem Wunsche der Regierung verworfen und das Vertrauensvotum für die Regierung mit
181 gegen 142 Stimmen (2 enthalten sich) angenommen.

1. März. Die Blätter melden, daß die Armee und die Militärabministra-
tion mit diesem Tage ganz auf den Friedensfuß gestellt seien.

„ „ Die Abg.-Kammer beschließt die Niedersetzung einer Enquête-
commission bez. der gesammten Finanzverwaltung von 1859—65
und der Commission 6 Monate für ihre Arbeiten Zeit zu lassen.

3. „ Die Abg.-Kammer nimmt den Handelsvertrag mit dem Zollverein
mit 186 gegen 16 Stimmen an. Bericht der Commission. Freund-
schaftsgruß an Deutschland.

7. „ Das Centralcomité des sog. Consorzio nationale für freiwillige
Tilgung der Nationalschuld unter dem Vorsitze des Prinzen von
Carignan erläßt ein Manifest zu Beiträgen, nachdem von Mailand
aus umsonst der Versuch gemacht worden war, der Bewegung eine
practischere Richtung zu geben.

8. „ Der Senat genehmigt auch seinerseits den Handelsvertrag mit
dem Zollverein mit 73 gegen 1 Stimme.

8./9. März. Abg.-Kammer: Kriegerische Rede des Generals Menabrea.
Der Ministerpräsident Lamarmora erklärt die Lage für sehr ernst
und weigert sich auf verschiedene Interpellationen Pepoli's bez. der
auswärtigen Beziehungen zu antworten: die Umstände seien zu ver-
wickelt und die Stellung der Regierung dürfe nicht compromittirt
werden, in entscheidenden Fällen könne eine Regierung dem Parlament
unmöglich ihre Entschließungen mittheilen. Pepoli: er lade die
Regierung ein, die Mannschaft von 1845 unter die Waffen zu
rufen. „Die Zeit wird kommen, wo man erkennen wird, ob ich
heute Recht hatte, aus patriotischem Herzen der Regierung den Rath
zu geben, daß sie sich bereit halte, um die kommenden Ereignisse zu
benützen." Lamarmora: „Aus den letzten Worten des ehrenw.
Abg. scheint hervorzugehen, daß er wisse, welche Vorkehrungen bereits von uns getroffen worden sind." Gewaltige Aufregung der

überraschten Kammer. Sendung des Generals Govone in außerordentlicher Mission nach Berlin.

Dep. Lamarmora's an den ital. Gesandten in Berlin: „Der General Govone, der Ihnen dieses Schreiben überbringt, ist beauftragt, bei der preußischen Regierung eine Mission von besonderer Wichtigkeit zu erfüllen. Er besitzt das volle Vertrauen des Königs und seiner Regierung und ich bitte Sie, Herr Minister, ihn in dieser Eigenschaft Sr. Exc. dem Grafen v. Bismarck und nach Umständen auch Sr. Majestät dem Könige Wilhelm vorzustellen. Der General Govone kennt die Absichten der königlichen Regierung über die gegenseitige Lage von Preußen und Oesterreich. Sie wissen, Herr Minister, unsere Entschlüsse hängen ab von den Entschlüssen Preußens, von dem Engagement, die es geneigt ist einzugehen, und endlich von der Tragweite des Zieles, das es sich gestellt hat. Wenn Preußen bereit ist, entschlußvoll und gründlich in eine Politik einzugehen, die seine Größe in Deutschland sichert, wenn bei der Beharrlichkeit Oesterreichs, eine feindselige Politik gegen Preußen und Italien zu verfolgen, der Krieg ein von der preußischen Regierung wirklich acceptirtes Ereigniß ist, wenn man endlich in Berlin geneigt ist, mit Italien sich in Voraussicht eines bestimmten Zieles sicher zu vereinbaren, glauben wir, daß der Augenblick gekommen ist, wo Preußen nicht länger zögern darf, sich uns gegenüber frei zu äußern, und wir sind bereit, mit ihm in einen Austausch von Mittheilungen einzugehen, der ihm beweisen wird, wie ernstlich gemeint unsere Vorschläge sind. Die Mission des Generals Govone hat den Zweck, sich der militärischen Maßregeln, welche die Regierung Sr. Majestät des Königs von Preußen in Folge der gegenwärtigen Lage im Einverständnisse mit uns zu unserer gegenseitigen Vertheidigung eingehen würde, zu versichern. Die Mitglieder des Cabinets in Berlin oder die Personen des Hofes, die von Sr. Maj. dem Könige oder von Sr. Excellenz dem Ministerpräsidenten berufen sein sollten, mit dem General Govone in Verbindung zu treten, können sich (und wie bitten Sie, ihnen die Versicherung davon zu geben) ihm gegenüber aussprechen mit der Klarheit der Präcision, die der Gegenstand dieser Mission erfordert, und mit der Versicherung der besonderen Wichtigkeit, die wir dem beilegen, was uns durch seine Vermittlung zugehen wird. Ihre guten Dienste und Ihre scharfsinnigen Andeutungen, Herr Minister, werden dem General Govone sehr nützlich sein und ich bitte Sie, ihm dieselben ohne Rückhalt zukommen zu lassen. Ich weiß sehr wohl, welche persönliche Ansehen Sie, was ihn anbetrifft, genießen, und welche Berücksichtigungen Ihre Rathschläge verdienen. Die hervorragenden Eigenschaften des Generals Govone und die Missionen, die er schon erfüllt hat, sind mir eine besondere Garantie, daß diese Mission Ihren Zweck erfülle, der, wie ich eben sagte, darin besteht, mit Klarheit die gegenseitige Lage von Italien und Preußen in Hinsicht auf die sich für Europa ankündenden Verwicklungen zu bestimmen."

15. März. Der Kriegsminister erstattet dem König einen einläßlichen (von der Regierung erst am 13. April veröffentlichten) Bericht über den Stand und die Schlagfertigkeit der Armee.
S. Ergänzungsheft S. 20.
19. „ Gräuelscenen in Barletta (Neapel) gegen die dortigen Protestanten.
21. „ Abg.-Kammer: Die Regierung verlangt einen Credit von 2 Mill. zur Befestigung Cremona's.
22. „ Die Abg.-Kammer lehnt die Zulassung des in Messina zum Abg. gewählten Mazzini mit 191 gegen 107 Stimmen ab.
28. „ Eine Conferenz von Directoren von Creditanstalten rc. erklärt sich geneigt, der Regierung 200 bis 250 Mill. (al pari zu 5 %

mit 15jähriger Amortisation) unter der Bedingung eines bestfristlosen Budgets darzuleihen. Die Regierung zeigt wenig Bereitwilligkeit, darauf einzugehen.
28. März. Ein Circular des Kriegsministers befiehlt, mit der Aushebung des Jahrgangs 1845 schleunig zu beginnen.
31. „ Prinz Napoleon trifft zum Besuch in Florenz ein.
1. April. Einberufung sämmtlicher Marinesoldaten aller Altersclassen ohne Unterschied. Innerhalb 5 Tagen sollen sich alle stellen.
3. „ Der italienische Gesandte in Berlin und General Govone erhalten von Lamarmora die Vollmacht, auf genau bezeichnete Bedingungen hin ein förmliches Bündniß zwischen Italien und Preußen gegen Oesterreich abzuschließen.

Dep. Lamarmora's: „...Die Regierung des Königs ermächtigt Ew. und den General Govone, mit der Regierung Sr. Majestät des Königs von Preußen ein Uebereinkommen (accordo) auf folgenden Grundlagen abzuschließen: Die beiden Souveräne, von dem Wunsche beseelt, die Bürgschaften des allgemeinen Friedens zu befestigen, indem sie den Bedürfnissen und gerechten Bestrebungen ihrer Nation Rechnung trügen, würden ein Bündniß abschließen, das zum Zweck hätte: 1) entstehenden Falles durch Waffengewalt die Vorschläge aufrecht zu erhalten, welche von Sr. preußischen Majestät bezüglich der Reform der Bundesverfassung in einem den Bedürfnissen der Nation entsprechenden Sinne gemacht worden sind; 2) die Cession der Oesterreich unterworfenen italienischen Gebiete an das Königreich zu erwirken. Piemont begann 1859 das Werk der Befreiung der ital. Erde mit dem edlen Beistande Frankreichs. Wir wünschen, daß dieses Werk in nicht zu ferner Zukunft von Italien vollendet werde, vielleicht in einem Unabhängigkeitskriege, der an der Seite derjenigen Macht gekämpft würde, welche die Zukunft des deutschen Volkes vertritt, im Namen eines identischen Nationalitätsprincips. Unter den Lösungen, welche zumal in diesen letzten Zeiten für die venetianische Frage vorgeschlagen wurden, würde diese besser als jede andere uns gestatten, in der Logik unserer politischen und internationalen Situation zu verbleiben und unsere natürlichen Alliancen, auch die entferntesten, zu wahren. Wir werden überdieß erfreut sein, Preußen im Widerstande gegen die Pläne des österreichischen Kaiserthums zu unterstützen, indem dasselbe sich entschieden an die Spitze der deutschen Nationalpartei stellt, sein Parlament einberuft, das seit so vielen Jahren Gegenstand der Wünsche der Nation war und für Deutschland, so wie es in Italien geschah, den Fortschritt der freisinnigen Institutionen mittels Ausschließung Oesterreichs sichert."

6. „ Conferenz der hervorragendsten Generale der Armee in Florenz.
8. „ Abschluß des Alliancvertrags mit Preußen.

Anm. Wenigstens ist es wahrscheinlich, daß der Vertrag an diesem Tage von Barral und Govone in Berlin abgeschlossen und unterzeichnet worden sei und zwar, wie behauptet wird, unter den von Lamarmora in seiner Dep. vom 3. d. M. formulirten Bedingungen. „Allerdings mit einer bedeutsamen Abweichung: der italienische Minister hatte in der erwähnten Note als Zwecke der Allianz bezeichnet: „2) die Erwirkung der Cession der Oesterreich unterworfenen italienischen Territorien an das Königreich." Jedoch dazu bot das preuß. Cabinet seine Hand nicht. Herr v. Bismarck mochte sich nicht dazu verstehen, solange der deutsche Bund noch existire, einer nichtdeutschen Macht die Annexion einer zum Bundesgebiet gehörigen Provinz zuzusichern oder überhaupt zum Gegenstand eines Abkommens zu machen. Der entschiedenen Weigerung Bismarcks gegenüber blieb dem italienischen Cabine nichts übrig, als sich die Beschränkung des Vertrags auf den Erwerb Venetiens gefallen zu lassen und eine spätere Erweiterung davon zu hoffen, daß einerseits der Krieg den deutschen Bund auflösen, andererseits die Erfolge der italienischen Waffen die Ansprüche auf das Trentino unterstützen würden. Uebrigens soll der Allianzvertrag vom 8. April auf die Zeit von drei Monaten abgeschlossen worden sein in der Art, daß, wenn bis zum 8. Juli die im Vertrag vorgesehenen Voraussetzungen nicht einträten, der Vertrag selbst hinfällig würde, während andererseits, wenn einmal der Krieg ausgebrochen, die Allianz bis zur Erreichung der von den Verbündeten erstrebten Zwecke zu dauern hätte. — Der Krieg verlief so schnell, daß die italienische Regierung von der Cession Venetiens an Frankreich überrascht wurde, ehe sie noch die Zeit gehabt hatte, mit Preußen bezüglich des Trentino ein neues, durch die Auflösung des deutschen Bundes erleichtertes Abkommen zu treffen."

21./22. April. Militärconferenzen in Wien: Oesterreich beschließt, seine italienische Armee alsbald auf den Kriegsfuß zu setzen und den Oberbefehl über dieselbe dem Erzh. Albrecht anzuvertrauen.

26. April. Abg.-Kammer: Debatte über eine neue Bewilligung zu provisorischem Fortbezug der Steuern. Das Ministerium verlangt die Bewilligung auf drei Monate, die Commission will es nur auf zwei Monate zugestehen, die Linke verlangt ein Mißtrauensvotum. Das Ministerium siegt mit 168 gegen 72 Stimmen.

„   „   Eine neue Militärconferenz in Florenz beschließt gegenüber den Maßregeln Oesterreichs nunmehr offen zum Kriege zu rüsten.

28. „   Eine Circularbepesche Lamarmora's an die Vertreter Italiens im Auslande kündigt die nunmehrigen Rüstungen Italiens gegen Oesterreich an.

S. Ergänzungsheft S. 50.

29. „   Königliche Decrete zu Einberufung sämmtlicher kriegspflichtigen Mannschaften. Sie werden in Form von Manifesten den Commandanten der Militärdistricte, in den Gemeinden durch öffentlichen Anschlag zur Kenntniß des Publikums gebracht und tragen das Datum 30. April, welcher Tag als derjenige der Veröffentlichung zur Abzählung der Termine betrachtet wird, zu welchen die verschiedenen Mannschaften sich eingestellt haben müssen. Mit einem Schlag soll an Streitkräften gesammelt werden, was ganz Italien aufzubieten vermag. Binnen fünf Tagen sollen alle Mannschaften erster und zweiter Kategorie der Altersclassen von 1840 bis 1844, mit vorläufigem Ausschluß der zweiten Kategorie 1842 und 1843, binnen sieben Tagen alle Mannschaften der Classen 1837, 1838 und 1839, und binnen neun Tagen alle Mannschaften der Classen 1834, 1835, 1836 eingestellt sein. Dieß gibt mit Einschluß der schon im Gang gehaltenen Aushebung von 1845 eine Truppenmasse von 12 Jahrgängen. Hiebei ist ausdrücklich verfügt, wie von den Altersclassen 1834 an bis weiter herauf, soweit das italienische Königreich noch nicht gegründet war, auch die frühern Herzogthümer Parma und Modena, Toscana und Neapel ihre Contingente der bezüglichen Aushebungen zu stellen haben.

30. April. Abg.-Kammer: Majorität und Opposition sind verschwunden — alles ist einig zum Krieg gegen Oesterreich.

Einstimmig beschließt die Kammer auf den Antrag Morbini's: „In der einmüthigen Ueberzeugung, daß in den so entscheidenden Verhältnissen des Augenblicks alle möglichen Maßregeln in Voraussicht des Krieges zu treffen sind, geht die Kammer zur Tagesordnung über," und genehmigt mit 201 gegen 11 Stimmen den geforderten Credit zur Beisteigung Cremona's. Sirto ist mit der Maßregel ganz besonders einverstanden, „weil sie eine Herausforderung gegen Oesterreich ist." Kriegsminister Pettinengo: die Regierung werde vielleicht ungeheure Opfer von dem Lande verlangen müssen, werde aber die Kraft und den Muth besitzen, sie zu verlangen, wenn es sein müsse.

— Die Kammer beschließt hierauf mit 253 gegen eine einzige Stimme: „Bis Ende Juli 1866 wird die Regierung ermächtigt, die zur Vertheidigung des Landes und der öffentlichen Gewalt erforderlichen Ausgaben mittelst außerordentlicher Mittel zu bestreiten, jedoch unter der Bedingung, daß sie das System der vom Parlamente bereits genehmigten oder noch zu genehmigenden Steuern unverletzt aufrecht erhalte".

1. Mai. Der Senat tritt dem Beschlusse der Abg.-Kammer vom vorhergehenden Tage mit 78 gegen 1 Stimme bei.

2. „ Königliches Decret zur Aufbringung der außerordentlichen Geldmittel:

„Die Nationalbank leiht dem Staatsschatz 250 Millionen, indem sie mit demselben eine laufende Rechnung eröffnet, wofür dieselbe ein Interesse von 1½ pCt. zahlt. Vom 2. Mai an und bis auf Weiteres ist die Nationalbank der Verpflichtung enthoben, in klingender Münze und auf Sicht die Bankbillete zu zahlen. Die Bankbillete werden bei den im Staate gemachten Zahlungen nach ihrem Nominalwerth als klingende Münze gegeben und empfangen. Die Banken von Neapel, Sicilien, Toscana, die Nationalbank, der Industrie- und Handelscredit fahren fort, Creditscheine, Zettel und Billets ihren Statuten gemäß auszugeben. Die Creditscheine und Zettel der Banken von Neapel und Sicilien werden bei den Zahlungen, die in den Provinzen Neapel und Sicilien zu machen sind, als baares Geld nach ihrem Nominalwerth gegeben und empfangen. Die Nationalbank und die andern oben benannten Etablissements können ihren Disconto nicht ohne Ermächtigung des Finanzministers ändern."

4 „ Abg.-Kammer: Der Minister des Innern bringt einen Gesetzesentwurf ein, dahin gehend:

„Bis Ende Juli l. J. wird der Regierung des Königs außerordentliche Vollmacht gegeben, mit königl. Decreten für die Vertheidigung und Sicherheit des Staates zu sorgen."

6. „ Ein kgl. Decret genehmigt die Errichtung von Freiwilligencorps und zwar zunächst von 20 Bataillonen unter dem Oberbefehl des Generals Garibaldi. Ein weiteres kgl. Decret verfügt die Mobilisirung von 50 Bataillonen der Nationalgarde in Mittel- und Unteritalien zum Kriegsdienste auf 3 Monate vom 20. Mai an.

7. „ Abg.-Kammer: Beginn der Debatte über die von der Regierung vorgelegten Finanzmaßregeln, Steuererhöhungen und neue Steuern.

„ Der neue Präfect von Neapel, Marchese Gualterio, ergreift energische Maßregeln gegen die bourbonischen und clericalen Reactionäre, die alles zu einem Umschwung für den Fall eines Kriegsausbruchs vorbereitet hatten. Der Herzog Arezza S. Felice wird verhaftet und eine Anzahl Bischöfe, namentlich derjenige von Salzano i. p., werden ausgewiesen.

7. Mai. Mazzini wird in Messina neuerdings mit 238 gegen 209 Stimmen zum Abgeordneten gewählt.

9. „ Abg.-Kammer: Das sog. Sicherheitsgesetz wird nach der Vorlage der Regierung vom 4. bs. mit 203 gegen 48 Stimmen angenommen.

10. „ Abg.-Kammer: Die Regierung legt das Budget für 1866 der Kammer in neuer Umarbeitung vor. Dasselbe zeigt ein Deficit von 247 Millionen.

11. „ Eine Circulardepesche Lamarmora's constatirt neuerdings die „rein defensive" Haltung Italiens, erklärt einen Congreßvorschlag im Interesse einer friedlichen Erledigung der schwebenden Fragen nicht zurückweisen zu wollen, bemerkt aber zugleich, daß die Rüstungen, zu denen Italien gezwungen worden, im gegenwärtigen Stande der Dinge nicht rückgängig zu machen seien.

15. „ Eine Depesche Lamarmora's an den italienischen Gesandten in Paris bemüht sich, die mit Preußen abgeschlossene Allianz zu bekräftigen, ihr den Charakter einer Gemeinschaft der nationalen Bestrebungen beider Staaten, einer wirklichen entente cordiale, zu verleihen und schließt mit folgenden merkenswerthen Worten:

„Se. Maj. der König Wilhelm geruhte neulich die Ueberzeugung auszusprechen, daß nichts im Stande sein werde, die Bande zu sprengen, welche Italien und Frankreich aneinander knüpfen. Es ist und sieb, diese Voraussicht vollständig zu bestätigen. Die Freundschaft Frankreichs wird von Preußen stets, ich vertraue darauf, als ein weiteres Unterpfand für die Wirksamkeit unserer Allianz angesehen werden. (L'amicizia della Francia sarà sempre considerata dalla Prussia, ne ho la fiducia, come un pegno di più dell' efficacia della nostra alleanza)."

16. „ Eine Depesche des italienischen Gesandten in Paris äußert sich über die Intentionen des Congreßvorschlags dahin:

„Eine Lösung wird zum voraus für die obengenannten drei Fragen (Venetien, Elbherzogthümer, Bundesreform) nicht vorgeschlagen. Aber was Venetien angeht, so ist es klar, daß das Aufwerfen der Frage dem Hinweis auf ihre Lösung gleich kommt, die keine andere sein kann, als die Cession Benetiens Oesterreichs und die Vereinigung dieses Theils von Italien mit dem italienischen Königreich. Die von den kaiserl. Minister der auswärtigen Angelegenheiten bei mir geführte Sprache stimmt mit dieser Anschauungsweise überein."

17. „ Die Abg.-Kammer beschließt trotz des Widerstandes der Regierung als neue Steuer eine solche auf die Coupons der Staatsrenten, vom zweiten Semester 1866 an, mit 145 gegen 141 Stimmen.

18. „ Die gesammte italienische Flotte wird in Tarent zusammengezogen, durch kgl. Decret als „Operationsarmee" constituirt, in 3 Geschwader abgetheilt und dem Admiral Persano als oberstem Befehlshaber unterstellt.

20. „ Da die bis jetzt gestatteten Freiwilligen-Bataillone bereits voll-

ständig sind, so werden die Einschreibungen für dieselben von der Regierung eingestellt.

‹ 31. Mai. Die Regierung weicht dem Druck der öffentlichen Meinung und decretirt die Formation von 20 weiteren Freiwilligen-Bataillonen.

1. Juni. Lamarmora zeigt dem französischen Cabinet die definitive Annahme des Congreßvorschlags und sein persönliches Erscheinen in Paris telegraphisch an.

7. „ Die zweite Kategorie der Classen von 1842, 1843 und 1845 wird durch kgl. Decret unter die Waffen gerufen.

„ „ Die Abg.-Kammer genehmigt schließlich die von der Regierung vorgeschlagenen Steuererhöhungen und neuen Steuern mit 145 gegen 40 Stimmen.

9. „ Abg.-Kammer: Beginn der Debatte über die Aufhebung der religiösen Körperschaften. Der Art. 1 des Gesetzentwurfs, der die Aufhebung principiell ausspricht, wird fast einstimmig angenommen.

‹ 11. „ Garibaldi langt von Caprera in Genua an und geht sofort nach Como, wo er den Oberbefehl über die Freiwilligen übernimmt.

‹ 17. „ Modification des Ministeriums: Ricasoli übernimmt die Präsidentschaft und das Innere, Visconti-Venosta das Auswärtige, Borgati die Justiz, Brochetti die Marine, Pettinengo, Scialoja, Jacini und Berti bleiben. Lamarmora bleibt Minister ohne Portefeuille und ad latus des Königs im Felde. Der König und Lamarmora gehen zur Armee ab. Lamarmora telegraphirt nach Berlin:

„Indem wir Act nehmen von der uns durch den Grafen Bismarck officiell gegebenen Ankündigung, daß die Feindseligkeiten in Deutschland begonnen hätten, werden wir, unseren Verpflichtungen getreu, ohne Aufschub Oesterreich den Krieg erklären."

19. „ Abg.-Kammer: Der Gesetzentwurf bez. Aufhebung der religiösen Körperschaften wird schließlich als Ganzes mit 179 gegen 45 Stimmen angenommen. — Die Wahl Mazzini's zum Abgeordneten wird neuerdings mit 146 gegen 45 Stimmen für ungültig erklärt.

Der Senat lehnt, dem Wunsche der Regierung entsprechend, die von der Abg.-Kammer beschlossene Couponsteuer mit 101 gegen 0 Stimmen ab.

20. „ Kriegserklärung an Oesterreich. Manifest des Königs:

„Sieben Jahre bereits sind vergangen, daß Oesterreich meine Staaten angriff, weil ich die gemeinsame Sache des Vaterlandes in den Cabinetten Europa's unterstützt hatte. Ich zog das Schwert, um meinen Thron, die Freiheit meiner Völker und die Ehre des ital. Namens zu vertheidigen und für das Recht der Nation zu kämpfen. Der Sieg war dem guten Rechte günstig. Die Tapferkeit der Armee, die Mithülfe der Freiwilligen, die Eintracht und Besonnenheit des Volkes und die Unterstützung eines hochherzigen Bundesgenossen brachten die Unabhängigkeit und Freiheit Italiens beinahe ganz zu Stande. Gewichtige Gründe, die wir achten mußten, verhinderten damals die vollständige Durchführung des ruhmvollen Unternehmens. Eine der edelsten Provinzen Italiens, welche die Wünsche des Volkes mit meiner Krone vereinigt und welche der heldenmüthige Widerstand, und der unablässige Protest gegen die Fremdherrschaft uns ganz besonders werth und heilig machten, blieb in den Händen Oesterreichs. Wenn auch mit großem Schmerz in meinem Herzen, so enthielt ich mich doch, Europa noch weiter zu beunruhigen, da es den Frieden wünschte. Meine Regierung befleißigte sich, das Werk im Innern auszubauen, die Quellen des Volkswohlstandes zu öffnen, die Land- und Seemacht des Vaterlandes zu verstärken, der günstigen Gelegenheit gewärtig, wo sie auch die Unabhängigkeit Venetiens zuwege bringen könnte. Obgleich das Abwarten nicht ohne Gefahren war, so mußten wir nichtsdestoweniger in unsere Herzen, ich meine Gefühle als Italiener und König und mein Volk seine gerechte Ungeduld bannen und das Recht der Nation und die Würde der Krone und des Parlaments unversehrt erhalten, damit Europa einsäh, was Italien gebührt hätte! Jetzt ist Oesterreich, sich plötzlich an unserer Grenze mit Macht rüstend und durch feindlich drohende Haltung uns herausfordernd, hervorgetreten, um das friedliche Werk der Reorganisation des Königreichs zu stören. Der ungerechten Provocation antwortete ich, indem ich wieder die Waffen ergriff, und Ihr habt ein großes Schauspiel durch den Eifer und die Begeisterung, mit welcher Ihr zu meiner Armee und den Freiwilligen herbeieilet, dargeboten. Trotzdem gab ich Europa, als die befreundeten Mächte die Schwierigkeiten durch einen Congreß zu lösen suchten, den letzten Beweis meiner Gesinnung und bereite mich, den Congreß anzunehmen. Auch dieses Mal verweigerte Oesterreich, zu unterhandeln, indem es jedes Abkommen zurückwies, und gab so einen neuen Beweis, daß, wenn es auch auf seine Macht baut, es nicht ebenso auf den Werth seiner Sache und seines Rechts sich stützt. Auch Ihr, Italiener, vermöget auf eure Macht zu bauen und mit Stolz auf eure tapfere Armee und starke Marine zu blicken. Dazu könnt Ihr noch auf die Heiligkeit eures Rechtes vertrauen, dessen Triumph in Zukunft unlösbar ist, so wie es in dem Urtheil der öffentlichen Meinung und der Sympathie Europa's seine Stütze findet, welches weiß, daß ein unabhängiges Italien eine Garantie des Friedens und der Ordnung in Europa sein wird. Italiener! Ich übergebe die Regierung des Landes dem Prinzen Carignan und ergreife wieder denselben Degen, den ich bei Pastrengo, Palestro und San Martino führte. Ich fühle, daß ich bei dem Grabe meines hochherzigen Vaters gemachten Gelübde erfüllen werde. Noch einmal will ich wieder der erste Soldat der italienischen Unabhängigkeit sein."

20. Juni Abg.-Kammer: Die Regierung verlangt für die Kriegsbauer außerordentliche Vollmachten für Beschaffung der finanziellen Bedürfnisse. Die Kammer gesteht sie mit 153 gegen 42 Stimmen zu.
21. " Vertagung beider Kammern.
23. " Die italienische Armee geht nach dem Plane Lamarmora's unter dem Oberbefehl des Königs über den Mincio. Cialdini bereitet sich, mit einer zweiten Armee über den untern Po zu gehen.
24. " Schlacht von Custoza. Niederlage der Italiener. Sie gehen noch am gleichen Tage wieder über den Mincio und bis hinter den Oglio zurück. Cialdini unterläßt den Uebergang über den Po und zieht seine Truppen wieder vom Flusse zurück. Zunächst tritt ein vollständiger Stillstand aller großen Operationen ein. Nur die Freiwilligen unter Garibaldi liefern den Oesterreichern an der tyrolischen Grenze kleine Gefechte ohne wesentliche Bedeutung.
25. " Ankunft der gesammten Flotte von Tarent in Ancona.

26. Juni. Die österreichische Flotte erscheint unter dem Admiral Tegethoff recognoscirend vor dem Hafen von Ancona.

5. Juli. Kaiser Napoleon zeigt dem König Victor Emanuel die Cession Venetiens durch den Kaiser von Oesterreich durch folgendes Handschreiben an:

„Sire, der Kaiser von Oesterreich, den in meinem Briefe an Hrn. Drouyn de l'Huys aufgestellten Ideen entsprechend, cedirt mir Venetien, indem er sich bereit erklärt, eine Vermittlung zur Herbeiführung des Friedens anzunehmen. Die italienische Armee hat Gelegenheit gehabt, ihren Werth zu zeigen. Ein größeres Blutvergießen wird also unnütz und Italien kann ehrenhalter Weise das Ziel seiner Bestrebungen erreichen durch ein Uebereinkommen mit mir, worüber wir uns leicht verständigen können. Ich schreibe dem Könige von Preußen, um ihm diese Lage kund zu machen und ihm für Deutschland, so wie ich es Ihrer Majestät für Italien thue, die Abschließung eines Waffenstillstandes als Vorläufer der Friedensverhandlungen vorzuschlagen."

Der Minister des Auswärtigen Visconti-Venosta theilt dem ital. Gesandten in Paris die Antwort des Königs von Italien folgendermaßen mit:

„Se. Majestät der König antwortete, indem er dem Kaiser für das Interesse dankte, das er an der italienischen Sache nimmt, und sich vorbehielt, seine Regierung zu Rathe zu ziehen und die Gesinnungen des Königs von Preußen, seines Verbündeten, bezüglich dieses hochwichtigen Vorschlags kennen zu lernen. Den Waffenstillstand oder die Einstellung der Feindseligkeiten betr., kann die Regierung des Königs einer doppelten Pflicht nicht untreu werden: gegen Preußen, welches, da es uns keine Acceptation im vorliegenden Falle nicht angezeigt hat, das Recht hat, zu erwarten, daß wir unsere militärischen Operationen verfolgen — gegen die Oesterreich unterworfenen, in der administrativen Begrenzung Venetiens nicht einbegriffenen italienischen Bevölkerungen, deren Befreiung Gegenstand aller unserer Anstrengungen sein muß."

Eine zweite Depesche an den italienischen Gesandten in Berlin spricht sich in demselben Sinne aus und beauftragt ihn, sich sofort über die Absichten der preußischen Regierung bez. der französischen Mediation und eines Waffenstillstands Kenntniß zu verschaffen:

„Unsere Ehrenhaftigkeit und der einstimmige Wunsch der italienischen Nation sichern der preußischen Regierung die Fortsetzung unserer Mithilfe (cooperazione) zu, so weit dieselbe es von uns erwartet werden kann. In jeder Weise wünschen wir uns ohne Zögerung mit ihr über die zwischen Italien und Preußen gemeinsam festzulegenden Bedingungen zu verständigen, um im Stande zu sein, auf den Vorschlag des Kaisers der Franzosen zu antworten."

Der italienische Gesandte in Paris, den Herr Drouyn de l'Huys von der neuen Wendung der Dinge in Kenntniß setzt, formulirt sofort gewisse Bedingungen für den Fall, daß Italien auf die Cession Venetiens eingehen sollte:

„.... Ich bemerkte sogleich, daß die italienische Regierung nicht zulassen würde, daß Oesterreich bei dieser Gelegenheit und als Bedingung der Cession Vorbehalte bezüglich der römischen Frage erhebe — einer Frage, welche wir als durch die zwischen Italien und Frankreich geschlossene Convention vom 15. Sept. 1864 geregelt ansähen. Ich fügte weiter hinzu, daß die Benennung Venetien nach der Anschauung der italienischen Regierung das Tren-

und einbegriffen müsse, welches auf dem italienischen Abhang der Alpen liege und von einer rein italienischen Bevölkerung bewohnt sei..."

8. Juli. Italien ergreift trotz der Abtretung Venetiens an Frankreich wieder die Offensive: Cialdini geht mit seiner Armee über den untern Po.

9. „Eine Depesche Visconti-Venosta's an den italienischen Gesandten in Paris formulirt die Bedingungen, deren Erfüllung die italienische Regierung von der französischen verlange, ehe sie auf einen Waffenstillstand eingehen könne. Diese Bedingungen betreffen:
1) die Form der Cession, indem, wenn auch das franz. Dazwischentreten zur Anwendung komme, Oesterreich das Princip der Vereinigung Venetiens mit Italien seinerseits förmlich und ausdrücklich zulassen müsse. 2) Den Vorbehalt, in den Friedensverhandlungen das Trentino mit Unterstützung Frankreichs zu beanspruchen; 3) die Ausschließung der römischen Frage von den Verhandlungen.

10. „Die Oesterreicher räumen Rovigo und sprengen die Festungswerke in die Luft.

11. „Cialdini verlegt sein Hauptquartier nach Rovigo.

14. „Die Armee Cialdini's besetzt Padua ohne Widerstand.

15. „Die italienische Regierung wünscht sich auch mit Preußen bez. der Erwerbung des Trentino als einer Bedingung des Waffenstillstands von ihrer Seite zu verständigen.

„... Was die von Italien gestellten Bedingungen für einen Waffenstillstand mit Oesterreich betrifft, so sind einige derart, daß sie Specialverhandlungen mit Frankreich vorbehalten bleiben müssen; dagegen muß eine andere, diejenige, welche sich auf die Grenzen des an Italien zu cedirenden Gebietes bezieht, nunmehr ein hauptsächlicher Gegenstand der Verabredungen zwischen Italien und Preußen sein."

16. „Die italienische Flotte unter Admiral Persano läuft aus dem Hafen von Ancona aus und wendet sich gegen Norden.

18. „Prinz Napoleon langt im Auftrage des Kaisers Napoleon im Hauptquartier des Königs von Italien in Ferrara an, um die Zustimmung Italiens zu einem Waffenstillstand zu betreiben. Frankreich wäre zu diesem Ende hin bereit, die römische Frage jeder Discussion zu entziehen und zeigt sich geneigt, eine Retrocession Venetiens durch eine Befragung der Bevölkerung zu vermeiden. Die Frage des Trentino wird mit Stillschweigen übergangen.

„ „Die Flotte unter Persano langt vor der dalmatischen Insel Lissa an und beschießt ohne Erfolg die den Hafen schützenden Befestigungswerke der Oesterreicher.

19. „Cialdini rückt mit seiner Armee in drei Abtheilungen nach drei verschiedenen Richtungen in Venetien vor, mit dem Hauptcorps unter Gen. Cadorna gegen den Isonzo, mit dem zweiten unter Gen. Cugia gegen Venedig, mit dem dritten unter Gen. Medici durch die Val Sugana gegen Trient.

„ „Die italienische Flotte unter Persano bringt in den Hafen von Lissa ein, vermag jedoch keine Landung zu bewerkstelligen. Die

österreichische Flotte unter Tegethoff läuft von Pola zum Entsatz der Insel aus.
20. Juli. Die ital. Regierung, von Frankreich gedrängt, sich zu einem Waffenstillstand herbeizulassen, verlangt von Preußen eine präcise Antwort darüber,

„welche practische Unterstützung dasselbe den ital. Bedingungen für einen Waffenstillstand angedeihen zu lassen beabsichtige, Bedingungen, die ihr schon längst notifizirt wurden und bezüglich deren sie sich bisher darauf beschränkte, bloß im Allgemeinen die Solidarität beider Regierungen bezüglich des Abschlusses eines Waffenstillstands zu betätigen."

„ „   Seeschlacht bei Lissa. Die weit überlegene ital. Flotte unter Persano wird von der österr. unter Tegethoff geschlagen und kehrt nach Ancona zurück.

22. „ Preußen schließt seinerseits in Nicolsburg eine Waffenruhe mit Oesterreich auf 5 Tage ab.

23. „ General Medici ist durch Val Sugana gegen Trient bei Levico vorgedrungen. General Kuhn, der österr. Commandant in Wälschtyrol, zieht überlegene Streitkräfte aus Verona und sonst herbei und ist, dem Gen. Medici nunmehr überlegen, entschlossen, Trient zu behaupten.

„ „ Der italienische Gesandte im Hauptquartier des Königs von Preußen in Nicolsburg telegraphirt der italienischen Regierung, daß Preußen die Ansprüche Italiens auf das Trentino als Bedingung eines Waffenstillstands nicht unterstützen könne, sondern „ihre Anforderungen auf das Venetianische im eigentlichen Sinne beschränken müsse".

25. „ Italien, ohne Aussicht das Trentino noch besetzen zu können und weder von Frankreich, noch von Preußen in seinen Ansprüchen auf dasselbe als Bedingung für einen Waffenstillstand sine qua non unterstützt, läßt sich endlich ebenfalls zu einer 8tägigen Waffenruhe herbei, um während derselben über einen förmlichen Waffenstillstand zu unterhandeln.

26. „ Prinz Napoleon theilt dem König von Italien die letzten Vorschläge des Kaisers Napoleon bezüglich der Bedingungen für einen Waffenstillstand zwischen Italien und Oesterreich mit: Waffenstillstand auf der Grundlage des militärischen uti possidetis: bedingungslose Uebergabe Venetiens an Italien und Plebiscit; außerdem verspricht der Kaiser Italien seine guten Dienste in der Frage der Grenzen (Trentino).

Preußen schließt in Nicolsburg einseitig seinen Waffenstillstand mit Oesterreich ab, da Italien sich mit Frankreich noch nicht über die Bedingungen seines Beitritts zu demselben verständigt habe, und begnügt sich mit dem Art. 6 der Präliminarien, durch den das Recht Italiens reservirt wird, und dessen Wortlaut von dem franz. Botschafter vorgeschlagen worden war.

28. Juli. Italien erklärt seine Zustimmung zu den ihm am 20. d. M. von Frankreich mitgetheilten Vorschlägen für die Bedingungen eines Waffenstillstandes mit Oesterreich, in der Meinung, daß Oesterreich damit im Wesentlichen bereits sich einverstanden erklärt habe (siehe Frankreich).

29. „ Die italienische Regierung verhandelt mit der französischen weiter über die Bedingungen eines Waffenstillstandes mit Oesterreich.

In einer Befragung der venetianischen Bevölkerung über die Annexion erkennt Visconti-Venosta in seiner Depesche an Nigra „das würdigste und den politischen Principien sowohl Frankreichs als Italiens gemäßeste Mittel zu Vermeidung einer Retrocession, welche weder mit der Stellung unserer Armee im Venetianischen noch mit den durch Preußen für die Vereinigung Venetiens mit Italien zugesicherten Bürgschaften übereinstimmen würde". Ferner verlangt er, daß der Friede direct zwischen ihm und Oesterreich abgeschlossen werde und die Herstellung diplomatischer Beziehungen zwischen beiden Ländern zur Folge habe. Was die übrigen bei dem Frieden zur Sprache kommenden Bedingungen betrifft, so verlangt die ital. Regierung namentlich, daß die auf dem venetianischen Gebiet bestehenden Festungswerke durch die Oesterreicher unversehrt gelassen werden, ohne daß dafür Italien eine besondere Indemnität zur Last falle; daß Italien nur die venetianische Specialschuld, nicht aber auch einen Theil der allgemeinen österr. Schuld übernehme; daß die Grenzen Venetiens bis zum Isonzo und im Etschthal südlich von Bozen und nördlich von Trient hinausgerückt würden.

Der preußische Gesandte in Florenz ladet das italienische Cabinet ein, dem österreichisch-preußischen Waffenstillstand vom 26. d. Mts. seine Zustimmung zu ertheilen und Bevollmächtigte zu ernennen, die dasselbe bei den demnächst wahrscheinlich in Prag zu eröffnenden Friedensunterhandlungen zu vertreten hätten.

30. „ Ein Decret des Prinzen von Carignan als Stellvertreter des Königs verfügt für Venetien die Aufhebung des österr. Concordats und der religiösen Körperschaften.

1. Aug. Kritischer Moment: der 8tägige Waffenstillstand läuft am 2. Aug. ab, die italienischen Streitkräfte am Isonzo sind den österreichischen entschieden überlegen, ein Vorrücken der ital. Armee und eine Schlacht sind nicht unmöglich, Triest ist auf eine italienische Occupation gefaßt. Die ital. Regierung entschließt sich jedoch gegen eine Entscheidung durch die Waffen: die Waffenruhe wird um 8 Tage (bis zum 10. Aug.) verlängert und Oesterreich beeilt sich, starke Truppenmassen, die es früher aus Italien an die Donau gezogen, nun wieder von dort gegen den Isonzo zurückzuschieben.

2. Aug. Ein kgl. Decret verfügt ein Nationalanlehen (Zwangsanlehen) von 350 Mill., zahlbar in sechs Raten vom 8. October 1866 bis 8. April 1867 (zu 95 Procent emittirt und mit 6 Procent Zinsen).

4. „ Ein Decret des Prinzen v. Carignan als Stellvertreter des Königs verordnet die Gleichheit der Rechte aller Bürger abgesehen vom Glaubensbekenntniß auch für die venetianischen Provinzen:

Art. 1. In den italienischen Provinzen, die von der österr. Herrschaft befreit sind, sind alle Bürger gleich vor dem Gesetz, zu welchem religiösen Cultus sie sich auch bekennen; sie genießen in gleichem Grad alle bürgerlichen und politischen Rechte. Art. 2. Alle entgegengesetzten Verfügungen des Civilgesetzbuchs und Gerichtsverfahrens, sowie die andern Gesetze und Maßregeln, sowohl bürgerliche als politische, die in besagten Provinzen in Kraft sind, werden aufgehoben. Art. 3. Nichts ist verändert bezüglich der Verfügungen, welche die Ausübung des Cultus der Heterodoxen, sowie der Israeliten regeln.

5. Aug. Beginn der Unterhandlungen mit Oesterreich über einen Waffenstillstand in der istrischen Stadt Cormons am Isonzo.

8. „ Die Waffenruhe mit Oesterreich wird nochmals, aber nur um einen Tag, bis zum 11. Aug., verlängert.

9. „ Der Ministerrath beschließt, sich den österr. Forderungen bez. den Abschluß eines Waffenstillstandes zu fügen und auf das uti possidetis für denselben, d. h. auf das Trentino zu verzichten.

11. „ Abschluß des Waffenstillstands mit Oesterreich in Cormons. Die ital. Truppen räumen Wälschtyrol und gehen auch hinter den Tagliamento zurück.

13. „ Graf Menabrea geht als ital. Unterhändler für einen Friedensschluß mit Oesterreich nach Prag und Wien ab.

15. „ Garibaldi nimmt von den Freiwilligen in einer Proclamation Abschied und kehrt nach Caprera zurück.

18. „ Der König erläßt eine Amnestie für Alle, auch Militärpersonen, welche bis zu diesem Tage angeklagt oder verurtheilt sind. (Auch die Verurtheilten von Aspromonte und Mazzini sind in diese Amnestie eingeschlossen).

„ Lamarmora tritt als Generalstabschef und Minister ohne Portefeuille zurück. Cialdini wird zum Generalstabschef, General Cugia an die Stelle Pettinengo's zum Kriegsminister ernannt.

23. „ Die ital. Regierung läßt in Prag ihre Zustimmung zu dem in den Friedenstractat zwischen Oesterreich und Preußen aufzunehmenden Artikel über die Erwerbung Venetiens für Italien aussprechen. Italien versteht darunter eine directe Abtretung Venetiens an Italien, die durch Oesterreich s. Z. in den Friedensvertrag mit Italien ausgesprochen würde.

24. „ Frankreich deutet den unbestimmt gehaltenen Artikel des Friedensvertrages zwischen Oesterreich und Preußen, wie er von Italien acceptirt worden ist, im Sinne einer Aufrechthaltung der ursprünglichen Cession Venetiens an Frankreich und einer Retrocession derselben durch Frankreich an Italien und schließt mit Oesterreich in diesem Sinne einen förmlichen Vertrag ab.

Anm. Die Italiener behaupten, daß das Datum ein fingirtes und der Vertrag in Wahrheit erst nach dem Abschluß des Friedens von Prag unterzeichnet worden sei.

Anf. Sept. Die Regierung sieht sich durch den Druck der öffentlichen Meinung genöthigt, den Admiral Persano wegen seines Verhaltens in der Seeschlacht von Lissa dem Senat zur Beurtheilung zu überweisen.

13. „ Die Brigantenbanden in der Umgegend von Palermo vereinigen sich zu einem großen Schlag gegen die Stadt.

16. „ Die Briganten ziehen in Palermo fast ohne Widerstand ein. Organisation des Aufstandes, Errichtung einer provisorischen Regierung. Die Truppen erhalten Verstärkung und beginnen allmählig wieder vorzugehen. Commandant der Truppen General Caborna. Syndicus der Stadt: Marchese Rubini. Unthätigkeit der Nationalgarde.

19. „ General Caborna, der Commandant der Truppen in Palermo, wird zum außerordentlichen Commissär der Regierung mit umfassenden Vollmachten ernannt.

21. „ Die Truppen werden wieder Meister der Stadt Palermo.

1. Oct. Ein kgl. Decret spricht die Auflösung der Freiwilligen-Bataillone aus.

3. „ Abschluß des Friedens zwischen Oesterreich und Italien zu Wien (s. Anhang). Oesterreich liefert die eiserne Krone der Lombardei an Italien aus.

7. „ Ein kgl. Decret regelt ohne Rücksicht auf die noch nicht erfolgte Retrocession Venetiens durch Frankreich an Italien die statt haben sollende Abstimmung (Plebiscit) über den Anschluß Venetiens an Italien, indem es davon ausgeht, daß jene Cession lediglich auf die Festungen und die Stadt Venedig sich beziehe.

9. „ Die Oesterreicher räumen Peschiera, die italienischen Truppen besetzen es.

10. „ Die ital. Regierung geht davon aus, daß das festgesetzte Plebiscit lediglich eine, durch Frankreich ihr auferlegte Formalität sei und verfügt demgemäß durch kgl. Decret, daß die kgl. Commissäre im Venetianischen sofort eine Reihe Decrete über Einführung italienischer Gesetze veröffentlichen und daß diese Gesetze einen Tag nach der bezüglichen Veröffentlichung in Kraft treten sollen:

Intitulation und Normen bei Promulgation von Gesetzen, die Einführung des Statuts des Königreichs, Abschaffung des Concordats mit Rom, Unterdrückung der religiösen Körperschaften, Einführung des Zwangscurses der Billete der ital. Nationalbank, Gesetze über öffentliche Sicherheit, Anwendung der ital. Werthbestimmung für Gold-, Silber- und Bronce-Münzen in Bezug auf öfterr. Münzen, die Majorennität mit 21 Jahren (erst nach 3 Monaten in Kraft zu treten), Gleichheit der Staatsbürger vor dem Gesetz ohne Rücksicht auf Religion und Profession, Einführung des k. Placet und Exequatur, Organisation der Nationalgarde, Abschaffung der Stockprügel und Ruthenstreiche, Aufhebung gewisser Bestimmungen über Zurückhaltung und Verbergung von Waffen, Einführung der Preßgesetze. Die lombardisch-venetianische Statthalterschaft, die Centralcongregation, die Polizeidirection in Venedig werden

24

aufgelöst. Es bleiben die Präfectur und die Procura der Finanz, die Contabilität des Staats, die Directionen des Census und des Lotto, und die Postdirection. Auch im Gefängnißwesen werden keine Aenderungen vorgenommen.

10. Oct. Die Oesterreicher räumen Mantua, die italienischen Truppen besetzen es.

12. „ Senat: Beginn des Staatsprocesses gegen den Admiral Persano wegen seines Verhaltens in der Seeschlacht von Lissa.

„ „ Auflösung der bisherigen ungarischen Legion.

16. „ Die Oesterreicher räumen Verona, die italienischen Truppen besetzen es.

17. „ Die Oesterreicher räumen Venedig.

18. „ Der französische General Leboeuf übergibt nach einem vorher festgestellten Ceremoniell die Stadt im Namen des Kaisers Napoleon einer Commission des Gemeinderathes. Einzug der ital. Truppen in die Stadt unter dem Jubel der Bevölkerung.

21/22. „ Plebiscit in Venetien über die Vereinigung mit der constitutionellen Monarchie des Königs Victor Emanuel. Die Abstimmung ergibt: 651,758 Ja und nur 69 Nein. Der bisher entschieden österreichisch gesinnte Clerus geht plötzlich zur nationalen Partei über und voran überall an der Spitze der Landgemeinden mit Ja.

22. „ Rundschreiben Ricasoli's an die Präfecten des Königreichs über die allmählige Rückkehr der von der Regierung bisher gewaltsam aus ihren Diöcesen entfernt gehaltenen Bischöfe:

Ricasoli setzt darin auseinander, daß nach dem „Aufhören der fremden Occupation" der venetianischen Provinzen auch jene Rücksichten aufhören, welche die „scrupulöse Legalität" bisweilen schweigen lassen mußten, und daß nun die absolute Herrschaft der Gesetze wieder eintreten müsse, selbst gegen diejenigen, welche sich der Regierung feindlich erzeigten und ihr nachstellten. Unter die Classe solcher Regierungsfeinde zählt Ricasoli in erster Reihe die Bischöfe, die aus ihren Diöcesen entfernt und theils zu Zwangsdomicil verurtheilt worden waren. Indeß gibt er neben der Berechtigung der nunmetzigen Herrschaft der Gesetze zur Motivirung für die Rückkehr der betreffenden Bischöfe in ihre Diöcesen auch die Nothwendigkeit an, daß die Störung der Gewissen bei den Bevölkerungen aufhöre, und erklärt, daß sich die Regierung durch Bekundung ihres Respects für die Religion selbst ehre, und damit auf die Verwirklichung des Princips der „freien Kirche im freien Staat" hinarbeite. Wenn trotz dieses Entgegenkommens der Regierung die zurückberufenen Bischöfe in ihrer Feindseligkeit beharren, und zeigen sollten, daß sie durch die letzten politischen Ereignisse zu Gunsten Italiens nicht andern Sinnes geworden sind, dann sollen die Gerichte zu ihrer Verfolgung genügen. Uebrigens will Ricasoli, daß man sich mit der beschlossenen Zurückberufung der Bischöfe nicht übereile. Es werden deshalb zuerst nur diejenigen zurückberufen werden, welche, von ihrer Diöcese entfernt, sich doch in italienischen Provinzen aufhalten; dagegen sollen von dieser Begünstigung vorläufig diejenigen ausgeschlossen bleiben, die sich nach Rom gewendet oder neuerdings noch Beweise von Feindseligkeit gegen die Regierung gegeben haben, wiewohl auch die Zurückberufung dieser im Princip beschlossen sei.

30. „ Ein kgl. Decret verordnet, ohne die Beendigung der Formalitäten der Einverleibung abzuwarten, die Vornahme der Deputirtenwahlen in den venetianischen Provinzen auf den 25. Nov.

4. Nov. Der König empfängt in Turin die venetianische Deputation mit dem Ergebniß des Plebiscits. Antwort des Königs:
„Dieser Tag ist der schönste meines Lebens. Vor 18 Jahren war es, als mein Vater in dieser Stadt den Krieg für die Unabhängigkeit proclamirte. Heute bringen Sie mir, seinem Nachfolger, die Kundgebung des Volkswillens der venetianischen Provinzen, welche, jetzt mit dem ital. Vaterlande vereinigt, das Gelübde meines Vaters vollbracht erklären. Sie bestätigen durch diesen feierlichen Act, was Venedig bis 1848 gethan hat, und was es bis heute mit bewunderungswürdiger Beständigkeit und Selbstverläugnung aufrecht erhalten hat. Ich beglückwünsche somit diese hochsinnigen Herzen, die um den Preis ihres Blutes und aller Opfer in ihrem Glauben an die Geschicke des Vaterlandes beharrt haben. Heute hat die Fremdherrschaft aufgehört. Italien ist gemacht, wenn nicht vollendet. (Italia è fatta ma non compiuta). Die Italiener müssen es vertheidigen und groß machen. Die eiserne Krone ist auch Italien zurückerstattet, aber dieser Krone ziehe ich eine andere vor, die mir theurer ist, die mir von der Liebe meines Volks gemacht ist."

Hierauf unterzeichnet der König das Annexionsdecret:
„Victor Emanuel II. durch die Gnade Gottes und den Willen der Nation König von Italien. In Anbetracht des Gesetzes vom 17. März 1861; in Anbetracht des Resultats der allgemeinen Abstimmung, mit welcher die Bürger der befreiten ital. Provinzen, am 21. u. 22. des vergangenen Octobers in die Wahlcomitien zusammenberufen, die Vereinigung mit dem Königreich Italien unter der constitutionellen Monarchie Victor Emanuels und seiner Nachfolger ausgesprochen haben — haben Wir nach Anhörung Unsers Ministerrathes beschlossen, und beschließen wie folgt: Art. 1. Die Provinzen Venetiens und die Mantua's machen einen integrirenden Bestandtheil des Königreichs Italien aus. Art. 2. Der Art. 22 der Verfassung wird auf die obengenannten Provinzen seine Anwendung finden, bis sie selbst im Parlament ihre regelmäßige Vertretung haben werden. Art. 3. Gegenwärtiges Decret wird dem Parlamente vorgelegt, um von ihm in ein Gesetz umgewandelt zu werden."

7. „ Einzug des Königs Victor Emanuel in Venedig. Derselbe wird mit einem unendlichen Jubel und einer wahrhaft unerhörten Pracht gefeiert.

9. „ Die vertriebenen Fürsten von Parma, Modena und Toscana lassen ihre bisher noch immer unterhaltenen Gesandtschaften, namentlich am Hofe von Wien, nunmehr eingehen.

15. „ Ricasoli vervollständigt seine Verfügung vom 22. v. M., indem er nun auch denjenigen vertriebenen Bischöfen, die sich seither in Rom aufgehalten haben, die Rückkehr in ihre Diöcesen gestattet und erläßt zugleich an alle Präfecten ein Circular, worin er seine Ansichten über die römische Frage und über die innern Aufgaben des italienischen Staates darlegt:
„Die definitive Vereinigung der venetianischen Provinzen mit dem Königreich Italien schließt nach Ablauf von zwölf Jahrhunderten die Aera der Fremdherrschaft auf der Halbinsel; sie beseitigt die Nothwendigkeit der in aller Eile zu Stande gebrachten Kriegsmittel, und benimmt jeden vernünftigen Grund, fortwährend in Unruhe zu schweben, was die Staatslasten den Bürgern so sehr erschwerte und die Aufmerksamkeit von den wichtigeren Angelegenheiten der bürgerlichen, administrativen und finanziellen Neugestaltung ablenkte. Seiner selbst gewiß, kann Italien fortan die günstige Gelegenheit

24*

abwarten, um das zu erlangen, was ihm noch fehlt, und während dieser Zeit mit Ruhe im Innern umschauen, um Fürsorge zu treffen.

„Allerdings bleibt noch eine Frage zu lösen: die römische nämlich; nach dem Vertrag jedoch, durch den der politische Theil derselben geordnet ward, kann und darf die römische Frage in Zukunft keinen Grund zu Agitationen hergeben. Die Souveränetät des römischen Pontifex ist durch den Septembervertrag vom Jahr 1864 auf die Bedingung aller übrigen Souveränetäten hingewiesen worden; sie soll auf sich selbst angewiesen bleiben, und die Mittel für ihre Existenz und Dauer in sich allein finden. Italien hat Frankreich und Europa die Zusage ertheilt, sich nicht zwischen Päpste und Römer einzumischen, und diesen letzten Versuch über die Lebensfähigkeit eines Kirchenfürstenthums sich vollziehen zu lassen, das in der civilisirten Welt nunmehr ohne Beispiel und im Widerspruch mit dem vollbrachten Fortschritt ist. Italien muß sein Versprechen aufrecht erhalten, und von der Wirksamkeit des Nationalprincips erwarten, daß dieses den unfehlbaren Triumph seiner Rechte herbeiführe. Demnach muß jede Agitation, welche die römische Frage zum Vorwand nehmen wollte, widerrathen, getadelt, verhindert und niedergehalten werden, gleichviel welchen Charakter sie zeigt; denn es darf kein Grund zu dem Verdacht geboten werden, als stehe Italien im Begriff, in irgend einer Weise dem gegebenen Versprechen untreu zu werden, und es darf durchaus nichts versucht werden, um es dahin zu bringen, daß es dasselbe verletze, weil ihm auf diese oder jene Art ein Präjudiz geschaffen, oder ihm ein schwerer Schaden bereitet würde. Wohl weiß ich, daß die doppelte Eigenschaft des Pontifex manchen Leuten einen Grund an die Hand gibt, um die politische und die religiöse Frage durch einander zu mengen, und ängstliche Gewissen mit dem Zweifel zu beunruhigen, als wolle die italienische Regierung die Unabhängigkeit des geistlichen Hauptes des Katholicismus beschränken und die Freiheit der Kirche verletzen. Aber Sie dürfen, falls es nöthig erscheinen sollte, derlei Besorgnisse heben. Die legislativen Maßnahmen, die wiederholt ertheilten Erklärungen der k. Regierung, sowie ihre Beschlüsse, selbst die neuesten, liefern den schlagendsten Beweis, daß sie in religiösen Angelegenheiten kein anderes Reich kennt und keine andere Regel gestattet als die der Freiheit und des Gesetzes, und daß sie in den Dienern des Cultus weder Privilegirte noch Märtyrer haben will. Allerdings darf das Haupt der Katholiken, die über die ganze Welt verbreitet sind und die große Mehrzahl der italienischen Nation bilden, Bürgschaften beanspruchen, daß es frei und unabhängig sein geistliches Amt verwalten kann. Die italienische Regierung ist mehr als jede andere bereit, die Bürgschaften zuzugestehen, welche für geeignet erachtet werden sollen, um diese Freiheit und Unabhängigkeit zu schützen, weil sie mehr als jede andere überzeugt ist, daß dieselben zugestanden werden dürfen, ohne daß die Rechte der Nation, deren Vertreterin sie ist, dadurch verletzt werden.

„Jetzt also, wo unsere Fahne über Oracien weht, ist es nöthig, daß man alle Einrichtungen des Staats stärke, und sich bemühe, alle Elemente der Kraft und der Treue, welche er enthält, entwickle. Italien soll und darf nicht länger seine Industrie, seine Cultur, seinen Credit bei Europa erbetteln; es muß fernerhin selbst zu der allgemeinen Wohlfahrt beitragen, mit aller Thätigkeit, deren es fähig ist, und die reichlichen Kräfte fruchtbar werden lassen, welche die Vorsehung ihm verliehen hat, und welche bisher durch die traurigen Verhältnisse des Vaterlandes entfremdet wurden. Das Feld dieser unerläßlichen Thätigkeit ist für alle offen; vom einfachen Familienvater an bis zu den Verwaltern der Gemeinden und der Provinzen, und bis zum Minister hinauf haben alle die Verpflichtung, sich die Hand zu reichen, und sich gegenseitig, je nach ihren Wirkungskreisen, zu unterstützen. Sie wollen also sich bemühen, für Ihren Theil in dieser Absicht mitzuwirken, indem Sie den moralischen und materiellen Verhältnissen Ihrer Provinz Rechnung tragen in Beziehung auf das, was zu ihrer Hebung und ihrer Wohlfahrt zu thun sein wird. Da, wo die individuelle Thätigkeit langsam und mangelhaft ist, muß man suchen, sie zu steigern, selbst ihr nachzuhelfen, bis sie sich wieder erkräftigt hat; aber man muß nicht die Anmaßung haben, sie durch die bloße Regierungsthätigkeit ersetzen zu wollen, damit die Kräfte nicht geschwächt werden, welche hervorzurufen und lebendig zu erhalten sind. Seien Sie versichert, daß Sie viel für die politische Erziehung der von Ihnen Verwalteten gethan haben werden, wenn Sie dieselben, ohne Ihre Autorität zu schwächen, anleiten, die Nothwendigkeit Ihres Einschreitens weniger zu fühlen und sich weniger an Ihre Initiative zu wenden. Die Freiheit muß bei dem Menschen das Bewußtsein ihrer eignen Würde wecken und lebendig erhalten, ihnen das Gefühl der Verantwortlichkeit und der gegenseitigen thatsächlichen Verpflichtung wiedergeben, die Fähigkeiten ihrer Intelligenz und ihrer Seele zum Besten der allgemeinen Wohlfahrt zu verwenden; andernfalls wird die Freiheit nur dahin führen, dem gemeinen Ehrgeiz und der niedrigsten Habsucht zu den kühnsten und unternehmendsten Bestrebungen die Bahn zu öffnen. Uebrigens muß, damit der Staat in seiner Aufgabe kräftig und erfolgreich vorgehen könne, ohne die Thätigkeit der Bürger abzuziehen, zu behindern, oder in irgendeiner Weise zu stören, die Regierung durch weise Einrichtungen die verschiedenen Theile der Verwaltung in Einklang bringen, ihre Functionen wohl unterscheiden und bestimmen, und zu diesen Functionen ehrliche, verständige und arbeitsame Männer anstellen, welche, zufrieden für ihre Thätigkeit eine anständige und genügende Vergütung zu erhalten, sich gefallen, die Pflicht wirksam zu erfüllen, die jedem Bürger eines freien Landes auferlegt ist, zu dem Wohl aller andern mitzuarbeiten.

"Jetzt, wo wir die nöthige Muße dazu haben werden, wird es an der Zeit sein, unsere Einrichtungen im Lichte dieser Grundsätze zu betrachten, um uns zu überzeugen, ob sie ihnen entsprechen. Nöthig ist es, eine einfache, rasche, wenig lohnende Gesetzgebung zu haben. Dies ist ein Werk, zu welchem die Regierung mit Vorsicht, aber mit Entschlossenheit fortschreiten wird, und zu welchem sie der Beihülfe der meistbefähigten Beamten bedarf und vor allem der Mitwirkung und der Hülfe des Parlaments. Auf diese Mitwirkung und auf diese Hülfe rechnet die Regierung ganz besonders, und hat das Vertrauen, daß unter den ganz veränderten Zuständen, in welchen sich die Nation befindet, ihre Repräsentanten ihre Sorge dem bringenden Fragen zuwenden werden, welche sich auf die innern Angelegenheiten des Staats beziehen. Niemand in der That wird verkennen, wie dringend nöthig es ist, den öffentlichen Credit herzustellen, die Quellen des öffentlichen Reichthums zu erweitern und zu beleben und neue zu eröffnen, nachzusuchen, welche Ausgaben unnöthig, übermäßig oder unfruchtbar sind, um sie abzustellen oder zu ermäßigen, um die fruchtbringenden Ausgaben mit Maß und Vorsicht zu verwenden, um in allen Dienstzweigen einen Geist strenger Oeconomie und Moralität einzuführen, ohne welche es unmöglich ist, daß das Land sich erhole und seine Kräfte wiedergewinne. Diese Aufgabe ist nicht allein die Aufgabe der Regierung und bezieht sich nicht lediglich auf die Finanzen des Staats. Die Gemeinden und die Provinzen, welche eigene Finanzen haben, und denen es leicht wird, das Privatvermögen in Contribution zu setzen, müssen ihrerseits nicht aus den Augen verlieren, daß sie dadurch einen großen Einfluß auf das Vermögen des Staats ausüben können. Es geziemt sich, daß sie mit Vorsicht verfahren, wenn es sich darum handelt, zu besteuern, und zu bedenken, daß es dem Einzelnen schon auf ein Geringes ankommt, wenn sein Besitzthum eine Schmälerung erleidet in Folge des Willens der Repräsentanten der Nation, oder auf den Beschluß der Gemeinde oder der Provinz. Und da die Unordnung in den Finanzen der Gemeinde oder der Provinz die Unordnung der Finanzen des Staats hervorbringt, welche nur reich und blühend sein können, wenn die einzelnen und die Ge-

nossenschaften reich und wohlhabend sind, so ist es nützlich, daß die Neigung
zu Ausgaben durch diese Betrachtung und nöthigenfalls selbst durch Ihre
amtlichen Rathschläge und die gesetzlichen Beschränkungen gemäßigt werde.
Nicht weniger bringend nöthig ist es, die **Millionenzahl der Unwissenden** zu vermindern, welche ein Flecken ist für Italien und eine schreckliche Anklage für die frühern Regierungen. Denn alle und neue Beispiele bestätigen die Wahrheit, daß ein Volk so viel vermag, als es weiß, und
daß man nichts großes, nichts dauerndes, nichts ruhmvolles von einer Nation
erwarten kann, welche sich keine Mühe gibt, den Schimpf der Unwissenheit
abzuwaschen. Auch diesem Gegenstand ihre Mitwirkung zuzuwenden, sind
die Gemeinden und die Provinzen berufen, und sie werden es mit um so
größerem Eifer thun, wenn sie bedenken, daß das Wachsen der Bildung und
des Unterrichts nicht nur zur Entwicklung des öffentlichen Reichthums dient,
sondern auch die besten Garantien bietet für die öffentliche Sicherheit. In
der That begreift der gebildete Verstand und das aufgeklärte Gewissen, daß
jeder Bürger für seinen Theil beitragen muß zur Aufrechthaltung der Ordnung, das heißt zur Beobachtung des Gesetzes, nicht nur, indem er selbst es
achtet, sondern auch, indem er ihm Achtung schafft und es im nöthigen Fall
anruft.

„Gegenüber einem so weiten, so edlen, so fruchtbaren Felde der Thätigkeit
ist es zu hoffen, daß die **politischen Parteien**, in welche sich bisher die
parlamentarische Repräsentation gespalten hat, die Nothwendigkeit erkennen
werden sich aufzulösen, um sich neuzugestalten, und sich nach den Erfordernissen der neuen Verhältnisse des Landes zu bilden. Es kommt jetzt nicht
darauf an, die Vorbereitungen zu einem unvermeidlichen Krieg mehr oder
weniger zu beschleunigen, noch seine Grenzen mehr oder weniger vorzuschreiben, noch auch seinen Charakter zu bestimmen. Es kann nicht mehr eine
Partei der Ungeduld und eine andere der Vorsicht geben. Es handelt sich
heute darum, Italien auf solche Weise zu regieren und zu verwalten, daß
es noch möglich, glücklich werde, und daß es ebenfalls durch seine Thaten
beitrage zum Fortschritt der allgemeinen Civilisation. Es ist nöthig, daß
jede politische Partei in das parlamentarische Leben mit einem fertigen Programm für Regierung und Verwaltung eintrete, und daß, alle Rücksicht auf
Personen beiseite lassend und die persönlichen und localen Gehässigkeiten vergessend, die Repräsentanten des Landes sich nach Principien und Systemen
gruppiren. Auf diese Weise ehrlich ausgeübt, werden die parlamentarischen
Institutionen ihre ganze Fruchtbarkeit beweisen, und alle die Wirksamkeit für
das Gute, deren sie fähig sind. Alsdann werden die Verbesserungen und
Reformen als Product einer aufrichtigen und umfassenden Discussion nicht
die unsichern Schicksale der unendlich getheilten Parteien theilen. Zu diesem
neuen Werk der Verbesserungen und der Reformen werden die neuen Provinzen
wirksam beitragen, welche Erben jener politischen Weisheit sind, die so vielen
Antheil an der ital. Civilisation gehabt hat.

„Fassen wir alles zusammen; wenn man in den sechs letztverflossenen
Jahren vor Allem darauf zielen mußte, die gesetzlichen und die Verwaltungsinstitutionen in eins zu bringen, aus sieben verschiedenen Staaten ein einiges
Königreich Italien zu machen, so ist es jetzt Zeit, daß das einige Italien
untersuche, welche Institutionen seiner Verwaltung die geeignetsten sind. Aber
damit diese Untersuchung förderlich sei, muß sie reiflich erwogen werden und
man muß sich hüten, die Nöthigung zu Verbesserungen mit dem Drang nach
Neuerungen zu verwechseln. Die Institutionen müssen eine angemessene
Probezeit bestehen, sie müssen in ihrer Anwendbarkeit und in ihrer Anwendung studirt werden, um einen großen Nutzen daraus zu ziehen. Die Belehrung, welche Sie in der Ausübung Ihrer Functionen durch Erfahrung
gewonnen haben müssen, wird zu diesem Ergebniß vieles beitragen und Sie
werden die Regierung davon Nutzen ziehen lassen mit der Versicherung, daß

dieselbe geschätzt werden wird, und ihre Nützlichkeit wird um so größer sein, als Sie, ohne Ihre eigene Beobachtung zurückzusetzen, die Beobachtungen anderer verwertheil haben werden, welche Gelegenheit hatten, unsere Institutionen in ihrer Wirksamkeit zu studiren. Italien, im Augenblick, wo es seine volle Unabhängigkeit erlangt, befindet sich im Besitz aller Mittel zur Freiheit und damit aller nöthigen Bedingungen, um Wohlstand, Kraft und Größe zu erringen; aber es würde alles vergeblich sein, wenn nicht die Thätigkeit der Bürger sich mit Eifer bestreißigte, die Mittel fruchtbar zu machen. Sie können versichert sein, Herr Präsect, die Absichten der Regierung wohl verstanden zu haben, wenn Sie, ohne die Arbeit, welche Ihnen Ihr Amt auferlegt, zu sparen, die Thätigkeit Ihrer Verwalteten anregen und wirksam machen, indem Sie deren Anstrengungen und die Ihrigen auf dasselbe Ziel hin zusammenstreben lassen."

20. Nov. Der franz. General Fleury trifft in außerordentlicher Mission des Kaisers Napoleon in Florenz ein.
21. „ Der König trifft von Venedig wieder in Florenz ein.
27. „ Ein kgl. Decret verfügt die Aufhebung des Belagerungszustandes in Palermo auf den 30. Nov.
„ „ Vegezzi trifft, von der Regierung berufen, in Florenz ein. Unterhandlungen mit ihm über eine neue Mission an die römische Curie.
— „ Der junge Syndic von Palermo, Marchese Rudini, der während des Aufstandes große Entschlossenheit und Umsicht an den Tag gelegt hat, wird zum Präfecten der Stadt ernannt.
— „ Ein vertrauliches Circular Ricasoli's erklärt sich sehr entschieden gegen die fortdauernde Agitation in Wälschtyrol.

1. Dec. Auch der vertriebene König von Neapel läßt seine bisher noch unterhaltenen Gesandten, namentlich am Hofe von Wien, nunmehr eingehen.
3. „ Durch kgl. Decret wird eine Commission für Reorganisation der Armee niedergesetzt.
5. „ Vegezzi lehnt die Uebernahme einer neuen Mission an die römische Curie schließlich ab.
7. „ Zwischen Frankreich und Italien wird in Ausführung der Convention vom 15. Sept. 1864 über die Räumung Roms durch die Franzosen eine besondere Convention bez. Regelung der päpstlichen Schuld unterzeichnet.
Der Schuldantheil, welchen Italien für die Romagna, die Marken, Umbrien und Benevent übernimmt, beläuft sich auf 15,230,145 Fr. 38 Cent. Rente. Davon gehen ab 1,468,617 Fr. 42 Cent., welche die italienische Regierung jetzt schon an bestimmte Renteninhaber in den annectirten Ländern zahlt. Es bleiben also auf Rechnung Italiens 13,761,526 Fr. 96 Cent. Hierzu treten nun die Rückzahlungen, welche Italien für die seit der Annexion vom Rom bezahlten Renten zu leisten hat. Für die drei letzten Semester bezahlt spätestens bis zum 15. März Italien die Summe von 20,642,291 Fr. 94 Cent. baar; für den Rückstand übernimmt die italienische Regierung eine Rente von 3,397,626 Fr. 95 Cent. Zusammen hat also Italien eine jährliche Rente von 18,627,773 Fr. 83 Cent. als den auf es fallenden Antheil der römischen Schuld zu tragen (abgesehen von der einmal zu entrichtenden Summe von 20,642,292 Fr.).

8. Dec. Der Commend. Torello geht statt Begezzi's in außerordentlicher
Mission an die römische Curie nach Rom ab.
9. „ Differenz mit der Pforte wegen des Dampfers Tommaso (Candia).
11. „ Die Franzosen haben an diesem Tage Rom vollständig geräumt
und die italienische Regierung den Kirchenstaat mit einem starken
Truppencordon umgeben, um jeden Einbruch in denselben von Außen
zu verhindern.
15. „ Eröffnung des Parlaments. Thronrede des Königs:
„Das Vaterland ist fortan von jeder Fremdherrschaft befreit. Mit inniger
Freude erkläre ich dieß den Vertretern von 25 Millionen Italienern. Die
Nation hat Vertrauen in mich, ich habe Vertrauen in sie gesetzt. Das große
Ereigniß, welches unsere gemeinsamen Bestrebungen krönt, gibt dem Werke
der Civilisation neuen Schwung, dem politischen Gleichgewicht Europa's größere
Sicherheit. Durch die Raschheit, mit welcher es sich militärisch organisirt hat,
und durch die schnelle Einigung seiner Bevölkerung hat Italien das Ansehen
erlangt, welches ihm nöthig war, um durch sich selbst und mit Hülfe wirksamer Bündnisse seine Unabhängigkeit zu erlangen. Es hat bei diesem
schwierigen Werk Ermunterung und Unterstützung gefunden in der Sympathie der civilisirten Regierungen und Nationen, welche noch durch die
muthige Ausdauer der venetianischen Provinzen beim gemeinsamen Werk der
nationalen Befreiung gefördert und vermehrt wurde. Dem Friedensvertrag
mit dem Kaiserreich Oesterreich, der Ihnen vorgelegt werden soll, werden
Unterhandlungen folgen, welche den Verkehr zwischen den beiden Staaten erleichtern werden. Die französische Regierung hat, den Verpflichtungen getreu,
auf welche sie durch den Septembervertrag eingegangen war, ihre Truppen
von Rom zurückgezogen. Die italienische Regierung ihrerseits hat, indem
sie die eingegangenen Verbindlichkeiten beobachtete, das päpstliche Gebiet
respectirt und wird es respectiren. Das gute Einverständniß mit
dem Kaiser der Franzosen, an den uns Freundschaft und Dankbarkeit fesseln,
die Mäßigung der Römer, die Weisheit des souveränen Papstes, das religiöse
Gefühl und der Rechtssinn des italienischen Volks werden dazu verhelfen, die
katholischen Interessen und die nationalen Bestrebungen, die in Rom sich
verwirren und bestreiten, aneinander zu halten und gegenseitig auszulösen.
Treu der Religion unserer Väter, welche auch diejenige des größten Theils
der Italiener ist, bringe ich gleichzeitig dem Princip der Freiheit meine Huldigung, von welchem unsere Institutionen beseelt sind und welches, wenn mit
Aufrichtigkeit und Freigebigkeit zur Anwendung gebracht, die Ursachen der ehemaligen Zwistigkeiten zwischen Kirche und Staat beseitigen wird. Diese Gesinnungen unsererseits werden, so hoffe ich, indem sie die sich. Gewissen beruhigen, den
Wunsch in Erfüllung gehen lassen, den ich hege, daß der Papst in Rom unabhängig bleibe. Italien ist jetzt in Sicherheit, da es außer der Tapferkeit
seiner Söhne, welche bei allem Glückswechsel weder zu Lande noch zur See,
weder in den Reihen der Armee noch in denen der Freischaaren sich verläugnet hat, als Bollwerk seiner Unabhängigkeit dieselben Wälle besitzt, welche
dazu dienten, es zu unterdrücken. Italien soll und muß also jetzt alle seine
Anstrengungen auf sein ferneres Gedeihen verwenden. So wie die Italiener
mit bewunderungswürdiger Eintracht für ihre Einheit eingestanden sind, so
sollen sie sich auch heute sämmtlich mit Einsicht, Begeisterung und unermüd-
licher Ausdauer der Entwicklung der materiellen Hilfsmittel der Halbinsel
widmen. In dieser Hinsicht werden Ihnen mehrere Gesetzentwürfe vorgelegt
werden. Inmitten der Friedensarbeiten und begünstigt durch eine gesicherte
Zukunft, werden wir nicht versäumen, unsere militärische Organisation nach
den Lehren der Vorsicht zu vervollkommnen, damit, bei einer möglichst geringen Ausgabe, Italien der nothwendigen Kräfte nicht entbehre, um den

ihm unter den großen Nationen gebührenden Rang einzunehmen... Wenn, wie ich das feste Vertrauen hege, die Bevölkerung Italiens es nicht an der Thätigkeit fehlen läßt, welche unsern Vorfahren Reichthum und Macht verschafft hat, so bedarf es keiner langen Zeit, um das öffentliche Vermögen endgültig ins Gleichgewicht zu bringen. Meine Herren Senatoren und Deputirten! Italien ist nunmehr sich selbst anheimgegeben. Seine Verantwortlichkeit ist gleich der Macht, die es erworben hat, und der vollen Freiheit zur Benützung seiner Kräfte. Was wir Großes in kurzer Zeit vollbracht, erhöht für uns die Pflicht, nicht hinter unserer Aufgabe zurückzubleiben, die darin besteht, uns mit der durch die socialen Bedingungen des Königreichs geforderten Kraft und mit der durch unsere Institutionen geforderten freien Bewegung zu regieren. Die Freiheit in unseren politischen Einrichtungen, die Autorität der Regierung, die Thätigkeit des Bürgerthums, die Herrschaft des Gesetzes über alles und über alle werden Italien auf die Höhe seiner Geschicke, auf die Höhe, auf welcher die Welt es erwartet, emportragen."

18. Dec. General Fleury verläßt Florenz wieder und kehrt nach Paris zurück.

21. „ Abg.-Kammer: Vorlage des Budgets für 1867. Dasselbe zeigt ein Deficit von 186 Mill.

22. „ Die Abg.-Kammer nimmt das provisorische Budget für das erste Halbjahr von 1867 an.

— „ Antwort Ricasoli's auf eine Zuschrift der wieder in ihre Diöcesen zurückgekehrten Bischöfe, in welcher sie ihm die Freiheit gerühmt und empfohlen hatten, deren die katholische Kirche sich in den Vereinigten Staaten Amerika's erfreue:

Nachdem Ricasoli die Hoffnung ausgesprochen, daß bald auch in Italien die Kirche sich gleicher Freiheit erfreuen werde wie in Amerika, fährt er also fort: „Ich bitte aber Ew. Herrlichkeiten beachten zu wollen, daß dieses bewundernswerthe Schauspiel durch die Freiheit hervorgerufen wird, durch die Freiheit, die von allen, im Princip und in den Thatsachen, in ihren allerweitesten Beziehungen auf das politische, bürgerliche und sociale Leben angerufen und geachtet wird. In den Vereinigten Staaten ist jeder Bürger frei, den Glauben zu bekennen, der ihm der beste dünkt, der Gottheit zu dienen in den ihm geeignet scheinenden Formen; neben der katholischen Kirche erhebt sich der protestantische Tempel, die Moschee des Mulelmanns, die chinesische Pagode; neben dem römischen Clerus ist das Genfer Consistorium und die Methodistenversammlung thätig. Dieser Zustand bringt weder Verwirrung noch Reibungen mit sich. Und warum? weil keine Religion vom Staat speciellen Schutz oder Privilegien begehrt; jede lebt, entwickelt sich, wird geübt unter dem Schutze des allgemeinen Gesetzes, und das von allen gleich beobachtete Gesetz verbürgt jedem die gleiche Freiheit... Bemerken Sie die Verschiedenheit zwischen der Lage der Kirche in Amerika und der Lage der Kirche in Europa. In jenen jungfräulichen Ländern hat sich die Kirche inmitten einer neuen Gesellschaft niedergelassen, welche aber aus dem Mutterland alle Elemente der bürgerlichen Gemeinschaft mitbrachte; indem sie selbst das reinste und heiligste der socialen Elemente repräsentirte, das religiöse Gefühl.. hat sie dort nur das Reich Gottes, nicht das Reich der Geister gesucht; gekommen mit der Freiheit und in ihrem Schatten erwachsen, hat sie dort gefunden, was sie zu ihrer freien Entwicklung brauchte und zur ruhigen und ersprießlichen Ausübung ihres Amtes, und hat andern die Freiheit, die sie selbst genoß, weder zu weigern, noch hat sie die beschützenden Einrichtungen zu ihrem ausschließlichen Vortheil auszubeuten gesucht. In Europa dagegen ist die Kirche mit dem Fall des großen Reichs entstanden, welches die ganze

Erde unterjocht hatte; sie hat sich unter den politischen und socialen Trümmern barbarischer Jahrhunderte gebildet und hat daran denken müssen, sich eine Organisation zu geben, stark genug, um dem Untergang aller Civilisation inmitten des Waltens der rohen Gewalt zu widerstehen. Aber während die aus dem Chaos des Mittelalters emporgestiegene Welt sich neu bildete und den von Gott vorgezeichneten Weg des Fortschritts einschlug, wollte die Kirche allem, was mit ihr zusammenhing, die Unbeweglichkeit des Dogma's, dessen Hüterin sie ist, mittheilen, betrachtete mit Mißtrauen die Entwicklung der Geister, der Vervielfältigung der socialen Kräfte und erklärte sich als Feindin aller Freiheit, indem sie die erste und unantastbarste aller Freiheiten läugnete, die Gewissensfreiheit. Daraus entstand der Conflict zwischen der kirchlichen und der staatlichen Gewalt; denn jene vertrat die Unterwerfung und die Unbeweglichkeit, diese die Freiheit und den Fortschritt. Der Conflict hat in Folge besonderer Umstände besonders schwere Verhältnisse in Italien, weil die Kirche, glaubend, daß, um unabhängig von jeder Laienautorität ihr geistliches Amt auszuüben, sie eines Königthums bedürfe, hier ein solches besaß und verwaltete. Die Kirchengewalt befindet sich also hier nicht nur im Widerspruch mit der staatlichen Gewalt, sondern mit dem nationalen Recht... Die Bischöfe können sich bei uns nicht als einfache Seelenhirten betrachten, weil sie zugleich Vorkämpfer und Werkzeuge einer Macht sind, welche die nationalen Bestrebungen bekämpft; die Laiengewalt ist also gezwungen, sie solchen Vorkehrungen zu unterwerfen, welche erforderlich sind, um ihre Rechte und die der Nation zu wahren."

Rom.

27. Dec. 1865. Vorfall zwischen dem Papst und dem russischen Gesandten v. Meyendorff.

— Jan. Die päpstliche Regierung verständigt sich mit der französischen über die Errichtung einer französischen Legion, die aus gedienten Soldaten bestehen und in Antibes formirt werden soll.

9. Febr. Der russische Gesandte v. Meyendorff erklärt der Curie, daß seine politische Mission nach den Befehlen seiner Regierung beendet sei.

— „ Die päpstliche Regierung knüpft nach verschiedenen Seiten Unterhandlungen über ein neues Anlehen zu Deckung des jährlichen Deficits an, begegnet aber großen Schwierigkeiten.

— „ Das Budget für 1866 zeigt ein Deficit von 6,181,195 Scudi oder mehr als 30 Mill. Fr. Dennoch soll die stehende Armee mit Rücksicht auf den eventuellen Abzug der Franzosen von 8 auf 12,000 Mann gebracht werden.

13. März. Der bisherige russische Gesandte v. Meyendorff verläßt Rom insalutato papa. Sein Ansuchen an Cardinal Antonelli, einen Herrn Kaprinick als „Delegaten für die russischen Angelegenheiten" zu bestätigen, wird abgelehnt.

7. April. Durch ein päpstliches Breve wird ein aus der Mitte der Gesellschaft Jesu gewählter Ausschuß zu einer Art oberstem Revisionshof für die gesammte Presse in und außer Italien (im Anschluß an die Civiltà cattolica) ernannt.

16. „ Endlicher Abschluß des projectirten Anlehens. Das Haus Blount

in Paris übernimmt dieselbe im Betrage von 60 Millionen zum Curse von 66 %.

12. Juni. Ein päpstliches Breve entzieht dem unbotmäßigen Cardinal Anbrea jede weltliche und geistliche Jurisdiction in seiner Diöcese Sabina und in seiner Abbatie Subiaco.

25. „ Die päpstliche Regierung setzt den Werth ihres eigenen Kupfer= geldes herab. Große Unzufriedenheit der Bevölkerung.

25. Juli. Ein Tagsbefehl des französischen Generals Polhès verhängt über Rom eine Art Belagerungszustand.

— Aug. Die Noten der römischen Bank sinken im Verkehr unter den Nennwerth herab und die Bank greift zu den niedrigsten Mitteln, um die Einlösung al pari zu beschränken. Täglicher Scandal vor dem Bankgebäude. Wachsende Unzufriedenheit der Bevölkerung.

20. Sept. Der Obercommandant der französischen Occupationsarmee, General Montebello, trifft nach längerer Abwesenheit wieder in Rom ein.

22. „ Die neue französische Legion zieht in Rom ein und wird nach Viterbo verlegt, das von den Franzosen geräumt wird.

3. Oct. Durch die Rückkehr des französischen Bataillons aus Viterbo sind nunmehr die Provinzen Velletri, Frosinone und Viterbo gänzlich von den französischen Truppen geräumt und sind die 8000 Mann Franzosen in Rom und Civitavecchia concentrirt.

4. „ General Montebello notificirt der Curie, daß am 14. Dec. b. J. der Kirchenstaat vollständig von den Franzosen geräumt sein werde.

„ „ Die päpstliche Regierung spricht eine Garantie der entwertheten Noten der römischen Bank aus:

„Art. 1. Um mehr und mehr das öffentliche Vertrauen auf die Billete der Staatsbank zu sichern, werden dieselben, obwohl sie ihre Caution in dem Actien= bestand und dem Capital der Bank haben, noch vollständig durch die Re= gierung garantirt. Art. 2. Diese Garantie dauert bis die Auswechslung der Billete ohne Beschränkung der Summe hergestellt sein wird. Art. 3. Eine Com= mission von achtungswerthen Personen, welche von der Regierung ernannt wird, soll vollkommene Macht haben, im Einverständniß mit der Commission die Zahl der Bankbillete zu beschränken, alle Operationen der Bank zu über= wachen, daran theilzunehmen und deren Resultate zu constatiren. Art. 4. Um den Kleinverkehr zu erleichtern, kann die Bank, außer den Billeten zu 1 Scudo, auch solche zu ½ Scudo ausgeben, und die einen wie die andern sind dazu bestimmt, diejenigen von höherem Werth zu ersetzen, welche außer Curs kommen."

Die Maßregel bleibt selbstverständlich ohne allen Erfolg. Die Banknoten bleiben unter pari und die scandalösen Auftritte bei der Einlösung derselben dauern nach wie vor fort.

29. Oct. **Allocution des Papstes im geheimen Consistorium; Drohung, Rom zu verlassen — Beschwerden gegen Rußland:**

„... Ihr begreift leicht, mit welchem Schmerze Wir täglich erfüllt werden, da Wir sehen, daß die piemontesische Regierung mit täglich größerer Heftigkeit die katholische Kirche, deren heilsame Gesetze und geheiligten Diener unablässig befehdet. Die Bischöfe und die tüchtigsten Männer der Welt- und Klostergeistlichkeit und andere ehrenwerthe katholische Bürger werden ohne Rücksicht auf Religion, Gerechtigkeit und selbst auf Menschlichkeit von der genannten Regierung täglich zahlreicher in die Verbannung getrieben, ins Gefängniß geworfen oder zu einem Zwangsaufenthalt verurtheilt und auf jede unwürdige Weise gequält; die Bisthümer werden, zum großen Nachtheil des Seelenheiles, ihrer Hirten beraubt, die gottgeweihten Jungfrauen aus den ihnen gehörigen Klöstern vertrieben und gezwungen, von Almosen zu leben, die Tempel Gottes entweiht, die bischöflichen Seminarien geschlossen, die Unterweisung der armen Jugend christlicher Zucht entrissen und dafür Lehrern des Irrthums und des Bösen anvertraut, das Kirchengut geraubt und verschleudert. Nachdem die genannte Regierung mit Mißachtung der kirchlichen Censuren und Unserer sowie der italienischen Bischöfe gerechten Beschwerden mehrere Gesetze erlassen hat, die der katholischen Kirche, ihrer Lehre und ihren Rechten feindlich sind und daher von uns verworfen wurden, nahm sie keinen Anstand, auch ein Gesetz über die sogenannte Civil-Ehe zu erlassen, das nicht nur der katholischen Lehre, sondern auch dem Wohle der bürgerlichen Gesellschaft aufs äußerste zuwiderläuft. Durch dieses Gesetz wird die Würde und Heiligkeit des Sacraments der Ehe mit Füßen getreten, deren Einrichtung untergraben und das schmählichste Concubinat befördert. Denn zwischen den Gläubigen kann keine Ehe bestehen, die nicht zugleich ein Sacrament ist und daher steht es durchaus der Kirche zu, über alles das zu entscheiden, was zum Sacrament der Ehe gehören kann. Dieselbe Regierung hat sich nicht gescheut, mit offener Verletzung des Glaubens, der sich die Besolgung der evangelischen Räthe zum Lebensberuf gemacht und in der Kirche Gottes immer geblüht hat und blühen wird, und mit Verachtung der großen Wohlthaten geistlicher Orden, die von heiligen Männern gegründet und von dem apostolischen Stuhle genehmigt, durch so ruhmwürdige Leistungen, durch fromme und nützliche Werke um die christliche und bürgerliche Gesellschaft und um die Wissenschaft sich hochverdient gemacht, ein Gesetz zu genehmigen, wodurch sie auf dem ganzen ihr unterworfenen Gebiete alle Ordensfamilien unterdrückte, deren gesammtes Eigenthum und viele andere Kirchengüter an sich riß und die Veräußerung anordnete. Noch bevor sie in den Besitz der venetianischen Provinzen gelangt war, nahm sie keinen Anstand, jene Gesetze und Erlässe auch auf diese Gebiete auszudehnen und gegen alles Gesetz und Recht zu verordnen, daß die von Uns mit Unserem geliebten Sohne in Christo, dem Kaiser Franz Joseph von Oesterreich eingegangene Convention keine Kraft und Geltung mehr habe. Wir erheben daher gemäß der ernsten Pflicht Unseres apostolischen Amtes in Eurer erlauchten Versammlung Unsere hohepriesterliche Stimme für die Religion, für die Kirche und ihre heiligen Gesetze, für die Rechte und das Ansehen des Stuhles Petri und beklagen und verwerfen aufs entschiedenste Alles und Jedes, was in diesen oder anderen die Kirche und ihre Rechte betreffenden Dingen gegen die Kirche, ihre Rechte und Gesetze von der piemontesischen Regierung gethan oder versucht worden ist. Auch erklären Wir kraft Unserer apostolischen Autorität jene Decrete und was daraus folgte, für Vergangenheit und Zukunft für **ungültig und wirkungslos.** Ihre Urheber aber, die sich des Christennamens rühmen, mögen bedenken und ernstlich erwägen, daß sie in die Censuren und geistlichen Strafen verfallen sind, welche die apostolischen Constitutionen und die Decrete der allgemeinen Kirchen-Versammlungen über die Verletzer der Rechte der Kirche ipso facto verhängen..."

„Diejenigen aber sind sehr im Unrecht, die hieraus folgern und fortwährend verlangen, daß Wir, durch die offenbarste Ungerechtigkeit bereits mehrerer Provinzen Unseres päpstlichen Gebietes beraubt, auf Unsere und des apostolischen Stuhles weltliche Herrschaft verzichten. Jedermann sieht ein, wie ungerecht und verderblich für die Kirche dieses Verlangen ist. Denn durch einen besonderen Rathschluß der göttlichen Vorsehung ist es, wie Wir schon anderweitig angedeutet, geschehen, daß, nachdem das römische Reich gestürzt und in mehrere Reiche und Herrschaften getheilt war, der römische Papst bei der Verschiedenheit der Reiche und dem gegenwärtigen Zustand der menschlichen Gesellschaft seine weltliche Herrschaft habe, damit er keiner anderen staatlichen Herrschaft unterworfen, in voller Freiheit seine höchste Autorität und Jurisdiction über die gesammte ihm von Christus dem Herrn anvertraute Kirche ausübe, und damit die Gläubigen den Entscheidungen, Ermahnungen und Erlässen des Papstes mit voller Gewissensruhe und vollem Zutrauen gehorchen und vertrauen, ohne daß sie je nur den leisen Argwohn schöpfen können, die Handlungen des Papstes seien von dem Willen und Anstoß irgend eines Herrschers oder einer weltlichen Macht abhängig. Wir können daher auf die durch die göttliche Vorsehung zum Heil der gesammten Kirche begründete weltliche Herrschaft nicht nur nicht Verzicht leisten, sondern müssen auch an allen Rechten dieser weltlichen Herrschaft strenge festhalten und sie vertheidigen, sowie die kirchenräuberisch entrissenen Länder des heiligen Stuhls laut zurückverlangen, wie Wir sie schon oft zurückverlangt haben und auch bei dieser Gelegenheit abermals und wieder zurückverlangen... Aus den traurigen, kurz und mit Schmerz aufgezählten Thatsachen und aus den täglichen Ereignissen in Italien ist leicht zu ermessen, von wie vielen und großen Gefahren der apostolische Stuhl umringt und wie sehr er den grimmigsten Drohungen der Revolution, dem Hasse der Ungläubigen und der Feinde des Kreuzes Christi ausgesetzt ist. Feindselige Stimmen ertönen ringsumher von bitteren Feinden, die fortwährend rufen, daß die Stadt Rom an der unseligen ital. Wirrniß und Revolution (perturbationis ac rebellionis) theilnehmen, ja ihr Haupt werden müsse. Aber der erbarmungsreiche Gott wird die gottlosen Anschläge und Bestrebungen feindseliger Menschen durch seine Allmacht zu Schanden machen und nie zulassen, daß diese hehre und so theure Stadt, wohin er zum größten Heile und durch eine besondere Wohlthat dem Stuhl Petri gestellt hat, die unbesiegbare Grundveste seiner heiligsten Religion, in jenen unglückseligen, von Unserem heiligen Vorgänger Leo dem Großen so treffend beschriebenen Zustand zurücksinke, wie er war, als der h. ilige Apostel süß diese Stadt, damals die Herrin der Welt, zum erstenmal betrat. Wir selbst sind, ob auch fast aller menschlichen Hilfe beraubt, doch Unserer Pflicht ernstlich eingedenk und in vollem Vertrauen auf die Hilfe des allmächtigen Gottes bereit, selbst mit Gefahr des Lebens die Uns von Christo dem Herrn anvertraute Sache der Kirche unerschrocken zu vertheidigen, und wenn es nöthig wäre, in jenes Land zu gehen, wo Wir in besserer Weise als hier Unser apostolisches Amt ausüben könnten..."

— Nov. Ein spanisches Kriegsschiff ist schon seit längerer Zeit vor Civitavecchia stationirt. Auch mehrere andere Regierungen schicken Schiffe dahin, um die möglichen Folgen des bevorstehenden Abzugs der Franzosen aus Rom zu gewärtigen.

19. „ Die Regierung ertheilt der Bank ein neues Privilegium, indem sie ihren Noten einen theilweisen Zwangscurs verleiht: von diesem Tage an ist es nach einer Bekanntmachung nur noch einer bestimmten Anzahl von Individuen aus der Klasse der Industriellen, Manufacturisten und Landwirthschafttreibenden gestattet, das Papiergeld

bei ihr al pari einzuwechseln. Alle übrigen sind auf den Privatverkehr angewiesen, in dem die Noten der Bank 8 % unter pari stehen.
2. Dec. Die Franzosen beginnen ihren Abmarsch von Rom.
6. „ Gen. Montebello stellt das gesammte franz. Offizierscorps dem Papste zum Abschiede vor. Ansprache des Generals. Verschiedene Versionen der Antwort des Papstes.
8. „ Der Cardinal-Präfect der Congregation des Concils ladet im Auftrage des Papstes sämmtliche Bischöfe der kath. Christenheit auf den 29. Juni 1867 zur Heiligsprechung mehrerer Märtyrer und zum Jubiläum des Apostelfürsten „nach reiflicher Prüfung der Umstände und insofern die rechte Hand des Allmächtigen, wie zu hoffen erlaubt ist, den Ausbruch des herannahenden Sturmes verhindern wird", nach Rom ein.
9. „ Die ital. Regierung zieht in Ausführung der Septemberconvention mit Frankreich einen starken Cordon um den Kirchenstaat, um jeden revolutionären Einbruch in denselben nach der Räumung Roms durch die Franzosen zu verhindern.
10. „ Der Commend. Tonelli trifft in außerordentlicher Mission der ital. Regierung in Rom ein.
11. „ Die franz. Fahne wird von der Engelsburg abgenommen und durch die päpstliche ersetzt. Abzug der letzten franz. Truppen. Ankunft der päpstlichen Zuaven (meist Franzosen und Belgier), denen die Besetzung der Engelsburg anvertraut wird.
14. „ Das sog. comitato romano erläßt im Einverständniß mit der ital. Regierung eine Ansprache an die Römer, in der sie ermahnt werden, die weitere Entwickelung der Dinge ruhig abzuwarten.
15. „ Der franz. Gesandte, Graf Sartiges, trifft nach längerer Abwesenheit wieder in Rom ein.
17. „ Nachdem die franz. Truppen sich sämmtlich nach Frankreich eingeschifft haben, verläßt auch Gen. Montebello mit seiner Familie und dem gesammten Stabe Rom. Rom und die päpstliche Regierung sind nunmehr vollständig sich selbst überlassen: 8000 Mann päpstl. Truppen liegen in Rom, 4000 in den Provinzen.
24. „ Die Curie übermacht den fremden Gesandtschaften zur Mittheilung an ihre resp. Höfe eine umfangreiche Denkschrift über die Differenzen zwischen dem hl. Stuhle und der russischen Regierung bez. ihrer Maßnahmen gegen die Rechte und Interessen der kath. Kirche namentlich in Polen. (Esposizione documentata sulla constanti cure del romano Pontefice Pio IX. a riparo de' mali che soffre la chiesa cattolica nei dominii di Russia e di Polonia.)
27. „ Der Waffenminister, General Kanzler, stellt dem Papst die Offiziere der päpstlichen Armee vor mit der Bemerkung:
„Sie alle sind Eurer Heiligkeit ergeben und bereit zu kämpfen, nicht gegen die Römer, denn diese sind Freunde der Ordnung, aber gegen die Fremden, welche es wagen wollten, zu kommen und den Frieden zu stören."

6. Schweiz.

14. Jan. Die von beiden Räthen der Bundesversammlung beschlossenen Revisionspunkte der Bundesverfassung werden in der doppelten Abstimmung nach Cantonsstimmen und nach der Abstimmung sämmtlicher Bürger alle bis auf einen verworfen.

Revisionspuncte: I. Festsetzung von Maß und Gewicht. II. Gleichstellung der Schweizer und Naturalisirten in Bezug auf Niederlassung, Gesetzgebung und gerichtliches Verfahren. III. Stimmrecht der Niedergelassenen in Gemeindeangelegenheiten. IV. Besteuerung und civilrechtliche Verhältnisse der Niedergelassenen. V. Stimmrecht der Niedergelassenen in cantonalen Angelegenheiten. VI. Glaubens- und Cultusfreiheit. VII. Ausschließung einzelner Strafarten. VIII. Schutz des schriftstellerischen, künstlerischen und gewerblichen Eigenthums. IX. Verbot des Betriebs der Lotterie- und Hazardspiele.

Resultat der Abstimmung nach Cantonen: I. angenommen von Zürich, Obwalden, Freiburg, Solothurn, Baselstadt, Baselland, Thurgau, Tessin, Waadt, Neuenburg und Genf, verworfen von Luzern, Uri, Schwyz, Nidwalden, Glarus, Zug, Schaffhausen, beide Appenzell, St. Gallen, Graubünden, Aargau, Bern und Wallis. II. angenommen von Zürich, Obwalden, Glarus, Freiburg, Solothurn, Baselstadt, Baselland, Schaffhausen, Aargau, Thurgau, Tessin, Waadt, Neuenburg und Genf, verworfen von Luzern, Uri, Schwyz, Nidwalden, Zug, beiden Appenzell, St. Gallen, Graubünden, Bern und Wallis. III. angenommen von Zürich, Obwalden, Glarus, Solothurn, Baselland, Aargau, Thurgau, Tessin und Neuenburg; verworfen von Luzern, Uri, Schwyz, Nidwalden, Zug, Freiburg, Baselstadt, Schaffhausen, beiden Appenzell, St. Gallen, Graubünden, Waadt, Genf, Bern und Wallis. IV. angenommen von Zürich, Glarus, Solothurn, Baselstadt, Baselland, Aargau, Thurgau, Tessin, Neuenburg und Genf, verworfen von Luzern, Uri, Schwyz, beiden Appenzell, Zug, Freiburg, Schaffhausen, St. Gallen, Graubünden, Waadt, Bern und Wallis. V. angenommen von Zürich, Obwalden, Glarus, Freiburg, Solothurn, Baselland, Schaffhausen, Aargau, Thurgau, Tessin, Neuenburg und Genf, verworfen von Luzern, Uri, Schwyz, Nidwalden, Zug, Baselstadt, beiden Appenzell, St. Gallen, Graubünden, Waadt, Bern und Wallis. VI. angenommen von Zürich, Glarus, Freiburg, Solothurn, Baselstadt, Baselland, Aargau, Thurgau, Tessin, Waadt, Neuenburg und Genf, verworfen von Luzern,

Uri, Schwyz, Ob- und Nidwalden, Zug, Schaffhausen, beiden Appenzell, St. Gallen, Graubünden, Bern und Wallis. VII. angenommen von Zürich, Solothurn, Baselland, Thurgau, Tessin, Neuenburg und Genf, verworfen von Luzern, Schwyz, beiden Appenzell, Ob- und Nidwalden, Glarus, Zug, Freiburg, Baselstadt, Schaffhausen, St. Gallen, Graubünden, Aargau, Waadt, Bern und Wallis. VIII. angenommen von Zürich, Obwalden, Glarus, Freiburg, Solothurn, Baselstadt, Baselland, Thurgau, Aargau, Tessin, Neuenburg und Genf, verworfen von Luzern, Uri, Zug, Schwyz, Nidwalden, Schaffhausen, beiden Appenzell, St. Gallen, Graubünden, Waadt, Bern und Wallis. IX. angenommen von Zürich, Obwalden, Glarus, Solothurn, Baselstadt, Baselland, Aargau, Thurgau, Tessin, Neuenburg und Genf, verworfen von Luzern, Uri, Schwyz, Nidwalden, Zug, Freiburg, Schaffhausen, beiden Appenzell, St. Gallen, Graubünden, Waadt, Bern und Wallis.

Resultat der Abstimmung nach allgemeinen Stimmrecht:

    Artikel   I : 159,182 Ja und 156,396 Nein.
     „   II : 170,032 „   149,401 „
     „   III : 137,321 „   181,441 „
     „   VI : 125,924 „   180,830 „
     „   V : 153,469 „   166,679 „
     „   VI : 157,629 „   160,992 „
     „   VII : 108,364 „   208,019 „
     „ VIII : 137,476 „   177,396 „
     „   IX : 139,062 „   176,788 „

Mit Ausnahme des Art. II (des sog. Judenartikels) sind also sämmtliche Puncte verworfen.

28. Jan. Eine Versammlung von Bundesrevisionsfreunden aus verschiedenen Cantonen in Baden beschließt, neuerdings dafür zu agitiren und wählt ein Comité, um die erforderlichen 50,000 Stimmen zu sammeln.

19. Febr. Eröffnung der Bundesversammlung. Sämmtliche katholische Bischöfe der Schweiz lassen einen Protest gegen den Beschluß beider Räthe, der die Ausschließung der Geistlichen von der Bundesversammlung festhielt, einreichen.

21. „ Beide Räthe der Bundesversammlung erklären nach dem Antrage des Bundesraths den Art. II der Revisionspunkte für verfassungsmäßig angenommen und demnach fortan für einen integrirenden Bestandtheil der Bundesverfassung.

22. „ Beide Räthe beschließen nach dem Antrage des Bundesraths bez. der Herstellung eines schweiz. Handelsgesetzbuches:

„1) Die Bundesversammlung erklärt: sie erachte es als im wohlverstandenen Interesse der Eidgenossenschaft liegend, daß sich die Cantone für Herstellung eines schweiz. Handelsgesetzbuches, oder doch wenigstens über einzelne Theile des Handelsrechts verständigen. 2) Der Bundesrath wird eingeladen, diese Erklärung den Cantonen zur Kenntniß zu bringen, und die weiteren geeigneten Schritte zu thun, um dieselben zu veranlassen, den vorliegenden Entwurf eines schweiz. Handelsgesetzbuches mit thunlicher Beförderung in gemeinschaftliche Berathung zu ziehen. 3) Die Bundesversammlung erklärt sich geneigt, den aus diesen Berathungen hervorgehenden Gesetzentwurf auch ihrerseits für dasjenige außerschweizerische Gebiet in Kraft zu setzen, für welches das Bedürfniß eines solchen Gesetzbuches sich geltend machen sollte. 4) Der Bundesrath wird schließlich eingeladen, der Bundesversammlung seinerzeit das Resultat der Berathungen der Cantone mitzutheilen."

24. Febr. Schluß der Bundesversammlung.

„ „ (Solothurn). Großartige Toleranz-Demonstration gegen einen intoleranten Erlaß des bischöflichen Generalvicars Girardin bezüglich der von den kath. Geistlichen bei dem Begräbniß von Protestanten einzunehmenden Haltung.

2. März. (Solothurn). Der Bischof von Basel nimmt endlich das intolerante Circular seines Generalvicars zurück.
4. „ (Waabt). Großrathswahlen. Dieselben ergeben eine nicht unwesentliche Verstärkung der radicalen Partei.
12. „ (Zürich). Der Große Rath erläßt in Folge wiederholter Vorfälle am eidgenössischen Polytechnikum ein scharfes Duell-Gesetz.
19. „ (Waabt). Großer Rath: Wahl der Regierung — Fusion der herrschenden mit der alt- und jungradicalen Partei.

29. Apr. (Bern). Großrathswahlen. Dieselben ergeben 131 Liberale und Radicale gegen 96 Conservative.

6. Mai. (Zürich). Großrathswahlen. Dieselben verändern die bisherige Physiognomie desselben nicht wesentlich.
13. „ (Baselland). Die bisher herrschende Partei der sog. Revisionisten (Rolle) unterliegt bei der Neuwahl des Regierungsrathes derjenigen der sog. Antirevisionisten.
— „ (Genf). Die Partei der Independenten siegt bei der Wahl des Gemeinderaths der Stadt mit circa 1400 gegen 700 Stimmen über die radicale Partei (Fazy).
16. „ Der Bundesrath beschließt mit Rücksicht auf die deutsch-italienische Verwicklung eine Brigade Truppen aufs Piket zu stellen und eine Militärcommission einzuberufen.

Anf. Juni. Das Comité für Sammlung von 50,000 Unterschriften behufs erneuerter Einleitung zu Revision der Bundesverfassung beschließt, sein Mandat einstweilen niederzulegen.
13. „ Der Bundesrath läßt das bündnerische Münsterthal durch eibg. Truppen besetzen und richtet ein Kreisschreiben an die Cantone, in dem er die Möglichkeit eines Aufgebots der ganzen Bundesarmee in Aussicht stellt.
18. „ Der Bundesrath erläßt eine Verordnung bez. strenger Beobachtung der Neutralität.

2. Juli. Zusammentritt der Bundesversammlung.
6. „ Nat.-Rath: Es wird eine Motion für Einführung von Gewehren mit Hinterladung bei der gesammten Bundesarmee gestellt.
7. „ Der Nat.-Rath genehmigt einstimmig die Motion für Einführung von Gewehren mit Hinterladung.
10. „ Der Nat.-Rath lehnt die beantragte Ernennung eines Generals als durch die Sachlage noch nicht geboten mit 64 gegen 27 Stimmen ab.
13. „ Nat.-Rath: Motion Stämpfli's bez. Wahrung der Savoyerfrage und bez. der Aufstellung eines schweiz. Gesandten in Washington. Die erstere wird von Stämpfli schließlich zurückgezogen, die letztere mit 45 gegen 41 Stimmen angenommen.
16. „ Der Nat.-Rath genehmigt die Anträge des Bundesrathes bez. Einführung gezogener Feld- und Positionsgeschütze schweren Kalibers, die spätestens innerhalb zwei Jahren durchgeführt werden soll. Die Kosten der Umänderung im Betrage von ca. 1½ Mill. Fr. trägt der Bund, der Unterhalt ꝛc. fällt dagegen den Cantonen zur Last.
Eine Motion Planta's für Ausdehnung der Volksbewaffnung auf sämmtliche waffenfähige Schweizer wird fast einstimmig dem Bundesrathe zur Prüfung und Berichterstattung überwiesen.
18. „ Der Ständerath lehnt die vom Nat.-Rath beschlossene Errichtung einer diplomatischen Mission in Washington seinerseits ab und beschließt auf den Antrag des Bundesraths, daß die sämmtliche gewehrtragende Mannschaft des Bundesheeres (Auszug und Reserve) mit Hinterladungsgewehren zu versehen sei, daß die vorhandenen Gewehre und Stutzen sofort auf Kosten des Bundes in Hinterladungsgewehre umzuwandeln seien und daß der Bundesrath bez. der Anschaffung eines neuen vollkommenen Hinterladungsgewehres (Repetir-Gewehr) der Bundesversammlung beförderlichst Bericht und Antrag zu hinterbringen und sie nöthigenfalls zu diesem Behufe außerordentlich einzuberufen habe. Der Nationalrath tritt dem Beschlusse des Ständeraths bei.
19. „ Der Ständerath beschließt auch seinerseits mit 18 gegen 13 Stimmen die Wahl eines Generals als noch nicht bringlich zu verschieben.
21. „ Schluß der Session der Bundesversammlung.

22. Aug. Der Bundesrath richtet nach dem Auftrage der Bundesversammlung ein Kreisschreiben bez. der vollständigen Durchführung der allgemeinen Wehrpflicht an die Cantone. In einer Reihe von Cantonen wird eine Agitation zu demselben Zwecke organisirt.

3—8. Sept. Zusammentritt eines internationalen Arbeitercongresses in Genf.

20. Oct. (Genf). Der große Rath genehmigt in dritter Lesung mit 51 gegen 26 Stimmen das sog. Gautier'sche Gleichheitsgesetz, b. h. einen Zusatz zur Verfassung, durch welchen die alten Genfer auf die ihnen gehörigen Gemeindegüter, die Katholiken der ehemals savoyischen Gemeinden dagegen auf die ihnen durch den Turiner Vertrag gewährleisteten Privilegien verzichten. Der Beschluß unterliegt noch der allgemeinen Volksabstimmung.

28. „ Allgemeine Nationalrathswahlen in der ganzen Schweiz.

„ „ (Genf). Bei den Nationalrathswahlen siegt die Partei der Independenten über diejenige der Radicalen und Fazy's, der unterliegt.

7. Nov. (Wallis). Der Bundesrath erläßt an die Regierung von Wallis eine drohende Aufforderung, einige aus dem ehemaligen österr. Italien herübergekommene und an öffentlichen Anstalten verwendete Jesuiten sofort zu entfernen.

11. „ (Genf). Großrathswahlen: In der Stadt siegen die Independenten in beiden Wahlcollegien des linken und rechten Ufers, in Carouge dagegen die Radicalen. Gewaltthätigkeit gegen das Wahlgebäude. Neues Aufflammen des gegenseitigen Parteihasses.

14. „ Der Bundesrath beschließt, die bisherigen Gewehre der Armee nach dem System Milbank-Amsler in Hinterlader umzuwandeln und als neues Gewehr für die ganze Armee der Bundesversammlung das Winchester-Repetirgewehr vorzuschlagen.

18. „ (Genf). Das sog. Gleichheitsgesetz wird in der allgemeinen Volksabstimmung mit 5172 gegen 4988 Stimmen, also einem Mehr von 184 Stimmen, verworfen.

23. „ Der Bundesrath beschließt, bei der Bundesversammlung auf ein eidg. Anlehen von 10 Mill. Fr. anzutragen behufs schleuniger Einführung des Hinterladungssystems.

28. „ (Thurgau). Der Große Rath verwirft mit 75 gegen 19 Stimmen den Antrag auf Aufhebung des im J. 1847 allein verschont gebliebenen Klosters St. Katharinenthal.

3. Dec. Eröffnung der Bundesversammlung.

8. „ Die Bundesversammlung wählt die bisherigen Mitglieder des Bundesraths sämmtlich, mit einziger Ausnahme des um seine Entlassung eingekommenen Hrn. Frey-Herosé, der durch Landammann Welti (ebenfalls aus Aargau) ersetzt wird, auf eine neue Amtsdauer wieder.

13. „ Der Ständerath verwirft die vom Bundesrath beantragte Vertheilung des Ertrags des Telegraphenwesens (nach Analogie der Posterträgnisse) unter die Cantone mit 31 gegen 9 Stimmen.

„ „ (Wallis). Auf eine ausweichende Antwort der Regierung von Wallis richtet der Bundesrath eine neue Aufforderung an dieselbe bez. Entfernung der Jesuiten von den ihnen anvertrauten Lehrstühlen. Die Regierung fügt sich nunmehr.

15. Dec. Der Ständerath genehmigt den Antrag des Bundesraths bez. Einführung des Hinterladungssystems in der ganzen Armee, doch mit 20 gegen 18 Stimmen mit der Modification, daß die Kosten derselben ganz vom Bunde getragen werden sollen, während der Antrag des Bundesraths dahin ging, daß ⅔ vom Bunde, ⅓ von den Cantonen zu tragen sei.

19. „ Der Nationalrath genehmigt den Antrag des Bundesraths bez. Hinterladungssystem, beschließt aber mit 71 gegen 32 Stimmen, daß ⅓ der Kosten von den Cantonen zu tragen sei.

20. „ Der Ständerath fügt sich dem Beschlusse des Nat.-Raths bez. Vertheilung der Kosten für Einführung des Hinterladungssystems.

21. „ Der Nat.-Rath beschließt auf eine Motion Anderwerts (Thurgau):
„Der Bundesrath ist eingeladen, auf die nächste ordentliche oder außerordentliche Sitzung der Bundesversammlung Bericht und Antrag zu stellen, ob nicht im Sinne einer namhaften Verstärkung der Wehrkraft und zum Zwecke gleichmäßiger Durchführung der Wehrpflicht die eidg. Militärorganisation einer Reform zu unterwerfen sei?"

22. „ Beide Räthe einigen sich über ein eidg. Anlehen von 12 Mill. Fr. für Einführung des Hinterladungssystems.

Schluß der Bundesversammlung.

7. Belgien.

16. Jan. II. Kammer: Der Abg. Orts erneuert seinen früheren Antrag bez. Vermehrung der Zahl der Abgeordneten nach dem Verhältniß der gestiegenen Bevölkerung.
8. Febr. Senat: Debatte über das Strafgesetzbuch. 33 Stimmen gegen 15 entscheiden für Beibehaltung der Todesstrafe, obgleich der Justizminister sich für die Abschaffung ausspricht. Die ganze katholische Partei erklärt sich für die Beibehaltung.
20. „ II. Kammer: Die Regierung macht eine Vorlage bez. Erweiterung des Wahlrechts. Dieselbe betrifft jedoch bloß die Zulassung der sog. Capacitäten, was die Zahl der Wähler um kaum 8000 vermehren würde.
26. „ Senat: Debatte über das Strafgesetzbuch. Es wird ein Amendement genehmigt, das gegen das Politisiren der Geistlichen auf der Kanzel gerichtet ist.
„ „ Ein Arbeitermeeting in Brüssel spricht sich gegen den Wahlreformantrag der Regierung als durchaus ungenügend aus.
27. „ Senat: Debatte über das Strafgesetzbuch. Es wird beschlossen, die auf das Vergehen von Arbeitercoalitionen gesetzten Strafen einfach zu streichen.

6.–10. März. II. Kammer: Debatte über das Militärbudget. Dasselbe wird mit 47 gegen 25 Stimmen (und 12 Enthaltungen) genehmigt.
22. „ Der Senat genehmigt das Militärbudget seinerseits mit 36 gegen 1 Stimme.
24. „ Die II. Kammer genehmigt nunmehr den Antrag Orts bez. Vermehrung der Zahl der Abgeordneten (zum Vortheil der liberalen Partei) mit 59 gegen 45 Stimmen.

* **Belgien.**

— April. Die Arbeiten an der Befestigung Antwerpens werden mit Rücksicht auf die allgemeine Lage Europa's nach Kräften beschleunigt.
9. Mai. II. Kammer: Auf eine Interpellation, ob die Regierung gegenüber der allgemeinen Lage Europa's irgend welche Rüstungen vorgenommen habe, antwortet diese, daß dazu keine Veranlassung gewesen sei.
12. Juni. Wahlen zur II. Kammer. Das Uebergewicht der liberalen Partei steigt durch dieselben von 12 auf 20 Stimmen.
— „ Der König sagt seinen mit der Königin bereits angesagten Besuch am Hofe der Tuilerien wieder ab.
28. „ König und Königin gehen zur Hochzeit der Prinzeß Helena nach London.

— Oct. Huldigungsreise des Königspaares durch mehrere Provinzen des Landes. Dasselbe wird überall mit aufrichtiger Herzlichkeit empfangen.
12. „ Octoberfeste. Feierlicher Empfang der englischen, französischen und holländischen Gäste (Freiwilligen und Nationalgardisten) in Brüssel.

4. Nov. Rücktritt des bisherigen Kriegsministers General Chazal.
13. „ Eröffnung der Kammern. Thronrede des Königs.
22. „ II. Kammer: Die Antwortsadresse wird zum ersten Mal in einer Sitzung angenommen und zwar, mit Ausnahme der Vertreter Antwerpens, einstimmig.

4. „ II. Kammer: Ein Antrag auf sofortige Vorlage des Militärbudgets wird mit 38 gegen 29 Stimmen abgelehnt.
11. „ II. Kammer: Die Vlaminger bringen bei Gelegenheit des Budgets des Justizministeriums eine Reihe von Beschwerden zur Sprache.
14. „ General Goethals wird zum Kriegsminister ernannt.
19. „ Differenz mit Holland wegen der Scheldefrage. Der Minister Rogier macht darüber der Repräsentantenkammer offizielle Anzeige.
20. „ Ein kgl. Decret setzt eine Commission von 28 Mitgliedern ein, um die Heeresreform zu begutachten.

8. Holland.

25. Jan. Die Minister des Innern (Thorbecke) und der Justiz reichen in Folge einer Differenz mit dem Colonialminister ihre Demission ein.
30. „ Der König nimmt die Entlassung Thorbecke's an und beauftragt den Colonialminister Franssen van der Putte mit der Reconstruction des Ministeriums.
9. Febr. Reconstruction des Ministeriums.
18. Mai. II. Kammer: Debatte über den von der Regierung vorgelegten Culturgesetzentwurf für Indien. Die Kammer genehmigt ein von der Regierung bekämpftes Amendement mit 43 gegen 18 Stimmen. Das Ministerium zieht darauf den Gesetzesentwurf zurück und bietet dem König seine Entlassung an.
28. „ Bildung eines conservativen Ministeriums: Graf v. Zuylen Aeußeres, Myer Colonien, Heemskerk Inneres, Schimmelpfennick Finanzen, Borret Justiz, Andreä Marine.

Ende Juni. Der Ausfall der Erneuerungswahlen zur II. Kammer ist dem Ministerium nicht günstig: dieselben ergeben 27 Liberale, 8 Conservative, 6 Feudale.

16. Sept. Der Colonialminister Myer tritt plötzlich aus dem Ministerium aus.
17. „ Eröffnung der Kammern. Thronrede des Königs.
18. „ Herr Myer wird zum Generalgouverneur von Indien ernannt.
27. „ II. Kammer: Auf den Antrag des Abg. Keuchenius wird mit 39 gegen 23 Stimmen ein Tadelsvotum gegen den gewesenen Colonialminister Myer votirt.

Holland.

1. Oct. Das Ministerium schließt in Folge des Tadelsvotums gegen ihver die Session der Kammern.
2. „ Ein kgl. Decret verfügt die Auflösung der II. Kammer und ordnet Neuwahlen an. Bericht des Ministeriums darüber an den König.
10. „ Eine Proclamation des Königs an seine lieben Landsleute und Unterthanen sucht das Ministerium bei den bevorstehenden Kammerwahlen zu unterstützen.

10. Nov. Das Resultat der Wahlen zur II. Kammer ist der liberalen Partei nicht günstig; sie verlieren mehrere Sitze.
19. „ Eröffnung der Kammern. Thronrede des Königs.

2. Dec. II. Kammer: Der Kriegsminister legt derselben einen Antrag und eine Denkschrift bez. Heeresreform vor.
28. „ II. Kammer: Scharfe Debatte über die Scheldefrage und die darüber mit Belgien eingetretene Differenz.

---

9. Dänemark.

3. Jan. Schluß der Session des Reichstags.
5. Febr. Zusammentritt des Reichsrathes.
10. „ Das Volksthing des Reichsraths genehmigt das Marinebudget ohne Reduction.
11. April. Das Volksthing des Reichsraths genehmigt das Militär-budget ohne weitere Reduction. — Schluß der Session des Reichsrathes.
23. „ Eröffnung des Reichstags. Die Regierung legt demselben neuerdings das Project der Verfassungsänderung vor.
22. Juni. Verlobung der Prinzessin Dagmar mit dem Großfürsten Thronfolger von Rußland.
28. „ Schluß des Reichstages. Beide Thinge haben sich endlich über die Verfassungsänderung geeinigt. Eine kgl. Botschaft spricht ihnen dafür den Dank des Königs aus.

— Oct. Wahlen zu beiden Thingen des Reichsraths nach der neuen Verfassung.
12. Nov. Eröffnung des Reichsraths. Thronrede des Königs:

„... Bedeutungsvolle Begebenheiten haben die politischen Verhältnisse Mitteleuropa's verändert. Ohne von Kriegsunglück betroffen zu sein, wird Dänemark doch nicht von den Resultaten unberührt bleiben; Preußen hat Norddeutschland unter seiner Führung vereint und gleichzeitig im Prager Frieden sich verpflichtet, Dänemark den nördlichen Theil Schleswigs zurückzugeben, sofern die Bevölkerung in freier Abstimmung sich dafür ausspricht. Diese Bestimmung ist bisher noch nicht in Ausführung gebracht, aber der

Dänemark.

Wortlaut des Tractats und die nationale Richtung, worin die europäischen Verhältnisse sich entwickeln, verbürgen uns, daß auch wir die unsern Staat sichernden und für unser Volk natürlichen Grenzen erreichen werden, ein Ziel, auf welches unsere Hoffnungen seit dem Wiener Friedensschlusse stets gerichtet gewesen und dessen Berechtigung die neutralen befreundeten Mächte längst anerkannt haben, vor allem aber der Kaiser der Franzosen mit einem Interesse, das zu tiefem Dank verpflichtet. In der Wiedervereinigung mit den treuen dänischen Brüdern in Nordschleswig sehen wir die Erfüllung einer Billigkeit gegen sie und die Nationalität, und wollen zugleich mit Freuden darin ein Unterpfand erblicken, daß unser mächtiger Nachbar gewillt ist, mit Dänemark ein festes und dauerhaftes Freundschaftsverhältniß einzugehen." Im Uebrigen bespricht die Thronrede die Nothwendigkeit einer Armeereorganisation und neuer Schlehwaffen; die Finanzen aus den Herzogthümern seien wesentlich geordnet und die Finanzen im ganzen Reich so gestellt, daß sie keinerlei Besorgnisse veranlaßten.

3. Dec. Das Militärcomité überreicht dem Reichsrathe den Plan einer auf allgemeine Wehrpflicht gegründeten Heeresreform.

10. Schweden und Norwegen.

12. März. (Norwegen). Das Storthing beschließt bez. der Armeefrage eine siebenjährige Dienstzeit und setzt den Bestand der Armee
auf dem Friedensfuß zu 10,000 Mann (Recruten und Freiwillige)
und auf dem Kriegsfuße zu 15,000 Mann an.

8. Mai. (Schweden). Reichstag: Keiner der 4 Stände hat die
Militärvorlage der Regierung genehmigt, der Bauernstand dieselbe
vielmehr einstimmig verworfen.

22. Juni. Schluß der letzten Session des Reichstags nach der bisherigen
ständischen Verfassung. Thronrede des Königs.

1. Sept. Wahlen zu den beiden Kammern des Reichstags nach der
neuen Verfassung.

11. Rußland.

1865 27. Dec. Vorfall zwischen dem russischen Gesandten in Rom, Baron Meyendorff, und dem Papste.

15. Jan. (Litthauen). Eine Zusatzverordnung zu dem kais. Erlaß vom 22. Dec. v. J. (s. Jahrgg. 1865) bez. Verkaufs der Güter der polnischen Grundbesitzer bestimmt,

daß — weil Gesetze keine rückwirkende Kraft haben dürfen — diejenigen Güter, deren Inhaber im Exil gestorben sind, und welche also mittlerweile an ihre Erben rechtlich übergegangen sind, den letzteren auszufolgen und daher nicht zu denjenigen Besitzungen zu rechnen sind, deren obligatorischer Verkauf in zwei Jahren stattzufinden hat. Ferner wird den verbannten Grundbesitzern gestattet, auf kurze Zeit in ihre Heimath zurückzukehren, um persönlich den Verkauf ihrer Güter zu leiten. Ist die zweijährige Frist verstrichen, so geschieht der Verkauf im Wege der Behörden; kommt ein solcher nicht zu Stande, so gehen die Güter in den Besitz des Staates über, welcher den Eigenthümern eine Jahresrente von 5 Procent zahlt, wobei als Abschätzungsbasis dieselbe Procedur wie bei dem Verkauf der Domänen in den westlichen und südlichen Gouvernements zu gelten hat.

9. Febr. Abbruch der diplomatischen Beziehungen mit Rom.
11. „ Veröffentlichung des Budgets für 1866. Dasselbe führt als ordentliche Einnahmen auf 349 Mill., als außerordentliche den Rest der Anleihe null 92½ Mill., und die Ausgabe von Schatzscheinen mit 9 Mill. Rubel; dagegen ordentliche Ausgaben 367 Mill. und außerordentliche 25 Mill. Rubel.
17. „ (Polen). Ein kais. Ukas hebt den Kriegszustand auf: die bisherige Militärpolizeiverwaltung geht wieder an eine Commission des Innern und an die in den fünf Gouvernements wieder eingeführte Civilverwaltung über.

26. Febr. Ein kaiserl. Ukas befiehlt ein neues Prämienanlehen von 100 Mill. Silberrubel, wie 1864 ohne Subscription. Die Staatsbank verkauft die Titel successive und publicirt den Verkaufspreis. Das= selbe soll zum Fortbau der Eisenbahnen und dazu verwendet werden, um dem Reichsschatze (bei dem bestehenden Deficit des Budgets) für anderweitige Ausgaben die nothwendigen Mittel zu gewähren.

28. „ (Polen). Die Regierung läßt (wie schon früher den Erzbischof Felinski und dann den ersten Diöcesanverwalter Rzewuski) so nun auch den zweiten Stellvertreter des Erzbischofs, den von Rom aus bestätigten Geistlichen Szczygielski von Warschau nach Rußland abführen, so daß nur noch der ihr genehme Canibdal übrig bleibt.

Ein neues Gesetz, die Reorganisation des Schulwesens betreffend, führt für jede der im Königreich ansässigen vier Nationalitäten, Polen, Deutsche, Russen und Litthauer, sowohl Elementar= als auch Mittelschulen, d. h. Gymnasien und Progymnasien ein, die sich wie= der in classische (philologische) und Realunterrichtsanstalten theilen, und zwar je nach der Nationalität der Mehrzahl der einen Bezirk bewohnenden Bevölkerung.

Ein kaiserl. Ukas gestattet die mit einem russischen oder polnischen Universitätsdiplom versehenen Israeliten zum Civildienst in Polen zuzulassen.

3. März. (Baltische Provinzen). Der Kaiser sanctionirt den am 19. Dec. v. J. gefaßten Beschluß des kurländischen Landtags, wel= cher das Recht zum Erwerb von Rittergütern auf alle Personen christlichen Bekenntnisses ausdehnt.

13. „ Der bisherige Gesandte in Rom verläßt dasselbe mit seinem ge= sammten Personal.

20. „ (Baltische Provinzen). Auch der livländische Landtag be= schließt mit 115 gegen 90 Stimmen, das Recht zum Erwerb von Rittergütern auf alle Personen christlichen Bekenntnisses auszubehnen.

— „ (Litthauen). Der Ukas vom 22. Dec. v. J. und überhaupt alle Maßregeln gegen den kleinen polnischen Adel des Landes und zu vollständiger Ausrottung des polnischen Elements werden mit rücksichtsloser Strenge angewendet.

9. Apr. (Polen). Vierzehn Generale, darunter auch der Generalpolizei= meister des Königreichs, Trepoff, wurden mit Staatsdomänen des Königreichs Polen beschenkt, die ungetheilt als Majorate in derselben Familie zu bererben sind, jedoch nur dann, wenn der jedesmalige Erbe der griechisch=kathol. Kirche angehört.

16. „ Mißlungenes Attentat des Dimitri Karakasow auf den Kaiser.

13. Mai. Ein kaiserl. Rescript beschränkt die thatsächlich ziemlich freie Presse wieder sehr wesentlich.

25. Mai. Ein kaif. Rescript an den Vorsitzenden des Ministercomité's, Fürsten Gagarin, weist, an das verbrecherische Attentat v. 10. v. M. anknüpfend, auf die schädlichen und falschen Lehren hin, die alles von Alters her Geheiligte angreifen, und die religiösen Ueberzeugungen, die Grundlagen des Familienlebens, das Eigenthumsrecht, den Gehorsam gegen das Gesetz und die Achtung vor der Obrigkeit frech untergraben, bringt auf sorgfältigere Erziehung, strengere Anerkennung des Eigenthumsrechtes und auf größere Vorsicht bei der Auswahl der zum Staatsdienste heranzuziehenden Kräfte.

Anf. Juni. (Polen). Miliutin wird statt des gemäßigten Platanoff zum Minister für die polnischen Angelegenheiten ernannt.

16. „ (Polen). Veröffentlichung des Budgets für Polen für das Jahr 1866. Dasselbe wird ziemlich allgemein als das letzte eines selbständigen Königreichs Polen angesehen.

— „ General Romanowsky siegt bei Jedschar und nimmt nach siebentägiger Belagerung die bocharische Festung Chodsent. Der Emir von Bochara liefert in Folge davon die gefangenen russischen Abgesandten nach Taschkent aus, verspricht auch die gefangenen Kaufleute freizulassen und sucht um Frieden nach.

— „ Stand der Bauernemancipations-Angelegenheit:
Die Zahl sämmtlicher für Güter eingereichter Liquidationstabellen belief sich auf 17,050; davon wurden von den Localcommissionen Tabellen für 5996 Güter endgültig regulirt, und zwar für Privatgüter 5437, Majorate 533 und für Güter, welche verschiedenen Institutionen angehören, 26. Die regulirten Tabellen repräsentiren 2,039,220 Morgen auf 137,193 Bauernhöfe oder durchschnittlich 14 Morgen auf den Bauernhof. Von sämmtlichen regulirten Tabellen wurden der Centralcommission für Bauernangelegenheiten zur Bestätigung zugesandt 4112; von dieser bestätigt 3107, den Localcommissionen zur nochmaligen Revision zurückgegeben 536, wegen Nichterledigung einiger allgemeinen Fragen unburchgesehen blieben 184, zur Durchsicht zurückbehalten 285. Nach den 3107 bestätigten Tabellen erhielten die Bauern 936,828 Morgen an 68,174 Höfe, was ungefähr 13¾ Morgen auf jeden Bauernhof ausmacht. Die Größe der für die Gutsbesitzer bestimmten Entschädigung beträgt 10,404,296 Rubel, d. h. durchschnittlich 11 R. 10 Kop. für den Morgen oder 22 R. 20 K. per Dessjätine.

13. Juli. Ein kaif. Ukas setzt ein höchstes Criminal-Untersuchungsgericht ein behufs weiterer Verfolgung aller Verzweigungen des Attentats gegen den Kaiser.

— „ Meuterei der Polen in Sibirien.

8. Aug. In St. Petersburg findet die erste Sitzung eines Schwurgerichtes in Rußland statt.

12. „ Der Kaiser besucht in Kronstadt das daselbst eingetroffene nord-

amerikanische Geschwader. Lebhafte Freundschaftsbezeugungen von beiden Seiten.

17. Aug. Taschkend im Chanat Kokand verlangt seine Aufnahme in den russischen Staat.

22. „ (Polen). Ein kaiserl. Ukas verordnet, daß das im russischen Kaiserreich eingeführte System der Entwerfung, Prüfung, Genehmigung und Ausführung des allgemeinen Staatsbudgets, sowie der Budgets der einzelnen Verwaltungszweige auch im Königreich Polen Anwendung finden soll. Zugleich werden von einer besonderen Commission in St. Petersburg ausgearbeitete und vom Kaiser bestätigte provisorische Bestimmungen in Bezug auf die geschäftsmäßige Behandlung des Budgets des Königreichs Polen erlassen.

11. Sept. Murawiew, der frühere Gouverneur von Lithauen, †.
15. „ Der Urheber des Attentats gegen den Kaiser, Karakasow, wird hingerichtet. Die Untersuchung gegen seine Mitschuldigen wird fortgesetzt.
29. „ Feierliche Aufnahme von Taschkend im Chanat Kokand in den russischen Staatsverband.

2. Oct. Die Russen erstürmen die Festung Urtube an der Grenze des Chanats Bochara.
4. „ (Polen). Der Erzbischof der griechisch-unirten Kirche in Polen wird von den russischen Behörden in Chelm aufgehoben und nach Rußland abgeführt.
6. „ 34 Mitschuldige an dem Attentat Karakasow's gegen den Kaiser werden abgeurtheilt, einer (Ischutin) zum Galgen (und nachher begnadigt), die übrigen zu Kerkerstrafen.
20. „ (Lithauen). General Kaufmann wird als Gouverneur der sog. westlichen Provinzen abberufen und durch General Baranoff ersetzt.
30. „ Die Russen erstürmen die bocharische Festung Dschusak.

1. Nov. Ein kaif. Manifest befiehlt eine allgemeine Recrutenaushebung von 4 pr. 1000 Seelen für die Armee und Flotte, die vom 15. Jan. bis zum 15. Febr. 1867 ausgeführt werden soll.
9. Nov. Vermählung des Großfürsten Thronfolgers mit der Prinzessin Dagmar von Dänemark. General Berg wird bei dieser Gelegenheit zum Feldmarschall des Reiches ernannt und ein umfassender Strafmilderungserlaß, jedoch keine Amnestie veröffentlicht.
11. „ (Polen). Ein kaif. Ukas schafft die Servituten, Auflagen und Monopole ab, welche auf 450 Städten und Flecken Polens bisher lasteten und theils dem Staat, theils den Eigenthümern der Städte

zufolge aller Feudalrechte zuständen. Der Staat verzichtet unentgeltlich auf seine Rechte, Privateigenthümer sollen entschädigt werden.

Motivirung: „In Erwägung, daß in vielen Städten des Königreichs Polen bisher erhebliche Domanialverhältnisse bestehen, welche in früheren Jahrhunderten entstanden und den gegenwärtigen Begriffen und Bedürfnissen nicht entsprechen, und daß die Bewohner dieser Städte zum Vortheile der Besitzer derselben mit verschiedenen Zahlungen und Verpflichtungen belastet sind, welche der Entwicklung der städtischen Industrie hinderlich sind, haben wir eingesehen, daß in die Reihe der Umgestaltungen, welche wir zum Wohle unserer Unterthanen im Königreiche unternommen haben, auch die Befreiung der dortigen Städtebewohner von der Domanialabhängigkeit gehört." Nachdem — so heißt es weiter — die Bauern in Polen befreit worden und für die Städte die Consumtionssteuern aufgehoben sind, sei es nothwendig, auch die Landbau treibende Bevölkerung, welche sich in den Städten niedergelassen, in derselben Weise zu befreien und zugleich allen andern städtischen Bewohnern die Last der bisherigen Domanialverpflichtungen abzunehmen, wobei den Besitzern der Städte eine gerechte Entschädigung gewährt werden soll. In Folge dessen werden für die erwähnten Personen ohne Entschädigung alle aus dem feudalen Begriffe des Domanialrechtes entspringenden Abgaben und Rechte, gegen Entschädigung der wirklichen Rechte und Leistungen abgeschafft und bleiben nur diejenigen Verpflichtungen in voller Kraft bestehen, welche auf Contracten und Verträgen beruhen, die aus freier Entschließung der Contrahirenden hervorgegangen sind. Zur ersten Kategorie, d. h. zu den Abgaben, die ohne Entschädigung abgeschafft werden, gehören: die Kleingaben (Danina) an Kapaunen, Hühnern, Gänsen, Filzen, Leinwand u. s. w., die andern Kleingaben (Daremschtschina), die Laudemien, welche beim Uebergange der Hofstelle aus einer Hand in die andere an den Besitzer gezahlt wurden, die Abgaben, welchen die Gewerbe und der Handel unterworfen waren, und jede Art von Monopol oder Beschränkung. Für die Aufhebung des Grundzinses und der andern Leistungen, wie der Kornabgaben, wöchentlichen Frohndienste, Reluitionsquoten für Ablösung des Zinses oder Frohndienstes und die für wirkliche Servitute auf den Ländereien der Grundbesitzer erhobenen Abgaben werden die Besitzer auf Grund einer durch die Regierung veranstalteten Taxation durch Liquidationsscheine entschädigt. Endlich wird als Regel festgestellt, daß die Contracte und Verträge, welche in Betreff des Landes zwischen den Besitzern und Städten abgeschlossen worden, nur 30 Jahre gültig sein und nicht wie früher ewige Dauer haben sollen.

17. Nov. (Baltische Provinzen). Der Kaiser bestätigt auch den Beschluß des livländischen Landtags bez. Aufhebung des adeligen Güterprivilegiums.

19. „ (Polen). Milliutin, der Vorsitzende des Comités für Polen, wird von einem Schlaganfall betroffen und durch den bisherigen Polizeichef Tschouwalow ersetzt.

„ „ (Litthauen). Um den Ankauf der zum Zwangsverkauf bestimmten polnischen Güter durch Russen zu erleichtern, wird für die westlichen Provinzen eine Bodencreditbank gegründet.

21. „ Ein neues Gesetz beschränkt das Recht der Provinziallandtage bez. der Besteuerung der eingesessenen Industriellen sehr wesentlich und entzieht denselben dadurch die finanziellen Mittel zur Durchführung vieler bereits angebahnter Verbesserungen und Fortschritte.

4. Dec. (Polen). Ein kaiserlicher Ukas hebt das Concordat mit Rom auf:

„Die Handlungsweise des römischen Hofes hat seine Beziehungen zu unserm Hofe abgebrochen, und in Folge dessen haben die mit diesem Hofe am 3. Aug. 1847 abgeschlossenen Verträge, sowie die besonderen Abkommen, welche dieselben mit Bezug auf die Verwaltung der Angelegenheiten des röm. Cultus in den russ. Besitzungen ergänzten, alle bindende Kraft verloren und können nicht mehr als Richtschnur für die Verwaltung der genannten Angelegenheiten dienen. In Folge dessen sollen die letzteren nunmehr in den Ressort der Behörden und Institutionen zurücktreten, welche zu diesem Zwecke errichtet sind in Gemäßheit der Grundgesetze des Reichs und des Königreichs Polen."

10. „ Rußland anerkennt durch diplomatische Depesche in aller Form den Prinzen Karl von Hohenzollern als Fürsten von Rumänien.

13. „ (Polen). Ein kaiserl. Ukas weist dem seit dem Februar 1864 bestehenden Comité für die Angelegenheiten des Königreichs Polen einen weiteren Wirkungskreis an. Seine Aufgabe ist die einheitliche consequente Durchführung der Reformen, die das Königreich neugestalten sollen, und die oberste Entscheidung aller wichtigen Administrationsangelegenheiten unter dem Vorsitz des Kaisers selbst.

23. „ (Polen). Fürst Czerkaski, der Oberdirector der Regierungscommission für die innern und geistlichen Angelegenheiten in Warschau, wird abberufen und durch den geh. Rath v. Braunschweig ersetzt.

31. „ (Polen). Der Kaiser erläßt gleichzeitig drei Ukase, durch welche die endliche Einverleibung Polens in Rußland wesentlich gefördert wird. Zufolge des ersten wird die Postverwaltung im Königreich Polen vom 13. Jan. an dem russ. Ministerium für die Post unterstellt zur Entwicklung und Verbesserung der russ.-polnischen Post. Der zweite Ukas bestimmt, daß das Königreich Polen vom 13. Januar 1867 an in zehn Gouvernements und 85 Kreise eingetheilt wird; die Gouverneure in Polen sind mit denen in Rußland gleichberechtigt. Nach dem dritten Ukas werden vom 31. Januar an die in Rußland üblichen Gouvernements-Districtszahlämter im Königreich Polen eingeführt.

„ „ Stand der Bauernemancipations-Angelegenheit: Die Zahl der noch im Pflichtverhältnisse verbliebenen Bauern beträgt 3,965,410, während bei 5,810,607 Bauern alle Pflichtverhältnisse bereits vollständig gelöst sind, und zwar bei 532,013 auf Grund von 3209 Contracten ohne alle Mitwirkung der Regierung und bei 3,648,494 auf Grund von 37,561 Contracten und Acten unter Mitwirkung der Regierung. Von den kleinen Gütern (mit weniger als 20 Seelen), die im Ganzen eine Bauernbevölkerung von 137,054 Seelen haben, sind 6757 mit einer Bevölkerung von 52,433 Seelen an den Staat übergegangen, welcher den Besitzern eine Entschädigung von 7,141,181 R. dafür gezahlt hatte.

12. Türkei.

Anf. Jan. (Libanon). Der Maronitenhäuptling Joseph Karam erregt neue Unruhen.
3. „ (Rumänien). Das Ministerium Cretzulesco verlangt von der II. Kammer die Genehmigung der vom Fürsten Couza in den JJ. 1864 und 1865 aus eigener Machtvollkommenheit bewilligten außerordentlichen Credite (wovon 1,418,019 Piaster aus dem Jahr 1864 und 28,762,933 Piaster aus dem Jahr 1865 noch ungedeckt find) und zu diesem Ende hin die Bewilligung eines Anlehens von 40 Mill. Piaster.
15. „ (Rumänien). Die II. Kammer bewilligt statt des vom Fürsten Couza geforderten Credites von 40 Mill. Piaster vorerst nur einen solchen von 6 Mill. In mehreren Bureaux der sonst so gefügigen Kammer tritt eine sehr entschiedene Opposition zu Tage.
19. „ (Rumänien). II. Kammer: Der bisherige, zur Opposition neigende Kammerpräsident tritt auf Verlangen Couza's zurück. Catargiù wird an seine Stelle gewählt.
29. „ (Rumänien). Die II. Kammer überreicht dem Fürsten Couza eine Adresse, in der sie alle Handlungen des Fürsten billigt und ihm ihre unbedingte Unterstützung zusagt. Der Fürst ersucht in seiner Antwort die Kammer, den Zustand der Finanzen sorgfältig zu prüfen und namentlich die öffentlichen Ausgaben aufs sorgfältigste zu revidiren.

3. Febr. (Rumänien). Ein Decret des Fürsten ermächtigt das Ministerium, das Budget des vorigen Jahres so lange als Norm beizubehalten, bis die Kammern das neue Budget bewilligt haben würden.
5. „ (Aegypten). Der Vicekönig unterzeichnet eine Convention mit mit der Suezcanal-Compagnie, mit welcher beide Theile vollständig zufrieden zu sein scheinen.

8. Febr. (Rumänien). Modification des Ministeriums. Cretzulesco behält die Präsidentschaft.
13. „ Eröffnung der internationalen Cholera-Conferenz in Konstantinopel.
23. „ (Rumänien). Ausbruch einer Verschwörung gegen den Fürsten Couza. 40 Verschworene, geführt von General Golesco, Oberst Leca und Oberst Cretzulesco bringen in den Palast, nehmen den Fürsten gefangen und zwingen ihn zur Abdankung zu Gunsten einer provisorischen Regierung, bestehend aus dem General Nicolaus Golesco, dem Obersten Haralambi und Lascar Catargiu.

Die neue provisorische Regierung constituirt sich, ernennt ein Ministerium und erläßt eine Proclamation an das Volk:

„Rumänen! Vor sieben Jahren habt ihr Europa gezeigt, was Patriotismus und Bürgertugend vermögen. Unglücklicherweise habt ihr euch in der Wahl des Fürsten, den ihr an eure Spitze gestellt, getäuscht. Anarchie und Corruption, Mißachtung der Gesetze, Herabwürdigung des Landes im Innern und Aeußern, Verschwendung der Habe der Nation waren die Principien, welche diese schuldbelastete Regierung leiteten. Heute hat dieselbe aufgehört zu sein. Rumänen! Ihr habt gelitten, um der Welt zu zeigen, bis wohin eure Geduld geht. Jetzt war jedoch das Maß voll. Die Zeit ist gekommen und ihr habt euch eurer Vorfahren würdig gezeigt. Soldaten! Euer Patriotismus war der Höhe der Situation angemessen. Ehre euch! Wir alle, Armee und Volk, werden die Rechte des Vaterlandes, Gesetzmäßigkeit und alle essentiellen Freiheiten, wie dieselben in allen Ländern und besonders in Belgien gradi werden, aufrecht erhalten. Rumänen! Die fürstliche Statthalterschaft (locotenenta) wird das constitutionelle Regiment in seiner ganzen Ausdehnung wahren: sie wird vom Altar des Vaterlandes jedem persönlichen Ehrgeiz entfernt zu halten wissen und die öffentliche Ruhe aufrecht erhalten. Rumänen! durch die Erwählung eines fremden Fürsten zum Herrscher der Rumänen werden die durch die Divane ad hoc gefaßten Beschlüsse zur vollendeten That. Rumänen! Habt festes Vertrauen zu Gott und die Zukunft Rumäniens ist gesichert. Gegeben zu Bucarest am 11. Februar 1866. Die fürstliche Statthalterschaft: General Nicolaus Golesco. In Abwesenheit des Herrn Lascar Catargi, Demeter Sturza ad interim. Oberst Haralamb. Präsident des Conseils Johann Ghika. Minister des Innern Demeter Ghika. Minister der Justiz Johann Cantacuzino. Minister der Finanzen Mavrogeni. Minister des Cultus C. A. Roselti. Minister der öffentlichen Arbeiten D. Sturza. Minister des Kriegs Leca."

Beide Kammern wählen ohne Widerstand einstimmig den Grafen von Flandern, jüngeren Bruder des Königs der Belgier, zum Fürsten und unterzeichnen sofort den Treueid für denselben.

25. „ (Rumänien). Fürst Couza unterzeichnet seine Abdankung, worauf sofort der Befehl ertheilt wird, ihn nach Siebenbürgen zu entlassen und bis an die Grenze zu escortiren.

26. „ (Rumänien). Die h. Pforte protestirt auf den Pariser Vertrag v. 30. März 1856 gestützt gegen die Vorgänge in Bucarest und verlangt von den Großmächten den Zusammentritt einer Conferenz.

Art. 25 jenes Vertrages lautet: „Wenn die innere Ruhe der Fürstenthümer bedroht oder gestört sein sollte, so wird die h. Pforte sich mit den übrigen Mächten über die Maßregeln zur Aufrechterhaltung oder Wiederherstellung der gesetzlichen Ordnung verständigen. Ein bewaffnetes Einschreiten darf ohne vorhergängiges Einvernehmen der Mächte nicht stattfinden."

27. Febr. (Rumänien). Eine Circularbepesche des belgischen Ministers Rogier zeigt die definitive Ablehnung des Grafen von Flandern, die ihm angetragene Würde eines Fürsten anzunehmen, an.
28. „ (Rumänien). Alle Decrete und Processe der gestürzten Regierung gegen die Presse werden von der provisorischen Regierung für aufgehoben erklärt. In Bucharest wird der Gemeinderath durch eine interimistische Commission ersetzt. Die provisorische Regierung setzt eine Reihe von Präfecten ab und trägt den vorzüglichsten Bankiers auf, den Plan zu einem Nationalanlehen auszuarbeiten. Inzwischen aber werden von ihren Mitgliedern selbst 100,000 Ducaten aufgebracht.

1. März. (Rumänien). Die Pforte nimmt Paris als Conferenzort für die Erörterung der Frage der Donaufürstenthümer an.
— „ (Rumänien). Die Pforte zieht ein Armeecorps gegen die Donaufürstenthümer bei Ruschuck zusammen.
2. „ Die internationale Choleraconferenz in Konstantinopel beschließt auf den Antrag Frankreichs mit 17 gegen 8 Stimmen (Türkei, England, Rußland und Persien) die eventuelle, zeitweilige Schließung des Hafens von Djeddah.
3. „ (Rumänien). Secessionistische Bewegung in der Moldau. Die provisorische Regierung schickt sofort Truppen nach Jassy, setzt die meisten Präfecten ab und ernennt andere an ihre Stelle.
5. „ (Libanon). Die türkischen Truppen rücken in den von Joseph Karam besetzten District ein, Karam flieht.
6. „ (Rumänien). Die provisorische Regierung beschließt ein Anlehen von 30 Mill. und schlägt den Kammern die Errichtung von Nationalgarden und eines Freiwilligencorps von 4000 Mann neben der Armee vor.
12. „ (Rumänien). Die II. Kammer genehmigt das amendirte Nationalgardengesetz mit großer Mehrheit.
„ „ (Aegypten). Der Sultan genehmigt die vom Vicekönig mit der Suezcanalcompagnie abgeschlossene Convention.
21. „ (Rumänien). Die I. Kammer genehmigt auch ihrerseits mit einigen Modificationen das Nationalgardengesetz.
30. „ (Rumänien). Die provisorische Regierung löst die II. Kammer auf, weil dieselbe, unter dem Einfluß der Regierung Couza's gewählt, nicht der wahre Ausdruck des Landes sei.

11. April. (Rumänien). Die provisorische Regierung ordnet eine allgemeine Abstimmung über die Wahl des Prinzen von Hohenzollern zum Fürsten an und erläßt zu diesem Ende hin folgende Proclamation:
„Allen Gegenwärtigen und Zukünftigen unsern Gruß! Erwägend dem

Rapport des Commissärs Hrn. Joan Bratianu; erwägend die Depeschen des Agenten der vereinigten rumänischen Fürstenthümer zu Paris, Hrn. Jean Balaceano; erwägend die Rapporte der HH. Commissäre Vasilie Boerescu, Scarlat Falcoianu und Ludwig Steege, und die Correspondenzen zwischen diesen Herren und dem Minister des Auswärtigen von Belgien, Rogier, wodurch bestätigt wird, daß Se. Maj. der König der Belgier die Annahme des Thrones Rumäniens seitens des Grafen von Flandern abgelehnt hat; erwägend das Journal des Ministerconseils unter Nr. — haben wir beschlossen und beschließen: Art. 1. Das rumänische Volk ist berufen, sich mittelst eines Plebiscits auszusprechen, ob es wünscht, daß den erblichen Thron der vereinigten rumänischen Fürstenthümer besteige Fürst Karl Ludwig von Hohenzollern unter dem Namen Karl I. Art. 2. Es werden votiren alle Rumänen von 25 Jahren an, welche sich im Besitz ihrer bürgerlichen und staatlichen Rechte befinden, und welche die durch das Wahlgesetz bedingten Erfordernisse für Wähler in Land- und Stadt-Communen in sich vereinigen. Art. 3. Bei Erhalt dieses Decrets werden die Stadt- und Landes-Autoritäten von ganz Rumänien Register zur Einschreibung der Stimmen anlegen und geöffnet halten. In den 48 Stunden nach Erhalt dieses Decrets werden die Präfecten und Polizeichefs in den Städten und die Subpräfecten in den Städten und auf den Dörfern, alle Communen ihrer Jurisdiction bereisen, um die Einrichtung und Eröffnung dieser Register zu überwachen und zu sichern. Art. 4. Diese Register werden auf allen Communalkanzleien Rumäniens von 8 Uhr Morgens geöffnet bleiben und zwar vom 14. April bis zum 20. April Abends. Die Bürger werden selbst oder (wenn sie nicht schreiben können) durch andere ihr Votum in die Register mit Beifügung ihres Vor- und Zunamens einschreiben oder einschreiben lassen. Art. 5. Bei Ablauf obigen Termins, und zwar längstens in den ersten 24 Stunden, wird die Anzahl der gegebenen Stimmen in öffentlicher Sitzung constatirt und am Schlusse des Registers von Seiten der Communalautorität beglaubigt werden; diese letztere wird sodann das Register dem Districts-präfecten einschicken. Art. 6. In der Residenz jedes Districts wird das Tribunal erster Instanz in Gegenwart des Districtspräfecten und in Bucarest der Polizeipräfect die im Gebiet des Districts gegebenen Stimmen alsogleich recensiren. Das Resultat dieser Arbeit wird an den Minister des Innern auf dem schnellsten Wege befördert werden. Art. 7. Die Generalrecension der vom rumänischen Volk gegebenen Stimmen wird in Bucarest in der Mitte einer hohen Commission stattfinden, die durch ein zweites Decret instituirt werden wird. Das Resultat wird durch die ausübende Gewalt promulgirt werden. Art. 8. Der Minister des Innern ist beauftragt, die Formirung, Offenhaltung, Schließung und Expedirung der Plebiscitsregister zu betreiben und zu regeln."

14. April. (Rumänien). Proclamation der provisorischen Regierung an das Volk:

„Rumänen! In einem Zeitraum von 10 Jahren habt Ihr durch eure Thaten und Beschlüsse Angesichts Europa's gezeigt, daß ihr eine Nation seid, daß Ihr eure Rechte und Bedürfnisse kennt, daß Ihr die Einheit und als Schild unserer Nationalität einen fremden Fürsten wünscht, und jede eurer Willensäußerung ist von allen Nationen mit Beifall aufgenommen, alle eure Acte sind von den Garantiemächten anerkannt und bestätigt worden. Der Act vom 11. (23.) Februar als ein neuer und viel kräftigerer Beweis hat euch sowohl die Bewunderung als auch die Liebe beinahe aller Großmächte erworben. Diese Liebe, diese Achtung unserer Autonomie, unserer Souveränetät haben selbe bewiesen durch die Abhaltung jedweder Intervention, durch den officiellen Empfang unserer Repräsentanten und der Commissäre seitens Sr. Majestät des Sultans, sowie des Agenten der Regierung seitens

Sr. Majestät des Kaisers der Franzosen, und endlich durch die Verlagung der Conferenzen bis zu dem Zeitpunkt, wo ihr Angesichts der neuen Verhältnisse euch von neuem ausgesprochen, von neuem bekräftigt, die letzte Hand zur Vollendung eures stolzen Werks angelegt haben werdet. Haben euch aber auch die Großmächte vollkommen eurer Selbstbeherrschung überlassen, sie haben dennoch ihre Blicke auf euch geheftet; denn an die Geschicke Rumäniens sind große Interessen Europa's geknüpft, und es ist bis zur Klarheit bewiesen, wie diese Interessen es nicht leiden können, daß die Mündungen der Donau in die Hände einer entzweiten, verstümmelten, schwachen Nation gegeben würden, da ein solches Volk weit davon entfernt ist, eine kräftige Wehr zu sein, für deren Aufwerfung die Garantiemächte ihr Blut und ihre Schätze geopfert. Zur Beseitigung dieser Wehr hat die Nation, wie wir gesagt, in den Jahren 1857 und 1859 einen fremden Fürsten verlangt. Nachdem aber der am 11. (23.) Febr. erwählte officiell erklärt, daß er aus Familienrücksichten nicht annehmen könne, ermächtigt durch den Willen des Volks, geleitet von der Pflicht, die uns obliegt, den Intriguen und Machinationen Einhalt zu thun, und sicher, daß diesmal der Wille der Nation vom vollkommensten Erfolg gekrönt sein wird, schlagen wir zum Fürsten Rumäniens vor den Fürsten Karl Ludwig von Hohenzollern, welcher herrschen wird unter dem Namen Karl I. Rumänen! einer unveränderlicher Entschluß, eine starke Nation zu sein, die Erfahrungen, welche ihr in so vielen langwährenden und schmerzhaften Leiden gesammelt habt, der Abgrund, von dessen Rand uns der Act vom 11. (23.) Febr. entfernt, in den uns die Feinde unermüdlich zu rollen versuchen, gibt uns den Glauben, daß ihr einmüthig die Krone dem Fürsten Karl I. geben werdet, und daß ihr somit erreichen werdet, daß in wenigen Tagen ganz Europa unsern einmüthigen Ruf wiederhole: Es lebe Rumänien das einige und ungetheilte."

"Gleichzeitige Proclamation des Ministerrathes: Rumänen! Die hohe Statthalterschaft hat euch durch ihre Proclamation bekannt gegeben, daß jetzt das Wohl und wir können sagen das Sein Rumäniens von euch allein abhängt. Es sind zehn Jahre seit ihr zu drei verschiedenen Malen und bei den größten und feierlichsten Gelegenheiten erklärt und einstimmig votirt habt, wie ihr es wißt, daß die politischen Zustände und unsere geographische Lage es gebieterisch verlangen, entweder eine einige und starke Nation zu sein oder unterzugehen, und daß wir keine Nation sein können, wenn wir auf unserem Thron nicht einen Fürsten haben, der Mitglied einer der herrschenden Familien aus dem Abendland ist. Heute ist euer Wunsch erfüllt, nicht noch als es der größte Nationalehrgeiz beanspruchen konnte. Fürst Karl I. ist Mitglied zweier herrschenden Familien, und zwar gehören diese zu den glänzendsten und mächtigsten. Er ist nahe anverwandt, und zwar in aufsteigender Linie, der königlichen Familie Preußens, jener Familie, welche jederzeit in ihrer Mitte Helden gezeigt und die Friedrich den Großen der Welt gegeben hat, der durch seine Kenntnisse und seinen Willen das kleine Herzogthum, das ihm die Nation anvertraut hatte, in eines der mächtigsten Königreiche Europa's umwandelte. Er ist doppelt anverwandt mit Napoleon III., und zwar ist er Mitglied jener Familie Bonaparte, welche, durch Gottes Hand gekennzeichnet, und die der erstaunten Welt zwei Napoleone gegeben, welche, von der Welt wie Halbgötter verehrt, dieselbe geleitet, wie der Magnet das Eisen, zur Demokratie, zur Achtung der Nationalitäten, zum wahren und unvergänglichen Ruhm. Er ist der Sohn Sr. k. Hoh. Karl Anton Joachim, Fürst von Hohenzollern, Haupt der liberalen Partei, nämlich der liberalsten und gebetetsten Nation der Welt, der Deutschen. Sohn des einzigen Fürsten der Welt, welcher für die Vereinigung, für die Einigkeit Deutschlands selbst seinen Thron geopfert hat, und welcher heute geschätzt, verehrt vom glorreichen Deutschland, einer ihrer Hauptführer zur Freiheit und Einigkeit ist. Karl I. der Rumänen ist selbst einer der geehrtesten und beliebtesten Fürsten Europa's, von den edelsten und freisinnigsten Principien durchdrungen, bescheiden, wie es die Tugend immer ist, und stark, wie der Glaube, wenn er eine Pflicht zu erfüllen hat. Rumänen! Die Hand auf dem Gewissen in diesem heiligen Augenblick, wo in Wahrheit sich der Himmel für Rumänien öffnet, um seine Unsterblichkeit als Nation zu verzeichnen, schwören wir vor euch, vor Gott und Europa, wie wir versichert sind, daß Karl I. der Rumänen die Rumänen leiten wird auf dem Wege der Gerechtigkeit, der Tugend und der Freiheit, und daß es nur mit ihm und durch ihn sein kann, daß die Nation ihre von der Vorsehung gezeichnete Mission wird erfüllen können. Auf also, Rumänen, die Stunde des Heils hat geschlagen, das Lebensbuch Rumäniens steht vor euch geöffnet, mit der einen Hand auf euren blutenden Wunden, die bald in den Brand geriethen wären, und in der andern Hand die Feder des Lebens, geht und schreibt in das Plebiscit Karl I., Fürst der Rumänen. Die Vorsehung scheint uns sogar mit Zeichen erleuchten zu wollen, indem es sich trifft, daß mit dem 8. (20.) April, wo das Plebiscit geschlossen wird, Karl I. sein 27. Jahr vollendet. Um uns zu ermuntern, hat es die Vorsehung gewollt, daß die Donau, dieser Fluß, dem wir die Protection Europa's verdanken, seinen Anfang, seine Quelle in dem Lande hat, wo Karl I., Fürst Rumäniens, geboren ward. Wählt also Rumänen mit eurem alten Glauben, wählt mit eurem rumänischen Kralt, wählt einstimmig und ohne eine Minute Bedenken; und alle Intriguen sind vernichtet, und mit der Proclamirung eurer Wahl wird auch das Sein des rumänischen Vaterlandes proclamirt und bekräftigt werden."

15. April. (Rumänien). Seccessionistische Unruhen in Jassy. Volksversammlungen für die Fortdauer der Union mit der Walachei unter einem fremden Fürsten lateinischer Race oder Trennung der Moldau. Die Commissäre der provisorischen Regierung lassen die Unruhen durch Militär mit Gewalt und nicht ohne Blut unterdrücken.

20. „ (Rumänien). Prinz Karl von Hohenzollern wird, als vom Volke in allgemeiner Abstimmung fast einstimmig sowohl in der Walachei als in der Moldau gewählt, von der provisorischen Regierung zum Fürsten von Rumänien proclamirt.

25. „ (Rumänien). Jean Bratiano und Dr. Davila reisen nach Berlin ab, um dem Prinzen von Hohenzollern die rumänische Fürstenkrone als Ergebniß der Volksabstimmung im Namen des Volkes anzubieten.

— „ (Candia). Unruhige Bewegungen: in der Nähe von Canea treten unbewaffnete Volksversammlungen zusammen, wählen Ausschüsse und richten eine Bittschrift um Abhilfe ihrer Beschwerden an die h. Pforte. Die kretische Commission in Athen räth dringend von einer bewaffneten Erhebung, weil die Umstände derselben nicht günstig seien, ab.

Anf. Mai. (Candia). Die Pforte antwortet auf die Bittschrift der Candioten abschlägig. Allgemeine Erhebung der Insel; die türkische Bevölkerung zieht sich in die festen Plätze der Nordküste zurück und überläßt das offene Land den Christen.

3. „ (Rumänien). Die diplomatischen Agenten und Generalconsuln

der garantirenden Mächte in Bucharest erhalten ein Telegramm der Conferenz in Paris, das von den daselbst residirenden Gesandten unterzeichnet ist, nach welchem die Conferenz sich in Bezug auf die Besetzung des Hospodorats der Walachei und Moldau an die bestehenden Tractate und Conventionen hält, und deßhalb die Wahl eines fremden Fürsten zufolge der Pariser Convention von 1857 für unzulässig erklärt.

4. Mai. (Rumänien). Die provisorische Regierung macht officiell bekannt: „Hr. Palaceano, unser Agent zu Paris, benachrichtigt die Regierung mittelst Telegramms vom 3. Mai, daß der Fürst Karl I. die ihm von den Rumänen angebotene Krone angenommen hat."

11. „ (Rumänien). Die am 10. b. M. zusammengetretene neugewählte II. Kammer wählt Demeter Braliano zu ihrem Präsidenten und erklärt sich in Permanenz.

13. „ (Rumänien). Die II. Kammer bestätigt die Wahl des Prinzen von Hohenzollern zum Fürsten von Rumänien und beschließt mit 110 von 116 Stimmen ein dießbezügliches Schreiben an die Conferenz der Großmächte in Paris zu richten und davon auch der h. Pforte in Kenntniß zu setzen:

„In aller schuldigen Ehrerbietung gegen die hohe Pforte und gegen die Großmächte erklärt die Versammlung. Als die getreue Stimme des Nationalwillens, welcher unveränderlich ist und der fest und bestimmt wie durch die Divans ad hoc und durch alle bisherigen Kammern, so auch am 11/23. Febr. durch die gesetzg. Versammlung und in den Tagen des 2—8. (14/20.) April durch das Plebiscit ausgedrückt worden ist, zum letzten Mal vor Gott und den Menschen, daß es der unwandelbare Wille der Fürstenthümer ist, für alle Zeiten das bleiben zu wollen, was sie sind, ein einiges ungetrenntes Rumänien, unter der erblichen Herrschaft eines fremden Fürsten aus einem souveränen Hause des Abendlandes, und daß dieser Erbfürst Karl zu Hohenzollern-Sigmaringen sei, welcher auch von dieser Versammlung unter dem Namen Karl I. hiemit proclamirt wird."

„ „ (Candia). Die Sphakioten-Capitäne berathen über einen Anschluß an die Bewegung im Bezirk von Canea, beschließen aber, es zu unterlassen, da eine Erhebung keine Aussicht auf Erfolg biete. Aus Athen wird fortwährend von einer solchen abgerathen.

16. „ (Rumänien). II. Kammer: Die prov. Regierung legt derselben den Entwurf einer neuen Verfassung vor.

17. „ (Rumänien). II. Kammer: Die provisorische Regierung verlangt gegenüber der drohenden Haltung des türkischen Armeecorps in Rustschuk einen Credit von 8 Mill. P. zu Errichtung eines Lagers, um die Hauptstadt zu decken.

„ „ (Rumänien). Sitzung der Pariser Conferenz für die Angelegenheiten der Donaufürstenthümer. Es gelangt die Anzeige der Wahl des Prinzen Karl von Hohenzollern zum Fürsten zur Vorlage. Der Vertreter der h. Pforte protestirt dagegen und verlangt die Wahl von provisorischen Hospodaren für jedes der beiden Fürstenthümer durch die Conferenz selbst.

20. Mai. (Rumänien). Der neugewählte Fürst Karl langt ganz unerwartet und fast ohne Begleitung in Turn Severin an.
22. „ (Rumänien). Feierlicher Einzug des Fürsten Karl in Bucharest. Die II. Kammer ertheilt sofort dem Vater des Fürsten die Naturalisation, um so wenigstens formell der Bestimmung des Art. 13 der Convention vom 19. Aug. 1858 zu genügen. Die am 15. April in Jassy Verhafteten werden in Freiheit gesetzt.
24. „ (Rumänien). Die provisorische Regierung tritt ab und das Ministerium gibt seine Entlassung, um dem neuen Fürsten die Bildung eines solchen nach seiner Wahl zu ermöglichen. Dasselbe wird von Lascar Catargiu gebildet: Lascar Catargiu, Präsidium und Inneres; Dimitri Slurdza, öffentliche Arbeiten; General Ghika, Krieg; Maurogeni, Aeußeres; Rosetti, Cultus; Cantacuzeno, Justiz; Proliano, Finanzen.
25. „ (Rumänien). Sitzung der Pariser Conferenz: Die h. Pforte protestirt gegen die thatsächliche Besitzergreifung des Prinzen von Hohenzollern in den Fürstenthümern und verlangt die Ermächtigung zu militärischer Besetzung derselben. Die Conferenz lehnt diese Ermächtigung ab, weist indeß ihre Vertreter in Bucharest an, mit dem Prinzen Karl bloß in officiöse Beziehungen zu treten.
26. „ (Rumänien). Fürst Karl richtet ein Schreiben um Anerkennung an die garantirenden Mächte und sichert darin die gewissenhafteste Achtung der Verträge zu. Derselbe richtet ein gleiches Schreiben auch an den Sultan, das jedoch nicht angenommen wird.
30. „ (Aegypten). Der Sultan gesteht dem Vicekönig Ismael Pascha die directe Erblichkeit in seiner Familie nach occidentalischer Sitte durch einen förmlichen Fernan zu.
31. „ (Rumänien). Die Pforte beharrt darauf, die Donaufürstenthümer besetzen zu wollen, die Mächte, besonders Frankreich, rathen ihr bringend ab.

2. Juni. (Rumänien). Die Pforte, entschlossen in den Donaufürstenthümern zu interveniren, ernennt Omer Pascha zum Befehlshaber der an den Grenzen zusammengezogenen Truppen.
6. „ Der bisher allmächtige Fuad Pascha wird gestürzt und Rubschi Pascha an der Spitze eines altürkischen Ministeriums zum Großvezier ernannt.
8. „ (Rumänien). Die ganze Armee hat Bucharest verlassen, um einem gefürchteten Einmarsch der Türken entgegen zu treten. Die Nationalgarde versieht den Dienst.
10. „ (Rumänien). Die II. Kammer lehnt die Ausgabe von 32 Mill. P. mit Zwangscurs ab.
12. „ (Rumänien). Die Regierung publicirt ein Gesetz über die

Bildung von Freiwilligenlegionen, wodurch die Armee angeblich auf 150,000 Mann erhöht werden soll.
15. Juni. (Rumänien). Die II. Kammer beschließt eine Petition an den Sultan um Anerkennung des Fürsten Karl.
16. „ (Rumänien). Fürst Karl zieht angeblich 60,000 Mann bei Kalafat zusammen und erläßt eine Proclamation an dieselben. In Bucharest erwartet man den Einmarsch Omer Pascha's an der Spitze von 60,000 Mann.
25. „ (Rumänien). II. Kammer: Die Regierung sieht sich zu der Erklärung genöthigt, daß nur noch für 3 Tage Geld in der Staats kasse zu Bezahlung der Truppen vorhanden sei.

12. Juli. (Rumänien). Die neue Verfassung ist von beiden Kammern angenommen worden. Fürst Karl leistet sofort den Eid auf dieselbe und schließt die Session der Kammern. Fürst Karl sieht sich in Folge der Finanzklemme genöthigt, mit dem deutschen Hause Oppenheim ein Anlehen zu sehr drückenden Bedingungen abzuschließen, um wenigstens den bringendsten Staatsbedürfnissen zu genügen.

— „ Der fällige Zinscoupon der allgemeinen türkischen Schuld kann nicht bezahlt werden und wird dieß auf den 13. Oct. versprochen.
28. „ (Rumänien). Fürst Karl entläßt das Ministerium Roselli und bildet ein mehr conservatives, Ghika-Stirbey. Die während des Interregnums gebildete Nationalgarde wird wieder aufgelöst.

21. Aug. (Candia). Nach einer Reihe kleiner Gefechte zwischen den Aufständischen und den türkischen Truppen richtet die Generalversammlung der Kreter von dem Distrikt Apokoronos aus eine Erklärung an die Vertreter der drei Schutzmächte:

„Die in Canea residirenden Vertreter der christlichen Mächte sind bereits lange von dem Bescheid in Kenntniß gesetzt worden, den der Großvezier der Centralcommission und dem Volke Kreta's auf die gerechten Beschwerden gegeben hat, welche die Unterzeichneten der hohen Pforte unterbreitet haben. Außerdem ist es den Vertretern der christlichen Regierungen bekannt, daß wir durch die Maßregeln der Willkür, der Gewalt und des Betrugs seitens der Behörden zu der öffentlichen Erklärung gezwungen waren: daß uns nichts anderes übrig bleibe, als zu den Waffen zu greifen, um unsere Ehre, unser Leben und unser Hab und Gut zu vertheidigen und Gewalt mit Gewalt zu vertreiben. Unter vielen traurigen Umständen haben die ehrerbietigst Unterzeichneten, welche im Auftrag des Volks den Titel „Generalversammlung der Kreter" führen, es als eine unumgängliche und heilige Pflicht erachtet, eine neue Rechtfertigung zu veröffentlichen, um die Grundlosigkeit und Ungerechtigkeit der türkischen Regierung darzuthun. Da aber die Unterzeichneten keine Mittel haben, das Rechtfertigungsschreiben nach Konstantinopel zu befördern, ist dasselbe zur Veröffentlichung durch die Presse nach Griechenland gesendet worden. Eine Abschrift dieses Berichts in der Hoffnung hier an, daß die H. Vertreter der Mächte dahin wirken werden, ihre Regierungen über die Kunstgriffe und Trugschlüsse aufzuklären, wozu die h. Pforte, deren Barmherzigkeit wir vergeblich angerufen haben, ihre Zuflucht nimmt. Wir erlauben uns, die Aufmerksamkeit der HH. Vertreter der Mächte auf folgende Thatsachen zu richten, und deßhalb ihre Unterstützung anzurufen. Wir wären das Opfer der Intrigue und der Täuschung geworden, wenn wir den wiederholten Versicherungen des Serdar Schehif Pascha, daß er von der hohen Pforte bevollmächtigt sei, mit uns über die kretische Frage zu verhandeln, Glauben geschenkt und nicht schleunigst die an ihn schon abgeschickten Gesandten zurückberufen und die Waffen nothgedrungen zu unserer Vertheidigung ergriffen hätten. Die Noth zwingt uns, dem feindlichen Heere Widerstand zu leisten, sollte man versuchen, uns aus den Orten zu verdrängen, wohin wir uns mit unsern Frauen und Kindern geflüchtet haben, bis unser Schicksal durch die christlichen Mächte entschieden sein wird. Zugleich bringen die Unterzeichneten zur Kenntniß der HH. Vertreter der andern, und besonders der drei Schutzmächte, die Profanation und Beraubung folgender Kirchen: der hl. Kyriaka in Kydonia, des h. Demetrius, der hl. Jungfrau, des hl. Panteleemon in Rethymo und der Kirche der hl. Wandlung; alle diese Entweihungen der Heiligthümer sind von der kaiserlich türkischen Armee verübt worden. Mit diesen Grenelthaten hat man es nicht bewenden lassen, sondern friedliche, unbewaffnete Leute verstümmelt und gepeinigt, bloß weil sie sich weigerten, Abreißen zu unterschreiben, die den Zweck haben, zu läugnen, daß wir irgend welchen Grund zu Wünschen und Beschwerden haben."

2. Sept. (Candia). Die Generalversammlung der Candioten beschließt in Sphakia:

„In Uebereinstimmung mit dem Eide v. J. 1821 und mit dem allgemeinen Wunsche der ganzen Bevölkerung für die Vereinigung und Unabhängigkeit der ganzen hellenischen Stammesrace beschließen wir: 1) Für immer ist auf der Insel Kreta mit allen ihren Anhängern die osmanische Herrschaft abgeschafft. 2) Die Insel Kreta ist untrennbar und für immer mit Griechenland, seiner Mutter, unter dem Scepter Sr. Maj. des Königs der Hellenen, Georg I., vereinigt. 3) Die Ausführung dieses Decrets ist der Tapferkeit des kretischen Volks, der thätigen Mitwirkung aller derselben Abstammung wie wir, und aller Griechenfreunde, sowie der mächtigen Vermittlung der drei Schutzmächte und Garanten und der Allmacht des Höchsten anheimgestellt."

11. „ (Candia). Mustapha Pascha langt mit ausgedehnten Vollmachten auf Candia an und übernimmt den Oberbefehl über die türkischen und ägyptischen Truppen, die auf wenigstens 30,000 Mann geschätzt werden und erklärt die ganze Insel in Blokadezustand. Dennoch treffen zahlreiche Freiwillige aus Griechenland ein, deren Zahl bald auf 2000 meist gediente griechische Soldaten und Unteroffiziere, sowie eine Anzahl aus der griech. Armee getretener Offiziere angegeben wird.

12. „ (Candia). Die Türken erhalten zahlreiche Verstärkung von Konstantinopel und aus Aegypten und besetzen nicht ohne Grausamkeiten den größern Theil des offenen Landes wieder. Die Aufständischen ziehen sich in die gebirgigen Theile der Insel zurück und richten von Kydonia aus ein neues Schreiben an die Consuln der Schutzmächte in Canea.

Die Aufständischen rufen darin die Consuln als „Zeugen an, daß statt eines ehrbaren Kriegs Tempelschändungen, Zerstörungen der Dörfer und Pflanzungen, Ermordung der wehrlosen Bevölkerung in der Nähe der Städte durch die Türken verübt wurden, und bitten wiederholt um ihre Verwendung bei den respectiven Regierungen, und insbesondere bei den drei Schutzmächten Griechenlands, damit diese durch ihr diplomatisches Dazwischentreten diesen Handlungen des Vandalismus Einhalt thun und die Wünsche der Bewohner Kreta's, sich mit dem Mutterlande Griechenland zu vereinigen, unterstützen. Wenn dieser traurige Zustand noch länger dauern sollte, so bliebe den Kretern nur übrig, die christlichen Mächte zu bitten, so viele Schiffe zu schicken, um die Frauen und Kinder und sonstige Kampfunfähige einzuschiffen und sie der Milde und Barmherzigkeit Europa's und Amerika's anzuvertrauen; sie selbst würden sich aber im Kampfe für ihre Rechte unter den Trümmern ihrer Heimath begraben lassen."

13. Sept. (Canbia). Mustapha Pascha erläßt eine Proclamation an die Canbioten.

Der Pascha erinnert daran, "daß Kreta, wo er länger als 30 Jahre gelebt, sein zweites Vaterland sei, und betheuert, daß er den Mißverständnissen, welche die christlichen Bewohner zur Empörung getrieben, gern abhelfen wolle. Handel, Ackerbau, Unterrichtswesen, die Ausübung der bürgerlichen Rechte und die persönliche Freiheit würden in ihm ihren eifrigen Vertreter finden. Man möge dafür aber auch jenen Leuten, die sich Kreter nennen, aber Fremde sind und aus der Fremde her hetzen und putschen, mißtrauen und dieselben als die eigentlichen Feinde des Landes erkennen lernen, zu Handel, Industrie und Ackerbau zurückkehren und der kaiserlichen Regierung Gewaltmaßregeln ersparen". Zum Schlusse heißt es: "Ich kann nicht länger als fünf Tage warten, um die Wirkung dieser meiner versöhnlichen Ansprache zu erfahren."

17. „ (Canbia). Die Generalversammlung der Canbioten antwortet auf die Proclamation Mustapha Pascha's durch folgenden Aufruf:

„Volk von Kreta! Tapfere Landsleute! Der Mann, der unser Vaterland dreißig Jahre lang unterdrückt und so viele edle Märtyrer der Freiheit an Bäumen aufgehängt hat, dieser Tyrann, der Mustapha Pascha heißt, ist neuerdings auf unsere Insel gekommen, wie man sagt, vom Sultan gesendet, um uns unter das Joch zurückzubringen. Den allgemeinen Geist des Landes kennend und eurer stolzen und edlen Gesinnungen gewiß, halten wir jeden Rath für überflüssig, der bloß darauf abzielen würde, euren Patriotismus gegen seine Zumuthungen zu warnen. Das Losungswort „Vereinigung oder Tod", welches von einem Ende Kreta's zum andern erschallt, gibt auf die betrügerischen Worte, wodurch der Unterdrücker uns abermals zu kirren sucht, die passende Antwort. Sprecht es durch den Donner eurer mörderischen Waffen und durch ruhmvolle Siege aus, daß ihr nicht mehr seine Rajahs seid, sondern freie Hellenen, deren Vaterland Griechenland und deren König Georg I., König der Hellenen ist. Der Gott der Gerechtigkeit wird fortfahren, unsere Waffen zu segnen."

26. „ Schluß der internationalen Choleraconferenz durch den türkischen Minister des Auswärtigen.

„ (Canbia). Eine neue Proclamation Mustapha Pascha's an die Aufständischen erstreckt den Termin zur Unterwerfung bis zum 10. October.

5. Oct. (Serbien). Fürst Michael verlangt von der Pforte die Räumung sämmtlicher Festungen in Serbien einschließlich derjenigen von Belgrad:

„Ew. Hoheit! Als durch die traurigen Ereignisse des Jahres 1862 die Ruhe Serbiens erschüttert und die Einwohner Belgrads mit Schrecken erfüllt wurden, habe ich mich bemüht, alle Mittel ausfindig zu machen, um Ruhe und Vertrauen den Geistern zurückzugeben. Als aber durch den Beschluß der Conferenz von Kanelbji zu meinem großen Bedauern eine solche Lösung, welche Serbiens Sicherheit und seine Beziehungen zum Suzeränen Hof am besten gestalten könnte, für nicht gut befunden wurde, da blieb mir nur die Hoffnung übrig, daß die Spannung, welche das Bombardement erzeugte, mit der Zeit nachlassen, und die Erinnerung an die Gefahr, deren Existenz das verhängnißvolle Ereigniß zeigte, sich verwischen werde. Unglücklicherweise ging diese Hoffnung nicht in Erfüllung. Ueber vier Jahre sind seit dem Bombardement verstrichen, aber das Mißtrauen, die Spannung, die Unsicherheit nahmen nicht ab. Die Zeit hat nur dazu beigetragen, das Bewußtsein der Gefahr, die über unserm Häuptern schwebt, und den Ernst der Drohung, der unser Gut, unser Leben, ja unser Schicksal selbst ausgesetzt ist, recht deutlich und intensiv stark zu gestalten. Die ernste Lage, welche Serbien und seinem Fürsten diese Verhältnisse bereiteten, gebieten mir frei und ohne Umwege meine Ansichten der Regierung Sr. kais. Maj. darzulegen. Der erleuchtete Geist Sr. Maj. Rathgeber, das edle Herz des erhabenen Suzeräns von Serbien können nicht, dürfen nicht mit Gleichgültigkeit das Uebel ansehen, welches das serbische Volk düster stimmt, indem es ihm jeden materiellen wie geistigen Fortschritt unmöglich macht. "Je mehr ich über die Lage, die man und bereitete, nachdenke, desto tiefer wurzelt in mir die Ueberzeugung, daß dieselbe ebenso für die Gegenwart und Zukunft Serbiens, wie für die allgemeinen Interessen des Reichs schädlich ist. Bei einer feierlichen Gelegenheit habe ich bereits erwähnt, daß ein ruhiges, zufriedengestelltes und der Pforte ergebenes Serbien viel mehr Nutzen dem Reich bei einer eventuellen Vertheidigung der Reichsgrenzen bringen kann, als es die Festungen an den Ufern der Donau und Save je vermögen. Huldigte ich nicht der Ueberzeugung, daß diese Festungen, statt dem Kaiserreich nützlich zu sein, nur eine unversiegbare Quelle von Mißtrauen, Schwierigkeiten und großen Gefahren und folglich von Unbequemlichkeiten für Serbien wie die Pforte sind, und daß daher das Auflassen derselben ein Act großer politischer Weisheit sein würde — huldigte ich nicht dieser Ueberzeugung, so würde ich sicherlich einen solchen Schritt, wie ich ihn jetzt bei der Person Ew. Hoh. thue, niemals gewagt haben. Er baut in längst vergangenen Zeiten, erhalten unter Verhältnissen und aus Gefahr vor Erschütterungen, die nicht mehr möglich sind, haben diese Festungen keinen Grund zu bestehen für jene, welche einer Politik der Versöhnung, der Beruhigung der Leidenschaften und der Beilegung alter Zwiste ergeben sind, mit einem Wort, für jene, welche die Politik des friedlichen Fortschritts als die beste, als die einzige betrachten, welche die Völker zu beglücken vermag. Eine solche Politik zu befolgen, ist mein lebhafter Wunsch. Da dieselbe nur heilsame Früchte tragen würde, so würde sie der ruhmreichen Regierung des Sultans Abdul-Aziz würdig sein. Ich meinerseits werde mich glücklich fühlen, dieser Politik mein ganzes Bemühen widmen zu können. Möge Se. kais. Maj. mich seines Vertrauens würdigen, und mir die Art erleichtern, auf welche ich Serbien das Vertrauen, die Ruhe, den Fortschritt und das Glück geben könnte. Das ganze serbische Volk wird dafür seinen erhabenen Namen segnen, wie der Serben Fürst nie die Dankbarkeit und Loyalität außer Acht lassen wird, die er dafür Sr. Maj. schulden würde. Durch das Auflassen oder Demoliren der serbischen Festungen würde Se. Maj. uns die größte Gefälligkeit erweisen. Durch einen solchen glänzenden Beweis seines Wohlwollens wie seines Vertrauens würde der Sultan mit unzerstörbaren Banden an sich ein loyales und tapferes Volk knüpfen. Für mich aber wäre es ein wahres und unschätzbares Glück, meine beständige und lebhafte Dankbarkeit meinem erhabenen Suzerän bezeugen zu können."

9. Oct. (Canbla). Mustapha Pascha bricht mit einem starken Armeecorps von Canea gegen Sphakia, den Hauptsitz der Insurrection, auf.

13. Oct. (**Montenegro**). Die Pforte macht dem Fürsten Nikolaus die von ihm verlangten Concessionen bez. der Blockhäuser und tritt ihm den Landstreifen von Robosella ab, wodurch die Montenegriner freie Communication mit dem Meere erhalten.
19. „ (**Rumänien**). Die griechische Synode in Konstantinopel gesteht der rumänischen Kirche die bereits factisch bestehende Unabhängigkeit im Wesentlichen auch rechtlich zu.
21. „ (**Rumänien**). Die Anerkennung des Fürsten Karl ist von der Pforte endlich zugestanden. Fürst Karl geht nach Konstantinopel, um den Investiturferman persönlich entgegen zu nehmen. Sämmtliche Consuln der Großmächte, mit Ausnahme des russischen, machen ihm vor seiner Abreise noch ihre Aufwartung und beglückwünschen ihn.
22. „ Eine kais. Verordnung bestimmt diejenigen Staatseinnahmen, die v. 1. März 1867 an zur Deckung der allgemeinen türkischen Schuld, sowie der im Auslande abgeschlossenen Anlehen verwendet werden sollen und bevollmächtigt die ottomanische Bank mit der directen Einziehung dieser Einnahmen.
24. „ (**Rumänien**). Fürst Karl trifft in Konstantinopel ein, wird sofort vom Sultan empfangen und nimmt den vom 20. d. M. datirten Investiturferman entgegen:

„Da Wir nichts mehr am Herzen liegt, als den Unruhen, welche seit einiger Zeit die vereinigten Fürstenthümer der Moldau und Walachei, diesen wichtigen Theil Meines Reiches heimgesucht haben, ein Ziel zu setzen und deren Gedeihen, so wie das Glück und Wohlsein ihrer Bewohner sich entwickeln zu sehen, dieser Zweck aber nur durch die Herstellung einer festen und beständigen Ordnung der Dinge erreicht werden kann, so verleihe Ich Dir, da Ich Deine Klugheit, Deinen hohen Verstand und Deine Fähigkeiten kenne, den Rang und die Vorrechte eines Fürsten der vereinigten Fürstenthümer unter folgenden Bedingungen, welche in dem unterm 19. October v. J. an Dich ergangenen Bezierschreiben Ausdruck gefunden haben und von Dir laut Deiner Antwort vom 20. desselben Monats angenommen worden sind:

1. Du verpflichtest Dich, In Deinem und Deiner Nachfolger Namen, Meine Suzeränetätsrechte über die vereinigten Fürstenthümer, die einen untrennbaren Theil Meines Reiches bilden, in ihrer Integrität innerhalb der durch die Bestimmungen der alten Conventionen und durch die Pariser Verträge von 1856 festgesetzten Grenzen zu respectiren.

2. In keiner Weise ohne vorherige Verständigung mit Meiner Regierung die Zahl von 30,000 Mann zu überschreiten, bis zu welcher die bewaffnete Macht aller Truppengattungen in den vereinigten Fürstenthümern wird erhöht werden können.

3. Die Unterseits den vereinigten Fürstenthümern ertheilte Ermächtigung, eine besondere Münze zu führen mit einem Zeichen Unserer Regierung, das später zwischen der hohen Pforte und Dir festgestellt werden soll, als wirkungslos zu betrachten, so lange als jene Feststellung nicht erfolgt ist.

4. Alle Verträge und Conventionen, welche zwischen Meiner h. Pforte und den andern Mächten bestehen, so weit sie den durch besondere Acte festgestellten und anerkannten Rechten der vereinigten Fürstenthümer nicht Ein-

trag thun, als für die vereinigten Fürstenthümer wie selbst verbindlich anzusehen und ebenso das Princip zu wahren und zu respectiren, daß kein Conventionsvertrag von den vereinigten Fürstenthümern direct mit den fremden Mächten geschlossen werden darf. Meine kais. Regierung wird aber auch nicht ermangeln, künftig die vereinigten Fürstenthümer über die Bestimmungen jedes Vertrages oder Conventionsabschlusses, welche ihre Gesetze und commerciellen Reglements berühren könnten, jedesmal zu Rath zu ziehen. Die Arrangements von localem Interesse, die mit einer benachbarten Regierung getroffen werden und weder die Form eines officiellen Vertrages noch politischen Charakter haben, werden nach wie vor obiger Einschränkung nicht unterliegen.

5. Du verpflichtest Dich ferner, Dich der Stiftung eines Ordens oder Ehrenzeichens zu enthalten, das im Namen der vereinigten Fürstenthümer etwa verliehen werden sollte;

6. Meine Suzerainetätsrechte über die einen untrennbaren Theil Meines Reiches bildenden vereinigten Fürstenthümer unablässig zu respectiren und mit steter Sorgfalt die Säcularbande, welche dieselben mit der Türkei vereinigt halten, zu wahren;

7. Den von den vereinigten Fürstenthümern an Meine Regierung entrichteten Tribut so zu erhöhen, wie es später im Einverständnisse mit Dir bestimmt werden wird;

8. Nicht zu erlauben, daß das Gebiet der vereinigten Fürstenthümer zum Vereinigungspunkt derer diene, welche Unruhen anstiften, welche die Ruhe der anderen Theile Meines Reiches oder der Nachbarstaaten gefährden könnten;

9. Dich später mit Meiner kaiserlichen Regierung über praktische Maßnahmen zu verständigen, die nothwendig sind, um denjenigen Unserer Unterthanen, die sich aus anderen Theilen Meines Reiches in die vereinigten Fürstenthümer, um dort Handel zu treiben, begeben, wirksameren Schutz zu verleihen.

Unter diesen oben aufgeführten Bedingungen und unter den in Deinem Antwortschreiben an Meinen Großvezier enthaltenen Verpflichtungen wird der Rang und die Vorrechte eines Fürsten der vereinigten Fürstenthümer Dir und Deinen Nachkommen in grader Linie erblich übertragen, mit dem Vorbehalt, daß bei Erledigung der Stelle dieselbe durch einen kaiserl. Ferman dem ältesten Deiner Nachkommen verliehen werden soll. Mithin wirst Du darüber wachen, daß kein Akt vorkomme, der den vorstehenden Bedingungen und den fundamentalbestimmungen der mit den Meinem Reiche befreundeten und verbündeten Mächten in Betreff der vereinigten Fürstenthümer abgeschlossenen Verträge und Conventionen zuwiderläuft, und Du wirst Deine Sorge darauf verwenden, die gute Verwaltung der vereinigten Fürstenthümer zu vervollkommnen und zu sichern, und das Wohlsein und das Gedeihen der Bevölkerung Meinem kais. Wunsche gemäß zu fördern."

24. Oct. (Candia). Mustapha Pascha ist bis an die Grenzen des Sphakiagebirges vorgedrungen. Glückliche Gefechte desselben bei Brissa und Lasó; Erstürmung der Höhen um das Kloster Parisi. Eine große Anzahl Sphakioten-Capitäne erscheint im Lager Mustapha Pascha's und erklärt die Unterwerfung der Landschaft. Mustapha Pascha begnügt sich damit, verzichtet auf die zuerst geforderte Ablieferung der Waffen und wendet sich gegen Rethymno.

29. „ (Candia). Mustapha Pascha verkündet eine Amnestie und gestattet sowohl den Fremden, als den Führern der Insurgenten die

Insel unbehelligt zu verlassen. Der Aufstand bricht in Sphakia troß derselben nach seinem Abzuge von neuem los.

Anf. Nov. (Aegypten). Der Vicekönig erläßt eine Art Statut, das aus 18 Artikeln besteht und im Wesentlichen folgendes festsetzt:
Art. 1 lautet: Die Versammlung hat zur Aufgabe über die innern Interessen des Landes zu verhandeln. Sie hat sich auch über die Projecte auszusprechen, welche die Regierung ihrer Entscheidung anheimgeben zu sollen glaubt, und über welche sie ihre dem Vicekönig zur Genehmigung vorzulegende Ansicht abgibt. — Art. 2. Jedes Individuum über 25 Jahren ist wählbar, unter der Bedingung, daß es ehrlich, loyal und besähigt, sowie von der Regierung als im Lande geboren anerkannt ist. — Art. 3. Nicht wählbar ist jedes Individuum, dessen Vermögen in Folge eines Fallimentis mit Beschlag belegt, und das selber noch nicht vollkommen rehabilitirt ist. Ferner jedes Individuum, das keine Existenzmittel besißt, oder in dem Jahr vor der Wahl öffentliche Unterstüßungen erhalten, das zu einer entehrenden Strafe verurtheilt oder durch richterlichen Spruch aus dem öffentlichen Dienst entlassen worden ist. — Art. 4. Die Wähler werden unter den Einwohnern gewählt, deren Güter nicht wegen Fallimenten sequestirt ꝛc. und die nicht im activen Heeresdienst sind. — Art. 5. Es können außerdem nicht gewählt werden alle Beamten der Regierung und in Privatdiensten Stehende, sowie Militärpersonen in der Armee und in der Reserve. — Nach Art. 6 ist die Zahl der Deputirten nicht bestimmt, darf aber nach Art. 10 nicht über 75 steigen. In jedem Bezirk werden ein oder zwei Vertreter, je nach der Volkszahl, gewählt; in Cairo drei, in Alexandria zwei und in Damiette 1. Die Abstimmung ist geheim; die einfache Mehrheit genügt. Bei Stimmengleichheit entscheidet das Loos. Das Mandat erlöscht in drei Jahren. In den genannten Städten scheint, nach Art. 8, das allgemeine Stimmrecht nicht gültig zu sein; denn es heißt darin, daß die Vertreter dieser Städte von den Notabeln mit einfacher Mehrheit gewählt werden. — Nach Art. 13 findet auch eine besondere Prüfung der Wahlen statt. Die Commission erstattet Bericht an den Vicekönig, der jedem Deputirten seine Bestallung für drei Jahre zufertigen läßt. Die Versammlung tritt regelmäßig alle Jahre, vom 23. Dec. bis zum 21. Febr., zusammen. Dieses Jahr wird sie ausnahmsweise auf den 18. Nov. (bis zum 17. Jan.) einberufen (ist jedoch, auf den Wunsch der Deputirten selbst, erst am 25. Nov., dem Geburtstag des Vicekönigs, zusammengetreten). Der Vicekönig beruft, vertagt, verlängert und schließt die Session. Im Fall einer Auflösung setzt der Vicekönig den Zeitraum an, wann eine neue Kammer zusammentreten soll (Art. 17). Laut Art. 18 dürfen die Deputirten keine Petitios entgegennehmen.

10. „ (Thessalien). Ein Revolutionscomité richtet ein Memorandum an die fremden Consuln.
14. „ (Rumänien). Neuwahlen zur II. Kammer. Dieselben fallen in Bucharest ziemlich radical, auf dem Lande dagegen conservativ aus.
21. „ (Candia). Die Türken erstürmen das befestigte Kloster Arkadi. Die Candioten sprengen einen Theil desselben in die Luft.
27. „ (Rumänien). Eröffnung der Kammern. Thronrede des Fürsten Karl.
  „ „ (Aegypten). Der Vicekönig eröffnet die Repräsentantenversammlung mit einer Art Thronrede.

Mitte Dec. (Candia). Ein Theil der fremden Zuzüger verläßt die Insel wieder auf neutralen und auf türkischen Schiffen.
21. „ (Rumänien). II. Kammer: Die Regierung legt das Budget für 1867 vor. Dasselbe weist in Einnahmen und Ausgaben gleichmäßig 150 Mill. P. auf. Die Regierung empfiehlt möglichste Beschleunigung. Exposé über das Anlehen Oppenheim. Die Wahl der Budgetcommission fällt gegen das Ministerium aus.
— „ (Candia). Die Districte von Sphakia, Kissamos und Selinos sind von den Türken noch immer nicht unterworfen.
— „ (Thessalien). Eine sog. provisorische Regierung richtet aus Petrilon in Agrapha ein Schreiben an die Consuln der Schutzmächte.
26. „ Die Pforte richtet an die drei Schutzmächte Griechenlands eine Depesche, in der sie sich aufs Bitterste über Griechenland, das allein die Pacification Candia's verhindere, beklagt und woferu dieser Lage der Dinge nicht abgeholfen würde, einen offenen Bruch mit Griechenland in Aussicht stellt:

„Aus meinen früheren Depeschen erfuhren Sie bereits die Pacification der Insel Kreta mit die Concentration der Reste der Aufständischen auf die einzigen zwei Puncte von Selinos und Kissamos. Ich hoffe, Ihnen durch den Telegraphen und vor dem Eintreffen dieser Depesche deren vollständige Unterwerfung ankündigen zu können. Es ist notorisch, daß der Aufstand weit früher und vielleicht sogar ohne Blutvergießen hätte unterdrückt werden können, wenn nicht von auswärts hereingekommene hellenische Anstifter durch freuelhafte Wühlereien und durch gewaltthätige Drohungen die Inselbewohner beeinflußt und nur dazu beigetragen hätten, die Revolte zu verlängern und die Zahl der unglücklichen Opfer zu vermehren. Als die Hellenen von dem Mißerfolge ihrer schuldbeladenen Projecte in Bezug auf Kreta überzeugt worden waren, begannen sie offen, die Ruhe von Epirus und Thessalien zu stören. Jeden Rückhalt bei Seite setzend, kommen sie, von Räuberbanden zu organisiren, die unter dem Schutze der bei Lamia und Karvassara vereinigten Militärmacht der griech. Regierung die Grenzen überschreiten, diejenigen unserer christlichen Unterthanen morden, die ihnen Widerstand leistend in die Hände fallen, und ihre Habe plündern. In der Voraussicht eines energischeren Vorgehens im Frühjahre sind bedeutende Vorbereitungen zu Wasser und zu Lande getroffen worden. Wir befinden uns demnach zur Stunde nicht einem Aufstande im Innern gegenüber, sondern gegenüber einer Regierung, welche sich anstrengt und in offensibler Weise sich vorbereitet, unser Gebiet zu revolutioniren. Ich bin glücklich, constatiren zu können, daß ungeachtet der heftigsten Umtriebe Griechenlands die größte Ruhe im ganzen Reiche herrscht. Angesichts der sich gegenwärtig entwickelnden Verhältnisse werden demnach die befreundeten Mächte, wie wir davon innigst überzeugt sind, erkennen, daß das offenkundig feindselige Benehmen der griech. Regierung sowohl in Betreff Kreta's, als auch bezüglich der allgemeinen Ruhe in den andern Provinzen des Reiches ohne Beispiel sei zwischen zwei im Frieden lebenden Staaten. Sie werden zugleich anerkennen, daß die hohe Pforte, einzig von dem Wunsche beseelt, den Frieden zu erhalten, Beweise einer beispiellosen Selbstverläugnung gegeben hat. Allein Alles hat seine Grenzen, die nicht überschritten werden können und nicht überschritten werden dürfen, und Sr. kais. Maj. dem Sultan, unserm allerdurchlauchtigsten Herrn, könnte es kaum länger gleichgültig bleiben, daß ein beträchtlicher Theil seiner Unterthanen, die ruhig zu leben und des ihnen gewährleisteten Schutzes zu genießen wünschen, das Opfer der Leidenschaften und verderblicher Pläne Seitens griechischer Abenteurer werden und daß die Ruhe seines Reiches gestört und gefährdet werde. Wenn also die griech. Regierung, mit Hintansetzung der Verbindlichkeiten, die ihr Kraft der Verträge auferlegt sind, in ihrem bisherigen Vorgehen verharren sollte, so würde die kais. Regierung sich in die Nothwendigkeit versetzt sehen, Maßregeln zu ergreifen, die ihr durch die Pflicht eigener Sicherheit geboten wären, indem sie zugleich die ganze Verantwortlichkeit den Griechen überläßt für all die Folgen, welche diese Maßregeln nach sich ziehen könnten. Wir sind der Meinung, daß die drei Schutzmächte Griechenlands, welche so aufrichtig den Frieden und die Ruhe im Oriente erhalten und ebenso die Verträge unbeeinträchtigt zu sehen wünschen, welche die Integrität des Reiches verbürgen, jener Möglichkeit allein vorbeugen können, indem sie durch ein collectives und wirksames Vorgehen die griechische Regierung auf die Bahn der Gesetzlichkeit und der internationalen Pflichten zurückführen, und indem sie ihr kategorisch erklären, daß sie ihr gegenwärtiges Verhalten mißbilligen. In diesem Vorgehen, ich wiederhole es Ihnen, sehen wir das einzige Mittel, um das Cabinet von Athen zur Aenderung seines aggressiven Verhaltens zu vermögen, die revolutionäre griechische Partei zur Einsicht zu bringen und endlich einen Bruch zwischen den beiden Regierungen zu verhüten, nachdem die h. Pforte bereits alle ihre Anstrengungen vergebens erschöpft hat, um es nicht zum Aeußersten kommen zu lassen. Ich ersuche Sie, diesen Stand der Dinge der Regierung Sr. Maj. offen darzulegen und sie dringend zu bitten, an das Cabinet zu Athen energische Rathschläge im vorangedeuteten Sinne zu richten. Sie werden zugleich hinzufügen, daß für den Fall, daß dieser Schritt unglücklicher Weise ohne erwünschten Erfolg bliebe, und Griechenland fortfahren würde, die ihm durch die Verträge auferlegten Pflichten nicht zu erfüllen, die Regierung Sr. Maj. des Sultans sich dann, obschon mit Bedauern, in die Nothwendigkeit versetzt sehen würde, solche Dispositionen zu treffen, die ihr durch das Interesse der eigenen Erhaltung eingegeben werden würden."

13. Griechenland.

20. Jan. Schluß der Kammersession, um dem Buchstaben des Gesetzes zu genügen. Dieselbe soll aber sofort wieder zusammentreten, um die noch rückständigen Gesetzesentwürfe zu behandeln.
26. „ Die Kammer tritt in außerordentlicher Session wieder zusammen. Präsidentenwahl: die Regierung setzt den ihr genehmen Candidaten durch. Die Abgeordneten decretiren sich selbst für Reisen und Zeitverlust eine Entschädigung von 1500 Drachmen.

3. Febr. Der König schließt plötzlich die außerordentliche Session der Kammer, ohne sich darüber vorher mit dem Ministerium verständigt zu haben. Dasselbe sieht darin ein Zeichen des Mißtrauens und bietet seine Entlassung an.
8. „ Der König nimmt die Demission des Ministeriums an. Dasselbe reconstruirt sich neuerdings unter dem Vorsitze von Rufos.
10. „ Ein Circular der Schutzmächte an ihre Vertreter in Athen droht, wenn die Parteien sich nicht zur Regelung der Finanzen und zur Herstellung der Ordnung einigen würden, wirksame Maßregeln zu treffen.

Anf. Mai. Leonidas Bulgaris landet mit 25 Genossen bei Thessalonich, um einen Insurrectionsversuch zu machen. Die kleine Schaar wird jedoch sofort von den türkischen Truppen umzingelt und ohne Gegenwehr gefangen.
19. „ General Kalergis trifft unerwartet von Paris in Athen ein.

12. Juni. Der König erbittet sich den Rath der Gesandten der drei Schutzmächte.
20. „ Entlassung des Ministeriums Rufos. Der König fordert umsonst

die Führer der drei hauptsächlichsten Parteien der Kammer, Bulgaris, Komunduros und Deligeorgis auf, zu Bildung eines neuen Ministeriums zusammen zu wirken. Er sieht sich genöthigt, schließlich Bulgaris allein die Bildung des Ministeriums zu überlassen, in das Deligeorgis als Minister des Auswärtigen eintritt.

20. Juni. Das neue Ministerium erläßt folgende Proclamation:
„Der Ministerrath an das griechische Volk. Mitbürger! Der König hat uns mit der Regierung des Landes beauftragt unter kritischen Verhältnissen. Wir haben diesen Auftrag angenommen in Anbetracht der heiligen Verpflichtungen, die wir gegen das Vaterland haben, denn Jedermann erkennt, daß die heutige Regierung nicht bloß die Verwaltung von Grund aus wiederherstellen, sondern auch die nothwendigen Mittel zu diesem Zweck erst schaffen muß, und zwar unter Umständen außerordentlicher Wichtigkeit, die selbst nicht ohne Gefahr sind. Das politische Programm jeder Regierung muß das der Revolution sein, aus welcher die gegenwärtigen Zustände der Dinge hervorgegangen sind. Der Endzweck dieser Revolution war der Fortschritt durch die regelmäßige Herrschaft der Gesetze und durch die Entwicklung der Kräfte der griechischen Nation. Dieser Zweck ist nun ganz genau das Programm der Regierung. Aber bedauerliche Verhältnisse haben die Ausführung dieses Programms sehr erschwert, denn sie haben die beiden Hilfsmittel, um diesen Fortschritt herbeizuführen, nicht ans Tageslicht gebracht, und als letztes Ergebniß haben sie die Nichtachtung der Gesetze, die finanzielle Krisis, den Ruin des öffentlichen Credits, die Abschwächung der Macht und der Hoffnungen in einem Augenblick herbeigeführt, wo der europäische Krieg die Lage aller Staaten Europa's kritisch macht." Das Ministerium verspricht nun, nach diesem Geständniß über die Folgen der Revolution, daß es allen diesen Uebelständen abhelfen werde: es wird den öffentlichen Credit herstellen, die Verwaltung ordnen, die Finanzen ins Gleichgewicht bringen und die Nationalgarde zu einer Wahrheit machen.

— Aug. Die Nachrichten von Candia erregen in Athen und ganz Griechenland eine gewaltige Aufregung. Zahlreiche Freiwillige gehen dahin ab. Das schon länger bestandene kretische Comité zu Athen tritt in den Vordergrund.

2. Sept. Die griechische Regierung richtet zu Unterstützung des candiotischen Aufstands eine ziemlich umfangreiche Denkschrift an die drei Schutzmächte:
Dieselbe besagt im Eingang, daß die seit vier Monaten andauernde Krisis sowohl von der unerträglichen Lage und den tiefen Leiden der auf der Insel ansässigen christlichen Bevölkerung von mehr als 200,000 Seelen, als von der Unzulänglichkeit der bis jetzt zur Abänderung solcher Zustände angewandten Mittel hinlänglich Zeugniß abgelegt habe, und daß Griechenland, welches durch seine geographische Lage, durch Stammes- und Spracheinheit mit den hellenischen Unterthanen des türkischen Reichs all deren Unbehagen (malaise) mitempfinde, unmöglich ein gleichgültiger Zuschauer der verzweifelten Anstrengungen der Kreter zur Erzielung einer Verbesserung ihrer Zustände bleiben könne. Es würde seine Mission als erster christlicher Staat des Orients verletzen, bestrebte es sich nicht, auch andere Stimmen zu Protesten zu veranlassen gegen die vom türkischen Fanatismus eingegebenen grausamen und willkürlichen Maßregeln gegen seine Brüder. In schweren Zeiten sei Candia ein Bollwerk der griechischen Nationalität gewesen und die

attischen Ebenen seien von kretischem Blut gedüngt. Trotzdem sei nach dem griechischen Unabhängigkeitskampf die Insel, obgleich sie alle Schrecken des neunjährigen Kriegs von 1821—1830 getheilt, von der Londoner Conferenz dem türkischen Reich zurückgegeben und unter ägyptische Verwaltung gestellt worden, und dies gegen den Rath der europäischen Gesandten in Constantinopel und obgleich die ganze Insel, mit Ausnahme der befestigten Städte Canea, Candia und Retimo, sich in den Händen der Patrioten befand, welche im Jahr 1824, unter General Kalergis, selbst die türkischen Festungen Grabussa und Kissamos erobert hatten. Allerdings habe damals ein edler Fürst, welcher Klugheit mit Thatkraft verband und später das Glück eines Volks machte (Leopold I.), seine Stimme zu Gunsten der Insulaner erhoben, und es sei ihm gelungen, zwar nicht eine Modification des Protokolls vom 3. Febr. 1830 zu erlangen, aber doch wenigstens so viel zu erreichen, daß durch das Zusatzprotokoll vom 20. Febr. die Ausführung des ersteren in manchen Theilen beschränkt wurde. Die Note gibt dann einen Auszug aus der Collectivdepesche der drei Schutzmächte an die Pforte vom 8. April 1830, in welcher die Hoffnung ausgesprochen ward, daß das Loos ihrer christlichen Unterthanen auf Kreta und Samos in Zukunft ein vor Willkür und grausamer Behandlung geschütztes sein werde und in welcher man dieselben der Fürsorge des Großherrn dringend empfahl. Hierauf folgt ein lebendiger Aufruf an die Schutzmächte, doch prüfen zu wollen, wie ihren Anempfehlungen Folge geleistet worden sei: durch erneute Grausamkeiten und Metzeleien, welche um so verwerflicher erscheinen müßten, als sie unter dem Vorwand auf Aufrechterhaltung der Ordnung hinzuwirken vorgenommen worden seien, wie z. B. die in den Kreter Annalen von 1833 unter dem Namen „die Hängungen der Murnier" verzeichneten Tödtungen. Alle die Leiden der Kreter während 36 Jahren anzuführen, würde den Raum dieser Staatsschrift weit überschreiten. Als im Jahr 1840 Mehemed Ali sich von der türkischen Herrschaft losriß, glaubten auch sie, ihre Stunde der Befreiung habe endlich geschlagen; aber es erfolgte die Intervention der europäischen Mächte — die Insel kam aus ägyptischer Oberhoheit unter türkische, aus dem Regen unter die Traufe; denn der Personenwechsel, wenn er überhaupt einen Systemwechsel bedeutete, sei wo möglich zum schlimmern ausgefallen. Die Kreter ergriffen die Waffen. Ihr Aufstand wurde zwar unterdrückt, aber indem die Schutzmächte der Pforte eine rücksichtsvolle Behandlung ihrer griechischen Unterthanen von neuem dringend anempfahlen, legten sie dieser eine zweite Bürgschaft hiefür auf. Eine dritte endlich enthalte der Pariser Frieden von 1856, bei dessen Berathung der türkische Bevollmächtigte im Namen seines Monarchen erklärt habe: es solle für die Christen im osmanischen Reich eine neue glückliche Aera kommen, und dieses Versprechen, obgleich spontan und freiwillig abgegeben, könne für die Pforte nicht weniger bindend sein, als die früheren auf Veranlassung der Mächte gemachten. Aber die griechische Regierung hält es für überflüssig, den Beweis zu führen, daß der Hatti-Scherif immer ein todter Buchstabe, und daß die vierte Gruppe der türkischen Zusagen, im Jahr 1858 gemacht, ebenso illusorisch geblieben sei wie dessen Bestimmungen. Nun folgen etwas unbestimmt gehaltene Klagen über die türkische Wirthschaft, über schlechte Justiz und Administration, Vernachlässigung des Handels, Ackerbaues u. s. w., dann geht die Schrift zur Erzählung der jüngsten Ereignisse über. Im Anfang Aprils d. Js. hätten die aufs äußerste getriebenen Candioten sich in der Umgegend von Canea vereinigt, um über ihre Lage zu berathen; sie wählten Abgeordnete, die in Auhanaria zusammenkamen und denen sich Repräsentanten der Städte Retimo und Canea, wie die Bischöfe von Kydonia und Kissamos anschlossen. Diese Versammlung redigirte, indem sie ihrem Patriotismus ein schweres Opfer zu Gunsten der Klugheit auferlegt habe, zwei Proteste, für den Sultan und für die Schutzmächte, gegen die seitherigen Zustände. Es hätte erwartet werden dürfen, daß auch der Divan sich für die Klugheit mitschleppen würde, aber weit entfernt davon, habe er keine andere Antwort gefunden, als Anordnung von Zwangsmaßregeln. Die Bitten der Kreter habe er zurückgewiesen (opposé une fin de non recevoir) und eine Armee von 22,000 Mann, theils aus türkischen, theils aus ägyptischen Truppen bestehend, nach der Insel gesandt, in deren Gefolge sich ein Derwisch befand, welcher offen zum Christenmord aufrufe. Ein Brief des Großveziers vom 22. Juli an den Statthalter der Insel belehrt diesen, mit Strenge gegen die Aufständischen vorzugehen und die griechische Regierung schaudert bei dem Gedanken an das Unglück, welches der einmal erregte türkische Fanatismus über die Christen bringen könne. Sie glaubt sich in dieser Hinsicht den schlimmsten Befürchtungen hingeben zu müssen und schließt, unter Hinweis auf die syrischen Metzeleien, mit der ernsten Bitte an die Schutzmächte, die osmanische Regierung zum Nachgeben veranlassen zu wollen.

25. Sept. Der neue französische Minister des Auswärtigen Marquis de Moustier räth auf der Durchreise von Konstantinopel nach Paris dem König und der Regierung bringend und fast drohend ab, den candiotischen Aufstand zu unterstützen. Die öffentliche Meinung nimmt darauf keine Rücksicht: die Zuzüge nach Candia dauern nach wie vor fort.

— Oct. Der griechische Dampfer Panhellenion beginnt seine Fahrten nach Candia und führt dahin trotz der türkischen Blokade Freiwillige, Waffen, Munition und Geld.

3. Nov. Ein kgl. Decret verschiebt die auf den 15. d. M. angesetzte Eröffnung der Kammer um 40 Tage. Die Minister des Kriegs und des Innern erlassen Rundschreiben an die Behörden für gewissenhafte Achtung der Neutralität gegenüber dem candiotischen Aufstande.

17. „ Die Regierung richtet eine neue Depesche an die Schutzmächte und protestirt gegen die türkischen Gräuel auf Candia. Alle verfügbaren Truppen werden an der türkischen Grenze zusammengezogen und drei Generalcommandos in Corfu, West- und Ostgriechenland aufgestellt.

22. Dec. Die Kammer versammelt sich ohne förmliche Einberufung durch die Regierung aus eigener Berechtigung nach dem Wortlaut der Verfassung. Dieselbe wird ohne Thronrede durch den Ministerpräsidenten Bulgaris mit wenigen Worten eröffnet.

24. „ Kammer: Wahl des Präsidenten. Ein Antrag auf Verschiebung wird verworfen. Sechs ministerielle Deputirte verlassen den Saal. Die zurückgebliebenen 94 Abgeordneten wählen einstimmig den Candidaten der Opposition, den gewesenen Minister Christenides. Das Ministerium bietet in Folge davon dem König seine Entlassung an.

30. Dec. Der König genehmigt die Entlassung des Ministeriums Bulgaris und bildet ein neues Ministerium unter dem Vorsitze von Komunduros.

IV.

Außereuropäische Staaten.

1. Vereinigte Staaten von Nordamerika.

1. Jan. General Crawford, der Commandant der sog. amerikanischen Division der juaristischen Armee, ruft den in Brownsville stationirten Gen. Weitzel um Hülfe an gegen den kais. mexicanischen General Mejia in Matamoros, der im Begriff stehe, eine Anzahl gefangener Soldaten der republikanischen mexicanischen Armee erschießen zu lassen.
2. „ General Weitzel richtet an Gen. Mejia ein Schreiben, in dem er gegen das Erschießen von Gefangenen der juaristischen Armee feierlichen Protest erhebt. General Mejia antwortet barsch ablehnend, indem er sich auf das Decret des Kaisers Max vom 2 Oct. 1865 beruft.
4. „ General Weitzel läßt die mexicanische Stadt Bagdad durch ein schwarzes Regiment, angeblich zum Schutz der Stadt, besetzen. General Mejia trifft in Matamoros sofort Anstalten, Bagdad wieder zu nehmen.
— „ Agenten der canadischen Regierung suchen in Washington umsonst für eine Erneuerung des sog. Reciprocitätsvertrages zu wirken. Die öffentliche Meinung im Norden spricht sich gegenüber dem feindseligen Verhalten Canada's während des Bürgerkrieges sehr entschieden dagegen aus.
20. „ Das Repräsentantenhaus beschließt mit 116 gegen 54 Stimmen den Negern des Bundesunmittelbaren Districts Columbia (in dem Washington liegt) das unbedingte Stimmrecht zu verleihen und verwirft das Amendement, daran die Bedingung des Lesens und Schreibens zu knüpfen.
25. „ Der Senat genehmigt mit 37 gegen 10 Stimmen einen Gesetzesentwurf zum Schutz der Neger in den Südstaaten, dessen wesentliche Bestimmungen folgende sind:

„Das Freedman's Bureau (ursprünglich nur für Kriegszwecke auf ein Jahr creirt) wird prolongirt. Der Präsident theilt den ganzen Süden in zwölf oder weniger Hauptdistricte, für deren jeden er einen Commissär ernennt. Die Commissäre theilen ihre Departements wieder in Unterdistricte, und setzen für jeden einen Agenten ein. Das Kriegsministerium hat den Beamten des Bureau's Lebensmittel, Kleidungsstücke, Brennmaterial ꝛc. für die arbeitslosen und nothleidenden Flüchtlinge und Emancipirten zur Verfügung zu stellen. Der Präsident kann von der Bundesdomäne in Florida, Mississippi und Arkansas drei Millionen Acres Land auswerfen, wovon die Commissäre Parcellen von je vierzig Acres zu mäßigem Zins an Neger verpachten, resp. verkaufen können. Die durch Militärorbre des Generals Sherman im Januar 1865 den Negern an der Küste von Südcarolina und Georgia angewiesenen Ländereien werden ihnen auf drei Jahre als freier Besitz überlassen. Die Commissäre sollen Grundstücke zum Zweck der Subsistenz hilfsbedürftiger Neger und Flüchtlinge erwerben, Waisenhäuser und Schulen bauen. In allen Fällen, wo den Emancipirten ihr Recht auf Arbeit, die Erfüllung der mit ihnen geschlossenen Contracte, Eigenthums- und Erbrecht, Rechtsschutz, Sicherheit der Person ꝛc. vorenthalten oder geschmälert werden, soll der Präsident ihre Beschützung im Wege kriegsrechtlichen Verfahrens bewirken. Wer einen Emancipirten in Sclaverei oder unfreiwilliger Dienstbarkeit erhält, oder bei der Verhängung von Strafen einen Unterschied zwischen Weißen und Schwarzen macht, verfällt in 1000 Dollars Geldbuße und einjährige Gefängnißstrafe. Ueberall wo solche Unterscheidung gemacht wird, haben die Beamten des Freedman's Bureau volle Competenz in der Sache."

31. Jan. Die mexicanische Stadt Bagdab ist von den Unionstruppen wieder geräumt. General Weitzel muß in Folge gemessener Befehle aus Washington das Geschehene besavouiren und selber aus dem Dienst der Union ausscheiden.

1. Febr. Das Repräsentantenhaus beschließt mit 120 gegen 46 Stimmen ein Amendement zur Bundesverfassung, dahin gehend:

„Die Repräsentanten werden unter die zum Bunde gehörenden Staaten nach Maßgabe der Zahl ihrer Einwohner, ausschließlich der nicht besteuerten (d. h. in Stämmen lebenden) Indianer repartirt, jedoch sind in denjenigen Staaten, welche das Wahlrecht aus Rücksicht auf Race oder Hautfarbe versagen oder verkürzen, alle Individuen der betreffenden Race oder Hautfarbe von der Repräsentationsbasis auszuschließen."

Anm. Bisher wurde die Zahl der Repräsentanten, welche die Sclavenstaaten des Südens in den Congreß schicken, verfassungsmäßig in der Weise berechnet, daß zu der Zahl der weißen Bevölkerung noch drei Fünftheile der Negerbevölkerung hinzugefügt ward. Nach dem Amendement soll dagegen die Zahl der Repräsentanten der Sclavenstaaten, entweder wenn sie den Negern das Stimmrecht verweigern, vermindert und bloß nach der Zahl der weißen Bevölkerung berechnet, oder, wenn sie den Negern das Stimmrecht ertheilen, um jene bisher fehlenden zwei Fünftel der Negerbevölkerung vermehrt und nach der ganzen Bevölkerung eines Staates berechnet werden.

9. Das Repräsentantenhaus tritt dem Beschluß des Senates vom 25. Jan. bez. Freedman's Bureau mit unwesentlichen Modificationen bei und beschließt mit 112 gegen 29 Stimmen, daß die Bestimmungen des sog. Heimstättegesetzes auf das noch in den Südstaaten befindliche Domanialland (viele Millionen Acres) in der Weise ausgedehnt werde, daß von diesem Land jedes Familienhaupt, gleichviel

ob Weißer oder Neger, 80 Acres gegen Entrichtung der Vermessungs-
kosten (im Ganzen 5 Dollars) in Besitz nehmen könne, natürlich
unter der Bedingung, daß es sich wirklich darauf ansiedle.
19. Febr. Der Präsident Johnson richtet eine Botschaft an den Senat, in
der er gegen den Beschluß beider Häuser vom 1. und 9. Februar
bez. Freedman's Bureau sein verfassungsmäßiges Veto einlegt.

Die Botschaft macht vorzüglich folgende Motive geltend: Das proponirte
Gesetz würde dem Bund eine Menge außerordentlicher Functionen in den
souveränen Südstaaten zuweisen, die er früher nie geübt hat und der Verfassung nach nicht ausüben soll und kann. Es würde die gewöhnliche bürgerliche Rechtspflege stören, den Bund zum Schul- und Armenverwalter machen, überdieß „die Gemüther der Emancipirten in beständiger Unruhe und
gespannter Erwartung erhalten, und für die Weißen, unter welchen sie leben,
eine fortwährende Quelle vager Befürchtungen sein". Der Bund habe die
Sclaven für frei erklärt; aber welche Stellung sie im Gesellschaftscomplex
der Südstaaten einnehmen werden, das gehe nur diese und nicht den Bund
an. Man dürfe hoffen, daß die Nachfrage nach der Arbeitskraft der Neger
bieten, wenn sie ordentlich und fleißig seien, eine günstige Behandlung Seitens der Weißen sichern werde; aber was immer in dieser Beziehung geschehe,
sei ausschließlich Sache der Südstaaten selbst. Schließlich erklärt der Präsident dem Congreß geradezu drohend. „Der Gesetzentwurf sei von einem Congreß angenommen worden, in welchem 11 Staaten gar keine Vertreter hatten. Einen solchen Congreß könne er gar nicht für competent halten. Die
Bundesverfassung gewährleiste jedem Staat das Recht der Vertretung im
Congreß; die Südstaaten hätten, da ihre Separationsbeschlüsse ab initio null
und nichtig gewesen seien, niemals aufgehört, Staaten zu sein, und hätten
daher auch volles Recht auf Vertretung. Dem Mangel einer staatlichen Organisation habe er, Johnson, bereits abgeholfen, und der Congreß habe kein
Recht, jene Staaten als noch nicht rehabilitirt anzusehen. Wenn das dennoch
geschehe, so müsse er als Präsident, der sich als den Erwählten der ganzen
Nation betrachte, die Interessen und Rechte der nicht repräsentirten Staaten
wahrnehmen und behüten."

20. In beiden Häusern des Congresses wird der Versuch gemacht,
das Veto des Präsidenten mit Zweidrittel-Majoritäten umzustoßen.
Im Repräsentantenhaus beschließen wirklich 137 gegen 33 Stimmen, im Senat dagegen nur 30 gegen 18 (12 Demokraten und
6 Republikaner) Stimmen, auf dem Beschlusse zu beharren. Dasselbe ist daher vor dem Veto des Präsidenten gefallen.

21. „ Das Repräsentantenhaus beschließt auf den Antrag des Reconstructionsausschusses mit 109 gegen 40 Stimmen, daß kein Bürger
der Südstaaten als Mitglied des Congresses zuzulassen sei, bis der
Congreß die Vertretung dieser Staaten genehmigt habe.

21. „ Die vereinigten Richter des höchsten Gerichtshofes beschließen in
Uebereinstimmung mit der Theorie des Präsidenten Johnson einstimmig mit alleiniger Ausnahme des Präsidenten Chase, die während
der Rebellion unterbliebene Vornahme von Fällen aus den Südstaaten wieder aufzunehmen.

22. „ Feier des Washington-Tages. Präsident Johnson hält eine Rede
voll leidenschaftlicher Invectiven gegen die Majorität beider Häuser
des Congresses.

3. **März.** Der Senat tritt dem Beschluß des Repräsentantenhauses vom 21. Februar bez. Vertretung der Südstaaten mit 29 gegen 18 Stimmen bei.

7. „Das Repräsentantenhaus weist einen Antrag des Reconstructions-comité's auf Wiederaufnahme von Tenneßee in die Union unter gewißen Bedingungen an das Comité zurück, weil jene Bedingungen noch keine genügende Bürgschaft weder für die Treue gegen die Union, noch für den Schutz der freigelassenen Neger darböten. Eine Eingabe des Gouverneurs von Nordcarolina wird mit 100 gegen 37 Stimmen kurzweg zurückgewiesen, da der Congreß diesen Staat noch nicht anerkannt habe. Ebenso wird Cadetten aus den Südstaaten die Aufnahme in die Kriegsschule von Westpoint so lange verweigert, als jene Staaten nicht vom Congreß wieder in die Union aufgenommen seien.

10. „Präsident Johnson erklärt einer Deputation aus Kentucky, er werde seinerseits nicht zurückweichen.

16. „Mit diesem Tage geht der bisherige Reciprocitätsvertrag mit Canada zu Ende.

„ „ Beide Häuser des Congresses nehmen, das Repräsentantenhaus mit 109 gegen 38, der Senat mit 30 gegen 7 Stimmen, einen Gesetzentwurf an, der (unter gänzlicher Beiseitelaßung des bestrittenen Negerwahlrechts) die positiven bürgerlichen Rechte, die den Sclaven durch ihre Befreiung zu Theil geworden sind, aufzählt und unter den Schutz der Bundesgerichte stellt:

Nach § 1 sind alle Bewohner der Ver. Staaten, welche nicht einer fremden Macht unterthan sind, ausschließlich der nicht besteuerten Indianer, Bürger der Ver. Staaten; und solche Bürger ohne Unterschied der Hautfarbe und ohne Rücksicht darauf, ob sie früher Sclaven gewesen, haben in jedem Staat und Territorium dasselbe Recht, Contracte abzuschließen und deren Erfüllung zu erzwingen, als Kläger, Beklagte, Partieen u. Zeugen vor Gericht zu erscheinen, persönliches Eigenthum zu erben, kaufen, miethen, verkaufen, halten und übertragen und alle persönlichen Eigenthumsrechte in demselben Maße zu genießen, wie weiße Bürger; ebenso sollen alle denselben Strafen unterliegen und alle dem zuwiderlaufenden Gesetze sollen hierdurch aufgehoben sein. § 2. Wer Jemanden eines der durch § 1 garantirten Rechte, unter Berufung auf irgend ein anderweitiges Gesetz oder Herkommen vorenthält oder Strafen auferlegt in Hinsicht darauf, daß er einmal Sclave gewesen, oder wegen seiner Hautfarbe, verfällt in eine Geldbuße bis zu 1000 Dollars und eine Gefängnißstrafe bis zu einem Jahre. § 3. Die Districtsgerichte der Ver. Staaten, mit Ausschluß der Staatsgerichte, sind hinsichtlich aller Vergehen gegen dieses Gesetz competent und ebenso in Gemeinschaft mit den Wandergerichten der Ver. Staaten, hinsichtlich aller Civil- und Criminalfälle, bei welchen Personen betroffen sind, welche ihre ihnen gemäß § 1 dieses Gesetzes zustehenden Rechte bei den Staats- oder Localgerichten nicht erlangen können. Civil- und Criminalfälle gegen solche Personen und alle aus diesem Gesetz und dem Gesetz über Etablirung des Emancipationsbureau entspringende Fälle können auf Verlangen des Beklagten vor dem Staatsgerichte vor das zuständige Districts- oder Wandergericht gebracht werden. Wenn auf den bezüglichen Fall die Ver. Staatengesetze keine Anwendung finden, so soll er nach dem gemeinen Rechte behandelt werden, mit Berücksichtigung der in dem betreffenden Staate eingeführten Auslegung, sofern solche nicht mit der Constitution und den Gesetzen der Ver. Staaten unverträglich ist. § 4. Die Bundesanwälte, Marschälle und Commissäre, die Beamten des Emancipationsbureau und aller speciell vom Präsidenten der Ver. Staaten dazu ermächtigten Beamten, sollen Processe gegen Jeden einleiten, welcher sich einer Verletzung dieses Gesetzes schuldig macht und wenn jene Beamten nicht ausreichen, so sollen die Wandergerichte der Ver. Staaten und die Obergerichte der Ver. Staatenterritorien die Zahl der Commissäre vermehren, damit allen Personen die gleichen Rechte vor dem Gesetze gesichert werden. §§ 5 u. 6. Die Bundescommissäre sollen mit den Richtern der Wander- und Districtsgerichte der Ver. Staaten und der Obergerichte der Ver. Staaten-Territorien gleiche Competenz haben, Uebertreter dieses Gesetzes zu verhaften und je nach Umständen zum Proceß festzuhalten oder zu entlassen; überhaupt sollen sie in allen aus diesem Gesetz hervorgehenden Fällen dieselben Befugnisse haben, die ihnen hinsichtlich der Uebertretung anderer Gesetze eingeräumt sind, und Marschälle der Ver. Staaten haben ihren Anordnungen entsprechende Folge zu leisten, widrigenfalls sie in eine Geldbuße von 1000 Dollars verfallen, welche der Person zu Gute kommen, die in dem betreffenden Falle der gekränkte Theil ist. Auch können die Commissäre geeignete Personen ernennen, um ihre Befehle zu vollstrecken, und die so ernannten Personen können eine Executionstruppe (posse comitatus) aus den Bewohnern des betreffenden County aufbieten, ebenso die Land- und Seemacht der Ver. Staaten oder die Miliz. § 7 legt Geldbußen von 1000 Doll. und Gefängnißstrafen von 6 Monaten auf jeden Widerstand gegen einen mit Ausführung dieses Gesetzes beauftragten Beamten. § 8 bestimmt das Nähere über die Gebühren der Beamten, welche aus der Bundeskasse zu bezahlen sind. § 9. Wenn der Präsident Grund zu der Annahme hat, daß in irgend einem Gerichtssprengel Vergehen gegen dieses Gesetz begangen werden oder zu erwarten stehen, so soll er den Bundesrichter, Marschall und Anwalt anweisen, sich sofort nach dem betreffenden Platze zu begeben, um die Uebertreter des Gesetzes zu verhaften und zur Strafe zu bringen. § 10. Die Land- und Seemacht der Ver. Staaten oder die Miliz oder irgend ein Theil derselben stehen dem Präsidenten oder seinen Bevollmächtigten zur Vollstreckung dieses Gesetzes jeder Zeit zu Gebote. § 11. Alle aus diesem Gesetz sich erhebenden Streitfragen können in höchster Instanz vor die Supreme Court der Verein. Staaten zur Entscheidung gebracht werden.

17. März. Gegenüber den drohenden Zurüstungen und Bewegungen der Fenier gegen Canada schickt die Regierung Unionstruppen nach Buffalo.

19. „ Eine Depesche des Hrn. Seward ertheilt dem Unionsgesandten in Wien, Hrn. Motley, den Auftrag, gegen die Absicht der österr. Regierung, neue Werbungen für die österr. Freiwilligentruppen in Mexico zu protestiren und zu erklären
„daß die Ver. Staaten die von österr. Unterthanen in Mexico begangenen Feindseligkeiten als einen Krieg zwischen der Republik Mexico und Oesterreich ansehen würden und sich nicht verpflichten könnten, in diesem Falle neutrale Zuschauer zu bleiben."

27. „ Präsident Johnson legt gegen die sog. Civilrechtsbill vom 16. d. Mts. sein Veto ein.
In der Botschaft an den Senat, worin er dieß mittheilt, nennt er den Gesetzentwurf verfassungswidrig, unnöthig, anomal in seinem Charakter, den Rechten der Staaten feindselig und fügt hinzu: „Es tritt die schwierige Frage

an uns heran, ob es eine gesunde Politik ist, wenn 11 Staaten nicht im Congreß vertreten sind, die ganze farbige Bevölkerung und andere eine Ausnahmestellung innehabende Classen zu Bürgern der Ver. Staaten zu machen. Kann man vernünftiger Weise annehmen, daß 4 Mill. Neger, die so eben der Sclaverei entrissen worden, die erforderliche Befähigung zum Genusse der Privilegien des Bürgerrechts besitzen, während gebildete Ausländer sich einer fünfjährigen Prüfung unterwerfen müssen, ehe sie Bürger werden? Die Einzelnheiten des Entwurfes drohen manche Uebelstände. Der Unterschied der Race und Hautfarbe wird zu Gunsten der Farbigen gegen die Weißen gewendet. Auf die allgemeine Regierung würde durch ein solches Gesetz eine Macht übertragen, welche das föderative System der beschränkten Gewalten zerstörte und jede Schutzwehr der Einzelstaatsrechte niederbrechen müßte; es wäre ein weiterer Schritt zur Centralisirung und Concentrirung der gesetzgebenden Gewalt bei der Nationalregierung. Die Folgen eines solchen Gesetzes würden die Erweckung des Geistes der Rebellion, die Hemmung des Fortschritts jener Einflüsse sein, welche um die Staaten das Band der Einigung und des Friedens ziehen. Ich erkenne die Verpflichtung zum Schutze und zur Vertheidigung der Neger, wo es Noth thut, bis zur vollsten Tragweite der Verfassung an und werde dem Congresse zu allen Maßregeln, welche zur Wahrung der bürgerlichen Rechte befreiter Sclaven und aller Bewohner der Vereinigten Staaten nöthig sind, durch richterliches Vorgehen und unter gleichen und unparteiischen Gesetzen im Einklange mit der Verfassung die Hand bieten."

4. April. Präsident Johnson erläßt eine Proclamation, durch welche er die Rebellion der Südstaaten für beendigt erklärt und als beendigt betrachtet wissen will:

„In Erwägung, daß der Präsident der Ver. Staaten zu verschiedenen Malen in den Jahren 1861 und 1862 mehrere Staaten für im Aufstande befindlich erklärte und daß der Congreß im Juli 1861 Resolutionen faßte, dahin lautend, daß der Krieg lediglich geführt werde, um die Obergewalt der Verfassung aufrecht zu erhalten und die Union mit der Würde und den Rechten der Staaten unverletzt zu bewahren, und daß, sobald diese Ziele erreicht, der Krieg aufzuhören habe; in Erwägung, daß kein organisirter oder bewaffneter Widerstand gegen die Bundesautorität in den aufgestandenen Staaten mehr besteht und die betreffende bürgerliche Unions- oder Staatsbehörde dort die Gesetze wieder zur Ausführung bringen kann, daß sich das Volk loyal verhält und einen Rechtszustand, wie er der durch die Aufhebung der Sclaverei veränderten Sachlage entspricht, auf dem Wege der Gesetzgebung entweder schon herbeigeführt hat oder herbeiführen wird; in Erwägung, daß, wie aus dem Angeführten hervorgeht, es des amerikanischen Volkes ausgesprochene Willensmeinung ist, daß kein Staat durch eigenen Willen aus der Union ausscheiden kann und also jeder Staat in ihr zu verbleiben hat und einen integrirenden Theil von ihr bildet; in Erwägung, daß das Volk der besagten rebellischen Staaten, wie besagt, hinreichende Beweise seiner Zustimmung in diesen höchsten Beschluß der nationalen Einheit gegeben hat; in Erwägung, daß es ein Fundamentalsatz der Staatsweisheit ist, daß ein Volk, welches sich empört hatte und nun besiegt und bezwungen ist, entweder so behandelt werden muß, um es zu bewegen, freiwillig wieder Freund zu werden, oder aber durch absolute militärische Gewalt so unterworfen gehalten werden muß, daß es nimmermehr im Stande ist, als Feind zu schaden, welches letztere Verhalten aller Menschlichkeit und Freiheit entgegen und ein Abscheu ist; in Erwägung, daß die Verfassung nur für constitutionelle Gemeinwesen als Staaten, nicht aber als Territorien, Dependenzien, Provinzen oder Protectorate Bestimmungen enthält; in Erwägung, daß solche Staaten kraft der Verfassung gleichberechtigt und mit den übrigen Staaten in Bezug auf politische Rechte, Freiheiten, Würde und Macht auf gleichen Fuß gestellt sind; in Erwägung, daß die Beobachtung der politischen Gleichheit ein Princip des Rechts und der Gerechtigkeit und dazu geschaffen ist, um das Volk der besagten Staaten in seiner erneuerten Treue zu befestigen und bestärken; in Erwägung, daß stehende Heere, militärische Besetzung, Kriegsrecht, Militärgerichte und Suspendirung der Habeascorpus-Acte in Friedenszeiten der öffentlichen Freiheit gefährlich, mit den Rechten der Personen unverträglich, dem Geiste der amerikanischen Institutionen ganz und gar entgegen sind und daher nur in Fällen der Noth, wenn sie zur Zurückwerfung feindlicher Einfälle oder Unterdrückung von Empörungen eingeführt werden, gerechtfertigt werden können; in Erwägung, daß die Politik der Bundesregierung vom Anfang bis zum Ende der Empörung mit den genannten Principien in Uebereinstimmung gewesen ist: aus allen diesen Gründen erkläre ich den Aufstand in Georgia, Nord- und Südcarolina, Virginia, Tennessee, Alabama, Louisiana, Arkansas, Mississippi und Florida als beendet und als fortan so zu betrachten."

6. April. Die französische Regierung erklärt durch eine Depesche des Hrn. Drouyn de l'Huys ihrem Vertreter in Washington, Frankreich empfange die Versicherung, daß die Ver. Staaten ihrem Versprechen der Nichtintervention treu bleiben wollten, und finde darin hinreichende Garantie, um die Zurückziehung seiner Truppen aus Mexico nicht länger aufzuschieben. Der Kaiser habe demgemäß beschlossen, daß dieselben Mexico in drei Abtheilungen, im November 1866 und im März und November 1867, verlassen sollen.

9. „ Beide Häuser des Congresses stoßen mit verfassungsmäßigen Zweidrittelsmajoritäten, der Senat mit 33 gegen 15, das Repräsentantenhaus mit 122 gegen 41 Stimmen, das Veto des Präsidenten gegen die Civilrechtsbill um, die damit Gesetz wird.

10. „ Beide Häuser des Congresses verständigen sich über ein Gesetz bez. Conversion der schwebenden Schuld (Zins- und Zinseszinsschatzscheine, 7$\frac{3}{10}$procentige Interimsscheine und Schuldcertificate) in 6procentige Fünf-Zwanziger. Dieses Gesetz bezeichnet zugleich die Grenze, bis zu welcher der Congreß die Valuta geordnet haben will. Es ermächtigt den Finanzminister nur innerhalb der nächsten sechs Monate 10 und in jedem folgenden Monat 4 Millionen Regierungspapiergeld zu convertiren — in einem Jahr also nicht mehr als 34 Mill. oder etwa 8 Proc. des gesammten Volumens.

12. „ Der Kriegsminister Stanton erklärt, die Proclamation des Präsidenten vom 4. d. M. annullire keineswegs die Fortdauer des Kriegsrechts in den Südstaaten, indem er den Beamten des Freedman's Bureau die Ordre ertheilt, sich nach wie vor auf das Kriegsgesetz zu stützen, weil nach der eigenen (frühern) Interpretation Johnsons das Freedman's Gesetz noch ein Jahr von Erlassung der Proclamation über die Beendigung des Krieges in Kraft bleibe. Der Präsident desavouirt den Kriegsminister nicht.

16. April. Hr. Seward richtet eine neue bringende Dep. an Oesterreich gegen weitere Anwerbungen für Mexico.

1. Mai. Der Reconstructionsausschuß legt dem Congresse einen Plan bez. der Wiederaufnahme des Südens in die Union vor als Zusatz zur Bundesverfassung.

Der Hauptpunkt desselben geht dahin, daß die früheren Rebellen bis zum 4. Juli 1870 keinen Antheil an der Erwählung des Bundescongresses und des Präsidenten haben und den Häuptern der Rebellion Jefferson Davis, Stephens, Lee u. s. w., die Wählbarkeit zu Bundesämtern als einzige Strafe für ihr Verbrechen für immer entzogen werden soll. Dagegen soll den Rebellen die Theilnahme an der communalen Selbstverwaltung in den einzelnen Staaten gestattet werden; zu Staatsgouverneuren und Gesetzgebern in den einzelnen Staaten sollen sogar die ehemaligen Häupter der Rebellion gewählt werden können. Die Zulassung der Vertreter des Südens in den Congreß wird abhängig gemacht von der Ratification eines Zusatzartikels zur Bundesverfassung, welcher die folgenden wichtigen Bestimmungen enthält: 1) Volle Bundesgarantie für die bürgerlichen Rechte aller Bundesbürger gegenüber der Particulargesetzgebung. 2) Basirung der Repräsentation von Staaten im Bund auf die Zahl desjenigen Theils der Bevölkerung, dessen volljährige nicht wegen Verbrechen entrechtete männliche Mitglieder das Wahlrecht haben. 3) Unbedingtes Verbot der Uebernahme der zum Zweck der Rebellion contrahirten Schulden durch Einzelstaaten oder den Bund, und ebenso unbedingte Desavouirung jeder Absicht jemals Geldentschädigung für den Verlust der Sclaven zu fordern.

Anm. Als Zusatz zur Bundesverfassung ist der Antrag dem Veto des Präsidenten entrückt, dagegen bedarf er, selbst wenn er von beiden Häusern des Congresses angenommen wird, noch verfassungsmäßig der Zustimmung von drei Viertheilen der Einzelstaaten, wobei es zweifelhaft bleibt, ob dafür sämmtliche Staaten in Rechnung zu ziehen seien oder nur die Bundesgetreuen mit Ausnahme der Südstaaten, so lange dieselben noch nicht wieder zum Congresse zugelassen seien.

" " Gräßliche Negermetzelei in Memphis. Aus der unbedeutendsten Veranlassung werden daselbst 8 Kirchen und Schulen für Neger und viermal soviel Wohnhäuser verbrannt, viele werden demolirt, 38 schwarze Männer, Greise, Frauen und Kinder aufs scheußlichste ermordet.

3. " Beide Häuser des Congresses beschließen die Aufnahme des Territoriums Colorado als Staat in den Bund, das Repräsentantenhaus mit 80 gegen 55 Stimmen, nachdem ein Amendement, die Aufnahme von der Ertheilung des Stimmrechts an die Neger abhängig zu machen, mit 95 gegen 36 Stimmen verworfen worden war.

4. " Beide Häuser des Congresses genehmigen das sog. Habeas-Corpus-Gesetz, das die Beamten und Offiziere des Bundes im Süden gegen bundesfeindliche Richter schützen soll und ferner trotz heftigen Widerstandes der Demokraten das sog. Appropriationsgesetz für das Freedman's-Bureau mit 11 Mill. Dollars.

Der Senat fügt dem Appropriationsgesetz für das Postwesen einen Paragraph bei, der den Präsidenten an der Verfolgung politischer Gegner unter den Beamten verhindern soll, indem hiernach kein Bundesbeamteter Gehalt empfängt, der nicht vom Senate bestätigt ist.

5. Mai. Die gesetzgebende Versammlung von Tennessee erläßt ein Gesetz, wodurch allen an der Rebellion Betheiligten das Stimmrecht in diesem Staate entzogen wird.

10. „ Das Repräsentantenhaus nimmt den Antrag des Reconstructionsausschusses vom 1. b. M. mit 128 gegen 37 Stimmen an.

„ „ Die Grand Jury von Norfolk, der Bundesgerichtssprengel, in dem die Festung Monroe liegt, beschließt die Criminalklage (indictment) gegen Jefferson Davis wegen Hochverraths.

15. „ Der Präsident Johnson legt sein Veto gegen die Aufnahme Colorados als Staat in die Union ein. Der Senat macht keinen Versuch, das Veto umzustoßen, bezeugt jedoch dem Präsidenten seine Nichtachtung, indem er sich vertagt, ohne nur die Botschaft desselben anzuhören.

1. Juni. Mißlungener Feuerputsch gegen Canada: Fenierhaufen bringen über die Grenze und besetzen ein Dorf Namens Erie, gehen aber am 3. d. Mts. wieder zurück und werden von den Unionsbehörden verhaftet.

2. „ Der Senat nimmt den Antrag des Reconstructions-Ausschusses vom 1. Mai auch seinerseits an, doch mit dem Zusatze, daß diejenigen Rebellen, welche früher ein Amt inne gehabt und trotzdem sich der Rebellion angeschlossen haben, ferner kein solches zu bekleiden fähig sein sollen.

7. „ Präsident Johnson erläßt eine Proclamation gegen die Unternehmungen der Fenier wider Canada.

16. „ Das Repräsentantenhaus tritt dem Zusatze des Senates vom 2. b. M. zum Reconstructionsbeschlusse bei.

23. „ Präsident Johnson, der verfassungsmäßig gegen den Reconstructionsbeschluß beider Häuser des Congresses als Zusatz zur Verfassung kein Veto einlegen kann, richtet wenigstens eine kurze Mittheilung an dieselben, um sie zu benachrichtigen, daß er ein Widersacher des angenommenen Planes sei und sich bemühen werde, die Ratification desselben durch drei Viertheile der Einzelstaaten zu verhindern.

— Juni. Um den Präsidenten Johnson gegen die Majorität des Congresses zu stützen, beruft die kleine Fraction Raymond (Newyorker Times), die bereits von der republikanischen Partei abgefallen und zu Johnson übergetreten ist, auf den 14. August eine „National-convention der nationalen Unionspartei" nach Philadelphia, in der Hoffnung, einen wesentlichen Theil der republikanischen Partei auf ihre Seite hinüberzuziehen und mit derselben eine neue dritte Partei zu stiften.

Der Einladung ist zugleich ein Programm beigefügt, dessen Hauptsätze dahin gehen: „Sonderrechte der Staaten sind das Fundament des Bundesrechtsverbandes. Um die Einzelstaaten in ihren Rechten, ihrer Würde und ihrer Gleichstellung zu schützen, ist der Krieg geführt worden. Es ist Rebellion, die Vertreter einer Anzahl Staaten aus dem Congreß auszuschließen. Denn der Bund sich auf irgend eine Weise in die geheiligten häuslichen Angelegenheiten und eigenthümlichen Einrichtungen der Einzelstaaten einmischt, so ist das eine ruchlose freiheitsmörderische Revolution". Das sind die Hauptsätze dieses Programms, in welchem man unzweifelhaft wiederum die Fundamentalsätze, auf denen die Rebellion beruhte, erkennen muß. Außer einer flüchtigen und trockenen Bemerkung, daß die Sclaverei nicht wieder eingeführt werden solle (ohne daß zugleich das Recht des Bundes solche Wiedereinsetzung zu verhindern gewahrt worden wäre), enthält das Programm kein Wort von den Rechten der Bürger, oder gar der durch den Krieg zu Bürgern erhobenen ehemaligen Sclaven, kein Wort von den Pflichten der Einzelstaaten gegen den Bund, oder gar von einem Recht, welches der Bund durch Besiegung der ihm unten gewordenen Staaten über diese erlangt hätte. Er verherrlicht ausschließlich die Rechte, die Würde und Freiheit der Staaten wider alle Eingriffe der Centralgewalt in dieselben.

21. Juli. Auf die telegraphische Nachricht, daß die Legislatur von Tennessee das Amendement zur Verfassung angenommen habe, wird trotz der Abmahnung vor solcher Ueberstürzung von beiden Häusern des Congresses beschlossen, daß „die practischen Beziehungen zwischen diesem Staate und der Union wiederhergestellt sind und derselbe wieder zur Vertretung im Congresse berechtigt ist."

Die Einleitung zu dem Beschluß sucht die Theorie zu salviren, die der Politik des Congresses zu Grunde liegt, indem sie sagt: „Da Tennessee nur durch Zustimmung der gesetzgebenden Gewalt des Bundes restituirt werden könne, und da es durch Ratification des vom Congreß vorgeschlagenen Zusatzartikels zur Bundesverfassung Bürgschaft für seine loyale Gesinnung gegeben habe, solle es auf diese Gründe hin wieder zum Congreß zugelassen werden".

Thatsächlich ist die Legalität des Beschlusses der Legislativen von Tennessee eine zweifelhafte. Das Abgeordnetenhaus von Tennessee soll aus 84 Mitgliedern bestehen (zur Zeit sind nur 72 Stellen besetzt) und zwei Drittel hiervon (56) sind eine beschlußfähige Zahl. Die demokratische Minderheit, vom Präsidenten Johnson ermuntert, verhinderte zwei Wochen lang durch Absentirung das Zustandekommen einer beschlußfähigen Zahl. Durch strenge Ausübung der Disciplinargewalt, welche in Amerika den gesetzgebenden Körpern zusteht, gelang es zwar, dann 56 Mitglieder zusammenzubringen; von diesen zeigten sich aber zwei so widerwillig, daß sie in Gewahrsam des Custos in einem Nebenzimmer des Sitzungssaales gehalten werden mußten. Das Haus aber entschied, daß sie gleichwohl, und unbeschadet ihrer Weigerung mitzustimmen, als „anwesend" mitgezählt werden sollen. Die Abstimmung ergab dann 43 für und 11 gegen die Ratification, der Vorsitzer aber (selbst ein Anhänger Johnsons) weigerte sich den so gefaßten Beschluß zu beglaubigen. Er ward später zum Rücktritt genöthigt, und sein Nachfolger beglaubigte das Protocoll; doch ehe das geschah, hatte schon der Gouverneur des Staats, Brownlow, ein leidenschaftlicher Republikaner, an den Congreß telegraphirt und ihm die Ratification als erfolgt angezeigt.

25. „Der Präsident entgeht der ihm gestellten Alternative, entweder

die in dem Zulassungsbeschluß von Tennessee enthaltene Theorie bestätigen oder durch sein Veto diesen seinen Heimathsstaat auszuschließen
zu müssen, einfach dadurch, daß er den Beschluß zwar unterzeichnet,
aber in einer Botschaft, gestützt auf die inzwischen bekannt gewordene
Art, wie der Beschluß der Legislativen von Tennessee zu Stande
kam, erklärt,

„daß er damit keineswegs die Motive des Beschlusses gutheißen wolle.
Weder sei er der Meinung, daß es zur Restitution des Staats einer Mitwirkung des Congresses bedürfe, noch gestehe er die Thatsache zu, daß Tennessee den Zusatzartikel ratificirt habe. Er unterzeichne den Beschluß nur,
um wenigstens einem Staat wieder zu seinem Recht zu verhelfen, das der
Congreß so freventlich verkürzt habe ꝛc."

26. Juli. Das Repräsentantenhaus beschließt einstimmig die Aufhebung des
alten Neutralitätsgesetzes von 1818 und die Einführung eines neuen,
welches dem Belieben amerikanischer Bürger in der directen oder indirecten Unterstützung kriegführender Theile so wenig als möglich Hindernisse in den Weg legen soll.
28. „ Der Congreß vertagt sich bis zum December.
30. „ Neue gräßliche Negermetzelei in Neworleans. Connivenz des Präsidenten Johnson. Bericht des dort commandirenden Gen. Sheri-
dan gegen die Urheber.

1. Aug. Der Präsident entläßt den bisherigen Minister des Innern,
Harlan und ernennt an seine Stelle Browning, ferner den Gen.
Grant zum Generalissimus, den Gen. Sherman zum Generallieutenant der Ver. Staaten.
14—16. „ Demokratische Convention (Parteiversammlung) in Philadelphia. Die ärgsten Vertreter der ehemaligen Rebellenpartei sind
nicht erschienen; dagegen sind so ziemlich alle Staaten der Union
vertreten. Von der Bildung einer neuen Partei wird thatsächlich
Umgang genommen, vielmehr ein rein demokratisches Programm aufgestellt und werden alle Gleichgesinnten aufgefordert, bei den Wahlen
zum nächsten Congreß (im Herbst) nur für solche Candidaten zu
stimmen, die sich zu diesem Programm bekennen würden.

Das Programm ist nicht minder bedeutungsvoll durch das, was es verschweigt, als durch das, was es sagt. Es schweigt gänzlich über die den
Bürgern, resp. den von der Nation dazu gemachten Negern, zu sichernden
Rechte, und legt dafür den stärksten Nachdruck auf das Recht der Staaten
(d. h. der stimmberechtigten weißen Bewohner des Südens, die in mehreren
Staaten die Minorität bilden), mit ihren Einwohnern zu machen, was sie
wollen. Es klagt in abstracter Weise das Recht eines Einzelstaats, sich
vom Bunde loszureißen, schweigt aber ganz über die Frage, ob nicht über
einen Staat, der sich trotzdem thatsächlich losgerissen hat, der Bund neue
Rechte erhalte. Es behauptet, daß, da alle Staaten (nicht die Menschen)
„gleichberechtigt" seien, das Recht der Südstaaten auf Vertretung im Bundes-
congresse, trotz ihres eigenen Verzichts darauf, niemals erloschen sei, und daß
es, in dem Moment, wo die Rebellen ihre Waffen niederlegten und sich der
Bundesautorität fügten, wieder in volle Kraft getreten sei. Es verdammt

jeden Versuch, die Ausübung dieses Rechtes an vom Congreß gestellte Bedingungen zu knüpfen als eine Rebellion, die in gleicher Kategorie der Verwerflichkeit mit der Secession stehe und bezeichnet jeden Versuch, dem Bunde die Disposition über das Wahlrecht zu geben, als ein frevelhaftes Attentat auf das wichtigste Sonderrecht der Einzelstaaten, ganze Classen ihrer Bevölkerung rechtlos zu machen. Es erklärt zwar, daß die Selbstverbindlichkeiten, welche die Republik behufs Unterdrückung der Rebellion eingegangen ist, heilig gehalten werden sollen, erwähnt aber mit keiner Silbe die moralischen Verpflichtungen, welche die Nation durch Abschaffung der Sclaverei gegen die Neger übernommen hat. Es sicht die Befugniß eines Congresses, in welchem nicht alle Staaten vertreten seien, zur Proponirung von Verfassungsamendements an, verschweigt aber, daß die Verfassung eine einfache Majorität der Vertreterzahl aller Staaten für einen beschlußfähigen Congreß erklärt, und daß der Verfassung zufolge der Congreß noch niemals beschlußunfähig gewesen ist. Trotz jenes Competenzbedenkens erklärt es die Sclaverei für abgeschafft, knüpft aber daran nicht eine Verwahrung gegen die Wiedereinführung des Wesens derselben, sondern nur die Behauptung, daß das Volk des Südens solche Wiedereinführung nicht wünsche. Es seiert zum Schluß Hrn. Johnson als Retter der Republik, ohne sich darüber zu erklären, ob die democratische Partei ihn für 1868 zu ihrem Candidaten bei der Präsidentenwahl zu machen gedenke.

17. Aug. Eine Proclamation des Präsidenten erklärt das Decret des mexicanischen Kaisers Max, der Matamoras, nachdem es in die Hände der Juaristen gefallen, in Blokadezustand erklärt, für ungültig. Kriegsschiffe gehen an den Rio grande ab, um die Blokade thatsächlich zu verhindern.

18. Präsident Johnson empfängt eine Deputation der Parteiversammlung von Philadelphia und bezeichnet in seiner Antwort den Congreß unumwunden als „eine Körperschaft, welche sich für den Congreß der Vereinigten Staaten ausgibt, ohne irgend ein Recht auf diese Bezeichnung zu haben", als ein „störendes und zersetzendes Element", welches „das einzige und wichtigste Hinderniß für die volle Wiederherstellung des alten Rechtszustandes" bilde, und fügte mit einem bedeutsamen Hinblick auf den neben ihm stehenden Gen. Grant hinzu: „Unsern braven Soldaten, die im Felde so unvergängliche Lorbeeren errungen haben, liegt noch eine größere und wichtigere Aufgabe ob. Wir rechnen jetzt auf ihre Hülfe bei unserm Bemühen, den dauernden Frieden auf Grund des alten Rechtszustandes allen Störefrieden zum Trotz herzustellen". Die öffentliche Meinung will darin die Ankündigung eines Staatsstreiches erblicken.

29. Präsident Johnson beginnt eine Rundreise durch einen Theil der nördlichen Staaten, die sich bald als Wahlreise behufs einer Einwirkung auf die bevorstehenden entscheidenden Herbstwahlen (in den Congreß) gestaltet.

3—6. Sept. Versammlung bundesgetreuer Südländer in Philadelphia. Dieselbe ist einstimmig in der Verdammung der Reactionspolitik Johnsons, geht dagegen über die Frage des Negerstimmrechts auseinander, indem die Vertreter der südlichsten Staaten, Luisiana und

Texas, sich für, diejenigen der nördlicheren Staaten dagegen, Virginien und Nordcarolina, sich gegen dasselbe erklären. Die Versammlung beschließt, eine Ansprache an die Nation gegen den Präsidenten zu richten:

„Als Vertreter von 8 Mill. amerikanischen Bürgern wenden wir uns um Hülfe und Schutz an unsere Freunde und Brüder in den Staaten, welchen die Gräuel der Rebellion und die unmittelbaren Leiden des Kriegs erspart geblieben sind... Wir treten vor euch als lebendige Zeugen der Leiden und Verfolgungen, denen wir ausgesetzt sind.... Unerwarteter Treubruch auf Seiten des höchsten Amts, welches ein Unglücksfall einem Mann gegeben hat, der Grausamkeit mit Undankbarkeit vereint, Verbrecher begnadigt und Unschuldige ächtet, hat das vorher fast erloschene Rachegefühl der besiegten Verschwörer von neuem angefacht, und nun suchen dieselben Rebellen, die vorher bereit waren, alles zu opfern, um ihr Leben zu retten, uns dem blutigen Grab zu weihen. Wo wir einen Beschützer erwarteten, haben wir einen Verfolger gefunden. So unsers Vorkämpfers beraubt, wenden wir uns an euch, die ihr die Macht habt, Präsidenten zu schaffen und Verräther zu bestrafen. Unsere letzte Hoffnung beruht nächst Gott auf der Einheit und Festigkeit der Staaten, die Abraham Lincoln erwählten und Jefferson Davis stürzten. Wir können die uns angethanen Unbilden nicht besser kennzeichnen, als indem wir erklären, daß, seit Andrew Johnson sich mit seinen frühern Verleumdern und unsern unversöhnlichen Feinden verbunden, seine Hand mit eiserner Schwere auf jedem wahrhaft loyalen Mann im Süden gelastet hat. Nachdem er seine eigenen Mittel zur Wiederherstellung der Union aufgegeben, hat er zu den Waffen von Verräthern gegriffen, um die Patrioten niederzuschmettern. Nachdem er erklärt hat, daß nur loyale Bürger fortan im Süden regieren sollen, hat er die Herrschaft den Verräthern übergeben. Jeder ächte Unionist im Süden, welcher fest zu den von Johnson im Jahr 1864 und noch 1865 abgelegten Gelöbnissen steht, ist geächtet worden. Während er nicht einem einzigen hervorragenden Hochverräther bestraft hat, obschon ihrer Tausende den Tod verdient hatten, sind seit der Uebergabe Lee's mehr als tausend treue Unionsbürger im Süden ermordet, und nicht in einem einzigen Fall sind die Mörder zur Strafe gebracht worden... In jedem südlichen Staat hat seine „Politik" die unheilvollsten Wirkungen in gesellschaftlicher, sittlicher und staatlicher Beziehung gehabt. Sie hat die heimgekehrten Rebellen in Maryland, Missouri, Westvirginien und Tennessee ermuthigt, einen neuen Bürgerkrieg anzubrechen, wenn nicht die Patrioten, die diese Staaten retteten, sich ihren frechen Forderungen fügen. Sie hat neue Entfremdung zwischen den beiden Landestheilen bewirkt und durch Verhinderung der Auswanderung nach dem Süden eine neue Schranke des Verkehrs zwischen dem Norden und Westen errichtet. Sie hat den Rebellensoldaten gestattet, die Lehrer von Negerschulen zu verfolgen, und die Kirchen niederzubrennen, in welchen die Freigelassenen zu ihrem Gott beten. Daß ein so barbarisches System in dem gräßlichen Gemetzel zu Memphis und dem noch scheußlicheren zu New-Orleans gipfeln mußte, war so natürlich, wie daß die Lehren Calhoun zu einem verheerenden Bürgerkrieg führten. Für alle diese namenlosen Grausamkeiten ist Andrew Johnson verantwortlich, und wie er sie hervorgerufen hat, so rechtfertigt er sie und zollt ihnen Beifall."

— Sept. Die ersten Wahlen in den Congreß zeigen die ungeschwächte Kraft der republ. Partei und der bisherigen Majorität des Congresses. Die Candidaten derselben gehen meist mit wesentlich größerer Stimmenmehrheit als das letzte Mal aus der Wahlurne hervor.

15. „ Fortsetzung der Rundreise des Präsidenten. Derselbe benimmt

sich immer taktloser, besonders in Cleveland, wo er sich in einer Volksversammlung mit einem Unbekannten herumzankt. Die ihm bisher keineswegs ganz ungünstige Stimmung im Norden beginnt in Folge der Berichte über seine Reise sichtlich umzuschlagen.

18. Sept. Zwei der größten Blätter von Newyork, die „Newyork Times" und der „Newyork Herald", bisher entschiedene Anhänger des Präsidenten, gehen zur republikanischen Partei über.

Ende „ Die in Philadelphia versuchte Parteicombination fällt gänzlich auseinander. Der Chef der abgefallenen Republikaner Henry S. Raymond constatirt es in einem offenen Brief, in dem er auf eine Candidatur für den nächsten Congreß verzichtet.

Raymond gesteht das „gänzliche und eclatante Mißlingen" seines Vorhabens ein, welches Vorhaben darin bestanden habe, „dem Lande die Eintracht und den Frieden wiederzugeben." Er beschwert sich bitter über die Treulosigkeit der Demokraten, die, anstatt sich unter „neuen Führern" zu reorganisiren (d. h. ihn als Führer anzuerkennen) und ihre alten Sünden abzuschwören, lediglich wieder in ihr altes Parteigeleise eingelenkt haben, und dieselben Grundsätze, von welchen das Volk sich mit Abscheu und Entrüstung abgewendet habe, wieder zur Richtschnur ihrer Politik machen. Hr. Raymond gibt unter solchen Umständen den Versuch, eine loyale, „conservative" Partei ins Leben zu rufen, auf, und erklärt, daß er fortan wieder sein Glück bei den Republikanern versuchen, fürs erste aber wegen etwaiger „Vorurtheile", die gegen seine edlen Absichten bestehen möchten, in den Schatten treten wolle.

9. Oct. Wahlen zum Congreß in den Staaten Pennsylvanien, Ohio, Indiana und Jowa. Sieg der republikanischen Partei: es werden 48 Republikaner gewählt gegen 12 Demokraten (bisher 47 Republikaner gegen 13 Demokraten).

6. Nov. Wahlen zum Congreß in 12 weiteren Staaten. Die Republikaner behaupten überall die entschiedene Oberhand: es werden gewählt 68 Republikaner gegen 29 Demokraten. Nur in Delaware und Maryland sind die Wahlen dem Präsidenten einigermaßen günstig.

8. „ Der Gesandte der Union in Paris, Hr. Bigelow, berichtet, daß die französische Regierung ihr Programm abgeändert habe, und nicht vor Frühjahr mit der Zurückziehung ihrer Truppen aus Mexico beginnen wolle; doch habe der Kaiser Napoleon versichert, daß Maximilian von ihm keinen Mann und keinen Dollar mehr erhalten solle, und endlich hinzugefügt, daß, wenn Maximilian glaube, sich allein behaupten zu können, Frankreich seine Truppen nicht vor Ablauf der von Hrn. Drouyn de l'Huys ausbedungenen Frist zurückziehen werde; für den Fall aber, daß Maximilian abzudanken geneigt wäre, was das Beste sein würde, sei General Castelnau beauftragt, eine Regierung ausfindig zu machen, um Petresse des Schutzes der französischen Interessen mit ihr zu unterhandeln und sodann die ganze Armee im Frühjahre nach Hause zu bringen.

8. Nov. Der mexicanische General Ortega, Gegenpräsident gegen Juarez, wird von den Unionsbehörden in Prazos be St. Jago verhaftet.
10. „ Der Gesandte der Union bei Juarez, Campbell, geht in Begleitung des Gen. Sherman von Newyork nach Mexico ab.
23. „ Die Unionsregierung erklärt sich in einer Depesche an ihren Vertreter in Paris mit der neuen Disposition der französischen Regierung bez. der Räumung Mexico's sehr unzufrieden:

„...Sagen Sie Herrn Moustier, daß die jetzt zuerst erfolgte Ankündigung von der Hinausschiebung des auf November besprochenen Abzuges des ersten franzöf. Detachements aus Mexico von unserer Regierung mit Ueberraschung und tiefem Bedauern aufgenommen worden ist, um so mehr, da der Kaiser eine vorherige Besprechung mit den Ver. Staaten oder auch nur eine Andeutung nicht für nöthig erachtet hat. Wie können uns nicht damit einverstanden erklären, denn erstens ist die Zeitangabe „im nächsten Frühjahr" für die völlige Räumung Mexico's unbestimmt; zweitens haben wir jetzt dem Congresse und dem amerikanischen Volke für die Räumung im Frühjahr keine bessere Bürgschaft zu bieten, als, wie es sich nun herausstellt, vorher für den Rückzug eines Detachements im November; drittens haben wir, indem wir uns auf eine mindestens buchstäbliche Erfüllung der faiserl. Zusage verließen, schon unsere Maßregeln getroffen, um zugleich die erwartete franzöf. Räumung und die Wiederherstellung des Landfriedens und der verfassungsmäßigen Autorität durch die republikanische Regierung von Mexico zu erleichtern. Auch sind zu dem Ende unser neuernannter Gesandter Campbell und der Generallieutenant Sherman nach Mexico abgegangen, um mit dem Präsidenten Juarez zu berathschlagen, Schritte, von welchen die hiesige französische Gesandtschaft jedesmal sofort in Kenntniß gesetzt wurde. Der Kaiser wird einsehen, daß wir Hrn. Campbell nun nicht mehr zurückberufen, noch auch seine Instructionen abändern können, auf Grund deren er gegenwärtig vielleicht schon mit der republikanischen Regierung von Mexico unterhandelt. Letztere wünscht selbstverständlich die eheste und vollständige Endigung der feindlichen Occupation. Daher wollen Sie der faiserl. Regierung Mittheilung machen von der einsten Hoffnung des Präsidenten, daß die Räumung Mexico's in dem engsten Anschlusse an die vorhandene Uebereinkunft, den die nunmehrigen Verhältnisse noch zulassen, ausgeführt werde. Hr. Campbell wird von der Sachlage unterrichtet werden, und die Truppen der Ver. Staaten werden angewiesen, in jedem Falle ihre beliebtern Befehle vom Präsidenten zu gewärtigen. Dies geschieht in der Zuversicht, daß der Telegraph oder die Post uns in angemessener Frist einen befriedigenden Entschluß des Kaisers in Bezug auf den Zweck dieser Note melden wird. Die Ver. Staaten wünschen, indem sie auf Mexico's Wohl bedacht sind, zugleich nichts ernstlicher, als Friede und Freundschaft mit Frankreich; und der Präsident bezweifelt nicht, daß die lieber in Frankreich getroffene Abänderung ohne Ahnung der Verlegenheiten, die sie hier bereiten muß, und ohne eine Absicht, die französ. Truppen über den ursprünglich verabredeten Zeitraum von 18 Monaten hinaus in Mexico zurückzuhalten, geschehen ist."

Die Depesche wird von der französischen Regierung als in Form und Inhalt gleich ungeeignet nicht in Abschrift angenommen und Herr Bigelow muß sich begnügen, dieselbe vorgelesen zu haben.

24. „ Der Unionsgeneral Sedgewick besetzt von Brownsville aus die mexicanische Stadt Matamoros, angeblich zum Schutz der dortigen amerikanischen Bürger.
29. „ Campbell und Sherman landen vor Veracruz an, steigen aber,

trotz der Einladung der franz. Autoritäten, nicht ans Land, sondern verkehren nur mit dem Consul und kehren darauf an den Rio grande zurück.

30. Nov. Gen. Sedgewick wird desavouirt und seiner Stelle entsetzt. Die Unionstruppen räumen Matamoros und das mexicanische Gebiet wieder.

— „ Das Amendement zur Constitution ist nur von 23 Staaten angenommen, dagegen von 13, worunter sämmtliche ehemalige Rebellenstaaten, verworfen worden.

3. Dec. Wiederzusammentritt des Congresses. Botschaft des Präsidenten. Derselbe beharrt darin auf seinen bisherigen Anschauungen. Die öffentliche Meinung legt jedoch der ganzen Botschaft nicht mehr das mindeste Gewicht bei, da der Präsident in Folge des Ausfalls der Neuwahlen zum Congreß keinerlei Aussicht mehr hat, mit seiner Politik durchzubringen und ein früher befürchteter Staatsstreich von seiner Seite geradezu unmöglich geworden ist.

13. „ Die Mission der Herren Campbell und Sherman nach Mexico muß als gescheitert betrachtet werden. Sherman trifft wieder in Neworleans ein, Campbell geht nach Monterey, um den Präsidenten Juarez aufzusuchen.

14. „ Der Senat ertheilt, wie schon früher das Repräsentantenhaus, mit 34 gegen 13 Stimmen den Negern im District Columbia (Washington) das Stimmrecht.

Das Repräsentantenhaus nimmt fast einstimmig ein Gesetz an, welches den Zusammentritt des neuen (40sten) Congresses auf den 4. März (statt 2. Dec.) 1867 anberaumt, um das congreßlose Interim zu beseitigen und widerruft die dem Präsidenten noch während des Krieges verliehene Befugniß zur Amnestirung von Rebellen.

2. Mexico.

4. Jan. Die Stadt Bagbad am Rio grande wird durch den Unions-general Weitzel angeblich zu ihrem eigenen Schutze besetzt. Der General wird jedoch von der Unionsregierung desavouirt und die Stadt von den Unionstruppen wieder geräumt.
— „ Der Franzose Langlois übernimmt im Einverständniß mit seiner Regierung des mexicanische Finanzministerium.
15. „ Der Kaiser der Franzosen schickt den Baron Saillard in außer-erdentlicher Mission nach Mexico: Frankreich ist entschlossen, seine Truppen früher aus Mexico zurückzuziehen und will sich darüber mit dem Kaiser Maximilian verständigen oder ihm wenigstens seinen Entschluß notificiren.
23. Febr. Langlois † ganz unerwartet.
11. März. Die Regierung des Kaisers Maximilian schließt mit Oester-reich eine Nachtragsconvention ab, laut welcher für das österr. Frei-willigencorps in mexicanischen Diensten von 1866 bis 1870 ein-schließlich je 2000 Mann in Oesterreich angeworben werden dürfen, für 1866 jedoch das Doppelte dieser Zahl, wovon 1000 Mann noch vor Anfang Mai dahin abgehen sollen.
5. April. Der franz. „Moniteur" verkündet unmittelbar nach der Rück-kunft des Baron Saillard von seiner Mission, daß die Franzosen Mexico in drei Abtheilungen räumen würden, und zwar im Nov. 1866, im März und im Nov. 1867.
12. Mai. Die österreichische Regierung verhindert die Einschiffung der neu angeworbenen Freiwilligen in Triest und das franzöl. Trans-portschiff, das sie nach Veracruz bringen sollte, muß unverrichteter Dinge wieder absegeln.
— Juli. Die Franzosen fangen an, die mexicanischen Nordprovinzen zu räumen, worauf deren wichtigste Plätze, namentlich Monterey und Matamoros, sofort von den Juaristen in Besitz genommen werden.

30. Juli. Die mexicanische Regierung schließt mit Frankreich eine Convention ab, durch welche ein Theil der mexicanischen Zolleinnahmen (in Veracruz und Tampico) Frankreich als Entschädigung für seine Forderungen überwiesen wird (s. Frankreich).
1. Aug. Tampico fällt in die Hände der Juaristen.
8. " Die Kaiserin Charlotte landet ganz unerwartet in St. Nazaire und geht sofort nach Paris.
17. " Der Kaiser will das den Juaristen in die Hände gefallene Matamoros blokiren, die Regierung in Washington verhindert ihn jedoch daran.
23. " Die Kaiserin Charlotte verläßt Paris unverrichteter Dinge und geht über Miramare nach Rom.

14. Sept. Der franz. "Moniteur" verkündet, daß der Kaiser Napoleon die Ernennung der Franzosen Osmond und Friacb zu mexicanischen Ministern des Kriegs und der Finanzen nicht gestattet habe.
16. " Der Kaiser feiert in Chalpultepec das mexicanische Unabhängigkeitsfest und erklärt in seiner Rede, daß er auszuharren entschlossen sei, "denn nicht im Augenblick der Gefahr verläßt ein ächter Habsburger seinen Posten".
20. " Modification des Ministeriums wesentlich im Sinne der clericalen Partei.

1. Oct. Die mexicanische Regierung kann die an diesem Tage fälligen Coupons der französischen Anleihe bereits nicht mehr bezahlen.
4. " Die Kaiserin Charlotte verfällt zu Rom in Irrsinn.
12. " Der General Castelnau trifft mit einer neuen Mission des Kaisers Napoleon an den Kaiser Maximilian in Veracruz ein, um den Kaiser Max wo möglich zur Abdankung zu bewegen und sich dann mit Juarez und den Ver. Staaten über den Schutz der französischen Interessen in Mexico nach dem Abzuge der Truppen zu verständigen.
18. " Kaiser Maximilian erhält die telegraphische Nachricht von dem Irrsinn der Kaiserin.
20/21. " Kaiser Maximilian legt mündlich seine Gewalt in die Hände des Marschalls Bazaine und geht angeblich seiner Gesundheit wegen und um Nachrichten aus Europa schneller zu erhalten, nach Orizaba. Auf dem Wege dahin trifft er mit dem General Castelnau, ohne ihn jedoch zu sprechen. Die Minister wollen ihre Stellen niederlegen, werden jedoch von Marschall Bazaine bewogen, ihre Functionen einstweilen fortzusetzen.
23. " Gen. Castelnau trifft in Mexico ein.
27. " Kaiser Max langt in Orizaba an.
31. " Oajaca wird von den Juaristen unter Porfirio Diaz besetzt, die kaif. mex. Besatzung ergibt sich.

8. Nov. Der nordamerikanische Gesandte in Paris berichtet seiner Regierung, daß der Kaiser Napoleon seinen Entschluß, schon im November den dritten Theil seines Expeditionscorps aus Mexico zurückkehren zu lassen, wieder geändert habe und nunmehr geneigt sei, die ganze Armee auf einmal und zwar im Frühjahr 1867 abziehen zu lassen.

10. " Die österreichische Garnison von Jalapa streckt die Waffen, die Stadt geht in die Hände der Juaristen über.

13. " Die Franzosen räumen Mazatlan und alle andern bisher von ihnen besetzten Punkte am stillen Ocean, um sich in Mexico und auf der Linie Mexico-Veracruz zu concentriren.

— " Kaiser Maximilian beruft den Ministerrath und den Staatsrath zu sich nach Orizaba und legt die Gründe dafür in einem offenen Briefe an den Ministerpräsidenten Larez nieder:

"Mein lieber Larez! Die Bedenklichkeit der jetzigen Lage Unseres Landes hat Uns bewogen, die Räthe der Krone um Uns zu versammeln, damit Wir, von ihrem klaren und reifen Urtheil unterstützt, auf gesetzlichem Wege zu einer Lösung der gegenwärtigen Krisis gelangen könnten. Eine schwere Pflicht ist Uns jetzt auferlegt, aber Wir hegen die innige Ueberzeugung, daß das Wohl des Vaterlandes ihre Erfüllung erheischt. Nach langer Ueberlegung, die von allem Geist der Parteien und der Leidenschaften frei ist, nach einer langen und gewissenhaften Prüfung der Lage sind Wir zu der Ansicht gelangt, daß es Unsere Pflicht sein könnte, der mexicanischen Nation die Gewalt zurückzugeben, welche sie Uns anvertraut hatte. Folgendes sind die Gründe, die Uns in dieser Ansicht bestärken: 1) Der Bürgerkrieg dauert beständig fort, das constatiren Wir mit Schmerzen; er bezeichnet mit dem Blute von Tausenden Unserer Landsleute die Gegenden, welche von ihm heimgesucht werden, und seine Ausdehnung wird von Tag zu Tag größer; 2) die Feindseligkeiten der Ver. Staaten gegen das monarchische Princip spricht sich alle Tage deutlicher aus; 3) Unsere Bundesgenossen haben erklärt, daß es ihnen aus politischen Rücksichten unmöglich ist, Uns noch länger ihre Unterstützung angedeihen zu lassen, und Wir haben sogar in letzterer Zeit erfahren, daß zwischen der Regierung Frankreichs und derjenigen der Ver. Staaten vorläufige Unterhandlungen stattgefunden haben, deren Zweck ein Einverständniß ist, dem Bürgerkrieg ein Ende zu machen, welcher so lange Zeit Unser Land verwüstet hat. Im Hinblick auf die Meinung der großen Mehrheit des amerikanischen Volks würde man, so sagt man Uns, nur zum Ziele gelangen, indem man, mit Unterstützung dieser beiden Mächte, eine neue Regierung republikanischer Form gründete. Obgleich es der Vorsehung gefallen hat, das Glück Unseres häuslichen Heerdes zu vernichten, obgleich Unser Muth und Unsere Kraft dadurch schwer geprüft worden sind, so würden Wir doch nicht einen Augenblick zaudern, alle Opfer für das Glück des Vaterlands zu bringen, wenn Wir nicht die sehr wohl begründete Befürchtung hegten, daß Unsere Persönlichkeit ein Hinderniß für die Pacification des Landes ist. Aus diesem Grunde haben Wir den Ministerrath und den Staatsrath zusammenberufen, die Uns bereits so viele Beweise ihres Einverständnisses und ihrer Treue gegeben haben, um eine Lösung für die Schwierigkeiten zu finden. Maximilian."

16. Nov. Die Franzosen räumen Durango und Zacatecas, die sofort von den Juaristen besetzt werden.

24. " Versammlung des Ministerraths und des Staatsraths beim Kaiser in Orizaba. Die Vorschläge des Kaisers gehen im Wesentlichen

dahin: es solle ein Nationalcongreß, von dem die bisherigen Gegner des Kaiserreichs nicht auszuschließen wären, einberufen werden, um über die künftige Regierungsform, ob Monarchie oder Republik, über die Aufstellung eines Budgets, über die Organisation eines nationalen Heeres, über die Colonisation des Landes, über die Regelung der Beziehungen zu Frankreich und zu den Vereinigten Staaten zu entscheiden. Von 22 Stimmen sprechen sich 20 für Aufrechthaltung des Kaiserreichs und die Ueberzeugung aus, daß, wenn Maximilian an das Land appellire, eine immense Majorität in demselben Sinn antworten würde; nur 2 Stimmen erklären sich für Abdankung des Kaisers. Demgemäß beschließt die Versammlung, den Kaiser zu bitten, wenigstens einstweilen bis zu dem Tage, an welchem der Volkswille sich werde kund gegeben haben, die Zügel der Regierung in der Hand zu behalten.

24. Nov. Der nordamerikanische General Sedgewick besetzt von Brownsville aus Matamoros, wird jedoch von seiner Regierung desavouirt und seines Commando's enthoben, Matamoros wieder geräumt.

2. Dec. Ein Rundschreiben des Marschalls Bazaine stellt den Soldaten französischer Nationalität, welche früher förmlich ermächtigt worden wären, in mexicanische Dienste zu treten, frei, entweder in denselben zu bleiben oder sich bei der ersten sich darbietenden Gelegenheit dem nächsten franz. Detachement anzuschließen, um mit demselben nach Frankreich zurückzukehren.

5. „ Proclamation des Kaisers bez. der Beschlüsse der Versammlung vom 24. November:

„Mexicaner! Umstände von großer Wichtigkeit, die mit dem Wohl eures Landes zusammenhängen, haben in Uns die Ueberzeugung hervorgerufen, daß Wir die Uns übertragene Macht einer neuen Probe unterziehen sollen. Unsere durch Uns zusammenberufener Ministerrath war der Ansicht, daß das Glück Mexiko's noch Unser Verweilen an der Spitze der Geschäfte ertheilt, und Wir hielten es für Unsere Pflicht, diesem Verlangen nachzukommen, indem Wir gleichzeitig Unsere Absicht kundgaben, einen Nationalcongreß auf breitester und freisinnigster Grundlage einzuberufen, an welchem sich alle politischen Parteien betheiligen können. Dieser Congreß wird entscheiden, ob das Kaiserreich fortbestehen soll, und im Bejahungsfall wird er sich an der Abfassung der Grundgesetze betheiligen, welche zur Kräftigung der öffentlichen Landesinstitutionen bestimmt sind. Um dieses Resultat zu erreichen, beschäftigen sich Unsere Räthe gegenwärtig damit, die nothwendigen Mittel ausfindig zu machen, und gleichzeitig die Dinge so zu gestalten, daß alle Parteien an einem Abkommen auf dieser Basis theilnehmen können. Einstweilen, Mexicaner, zählen Wir auf euch alle, ohne Ausschluß auch nur einer politischen Classe, und setzen, da Wir die Mission erhalten haben, euren Mitbürgern vorzustehen, das Werk der Wiedergeburt mit Muth und Ausdauer fort."

6. Dec. Ein Decret des Kaisers Max verfügt die Auflösung des belgischen Freiwilligencorps und die Rückkehr desselben nach Europa zugleich mit der französ. Armee.

9. „ Die Franzosen legen, gestützt auf den Vertrag vom 30. Juli d. J., Beschlag auf das Zollamt in Veracruz und schneiden da-

mit der kaiserlichen Regierung in Mexico fast ihre gesammte Baareinnahme ab.

10. „ Juarez verlegt den Siß seiner Regierung von Chihuahua zunächst nach Durango.

„ Der Minister des Auswärtigen des Kaisers Max richtet eine sehr ausführliche Denkschrift über die nunmehrige Lage der Dinge an die fremden Regierungen:

Die Denkschrift beginnt mit einer Darlegung der mißlichen Lage, in welche das Land hauptsächlich dadurch verletzt worden ist, daß ihm aus politischen Gründen die Unterstützung Frankreichs an Truppen und Geld entzogen wird, auf welche die mexikanische Regierung fest gerechnet hatte. „Die Bewegung der verbündeten Truppenmacht, die sich aus den wichtigsten Puncten zurückzieben, welche sie ausschließlich besetzt hält; die Nachricht ihrer nahe bevorstehenden Abreise aus dem Lande, die Nachricht, daß demselben hinfürder nicht mehr von Frankreich geholfen werden würde, belebten natürlich den Muth der Dissidenten und verminderten ebensosehr denjenigen der Freunde und Vertheidiger der jetzigen Regierung. Die Revolution nahm eine Entwicklung, die sie nicht etwa ihren eigenen Elementen verdankte, sondern dem vertheidigungslosen Zustande, in welchem die Bevölkerung verblieb, und der Zuversicht, welche den Feinden der jetzigen Ordnung der Dinge eingeflößt wurde durch die Ueberzeugung, daß sie nicht mehr die franz. Truppenmacht zu bekämpfen nöthig haben würden. Der blutige Kampf nahm zu; der Bürgerkrieg bezeichnete seine Spuren durch Vernichtung des Eigenthums, Brand und Zerstörung der Dörfer. Inmitten dieser beklagenswerthen Krisis beutete man die Haltung der Ver. Staaten aus, welche theils der monarchischen Regierungsform und einer europäischen Intervention zuwider sind; man ließ Se. Maj. den Kaiser wissen, daß zwischen der franz. Regierung und derjenigen der Ver. Staaten Unterhandlungen angeknüpft seien, um eine franco-amerikanische Vermittlung zu sichern, mittelst welcher man sich versprach, dem Bürgerkrieg, der das Land verwüstet, ein Ziel zu setzen; man fügte hinzu, daß, um zu diesem Ziele zu gelangen, man für unerläßlich halte, daß die durch diese Vermittlung errichtete Regierung die republikanische Form und den liberalen Geist habe. Die Hoffnungen der Regierung, welche sich zum Theile auf ein festes und aufrichtiges Bündniß mit Frankreich gründeten, um die jetzige Ordnung der Dinge dauerhaft zu machen, fanden sich solchergestalt getäuscht. Weit davon entfernt, die Pacification vollendet zu haben, hatte man im Gegentheil den Bürgerkrieg verlängert; die vertheidigungslosen Bevölkerungen waren den Dissidenten preisgegeben, das Blut der Mexicaner floß fruchtlos; die Militärausgaben hatten alle Hülfsquellen erschöpft, die Unterhandlungen, welche, wie es hieß, wegen einer franco-amerikanischen Vermittlung angeknüpft worden waren, nahmen als Grundlage eine Bedingung, die mit der Existenz des Kaiserreichs und der Integrität des nationalen Gebiets unvereinbar sind. Nachdem Se. Majestät der Kaiser mit einer unparteilichen Aufmerksamkeit die Bedenklichkeit einer so außergewöhnlichen Lage geprüft hatte, hielt er es für seine Pflicht, der Nation wieder die Macht zurückzuerstatten, welche dieselbe ihm übertragen hatte, da die in Vorschlag gebrachte Combination, um Mexico den Frieden wieder zu geben, die Monarchie ausschloß. Da er nicht ein Hinderniß für die Ausführung dieser Maßregel sein wollte, gedachte er, mit einer Selbstverleugnung, die noch größer war als diejenige, die er bei Annahme des Thrones gezeigt hatte, diesen zu verlassen und dies Opfer auf dem Altar des Vaterlandes niederzulegen. Da er übrigens in einer Angelegenheit von so ungeheurer Wichtigkeit nicht handeln wollte, ohne die Ansichten seines Ministerraths und seines Staatsraths zu kennen, berief er sie nach der Stadt Orizaba, wo er sich aus Gesundheitsrücksichten seit einigen Wochen aufhielt. Er unterwarf der Prüfung dieser beiden Körperschaften alle gewichtigen Betrachtungen, welche weiter oben auseinandergesetzt sind; beide sprachen sich entschieden dahin aus, daß unter den gegenwärtigen Umständen seine Abdankung, weit davon entfernt, den Uebeln, die man bewirkte, ein Ziel zu setzen, unfehlbar der völlige Ruin des Landes sein, und den Verlust der Unabhängigkeit und der Nationalität, die vollständige Zerstörung unserer Race zur Folge haben würde." Bezüglich der practischen Lösung der verschiedenen Fragen der Politik und Administration spricht sich das Document des mexicanischen Ministers folgendermaßen aus:

„Unter diesen Fragen stehen die folgenden in erster Linie: Einberufung eines Nationalcongresses auf der breitesten Grundlage, an dem alle Bürger aller Parteien und politischen Färbungen theilzunehmen hätten, um zu erklären, ob das Kaiserreich fortdauern soll, oder welche Regierungsform die Nation für die Zukunft annehmen wird; Vorschläge für alle Maßregeln, die zeitgemäß und angemessen sind, zu dem Zwecke, die vollständige und definitive Organisation des Landes zu sichern; die Schaffung der nöthigen Hilfsquellen, um das Budget zu decken; die Ausarbeitung der nöthigen Gesetze für ein mächtiges System der Colonisation. Nachdem die beiden Räthe die Nothwendigkeit erkannt hatten, alle diese Puncte einer so vitalen Wichtigkeit in reifliche Ueberlegung zu nehmen, übernahm der Staatsrath es, sie einer Prüfung zu unterwerfen, und die geeigneten Maßregeln in Vorschlag zu bringen. Indem Se. Majestät sich den Ansichten seiner Räthe gefügt hat, ist er entschlossen, die Macht, die ihm die Nation anvertraut hat, zu bewahren." Schließlich bemerkt das Document noch: „Se. Majestät der Kaiser hat in diesen Tagen von Sr. Excellenz dem Marschall Bazaine in Gemäßheit der Befehle seines Herrschers die deutlichste Versicherung erhalten, daß er zur Befestigung der Ordnung und des Friedens beitragen werde, indem er die Maßregeln Sr. Maj. unterstützen werde, so lange noch die französ. Truppen auf mexicanischem Boden sind."

15. Dec. Die Regierung des Kaisers Max führt eine Reihe neuer Steuern ein, die in monatlichen Raten bezahlt werden sollen, um wenigstens den bringendsten Bedürfnissen zu genügen. Die imperialistischen Streitkräfte sind in 3 Corps abgetheilt: unter Mejia in S. Luis Potosi, unter Miramon in Guadalajara, unter Marquez in Puebla.

20. „ Die Concentration der franz. Streitkräfte geht ihrer Vollendung entgegen. 6000 Franzosen stehen in Mexico, die übrigen sind staffelförmig auf der Straße nach Veracruz aufgestellt, wo ein verschanztes Lager für 22,000 Mann hergerichtet wird.

25. „ Kaiser Maximilian geht von Orizaba nach Puebla, wo er mit dem Gen. Castelnau und dem franz. Gesandten Dano conferirt.

31. „ Der Versuch, auch eine Anzahl Führer der Liberalen zur Theilnahme an einer Nationalversammlung zu gewinnen, muß als gescheitert betrachtet werden. Das Kaiserreich ist auf Mexico und die zunächst gelegenen Provinzen, sowie auf die Straße nach Veracruz, so lange diese noch von den Franzosen besetzt bleibt, beschränkt. Der ganze Norden und der größere Theil des Südens ist bereits wieder in den Händen der Republikaner, die mit ihren Guerillas jeden von den Franzosen oder von den Kaiserlichen geräumten Punkt sofort besetzen und selbst zu beiden Seiten der Linie Mexico-Veracruz schwärmen.

Ergänzung
zum Anhang S. 278 u. fgg.

X.
Schutz- und Trutzbündnisse zwischen Preußen und Bayern, Württemberg und Baden.

Art. 1. Zwischen Sr. Maj. dem Könige von Preußen und Sr. Maj. dem Könige von Bayern (Württemberg und Baden) wird hiermit ein Schutz- und Trutzbündniß geschlossen.

Es garantiren Sich die hohen Contrahenten gegenseitig die Integrität des Gebietes Ihrer bezüglichen Länder, und verpflichten sich im Falle eines Krieges Ihre volle Kriegsmacht zu diesem Zwecke einander zur Verfügung zu stellen.

Art. 2. Se. Maj. der König von Bayern (Württemberg und Baden) überträgt für diesen Fall den Oberbefehl über Seine Truppen Sr. Maj. dem Könige von Preußen.

Art. 3. Die hohen Contrahenten verpflichten Sich, diesen Vertrag vorerst geheim zu halten.

Art. 4. Die Ratification des vorstehenden Vertrages erfolgt gleichzeitig mit der Ratification des unter dem heutigen Tage abgeschlossenen Friedensvertrages, also bis spätestens zum 3. k. Mts.

Zu Urkund dessen haben die Eingangs genannten Bevollmächtigten diesen Vertrag in doppelter Ausfertigung am heutigen Tage mit Ihrer Namensunterschrift und Ihrem Siegel versehen.

Der Wortlaut aller drei Bündnisse ist derselbe und trägt für Württemberg das Datum vom 13. Aug., für Baden dasjenige vom 17., für Bayern vom 22. Aug. 1866. Die Veröffentlichung erfolgte jedoch erst und zwar zunächst von Seite Bayerns am 19. März 1867. Mit dem Großh. Hessen wurde ein solches Schutz- und Trutzbündniß dagegen damals nicht und erst am 7. April 1867 eine Militärconvention und am 11. April auch ein Schutz- und Trutzbündniß wie mit den übrigen süddeutschen Staaten abgeschlossen.

XI.
Luxemburg.
Actenstücke aus dem J. 1866, soweit sie bisher veröffentlicht wurden.

In der Sitzung der luxemburgischen Stände am 13. Nov. las der Staatsminister, Baron de Tornaco, einen großen Theil der Correspondenz vor, welche zwischen den preußischen und luxemburgischen Regierungen über die luxemburgische Frage gewechselt worden ist. Der Courier du Grandduché führt diese Schriftstücke auf, wie folgt:

21. Juni. Die luxemburgische Regierung erhielt Mittheilung des Circulars über die Reform des Bundes vom 10. Juni. Diese Mittheilung ist ohne Antwort geblieben, da die Ereignisse sie überrillten. Am selben Tage erhielt die Regierung eine Depesche aus dem Haag, worin mitgetheilt wird, daß der preußische Gesandte, Graf v. Perponcher, verlangt hat, der König-Großherzog solle seinen Gesandten am Bundestage abberufen. Am 22. Juni fragt der Staatsminister durch Telegramm bei dem preußischen Gesandten an, wie die preußische Regierung den Bruch des Bundesverhältnisses mit der Anwesenheit der preußischen Besatzung in Luxemburg in Einklang zu bringen gedächte. Diesem Telegramme folgt eine Depesche desselben Inhalts. Am 24. Juni benachrichtigt eine Depesche vom Secretär des Königs die Regierung, daß nach einer Erklärung des Grafen v. Perponcher, Preußen die Neutralität des Großherzogthums nicht anerkennen werde, solange dessen Gesandter bei dem Bundestage verbleibe. Dagegen giebt Preußen die Versicherung, daß die Neutralität anerkannt und gewahrt werden würde, sobald derselbe sich vom Bundestage zurückziehe. Am 1. Juli Depesche des Grafen v. Perponcher, welche ausführt, daß die preuß. Garnison in Luxemburg nicht nur als Bundesbesatzung dort sei, sondern auf Grund der internationalen Verträge zwischen Preußen und den Niederlanden von 1816 und 1856. Es wird besonders bemerkt, daß der Bundestag erst 1820 die Unterhaltung der Bundesfestungen übernommen habe, daß also die preußische Garnison damals schon vier Jahre lang in Luxemburg gestanden habe, ohne die Eigenschaft einer Bundesbesatzung, nur lediglich auf Grund der Stipulationen von 1816. Der Vertrag von 1856 ändert darin nichts und die preußische Regierung ist der Ansicht, daß die Frage in der Note vom 23. Juni sich darin löst, daß die Conventionen zwischen den Cabinetten von Berlin und dem Haag bezüglich auf die Garnison von Luxemburg nicht berührt werden durch die Auflösung des Bundes, da die außerhalb des Bundes stipulirten Rechte und Verpflichtungen bestehen bleiben. Am 2. Juli antwortet die Regierung an den Grafen von Perponcher, daß sie diese Lösung nicht annehmen könne, da sie auf einer ungenauen Erklärung der europäischen Verträge und der besonderen Vereinbarung über die Garnison beruht. Luxemburg sei zur Bundesfestung erklärt durch Verträge, die bereits vor 1816 bestanden. Der Vertrag von 1814, die Schlußacte des Wiener Congresses und das Pariser

Protokoll von 1815 erklären Luxemburg zur Bundesfestung und gewähren dem König-Großherzog das Recht, den Gouverneur und den Commandanten zu ernennen. Obgleich der Bund erst 1820 die Unterhaltung der Festungen übernommen habe, seien die contrahirenden Parteien schon durch Vertrag vom 8. Nov. 1816 übereingekommen, daß diese Unterhaltung dem ganzen Bunde zukomme. Die luxemburgische Regierung glaubt, daß die endgültige Regelung dieser Frage noch verschoben werden könne, muß aber schon jetzt die Reservationen und Proteste kundgeben, welche sich aus den vorhergehenden Bemerkungen ergeben. Am 12. Juli zeigt die großherzogl. Regierung dem preuß. Gesandten an, daß der König-Großherzog sich verpflichtet, seinen Gesandten am Bundestage abzuberufen, wenn die preußische Regierung die officielle Erklärung zusichere, die Neutralität des Großherzogthums anerkennen und reguliren zu wollen. Am 5. Aug. antwortet der preuß. Gesandte, daß, nachdem er die vorhergehenden Depeschen seiner Regierung mitgetheilt habe, er erklären könne, wie bereits mündlich geschehen, daß die preuß. Regierung die Neutralität des Großherzogthums anerkennen und respectiren werde, wenn der König-Großherzog seinen Gesandten beim vormaligen Bundestage zurückberufend, constatire, daß die Beziehungen zwischen diesem und dem Großherzogthume Luxemburg aufgehört haben zu bestehen. Er sagt schließlich, daß diese Antwort verzögert worden sei, weil der König und Hr. v. Bismarck der Armee nach Böhmen gefolgt seien. Am 7. Aug. schreibt der Staatsminister an den Grafen v. Perponcher, daß der König-Großherzog sich entschlossen habe, seinen Gesandten in Frankfurt abzuberufen und alle Verbindungen mit dem Bundestage abzubrechen. Endlich hat der Staatsminister der Versammlung noch mitgetheilt, daß eine Depesche vom 12. Oct., bezüglich auf die Garnison von Luxemburg, von ihm abgesandt worden sei, er hat aber dieselbe nicht vorgelesen, auch sei sie bisher ohne Antwort geblieben.

XII.

Die Verfassung des norddeutschen Bundes.

(Obwohl sie nicht mehr ins Jahr 1866 fällt, glauben wir doch die Verfassung des norddeutschen Bundes ausnahmsweise schon dem diesjährigen Geschichtskalender einverleiben zu sollen. Die mit gesperrter Schrift gedruckten Stellen enthalten die vom norddeutschen Reichstag in dem ursprünglichen Entwurf Preußens und den mit ihm verbündeten Regierungen gebrachten Veränderungen und Erweiterungen.)

Se. Maj. der König von Preußen, Se. Maj. der König von Sachsen, Se. k. Hoh. der Großherzog von Mecklenburg-Schwerin, Se. k. Hoh. der Großherzog von Sachsen-Weimar-Eisenach, Se. k. Hoh. der Großh. von Oldenburg, Se. Hoh. der Herzog von Braunschweig und Lüneburg, Se. Hoh. der Herzog von Sachsen-Meiningen und Hildburghausen, Se. Hoh. der Herzog zu Sachsen-Altenburg, Se. Hoh. der Herzog von Sachsen-Coburg und Gotha, Se. Hoh. der Herzog von Anhalt, Se. Durchl. der Fürst zu Schwarzburg-Rudolstadt, Se. Durchl. der Fürst zu Schwarzburg-Sondershausen, Se. Durchl. der Fürst zu Waldeck und Pyrmont, Ihre Durchl. die Fürstin Reuß älterer Linie, Se. Durchl. der Fürst Reuß jüngerer Linie, Se. Durchl. der Fürst von Schaumburg-Lippe, Se. Durchl. der Fürst zur Lippe, der Senat der freien und Hansestadt Lübeck, der Senat der freien Hansestadt Bremen, der Senat der freien und Hansestadt Hamburg, jeder für den gesammten Umfang ihres Staatsgebiets, und Se. k. Hoh. der Großh. von Hessen und bei Rhein für die nördlich vom Main belegenen Theile des Großherzogthums Hessen schließen einen ewigen Bund zum Schutze des Bundesgebiets und des innerhalb desselben gültigen Rechts, sowie zur Pflege der Wohlfahrt des deutschen Volks. Dieser Bund wird den Namen des Norddeutschen führen und wird nachstehende Verfassung haben:

I. **Bundesgebiet. Art. 1.** Das Bundesgebiet besteht aus den Staaten Preußen mit Lauenburg, Sachsen, Mecklenburg-Schwerin, Sachsen-Weimar, Mecklenburg-Strelitz, Oldenburg, Braunschweig, Sachsen-Meiningen, Sachsen-Altenburg, Sachsen-Coburg-Gotha, Anhalt, Schwarzburg-Rudolstadt, Schwarzburg-Sondershausen, Waldeck, Reuß älterer Linie, Reuß jüngerer Linie, Schaumburg-Lippe, Lippe, Lübeck, Bremen, Hamburg und aus den nördlich vom Main belegenen Theilen des Großherzogthums Hessen.

II. **Bundesgesetzgebung. Art. 2.** Innerhalb dieses Bundesgebiets übt der Bund das Recht der Gesetzgebung nach Maßgabe des Inhalts dieser Verfassung und mit der Wirkung aus, daß die Bundesgesetze den Landesgesetzen vorgehen. Die Bundesgesetze erhalten ihre verbindliche Kraft durch ihre Verkündigung von Bundeswegen, welche vermittelst eines Bundesgesetzblattes geschieht. Sofern nicht in dem publicirten Gesetze ein anderer Anfangstermin seiner verbindlichen Kraft bestimmt ist, beginnt die letztere mit dem vierzehnten Tage nach dem Ablauf desjenigen Tages, an welchem das betreffende Stück des Bundesgesetzblattes in Berlin ausgegeben worden ist. **Art. 3.** Für den ganzen Umfang des Bundesgebiets besteht ein gemeinsames Indigenat mit der Wirkung, daß der Angehörige (Unterthan, Staatsbürger) eines jeden Bundesstaats in jedem andern Bundesstaat als Inländer zu behandeln und demgemäß zum festen Wohnsitz, zum Gewerbebetrieb, zu öffentlichen Aemtern, zur Erwerbung von Grundstücken, zur Erlangung des Staatsbürgerrechts und zum Genusse aller sonstigen bürgerlichen Rechte unter denselben Voraussetzungen wie der Einheimische zuzulassen, auch in Betreff der Rechtsverfolgung und des Rechtsschutzes demselben gleich zu behandeln ist. In der Ausübung dieser Befugniß darf der Bundesangehörige weder durch die Obrigkeit seiner Heimath noch durch die Obrigkeit eines andern Bundesstaats beschränkt werden. Diejenigen Bestimmungen, welche die Armenversorgung und die Aufnahme in den localen Gemeindeverband betreffen, werden durch den im ersten Absatz ausgesprochenen Grundsatz nicht berührt. Ebenso bleiben bis auf weiteres die Verträge in Kraft, welche zwischen den einzelnen Bundesstaaten in Beziehung auf die Uebernahme von Auszuweisenden, die Verpflegung erkrankter und die Beerdigung verstorbener Staatsangehörigen bestehen. Hinsichtlich der Erfüllung der Militärpflicht im Verhältniß zu dem Heimathslande wird im Wege der Bundesgesetzgebung das nöthige geordnet werden. Dem Auslande gegenüber haben alle Bundesangehörigen gleichmäßig Anspruch auf den Bundesschutz. **Art. 4.** Der Beaufsichtigung des Bundes und der Gesetzgebung desselben unterliegen die nachstehenden Angelegenheiten: 1) die Bestimmungen über Freizügigkeit, Heimaths- und Niederlassungsverhältnisse, Staatsbürgerrecht, Paßwesen und Fremdenpolizei und über den Gewerbebetrieb, einschließlich des Versicherungswesens, soweit diese Gegenstände nicht schon durch den Art. 3 dieser Verfassung erledigt sind, desgleichen über die Colonisation und die Auswanderung nach außerdeutschen Ländern; 2) die Zoll- und Handelsgesetzgebung und die für Bundeszwecke zu verwendenden Steuern; 3) die Ordnung des Maß-, Münz- und Gewichtsystems, nebst Feststellung der Grundsätze über die Emission von fundirtem und unfundirtem Papiergelde; 4) die allgemeinen Bestimmungen über das Bankwesen; 5) die Erfindungspatente; 6) der Schutz des geistigen Eigenthums; 7) Organisation eines gemeinsamen Schutzes des deutschen Handels im Auslande, der deutschen Schifffahrt und ihrer Flagge zur See und Anordnung gemeinsamer consularischer Vertretung, welche vom Bunde ausgestattet wird; 8) das Eisenbahnwesen und die Herstellung von Land- und Wasserstraßen im Interesse der Landesvertheidigung und des allgemeinen Verkehrs; 9) der Flößerei- und Schifffahrtsbetrieb auf den mehreren Staaten gemeinsamen Wasserstraßen und der Zustand der letzteren, sowie die Fluß- und sonstigen Wasserzölle; 10) das Post- und Telegraphenwesen; 11) Bestimmungen über die wechselseitige Vollstreckung von Erkenntnissen in Civilsachen

Ergänzung. 453

und Erledigung von Requisitionen überhaupt; 12) sowie über die Beglaubigung von öffentlichen Urkunden; 13) die gemeinsame Gesetzgebung über das Obligationenrecht, Strafrecht, Handels- und Wechselrecht und das gerichtliche Verfahren; 14) das Militärwesen des Bundes und die Kriegsmarine; 15) Maßregeln der Medicinal- und Veterinär-Polizei. Art. 5. Die Bundesgesetzgebung wird ausgeübt durch den Bundesrath und den Reichstag. Die Uebereinstimmung der Mehrheitsbeschlüsse beider Versammlungen ist zu einem Bundesgesetze erforderlich und ausreichend. Bei Gesetzesvorschlägen über das Militärwesen und die Kriegsmarine gibt, wenn im Bundesrathe eine Meinungsverschiedenheit stattfindet, die Stimme des Präsidiums den Ausschlag, wenn sie sich für die Aufrechterhaltung der bestehenden Einrichtungen ausspricht.

III. **Bundesrath.** Art. 6. Der Bundesrath besteht aus den Vertretern der Mitglieder des Bundes, unter welchen die Stimmführung sich nach Maßgabe der Vorschriften für das Plenum des ehemaligen deutschen Bundes vertheilt, so daß Preußen mit den ehemaligen Stimmen von Hannover, Kurhessen, Holstein, Nassau und Frankfurt 17 Stimmen führt, Sachsen 4, Hessen 1, Mecklenburg-Schwerin 2, Sachsen-Weimar 1, Mecklenburg-Strelitz 1, Oldenburg 1, Braunschweig 2, Sachsen-Meiningen 1, Sachsen-Altenburg 1, Sachsen-Coburg-Gotha 1, Anhalt 1, Schwarzburg-Rudolstadt 1, Schwarzburg-Sondershausen 1, Waldeck 1, Reuß älterer Linie 1, Reuß jüngerer Linie 1, Schaumburg-Lippe 1, Lippe 1, Lübeck 1, Bremen 1, Hamburg 1, Summa 43. Art. 7. Jedes Mitglied des Bundes kann so viel Bevollmächtigte zum Bundesrath ernennen, wie es Stimmen hat; doch kann die Gesammtheit der zuständigen Stimmen nur einheitlich abgegeben werden. Nicht vertretene oder nicht instruirte Stimmen werden nicht gezählt. Jedes Bundesglied ist befugt, Vorschläge zu machen und in Vortrag zu bringen, und das Präsidium ist verpflichtet, dieselben der Berathung zu übergeben. Die Beschlußfassung erfolgt mit einfacher Mehrheit. Bei Stimmengleichheit gibt die Präsidialstimme den Ausschlag. Art. 8. Der Bundesrath bildet aus seiner Mitte dauernde Ausschüsse 1) für das Landheer und die Festungen, 2) für das Seewesen, 3) für Zoll- und Steuerwesen, 4) für Handel und Verkehr, 5) für Eisenbahnen, Post und Telegraphen, 6) für Justizwesen, 7) für Rechnungswesen. In jedem dieser Ausschüsse werden außer dem Präsidium mindestens zwei Bundesstaaten vertreten sein, und führt innerhalb derselben jeder Staat nur eine Stimme. Die Mitglieder der Ausschüsse zu 1 und 2 werden von dem Bundesfeldherrn ernannt, die der übrigen von dem Bundesrathe gewählt. Die Zusammensetzung dieser Ausschüsse ist für jede Session des Bundesraths resp. mit jedem Jahre zu erneuern, wobei die ausscheidenden Mitglieder wieder wählbar sind. Den Ausschüssen werden die zu ihren Arbeiten nöthigen Beamten zur Verfügung gestellt. Art. 9. Jedes Mitglied des Bundesraths hat das Recht, im Reichstag zu erscheinen, und muß daselbst auf Verlangen jederzeit gehört werden, um die Ansichten seiner Regierung zu vertreten, auch dann, wenn dieselben von der Majorität des Bundesraths nicht adoptirt worden sind. Niemand kann gleichzeitig Mitglied des Bundesraths und des Reichstags sein. Art. 10. Dem Bundespräsidium liegt es ob, den Mitgliedern des Bundesraths den üblichen diplomatischen Schutz zu gewähren.

IV. **Bundespräsidium.** Art. 11. Das Präsidium des Bundes steht der Krone Preußen zu, welche in Ausübung desselben den Bund völkerrechtlich zu vertreten, im Namen des Bundes Krieg zu erklären und Frieden zu schließen, Bündnisse und andere Verträge mit fremden Staaten einzugehen, Gesandte zu beglaubigen und zu empfangen berechtigt ist. Insoweit die Verträge mit fremden Staaten sich auf solche Gegenstände beziehen, welche nach Art. 4 in den Bereich der Bundesgesetzgebung gehören, ist zu ihrem Abschluß die Zustimmung des Bundesraths und zu ihrer Gültigkeit die Genehmigung des Reichstags erforderlich. Art. 12. Dem Präsidium steht es zu, den Bundesrath und den Reichstag zu berufen, zu eröffnen, zu vertagen und zu schließen. Art. 13. Die Berufung des Bundesraths und des Reichstags findet alljährlich statt, und kann der Bundesrath zur

Vorberathung der Arbeiten ohne den Reichstag, letzterer aber nicht ohne den Bundesrath berufen werden. Art. 14. Die Berufung des Bundesraths muß erfolgen, sobald sie von einem Drittel der Stimmenzahl verlangt wird. Art. 15. Der Vorsitz im Bundesrath und die Leitung der Geschäfte steht dem Bundeskanzler zu, welcher vom Präsidium zu ernennen ist. Derselbe kann sich durch jedes andere Mitglied des Bundesraths vermöge schriftlicher Substitution vertreten lassen. Art. 16. Das Präsidium hat die erforderlichen Vorlagen nach Maßgabe der Beschlüsse des Bundesraths an den Reichstag zu bringen, wo sie durch Mitglieder des Bundesraths oder durch besondere von letztern zu ernennende Commissarien vertreten werden. Art. 17. Dem Präsidium steht die Ausfertigung und Verkündigung der Bundesgesetze und die Ueberwachung der Ausführung derselben zu. Die Anordnungen und Verfügungen des Bundespräsidii werden im Namen des Bundes erlassen, und bedürfen zu ihrer Gültigkeit der Gegenzeichnung des Bundeskanzlers, welcher dadurch die Verantwortlichkeit übernimmt. Art. 18. Das Präsidium ernennt die Bundesbeamten, hat dieselben für den Bund zu vereidigen und erforderlichen Falls ihre Entlassung zu verfügen. Art. 19. Wenn Bundesglieder ihre verfassungsmäßigen Bundespflichten nicht erfüllen, so können sie dazu im Wege der Execution angehalten werden. Diese Execution ist a) in Betreff militärischer Leistungen, wenn Gefahr im Verzuge, von dem Bundesfeldherrn anzuordnen und zu vollziehen, b) in allen andern Fällen aber von dem Bundesrath zu beschließen und von dem Bundesfeldherrn zu vollstrecken. Die Execution kann bis zur Sequestration des betreffenden Landes und seiner Regierungsgewalt ausgedehnt werden. In den unter a bezeichneten Fällen ist dem Bundesrath von Anordnung der Execution, unter Darlegung der Beweggründe, ungesäumt Kenntniß zu geben.

V. Reichstag. Art. 20. Der Reichstag geht aus allgemeinen und directen Wahlen mit geheimer Abstimmung hervor, welche bis zum Erlaß eines Reichswahlgesetzes nach Maßgabe des Gesetzes zu erfolgen haben, auf Grund dessen der erste Reichstag des norddeutschen Bundes gewählt worden ist. Art. 21. Beamte bedürfen keines Urlaubs zum Eintritt in den Reichstag. Wenn ein Mitglied des Reichstages in dem Bunde oder einem Bundesstaate ein besoldetes Staatsamt annimmt oder im Bundes- oder Staatsdienste in ein Amt eintritt, mit welchem ein höherer Rang oder ein höheres Gehalt verbunden ist, so verliert es Sitz und Stimme in dem Reichstage und kann seine Stelle in demselben nur durch neue Wahl wieder erlangen. Art. 22. Die Verhandlungen des Reichstags sind öffentlich. Wahrheitsgetreue Berichte über Verhandlungen in den öffentlichen Sitzungen des Reichstages bleiben von jeder Verantwortlichkeit frei. Art. 23. Der Reichstag hat das Recht, innerhalb der Competenz des Bundes Gesetze vorzuschlagen und an ihn gerichtete Petitionen dem Bundesrathe, resp. Bundeskanzler, zu überweisen. Art. 24. Die Legislaturperiode des Reichstages dauert drei Jahre. Zur Auflösung des Reichstages während derselben ist ein Beschluß des Bundesraths unter Zustimmung des Präsidiums erforderlich. Art. 25. Im Falle der Auflösung des Reichstages müssen innerhalb eines Zeitraumes von 60 Tagen nach derselben die Wähler und innerhalb eines Zeitraumes von 90 Tagen nach der Auflösung der Reichstag versammelt werden. Art. 26. Ohne Zustimmung des Reichstages darf die Vertagung desselben die Frist von 30 Tagen nicht übersteigen und während derselben Session nicht wiederholt werden. Art. 27. Der Reichstag prüft die Legitimation seiner Mitglieder und entscheidet darüber. Er regelt seinen Geschäftsgang und seine Disciplin durch eine Geschäftsordnung und erwählt seinen Präsidenten, seine Vicepräsidenten und Schriftführer. Art. 28. Der Reichstag beschließt nach absoluter Stimmenmehrheit. Zur Gültigkeit der Beschlußfassung ist die Anwesenheit der Mehrheit der gesetzlichen Anzahl der Mitglieder erforderlich. Art. 29. Die Mitglieder des Reichstages sind Vertreter des gesammten Volkes und an Aufträge und

Ergänzung.

Instructionen nicht gebunden. Art. 30. Kein Mitglied des Reichstages darf zu irgendeiner Zeit wegen seiner Abstimmung oder wegen der in Ausübung seines Berufes gethanen Aeußerungen gerichtlich oder disciplinarisch verfolgt oder sonst außerhalb der Versammlung zur Verantwortung gezogen werden. Art. 31. Ohne Genehmigung des Reichstages kann kein Mitglied desselben während der Sitzungsperiode wegen einer mit Strafe bedrohten Handlung zur Untersuchung gezogen oder verhaftet werden, außer wenn es bei Ausübung der That oder im Laufe des nächstfolgenden Tages ergriffen wird. Gleiche Genehmigung ist bei einer Verhaftung wegen Schulden erforderlich. Auf Verlangen des Reichstages wird jedes Strafverfahren gegen ein Mitglied desselben und jede Untersuchungs- oder Civilhaft für die Dauer der Sitzungsperiode aufgehoben. Art. 32. Die Mitglieder des Reichstages dürfen als solche keine Besoldung oder Entschädigung beziehen.

VI. Zoll- und Handelswesen. Art. 33. Der Bund bildet ein Zoll- und Handelsgebiet, umgeben von gemeinschaftlicher Zollgrenze. Ausgeschlossen bleiben die wegen ihrer Lage zur Einschließung in die Zollgrenze nicht geeigneten einzelnen Gebietstheile. Alle Gegenstände, welche im freien Verkehr eines Bundesstaates befindlich sind, können in jeden andern Bundesstaat eingeführt und dürfen in letzterem einer Abgabe nur insoweit unterworfen werden, als daselbst gleichartige inländische Erzeugnisse einer inneren Steuer unterliegen. Art. 34. Die Hansestädte Lübeck, Bremen und Hamburg mit einem dem Zweck entsprechenden Bezirk ihres oder des umliegenden Gebietes bleiben als Freihäfen außerhalb der gemeinschaftlichen Zollgrenze, bis sie ihren Einschluß in dieselbe beantragen. Art. 35. Der Bund ausschließlich hat die Gesetzgebung über das gesammte Zollwesen, über die Besteuerung des Verbrauches von einheimischem Zucker, Branntwein, Salz, Bier und Tabak, sowie über die Maßregeln, welche in den Zollausschlüssen zur Sicherung der gemeinschaftlichen Zollgrenze erforderlich sind. Art. 36. Die Erhebung und Verwaltung der Zölle und Verbrauchssteuern (Art. 35) bleibt jedem Bundesstaate, soweit derselbe sie bisher ausgeübt hat, innerhalb seines Gebiets überlassen. Das Bundespräsidium überwacht die Einhaltung des gesetzlichen Verfahrens durch Bundesbeamte, welche es den Zoll- und Steuerämtern und den Directivbehörden der einzelnen Staaten, nach Vernehmung des Ausschusses des Bundesraths für Zoll- und Steuerwesen, beiordnet. Art. 37. Der Bundesrath beschließt: 1) über dem Reichstage vorzulegenden oder von demselben angenommenen, unter die Bestimmungen des Art. 35 fallenden gesetzlichen Anordnungen einschließlich der Handels- und Schifffahrtsverträge; 2) über die zur Ausführung der gemeinschaftlichen Gesetzgebung (Art. 35) dienenden Verwaltungsvorschriften und Einrichtungen; 3) über Mängel, welche bei der Ausführung der gemeinschaftlichen Gesetzgebung (Art. 35) hervortreten; 4) über die von seiner Rechnungsbehörde ihm vorgelegte schließliche Feststellung der in die Bundescasse fließenden Abgaben (Art. 39). Jeder über die Gegenstände zu 1 bis 3 von einem Bundesstaate oder über die Gegenstände zu 3 von einem controlirenden Beamten bei dem Bundesrath gestellte Antrag unterliegt der gemeinschaftlichen Beschlußnahme. Im Falle der Meinungsverschiedenheit giebt die Stimme des Präsidiums bei den zu 1 und 2 bezeichneten alsdann den Ausschlag, wenn sie sich für Aufrechthaltung der bestehenden Vorschrift oder Einrichtung ausspricht, in allen übrigen Fällen entscheidet die Mehrheit der Stimmen nach dem in Art. 6 dieser Verfassung festgestellten Stimmverhältniß. Art. 38. Der Ertrag der Zölle und der in Art. 35 bezeichneten Verbrauchsabgaben fließt in die Bundescasse. Dieser Ertrag besteht aus der gesammten von den Zöllen und Verbrauchsabgaben aufgekommenen Einnahme, nach Abzug 1) der auf Gesetzen oder allgemeinen Verwaltungsvorschriften beruhenden Steuervergütungen und Ermäßigungen; 2) der Erhebungs- und Verwaltungskosten, und zwar: a) bei den Zöllen und der Steuer von inländischem Zucker, soweit diese Kosten nach den Verabredungen unter den Mitgliedern des deutschen Zoll- und Handelsvereins der Gemeinschaft ausgerechnet werden konnten; b) bei der Steuer vom inländischen Salz — sobald solche, sowie ein Zoll von auslänbischem Salz unter Aufhebung des Salzmonopols, eingeführt sein wird — mit dem Betrage der auf Salzwerken erwachsenden Erhebungs- und Aufsichtskosten; e) bei den übrigen Steuern mit fünfzehn Procent der Gesammteinnahme. Die außerhalb der gemeinschaftlichen Zollgrenze liegenden Gebiete tragen zu den Bundesausgaben durch Zahlung eines Aversums bei. Art. 39. Die von den Erhebungsbehörden der Bundesstaaten nach Ablauf eines jeden Vierteljahres aufzustellenden Quartalextracte und die nach dem Jahres- und Bücherschlusse aufzustellenden Finalabschlüsse über die im Laufe des Vierteljahres, beziehungsweise während des Rechnungsjahres fällig gewordenen Einnahmen an Zöllen und Verbrauchsabgaben werden von den Directivbehörden der Bundesstaaten, nach vorangegangener Prüfung, in Hauptübersichten zusammengestellt, und diese an den Ausschuß des Bundesraths für das Rechnungswesen eingesandt. Der letztere stellt auf Grund dieser Uebersichten von drei zu drei Monaten den von der Casse jedes Bundesstaats der Bundescasse schuldigen Betrag vorläufig fest, und setzt von dieser Feststellung den Bundesrath und die Bundesstaaten in Kenntniß, legt auch alljährlich die schließliche Feststellung jener Beträge mit seinen Bemerkungen dem Bundesrathe zur Beschlußnahme vor. Art. 40. Die Bestimmungen in dem Zollvereinsvertrag vom 16. Mai 1865, in dem Vertrag über die gleiche Besteuerung innerer Erzeugnisse vom 28. Juni 1864, in dem Vertrag über den Verkehr mit Tabak und Wein von demselben Tag und im Art. 2 des Zoll- und Anschlußvertrags vom 11. Juli 1864, desgleichen in den thüringischen Vereinsverträgen bleiben zwischen den bei diesen Verträgen betheiligten Bundesstaaten in Kraft, soweit sie nicht durch die Vorschriften der gegenwärtigen Verfassung abgeändert sind, und solange sie nicht auf dem im Art. 37 vorgezeichneten Weg abgeändert werden. Mit diesen Beschränkungen finden die Bestimmungen des Zollvereinigungsvertrages vom 16. Mai 1865 auch auf diejenigen Bundesstaaten und Gebietstheile Anwendung, welche zur Zeit dem deutschen Zoll- und Handelsverein nicht angehören.

VII. Eisenbahnwesen. Eisenbahnen, welche im Interesse der Vertheidigung des Bundesgebiets oder im Interesse des gemeinsamen Verkehrs für nothwendig erachtet werden, können kraft eines Bundesgesetzes auch gegen den Widerspruch der Bundesglieder, deren Gebiet die Eisenbahnen durchschneiden, unbeschadet der Landeshoheitsrechte, für Rechnung des Bundes angelegt oder an Privatunternehmer zur Ausführung concessionirt und mit dem Expropriationsrecht ausgestattet werden. Jede bestehende Eisenbahnverwaltung ist verpflichtet, zu den Anschluß neuangelegter Eisenbahnen auf Kosten der letztern gefallen zu lassen. Die gesetzlichen Bestimmungen, welche bestehenden Eisenbahnunternehmungen ein Widerspruchsrecht gegen die Anlegung von Parallel- und Concurrenzbahnen einräumen, werden, unbeschadet bereits erworbener Rechte, für das ganze Bundesgebiet hierdurch aufgehoben. Ein solches Widerspruchsrecht kann auch in den künftig zu ertheilenden Concessionen nicht weiter verliehen werden. Art. 42. Die Bundesregierungen verpflichten sich, die im Bundesgebiet gelegenen Eisenbahnen im Interesse des allgemeinen Verkehrs wie ein einheitliches Netz verwalten und zu diesem Behuf auch die neuherzustellenden Bahnen nach einheitlichen Normen anlegen und ausrüsten zu lassen. Art. 43. Es sollen demgemäß in thunlichster Beschleunigung übereinstimmende Betriebseinrichtungen getroffen, insbesondere gleiche Bahnpolizeireglements eingeführt werden. Der Bund hat dafür Sorge zu tragen, daß die Eisenbahnverwaltungen die Bahnen jederzeit in einem die nöthige Sicherheit gewährenden baulichen Zustand erhalten, und dieselben mit Betriebsmaterial so ausrüsten, wie das Verkehrsbedürfniß es erheischt. Art. 44. Die Eisenbahnverwaltungen sind verpflichtet, die für den durchgehenden Verkehr und zur Herstellung ineinander greifender Fahrpläne nöthigen Personenzüge mit entsprechender Fahrgeschwindigkeit, desgleichen die zu Bewältigung des Güterverkehrs nöthigen Güterzüge einzuführen, auch directe Expeditionen im Personen- und Güterverkehr unter Gestellung des Uebergangs der Transportmittel von einer Bahn auf die andere gegen die übliche Vergütung einzurichten. Art. 45. Dem Bunde steht die Controle über das Tarifwesen zu. Derselbe wird namentlich dahin wirken: 1) daß baldigst auf den Eisenbahnen im Gebiet des Bundes übereinstimmende Betriebsreglements eingeführt werden; 2) daß die möglichste Gleichmäßigkeit und Herabsetzung der Tarife erzielt, insbesondere daß bei größeren Entfernungen für den Transport von Kohlen, Coaks, Holz, Erzen, Steinen, Salz, Rohöilen, Düngungsmitteln und ähnlichen Gegenständen ein dem Bedürfniß der Landwirthschaft und Industrie entsprechender ermäßigter Tarif, und zwar zunächst thunlichst der Einpfennigtarif, eingeführt werde. Art. 46. Bei eintretenden Nothständen, insbesondere bei ungewöhnlicher Theuerung der Lebensmittel, sind die Eisenbahnverwaltungen verpflichtet, für den Transport namentlich von Getreide, Mehl, Hülsenfrüchten und Kartoffeln zeitweise einen dem Bedürfniß entsprechenden, von dem Bundespräsidium auf Vorschlag des betreffenden Bundesrathsausschusses festzustellenden niedrigen Specialtarif einzuführen, welcher jedoch nicht unter den niedrigsten auf der betreffenden Bahn für Rohprodukte geltenden Satz herabgehen darf. Art. 47. Den Anforderungen der Bundesbehörden in Betreff der Benutzung der Eisenbahnen zum Zweck der Vertheidigung des Bundesgebiets haben sämmtliche Eisenbahnverwaltungen unweigerlich Folge zu leisten. Insbesondere ist das Militär und alles Kriegsmaterial zu gleichen ermäßigten Sätzen zu befördern.

VIII. Post- und Telegraphenwesen. Art. 48. Das Postwesen und das Telegraphenwesen werden für das gesammte Gebiet des norddeutschen Bundes als einheitliche Staatsverkehrsanstalten eingerichtet und verwaltet. Die im Art. 4 vorgesehene Gesetzgebung des Bundes in Post- und Telegraphenangelegenheiten erstreckt sich nicht auf diejenigen Gegenstände, deren Regelung, nach den gegenwärtig in der preußischen Post- und Telegraphenverwaltung maßgebenden Grundsätzen, der reglementarischen Festsetzung oder administrativen Anordnung überlassen ist. Art. 49. Die Einnahmen des Post- und Telegraphenwesens sind für den ganzen Bund gemeinschaftlich. Die Ausgaben werden aus den gemeinschaftlichen Einnahmen bestritten. Die Ueberschüsse fließen in die Bundescasse (Abschnitt XII). Art. 50. Dem Bundespräsidium gebührt die obere Leitung der Post- und Telegraphenverwaltung an. Dasselbe hat die Pflicht und das Recht, dafür zu sorgen, daß Einheit in der Organisation der Verwaltung und im Betriebe des Dienstes, sowie in der Qualification der Beamten hergestellt und erhalten wird. Das Präsidium hat für den Erlaß der reglementarischen Bestimmungen und allgemeinen administrativen Anordnungen, sowie für die ausschließliche Wahrnehmung der Beziehungen zu andern deutschen oder außerdeutschen Post- und Telegraphenverwaltungen Sorge zu tragen. Sämmtliche Beamte der Post- und Telegraphenverwaltungen sind verpflichtet, den Anordnungen des Bundespräsidiums Folge zu leisten. Diese Verpflichtung ist in den Diensteid aufzunehmen. Die Anstellung der bei den Verwaltungsbehörden für die Post und Telegraphie in den verschiedenen Bezirken erforderlichen obern Beamten (z. B. der Directoren, Räthe, Oberinspectoren), ferner die Anstellung der zur Wahrnehmung des Aufsichts- ec. Dienstes in den einzelnen Bezirken als Organe der erwähnten Behörden fungirenden Post- und Telegraphenbeamten (z. B. Inspectoren, Controleure) geht für das ganze Gebiet des norddeutschen Bundes von dem Präsidium aus, welchem diese Beamten den Diensteid leisten. Den einzelnen Landesregierungen wird von den in Rede stehenden Ernennungen, soweit dieselben ihre Gebiete betreffen, behufs der landesherrlichen Bestätigung und Publication rechtzeitig Mittheilung gemacht werden. Die andern bei den Verwaltungsbehörden der Post- und Telegraphie erforderlichen Beamten, sowie alle für den localen und technischen Betrieb bestimmten, mithin bei den eigentlichen Betriebsstellen fungirenden Beamten ec., werden von den betreffenden Landesregierungen angestellt. Wo eine selbständige Landespost-, resp. Telegraphenverwaltung nicht besteht, entscheiden die Bestimmungen der besondern Verträge. Art. 51. Zur Beseitigung der Zersplitterung des Post- und Telegraphenwesens in den Hansestädten wird die Verwaltung und der Betrieb der verschiedenen dort befindlichen staatlichen Post- und Telegraphenanstalten nach näherer Anordnung des Bundespräsidiums, welches den Senaten Gelegenheit zur Aeußerung ihrer hierauf bezüglichen Wünsche geben wird, vereinigt. Hinsichtlich der dort befindlichen deutschen Anstalten ist diese Vereinigung sofort auszuführen. Mit den außerdeutschen Regierungen, welche in den Hansestädten noch Postrechte besitzen oder ausüben, werden die zu dem vorstehenden Zweck nöthigen Vereinbarungen getroffen werden. Art. 52. Bei Uebermeisung des Ueberschusses der Postverwaltung für allgemeine Bundeszwecke (Art. 49) soll, in Betracht der bisherigen Verschiedenheit der von den Landespostverwaltungen der einzelnen Gebiete erzielten Reineinnahmen, zum Zwecke einer entsprechenden Ausgleichung während der unten festgesetzten Uebergangszeit folgendes Verfahren beobachtet werden. Aus den Postüberschüssen, welche in den einzelnen Postbezirken während der fünf Jahre 1861—65 aufgekommen sind, wird ein durchschnittlicher Jahresüberschuß berechnet und der Antheil, welchen jeder einzelne Postbezirk an dem für das gesammte Gebiet des norddeutschen Bundes sich danach herausstellenden Postüberschüsse gehabt hat, nach Procenten festgestellt. Nach Maßgabe des auf diese Weise festgestellten Verhältnisses werden aus den im Bunde aufkommenden Postüberschüssen während der nächsten acht Jahre den einzelnen Staaten die sich ihr dieselben ergebenden Quoten auf ihre sonstigen Beiträge zu Bundeszwecken zu gute gerechnet. Nach Ablauf der acht Jahre hört jene Unterscheidung auf und fließen die Postüberschüsse in ungetheilter Anrechnung nach dem im Art. 49 enthaltenen Grundsatz der Bundescasse zu. Von der während der vorgedachten acht Jahre für die Hansestädte sich herausstellenden Quote des Postüberschusses wird alljährlich vorweg die Hälfte dem Bundespräsidium zur Disposition gestellt zu dem Zweck, daraus zunächst die Kosten für die Herstellung normaler Posteinrichtungen in den Hansestädten zu bestreiten.

IX. Marine und Schifffahrt. Art. 53. Die Bundeskriegsmarine ist eine einheitliche unter preußischem Oberbefehl. Die Organisation und Zusammensetzung derselben liegt Sr. Maj. dem König von Preußen ob, welcher die Officiere und Beamten der Marine ernennt, und für welchen dieselben nebst den Mannschaften eidlich in Pflicht zu nehmen sind. Der Kieler Hafen und der Jahdehafen sind Bundeskriegshäfen. Der zur Gründung und Erhaltung der Kriegsflotte und der damit zusammenhängenden Anstalten erforderliche Aufwand wird aus der Bundescasse bestritten. Die gesammte seemännische Bevölkerung des Bundes, einschließlich des Maschinenpersonals und der Schiffshandwerker, ist vom Dienst im Landheer befreit, dagegen zum Dienst in der Bundesmarine verpflichtet. Die Vertheilung des Ersatzbedarfs findet nach Maßgabe der vorhandenen seemännischen Bevölkerung statt, und der hiernach von jedem Staat gestellte Quote kommt auf die Gestellung zum Landheer in Abrechnung. Art. 54. Die Kauffahrteischiffe aller Bundesstaaten bilden eine einheitliche Handelsmarine. Der Bund hat das Verfahren zur Ermittelung der Ladungsfähigkeit der Seeschiffe zu bestimmen, die Ausstellung der Meßbriefe sowie der Schiffscertificate zu regeln und die Bedingungen festzustellen, von welchen die Erlaubniß zur Führung eines Seeschiffs abhängig ist. In den Seehäfen und auf allen natürlichen und künstlichen Wasserstraßen der einzelnen Bundesstaaten werden die Kauffahrteischiffe sämmtlicher Bundesstaaten gleichmäßig zugelassen und behandelt. Die Abgaben, welche in den Seehäfen von den Seeschiffen oder deren Ladungen für die Benutzung der Schifffahrtsanstalten erhoben werden, dürfen die zur Unterhaltung und gewöhnlichen Herstellung dieser Anstalten erforderlichen Kosten nicht übersteigen. Auf allen natürlichen Wasserstraßen dürfen Abgaben nur für die Benutzung besonderer Anstalten, die zur Erleichterung des Verkehrs bestimmt sind, erhoben werden. Diese Abgaben, sowie die Abgaben für die Befahrung solcher künstlichen Wasserstraßen, welche Staatseigenthum sind, dürfen die zur Unterhaltung und gewöhnlichen Herstellung der Anstalten und Anlagen erforderlichen Kosten nicht übersteigen. Auf die Flößerei finden diese Bestimmungen insoweit Anwendung, als dieselbe auf schiffbaren Wasserstraßen betrieben wird. Auf fremde Schiffe oder deren Ladungen andere oder höhere Abgaben zu legen als von den Schiffen der Bundesstaaten oder deren Ladungen zu entrichten sind, steht keinem Einzelstaate, sondern nur dem Bunde zu. Art. 55. Die Flagge der Kriegs- und Handelsmarine ist schwarz-weiß-roth.

X. Consulatwesen. Art. 56. Das gesammte norddeutsche Consulatwesen steht unter der Aufsicht des Bundespräsidiums, welches die Consuln, nach Vernehmung des Ausschusses des Bundesraths für Handel und Verkehr, anstellt. In dem Amtsbezirk der Bundesconsuln dürfen neue Landesconsulate nicht errichtet werden. Die Bundesconsuln üben für die in ihrem Bezirk nicht vertretenen Bundesstaaten die Functionen eines Landesconsuls aus. Die sämmtlichen bestehenden Landesconsulate werden aufgehoben, sobald die Organisation der Bundesconsulate dergestalt vollendet ist, daß die Vertretung der Einzelinteressen aller Bundesstaaten als durch die Bundesconsulate gesichert von dem Bundesrathe anerkannt wird.

XI. Bundeskriegswesen. Art. 57. Jeder Norddeutsche ist wehrpflichtig und kann sich in Ausübung dieser Pflicht nicht vertreten lassen. Art. 58. Die Kosten und Lasten des gesammten Kriegswesens des Bundes sind von allen Bundesstaaten und ihren Angehörigen gleichmäßig zu tragen, so daß weder Bevorzugungen noch Prägravationen einzelner Staaten oder Classen grundsätzlich zulässig sind. Wo die gleiche Vertheilung der Lasten sich in natura nicht herstellen läßt ohne die öffentliche Wohlfahrt zu schädigen, ist die Ausgleichung nach den Grundsätzen der Gerechtigkeit im Wege der Gesetzgebung festzustellen. Art. 59. Jeder wehrfähige Norddeutsche gehört sieben Jahre lang, in der Regel vom vollendeten 20. bis zum beginnenden 28. Lebensjahre, dem stehenden Heer — und zwar die ersten drei Jahre bei den Fahnen, die letzten vier Jahre in der Reserve — und die folgenden fünf Lebensjahre der Landwehr an. In denjenigen Bundesstaaten, in denen bisher eine längere als zwölfjährige Gesammtdienstzeit gesetzlich war, findet die allmähliche Herabsetzung der Verpflichtung nur in dem Maße statt, als dieß die Rücksicht auf die Kriegsbereitschaft des Bundesheeres zuläßt. Art. 60. Die Friedenspräsenzstärke des Bundesheeres wird bis zum 31. Dec. 1871 auf ein Procent der Bevölkerung von 1867 normirt, und wird pro rata derselben von den einzelnen Bundesstaaten gestellt. Für die spätere Zeit wird die Friedenspräsenzstärke des Heeres im Wege der Bundesgesetzgebung festgestellt. Art. 61. Nach Publication dieser Verfassung ist in dem ganzen Bundesgebiete die gesammte preußische Militärgesetzgebung unsäumig einzuführen, sowohl die Gesetze selbst, als die zu ihrer Ausführung, Erläuterung oder Ergänzung erlassenen Reglements, Instructionen und Rescripte, namentlich also das Militärstrafgesetzbuch vom 3. April 1845, die Militärstrafgerichtsordnung vom 3. April 1845, die Verordnung über die Ehrengerichte vom 20. Juli 1843, die Bestimmungen über Aushebung, Dienstzeit, Service- und Verpflegungswesen, Einquartierung, Ersatz von Flurbeschädigungen, Mobilmachung x. für Krieg und Frieden. Die Militärkirchenordnung ist jedoch ausgeschlossen. Nach gleichmäßiger Durchführung der Bundeskriegsorganisation wird das Bundespräsidium ein umfassendes Militärgesetz dem Reichstage und dem Bundesrathe zur verfassungsmäßigen Beschlußfassung vorlegen. Art. 62. Zur Bestreitung des Aufwands für das gesammte Bundesheer und die zu demselben gehörigen Einrichtungen sind bis zum 31. Dec. 1871 dem Bundesfeldherrn jährlich so vielmal 225 Thlr., in Worten zweihundertfünfundzwanzig Thaler, als die Kopfzahl der Friedensstärke des Heeres nach Art. 56 beträgt, zur Verfügung zu stellen. Vgl. Abschnitt XII. Die Zahlung dieser Beiträge beginnt mit dem ersten des Monats nach Publication der Bundesverfassung. Nach dem 31. Dec. 1871 müssen diese Beiträge von den einzelnen Staaten des Bundes zur Bundescasse fortgezahlt werden. Zur Berechnung derselben wird die im Art. 60 interimistisch festgestellte Friedenspräsenzstärke so lange festgehalten, bis sie durch ein Bundesgesetz abgeändert ist. Die Verausgabung dieser Summe für das gesammte Bundesheer und dessen Einrichtungen wird durch das Staatsgesetz festgestellt. Bei der Feststellung des Militärausgabe-Etats wird die auf Grundlage dieser Verfassung gesetzlich festehende Organisation des Bundesheeres zu Grunde gelegt. Art. 63. Die gesammte Landmacht des Bundes wird ein einheitliches Heer bilden, welches in Krieg und Frieden unter dem Befehl Sr. Maj. des Königs von Preußen als Bundesfeldherrn steht. Die Regimenter ꝛc. führen fortlaufende Nummern durch die ganze Bundesarmee. Für die Bekleidung sind die Grundfarben und der Schnitt der k. preuß. Armee maßgebend. Dem betreffenden Contingentsherrn bleibt es überlassen, die äußern Abzeichen (Cocarden ꝛc.) zu bestimmen. Der Bundesfeldherr hat die Pflicht und das Recht, dafür Sorge zu tragen, daß innerhalb des Bundesheeres alle Truppentheile vollzählig und kriegstüchtig vorhanden sind, und daß Einheit in der Organisation und Formation, in Bewaffnung und Commando, in der Ausbildung der Mannschaften, sowie in der Qualification der Officiere hergestellt und erhalten wird. Zu diesem Behufe ist der Bundesfeldherr berechtigt, sich jederzeit durch Inspectionen von der Beschaffung der einzelnen Contingente zu überzeugen und die Abstellung der dabei vorgefundenen Mängel anzuordnen. Der Bundesfeldherr bestimmt den Präsenzstand, die Gliederung und Eintheilung der Contingente der Bundesarmee, sowie die Organisation der Landwehr, und hat das Recht, innerhalb des Bundesgebiets die Garnisonen zu bestimmen, sowie die kriegsbereite Aufstellung eines jeden Theils der Bundesarmee anzuordnen. Behufs Erhaltung der unentbehrlichen Einheit in der Administration, Verpflegung, Bewaffnung und Ausrüstung aller Truppentheile des Bundesheeres sind die bezüglichen künftig ergehenden Anordnungen für die preuß. Armee den Commandeuren der übrigen Bundescontingente durch den Art. 8 Nr. 1 bezeichneten Ausschuß für das Landheer und die Festungen zur Nachachtung in geeigneter Weise mitzutheilen. Art. 64. Alle Bundestruppen sind verpflichtet, den Befehlen des Bundesfeldherrn unbedingt Folge zu leisten. Diese Verpflichtung ist in den Fahneneid aufzunehmen. Der Höchstcommandirende eines Contingents, sowie alle Officiere, welche Truppen mehr als eines Contingents befehligen und alle Festungscommandanten werden von dem Bundesfeldherrn ernannt. Die von demselben ernannten Officiere leisten ihm den Fahneneid. Bei Generalen und den Generalstellungen versehenden Officieren innerhalb des Bundescontingents ist die Ernennung von der jedesmaligen Zustimmung des Bundesfeldherrn abhängig zu machen. Der Bundesfeldherr ist berechtigt, behufs Versetzung mit oder ohne Beförderung für die von ihm im Bundesdienste, sei es im preußischen Heere, oder in andern Contingenten zu besetzenden Stellen aus den Officieren aller Contingente des Bundesheeres zu wählen. Art. 65. Das Recht, Festungen innerhalb des Bundesgebiets anzulegen, steht dem Bundesfeldherrn zu, welcher die Bewilligung der dazu erforderlichen Mittel, soweit das Ordinarium sie nicht gewährt, nach Abschnitt XII beantragt. Art. 66. Wo nicht besondere Conventionen ein anderes bestimmen, ernennen die Bundesfürsten, beziehentlich die Senate, die Officiere ihrer Contingente, mit der Einschränkung des Art. 64. Sie sind Chefs aller ihren Gebieten angehörenden Truppentheile und genießen die damit verbundenen Ehren. Sie haben namentlich das Recht der Inspicirung zu jeder Zeit, und erhalten, außer den regelmäßigen Rapporten und Meldungen über vorkommende Veränderungen behufs der nöthigen landesherrlichen Publication, rechtzeitige Mittheilung von den die betreffenden Truppentheile berührenden Avancements und Ernennungen. Auch steht ihnen das Recht zu, zu polizeilichen Zwecken nicht bloß ihre eigenen Truppen zu verwenden, sondern auch alle andern Truppentheile der Bundesarmee, welche in ihren Ländergebieten dislocirt sind, zu requiriren. Art. 67. Ersparnisse an dem Militäretat fallen unter keinen Umständen einer einzelnen Regierung, sondern jederzeit der Bundescasse zu. Art. 68. Der Bundesfeldherr kann, wenn die öffentliche Sicherheit in dem Bundesgebiet bedroht ist, einen jeden Theil desselben in Kriegszustand erklären. Bis zum Erlaß eines die Voraussetzungen, die Form der Verkündigung und die Wirkungen einer solchen Erklärung regelnden Bundesgesetzes gelten dafür die Vorschriften des preußischen Gesetzes vom 4. Juni 1851 (Gesetzsammlung 1851, S. 451 fg.)

XII. Bundesfinanzen. Art. 69. Alle Einnahmen und Ausgaben des Bundes müssen für jedes Jahr veranschlagt und auf den Bundeshaushaltsetat gebracht werden. Letzterer wird vor Beginn des Etatsjahres nach folgenden Grundsätzen durch ein Gesetz festgestellt. Art. 70. Zur Bestreitung aller gemeinschaftlichen Ausgaben dienen zu-

Ergänzung.

nächst die etwaigen Ueberschüsse der Vorjahre, sowie die aus den Zöllen, den gemeinschaftlichen Verbrauchssteuern und aus dem Post- und Telegraphenwesen fließenden gemeinschaftlichen Einnahmen. Insoweit dieselben durch diese Einnahmen nicht gedeckt werden, sind sie, solange Bundessteuern nicht eingeführt sind, durch Beiträge der einzelnen Bundesstaaten nach Maßgabe ihrer Bevölkerung aufzubringen, welche bis zur Höhe des budgetmäßigen Betrages durch das Präsidium ausgeschrieben werden. Art. 71. Die gemeinschaftlichen Ausgaben werden in der Regel für ein Jahr bewilligt, können jedoch in besondern Fällen auch für eine längere Dauer bewilligt werden. Während der im Art. 60 normirten Uebergangszeit ist der nach Titeln geordnete Etat über die Ausgaben für das Bundesheer dem Bundesrathe und dem Reichstage nur zur Kenntnißnahme und zur Erinnerung vorzulegen. Art. 72. Ueber die Verwendung aller Einnahmen des Bundes ist vom Präsidium dem Bundesrathe und dem Reichstage zur Entlastung jährlich Rechnung zu legen. Art. 73. In Fällen eines außerordentlichen Bedürfnisses können im Wege der Bundesgesetzgebung die Aufnahme einer Anleihe, sowie die Uebernahme einer Garantie zu Lasten des Bundes erfolgen.

XIII. **Schlichtung von Streitigkeiten und Strafbestimmungen.** Art. 74. Jedes Unternehmen gegen die Existenz, die Integrität, die Sicherheit oder die Verfassung des norddeutschen Bundes, endlich die Beleidigung des Bundesraths, des Reichstags, eines Mitglieds des Bundesraths oder des Reichstags, einer Behörde oder eines öffentlichen Beamten des Bundes, während dieselben in der Ausübung ihres Berufs begriffen sind oder in Beziehung auf ihren Beruf, durch Wort, Schrift, Druck, Zeichen, bildliche oder andere Darstellung, werden in den einzelnen Bundesstaaten beurtheilt und bestraft nach Maßgabe der in den letztern bestehenden oder künftig in Wirksamkeit tretenden Gesetze, nach welchen eine gleiche gegen den einzelnen Bundesstaat, seine Verfassung, seine Kammern oder Stände, seine Kammer- oder Ständemitglieder, seine Behörden und Beamten begangene Handlung zu richten wäre. Art. 75. Für diejenigen in Art. 68 bezeichneten Unternehmungen gegen den norddeutschen Bund, welche, wenn gegen einen der einzelnen Bundesstaaten gerichtet, als Hochverrath oder Landesverrath zu qualificiren wären, ist das gemeinschaftliche Oberappellationsgericht der drei freien Hansestädte in Lübeck die zuständige Spruchbehörde in erster und letzter Instanz. Die nähern Bestimmungen über die Zuständigkeit und das Verfahren des Oberappellationsgerichts erfolgen im Wege der Bundesgesetzgebung. Bis zum Erlasse eines Bundesgesetzes bewendet es bei der zeitherigen Zuständigkeit der Gerichte in den einzelnen Bundesstaaten und den auf das Verfahren dieser Gerichte bestehenden Bestimmungen. Art. 76. Streitigkeiten zwischen verschiedenen Bundesstaaten, sofern dieselben nicht privatrechtlicher Natur und daher von den competenten Gerichtsbehörden zu entscheiden sind, werden auf Anrufen des einen Theils von dem Bundesrathe erledigt. Verfassungsstreitigkeiten in solchen Bundesstaaten, in deren Verfassung nicht eine Behörde zur Entscheidung solcher Streitigkeiten bestimmt ist, hat auf Anrufen eines Theils der Bundesrath gütlich auszugleichen, oder, wenn das nicht gelingt, im Wege der Bundesgesetzgebung zur Erledigung zu bringen. Art. 77. Wenn in einem Bundesstaate der Fall einer Justizverweigerung eintritt und auf gesetzlichen Wegen ausreichende Hülfe nicht erlangt werden kann, so liegt dem Bundesrathe ob, erwiesene, nach der Verfassung und den bestehenden Gesetzen des betreffenden Bundesstaats zu beurtheilende Beschwerden über verweigerte oder gehemmte Rechtspflege anzunehmen, und darauf die gerichtliche Hülfe bei der Bundesregierung, die zu der Beschwerde Anlaß gegeben hat, zu bewirken.

XIV. **Allgemeine Bestimmung.** Art. 78. Veränderungen der

Berfassung erfolgen im Wege der Gesetzgebung, jedoch ist zu demselben im Bundesrathe eine Mehrheit von zwei Dritteln der vertretenen Stimmen erforderlich.

XV. **Verhältniß zu den süddeutschen Staaten.** Art. 79. Die Beziehungen des Bundes zu den süddeutschen Staaten werden sofort, nach Feststellung der Verfassung des norddeutschen Bundes, durch besondere, dem Reichstage zur Genehmigung vorzulegende Verträge geregelt werden. Der Eintritt der süddeutschen Staaten oder eines derselben in den Bund erfolgt auf den Vorschlag des Bundespräsidiums im Wege der Bundesgesetzgebung.

Ueberſicht der Ereigniſſe des Jahres 1866.

Die Lage Deutſchlands war zu Anfang des Jahres 1866 eine geradezu troſtloſe. Die deutſche Frage hatte ſich nach einer Reihe geſcheiterter Verſuche, ſie auf mehr oder weniger friedlichem Wege und in möglichſtem Anſchluſſe an die beſtehenden Verhältniſſe zu löſen, in Folge der Ereigniſſe ſeit dem Tode des Königs Friedrich von Dänemark, zu einem wahrhaft unentwirrbaren Knäuel der verſchiedenſten Anſchauungen und Hoffnungen, Tendenzen und Beſtrebungen zuſammengeballt, der wohl geeignet war, die beſten und edelſten Männer an der Zukunft der Nation faſt verzweifeln zu laſſen. Nachdem die nationale Bewegung des Winters 1863/64 durch die gewaltſame Befreiung Schleswig-Holſteins aus den Klauen der däniſchen Gewalthaber in der Hauptſache ihre Befriedigung gefunden, hatte ſie ſich in Volksverſammlungen, Reden und Reſolutionen aller Art gänzlich verpufft, ohne auf das weitere Schickſal Schleswig-Holſteins auch nur den mindeſten Einfluß ausüben zu können. Den Regierungen der Mittel- und Kleinſtaaten war ihre völlige Impotenz bezüglich der großen politiſchen Machtfragen von Oeſterreich und Preußen gemeinſam klar gemacht worden und ſie hatten ſich, bitter enttäuſcht über Oeſterreich, in ihre ſpeciellen Angelegenheiten zurückgezogen, ohne darum den populären Strömungen ſich anzuſchließen oder auch nur zu nähern, da ſie dieſelben und mit Recht noch mehr fürchteten als ſelbſt Preußen oder Oeſterreich. Sie ſchwiegen und warteten, in der Hoffnung, durch den Bundestag früher oder ſpäter doch wieder in die Action eintreten und ihr Gewicht, das ſie für

Deutschland. viel bedeutsamer erachteten, als es in Wirklichkeit war, neuerdings in die Waagschale legen zu können. Aber nichts verrieth, daß sie durch die bisherigen Ereignisse gewitzigt irgendwie geneigter geworden seien, ihre volle Souveränetät einer nationalen Neugestaltung zum Opfer zu bringen. Und doch war es nachgerade aller Welt klar geworden, daß eine mächtige und lebensvolle Neugestaltung Deutschlands absolut unmöglich sei, ohne daß diese particulare Souveränetät freiwillig geopfert oder gewaltsam gebrochen und der Souveränetät der Nation untergeordnet würde. In diesen particularen Souveränetäten lag jedoch nur die eine Schwierigkeit, die einer Neugestaltung absolut im Wege stand, die andere wurde durch den Dualismus der beiden Großmächte Preußens und Oesterreichs gebildet und diese Schwierigkeit war augenscheinlich die weitaus größere von den beiden. Von einem Ausgleich, einer Verständigung konnte in Wahrheit für einen practischen Politiker gar keine Rede sein; der Gegensatz lag in der Natur der Dinge selbst und hatte sich historisch seit mehr als hundert Jahren immer entschiedener, immer selbstbewußter, immer unversöhnlicher herausgebildet. Deutschland selbst war der Kampfpreis: sobald man die Theilung Deutschlands zwischen beiden verwarf — und Niemand wagte es, sie der Nation offen vorzuschlagen, einstimmig wurde sie als das Schimpflichste, was ihr begegnen könnte, erkannt — konnte nur Oesterreich oder Preußen die fortan allein in Deutschland tonangebende Macht sein, so daß entweder Oesterreich aus dem bisherigen Bunde hinausgedrängt oder Preußen auf den Rang und die Macht eines Mittelstaates herabgedrückt werden mußte. Darüber war man sich in den maßgebenden Kreisen Berlins und Wiens vollständig klar geworden, aber ebenso auch darüber, daß das eine wie das andere nur das Resultat eines Krieges und zwar eines entscheidenden, vielleicht langjährigen Krieges sein würde, der ohne Zweifel den auswärtigen Mächten vielfache Gelegenheit zur Einmischung bieten, in jedem Fall Deutschland mit Blut und Trümmern überdecken und vielleicht gleich dem unseligen dreißigjährigen Kriege in seiner Entwickelung um Jahrzehnte zurückwerfen würde. So wenig daher eine dauernde Verständigung möglich war, so sehr hielt Preußen wie Oesterreich die ungeheure Verantwortlichkeit eines Bruches zurück. Früher oder später mußte es jedoch dazu kommen. Die momentane Allianz vom Januar 1864 mochte darüber keinen

Augenblick täuschen. Sie schlug auch bald genug in ihr Gegentheil um. Schon im Sommer 1865 waren die Dinge zu einem Bruche reif. Indeß gelang es noch einmal, den Zwiespalt zu überkleistern, den Bruch hinauszuschieben. Die Gasteiner Convention war aber lediglich ein Waffenstillstand, während dessen neue Versuche gemacht werden sollten, den Zwiespalt wenigstens für einmal und bezüglich des nächsten Objects, der schleswig-holsteinischen Frage, beizulegen.

Schon zu Anfange des Jahres 1866 war es außer Zweifel, daß der Waffenstillstand zu keinem Friedensschluß führen werde. Im Grunde wurde sogar nicht einmal ein ernstlicher Versuch dazu gemacht. Seitdem die öffentliche Meinung in Schleswig-Holstein die sog. Februar-bedingungen abgelehnt und seitdem Preußen sich überzeugt hatte, daß die Einberufung einer schleswig-holsteinischen Ständeversammlung, sei es nun nach der Verfassung von 1848 oder von 1854, sei es auf breitester Grundlage oder nach irgend welchen noch so gut ausgedachten Beschränkungen keine ihm geneigte Majorität zu Tage fördern würde und daß im Gegentheil die erste Manifestation einer wie immer einberufenen Vertretung der Herzogthümer fast unzweifelhaft in der Proclamirung des Augustenburgers bestehen würde, war die Stellung Preußens zu der ganzen Frage eine sehr einfache und klare geworden. Auf das Gutachten seiner Kronjuristen gestützt, verweigerte es dem Augustenburger jede Anerkennung seiner Erbrechte und verlangte von Oesterreich auf Grund des Wiener Friedens mit Dänemark, daß es ihm seinen Antheil an der Eroberung zu einem angemessenen Preise überlasse, und war entschlossen, seine militärische Stellung in den Herzogthümern als ein thatsächliches Unterpfand so lange zu behaupten, bis Oesterreich seinem Willen endlich ein Genüge thun würde, selbst auf die Gefahr eines Krieges hin. Oesterreich seinerseits verkannte jedoch keinen Augenblick die Bedeutung, welche der Erwerb Schleswig-Holsteins für die Machtstellung Preußens im Norden von Deutschland haben mußte und da es sicherlich nicht dazu seine Truppen an die Königsau geschickt hatte, war es entschlossen, Preußens Verlangen nicht zu entsprechen, zumal nachdem die wiederholten Andeutungen von „territorialen Compensationen" Oesterreichs in Berlin nicht hatten verstanden werden wollen. Oesterreichs Stellung zu der gesammten schleswig-holsteinischen Frage war dabei ganz im Gegensatze gegen die Preußens weder eine einfache

Deutsch-
land. noch eine Naht. Es war entschlossen, Preußen den Machtzuwachs der Herzogthümer nicht zuzugestehen, aber es wünschte doch auch, einen Bruch mit Preußen zu vermeiden; es hatte ferner mit Preußen im Jahre 1864 die Mittelstaaten vor den Kopf gestoßen, den Bundestag lahm gelegt und sich durch seine ganze Politik die Regierungen wie die Bevölkerungen der Mittelstaaten vollends entfremdet, aber es wollte darum die Brücke zum Bundestag keineswegs hinter sich abgebrochen haben und behielt sich vor, gelegentlich wenn es ihm conveniren sollte, die Frage doch wieder an den Bund zu bringen; endlich hatte es den Augustenburger zu Anfang der dänischen Verwickelung in auffallender Weise vornehm ignorirt, nachher aber gefunden, daß es seinen Interessen entspreche, ihn und seine Partei augenfällig zu schonen. Ein bestimmter Plan, wie die schleswig-holsteinische Frage in seinem Interesse zum Austrag gebracht werden könnte, fehlt Oesterreich gänzlich. Es beschränkte sich nach der Theilung der Herzogthümer zufolge der Gasteiner Convention darauf, das ihm zugefallene Holstein soweit möglich nach dem Sinn der holsteinischen Bevölkerung zu regieren und sich dadurch deren Zuneigung zu erwerben, sowie auch die Mittelstaaten wieder etwas zu besänftigen. Das Hauptmittel dazu war, der augustenburgischen Partei, der auch die von ihm eingesetzte Landesregierung angehörte, innerhalb gewisser Grenzen freien Spielraum zu lassen und ihrer Agitation nur sehr bescheidene Schranken zu setzen. Da Oesterreich nicht daran denken konnte, das Land für sich selber dauernd zu behalten, so blieb ihm in der That nichts anderes übrig, als sich wenigstens die Möglichkeit zu reserviren, es dem Augustenburger im Einverständniß mit dem Bundestage übergeben zu können. Durch nichts aber reizte und erbitterte es die preußische Regierung mehr als gerade dadurch. Preußen wollte von nichts weniger hören, als davon, sich vom Bunde „majorisiren" zu lassen und fühlte gar wohl, auf wie schwachen Füßen das Gutachten von Kronjuristen gegenüber dem unabhängigen Urtheil der ersten Staatsrechtslehrer der Nation und der Spruchcollegien fast sämmtlicher deutscher Universitäten seit 20 Jahren in der öffentlichen Meinung nothwendig stehen mußte. In Schleswig hatte Preußen der augustenburgischen Agitation den Lebensfaden abgeschnitten, indem die Presse gesäubert und die bestehenden politischen Vereine einfach unterdrückt wurden. In

Holstein dagegen blühte die Agitation mit Connivenz des österreichi- *Deutsch-*
schen Statthalters und sie hoffte sogar, denselben vielleicht auch noch *land.*
zu Einberufung einer Ständeversammlung bewegen zu können, wodurch sie einen legalen Ausdruck gewonnen hätte. Seit Anfang
Januars war bereits eine große Massenversammlung nach Altona
vorbereitet worden, die dieser Tendenz den nöthigen Nachdruck geben
sollte. Der Plan setzte den österr. Statthalter in nicht geringe Verlegenheit, da er auf der einen Seite freie Hand behalten, auf der
andern aber die Bevölkerung nicht vor den Kopf stoßen wollte.
Seine Maßnahmen waren daher ziemlich schwankend. Zuerst wurde
abgemahnt, dann förmlich verboten, zuletzt aber doch die Erlaubniß
ertheilt, unter der bloßen Einschränkung, daß von der Versammlung
keine förmlichen Resolutionen gefaßt werden dürften. Am 23. Januar fand sie statt, nicht nur aus allen Theilen des Landes zahlreich besucht, sondern auch von einigen süddeutschen Parteiführern
gewissermaßen als Bürgschaft dafür, daß den Schleswig-Holsteinern
in ihrem Kampfe für ihr und ihres Herzogs Recht der Rückhalt der
übrigen deutschen Bevölkerungen nicht fehle.

Die Versammlung blieb ohne weitere Folgen wie so viele an- *Preußen*
dere ähnlicher Art. Der preuß. Regierung bot sie dagegen eine sehr *Oester-*
willkommene Gelegenheit zu einer Depesche des Grafen Bismarck an *reich.*
das österreichische Cabinet, in der er sich über den Vorgang bitter
beklagte, das ganze österr. Regiment in Holstein einer schneidenden
Kritik unterwarf und ganz offen und entschieden mit einem Bruch
der Allianz zwischen den beiden Großmächten drohte, wofern Oesterreich auf dieser seiner Politik beharre. Oesterreich beantwortete die
Depesche unter dem 7. Februar. In dieser Antwort beharrte es
seinerseits auf seiner bisherigen Weigerung, in eine Annexion der
Herzogthümer mit Preußen zu willigen und deutete darauf hin, daß
es dabei selbst auf die Gefahr der vom Grafen Bismarck ihm an-
gedrohten Lösung der bisherigen Allianz beider Cabinette bleiben
würde. Der nächste Gegenstand des Depeschenwechsels war zu weiteren Auslassungen nicht geeignet und die Angelegenheit blieb zunächst
auf sich beruhen. Aber Preußen wußte nun neuerdings, daß es von
Oesterreich bezüglich Schleswig-Holsteins nichts zu hoffen habe und
die von ihm angedrohte Folge trat thatsächlich ein: Preußen betrachtete die Allianz mit Oesterreich als gelöst und sah sich nach an-

30*

Preußen. beren Mitteln und Wegen um, seine Absichten und sein Ziel dennoch zu erreichen.

Welches diese Mittel und diese Wege sein würden, konnte nach der Haltung, die Graf Bismarck, der Leiter der preuß. Politik ein halbes Jahr vorher, unmittelbar vor dem Abschlusse der Gasteiner Convention mit der ihm eigenen Offenheit und Entschiedenheit an den Tag gelegt hatte, im Grunde nicht zweifelhaft sein, da Niemand daran denken konnte, daß er auf seine weiteren Pläne, oder gar auf das bereits factisch Erworbene freiwillig verzichten werde. Preußen hatte in dem Grafen Bismarck endlich einen Mann gefunden, der die Existenz seines Staates, aber auch seine eigene, daran zu setzen wagte, den unentwirrbaren Knäuel der deutschen Frage mit dem Schwert zu zerhauen. Alles schien ihm Preußen zu dem kühnen verhängnißvollen Schritte zu drängen, nicht bloß die auswärtigen Verhältnisse, die günstig schienen, nicht bloß die trostlose Lage der deutschen Dinge, sondern vor allem aus auch die inneren Verhältnisse Preußens. Seit vier vollen Jahren wogte der Kampf zwischen der Krone Preußen und dem Hause der Abgeordneten mit derselben Ausdauer, derselben Leidenschaft um die Reorganisation der Armee und das Budgetrecht des Hauses. Graf Bismarck hatte bisher seine und seines königlichen Herrn Stellung gegen alle Stürme behauptet, auf die Dauer hätte er dennoch unausweichlich unterliegen müssen, wenn es ihm nicht gelang, dieser reorganisirten Armee ein bestimmtes Ziel hinzusetzen, den erbitterten Parteien eine gemeinsame große Aufgabe zuzuweisen, den Boden selbst umzuwandeln, auf dem der gewaltige Kampf bisher geführt worden war, mit einem Worte eine so umfassende großartige Politik zu inauguriren, daß die schleswig-holsteinische Frage darin nur noch als ein einzelnes Moment erschien. Daß eine weitere Fortsetzung des Kampfs zwischen der Regierung und dem Abg.-Hause des Landtags zu keinem Ausgleich führen werde, war ohnehin klar genug. Graf Bismarck war auch nicht gewillt, einen neuen derartigen Versuch zu machen. Am 15. Januar wurde der Landtag der preuß. Monarchie eröffnet. Bereits that es der König nicht mehr in Person, Graf Bismarck verlas die Thronrede. Sie stellte neuerdings keinerlei Concession von Seite der Krone in Aussicht. Das Abg.-Haus mußte von demselben Boden aus, in derselben Stimmung wie bisher an seine Arbeit gehen.

Noch hatte es dieselben kaum in Angriff genommen, als ein Inci=
denzfall die Erbitterung des Hauses gewaltig anschwoll. Schon im
vorigen Jahre hatte die Regierung durch ihr Organ, die Staats=
anwaltschaft, zwei Abgeordnete, Twesten und Frentzel, wegen Aeuße=
rungen im Schooße des Abg.-Hauses gegen die von ihnen in Folge
des vom Justizminister bei Besetzung der Richterstellen befolgten
Systems für gefährdet erachtete Unabhängigkeit der Justiz gerichtlich
belangt. Die Klage wurde jedoch in beiden Fällen und zwar in
beiden Instanzen mit Bezugnahme auf den wie es schien unbedingt
klaren Wortlaut des betreffenden Artikels der Verfassung, der die
Redefreiheit innerhalb des Hauses schützte und dieselbe lediglich durch
die Disciplinargewalt des Präsidenten und allfällige Beschlüsse des
Hauses selbst beschränkte, abgewiesen. Nun ließ sich das Obertribunal,
das oberste Gericht des Reiches, herbei, am 29. Januar in einem
Beschluß jenen Artikel durch eine, wie es schien völlig sophistische Aus=
legung geradezu in Frage zu stellen, einem Beschluß, der zudem nur
mit einer einzigen Stimme Mehrheit und nur mit Hülfe von zwei
zugezogenen Hülfsrichtern zu Stande kam. Wenn dieser Beschluß
Gültigkeit erlangte, so war die Unabhängigkeit des Abg.=Hauses ge=
brochen und seine Mitglieder für ihre parlamentarische Thätigkeit
jeder Verfolgung der Regierung vollständig preisgegeben. Die öf=
fentliche Meinung war darüber ganz und gar einstimmig. In einer
mehrtägigen Debatte, die zu den denkwürdigsten des preuß. Abg.=
Hauses gehört, protestirte dieses mit allen gegen die Stimmen der
feudalen Fraction gegen ein solches Attentat auf die Verfassung und
seine Rechte und erklärte zum Voraus jedes Verfahren und jede
Verurtheilung auf Grund jenes Obertribunalbeschlusses für rechts=
ungültig, für null und nichtig. Der tiefe Zwiespalt zwischen der
Regierung und der Volksvertretung Preußens war dadurch noch klaf=
fender als bisher geworden. Zu derselben Zeit und so ziemlich mit
derselben Majorität beschloß das Haus, daß die Vereinigung des
Herzogthums Lauenburg mit der Krone Preußens so lange rechts=
ungültig sei, als nicht die verfassungsmäßige Zustimmung beider
Häuser dazu erfolgt sei und erklärte die Maßnahmen der Regierung
zu Verhinderung des im vorigen Jahre zu Köln beabsichtigten Ab=
geordnetenfestes in einer Reihe von Punkten für gesetzwidrig. Die
Regierung antwortete auf alle diese drei Beschlüsse damit, daß sie

dieselben für Ueberschreitungen der Competenz des Hauses erklärte und demselben einfach zurückschickte, worüber das Haus seinerseits wieder zur Tagesordnung ging. Unterdessen hatten die Commissionen das ihnen vorgelegte Budget für 1866 ihrer Prüfung unterzogen und wenn die Prüfung auch noch nicht bis zu bestimmten Anträgen gediehen war, so waltete bereits kein Zweifel mehr darüber, daß das Haus die geforderten Mehrkosten sowohl für die Armee als für die Marine auch dieses Jahr wieder wie in den Vorjahren mit Ausnahme der feudalen Fraction einstimmig verwerfen würde. Graf Bismarck erachtete es unter diesen Umständen für überflüssig, die rein formelle Abwickelung des Finanzgesetzes abzuwarten. Schon am 22. Febr. ließ er durch ein kgl. Decret die augenblickliche Vertagung und schon auf den folgenden Tag den Schluß der Session aussprechen und wiederum war es Graf Bismarck, der am 23. Febr. im weißen Saale des kgl. Schlosses die Thronrede verlas, die den plötzlichen Schluß des Landtags damit motivirte, daß „auf dem vom Hause eingeschlagenen Wege das Land ernsteren Zerwürfnissen entgegengeführt und eine Ausgleichung der bestehenden auch für die Zukunft erschwert worden wäre". Die Abgeordneten verließen Berlin nur noch erbitterter als bisher. Graf Bismarck dagegen hatte nun für die auswärtige Politik freiere Hand und diese bedurfte er allerdings für Pläne, die längst in seinem Geiste gereift waren, für die er jedoch überhaupt und zumal unter den obwaltenden Umständen von Seite des Abg.-Hauses zur Zeit weder ein Verständniß noch eine Unterstützung voraussetzen konnte.

Graf Bismarck hatte schon früher, gleich nachdem er als Ministerpräsident und Minister der auswärtigen Angelegenheiten die Leitung der preußischen Regierung übernommen hatte, offen seine Ueberzeugung dahin ausgesprochen, daß die Lösung der deutschen Frage nur durch „Blut und Eisen" erfolgen könne. Daß er vor einer Entscheidung durch Waffengewalt seinerseits nicht zurückschrecke, hatte er im Sommer des vorhergehenden Jahres deutlich genug an den Tag gelegt und wenn es damals noch nicht zum Kriege kam, so ist der Grund dafür höchst wahrscheinlich darin zu suchen, daß der König sich weigerte, dazu die Hand zu bieten, so lange noch irgend eine andere Lösung wenigstens der nächsten Schwierigkeiten möglich war. So kam die Gasteiner Convention zu Stande, die ben Entscheid vertagte. Aber auch der König war entschlossen, Preußen. Schleswig-Holstein nicht mehr fahren zu lassen, auch für ihn hatte so weit das Staatsinteresse die Bedenklichkeiten des Rechts bereits überwunden. Ein Krieg gegen Oesterreich, ein Krieg Deutscher gegen Deutsche, war aber etwas ganz anderes, ganz abgesehen davon, daß die Tragweite eines solchen Krieges gar nicht abgesehen werden konnte und Preußen jedenfalls seine ganze Existenz dafür einsetzen mußte, wenn auch freilich ein größerer Kampfpreis für den Fall eines Sieges über Oesterreich Preußen winken mochte, als nur die Annexion von Schleswig-Holstein, so bedeutsam sie auch für die Machtentwickelung Preußens sein mochte. Hier fand Bismarck zunächst für seine Ideen und seine Pläne eine Schranke, die er noch nicht zu überwinden vermochte. Allein er täuschte sich nicht, wenn er annahm, daß schließlich doch nichts anderes übrig bleiben und daß höchst wahrscheinlich Oesterreich selbst ihm die Mittel an die Hand geben werde, jene Schwierigkeiten zu beseitigen. Oesterreich selbst war durch alles das, was der Gasteiner Convention vorausgegangen, gewarnt, es konnte sich keine Illusionen darüber machen, daß Preußen entschlossen war, die Herzogthümer in Güte oder mit Gewalt zu erwerben, und daß es daher nothwendig daran denken müsse, Gewalt mit Gewalt abzutreiben, da es seinerseits entschlossen war, Schleswig-Holstein freiwillig Preußen nicht preiszugeben. Durch den Depeschenwechsel vom 26. Jan. und 7. Febr. war die Lage beider Mächte diplomatisch klar gestellt und damit abgeschlossen. Graf Bismarck war es, der die Dinge zuerst wieder in Fluß brachte. Am 28. Febr. wurde in Berlin ein großer Ministerrath mit Zuzug der hervorragendsten Generale und des preußischen Botschafters in Paris unter dem Vorsitze des Königs selbst nicht ohne eine wohlberechnete Ostentation abgehalten und die Kriegsfrage zur Sprache gebracht. Wie Bismarck später Württemberg gegenüber behauptete, wurde sie damals noch in negativem Sinne entschieden. Der Zweck wurde aber doch erreicht. Der Hof in Wien gerieth darüber in Aufregung und antwortete am 7. März durch die Einberufung eines großen Marschallraths, zu dem namentlich auch der F.-Z.-M. Benedek aus Italien zugezogen wurde. Oesterreich war damit eingegangen und von beiden Seiten wurden nun vorläufige Maßregeln zum Kriege getroffen. Die Lage der beiden Staaten war aber eine sehr un-

Preußen. gleiche: Preußen war bei seiner Armeeorganisation gar nicht genöthigt, jetzt schon irgend welche äußerlich auffallende Maßnahmen zu treffen, Oesterreich dagegen, dessen Regimenter weit von ihren Werbebezirken zu liegen pflegen, war dazu gezwungen, auch wenn es jedes Aufsehen vermeiden wollte. Das letztere war indeß keineswegs der Fall. Am 13. März wurden die Sitzungen des Marschallrathes geschlossen und schon am 15. erhielten verschiedene Commanden, namentlich das ungarische, telegraphisch den Befehl, Truppen nach Böhmen abgehen zu lassen. Das war zu viel oder zu wenig, aber völlig genug, um Preußen den Faden in die Hand zu legen, der sich von Gegenmaßregeln zu Gegenmaßregeln endlich bis zum Ausbruch des Krieges abspinnen ließ. Auch Sachsen traf einige Einleitungen zu Rüstungen und beide, die österreichischen und die sächsischen Rüstungen wurden alsbald von der offiziösen preuß. Presse der öffentlichen Meinung als Herausforderungen, als Bedrohungen Preußens denuncirt. Und formell ist so viel allerdings unläugbar, daß Oesterreich zuerst öffentlich rüstete zu einer Zeit, als in Preußen von Rüstungen auch noch nicht eine Spur bemerkt werden konnte.

Aber unthätig war Preußen darum keineswegs. Wenn Preußen gegen Oesterreich Krieg führen wollte, so bot sich ihm wenigstens ein Alliirter ungesucht ganz von selbst dar und zwar ein Alliirter, wie sich ihn Preußen der geographischen Lage nach nur wünschen konnte — Italien. Schon vor dem Abschluß der Gasteiner Convention hatte Preußen mit Italien dießfällige Beziehungen angeknüpft und damit, wie behauptet wird, schon damals einen wirksamen Druck auf die Entschließungen des österreichischen Cabinets ausgeübt. Nach Gastein wurden sie soweit wieder fallen gelassen; doch vermittelte Preußen noch zu Ende 1865 und Anfang 1866 den Abschluß und die Ratificationen eines Handelsvertrags zwischen Italien und dem Zollverein gegen alle legitimistischen Bedenklichkeiten. Bismarck selbst war viel zu sehr praktischer Staatsmann, um sich durch berlei beirren zu lassen, seine Partei in Preußen wagte es nicht, ihrem Haupte darin entgegenzutreten und in Hannover, Kurhessen, Nassau ꝛc. wurden sie durch einen sanften Druck zum Schweigen gebracht. An eine kriegerische Unterstützung Preußens dachte Italien damals noch ganz und gar nicht. Die öffentliche Meinung des Landes und die Regierung waren zumeist und in erster Linie darauf bedacht, der immer bedenklicher sich gestaltenden Lage der Staatsfinanzen anzuhelfen, Italien. und dieß konnte anerkanntermaßen nur durch erkleckliche Ersparnisse im Militärbudget erreicht werden, da in allen anderen Zweigen der Staatsverwaltung, in welchen so unendlich viel von den früheren Regierungen Versäumtes nachzuholen war, von irgend nennenswerthen Erübrigungen nicht einmal die Rede sein konnte. Die Regierung ging darauf ein und durch eine Reihe von Maßregeln sollte die Armee wenigstens auf den vollständigen Friedensfuß zurückgeführt werden. Mit dem 1. März war das auch wirklich so ziemlich erreicht d. h. gerade mit dem Moment, wo es angezeigt war, sich auf alles bereit zu machen. Ohne Zweifel auf einen Wink Preußens durch den italienischen Gesandten in Berlin ging der General Govone einige Tage später aus Florenz dahin ab, angeblich um die militärischen Etablissements Preußens kennen zu lernen, in Wahrheit, um die Einleitungen zu einer möglichen Allianz gegen Oesterreich und die daraus folgenden militärischen Verabredungen einzuleiten. Zugleich traf die italienische Regierung in aller Stille die nothwendigen Einleitungen, um die Armee wieder auf den Kriegsfuß zu setzen, ohne indeß mehr Lärm zu machen als unbedingt nothwendig war. Doch gab der Ministerpräsident General Lamarmora dem Parlament am 9. März die Zusicherung, daß die Regierung Ereignisse voraussehe und sich darauf bereit mache. Ohne die Hülfe Italiens zu überschätzen, konnte Preußen darauf zählen, daß Italien, sobald sich ihm nur die Möglichkeit eines Kriegs gegen Oesterreich zu Befreiung Venetiens darbiete, wenigstens alles thun werde, was nur immer in seinen Kräften stehe und daß es unter allen Umständen in der Lage sei, die Kräfte Oesterreichs zu theilen und einen erheblichen Theil seiner Armee in Venetien und dem Festungsviereck fest zu halten. Oesterreich nahm seinerseits vom Umschwung der Dinge in Italien vorerst und noch längere Zeit gar keine Notiz.

Oesterreich richtete zunächst seine Augen nach einer andern Oesterreich. Seite, dem deutschen Bund und den deutschen Mittelstaaten. Schon am 16. März, d. h. nur einen Tag nach seinen ersten militärischen Maßregeln in Böhmen, wandte es sich in einer vertraulichen Dep. an die ihm näher stehenden Regierungen der deutschen Mittelstaaten, in der es von „in Preußen getroffenen Vorbereitungen zum Kriege" als einer feststehenden Thatsache ausging, denselben in Aussicht stellte,

Oesterreich. daß es die Lösung der schleswig-holsteinischen Frage den „verfassungsmäßigen" Beschlüssen des Bundes, denen „Oesterreichs Anerkennung stets gesichert sei", wieder anheimzustellen werde, bloße Vermittlungsbemühungen des Bundes zum Voraus als ungenügend erklärte und schließlich die Mobilmachung der von den Mittel- und Kleinstaaten gebildeten vier Bundesarmeecorps in Anregung brachte. Welche Antworten Oesterreich zu Theil wurden, ist nicht bekannt geworden. Indeß blieb auch Preußen nach dieser Richtung nicht ganz unthätig. Zwar auf eine Bundeshülfe gegen Oesterreich verzichtete es aus verschiedenen Gründen von vornherein; dagegen richtete es unter dem 24. März eine Circulardepesche an sämmtliche deutsche Regierungen, um zu wissen, ob und wie weit es für den Fall eines Angriffs von Seite Oesterreichs auf ihre Unterstützung als Einzelne zählen könne. Am 27. März wurde die Depesche von den Vertretern Preußens den verschiedenen mittleren und kleineren deutschen Regierungen vorgelesen: die Antwort lautete für Preußen keineswegs befriedigend: keine einzige sprach sich so aus, wie Preußen wünschte; nur einige, die zu entschieden innerhalb des preußischen Machtbereichs lagen, wie Hannover und Kurhessen, suchten auszuweichen, die meisten wiesen Preußen ausdrücklich an den Bund, d. h. sie lehnten seine Aufforderung ab. Man darf wohl annehmen, daß Preußen nie etwas anderes erwartet hatte. Oesterreich nahm von der Depesche Gelegenheit, sich mit Preußen wieder in directes Benehmen zu setzen, indem es ihm am 31. März die förmliche Erklärung zugehen ließ, daß „den Absichten S. Maj. des Kaisers nichts ferner liege als ein offensives Auftreten gegen Preußen" und eine gleiche ebenso bestimmte und unzweideutige Erklärung seinerseits verlangte. Bismarck entsprach der Aufforderung am 6. April mit der Antwort, daß auch „den Absichten S. Maj. des Königs nichts ferner liege als Angriffskrieg gegen Oesterreich". Keiner von beiden Theilen konnte indeß in diesen formellen Erklärungen eine besondere Beruhigung schöpfen. Die Vorbereitungen zum Kriege gingen auf beiden Seiten fort. In Preußen befahl am 28. März eine kgl. Ordre, die Armee in Kriegsbereitschaft zu setzen; Oesterreich beschleunigte seine Rüstungen, soweit es nur seine Finanzen, die es vorerst noch schonen wollte, erlaubten.

Nachdem indeß sowohl Preußen als Oesterreich sich wechselseitig die feierliche Versicherung ertheilt hatten, daß keines daran denke, das andere anzugreifen, lag doch die Frage beiderseitiger Ab- Oesterrüstung in der That nahe. Wirklich verlangte Oesterreich unter reich. dem 7. April von Preußen, daß es in natürlicher Consequenz seiner Erklärung vom 6. nun auch abrüste, namentlich die am 28. März erlassene kgl. Ordre, durch welche die ganze preußische Armee in Kriegsbereitschaft zu setzen befohlen worden war, zurücknehme. Preußen antwortete am 15. desf. Monats, daß Oesterreich, welches zuerst gerüstet habe, nun auch zuerst wieder abrüsten möge, worauf Oesterreich unter dem 18. einging, unter der Voraussetzung, daß Preußen gleichzeitig oder doch am nachfolgenden Tag dasselbe thun werde. Preußen konnte den in der That nur billigen Vorschlag unmöglich einfach von der Hand weisen, aber es suchte, indem es ihn am 21. April annahm, sich doch möglichst freie Hand zu wahren. Trotzdem hätte Oesterreich, wenn es bei seiner Haltung beharrte und Empfindlichkeiten keinen Einfluß gestattete, auf diesem Wege vielleicht noch einmal Preußen zu einer Vertagung seiner deutschen Plane gezwungen. Allein gerade in diesem Moment beging Oesterreich einen neuen großen Fehler: an demselben Tage, an dem die letzte preußische Depesche in seine Hände gelangte, beschloß es kriegerische Maßregeln gegenüber Italien, indem es seine Armee im Venetianischen verstärkte und den Oberbefehl über dieselbe dem Erzherzog Albrecht übertrug, da Benedek zum Generalissimus der sog. Nordarmee gegen Preußen bestimmt war. Nicht daß Oesterreich keinen Grund gehabt hätte, seinem südlichen Nachbar gegenüber auf der Hut und auf alles gefaßt zu sein. Allein warum es gerade jetzt es für gerathen hielt, mit auffallenden Rüstungen gegen denselben vorzugehen, ist weniger klar. Denn die ersten Rüstungen Italiens datirten schon aus dem Anfange des vorangegangenen Monats März und die Zettelungen mit Preußen aus demselben Monat, ja in Wien wollte man schon Ende März wissen, daß ein Bündniß zwischen Beiden förmlich paraphirt worden sei, was zwar verfrüht war, indem die förmliche Vollmacht dazu dem italienischen Unterhändler erst am 3. April ertheilt und das Bündniß selbst erst am 8. April abgeschlossen wurde. Die Maßregeln Oesterreichs kamen daher entweder zu früh oder zu spät und waren ein entschiedener Mißgriff. Die einfache Folge davon war einerseits, daß Preußen von Oesterreich sofort eine Abrüstung nicht bloß in Böhmen, sondern auch in Italien verlangte,

Oester- anbererseits aber, daß Italien dadurch berechtigt wurde, seine Rüst-
reich. ungen nunmehr ganz offen zu betreiben und alle seine Kräfte zum
Nationalkrieg gegen Oesterreich aufzubieten. Die Abrüstungsbepeschen
zwischen Oesterreich und Preußen gingen zwar noch einige Zeit
weiter hin und her, aber sie hatten alle praktische Bedeutung gänzlich
verloren. Der Krieg schien Ende April bereits ganz und gar unvermeidlich. Nun wurde von allen Betheiligten mit Macht gerüstet.
Am 4. Mai that Preußen den entscheidenden Schritt, indem der
König die Mobilmachung von sechs Armeecorps, am 8. auch diejenige
der drei übrigen befahl. Oesterreich ließ den Erzherzog Albrecht am
5. Mai zur Armee nach Italien abgehen, befahl am 6. die ganze
Armee auf Kriegsfuß zu setzen und die sog. Nordarmee unter Benedek an der sächsischen und schlesischen Grenze zu concentriren.
Italien bot alle seine verfügbaren Streitkräfte und zwar binnen
kürzester Zeit unter die Waffen auf, im Parlament zu Florenz ver-
schwanden alle bisherigen Parteiunterschiede und einstimmig wurden
der Regierung alle Mittel zur Verfügung gestellt, die sie nur verlangen konnte, um mit der äußersten Kraftanstrengung auf den
Kampfplatz treten zu können.

Deutsch- Außer Oesterreich, Preußen und Italien war aber noch ein
land. Factor an der ganzen mitteleuropäischen Verwicklung betheiligt und
zwar gerade dieser nicht am mindesten — die gesammten deutschen
Mittel- und Kleinstaaten. Kam es zum Kriege zwischen Preußen
und Oesterreich, so wurden in Wahrheit die Würfel über sie geworfen. Trotzdem konnte von einer selbstständigen Politik dieses Factors
von vornherein keine Rede sein: wie die Regierungen der Mittelstaaten
wenige Jahre früher in den bekannten „identischen Noten" Preußen
gegenüber den Anspruch auf „absolute Gleichberechtigung" gemacht
hatten, so erhoben sie denselben Anspruch natürlich in noch verstärktem
Maße auch unter sich; keine derselben dachte nur von ferne daran, sich
der andern auch bloß momentan unterzuordnen und es ist wohl außer
Zweifel, daß nicht einmal zwei derselben sich über eine wirklich gemeinsame Politik hätten verständigen können, geschweige denn Alle oder
auch nur die Mehrheit derselben. Die Art und Weise, wie sie sich
im Jahre 1864 von Oesterreich und Preußen in der schleswig-
holsteinischen Frage hatten bei Seite schieben lassen, hatte die ganze
Schwäche ihrer politischen Stellung an den Tag gelegt. Seither

hatten sie sich ziemlich stille verhalten, immer hoffend, daß die Frage *Deutsch-* *land.* schließlich doch wieder an den Bund gebracht und dort entschieden werden müsse, aber immer umsonst hoffend. Die deutsche Bundes- acte bestand zwar allerdings noch immer zu Recht und der Bundes- tag zu Frankfurt hielt seine Sitzungen wie bisher; aber thatsächlich war jene zu einer bloßen Schale ohne Kern geworden und dieser zu gänzlicher Bedeutungslosigkeit herabgesunken. Oesterreich und Preußen hatten den deutschen Bund im Jahre 1864 factisch begraben und die deutschen Mittel- und Kleinstaaten hatten es geschehen lassen und geschehen lassen müssen, weil sie weder die Macht noch den Willen hatten, zu rechter Zeit etwas anderes an seine Stelle zu setzen. Der Krieg gegen Dänemark wurde gegen den Willen des Bundes geführt und beim Abschluß des Wiener Friedens mit Dänemark wie bei der Gasteiner Convention wurde er nicht einmal mehr zu Rathe gezogen. Die Lösung der schleswig-holsteinischen Frage und die Lösung der deut- schen Frage überhaupt lag seitdem ausschließlich in den Händen der beiden Großmächte. Als sie sich darüber entzweiten, als beide zu rüsten anfingen, als die Lage immer drohender wurde und alles zu einem gewaltsamen Entscheid sich anließ, blieb der Bundestag in Frankfurt still und stumm, weil er in der That bereits nichts mehr zu sagen hatte. Bayern als der größte der Mittelstaaten hielt es für angemessen, unter dem 31. März wenigstens eine beschwichtigende und vermittelnde Depesche sowohl nach Berlin als nach Wien ab- gehen zu lassen; der Schritt blieb jedoch selbstverständlich ohne allen und jeden Erfolg. Sachsen, das muthmaßlich zum ersten Kriegsschauplatz für die beiden Großmächte werden mußte, fing schon im März an sehr ernst- lich zu rüsten; da es aber sicherlich nicht daran denken konnte, sich der einen oder der andern Macht entgegenzuwerfen, um der einen oder der andern, wenn sie sich entschließen sollte, die Offensive zu ergreifen, den Eintritt in das Land zu wehren und da seine Regierung mit derjenigen Preußens längst in gespannten Verhältnissen stand, so war es klar, daß es nur rüstete, um sich eventuell Oesterreich an- zuschließen. Bayern fing erst zu Anfang April an zu rüsten, um von den Ereignissen doch nicht gänzlich überrascht zu werden und weil, wie sich später zeigte, zur Kriegsbereitschaft noch gar viel fehlte, trotz der großen Summen, welche der Landtag seit Jahren für die Armee hatte bewilligen müssen. Die Rücksicht auf Oesterreich war

Deutsch- babel in Bayern keineswegs maßgebend; seit Oesterreich in der
land. schleswig-holsteinischen Frage die Mittelstaaten und die Interessen
der mittelstaatlichen Dynastien so gänzlich preisgegeben hatte, war
die frühere Sympathie der bayer. Regierung für Oesterreich gänzlich zu
Boden gefallen, womit die überwiegende Mehrheit der öffentlichen
Meinung des Landes sehr einverstanden war. Einige Tage später
ergriff auch Württemberg die ersten militärischen Maßregeln, erst
später geschah dasselbe von Baden, Hessen-Darmstadt und Nassau;
in Kurhessen und Hannover geschah aus guten Gründen noch gar
nichts und ebendasselbe war bezüglich der thüringischen und der
norddeutschen Kleinstaaten der Fall. Alles, was geschah, war somit
vereinzelt und stand in gar keinem Verhältniß zu dem, was überall
fehlte und zu der Gefahr, die gerade für alle diese Staaten drohend
heraufzog.

Die Initiative, die der bereits todesschwache Bundestag in
Frankfurt nicht ergreifen konnte, ergriff dagegen Preußen. Schon
im Januar hatte Graf Bismarck zuerst wieder die Idee der Einberufung eines deutschen Parlaments fallen lassen; im März brachte
die offiziöse preußische Presse die Frage zu öffentlicher Besprechung;
endlich am 10. April stellte Preußen diesfalls einen förmlichen Antrag im Bundestag zu Frankfurt. Der Vertreter Preußens sprach
sich bei dieser Gelegenheit in einem längeren Vortrage dahin aus:
„Die Geschichte der mannigfachen in den letzten Jahrzehnten unternommenen Reformversuche hat erfahrungsmäßig gelehrt, daß weder
die einseitigen Verhandlungen unter den Regierungen, noch die Debatten und Beschlüsse einer gewählten Versammlung allein im Stande
waren, eine Neugestaltung des nationalen Verfassungswerkes zu
schaffen. Wenn erstere immer bei dem Austausch verschiedenartiger
Meinungen und der Ansammlung eines endlosen Materials stehen
geblieben sind, so geschah dieß, weil es an der ausgleichenden und
treibenden Kraft des nationalen Geistes bei diesen Verhandlungen
fehlte und die particularistischen Gegensätze zu schroff und einseitig
dabei festgehalten wurden. Ein solcher zu höherer Einigung der
Gegensätze führender Factor ist nur in einer aus allen Theilen
Deutschlands gewählten Versammlung zu finden. Wollten dagegen
die Regierungen einer solchen Versammlung allein die Initiative bezüglich der Reconstruction der Bundesverfassung überlassen, wie dieß

Auch im Jahr 1848 geschah, so würden dieselben Gefahren der Ueberstürzung und der Nichtachtung des in deutscher Eigenthümlichkeit wirklich Begründeten wieder erwachen und damit auch die Hoffnungen des deutschen Volkes einer neuen Täuschung entgegen geführt werden. Nur durch ein Zusammenwirken beider Factoren kann das Ziel erreicht werden, daß auf dem Grunde und innerhalb des Rahmens des alten Bundes eine neue lebensfähige Schöpfung entstehe". Zu diesem Ende hin trug die preußische Regierung auf die Einberufung eines deutschen Parlamentes nicht aus Delegationen, sondern aus directen Volkswahlen und zwar nach allgemeinem Stimmrechte auf einen zum Voraus festzusetzenden Termin an, bis zu welchem die Regierungen sich über ihre Vorlagen zu vereinbaren materiell gezwungen wären, wobei übrigens angedeutet wurde, daß jene Vorlagen sich auf die „wesentlichsten Puncte von entschieden practischer Bedeutung" zu beschränken hätten. Auf den materiellen Inhalt der neuen Bundesverfassung nach seinen Ideen trat Preußen vorerst noch gar nicht ein, indem es sich begnügte, auf die Mangelhaftigkeit der Bundesmilitäreinrichtungen und auf die Mangelhaftigkeit des Bundes bezüglich so vieler das Interesse der Nation in ihrer innern Entwicklung nahe berührender Fragen auf andern Gebieten ganz im allgemeinen hinzuweisen. Der alte Bundestag wurde durch den Antrag überrascht und in nicht geringe Verlegenheit gesetzt: ein aus allgemeinem Stimmrecht hervorgegangenes Parlament war gegen alle seine bisherigen Grundsätze, gegen Alles, was er bisher als „conservativ" anzusehen gewohnt war, die Festsetzung eines Termins, binnen welchem die Regierungen sich über die Vorlage einer neuen Bundesverfassung einigen sollten, gegen alle seine Gewohnheiten, mit der er mißliebige nationale Fragen zu verschleppen und schließlich zu begraben pflegte. Dennoch ließ sich der Antrag unmöglich einfach beseitigen. Am 26. April wurde ein Ausschuß zur Berathung desselben niedergesetzt und dieser Ausschuß constituirte sich am 11. Mai und ernannte den bahr. Gesandten zu seinem Referenten, nachdem der Vertreter Preußens wenigstens einige Andeutungen über die Absichten seiner Regierung bezüglich der Reform der Bundesverfassung gegeben hatte. Diese Andeutungen waren übrigens noch immer sehr knapp; dieselben gingen hauptsächlich dahin, daß ein Parlament, für welches Preußen das Reichswahlgesetz von 1849 für sich als annehmbar erklärte,

Deutsch- durch seine Beschlüsse die bisher erforderliche Stimmeneinheit der
land. Bundesglieder für speciell zu bezeichnende Gebiete ersetzen sollte in
daß als solche Gebiete namentlich die materiellen Interessen der Nation in sehr weitem Umfange, die Gründung einer deutschen Kriegsmarine nebst den erforderlichen Kriegshäfen und die Revision der
Bundeskriegsverfassung durch bessere Zusammenfassung der deutschen
Wehrkräfte bezeichnet wurden. Diese Grundlinien zeigen, daß der
Leiter der preußischen Politik, Graf Bismarck, von Anfang an genau
wußte, was er wollte; sie blieben in dem nur wenig modificirten
Vorschlag Preußens vom 10. Juni dieselben und bildeten auch die
Grundlinien des nach dem Kriege von ihm dem norddeutschen Parlamente vorgelegten Verfassungsentwurfs. Der letztere führte nur
aus, was der erste Entwurf bereits andeutete. Freilich ist es kaum
wahrscheinlich, daß Graf Bismarck auch nur einen Augenblick sich
der Illusion hingegeben habe, eine solche Reform des Bundes mit
dem Bundestage zu Stande zu bringen. Damit eine solche Reform
überhaupt möglich werde, mußten erst die Mittelstaaten und selbst
die Kleinstaaten durch die Wucht der realen Machtverhältnisse gezwungen werden, auf ihre particulare Souveränetät zu verzichten
und dieß wiederum war erst der Fall, wenn der Rückhalt, den
Oesterreich diesen Souveränetäten in seinem Interesse bisher gewährte, gebrochen war. Preußen konnte mit seinem Antrage zunächst nichts anderes bezwecken, als seinen Differenzen mit Oesterreich ein weiteres Feld zu verschaffen, die deutsche Frage an die Stelle
der schleswig-holsteinischen, die von jener nur einen kleinen Bruchtheil bildete, zu setzen. Als der Ausschuß des Bundestags sich constituirte, war zunächst an ein practisches Resultat friedlicher Ver-
fassungsverhandlungen bereits gar nicht mehr zu denken; beide Mächte,
Preußen und Oesterreich, hatten wenige Tage zuvor den entscheidenden Schritt, von dem zurückzugehen wenigstens überaus schwer
war, bereits gethan und ihre ganzen Armeen mobilisirt.

Preußen. Selbst unter viel günstigeren äußeren Umständen hätte Preußen
niemals hoffen können, eine Bundesreform in seinem Sinne durchzusetzen, ohne die nachhaltige Unterstützung der öffentlichen Meinung
in ganz Deutschland. Diese aber fehlte damals dem Grafen Bismarck
und der von ihm geleiteten Regierung in Preußen und im gesammten
übrigen Deutschland gänzlich, von Oesterreich gar nicht zu sprechen.

Auch darüber gab sich Graf Bismarck damals gewiß keinerlei Illusionen hin. Bei dem tiefen, dem allgemeinen, dem unabweisbaren Bedürfnisse der Nation nach einer Reform des Bundes als der Grundlage seines nationalen Daseins war die überwiegende öffentliche Meinung bald darüber einig, daß der Antrag Preußens nicht blos nicht abgelehnt werden könne, sondern auch nicht abgelehnt werden dürfe. Allein von gar keiner Seite, man darf fast sagen von gar keinem Bruchtheil der Nation wurde er mit irgend welcher Befriedigung, irgend welcher Hoffnung, irgend welchem Vertrauen zu seinem Urheber aufgenommen. Während der jahrelangen Kämpfe der besten Kräfte der Nation gegen das Bestehende, das ihre bescheidensten Wünsche nicht befriedigen konnte und das doch gegen die reinsten Absichten, gegen die maßvollsten Forderungen von all den zahlreichen Fürsten und ihren Regierungen als einzelnen wie als Gesammtheit durch den Bundestag mit Gewalt aufrecht gehalten worden war, hatten sich die Parteien in gewissen Anschauungen, gewissen Doctrinen festgesetzt, außerhalb deren sie für Deutschland kein Heil erwarteten und in diesen Anschauungen waren so ziemlich alle Parteien, so weit sie auch sonst auseinandergingen, befangen. Zwar wurde die Frage, ob durch die Freiheit zur Einheit zu gelangen sei oder ob zunächst diese und dann erst jene aufgerichtet werden müsse, in der Presse fortwährend erörtert; allein selbst diejenigen, die sich der letzteren Ansicht zuneigten, stellten sich die Einheit, die zuerst angestrebt werden solle, doch ganz anders vor, als es seither gekommen ist und so oder so kommen mußte; im ganzen aber überwog weitaus die entgegen gesetzte Ansicht, daß zuerst die Freiheit errungen werden müsse, worauf sich die nationale Einheit von selbst machen würde. Dem Vorschlage Preußens und den Absichten seines Leiters stand aber nicht nur dieser Zustand der öffentlichen Meinung in ganz Deutschland entgegen, sondern auch seine eigene Vergangenheit von früher her und seit der Zeit, da er in dem großen Zwiespalt zwischen der Krone Preußen und seiner Volksvertretung an die Spitze der preuß. Regierung getreten war. Das Regiment des Grafen Bismarck in Preußen war der öffentlichen Meinung Deutschlands nichts anderes als der prägnanteste Ausdruck absoluter königlicher Gewalt, vor der selbst unzweifelhaft verfassungsmäßige Rechte biegen oder brechen mußten, einer ungemessenen Militärliebhaberei, der die materiellen Interessen rücksichtslos geopfert wurden, eines beschränkten Junkerthums, auf das sich die preußische Regierung im Herrenhause und in einer fast verschwindenden Minorität des Abg.-Hauses allein stützte und das sich seinerseits der königlichen Macht nur, um sie in seinem eigenen Interesse auszubeuten, als Stütze darbot. All das war nicht ganz richtig, aber es ist auch heute noch keineswegs ganz unrichtig. Daß dem Grafen Bismarck all das nicht Zweck, sondern nur Mittel war zu einem großen nationalen Ziele, dafür lag damals auch nicht die geringste Thatsache, keinerlei Anzeichen vor. Die Zustände in Preußen waren in der That nichts weniger als lockend für das übrige Deutschland und die Urtheile, die damals über dieselben in ganz Deutschland so zu sagen einstimmig gefällt wurden, haben auch heute noch von ihrer Begründung nichts verloren. Die Verfolgung der Presse, die z. B. in Königsberg alles Maaß überschritt, die Beschränkung der Gemeindefreiheit durch umfassende und beharrlich fortgesetzte Nichtbestätigung der von den Stadtverordneten in die Magistrate Gewählten in einer langen Reihe von Städten, was am Ende zu einer totalen Beseitigung aller Gemeindefreiheit, der Unterlage aller politischen Freiheit überhaupt, führen mußte, endlich Erscheinungen, wie der Obertribunalsbeschluß vom 29. Jan. 1866, der sehr geeignet war, den schon bisher wankenden Glauben an die Unabhängigkeit der Gerichte vollends zu erschüttern, waren, um so vieles Andre nicht zu berühren, wahrlich wenig geeignet, den preußischen Ansprüchen auf die Leitung von ganz Deutschland den Weg zu ebnen, waren statt moralischer Eroberungen, von denen früher so viel gesprochen wurde, im übrigen Deutschland geradezu moralische Niederlagen für Preußen. Bis zum J. 1864 standen sich im übrigen Deutschland überall der großdeutsche Reformverein und der Nationalverein, hier der eine, dort der andere überwiegend, entgegen: arbeitete jener für Oesterreich und für den von Oesterreich beschützten und ausgebeuteten Particularismus der Mittelstaaten, so suchte dieser den preußischen Hegemonietendenzen überall Wege zu bahnen und Stützpunkte zu gewinnen. Seit dem J. 1864 hatte Oesterreich dem einen, Preußen dem andern den Boden unter den Füßen entzogen: Oesterreich, indem er sich mit Preußen verband und dadurch auch dem blödesten Auge klar gemacht hatte, wie es die Mittelstaaten jederzeit nur in seinem Interesse zu benützen bemüht gewesen war, dieses Interesse nun aber vielleicht auf einem andern und zwar dem gerade entgegengesetzten Wege. Wege auch würde befriedigen können, Preußen, indem es dem Selbstbestimmungsrechte des schleswig-holsteinischen Volkes, das der Nationalverein wenigstens so weit es mit den nationalen Bedürfnissen vereinbar schien aufrecht erhalten wollte und für das ganz Deutschland geradezu wie für einen Glaubensartikel schwärmte, gewaltsam entgegentrat. Allerdings hatte Graf Bismarck den berechtigten nationalen Forderungen für die Elbherzogthümer und der nationalen Leidenschaft gegen Dänemark durch einen gegenüber Oesterreich wie gegenüber den nichtdeutschen Großmächten, die den Londoner Vertrag als den adäquaten Ausdruck ihrer Politik gegen Preußen und gegen Deutschland abgeschlossen hatten und die lange genug mit allen Mitteln daran festzuhalten suchten, wirklich meisterhafte Diplomatie eine den Deutschen bisher sehr ungewohnte Genugthuung verschafft. Aber er hatte sich dabei einer Inconsequenz schuldig gemacht, für welche die öffentliche Meinung der Nation kein Verständniß hatte und kein Verständniß haben wollte. Um den Widerstand der Großmächte zu lähmen, hatte er am 28. Mai 1864 der Londoner Conferenz gegenüber zugleich mit Oesterreich den Augustenburger als denjenigen anerkannt, „der in den Augen Deutschlands nicht nur die meisten Erbfolgerechte auf die Herzogthümer geltend zu machen vermag und dessen Anerkennung von Seite des deutschen Bundes folgeweise gesichert erscheint, sondern welcher auch unzweifelhaft die Stimmen einer ungeheuern Majorität der Bevölkerung dieser Herzogthümer in sich vereinigen wird." Als der Zweck erreicht und die Möglichkeit gegeben war, die Herzogthümer für sich selbst zu erwerben, wollte Preußen die ganze feierliche Erklärung, die es im Angesichte Europas abgegeben hatte, nur als einen politischen Schachzug angesehen wissen, an den es in keiner Weise mehr gebunden sei. König Wilhelm von Preußen hatte in feierlicher Thronrede der Nation zugesichert, daß die Erbansprüche auf die Herzogthümer unter seiner Mitwirkung am Bunde geprüft werden sollten; als aber Preußen die Herzogthümer für sich begehrte, und es sich überzeugen mußte, daß die Prüfung des Bundes ganz unzweifelhaft gegen seine Wünsche ausfallen würde, wurde dem Bund jeder Einfluß auf die Entscheidung, geschweige denn ein Entscheid selbst absolut abgesprochen, obwohl doch wenigstens Holstein Bundesland, von Preußen weder

Preußen. befreit noch erobert worden und eine höhere Instanz als der Bund unter den bestehenden Zuständen doch nicht denkbar war. Die „Stimmen einer ungeheuren Mehrheit der Bevölkerung der Herzogthümer" waren und blieben dem Augustenburger gesichert, aber als Preußen dieselben für sich begehrte, wurde die ungeheure Mehrheit für gar nichts geachtet und den Bevölkerungen durch Nichteinberufung ihrer Stände jedes Selbst= bestimmungsrecht thatsächlich abgesprochen, dasselbe Recht, das man dem kleinen feudalen Landtage von Lauenburg unbedenklich und sogar mit Nachdruck zugestanden hatte, sobald er Miene machte, davon zu Gun= sten der preußischen Krone Gebrauch zu machen. Gegenüber den Herzogthümern wurde von Preußen das Recht der Eroberung geltend gemacht und der Wiener Friede mit Dänemark. Zu diesem Ende hin mußte das Recht des Königs Christian auf die Herzogthümer, das von Preußen auf der Londoner Conferenz aufs formellste be= stritten und geleugnet worden war, nunmehr von demselben Preußen wieder anerkannt werden und um die Rechte des Augustenburgers zu beseitigen, wurde das Gutachten der preußischen Kronjuristen auf die Bahn gebracht. Je mehr Gewicht aber die preußische Regierung auf dieses Gutachten legte und dieses Gutachten dem Rechtsbewußtsein der ganzen Nation gegenüberstellte, desto schlimmer mußte der Eindruck sein, den dieses ganze Verfahren selbst auf den unbefangensten Theil der öffentlichen Meinung machte. Nicht erst seit zwei, sondern seit bald zwanzig Jahren hatten sich die geachtetsten Staatsrechtslehrer Deutsch= lands mit der schleswig=holsteinischen Erbfolgefrage beschäftigt und, mit einer einzigen Ausnahme, waren ihre Untersuchungen einstimmig zu Gunsten des Augustenburgers ausgefallen. Das Ergebniß mußte in so weit als ein freies und unbefangenes anerkannt werden, als dasselbe wenigstens keinem materiellen Einflusse zugeschrieben wer= den konnte. Auch läßt sich nicht behaupten, daß dasselbe von der öffentlichen Meinung beeinflußt worden sei; denn diese war umge= kehrt erst durch jene Untersuchungen hervorgerufen worden. Gegen= über diesem unbefangenen und einstimmigen Ausspruch der Wissen= schaft, konnte das Rechtsgutachten der preußischen Kronjuristen un= möglich ins Gewicht fallen und die öffentliche Meinung in ganz Deutschland legte demselben denn auch nicht viel mehr Werth bei, als irgend einem gutbezahlten Advocatengutachten in dieser oder jener öffentlichen oder privaten Rechtsfrage. So stand die preußische Re=

gierung gegenüber Schleswig-Holstein im Frühjahr des J. 1866 [Preußen.]
auf einem System von Widersprüchen, die auf Grund der bestehenden
rechtlichen Zustände Deutschlands und so lange diese Zustände zu Recht
bestanden, unmöglich den Bestrebungen und Ansprüchen Preußens im
übrigen Deutschland förderlich sein konnten. Daß diese Frage und nicht
nur diese, sondern die gesammte deutsche Frage vom nationalen Standpunkte
einer ganz anderen Beurtheilung fähig war und eine solche sogar gebieterisch fordert, soll damit keineswegs geleugnet werden, so wenig als
daß eben der ganze damals noch bestehende Rechtszustand innerlich durch
und durch faul und unhaltbar war. Allein so faul und unhaltbar
derselbe war, damals bestand er doch noch zu Recht und wurde selbst
von Preußen formell noch anerkannt. Jener andere nationale Standpunkt wird später zur Sprache kommen, wie er auch später zu that-
sächlicher und rechtlicher Geltung kam; hier handelte es sich nur
darum, den Stand der öffentlichen Meinung in Deutschland während der Vorbereitungen zum Kriege zu zeichnen und die Schwierigkeiten hervorzuheben, die Preußen und seiner Politik damals und
zwar zum Theil als natürliche und unausweichliche Consequenzen
seiner eigenen Handlungsweise seit zwei Jahren entgegenstanden.

Der preußische Parlamentsantrag war ein Markstein, von [Deutsch-]
Preußen in richtiger Berechnung zum voraus mitten in die kommen- [land.]
den Ereignisse hineingesetzt. Für den Augenblick hatte er nur die
Bedeutung eines Ferments; weder am Bundestage noch in der öffentlichen Meinung war ihm eine Stätte bereitet. Die entschiedene
und allgemeine Abneigung, die im übrigen Deutschland, das die
nationale Befriedigung auf einem ganz anderen Wege anstrebte,
gegen Preußen herrschte, trieb die Mittelstaaten mehr und mehr auf
die Seite Oesterreichs. Ebendahin trieb auch der natürliche Instinct
des Beharrens, der sich unmittelbar vor großen Krisen noch überall und
zu allen Zeiten in weiten Kreisen geltend gemacht hat. Die Ungewißheit,
ob und welches Ziel die einmal entfesselten Kräfte der Gewalt erreichen
oder finden würden, während es unzweifelhaft ist, daß der Weg dahin durch Blut und Opfer und Leiden aller Art führt, söhnt momentan mit dem Bestehenden aus und drängt dazu, sich scheu vor
dem Kommenden an das Bestehende noch einmal krampfhaft anzu-
klammern, auch wenn man weiß, daß es morsch und faul ist und
eine haltbare Stütze nimmermehr gewährt. Jeder Einsichtige hatte

längst erkannt, die öffentliche Meinung selbst war davon durchdrungen, daß der alte Bund einer legalen Reform gar nicht fähig sei, daß jede Reform, die der Bundestag in die Hand nahm, entweder scheitern oder sich als bloße Scheinreform herausstellen werde, daß wenn die Reform den Bedürfnissen der Nation wirklich entsprechen sollte, ganze Arbeit gemacht und damit begonnen werden mußte, vor allem aus gerade den Bundestag, diese Hauptstütze des nicht berechtigten Particularismus, zu den Todten zu werfen, zu denen er thatsächlich längst gehörte. Dennoch wurde der Bund und selbst der Bundestag momentan sogar bei der sog. demokratischen Partei augenblicklich fast populär, weil er gegen Preußen verwendet werden konnte, dessen Ziele unklar und jedenfalls nicht auf der Linie der demokratischen Tendenzen lagen. Die Partei tröstete sich damit, die Reform der Bundesverfassung werde nach der Besiegung Preußens um so ungehinderter in Angriff genommen und durchgeführt werden können. Einen ähnlichen Trost hatten die Organe derselben Partei bezüglich Oesterreichs bei der Hand, dem man sich, obwohl dort die Verfassung sistirt war und augenblicklich wieder so ziemlich ganz absolut regiert wurde, gegen Preußen anschließen, resp. unzweifelhaft unterordnen mußte: tagtäglich erwarteten sie den Sturz des sog. Grafenministeriums und seine Ersetzung durch ein liberales Cabinet aus den Häuptern des ehemaligen Reichsraths. Wer sich einen freieren Blick bewahrt hatte und mit den realen Kräften zu rechnen gewohnt war, die den wechselnden politischen Erscheinungen und Combinationen zu Grunde liegen und am Ende doch in dieser oder jener Form den Ausschlag geben, ließ sich von solchen Illusionen allerdings nicht leiten. Nicht Wenige immerhin erkannten in Preußen trotz Bismarcks und des Junkerthums, auf das er sich momentan allerdings fast ausschließlich stützte, den modernen Staat, der seit dem Sturze Napoleons in der innern Entwickelung aller Kräfte keiner andern europäischen Macht nachstand und die meisten wo nicht alle verhältnißmäßig um die Länge eines Kopfes überragte, der seine Volkszahl und zwar eines nüchternen, thätigen, an Zucht gewöhnten Volkes seit 50 Jahren fast verdoppelt hatte und dieß alles namentlich dadurch, daß er, wenn auch mit einigen Schwankungen und momentanen Mißgriffen oder Rückfällen in veraltete Ideenströmungen doch im Ganzen und Großen fortdauernd in Anerkennung jeder geistigen Kraft dem Fortschritte der Wissenschaft auf allen Gebieten des Staatslebens mit großer Anstrengung gerecht zu werden gesucht hatte und seiner ganzen Anlage und damit auch seinem eigentlichsten Berufe auf die Dauer unmöglich untreu werden konnte. Dagegen vermochten sie nichts von alle dem in Oesterreich zu erkennen. Bis zum J. 1848 war Oesterreich vom Fürsten Metternich in einer politischen Stagnation, einer politischen Versumpfung festgehalten worden, die in der Geschichte nicht ihres gleichen hat. Durch eine furchtbare Revolution gewaltsam daraus aufgerüttelt, machte es seither die entgegengesetztesten Versuche bald auf absolutistischem, bald auf liberal-constitutionellem Wege sein verlorenes Gleichgewicht und seine erschütterte europäische Machtstellung wieder zu gewinnen, allein bisher wenigstens ohne Erfolg. Die Ursache lag vornehmlich darin, daß die leitenden Staatsideen in Oesterreich unter den wechselnden äußeren Formen doch immer dieselben blieben, daß diese Ideen nicht die unserer Zeit, sondern die des Mittelalters waren, wie sie im 17. Jahrhundert für Oesterreich restaurirt worden waren, daß Oesterreich den modernen Staat verwarf und dafür von den Anhängern einer verschwundenen Zeit als der einzig conservative Staat in Europa und von ihrem Standpunkt aus mit Recht gepriesen wurde. Oesterreichs Stellung in Teutschland und in Italien hing mit diesen Ideen historisch und politisch aufs engste zusammen. Sie mußten nothwendig durch jede Erschütterung dieser Stellung ebenfalls erschüttert, durch jede Sicherung oder gar Erweiterung derselben neu gestärkt werden. Man weiß, was für ausschweifende Pläne und Hoffnungen auf Reaction und Restauration im J. 1859 an den gehofften und erwarteten Sieg Oesterreichs geknüpft wurden, während seine Niederlage den Oesterreichern selber das Octoberdiplom und die Februarverfassung einbrachte. Wer in der Weltgeschichte große Strömungen erkennt, die anscheinend den Stempel der Nothwendigkeit vor sich her tragen und denen sich die ganze Masse vereinzelter Erscheinungen beugen und unterordnen muß, konnte von einem Siege Oesterreichs im J. 1866 nichts anderes gewärtigen, als von einem solchen im J. 1859 zu gewärtigen gewesen wäre. So viel ist wenigstens für Oesterreich selber sicher, daß der seither erfolgte Ausgleich mit Ungarn nicht eingetreten und die Februarverfassung sicherlich nicht reactivirt, sondern ohne allen Zweifel definitiv aufgehoben worden wäre,

Deutsch- da die Regierung, neu erstarkt und ihren Schwerpunkt neuerdings
land. wie vor 1849 in der auswärtigen Politik und der europäischen Machtstellung des Staates findend, weder Ungarns noch der Februarverfassung und ihrer Anhänger bedurft hätte. Diese und ähnliche verständige Erwägungen der gegenseitigen Stellung Oesterreichs und
Preußens widersprachen jedoch der bereits eingetretenen Strömung im
übrigen Deutschland, namentlich aber in Süddeutschland, wo man
theilweise ganz bewußt nichts mehr von verständigen Erwägungen
hören, sondern sich lediglich gemüthlichen Erregungen hingeben wollte.
Die Ereignisse seit 1864 hatten hinreichend erwiesen, daß das übrige
Deutschland in seiner Zersplitterung, bei dem sehr geringen Einverständniß unter seinen Regierungen und der Partelung unter seinen
Bevölkerungen aus sich entschieden nicht im Stande sei, die deutsche
Frage zu lösen, daß der Entscheid zunächst durchaus in den Händen
der beiden deutschen Großstaaten liege. Es lag daher nahe, daß
sie, sobald diese beiden sich darüber entzweiten und allem Anschein
nach entschlossen waren, den Ausschlag der Gewalt der Waffen zu
überlassen, sich vorerst neutral bei Seite hielten, um erst nachher ihr
Gewicht in die Wagschaale legen zu können. Noch in den ersten
Monaten des Jahres 1866 scheint denn auch diese Idee selbst in
demokratischen Kreisen gepflegt worden zu sein. Allein inzwischen
erhitzten sich die Köpfe immer mehr und mehr und die Leidenschaft
verlangte selbst von den Demokraten einen entschiedenen Anschluß
an Oesterreich. Indeß war die Stellung der süddeutschen Staaten
noch eine völlig intacte und am 14. Mai, d. h. einige Tage
nachdem Preußen und Oesterreich ihre gesammten Streitkräfte mobil
zu machen befohlen hatten, wurde denn auch in der badischen ersten
Kammer eine Anregung für eine neutrale Haltung im Verein mit
den übrigen süddeutschen Staaten gestellt. Bei den immer höher
gehenden Leidenschaften kam die Anregung bereits zu spät und trug
ihrem Urheber lediglich die unwürdigsten Angriffe demokratischer Blätter
ein. Nur zwei Monate später urtheilten ohne Zweifel dieselben
Leute ganz anders und wären nur allzu froh gewesen, wenn Süddeutschland sich damals entschlossen hätte, in bewaffneter Neutralität
den Ausgang des Kampfes in Böhmen abzuwarten. Wenige Tage
später wurde dieselbe Idee einer neutralen Haltung zum mindesten
der südwestdeutschen Gruppe dem in Frankfurt versammelten Ab-

geordnetentage von seinem Ausschusse vorgeschlagen. Der Antrag wurde von der Majorität der Versammlung auch zum Beschlusse erhoben, aber erst nach einer heftigen Discussion und nur gegen eine starke Minderheit, die darauf gedrungen hatte, sich gegen Preußen und seine Politik sehr stark u. A. folgendermaßen auszusprechen: „Sollte sich die jetzige preußische Regierung der selbstständigen Constituirung der Herzogthümer widersetzen, oder, wie sie bisher im eigenen Lande gethan, auch anderen deutschen Staaten gegenüber statt des Rechts ihren Eigenwillen mit Gewalt durchsetzen wollen, so ist sie allein Schuld an dem drohenden Bürgerkrieg und die gesammte deutsche Nation, das Volk in Preußen voran, muß nicht nur mit passivem, sondern mit activem Widerstande, mit den äußersten Mitteln gerechter Nothwehr gegen diese Regierung auftreten und Recht, Treue, Glauben und Ehrenhaftigkeit wieder zur Geltung bringen." Diese Anschauung, die in der Versammlung in der Minderheit blieb, war aber außerhalb derselben die der weit überwiegenden Mehrheit. Der gefaßte Beschluß blieb daher ohne weitere Folge. Die Regierungen der süddeutschen Staaten neigten sich auch keineswegs zu einer derartigen Politik abwartender Neutralität. Der preußische Parlamentsantrag wie die ganze preußische Politik bedrohten unzweifelhaft ihre ungeschmälerte Souveränetät und das allein hätte schon genügt, sie neuerdings in die Arme von Oesterreich zu jagen, obwohl das frühere Vertrauen zu demselben keineswegs wiedergekehrt war. Schon nach Mitte April und dann wieder Mitte Mai kamen Vertreter der süd- und mitteldeutschen Regierungen, Bayerns, Württembergs, Badens, Hessen-Darmstadts und Nassaus, ferner Sachsens, Weimars, Coburg-Gothas und Meiningens (Hannover und Kurhessen hielten sich davon fern) zuerst in Augsburg, dann in Bamberg zu Conferenzen zusammen. Ihre Berathungen bezogen sich zunächst auf neue Vermittlungsversuche am Bunde, in zweiter Linie auf militärische Verabredungen, an denen sich jedoch die thüringischen Staaten nicht betheiligten. Behufs militärischer Verabredungen traten Anfangs Mai auch die Kriegsminister mehrerer Mittelstaaten in Stuttgart zusammen. Die Rüstungen waren jedoch in allen diesen Staaten nichts weniger als umfassend oder sehr energisch; es fehlte in allen gar viel, um ins Feld rücken zu können, und um alle diese Lücken auszufüllen und diese Mängel zu beheben, mußten erst die Kammern

Deutsch-
land. einberufen und von ihnen außerordentliche Credite bewilligt werden. Gerade damit aber wurde namentlich in den Königreichen Bayern, Sachsen und Württemberg gezögert. Nachher wurden sie in allen dreien auf einen und denselben Tag, den 23. Mai, einberufen.

Inzwischen drängte alles dem gewaltsamen Entscheide zu. Mit der bereits erwähnten preußischen Depesche vom 30. April hatte der Depeschenwechsel zwischen Oesterreich und Preußen über eine gegenseitige Abrüstung ein Ende. Beide waren nachgerade offenbar zum Kriege entschlossen. In Preußen ergingen am 4. und 8. Mai die Ordres zu Mobilmachung sämmtlicher Armeecorps, am 10. auch diejenige zur Mobilisirung der Landwehr und am 11. wurden ausgedehnte Truppenconcentrationen in Sachsen und in Schlesien angeordnet, die bis zum 15. Juni vollendet sein sollten. Ganz Preußen verwandelte sich in Folge davon in ein großes Heerlager. In Oesterreich ging der Erzherzog Albrecht am 5. Mai nach Verona ab, um statt Benedek's den Oberbefehl über die Armee gegen Italien zu übernehmen, gleichzeitig begann Oesterreich Staatsnoten mit Zwangscurs zu creiren, um sich die Mittel zum Kriege zu verschaffen, obwohl dadurch die mit so großer Mühe angestrebte Herstellung der Valuta mit einem Streich wieder zu nichte gemacht wurde, am 6. erging der Befehl, die ganze Armee auf den Kriegsfuß zu setzen und die Nordarmee an der böhmischen und schlesischen Grenze zu concentriren, am 12. übernahm Benedek den Oberbefehl über dieselbe und wenige Tage später waren bereits 20,000 Arbeiter zu Florisdorf bei Wien mit der Errichtung von Erdforts und eines befestigten Brückenkopfs zur Sicherung der Kaiserstadt gegen mögliche Wechselfälle des Krieges beschäftigt. Trotz alle dem unterhandelte Preußen noch während des ganzen Monats Mai vertraulich in Wien über eine Verständigung, die den Krieg hätte vermeiden lassen. Wie es scheint, nahm Preußen dabei Schleswig-Holstein und die ungehemmte Leitung Norddeutschlands für sich in Anspruch, wollte dagegen Süddeutschland der Führung und dem Einfluß Oesterreichs überlassen. Oesterreich ging nicht mehr darauf ein. Es hielt offenbar den Krieg etwas früher oder später für unvermeidlich und wollte ihn lieber gleich jetzt wagen, da seine Finanzlage ihm nicht gestattete, wie schon längst im Süden nun auch im Norden des Reichs beständig kriegsbereit und kriegsgerüstet dazustehn.

Derselbe Entschluß stand um dieselbe Zeit auch bei den Regie- *Deutsch-*
rungen der Mittelstaaten fest, zunächst Sachsens, dann aber *land.*
auch Bayerns und Württembergs, denen sich Baden obwohl nicht
ohne große Bedenklichkeiten anschloß, ferner Hessen-Darmstadts und
Nassaus, obwohl die Majorität ihrer Landtage sich entschieden zu
Preußen hinneigte und von einem Anschluß an Oesterreich nichts
wissen wollte. Hannover und Kurhessen, deren Fürsten zweifelsohne
die ersten gewesen wären, sich Oesterreich in die Arme zu stürzen,
wenn sie frei gewesen wären, hielten sich dagegen fortwährend ganz
still und vermieden alle und jede Vornahme von Rüstungen, da sie
zu entschieden innerhalb des preußischen Machtgebietes lagen. Eben
dasselbe und aus denselben Gründen thaten Sachsen-Weimar und
Sachsen-Coburg-Gotha, und noch viel mehr die norddeutschen Kleinstaaten Mecklenburg, Oldenburg, Altenburg ꝛc. Am 23. Mai traten
die Landtage von Bayern, Württemberg und Sachsen zusammen und
wurden an diesem und den folgenden Tagen von ihren Fürsten
eröffnet. Die Thronreden derselben sprachen sich fast mit denselben
Worten dahin aus, daß „Pflicht und Ehre geböten, einzutreten für
die gefährdeten Interessen der Nation, für das Bundesrecht und für
die Selbständigkeit des eigenen Landes." Zugleich forderten die
Regierungen dieser Königreiche und bald darauf auch diejenigen von
Baden, Hessen-Darmstadt und Nassau von den Landtagen behufs
umfassender Rüstungen die Bewilligung außerordentlicher Militärcredite, die z. B. in Bayern nicht weniger als 31 Mill. G. be-
trugen. Ohne Zweifel hatte Oesterreich Bayern und den übrigen
Mittelstaaten die formelle Zusicherung ertheilt, daß, wenn es zum
Kriege komme, es die schleswig-holsteinische Angelegenheit dem Bunde
wieder zur Entscheidung überantworten werde, wie es Preußen schon
unter dem 26. April gedroht hatte. Denn für diesen Fall mußte
Oesterreich wünschen, daß der Krieg mit Preußen die Form eines
Bundeskrieges gegen ein renitentes Bundesglied annehme.

Unmöglich indeß konnte Europa zusehn, wie ganz Mitteleuropa *Europa.*
unter den Waffen stand, ohne wenigstens einen Versuch gütlicher
Vermittlung zu machen. Was directen Verhandlungen der Betheiligten nicht gelungen war, mochte vielleicht dem Bemühen Dritter,
zunächst wenigstens Unbetheiligter und darum minder Befangener
gelingen. Schon zu Ende April setzte sich deßhalb das französische

Europa. Cabinet mit dem englischen in Beziehungen. England erklärte sofort seine Geneigtheit, sprach aber alsbald seine Zweifel aus, daß eine Vermittlung mit Aussicht auf Erfolg versucht werden möge. Anfangs Mai richtete Frankreich die formelle Aufforderung an England und Rußland und um die Mitte desselben Monats legte Hr. Drouyn de l'Huys den Entwurf eines Programms für die beabsichtigten Friedensconferenzen vor. Demgemäß sollte die schleswig-holsteinische Frage der Abstimmung der betreffenden Bevölkerungen anheimgegeben, die deutsche Bundesreformfrage der gemeinschaftlichen Prüfung der Mächte unterstellt, Venetien von Oesterreich gegen anderweitige Entschädigung an Italien abgetreten und dagegen von diesem die Souveränetät des Papstes in ihren gegenwärtigen Grenzen gewährleistet werden. Es war klar, daß diese Lösungen Frankreich convenirt hätten, daß sie dagegen von allen Betheiligten ohne weiteres abgelehnt worden wären, von Preußen schon um Schleswig-Holsteins, von Oesterreich um Venetiens, von Italien um des Kirchenstaates und selbst vom deutschen Bunde um der Vormundschaft willen, die Europa sich über die Deutschland allein berührende Frage seiner innern Verfassung angemaßt hätte. England und Rußland gingen auf die französischen Vorschläge nicht ein. Doch verständigten sich die drei Mächte auf Grund der französischen Vorschläge über ein allgemeines Programm, das den Betheiligten die Annahme von Friedensconferenzen wenigstens nicht zum voraus unmöglich machen sollte. Die römische Frage wurde aus demselben ganz gestrichen, die andern drei Fragen folgendermaßen bezeichnet: „Es handelt sich im Interesse des Friedens darum, auf diplomatischem Wege die Elbherzogthümerfrage, die des italienischen Streites und endlich die der Bundesreform zu lösen, so weit nämlich die letztere das europäische Gleichgewicht berühren könnte." Am 24. Mai ging die Einladung zu Friedensconferenzen, die in Paris eröffnet werden sollten, von allen drei Mächten in identischer Form gleichzeitig nach Berlin, Wien, Florenz und Frankfurt ab. Preußen, Italien, der deutsche Bund nahmen die Einladung ohne langes Bedenken an. Die Entscheidung lag in der Hand Oesterreichs.

Oesterreich. Da entschied sich Oesterreich gegen die Annahme und für den Krieg. Am 1. Juni that es zugleich gegenüber dem deutschen Bund in Frankfurt und gegenüber den neutralen Großmächten diejenigen

Schritte, durch welche es die Brücken definitiv hinter sich abbrach. In Frankfurt stelle es „den bundesgemäßen Abschluß der Herzogthümerfrage den Entschließungen des Bundes anheim" mit der Erklärung, „daß denselben von Seite Oesterreichs die bereitwilligste Anerkennung gesichert sei" und mit der weitern Anzeige, daß es „dem kaiserlichen Statthalter in Holstein soeben die erforderliche Specialvollmacht zu Einberufung der holsteinischen Ständeversammlung übersendet habe, damit die gesetzliche Vertretung des Landes, um dessen Schicksal es sich handelt, und dessen Wünsche und Rechtsanschauungen einen der berechtigten Factoren der Entscheidung bilden, nicht länger der Gelegenheit entbehre, ihre Ansichten auszusprechen." An die neutralen Großmächte richtete Oesterreich gleichzeitig zwei Depeschen. In der ersten erklärte es, die Theilnahme an Friedensconferenzen nicht ablehnen zu wollen, aber auch nur unter der Bedingung annehmen zu können, wenn ihm vorher die Zusicherung ertheilt werde, daß „von den Berathungen jede Combination ausgeschlossen bleibe, die darauf abzielen würde, einem der jetzt zum Zusammentritt eingeladenen Staaten eine territoriale Vergrößerung oder einen Machtzuwachs zu verschaffen." In der zweiten Depesche verhehlte Oesterreich nicht, daß die von ihm für seine Theilnahme geforderte Bedingung das ganze Project in Frage zu stellen geeignet sei und suchte darum die Gründe für seine Weigerung einläßlich zu begründen. Die entscheidenden Gründe wurden von Oesterreich folgendermaßen dargelegt: „Mit welch großen Rücksichten auch das Conferenzprogramm abgefaßt ist, die in demselben ausdrücklich betonte italienische Frage kann in der That keine andere Bedeutung haben, als von uns die Abtretung Venetiens zu verlangen. Diese ist aber eine Forderung, welche wir in dem gegenwärtigen Augenblick mit Entschiedenheit von uns weisen. Die Abtretung einer Provinz in Folge eines moralischen Drucks, und insbesondere einer Provinz, welche vom dreifachen Standpunkte ihrer militärischen, geographischen und politischen Bedeutung von so großer Wichtigkeit ist, käme einem politischen Selbstmord gleich, durch welchen Oesterreich sich seiner Stellung als Großmacht auf immer verlustig machte. Die Annahme einer Geldentschädigung ist gleichfalls unmöglich. Die venetianische Frage ist eine Ehrenfrage und steht mit der Würde der kaiserlichen Regierung in zu genauem Zusammenhang, als daß dieselbe von der kaiserlichen Regierung zum Gegenstand von Verhandlungen gemacht werden könnte. Was den Austausch Venetiens gegen eine Territorial-Compensation anbelangt, so ist dies eine jener Combinationen, welche die Folge eines Krieges und etwaiger aus demselben sich ergebender Territorialveränderungen sein können, die aber nie das Resultat einer am Congreßtische stattfindenden Verhandlung vor dem Krieg zu sein vermögen. Wo wären übrigens in diesem Augenblick die Compensationen zu suchen, womit man uns bedenken möchte? Soviel uns bekannt, ist die Zerstückelung der Türkei noch keine die heutige europäische Politik beschäftigende Frage. Allein wäre dies selbst der Fall, so müßten wir a priori erklären: daß weder die Donaufürstenthümer noch Bosnien und die Herzegowina in ihrem gegenwärtigen Zustand in unsern Augen ein Aequivalent für Venetien sein können. Weit entfernt, daß der Erwerb, dieser in der Civilisation so wenig vorgeschrittenen und so ertragsarmen Gebiete ein Zuwachs an Macht und Kraft wäre, würde derselbe eher eine Quelle von Schwäche sein, und die schon vorhandenen Hilfsquellen Oesterreichs eher in Anspruch nehmen als dieselben vermehren. Man hat uns andeutungsweise zu verstehen gegeben, daß Schlesien eine hinreichende Entschädigung für die Abtretung Venetiens sein dürfte. Wir sind weit entfernt, diese Eventualität zu wünschen, und sehen es viel lieber, daß vor Allem jede Macht dasjenige behalte, was ihr bis zum gegenwärtigen Augenblick von Rechtswegen gehört. Wenn der Krieg wirklich ausbricht, und wenn glänzende militärische Erfolge unsere Macht erhöhen, unser moralisches Gewicht in Europa verstärken und uns in den gesicherten Besitz von eroberten Gebieten bringen, dann wäre die Annahme nicht auszuschließen, daß wir, mit weiser Mäßigung unsern Vortheil benützend, auf den Besitz einer Provinz Verzicht leisteten, um uns dafür den Besitz einer andern zu sichern. Eine siegreiche Macht kann sich bewogen finden, im Interesse der Herstellung des allgemeinen Friedens Concessionen zu machen, zu welchen sie sich gegenüber von Drohungen nicht verstehen kann, ohne eine Schwäche an den Tag zu legen, welche ihre Gegner nur aufmuntern könnte, mit ihren Ansprüchen noch maß- und rücksichtsloser aufzutreten. Die öffentliche Meinung der gesammten Bevölkerung dieses Reichs, das militärische Ehrgefühl des zahlreichen und tapferen unter unseren Fahnen versammelten Heeres würden auf das tiefste verletzt werden, wenn die kaiserliche Regierung jetzt auf den ihr gemachten Vorschlag eingehe Oesterreich. über die Abtretung Venetiens zu unterhandeln. Somit müssen wir eine derartige Lösung dieser Frage für den jetzigen Augenblick für ganz unmöglich betrachten, und könnten wir auch auf einem Congreß nicht anders als diese Unmöglichkeit formell auszusprechen. Wollen oder können die neutralen Mächte sich nicht entschließen, das Gewicht ihres Einflusses geltend zu machen, um ungerechtfertigten Ansprüchen und agressiven Absichten eine Schranke zu setzen, so mögen sie wenigstens der Vertheidigung eben so viel Spielraum und Freiheit als dem Angriff gönnen. Stark in dem Bewußtsein unseres Rechtes, rufen wir Niemandes Hülfe an, beanspruchen aber das Recht, das zu behalten, was uns gehört, so lange als wir im Stande sind, es zu behaupten." Es läßt sich gar nicht läugnen, daß die Ausführungen Oesterreichs weder der logischen Consequenz noch der vollkommensten Billigkeit entsprachen, sobald man von seinen Voraussetzungen ausging. Es stellte sich auf den Standpunkt des strictesten formalen Rechtes, es erklärte, von diesem Standpunkte aus, keinerlei Concessionen machen zu können, es sprach endlich die Ueberzeugung aus, dieses sein formales Recht auch fernerhin durch seine materielle Macht aufrecht erhalten zu können. Von diesem Standpunkte aus wurde natürlich jede Vermittlung unmöglich. Die Waffen allein konnten und mußten entscheiden. Die neutralen Mächte erklärten auch ohne Verzug, daß sie die beabsichtigten Friedensconferenzen als dahingefallen ansähen.

Nun brach auch Preußen die Brücke hinter sich ab. Am Preußen. 3. Juni erklärte Graf Bismarck dem österr. Cabinet in einer Depesche, daß die Uebertragung der schleswigholsteinischen Frage durch Oesterreich auf den Bund und die Einberufung der holsteinischen Stände durch dasselbe ein unzweifelhafter Bruch der Gasteiner Convention sowohl als der geheimen zwischen Oesterreich und Preußen am 16. Januar 1864 abgeschlossenen Convention seien und daß Preußen demgemäß auf die ihm durch den Wiener Frieden eingeräumten Rechte und das durch denselben festgesetzte Condominat Oesterreichs und Preußens über die Herzogthümer zurückgreife. Und am folgenden Tage legte er in einer Circularbepesche alle Rücksichten bei Seite, die er bisher gegen Oesterreich beobachtet hatte, erklärte den Krieg für einen in Wien fest gefaßten Entschluß und suchte preuß. unter Vorwürfen, die über die gewöhnliche Sprache der Diplomatie weit hinausgingen, die Schuld an dem Ausbruch desselben gänzlich auf Oesterreich zu wälzen. Die darauf sofort folgenden Maßnahmen Preußens mußten den Krieg in ihrem unmittelbaren Gefolge haben. Schon seit längerer Zeit hatte Preußen seine in Schleswig stehenden Truppen bedeutend verstärkt, ohne daß Oesterreich diesen Vorkehrungen irgend welche Hindernisse entgegengesetzt hätte. Eine gleiche Maßregel von Seite Oesterreichs hing dagegen nothwendig von der Stellung ab, welche Hannover vor dem Ausbruche des Krieges und für den eventuellen Fall desselben einzunehmen entschlossen war. Blieb Hannover neutral oder dachte es sich möglicher Weise sogar Preußen anzuschließen, so hatte eine Verstärkung der in Holstein stehenden österr. Brigade keinen Sinn, da sie doch von Oesterreich und seinen Verbündeten abgeschnitten gewesen wäre. Wollte dagegen Hannover zu Oesterreich halten und zu diesem Ende hin wenigstens einen genügenden Theil seiner Truppen in der Nähe der Elbe concentriren, so konnten die Oesterreicher sich über diese zurückziehen und mit den Hannoveranern vereinigen. Es scheint außer Zweifel, daß Hannover einen Augenblick an das letztere dachte und in Stade bereits einige Vorkehrungen traf. Am Ende konnte es sich aber doch nicht dazu entschließen, so daß auch die bereits eingeleitete Verstärkung der österr. Streitkräfte in Holstein unterblieb. Für sich allein aber waren diese den preußischen in Schleswig weit nicht gewachsen. Uebereinstimmend mit der von seiner Regierung der österreichischen übermittelten Erklärung zeigte nun am 6. Juni der preuß. Gouverneur in Schleswig, Gen. v. Manteuffel, den österr. Statthalter in Holstein, Gen. v. Gablenz, an, daß Preußen die Gasteiner Convention und damit die Theilung der Herzogthümer als dahin gefallen betrachte, daß die gemeinsame Verwaltung beider wieder in Kraft getreten sei und daß er daher schon am folgenden Tage seine Truppen in Holstein werde einrücken lassen, es den Oesterreichern freistellend, dasselbe bezüglich Schleswigs zu thun. Der preuß. General behandelte die Maßnahme keineswegs als eine feindselige oder als einen Beginn des Krieges. Der österr. Statthalter konnte sich jedoch unmöglich auf denselben Standpunkt stellen. Er legte gegen den Einmarsch der Preußen feierlichen Protest ein, verlegte seinen Sitz und denjenigen der holsteinischen Landesregierung nach Altona und con-

centrirte seine Truppen um dieselbe Stadt. Die Preußen rückten
inzwischen ein und breiteten sich im Lande aus, wobei sie namentlich
auf Itzehoe ihr Augenmerk richteten, da dorthin von der österr. Regierung auf den 11. Juni die Eröffnung der holst. Ständeversammlung ausgeschrieben worden war. Eine Anzahl Mitglieder derselben,
etwa 30, hatten sich am 10. bereits dort eingefunden und beschlossen,
trotz der Preußen eine Sitzung abzuhalten; auch der von Gablenz
ausgestellte Regierungscommissär war in der Stadt eingetroffen. Jetzt
ging der preuß. General um einen gewichtigen Schritt weiter: er
ließ die Kirche und den Ständesaal in Itzehoe militärisch besetzen,
den österr. Regierungscommissär verhaften, die Presse des Orts mit
Beschlag belegen und eine Proclamation ergehen, durch welche er
auch die Civilverwaltung von Holstein für Preußen in seine Hand nahm,
die bisherige Landesregierung für aufgelöst erklärte, den Baron
Karl v. Scheel-Plessen zum Oberpräsidenten beider Herzogthümer ernannte und außerdem sämmtliche politische Vereine des Landes schloß
und sämmtliche politische Blätter suspendirte. Damit war Holstein
den Oesterreichern thatsächlich aus den Händen genommen. Dem
Gen. Gablenz aber blieb nichts anderes übrig, als entweder mit den
Preußen einen ungleichen Kampf zu beginnen oder das Land freiwillig zu räumen und den Preußen zu überlassen. Er zog nach
den Instructionen seiner Regierung das letztere vor, erklärte am
11. Juni in einer Proclamation an die Holsteiner, daß er der Gewalt weiche und zog mit seiner Brigade über die Elbe und durch
Hannover nach Süden ab. Mit ihm verließ auch der Augustenburger das Land. Das nächste Object des großen Entscheidungskampfes, der vor der Thüre stand, war ohne Schwertstreich in die
Hände der Preußen gefallen.

Auf diesen ersten entscheidenden Schachzug Preußens in Holstein
folgte Oesterreich sofort mit einem zweiten am Bunde. Am 9. Juni
protestirte es in einer Depesche an Preußen gegen jenen Schritt und
erklärte, daß dasselbe dadurch den Art. 11 der Bundesacte verletzt
und den Fall des Art. 19 der Wiener Schlußacte herbeigeführt habe.
Am 11. d. M. klagte es am Bunde gegen Preußen wegen gewaltthätiger Selbsthülfe in Holstein und trug, gestützt auf den schon angeführten Art. 19 der Wiener Schlußacte darauf an, sämmtliche
Bundesarmeecorps binnen 14 Tagen mobil zu machen und für die

Oesterreich. selben baldigst einen Bundesfeldherrn im Sinne der Bundeskriegsverfassung zu bestellen. Der Art. 19 der Wiener Schlußacte sprach aber nur von „vorläufigen Maßregeln" gegen Selbsthülfe, während die Bundesacte nur die Bundesexecution mit ihren Terminansetzungen u. s. w. kannte. Preußen erkannte daher in dem österr. Antrage kein bundesgemäßes Vorgehen, sondern die Einleitung eines förmlichen Bundeskrieges gegen ein Bundesglied, wovon die Bundesacte natürlich nichts wußte. Dennoch beschloß die Bundesversammlung, schon nach drei Tagen, am 14. Juni, über den Antrag abzustimmen. Daß er dannzumal angenommen und somit der Bundeskrieg gegen Preußen würde beschlossen werden, war bereits außer allem Zweifel.

Deutschland. So ziemlich im ganzen außerpreußischen Deutschland, namentlich aber in Süddeutschland, hatte die Stimmung für Oesterreich und wider Preußen vollständig die Oberhand gewonnen. Am 9. Juni hatte die Abgeordnetenkammer des größten der Mittelstaaten, Bayerns, eine Adresse an den König erlassen, in der sie sich sehr entschieden für den Krieg aussprach, wenn Preußen sich nicht zurückschrecken lasse „durch die Gewißheit, daß dem Urheber des Friedensbruches der Widerstand einer entschlossenen und wohlgerüsteten Nothwehr von allen Seiten entgegentreten werde". Die Sache Schleswig-Holsteins erklärte sie energisch für „Deutschlands Sache" und fuhr dann fort: „Mag der Krieg zwischen Bundesgliedern ausbrechen oder ein auswärtiger Feind deutsches Bundesgebiet angreifen, kein deutscher Staat darf sich vom Kampfe fern halten. Wer für das Recht nicht mitkämpfen will, begünstigt das Unrecht und verletzt die heiligsten Pflichten gegen den Bund und das Vaterland. Unter dem unzuverlässigen Deckmantel der Neutralität können solche Staaten Schutz suchen, die, an ihrer Lebensfähigkeit verzweifelnd, sich darein ergeben, das Recht zum Mitsprechen beim Friedensschlusse zu verscherzen. Bayern im Bewußtsein des Werthes seiner Selbsterhaltung ist entschlossen zur That." Die Adresse wurde mit 90 gegen 45 Stimmen beschlossen. Aber selbst die Minderheit der vereinigten Linken der Kammer, weit entfernt auf die Seite Preußens zu treten oder auch nur Neutralität zu fordern, erklärte die Richtachtung des Rechtes der Schleswig-Holsteiner von Seite Preußens für „unverantwortlich" und nannte die Politik der preuß. Regierung, die jetzt den Kampf auf deutschem Boden zu entzünden drohe, geradezu eine „frivole". Und ganz ähnlich war die Stimmung in Württemberg und selbst in Baden. In allen diesen Staaten und ebenso auch in Hessen-Darmstadt und Nassau war die Opposition nicht sowohl gegen den Krieg und gegen die Bewilligung außerordentlicher Militärcredite, wohl aber wollte sie letztere von dem Zugeständniß innerer Reformen und von einem ehrlichen Eingehen auf eine Reform der Bundesverfassung abhängig machen. Die Regierungen lehnten es entweder wie in Hessen-Darmstadt auch jetzt noch entschieden ab oder gaben wie in Württemberg gute Worte und allgemeine Zusicherungen; schließlich erhielten alle, diejenige von Nassau allein ausgenommen, die geforderten Credite unbedingt bewilligt und hatten nunmehr freie Hand, sich mit Oesterreich zu verständigen und zum Kriege zu rüsten. Am 14. Juni gelangte der österreichische Antrag, der über den Krieg entscheiden mußte, zur Abstimmung am Bunde. Mit 9 gegen 6 Stimmen wurde er zum Beschluß erhoben. Hannover und Kurhessen stimmten für Oesterreich wider Preußen. Nur Holland für Luxemburg und Limburg, die 12. Kurie (die großh. und herzogl. sächsischen Häuser), die 14. Kurie (Mecklenburg), die 15. Kurie (Oldenburg) und die 17. Kurie (die freien Städte) stimmten mit Preußen gegen den Antrag. Nachdem die Abstimmung gefallen war, erklärte der Gesandte Preußens, daß dieses darin nichts anderes als eine nach dem Bundesrechte unmögliche Kriegserklärung erkennen könne. „Im Namen und auf allerhöchsten Befehl Sr. Maj. des Königs, seines allergnädigsten Herrn, erklärt der Gesandte daher hiermit, daß Preußen den bisherigen Bundesvertrag für gebrochen und daher nicht mehr für verbindlich ansieht, denselben vielmehr als erloschen betrachten und behandeln wird." Der Gesandte legte schließlich die Grundzüge eines neuen „den Zeitverhältnissen entsprechenden" Bundesvertrages auf den Tisch der Versammlung nieder, mit der Erklärung, daß Preußen bereit sei, auf dieser Grundlage einen neuen Bund mit denjenigen deutschen Regierungen zu schließen, die ihm dazu die Hand reichen wollen und verließ den Saal. Die Würfel waren gefallen. Der Krieg stand vor der Thüre.

Wie seither von betheiligter Seite selbst zugegeben worden ist, war die Hast, mit der Oesterreich den Bundesbeschluß vom 14. Juni vorbereitete und durchsetzte, ein entschiedener Fehler von seiner Seite. Seine eigenen Rüstungen waren noch keineswegs vollendet, diejenigen

Oester- seiner süddeutschen Verbündeten noch sehr unvollständig, Hannover
reich. und Kurhessen, die erst im letzten Augenblick auf seine Seite traten,
gänzlich unvorbereitet. Die Leidenschaft macht blind. Oesterreich
überschätzte seine eigenen Kräfte, es überschätzte noch weit mehr die
Kräfte seiner deutschen Verbündeten, während es dagegen die Kräfte
Preußens weit unterschätzte. Oesterreich hatte sich seit drei Monaten
eine Reihe von Mißgriffen zu Schulden kommen lassen. Es war ein
Mißgriff gewesen, daß es in Böhmen ostensibel zu rüsten angefangen hatte, thatsächlich zu einer Zeit, da wenigstens ostensibel von
Preußen an Vorbereitungen zu einem Kriege noch gar nichts geschehen war; es war ein Mißgriff gewesen, daß es plötzlich und wiederum möglichst auffallend seine Armee in Italien verstärkte und
damit Italien erlaubte, die bisherige Maske abzuwerfen und seinerseits offen zum Kriege um Venetien zu rüsten, es war endlich ein
Mißgriff, daß es den letzten Schritt in Frankfurt überstürzte, bevor
es nach allen Seiten bereit war, loszuschlagen. Oesterreich hatte und
das ist gar nicht zu läugnen, gegenüber Preußen und gegenüber
Italien, das Recht für sich, das formelle Recht der Verträge, das
Recht, wie es den lebendigen Kräften einer anderen, einer vergangenen Zeit entsprochen hatte und von diesen Kräften damals gestaltet worden war. Die Menschheit steht aber nicht still, sie folgt dem
göttlichen Gesetze der Entwickelung. Alles ist Leben und Bewegung,
in der Menschheit wie in der Natur. Alte Kräfte sterben ab und
mit der Kraft auch seine Form, das Recht; neue Kräfte tauchen
auf und streben Gestalt zu gewinnen, zu Recht zu werden. Früher
oder später erringen sie es auch und werden zu lebendigem Recht, bis
auch sie vom Kreislaufe des Lebens überholt allmählig absterben und
auch ihrerseits neuen Kräften und neuen Rechten zum Opfer fallen.
Das ist das Gesetz der Entwickelung, dem sich keiner entziehen kann.
Darauf beruht alle Geschichte. Das Recht war unzweifelhaft auf
Seite Oesterreichs, aber nur das formale Recht, aus dem die lebendige Kraft längst gewichen war, das Recht der Vergangenheit, nicht
das Recht der lebendigen Gegenwart, der gestaltenden Zukunft.
Oesterreichs Stellung in Deutschland wie in Italien war der letzte
Ueberrest einer großen Vergangenheit, die allmählig in seinen
Händen erstarrt und zur leeren Schale geworden war. Seine Herr-
schaft in Venetien beruhte auf der reinen nackten Gewalt, seine

noch immer mächtige Stellung in Teutschland lediglich auf der Bundesverfassung, die es selbst für gänzlich morsch und faul erklärt hatte. Wenn der deutschen Nation geholfen werden sollte, so mußte der Dualismus der beiden Großmächte innerhalb Teutschlands beseitigt, die Souveränetät der Einzelfürsten gebrochen werden. Oesterreich hätte unter Umständen vielleicht den großen Plan fassen können, das alte Reich wieder herzustellen, Preußen niederzuwerfen, eines wesentlichen Theils seiner Provinzen zu berauben und auf den Rang eines Mittelstaates herabzudrücken, die Einzelfürsten aber neuerdings der Reichsgewalt unterzuordnen. Mehr oder weniger klar, meist aber bis zur Unkenntlichkeit abgeschwächt und mit anderen, ihr widersprechenden Bestrebungen versetzt, lag die Idee allen Plänen zu Grunde, die dahin zielten, Teutschland mit Hülfe Oesterreichs zu reconstruiren. Ganz abgesehen davon, daß die Weltgeschichte sich nicht wiederholt und daß Deutschland nach einer Neugestaltung verlangte, aber nicht nach einer Restauration des ehemaligen Reichs, am wenigsten wie sich dieses schließlich in den Händen des Hauses Habsburg gestaltet hatte, dachte Oesterreich im Ernste gar nicht an eine solche Restauration, konnte nicht daran denken, aus dem einfachen Grunde, weil ihm dazu die Macht fehlte. Seit mehr als hundert Jahren war es bemüht, dem unaufhaltsamen Wachsthum der preußischen Monarchie wenigstens Schranken zu setzen, ohne daß ihm auch nur dieß gelungen wäre. Sobald es aber seine Anstrengung hierauf beschränkte, konnte es nicht daran denken, die Souveränetät der Einzelstaaten zu beschränken, es wurde im Gegentheil ihre wesentlichste Stütze, um sie gegen Preußen zu benützen. Von einer wirklichen Reform des Bundes konnte von diesem Standpunkt aus keine Rede sein. Alles was daher Oesterreich und die souveränen Mittelstaaten der Nation seit 1848 boten und bieten konnten, war lediglich der alte Staatenbund in einem etwas moderneren Aufputze, mit einigen bundesstaatlichen Verbrämungen, die den Kern der bisherigen Zustände ganz unberührt gelassen hätten, unter allen Umständen aber weder eine wirkliche über den Einzelstaaten stehende Centralgewalt, noch ein Parlament, das dem nationalen Gedanken Ausdruck gegeben hätte. Den besten Beweis dafür lieferte das Elaborat des Fürstentages von 1863. Derselbe scheiterte von vornherein an dem Widerstande Preußens; wäre er aber nicht schon daran gescheitert, so hätte der

Deutsches Land. Versuch bald genug an der Enttäuschung der Nation scheitern müssen. Ein Theil der sog. großdeutschen Partei suchte in jenen Jahren mit redlichem Streben nach einem Ausgleich, einer Vermittlung, aber sie strebte in gewaltiger Selbsttäuschung etwas ganz und gar Unmögliches an. Ein Bundesstaat souveräner, monarchischer Glieder ist, soweit wir die Geschichte kennen, noch nicht dagewesen und wird sicherlich auch in Zukunft nicht bestehen. Die zahllosen Projecte, die damals von dieser Seite auftauchten, um eine Bundesreform zu ermöglichen, ohne den Einzelfürsten und den Einzelstaaten mit ihrem eingewurzelten Particularismus zu nahe zu treten, machten sammt und sonders den Eindruck von Versuchen, den Pelz zu waschen, ohne ihn naß zu machen, um mit dem Sprichwort zu reden. Sie führten zu keinem Ziele und konnten zu keinem Ziele führen. Alles aber, was die Regierungen theilweise wenigstens nicht ganz ohne guten Willen zu demselben Behufe versuchten, wurde unter ihren Händen zu bloßem schätzbaren Material und wenn sie diese Bemühungen noch zwanzig Jahre lang fortgesetzt hätten, so hätte sich lediglich dieses schätzbare Material noch mehr angehäuft, ohne daß dabei practisch irgend etwas lebensfähiges hätte herauskommen können. Auch jetzt, im Mai und Anfangs Juni 1866, hatten Oesterreich und die Mittelstaaten der Nation nichts zu bieten, um sie fest um ihre Fahne zu schaaren, obwohl der preuß. Bundesreformantrag des Grafen Bismarck seinerseits nur sehr geringe Hoffnungen erregt, und von der weit überwiegenden Mehrheit der öffentlichen Meinung nur mit großem Mißtrauen aufgenommen worden war. Daß bald darauf die deutsche Fahne auf dem Bundespalais in Frankfurt aufgezogen und vom 8. Bundesarmeecorps die deutsche Armbinde angelegt wurde, machte lediglich einen fast kindischen Eindruck. Die Nation sollte unter der Führung Oesterreichs für das Bestehende kämpfen, für die bisherige Bundesverfassung und die bisherigen Bundeszustände, welche die besten Männer der Nation seit langem mit allen ihren Kräften bekämpften, die öffentliche Meinung längst preisgegeben, deren Unhaltbarkeit selbst die Regierungen ohne alle und jede Ausnahme für unhaltbar erkannt hatten, ohne die mindeste Garantie, ja ohne irgend eine gegründete Aussicht, daß nach einem allfälligen Siege etwas Besseres an ihre Stelle treten werde. Man muß gestehen, daß diese trostlose Lage der Sache für Oesterreich und seine Verbündeten kein Moment der Kraft sein konnte, im Gegentheil ein sehr wesentlicher Moment der Schwäche sein mußte. Worauf Oesterreich und seine Verbündeten gegen Preußen vertrauten, war das formale Recht, auf das sie pochten und die materielle Macht, mit der sie Preußen überlegen zu sein glaubten. Ganz Oesterreich glaubte an den unfehlbaren Kriegsplan des FZM. Benedek, dem der Kaiser im Einverständniß mit der öffentlichen Meinung den Oberbefehl über seine Armee gegen Preußen anvertraut hatte; als der Prinz Karl von Bayern am 27. Juni neben dem Oberbefehl über die bayerische Armee auch denjenigen über das 8. Bundesarmeecorps unter dem Prinzen Alexander von Hessen übernahm, meinte er in seinem Armeebefehl: „Mit diesen Truppen und diesem Führer wird es mir nicht schwer fallen, jede mir gestellte Aufgabe zu lösen", und noch am 2. Juli, nur einen Tag vor der Schlacht von Königgrätz ermuthigte der König von Bayern sein Volk in einer Proclamation mit den Worten: „Alle bundesgetreuen Staaten — das mächtige Oesterreich voran — sind unsere Bundesgenossen". In der Mitte Juni zweifelte Niemand auf dieser Seite daran, daß die Oesterreicher unter Benedek alsbald von Böhmen aus mit überlegenen Streitkräften die Offensive ergreifen würde und nur wenige glaubten sich nicht der Hoffnung hingeben zu dürfen, ihn bald vor den Thoren Berlins zu sehen.

Die Hoffnung wurde nur zu schnell bitter getäuscht. Damals aber mochten sie außerhalb Preußens nicht bloß leidenschaftlich erregte, sondern auch ruhiger überlegende Gemüther wohl hegen. Graf Bismarck, die Seele der preuß. Politik, war allerdings längst zum Kriege entschlossen und hatte ohne Zweifel schon seit Jahren alle Chancen überlegt, von langer Hand her alles zum Kriege vorbereitet. Von den sentimentalen Gefühlen, von denen damals in ganz Deutschland die Luft schwirrte, war er gänzlich frei. Aber auch in seiner Seele muß der Entschluß zum Kriege von Anfang an und jetzt wieder ein nicht leichter gewesen sein. Die Schwierigkeiten, die Graf Bismarck schon bisher zu überwinden gehabt hatte, und die er noch zu überwinden hatte, bis nur die preuß. Armee den Oesterreichern gegenüber im Felde stand, waren in der That ganz ungeheure. An Italien hatte Preußen allerdings einen schätzenswerthen Bundesgenossen, der wenigstens geeignet war, einen namhaften Theil

Preußen der österreichischen Streitkräfte im Süden festzuhalten, so daß die Armeen, die Preußen und Oesterreich an den Grenzen Böhmens einander entgegenstellen mochten, an Zahl sich so ziemlich die Waage hielten. Dagegen stand Preußen im übrigen Deutschland in Wahrheit ganz allein und auf seine eigenen Kräfte beschränkt. Der größere Theil der deutschen Staaten und zwar Regierungen und Völkerschaften waren im Moment Preußen äußerst feindselig gesinnt und selbst diejenigen, die in Frankfurt mit ihm gegen den österreichischen Antrag gestimmt hatten, waren weit entfernt, darum mit Preußen gegen Oesterreich einstehen zu wollen, Sachsen-Weimar so gut als Mecklenburg und Oldenburg so gut als die Hansestädte. Es ist wahr, daß man in Berlin den Militärkräften aller dieser deutschen Staaten, Bayern vielleicht allein ausgenommen, nur ein sehr geringes Gewicht beilegte, da man die mangelhafte Ausbildung all der mittel- und kleinstaatlichen Truppen und ihre lückenhafte Ausrüstung nur zu wohl kannte und den Mangel an einem einheitlichen Oberbefehl und an strenger Unterordnung der Contingente verschiedener Staaten, die sich alle souverän däuchten und zunächst nur auf ihre eigene Sicherheit bedacht sein würden, zum voraus ganz richtig würdigte. Aber von moralischem Gewicht mußte es doch sein, daß von all den zahlreichen deutschen Staaten von Anfang an auch nicht einer offen und entschieden auf Seite Preußens stand, in einem Kriege, in dem um die Führung Deutschlands gestritten werden sollte. Das war eine Schwierigkeit, aber keineswegs die einzige. Wie Preußen in Deutschland, so stand die preußische Regierung in Preußen selber ziemlich einsam da. Der Streit der Krone mit der Volksvertretung über die Armeereorganisation und in Folge davon über das Budgetrecht hatte der Regierung die weit überwiegende Mehrheit der Bevölkerung und zwar gerade des intelligentesten und thätigsten Theils derselben abwendig gemacht. Noch gebot sie, allerdings ziemlich unbedingt, über die Staatsgewalt und ihre mannigfaltigen Organe, aber im Lande wie im Hause der Abgeordneten war es fast ausschließlich die feudale Partei, die entschieden auf ihrer Seite stand. Selbst diese war in neuester Zeit mehr oder weniger an ihr irre geworden. Graf Bismarck war ein durchaus practischer Politiker, der nur mit realen Kräften zu rechnen sich gewöhnt hatte und dem, abgesehen von seiner Erziehung und abgesehen davon, daß er für seine auswärtige Politik unumgänglich nöthig, einen festen conservativen Boden unter seinen Füßen fühlen mußte, die pietistisch-absolutistische Doctrin des weiland Hrn. Julius Stahl und der „Kreuzzeitung" gerade so gleichgültig war, als die constitutionelle Doctrin der Herren Schulze-Delitzsch oder Waldeck. Um die deutsche Frage endlich zu lösen und Preußen und Deutschland auf diejenige Höhe zu heben, die ihm zugleich wünschbar und erreichbar schien, nahm Graf Bismarck auch nicht den mindesten Anstand, sich mit dem Königreich Italien gegen Oesterreich zu verbünden. Die sog. conservative Partei in Preußen war aber bisher gewohnt gewesen, in dem sog. Conservatismus Oesterreichs ihren natürlichen Alliirten zu erblicken und wenn sie auch einen Streit um die Macht zwischen beiden für zulässig hielt, so war ihr doch die Einberufung eines auf directe Wahlen und allgemeines Stimmrecht gegründeten deutschen Parlamentes eine mehr als bedenkliche Maßregel und die Allianz mit dem Königreich Italien geradezu ein Gräuel. Erschien so die Politik des Grafen Bismarck den einen als eine entschieden absolutistische, so hatte sie in den Augen der andern einen unzweifelhaft revolutionären Beigeschmack. Fehlte ihm das Vertrauen auf der einen Seite gänzlich, so war es auf der andern wenigstens kein ganz unbedingtes. Als der Krieg immer wahrscheinlicher wurde, fiel noch ein Moment gegen ihn in die Wagschaale, nicht das mindest mächtige von allen, das Moment der materiellen Interessen. Eine Mobilmachung der gesammten Armee und sogar der Landwehr ist in Preußen eine entsetzliche Maßregel, eine Maßregel, die vom Palast bis zur Hütte kein Haus und fast keine Familie unberührt läßt und tausende von Existenzen mit einem Schlage in Frage stellt. Als die Mobilmachung immer wahrscheinlicher wurde und als sie endlich zu Anfang Mai wirklich erfolgte, trat auch ihre Wirkung auf die öffentliche Meinung ein, die natürlich sofort wiederum von politischen Bestrebungen benützt und ausgebeutet wurde. Da die öffentliche Meinung selbst in Preußen die Frage, um die es sich handelte, in ihrem ganzen Umfange nicht übersah, so erschien die beabsichtigte gewaltsame Annexion von Schleswig-Holstein, die von der Regierung so hartnäckig festgehalten wurde, in keinem Verhältniß zu der bereits eingetretenen Stockung und Störung in Handel und Verkehr und noch weniger zu den Opfern und Leiden eines Krieges und zwar eines Krieges

Preußen unter Gliedern einer und derselben Nation zu stehen. Das Bedürfniß des Friedens machte sich überall lebhaft geltend: zuerst waren es Urwählerversammlungen, dann Adressen von Stadtverordnetenversammlungen an den König oder an das Staatsministerium, endlich Manifestationen vereinigter Handelskammern, die den Plänen der Regierung in den Weg zu treten suchten. Als die Mobilmachung ausgesprochen war und die Landwehrleute eingekleidet werden sollten, kam es zu Scandalen und sogar offenen Widersetzlichkeiten, die mit Gewalt unterdrückt werden mußten. Und zwar traten diese Erscheinungen alle im Osten wie im Westen der Monarchie und so ziemlich, wenn auch in verschiedenem Grade und Umfange, in allen Provinzen derselben zu Tage. Soviel war wenigstens klar, daß das preußische Volk vielfach nichts weniger als mit freudiger Lust, theilweise offenbar geradezu mit Widerwillen in den Krieg zog. Nimmt man alles zusammen, so läßt sich nicht läugnen, daß die Lage Preußens und jedenfalls diejenige des Staatsmannes, der an seiner Spitze stand, eine überaus schwierige und gefahrvolle war. Graf Bismarck scheint dennoch keinen Augenblick gewankt zu haben. Nicht bloß konnte er bereits nicht mehr zurückweichen, ohne Preußen thatsächlich eine Niederlage gleich derjenigen von Olmütz zu bereiten; er wollte auch nicht zurückweichen. Der große Entschluß war längst gefaßt, auf die Schwierigkeiten war er zum Voraus vorbereitet, die Umstände schienen ihm günstig. Er vertraute auf das, was die Preußen ihren Beruf, ihre Bestimmung, ihre Aufgabe nannten und wovon in Preußen in der That seit langer Zeit alle Kreise durchdrungen waren. Preußen war auf den Trümmern des absterbenden heil. Römischen Reichs deutscher Nation entstanden, gewachsen, groß geworden. Von Oesterreich längst gänzlich unabhängig, ging es mehr und mehr darauf aus, Oesterreich geradezu aus Deutschland zu verdrängen und statt seiner die Leitung der deutschen Dinge in die Hand zu nehmen. Durch die Gründung des Zollvereins war ein gewaltiger Schritt zu diesem Ziele geschehen, aber doch nur ein vorbereitender; directe Versuche dagegen scheiterten, das eine Mal an der Ungunst der äußern Umstände, das andere Mal an der eigenen Schwäche. Und doch war es seinem Ziele unendlich viel näher, als es den äußeren Anschein hatte. Oesterreich behauptete zwar mit aller Anstrengung noch immer seine Stellung in Deutschland, so weit sie ihm geblieben war;

aber seine Politik gegen Preußen war doch längst eine bloß defensive; äußerlich hatte es sich noch eine große Stellung in Deutschland erhalten, innerlich aber mehr und mehr aus Deutschland zurückgezogen; befangen in dem ihm historisch überlieferten Ideenkreise mußte es mit diesem und in demselben Grade wie dieser von Tag zu Tag an Boden in Deutschland verlieren. Thatsächlich waren es am Ende nur die Interessen der zahlreichen Dynastien, die für ihre bedrohte Souveränität in Oesterreich Schutz gegen Preußen suchten, die jene Stellung noch stützten und zu erhalten suchten. Auch diese Stützen waren durch die Politik Oesterreichs seit 1864 wankend geworden. Aber trotz alledem bedurfte es doch einer letzten gewaltigen Anstrengung, um die realen Machtverhältnisse zur Anerkennung zu bringen, mußte Preußen alle seine Kräfte zu einem wuchtigen Schlage zusammenfassen, mußte es unläugbar seine Existenz selber dransetzen, wenn es sein Ziel erreichen wollte. Das war denn auch der Grund, warum die preußische Politik in neuerer Zeit so häufig den Stempel einer gewissen Unentschiedenheit trug, der den Eindruck der Schwäche machte. Jetzt war der Mann gefunden, der keine Schwäche kannte und bereit war, die ungeheure Verantwortlichkeit auf sich zu nehmen. Es ist ganz undenkbar, daß es dem Grafen Bismarck nicht klar vor der Seele stand, was er für sich, was er für seinen Staat für den Fall einer Niederlage wagte. Allerdings dürfte es wahrscheinlich sein, daß Preußen, auch wenn es bei Königgrätz, oder in einer Schlacht auf den Ebenen Sachsens oder vor den Thoren Berlins geschlagen worden wäre, und selbst wenn die Oesterreicher in Berlin eingezogen wären, sich noch nicht wie Oesterreich besiegt gegeben hätte, aber daß der Graf Bismarck persönlich nach der ersten Niederlage der Preußen verloren gewesen wäre, das ist wohl außer Frage.

Auch die Lage Europa's und die Stimmung der übrigen Großmächte bereitete dem preußischen Staatsmanne Schwierigkeiten, doch erschien ihm dieselbe im Ganzen nicht ungünstig. Rußland legte Preußen wenigstens keinerlei Hindernisse in den Weg. Es scheint zwar, daß der Kaiser von Rußland den König von Preußen und zwar wiederholt und dringend von Schritten abzuhalten suchte, deren Tragweite nicht zum voraus berechnet werden konnte. Eine Verwickelung auf beschränktem Terrain konnte dagegen Rußland unter

England. Umständen conveniren, da sie ihm für sein energisches Vorgehen in Polen offenbar freiere Hand ließ. England sah dem sich vorbereitenden Kriege gleichgültig und sogar um Dänemarks willen mit einer gewissen Schadenfreude zu. Seitdem es im J. 1864 mit seiner Verwendung für Dänemark gescheitert war, hatte es sich vorerst gänzlich auf sich selbst zurückgezogen und traute Preußen nicht die Kraft zu, Oesterreich niederzuwerfen. So wie die Dinge in Deutschland lagen, schien es kein Interesse zu haben, für die eine oder andere Macht Partei zu nehmen. Ganz eine andere war dagegen die Lage Frankreichs, das durch irgend eine politische Veränderung in Deutschland unmittelbar berührt wurde. Gerade nach dieser Seite aber scheint Graf Bismarck ziemlich beruhigt gewesen zu sein. Theils persönlich, theils durch den preußischen Botschafter in Paris Grafen Goltz hatte er sich mit dem Kaiser im Wesentlichen verständigt. Man glaubte damals, daß diese Verständigung darauf hin erfolgt sei, daß Bismarck dem Kaiser eventuell wenigstens Belgien preisgegeben habe. Die seitherige Entwickelung der Dinge hat diese Ansicht jedoch keineswegs bestätigt und spricht entschieden dagegen, daß Bismarck dem Kaiser überhaupt irgendwelche Compensationen formell zugesagt haben dürfte. Die Mittel, durch welche er den Herrscher Frankreichs dazu bewog, Preußen freie Hand zu lassen, lagen vielmehr, wie es den Anschein hat, in ganz anderen Erwägungen. Man weiß, daß die Sorge für seine Dynastie den Kaiser in erster Linie beschäftigt und in seinen Handlungen wesentlich leitet. Die Lage Deutschlands blieb für Frankreich eine Gefahr, so lange die deutsche Frage nicht gelöst war, eine Pulvertonne, die der erste Funke zur Explosion bringen konnte. Der Kaiser kennt Deutschland zu gut und sein Blick ist zu hell und zu unbefangen, als daß er nicht lange eingesehen hätte, wie in Deutschland alles zu einem gewaltsamen Umsturz reif war und mehr und mehr dahin drängen mußte, wenn nicht irgend eine der deutschen Regierungen, die dazu in der Lage war, zunächst aber die preußische, die Frage der Bundesreform in die Hand nahm, um der deutschen Nation in ihren gerechten und doch so bescheidenen Forderungen Genugthuung zu schaffen. Sollte er die Gefahr, die von daher unter Umständen auch Frankreich und seiner Dynastie drohen mochte, seinem Sohne als Erbtheil zurücklassen? Von Preußen konnte er wenigstens eine

Reform auf conservativen Grundlagen hoffen und erwarten. Es
scheint in der That, daß solche und ähnliche Hinweisungen in den
Tuilerien auf keinen unfruchtbaren Boden fielen. Ueberdieß unterschätzte der Kaiser offenbar wie alle Welt die Kräfte Preußens und
überschätzte wie alle Welt die Macht Oesterreichs und diejenige
seiner deutschen Verbündeten. Er glaubte nicht, daß Preußen im
Stande sein werde, in Deutschland ganze Arbeit zu machen, er setzte
voraus, daß die Waage zwischen den beiden deutschen Großmächten
lange Zeit hin und her schwanken werde und glaubte annehmen zu
dürfen, daß Frankreich in der Lage sein würde, daraus Vortheil zu
ziehen, was unter Umständen wie gar nichts anderes geeignet gewesen wäre, die Napoleonische Dynastie in Frankreich zu befestigen.
Als jedoch die Dinge in Deutschland immer unzweifelhafter dem
Kriege zutrieben, machte sich in der öffentlichen Meinung Frankreichs
eine Strömung geltend, die mit der zusehenden und zuwartenden
Politik des Kaisers keineswegs einverstanden war. Nur zu lange
hat es in Frankreich für ein feststehendes Axiom seiner Politik ge-
golten, daß es seinem Interesse entspreche, wenn es ringsum von
zersplitterten und in dieser Zersplitterung nothwendig schwachen Staaten
umgeben sei, und daß dieser Stand der Dinge von Frankreich um
jeden Preis und mit allen Mitteln aufrecht erhalten werden müsse. Das
alte System des sog. europäischen Gleichgewichts mit seinen rein mecha-
nischen Abrundungen und Combinationen entsprach dieser Politik
natürlich am besten. Damit stand aber die Politik des Kaisers
schon gegenüber Italien und jetzt noch viel mehr, jedenfalls noch
viel näher liegend gegenüber Deutschland im offensten Widerspruch.
Hatte die Errichtung des einheitlichen Königreichs Italien mit Hülfe
Frankreichs in der öffentlichen Meinung des letzteren vielfachen
Zweifel und vielfachen Tadel, im Ganzen jedenfalls nur einen sehr
beschränkten Beifall gefunden, so war jetzt schon die Möglichkeit der
Errichtung eines einheitlichen Deutschlands oder doch einer größeren
Zusammenfassung seiner zersplitterten Elemente in irgend welcher
Form ganz geeignet, die volle Eifersucht der französischen Nation zu
erregen. Wie voriges Jahr gegen Italien, so machte auch jetzt wieder
Herr Thiers sich im gesetzgebenden Körper zum Organ dieser An-
schauung. Hatte er schon damals nicht bloß auf Seite der Opposition
Beifall gefunden, sondern auch vielen Mitgliedern der Majorität

ganz aus der Seele gesprochen, so war dieß jetzt noch viel mehr der Fall. Dazu kam, daß die bisherige Disciplin dieser Majorität seit dem Tode des ebenso gewandten als energischen Morny als Präsidenten des gesetzgebenden Körpers und seit der Ersetzung desselben durch Walewski, der die Zügel lange nicht so fest in der Hand zu halten wußte, in ein bedenkliches Schwanken gerathen war. Zum ersten Mal seit dem Staatsstreich vom 2. December hatte sich in dieser Session bei der Adreßdebatte eine Art Mittelpartei aus dem Schooße der bisherigen Majorität abgelöst, die wenigstens mäßige Concessionen der kaiserlichen Regierung an die Freiheit des Landes befürwortete, obgleich sich der Kaiser selbst bei der Eröffnung der Kammern in seiner Thronrede sehr energisch gegen alle derartigen Bestrebungen und Gelüste ausgesprochen hatte und der Hof freilich ohne Erfolg alles aufgeboten hatte, um eine derartige Secession wo möglich im Keime zu ersticken. Am 3. Mai ergriff nun Herr Thiers im gesetzgebenden Körper eine Gelegenheit, um die deutsche Frage zur Sprache zu bringen. Mit einer Naivetät, die nur in Frankreich möglich ist, machte er den Satz, daß es „von jeher das größte politische Princip Europas gewesen sei, daß Deutschland aus unabhängigen, durch ein einfaches Föderativband unter einander verbundenen Staaten bestehe,“ mit andern Worten, daß Deutschland in seiner Zersplitterung trotz seiner gewaltigen Volkszahl und trotz seiner zahlreichen Armeen schwach sei und schwach bleibe, zum Ausgangspunkt einer wahren Philippica gegen die kaiserliche Regierung oder vielmehr gegen den Kaiser selbst und gegen Preußen, das damit umgehe, ein neues germanisches Reich in Berlin zu gründen, indem es einen Theil Deutschlands unter seinen directen, den andern wenigstens unter seinen indirecten Einfluß zu bringen versuche und bereits dem einheitlichen Italien die Hand biete. „Kann es uns zukommen — rief Herr Thiers aus — in irgend welchem Grade eine solche Politik zu begünstigen?“ Die Antwort lautete natürlich Nein und diese Antwort fand entschiedenen Beifall in allen Theilen der Versammlung, von den Bänken der Majorität nicht minder als von denen der Opposition her. Herr Thiers fuhr fort. Er schilderte, wie Preußen trotz aller Bemühungen, sich als den von Oesterreich bedrohten Theil darzustellen, in Wahrheit doch unzweifelhaft derjenige sei, der den Frieden bedrohe, keineswegs aber Oesterreich, daß den Krieg zwar nicht fürchte, aber sicherlich noch viel weniger suche. „Es handelt sich also darum, ein Mittel ausfindig zu machen, um Preußen daran zu hindern." Herr Thiers fand, daß es drei Wege gebe, zu diesem Ziele zu gelangen: erstens, wenn ihm Frankreich geradezu erkläre, ich leide es nicht; oder wenn es doch klar und bestimmt Preußen wissen lasse, daß sein Unterfangen für ganz Europa gefährlich und der Politik Frankreichs zuwider sei und daß dieses sich darauf in keinem Fall einlassen könne; drittens endlich, wenn Frankreich wenigstens Italien eine Allianz mit Preußen verbiete und damit Preußen diese Unterstützung durchaus entziehe. Als Thiers geendigt, brauste ihm der Beifallssturm der ganzen Versammlung entgegen. Beide hatten unzweifelhaft die Anschauungen des Landes zum Ausdruck gebracht. Eine Abstimmung konnte nicht stattfinden, von einem direkten maßgebenden Einfluß des gesetzgebenden Körpers auf die Leitung der auswärtigen Angelegenheiten gegenüber dem Kaiser überhaupt keine Rede sein. Allein der Kaiser hatte, wie alle Welt fühlte, eine entschiedene moralische Niederlage erlitten, war es seinem Vertreter in der Kammer doch nur mittelst eines gemachten, angeblichen Telegramms, das soeben aus Italien eingelaufen sei und wornach Italien die offizielle Verpflichtung übernommen habe, Oesterreich nicht anzugreifen, gelungen, die weitere Debatte abzuschneiden. Von welcher Bedeutung der Vorgang für Preußen und Deutschland war, kann nicht bestritten werden. Das Schicksal Preußens lag in diesem Augenblick in des Kaisers Hand. Wenn er wollte, so war Preußen genöthigt, sein Schwert wieder in die Scheide zu stecken, seine Pläne augenblicklich wieder fallen zu lassen und dafür eine andere günstigere Gelegenheit abzuwarten. Zum Glück für Preußen ging der Kaiser nicht auf die Ideen des Herrn Thiers und der Kammer ein und hielt fest an seiner bisherigen Haltung, die er durch Rouher in die drei Punkte hatte zusammenfassen lassen „friedliche Politik, loyale Neutralität, vollständige Actionsfreiheit." Doch hielt er es für nöthig, der Rede des Herrn Thiers und der Demonstration der Kammer vom 3. Mai seinerseits eine nicht minder energische Demonstration entgegen zu setzen. Die Einweihung eines Monumentes in Auxerre, die drei Tage später statt fand und zu der er eingeladen war, gab ihm dazu Gelegenheit. An eine Aeußerung des Maire der Stadt anknüpfend, erklärte er laut seinen „Abscheu vor den Verträgen von 1815, die man heute zur einzigen Grundlage unserer auswärtigen Politik machen will". Der bald darauf betriebene Versuch von Friedensconferenzen bildete für die öffentliche Meinung in Frankreich zunächst eine Diversion. Als der Versuch jedoch scheiterte und der Krieg gewiß war, hielt er es für angezeigt, sich über seine Stellung zu demselben und zu der deutschen Frage nochmals öffentlich auszusprechen. Es geschah dieß am 11. Juni durch einen offenen Brief an seinen Minister des Auswärtigen, Herrn Drouyn de l'Huys, der als Programm des Kaisers vor dem Kriege bezeichnet werden darf. „Wir hatten — meinte er — indem wir die Friedensconferenzen anregten, für die zum deutschen Bunde gehörigen Staaten zweiten Ranges ein engeres Aneinanderschließen, eine kräftigere Organisation, eine wichtigere Rolle gewünscht; für Preußen mehr Abrundung und Kraft im Norden; für Oesterreich die Erhaltung einer großen Stellung in Deutschland." Der Staatsminister Rouher theilte das Schreiben dem gesetzgebenden Körper offiziell mit, mit dem dringenden Wunsche, daß auf jede weitere Discussion in der deutschen und der italienischen Frage verzichtet werden möge. Die Majorität fügte sich wieder gedulbig; umsonst versuchte es die Opposition in den folgenden Tagen wiederholt, die europäische Lage neuerdings zur Sprache zu bringen; die Majorität ging nicht mehr darauf ein; Herr Thiers aber rief ihr in höchster Erregung zu: „die Kammer erklärt damit, daß sie abdankt." Genug, Preußen hatte von Frankreich her für einmal in Deutschland freie Hand.

Wir kehren zu den Ereignissen zurück. Der überstürzte Antrag Oesterreichs in Frankfurt, die gesammte Bundesarmee zu mobilisiren und Preußen mit einem Bundeskriege zu bedrohen, gab diesem freie Hand, die Action, die es in Schleswig-Holstein begonnen, nun auch gegen Oesterreich und seine deutschen Verbündeten in Bewegung zu setzen. Kaum war der verhängnißvolle Beschluß am 14. Juni in Frankfurt gefaßt und die telegraphische Kunde davon in Hannover und Cassel eingetroffen, erging auch in diesen beiden Staaten der Befehl, die gesammten Streitkräfte derselben nunmehr mobil zu machen. Allein schon war es dafür zu spät. Preußen war bereit, augenblicklich zu handeln und war es ihm auch nicht gelungen, diese beiden Regierungen zu einer vertragsmäßigen Neutralität zu vermögen, so war es ihm doch gelungen, sie von allen kriegerischen

Vorbereitungen zurückzuhalten und sogar dahin zu bringen, daß sie die österreichische Brigade in Holstein, die ihnen als Stützpunkt gegen Preußen hätte dienen können, ruhig von dort und durch ihr Land abziehen ließen. Von Seite Frankreichs vorerst wenigstens außer Sorge, hatte Preußen die Rheinlande und Westphalen von Truppen fast vollständig entblößt, um alle seine Kräfte zum entscheidenden Kampfe mit Oesterreich zusammen zu fassen. Zu diesem Ende hin hatte es zwei große Armeen, die eine unter dem Prinzen Friedrich Karl in der Provinz Sachsen, die andere unter dem Kronprinzen in Schlesien zusammengezogen; eine dritte kleinere Armee stand unter dem Gen. Herwarth v. Bittenfeld an den Grenzen des Königreichs Sachsen, während mehrere vereinzelte, aber, wie es meinte, genügende Corps bereit waren, von verschiedenen Seiten in Hannover und Kurhessen einzurücken. Diesen fiel denn auch die nächste Aufgabe zu, da Preußen vor allem aus den Rücken frei haben mußte. Schon am 15. Juni richtete es das kategorische Begehren an Sachsen, Hannover und Kurhessen, ihre Truppen sofort wieder auf den Friedensstand vom 1. März d. J. zurückzuführen und mit ihm einen neuen Bund auf Grundlage seiner Vorschläge vom 10. Juni einzugehen, wogegen Preußen bereit sei, den betreffenden Fürsten ihr bisheriges Gebiet und ihre Souveränetät in der Beschränkung, wie sie durch jene Vorschläge bedingt sei, zu garantiren. Die Sommation gab allen drei Regierungen nur 24 Stunden Bedenkzeit und drohte für den Fall einer ablehnenden oder auch nur einer ausweichenden Antwort mit sofortigen kriegerischen Maßregeln. Sachsen allein war darauf vorbereitet. Dennoch konnte die Antwort keinen Augenblick zweifelhaft sein, nachdem auch Hannover und Kurhessen dem österreichischen Antrag in Frankfurt zugestimmt hatten, obgleich beide nicht einmal daran denken konnten, die Hauptstädte zu halten und auch nur einen Versuch zu machen, Gewalt mit Gewalt abzuwehren, die Majorität der in beiden eben versammelten Volksvertretungen mit der preußenfeindlichen Politik ihrer Regierungen überdieß nicht einverstanden war. Die Ablehnung des preußischen Begehrens erfolgte von Seite der drei Regierungen noch im Laufe des 15. Juni. Die sächsische Armee sammelte sich ziemlich wohl vorbereitet rasch und schlug unter dem Befehle des Kronprinzen den Marsch an die böhmische Grenze ein, um sich jenseits derselben mit der österreichischen

Deutsch- unter Benedek zu vereinigen; in Cassel zog der Kurfürst alle ver-
land. fügbaren Truppen eilig zusammen und schickte sie in guter Ordnung auf dem Wege nach Hanau gegen Süden, um sie dort mit
den süddeutschen Truppen des 8. Bundesarmeecorps zu vereinigen;
in Hannover wurde wenigstens zusammengerafft, was zusammen zu
raffen war und was schlecht ausgerüstet zusammengerafft werden
konnte, zog gegen Göttingen ab, um von dort aus einen Anschluß
an die süddeutschen Verbündeten zu suchen. Der König Johann von
Sachsen folgte seiner Armee und ebenso auch der König von Hannover mit dem Kronprinzen seinen Truppen; der Kurfürst von
Hessen dagegen blieb in Wilhelmshöhe, ruhig der Dinge wartend,
die da kommen würden; die drei Hauptstädte standen dem Feinde
offen. Die Preußen zögerten auch keinen Augenblick: schon am
16. Juni rückte General Herwarth v. Bittenfeld mit seiner Armee
in Sachsen, Gen. Beyer von Wetzlar aus in Kurhessen, die Generale Vogel v. Falckenstein von Minden aus und Manteuffel von
Holstein aus in Hannover ein und schon am 17. Juni fiel Hannover, am 18. Dresden und Cassel ohne Widerstand in ihre Hände.
Bald war ganz Sachsen, nachdem die sächsische Armee auf österr.
Gebiet übergetreten war, der größte Theil von Kurhessen und nachdem der König Georg am 21. mit seinen Truppen von Göttingen
aus in der Richtung nach Langensalza und Eisenach abgezogen war,
auch ganz Hannover in den Händen der Preußen. Augenblicklich
waren diese zu schwach, die kurhessischen Truppen bei Fulda und
Hanau abzuschneiden oder zu verfolgen; dagegen sammelten sie sich
so rasch wie möglich, um der kleinen hannoverschen Armee, die
kaum 15,000 Mann stark in jeder Beziehung schlecht ausgerüstet
war und bald an Lebensmitteln sogar bittern Mangel zu leiden an-
fing, den Weg zu verlegen und sie wo möglich mit überlegenen
Streitkräften zur Capitulation zu zwingen. Das gelang denn auch
wirklich am 28. Juni, doch erst nachdem ein preußisches Corps
unter Gen. Flies durch einen vereinzelten Angriff eine sehr empfindliche Schlappe erlitten hatte. Die kleine hannoversche Armee
wurde durch die Capitulation verpflichtet, sich in ihre Heimath zu
begeben und nicht weiter gegen Preußen zu dienen; dem König
wurde sein Privatvermögen zugesichert und ihm freigestellt, seinen
Aufenthalt außer dem Königreich nach freier Wahl zu nehmen. Er

ging bald darauf mit dem Kronprinzen nach Wien. Die Preußen aber setzten sich in Hannover, Sachsen und Kurhessen fest, ergriffen überall die Regierungsgewalt und hatten nunmehr wenigstens den Rücken frei zum Kampf gegen Oesterreich wie gegen die süddeutschen Staaten.

Das letztere hatte keine besondere Eile; der Hauptentscheid mußte jedenfalls gegen Oesterreich fallen. Die ersten Tage nach dem Ausbruch des Krieges standen sich an der böhmischen Grenze die Heeresmassen der Oesterreicher und der Preußen noch unbeweglich gegenüber und mit großer Spannung gewärtigte die öffentliche Meinung Europas, welche von beiden die Offensive ergreifen werde. Im allgemeinen erwartete man es von Oesterreich, dessen Streitkräfte man denjenigen Preußens an Zahl wie an Kriegserfahrung überlegen erachtete, und dessen Generalissimus Benedek ja einen unfehlbaren Kriegsplan ausgedacht haben sollte. Es zeigte sich bald, daß jenes keineswegs der Fall, daß vielmehr die beiden feindlichen Armeen sich so ziemlich die Waage hielten, daß Benedek nicht nur keinen unfehlbaren, sondern überhaupt so ziemlich gar keinen festen Kriegsplan zum voraus sich ausgedacht hatte. Am 22. Juni setzten sich dagegen die beiden preußischen Armeen unter dem Kronprinzen und dem Prinzen Friedrich Karl, denen sich nunmehr auch die sog. Elbarmee unter dem General Herwarth von Bittenfeld, welche das Königreich Sachsen besetzt hatte, anschloß, in Bewegung und überschritten in den folgenden Tagen die böhmische Grenze. Wer jetzt noch auf innere Unzufriedenheit, innere Spaltungen unter den Preußen rechnete, gab sich einer Täuschung hin. Mit dem Beginn der Action hatte die vollkommenste Disciplin die Oberhand gewonnen; es handelte sich jetzt um die Existenz des Staates selbst und vor diesem überwältigenden Gefühl traten alle bisherigen Differenzen unbedingt zurück; die ersten Erfolge der preuß. Waffen gegen die so lange geduldig ertragene Ueberhebung der Mittelstaaten hatte das preußische Selbstgefühl überdies mächtig gehoben. Die Preußen waren von dem ernsten Bewußtsein durchdrungen, daß sich jetzt bewähren müsse, worauf sich ihr ganzes Staatswesen nicht etwa erst seit der sog. Armeereorganisation, sondern schon seit fünfzig Jahren in Wahrheit vorbereitet hatte. An Kriegserfahrung standen sie den Oesterreichern und ihren Führern allerdings nach; in allem anbern waren sie ihnen dagegen entschieden überlegen. In ihren Reihen war die Blüthe ihres gesammten Volkes vereinigt, wie in gar keiner andern Armee Europa's; ihre Generale, auch wenn viele von ihnen den Krieg noch nicht aus eigener Erfahrung kannten, waren wenigstens sorgfältig und nicht nach bloßer Gunst ausgewählt; - die Mannschaft zählte weniger wettergebräunte alte Soldaten in ihren Reihen und durchweg weniger Dienstjahre als der Feind, aber die wenigeren Dienstjahre der Preußen waren aufs gewissenhafteste verwendet worden, um die höchst mögliche Ausbildung und Kriegstüchtigkeit zu erzielen; die Intelligenz, auf die die preuß. Armee pochte und die in ihren Reihen unläugbar zahlreich vertreten war, mußte nothwendig gegen die bloße rohe Kraft ins Gewicht fallen, sobald sie sich überall den Zwecken des Ganzen willig ein- und unterordnete; die Bewaffnung, namentlich die Zündnadelgewehre, die ganze Ausrüstung war vollkommener als auf Seite des Gegners; die Kriegsverwaltung, das Commissariatswesen, das Sanitätswesen, die zum ersten Mal formirten Eisenbahn=Ingenieurabtheilungen entsprachen den neuesten Fortschritten der Wissenschaft und standen auf der Höhe der Zeit. Die preußische Armee zeigte einem anerkannt furchtbaren Feinde gegenüber keinerlei Ueberhebung, aber auch trotz des ungeheuern Einsatzes keinerlei Muthlosigkeit. Ruhig ging sie der Entscheidung entgegen, jeder schien entschlossen, an seinem Orte seine Pflicht zu thun. So rückten die Preußen in Böhmen ein. Sie fanden die Bergpässe unvertheidigt und erst als sie aus den Defilé's debouchirten, warf ihnen Benedek einige seiner Armeecorps vereinzelt entgegen, hier die sächsische Armee und das Corps des Grafen Clam=Gallas, dort die Armeecorps der FML. Ramming und Gablenz und des Erzherzog Leopold. Die Oesterreicher schlugen sich tapfer, aber ihre vereinzelten Corps ohne einen zusammenhängenden Defensivplan vermochten dem Vordringen der preußischen Waffen und ihren sicheren Combinationen nicht zu widerstehen. Sie wurden bei Podol und Nachod, bei Münchengrätz und Skalitz, bei Gitschin und Königinhof geschlagen und zurückgedrängt. Am 27. Juni gelang es bereits der Elbarmee und der Armee des Prinzen Friedrich Karl, am 29. auch diesen und der Armee des Kronprinzen sich die Hand zu reichen. An diesem Tage stand die ganze preuß. Armee vereinigt in Böhmen den Oesterreichern gegenüber, die bereits auf

allen Puncten in vollem Rückzuge auf Königgrätz begriffen waren. Deutschland.
Die Entscheidung nahte. Jetzt, am 30. Juni, ging auch der König
von Preußen zur Armee ab und schon am Abend des 2. Juli ertheilte er auf den folgenden Tag den Befehl zur Schlacht. Die
Stärke beider Armeen in dieser Schlacht bei Königgrätz oder, wie
sie die Franzosen nennen, bei Sadowa, war ziemlich gleich; die
Oesterreicher leisteten Anfangs und bis gegen Mittag einen entschlossenen und kräftigen Widerstand, aber als das Centrum ihrer Stellung um Mittag durchbrochen ward, war ihr Muth gebrochen und
sie wichen, erst ziemlich geordnet, dann schneller und eiliger, zuletzt
in voller Auflösung und wilder Flucht. Die eine Schlacht entschied
über das Schicksal des ganzen Feldzugs. Benedek hatte nur noch
Trümmer seiner Armee um sich, die er mühsam sammelte und nach
Olmütz führte, um sie dort erst wieder zu organisiren. Oesterreich
lag am Boden; es hatte keine zweite Armee, um sie sofort dem
siegreichen Feinde entgegenzuwerfen, Böhmen und Mähren, der Weg
nach Wien stand den Preußen offen.

Die Welt war überrascht und erwachte wie aus einem
schweren Traume. Eine so rasche, durchgreifende Entscheidung hatte
man namentlich in Paris nicht gewärtigt und an die Stelle der
kühlen kalten Berechnung trat plötzlich eine in den Tuilerien bisher
ungewohnte bange Sorge vor der Entwickelung der deutschen Dinge.
Einen solchen Erfolg hatten die Preußen selber in ihren kühnsten
Hoffnungen nicht vorauszusehen gewagt; selbst sie waren auf wech-
selnde Erfolge und auf ein langes Ringen mit dem alten zähen
Rivalen gefaßt und vorbereitet gewesen. Nimmermehr hatte Oesterreich gegenüber einem Gegner, den es zu unterschätzen gewöhnt war,
einen so jähen, so vollständigen Sturz befürchten zu müssen geglaubt.
Dem weiteren Vordringen der Preußen boten die in Olmütz erst zu
sammelnden Ueberreste der geschlagenen Armee Benedeks kein wesentliches Hinderniß von der Flanke her dar; Wien selbst, die alte
Kaiserstadt, mußte sich darauf gefaßt machen, dem Sieger in die
Hände zu fallen. Ein einziger Rettungsbalken war noch übrig,
Venetien Preis zu geben und damit die Armee, über die Oesterreich
allein noch zu verfügen hatte, frei zu machen. Glücklicher Weise
konnte das geschehen, ohne wenigstens der Ehre des Reichs zu nahe
zu treten. Niedergeworfen im Norden, war Oesterreich im Süden

Oester- noch einmal Sieger geblieben. Sobald nämlich Italien die Nachricht
reich. empfangen hatte, daß der Krieg in Deutschland wirklich ausgebrochen
sei, hatte auch es sich zufolge seiner Allianz mit Preußen in Bewegung gesetzt. Zwei Wege standen ihm offen, Oesterreich anzugreifen: es konnte einen directen Versuch machen, von vorn in das Festungsviereck einzubrechen oder aber über den untern Po gehn, um dasselbe von rückwärts zu fassen. Auffallender Weise zog Italien das erstere vor. Eben da die Preußen im Begriff waren, in Böhmen einzubrechen und bevor dort noch irgend eine auch nur vorläufige Entscheidung gefallen war, ging die italienische Armee unter dem persönlichen Befehl des Königs nach dem Feldzugsplane Lamarmora's über den Mincio, indem sie die Oesterreicher erst hinter der Etsch zu finden glaubte. Allein diese warfen sich unter dem Erzherzog Albrecht den Italienern sofort entgegen, schlugen sie trotz tapferer Gegenwehr bei Custoza aufs Haupt und zwangen sie, alsbald wieder über den Mincio zurückzugehn, worauf die Dinge hier vorerst zu einem vollständigen Stillstand kamen, da die Oesterreicher ihrerseits auf der Defensive verharrten. Die Ehre der österr. Waffen war den Italienern gegenüber noch einmal gerettet; allein das war auch das einzige. Die Stellung Oesterreichs in Venetien war trotz des Festungsvierecks politisch längst eine ganz und gar unhaltbare. Die Schlacht von Königgrätz machte ihr nunmehr ein schnelles Ende. Zwar hatte Oesterreich noch am 1. Juni in der Depesche, in der es die Theilnahme an der beabsichtigten Friedensconferenz in Paris thatsächlich ablehnte, mit großem Nachdruck behauptet, daß es auf den Besitz von Venetien nicht verzichten könne, ohne zugleich auf seine Stellung als europäische Großmacht zu verzichten. Allein Noth bricht Eisen. Die Unhaltbarkeit seiner Herrschaft in Venetien, die von Italien mit der Unterstützung so zu sagen der gesammten öffentlichen Meinung Europa's fortwährend angefochten und bedroht war und gegen die unzweifelhaften Wünsche der weit überwiegenden Mehrheit der Bevölkerung selbst nur mit Gewalt, nur mit Hülfe einer jederzeit schlagfertigen Armee, an der sich die Finanzen des Reichs verbluteten, aufrecht erhalten werden konnte, muß doch schon seit längerer Zeit selbst in der Hofburg zu Wien eingesehen worden sein. Jetzt in der furchtbaren Bedrängniß, die plötzlich über Oesterreich hereingebrochen war, wo das Reich selbst in Frage gestellt zu sein

schien, war es unausweichlich, einen Entschluß zu fassen und zwar ohne einen Augenblick zu verlieren. Wenn das Schiff über Wasser gehalten werden sollte, mußte der Ballast über Bord geworfen werden. Venetien wurde Preis gegeben. Schon am folgenden Tag nach der Schlacht von Königgrätz, da sich der Kaiser Franz Joseph hatte überzeugen müssen, daß die Armee Benedek's nicht bloß geschlagen, sondern geradezu vernichtet war, daß für weitern Widerstand auf die Reste derselben zunächst wenigstens gar nicht gerechnet werden konnte, daß keine Streitkräfte vorhanden oder rasch zu beschaffen waren, um Wien zu sichern, oder selbst nach dem Verluste desselben den Widerstand fortzusetzen, daß auf den Landsturm der noch unberührten deutschen Provinzen nicht zu rechnen sei und ebenso wenig auf die Anhänglichkeit der Ungarn, die keine Miene machten, dem Reiche beizuspringen, daß mit einem Worte das Reich wehrlos am Boden lag und selbst Unterhandlungen um Frieden ohne den geringsten Nachdruck oder Nachhalt irgend welcher bereiter Kräfte geführt werden mußte, da entschloß sich Oesterreich, Venetien fahren zu lassen, jedoch es nicht Italien, sondern dem Kaiser der Franzosen abzutreten und zwar ohne alle und jede Bedingung abzutreten. Die Absicht lag auf der Hand. Es handelte sich nicht bloß darum, die in Venetien stehende Armee unter dem Erzherzog Albrecht frei zu machen für die Vertheidigung Wiens, sondern auch darum, Frankreich in die Verwickelung hineinzuziehn, Zeit zu gewinnen und sich jedenfalls die diplomatische, vielleicht sogar die bewaffnete Unterstützung Frankreichs zu sichern.

Der verzweifelte Schritt mißlang. Nur die äußerste Demüthigung des alten Kaiserstaates, die Preußen siegreich in Wien einziehen zu sehen, wurde damit abgewendet, die deutsche und die italienische Stellung Oesterreichs waren durch den einen Schlag von Königgrätz verloren und blieben verlorn. Frankreich acceptirte wohl die Cession Venetiens und übernahm die Vermittlung nicht bloß zwischen Oesterreich und Italien, sondern auch zwischen Oesterreich und Preußen; zu einem entscheidenden Eingreifen war es jetzt zu spät. Als freilich der französische „Moniteur" am Morgen des 5. Juli jene Thatsachen der Welt verkündete, glaubten sich Paris und die öffentliche Meinung in Frankreich in dem erhebenden Gefühl wiegen zu dürfen, daß ihr Kaiser doch richtig gerechnet habe,

Deutsch- als er die Dinge in Deutschland scheinbar unthätig zusehend gehen
land. ließ, hatten ihm doch jetzt diese selbst anscheinend die Entscheidung
als dem anerkannten Schiedsrichter Europa's in die Hände gelegt;
Paris flaggte, Paris illuminirte zu Ehren des großen Ereignisses.
In den Tuilerien war es doch nur ein lindernder Tropfen auf eine
brennende Wunde. Wie alle Welt so hatte sich auch der scharf blickende
und kühl erwägende Kaiser der Franzosen über die Kraft und Macht
des preuß. Staats und des preuß. Volkes getäuscht. Deutschland war an
dem einen Tag von Königgrätz erstanden. Es war zu spät, es jetzt
noch daran hindern zu wollen. Napoleon fand in dem Grafen
Bismarck seinen Mann, der genau wußte, was er wollte und der
die Macht, die das sich vollendende Geschick in seine Hand gelegt
hatte, zwar durchaus nicht überschätzte, aber auch in keiner Richtung
unterschätzte und zu behaupten selbst auf jede Gefahr hin entschlossen war. Als die preußischen Armeen in Böhmen einrückten, wurde
die öffentliche Meinung Europa's eine Zeit lang durch ihre eigene
zuversichtliche Erwartung und durch ein ganzes Netz unwahrer Telegramme von Wien aus über die ersten Erfolge derselben getäuscht.
Als sich diese Nebel zerstreut hatten, erstaunte die Welt über die
Präcision und über das sichere Ineinandergreifen und das unauf-
haltsame Vordringen einer noch unerprobten Armee gegenüber einem
Feinde, der ihr an Zahl immerhin gewachsen war und der sich auf
zahlreichen Schlachtfeldern selbst der neuesten Zeit die allgemeine
Achtung Europa's erworben oder vielmehr bewahrt hatte. Die Ruhe
und Sicherheit, die Entschlossenheit und doch zugleich Mäßigung,
mit der die preußische Diplomatie, nachdem der entscheidende Schlag
auf dem Schlachtfelde erfolgte, nunmehr ihrerseits und zwar
Hand in Hand mit der daneben fortgehenden Kriegführung
in die Action eintrat, erregte und mit Recht nicht minder die Bewunderung Europa's. Graf Bismarck war weit entfernt, die angebotene Vermittlung Frankreichs abzulehnen, obgleich sie unzweifelhaft
dahin zielte, den Erfolgen der preußischen Waffen nach allen Seiten
die möglichsten Schranken zu setzen; aber das, was er für Preußen
und für Deutschland als die Hauptsache erachtete, die definitive Ausschließung Oesterreichs aus dem deutschen Bund und eine definitive
Consolidirung Preußens, die nach den Befreiungskriegen von den

Großmächten bereitelt worden und gescheitert war, hielt er entschlossen aufrecht.

Nur unter diesen Bedingungen und auf dieser Grundlage nahm Graf Bismarck die angebotene Vermittlung Frankreichs in einer Weisung an den preuß. Botschafter in Berlin sofort an und eben diese Grundlage forderte auch ein eigenhändiges Schreiben des Königs von Preußen an den Kaiser Napoleon, mit dem Prinz Reuß am 10. Juli in der französischen Hauptstadt eintraf, während Italien einseitigen Unterhandlungen über Venetien, die es in völlige Abhängigkeit von Frankreich zu bringen drohten, mit Rücksicht auf die unter Zustimmung Frankreichs selbst gegenüber Preußen durch seine Allianz vom 8. April eingegangenen Verpflichtungen auszuweichen suchte und darin von Preußen natürlich nach Kräften ermuntert und unterstützt wurde. Frankreich hatte nur die Wahl, entweder sofort in die Action einzutreten und Oesterreich mit den Waffen in der Hand gegen Preußen und gegen Italien zu unterstützen, wozu es jedoch in keiner Weise vorbereitet war, oder aber sich auf seine guten Dienste gegenüber Preußen und selbst gegenüber Italien zu beschränken, d. h. in Wahrheit die Hauptforderungen Preußens von vornherein zuzugestehen, obgleich sie mit dem Programm Napoleons vom 11. Juni in unzweifelhaftem Widerspruch standen. In Wien hoffte man das erstere und auch dem französischen Ministerrathe, der darüber am 11. Juli zusammentrat, fiel die Entscheidung schwer. Der Kaiser entschied jedoch für die letztere Alternative, die Bedingungen Preußens wurden zugestanden und denselben von Frankreich nur die Beschränkung entgegengesetzt, daß die deutschen Staaten südlich des Mains der Hegemonie Preußens entzogen werden sollten. Darauf hin wurden denn die Unterhandlungen unter der Vermittlung Frankreichs zwischen den Betheiligten eingeleitet. Indessen gingen die kriegerischen Operationen dadurch unbeirrt ihren Weg weiter. Die preußischen Armeen rückten ungehindert vor, besetzten Böhmen, Schlesien, Mähren und drangen bis über die Linie der Thaya hinaus gegen das linke Donauufer vor, ohne dabei irgendwo auf einen namhaften Widerstand zu stoßen. Italien seinerseits nahm trotz der Cession Venetiens an Frankreich die seit der Schlacht von Custoza eingestellten Offensivoperationen am 8. Juli wieder auf und seine Armee rückte unter Cialdini vom untern Po her in

Deutsch-land. Venetien ein. Oesterreich aber begnügte sich, das Festungsviereck und die Stadt Venedig besetzt zu halten, sprengte dagegen die Befestigungen von Rovigo und die Eisenbahnbrücken in die Luft und zog in höchster Eile Regiment um Regiment seiner italienischen Armee an die Donau, um, wenn es sein mußte, dort und zum Schutze Wiens unter dem Erzherzog Albrecht, den es zum Oberbefehlshaber aller seiner Streitkräfte ernannte, noch einmal sein Glück zu versuchen; ebendahin führte auch Venedek die Reste seiner Armee von Olmütz aus, da unter Umständen an der Donau jeder Zuwachs von Kräften entscheidend sein konnte, während er die Preußen von Olmütz aus in der Flanke wohl beunruhigen, aber keineswegs ernstlich bedrohen konnte. Der König von Preußen lag mit seinem Hauptquartier seit dem 21. Juli in Nikolsburg. Dort wurde über eine Waffenruhe oder über einen Waffenstillstand unterhandelt, an welchen letzteren jedoch Preußen von Anfang an die Bedingung geknüpft hatte, daß Oesterreich gleichzeitig seine wesentlichsten Forderungen als Friedenspräliminarien annehme. Konnte sich Oesterreich dazu noch immer nicht verstehen und zerschlugen sich deßhalb die Unterhandlungen, so mußte nochmals an der Donau eine Schlacht zwischen Oesterreich und Preußen entscheiden. Die Preußen sahen dem Entschlusse Oesterreichs mit vollkommener Zuversicht entgegen: siegten sie nochmals, so war Wien in ihren Händen und stand ihnen in Oesterreich kein organisirtes österreichisches Armeecorps mehr entgegen.

Und zu derselben Zeit waren sie bereits auch Herren auf dem Kriegsschauplatze in Süddeutschland und als Sieger in Frankfurt, dem Sitze des bisherigen Bundestages eingezogen. Als der König von Hannover in den letzten Tagen des Juni bei Langensalza capitulirte und seiner Krone thatsächlich verlustig ins Exil ging, um nicht wieder in seine Staaten zurückzukehren, im ganzen Norden Deutschlands aber den Preußen kein Feind mehr gegenüberstand, beeilten sich die norddeutschen Kleinstaaten, ihre Gesandten von Frankfurt abzuberufen und das ihnen von Preußen angebotene Bündniß auf Grund der Vorschläge vom 10. Juni anzunehmen, einige wenige wie Coburg-Gotha, Sachsen-Weimar und Oldenburg mehr oder weniger willig, die andern, wie namentlich das feudale Mecklenburg, mehr oder weniger widerwillig. Die zunächst gegen Hannover zusammengezogenen Streitkräfte formirten sich nach der Capitulation des Königs Georg als preußische Mainarmee unter dem Befehle des Generals Vogel v. Falckenstein, um den vom Bunde aufgerufenen Armeen der Bayern unter dem Prinzen Karl von Bayern und des 8. Bundesarmeecorps der Württemberger, Badenser, Hessen-Darmstädter und Nassauer unter dem Prinzen Alex. v. Hessen, wozu dann auch noch die Kurhessen und ein kleines österr. Corps traten, zu widerstehen. Auf dem böhmischen Kriegsschauplatze waren die Preußen von Anfang an den Oesterreichern an Zahl vollkommen gewachsen, auf dem süddeutschen Kriegsschauplatze war das keineswegs gleichfalls der Fall: die preuß. Mainarmee zählte nie viel über 50,000 Mann, jedes der beiden süddeutschen Bundesarmeecorps war für sich so stark, zusammen also waren sie vollkommen doppelt so stark als das preußische. Dagegen hatten die Preußen den Vortheil eines festen einheitlichen Oberbefehls, während dieß auf süddeutscher Seite keineswegs der Fall war und der ganze süddeutsche Krieg des Jahres 1866 von der Vorsehung den Teutschen dazu gesandt zu sein schien, um ihnen so zu sagen handgreiflich zu zeigen, wie unbedingt nothwendig im Kriege eine einheitliche Organisation, militärische Unterordnung und militärischer Gehorsam ist und daß selbst tüchtige Truppen und an sich tüchtige Führer geradezu jämmerlich unterliegen müssen, wenn diese Einheit, diese Unterordnung, dieser Gehorsam fehlen. Ein Beschluß des Bundestags hatte zwar von Anfang an den Führer des 8. Bundesarmeecorps, den Prinzen Alexander von Hessen, dem Führer der bayerischen Armee, dem Prinzen Karl, unterstellt und diesen hinwieder wenigstens bis auf einen gewissen Grad dem österreichischen Generalissimus Venedek untergeordnet. Allein während des ganzen Feldzugs war von irgend einem Zusammenwirken dieser drei Factoren, von irgend einem einheitlichen Kriegsplan auch nicht das mindeste zu verspüren. Zwischen der österreichischen Armee unter Venedek und den beiden süddeutschen Armeecorps bestand gar nie auch nur der leiseste Zusammenhang, obwohl schon am 14. Juni eine besondere Militärconvention zwischen Oesterreich und Bayern zum Zwecke gemeinschaftlicher Kriegführung abgeschlossen worden war, außer daß sich ein österreichischer Militärbevollmächtigter im bayrischen und ein bayrischer Militärbevollmächtigter im österreichischen Hauptquartier aufhielt. Aber auch zwischen den beiden Armeen der süddeutschen Bundesstaaten wurde eine Vereinigung und Cooperation

Dritte- von Anfang umsonst beabsichtigt und versucht und erst erreicht, als
land. es bereits zu spät war und jede derselben von den Preußen für
sich zurückgeworfen und in einer Reihe von einzelnen kleinen Gefechten geschlagen worden war. Die Kriegführung der südbeutschen Staaten entsprach durchaus dem politischen Princip, von dem diese Staaten sammt und sonders ausgingen, an dem sie festhielten, für das sie eben jetzt wieder mit Oesterreich gegen Preußen einzustehen sich entschlossen hatten, dem Princip des Particularismus, der in erster Linie seine und nur seine Interessen im Auge hat, jeder Unterordnung unter gemeinsame nationale Interessen widerstrebt, in dessen Horizont es gar nicht fällt, daß diesen gemeinsamen nationalen Interessen Opfer und zwar, wo es sich um die Existenz aller handelt, auch schwere Opfer nothwendig gemacht werden müßten. Da die südbeutschen Streitkräfte den preußischen von Anfang an an Zahl so weit überlegen waren, zumal so lange die kleine aber tapfere hannover'sche Armee noch nicht capitulirt hatte, so erschien eine energische Offensivoperation derselben gegen Norden nicht bloß möglich, sondern durch die ganze Lage der Dinge sogar angezeigt zu sein. Es scheint aber daran niemals auch nur gedacht worden. Die Contingente eines jeden der verschiedenen südbeutschen Staaten waren vielmehr in erster Linie nur darauf bedacht, die Grenzen je ihres eigenen Staates zu decken; sich von demselben allzuweit zu entfernen und damit den eigenen Staat möglicher Weise schutzlos dem Angriff des Feindes momentan Preis zu geben, um die Existenz aller zu retten, daran dachten sie gar nicht, das widersprach ihrer ganzen politischen Anschauung. Damit hatten die Preußen dann freilich das Spiel von Anfang an gewonnen. Zunächst wandten sie sich unter ihrem überaus tüchtigen, energischen und doch vorsichtigen Führer, General Vogel v. Falckenstein, in richtiger Berechnung gegen die stärkere, weil immerhin noch einheitlichere Hälfte der südbeutschen Streitkräfte, die Bayern. Diese waren zuerst unter ihrem Prinzen Karl von Coburg und Meiningen aus nordwestlich bis Kaltenmordtheim und ins Fuldathal vorgerückt, um den Hannoveranern, die sie von Norden her erwarteten, die Hand bieten und zugleich ihre Vereinigung mit dem 8. Bundesarmeecorps nach Westen bewerkstelligen zu können. Allein als die ersteren capitulirt hatten und schon nach dem ersten unentschiedenen Gefecht mit den anrückenden Preußen bei Dermbach gingen

die Bayern zurück, verzichteten vorerst auf eine Vereinigung mit dem Deutsch-
8. Bundesarmeecorps und nahmen Stellung an der fränkischen land.
Saale, bereits im Gebiete des Mains. Die Preußen folgten ihnen
ihnen und griffen sie bei Kissingen und Hammelburg neuerdings an;
auch nach diesen heftigen Gefechten, an denen jedoch wiederum nur
ein Theil der bayerischen Armee engagirt war, gingen die Bayern
am 10. Juli neuerdings nach Schweinfurt und hinter den Main
zurück. Hier endlich wollte die gesammte bayerische Armee den
Feind, wie die offiziellen Telegramme besagten, in Schlachtordnung
erwarten. General Vogel v. Falkenstein hatte jedoch nach dieser
Seite vorerst seine Aufgabe erfüllt, seinen Zweck erreicht. Er hatte
sich glücklich zwischen die beiden süddeutschen Armeen hinein und
die Bayern bei Seite geschoben; diese waren überdieß durch die er-
folglosen Einzelgefechte und die fortwährenden Concentrationen nach rückwärts bereits wesentlich demoralisirt. Die Preußen ließen daher die Bayern
bei Schweinfurt ruhig in Schlachtordnung stehen und wendeten sich
nunmehr gegen das 8. Bundesarmeecorps nach Westen, wo überdieß neben der kriegerischen auch eine politische Aufgabe ihrer harrte.
Prinz Alexander schickte ihnen die Hessen und das österreichische
Corps entgegen; es kam am 14. Juli bei Laufach und bei Aschaffenburg zu einem hartnäckigen und blutigen, in letzterem sogar zu einem
heftigen Häuser- und Straßenkampfe. Die Preußen siegten und
dieser eine Tag entschied auch nach dieser Seite hin. Prinz Alexander
gab nach demselben Frankfurt, wo er sich eben noch zu halten und
den Bundestag, der indeß bereits zu einem Rumpfbundestag zu-
sammengeschmolzen war, durch Befestigung der Stadt zu schützen
gedacht hatte, auf und zog sich mit seiner ganzen Armee südwärts
nach dem Odenwald zurück. Frankfurt, die bisherige Bundesstadt,
lag vor dem siegreichen preußischen General offen, schutzlos da und
dahin zog er denn auch sofort und in Eilmärschen. Der Rumpfbundestag brachte hastig die Bundeskasse in Sicherheit und verlegte
seinen Sitz, wie er sagte, vorläufig nach Augsburg. Am 18. Juli
zogen die Preußen in Frankfurt und wenige Tage später auch in
Darmstadt und Wiesbaden ein; der Großherzog von Hessen und
der Herzog von Nassau mußten ihre Staaten verlassen. Militärisch
und politisch war damit auch nach dieser Seite hin die Entscheidung
gefallen. Die spätere, endliche Vereinigung der beiden süddeutschen

Deutsch-
land. Armeen, eine Reihe von Gefechten zwischen den Preußen und den einzelnen süddeutschen Contingenten, auch der Badenser und der Württemberger, bis zur Beschießung der bayerischen Feste Marienberg durch die Preußen und die Besetzung Würzburgs durch dieselben änderten daran nichts, bestätigten vielmehr lediglich das bisherige Resultat des Krieges. Wie die Oesterreicher in Böhmen, so waren die Süddeutschen am Main den Preußen entschieden unterlegen. Den einen wie den andern blieb nichts anderes übrig, als Frieden zu suchen, nachdem beide gleichmäßig von der Höhe ihres bisherigen Selbstgefühls und zwar nicht bloß für den Augenblick, sondern, wie sie selbst und mit ihnen alle Welt fühlte, definitiv heruntergestürzt waren.

Während jedoch in Süddeutschland am Main noch gekämpft wurde, waren die Friedensunterhandlungen in Böhmen zwischen Oesterreich und Preußen bereits in lebhaftem Gange. Nachdem Frankreich dem ersten und fundamentalsten Verlangen Preußens, daß Oesterreich definitiv aus dem teutschen Bunde ausscheide, seinerseits nachgegeben hatte und sich darauf beschränkte, wenigstens Süddeutschland dem directen preußischen Machteinflusse zu entziehen, gab es sich alle Mühe, einen Waffenstillstand mit Friedenspräliminarien auf dieser Grundlage zu Stande zu bringen. Preußen ging ohne allzu großes Bedenken auf einen Vorschlag ein, der den thatsächlichen Verhältnissen und dem bisherigen Gange der deutschen Entwickelung zu entsprechen schien und der ihm, wenn es auch nicht geradezu ausgesprochen wurde, doch nothwendiger Weise um so freiere Hand in Norddeutschland lassen mußte. Oesterreich fiel es allerdings schwer, auf seine bisherige Stellung in Deutschland sofort und gänzlich zu verzichten, allein auch Oesterreich konnte sich nicht verhehlen, daß diese Stellung thatsächlich verloren war und daß es dieses Opfer werde bringen müssen, wenn es nicht eine zweite Schlacht an der Donau wagen wollte, in der es Wien selbst und die letzten Reste seiner Armeen aufs Spiel setzen mußte, mit der vollen Ueberzeugung, sich, wenn es sie verlor, dem Sieger auf Gnade und Ungnade ergeben zu müssen. Es konnte sich doch nicht dazu entschließen, sein Letztes, sein Alles nochmals gegen Preußen einzusetzen und unterzeichnete am 22. Juli eine fünftägige Waffenruhe, während welcher es sich über die definitive Annahme oder Ablehnung der Friedenspräsimi-

nationen schlüssig machen wollte, von deren Annahme Preußen das
Zugeständniß eines Waffenstillstandes abhängig gemacht hatte.

Unglücklich gegenüber Preußen, sollte dagegen Oesterreich noch
einmal den Triumph eines glänzenden Sieges über Italien genießen
und zwar diesmal zur See wie früher bei Custoza zu Lande. Hatten
die Italiener hier auch nicht unrühmlich gekämpft, so waren sie doch
trotz ihrer ansehnlichen Uebermacht von den Oesterreichern geschlagen,
und über den Mincio zurückgeworfen worden, und als sie später
wieder die Offensive ergriffen und unter Cialdini über den untern
Po in Venetien einrückten, geschah es doch nur hinter den abziehenden Oesterreichern, die mit allen verfügbaren Truppen an die
Donau eilten, um dort den letzten Wall vor Wien gegen die gewaltig anrückenden Preußen zu bilden. So rückten die Italiener
vom Po durch den offenen Theil Venetiens bis zum Tagliamento
vor und stießen nur in nordwestlicher Richtung auf den Widerstand
der Oesterreicher, als Cialdini den General Medici beauftragte, von
Bassano aus gegen Trient vorzubringen und dort dem General
Garibaldi, der schon seit dem Anfange des Feldzugs mit seinen
Freischaaren wiewohl mit sehr geringem Erfolge von Judicarien aus
gegen Wälschtyrol operirt hatte, die Hand zu reichen. General
Medici drang auch wirklich nach einem glücklichen Gefechte bei Levico bis auf wenige Stunden vor Trient vor, stieß aber hier auf
eine Uebermacht der Oesterreicher, die er kaum zu bewältigen vermocht hätte. Und doch lag den Italienern, die Venetien bereits für
gesichert hielten, vor allem aus daran, gerade hier auf einen Erfolg
hinweisen zu können, um beim Friedensschluß außer auf Venetien
auch auf Wälschtyrol nachdrücklich Anspruch erheben zu können. Um
nun dieß desto eher thun zu können, schien nichts geeigneter, als
wenn es ihnen gelänge, irgend einen Punkt an der adriatischen Küste
Oesterreichs zu occupiren, um die Räumung desselben später gegen
die Abtretung Wälschtyrols den Oesterreichern anbieten zu können.
Mit dieser Aufgabe wurde der Admiral Persano beauftragt, der
schon seit längerer Zeit unthätig mit der italienischen Flotte im
Hafen von Ancona lag. Persano gehorchte, fuhr mit der italienischen
Flotte von Ancona aus und richtete seinen Lauf gegen die Insel
Lissa an der dalmatischen Küste Oesterreichs. Obgleich es ihm trotz
zweitägiger Beschießung nicht gelang, die österreichischen Strand-

Italien. batterien auf der Inſel zum Schweigen zu bringen, ſo war er doch eben im Begriff, Landungstruppen nach derſelben auszuſchiffen, als die öſterreichiſche Flotte unter Admiral Tegetthoff, obwohl ſie an Zahl der Schiffe und der Kanonen den Italienern keineswegs gewachſen war, von Pola herbeieilte, um ſich ihnen entgegen zu werfen. Es kam alsbald am 21. Juli zur Schlacht: die Oeſterreicher ſiegten glänzend, die Italiener unterlagen und zwar nichts weniger als rühmlich und waren genöthigt, alsbald mit großem Verluſte wieder nach Ancona zurückzukehren. Als die Nachricht hievon im Hauptquartier des Königs Victor Emanuel eintraf, gab auch er ſeine bisher abſichtlich und um des Trentino willen zurückgehaltene Einwilligung zum Abſchluß einer Waffenruhe mit Oeſterreich, die am 26. Juli eintrat, ohne daß es den italieniſchen Waffen gelungen wäre, vor demſelben weder Trient ſelbſt noch irgend einen anderen Gebietstheil Oeſterreichs als Erſatz dafür in ihre Gewalt zu bekommen. Die Erwerbung von Wälſchtyrol für Italien war damit thatſächlich geſcheitert, wenn auch die Italiener auf die Hoffnung nicht verzichten wollten, daſſelbe mit Hülfe Frankreichs und Preußens bei den Friedensunterhandlungen ſich vielleicht doch noch ſichern zu können.

Deutſchland. Peinlicher noch war die Lage der ſüddeutſchen Staaten, nachdem die Preußen am 16. Juli Frankfurt und am 18. mit Darmſtadt und Wiesbaden den größeren Theil von Heſſen und Naſſau beſetzt und die Fürſten derſelben genöthigt hatten, ihr Land zu verlaſſen. Die beiden Bundesarmeecorps derſelben, das bayeriſche und das achte, gelangten zwar endlich dazu, ſich im nördlichen Württemberg, im Gebiete der Tauber die Hand zu reichen; aber von irgend einer combinirten Operation war ſo wenig die Rede, als von Einzelgefechten, die glücklicher ausgefallen wären, als die bisherigen. Beide Armeecorps wurden vielmehr zuſammen Würzburg zugedrängt, wo ſich die Preußen ſchließlich feſtſetzten. Auf irgend einen Erfolg glaubten Militär, Regierungen und Bevölkerung verzichten zu müſſen, und es ſchien nichts anderes übrig zu bleiben, als ſo ſchnell als möglich Frieden zu ſuchen. Offenbar war das das Reſultat der Conferenz, die wenige Tage nach dem Einzug der Preußen in Frankfurt die leitenden Miniſter von Bayern, Württemberg, Baden und Heſſen in München hielten. Die Lage dieſer Staaten war um ſo bedenklicher, als die Waffenſtillſtands-Unterhandlungen zwiſchen

Oesterreich und Preußen nun schon seit der Schlacht von Königgrätz geführt wurden, ohne daß Oesterreich Bayern und die süddeutschen Staaten dazu irgendwie herbeigezogen hätte, obwohl es sich doch durch die Separatconvention vom 14. Juni gegen Bayern förmlich und ausdrücklich dazu verpflichtet hatte, mit Preußen nicht einseitig und ohne Bayern Frieden zu schließen. Bald mußten sie sich überzeugen, daß Oesterreich in der That nur für sich unterhandelte und die süddeutschen Staaten wirklich preisgegeben hatte, oder um nicht unbillig zu sein, hatte preisgeben müssen, weil Preußen sich weigerte, mit Oesterreich zugleich auch über einen Waffenstillstand zu Gunsten der Mittelstaaten zu unterhandeln, Oesterreich aber nicht in der Lage war, daraus eine conditio sine qua non zu machen. So eilte schon am 21. Juli der bayerische Minister v. d. Pfordten nach Nikolsburg ins Hauptquartier des Königs von Preußen, um auch für sich und seine Mitverbündeten um Waffenstillstand nachzusuchen und bald darauf folgten ihm ebendahin die leitenden Minister von Württemberg und Hessen. Die Preußen gingen am 28. Juli zunächst gegenüber Bayern darauf ein und gewährten demselben den nachgesuchten Waffenstillstand, doch erst vom 2. Aug. an, mit der mündlichen Zusicherung, daß dem Oberbefehlshaber der Mainarmee der Befehl ertheilt werden sollte, weiter keinen Entscheid der Waffen mehr zu „suchen". Diese Zusicherung wurde von v. d. Pfordten dahin verstanden, daß vom 28. Juli an thatsächlich Waffenruhe eintreten werde. Das war aber offenbar nicht die Meinung Preußens. Es hatte den Beginn des Waffenstillstandes, auf Grund des uti possidetis, absichtlich erst vom 2. Aug. an und außerdem nur einen Waffenstillstand auf drei Wochen bewilligt, während der unmittelbar vorher mit Oesterreich abgeschlossene vier Wochen dauern sollte. Preußen wollte sich seine Erfolge in Süddeutschland auch für den Fall sichern, daß ein Friede mit Oesterreich schließlich doch noch scheitern sollte. Zu diesem Ende hin wollte es benutzen wenigstens zunächst den Süddeutschen allein gegenüberstehen und die Demarcationslinie des Waffenstillstands möglichst südlich rücken. Es galt daher, die wenigen Tage bis zum 2. Aug. namentlich gegenüber Bayern noch ausgiebig zu benützen. Um die in Folge seiner neuen Bündnisse ihm zur Disposition gestellten Contingente der norddeutschen Kleinstaaten zu verwerthen, hatte Preußen aus denselben nebst

Deutschland. einigen eigenen, hauptsächlich Landwehrtruppen, eine Reservearmee gebildet, deren Oberbefehl der Großherzog von Mecklenburg am 11. Juli zu Leipzig übernahm. Diese war gerade im Anrücken gegen Bayern begriffen und ihr wurde nun der Befehl ertheilt, einen möglichst großen Theil des Königreichs zu occupiren. Es geschah dieß von Hof her um so leichter ohne allen Widerstand, als das Gros der bayer. Armee bei Würzburg gegen die Mainarmee stand und die Bayern, in dem Irrthum v. d. Pfordtens befangen, sich dessen gar nicht versahen. Auch ein Theil Badens, Mannheim und Heidelberg, wie ein Strich Württembergs wurden damals noch von den Preußen besetzt, ehe der 2. Aug. und damit der Waffenstillstand eintrat. Wäre die Frist eine nur noch etwas längere gewesen und hätten die Preußen in diesen Gegenden nur über etwas mehr Truppen verfügen können, so wäre es für sie, wie die Dinge damals lagen, nicht allzuschwer gewesen, ohne wesentlichen Widerstand selbst München, Stuttgart und Karlsruhe zu besetzen. Für die späteren Vorgänge dürfte dieser Umstand nicht ohne Einfluß gewesen sein.

In Folge des wenige Tage vor diesen Vorgängen zu Nikolsburg abgeschlossenen Waffenstillstandes mit Friedenspräliminarien zwischen Oesterreich und Preußen wurden die eigentlichen Friedensunterhandlungen ohne Verzug begonnen und zwar in gemeinschaftlichem Einverständniß zu Prag, nachdem der König von Preußen Nikolsburg verlassen und wieder nach Berlin zurückgekehrt war. Die Hauptgrundlagen des Friedens waren durch die Präliminarien bereits geregelt, namentlich die vollständige Verzichtleistung Oesterreichs auf seine bisherige Stellung in Deutschland, die Uebertragung seiner Ansprüche an Schleswig-Holstein auf Preußen, das Zugeständniß der Bildung eines neuen deutschen Bundes unter Preußens Führung, von dem jedoch die deutschen Staaten südlich des Mains ausgenommen sein sollten, doch mit der nähern Bestimmung, daß diese Staaten in einen Verein zusammentreten und daß die nationale Verbindung dieses Vereins mit dem norddeutschen Bunde der nähern Verständigung zwischen beiden vorbehalten bleiben solle, die von Frankreich Preußen aufgedrungene Bestimmung, daß die Bevölkerungen der nördlichen Districte von Schleswig frei darüber sollten abstimmen dürfen, ob sie nicht wieder zu Dänemark gezogen werden wollen, endlich daß

Oesterreich 20 Mill. Thlr. Kriegskostenentschädigung an Preußen baar bezahlen sollte. Der eigentliche Friedensschluß konnte daher keine bedeutenden Schwierigkeiten mehr bereiten. Dennoch zogen sich die Verhandlungen noch bis zum 23. August hinaus, an welchem Tage der Friede zu Prag unterzeichnet wurde, durchaus auf Grundlage der Präliminarien vom 26. Juli.

Noch vor dem förmlichen Friedensschluß zwischen Oesterreich und Preußen erfolgten zu Berlin die Friedensschlüsse zwischen Preußen und Bayern, Württemberg und Baden, derjenige mit Württemberg schon am 13., mit Baden am 17., mit Bayern am 22. Aug., der letztere also noch immer einen Tag vor dem Abschlusse des Friedens von Prag. Diese Daten sind von wesentlicher Bedeutung. Die Unterhandlungen, die für die Zukunft, für die ganze weitere Entwickelung Deutschlands von so großem Einfluß sein mußten, wurden von Bismarck mit meisterhafter Gewandtheit durchgeführt. Seine Stellung war dabei in gewissen Beziehungen eine sehr günstige, in anderen aber auch sehr schwierig und delicat. Durch die Erfolge des Krieges zwischen Oesterreich und Preußen und durch die Thatsache, daß ersteres seine südteutschen Verbündeten in seinen eigenen Unterhandlungen mit Preußen gänzlich im Stich gelassen, war der letzte Faden abgerissen, der diese Regierungen bisher an Oesterreich gebunden hatte; das frühere Selbstgefühl dieser Regierungen, das den realen Verhältnissen niemals entsprochen, war gedemüthigt, der Souveränitätsschwindel, dem sie zeither gefröhnt, gebrochen; die Erfolge des Krieges hatten der Lücken, Mängel und Gebrechen in ihren militärischen Einrichtungen gar zu viele auch für das blödeste Auge an den Tag gelegt; obgleich den Preußen an Zahl uns Doppelte überlegen, hatten sie doch keinen einzigen Erfolg aufzuweisen, hatten sie überall den kürzern gezogen und waren über den Main zurückgedrängt worden; den Bayern, den Hessen, den Württembergern, den Badenern lagen die Preußen allen im Land und hielten ihnen ansehnliche Gebiete occupirt. Graf Bismarck war berechtigt, von diesen Thatsachen auszugehen und er ging auch zunächst davon aus. Er bezeigte große Lust, Bayern jenseits des Mains zu behalten, wogegen dasselbe theilweise von Hessen entschädigt werden sollte, was möglicher Weise weitere Ausgleichungen d. h. Gebietsabtretungen auch für Württemberg und selbst für Baden hätte zur Folge haben können, ganz ab-

Deutsch-
land.
gesehen von den Kriegskostenentschädigungen, die alle an Preußen bezahlen sollten und die von Preußen, wie es schien, so hoch wie möglich hinaufgeschraubt werden wollten. Es ist natürlich, wenn die süddeutschen Regierungen durch all das von den peinlichsten Besorgnissen ergriffen und gequält wurden. Die Lage der Dinge war für sie so ungünstig, daß sie in der That nur sehr geringe Hoffnung hegen mochten, sich den Forderungen des Siegers, wie hoch er sie auch spannen mochte, entziehen zu können. Am meisten schien Bayern bedroht; für Hessen und Württemberg mochte sich wenigstens aus verwandtschaftlichen Gründen Rußland verwenden, Baden kam es zu statten, daß der Großherzog der Schwiegersohn des Königs Wilhelm selber war; für Bayern trat niemand ein. Da beschloß der bayer. Ministerrath, die Intervention Frankreichs anzurufen; einige Tage später thaten auch Württemberg und Hessen denselben Schritt und der französische Botschafter in Berlin erhielt von seiner Regierung auch alsbald den Befehl, sich beim Grafen Bismarck für die süddeutschen Staaten zu verwenden. Da Frankreich seit der Schlacht von Königgrätz so eifrig sich bemüht hatte, die süddeutschen Staaten dem Machteinflusse Preußens zu entziehen, so lag die Versuchung in der That nahe, dem von Preußen, wie es schien, drohenden Gebietsverlust mit Hülfe Frankreichs wo möglich zu entgehen. Allein zufällig drohte Bayern und nicht bloß Bayern, sondern auch anderen süddeutschen Staaten ein Gebietsverlust nicht allein von Seite Preußens, sondern gerade auch von demselben Frankreich, an das sie sich um Schutz und Hülfe gewendet hatten. Ungefähr zu derselben Zeit nämlich hatte sich Frankreich von der peinlichen Sorge, die ihm die Schlacht von Königgrätz bereitete und die seinen Voraussetzungen so ganz widersprechende Wendung, welche die deutschen Dinge plötzlich und unaufhaltsam genommen, erholt und da ihm eben diese Wendung keine Gelegenheit bot, sich in die deutschen Dinge einzumischen, so blieb ihm nichts anderes übrig, als von Preußen für seine Machterweiterung directe Compensationen zu Gunsten Frankreichs zu begehren, um das gestörte Gleichgewicht wieder herzustellen oder vielmehr um das gestörte bisherige Uebergewicht Frankreichs über das zwar große, aber trotz seiner Größe in seiner Zersplitterung schwache Deutschland aufrecht zu erhalten. Es ist Thatsache, daß der französische Botschafter in Berlin, Benedetti, am 7. Aug. oder wenigstens

um biesen Tag herum dem Grafen Bismarck eine Depesche des preuß. Hrn. Drouyn de l'Huys vorlas, in welcher derartige Forderungen gestellt wurden. Welcher Art diese Forderungen waren und wieweit sie gingen, ist nicht zuverlässig bekannt geworden und wird wohl in authentischer Weise auch nicht so bald bekannt werden. Es ist aber und zwar mit einem Anschein von genauerer Kenntniß der Vorgänge seither behauptet worden, daß Frankreich von Preußen selber zwar nur das so werthvolle Kohlenbecken der Saar und vielleicht einige andere kleine Grenzrectificationen, dagegen die ganze bayerische Rheinpfalz, einen Theil der badischen Pfalz, Rheinhessen, Luxemburg u. s. w. in Anspruch genommen habe, alles natürlich lediglich, um das gestörte Gleichgewicht in billiger Weise wieder herzustellen. Die Antwort Preußens ist natürlich auch nicht bekannt geworden, nur so viel ist sicher, daß sie entschieden ablehnend lautete und zwar so entschieden, daß Frankreich für gut fand, die ausgestreckten Fühlhörner alsbald wieder einzuziehen und, nachdem Benedetti selbst nach Paris geeilt war, um über den Erfolg seiner Forderungen zu berichten, dieselben vorerst gänzlich fallen ließ. Graf Bismarck aber hatte nun genug in seiner Hand, um auf die süddeutschen Regierungen einen sehr wirksamen Druck auszuüben. Er überzeugte dieselben, welche Gefahr nicht bloß Deutschland, sondern ihnen ganz speziell bei fortdauernder Zersplitterung der Kräfte drohte und indem er zugleich die Anfangs projectirten Gebietsabtretungen und Gebietsaustausche fast gänzlich fallen ließ und sich mit verhältnißmäßig bescheidenen Kriegskostenentschädigungen begnügte, bewog er Bayern, Württemberg und Baden zugleich mit dem Frieden auch geheime Schutz- und Trutzbündnisse mit Preußen abzuschließen, durch welche Preußen denselben ihr bisheriges Gebiet garantirte, sie aber dagegen für den Kriegsfall ihre gesammten militärischen Kräfte dem Oberbefehl des Königs von Preußen zu unterstellen sich verpflichteten. Der erste süddeutsche Staat, der sich dazu herbeiließ, war beachtenswerther Weise Württemberg und schon am 13. Aug., ihm folgte Baden am 17., Bayern am 22. deff. M. Um einen Tag später, am 23. Aug., wurde zu Prag der Friedensschluß zwischen Preußen und Oesterreich unterzeichnet, in dem nach dem Begehren Frankreichs auf Grund der Präliminarien vom 26. Juli festgesetzt wurde, daß die südlich des Mains gelegenen deutschen Staaten zu einem Vereine zusammentreten sollten, „der

Preußen. eine internationale unabhängige Existenz haben wird". Frankreichs freundliche Sorgfalt für die süddeutsche Unabhängigkeit war durch jene Schutz- und Trutzbündnisse schon vor dem Frieden von Prag illudirt worden, ohne daß Frankreich etwas davon wußte. Jene Bündnisse waren und blieben wirklich geheim und die öffentliche Meinung hatte noch lange nachher und bis zur Mitte März 1867 keine Ahnung von ihrer Existenz.

Mit den Friedensschlüssen zwischen Preußen und Oesterreich und zwischen jenem und den drei süddeutschen Staaten Bayern, Württemberg und Baden waren jedoch immer nur einige feste Puncte, aber noch keineswegs auch nur die Grundlinien für eine neue Ordnung der Dinge in Deutschland gewonnen. Diese hing hauptsächlich von dem Schicksale der von Preußen occupirten Staaten Hannover, Kurhessen und Nassau, ferner von der Entscheidung über Sachsen und Hessen-Darmstadt, endlich davon ab, durch die Bündnisse Preußens mit den norddeutschen Kleinstaaten einen festen Boden für den zukünftigen norddeutschen Bund zu gewinnen. Auch das wurde im Laufe des Monats August theils entschieden, theils vorbereitet, Hand in Hand damit, daß die inneren Verhältnisse in Preußen selbst einen Umschwung erlitten und wieder eine festere Gestalt erlangten.

Noch während der Vorbereitungen zum Kriege war das preußische Abg.-Haus auf den Antrag des Ministeriums durch königliches Decret aufgelöst worden unter Anordnung von Neuwahlen auf den 3. Juli. An diesem Tage, zufällig demselben, an dem Preußen bei Königgrätz den großen Sieg über Oesterreich errang, erfolgten die Wahlen, nachdem gegen Ende Juni die Wahlmännerwahlen vorausgegangen waren. Bismarck hatte ganz richtig vorausgesehen, daß der Krieg, in dem Preußen zunächst ganz allein stand, auf die öffentliche Meinung einen mächtigen Druck ausüben und sie veranlassen würde, sich fester an die Regierung des Königs anzuschließen. Dazu kamen die ersten Erfolge der preußischen Waffen in Sachsen, Hannover und Kurhessen, die ebenfalls der Regierung zu Statten kamen und noch vor die Wahlmännerwahlen fielen. So erfocht die Regierung am 3. Juli einen doppelten Sieg auf dem Schlachtfelde und in den Wahlen. Bisher auf ein kleines Häuflein Feudaler im Abg.-Hause beschränkt, errang die Regierung in den Neuwahlen zwar nicht die Majorität des Hauses, aber doch eine Minderheit, die fast **preuß.** der Hälfte der Versammlung gleichkam und ihr die Zuversicht einflößen mochte, unter gewissen Voraussetzungen eine Majorität zu Stande bringen und den vierjährigen Conflict zu Ende führen zu können. Noch von seinem Hauptquartier in Mähren aus berief der König den Landtag erst auf den 30. Juli, dann auf den 5. Aug. nach Berlin ein. Am 4. Aug. traf er wieder in seiner Hauptstadt ein und schon am 5. eröffnete er den Landtag durch eine Thronrede im weißen Saale des kgl. Schlosses. Welche ungeheure Ereignisse waren seit den wenigen Monaten eingetreten, da die verfassungsmäßige Session des Landtags für 1866 durch den König plötzlich geschlossen und die Vertreter seines Volkes von ihm sehr ungnädig heimgeschickt worden waren. Unerhörte Erfolge, die der Staat seinem Heere, dem Volk in Waffen, wie man in Preußen sich auszudrücken pflegte, und einer in der Hauptsache ebenso entschlossenen als in Nebendingen maßvollen Diplomatie verdankte, hatten Preußen, das eben noch eine sehr zweifelhafte Großmacht gewesen war, so zu sagen urplötzlich auf eine wahrhaft schwindelnde Höhe gehoben und das bisherige log. Gleichgewicht Europa's gründlich verändert. Dennoch zeigte die Thronrede des Königs Wilhelm keinerlei Ueberhebung. Sie erwähnte natürlich der kaum vollendeten Ereignisse, allein die Art, wie es geschah, lautete nicht minder bescheiden als fest. Der Nachdruck der ganzen Thronrede lag nicht darauf, sondern auf den noch nicht gelösten inneren Fragen. Zum ersten Mal seit dem Ausbruche des Conflictes zwischen der Krone und der Volksvertretung entschloß sich die erstere zu einem Schritt des Entgegenkommens gegen die letztere. Der König verkündete, daß seine Regierung in Bezug auf die zeither im Widerspruch mit der Verfassung ohne Staatshaushaltsgesetz geführte Verwaltung bei der Landesvertretung um Indemnität einkommen werde, damit „der bisherige Conflikt für alle Zeit zum Abschluß gebracht werde", wobei der König andeutete, daß durch die bevorstehende Vergrößerung des Staats und die Errichtung eines einheitlichen norddeutschen Bundesheeres unter Preußens Führung die bisherige Militärlast werde erleichtert werden. Niemand konnte auch nur einen Augenblick darüber in Zweifel sein, daß das Begehren um Indemnität mehr eine formelle als eine reale Concession von Seite der Krone war. Der Streit hatte sich bisher

Preußen in erster Linie um die Reorganisation der Armee und die zwei- oder dreijährige Dienstzeit, in zweiter Linie aber um das Budgetrecht des Abg.-Hauses und die sog. Theorie der Verfassungslücke gedreht. Weder bezüglich des einen noch des andern Streitpunctes gab die Regierung dadurch, daß sie Indemnität für die Vergangenheit verlangte, auch nur im mindesten den ihr bisher gegenübergestandenen Anschauungen und Forderungen nach. Es lag vielmehr auf der Hand, daß sie an der dreijährigen Dienstzeit nach wie vor festzuhalten entschlossen sei und was die sog. Lückentheorie betrifft, so erklärte der König etwas später der Deputation des Abg.-Hauses, die ihm die Antwortsadresse überbrachte, ebenso unumwunden als entschieden, daß er im Interesse des Staats so handeln zu müssen geglaubt habe, wie er gehandelt, und daß er unter ähnlichen Umständen auch in Zukunft wiederum ebenso handeln würde. In dem Indemnitätsbegehren lag also zunächst durchaus nichts mehr, als daß die Krone jene wirkliche oder angebliche Lücke in der Verfassung neuerdings als solche anerkannte und darauf verzichtete, diese Lücke unter den ihr momentan so überaus günstigen Umständen in ihrem Sinn und ihrem Interesse ausfüllen zu wollen, vielmehr bereit war, die Ausfüllung in diesem oder jenem Sinne der Zukunft zu überlassen, und daß die Krone der Volksvertretung ihrerseits zuerst und mit einer gewissen Freundlichkeit die Hand bot, wenn sie bezüglich der Armeereorganisation ihre bisherige Opposition fallen lassen und dieselbe für die Zukunft zu einer gesetzlichen wolle werden lassen. Allein selbst mit dieser geringfügigen Concession mochte die Regierung nicht ohne Grund sich der Hoffnung hingeben, mit Hülfe einer größeren oder geringeren Majorität des Abg.-Hauses den bisherigen Conflict für einmal zum Abschluß bringen zu können. Der ganze Boden, auf dem bisher von den Parteien gekämpft worden, war ein ganz anderer geworden. Wenn Preußen die Stellung, die es mit den Waffen in der Hand erstritten hatte und die noch immer eine vielfach bestrittene war, behaupten, wenn es die erst angebahnte Reorganisation Deutschlands gegen alle seine offenen und geheimen Gegner durch und zu Ende führen wollte, so mußte es wenigstens zunächst und vielleicht sogar für längere Zeit bis an die Zähne gewaffnet sein und gewaffnet bleiben. Sobald man aber dieß zugab, mußte man auch zugeben, daß dieß offenbar nicht der Moment sei, die einmal bestehende, wenn auch von der Regierung einseitig und wider die Verfassung durchgeführten Armeeorganisation in Frage zu stellen. Von diesem Standpunkt aus hatte die Regierung gewonnen Spiel: wenn man die Frage der Reorganisation der Armee, die den Ausgangspunkt des ganzen Conflictes gebildet hatte, vorerst wenigstens als eine Nothwendigkeit zugestehen zu müssen glaubte und zugestehen zu wollen entschlossen war, fiel die Budgetfrage, die sich daraus entwickelt hatte, von selbst dahin und mochte die Lösung derselben um so eher der Zukunft überlassen werden, als für den Moment eine Lösung derselben im Sinne der bisherigen Majorität des Abg.-Hauses und gegen die Regierung doch nicht zu hoffen stand, jetzt da die Regierung so große Erfolge für sich aufzuweisen hatte und im Abg.-Hause überdieß nicht mehr bloß auf eine fast verschwindende Minorität, sondern auf eine mehr oder weniger fest geschlossene Partei zählen konnte, die den verschiedenen unter sich mehr oder weniger divergirenden Fractionen der Opposition zwar nicht ganz, aber doch beinahe die Waage zu halten im Stande war. Diese und ähnliche Erwägungen konnten unmöglich ohne Einfluß auf die bisherige Opposition bleiben und blieben es auch nicht. Ohne darum den bisher verfochtenen Principien als solchen untreu werden zu wollen, glaubten doch viele bisherige Mitglieder derselben den so völlig veränderten Umständen, der so ganz neuen Lage des Staates Rechnung tragen zu müssen. Es zeigte sich dieß sofort bei der Frage der Antwortsadresse auf die Thronrede. Zahlreiche Entwürfe zu einer solchen wurden eingereicht, die alle auf verschiedene Weise der so gänzlich veränderten Lage der Dinge gerecht zu werden suchten, und eben dadurch zeigten, wie unmöglich das sei, ohne wenigstens von der Schärfe der bisher verfochtenen Prinzipien mehr oder weniger zu opfern, ohne den thatsächlichen Verhältnissen und der eben darauf sich stützenden Regierung mehr oder weniger weit gehende Concessionen zu machen. Nicht ohne Mühe brachte die Adreßcommission ihrerseits einen Adreßentwurf zu Stande, der den verschiedenen Anschauungen Rechnung, trug aber doch wenigstens die bisherigen Forderungen des Hauses bezüglich des Budgetrechtes ausdrücklich zu wahren bemüht war. Allein er hatte nicht vielmal mehr Aussicht auf Annahme als irgend einer der von Anfang an eingebrachten Entwürfe. Um doch wenigstens etwas zu Stande zu bringen, wurde ein noch farbloserer Entwurf vorgeschlagen, die Adreßcommission selbst trat ihm bei und

Preußen. derselbe wurde dann auch schließlich fast einstimmig angenommen. Es ließ sich nicht länger verkennen, daß die bisher trotz aller Meinungsverschiedenheit im Großen und Ganzen immerhin compacte Phalanx der bisherigen Opposition innerlich in voller Auflösung begriffen sei. Die positiven Vorlagen der Regierung mußten diese innere Zerklüftung fördern und zu Tage bringen: namentlich das von ihr eingebrachte förmliche Indemnitätsgesetz und die Forderung eines außerordentlichen Credites von 60 Mill. Thlrn., der hauptsächlich dazu verwendet werden sollte, um den durch den Krieg erschöpften Staatsschatz wieder zu füllen. In beiden Fragen siegte die Regierung; die Indemnität wurde ihr vom Abg.-Hause mit 230 gegen 75, der außerordentliche Credit von 60 Mill. Thlrn. mit geringer Modification mit 230 gegen 83 Stimmen bewilligt. Damit war der bisherige Conflict im wesentlichen beseitigt; die Regierung konnte bezüglich ihrer auswärtigen Politik auch im Abg.-Hause auf eine weit überwiegende Mehrheit zählen. Stand doch selbst ein Theil derjenigen Mitglieder, die der Regierung in inneren Fragen keine Concessionen machen und den bisherigen Kampf auf diesem Gebiete nicht aufgeben zu dürfen glaubten, in Fragen der deutschen Politik darum doch auf ihrer Seite. Die Erledigung der Annexionsfrage ließ darüber keinen Zweifel. Schon am 17. Aug. richtete der König eine Botschaft an beide Häuser des Landtags, durch welche er von denselben ihre Zustimmung zu der Einverleibung von Hannover, Kurhessen, Nassau und Frankfurt verlangte und am 7. Sept. wurde dieselbe vom Abg.-Hause mit 273 gegen 14 Stimmen ausgesprochen, mit dem Zusatze, daß die preußische Verfassung in allen diesen neuen Landestheilen mit dem 1. Oct. 1867 in Kraft treten solle, bis dahin aber der König eine Art Dictatur in denselben ausüben möge. Das Herrenhaus genehmigte die Annexionen sogar, was Beachtung verdient, mit allen gegen eine einzige Stimme. Die Einverleibung von Schleswig-Holstein wurde durch eine besondere Vorlage eingebracht und etwas später in gleicher Weise bewilligt, weil erst der förmliche Abschluß des Friedens mit Oesterreich hatte abgewartet werden müssen. Von einem blinden Vertrauen zu der Regierung war indeß trotz alledem von Seite der Majorität des Abg.-Hauses keine Rede und dieses genehmigte daher den ihm von jener vorgelegten Entwurf eines Wahlgesetzes für den Reichstag des norddeutſchen Bundes und zwar zunächſt für die Berathung einer neuen Verfaſſung dieſes Bundes nur unter der Bedingung, daß die preuß. Verfaſſung und Geſetzgebung durch die künftige Bundesverfaſſung in keinem Falle anders als auf dem Wege der preuß. Verfaſſung, alſo nur unter Zuſtimmung beider Häuſer des Landtags abgeändert werden könne. Ende September wurde der Landtag bis Anfang November vertagt. Die Regierung benützte die Zwiſchenzeit, um in den annectirten Gebieten alsbald die allgemeine Wehrpflicht wie im übrigen Preußen einzuführen und ebenſo raſch für dieſe Landestheile die Organiſirung von drei neuen Armeecorps anzuordnen, womit zugleich auch die Einfügung der zukünftigen Bundescontingente theils in dieſe neuen, theils in die ſchon beſtehenden preuß. Armeecorps geregelt wurde. Am 12. Nov. trat der Landtag wieder zuſammen. Derſelbe beſchloß nunmehr auch die Einverleibung von Schleswig-Holſtein und berieth das Budget für 1867. Dem Frieden mit der Regierung wurde hiebei der Schlußſtein eingefügt: das Abg.-Haus genehmigte am 10. Dec. den Militäretat nach dem Verlangen im Ordinarium mit einer freilich nur ſehr geringen Mehrheit und ließ damit die Oppoſition gegen die Armeereorganiſation definitiv fallen. Wie gänzlich die Stimmung umgeſchlagen, trat am deutlichſten zu Tage, als die Regierung eine Vorlage einbrachte, die anderthalb Mill. Thlr. verlangte, um daraus, ohne jedoch beſtimmte Namen zu nennen, Dotationen für die verdienteſten Heerführer des letzten Krieges zu beſchaffen. Das Abg.-Haus bewilligte die geforderte Summe und bezeichnete als ſolche Heerführer die Generale Moltke, Herwarth, Steinmetz und Vogel v. Falkenſtein, ſtellte aber ausdrücklich mit 219 gegen 18 St. an die Spitze der zu Dotirenden den Grafen Bismarck und den Kriegsminiſter Roon. Bezüglich der innern Angelegenheiten und Fragen blieb zwiſchen der Majorität des Hauſes und dem Miniſterium der bisherige Gegenſatz, wenn auch in der Form gemildert, dem Weſen nach trotzdem derſelbe und gegen einzelne, wie z. B. den Juſtizminiſter war er auch in der That mehr als berechtigt; aber in der deutſchen Frage und in den auswärtigen Angelegenheiten überhaupt konnte Graf Bismarck und die von ihm geleitete Regierung auf die entſchiedene Unterſtützung einer überwiegenden Mehrheit ſelbſt im Abg.-Hauſe fortan mit Zuverſicht zählen.

Wenn Preußen die neu erworbene Stellung in Deutſchland

Preußen und in Europa aufrecht erhalten wollte, so war das auch absolut nothwendig. Der Krieg hatte lediglich die bisherigen Hindernisse für die Erstellung eines einheitlichen und auch nach außen mächtigen Deutschlands beseitigt, indem er den bisherigen Dualismus der beiden Großmächte innerhalb des Bundes aufhob und die Souveränetät der Einzelstaaten theils gänzlich brach, theils wenigstens bis zur Wurzel erschütterte. Nur die Politik konnte auf die Dauer einen neuen Organismus schaffen und dazu mußte der Leiter der preuß. Regierung, wie Bismarck längst öffentlich und privatim wiederholt erklärt und zugestanden hatte, der entschiedenen und nachhaltigen Unterstützung der Volksvertretung sicher sein. Denn noch war alles zu schaffen und nur der Plan dazu frei. Ja der Hindernisse und Schwierigkeiten waren noch genug zu überwinden, mußte doch eine der Allerkleinsten von den Kleinen, die Fürstin-Regentin von Reuß ä. L., erst durch einige Compagnien preußischer Soldaten zur Raison und der alte Herzog von Meiningen durch einen ähnlichen Druck dazu gebracht werden, zu Gunsten des Erbherzogs abzudanken. Schwieriger war eine Einigung mit dem Großherzog von Hessen: sie kam erst am 3. September zu Stande und zwar dahin, daß der Großherzog die kaum erworbene Landgrafschaft Homburg an Preußen abtreten und mit Oberhessen, dem dritten Theil seines Gebietes, in den norddeutschen Bund eintreten mußte. Noch viel mehr Schwierigkeiten boten die Unterhandlungen mit dem König von Sachsen und dieselben zogen sich denn auch bis zum 21. October hinaus, an welchem Tage erst der Friedensschluß zwischen Preußen und Sachsen erfolgte. Gerade in Sachsen, dem größten derjenigen Staaten, die in den norddeutschen Bund eintreten sollten, mußte die bisherige Souveränetät der Einzelstaaten, mußte der Particularismus gebrochen werden, und Preußen hielt daher unentwegt an seinen ursprünglichen Forderungen fest, bis der König von Sachsen sich endlich überzeugte, daß ihm nichts anderes übrig bleibe, als sich in das Unvermeidliche zu fügen. Die Einsicht beider Fürsten wurde indeß offenbar dadurch beschleunigt, daß ihre Länder inzwischen von Preußen occupirt waren und sie erst durch die Unterzeichnung des Friedensvertrags die Rückkehr in dieselben erzielten. Erst gegen den Schluß des Jahres, am 15. Dec., traten Bevollmächtigte sämmtlicher norddeutschen Regierungen in Berlin zusammen, um sich unter dem

Vorsitze Bismarcks über den Entwurf einer Verfassung des norb- *Preußen.*
deutschen Bundes zu vereinbaren als Vorlage an einen auf Grund
des allgemeinen Stimmrechts und directer Wahlen zu berufenden
Reichstag des Bundes.

So groß auch noch die Schwierigkeiten und Hindernisse sein *Deutsch-*
mochten, die Preußen auf dem Wege, den es betreten, offenbar *land.*
noch zu überwinden hatte, so deutete doch alles darauf hin, daß der
Leiter seiner Politik sich des Zieles, nach dem er strebte, genau be=
wußt war und nicht nur des Zieles selbst, sondern auch der Mittel,
wenigstens im Wesentlichen und Ganzen, die ihn dahin führen sollten.
Bezüglich der süddeutschen Staaten war weder das eine noch das
andere der Fall. Durch die Nicolsburger Präliminarien und den
Prager Frieden war ihnen die Möglichkeit gesichert, „in einen Verein
zusammenzutreten, dessen nationale Verbindung mit dem norddeutschen
Bunde der näheren Verständigung zwischen beiden vorbehalten blei=
ben und der eine internationale unabhängige Existenz haben sollte".
Hätte Preußen nach der Schlacht bei Königgrätz vollkommen freie
Hand gehabt, so dürfte kaum ein Zweifel obwalten, daß sich die
süddeutschen Staaten beim Abschluß des Friedens genöthigt gesehen
hätten, auch ihrerseits dem neuen Bunde unter Preußens Führung
wenn auch mit einigem Widerstreben beizutreten. Allein Preußen
hatte keineswegs ganz freie Hand, die Rücksicht auf Frankreich zwang
es, auf einen neuen Gesammt=Bund vorerst zu verzichten und sich zu=
nächst mit einem norddeutschen Bunde zu begnügen. Es liegt auf der
Hand, daß Frankreich in dieser seiner Politik nicht von irgend welcher
uneigennützigen Zuneigung zu den süddeutschen Staaten geleitet wurde,
sondern lediglich von seinem eigenen Interesse, dem ein mächtiges
und unter Preußens Führung wenigstens militärisch einiges Deutsch=
land ganz und gar nicht conveniren konnte. Wenigstens Süddeutsch=
land sollte dem preußischen Machteinflusse noch entzogen werden.
Allein es zeigte sich bald, daß Frankreich dabei nicht mit den realen
Verhältnissen gerechnet hatte, und daß es dabei in einem ganz ähn=
lichen Irrthum wie im Jahr 1859 in Italien befangen war, als
es einen italienischen Bund unter dem Ehrenpräsidium des Papstes
anstrebte. Alles, was Frankreich erzielte, war, daß es das, was
doch geschehen mußte, was nach den großen Ereignissen des Som=
mers 1866 zu einer absoluten Nothwendigkeit geworden war, die

Deutsch-
land.
Vereinigung des gesammten außerösterreichischen Deutschlands unter der Führung Preußens um einige Jahre, höchstens, aber sehr unwahrscheinlicher Weise, um einige Jahrzehnte hinausschob und inzwischen die süddeutschen Staaten in eine Lage zwängte, die für sie selber unmöglich befriedigend sein konnte. Frankreichs Plan und Wunsch für Deutschland ging offenbar auf die Herstellung von einer Art Trias, wie dieß der Kaiser schon in seinem Briefe an Drouyn de l'Huys vom 11. Juni angedeutet hatte und soweit dieß jetzt überhaupt noch möglich war. Allein es zeigte sich alsbald, daß die Triasidee etwas für Deutschland ganz und gar Unmögliches anstrebte, weßhalb dieselbe, die ja schon längst aufgetaucht und hinreichend besprochen worden war, es niemals auch nur zu einem ernstlichen Versuche, sie zu verwirklichen, gebracht hatte: ohne Unterordnung unter irgend eine gemeinsame Gewalt, ohne Verzicht auf die bisherige Souveränetät der Einzelstaaten war auch sie nicht möglich und dagegen sträubten sich die Dynastien und der Particularismus der Einzelstaaten, während die nationale Strömung der ganzen Idee ohnehin entgegenstand. Wenn ein süddeutscher Bund neben dem norddeutschen überhaupt einen Sinn und eine gewisse Berechtigung haben sollte, so war dieß nur unter der Voraussetzung der Fall, daß die Institutionen dieses Bundes sowohl als der ihn bildenden Staaten im Gegensatz gegen den von Preußen geleiteten norddeutschen Bund in durchaus liberalem, volksthümlichem, demokratischem Sinne theils gestaltet, theils umgestaltet wurden. Dieß lag so augenscheinlich auf flacher Hand, daß es gar nicht zu verwundern war, wenn die demokratische Partei sich der Idee sofort bemächtigte und mit allem Eifer auf ihre Verwirklichung drang, aber auch ebenso wenig, wenn die Regierungen der süddeutschen Staaten ihr keinerlei Geschmack abgewinnen konnten, da sie sich keinen Augenblick darüber täuschen konnten, daß sie einem derartigen Staats- und Bundeswesen noch viel größere und empfindlichere Opfer zu bringen genöthigt wären, als Preußen denjenigen Fürsten zumuthete, die mit ihm den norddeutschen Bund bilden sollten. So kam es denn, daß von Seite der süddeutschen Regierungen auch nicht der leiseste Versuch gemacht wurde, die Idee eines süddeutschen Bundes zu verwirklichen und daß unter denselben niemals darüber auch nur verhandelt wurde. Es wäre dieß ohne Zweifel auch dann der Fall

gewesen, wenn die süddeutschen Regierungen sich nicht bereits durch die geheimen Schutz- und Trutzbündnisse mit Preußen zwar nicht absolut, aber doch bis auf einen gewissen Grad die Hände gebunden hätten. Für Hessen, das mit einem Drittheil seines Gebietes bereits im norddeutschen Bunde stand, wäre es überhaupt geradezu eine Unmöglichkeit gewesen, mit seinen andern zwei Drittheilen an einem süddeutschen Bunde Theil zu nehmen, der auf ganz anderen, theilweise geradezu entgegengesetzten Grundlagen beruht hätte. In Baden waren die Regierung und die weit überwiegende Mehrheit der zweiten Kammer offen und entschieden von Anfang an für einen Eintritt des Landes in den norddeutschen Bund, sobald dieß überhaupt möglich sein würde. Und selbst in Bayern sprach sich die zweite Kammer bei ihrem ersten Zusammentritt nach dem Kriege schon im August fast einstimmig dahin aus, „daß durch einen engen Anschluß an Preußen der Weg betreten werde, der zur Zeit allein dem angestrebten Ziele zuführen könne: Deutschland unter Mitwirkung eines freigewählten Parlaments zu einigen, die nationalen Interessen wirksam zu wahren und etwaige Angriffe des Auslandes erfolgreich abzuwehren." In allen diesen drei süddeutschen Staaten überwog die nationale Strömung entschieden über die demokratischen Bestrebungen und selbst über die liberalen Interessen, die gegen einen Anschluß an Preußen geltend gemacht werden mochten. Nur in Württemberg erklärte sich die Mehrheit der zweiten Kammer am 13. Oct. in einer Adresse an den König sehr bestimmt und nicht ohne Leidenschaft gegen einen Anschluß an Preußen und für die Errichtung eines süddeutschen Bundes, doch auch sie nicht ohne zugleich der Ueberzeugung Raum zu geben, daß derselbe zur Zeit auf „unüberwindliche Hindernisse" stoßen möchte. Geschah indeß wirklich nichts für die Gründung eines süddeutschen Bundes, so geschah auch während des ganzen Jahres 1866 thatsächlich nichts für einen näheren Anschluß an Preußen. Während die Parteien für und gegen einen solchen aufs lebhafteste stritten, huldigten die Regierungen einer Politik mehr oder weniger unthätigen Zuwartens, die für sie selbst und für die öffentliche Meinung um so unbefriedigender und um so peinlicher war, als sie auf der einen Seite offenbar den Eintritt in den norddeutschen Bund nur mit Widerstreben ins Auge faßten, auf der andern Seite aber doch nicht verkennen konnten, daß ein

Deutsch- | Beharren in der augenblicklichen Lage auf die Dauer immerhin ganz
land. | und gar unmöglich sein werde.

Italien. Verglichen mit Deutschland, dessen mannigfaltige und verwickelte innere Verhältnisse zur Consolidirung der neuen Zustände auf wesentlich veränderter Grundlage jedenfalls längerer Zeit bedurfte, war die Lage Italiens in Folge des Krieges eine überaus einfache, und wenn es aus demselben schließlich nicht diejenige Befriedigung davontrug, auf die es gehofft hatte, so war daran jedenfalls nicht das preußische Bündniß Schuld, sondern lediglich die militärische Schwäche, die es seinerseits gegenüber Oesterreich neuerdings an den Tag gelegt hatte. Die großen Erfolge der preußischen Waffen in Böhmen erwarben ihm trotz der Niederlage von Custoza Venetien; der Verlust der Seeschlacht von Lissa raubte ihm jede Hoffnung, auch Wälschtyrol seinem Erfolge hinzufügen zu können. Zwar meinte die italienische Regierung noch längere Zeit, mit Hülfe Frankreichs und Preußens während der Unterhandlungen das Trentino oder wenigstens einen Theil desselben sich sichern zu können. Allein es wurde dadurch bloß der Abschluß eines Waffenstillstands mit Oesterreich hinausgezogen. Weniger um des Ländchens selber, das es in unverantwortlicher Weise seinerseits hatte verwälschen lassen, als um seiner Ehre willen hielt Oesterreich daran fest, außer Venetien, das es nun einmal hatte fahren lassen müssen und das es nun einmal fahren gelassen hatte, weiter in Italien so wenig als in Deutschland irgend einen Verlust an Land und Leuten zu machen und so wenigstens das Reich intact zu erhalten, wenn es auch auf seine bisherige Stellung in Italien wie in Deutschland verzichten mußte; sowohl Frankreich als Preußen weigerten sich schließlich positiv, Italien in seinen dießfallsigen Ansprüchen zu unterstützen und so blieb diesem am Ende nichts anderes übrig, als Wälschtyrol zu räumen, um dadurch den Waffenstillstand mit Oesterreich zu ermöglichen, und beim endlichen Friedensschlusse seine Ansprüche vorerst gänzlich fallen zu lassen. Uebrigens war es, da Italien im Felde auch gar keinen Erfolg aufzuweisen hatte, auf den es sich stützen mochte, nur natürlich, wenn ihm die betheiligten Mächte bei den Friedensunterhandlungen nur diejenigen Vortheile zukommen ließen, die ihm nach Maßgabe der Umstände gar nicht versagt werden konnten. Preußen handelte dabei seinerseits durchaus loyal, indem es durch seinen Allianzvertrag mit Italien bezüglich Wälschtyrols nicht nur keine Verpflichtung übernommen, eine solche vielmehr schon damals geradezu abgelehnt hatte, bezüglich Venetiens dagegen seinen gegen Italien wirklich eingegangenen Verpflichtungen sowohl in den Nicolsburger Präliminarien als im Prager Frieden vollständig Genüge that. Viel mehr Ursache hatte Italien, sich über Frankreich zu beklagen, das demselben nicht nur zuerst seine Unterstützung bezüglich Wälschtyrols in Aussicht stellte, nachher aber entzog, sondern auch die Bemühungen des italienischen Cabinets, eine directe Uebertragung Venetiens an Italien von Seite Oesterreichs beim endlichen Friedensschlusse zu erzielen, vereitelte und mit Zähigkeit daran festhielt, daß Venetien ihm cedirt sei und bleibe, und daß es dasselbe weiterhin wenn auch mit dem von Preußen geforderten förmlichen und ausdrücklichen Einverständniß Oesterreichs an Italien zu cediren habe, obwohl diese Retrocession am Ende zu einer wahren Comödie herabsank. Am 18. Oct. übergab der französische General Leboeuf im Namen des Kaisers das Land einer Commission des Gemeinderathes der Stadt Venedig, worauf am 21. und 22. das feierliche Plebiscit erfolgte, das gegen eine Minderheit von bloß 69 Stimmen die Vereinigung Venetiens mit der constitutionellen Monarchie des Königs Victor Emanuel aussprach. Das Auffallendste bei diesem Ereignisse war, daß der gesammte höhere und niedere Clerus, der bisher fest zu Oesterreich gehalten und die äußerste Feindseligkeit gegen das neugeschaffene Königreich Italien an den Tag gelegt hatte, nunmehr plötzlich und in geradezu demonstrativer Art ins entgegengesetzte Lager überging. In Turin, seiner alten Hauptstadt, von der die ganze neue Ordnung der Dinge in Italien ausgegangen war, empfing der König das Resultat der Abstimmung, vollzog die Einverleibung und hielt darauf seinen feierlichen Einzug in Venedig. Italien hatte damit seine natürlichen Grenzen erreicht, zum ersten Mal seit dem Sturze des Römerreichs war es Herr seiner Geschicke.

Jedenfalls mochte Italien von nun an seine Unabhängigkeit gegenüber Frankreich in ganz anderer Weise wahren, als ihm dieß bisher und solange die Oesterreicher noch drohend das Festungsviereck besetzt hielten, möglich gewesen war. Nicht mit Unrecht betrachtete daher die öffentliche Meinung in Frankreich das Resultat des Krieges in Italien wie in Deutschland als eine Beschränkung seines bis-

Frank- herigen Machteinflusses, seines bisher thatsächlich ziemlich allgemein
reich. anerkannten politischen Uebergewichts in Europa und daher nicht
viel anderes denn als eine Niederlage, die Frankreich erlitten habe,
ohne nur das Schwert zu ziehen. Das Gefühl davon war aber
um so lebhafter, um so brennender, als die Politik Frankreichs genau
zu derselben Zeit eine unläugbare, wirkliche Niederlage erlitten hatte, in
Mexico. Im Grunde war die Niederlage schon im Jahre zuvor
erfolgt: mit dem Momente, da die Rebellion der nordamerikanischen
Südstaaten endlich zusammenbrach, die Armee der Nordstaaten siegreich in Richmond einzog und den Heerführern des Südens nichts
anderes übrig blieb, als mit ihren Truppen zu capituliren, war das
Schicksal der französischen Expedition nach Mexico und des von
ihnen daselbst errichteten Kaiserthrons vorauszusehen und die Ereignisse
des Jahres 1866 in Mexico waren nur die natürlichen Folgen derjenigen
des Jahres 1865 in den Vereinigten Staaten Nordamerikas. Allein
der Kaiser Napoleon gab sich damals und noch längere Zeit der
trügerischen Hoffnung hin, daß es ihm gelingen werde, sich mit der
Union zu verständigen, dem mexicanischen Kaiserthron wenigstens
noch auf einige Zeit ein ephemeres Dasein zu sichern und inzwischen
seine Truppen ungehindert und unbedrängt nach seiner Convenienz
zurückziehen zu können.

Kein Zweifel, daß Napoleon von der Ansicht ausging, daß
die Ver. Staaten für längere Zeit vollauf genug zu thun haben
würden, sich von dem vierjährigen entsetzlichen Bürgerkriege zu er-
holen, sich wieder zu consolidiren und den Süden zu pacificiren, und
daß sie demgemäß längere Zeit noch nicht daran denken könnten, den
Franzosen in Mexico ernstliche Schwierigkeiten zu bereiten. Die
schweren Differenzen, die bald darauf und mit steigender Heftigkeit
zwischen dem Congreß und dem Präsidenten ausbrachen, waren in
der That geeignet, Napoleon in dieser Anschauung zu bestärken.

Amerika. Präsident Johnson war seiner Zeit mit Lincoln von der republikanischen Partei zum Vicepräsidenten der Republik gewählt worden
und als er nach dem Tode Lincolns verfassungsmäßig an seine
Stelle trat, herrschte Anfangs kein Zweifel, daß er die Staatsgeschäfte in demselben Sinne und Geiste wie sein Vorgänger leiten
werde. Allein nur zu bald zeigte es sich, daß dies ein Irrthum
war. Die öffentliche Meinung war während der vier Jahre des

Krieges nicht stehen geblieben und befand sich am Ende desselben auf einmal einem ganz anderen Standpunkte als zu Anfange. Wäre sie zu Anfange desselben vollkommen zufrieden gewesen, wenn die Südstaaten nur auf jede weitere Ausdehnung der Sclaverei verzichtet hätten und hatte damals die Idee, die Rechte der Einzelstaaten im Interesse des Bundes zu beschränken, überhaupt noch sehr geringe Aussichten auf Verwirklichung, so hatte jetzt die Ansicht, daß die Sclaverei überhaupt und von Bundeswegen aufgehoben werden müsse, die Oberhand gewonnen und war die Republik thatsächlich in vollem Uebergange vom bisherigen Staatenbunde zum Bundesstaate begriffen. Das erstere wurde vom Congreß noch im Jahre 1865 in einem Zusatzartikel zur Bundesverfassung ausgesprochen und dieser Zusatzartikel auch von einer verfassungsmäßigen Anzahl der Einzelstaaten genehmigt. Die wirkliche oder bloß scheinbare Durchführung der Sclavenemancipation hing dagegen wesentlich davon ab, ob dieselbe vom Bunde selbst und den Organen desselben in die Hand genommen und ob sie nach dem bisherigen Principe des Staatenbundes den Staaten selbst und ihrem Belieben überlassen werde. Darüber erhob sich nun der Streit zwischen dem Präsidenten und dem Congresse. Der Präsident, selbst dem Süden entsprossen, stellte sich auf die Seite des Südens und der bisherigen demokratischen Partei und verfocht die Rechte der Staaten gegen die Ansprüche des Bundes, der Congreß dagegen nahm, gestützt auf die siegreiche republikanische Partei und in Uebereinstimmung mit der weit überwiegenden Mehrheit der öffentlichen Meinung des Nordens, für den Bund das Recht in Anspruch, die Aufhebung der Sclaverei in den Südstaaten, deren bisherige Rechte er durch die Rebellion verwirkt betrachtete, selber durchzuführen und deren Durchführung durch seine eigenen Organe zu sichern. Jeder der beiden Theile benützte die Macht und die Befugnisse, die ihm die Verfassung an die Hand gab, um seine Ideen zu verwirklichen. Der Präsident ernannte provisorische Gouverneure für die Südstaaten, ließ durch diese Gouverneure neue Legislaturen wählen und begnadigte die ehemaligen Rebellen massenweise, so daß dieselben alsbald wieder überall das Heft in die Hände bekamen und unter neuem Namen und in etwas anderer Form die alte Wirthschaft von neuem aufnahmen: ließ man sie gewähren, so war die Sclaverei zwar formell beseitigt, bestand aber thatsächlich nach wie vor; schon sahen die Führer der demokratischen Partei sogar den

Augenblick nahen, da es ihnen vergönnt sein würde, die Zügel der Republik wieder wie vor dem Kriege ganz überwiegend in ihre Hand zu nehmen. Allein der Norden war nicht gemeint, sich auf diese Weise die Früchte des Sieges und den ganzen Erfolg des furchtbaren Bürgerkrieges ohne weiteres aus den Händen winden zu lassen. Zunächst gab indeß die Verfassung dem Congresse nur ein wirksames Mittel gegen die Partei des Präsidenten an die Hand: er verweigerte den von den ehemaligen Rebellenstaaten gewählten Repräsentanten und Senatoren die Zulassung und erklärte dieselbe von der Annahme derjenigen Bedingungen abhängig, die er selbst den Südstaaten bezüglich ihrer Reconstruirung vorschlagen werde, zu welchem Ende vom Repräsentantenhaus und vom Senate ein gemeinsamer Fünfzehner-Ausschuß niedergesetzt wurde. Alles andere war sehr zweifelhaft: seinen mit bloßen Majoritäten gefaßten Beschlüssen setzte der Präsident sein Veto entgegen und dieses Veto konnte nur durch eine Zweidrittels-Majorität sowohl des einen wie des andern Hauses umgestoßen werden, über eine solche verfügte aber die republikanische Partei Anfangs nicht, wenigstens konnte sie darauf nicht unter allen Umständen zählen. Schon darum und auch aus anderen Beweggründen gingen die republikanische Partei und der Congreß zunächst sehr gemäßigt gegen den Süden vor. Auf den Antrag des Reconstructionsausschusses beschlossen im Mai beide Häuser einen neuen Zusatz zur Bundesverfassung, der dahin ging, den ehemaligen Sclaven wenigstens die bürgerlichen Rechte zu sichern, dagegen die Frage, ob ihnen auch politische Rechte zu ertheilen seien, der Entscheidung der Südstaaten selber überließ, indem er lediglich die Zahl der von einem jeden derselben in den Congreß zu schickenden Repräsentanten davon abhängig machte, durch die Bestimmung, daß für die nicht stimmberechtigten Neger im Gegensatz gegen die bisher geltende Berechnung in Zukunft auch keine Repräsentanten mehr nach Washington geschickt werden dürften. Es war ein Vorschlag zur Güte, der weder der Billigkeit noch der weisen Mäßigung entbehrte. Die Südstaaten hätten denselben gar wohl annehmen können und sie hätten in der That nur klug gehandelt, wenn sie es gethan hätten. Allein der Präsident erklärte dem Vorschlag sofort den Krieg, die demokratische Partei der ehemaligen Sclavenzüchter und ihrer Freunde bekämpfte ihn mit allen Mitteln einer zügellosen

Parteitaktik und schon lange vor Ablauf des Jahres hatten ihn Amerika. sämmtliche Südstaaten verworfen. Im Herbst machte der Präsident eine Rundreise durch eine Anzahl Nordstaaten und verfocht überall in öffentlichen Versammlungen seine Bestrebungen, in der offenbaren Absicht, damit auf die bevorstehenden Congreßwahlen einzuwirken. Die Tactlosigkeiten, die er sich dabei zu Schulden kommen ließ, machten, daß das Resultat ins Gegentheil umschlug. Der Norden raffte sich noch einmal zusammen, um das im Kriege gewonnene Uebergewicht definitiv zu behaupten. Die Wahlen fielen nochmals und zwar mit verstärkten Majoritäten zu Gunsten der republikanischen Partei aus und die bisher zögernde und in ihrem Vorgehen gegen den Präsidenten mehr oder weniger schwankende Mehrheit beider Häuser gestaltete sich zu einer festen und compacten Partei, fähig und entschlossen, jedes Veto des Präsidenten mit mehr als zwei Dritteln der Stimmen sofort und ohne Schwanken umzustoßen. Nachdem die Südstaaten den ersten so gemäßigten Vorschlag verworfen, war man bald einig, sie unter Militärgewalt zu stellen und die Reconstruction derselben, und zwar nunmehr auf Grund des allgemeinen Negerstimmrechts, selbst in die Hand zu nehmen. Der Süden fühlte, daß die Uebermacht des Nordens, die er schon wieder eingeschlafen gewähnt hatte, noch einmal erwacht sei und daß ihm nichts anderes übrig bleibe, als sich in das Unvermeidliche zu fügen und den Trank, den er sich durch die Rebellion selbst bereitet hatte, bis auf die Hefe auszutrinken. Der Beschluß beider Häuser fällt indeß nicht mehr ins Jahr 1866, sondern zog sich bis zu Anfang März 1867 hinaus, machte aber dann dem bisherigen Conflict ein Ende. Der Präsident fügte sich und verzichtete auf eine weitere Verfolgung seiner bisherigen Politik; hätte er es nicht gethan, so würde ohne Zweifel der schon längst eingeleiteten, bisher aber absichtlich verzögerten Untersuchung gegen ihn behufs Erhebung einer Anklage auf Hochverrath freier Lauf gelassen worden sein.

Dieser Conflict mit dem Präsidenten, die Lösung der Sclavenfrage und eine definitive Reorganisation des Südens im Sinne des Resultats des Bürgerkriegs beschäftigten während des ganzen Jahres die öffentliche Meinung in den Ver. Staaten allerdings tiefer und allgemeiner, als die Zustände und Vorgänge in Mexico. Präsident Johnson wäre zwar sehr geneigt gewesen, und die Führer der

Mexico. ehemaligen Sclavenpartei hätten dazu nur gar zu gerne die Hand geboten, auf Grund der mexicanischen Frage mit dem Norden ein Compromiß zu schließen, diese Frage in den Vordergrund zu rücken und dagegen die Südstaaten sich selbst zu überlassen. Der Congreß ging jedoch mit vollem Recht nicht darauf ein, überzeugt, daß das Schwergewicht der wiederhergestellten Union von selbst genügen werde, die Franzosen und zwar bald zum Rückzug und zum Preisgeben des schwachen Kaiserthrones zu veranlassen. Und so kam es denn auch. Umsonst gab sich Frankreich alle Mühe, die Union erst zu einer Anerkennung des Kaiserthums Mexico, dann wenigstens zu einer förmlichen Verpflichtung der Neutralität und Nicht-Intervention zu bewegen. Die Ver. Staaten lehnten das erstere entschieden ab und weigerten sich, bezüglich des zweiten Vorschlags eine irgend wie bindende Verpflichtung einzugehen. Sie fuhren fort, die Regierung des Juarez als die allein gesetzliche in Mexico anzuerkennen, drangen immer dringender in nichts weniger als schonender Weise in Frankreich, seine Truppen endlich aus Mexico zurückzuziehen und diesem nicht länger gewaltsam eine ihm nicht genehme Regierungsform aufzuzwingen und als Oesterreich im Frühjahr 1866 dem Kaiser Maximilian die Erlaubniß ertheilte, das österr. Freiwilligencorps durch neue Werbungen zu ergänzen und zu verstärken, legten sie und zwar mit Erfolg in Wien Protest dagegen ein. Napoleon konnte sich nicht länger darüber täuschen, daß sein Unternehmen, das zudem in Frankreich niemals populär gewesen war und gegen das die Opposition, als eine der verwundbarsten Stellen des zweiten Kaiserreichs, mehr und mehr ihre Angriffe richtete, definitiv gescheitert sei. Schon im Januar schickte er den Baron Seillard nach Mexico, angeblich um mit dem Kaiser Max über die Rückberufung der franz. Armee zu unterhandeln, in Wahrheit aber vielmehr, um ihm einfach anzuzeigen, daß die Franzosen in drei Abtheilungen, im Herbst 1866, im Frühjahr und im Herbst 1867 Mexico verlassen würden und für die schweren Summen, welche Mexico Frankreich nunmehr schuldete, wo möglich irgend eine Entschädigung oder Garantie zu erlangen. Es war das unzweifelhaft ein Bruch der Convention von Miramare zwischen Frankreich und dem Kaiser Max, aber dieser hatte keinerlei Mittel, um Frankreich zur Einhaltung seiner Verpflichtungen zu zwingen. Um wenigstens das Aeußerste zu versuchen, ging die Kaiserin Charlotte im Sommer selbst nach Europa; allein sie fand für ihr Bitten und Flehen in den Tuilerien nur taube Ohren und verließ Paris mit der Ueberzeugung, daß der Sturz ihres Gemahls nicht länger abzuwenden sei. Beide hatten das, wie andere meinten, von Anfang an abenteuerliche Unternehmen sehr ernsthaft genommen; jetzt sah sie, daß alle Opfer umsonst gebracht worden, jede Hoffnung aufgegeben werden müsse; ihr sonst heller und energischer Geist brach darüber zusammen und sie verfiel in Rom, wohin sie vor ihrer Rückkehr sich noch begeben hatte, in einen allem Anschein nach unheilbaren Irrsinn. Fast zu derselben Zeit faßte Napoleon bezüglich Mexicos einen neuen Entschluß: wie die Dinge dort bereits lagen, konnte er sich nicht verhehlen, daß, wenn er seine Armee in drei Abtheilungen zurückziehen wollte, die letzte jedenfalls der höchsten Gefahr ausgesetzt sein würde, von den Republikanern aufs äußerste bedrängt und vielleicht aufgerieben zu werden. Gegenüber der öffentlichen Meinung Frankreichs konnte sich aber der Kaiser einer solchen Eventualität unmöglich aussetzen und er beschloß daher jetzt, seine ganze Armee auf einmal und zwar bald nach Neujahr 1867 zurückzuziehen. General Castelnau wurde beauftragt, diese neue Anordnung in Mexico zu notifiziren und die dazu erforderlichen Maßregeln im Einverständniß mit dem Marschall Bazaine zu treffen. Die Kunde von dem Unglücke seiner Gemahlin und von dem letzten entscheidenden Schlage Frankreichs trafen den Kaiser Max fast zu gleicher Zeit. Die Zumuthung, zu Gunsten der Franzosen förmlich abzudanken, um diesen dadurch die Mittel zu gewähren, sich mit Juarez directe zu verständigen und sich den Rücken zu sichern, lehnte er durchaus ab. Nur die Rücksicht auf die seiner neuen Heimath gegenüber eingegangenen moralischen Verpflichtungen hielt ihn ab, dem Marschall Bazaine seine Krone vor die Füße zu werfen und sich sofort auf einem österr. Kriegsschiffe, das seiner schon seit längerer Zeit in Veracruz wartete, nach Europa einzuschiffen. Durchdrungen von der Redlichkeit seiner Bemühungen für das Wohl Mexicos, gab er sich nochmals der Illusion hin, die Republikaner selbst zu seiner Unterstützung heranziehen zu können; eine freigewählte Nationalversammlung, zu der auch die Juaristen eingeladen werden mochten, sollte über das Schicksal des Kaiserreichs entscheiden; er war bereit, den Thron zu räumen oder zu halten je

Mexico. nach den Entschlüssen dieser Versammlung. Allein schon war es
dafür zu spät; die Republikaner gingen auf seinen Plan nicht ein.
Bereits seit der Mitte des Jahres hatten die Franzosen die entfern-
teren Plätze, die sie bisher occupirten, geräumt und sich gegen die
Mitte zu concentriren begonnen; dicht hinter ihnen rückten aber die
Juaristen nach, deren Guerillas selbst die mittleren Provinzen fortwährend beunruhigten. Bis Ende des Jahres standen die Franzosen
größtentheils concentrirt in der Hauptstadt und auf der Straße zwischen Mexiko und Veracruz, wo sie ein großes befestigtes Lager errichteten, das ihre Einschiffung nach Europa decken sollte. Maximilian hatte sich entschlossen, sein Geschick nicht von den Trümmern
seines Thrones zu trennen und wenigstens seine Ehre zu wahren.
Mit aufrichtiger Achtung und Theilnahme sah Europa dem Untergange eines Fürsten entgegen, der dem allgemeinen Urtheile zufolge
eines bessern Schicksals werth gewesen wäre.

Frank-
reich. So erlitt Frankreich, das sich als Weltmacht unter dem zweiten
Kaiserreich auf eine seit dem Sturze des ersten Napoleon unerhörte
Höhe des Ansehens und des Einflusses gehoben und darin fast allein
einen Ersatz für die ihm fast gänzlich entzogene Freiheit der inneren Entwickelung und Bewegung gefunden hatte, In einem und
demselben Jahre eben in dieser seiner Machtstellung drei Schläge,
von denen es schwer zu sagen war, welchen es am schmerzlichsten
fühlte. Das Zusammenbrechen der mexicanischen Unternehmung war
eine unleugbare Niederlage der eigensten Politik des Kaisers, die
weder bemäntelt noch beschönigt werden konnte und der plötzliche
Rückzug, der einer Flucht auf ein Haar ähnlich sah, verletzte die
Eitelkeit und das berechtigte Selbstgefühl der Franzosen. In Italien hatte sich im Grunde nur vollendet, was Napoleon schon 1859
als das Ziel seines Krieges gegen Oesterreich verkündete, die Freiheit des Landes bis zur Adria; aber es war dieß ohne Frankreich
und darum in einem gewissen Sinne gegen Frankreich erfolgt. Das
neue Königreich Italien, diese Schöpfung Frankreichs, war von Frankreich auch wesentlich abhängig, so lange es von Oesterreich noch
keineswegs anerkannt war und so lange die Oesterreicher im Festungsviereck nur von Frankreich zurückgehalten wurden, dem ganzen Spuck,
wie man in gewissen Kreisen in Wien meinte, ein jähes Ende zu
bereiten. Mit der gezwungenen Abhängigkeit Italiens von Frank-

reich war es jetzt vorbei; Oesterreich hatte Italien anerkannt und Frank- seinen bisherigen Groll, wie es schien völlig bei Seite gelegt, das reich. Festungsviereck war in den Händen der Italiener selbst; Italien konnte nunmehr innerhalb seiner natürlichen Grenzen nach keiner Seite hin abhängig vollkommen auf eigenen Füßen stehen und schien nur zu geneigt, davon auch sofort gegen Frankreich Gebrauch machen zu wollen, da es schon bisher die Abhängigkeit von diesem sichtlich nur sehr widerwillig ertragen hatte. Aber beide, Mexico und Italien, traten völlig zurück gegen die Gefahr, welche jenseits des Rheins durch das plötzliche Aufsteigen der preußischen Macht der bisherigen Welt- stellung Frankreichs zu drohen schien. Seit dem Sinken des deut- schen Kaiserreichs und seit der innern Auflösung desselben durch die Ausbildung der Landeshoheit der einzelnen Fürsten hatte Frankreich, in welchem die gerade entgegengesetzte Entwickelung eingetreten war, mehr und mehr einen überwiegenden Einfluß in Europa errungen und sich entschieden zur tonangebenden Macht in Europa emporgeschwungen. Diese ganze Stellung Frankreichs war aber nur aufrecht zu erhalten, so lange Deutschland in eine Reihe einzelner von einander wesentlich unabhängiger Staaten zersplittert und durch diese Zersplitterung schwach war. Der deutsche Bund hatte daran nur wenig oder gar nichts geändert, er hatte lediglich eine defensive Bedeutung und einen defensiven Werth. Von einer activen Politik Deutschlands nach außen war gar keine Rede. Preußen entbehrte der natürlichen Bedingungen für eine nach allen Seiten selbständige Politik, nach der es doch schon instinctmäßig strebte, Oesterreich und die Mittelstaaten traten ihm in jeder Weise entgegen und hemm- ten und hinderten es nach Kräften auf Schritt und Tritt. Oesterreich war längst eine überwiegend nicht-deutsche Macht, schloß, in veral- teten Ideen befangen, seine deutschen Provinzen, so weit es nur immer konnte, von der Berührung und dem Einfluß des wirklichen, lebendigen, in der Entwickelung begriffenen deutschen Geistes ängst- lich ab und hielt eben darum die Ueberreste seiner früheren großen Stellung in Deutschland nur mit Mühe aufrecht. An ein Zusam- mengehen beider in gemeinsamem deutschem Interesse konnten nur Idealisten, die jeder realen Auffassung menschlicher Dinge baar wa- ren, nur Gefühlspolitiker, deren es freilich in Deutschland genug gab, glauben; einem Zusammengehen beider widersprach die historische Ent-

Entwickelung beiber, widersprachen ihre Interessen so zu sagen auf allen Gebieten des politischen Lebens und der politischen Macht; wer auf ihr aufrichtiges und einträchtiges Zusammengehen in deutschen Dingen rechnete, der hatte wahrlich sein Haus auf Sand gebaut — Frankreich wußte das so gut als in Deutschland jeder es wissen mußte, der die Augen aufmachte und sie nicht absichtlich vor allem dem zu schließen liebte, was ihm nicht behagte. Die deutschen Mittel- und Kleinstaaten kamen in auswärtigen Dingen ganz und gar nicht in Betracht: uneins unter einander und jeder zunächst nur auf sich bedacht, war ihre wirkliche Macht viel geringer, als sie selber wußten oder für möglich hielten; erst das J. 1866 hat es vollständig zu Tage gebracht und auch dem blödesten Auge bloß gelegt. So unbefriedigend aber auch die Verhältnisse seiner Glieder unter sich und so ganz unverhältnißmäßig schwach und unbedeutend seine nationale Machtstellung in Europa war, so schwach, daß selbst das kleine und von seiner einstigen Höhe tief herunter gesunkene Dänemark es wagen konnte, ein ihm zufällig preisgegebenes Bruchstück der deutschen Nation rücksichtslos mit Füßen zu treten, dennoch genoß Deutschland unter der schwachen Bundesverfassung fünfzig Jahre lang einer gewissen Ruhe nach innen, einer gewissen Sicherheit nach außen. Die deutsche Nation war eben so zu sagen ein gewaltiges Ungethüm, das schlief und das aufzuwecken jeder sich wohl hütete. Frankreich vor allem war nicht so thöricht, auch nur daran zu denken; das zersplitterte Deutschland war ihm der bequemste Nachbar, den er sich nur wünschen konnte und lange genug war es ein Axiom seiner Politik gewesen, Deutschland mit allen Mitteln in dieser Zersplitterung und dadurch folgerichtig auch in seiner Schwäche zu erhalten. Thiers hatte noch vor dem Kriege dieser Politik Frankreichs einen eben so prägnanten als beredten Ausdruck verliehen. Allein nun war das Ungethüm ohne Frankreichs Zuthun von selber erwacht und hatte seine Bande wenigstens guten Theils abgeschüttelt. Das „Gespenst des germanischen Reichs" war plötzlich vor den Augen der Franzosen emporgestiegen und sie hatten es nicht gehindert. Und doch war noch lange nicht das erstanden, was ihnen doch als möglich vorschwebte. Von einer Vereinigung der ganzen Nation, von einer Leitung aller ihrer Kräfte durch eine Hand war noch weit keine Rede. Der Prager Friede hatte Deutschland vielmehr, wie es hieß, in drei Theile gespalten,

den norddeutschen Bund mit Preußen, die süddeutschen Staaten und Deutsch-
Oesterreich, zwischen denen vorerst gar keine nähere Verbindung mehr
bestand. Aber der Trost war ein schlechter. Die öffentliche Meinung fühlte und sie fühlte ganz richtig, daß Preußen — nachdem es
sich durch die Annexionen nach allen Seiten abgerundet und nunmehr zu einem fest zusammenhängenden Ganzen geworden, nachdem
es Sachsen und die sämmtlichen Kleinstaaten Norddeutschlands unter
seiner Führung vereinigt und ihnen dadurch erst eine Bedeutung gegeben, die sie vorher vereinzelt oder doch nur ganz lose verbunden
nicht gehabt hatten, nachdem es endlich eben in Böhmen bewiesen,
was es schon allein noch ohne die Annexionen und ohne die übrigen
norddeutschen Staaten gestützt auch die allgemeine Wehrpflicht seines
nüchternen, thätigen und vor allem aus gebildeten Volkes auszurichten
im Stande war — allein, ohne Süddeutschland und ohne Oesterreich,
Frankreich, um nicht zu viel zu sagen, beinahe gewachsen sei und
daß dies vollständig der Fall sein werde, sobald die süddeutschen
Staaten dem norddeutschen Bunde beigetreten sein würden. In so
fern konnte man sagen, daß das bisherige Uebergewicht Frankreichs
in Europa nicht nur bedroht, sondern bereits thatsächlich gebrochen sei
und daß dieses von nun an zweifelsohne genöthigt sein würde, das
Uebergewicht in Europa mit Preußen zu theilen. Viele fürchteten, daß
Frankreich dasselbe an das geeinigte Deutschland ganz werde abgeben
müssen, einzelne beschlich eine leise Ahnung von einem allmäligen
Sinken der lateinischen Race. Die ganze Stimmung der Nation
war eine aufgeregte und besorgliche. Die kaiserliche Regierung suchte
zu beruhigen und zu beschwichtigen. Um die Mitte Septembers erließ sie eine Circulardepesche gleichsam als das Programm der Politik des Kaisers nach dem Kriege und ohne Zweifel auch aus der
Feder des Kaisers selbst. Obgleich es seinem Programm vor dem
Kriege, wie er dasselbe in dem Briefe an Drouyn de l'Huys
vom 11. Juni niedergelegt hatte, in mehr als einem Punkte
unzweifelhaft widersprach, und deutlich genug verrieth, daß auch
er sich in seinen Voraussetzungen und Erwartungen getäuscht
habe, so war es doch eines so eminenten Staatsmannes, wie der
Kaiser unzweifelhaft ist, durchaus würdig und widersprach keineswegs
den letzten und höchsten Gedanken, von denen seine auswärtige Politik bisher geleitet worden war. Das entscheidende Motiv, das

Napoleon bewogen hatte, Preußen im Beginn der Verwickelung gewähren zu lassen, wurde darin mit der Bemerkung angedeutet:
„Furchtbare Probleme, welche gelöst werden mußten, weil sie sich
nicht unterdrücken lassen, lasteten auf den Geschicken der Völker
(b. h. Deutschlands); sie hätten sich in viel schwierigeren Zeiten einstellen können und haben ihre natürliche Lösung ohne allzuheftige
Erschütterung und ohne die Hülfe gefährlicher revolutionärer Leidenschaften gefunden. Ein Frieden, welcher auf solchen Grundlagen
ruht, wird ein dauerhafter Friede sein." Die nunmehrige Lage
Europas aber nach dem Kriege wurde folgendermaßen skizzirt: „Eine
unwiderstehliche Macht, selbst wenn man sie bedauern möchte, drängt
die Völker, sich zu großen Gestaltungen zu vereinigen und die kleineren Staaten verschwinden zu machen. Dieses Bestreben entspringt
aus dem Wunsche, den allgemeinen Interessen wirksamere Garantien
zu geben. Vielleicht ist dieses Bestreben durch eine Art providentieller Voraussicht der Weltgeschichte bestimmt. Während die alten
Bevölkerungen des Continents in ihren beschränkten Gebieten nur mit
einer gewissen Langsamkeit wachsen, können Rußland und die Ver.Staaten
von Amerika vor Ablauf eines Jahrhunderts je 100 Mill. Menschen
zählen. Obgleich der Fortschritt dieser beiden großen Reiche für
uns kein Gegenstand der Beunruhigung ist und wir im Gegentheil
ihre großmüthigen Anstrengungen zu Gunsten unterdrückter Racen
freudig begrüßen, liegt es in dem Zukunftsinteresse der mitteleuropäischen Völker, nicht in so und so viel verschiedene Staaten ohne
Kraft und öffentlichem Geist zerstückelt zu sein. Die Politik muß
sich über engherzige und mißgünstige Vorurtheile eines andern Zeitalters erheben. Der Kaiser glaubt nicht, daß die Größe eines Landes von der Schwächung der Völker, welche es umgeben, abhängt,
und er sieht das wahrhafte Gleichgewicht nur in den befriedigten
Wünschen der Völker Europa's." An Größe wie an Wahrheit des
Gedankens überragte die also bezeichnete Politik des Kaisers sicherlich
weit diejenige, von welcher Frankreich vor ihm geleitet worden und
in der Thiers, als er der Regierung und der von ihr Deutschland
gegenüber eingenommenen Stellung entgegentrat, noch immer befangen
war. Aber die Opposition des Hrn. Thiers zeigte eben, daß der
Kaiser in seiner auswärtigen Politik, so viel auch dagegen im Einzelnen nicht ohne Grund eingewendet werden mochte, im Ganzen

ben Anschauungen der Mehrheit der Franzosen doch weit voraus war. Frank-
Trotzdem beruhigte sich die öffentliche Meinung, zwar nicht ganz aber reich.
doch sichtlich bis zu einem gewissen Grade. So viel jedoch wurde
ihr nachgerade völlig klar, daß Frankreich alle seine Kräfte zusam-
mennehmen und alle seine reichen Fähigkeiten mit äußerster Anstrengung zu entwickeln bestrebt sein müsse, wenn es seine Stellung
neben dem neuen Deutschland aufrecht erhalten wollte. Eine freie
Entwickelung schien aber weiter nur möglich im Genusse freier Institutionen, jedenfalls einer viel größeren Freiheit der geistigen Bewegung, als sie Frankreich seit dem 2. December unter dem
zweiten Kaiserreiche genoß. Diese Anschauung wurde bald so allgemein und trat überall so entschieden hervor, daß der aufmerksame Be-
obachter sich schon vor dem Schlusse des Jahres der Ueberzeugung
nicht verschließen konnte, daß dem Kaiser binnen Kurzem gar nichts
anderes übrig bleiben werde, als entweder sich doch in einen Krieg
mit Deutschland zu stürzen oder aber die bisher so eng bemessenen
Schranken politischer Freiheit zu erweitern und ernsthaft an die so
lang verheißene „Krönung des Gebäudes" zu denken, um der so sehr
aufgeregten Stimmung der Nation irgend ein Feld practischer Thätigkeit und reeller Genugthuung zu bieten.

Zu derselben Zeit, da die Mitte Europas in hellen Kriegsflammen Türkei.
stand, begann es auch im Südosten vorerst allerdings noch leise aufzu-
leuchten. Die orientalische Frage hatte seit einigen Jahren so ziemlich
geruht, aber die allmälige Zersetzung des osmanischen Reichs in Europa
im Stillen ihren unaufhaltbaren Fortgang genommen und nun begann die Frage über sein endliches Schicksal neuerdings an die Thüren
der Diplomatie anzuklopfen. Zuerst und noch vor dem wirklichen
Ausbruch des Krieges in Deutschland war es Rumänien oder die ehemaligen Donaufürstenthümer, welche ihre Aufmerksamkeit in Anspruch
nahmen. Fürst Couza bewährte die Eigenschaften, die sein Auftreten
als Bedingung vorausgesetzt, keineswegs und mehr und mehr ergab er
sich einer so liederlichen Wirthschaft, daß seine Willkür geradezu unerträglich wurde. Am 23. Februar wurde er durch eine Verschwörung
gestürzt, er unterzeichnete seine Abdankung und räumte das Land,
ohne daß sich eine Hand erhoben hätte, um für ihn einzustehen.
Die Verschworenen bildeten eine provisorische Statthalterschaft und
ernannten im Einverständniß mit beiden Kammern den Grafen von

Uebersicht der Ereignisse des Jahres 1866.

Flandern, einen Bruder des Königs der Belgier, zum erblichen Fürsten des Landes. Der Graf lehnte die Wahl jedoch ab, die Pforte protestirte gegen eine derartige Schmälerung ihrer Suzeränetätsrechte und die Gesandten der Großmächte traten zu Paris in Conferenz zusammen, um die Dinge wieder in ein möglichst befriedigendes Geleise zu lenken. Die Wünsche der Rumänen nach einem Beherrscher aus einem der europäischen Fürstenhäuser fand bei ihr Anfangs wenig Anklang, aber die Rumänen beharrten auf ihrem Verlangen, suchten nach einem andern Candidaten und fielen bald auf den Prinzen Karl von Hohenzollern, einen Sohn des Fürsten von Hohenzollern-Sigmaringen, der sich geneigt zeigte, ihren Wünschen entgegen zu kommen. Es wurde ein Plebiscit ins Werk gesetzt, der Prinz in beiden Fürstenthümern, angeblich selbst in der Moldau, obgleich diese bei der Verschmelzung mit der Wallachei ihre Rechnung nicht gefunden hatte und sich viel lieber von derselben wieder getrennt hätte, fast einstimmig zum Fürsten gewählt und erschien plötzlich mit wenigen Begleitern im Lande, um von dem ihm angebotenen Fürstenstuhle Besitz zu ergreifen. Die Pforte verlangte dagegen von der Pariser Conferenz die Ermächtigung zur Intervention und sammelte an der Grenze drohend ein Heer zu diesem Zwecke. Die Conferenz versagte die Ermächtigung, es wurde hin und her verhandelt, am Ende gab die Pforte nach und anerkannte den Prinzen Karl als erblichen Fürsten. Dasselbe Zugeständniß machte sie im Laufe des Sommers auch dem Vicekönig von Aegypten. Ihre bisherigen Rechte wurden dadurch wesentlich gemindert, aber diese Minderung entsprach nur den thatsächlichen Verhältnissen, der allmälig immer weiter sich entwickelnden Loslösung einzelner Gebiete, die sie doch nicht mehr in Botmäßigkeit festzuhalten die Kraft hatte. Allein nun brach das Verlangen nach Emancipation auf einem für sie gefährlicheren Punkte aus. Unruhige Bewegungen auf der Insel Candia entwickelten sich schnell zu einem förmlichen Aufstande. Die Candioten beschlossen ihre Vereinigung mit Griechenland und erhielten bald aus diesem zahlreiche Zuzüge und überdieß Lebensmittel, Munition u. a. Die Pforte schickte Mustapha Pascha, der früher Jahre lang die Insel als Gouverneur regiert hatte, mit ansehnlichen Streitkräften, die vom Vicekönig von Aegypten durch ein starkes Corps verstärkt wurden, nach der Insel und blokirte diese mit ihrer Flotte. Aber beides blieb ohne entscheidenden Erfolg. Die Mächte, Frankreich voran, legten für die Canbioten Anfangs wiederum nur sehr geringe Sympathien an den Tag und waren eifrig bemüht, den Funken, der zur Flamme werden konnte, sofort zu ersticken. Allein ihr Bemühen war von geringem Erfolg begleitet, die Türken zeigten sich trotz ihrer Uebermacht unfähig, den Aufstand zu unterdrücken, in Griechenland war alles einig, den Aufstand in jeder nur möglichen Weise zu unterstützen, Rußland seinerseits trat ziemlich offen, aber in sehr gemäßigter Form für die Sache der Canbioten auf und ehe das Jahr zu Ende ging, trat ein entschiedener Umschwung unter den Großmächten selbst zu Gunsten der Insel ein; Frankreich war nicht mehr so abgeneigt, ihren Wünschen seinerseits Unterstützung angedeihen zu lassen und selbst Oesterreich meinte, daß etwas zu ihren Gunsten geschehen müsse, wenn man nicht Gefahr laufen wolle, die orientalische Frage zwischen den europäischen Mächten selbst plötzlich zum Ausbruch kommen zu sehen. Die Verlegenheit der Pforte war groß. Auch der Fürst von Montenegro hielt den Moment für günstig und machte seine Forderungen: er wurde durch die Abtretung des kleinen Hafens von Novosella, der sein Ländchen mit dem Meer in Verbindung brachte, abgefunden. Ihm folgte der Fürst von Serbien und drang in die Räumung Belgrads und der andern kleinen Festungen, welche die Türken noch immer in seinem Lande besetzt hielten und auch ihm wurde seither willfahren. Wenn die Pforte die Einbußen überschlägt, die sie im J. 1866 definitiv gemacht, so kann sie dieselben nichts weniger als für gering erachten und die schwerste drohte ihr noch, so lange sie nicht im Stande ist, den Aufstand der Canbioten gründlich zu bewältigen.

Ueber den kriegerischen Ereignissen des Sommers trat die fast gleichzeitig in England vom Parlament endlich wieder aufgenommene Frage der Parlamentsreform in den Hintergrund, zumal der erste Versuch wiederum zu keinem Resultate führte. Das vom Cabinet Russel-Gladstone eingebrachte Project, das dem wirklichen Stande der öffentlichen Meinung unter den regierenden Klassen gerecht zu werden suchte, traf nicht nur auf den Widerstand der Toryopposition, sondern mißfiel auch einem Theil der eigenen Partei, der nicht so weit gehen wollte. Das Ministerium unterlag daher bei der Comitéberathung in einer einzelnen Klausel, wenn auch nur mit

England. wenigen Stimmen, gab seine Entlassung und machte einem Torycabinet Derby-Disraeli Platz, das die ganze Frage neuerdings auf sich beruhen zu lassen wünschte. Allein es irrte sich, wenn es dieß noch immer für möglich erachtete. Die von der Vertretung im Parlament ausgeschlossenen Volksklassen waren entschlossen, diese Frage nicht mehr von der Tagesordnung absetzen zu lassen und ihre Lösung diesmal zu erzwingen. Die Agitation dafür nahm bald großartige Verhältnisse an, in allen großen Städten des Landes fanden Massenmeetings statt, deren Theilnehmer zu Hunderttausenden zählten, ohne die gesetzlichen Schranken auch nur im mindesten zu überschreiten. Vor einem so festen Entschlusse mußte selbst der zähe Widerstand der Torys zusammenbrechen. Um sich am Ruder halten zu können, mußte das conservative Cabinet schließlich zu einem Vorschlage sich bequemen, der wesentlich weiter ging, als derjenige seiner Gegner, den die Tory's eben erst mit so großer Anstrengung zu Fall gebracht hatten und schon ist es keine Frage mehr, daß die Vertretung des englischen Volkes nicht urplötzlich, aber nach und nach unausweichlich eine ganz andere Physiognomie annehmen wird als bisher. Die Auflösung der alten Parteien ist die natürliche Folge dieser Vorgänge. Erst dann wird das Parlament auch den gerechten Beschwerden der Irländer gerecht werden, die neuerdings in der Verschwörung der sog. Fenier Abhülfe auf einem Wege suchten, wo sie unmöglich zu finden ist. Wiederholte Besprechungen im Parlamente zeigten, daß die Zeit zu durchgreifenden Maßregeln bezüglich der anglicanischen Kirche in Irland und bezüglich des Verhältnisses zwischen Gutsherrn und Pächtern noch nicht ganz reif ist, aber daß es dazu dennoch binnen kurzem kommen muß.

Spanien. Ganz den entgegengesetzten Entwicklungsgang nahm Spanien. Das unglückliche Land fährt fort, von einem Extrem ins andere zu verfallen, ohne jenes Gleichgewicht der Kräfte und jene Stetigkeit der Zustände finden zu können, ohne welche weder ein solider Fortschritt noch ein ruhiger Genuß erworbener Güter möglich ist. Schon in den ersten Tagen des Januars erhob General Prim an der Spitze einiger Regimenter die Fahne der Empörung, allem Anscheine nach im Sinne einer Beseitigung der Dynastie und einer Vereinigung des Landes mit Portugal. Das Unternehmen fand jedoch wenig Anklang und scheiterte gänzlich; Gen. Prim mußte mit dem Reste seiner Begleiter nach Portugal übertreten. Allein die Aera der Spanischen Militärrebellen scheint in Spanien noch nicht geschlossen zu sein: schon im Juni brach ein neuer Militäraufstand in Madrid selber aus, der jedoch von O'Donnel blutig unterdrückt wurde. Trotzdem konnte er sich nicht am Ruder behaupten und wurde von der Königin bald darauf durch Narvaez ersetzt. Jetzt fiel das Land dem entgegengesetzten Extrem anheim. Ein finsterer und bigotter Despotismus hielt sich für berufen, dem maßlosen Rabicalismus und den zügellosen Gelüsten ehrgeiziger Generale ein Ende zu machen. Die bisherigen verfassungsmäßigen Befugnisse der Provinzialräthe und der Gemeinderäthe wurden durch königliche Machtvollkommenheit eingeschränkt, das gesammte Unterrichtswesen dem großentheils selbst ungebildeten, aber dafür um so herrschsüchtigeren Clerus überantwortet und am Ende des Jahrs ein förmlicher Staatsstreich dadurch ins Werk gesetzt, daß der Präsident und mehrere der einflußreichsten Mitglieder der Deputirtenkammer und gleich darauf auch der Präsident des Senates willkürlich ergriffen und ohne weiteren Proceß in sichren Gewahrsam abgeführt wurden. Die bisherige Herrschaft der sog. liberalen Union wurde dadurch gebrochen und die Mitglieder derselben massenhaft ins Exil getrieben. Seither herrscht ein wahres Schreckensregiment. Dieser Zustand kann nicht von Dauer sein. Spanien bedarf allerdings einer energischen und vielleicht vielfach rücksichtslosen Hand, wenn es wieder gesunden und allmählich sich wieder heben soll. Aber Narvaez scheint dazu nicht berufen zu sein. Ein bigotter Despotismus, d. h. gerade derjenige Geist, der seit den Tagen Karls V. Spanien zu Grunde gerichtet hat, ist am allerwenigsten geeignet, die Keime neuer Gestaltungen zu legen und zu pflegen. Früher oder später ist ein gewaltsamer Ausbruch der allgemeinen Unzufriedenheit der gebildeten Stände mit Sicherheit vorauszusehen und es ist höchst wahrscheinlich, daß ihm der morsche Thron der Bourbonen diesmal zum Opfer fallen wird. Zu bedauern wäre ein solcher Ausgang allerdings in keiner Weise; aber daß es dann in Spanien besser werde, dafür wäre auch nicht die mindeste Gewähr geboten. Die Idee der iberischen Union hat in Spanien doch offenbar noch sehr schwache Wurzeln geschlagen und scheint selbst in Portugal nichts weniger als populär zu sein.

Nicht das mindeste der großen Ereignisse des Jahres erfolgte zu

Rom. Ende desselben, ohne momentan den Eindruck zu machen, den es verdiente, wir meinen die Räumung Roms durch die Franzosen. Sie wurde erwartet, ging in aller Ruhe und Ordnung vor sich und war von keiner derjenigen Consequenzen begleitet, deren augenblicklichen Eintritt hie und da befürchtet wurde. Dennoch ist es eine Thatsache von ungeheurer Tragweite. Seit dem 11. Dec. ist Rom sich selbst überlassen und wird sich so oder so mit dem Königreich Italien verständigen müssen. Ob Rom am Ende doch noch die Hauptstadt des letztern werden wird, mag dahin gestellt bleiben. Die Ueberzeugung, daß dieß für Italien wenigstens keine Nothwendigkeit sei, ist jedenfalls gewachsen und hat in weiteren Kreisen als früher Platz gegriffen. Aber daß die weltliche Herrschaft des Papstes darum doch früher oder später fallen muß, ist außer allem Zweifel und drängt sich nach und nach selbst den widerstrebendsten Gemüthern auf. Schon die materiellen Forderungen des Handels und Verkehrs machen eine Fortdauer der bisherigen Ordnung der Dinge ganz und gar unhaltbar; die unzweifelhafte Mehrheit der Bevölkerung verlangt nach einem weltlichen Regiment, nach denselben Bedingungen des wirthschaftlichen und politischen Lebens, deren alle anderen Völker genießen; die Staatseinnahmen genügen selbst jetzt, da Italien einen guten Theil der bisherigen päpstlichen Schuld übernommen hat, nicht, um die Ausgaben zu decken, da der Papst einer verhältnißmäßig zahlreicheren Armee, als selbst Preußen oder Frankreich haben, bedarf, um seine widerwilligen Unterthanen im Gehorsam zu erhalten. Der Verlust der weltlichen Herrschaft wäre für die katholische Kirche an sich nicht von so großer Bedeutung, wenn nicht der Papst von der sog. ultramontanen Partei aller Länder gedrängt, sich an die Behauptung derselben mit solcher Zähigkeit angeklammert hätte. So dagegen muß er allerdings, wenn er eintritt, sich für das Papstthum wie für die ultramontanen Tendenzen zur empfindlichen Niederlage gestalten.

Oestrreich. Die Niederlage Oesterreichs, die den Verlust des letzten Restes seiner seit Jahrhunderten hergebrachten Stellung in Deutschland und Italien zur Folge hatte, und die Räumung Roms durch die Franzosen, welche den Fall der weltlichen Herrschaft des Papstes nach sich ziehen wird, sind übrigens zwei Ereignisse, die nicht bloß in einem zufälligen Zusammenhange stehen. Das alte Verhältniß zwischen Staat und Kirche, die Unterordnung des ersteren unter die letztere, die Anschauung, daß der Staat im letzten Grunde keine andere Aufgabe habe, als den Zwecken der Kirche zu dienen, haben damit ihre letzten Stützen in Europa verloren. Mit Oesterreich ragte das Mittelalter mit seinen Ideen von Staat und Kirche noch immer mächtig in die Gegenwart hinein; Oesterreich hielt fest an den Ideen und Traditionen des deutschen Kaiserreichs, nicht wie es zur Zeit seiner Größe sich entfaltet, sondern wie es sich in seinem Verfall nach dem Untergang der Hohenstaufen während des späteren Mittelalters gestaltet hatte. Mit Recht oder mit Unrecht erkannte Oesterreich darin seinen Beruf und je mehr es darin nach und nach in Europa ganz allein stand, desto mehr neigten sich ihm die Sympathien aller derer, die an jenen überall sonst so ziemlich überwundenen Ideen fest hielten, zu und erkannten in ihm den allein noch, wie sie meinten, wirklich conservativen Staat. Diese Stellung Oesterreichs in Europa hat in den Resultaten des J. 1866 nunmehr ihr Ende gefunden. Die letzten Reste des alten deutschen Kaiserthums in Deutschland und Italien sind zu Grabe getragen worden. An Oesterreichs Stelle ist in Deutschland das protestantische Preußen getreten, protestantisch nicht im confessionellen, sondern im politischen Sinne des Worts, in Italien die neue Monarchie des Königs Victor Emanuel, die von Anfang an sich weigerte, den Staat in den Dienst der Kirche zu stellen, ihm vielmehr eine eigene, von den Zwecken der Kirche völlig unabhängige Aufgabe vindicirte und darin durchaus in ihrem Rechte war, wenn sie auch, durch den Widerstand der Kirche gereizt und verleitet, vielfach zu weit ging und sich in geradezu kirchenfeindliche Bahnen verirrte. Oesterreich, aus Deutschland wie aus Italien definitiv herausgedrängt, ist jetzt auf sich selbst angewiesen und muß ein anderes werden, muß den Bedürfnissen seiner Völker, die es bisher den angeblichen Forderungen seiner europäischen Machtstellung vielfach gänzlich geopfert hat, und den Anschauungen der Gegenwart gerecht werden, wenn es nicht aus einander fallen soll. Dann aber auch nur dann kann es sich über die schweren Verluste des J. 1866 trösten. Der Anfang dazu ist bereits gemacht. Wie die Dinge liegen, kann sich Oesterreich unmöglich auf die in ihrer Entwickelung noch weit zurückgebliebenen und in sich zersplitterten und ungleichartigen Bruchstücke slavischer

Oester-
reich.
und romanischer Nationalität stützen. Oesterreich besitzt unter seinen zahlreichen Völkerschaften nur zwei wirkliche Culturelemente, die Deutschen und die Magyaren. Auf sie muß es sich stützen, um den Staat neu aufzubauen. Der Dualismus ist für Oesterreich zunächst eine Nothwendigkeit. Er wird später vielleicht dem Föderalismus weichen müssen, aber die Zeit des Föderalismus ist für Oesterreich auf Jahrzehnte hinaus noch nicht gekommen. An politischer Bildung sind die Magyaren den Deutschen in Oesterreich zur Zeit jedenfalls noch überlegen. Die Zähigkeit, mit der sie an ihren Rechten festhielten, hat sich bewährt, sie haben in Folge der Ereignisse des J. 1866 alles erreicht, was sie verlangt hatten, mehr sogar, als für Oesterreich gut und wünschenswerth war. Wenn der Dualismus lebensfähig sein soll, so müssen die beiden Hälften des Reichs durch eine starke und selbstständige Centralgewalt zusammengehalten werden, wie sie das ungarische 67er Elaborat nicht in Aussicht stellt. Die große Aufgabe der Deutschen wird es sein, im Reichsrathe und bei der Revision der Februarverfassung sich und der cisleithanischen Hälfte des Reichs überhaupt dieselben Freiheiten zu erringen, deren die Magyaren nunmehr bereits und in so ausgedehntem Maße genießen, aber zugleich auch dem Gesammtstaate diejenige Kraft und Selbstständigkeit zu verschaffen, deren er im Interesse aller, auch der Magyaren und sogar dieser nicht am wenigsten, nothwendig bedarf. Damit er aber seine Aufgabe in Europa und die österreichischen Deutschen die ihrige in Oesterreich erfüllen können, bedürfen beide des festen Rückhalts, den ihnen nur Deutschland gewähren kann.

Deutschland.
Es wäre ein verhängnißvoller Irrthum, wenn Oesterreich sich der Hoffnung hingeben würde, das neue preußisch-deutsche Reich werde demnächst wieder auseinanderfallen. Es wird dieß ebenso wenig geschehen, als es in Italien der Fall war, bezüglich dessen sich Oesterreich lange genug denselben Illusionen hingab. Preußen wird wohl einiger, vielleicht längerer Zeit bedürfen, bis der norddeutsche Bund ein festes Gefüge gefunden haben wird, bis die süddeutschen Staaten in denselben aufgenommen sein werden und bis es Nassau, Kurhessen und besonders Hannover und Schleswig-Holstein sich vollständig assimilirt haben wird: aber es wird damit zu Stande kommen. Man mag die Einverleibung der letzteren und das drückende Uebergewicht Preußens innerhalb des norddeutschen Bundes jetzt und selbst

dann, wenn auch die süddeutschen Staaten in denselben aufgenommen würden und, was doch nur eine Frage der Zeit ist, aufgenommen sein werden, man mag es überhaupt bedauern, daß die Dinge in Deutschland eine mehr einheitlichere als bundesstaatliche Wendung genommen haben. Allein es wird nicht verkannt werden können, daß dieß die natürliche Folge der Art und Weise ist, wie sich die Dinge entwickelt haben. Die deutschen Fürsten namentlich der Mittelstaaten sträubten sich gegen jede Unterordnung, gegen jedes Opfer ihrer Souveränetät und die Bevölkerungen derselben wie ihre Landtage waren zu schwach, sie dazu zu zwingen. Jene wie diese büßen nun für das, was sie rechtzeitig zu thun oder durchzusetzen unterlassen haben. Die entthronten Fürsten von Hannover, Kurhessen und Nassau traf es hart, wenn auch gerade sie nichts weniger als unverdient, wenn sie die Sühne nicht bloß für die eigene Schuld, sondern auch für die ihrer Mitfürsten leisten sollen. An eine Aenderung ist aber auch von ferne nicht mehr zu denken. Die neuesten Vorgänge haben deutlich genug gezeigt, daß das Bedürfniß der Einheit augenblicklich wenigstens in der Nation entschieden viel größer ist, als das Bedürfniß nach Freiheit. Die nächste Entwickelung scheint wesentlich davon abzuhängen, wie weit das erkannt wird. Je nachdem wird sie eine noch mehr einheitliche oder, wenigstens so weit als es noch möglich ist, bundesstaatliche werden. Jeder Widerstand gegen das, was nun einmal zur Nothwendigkeit geworden ist, würde den ohnehin starken Zug zur Einheit nur verstärken und was nicht biegen wollte, dürfte voraussichtlich brechen. Die Nation verlangt ihr Recht und hat auf dem Reichstage des norddeutschen Bundes gezeigt, daß sie dafür selbst die schwersten Opfer zu bringen bereit ist. Uebrigens selbst als Civilherrschern, um den Ausdruck des Grafen Bismarck zu gebrauchen, bleibt den deutschen Fürsten immer noch eine große und schöne Stellung in ihren Landen und den Landtagen ein weites Feld der Thätigkeit im Interesse der Freiheit. Niemand wird läugnen können, daß auf diesem Felde auch in den süddeutschen Staaten noch viel, sehr viel zu thun ist und daß es sicherlich besser wäre, rasch und entschieden an diese Arbeit zu gehen, als sich in unfruchtbarer und bitterer, häufig sogar ungerechter Kritik gegen das zu ergehen, was jedenfalls nicht mehr zu ändern ist.

Naturgemäß sind im weiteren Deutschland und Oesterreich auf

Oesterreich. einander angewiesen. Eine Allianz zwischen Oesterreich und Frankreich oder auch nur ein herzliches Einverständniß zwischen beiden gegen Preußen wäre ein Unternehmen, dessen Folgen schwer auf Oesterreich zurückfallen dürften. Es wäre traurig, wenn Gedanken der Rache für Königgrätz in Oesterreich lauerten, beklagenswerth, wenn es seine Blicke wenigstens noch immer auf Süddeutschland gerichtet hielte und dieses, gestützt auf den Prager Frieden und im Einverständniß mit Frankreich, an der Vereinigung mit Norddeutschland hindern wollte. Seine Aufgabe liegt nicht im Westen, sondern im Osten und einen Stützpunkt, einen Rückhalt dafür kann es nur in einem geeinigten Deutschland, nicht aber in den, solange sie vereinzelt bleiben, schwachen süddeutschen Staaten finden. An eine Gefahr für Oesterreich von Seite Deutschlands ist, sobald Oesterreich im Stande ist, sich neu zu consolidiren, nicht zu denken. Deutschland ist noch lange nicht so weit, die Frage einer Losreißung und Einverleibung der deutsch-österreichischen Provinzen practisch auch nur ins Auge fassen zu können und bis es soweit sein wird, dürfte es sich überzeugt haben, daß diese Provinzen ihre deutsche Aufgabe als Glieder des österr. Kaiserstaates besser erfüllen können, denn als Glieder eines rein deutschen Bundes oder Staates. Die Klagen über den Verlust der Deutsch-Oesterreicher für Deutschland beruhen auf sehr schwachem Fundamente. Die österreichische Regierung ist allerdings durch den deutschen Krieg von 1866 aus Deutschland hinausgedrängt worden, die deutschen Provinzen Oesterreichs konnten nicht aus Deutschland hinausgedrängt werden, weil sie in Wahrheit nie darin waren und trotz des Bundes mit dem übrigen Deutschland nur in so losen Beziehungen standen, wie sie loser zwischen Gliedern einer und derselben Nation gar nicht gedacht werden können. Eine wirkliche Allianz zwischen Oesterreich und Deutschland würde das nun gelöste Band mehr als ersetzen. Eine solche Allianz liegt in der Natur der Dinge und entspricht dem Interesse beider Staaten. Deutschland bedarf ihrer für seine Machtstellung gegen den Westen, Oesterreich für seine Machtstellung nach Osten. Sie muß und wird mit der Zeit mit Nothwendigkeit eintreten, aber sie hängt für Oesterreich an einer unerläßlichen Bedingung — Preußen muß sich von Rußland, was es bisher nicht konnte, was es aber jetzt kann, sobald es nur will, unabhängig machen und jeden Augenblick bereit sein, für

Oesterreich und seine Aufgabe im Osten auch gegen Rußland mit Oestreich seiner ganzen Macht einzustehen. Zur Zeit scheint freilich Preußen von einem Bruch mit Rußland ebenso fern zu sein, als Oesterreich von einer Neigung, sich mit Preußen zu alliiren. Allein unmöglich ist weder das eine noch das andere und was der Natur der Dinge entspricht, wird sich früher oder später doch vollenden. Erst wenn Oesterreich und Deutschland durch eine feste Allianz verbunden sind, wird die deutsche Nation ihre volle Befriedigung und Europa sein verlorenes Gleichgewicht wieder gefunden haben.

Register.

Wo es nöthig oder wünschenswerth schien, ist neben der Seitenzahl der Monat mit römischen, der Monatstag mit arabischen Ziffern bezeichnet.

Abgeordnetentag. S. 35—156: V 20.
Altenburg. S. 35—156: VI 23, VIII 4.
Anhalt. S. 35—156: III 12, VI 25, XI 9.
Baden. S. 35—156: I 31, II 15, 22, III 15, IV 11, 14, 21, 22, 25, 26, 30, V 7, 9, 14, 14, 16, 28, VI 1, 2, 7, 8, 9, 11, 18, 19, 21, 26, VII 5, 24, 28, 31, VIII 2, 3, 17.
S. 216—232: X 9, 20, 23, 29, 30, 31.
Actenstücke: VII 31 (Mobilirung d. Auxiliäs aus d. Bunde) S. 149, X 23 (Beschluß d. II. Kammer bez. Verhältniß zu Preußen u. Rede Freydorff's) S. 225, X 31 (Beschluß der I. Kammer bez. Verhältniß zu Preußen) S. 227.
Bayern. S. 35—156: I 27, 30, II 8, III 31, IV 2, 21, 22, V 6, 6, 10, 13, 21, 23, 27, 30, VI 1, 2, 8, 10, 14, 16, 16, 18, 21, 26, 30, VII 1, 2, 10, 21, 22, 25, 28, 30, VIII 13, 14, 18, 22.
S. 216—232: VIII 27, 28, 29, 30, 31, IX 2, 29, 30, X 11, 12, 19, 22, XI 10, 21, 24, XII 1, 10, 24, 25, 29, 31.
Actenstücke: VI 8 (Adresse der Mehrheit der II. Kammer, Gegenentwurf der vereinigten Linken) S. 77; VI 14 (Specialvertrag mit Oesterreich) S. 91; VI 18 (Erklärung der vereinigten Linken der II. Kammer) S. 108, VII 2 (Proclamation des Königs) S. 125, VII 22 (Friedensadresse d. Nürnberg und Augsburg) S. 144, VIII 28 (Programm der vereinigten Linken) S. 216, VIII 30 (Anträge und Beschluß der II. Kammer bez. Verhältniß zu Preußen) S. 217, VIII 31 (Beschluß der I. Kammer bez. Verhältniß zu Preußen) S. 217.
Belgien. S. 390—391.
Braunschweig. S. 35—156: VI 18, VII 6, 16, 20, VIII 1, 4, XII 14.
Actenstücke: VII 16 (Denkschrift der Regierung über den preußischen Bündnißantrag) S. 140, XII 14 (Adresse des Landtags) S. 216.
Bremen. S. 35—156: VI 21, 29, 30.
Actenstücke: VI 30 (Beschluß der Bürgerschaft bez. preuß. Bündniß) S. 124.
Bundestag. S. 35—156: IV 9, 21, 26, V 5, 9, 11, 19, 24, VI 1, 9, 11, 14,

16, 18, 21, 22, 23, 25, 27, 28, 29, VII 2, 4, 5, 10, 11, 14, 26, VIII 2, 4, 4, 24.
Actenſtücke: V 11 (Erſter Bundesreformantrag Preußens) S. 60, VI 9 (Erklärung Preußens und Oeſterreichs) S. 80, VI 11 (Antrag Oeſterreichs gegen Preußen) S. 86; VI 14 (Ausſtrittserklärung Preußens, Verwahrung Oeſterreichs) S. 89, VII 11 (Schreiben an Frankfurt bez. Verlegung ſeines Sitzes nach Augsburg) S. 134.

Coburg-Gotha. S. 35—156: IV 22, VI 15, 17, 20, 26, VII 2, XI 30, XII 3.

Deutſcher Krieg. S. 94—156.
Dänemark. S. 394—395.
Actenſtück: XI 12 (Thronrede) S. 394.

England. S. 312—324.
Actenſtücke: II 6 (Thronrede) S. 312; VIII 10 (Thronrede) S. 321.

Frankfurt. S. 35—156: VII 6, 7, 15, 16, 17, 18, 20, 21, 24, 29, IX 12, XII 30.
Actenſtück: VII 15 (Proclamation des Senats) S. 137.
Friedensſchlüſſe: zwiſchen Preußen und Oeſterreich S. 278, zwiſchen Preußen u. Württemberg S. 281, zwiſchen Preußen und Baden S. 282, zwiſchen Preußen und Bayern S. 293, zwiſchen Preußen und Heſſen S. 286, zwiſchen Preußen und Sachſen S. 289, zwiſchen Oeſterreich und Italien S. 297.
Frankreich. S. 325—353.
Actenſtücke: I 2 (Dep. des Geſandten in Florenz) S. 325; I 22 (Thronrede) S. 326; I 22 (Expoſé über die Lage des Kaiſerreichs) S. 329, I 25 (Dep. nach Waſhington) S. 330; II 9 (Adreſſe des Senats) S. 331; II 18 (Antwort des Kaiſers darauf) S. 332; II 26 (Adreſſe des geſetzgeb. Körpers) S. 332; II 26 (Amendementsanträge dazu) S. 334; II 26 (Rede Thiers') S. 335; III 22 (Antwort des Kaiſers auf die Adreſſe des geſetzgeb. Körpers) S. 338; IV 5 (Ankündigung der Räumung Mexico's) S. 339; V 3 (Rede Thiers gegen Preußen) S. 340; V 6 (Rede b. Kaiſers in Auxerre) S. 341; V 30, VI 8, 17 (Unterhandlungen mit England bez. Friedensconferenz) S. 339 u. 341; VI 11 (Brief des Kaiſers an Drouyn de l'Huys: Programm Frankreichs vor dem Kriege) S. 342; VII 14 (Senatsconſult bez. Verfaſſung) S. 344; VII 30 (Convention mit Mexico) S. 345; VIII 11 (Schreiben des Kaiſers an den König von Italien) S. 346; IX 16 (Circulardepeſche Lavalette's: Programm Frankreichs nach b. Kriege) S. 347; X 19 (Retroceſſion Venetiens) S. 351; X 20 (Einleitung einer Heeresreform) S. 351; XII 11 (Depeſche nach Rom) S. 352.

Griechenland. S. 419—422.
Actenſtück: IX 2 (Denkſchrift bez. Candia) S. 420.
Großdeutſche Verſammlung in Stuttgart. S. 216—232: XI 6 u. 11 (Beſchlüſſe) S. 228.

Hamburg. S. 35—156: VI 21, 26, 29, VII 2, 3, 4, 4, XI 9, XII 13, 22.
Actenſtück: VI 26 (Antwort b. Senats an Preußen) S. 118.
Handelstag, deutſcher. S. 35—156: VIII 4.
Hannover. S. 35—156: III 27, IV 18, 21, V 7, 14, 22, 25, 29, VI 4, 6, 9, 13, 14, 14, 15, 15, 16, 20, 20, 21, 22, 24, 27, 28, VII 6, VIII 1, 2, 5, 8, 14, 14.
S. 179—215: VIII 17, IX 22, 23, X 1, 5, 6, XI 7, 18, 20, 23, 24, 25, 26, 28, 29, XII 1, 3, 8, 10, 16, 20, 26.
Actenſtücke: VI 15 (Antwort auf die Sommation Preußens) S. 95; VI 20

(Protest gegen Preußen) S. 110; VI 21 (Proclamation des Königs) S. 114; VI 28 (Capitulation und Proclamation des Königs) S. 122; VIII 17 (Eingabe einer Deputation an den König von Preußen gegen Annexion, Antwort des Königs; Erwiderung der Deputation) S. 179; IX 23 (Protest des Königs Georg gegen Preußen) S. 293; X 5 (Protest des Königs Georg gegen die Besitzergreifung Preußens) S. 200; X 6 (Eidesenthebung der Civilstaatsdiener) S. 201.

Hessen-Darmstadt. S. 35—156: III 23, 24, IV 22, V 16, 25, 29, VI 1, 2, 3, 11, 14, 15, 17, 19, 20, VII 3, 11, 15, 27, VIII 1, 7, 8, 19.
S. 216—232: IX 3, 17, 19, X 6, 7, 28, XII 15, 22.
Actenstücke: VI 11 (Erklärung Dalwigks) S. 83; IX 17 (Proclamation des Großherzogs) S. 218.

Hessen-Homburg. S. 35—156: III 24.
Holland. S. 392—393.

Italien. S. 354—378.
Actenstücke: III 8 (Depesche über die Sendung des Grn. Govone nach Berlin) S. 357; IV 3 (Vollmacht zu Abschluß eines Allianzvertrags mit Preußen) S. 358; VI 20 (Kriegsmanifest des Königs) S. 362; VII 5 (Unterhandlungen mit Frankreich bez. Venetiens) S. 364; X 22 (Rundschreiben Ricasoli's bez. vertriebener Bischöfe) S. 371; XI 4 (Annexionsdecret bez. Venetien und Rede des Königs) S. 371; XI 15 (zweites Rundschreiben Ricasoli's bez. vertriebener Bischöfe und die Lage des Landes) S. 371; XII 15 (Thronrede) S. 376; XII 22 (Schreiben Ricasoli's bez. Freiheit der kathol. Kirche wie in Amerika) S. 377.

Kurhessen. S. 35—156: I 24, II 5, III 6, 14, 27, V 13, 14, 16, 22, VI 13, 14, 14, 15, 15, 22, 23.
S. 184—215: IX 18, X 14.
Actenstücke: III 14 (Beschlüsse der Ständeversammlung gegen die Mißregierung des Kurfürsten, Denkschrift des Verfassungsausschusses) S. 43.

Lauenburg. S. 157—215: XI 6.
Liechtenstein. S. 35—156: VII 26.
Lippe-Detmold. S. 35—156: VI 21.
Lübeck. S. 35—156: VI 21, 29, IX 19, 28.
Luxemburg. Actenstücke bez. Verhältniß zu Preußen und Deutschland S. 449.

Mecklenburg. S. 35—156: VI 18, 21, 30, VII 2, VIII 21, IX 26, XI 4, XII 3, 5, 7, 19, 21.
Actenstück: X 1 (Anträge und Beschlüsse bez. des norddeutschen Bundes) S. 199.
Meiningen. S. 35—156: IV 22, VII 26, VIII 26, IX 20, X 17.
Actenstück: X 8 (Friedensvertrag mit Preußen) S. 201.
Mexico. S. 443—448.
Actenstücke: XI 13 (Brief des Kaisers an den Ministerpräsidenten) S. 445; XII 5 (Proclamation d. Kaisers) S. 446; XII 10 (Denkschrift bez. Lage des Reichs) S. 447.

Nassau. S. 35—156: IV 12, 22, 28, V 12, 16, 17, VI 5, 13, 26, 30, VII 2, 6, 15, VIII 14.
S. 184—215: IX 8, X 23.
Actenstück: VII 15 (Proclamation des Herzogs) S. 138.
Norddeutscher Bund: S. 184—215.
Actenstück: II 15 (Rede Bismarcks bez. Eröffnung der Conferenz der Bevollmächtigten) S. 216.

Oldenburg. S. 35—156: VI 21, 21, 27, VII 4.
Actenstücke: VI 27 (Denkschrift der Regierung über den preuß. Bündnißantrag) S. 119; VII 4 (Bericht des Landtagsausschusses darüber) S. 127.
Oesterreich. S. 35—156: I 10, 27, II 7, III 3, 5, 7, 14, 14, 15, 16, 17, 24, 31, IV 7, 18, 21, 21, 24, 26, 26, 30, 30, V 3, 4, 5, 6, 12, 17, 18, 26, 29, 30, VI 1, 9, 12, 14, 17, VII 3, 4, 5, 7, 7, 9, 9, 10, 10, 10, 11, 14, 15, 17, 19, 22, 23, 24, 26, 26, VIII 1, 6, 10, 11.
S. 233—277.
Actenstücke: II 15 (Adresse des ungarischen Unterhauses) S. 236; II 22 (Antwort des Kaisers auf die croatische Adresse) S. 239; II 27 (k. Rescript auf die croatische Adresse) S. 240; III 3 (k. Rescript auf die ungarische Adresse) S. 241; III 3 (Repräsentation der siebenbürg. Sachsen an den Kaiser) S. 244; III 9 (Beschluß des croatischen Landtags bez. gemeinsamer Reichsangelegenheiten) S. 245; III 16 (Circularden. an die deutschen Regierungen bez. Bundeshülfe gegen Preußen) S. 47; V 26 (Circulardep. bez. Venetien) S. 55; VI 1 (zweite Dep. an die neutralen Großmächte bez. Conferenz) S. 69; VI 9 (Dep. an Preußen bez. Holstein und Gasteiner Convention) S. 82; VI 14 (Specialconvention mit Bayern bez. Krieg) S. 91; VI 17 (Kriegsmanifest des Kaisers und Circulardep. Mensdorffs) S. 102; VI 18 (Bericht der croatischen Deputation über die Unterhandlungen mit Ungarn) S. 252; VI 19 (Armeebefehl Benedeks bez. Sachsen) S 109; VI 25 (Anträge des ungarischen 15er Subcomités bez. gemeinsame Reichsangelegenheiten) S. 253; VII 3 (Telegramm Benedeks) S. 126; VII 7 (kais. Manifest an die Ungarn) S. 129; VII 10 (kais. Manifest an die Völker Oesterreichs) S. 131; VII 11 (Armeebefehl des Erzh. Albrecht an die Südarmee) S. 134; VII 17 (Adresse des Wiener Gemeinderaths an den Kaiser) S. 141; VII 23 (Antwort des Kaisers darauf) S. 145; VII 26 (Friedenspräliminarien mit Preußen) S. 146; VIII 23; (Friede von Prag); S. 278; X 3 (Friede von Wien mit Italien (S. 297; X 16 (Beschlüsse deutscher Parteiführer in Wien) S. 262; XI 2 (erste Circulardep. Beusts) S. 263; XI 4 (offiz. Artikel bez. Heeresreform) S. 263; XI 19 (k. Rescript an den ungarischen Landtag) S. 265; XI 27 (Adresse des niederöster. Landtags) S. 266; XII 3 (Adresse des oberöster. Landtags) S. 267; XII 6 (Adresse des Landtags von Salzburg) S. 269; XII 6 (Adresse des galizischen Landtags (S. 270; XII 10 (Adresse des Landtags von Steiermark) S. 271; XII 11 (Adresse der Bukowina) S. 271; XII 14 (Adresse von Kärnthen) S. 272; XII 17 u. 18 (Beschlüsse des croatischen Landtags) S. 273 u. 274; XII 19 (Adressentwurf der Mehrheit des tirolischen Landtags) S. 275; XII 30 (Finanzgesetz für 1867 und Bericht des Finanzministers) S. 276.

Portugal. S. 305.
Preußen. S. 35—156: I 10, 15, 24, 26, 29, 29, II 15, 18, 22, 23, 28, III 2, 6, 8, 10, 10, 14, 16, 16, 19, 20, 21, 22, 23, 24, 25, 27, 27, 28, 28, IV 6, 9, 10, 13, 15, 18, 21, 26, 26, 27, 27, 27, 28, 30, V 2, 3, 4, 5, 7, 8, 9, 10, 11, 12, 12, 13, 14, 14, 14, 15, 15, 16, 19, 19, 22, 24, 24, 27, 29, 29, VI 9, 4, 4, 4, 5, 6, 9, 10, 10, 10, 10, 11, 14, 15, 15, 16, 16, 18, 20, 20, 21, 22, 23, 25, 28, 29, VII 10, 18, VIII 4.
S. 157—215.
Actenstücke: I 15 (Thronrede) S. 157; I 17 (Rede Grabows) S. 159: I 29 (Beschluß des Obertribunals bez. Redefreiheit der Abgeordneten) S. 160; II 9 (Beschluß des Abg.-Hauses gegen den Beschluß des Obertribunals) S. 163; II 16 (Beschluß des Abg.-Hauses bez. Kölner Abg.-Fest) S. 164; II 18 (Schreiben Bismarcks an das Abg.-Haus) S. 164; II 22 (Schlußrede Grabows) S. 165; II 23 (Thronrede) S. 166; II 24 (Adresse von Herrenhausmitgliedern an den König) S. 167; V 7 (Dep. an Oesterreich für Ver-

ftändigung bez. Schleswig-Holstein ohne den Bund) S. 58; V 11 (erster Bundesreformentwurf) S. 60; V 27 (Circulardep. bez. Bundesreform) S. 65; VI 4 (Circulardep. gegen Oesterreich) S. 73; VI 5 (Artikel des geheimen Vertrags mit Oesterreich vom 16. Januar 1864) S. 76; VI 9 (Erklärung am Bunde) S. 80; VI 9 (Antwort des Königs auf die Friedensadressen) S. 170; VI 10 (Circulardep. und zweiter Bundesreformentwurf) S. 83; VI 10 (Proclamation Manteuffels an die Holsteiner) S. 85; VI 14 (Erklärung am Bunde) S. 89; VI 15 (Sommation an Sachsen, Hannover und Kurhessen) S. 94; VI 16 (Circulardep. über den Ausbruch des Krieges) S. 97; VI 16 (Proclamation beim Einmarsch in Sachsen) S. 100; VI 16 (Proclamation beim Einmarsch in Hannover) S. 100; VI 16 (Proclamation beim Einmarsch in Kurhessen) S. 101; VI 18 (Kriegsmanifest des Königs) S. 106; VI 20 (Proclamation Fallensteins bei Uebernahme der Verwaltung Hannovers) S. 110; VI 20 (Ansprache Beyers an den landständ. Ausschuß und Proclamation bei Uebernahme der Verwaltung Kurhessens) S. 112; VI 21 (Rundschreiben Beyers an die Behörden Kurhessens) S. 114; VI 22 (Circulardep. Bismarcks über die Abstimmung am Bunde vom 14. Juni) S. 115; VI 23 (Art. der Nordd. Allg. Ztg. für die Mainlinie) S. 116; VI 28 (Proclamation Werders an die Kurhessen) S. 123; VI 29 (Proclam. des Fürsten von Hohenzollern an die Nassauer) S. 123; VII 10 (Wortlaut des franz. Vermittlungsvorschlags und der Antwort Preußens) S. 133; VII 18 (Art. der Prov.-Corr. über den Gang der Friedensunterhandlungen) S. 142; VII 26 (Präliminarien von Nicolsburg) S. 146; VIII 4 (Circulardep. an die norddeutschen Staaten bez. neuen Bündnißvertrag) S. 151; VIII 5 (Thronrede) S. 174; VIII 6 (Adresse der Berliner Gemeindebehörden an den König und Antwort) S. 175; VIII 14 (der Finanzminister über das Indemnitätsgesetz) S. 177; VIII 17 (Annexionsbotschaft des Königs an den Landtag, Gesetzentwurf, Motivirung, Rede Bismarcks) S. 177; VIII 17 (Eingabe der hannoverschen Deputation gegen die Annexion, Antwort des des Königs, Erwiderung der Deputation) S. 179; VIII 23 (Adreßentwürfe, Aeußerungen Bismarcks) S. 182; VIII 25 (Antwort des Königs auf die Adresse des Abg.-Hauses) S. 184; IX 1 (Commissionsantrag bez. Indemnitätsgesetz, Bericht Twestens, Rede Bismarcks) S. 185; IX 7 (Commissionsantrag bez. Annexionen, Bericht der Commission) S. 188; IX 7 (Gesetzesentwurf bez. Schleswig-Holstein) S. 193; IX 11 (Commissionsbericht bez. Reichswahlgesetz, Erklärung der Polen) S. 193; IX 17 (Resolution des Herrenhauses bez. Reichswahlgesetz) S. 195; IX 24 (Anträge bez. 60-Mill.-Anleihe, Rede des Finanzministers) S. 196; X 3 (f. Proclam. an die Hannoveraner) S. 200; X 27 (Vertrag mit Oldenburg) S. 202; XI 16 (Dotationsgesetzentwurf und Motivirung) S. 205; XI 7 (Resolutionen hannov. Ritterschaftsmitglieder) S. 204; XI 20 (Ministerialerlaß bez. Gewerbebeschränkungen in den annectirten Provinzen) S. 206; XII 3 (f. Erlaß bez. Umtriebe in Hannover) S. 208; XII 5 (Commissionsbericht bez. Dotationen) S. 209; XII 10 (Anträge bez. Militäretat) S. 210.

Reuß ä. L. S. 35—156; VIII 11.
Actenstück: IX 26 (Friede mit Preußen) S. 197.
Reuß j. L. S. 35—156; VI 20, VII 2, 31.
Rom. S. 379—383.
Actenstück: X 29 (Allocution des Papstes) S. 381.
Rußland. S. 397—402.
Actenstücke: XI 11 (Aufhebung von Feudalrechten in Polen) S. 401; XII 4 (Aufhebung des Concordats mit Rom) S. 402.

Sachsen. S. 35—156: IV 29, V 5, 5, 7, 8, 8, 11, 12, 15, 21, 22, 27, 27, 28, 30, VI 5, 11, 15, 16.

S. 184—215: VIII 31, X 1, 24, 26, 28, 29, XI 3, 15, 16, 28, 29, 30, XII 3, 4, 6, 8, 18, 20.
Actenstücke: VI 15 (Ablehnung der preuß. Sommation) S. 94, VI 16 (Proclam. des Königs) S. 99; XI 15 (Thronrede) S. 205; XII 6 (Anträge und Beschluß bez. Wahlgesetzreform) S. 210.

Schaumburg-Lippe. S. 35—156: VI 29.

Schleswig-Holstein. S. 35—156: I 11, 12, 13, 13, 21, 22, 23, 27, 27, 30, 31, II 2, 14, 20, 23, 26, 28, III 6, 8, 11, 13, IV 11, V 9, 15, 30, VI 2, 5, 7, 10, 10, 11, 12, 17.
S. 184—215: XII G.
Actenstück: VI 17 (letzte Proclamation des Herzogs Friedrich) S. 105.

Schwarzburg-Rudolstadt. S. 35—156: VI 29.

Schwarzburg-Sondershausen. S. 35—156: VI 25, VII 3.

Schweden und Norwegen. S. 396.

Schweiz. S. 384—389.

Spanien. S. 306—311.
Actenstücke: I 2 (Proclam. des Gen. Prim) S. 306; I 5 (Erklärung O'Donnels im Senat) S. 306; VII 31 (reactionäres Circular des Ministers Gonzalez Bravo) S. 309; X 21 (Denkschrift des Ministers Gonzalez Bravo bez. Aufhebung der Befugnisse der Gemeinde und Provinzialräthe) S. 309.

Türkei. S. 403—418.
Actenstücke: II 23 (Proclam. der provisor. Regierung von Rumänien) S. 404; IV 11 und 14 (Proclamationen bez. Wahl des Prinzen von Hohenzollern) S. 405—408; VIII 21 (Erklärung der Candioten) S. 411; IX 2 (Erklärung der Candioten bez. Anschluß an Griechenland) S. 412; IX 13, 17 (Proclamation Mustapha Pascha's an die Candioten und Antwort derselben) S. 413; X 24 (Investiturferman für den Fürsten Karl von Rumänien) S. 414; XI 1 (Aegyptisches Verfassungsstatut) S. 416; XII 28 (Dep. der Pforte gegen Griechenland) S. 417.

Vereinigte Staaten. S. 425—442.
Actenstücke: I 26 (Beschluß des Congresses bez. Freedmannsbureau zum Schutz der Neger) S. 426; II 19 (Veto des Präsidenten dagegen) S. 427; III 16 (Beschluß des Congresses bez. bürgerliche Rechte der Neger) S. 428; III 27 (Veto des Präsidenten dagegen) S. 430; IV 4 (Proclamation des Präsidenten bez. Ende der Rebellion der Südstaaten) S. 430; V 1 (Zusatzvorschlag zur Bundesverfassung) S. 434; VIII 14 (Programm der Demokraten) S. 437; IX 3 (Ansprache der republikanischen Partei des Südens) S. 439; XI 23 (Dep. an Frankreich bez. Mexico) S. 441.

Volkswirthschaftlicher Congreß, deutscher. S. 35—156: VIII 4.

Waldeck. S. 35—156: VI 25.

Weimar. S. 35—156: IV 22, V 6, VI 1, VII 5, 15, 20.
Actenstücke: VII 15 (Denkschrift der Regierung über den preuß. Bündnißantrag) S. 138.

Württemberg. S. 35—156: I 2, 6, IV 3, 5, 22, V 11, 23, 24, 26, VI 4, 7, 17, VII 12, 25, 25, 27, 27, 28, 29, VIII 2, 7, 13, 19.
S. 216—232: IX 25, 26, 28, X 10, 16, 17, 18, XI 17, 20, XII 30.
Actenstücke: IX 25 (Thronrede) S. 218; IX 26 (Darlegung der Regierung bez. Waffenstillstand) S. 219; X 10 (Adresse der II. Kammer, Commissionsbericht, Gegenentwurf) S. 221; X 16 (Antwort des Königs auf die Adresse) S. 215.

Zollverein. S. 35—156: I 6, II 19, III 12, VII 7, XII 13.

www.ingramcontent.com/pod-product-compliance
Lightning Source LLC
Chambersburg PA
CBHW031936290426
44108CB00011B/577